主编 李文海　副主编 夏明方 黄兴涛

民国时期社会调查丛编

华侨卷

二编

国家社会科学基金项目"民国时期社会调查文献的整理与研究"（06BZS043）
中国人民大学"985工程"校级重大攻关项目"清末民国社会调查与现代社会科学兴起"（2006XNZD012）
北京市历史学一级重点学科建设资助项目

海峡出版发行集团｜福建教育出版社

图书在版编目（CIP）数据

民国时期社会调查丛编．二编．华侨卷/李文海主编．—2版．—福州：福建教育出版社，2014.6
ISBN 978-7-5334-6430-1

Ⅰ.①民… Ⅱ.①李… Ⅲ.①社会调查—调查报告—中国—民国 ②华侨—调查报告—中国—民国 Ⅳ.①D693.79

中国版本图书馆CIP数据核字（2014）第092879号

民国时期社会调查丛编（二编）

华侨卷

主　　编　李文海
副主编　夏明方　黄兴涛

出版发行	海峡出版发行集团 福建教育出版社 （福州市梦山路27号　邮编：350001　网址：www.fep.com.cn） 编辑部电话：0591－83786906　83726290 发行部电话：0591－83721876　87115073　010－62027445
出 版 人	黄　旭
印　　刷	福建省地质印刷厂 （福州市金山工业区　邮编：350011）
开　　本	787毫米×1092毫米　1/16
印　　张	55.25
字　　数	1178千
插　　页	4
版　　次	2014年6月第2版　2014年6月第1次印刷
书　　号	ISBN 978-7-5334-6430-1
定　　价	160.00元

如发现本书印装质量问题，影响阅读，请向本社出版科（电话：0591－83726019）调换。

国时期另一位著名的致力于社会调查的社会学家陶孟和先生这样[说]："从前我国的士大夫，向来抱着半部论语治天下的态度，对于现[实]社会状况毫不注意，只以模仿古人为能事。等到西洋的炮火惊醒了[我们]，又完全拜倒在西洋文明之下。每每不顾国情，盲目的整个的把[西方]的各种主义和制度，介绍到中国来。以为只要学得惟妙惟肖，便是[中国]的福利。哪知道主义和制度，介绍得越多，中国的社会，反倒越发[紊乱]，越发黑暗了。"（《定县社会概况调查·陶序》）也就是说，不管是顽[固]复古主义者，还是主张全盘西化的拿来主义者，他们在讨论国是之[时，都]把真实的国情抛到了九霄云外。更有一班激进的革命虚无主[义者]，举凡中国固有的一切，无不置于打倒之列。用李景汉的话来说，那[就是]："孔子打倒，礼教打倒，旧年迷信打倒，马褂打倒，反动打倒，知[识阶]级打倒，总之，古传的大半及目下见到之事物少有不在打倒之列[，大]有大刀阔斧一扫而光之势"。但是光是打倒一切而不是同时致力于[建设]工作，结果只能是，"有打而不倒者，有不打而自倒者，有打倒而[复起]者"，一切依然如故，甚至更加鸡犬不宁。当然，李景汉并不是不[赞成]"打倒"的复旧者，而只是认为，"打倒之主意既经拿定，不打则[已]，苟其打之，必使其一打而准倒；且首先研究打倒后之替代物为何，[否则]且慢打倒"。而要做到这一点，亦即找到一条有效的民族自救的出[路]，"必先根本了解中国国家本身的内容"，"必先从社会调查入手"，[否则]，要"以他国的方法解决我国的社会问题"，只能是"穿洋靴于缠[足]，不伦不类了。显而易见，清末民国时期中国一部分知识分子之大[力鼓]吹和倡导社会调查，正是中国从传统走向现代这一激荡人心的转型[期]在学术领域的反映，或者说是国人的认知观念对社会剧变的一种反[应]，而且在很大程度上，也是对此前已然发生的种种现代化努力的一种[深切]的反思。因而，这一时期的社会调查，理所当然是当时蓬勃而起的[改]造中国的社会运动的一部分；如果我们不再局限于以往对于"革命"[的狭]隘定义，这样的社会调查运动，理所当然也可以看作是发生于近代[中]国的"社会革命"的一部分。何况那些接受马克思主义阶级分析方[法的]革命知识分子，例如陈独秀、李大钊、毛泽东等，也是很早就从事[社会]研究工作，特别是在后来由城市转向农村的革命过程中，这些[曾]接受过现代社会科学教育的革命领导者，更是把他们对中国社[会的]认定和中国革命道路建立在大量实地调查的基础上，以致[于]中国革命过程中形成的这些调查，称为国内外最大规模[的社会调]查。

社会调查：近代中国学术史上一场...
——《民国时期社会调查丛编》...

两年前，由我们主编的十卷本《民国时期...版，即刻在历史学、社会学、人类学以及其他社...泛的关注和好评，纷纷建议我们要将这样的工作...我们自然倍受鼓舞，但也深知这样的情况，与其...说是对那一时代倡行社会调查之众多先驱者的赞...不畏艰难、不辞劳苦、披荆斩棘的进取精神和不...谨学风，才在那样一个内忧外患纷扰不已的乱世...我们留下如许丰富的数据，如许多彩的文字，让...及生存在那个时代的各阶层人物，如许鲜活地展...他们致以崇高的敬礼！这大约也是今日矢志从事...的学者们共同的心声吧。

用今天的眼光来看，这样的社会调查，无论是...家建设，尽管仍是需要大力践行的事情，毕竟已经...一种常规化的研究手段和技术。然而当初它在中国...展，乃至在 20 世纪二三十年代蔚然而成一种引人注...查运动"，却是中国社会生活和思想文化领域里破天...时期被誉为对这一运动"鼓吹最力工作最久的一员"...生，曾经非常自信地把它称为一场"真正的革命"，...以有系统的方法从根本上来革命"，"是要实现以科学...社会，是为建设新中国的一个重要工具，是为中国民...锋"。(《社会调查在今日中国之需要》，《清华周刊》第...1932 年 11 月 21 日。)

对于李景汉的这一判断，我们只有把它放在近代...想文化转型的历史脉络之中才能真正地去理解。鸦片...不断的外力冲击而造成的"三千年未有之变局"，一...的国人，却偏偏要在势若水火、互不相容的对立的两...

但是要将这样一种在西方近代社会行之有效的社会调查移植到当时的中国来，却又不可避免地要面临着一种悖论，也就是说在一个基本上不具备社会调查土壤的传统社会搞调查，搞得不好，或许同样也会像其所批评的全盘西化论者或革命虚无主义者一样，陷入"穿洋靴于缠足"的困境之中。胡适曾经写过一篇叫《差不多先生传》的寓言式传记，对中国社会根深蒂固的不求精确、不讲效率、马马虎虎的行为习惯给予辛辣的嘲讽，然而这样一种在西洋镜透视下的"懒人"，对于绝大多数的国人来说，恰好又是一位"不肯认真、不肯算帐、不肯计较"的有德行的人，是一位"样样事情想得通、看得破"的"圆通大师"。（见叶圣陶著：《文章例话》，辽宁教育出版社2005年版，第69～71页）而李景汉先生之所以在大学课堂上"跼踏不安，每问到中国社会统计时则汗流浃背，如坐针毡，而所选之座位亦由最前排而次前排，由次前排而中排，不久而至最后排，而且坐于胖大身量者之后"，那又是他在美国读书时的感受；一旦回到国内，他所要遭遇的恰是那些不具备这种起码的普通公民常识的民众，是一个不具备"近代国家资格"的"有民国而无国民的国家"。另一方面，在中国这样一个有着几千年文明传统的国度，事实上并不缺乏调查这样的信息采集活动，只是这样的调查最终的目的无非服务于统治者的征赋加徭，故而当一种服务于民生改善和社会改良的新型的现代社会调查出现在国人面前时，反过来却要遭遇这些预想中的受益者种种似乎不可理喻的误解、抵制或敌视。在这样一种情况之下从事社会调查，他们一方面不得不想方设法尽可能利用传统的社会关系和权力网络，从而获取被调查者的信赖，另一方面往往又要对被调查者进行一番改造。晏阳初在《定县社会概况调查》的序言中写道，从事社会调查，"调查者底技术，固须训练；被调查者也同样的须受技术的训练。譬如我们为调查农民家庭岁入和岁出的情形，而要它们记帐，便须先训练它们能写、能算，就是说，它们信仰你，而愿意帮助你，但是帮助你的能力，还须你先替它们培养起来"。他还以建房子做比喻："本来招工购料，就可开始，但是我们现在的中国啊，正是工料全无。我们须得先栽树，烧砖，训练工人。"就此而论，作为近代中国观念变革之产物的社会调查运动，反过来又成为知识分子到民间去的真正通道，使这些知识分子在深入传统社会关系内部的同时，又悄然改变着这一社会关系，从而进一步促进了民众观念的变革。至少在一定的时空范围内，例如定县实验区，这是一个不容否认的事实。

作为一种社会研究的技术方法，社会调查在民国时期，也并不只是服务于社会改良、社会建设和社会革命的实用性工具,它对于近代中国社会科学的"中国化"或者社会学的"中国化"进程,也发挥了不可替代的关键性作用。即便是当时极力反对那种"专门磨刀而不切肉"、"为调查而调查"的纯学理式研究的李景汉,其调查的目标,除了随时应付现实需要之外,亦不曾忘怀"能在社会科学上有相当的贡献"。(《定县社会概况调查·序言》)这样的贡献大致表现在如下三个方面:

其一是"事实"与数据的生产与保存。这样的"事实",既不是那些经过时间的冲刷而无意识遗存下来的零散的记载、片段的回忆或个别的案例,亦非对现实社会问题和社会现象猎奇式的报道或走马观花式的表象叙述;这样的"数据"也不是对那些靠漫无边际搜集而来的案例作极不完整的归总,更不是凭官样文章、敷衍塞责而产生的虚假数字。它们大都是当时的社会学、人类学、经济学、人口学、民俗学等等社会科学学者,经过周密的问卷调查或深入的田野访谈(当时叫"实地研究"或"实地调查"),并经过系统的标准化的加工整理和综合性的量化分析,之后才得到的结果。在不少学者的眼中,这显然不是所谓的第一手的原始资料,然而纵观宇内,我们又何曾能够找到没有人工斧凿痕迹的"原生态"资料呢?相反,这些调查者在向社会公布其发掘的事实和数据时,每每对调查的范围、过程、方法和局限都做出比较清楚的交代,这就使得利用者可以借此对调查者的描述或分析之可靠与否和适用范围做出自己的判断。我们认为,这样一种系统的资料,远比堆积式的案例举隅来得真实。

其二是理论上的探索和创新。民国时期的社会调查者之欲贡献于社会科学的"中国化",除了提供"赤裸裸的事实"——用李景汉的话来说,就是"好像矿工把山间一块一块的矿石开出来送给化验师去化炼"——之外,当然还有更大的雄心,那就是通过理论与调查之间的反复互动,从大量的事实之中提炼出新的概念,并把若干新的概念密切联系起来,组成一个概念体系或"概念格局"(Conceptual Scheme),进而达致对社会共相或社会整体的认识。这就涉及到了民国社会调查运动演进过程之中所谓"社会调查"与"社会学的调查"(或"社区研究")这两大学派之间的争论,也体现了民国社会调查的演进方向与趋势,即从统计型的"社会调查"到民族志式的"社会学的调查"(实即人类学调查)的转变。

1940年代,费孝通先生在《禄村农田》的导论中回顾自己从事社会调查的经历时,对其早年的研究工作如《花蓝瑶社会组织》、《江村经济》作了一次"痛苦"的反省,认为那个时候"极力避免理论上的发挥","主张调查者不要带任何理论下乡,最好让自己像一卷照相的底片,由外界事实自动地在上射影",结果不仅"埋没了许多颇有意义的发现",而且因为"在实地调查时没有理论做导线,所得到的材料是零星的,没有意义的"。经过这两次实地研究的磨练,费孝通吸取教训,幡然改辙,按照英国著名的社会人类学家布朗的指引,舍弃那种"只是某一人群社会生活的闻见的搜集"的"社会调查",而走向"社会学的调查"或"社区研究",即"依据某一部分事实的考察,来证验一套社会学理论或'试用的假设'的"。事实上,此处既是费孝通对自身学术道路的反省,也是对当时以李景汉、陈达、卜凯等代表的注重数据统计的调查风格的批评。费的导师吴文藻也曾尖锐地指出,对社会调查与社会统计的注重,"本为科学进步极好的征象,不幸又有人误信'科学即测量'者,甚至亦有误信'在实地调查以前,脑中应只有一张白纸',即为严守科学精神者。殊不知一切科学工作的进行,事前必须悬有一种可以运用的假设,假设与科学绝不可分;我们的立场是:以试用假设始,以实地证验终;理论符合事实,事实启发理论;必须理论与事实糅合在一起,获得一种新综合,而后现实的社会学才能植根于中国土壤之上,又必须有了本此眼光训练出来的独立的科学人材,来进行独立的科学研究,社会学才算彻底的中国化"。(商务印书馆《社会学丛刊》总序)。来自同一阵营的另一位燕大学者赵承信,则把李景汉的定县调查不仅视为"只是一个以经济为主的统计报告而已",更看成是一种"社会运动式的社会调查",因此并非像调查者声称的那样仅是呈现"赤裸裸的事实",不加任何解释,而实际上是以平教会(即"中华平民教育促进会")认定的所谓中国乡村"愚"、"穷"、"弱"、"私"四大病为出发点的,是"结论先于调查,改良的方案也先于调查"。随着这样一种社会调查运动的扩散和由此促进的社会统计行为的"机关化"(即由政府机关接收最初由学者们倡导的搜集统计资料的工作),它的使命也告结束。从社会科学理论建设的角度来看,我们应该从对片段的社会问题的关注转向对社会整体、社会变迁或社会过程的探讨,"去发现(人类社会)共同生活的原理原则"。(参见《社会调查与社区研究》,《社会学界》第九卷,1936年)

平心而论,社区研究派对李景汉等人的批评,虽不无道理,却也有偏颇之处。李景汉之所以在《定县社会概况调查》中偏重于事实的呈现,一方面是考虑到材料太多、篇幅太长,另一方面则是调查工作仍在继续进行,希望等到各项问题有了彻底的调查以后,再加以"详细的解释和相当的结论"。而且就像社区研究派自视为一种客观的"自然科学上的实验法"一样,李景汉也同样将用统计的方法、图表的方式反映社会状况,看作是"科学的态度,客观的方法",而非"主观的描写"。(见《中国社会调查运动》,《社会学界》第一卷,1927年)两者孰是孰非,大约要看具体的情况而定。即便是进行社区研究,也离不开对统计手段的运用。早期统计型调查存在的一些问题,其根源似乎不是统计方法的运用,而可能是统计方法的不完善,抑或是其自觉不自觉的理论前提有误。至少在这一方面做得不仅不逊色,甚且有过之而无不及的中国共产党的乡村调查,其对中国农村社会的认识以及在此基础上提出的改造农村的道路,就与费孝通的研究结论大不相同,而后者与李景汉的看法在许多方面倒有异曲同工之处。事实上,已有学者指出,20世纪三四十年代力行社区研究的燕京学派,其最初的社会调查主要就是在与李景汉持同样主张的许仕廉的指导下进行的。因此,"社会调查"与"社区研究"之间的争论,与其说是社会调查的学派之争,毋宁说是反映了民国社会调查运动内在发展的趋势和动向。而且也正是这样的"学派之争"而非"门户之见",才是中国社会科学"中国化"的内在动力之一。

与此相关的,便是第三个方面,即调查经验的积累和调查方法的改进与完善,或者可以说是中国特色的调查学的建立与发展。当时从事社会调查的学者无不深知,对社会进行调查要取得圆满的结果,是与被调查的社会本身有一个圆满的良性运行状态密不可分的,尤其是举办全国性的国情调查或人口普查——这也正是当时学者的最高目标,若非"政治之修明,法令之普遍,苛捐杂税之免除,土匪之肃清,不良军队之裁汰",即令勉强实施,也是徒劳无益。但他们也同样明白,要建成这样的社会,又绝非一点一滴的改良可以一蹴而就。于是,他们便只好退而求其次,亦即选择某一村落或县份从事小范围的地区调查,是为"实验调查"。其目的,一则为正在兴起的社会科学研究提供可靠的素材,或为局部地区的社会建设提供政策建议,更重要的则是在调查的组织实施、调查的设计与规划、调查的方式与方法、调查资料的整理和分析等各个方面,发现问题,积累经验,从而使源自西方的现代社会调查更加适合中国社会的实际状况,建立起中国自己的社会调查体系,也为更大范围的国情普查或人口调查奠定方法论的基础。所以,翻阅当时的调查报告,我们往往会发现作者一般都在其开篇或结论处对整个调查过程作一番细致的交代,有时甚至到了不厌其烦的程度,更无论那些专门探讨调查理论、介绍实地调查经验的专著了。于是，我们发现，这些往往出于反对革命或对革命持保留态度的社会调查，最终并没有通过其所服务的社会改良活动，营造出一个适合社会调查的社会，但是在其所反对或质疑的革命终于打倒了一个旧社会之后，它们的成果又成为新中国社会建设的不可或缺的智力资源。1953年全国人口普查的成功就是最为典型的例子。费孝通先生在质疑土地革命的理论时运用社会调查提出的"乡村工业化"主张，不也一度成为中国农村走向现代化的最佳之路吗？或许，这就是历史的辩证法吧！

从这一角度来看，我们把民国时期的社会调查称为近代中国的一场学术革命，或许并不过分，至少它也是这场学术革命的一部分。

一旦弄明白民国时期的社会调查的性质、地位与过程，这些调查对当代中国历史学乃至其他人文社会科学建设的多重意义也就凸显了出来：

首先自然是我们一直在强调的弥足珍贵的史料价值。这样一种类型的史料，不仅是我们透视那一时代社会各阶层之生存图景的重要载体，而且因其毕竟是以现代科学的眼光观察分析而得到的，在很大程度上可以直接和当代社会调查取得的数据衔接起来，从而打通多少年来人为设置的历史界限，建立较长时段的资料系列或数据库，让尘封已久的所谓"死"的史料走入活生生的现实社会。其所反映的社会概况，至少也为我们提供了"一条可供比较的基线"（郑杭生语），借助我们今日的追踪调查，并与前者进行对照，就可以透视该地域或该社区长时段的变化历程。如果我们不是用一种至今仍为遥不可及的所谓纯粹的"本土化"为度量的标准，而是注重西方理论与中国现实的相互结合，即民国学者提出的社会科学"中国化"，那么，至少从资料替代的角度，这些社会调查也作出了不可磨灭的贡献。

其次是问题意识的积累。这种问题意识，涉及学术、观念和实践等多重层面。长期以来，我们对民国时期的调查报告，更多只是从资料的角度来使用，而忽略了这些报告所进行的分析和得出的结论对学术史和思想史的意义，以致今日许多学者依靠这些材料或数据重新得出的结论，与我们的前辈并无太大的差异，或者说得刻薄一点，基本上是对前人观点的抄袭。事实上，我们有必要把曾经被打断的学术谱系重新接续起来，并充分尊重前人的成果；只有这样，我们才能站在更高的学术平台或学术起点之上，而不仅仅是在一种"出口转内销"的学术旅行之中浪费我们有限的生命。纵然这些结论并不可靠，值得推敲，但他们在那样一个与今日类似的社会转型时代所提出的问题，有许多直到今天还是极富启发性和生命力的，值得进一步的探究。而且他们对问题的看法或结论，无论多么的不同甚至对立，也总有"片面的深刻"和"局部的真理"在，如果因为这种结论的分歧多样，而对于这些社会调查的科学性、客观性或真实性持否定的看法，则未免过于极端化了。如果我们摒弃那种彻底的相对主义立场或追求绝对真实的机械主义立场，把历史真实当作一种远大的理想而又不放弃对这种理想的追求，采取一种更加多元化的、多层次的、多视角的辩证的立场，那么，这些调查所展现出来的所谓"真实"，将是另一种全新的面貌。至少有一点是肯定的，那就是这种种的差异、分歧和争论，才是历史变迁的真实过程。

民国调查资料远比我们想像的要多得多。根据1930年代燕京大学社会学系学生刘育仁先生的不完全统计，仅从1927年到1935年的9年内，国内大小规模的调查报告共9027个，平均每年1000个以上。（参见赵承信：《社会调查与社区研究》，《社会学界》第9卷，1936年）因此，可以预计，在未来一个相当长的时期内，对民国时期社会调查文献的整理，将是一个难以完结的学术工程。至少到现在为止，在长期的资料搜集和文献追踪的过程中，我们以及学界同行总会时不时地有新的发现，有时甚至是惊人的发现。我们只能希望借助于广大同仁的共同努力，来把这一事业进行到底。

就目前所知，有待我们深入发掘的文献宝库至少有以下这几个方面：其一是民国时期公私高等院校社会学、经济学及其他人文社会学科本科生、研究生以社会调查形式撰写的大量毕业论文，其中规模较大的有当时的燕京大学、私立岭南大学、西南联合大学、金陵大学农业经济系、四川大学等，这种类型的调查绝大多数尘封在相关高校的图书馆里，鲜为人知，而其学术价值并不逊于已经公开出版的著作。尽管也有一部分这样的毕业论文曾公开发表，但是往往出于对被调查者权益的尊重和保护，而将一些非常重要的内容割舍掉了。比如燕京大学社会学系学生蒋旨昂的《卢家村》，曾对"完全是私生活，不愿为局外人言的"，"关于村中领袖间的暗潮"，"原原本本地获知并详记下来"，但是"因为这些领袖们尚在，不好意思为他们一一揭穿，若稍加掩盖，便不易明白"，最终"不得不加以割爱"，然而正如编者所言："这是何等可珍异的材料？"（《社会学界》第8卷，1934年6月）其二是一些研究机关当年做了大量调查工作，却未能将调查得来的数据和资料整理出来，写成研究报告。其中最著名的就是1929年和1930年陈翰笙主持的无锡、保定农村经济调查，学界一般称为"无、保调查"。这次调查以及之后其他学者所做的几次"跟踪调查"所保存和整理的资料，构成了近百年来持续时间最长的地方性农村经济资料谱系，迄今为止，尚没有学者真正系统地利用过。第三种情况是，虽有研究报告面世，但所用的资料只是冰山一角，更大的一部分则散落于民间或地方档案馆。山西大学岳谦厚先生对20世纪40年代张闻天晋西北调查资料的重大发现，可以说是一个突破性的进展。此外还有中国学者做的对中国社会的调查，但由于各种原因而以外文发表的，其中除已经翻译过来的以外，尚有大量不为人所知。至于民间私人的收藏，那就只有天晓得了。

总之，这确是一个无底洞，是一项无止境的事业，但我们不能因此而气馁，我们倒是应该像当初的调查者一样，以一种不懈怠的"蚂蚁啃骨头"的精神，一点一点地，按步骤分阶段地进行，虽然不可能做到"一个也不能少"，但至少也应给读者呈现出一个大体的轮廓。我们想，只要有福建教育出版社的大手笔和大气魄，我们一定能够实现这样的夙愿。

现在呈现给读者的《民国时期社会调查丛编（续）》，大体上是第一编的延续。为了进一步拓宽资料的搜集范围，我们在中国人民大学"985工程"和国家社科基金的支持下，成立了专门的课题组，并按专题或学科门类进行分工，各负其责，对散藏于全国各主要图书馆的民国调查文献进行了一番较大规模的文献调查。我们的目光，除了投向民国时期公开出版的单行本外，更主要的还是从各类报刊中"披沙拣金"。在将近两年的时间中，我们总共查阅的报刊约计不下千余种，搜集到的比较重要的调查有1400多种。我们从中挑出500多种作为续编内容，分成12卷，陆续出版。就民国时期的调查总量来说，这仍然只是其中极其微小的一部分，但是总的规模约计已经超过2500万字以上，是丛编第一编三倍多。

与第一编相比，《续编》共有7卷基本上延续了原来的专题分类，如"人口卷"、"乡村社会卷"、"宗教民俗卷"、"社会组织卷"、"城市劳工卷"、"少数民族卷"和"文教事业卷"。如将两编汇合起来，辅以其他解放后已经出版的著作，其中的有些专题，如"宗教民俗卷"、"少数民族卷"和"文教事业卷"等，也算是比较全面了，大致可以将当时有关调查的基本轮廓勾勒出来了。

与此同时，我们还增加了4卷新的专题，如"乡村经济卷"、"近代工业卷"、"法政卷"和"华侨卷"。原来的"社会保障卷"这次改为"医疗卫生与社会保障卷"，其中的医疗卫生部分原本不属于社会调查的范围，但是我们发现它是用现代医学的眼光来观察和检测中国人各方面的体质、营养和卫生状况，可以使我们更具体、更准确地了解当时国民的体质状况，也为考察近代以来国人的生活水平和医疗卫生条件的变化提供了比较科学的数据，因而很有价值，值得收录。此外，第一编原设的"婚姻家庭"和"底边社会"两个专题，这一次在文献搜集的过程亦有不少新的发现，但是从出版的角度来看，尚未形成一定的规模，只能和其他未被列入的专题调查一样，暂时忍痛割爱了。

在编选过程中，我们还是遵照第一编的原则。我们选择的都是当时发表在报刊之中或解放后大陆没有出版单行本的调查资料。同时我们也不得不放弃一些很有价值但保存不好的资料。另外一些解放后大陆没有单行本，但是找起来比较容易的资料，这一次也没有收录。比如在"乡村经济卷"中，我们就没有收录由孙晓村主持、陈翰笙参与总体设计的国民政府农村复兴委员会的系列农村调查，即浙江、江苏、河南、陕西以及广西、云南六省农村调查。金陵大学农业经济系美籍学者卜凯主持的最重要两种调查《中国农家经济调查》和《中国的土地利用》，已为学者广泛引用，这次暂时不予列入。还有就是有关少数民族的调查，主要由民族出版社出版的一些民族学家的文集中都包含有一部分的调查，包括单行本和当时已发表、未发表的论文，这次同样不准备重复录入。应该说，此次收录的绝大多数仍是学术界找起来不是很容易的资料。如"人口卷"里收集的调查，基本上是县级或省级的调查资料，属于地方性的人口普查，目前的人口史学界已很难见到。其中特别是陈达在云南做的调查，只有中国人民大学图书馆和国家图书馆有油印本，但均有不少页码字迹不清。我们是对这两个油印本进行仔细对照和核对，才得到现在的版本。这个调查对以后的人口调查在方法论上的意义是十分重大的。如此等等，因数量较多，兹不一一列举。

当然存在的问题也是很多的，特别是对调查的选择标准和分类问题，都还需要进一步的斟酌，而且由于时间和条件的限制，肯定还有许多遗漏的地方。毕竟这是一场接力赛，我们还有机会弥补曾经的遗憾。

需要再一次强调的是，我们这项工作，正如在第一编的编辑过程一样，始终得到各方面的大力支持，其中既有中国人民大学清史研究所、历史学院和校领导的支持，也有各兄弟院校和研究机构众多专家学者的鼓励和帮助，当然也得到中国国家图书馆、中国人民大学图书馆以及国内其他图书馆的支持。此外还有一些朋友给我们提供了个人的珍藏，如陈春声、行龙等先生，都向我们惠赐了宝贵资料。在"法政卷"中有一本书，名为《战时的乡村社区政治》，则是一位知名的加拿大援华专家、著名的《十里店》的作者之一，Isabel Crook 女士，特地给我们复印的。所以这项工作实际上是学术界共同的成果，完全可以说是一项公共文化事业。借此机会，我们向各方面的朋友表示衷心的感谢。

此次编纂工作，得到国家社科基金及中国人民大学"985 工程"的资助。作为课题组的成员，李章鹏、郑清坡、邱志红、毕苑、沈洁等同志承担了大量的资料搜集和协助编辑的工作。其具体分工如下：

乡村社会卷	郑清坡
乡村经济卷	郑清坡
宗教民俗卷	沈　洁
人口卷	郑清坡
近代工业卷	李章鹏　郑清坡
社会组织卷	邱志红
法政卷	邱志红
城市劳工卷	李章鹏
文教事业卷	毕　苑
少数民族卷	李章鹏
医疗卫生与社会保障卷	李章鹏
华侨卷	李章鹏

在此并致谢意。另，本编收录的文献，因年代久远，篇幅众多，未能与相关作者或其著作权享有人一一联系，敬请原谅。一应稿酬，系由福建教育出版社按通行标准支付，特此声明。

编者

2007.7

民国时期社会调查丛编（二编）华侨卷 目录

南洋实地调查录 ……………………	林有壬编纂，林庭槐校订（1）
南洋华侨 ……………………………………………	黄竞初著（121）
南洋华侨与闽粤社会 ……………………………………	陈达著（154）
夏威夷之华侨 …………………………………	H. L. Shapiro 著（309）
加拿大华侨的过去史略及其近状 ………………………	甄一怒（328）
南洋华侨学校之调查与统计 ……………………………	钱鹤编（341）
南洋华侨教育调查研究 …………………………	林之光、朱化雨著（537）
大阪神户华侨贸易调查 …………………………	实业部工商访问局编辑（702）
福建华侨汇款 ……………………………………………	郑林宽著（746）
广东省的华侨汇款 ………………………………………	姚曾荫（832）

南洋实地调查录

林有壬编纂，林庭槐校订

序 一

中华向以生齿之繁雄天下。海禁既弛，糊其口于国外者已数百万人。曩游欧陆，道出星洲，见吾民于于于涂，喁喁于室，俨然一闽粤世界。南洋群岛，随在皆然。乃至日月所照，霜露所坠，无处不见轩辕氏之遗胄焉。于是抱悲观者以为华人天下之贱民也。其增殖之速率大，而生活之程度低，所至茕茕，供奔走驱策而已。上焉者唯知辟田园，长子孙，为守钱虏以没世；不肖者且挟其鸦片、赌博、党斗之恶风，而变本而加厉，以滋蔓于环球，使人类学者揭此为吾民族之特征，可耻也已。乐观者则谓吾民重然诺、耐操作、善居积，有工商业之天才，不假政府，不待学问，而其能力与信用已卓卓可自树立如此，使附以欧美人所凭藉者，其优胜之数必矣。由前之说，是天生吾民为他人犬马草芥之资耳，其多也不如其寡也，其生也不如其死也；由后之说，则吾民确有可以自存可以长存之理，其事初不与国家之盛衰、政体之鼎革相关。二说虽各有是非，要之皆凿空之谈，而非征实之论也。余旅新大陆五年矣，尝见外交官若侨氓，叩以移民之始末及现状，无能详者，尤无人能沏为专书。今更以事返国，获读林有壬君《南洋实地调查录》，叹其取材之富，用心之勤，乐为一言以介绍于读者，而深盼旅美者之亦缘是而有作也。夫论事不援例证，徒尚感情，悲观者未必果可悲，乐观者亦未必终可乐。有心民族问题者，试即林君是编而观察之，吾知其必歌哭无端而喜惧参半也。往事成尘，前途如墨，五千年文明之历史衍至今日，四百兆神明之血胤传在吾人，呜乎可不念哉。

中华民国六年7月15日江亢虎识

序 二

余游南洋，前后垂十稔矣。所著《风土志》、《草木志》厄于火，日记拉杂不成文，先哲游纪寥寥无考。乙卯秋，林子有壬自爪哇归，贻书述况。越岁，国会既散，余作湖游，与林子邂逅，出示《南洋实地调查录》，为之狂喜。盖南洋群岛其开辟最早者，曰西里伯，曰龙目，曰爪哇，曰婆罗洲，曰苏门答腊。明书曾采辑，略而不详。郑珰拥兵南临，意在征服，文献无与也。土著之外，华人实首至。明清本可兼领，以重洋不易驭，取而复弃。19世纪始改隶荷兰，欧人统称曰荷属东印度。华人侨居是邦无虑百数十万，或避寇，或就贾，多不能握管，以致无述。比岁学校林立，商会踵起，公卿士夫车盖往还，文牍吟咏偶或涉及，吉光片羽不无足珍，然未有如是篇叙述之详者也。篇中如法律、风俗、教育、实业、物产、建筑诸事，择要搜集，信而有征。附以写真，尤便参考。文章经济，兼而有之。日本南进，归功于竹樾氏《南国记》一书。吾国人之寄托于荷属者百倍于日本，读林子是书，视为南进指南焉可，视为维持固有势力亦无不可。林子索序于余，旅次匆匆，书此奉之，质诸林子，并质诸读是书者。

安溪林辂存识于孤山巢居阁

自序一

南洋群岛之名，吾国人类能道之；而叩以其中一切现状，则非躬历者不能详。躬历焉而局于一隅，见闻有限，零纨碎锦，得之亦难以明其系统，了其真相。即或作汗漫游，蹈遍荷兰英美诸属，既未假以岁月，为缜密之调查考察，其情状殆如乘摩托车，开足速力驰骋于风雨晦蒙之下，迷离惝恍，将并表面而不能详。又或涉足大都，举一概百，聚各方面报告表册或新闻杂志，撷拾而类纂之，不实不尽盖无可疑。至夫根据外书依文迻译，长编巨制，似乎适观。究之一国有一国之地位，一国有一国之目的，我欲详，彼略之；我欲略，彼详之，饷诸国人，国人之获其用者盖寡。惟如是，故闽粤人之寄旅南洋者数百万，而此数百万之家属不知寄旅者奚以为生，及其周围现象若何也。政治家、言论家、商业家日日谈保护海外华侨，日日谋扩充南国贸易，而于华侨在留实况、侨居地商战情形，又多隔膜未明也。甚者同居南洋，而英荷属不相知；同居一属，而各岛弗相问；同居一岛，而各埠少相谋；同居一埠，而学自学、商自商、工自工、农自农，声气不通，团结无自，虐待种种何足怪焉。抑华侨之被虐，又有其例外。新客初抵南洋，以不通当地语文故，于自身所受治之法律大抵莫名其妙。陷阱偶触，缧绁加身，瞠目呆口，宛如梦寐。法庭对簿，艾艾期期。弱国小民，罪疑惟重，无妄之灾，更仆难举。旧客居留较久，稍习语文，碧眼紫须儿之治法或得窥知涯略。然安能尽其十一，仅恃规行矩步，幸免于辜，其缩瑟畏葸之状态乃在在予外族以轻侮余不敏，思欲小弥缺憾，弗敢以固陋无文自弃。爰罄四年之工，历百十埠之地，劳千百人之口讲、指画、函授、笔谈，所有地理变迁、历史沿革、华侨及他各国之居留人数、社会团体、农工商实业、中小学教育，暨其地位、其风习、其政府之统治设施、其土番之生活状况、其出入口货之税则种类价额、其轮船汽车之来往时日地点，以及旅寓处所、应用语言，凡有所知，靡不毕录。间有传闻异辞者，必更质诸其他，多数人皆曰是，然后是之。区区微意，诚冀南洋与南洋间洞若观火，祖国与南洋间更有突飞蜂起之进步，以实用出版，非以文字出版也。绳愆纠谬是在群公，博采增修期诸异日。

民国五年8月序于爪哇《泗滨日报》编辑部

自 序 二

余编辑是书，搁笔三叹者屡。今将付梓，心坎中复涌出无量数之感想，无量数之希望。对于祖国政府、居留政府、侨界同胞，乃更欲有所言。

南侨有众凡数百万，输入外资年约一万万，蕃殖之人患、困穷之经济赖以稍舒。泰东西各邦争竞殖民，或经营百载而未能奏兹效，南侨乃以自力致之。共和改建，危难屡经，踊跃输将，再接再厉，华侨之不负国，盖无待辞费矣。为祖国政府计，于其回国也，宜尽保护职责。表面上之敷衍，名义上之羁縻，清室所尝行之而败，今政府宜无取。于其在留也，遇苛待则必力争，有呼吁则必援助。领事之选派必择其熟于侨情、勇于任事者。荷属取缔违禁选举，与我国参议院华侨议员选举法直接冲突，必严重交涉，务达撤消之目的。三宝垅韩希琦君等上参议院请愿书列举三项，一曰修正中荷条约应增加侨民待遇条文，要求平等；二曰修正中荷条约应从事领事权限各条文之增删，务合适当范围，俾便实行保护；三曰修正中荷条约应设法取销宣统三年中荷领事条约之公文附件，别采积极的属人主义。国籍法详细规定免使数十万生长荷属地之本国国民沦入异族等语，尤足代表侨意，外交当局幸其稍置诸怀。

华侨旅居南岛远在两千年前，根蒂之深固，视居留政府且十百倍。微论施以如何压力，终不能排而去之。假曰能矣，此数百万之华侨一旦相率而去南国，贸易且立即停罢，土人无所得生，纸币无以兑换，繁华灿烂之商埠将骤返于未开辟时之旧状。为居留政府计，与其多事束缚，徒增恶感，曷若待以至诚，置诸平等。华侨所欲，因而予之；华侨所否，因而去之。华侨非无脑筋，非无思想，感其遇我之厚，宁无报称之忱。方今国际潮流变幻莫测，天府南洋大有眈眈逐逐者，对内无歧视之偏，对外富同仇之忾，英荷各属虽世守勿绝可焉。

过人檐下，忍气低头，侨胞旅外之苦痛，固吾人所亟思有以解之脱之者，然侨胞不可不自为谋也。谋之何以，必有统一之趋向，必有坚强之毅力，易暮气惰气而为朝气勇气。毋自外乎公理，毋过震乎强权，毋畏难而不尽人事，毋苟安而不图演进。外族之苛待我者，以我之自甘于受苛待也。使我能合群力、萃群能，以平和正当方法，或呼吁祖国政府，或商恳居留政府，直接间接表示侨意之所在、利害之所极。法律本乎人情，未必外族之不吾可。如争免路字一事，当其初，孰不曰难？难，无效，无效，而竟不然。其他类乎是者，荷政府未始无改订之心，第华侨既相与安之，故荷政府遂相与忘之耳。侨胞乎，吧老保土番生变，何为而损失十余万也。英黎土匪作乱，何为而被毁二十余家也。峇厘辖甘梦滑土番，何为无故而戕杀林某也。拉森土番暴动，何为而房屋被焚，生命被害也。古道维垄埠土番，奈何聚众围攻吴长丰也。三宝垅文通安土番，奈何纠党惨杀冯亚明、林茂盛也。加薄棉土番及巡警，奈何啸类与我华侨寻衅也。盖土番有带刀之痼习，华侨无置枪之自由，（华侨置枪间有许者，惟出字甚难，五十人中殆不得一）徒手扑白刃，胜负胡待言，虽杀人或曾抵罪，而既死曷能复生。华侨各社会苟不陈情祖国，联请荷官，或严禁番人带刀，或宽许华商备枪，无时无地莫不有被劫之忧、致死之危。况乎回教团体近更恃众横行，魔高千丈哉。

以上所陈仅其大要，他事万端，片幅难尽。祖国政府、居留政府、侨界同胞及今而不注意焉，则前途荆棘，有不堪设想者矣。

民国六年5月再识于《上海工商日报》社

题词一（有序）   龙溪陈锡朋伯轩甫未定稿

  林子有壬归自海外，以所著《调查录》见示。各岛之风土，殖民之政策，华侨之状况，缕析条分，参以图说。而于侨民所受之苦痛尤拳拳致意，使读是录者惕然以悲，则林子此著非区区于志俗尚、描风景也，明矣。为题七绝句，质诸林子，以为然否。

  谈瀛海客太荒唐，何处仙风阻帝乡。一箧岛夷风土记，方知世外有沧桑。
  寄人篱下可怜生，异族相煎太不平。何日国威腾海甸，中原牛耳狎齐盟。
  敬恭桑梓意何殷，兴学输边有所闻。此是中朝良百姓，何堪秦越瘠肥分。
  十年橐笔赋归来，干净中原剩劫灰。浊酒新亭君莫恸，满天霾雾待时开。
  炎方倪得税征骖，妙藉新书作指南。掌有螺纹胸有竹，飞头从此破奇谭。
  大臣不言小臣言，一纸流民渍泪痕。莫作寻常文字看，湘潭哀怨托荃荪。
  玄亭老去无奇字，载酒空劳屡往还。最是关心羁旅客，秦廷苛法几时删。

题词二   柳塘汪春源拜稿

  破浪乘风万里游，山川文物一扁舟。几编著述来重译，仿佛蓬莱记十洲。
  百蛮风土广搜奇，儒雅风流世所师。触我寓公身世感，年来潘鬓愧成丝。

题词三   汪受田敬题

  飞鸿爪迹大瀛南，万里星槎海客谈。汗漫纪游王遁叟，轺轩问俗薛庸庵。
  一编赤雅文何壮，三尺青虹气正酣。打破天荒成信史，铭勋不律是奇男。

题词四   龙溪郭其澜拜题

  百万苍生付马牛，任人呼唤我频羞。伤心别有天涯客，不作寻常汗漫游。
  几载炎方税驾征，满腔热血纵谈瀛。挥毫落纸云烟写，揭破沧桑世外情。

题词五   乙卯中秋芗江逸民胡湘题

  闽中才士数林鸿，凡马应知一洗空。读万卷书行万里，男儿到此是豪雄。
  千秋递嬗到如今，海客谈瀛感慨深。编就南洋风土记，行人好作指南针。

凡 例

一　南洋范围，据世界地理学家所研核，以荷属东印度诸岛（含英属北婆罗洲）、英属海峡殖民地、马来半岛、美属菲律宾群岛，统称之曰南洋，为最适当。本书先述荷属东印度诸岛为第一集，计分五编，第一编"西里伯斯岛及其属辖"，第二编"婆罗洲岛"，第三编"小巽他列岛"，第四编"爪哇马渡拉并其附属管区"，第五编"苏门答腊岛"；次述英属海峡殖民地及马来半岛为第二集；次述美属菲律宾群岛为第三集。

二　第一集编次以游踪至之先后为序，故先西里伯斯，后及他岛。

三　南洋各属货币及度量衡，多不相同。荷属之盾在欧战前约当华银八九角，近只值五六角。英属之弗在欧战前约当华银1元2角，现则降至7角余。美属1元与华银1元互换，前申水而今贴水。又1荷亩约当中国10亩左右，1英亩约当中国6亩半左右。

四　书中地名官名，在荷兰属则兼注荷文，在英美属则兼注英文，以资参考而便通邮。

五　西文译音其通行已久，为侨界所公认者，虽与普通音悬殊，亦沿用之。通行未久，则择普通音与闽粤音两相适合者用之。

六　荷属东印度地方制，州下为郡，郡下为邑，邑下为区，与日本略同。今仍之。

七　书中凡云距坡几里者，即距离市集若干里之谓。解坡字为市集，于字义上似不适；因侨界通用，故从众。

八　书中记载人口，于华侨则逐埠分举，于欧美人、日本人及阿拉伯、土番，则或举一州总数，或举一郡总数。

九　南洋中华学校多系中华会馆所附设，故中华学校或与中华会馆混称。又中华学校之组织，同于我国高等小学校、国民学校。

十　本书系合群力而成。望加锡为施荷农君、郑浚卿君、郑瑛才君、郑鹤龄君、王觉君、蔡师尧君、李连全君、汤重昇君、陈东朔君、水玉山君、黄秀荣君、卓应龙君；万鸦老为林水连君；坤甸为李彦彬君；喃吧哇为黎洪亮君；山口洋为邓克辛君；安班澜为杨亮寅君；峇厘陵为黄毓英君、林下风君；泗里末为蒋报料君、李双辉君、施能枢君、黄盘铭君、丁福泉君、林本金君、叶世良君、周幼梅君、张超宏君、刘振熙君、王陈善君、吴昆海君、许德水君；谏义里为姚镜湖君、黄年明君；多隆亚公为陈其锐君；玛垅为黄施鹏君；文都老苏为黄成义君；甲里刹为陈谟君；三宝垅为韩希琦君、林钦祥君、郭继智君；梭罗为石宗何君、李同寅君；日惹为陈宝珠君；欧怡为刘许宗君；拉森为颜惠泉君；加薄棉为翁瑞泉君；士甲巫眉为林长庚君；旧港为郑祥鹭君；占碑为林昭九君；亚沙汉为蔡裕馀君；槟榔屿为李蔡英君。合志卷端以鸣谢悃。

目 次

第一编　西里伯斯岛及其属辖 …………………………………………（9）
第二编　婆罗洲岛 ………………………………………………………（27）
第三编　小巽他列岛 ……………………………………………………（30）
第四编　爪哇马渡拉并其附属管区 ……………………………………（35）
第五编　苏门答腊岛 ……………………………………………………（102）
附　录
　　中荷在荷兰领地殖民地领事条约 …………………………………（105）
　　侨商回国请领护照简章 ……………………………………………（108）
　　中华全国商会联合会招待所章程 …………………………………（108）
　　福建省保护回国华侨办法 …………………………………………（109）
　　广东省修正旅外工商回国保护条款 ………………………………（109）
　　教育部修正捐资兴学褒奖条例 ……………………………………（110）
　　教育部规定侨民子弟回国就学章程 ………………………………（110）
　　荷属西里伯斯岛及其属辖地名中西文对照表 ……………………（111）
　　荷属婆罗洲岛地名中西文对照表 …………………………………（113）
　　荷属小巽他列岛地名中西文对照表 ………………………………（113）
　　荷属爪哇马渡拉并其附属管区地名中西文对照表 ………………（113）
　　荷属苏门答腊岛地名中西文对照表 ………………………………（115）
　　马来语之发音及其意义（中英巫文合璧）………………………（116）

第一编　西里伯斯岛及其属辖

发香港经菲律宾而至西里伯斯岛（Celebes，或译西列倍斯，或译赛雷陪斯），为新近商舶之航线。日人井上清谓："新加坡为南洋咽喉，不论何国邮船，未有不至新加坡而能蹈南洋之土。"此说竟未尽然。西里伯斯为荷兰属，东控纽几内亚，南面澳大利亚，西比婆罗洲，北邻菲律宾。纬线自赤道北2°起至赤道南5°止，经线自中国北京偏东3°起至9°止。地形支分如扩掌伸指状，港汊奥曲，土脉膏腴。虽在热带，有海洋风相调剂，气候略如春夏之交。瘴疠渐消，脚气症（新客到埠，本土不合，两脚浮肿难行，名为脚气症）近已稀少。年约可分为二季，曰晴季（俗云作冬），晴霁或亘五六月；曰雨季（俗云作春），阴霖亦以百日计。土番大部分属武吃（一作巫吉），为巫来由中别一种族。在万鸦老（Menado）、安武銮（Amoerang）者，入耶教约2万余人，称曰"媚蜡哈纱"（或译米拿哈沙，本系地名，因该地奉耶教最专最早，遂得此称）。人白而矮，男女皆劬勤农务。余番或奉回教，或奉蛮教，不食猪肉。面棕黑，惰耕耨，性蛮悍好斗，不快意则聚众拒政府，相率就死无所惮。全岛树林稠密，物产丰饶，贸易之盛，骎骎乎将追步爪哇。迩来日本鼓吹南图，甚注意于此地。吾国侨民占客民最多数，我政府安可忽视之耶？西里伯斯岛之咽喉曰望加锡（Makassar），亦名马加撒，或译马呷沙，简称锡江。位于本岛之南支，距离泗水（Surabaya之简称）海线628哩，水程约40余小时。高级行政官有荷夫洛喤（官名译音），秩次吧督，如前清所谓巡抚者近是。其下有黎丝磷（Resident），即州长，亦即理事官，约当前清府职；有亚丝石珍（Assistant），即郡长，亦即副理事官，约当民国县职。司法官有柔实底氏、兰得叻，别有警察厅曰保黎司（Police），对亡国土番、吉灵淡米、望眉、阿拉伯及华侨有违警律或类似违警律者，多不依法律手续，随意判定。禁锢三月以内、惩役八日以内、罚款百盾以下有自由处分权。仓皇之间无端被捕，尤屡屡见，覆盆蒙冤末如何也。至日本或其他强国人，罪名虽正，乃常得反比例。强权世界难怪其然，发愤淬厉，愿与我同胞共勉之。

望加锡商港水量颇深，贾舶可直接傍岸，码头有二，建筑均修整，货物装卸爽利快捷。小屿八九散布在望，风势阻格，海波不扬。航路四达如蛛网，安汶、万鸦老、简那低、咕邦、武敦等处出产，多半归此转售，樯帆辐辏，进出少虚日。土番棕黑似武吃而言语异，凶暴不逊，华来新客恒无故被凌辱。日侨在甲午前受侮与华人同，自战胜强俄后，土番稔其炮火精利，稍稍惮畏之。遇其反目（因冤愤而厌世，因厌世而丧心以死。人自死为最终目的，俗呼为反目），则各种平等，随意乱杀，必至力尽被执，或兴索自戕而后已。风习与他番类，好嚼槟榔荖叶，中调石灰，取其能黏齿间易于过瘾。初吃时口红紫似喷血，久则深黑若髹漆然。食物米为主，番麦（即玉蜀黍）副之。菜喜酸，辣椒尤酷嗜。限于教旨不敢食猪肉，非惧其有旋毛虫食之生疾也。他肉类多用煎炙法，小鱼干及咸鱼为佐饭常用品。每食以右手掬取，旁置杯水备濡濯；左手蒙不洁，例弗取食物，犯者怒为大不敬。居室以竹为梁柱，上覆棕榈叶，外编竹篱。地板距地四五尺，设短梯通上下，内铺以席，起居饮食均于斯。富者居木屋，开小窗牖，置低椅桌，檐间系竹篮，莳花草，生活程度稍进焉。男女多跣足，贫儿赤体，一缕不著，形枯槁，骨巉岩，不问而知其苦状。番工负戴道路及作其他劳役者，少御衣服，仅以布数尺缝两端披围上下体，巫语呼曰"纱笼"。富家子弟间效西装，惟西帽则不能滥戴，必先以巾缠头部或腰际，垂缘外露，以与贵种示区别。番女梳髻简单，形如结绳。上衣长至膝，无领缘，领下对开3寸许，不加钮亦不用针结。袖颇窄，富者开其口，扣金钮至十余。腰下著纱笼，足不鞋。无老幼必以类似纱笼之接缝布蒙其首，若不许人见者。无如生计艰难，卖身之价仅三五十盾，轻贱不及一马牛。番人不暇自哀，而吾人哀之；吾人哀之而不鉴之，又使他人而复哀吾人也。

望加锡出产，以椰乾（或作椰干，或称椰子仁，销往欧洲。可榨油，为食料质清无毒，于卫生甚适。渣滓可作夷皂，其余或制椰粉，或为化装原料、茶点原料。当初百斤仅值八九盾，欧战将发未发时，涨至十八九盾。开战后曾落至七八盾，今又升至十三四盾。白曝之价较总庄常多1盾左右）、海参（专销中国作食品。西人厌其污，不之食，曾于华人处一尝者，则又极口称道。名色颇多，价格各异，使华侨联络一致，协定低值。土番因别无顾客，不能不卖，则获利难胜数矣）、贝类〔有大蚌壳（望加锡无产）、小蚌壳、大螺壳、尖尾螺等之分。大小蚌及大螺壳可为雕刻装饰品及钮扣材料，在昔比利时行销甚大。自被德国蹂躏后，工厂停闭，价大跌。大蚌壳前每百斤八九十盾，今止57盾。小蚌壳与大螺壳前每百斤均40余盾，今止20余盾。尖尾螺销往日本作钮扣，每百斤约30盾，欧战前后价无甚差变〕、牛皮（销往欧洲制军装为多，皮靴、皮鞋、皮箱、皮带等均用之。分上、中、下三等，上者每担五六十盾，中者三四十盾，下者20盾。逐月出口约五六百担）、牛角（销往欧洲制造诸种角器。自点吗土发明后，价值骤跌。有黑白大小之分，白者每百斤约40盾，黑者约10盾左右）为大宗，亦有天然生成之树薯、树酒、树糖等，贫民多食之。

埠中街市三，形类棋盘，黄人、白人、棕人相错处。华侨约万四千人，自设贮蓄银行一，大小商店300余。木工、泥工1000余，金工百余，裁缝、皮匠200余，负贩苦力600余。外国银行五，即爪哇银行、小公银行、亦是公道银行、望加锡银行、代理渣达银行。荷人总数约千余，大商号三，以收买土产、趸售纱布为主业，别有事裁缝、剪发等工作者。瑞士大商号一，收买土产及趸售壳类。德国大商号二，贸易品与荷商同，雅善经营，开战后损失殊巨。犹太人亦长商战，丧其国，树英旗，自称为英，人多不以英目之。商号有三，其一专售壳类纱类，规模较小；余二号与荷商、德商同业，规模甚大。日本较大商店曰稻垣洋行，专卖贝类，今已停闭。又有加藤佐商号，收买尖尾螺壳，趸售啤酒、火柴、面粉等。余或卖药，或卖杂货兼设赌具，后因居留政府干涉，赌具始潜藏，或洗衣，或剪发，或作丑业妇。初尚蓬勃，人数达百余。自中日交涉后，华侨痛念国耻，不与交易，支持拮据，罢业归国者踵相接。尝有日船到锡招揽华商装货,足疲舌敝,杳无一应,空空妙手,意兴萧然。日本勿堂氏论中国抵制外货事,曾下断语曰:"抵制外货不独为现在中国人之长技,实为将来中国民族复活一线血脉。中国商人自动性之抵制外货运动,可谓最强毅之心理的现象。"云云。敌人观察如此,我同胞可暴弃自侮乎?

银行为商业补助机关,关系綦切。旅日侨商因无银行而失败,李君作栋已先我言。华侨至锡远在朱明时代(有前明故墓可证),时久根深,于经济界薄有势力。然而金融操纵权握外人,移转通挪难免受压,进步迟迟,病殆坐此。差幸侨人信用素孚,三数大商尚为外国银行所心许,一切贴现贷款幸不十分排挤。大商与银行来往,小商恃大商赒济,交相维持,赖得不坠。至日本国内以银行政策压迫外人,故人亦以银行政策报之。在锡日商微论资本厚薄,银行靡有愿与通款者,国势强弱使然乎?抑商业道德之差耶?

荷兰商会一,农工商局一,商会分子亦有非荷籍之西人。西人营业向多假手华侨,盖土番知识蒙昧,不敢直接西人贸易;西人以其混沌初辟,程度太低,亦不乐与亲近。非华侨为之介绍,则余粟余布两方均受困难。华侨乘其两不闻问,因得操奇计赢,藉博厚利。今土番已拾级步登,西人渐降格迁就,薄膜一层洞破非遥,为狗为弓言之心悸。顷虽猝难,顾西商已分遣哇哇(各国侨民在居留地生长者俗称哇哇)四出兜揽,兼收并蓄,细大不捐。或于各埠广设小栈,自贸自易,矜臂夺食,损失宜然。犹幸所雇佣人耐劳不惯,于货之出销地情形尚未甚稔,且掣肘诸多,动遭意外,勤朴冒险之华侨差有余地自奋耳。至于包办鸦片、典当等事业,则与爪哇一例,荷人悉数收回,非复华人所得问津矣。

华侨在锡,历时不为不久,人数不为不多,然终不能握商业主权者,则以欧美进口货必向西商定买,少能径购之于欧美工场,其价恒居奇。本地出口货除专销中国外,必赖西商转运,少能径售之于欧美都会,其价恒抑勒。权操自彼,莫可如何。有老于商者尝感喟谓:"苟中国似欧洲烟突满空,工厂遍地,能销纳南洋所出生货,复以经制造之熟货返销南洋,则东西各族无足竞争,祖国华侨均占大利。虽欲不富,其乌可得。"是固非凭理想,若河汉之尢涯,我同胞果不愿演经济亡国惨剧者,可不于实业上注意重注意乎?

望加锡海关每年收入约350万盾,而规模质朴,不似我国洋税务司慷他人之慨,崇闳华丽以为美观。为人谋与为己谋,宜奢俭之有别矣。抑锡海关防弊周密,逃税难于上青天,又迥非我国比。其故以进出口货仅有一路可通,两旁货栈联属,恍若城垣,栈门常扃,即开亦不得随意出入,函谷关、阴平岭,信乎其难以飞渡也。货物进出分有税品、无税品、免税品、禁制品、还税品5项,谨就所知分述之。欲言其详,则让税关专纪。

(一)有税品。分输入输出两项,由从价税拟定货物税额,间或参以从量税。税率不一,按种类而分高低。其中有可概括说明者,即凡由他国他属输入,征税种类最多,输出他国他属次之。若荷属与荷属间之交通,征税种类殊少,盖所谓保护贸易政策,非专以财政上收入为目的也。惟其从价税之赋课法,非必悉照输出地原价，而多依照输入地市情，或由关预为拟定，依所拟而定税额；或无所凭依，随意判定。其人为强国人，货为强国货，则评价均平。如人为亡国人或弱国人，货为亡国货或弱国货，则同货异价，同价异抽。如该货值1元者，得强指为2元，则税额增一倍矣。该货例抽5%，得加抽10%，则税额亦增一倍矣。是固我华侨之所常遇，而疾首蹙额，思解倒悬者。幸1916年吧督特派汉务司莅锡，华商总会会董据情陈诉，由汉务司代白政府，允聘华侨熟识税则者2人充作海关顾问，以资商榷而免偏枯。今虽未举定谁氏，而政府关心民瘼，信为可感。又入口货经一度课税后，无论再输至荷属何埠，均不重课。视我国厘卡重重扰民病商者，尤觉彼善于此也。兹将货物输出入税略志下节。

（一）输入税。从价者如火柴分2项征收。柴为一项，值百抽六；属火药类之黄磷质为一项；每戈里（即20包）抽税7角。例如一箱720包，包各10盒，盒各79枝，原价仅30盾左右，纳税须36盾3角。若多1枝而至80，每箱加征2盾半，枝数递增，税额递进，业此者恒惴惴以满80枝是惧，且列为定货一条件焉。酒类抽税无定率，视燃力大小而异。如绍兴酒不能燃烧，作为半酒醋类，从价抽12%。其他高粱、火酒、药酒等，先试燃力，后定税格。尝有原价百三十盾而征税百六十盾者，是值百抽百余矣。海味、干果、罐头食物、豆类、蒜类、烛类以及制成纱布衫、裤、帽、袜、带等，值百抽十二。玻璃、瓷器、纸张、纸簿、手巾、毛巾、皮鞋、醋酪、煤气灯、电汽灯，及非农人工人必需品之铁、铜、铅、锡诸金属器具，制成之椅、桌、橱、柜、箱、檽等柴器竹器，值百抽十。中国普通药品，值百抽六。纱类、布类、各种伞类、镜类、牙粉、香皂、毛刷、色料、油漆、小刀、钮扣、草席、花米及其他属于零星杂货类与诸般木材之曾经刮削者，值百抽六。西药值百抽四，是也。从量者如茶叶每基罗（约中国1斤6两）税2角半，人参、高丽参每基罗税6盾（或云每基罗由关假定为价百七十盾，按6%税之，未知孰是），洋参每基罗税3盾（或云每基罗由关假定为价37盾，按6%税之，未知孰是），如意油及其他属于药品之油类，每重10两税9角7仙，是也。

（二）输出税。凡荷属各地出产运销他国他属者，如雾鸟（日人称极乐鸟，鸟翎黄金色，宜插于妇女之冠。在昔欧美二洲均有销行。西历1913年，美利坚政府以利权损失国奢宜示俭，遂禁入口。欧洲法人最好，开战以前，亚汝产之佳者每戈里可值千七八百盾，下者亦值三四百盾，于以见西人奢侈。一鸟之值，贵于亡国或弱国人一生命，人不如鸟，哀哉痛乎。其余巴布亚一带所产有黄袍褂鸟，袍褂、银头、长尾、大红、小黄等名称，每戈里值10余盾至百余盾。自欧战起后，硝烟弹雨，忧患未遑，价情突跌一半。惟该鸟以毛色过美，迭遭伤害，产额日减。荷政府恐其灭绝，示禁半年可打，半年不可打，亦爱物之仁政也。回忆吾华，白鹭每只仅值1元余，任人枪击，官不之禁，视荷人有愧色矣）值百抽十，燕窝（有屑燕、洞燕之分。爪哇多出屑燕，有故建屋宇以饲之者，得利且较租人厚美。吗多出洞燕，其色不及屑燕佳）、点吗土（可作漆料，并代各种角类之用，如制手镯、发梳等）、鹿茸（专销中国。有血质者生切作滋补品，其余零碎及毛角熬膏作药料），鹿角（无毛与毛角有别。销往欧洲，每百斤30余盾，作刀柄、灯柱、衣架等）、香柴（气能下降。大部分销欧洲，或谓欧风淫甚，男人多患白浊，以檀香榨油和药可愈之。在昔每百斤30余盾，近只20余。亦有销香港、爪哇作香料。爪哇同为荷属，本可无税，因属奢侈品，故课之）、籘（作椅篮等类。有一种名拉都者，据传可制硝药，上者十二三盾，下者三四盾。自欧战发生后多输入香港、上海，由香港转至美国者有之）值百抽五，兽皮值百抽二。黄蜡可作纱笼染料，其应用略与磁器之涂釉同，昔时值甚高。自发明以煤炭矢代蜡后，价遂大跌。此物运输荷属，初系还税品，因关员舞弊，亦变为有税品。

二、无税品。可分为二，一为输入无税品，一为输出无税品。如进口粮米、石灰、农具、工具、图书、新闻、杂志等，皆不课税；如出口椰干、海味、咖啡（或称羔丕，专作饮料，销欧洲最多。少含浊质，有兴奋性，每担三四十盾至百零盾。叶形椭圆对生，花白而香，分四岔，生于叶腋，果累累犹贯珠，色青红如枣状，食之甘美。种以果粒圆润为佳，播时仍择春令，萌芽后至尺余长，始分别移植，地方8尺可树一株，七八年为收获初期，青红粒齐采，皮肉内有薄膜包羔丕子，分两边，圆者为雄，平者为雌。当成熟之际，屡为山禽山猫攫啄，猫食者更佳，禽食者亦无害。10年至20年为青年，产额旺盛，地肥者每株可收六七十斤至八九十斤，瘠者四五十斤。三四十年为中年，产稍稀。五六十年为老年，多不能产）、葱头（食物辅佐品，销星洲最大，吕宋及其他邻近各处均销行。土人极嗜，市价如潮，易涨易落）、麻（专作香料，销新加坡）、栳栳子（作药料，有香辛气，土人好之甚。公者形长，每百斤约十四五盾，一号、二号相差五六盾，母者形圆，价低三四盾）、栳栳花（销欧洲，作食料及造香水、香油等。昔每百斤约值百十余盾，今只50余盾）、大青绿豆、三色绿豆、可可（俗称咬狗，其子研为细末可作饮料，销往吕宋。和糖及他香料则为朱古力，西人常食之）、望皂二（每百斤上者约30余盾，作番药料）、牛角、牛筋（作食品及弹棉器等）、鹿筋（我国人谓可补筋骨，欧人不问也）、珍珠（多出于亚罗，有多数日人在彼采取。大而形圆色佳者价甚昂，大部分销欧洲，小而劣者销中国，作药料用）、丁香（销爪哇及欧洲，作香料，每百斤约四五十盾）、甘招仁（销爪哇，作食料，土人多嗜之，华人不食。每百斤约12盾，白黑价相差约1盾，白者贵）、白树油（作药用。自欧战发生后销数突增，价情大涨，每箱25罐，每罐约1斤4两，一箱之价约值28盾至30盾。初出时油质甚佳，后因贩销者与制造者贪图重利，掺杂他油，故渐劣）等，皆为无课税之规定。

三、免税品。免税品者原属有税品，以特别事故免除税金之谓。如荷兰官吏所用物品，外国领事、领事馆员暨旅客随身所带之器具及少数杂物。而货样限一定之数量，亦可免税。

四、禁制品。凡各种军器、军需、食盐、硝磺、吗啡、鸦片皆为禁制品。若由政府运输，或经特别许可则不在此例。如五谷杂粮及关于战时局外中立应行禁止之物品，亦得禁止其输出。

五、还税品。还税种类有四。(1) 货物甫卸下码头或起入货栈，以或种原因再运出口者；(2) 虽已报税而实际未曾装载者；(3) 虽已具进口单而实际未曾起卸者；(4) 运往荷国荷属无税，运往他国他属有税之各件土产（如雾鸟、燕窝、点吗土、籐等是），出口时声明欲往荷属，为恐托词漏税，仍按额征课税金；日后荷属某埠果有该货进口者，对于以上货物，均返还前所纳税。此等还税制度，实际上每多困难。如第一、二、三种，须待吧城总税关之许可，方得领回。第四种虽较易，然其中如雾鸟一件，因其获利稍厚，纵证明后应还税项，多托故延宕，不能立时领回。确否虽未敢必，个中人固常以为言也。

关税之外，以所得税为巨额（或称身税，俗曰人头税）。每百抽四至四五（或云已渐加至5%）。华侨除教员、医生及不操职业之妇女外，年登十六以上，苟非未出学校或穷极无所得资者，皆当纳税。虽月仅数盾，救死不赡，亦必按额责由甲必丹、甲首抽收。锡侨全体每年约纳50万盾，甲必丹抽百分之几为办公费及各甲首薪水，数略相当，荷人坐享其成耳。土番苦弥甚，每年至少税3盾，作官工或月3日，或月7日，粮食自备，不给佣金。甚或徒步一二百里，以充力役之征，其指挥不如意者，且不免于鞭扑，惨哉亡国奴，吾半死濒亡者之候补者，宁无警觉于中耶？至日本及欧洲人号称文明程度较高者，纳税程度反较下。每人每年所得不上900盾，不纳此税。纳矣又必除去男女仆费，如900盾节减为600盾，仅课三分之二。若一般商店东人无固定年薪可计，则视出入口货多寡及营业之盛衰，意定赢余若干，依数按分抽之。其中以作仲买者为最受亏，一经派定，固不能不如数还也。

所得税之外有屋税，按其屋10年内之时价，每百盾每年抽税7角半。如某屋值一万盾，则屋税年征75盾，其出租者并视租额多少而参酌之。惟货仓、学校及诸公益机关则免。有器用税，如椅、桌、床榻等，凡为住家及类于住家者均须纳税，其税率约照房租之额十二分之一。房租月10盾，则椅桌床榻税年征10盾。10盾以上类推，以下免。学校及诸公益机关免。商店不兼住家，不设厨室及床位免。自由车（即脚踏车）每年税3盾，两轮马车税8盾，四轮马车税24盾（牛车免），两轮小汽车（与脚踏车同式）税8盾，摩托车税约四五十盾。有遗产税，每百抽五。有马税，一匹年6盾，2匹年12盾，3匹则第三者须纳8盾，4匹则第四者须纳10盾，5匹则第五者须纳12盾，防遏奢华，多取非虐。然亦限于家用，出租者则抽其所得，不重征也。有狗税，每只年6盾。宰牛每只规费4盾2角，宰猪大只3盾6角，小只3盾2角。作居留限字（即登坡字）每张规费2盾，六阅月转字一次，费5角（日本及欧美人一年转一次）。完纳所得税年8盾7角以上至3年满，得改作王字（即永久居留字），费10盾。不及8盾7角者须缓至5年（日本及欧美人3年满后，无论谁何均可换王字）。出水路字费6角（出水路字，如欲言归中国者，须先拍一照像存据，由甲必丹认为守分之人，再向荷官出字，始得邀准，否则认为违法。此系1916年之新例。彼所谓守分者不知何所指。证人心不同有如其面，该甲必丹非置一照心镜，究何从一一知？即知之，亦安能必其不感情用事耶？非法之法，曷胜浩叹）。婚姻登记费，一等28盾半，二等12盾半，三等7盾半,最少5盾半。商业注册费,视资本之厚薄,由百盾以上至五六百盾不等。其中损失最大者即华侨没后无子,遗产未定谁属,几千几万悉数入官。日后虽有正当承受人,领回恒勿必。至没后子幼,则依禁治产条例声称代为收存,每年由政府核其用度发出生活费若干,子如不殇得长成至婚娶者,乃经若干手续照数领回,此十数年间之利殖名义上虽亦算付,而实等于无。据中荷两国所订《荷兰领地殖民地领事条约》第十二条,"中国臣民在荷兰领地殖民地死亡,如无嗣续人,并无从查知执行遗言之人,则荷兰国领地殖民地法律命令所定管理嗣续事务官员应从速知照中国领事官,俾其切实通知利益关系人。如领事官先知其事,亦当知照荷兰国嗣续事务官。该管地方官应将死亡证据,正式录稿送交领事官,以为补证前项之知照而不收费。"吾国领事职务条例第九条,"侨民在外身故,其所遗产业,如未留有遗嘱,无亲属证明领取者,得由领事证明,暂为接收,一面详报外交部转行核办。"诚使荷兰官员与吾国领事各能信守条约,尊重侨民权利,则遗产可以保守而无失。综计荷属75万方里,华侨一二百万,历时200余载,其中所保存者,不知几千万盾矣。

附录:西里伯斯岛暂居字内容如下:

兹有华人　　生在中国　年　　由新加坡搭　火船　管驾官　　抵吧于19　年　月　日准限居因兰地6个月遵和1872年第42号国例之第一款若无通商海口不得便往第二款已经划定华人村界之外不许居住并不许寄宿

该6个月限字各宜仔细收藏如将近至限速将该字缴呈保黎司关都以便再展限期

如有欲往别处不论水程陆程均宜恳给路照违者罚银50盾其无6个月限字及居因兰地案夺字者罚银100盾并逐出因兰地外若非由6个月字再求展限其期者即不准给与案字夺

(按:爪哇居留则例较宽,阅第四编便明)

以上均华侨对外关系,层层高压,重重重负,所以遏侨产之增殖,抑侨力之膨胀者,已如水银泻地无孔不入。华侨不自警觉,其相互间之交涉每每逸出正轨。他杀不足,似欲自杀以助之。有如经营同业,旗鼓相当者,收入则竞趋高价,而土番利;售出则竞贬低价,而西人利。或因竞争而生恶感,因恶感而图破坏,种种坠人信用、损人营业等行径,莫不倒行逆施。甚至为虎作伥,教猱升木,害人自害,结果皆亏。取快一时,遗患毕世,失今不返,同归于尽耳。荷兰某报有言曰:"华人自迩年来,已移排外性为排内性。凡华人与华人间之争竞,莫不大告奋勇。如因小口角而斗狠,虽杀身无所悔,当兵死敌恐未敢也;因小财货而涉讼,虽毁家勿暇恤,输财助边或未能也。闻某业利厚,而经营者属华人,必继起而妒争之。如某摩托车公司甫庆得利,第二摩托车公司出矣。非荷人,非日人,乃同国同族或且同省同县之别一华人。某制冰厂与某制冰厂亦犹是。吾不知依样者心理若何,早稔该业可作乎,曷为不先出世也。果志在竞争以求进步乎,东西洋人所营种种事业,获利多可骇人,曷为不亦效颦乎。吾诚知华人如此如此,非于吾有关系,第既号称人类,竟有此种奇异之排内性,不可谓非怪现象。吾愚不解,吾欲质问华人,以吾所见华人行为,可为排内性之证明者,难以枚举。上述二例,则锡埠所共知,华人幸毋谓予诬蔑。"呜呼噫吁,我同胞其谛听者,其谛听者。

华侨在外,既有上述劣点,故其爱重国货之心亦异于他国人。夫以华侨林总之众,通常所需诸日用品何可胜数。倘能一一取给祖邦,并藉自设商业机关,绍介推销于外人,则吾华之贸易额直可超过各国。虽曰内地工业未兴,商品供应不足,第使锐意扩张至总贸易之半,则挽回利权已属不少。乃蹉跎失败,未脱荷报之所谓排内性,不但不爱重华货,且鄙夷华货,更甚于异种人。由是华货之输入西里伯斯岛者,仅有海味、干果、茶叶、药品、纸张、账簿、笔、墨、砚、各色药酒、绍兴酒,及厦门陶化、大同、上海泰丰暨广东各处之罐头食物,闽粤两省所出之油纸雨伞、毛刷、缸、瓮、红烟、金丝烟、条丝烟,及南洋兄弟烟草公司所出香烟,奉天诸省所出黄豆等。自中日新交涉发生,振兴国货之声普遍国内外,华产布匹、纺绸销数始大扩,余如石灰、蜡烛及广生行所出杂货,输入亦稍见增多,为一般爱国者所乐用,是可喜也。

民国纪元前十一年,锡侨李连喜、陈福水二君慨华童失学,倡设学校。李君捐银 8000 盾,献出地业一段,值价 4500 盾;陈君捐银 5000 盾。埠中富而仁者,或千或百相与赞助,幸庆成立。维时风气未开,学科尚难完备。迨纪元前三年,汤河清等创立华商总会,遂将学校并归商会兼办,并再建新校一座。两校基本财产约计有 70 000 盾,岁入学费约 4000 盾,货捐约 6800 盾,店租约 1500 盾,义务捐及杂款约 400 盾,岁出教员薪俸约 7200 盾,庶务及书记薪俸约 960 盾,丁役佣金约 1000 盾,修缮及消耗费约 800 盾。学费征收取有无相济主义,称其家之贫富,公定等别。一等月 4 盾,二等 2 盾半,三等 1 盾,孤贫者免。旭日方升,明光大放,越至民国二年,学额递增至 200 余,初非荷人所及料也。

中华学校既呈破天荒之进步,由是而荷人亦露破天荒之注意。吸收华童施以同化,为一政策;开通土人备为己用,为又一政策。依此政策所展布,有可纪之学校如下:

(一)荷立华侨小学校。(Dutch-Chinese School)成立于西历 1908 年,专招华童入学。除最粗浅之第一、二册外,均特制。爱国爱种、独立自强等名词删除净尽,薄中国而崇己国为书中之主旨。华侨谓其有利谋生,就学渐众,由数十人增至百余人,1915 年竟达 264 人。分七级,男教员三,女教员四。1916 年学额更进,校莫能容,荷政府拟再建一广大校舍,可容五六百人。学费最多月 4 盾,最少月 1 盾,用品费在内。7 年毕业,毕业后可入荷兰中学预备科,辍学者介绍入西人商店服务。

(二)荷立土人小学校。(1st, 2nd, 3rd Inland School)凡有 3 所,专招土人入学,学生共 300 余。学费最高月 2 盾,免费者多。7 年毕业,毕业后随其志愿,可进荷立土人初等补习学校、贵胄学校、师范学校及荷兰中学预备科。

(三)荷立土人初等补习学校。(Apprentice School)凡由荷立土人小学校毕业，填就入籍愿书，声明毕业后愿为荷兰效力者可入。月给资25盾，衣食住皆由校给备。每礼拜只可回家一次，余时不得私出。学生90余，习荷文、巫语、阿拉伯字。

（四）荷立土人贵胄学校。（Noblemen's School）入学程度以毕业于荷立土人小学校者为合格，学生60余。教授均用荷语，习法制、理财等科。或3年毕业，或5年毕业，毕业后可为警察、书记或拉沙、甲必丹。拉沙与吾国检察官相似，对于土人、吉宁、淡米、望眉、阿拉伯及华侨之涉讼者有预审权。日本人与欧美人则直接归审判厅，拉沙勿能问。盖照荷兰属地章程第109条所规定（该章程共130条，全文见第四编），日本人同化为欧洲人，阿拉伯人、麻坿人及中国人同化为土人，故待遇悬殊若是也。呜呼，以号称有国之华侨，竟受彼亡国土人高坐堂皇而审理之，可不为大哀乎。

（五）荷立土人师范学校（Normal School，即土人小学教员养成所）。荷立土人小学校毕业后可入，习荷文、阿拉伯字、上等巫语。每月津贴10盾，6年毕业，毕业后可充土人小学教员。学生50余，年事皆已长，业未毕即思退者多。

（六）荷立爪哇水手学校。（Mariners' School）凡爪哇人曾为船中水手或愿为水手者可入，毕业无定期，学生25名。

以上各校，白种人无一入者，盖纯乎属地之教育政策，非所语于主人教育也。

（七）幼稚园。（Froebel School）学童百余，黄种、白种及安汶人之隶荷籍奉耶教者均可入。惟白种肄业者每月学费只须1盾零，华人、安汶人应10余盾，且教授每先白人而后他种人。

（八）荷兰小学校。（1st，2nd，3rd European School）凡有3所，均定7年毕业。第一小学校专与西来荷人子弟肄业，学生约110人。第二小学校专与土生混血之荷童肄业，学生约百人。在昔中华学校未成立，华人有求入此两校者，常为所拒。或幸而得请，则相惊以为荣。学费特昂，荷贫无力，无受教育望。迨中华学校兴，声价乃稍贬，入学限制不如罗昔严，华童进者渐多，所谓怀柔政策也。及荷兰中华学校开办，此两校又悬禁不许华童插足，目的各异，何怪其然。第二小学校专与入荷籍奉耶教之安汶儿童肄业，他种族皆不能入，学生约90余人。其分校之理由虽未标示，要足发人深省。

（九）荷兰简易中学预备科。与中学程度略相等，凡有荷立各小学校毕业文凭者均可入。无种族界限，男女同学，学生约40余人。兼习英、荷、德、法等国文，3年毕业，毕业后可为邮政局书记执事等。

天秤称物，一端翘起，则一端必下垂。侨立中华学校与荷立中华学校为相对之两端也，荷立受侨立之激刺而进行益锐，侨立受荷立之竞争而朝气转窒。民国三年，商会会董有建议取消货捐者，经费告绌，勉强维持，学生名额与年递减。虽于监光烟丽重建校舍，不无刷新气象，而两校合并，教室仅五，亦乏扩充余地。民国五年，学生数只余120名。岂侨胞果不荷人若耶，是在锡校诸职员之自奋耳。

中华女学校民国二年8月成立，学生20余。初任教员为何远桢女士，何氏学粹，侨界颇欢迎，长年妇女多于晚间从之学，闭塞女界渐放光明。未周年而何氏卒，续聘林侠华、王弄书两女士。以女校位置不在各生住所中央，通学路程远近悬绝。距离稍远者欲乘车则耗费不尽能堪，欲步行则迷途又觉可虑，学额因之不甚发达。

中华商务总会成立于前清光绪三十四年十一月，会址在中华街。会所即前福建公祠，颇宽绰适用。厅事中有泗水商务总会贺联一，曰"商战正争雄，务使列邦降玉垒；会盟同内向，直教众志固金城。"垅川商务总会贺联一，曰"望嘉锡我指南针而匡所不逮；总商会此团体事以合为大群。"商学书报社成立于民国元年，初时社员众多，每星期日必开演说会，平旦之气欣动全埠。越一载余，毅力不继，势如弩末。后得旧社董郑浚卿君、廖跃门君、朱睿吾君，新社员郑瑛才君、施荷农君、水玉山君等合力维持，旧观稍复矣。联义会馆系广州人组织，同仁会馆是梅县人组织，均以团结众力、联络乡谊为其建设之旨趣。福州会馆宗旨若联义同仁，同乡抱病，辟余室以将护之；新客无业，合群力而绍介之，虽有畛域之私，尚具爱乡之热。民国既建，陈焕章博士倡孔教于国内，锡江顺此潮流，亦有孔圣会之设立。异在信仰孔圣者多侨生而少新客，以致满壁规条，非荷文即巫字；开会演说，非巫语即土谈。据闻现将逐渐改进，聘定一宣讲员，以闽语或国语宣讲孔道，并摘要译成土字，印送全侨女界。盖土字易学，侨生妇女无不识，欲利用之以行其化也。余如长安堂、光裕堂、乐善社、德善社等，皆以吊丧助葬为其共通目的，与各埠所谓丧事会略同。其成立最易，其会员最多，西人政策，侨胞程度，可以觇焉。

冰厂有二，主者均华侨。非西人弃其利而不争也，华侨联股份、挟雄资、薄利殖、贬冰价，以与西人角，屡角屡胜，结果遂为华侨所专利。电影剧两台，亦华侨有，荷官征其利之十一，赢获尚优厚。盖几经磨砺，始奏此外竞之凯歌；轩辕肖子，吾笔吾墨且助庆焉。中华新戏社艺员皆属侨生，场中布置一如新剧，惜所演多马来故事，度曲说白俨然第二马来人。幸诸艺员热心爱国，国民捐、水灾捐、学校捐，借助殊不少。椰油厂一，华荷合股，经理执事概属荷人，势力不侔，利益差异太阿倒持，实华侨之自贻伊戚也。

耶稣教堂一，奉新教者归之。天主教堂一，奉旧教者归之。病院一，内部稍隘，位置尚佳。入院分三等，末等不还费，惟须执有各该甲政之介绍书。侨长汤重畀君以其不便吾侨，慨然自设济医局，聘林君庭槐主医务，每日午前自7点至10点、午后自3点至5点为赠诊时间。置医簿一，内分存根、处方二面，凡就诊者，必详志其姓名及所处之方剂、所患之病症、所呈之效验，以负责任而备调查。局之四壁，有嵌"济医"两字而赠以联者，曰："济度人人天惊术；医疗种种民赖以生。"有嵌"林庭槐"3字而赠以联者，曰："林际月明众星小；庭前槐荫万家春。"厥后林君移寓泗水，涂君道周继其任。今涂君归国矣，济医局亦与之俱去矣。为仁不倦，望汤君之有以善其后也。

古物陈列所一，内藏土番之旧兵器、旧乐器及古人形、古衣服、古床帐、番酋屋式小舟模样，观者费3角。触目惊心，华侨自别具一悬想，不知故主人感觉何如也。迩因吾国光复影响，土番中亦有革命运动之破获，该所遂闭而不开，西族深心，吾为此惧。或谓由陈物屡失，故严肩之，恐浅之乎测荷人也。

由中华街南行至岩孙街（意即空地），草场一方，绿树丛立，音乐亭、俱乐部错综位其间。有铜像焉，即开辟之首功者；有公坟焉，即开辟之战死者。纪念前勋，策励后进，盖非特卫生之助，而实寓社会教育之意焉。

临海有一王桥，伸入水中约3丈。桥尽处有楼，登临其上，目穷四远，心雄万夫。傍晚后，红男绿女、白叟黄童相率集桥边，或披襟以当风，或翘首而望月，融融泄泄，各乐其乐。桥之南有公众休憩所，亦滨海，华荷人捐资合建，空气虽鲜，不及王桥远也。

由日本街前行有华侨公塚，向乏照护。牛也、马也、犬也、羊也，一任其蹄躅践踏于坟垣墓田间，茔域倾圮，形骸暴露，虽至旷达者目击亦难为情。前年张君崇杰等出为提倡，募各商号资，雇数番役逐日铲锄荒草，修葺塚道。并禀荷官立案，于公塚出入两门得自由关闭，有欲营葬或扫墓者必由甲必丹厅出字，否则不能随意入内。整治有章，泽及枯骨，费微而德至厚焉。

甲必丹官名，荷人设之以资统驭，其性质半属官派半民选，其地位则华侨甲必丹与巫来由甲必丹、阿拉伯甲必丹无上下床之别。欧美白人、大和民族，居留政府不为设此荣衔，抑彼亦不愿居留政府以此荣衔相加赠。惟甲必丹爵秩虽微，而对于华侨则颇有权力。爱群耶，媚外耶，造福耶，贾祸耶，悉本于甲必丹之一心。欲为善则善，欲为恶则恶，欲流芳则芳，欲遗臭则臭，悉听诸甲必丹之自择。锡江前甲政汤河清谙练法律，勇于任事，荷官有创例苦压华商者，必诉而除之；荷警有违法逮捕吾侨者，必争而释之。若者辱国，若者病民，凡可以或种方法减轻蠲免者，莫不散其财、殚其力。伟哉汤公，千载后口碑犹载道也。甲必丹之下有雷珍兰，有甲首，规制略如土民。

锡江侨生妇女性情习惯、言语装束与番女初无甚殊，惟番女外出游行类多蒙头跣足，华妇不然，辨别之点赖有是耳。番无姓，不出五代即互相结婚。富家婚娶，例于前数夜出游，锣鼓咚咚，灯烛辉煌。新郎居彩座之中，番族随者百十数，众口喃喃，恍若持咒。华侨尊重祖制，古礼未忘，姓氏宗族世守勿失，虽不能用夏变夷，幸尚不为夷变。至于饮食住居，每多濡染番俗。男女将届长成，甚或沿行割礼，在华侨以为无关宏旨，而西族则恒以为笑。庚辛而后风气渐开，陋习稍稍杀。民国成立，易服改装尤为革新之大纪元，然好清洁、重卫生，哇哇终胜于新客。房屋必整齐，衣服必涓净，善为种种户外运动，灵捷或过欧人。交际颇和蔼，宾朋宴会，斟酒司烟，躬亲执役不辞劳，办理社会亦皆秩秩有序，能使观者肃然起敬。惜乎对于生身父母，比较的少能敬重、顺从、服劳、奉养，有如伍秩庸博士所记，美国某少年谓："父母生彼，未尝经彼同意，故父母之于彼有以正当方法抚育之之义务，而奉养父母则非彼之义务。"之一种怪心理。犹忆某老者言，某街某哇哇向父索钱，父不与，哇哇推之仆地，冷然笑曰："罕意新客力强，早知如此，搏之久矣。"蛮野情态闻之怒发。某街某哇哇通荷文，服务于某商店，月薪300盾。既娶，即白父析居。一日至父家，父命写赊酒单，为值不过2盾许。写毕，请父签字，父曰："若签之可矣。"某某怫然曰："为若代劳，又为若出资耶。"以频年教养之恩，无一罂醪酒之报，世之抱独身主义者，其亦有感于若辈，不欲为子孙空作牛马欤。

距锡江海岸18哩，有村市曰吗律，华侨约百余，商店三四十号。屋之建筑或以铦，或以棕榈叶、土产米为多，亦有甘招里等。由吗律前进6英里曰万定武汝，有一山泉清而冷，每值星期，养生者恒驱车就浴。此外有选遇民拉纱出产芒果，夺加拉拉出产绿豆。马加来因初无特著之产品，自侨长汤君重晷购为垦牧场，聘蔡君师尧经营垦牧，所出香蕉、菠萝及各种粮谷鸡子颇盛，谁谓吾国无实业家耶。

附录：各国领事之驻望加锡者

美利坚	代理领事	一	英吉利	代理领事	一
比利时	代理领事	一	葡萄牙	代理领事	一
丹麦	代理领事	一	瑞典	代理领事	一
法兰西	代理领事	一			

由望加锡航往万代宁埠（Bonthain），经锡来（Salayer）、新惹伊（Sindjai）、吧哩吗（Palima）、吧老保（Palopo）、万里利（Malili）、高喇甲（Kolaka）等埠，谓之万代宁期。航程计7日，货客起落次数频繁，轮船得利每期约14 000盾。万代宁出产以咖啡为大宗，品质佳良，又有甘招仁、荷兰薯（作食料用，销本地及邻近各埠）、落花生、绿豆、牛皮、海菜（多输入香港。上庄作食品，每担9盾，中下庄取其胶质，供涂饰绸布之用，每担二三盾至四五盾）等，华侨约300余。锡来出产椰干最多，余如海参、贝类、鱼干（土人生活程度低，每饭仅需值半仙之鱼干即可作饱，亦云苦矣）等，均由他处转来，华侨约30余。新惹伊出产牛皮、牛角。吧哩吗出产番麦（销澳大利亚及欧美洲，可作面粉，土人贫不炊饭，佐水食之以果腹）为大宗，麻、点吗土、甘蕉里壳亦不少。吧老保出产以硕莪（可作食料，价甚廉。土人穷困时多以硕莪和水食之，约一仙即饱。日人买制为硕莪米）、籐、点吗土、牛皮为多。民国纪元前五年，武吃番乱，荷政府派兵击之，华侨损失10余万，迄今未得赔偿。万里利出产点吗土为大宗，籐次之。高喇甲出产籐、点吗土均夥。以上各埠除锡来系万代宁对岸之小屿，其余皆在西里伯斯岛沿岸，轮船二礼拜一期。

由望加锡航往武敦（Boeton），经喇哈（Raha）、干阿里（Kendari）、沙喇梦甲（Salabangka）、打蒙古（Tombockoe）、高咙蜡丽（Kolonadale）、鲁郁（Loewoek）、万涯（Banggai）等埠，谓之武敦期，航程18日，24日一期。武敦出产有牛皮、牛角、牛肉干（销往爪哇，为下饭品，土从多嗜之）、鹿皮（作鞋裹料，每百斤40余盾）、鹿肉、番麦、籐、黄蜡、鱼干、海参、海菜、蒲节草（供縢结杂物之用）、白沙驴皮、老枫皮、胶楱皮（上三种皮均销往爪哇制作药料。热地受毒，以该皮摩擦之，可阻其侵入肤里）、孟龟汝（可供染料。在昔每担约20盾，自欧洲德、比诸国新出一种色料粉，孟龟汝价遂大跌，几乎无人过问。洎欧战局开，色料停运，乃高涨至30盾上下）、贝类等。喇哈出产海菜、籐。干阿里出产以牛皮、籐为大宗，又有海参、海菜、贝类、麻、甘蕉里壳、鹿皮、牛肉干、玳瑁（为各种装饰品，销德、比两国最多。自欧战发生，价情暴跌。玳瑁足销日本，闻日人结婚，新嫁娘多用玳瑁足作发梳，谓能压煞，亦可晒也）、木材（西里伯斯及其附近出产木材甚多，质坚且大，尤以安汶柴及乌木柴为贵）、角类等。沙喇梦甲出产海参、海菜、鱼翅（多销香港，为华人食品。有黑白之分，最上者每斤三四盾，以腹鳍为佳）、小鱼干、白沙驴皮、玳瑁、贝类、籐、黄柴、椰干等。打蒙古出产籐、椰干、黄柴、点吗土、贝类、牛皮、鹿皮等。高陇蜡丽出产以点吗土为最多，次黄蜡、黄柴、椰干、赤皮（即赤牛皮，与水牛皮、山牛皮有别。赤牛皮最贵，一二号销欧洲，较劣者销爪哇，土人每炙而食之）、贝类等。鲁郁出产椰干为大宗。万涯出产有黄柴、黄蜡、珍珠、可可、山狗麝（销爪哇作药料，取其能去秽恶。每百斤约值百余盾）、椰干、贝类、玳瑁、海参、鱼翅、鹿皮等。

由望加锡航往巴黎巴黎（Pare-pare），经波理哇利（Poliwali）、万惹丽（Madjene）、万武柔（Mamoedjoe）、弄迓拉（Dongala）、道理多利（Toli-toli）、甲劳沙（Karossa）、三吧牙（Simpaga）、吧汕加佑（Pasangkayoe）等埠，谓之巴黎巴黎期，航程约20日。巴黎巴黎出产牛皮、甘蕉里仁、番麦、椰干。波理哇利出产海参、牛肉干、牛皮、椰干、籐、点吗土。万惹丽出产椰干。万武柔出产籐、椰干、海参、贝类、玳瑁。弄迓拉出产以籐、椰干为大宗，又有山狗麝等。道理多利出产椰干及籐。甲劳沙出产籐、椰干、牛皮、黄柴。三吧牙出产椰干、籐。吧汕加佑出产籐、椰干、木材。

由望加锡航往咕邦（Koepang），分为两期，期各15日。其一先到美吗（Bima），经纳望峇惹（Laboean Badjo）、蜊（Reo）、貌脉利（Maoemeri）、捞揽厨江（Larangtocka）、歪偎浪（Waiwerang）、亚咾咾（Alor，其埠名曰加拉峇戏）、里来（葡属）、亚达布布（Atapoepoe）而至咕邦，再由咕邦航行下述各埠至沙白（Sape），仍返美吗，回转望加锡。其一先到美吗，经歪鸡罗（Waikelo）、巡峇（Soemba，其埠名曰哇依牙富）、安马利（Aimeri）、英黎（Endeh）、沙富（Savoe）、罗底（Roti）而至咕邦，再由咕邦航行上述各埠至沙白，仍返美吗，回转望加锡。咕邦行政官最高者有黎丝磷。出产以椰干、香柴、海参为大宗，螺壳、牛皮、鹿皮、鹿角次之。荷人30余，华侨千余。中华学校一，男女生共百余。宗教以耶稣为盛，有所谓锡亚尼者，即非欧人而奉耶教之称号，文明程度远逊于万鸦老。回教亦有奉者，然居少数。美吗出产以葱头、三色豆为多，又有牛皮、鹿皮、鹿茸、鹿角、鹿筋、甘蕉仁、黄柴、燕窝、贝类等。甘蕉仁、黄柴皆直寄泗水，牛皮昔运锡江，今亦与泗直接。葱头、三色豆均于阳历10月、11月间产出，每百斤约6盾。华侨数百，福清籍居多。昔时生活易，今则阿拉伯人新张商店十余家，降价竞争，获利稍难。土番污秽甚，遍身漆黑。男人常赤体，挑水热饭乃其役；排贩多属妇人，手工颇佳，能自织纱笼，少有外购。年销纱布类甚夥。纳望峇惹出产贝类颇多，贝质佳，与望加锡产相等。埠极小，华人无几。蜊之土产以咖啡、番麦、米为大宗，又有生马、黄蜡、黄柴、贝类、海参、鱼干、鹿皮、鹿筋、鹿角等。该处有数日人贩卖杂货，营业颇大。华侨约 40 余。貌脉利出产椰干为大宗，月约 2000 余担，黄柴、甘蕉里仁、烟叶（各处所销不同，咕邦一带多销貌脉利出产者，望加锡附近多销安班澜出产者。土人吃烟皆直抹于唇齿，顷之则红沫四唾，状至厌人。侨生女未适不敢尝，既适则肆无忌惮，与番妇若。迩来女学渐兴，旧习寖改矣）、阿参（味酸，作食物辅佐品，土番及哇哇、荷人均嗜之）、落花生、贝类亦多，海参、玳瑁、豪猪枣（每粒约 20 盾，作药用，退热性甚强。但多假庄，购者宜慎）、黄蜡少许。日人二三，华侨约 50 余。捞揽厨江出产椰干、牛皮、珍珠、黄蜡。歪偎浪出产椰干、木材。亚咾咾出产以椰干为盛，月约千余担。该处土番綦懒，旷土颇大，荷人强迫耕作，出产乃渐繁。黄蜡多且美，燕窝亦佳，贝类、海参、玳瑁少许。华商仅 5 号，华侨约 20 余。土番以铜鼓、铜钟为财产，曩时还税无银币者可取为质，今不许，现状苦甚。里来出产咖啡。亚达布布出产椰干、香柴、黄柴。沙白出产葱头。歪鸡罗出产米谷、尖尾螺、黄柴。巡岺出产香柴、黄柴、牛皮、鹿茸、燕窝、椰干、贝类及生马匹。安马利出产椰干、咖啡、牛皮。英黎出产以椰干为大宗，又有鱼翅、桂皮等（桂皮即肉桂皮，较安南所出之清花桂劣。在昔安南属我，清花桂采卖自由，今则受法压制，出口甚难。他如美吗、燕窝、朝鲜人参，皆受其政府干涉，非报告经其许可不得采卖。亡国苦况，有如是也）。距今 10 年前，英黎土匪倡乱，华侨商店被毁 20 余号，损失 200 余千，负负徒呼，索偿无处。回忆外人寄居吾国，要求革命赔款，如鸡鸭之类平日每只价值 2 角，要求赔偿 1 元，失去一狗，要求 300 元。或有不闭门户无人看守，被劫后亦多方要求。然此犹得借口于直接之损失也。甚至有以间接损失，如云商业停滞不获薪水，革命变乱致华商欠债不能偿还，货物不能出售致无利可获，革命时期市面不佳，致费货栈租，悉数要求赔偿，不特此也。除要求赔偿之数外，并要求吾国认年息 7 厘，由损失之日起至赔偿之日止。同一侨居，同一损失，外人则索赔损失额之十数倍，华侨则不得损失额之一二分。嗟我同胞，能谓国之强弱与商业无关耶，能谓国之存亡于华侨无与耶。沙富出产椰干、牛皮、贝类。罗底出产玳瑁、椰干、牛皮、尖尾螺、黄蜡。是皆轮船之所经行者，名之曰咕邦期，以咕邦为主要地点也。

由望加锡航往峇厘把板（Balikpapan，按本埠在婆罗洲岛），经弄迓拉、巴礼丽（Palehleh）、观丹（Kwandang）、安武銮（Amoerang）、万鸦老（Manado）、达吾澜澜（Tagoelandang）、萧（Siaoe）、罩轮那（Taroena）、八搭（Peta）、淡峇果（Tamako）、多笃（Totok）、高武那（K. Boena）、榆果（Djeko，又称慕老木）、牛笼打落（Gorontalo）、文罩（Boenta）、保燥（Posso）、巴里御（Parigi）、允那允那（Oenaoena）、文武澜（Bosenboclan）等埠，谓之万鸦老期，航程约 14 日。峇厘把板出产煤油为最大宗，荷人设厂经营，规模颇宏大。煤炭之产量亦富，荷兰商轮、军舰有行经是间者，每迤道入港装煤。侨工 2000 余，多系粤籍，有闲乐砺志社、竞成俱乐部两团体。侨商千余，多系闽籍，拟组中华会馆，不日可成立。弄迓拉出产见前。巴礼丽出产大宗椰干。观丹出产椰干、海参。安武銮出产椰干、海参、金、尖尾螺。万鸦老即美拿多，出产以椰干、咖啡为大宗，又有点吗土、可可、皮类、贝类、栳栳子、栳栳花、鱼翅、桂皮等。荷官最高者有黎丝磷。华侨约6000余，荷人600余，法兰西、日本、犹太人各十数。中华学校一，男女学生200余。华侨商会已成立，合群思想渐进于前。土人身短色白，与黄种类。奉耶教，颇文明，年事稍长，巫文蔑不识。又能实行耶稣博爱主义，凡西人有作长途旅行者，经过乡村，托宿罔不应。招待周至，款奉甚优，谢以资，或受或否，不给资亦豁然开广，绝无计较。回途倘经原处，必仍至其家，尽礼如前。他宿为所知，反怏怏若蒙耻辱。邂逅相遇，不问老少男女，趋谈则应，绝无羞缩怠傲之容。平居勤操作，耕耘树艺，手足胼胝，无男女皆然。事毕则衣服丽都，三三两两外出游行，有飘飘若仙之概。回教徒寥寥，龌龊蛮野，盖因轻视教育，新知识无从输入也。达吾澜澜出产椰干。萧，一小岛，在西里伯斯之东北，直辖于万鸦老。出产椰干，年约2万担，栳栳年约3000余担。华侨近百人，皆侨生者，新客仅一木工，余皆受排挤不能存留。前清宣统二年创办一小学校，汉文外兼课巫文，学生男女20余。旋因经费被万鸦老某哇哇所破坏，大有岌岌难支之势。此岛30年前属土番，后由荷政府选派教士前往传教，土民信奉之，主权遂归荷兰（同胞注意）。全岛耶教堂四，巫文学校六，土民有知识，颇能振兴实业。罩轮那、八搭、淡峇果、多笃均产椰干。高武那产椰干、点吗土。榆果产椰干。牛垄打落年产椰干约7万担，籐约3万担，点吗土约2万余担，又有牛皮、可可、螺壳、蚌壳、玳瑁、鱼翅等。华侨700余，民国纪元前一年创设中华学校一，男女生共百余。泰西大商号两三家，阿拉伯人四五十，日人十数。土民多奉回教，奉耶教者甚少。文罩产椰干。保燥产椰干、金属、籐。巴里御产椰干、海参。允那允那、文武澜均产椰干。

由望加锡航往安汶（Amboina），经万兰（Banda）、实勿罗（Saparoea）、比罗（Piroe）、哇海（Wahai）、果甲氏（Kokas）、仆仆（Fak Fak）、加佑马那（Kaimana）、格色（Geser）、达汝底埋衣（Talloetibaai）、阿马灰衣（Amahei）、羁衣厨亚老〔Toeal（Key Eol）〕、孟古汝（Bingkoedoe）、挨拉（Elat）、亚罗（Aroe）、脉罗计（Marouke）、低八（Tepa）、三秧拉几（Saumlaki）、挨老污（Adaoet）、礼邻（Laling）、拉栗（Lalat）等埠，谓之亚罗期，航程一月。安汶行政官最高者有黎丝磷。出产点吗土、椰干、栳栳、丁香、鹿茸、皮类、贝类，尤以金簪鞋为特色。华侨不幸分二派。新客为一派，男女共200余，爱国心尚富，祖邦光复，国民倡捐，或千盾，或百盾，或尽月薪输纳。侨生为一派，数亦200许，醉心欧化，入荷籍者约十分之七。饮食起居模仿西洋，子弟多进荷兰学校，高材有力者或至海牙留学。妇女喜婚荷人，侨生者次选，非侨生之华族则鸿沟划界，几如清初满汉禁婚，少有相融洽结朱陈者。盖受欧人同化，已不知己身之所自来，尽失其独立之国民性矣。中华学校成立于民国元年，学生40余，大半来自国内，侨生儿童就学不到十分之一。甲必丹、雷珍兰，侨生者为之，良知不昧，本根未忘，虽自喜荷校，华校亦能顾全。好侨人衣服整洁，凡有玷辱国体，如棍棒戏、卖淫妇，皆恳切劝改业，不则促令出埠，或先时函请望加锡甲政勿出字听往安汶，善善从长，是不得过为贤者之责备也。埠中有公司曰振华，为华侨公共所组织，对于入口货物，如火柴、白线、罐头食品、油纸雨伞等，得有专卖权，年年获利颇厚。以华侨之众，苟能戮力同心，何功不克，非独安汶然也。土人面黑，发短缩，奉耶教已百余年。性勇悍，能守规律，政府常招以为兵，今西里伯斯岛各埠守兵2000余，安汶人占大多数。闻现拟换用警察，将该兵移驻爪哇，以爪哇关系重大故。万兰出产椰干、栳梼。实勿罗出产丁香为大宗，椰干次之。比罗出产大宗点吗土，次硕莪粉。该地土人未入教，惟海口有少数耶教徒。哇海出产玳瑁、鹿茸、海参。果甲氏出产雾鸟、望皂二、点吗土、贝类。民国五年，因当道迫土人移处他埠，土人乘机抢劫，华侨损失财产不知凡几。中有戴某者，娶日妓为妇。乱事发生，戴某令日妇报告荷官速为保护，否则将来所有损失当索赔偿。荷官闻言，随派小战舰将戴某一切家具载归，因此华侨未受抢夺者仅戴某一家而已。日妇背上讵有百万甲兵，竟令荷人敬畏若此。仆仆为荷属纽几内亚西部（Niems–Guinea，纽几内亚又名巴布亚岛，西历1548年荷人领有其西部，1584年德人领有其东北部，1588年英人领有其东南部，1914年欧战起后，德之东北部亦被并于英）之首埠，出产雾鸟、点吗土、贝类、海参、栳梼。尚有金、铁、铜、锡、铅、煤炭、煤油等矿物未开采。华侨总数600余，每年率死二三十，盖因水土不合，脚气症常发故也。土番面黑形丑，披发裸体，编织树叶遮私处。自有布匹输入，乃稍弃树叶而用布。舍短取长，土番尚不顽固，视我国复古派心理，其胜负是非若何。项上杂挂圆石，购自西人，常以数仙而卖几十盾，投所好也。番性好杀，杀愈多同类愈以为荣，妇女咸乐嫁之，有如德国女界以克配军人为终身得所者然。割取之头贮以盘，任其腐烂流汁，然后取汁请客，谓可壮胆。平居多食生物，见人异己则攫而食之，争唉其肉。惟此番在商场经已绝迹，深山密林中恐未净尽。加佑马那出产望皂二最佳，又有点吗土、尖尾螺、雾鸟、栳梼等。西历1916年7月15日，旅加侨胞遭难至酷。缘加埠附近有地名"亚逸牛呢"，分三社，曰"马腰牛只"、"洞加罗"、"潮瓦罗"，该处雾鸟颇多。我侨胞向荷官领枪，分散诸土番，以为打鸟之具。讵料土番因抗纳身税，忽在内山变乱，以打鸟之枪转而枪人，凡遇异族辄肆残杀。侨胞在加坡营业约30余人，在内山者只四五。是时适雾鸟上市，坡中侨众前往收采，以故同时遇害。计南安籍黄维治，福清籍黄宗景、黄春扬、杨番婆，永春籍孙易拔、林麒麟、林谦让及其妻子。子方七月，土番环掷以嬉，隔两日犹呱呱而啼。土番再以木石击之，脑浆迸流，委弃于地。其余有头颅被割为饮器者，有受兵器自尻透颈高扬以为乐者，或作人鬙，或作炙羊，生命蝼蚁，天日无光。迨至7月19日，脱险者逃至仆仆埠荷公署报告，并请派兵保护。是日荷巡舰适在仆仆，意必赴加弹压矣。乃竟置若罔闻，转入简那低港，廿余日不见一兵。其在加原有之预备兵7名，防彼小衙门犹虞不足，何能保护华侨。乱平后仅查各该死者遗下财产若干，分别充入管理嗣续事务官而已。格色出产海参、海菜、鹿茸、尖尾螺。达汝底埋衣出产椰干、尖尾螺。阿马灰衣出产椰干、点吗土。羁衣厨亚老出产海参、柴抽、贝类。孟古汝出产未详。挨拉出产尖尾螺、海参（上述数埠，华侨多者十余人，少者四五人，惟届某项土产盛出时，则旅客较众，盖由万鸦老、简那低诸埠前往贸易也）。亚罗出产珍珠最著名，有重至六七十克兰姆者（克兰姆省作克，即新分）。日人在彼采集，统计约有300余。其采取人数，潜水者一或二，持绳者一，开贝者一，水手三四。采取用具，船、送风唧筒、送风橡皮管、潜水衣、胄甲、裹衣、靴及采贝机械等。亚罗雾鸟最佳，海参、燕窝、螺壳、蚌壳亦不少。数年前土番作乱，华侨死于刀箭下者冤犹未白。脉罗计出产雾鸟、点吗土。低八出产椰干、黄柴、尖尾螺。三秧拉几出产海参、椰干。挨老污出产海参、黄柴、贝类（属租）。礼邻、拉栗均产海参、椰干、黄柴、尖尾螺。

由望加锡起航，有简那低（Ternate）期者，航程约45日，分正副两期船。先往武敦，经喇哈（Raha）、底富（Tifoe）、安汶、务罗（Boeroe）、沙那那（Sanana）、老威（Laiwoei，即窝米小屿之埠名）、峇漳（Batjan）、简那低、瓦耶武拉（Waiaboela）、迈礼拉（Galela，上二埠副期船往，正期船不往）、多迷罗（Tobelo）、加圬（Kaoe，副期船往，正期船不往）、亚格实拉呷（Akeselaka）、武利（Boeli）、喂叻（Weda）、巴丹尼（Patani）、苏朗（Sorong）、苏丽（Sabrek，副期船往，正期船不往）、马落可里（Manokoeari）、突朗（Roon，正期船往，副期船不往）、窝埋衣（Wooibaai）、西汝衣（Seraei，上二埠副期船往，正期船不往）、瓦丽（Wakde）、罕母罗氏埋意（Humboldtsbaai，上二埠正期船往，副期船不往）等埠。武敦、喇哈出产均见前。底富出产椰干、点吗土、白树油、鹿皮、鹿角。安汶出产见前。务罗出产白树油为大宗，籐、椰干、海参、鹿角、鹿皮次之。沙那那、老威均产椰干、海参、尖尾螺。峇漳出产点吗土、尖尾螺、海参、椰干。简那低驻有黎丝磷。旧土王之名义尚在，每月俸给999盾9角9，适少黎丝磷月俸1仙，意谓土王之俸尚少于黎丝磷，则土王应受黎丝磷之节制，土民尊敬黎丝磷应视土王加等也。先是土王所辖共有百余小埠，荷兰以甘言厚币租其海口，内地由土王主之。后以旧王物故，民心稍解。而王族素又专制，禁土民不得穿鞋，遇王必匍匐顶礼。在海口荷兰辖下，转得穿鞋任意，少受束缚。土民蚩蚩，安知种族大义，故反乐就荷官，厌弃王室。于是新王之欲立者，非得黎丝磷承认，土民几不服其指挥。嗣王欲得黎丝磷承认，乃于黑幕中争相割地纳贿。传袭一代，则断送若干埠，世世递割，以归于尽。该处有二山，一曰简那低山，多硫磺，喷火数十年未断，间或爆发。一曰地罗山，喷泉，惟不常见。海口有短桥，可泊商船一艘。出产椰干、点吗土、鹿茸、鹿皮、鹿角、海参、玳瑁、鲂龟皮（一名琅玲）、蚌壳（产于漫涯。属土王有，包租于人，年约8000盾。包户转税各船舶，采蚌每船月百盾，统计三四十艘，月收三四千盾）、尖尾螺、栳梏子、栳梏花、硕莪等。土民晚间食米，每月约销一万包，早午均食硕莪，佐以鱼干。其法先将硕莪枞砍断，浸在水中月余，然后收取其粉，煎为片片。鱼干约编三四十尾为一排，灼骨至碎，以为无上美味。男女在10岁左右必割其私。迷信宗教，好往麦加瞻圣迹，谓之"哈喻"，（麦加在阿拉伯西部，属土耳其，距红海120里，为回教祖穆罕默德生地，其徒尊为圣城。中多礼拜寺，有黑石一方名吉勃勒，回教徒尊为圣石。美地那城在美戛之北，穆罕默德之墓在焉，亦为回教圣城）每人用费约需600盾。至麦加后，主教赐以黄巾。

既归，土人争往迎迓，迭闻其手以示敬爱焉。全埠华侨600余，中华学校一，倡办者王诗甫君。甲必丹某，性与人殊。凡侨界公益如商会及他团体，甫欲萌芽，渠必从中龃龉。海陆旅行均须出字，常企候至三四点钟。此是民国三年闻诸出水客王某。果如所言，则荷兰政府设甲必丹以代表华侨者，转以害华侨，不特为同胞所怨毒，抑亦为异族所鄙贱。瓦耶武拉出产以点吗土为大宗，月约千担，椰干月约三四百担，海参、尖尾螺、玳瑁等较少。华人仅三四。迓礼拉出产椰干月约200余担，点吗土月约300余担，海参、尖尾螺少许。华侨十三四。多迷罗出产椰干月约300余担，点吗土月约400余担。华侨十五六。加圩出产点吗土月约千担，小鱼干1、2、3、4月盛出时约千余担，又有蚌壳、药珠、玳瑁、鹿角、鹿皮等。华侨20余。亚格实拉呷出产椰干月约百余担，点吗土月约五六百担，小鱼干盛出时月约一二百包，鹿皮、鹿角、尖尾螺等少许。华侨二三。（亚格实拉呷与加圩两埠所出点吗土多属荷人包买）武利出产椰干、贝类。喂叻出产雾鸟。巴丹尼出产栳桦、槟榔、椰干。华侨三四。苏朗出产雾鸟、点吗土、尖尾螺。苏丽出产点吗土月约千余担，尖尾螺每期船约输出一二百担，又有玳瑁、海参等。马落可里出产椰干、点吗土、雾鸟、玳瑁。突朗出产未详。窝埋衣出产点吗土月约千余担，又有安士鸟，较雾鸟之价约高一倍。华侨三四。西汝衣出产点吗土月约1500担，雾鸟年约400戈里，安士鸟年约60戈里，杂鸟每年所出约值3万盾上下。华侨20余。瓦丽出产椰干月约200担。华侨50余。罕母罗氏埋意出产雾鸟年约500戈里，杂鸟每年所出约值5万盾，其余点吗土、望皂二等尚多，土番竟弃而不取。华侨50余。此外有安须（Ansoes）埠出产最佳雾鸟，马比亚（Mapia）埠出产椰干月约200余担，海参、尖尾螺虽有之而无欲者。地领于英，贸易专其利，物价较他埠奇昂，以排斥黄人故。即有海参等物之大利，终坐弃而无路可售。彼世之抱闭关主义，以苦遇侨民为得计者，实不啻自绝其财源，自摧其商务也。

第二编　婆罗洲岛

由望加锡航往三马林达（Samarinda，或译沙马利打，又名高低），经把氏（Pasir）、歌达峇鲁（Kotabaroe，或译戈达祸鲁，或译古达马路，或译可他跋路）、不拉坞（Plaoet）、吗辰（Bandjermasin，或译彭却儿马心，古称文郎）等埠，皆婆罗洲（Borneo）属。其航程或1月，或12日，船常变换。三马林达出产以籐、橡皮（英名Caoutchouc，取树干中白汁熬胶，可作橡皮靴、橡皮衫、橡皮管、机器带、防水布、唧筒、庭球、棒球以及电气隔电用之橡皮层、橡皮车轮等。以其质之类皮也，故译称像皮，或作橡皮）、煤油、煤炭为大宗，又有犀角、燕窝、鱼、椰干、豪猪枣等。位置背山面河，河通吗辰入于海。土壤颇肥沃，气候较西里伯斯稍热。阖埠华侨约千余，以潮州人为多。中华学校一，学生47。荷立学校二，华童多往肄业。前有书报社，因国民共和两党纷争，遂星散。把氏出产以籐、椰干为大宗。歌达峇鲁出产乌白胡椒颇多，又有籐、鹿茸、鹿皮、燕窝、乌林枋、尖尾螺。华侨团体有中华书报社，中华学校学生20余，教员一。不拉坞出产煤炭。吗辰出产橡皮、籐、席、猴枣、犀角、金刚钻等。金刚钻之成，原因于炭精受压，缩至极度，历时愈久，其质愈坚。近顷科学进步，人造金刚钻渐布市场。法以纯炭质矿物名黑铅者，放在受热极高、密度疏散之铁质中，及其冷时，缩力甚大。经一度二度三四度，然后以硝强水溶化该铁，取出黑铅，即成假金刚钻。所借以辨别者，色泽优劣之差耳。中华学校有二，旧校学生八十六，教员三；新校学生四十一，教员二。

荷属婆罗洲除上述各埠外，有坤甸（Pontianak）、喃吧哇（Mempawa）、山口洋（Singkawang）诸埠。坤甸开辟之始祖为粤省梅县人罗芳伯，计传7代，距今30年前始为荷兰吞并，现埠中尚有罗芳伯庙。华侨留寓商埠者约7000余，合附近各村市共2万有奇，以梅县人为最多数。梅籍咔哇多认识华文，通晓梅语。中华学校附设罗芳伯庙中，学生百余名，教授用梅语，国语别为一科。校长一，教员三。又有华校一，创办者为潮州人，名曰振强学校。学生亦百余，教员四，经费岁入万余盾。中华女学校一，学生五六十。中华商务总会一，成立于清光绪三十四年。

坤甸有可法士（Karoeas）河，河身长，小商轮可航达七八百里。水路四通，木船甚夥，远行者多舍陆而水，其结果坤甸府几无一车辆。地势低，气候热，华侨均住木屋，屋顶一切无不用木。屋式略如番人居，离地建筑，以避湿气。出产煤油、煤炭、椰干、橡皮、籐、猴为多。入口货大半与星洲直接。金矿有已开者，有未开者。森林最盛，一望浓绿。土地多未垦，农业甫在萌芽。土番常焚山泽，去荆棘，然后掘地播谷。欲得火则钻取于木，如我国太古时代。性嗜杀，好斫人头以为乐，番众亦荣之。僻野乱山中，男女均不穿衣裳，其种名曰"唠子"，盖几乎人而兽者也。赌不禁，每年赌饷36万余，华侨包办之。酒专卖亦归华侨，鸦片专卖则归荷人。邮政、电报局各一。荷兰行政官最高者曰缎西灵，约当前清府职。兵警寥寥无几。民国三年10月顷，因荷政府下令华侨作工修路，华侨不可，政府严促之，华侨铤而走险，集众击毙一甲长，毁官署，断电线。宋姓某某为首领，招番兵，树国旗，与荷兵宣战，各死伤不少。兼旬之间，秩序大乱。后由吧城调兵赴援，约亘两三月之久，乱事始平。宋某逃之新加坡，其父被执，牵累华侨多名，结果亦从宽办理。华侨揭竿之前一年，德人某在坤甸运动土番革命，土番共戴为党首。事虽发觉，德人卒不被捕。同因异果，国势强弱使之也。

坤甸所属有喃吧哇埠，纵40哩，横75哩，地旷人稀，客民多以稼穑畜牧资生活。唠子为本埠土著，已渐衰微。有喃吧哇河，发源于东北山麓，西南流入海。河之北岸曰百武院、打唠牙。河之南曰松柏港、淡水港、勿哩哩。因地势低洼，河流近处间有泛涨之虞。气候较西里伯斯岛热，然借海风调剂，炎炎之威尚不甚酷。荷公署设于喃吧哇河南岸，距商场约3哩。土酋有喃吧汉一，邦车兰二，受荷政府令治理土人。全埠驻步兵约30，警察20许。华侨供职者有甲必丹、老大，征收华侨身税、屋税、器用税、狗马税等，均归其承办。华人新到，须觅殷商担保，非遇星期日或合律休息日而逾24小时未立居留字者，监禁一月。出水他往未执旅行券者，罚银50盾。居留字满六月不再请画号展限而仍留居者，罚银50盾至百盾，或驱逐出境。然华人以迫于生活故，隐忍将顺。统计阖埠在留侨民尚有万人左右，十之七业农，十之三业商。粤省梅县人较多，闽人次之。中华学校已成立，书报社亦经创设，祖国文化浸浸输入。土产椰干、甘蜜为大宗，每年约各60万盾，白籐、胡椒次之，年各数万盾。又有猴膏、鲨鱼、鲛鱼等。至于金属矿产，年来已渐减少矣。

山口洋在婆罗洲西岸，亦属于坤甸府，统辖汶肚宜、石角、盐厅、阿塔港、大完肚、载厦、红沙港、百无烟、骨律、丁加限、木官、乌洛、昔邦、卢末、二罗、百万突、白芒头、凹下、高桥、唠唠、哇里、麻云、打唠鹿、夹巴罅、路下横等埠。华侨总数约2万，业农者十之六，业商者十之四。山口洋本埠口岸每旬日有定期船来往星洲，每半月有定期船来往吧城。输出品以椰干为多，每期船约2500担，胡椒、甘蜜次之，约各250担，树胶约40担。汶肚宜口岸输出额约占山口洋五分之二，半为椰干，半为胡椒、甘蜜。无出口税，盖已征之于种植时，如椰树每株年抽2仙，胡椒加倍。普通山税每方寻年抽2角半是也。输入品约占输出品三分之二，由英荷属附近各岛输入者约十分之三，如布匹杂货等；由中国输入者约十分之二，如茶、烟、纸、干果、食物等。入口税较锡江为重。

所得税、房屋税、器用税、狗马税略如锡江。惟锡江路灯税已取消，山口洋则未。又有力役之征，如修筑道路、转输官用品等，避役者纳修路税、转运税。民国纪元后新定入口税每人25盾（荷兰人免），为西里伯斯岛以下所无。

中华商会、民生书报社均成立于民国纪元前一年。潮州会馆、琼州会馆、关帝会、伯公会及各处老人会成立虽较商会、书报社先，而局于一部，要非全侨公益之团体。商会附设中华学校一，教员三，学额80余。书报社亦设小学一，教员二，学生日夜课约共60余，地址皆在山口洋坡。其属下各小埠多数仅设私塾。中华学校成立者只有5所，一在汶肚宜，教员二，学生40余；一在骨律，教员一，学生

30余；一在麻云，教员一，学生20余；一在打唠鹿，教员二，学生60余；一在路下横，教员一，学生30余。

山口洋坡荷兰官立小学校一所，兼收华人土人。马来教员二，马来学生70余，华童甚少。耶稣教堂附设学校一所，教授中英文。教员二，学生20余。天主教堂兼办男女学校各一所。男生约五十，中西教员各一；女生约四十，教员聘西女教士。

文官驻山口洋者一，主管行政，兼理诉讼，下有漫的理（土官名）助之。华甲必丹一，华侨小交涉先申明甲必丹，判断其曲直，服则了事，不服则诉于荷官；较大交涉，甲必丹不能断，须俟荷官审理，审判时甲必丹得到厅备顾问。其他经收税项等事，与坤甸甲必丹同，下有老大助之。全属兵数约二百，武官有甲丁、力兰等名称。警察60余，分派各属埠。

第三编　小巽他列岛

　　由望加锡航往三卯哇（Soembawa，或称松巴洼），壤地褊小，出产咖啡、椰干、牛皮、鹿皮、鹿茸、海参、鱼翅、尖尾螺。华侨凡百数十，日侨只三四。往纳务峇利（Laboean Hadji），出产椰干年约 5 万担，又有葱头、牛皮、咖啡、烟叶等。华侨商业未盛，总计只百余家。土地肥饶，前荷政府靳不予华侨垦辟，西历 1915 年始开禁。中华学校一，学生 20 余，周归奕君、张培赞君即创办之首倡者。岁入铺捐 3733 盾，入口货捐 1260 盾，学费 420 盾，岁出统计 4502 盾。往安班澜（Ampenan），简称澜江，码头建筑不及望加锡远甚。来往轮舶下碇海中，客货起落均用木船转载，风吹浪作，欹侧不定，衣服间或受湿。倾覆则少有闻，以其船式合宜，逆来能顺受也。土产烟、米为大宗，烟质佳，色泽油润，可收贮二三年。业烟者多居奇待价，虽历一二载，而芬芳馥郁，转胜于前。华侨每年装寄外埠约 3 万担，荷商输运欧洲，土番直接贸易，数亦不少。米厂华荷各二。在昔谷米初登，土人多负贩于市，华侨薄有资本者买贱卖贵，颇获赢余。今则同族相竞，争就土人采买，土人乘机抬价，大收渔利。苙叶初无出口，近因峇厘、峇塘各埠产额不丰，全赖此地接济，每日运往他处不下十数万篓。芝叻皮色白，熬水调德国靛可为染料。本无出口税，闻有某某者欲专其利，自与荷官约，每百斤愿纳出口税 7 角半。由是凡经营是途者欲输出若干担，必先向荷官出字，还税明白方许放行，否则将货截留，若私盐然。顾商人既按担完纳，而放行之字时复不免延搁，停越数天，销数因致阻滞。椰干年约三四万担。中西大商号初仅收买干椰，近因各争利权，并生椰亦雇佣采购，从事晒曝。余如绿豆、赤皮、甘蕉里壳、尖尾螺等，均为主要输出品。

　　安班澜昔曾内附吾国，明清制钱今犹有用之者。30 年前峇厘番亦尝王此土，所谓峇厘十八国，安班澜其一也。对面之山，峇厘王居之。东至拔来墅、戈邦、纳务峇利、昔唧等处，约 80 余里；西至龙目、峇秧、苏廊、漏广诸海屿，皆其领辖，田土广辟、四望无垠。当其盛时，贯朽粟红固数数见。然处兹强权世界，既不能遏外力于机先，又未能张己力于不败，致十八兄弟之国仅廿年间，先后为荷兰所并。闻当日荷兵迫境，王虑强弱不敌，颇将顺之，皮币犬马，曲意奉事。而暗中出巨资购轮舶，以通货物、殖财用，并托华商秘运军火，救国未始无心。惟华商劝于海口建造炮台，防备不测，王因循未能听。既而与荷人构兵，仓卒之间，发愤抗战，被围半载，效死力拒，竟歼其全师，危而复存。后荷兰续发大兵，并以巨炮轰击。土王器械不利，卒为所俘，解往吧城。华侨早履是邦者，身犹及见。其因战争所受损失，无所取偿者 200 余千。

　　峇厘王同族，有称为"贻蹈"、"牛实地"，各分等级，犹清朝亲王贝子。土人有两种，曰峇厘，曰熟熟。熟熟系色喃种类，人数居十分之八，叛服靡常。荷兵既至，密作向导，性狡诈无信用。今荷政府限制之，且谕此种人买卖赊借，至多不可过 25 盾，盖华商常被拖欠不还，诉于有司，有司不胜其烦，故立此制限也。峇厘人居十分之二。男子耽逸乐，懒谋生，惟赋性慷慨，勇于拒敌。平居外出，恒插刀剑于背后，剑鞘刀柄镶金嵌珠以为豪。妇女经营生业，信用尚佳，华侨多乐与交易。田土房屋，峇厘人较多，熟熟人若佃工佣奴。甚至嫁娶亦不平等，峇厘人可娶熟熟女子为妇，熟熟人不得娶峇厘女子为妻，贵贱尊卑，沿为定例。今归荷领，阶级稍稍杀矣。

当土王未败时，虽卑视熟熟，而极爱重华侨。时王约60余岁，犹康健矍铄。华侨甫至乏资本，买薄物为贽往面王，王即贷以铜钱，或数十千，或数百千，俾各自营业。日久事稔熟，再向求某物专卖权，无不应者。缘此而埠中各货多有包户（澜语谓之万达），包户既繁，土民遂受刻制之苦。其与今日中国，举生计大权，不惜让与断送于异国异族者，将毋同，吾又何暇为土民哀哉。

又有一事可记者。荷属各埠每车米均30担，安班澜则32担为一车。其故以王爱华侨，初到未有生业，势不能一一推食解衣，必暂寄身于各包户。王乃与包户约，米粟每车原系30担，特许以32担作一车，多2担为华侨膳宿费。又于各包户处察其铺中多华侨食指，则色然喜，否则责其不能安养华侨，有伤己德。故为包户者恒以少寓华来新客为羞，盖欲顺王意也。

埠中名胜有三，曰"然沙"、"麻油螺"、"加令马牙"（或译阿利马纳），皆昔日土王休憩之所。净洁明幽，有自来水涓涓然流入于池，池畜大鳗鱼，水清可数。树木阴翳，虽盛暑之际凉爽似高秋。星期日荷官恒到加令马牙，且派警兵护卫，较然沙、麻油螺尤为完整。

澜江居民宅前屋后多植亚汝树，以蔽风雨、却炎热，木材仅可充燃料，用途殊狭。根入土不深，一遇狂飙急需，每有倾倒之虞。数年前荷官署运到干那李种，分植隙地，幼小者护以竹篱，防避蹴损。遇伐他树有隙，亦以此补植之。自海口达山中，不下数万株。遥望青青之色，两行排列，数步一株，亭亭矗立如华盖。花开淡黄色，与我国龙眼花略似。叶低垂，果实嫩绿如缀珠，成熟后每斤价约一盾。其利济行人，尤令人兴甘棠之感，而蹙頞于己国路政之不修也。

土民以农作为主业，暇则驾车营利。现计全埠两轮马车已达700余号，四轮马车尚少，摩托车仅有十余辆。荷人设大摩托车二三辆，车身可容三四十人，专备载客往来拔来野、戈邦、纳务峇利等处。每英里每人车税5仙，带货者酌量加费，商旅便焉。

色滥派之熟熟人，逐年于乡党中择其尤者一二往瞻圣城，回乡后可称为"缎哈喻"。于其去也，则尽倾乡中人以送之；及其归也，亦尽到海滨以迓之。盖渠经一度之游历，知识自增进多少。自欧战兴，禁不放行，所省游费，一年约有二三十万盾。

土人有所谓"盘璘脎"者，蓄全发，盘旋作螺髻状，如我国道士装，男女皆能为之。楼屋不敢入，谓恐受污秽。袒裼裸裎，妇女则以绸巾掩其乳。吹角摇钟，大呼小叫。富人遭丧，必请此盘璘脎诵经忏悔，然后火化骸骨，送其灰于海滨。未化以前，须先求其符水洗净。此符水之价值无可衡量，视其家之贫富而定多寡，虽前土王之尊，亦必听其需索，不敢少吝。且与抗礼公庭，奉为上客，请神祀鬼，均待此辈之指挥。行香、献花、尸位、致祭诸仪节，皆与中国略同。最异者凡父母之丧，门前燃灯，灯外必盖以麻布，情景绝类吾国。或谓宋神宗时曾以宫女下嫁峇厘王，规制相传至今。代远年湮，盖难以稽考矣。

海关税率略如望加锡。惟荷兰有短期轮恒于星期日抵步，商人向海关领出口字者，例纳签字费一盾。如在夜间配货，每阅一小时亦须还费一盾，稍逾分暑即作一小时计，是亦特种之苛索也。房屋税、器用税，昔时均由官署书记稽查而定税额，迩年更易章程，令人民自行投报。其有定税过多，不能堪命者，可于未订定前自行分诉。赌有禁，各色人民以或种事由向政府求出赌字，每日还费50盾，包饷者所得实利，或至10倍以上。然期限至短，且为万矢之的，尚德知耻者羞为之。

荷官最高者曰亚丝石珍，次君的黎（如前清县丞，民国县佐），又有保黎司、拉沙、漫得理（漫得理为土人下级地方官）等。全埠商店八九十号，华侨总数千有余。中华商务总会成立于清光绪三十四年，会董三十二。出入口货属华侨所经营者，皆酌量抽捐助费。中华学校颇发达，男女生计百余名，分高等一级，国民四级。岁出经费6000余盾，岁入学费及义务捐约千盾，不敷之数，均由商会补助。校舍从新建筑，址在吧剎横街，与商会毗连。落成后拟别聘女教员，为振兴女学计，是可钦也。

由澜江西驶，水程十余小时，至峇厘陵（Boeleleng），或称巴里伦。港内波涛迭起，轮舶不能傍岸，以舢板卸载货物，间被浪花倾覆。泊面卧一长桥，贯海而出，桥之极端架一亭楼，左右设板凳，华荷各界，暇辄就憩于此。桥侧可舣舟，拾级即上，前行十余武，荷海关在焉。左转入市廛，银行一，商店约三四十号。明清制钱行用颇广，每角易60文。欧战起，铜铁昂，输出星洲日辄数万。荷政府以主权所系，蓄意扫清，不似我国号称独立，习用西班牙、墨西哥、日本银圆，恬不为怪。华侨总数2000余。中华学校成立于清宣统元年，教室二，学生五六十，校长教员各一。华商总会成立于清光绪三十四年，会董30人。会费藉货捐挹注，历年积下基金核计有3万盾。最近货捐停歇，拮据骤形，又于3万盾项下提出万八千盾建筑新会所、新校舍，尚余万二千盾存放生息，并收10座房租，为维持商学费。荷立小学校二，教授土人及各色侨民。西历1915年再建初等补习学校一所，规模精美，蔚然大观。我华侨安可不自警策乎。

土产咖啡年约六七万担，椰干年约四五万担，运输欧洲。华商少能直接与犹太人贸易，价格每为所把持，欲升升，欲跌跌，华商几末能抵拒。土番一面，又能伺察升跌之势，以定售否，故经营益复不易。落花生6月下种，收成在九十月之间，约有3万余担。除本地销售外，余额悉输星洲。阿参约有3万担。土芬丝6月收成，至9月完竣，约有2000余担，上庄每担30余盾。生猪、生牛输出亦盛。

土番不御衣服，妇女游行街市，乳峰垂露，状若摇铃。食猪肉为各地土番所绝忌。性迷信，每年某日必行逐鬼礼，名曰"熟悲"。男撞钟，女击臼，声势汹汹作驱逐貌。如此一日或3天，昼不举炊，夜不篝火。行人车马咸勿能越，意恐魔鬼附骥入社为祟。又尝迎神海滨，音乐前导，番妇盛装鱼贯而行，髻插金花，摇摇生动，手托银盘，满贮香花槟榔等物。背后各一人捧华盖，盖中结新布。最后有男子抬小辇，辇中空空，意即虚位以待神。其音乐声韵悠扬，颇类闽乐。用器亦酷似，然皆土人所手造者，讵非传自吾国欤。

峇厘有阿拉伯番，奉回教，戴土耳其为宗主国。每遇婚庆例须出游，鼓乐喧阗，灯烛辉映，沿途爆竹轰轰，硝烟扑鼻不可耐。新郎跨凤舆，扶掖者四五，舆之前群番跳舞呼号，时倒时颠，若歌若哭。鼓愈挝则歌者愈跳，大作诙谐，亦奇观也。

峇厘路字未除，华侨外出旅行均须请给旅行券，废时失事，不便滋多。迩来荷公署有放宽之意，如前一月限者，今可展限至六月；且可给予终身旅行券。讵华甲必丹某竟视旅行券为居奇牟利之物，华侨无论贫富，欲领该券，必以半盾酬劳，且只限以一月。彼但知猎此半盾，而不知吾侨受害殊甚。譬往山市营业，期限一到，不得不将业停歇，重新请领路字。不特空耗来往路费，营业或因失机而挫败。害群之马，诚何心哉。

荷官最高者有亚丝石珍。鸦片专卖亦归官办，设局地点拟移在关道顶，道路颇遥，吸烟者须亲身到购，不得用人顶替。每回购烟不得过一两，每两荷银14盾，视前升价2盾。似此难上加难，盖以为禁烟之准备。鸦片毒物，行将绝迹于世界矣。

甘梦滑距峇厘坡10哩，华侨300余。祈安浙亦在峇厘辖下，有附村名仕瓜智社，华侨20余家。土产椰粒最巨，晒椰者计有六七户。加令阿参与峇厘相距不远，海口名纳务湾，荷兰小公轮两星期临泊一次，华侨二三家。安抹地处海滨，距加令阿参30余里，有闽粤侨商十数户，或收买土产，或经营杂货。安抹偏东一村市名曰曹力，驻有漫得里一，警察一，近因盗案迭发，乃添派警察二。

峇塘（Benoa）在峇厘之南，华侨数百。民国三年，商会学校相继成立。商学经费每月仅需200盾，由华商将出入口货公抽货捐，绰绰有余裕。后因货捐停止，商学垂危。闻该埠某雷珍兰颇富热诚，想能与当地君子共维持于不弊。土产椰、米为大宗，米之盛出时间仅两阅月，椰为常有之产品。10年前业椰者多闽人，椰肉均归峇厘出口。6年前粤商隆栈号开设龟礁埠（离峇塘5哩），纳务峇利闽商裕成号分栈峇塘，均采椰运输欧陆，争胜斗巧，椰业界为之一变。嗣因同业中一二练达者出而调停立约，椰业界又为之一舒。虽有某犹太商参杂其间，亟思染指，莫能争也。今则某荷商于峇厘附近东区建一水力车椰油厂，所采之椰以寻常市价论，均高出我华商上，晒椰者皆就地售于油厂，颇获厚利。而原有椰商因价格之悬殊，每多坐视其采买，商战失败，斯其一也。

先是峇塘土王某，性强毅，虽势拙于荷人，遇事每不为势屈。时因荷兰某商轮撞破于峇塘港，峇塘土民拾取其货，轮主诉于荷政府，索赔7500盾，峇塘王拒绝之。华商欲为垫纳，王又执不可，由是开衅。峇塘兵败北，王手刃其妻子而后自戕。土王之死诚可谓烈，然而无救于亡，实力不充，固未可孤注一掷，徼天之幸也。此外有高三吧、高令光、仙律、望莉、大班兰诸埠，前亦各为一小国，先后被荷兰征服，统属于峇厘亚丝石珍之辖下，均有吾侨足迹焉。

第四编　爪哇马渡拉并其附属管区

越峇厘而西，抵苏拉巴耶（Surabaya），又名泗里末，或译士里莫，简称泗水，在爪哇岛东部。爪哇马渡拉分十七州，曰苏拉巴耶、谏义里（Kediri）、巴士鲁安（Pasoeroean）、文都老苏（Bondowoso）、马渡拉（Madoera）、三宝垅（Sanparang）、梭罗（Solo）、日惹（Djoejokarta）、末里粉（Madioen）、南旺（Rembang）、葛厨（Kedoe）、巴达维亚（Batavia）、北加浪安（Pekalongan）、漫柔马氏（Bandjoemas）、井里汶（Cheribon）、渤良安（Preanger）、曼丹（Bantan）。泗水本州统辖绒网（Djombang）、马柔葛套（Modjakerto）、市呼遏利曹（Sidhoardjo）、吉力石（Grisee）、南望安（Lamongan）诸郡。埠中华侨总数3万4千余，商店600余号。凡业糖米者多住监光峇汝（巫语译音，意即新村），业咖啡者多住吧柏安，业国货者多住邦光街，业杂货者分住义里街、邦光街、日本街、嫦娥友丹，业布匹者多住吧刹墓，业铁器者多住前池安街，业番药料者多住义里吧刹。欧人总数1万1千余，其商店多在大吧刹。吧刹首端，时钟楼高耸，更进有电戏园，有酤酒肆。夕阳西下近黄昏，电光烛天，晶荧如昼，马龙车水，活气洋溢。由此前行分二道，其右仍称大吧刹，欧人商店装饰辉煌，一肆之中，电灯或设至百数十盏。居家多在牛磅、新邦，蹊径盘旋交错，树木苍苍，炎威辟易。住屋皆精雅，推陈出新，无一同式者，道路平坦，空气新鲜。当初严禁华侨杂居，今则制限较宽，移住多能准请矣。阿拉伯人总数4000余，移殖较他种人先，八芝兰房屋多属其所有。性勤朴，善居积，团结力颇坚，为长者多能挺身负责任。数年前尝因事与华侨相仇杀，大有以寡胜众之势。商店多在日本街，别有阿拉伯监光，专居其种类。妇女至无权，防闲之密，直似藏金地窟，非有大故，无敢探首外望。格打邦建回教堂一所，阿拉伯人每值晨夕联袂前往。既至堂中，则解去外衣面壁膜拜，喃喃诵经，声闻户外。阿拉伯商会办事颇有精神，较华商会殊不多让。日本人总数200余，营业较大者有台湾银行分局、三井、福岛、稻垣、潮谷、冈奇等商店。又有博爱堂医院，坐文报馆，而以妓女为独多。日侨地位随国势而升迁，荷人甚忌惮之。1916年九十月间荷兰东印度保卫团之倡设，请愿代表拉不丹君演说，即以日本为理想敌。泗水邮政局尝因收受挂号信不依先后到之顺序，被某日侨用手杖打毁多数玻璃窗而未如何。土人散处各地，总数约233万。男子除务农外，或作车夫，或为工役，或业渔，或业船，当兵警者少数。妇女或操耕作，或贩杂物，或充中荷人之峇务（即女佣）。所居多在僻隅，房屋狭小，门高约6尺，仅可栖身。朝夕饔飧，多不自理，饥则购食物以果腹。向晚工作罢，相率沐浴于河，大小便亦均放入河中，男女混杂，毫不知耻。西历1900年前，泗埠未设自来水，各种人皆汲河水，用沙滤净以为食。汲时至有矢屑浮桶上，其污浊可谓甚矣。土番无姓，以其父之名为号。男子长大至十二三岁，必行割卵之礼，将其膀胱皮割破，名曰"笋叻"，大开宴会，遍请诸亲戚。既长将娶，如知某社某家有处女待字，无论相识与否，只奉香蕉或他果实一盘为进见礼，便可入内相亲。两方说妥，不问聘金多寡，只送女家用费而已。亲迎之日，新郎新妇必先到淡马（土番官名）处立结婚书，由土官讯问是否两愿，愿则主婚人押号。至晚，新郎穿长服，戴礼帽，以花联贯为旒垂于面部，端坐马车往女家亲迎。后有男伴随行，前则土番击鼓拍掌，唱曲行歌，灯火高烧，遨游各街巷。凡此皆富室所为，名曰"金万珍"。贫者即于河中沐浴，自相择配，父母兄弟均不禁阻。妇女虽嫁过十夫，亦不为怍。夫妻反目欲离异者，往白番官离婚，还离婚费一盾半，即放任自由，永不干涉。土番少业医，亦少延医，有病则请师巫念咒。师巫之名曰"老君"，土番与土番有切齿仇，亦请老君咒之。其人如果得病，仍请老君念咒以愈疾，复请老君转咒其人至病以报仇，互相寻复，了无已时。土番得病死者，须先报告荷官派医生检验，检验规条据1916年吧督所颁布者如下：

　　第一条　在吧督所指之地方，除在下第四条所写外，本地人及亚细亚（中国人在内）人，如有人死未殡殓前，要请查验员验尸。该员要写验单2张，一单写已经查验之事，一单写该死者致死之原因。
　　　　　　此查验员系公班衙总医生所派之员。

　　第二条　请查验员验尸，免出验费。该员要作速出验单，以便埋葬，此验单亦免出费。

　　第三条　第一条所写之验单，由查验员将第一单交与办理埋葬之人，第二单交与公班衙医生所派之医生。

　　第四条　如第三条所指之医生，想系因无暇时间，或因特别原因可免查验，即由该医生出一免验单与办理埋葬之人，此单亦免出费。

　　第五条　如旧时已设立有应准埋葬之规条之地方，该办理埋葬之人，将第一条之第一单或第四条之免验单交与应准埋葬之员，出一应准埋葬之单，可以埋葬。

　　第六条　如有人违此规条者，即罚银至多100盾，或监禁或做苦工至多6日。

　　尸身受检验后，如系常疾，固无何等留难。若为疫症，必将全家人等，无男女老幼，悉驱至"鹅郎沙里"监禁7日或10天，其家屋上下用厚布遮密，薰以硫磺。（此节华侨亦然）其死尸用清水洗净，扎以白布，两目糊文烟等类，趾甲指甲均糊棉花，即放入类似棺木之柴箱或洋铁箱内，由送殡之人合力舁往坟内埋之。沿途念经，为死者超度。病非疫症，屋不被封者，更于家内念经7日，7日后乃备菜碗祭奠死者。祭毕，菜碗等物概投远处。其墓碑有用木者，有用石者，有用砖者。碑狭而小，或书字，或书码数，或空白无所书，参差不一。土番日历以月初出一小线为初一，约阴历月之初二三，十二月为一年，无闰月。依我国阴历计，我为30年，彼则为31年。故土番过年或在阴历一二月，或五六月，或八九月之间。计日则以晚间6小时始，至明日下午6小时止为一日。譬如中国以三十晚为属于三十者，彼则以三十晚为初一夜。新年元旦，以年终之夕月痕初出为期。月痕将出未出，土番多在海口伺候；及月甫现，则鸣钟挝鼓以贺年，爆竹除旧，万类更新，土番相互称庆，与华侨同。元月初八各作糕品相致送，名曰"三吧央龟拔"，意如我国元宵。七月某日，家家户户各买杂物菜蔬携往坟墓致祭，名曰"峇里安"，如我国清明之状，致祭品物及盘盏等均委弃之。十二月朔至除夕名曰"蒲苏"，终日不食，夜乃食之。每晚六句钟至十二句钟即其食时，将食，击鼓为号，直至新年元旦方于昼间开食。闻其所以设此蒲苏之俗，目的在乎求寿。惟苦力工人，因不食难以工作，亦有废之者。

泗水港口当婆罗洲、西里伯斯、纽几内亚、澳大利亚以及其他各岛之要冲，为商业中心，每年进出货物占荷属总贸易十分之三四，入港船舶吨数与吧城新港相伯仲。最近于海口再造浮桥，长可数里，蜿蜒出海中，以便商轮临泊。将来客货起落更便，其进步益未可悬拟。兹将泗水港最近10年间轮船出入口每年平均额列表如下：

轮船入口	载重总数	轮船出口	载重总数
981艘	160万8302吨	981艘	162万8112吨

荷领东印度海军根据地亦在泗水港。海军组织分荷兰本国海军派遣队、荷领东印度特设部队、东印度政府海防附属船3种。第一种有战斗舰3艘，巡洋船2艘，共22 967吨。第二种有炮舰、水雷艇各4艘，测量船9艘，监守船、杂务船各一艘，共7000余吨。第三种有轮船20艘，海产电报用船、河川用双轮船、小汽船各一艘，共10 000吨。第一种3年一瓜代，第二种按时分配各领域。近因欧战牵制，常泊泗水港者仅有两炮舰，舰上水兵百余名。船坞有二，附属于海军工厂。一可应50吨，一可应1400吨之船舶修理。船坞之东有军营，连三望眼、义里安、甲吧山、疏朗、鲍得难、东施葡萄里温、淡邦眼、加朗眼、阿垅吉力石、东施毛鲁、新邦、淡峇吉冷生（淡峇吉冷生并设有军械局，常有工人千余在内制造）各兵房。驻兵共一旅，以步兵20营（每营4连）、骑兵4营、工兵4营、野战炮兵4营、山炮兵4营（每营各炮4尊）编成，此外尚有辎重队、卫生队等附属之。将校均荷人，兵士募集组织，十分之二为欧人，十分之八为土人。自欧战发生后，或调返欧洲，或分成各地，兵额较少于前。1916年，荷兰各界重要人物遂倡办保卫团。旋据西报载称，凡华人、阿拉伯人、爪哇人已入荷籍，年龄十八以上之男子，均须预备当兵。军实不充，可概见矣。船坞附近有瞭望台，共5层，第一、二、三层各15级，第四、五层各34级。台上有望远镜、传话机等，上台者每人还费2角半。

由海口至八芝兰市集约3英里，有轻便铁路通焉，荷语呼曰"得临"。铁路大半筑于公道上，车头装用轻便蒸气机关。三等车每人费1角，二等车倍之，一等车又倍之。马车二轮者税约3角，四轮者税约5角。八芝兰中车马络绎，自早晨五句钟至中夜十二句钟，辘辘之声常击耳鼓。全埠计有马车1万辆，自由车1万4千辆，摩托车2000余辆。最近新定一例，凡由外埠来泗之摩托车，不得仅写SB字样，务须写明某埠某埠，否则罚款。

泗水第一旅馆曰"和德乌兰惹"，馆东系西人，规模闳壮，房屋颇多，每房各有传话机，摩托车可直达。建筑费约50余万。中国旅馆在前池安者有新安栈（海澄人）、长安居、成安居（侨生华人），在望加兰者有大中旅馆（福清人、海澄人合股）、天然居（兼设酒馆，系粤人）、南洋居（龙溪人）、福来居、平安居（侨生华人），在吧柏安者有金安居（海澄人），在日本街者有来安栈（龙溪人），在惹画卫丹者有远芳居（侨生华人）。

泗水爪哇银行直辖于荷政府，巫语曰"惹拨氏望"。小公银行系商办，荷语曰"拔多礼"。汇丰银行因系香港所分设，土人称曰"望香港"。又有韩黎氏望，亦是公道银行、渣达银行等。爪哇银行总母财 50 万镑，公积 10 余万镑。1900 年 3 月，爪哇全岛及他领域流行之纸币，值 504 万 9350 镑。该行以官办故，行中人颇倨傲。小公望不然，我侨商恒乐就小公望。

地方行政官最高者有黎丝磷，俗称公爷，主管全州政治及监察所属各官，惟无审判责任。次亚丝石珍，俗称杯爷，辅助黎丝磷办理地方行政事务，对于土人及与土人同化之人兼有裁判权。次君的黎，俗称二杯或三杯，正副各一，征收田赋、所得税、家屋税、器用税等，亦有理案权。土人地方官吏，曰二把，或译勒轩，俗称大淡，日人称雷肯脱；曰巴低，位在二把下，俗称副淡，日人称巴鸡；曰佛都奴，如我国乡长，日人称维达拿；曰亚实珍仔佛都奴，曰漫得理保利丝，曰拔葛拉。

裁判制度分 7 种，详述下方。案件类别分 3 种：（一）钉炼案；（二）债务；（三）宗教。

第一种 低实得叻。判官以佛都奴主之，再由黎丝磷指派一二人为陪审员，惟指派何人，须先向二把协商，取得其同意。裁判权限：（一）20 盾以内之债务。不服判决者，8 日内诉之第二级，过限不效。（二）斗殴及骂詈，罚锾不得过 3 盾。

第二种 加务巴颠。判官以巴低、拉沙、邦污鲁组织之，邦污鲁为掌理回教教务官。开审时依回教仪式，先令发誓。裁判权限：（一）20 盾以上至 50 盾之债务。（二）受理第一级不服判决案。（三）罚锾以 10 盾为限，罚作苦工 1 日至 6 日为限。惟二者之罚，不得于同一案内并行。

（按：上制非土人不适用）

第三种 波里丝房（即警察裁判）。判官以亚丝石珍或正君的黎主之，拉沙为陪审员，土人及与土人同化之人均得裁判之。裁判权限：（一）罚锾在 100 盾以内。（二）依第二十八条律定罪。第二十八条律分五项：（1）第一款，定罪罚用笞臀刑时，以男子为限。第二款，作苦工，入暗狱，寻常之监禁。（2）笞臀不过 20 板，并不得在公众之前。（3）特别监禁之暗狱不得过 3 日；寻常监禁不得过 8 日。（4）笞臀及监禁可并用，惟不得与第（3）条下第二节并用。（5）筑路之苦工，不得与他项罚款并用，又不得过 3 个月。（三）有没收案内证物之权。（四）以第一级、第二级两裁判机关未能定案者为限。

上波里丝房所判决罪案，除径向总督恳求恕免外，不得向上级司法官厅上诉。我国政府因其律例过苛，迭经抗议，至民国三年 10 月顷，始许于爪哇岛之吧城、垄川、泗水三埠内先行废止，设一下级裁判所（Lanarechter）。其异同之点，为波里丝房判官由行政官主之，不必具有法律家资格，其执行裁判时不免有意为是非之处。今设下级裁判所，则判官须有法律家资格始得充任。又波里丝房判定后不得上诉，下级裁判所判定后，不服者得于14日内上诉，余律仍旧适用。

第四种　兰得叻。判官须专门法律家方得充任，检察官及陪审员须由总督指派。理案时，司官一员，参赞书记各一员，陪审官数员。原被告均可聘律师出庭辩护。裁判权限：（一）债案在50盾以上者（50盾以下亦可受理，惟以欧人及与欧人同等者为限）。（二）承受第二种裁判机关所不能决定之案。（三）抢劫、海盗、卖人、谋逆等特别重大之案，不在本叻受理范围。（四）犯罪案之不在第一、第二、第三等机关所应受理者。（五）债案20盾至50盾，控者土人，被控者非土人。（六）债案100盾至500盾，判后不服，可上诉柔实底氏叻。

（按：兰得叻所判案，不服者均得上诉）

第五种　黎士珍丝希力。专判欧人小事案件。

第六种　柔实底氏叻。为最高之地方审判厅。理案时司官一员，参赞、书记、正副预审官、报穷司各一员。原被告均可聘律师代为辩护。其权限：（一）受理兰得叻所不能决定之案。（二）审判欧人及爪哇贵族。

上柔实底氏所判决案件，不服者得向巴达维亚最高法院（译名和希弗）上诉。

第七种　阿加马叻。专理回教及婚姻财产案。

报穷司亦名米色甘密。凡营业损失停罢报穷者，其个人名下财产物业悉归报穷司管理，并查报穷人欠人账项若干，被欠账项若干，3年之账，进出是否相符，将情报告柔实底氏讯办。俟报穷人与各债主议折了结，报穷司将其所有欠人账项之总数，每百抽五充费外，余额交回。如债主不甘受折，报穷人又无力还清，经柔实底氏判定后，其财产物业，报穷司可以变卖，被欠账项，报穷司亦即代为迫讨。核算共有若干，除抽费外，按份摊还各债主。债主如仍不愿，有权请官将报穷人监禁。但请监禁之债主，每月须代被监禁者缴纳膳费，华侨月15盾，欧人或日本人月30盾。监禁逾一日而膳费尚未还，即将被监禁者释放，他日该债主不能再请监禁该报穷人，但得催讨被欠之余额。报穷者于债项未清时，身中之银不得过25盾。若过25盾，无论何人均可夺取之，并不得戴金戒指，不得独坐摩托车。

保孤所亦名舞饬甘密，与报穷司同在一处。凡土人及与土人同等之各色人身死无子，未立遗嘱传交何人，财产物业概归保孤所。若有子年幼，立有遗嘱传授，则将死者所有财产暂由保孤所收存，俟其子婚娶后始将应份之额交给其子。倘其子未娶而夭，该财产便为保孤所有。有子不夭，但未立遗嘱，则须禀准方得承继。

此外有黎丝磷秘书官曰"西葛礁黎氏"，除官可为亚丝石珍。有警察厅长曰"保黎氏"。有警正一，荷语曰"虎盆黎些里"，俗称"大姣头"。有警佐五，荷语曰"群迷些里"，巫语曰"食甲窝氏"，俗称"大姣"。有警目二十八，俗称"二姣"，充之者均欧人或欧亚混血人。有警兵千余，俗称"乌拔氏"，皆属土番。西人轻视之，往往在街市中故犯警律，有干涉者辄被殴打。警兵为积威所劫，遂多退避而不前。华侨玛腰一员，承宣居留政府法令于华侨，代表华侨意见于居留政府。然以历任失职之故，对于前者多戒惕恭谨，对于后者多嗫嚅趑趄，遂致为人所诟病。玛腰厅在望加兰，华侨结婚离婚均须禀告玛腰。侨人相互间发生交涉，亦先就玛腰公判，不服则诉于政府之司法官吏。然一经玛腰判定其曲直，交涉者多虑玛腰或对官署有所左袒，恒委曲从之，每年诉讼费所节不为少也。华甲必丹一员，华雷珍兰两员（或称公司）。甲首九，如我国保正，分领加吧山、前池安、嫦娥友丹、监光滔老、马干些河、松我把丹、平阿安笨些冷眼、鲍得难等处。凡新客入口，经法定手续得有暂居字后，当按侨居地点向各该甲长报明，生育死丧亦当投报。旧客欲出水经商，如未执有王字，期于转回后免除新客必经之手续，仍须向其声说，请给出水字。照相两方，一存根，一贴出水字上。出水字所誉者，若身长几何，或肥或瘦，面部手部有无异象，一一志明。征收身税、屋税、器用税、狗马税，亦为甲长之责任。身税以所得多寡为等差，如月薪25盾者，每年8盾7角，50盾者每年26盾1角6，75盾者每年40盾数角。以上递增，作一二三次交纳均可，过期照加利息。久欠或被拘惩，或于请给出水字时勒令还清。所以起点于25盾者，因不及25盾即认为能力不能自赡，不许居留。故虽月薪一盾，亦不得不以25盾投报，勉纳25盾之所得税焉。屋税、器用税、狗马税等，较望加锡略重。

　　新客入口之手续，数年来日益严厉。当民国纪元前，仅由船主列报搭客名数于入口稽查员，经医生检验无传染病或疯狂病者，即许登陆，由关员或巡役查验箱笼，并于小室内摸扪衣袋，无犯禁或走税等弊，便可自由前往八芝兰市集。民国纪元后，始定东方新客入口由稽查员在船中发给登陆照，每照缴费25盾。旋定华籍新客入口，于缴费25盾给照登陆后，3日以内（设第三日适遇星期日或荷兰合律休息日，得延至第四日；设第四日亦系星期日或合律休息日，得再延至再次一日之非星期日或合律休息日）须觅妥人同至居留字办公所（即移民事务所）担保，方许给换暂居字。暂居字上，向例须由本人用大拇指模代签号。如能书英、荷、巫文者，亦可以英、荷、巫文签之，独不许用华文，吾侨深以为耻。民国四年，经泗水华商总会会长、中华学校总理李双辉君请荷官删去指模之例，改用华文签号；如有一二不识华文，并不识英、荷、巫文者，仍用指模。当经荷官据情转禀吧督，由吧督核准。惟担保之人须依法定资格，年纳所得税25盾者，可保一人；年纳26盾至50盾，可保二人。以上类推。中华商会名义亦得担保之。旋复改定入口税25盾，须于出发地之上海、香港、厦门等处预先还清。到爪哇时，如其人执有王字或合法出水字，或系属地生长之哇哇，则将前纳之25盾退还。至新客之担保者除依法定资格外，又必为店主。确欲聘用该被担保者充当何职，该被担保者亦必应答相符，且相其情状可以胜任该职，方得邀准。如担保与被担保者所语略有不符，或因年龄过老过少，暨其他种种形相，略有疑问，即不准给发暂居字。然当初犹有3日限，近项留难益甚。凡船自中国或新加坡来泗，所有华籍新客以前未曾居留爪哇，执有居留准字者，不能自由登岸。须由荷官一律带往居留字办公所逐一查问，何人何号请若来此，职任何事。是人如应答清楚，系受某人某号之聘，职任某事，荷官立传其所应答之某号某人到所查问相符，始得担保放行。否则羁留该所，随船配回。惟据某荷兰律师云，新客到埠只纳25盾，担保有人便可登坡居留，并无他项手续，亦无所谓按岁纳所得税之多寡以定担保之人数等语。此则吾侨所不可不知也。

附录：爪哇暂居字内容如下：
（一）凡有停坡字在爪哇地者，准限2年之久；
（二）若有停坡字往州府者，仍照旧条规遵行；
（三）上简所言2年之限，依大府可再限2次2年，共4年之久；
（四）大府再添停坡年限，当誊写停坡字内。

凡人入爪哇地方6个月内再返之时，还准字之银25盾可以领回。所还银之官，在吧垄泗就是汉务司；若在别处搭船，就是该处之地方官。

入口新客既执有暂居字，即须担负一切租税。平居规行矩步，不违犯一切命令法律。继续居留在2年以上，身税亦完过2年，即准换给王字。（1916年八九月间，忽有住满4年方准换给王字之说，舆论甚不赞成。泗水华玛腰乃邀集各社会领袖，在玛腰厅商议。保虞社、振文学校总理叶壬水君谓，此事关系华侨全体利害，毕竟4年准换之理由如何，非由多数人详加研究不可。玛腰主张改期再行讨论，现尚悬而未决）以值价一盾半之西葛纸缮具请愿书，书式明简。（一）姓名。（二）入口年月日。（三）年龄籍贯。（四）侨居地址。（五）现任职业。（六）入禀年月日。照式填写，写就径送亚丝石珍衙门，亚丝石珍将原暂居字批明，发还本人收执。汇集请愿书，转呈吧督审核。邀准后发由该地方官直接颁给，或转由华侨玛腰厅给领。向领者随带本身相片一方，粘贴于上，由甲首问明年龄籍贯一一无讹，再由本人在所贴相片骑缝，用华文或英、荷、巫文，或指模签押领回。较前之请给王字者先由甲首转递，俟若干月后发到居留字办公所，再向该所领取，手续简易多矣。

上述入口居留各节，1916年1月18日吧督颁示转奉荷兰中央政府宣布，订正《南洋荷属荷兰人及外国人入口居留令》二十条，可资印证。移录如下：

第一条　一款　凡属下列（1）（2）两种人民入口，须遵由东印度总督所指口岸（即吧、垄、泗三埠）。（1）非父母或本身曾居留荷属荷兰人。（2）非本身曾居留荷属外国人。　二款　前列荷兰人、外国人登陆，须执有总督所派管理该口岸入口人稽查员凭照。　三款　得有神经病或传染病，或体弱不足觅利自赡者，如无总督限规，不得给领登陆照。　四款　执有未逾期限暂居字者，不在以上所指各款限内。

第二条　一款　凡载客船入口，该船主须遵办下列各款：（1）列报搭客名数于稽查员。（2）约束属于第一条所限各客，未及领照禁阻登岸。

第三条　一款　登陆照在船中给领，每照缴费银25盾，其妻及未成丁幼子均免另缴。登陆后不得准换暂居字者，所缴照费银可再领回。二款　荷兰人得免以上照费。三款　离去荷属之日，在总督所定期限内者（按：即6个月），登陆照银得仍领回。

第四条　一款　执有登陆照者，如该稽查员无另批明如何之处，须立到总督所指移民事务所换取暂居字。二款　除第一条第三款外，下列人等不得给领暂居字：执卖淫业及助长淫孽者；交换罪犯订约国罪人者；曾受逐出荷兰境外者；无可觅利自赡技能者；有近于扰乱治安之行为者。三款　凡有碍土人生活事业者，给领暂居字，总督得另订条规限制之，或禁弗与。四款　本条一款换给暂居字，其妻若子并各分给一部。

第五条　一款　凡公司或别号轮船曾受总督指定者，其附搭头二号舱客，可就登陆照批作暂居字。二款　上款所指经稽查员审察，有犯第四条二、三款者为无效。

第六条　一款　不妨第十二条者，所执暂居字得住2年，遵守旅行侨居规法。二款　上款所指年限期届，得再随处禀请地方官展限2次，每期一年。

第七条　一款　经移民署判决不服者，得于8日内上控本地方大府。二款　上款上控大府之禀，要由原判移民署转递。在上控期内，先给字凭暂居，或监候府判。

第八条　一款　上控有效者，得换给暂居字；如无效或期内不上控者，大府得命逐出境。

第九条　一款　有第一条一款所指人民，无执有效暂居字或暂居字凭而在境内者，查无犯第四条不得给领暂居字各款，地方官得补其暂居字。二款　上款补给费，执有有效登陆照者缴银25盾，否则须缴银50盾。惟征家长一人要行补缴。三款　确有明证遗失者，得向地方官请补，免另缴费。四款　经地方官判决不服应上控者，得于8日内禀明大府判决宣告理由。

第十条　一款　遵照第四、五、八、九各条，得有暂居字者，后见迹近有碍地方治安，总督得追回其暂居字并逐出境。二款　出境日期得著预备一切期限。

第十一条　一款　请领居留字者，住爪哇马渡拉域中，得以西葛纸缮具请愿书，附夹原执暂居字，投由本地方大府转呈总督；住爪哇马渡拉域外，请愿书由该地方官转呈大府核给。二款　上款受理转呈官署，得将该暂居字批明，仍交原人收执。候该居留字交到本署后，则就本署更换。三款　请愿期内本人仍得享第六条一款效力。

第十二条　一款　不得享有居留字者如下：迹近妨碍地方治安者；才乏觅利赡养身家者；曾经犯法受过刑律者。二款　不堪给领居留字者，得宣布其理由逐出境外。三款　第十条二款，本条并适用之。

第十三条　一款　不得领有居留字或暂居字，或暂居字被追回者，地方官得饬巡警看管或监禁之。

第十四条　一款　犯第二条者发见一人，罚银100盾。二款　罚款责由该船担负。

第十五条　一款　经本规令被逐出境，仍在境内，并无执有效暂居字或暂居字凭，欧洲人及与欧洲人同等之人，罚银至多100盾，或监禁至多3个月；

土人及与土人同等之人，罚银至多 100 盾；或作苦工至多 3 个月。二款　经犯 1911 年 1 月 20 日上谕二十二号国报 138 号或 1913 年 7 月 14 日国报 454 号命令逐出，仍在境内。并无暂居字或暂居字凭者，受上款惩罚同。三款　受惩后仍逐出境。

第十六条　一款　假借他人暂居字或居留字者，受第十五条惩罚同。

第十七条　一款　本规令不关下列者：（1）政府派驻南洋人员及其眷属；（2）领事官及其眷属；（3）各国海军船中员弁及兵丁；（4）商船船主及一切船伙未停船中职业者；（5）不妨第十八条游历未及终止地方者。

第十八条　一款　第十七条（5）所载之人，有迹近妨碍地方治安者，总督得命出境。二款　候船期内，地方官得饬巡警看管或暂监禁。

第十九条　一款　本规令总督得时有权不用。

第二十条　一款　本规令如有未周，利便施行，总督得增补之。二款　关有土人同等之人工作者，总督得另立特规，下关执行旧例事项：（1）本规令施行前已得有合例暂居字者，不在本规令第一条一、二款限内。（2）上载合例暂居字效力，得并本规令所订暂居字同等。如受追回，总督得命出境。（3）其期限得享本规令第六条一、二各款。（4）除后 3 款所列外，本规令第九条并适用于一条一款所指人民。在本规令未宣布之先已住境内，而无有效暂居字者，得依第九条一款给补，应缴费银 25 盾。三款　下列者本规令第九条所载不适用之：（1）本规令施行之日住在蓼属之善丹时间。（2）非第二十条二款，于本规令未行之日，依遵 1892 年 6 月 15 日命令，国报 138 号，得免暂居字，住在苏门答腊之日里埠时间。上项所指人民愿请暂居字，得依第四条给领。未给暂居字时间，发见第十八条所指者，得逐出境。第十条二款、第十八条二款，上项并适用之。

附则　（一）本规令名曰人民入口令，由总督定期施行。（二）住在旦绒槟榔、龙牙及苏门答腊海外之蓼属吉里汶，与土人同等侨民，本令不适用之。（三）与土人同等侨民入口，暂居于上载地方，事宜依总督别订规条。其关本令未行之先，住在上载地方与土人同等侨民转进荷属别口，总督得令订规例。

吾国约法，人民有居住迁徙之自由。华侨寄寓荷属各埠，其未经设立中华街（亦称唐人街）或前经设立而后取消者，虽可自由居住，若埠中划有中华街，而华侨欲于中华街外如荷兰街或巫人村界居住，则须入字于副淡（官名），得其许允，方可移居。兹将 1910 年 10 月 14 日登载荷兰官报 537 号，同年月 18 日由吧督颁布《东方客民居留新令》列下：

第一条　除土王领地内可以居留之城市，按其国籍指定专界外，若非为第三条第一条规例所限，则东方客民在爪哇马渡拉各州郡邑区及分区之首部，暨其他城市，毫不限制。

第二条　上条所载其他城市，可以特准居留者如下：（一）本命令颁布以前，早在所指各城外居留，或照 1866 年 6 月 6 号命令第四条，有权在彼居住者。(二) 曾经州行政长官缮给特别允许文据一纸,其效力可至续有命令为止者。属于(二) 款所载允许文据,在农务、矿务、商务及工务之利益内,以公益为理由,或各种特别理由,均准发给。其州行政厅视有必须限制之处,亦可将条件在内注明。第一款规例,于其关系之家属一律施行。其(一) 款所载各人之子嗣,及其死亡关系之人亦可适用。

第三条　东方客民必须在为其国籍所定专界之内居留。在各城市,东方客民之数已达或已逾100人以上,于现定命令实行时倘无专界,应即为其指定。建设及指定界域,在日惹及梭罗地内,由州行政长官,此外则由本地参事会。其本地未设参事会者,则由州参事会。

第四条　凡可免其遵守第三条第一款者如下:(一) 本命令颁布以前,已在为其国籍所定专界以外居留,或得有第二条第二款所载允许文据一纸,或合于1866年6月6号第四条规例者。(二) 业经居留为其国籍所定界域以外,及施行本命令后,被划作居留专地者。(三) 先经居留于为其国籍所定界域之内,嗣因其界域改变乃为界外者。(四) 得有地方行政官或该地方官抗议,而经州行政长官照第二条第一款(二) 项规例给发允许文据者。以上第一款所载,于(一)、(二)、(三) 项人员之子嗣及其死亡关系人一律适用。

第五条　违犯本命令所定居留条规者,罚25盾至100盾。再犯者处以1个月至3个月之苦工。除处罚外,并勒限一月退出居处。抗违者强迫驱逐,仍由其自担费用。

1910年10月14日登载荷兰官报536号,同年月20日由吧督颁布旅行新令,视前步步束缚虽较宽平,而自由尚不完全也。照录如下:

第一章　印度土民爪哇及马渡拉之旅行(按:此章专指土民)

第一条　印度土民旅行爪哇及马渡拉岛,无须备有旅行证书。如该土民自愿得一旅行证书,可由本区或分区行政官发给。在梭罗及日惹地内,则由地方行政长官发给。其旅行者将过境之旅行证书呈验时,各该官一并检验。

第二章　东方客民爪哇及马渡拉之旅行

第二条　东方客民在爪哇马渡拉,经由交通大道或铁道或电车道赴各州郡邑区及分区之首部,暨为其定有专界各城,并交通大道上或铁道上或电车道上各市集,均无须备有旅行证书。其往来各该城市,与其居留地方间同。详细路图一纸,由地方行政长官于其请求时免费发给。州行政长官决定何等城市应视同市集,并必须宣布者,由其随时督察。凡土王领地所有区或分区之首部及市集处所,经州行政长官指明,非有旅行证书不得前往者,不在第一款所载之内。

第三条　前往爪哇马渡拉不属于第二条第一款之其他城市,则旅行者应备旅行证书一纸,由州或地方行政长官按其所赴地方发给。上载旅行证书,于农务、矿务、商务及工务为目的,或其他合法之目的之一之旅行,均可发给。如公共秩序之利益以阻其前赴该处为宜者,亦可拒绝。该证书以一年为有效期间。东方客民在该证书有效期间旅行本命令内所指各处，不能无地方行政长官特别允许。而于第二条第一款指定地方外，所有同属一郡之城市留滞至逾一月，其特别允许，即可于证书上注明。

第四条 第三条规定之旅行证书，应于所过地方行政厅或检察厅或巡警厅及各屯所有欧官以及土官查阅时呈验。

第三章 印度土民及东方客民爪哇马渡拉及其海外领地间之旅行

第五条 印度土民、东方客民从爪哇及马渡拉赴海外领地，应备航海旅行证书一纸，由其所居郡内行政长官，或就航口岸行政长官，或州行政长官所指欧洲官员之一发给。倘该证书非就航口岸之他郡之一发给者，应向此就航口岸之行政长官，或就航地方经由州行政长官指明之欧洲官呈验。

第六条 除应守第五条第二款规例外，其持有航海证书一纸，应向州行政长官所指官员呈验者如下：（一）欲于爪哇马渡拉外之各城市停留该处过72小时者。（二）在到达地方24小时内，如该处查验之局所业经关闭，则于其再开以后12小时之内。

第七条 第五、第六两条规例，对于遵照雇工命令所订契约赴海外领地佣工之印度土民，或总督指定州内旅行之地，及该处往来络绎，碍难实行者可不施行。（按：本条专指土民）

第四章 总则

第八条 旅行证书及详细路图之程式由总督订定。

第九条 现订命令内应将字义注释者如下：（一）所谓爪哇马渡拉者，是爪哇、马渡拉两岛土地及其行政所辖更小各岛。（二）所谓旅行爪哇及马渡拉者，是在以上所指界域内航海或陆上之旅行。（三）所谓交通大道者，是由国家或地方筹款建筑及修治之道。除别有条例外，本命令所谓地方行政长或一郡行政长者，即指请求给发旅行证书者所居地方或郡之长官。

第五章 惩罚

第十条 违犯第二条第四款及第三、第五条第一款者，罚25盾至50盾。不能遵守第四条、第六条及第三条第四款、第五条第二款者，罚一盾至25盾。凡以给于他人之航海或陆上旅行证书一纸，及详细路图冒用者，倘不犯有一〇六及一〇七条所定处治印度土民罪款之一，则罚充1个月至3个月苦工。

附录：第一〇六、第一〇七条处治印度土民罪款二则 凡伪造或涂改旅行证书，或知情行用伪造及涂改之旅行证书者，罚作1年至5年之苦工。上一〇六条。凡于旅行证书上填报名姓不实，一经查觉，本人与保证人均罚作3月至1年之苦工。凡旅馆主人容留执持前项旅行证书之人，知情徇隐，于官定簿册上登注者，罚作一日至一月仅给饭食不给工资之官工。上一〇七条。

对于上述居留旅行之制限，尚有宽免新令，予小部分华侨之自由条款列下：

第一条 东方客民于旅行上一切限制条例，可不适用者如下：（一）东方客民之领袖，无论现任实职，或只一虚衔，由政厅任命者。（二）中国及印度土民之充当巴达维亚恤孤院及管理遗产院员者。（三）（一）、（二）两款各人之前曾任职或有虚衔，而经名誉退休者。（四）东方客民之现充或曾充地方参事会员者，惟1905年官报一三七号分治条规第七条，按照（三）、（四）、（五）、（六）四款开除者，不在此例。〔（三）、（四）、（五）、（六）4节条例附录于后〕（五）东方客民之名誉优美，并社会上地位，为郡行政长官所视为可与（一）、（二）、（四）三项人员相同，或以其他理由，经郡官将前记之限制条规特加豁免者。

以上各项所载人员，由州行政长官发给署名文据一纸。

  第二条 所定限制东方客民自由居留之现行条例，于以上所载人员及其家属，在爪哇及马渡拉政厅管地亦不适用。

  附录：分治条规第七条（三）、（四）、（五）、（六）四款。（三）呈报破产，或因欠债受民事上之禁锢者。（四）不守议会规则者。（五）行止不谨，违犯礼教，或办事懈怠，历久不悛者。（六）凡有监禁或监禁以上之刑者，惟因有罚锾正罪而加罚之监禁，与违犯警章之监禁，不在此例。

上之条款亦为1910年所颁布，同年又颁布《荷兰属地殖民籍新律》如下：

  第一章 定籍

  凡下列人等，不论是否荷国民籍，如系住在荷属地，照此下列法律，自颁行后即为荷兰属地殖民籍。

  第一条 凡人生长于荷兰属地，其父母俱在，或其父无可考而其母尚在，即为荷兰殖地民籍。

  第二条 凡人其父母虽皆无可考，而实生长于荷兰属地者，亦为荷兰殖地民籍。

  第三条 凡上列第一条、第二条之籍民之妻，或夫死之孀妇，亦为荷兰殖地民籍。

  第四条 凡籍民之子女，虽非生长于荷兰属地，或年未满十八岁，或未结婚者，亦为荷兰殖地民籍。

  第五条 凡籍民在外国所生之子女，虽年满十八岁，或已结婚者，然苟住于荷兰地，或往来于荷兰王国之地，亦为荷兰殖地民籍。其妻及已结婚或年不满十八岁之子女亦同。

  第二章 出籍

  第一条 凡男子入外国籍，其妻并未满十八岁之子女亦一并失其殖地民籍。

  第二条 妇人所嫁之男子若不合本律第一章第一条、第二条及第五条之例，失其殖地民籍。

  第三条 凡未经属地总督许允，而任外国海陆军官职或别项官职者，失其殖地民籍。

  第四条 若往外国于3个月内未经报明驻该国之荷兰领事，或报明一次而每年于年首3个月内不再续报,则失其殖地民籍。又父或夫若未报明,则其子女及其妻亦并失殖地民籍。孀妇及其子女亦同。若以后仍回荷兰属地住居,而并无犯本章第一条、第二条及第三条之法律,仍可认为荷兰殖地民籍。

第三章 此等法律,凡荷兰属地,无论何州,皆拟一律施行

1915年8月,又颁布《取缔违禁选举新刑律》,与我国参议院华侨议员选举法直接冲突。条款如下:

第一条 《荷兰东印度土著刑律》第一百九十六条增补下列(一)、(二)两款:(一)凡在荷兰东印度人民,主使选举人员以任他国创立之国家机关者,罚充苦工自一个月至2年止,或罚银多至500盾止。(二)凡在荷兰东印度人民,参与选举人员以任他国创立之国家机关者,罚充苦工自6天至6个月止,或罚银至100盾止。

第二条 本增补条例与东印度国报1915年501号同日施行。

1916年7月吧督出示,拟将1908年国报第491号内第十一条后添入一条,严禁各色人等,不得暗带铳炮及与铳炮同等之物入口。如有暗带此物者,虽未入口,一经警察查出,即罚监禁自一日至一年,或罚银自1盾至1万盾。同年驻北京荷兰公使照会我国称,除药剂室暨有兼售药材资格之各医学士,并无药房所住地方之兽医外,余人俱不得运入内含鸦片或吗啡之药材,如鸦片丸、鸦片散、戒烟丸、戒烟散及各种名为戒烟丸药之类于南洋荷兰属地各口岸。同年吧督又示,奉上谕开,严禁荷属各色人等,不得摄影炮台,并不得携带摄影器具入在炮台1500米突以内。若火车或大路在炮台1500米突以内,各色人等携带摄影器具经过该路免罪。如有犯此律者,即罚监禁自6日至6个月,或罚银自10盾至500盾。

华侨旅泗,因祖国积弱,不能仰首伸眉。重以当地法律如麻,知其旧或未知其新,知其新或未知其旧,禁网所张,未触不觉(纤小如造豆腐之营业亦须请准,否则被拘)。谨厚者以惧罪故,如临深渊,如履薄冰,拘守每逾其分量。我益退彼益进,百事让人,愈趋愈下。证以寻常事件,如某君至电局拍电,虽先数小时到局,而局员收录号簿,每后迟到数小时之荷人。贻误商机,损失何限。日侨在邮局滋事,即为此不平所驱使。然使滋事者属华侨,不知将罚锾若干盾,监禁若干日矣。噫吁!

中华商务总会成立于清光绪三十二年十二月,会员本埠264,外埠176。会董本埠32,外埠18。聘坐办、文案、书记、收账各一员,每月出入款约各六七百盾。会址在前池安街,会所自置,值价约5万盾。北豆公局、厦商公局及民国四年中日交涉时义声播远近之爱国捐事务所,即附设其中。

华侨学务总会,因地方情形,含有教育行政性质,与旧制劝学所合并联络办理荷属学务,以倡导筹办维持统一,期使中华民国国民教育之普及为宗旨。设总理、副总理、协理、支应各一员,调查、文牍、会计、评议各二员,分担义务不支薪水。聘干事兼文案、庶务兼翻译、书记兼司账及支应处司事各一员。会费多仰给各校,以教员数为比例差,每教员一名由学校纳月捐3盾。会址指定吧城、垅川、泗

水3埠2年一任。满任期之前一月，须齐集各埠会员投票公举3埠中之一埠承办，就得票最多数者受代。任期太促，交卸频繁，五日京兆，难乎责以成效也。吧城尝因某事意见参商，自请出会。最近承办者为泗水，会所与商会比邻。据会章第十六条，每年开大会议一次，与会各校，各举代表赴会合议。至教育研究会，虽定为该会应办事务，尚未实行召集。清室之季及民国初元，政府对于南侨学务曾派视学常驻指挥或巡游视察。袁氏当国，令驻外领事兼管华侨学务。后经荷政府抗议不可，学务总会乃决议自聘视学员视察所属各校，详记其成绩，评骘良否，以资激励。并拟别聘劝学员巡回劝学，以谋扩充。创办《中华学会报》，以为教育之鞭策。其前所设教员招待所，公决取消，盖亦限于经费也。

泗水书报社成立于清宣统元年，以开通民智、增进民德为宗旨。初设格打邦街，每逢星期日、星期二、四、六必开演说会。时清社未屋，社中人痛汉族之沉沦，忧国势之衰弱，心理多趋向革命。旋举蒋君报和为社长，聘王君少文为坐办，社务日见发达，社员近500人，遂迁前池安街。房屋宽敞，分划为阅报处、演说场、藏书室、应接室、坐办室、书记室、秘密招待所、秘密议事厅，并附设国语研究会、商余夜学校。又以中国瓜分为词，提倡救亡捐，预储捐款以备起义后接济民军。及武昌发难，再提倡汉军需捐，二款合汇浙江、南京、福建等处。民国既建，社员有议改组为华侨公会，或议改组为共和党者。

明新阅报社址在大伯公街（大伯公即俗所称土地神，因该处有是庙，故名），成立于民国三年，社员百余，社董24。前曾附设新新中学校，因经费不充，已停办。

玉融公会址在监光滔老，会董32，会员400余，均福清县人。玉融即福清之别号也。前厅附设阅书报处，罗列书报颇多。

中华侨民联合会由泗水华侨联合组织之，会所暂设商务总会，以提倡教育、研究商业、保障共和为宗旨。

少年自治会为华侨界少年联合之团体，以敦品、励学、爱众、亲仁为宗旨。会所暂设明新阅报社内。

华侨联合会址在三望眼，民国元年成立。

华侨总会址在前池安，民国二年成立，即前上海华侨联合会之分支也。

友德会馆址在望加兰，为侨生华人之俱乐部。

保虞社址在马干些河，清宣统二年成立，以吊丧送葬为社中义务。社董16，社员158。

德友会馆址在平仔安笨，和义会馆、和合会馆、合举会馆均在三望眼，宗旨与保虞社略同。怀德会馆亦属丧事会，会友180人。会中余款补助中华学校。声气会在前池安泗水书报社内，表面亦以吊丧送葬为宗旨，会员3000余。

福建公祠址在培密氏，建设于清同治二年，发起者为郑汝泰、郑阳泰、蔡仁盛等。距市约2哩地名歌邦之闽侨公冢，归该公司管理。墓地分5等，一等地价100盾，二等50盾，三等25盾，四等12盾，五等免资。凡华人身死家贫者均可埋葬，但须报明公祠而已。若更穷无以葬，由甲首证明，除给五等墓地外，并赠以棺木、寿衣及银12盾半，其应用棺车等亦为措备。该公司积下财产约有20余万盾，逐月所收房租利息以28%捐入中华学校，可谓尽善尽美。惜冢道崎岖，不良于行，遇雨则泥泞特甚。倘能拨款修平之，更无遗憾矣。

惠潮嘉会馆址在吧刹墓，开创于清嘉庆二十五年。凡惠潮嘉之人由国内初到或村市远来者，均可居停。购冢地一所，一等地价25盾，二等免资，鱼贯而葬，不得择地。馆中公积约3万盾，置屋收租，每年除开费外可余一千数百盾。

广东公祠址在日本街，办法略如惠潮嘉会馆。同济医社址在望加兰，社所系张远记号捐置。医员二，一粤人，有缺则聚粤医而考选之；一闽人，有缺则聚闽医而考选之。

泗滨日报社亦在望加兰，为爪哇岛唯一华文日报。开幕于民国五年2月12日南北统一纪念日，即袁氏盗国之伪洪宪元年也。以拥护共和、提倡教育、发展实业为宗旨。

泗水日报址在邦光街，春秋报址在大伯公街，均属巫文报，创办者侨生华人。

美以美教会址在三望眼，教友多属华侨，传教师亦以华人充之，提纲挈领者乃西人。锁龙街尾茄挪郎横块亦有耶教堂一，设立未久。每逢星期一、三、五晚上6时至8时，恒有教士在堂演讲，听讲者大半为华籍新客，间亦有西人。星期日人数尤多。

荷兰商会一，为西人公组之商业团体。农工商局一，直辖于政府。挨实伊为沙礼葛挨实南之简称，译意即回教联合会，为土人最大团体。入会者恃其会友之众，多其横行，不但华侨屡受凌辱，欧美人间亦不免。荷兰公园在吉问拉惹及大吧刹。动物园在加里杭，内有虎、豹、熊、豪猪、猩猩、大蟒、鳄鱼，以及他种禽类、兽类、爬虫类等，入观者每人费5角。荷兰私立病院在葛礁望。陆军病院在新邦。公立病院在陆军病院之旁，一等、二等须还费，三等免费。眼科医院由某荷人发起，因建筑费不敷，已邀同李双辉君向我华侨捐募数万盾。

中华学校有二。一在加吧山孔子庙后，学生156名；一在培密氏，学生137名，女生70名。加吧山校内附设侨童夜学，学生百余名。振文学校附设于保虞社内，学生53名。玉融学校附设于玉融公会内，学生仅十余名，经费由玉融公会会员月捐及学生学费支持，不敷颇巨。近有华侨组织演剧会，名曰庆安戏，译意如子弟戏之类，专演南洋故事，定期开演。所得资除开费外，悉数捐助华校，亦可许也。

官立荷兰中学校一，5年毕业，组织于1875年。私立简易实业学校一。高等女学校一，除征收学费外，政府并与以补助金。官立荷兰男女学校共12所，男女教员共49名，男女学生1600余名。私立荷兰学校两所，一在三望眼，租合举会馆为校舍；一在望加兰。每日上课3次，更番教授，学生共百余。土人学校计泗水一州中，官立者二十三，民立者二十，教立者十二。视学员三，分别视察泗水、谏义里、巴士鲁安、文都鲁苏、马渡拉诸州，以及小巽他列岛、西里伯斯岛、摩鹿加群岛各荷兰学校、土人学校。

附录：各国领事之驻泗水者

中华民国	领 事	一		奥地利	代理领事	一
日 本	代理领事	一		葡萄牙	领 事	一
暹 罗	副领事	一		比利时	领 事	一
德意志	副领事	一		瑞 典	领 事	一
英吉利	副领事	一		丹 麦	领 事	一
法兰西	副领事	一		美利坚	代理领事	一
意大利	代理领事	一				

泗水物产以糖为最大宗。计本州及谏义里、巴士鲁安、文都鲁苏诸辖内，糖厂凡150余所，每年制糖平均额约1057万2044担，分销荷兰本国、英属印度、中国各口岸、香港、沙脱港、日本、澳洲等处。输出税已于1895年废止。糖厂主欧人十分之八，华人十分之二。大厂资本三四百万，每年种蔗三四千荷亩。小厂资本一二百万，每年种蔗一二千荷亩。每荷亩约中国10亩，可出糖百余担。每担之值，欧战前最低5盾，最高9盾，欧战后最高价至17盾。一担生产费可分三项：（一）租地种蔗费，约1盾6角至2盾6角；（二）刈获及运送工场费，约4角半至6角；（三）制糖费及打包费，约2盾至2盾4角；平均仅5盾上下。糖价最高时每担获利10盾，即或降至极贱，亦无折本之虞。荷政府以其利厚，遂于1916年7月特订《糖饷规条》，照录如下：

第一条　第一节　今政府新订之糖饷，名曰临时糖饷。第二节　凡糖厂机器于24点钟内能出1000吨以上之糖者纳饷。若出糖不上1000吨者，不在此例。

第二条　第一节　凡一公司中有数处糖厂者，则以厂数计算，各自纳饷，不得以公司名目包括之。第二节　凡糖厂本年应纳之饷额，以上年兑出糖价之总额为准。其兑出之糖，一号至十四号价8盾以上者纳饷，以下者免。十六号糖价8盾2角半以上者纳饷，以下者免。糖水过煮之上好糖价9盾以上者纳饷，以下者免。上好糖价9盾2角半以上者纳饷，以下者免。若糖厂希图漏饷，故乱号数，别换名目，则以糖质之上下定之。

第三条　凡第二条第二节所列纳饷诸价目，每百盾应纳10盾。

第四条　第一节　凡纳饷之责任，以每年正月一号属于糖厂之主人者负之。第二节　凡纳饷之年额，以民间通用之年计算，由正月起至十二月止为一年。

第五条　第一节　凡属糖厂，应将上年得利之额据实报告。若系旧厂改作新厂，或由一厂分为数厂，或由数厂合为一厂，则以原本时之得利额报告。第二节　凡报告得利之责任，以现在荷属之经理人负之。第三节　凡厂中有数经理人，则由一经理人报告，其他之经理人不得于其所报告之额有所异议。若新任之经理人，对于前任经理人报告之额亦然。第四节　凡经理人有故不得自行报告，可以人代理之，但代理人应将代理字并报告字同时呈缴，以便查阅。

第六条　第一节　报告字应依下列各款填写：（一）厂名及地方名。（二）经理人姓名或公司名号。（三）种蔗亩数，每亩五百四方（Rijnlandsche Roeden，即7096四方米突又49分）。（四）出糖担数，每担125磅。（五）各号糖各时兑价。（六）各号糖兑出总额。第二节　凡报告字如不照上节所列条款完全填写，或报告人不签押名号，可将该报告字发还，但发还之理由应明白示知。第三节　凡报告字内应抄黏上年各经纪人代卖糖额手单，如有第十四条第七节情事，其已得财政厅给予证字亦应同时呈交。

第七条　第一节　凡报告字须呈交第十条内所指专理糖饷之公局局长。第二节　每年4月份，该公局局长应将报告字之格式纸及财政厅证字之格式纸，交给各糖厂。其报告字中应填之条款，则由财政厅规定。

第八条　第一节　每年8月1号以前，各糖厂无论已否接到公局之格式纸，应将报告字缴呈，不得逾限。第二节　凡糖厂于第六条第一节内（五）、（六）两款，或于第十四条第七节等事尚未了结，不能缮具报告，可向公局请展报告之期。该公局自应照准，但展期之长短则由公局酌定。第三节　该公局于接到报告字时，应将接到凭条给予该糖厂。

第九条　第一节　凡糖厂之公司在荷属地方，则由政府发出之饷单，可直书该公司名号。若该公司在荷兰属地外，则饷单上可书经理人姓名。第二节　凡应纳之饷款，若糖厂属于公司，则公司中人各自担任。若该公司在荷兰属地外，则各经理人各自担任。第三节　若各经理人外另有特别之经理人，则各经理人对于应纳之饷款仍应负其责任，不得诿卸。第四节　如抗拒饷款不纳，政府可将厂中物件封禁，但先应由司法衙门行字通知。其通知字书一经理人姓名足矣。

第十条　第一节　凡公局人员并局长计3名，及预备顶替局员等名，均由吧督指派。第二节　公局中任用书记一名。

第十一条　第一节　凡由吧督指派局员及预备顶替局员，系以官职名义任事者免誓。若以个人名义任事者，应在黎丝磷面前发誓。其誓词如下云云："今某身为公局局员，自应详慎任职，忠于局事，不得瞻徇情面。其有关于糖厂应守秘密之事，不得泄漏于人。"第二节　凡属公局书记员，系以官身充任者免誓，若非官身，应在局长面前发誓。

第十二条　凡关于公局局务，若局员不齐，不得开议。

第十三条　第一节　凡公局人员，或己身，或其妻，或其三等内之亲族，经理糖厂事务，或得有糖厂股份，当议事时宜引嫌避席，以预备局员顶替之。第二节　凡关于公局局务，以多数取决。第三节　当议定饷额时，如局员3人所主张之额各有不同，则以3人主张之额合计之，然后作三分之一，以定其额。

第十四条　第一节　公局局员主查糖厂报告字。第二节　凡经局员审查之报告字，如无疑义，可即定其饷额。第三节　凡报告字内有未尽详晰之处，可由公局限一相当时期，请报告人前来以便查问。如报告人有故不能自来，或致书、或委人均可，但所委之人必携有受委字据。第四节　该公局已得到报告人自身或报告人之书函，或报告人所委之人之答复，可即定其饷额。如逾所限之期，未得有报告人何等之答复，亦可即定其饷额。第五节　如有第八条第二节情事，该公局于展期后未接到该糖厂之报告字，可自估定其糖价并得利之额，以定其饷额。第六节　如报告字内于第六条第一节（五）款情事报告不实，该公局可依上年该号糖最高之价目核算，以定其饷额。第七节　凡糖厂所得之虚利，有下列各款情事者免饷。一款：开费之额多于虚得利之额者。但开费以经常为限，如因扩张糖厂规模有所开销，则不得算入。至经常开费内可依开出实额核算加添 6%。又经常开费外，据该厂地积亩数，每亩至多加上 60 盾，以抵逐年机器损坏之费。二款：上好糖每担兑价在 2 盾以下之虚利；次好糖即 Melasse Suiker Gecentrifugeerne Zaksuiker 糖，每 4 担作 3 担上好算；又次好糖即 Gezakte Zaksuiker 糖，每 2 担作一担上好算。

第十五条　若糖厂不呈交报告字，该公局可照第十四条第六节自定其饷额。

第十六条　凡经公局决定饷额，或定决免饷以后再查出该糖厂有漏饷情弊，可限一相当期限，该期限至多不过一个月，请其详细答复。

第十七条　第一节　如该糖厂届期无答复，或答复不能明白，公局可将原定之额作废，改定其饷额。第二节　如上节改定之饷额，可由公局详知财政厅请准。第三节　财政厅如以公局改定之额差于原定之额无几，可依原定之额，不必更改。但公局得到财政厅此等复字，可为已遵第十六条行事之证。第四节　本年议定之饷额，至明年年底为限。如再查出有减少之事，不得再行增加。第五节　凡糖厂于本条规定之饷额有偷漏情弊，一经查出，可加 4 倍之罚款。

第十八条　第一节　凡经公局决定之饷额属于不公，下列两款人可以声明不服：第一款，财政厅次长；第二款，担任纳饷人。第二节　凡属第一款声明不服者，可于饷册未经签号以前，或签号后之 30 日内致书于公局提起公诉。属于第二款声明不服者，可于接到饷单 30 日内入字于公局局长。第三节　上节规定之 30 日限，以公局接到不服字之日计算。第四节　凡声明不服人，可于入字时向公局长取一接到该字手条为凭。第五节　如声明不服者确于 30 日内有不能入字之故，可据情报知财政厅长，自可展期至 30 日外入字。第六节　凡有声明不服字，则由财政厅判决。第七节　如财政厅长以公局决定饷额确属不公，可自改定其额，或令公局改其原定之额。但财政厅长应将改定饷额之事，由邮政局寄一保函通知声明不服之人。

第十九条　凡声明不服人接到财政厅通知书函，再有不服之处，可向国税平衡司入字。但入字之程序，应依 1915 年国报 707 号之规定行之。

第二十条　吧督可定一时期，令公局将办理经过事件具报。该公局对于吧督应报事件，除详细答复问条外，其关于局中有糖厂报告字，何不足据之以定其饷；无糖厂报告字，又何所据以定其饷，此两个理由自在必报之列。

第二十一条　如公局自承所定之饷额实属错误，财政厅可许其另行改定，但错误得许改定之事，以不利益于纳饷人一边为限。

第二十二条　第一节　凡公局之饷册经局长签号，可为已定之饷册。如有第十八条、第二十一条及1915年国报707号等情事，则该饷册可为未定。第二节　凡饷册定后8日内，可由公局将饷单寄与纳饷人。其8日限以该饷单到邮局日子计算，其寄饷单日子可于饷单、饷册上注明。第三节　凡饷册有错定之额，局长可以改正。但如饷单经已寄出，则改正之处以有利益于纳饷人为限。第四节　凡接到饷单，可将饷款作一次完纳。其完纳期限以接到饷单之月份起，算至下月杪纳清。如逾期完纳，每月罚款1%。第五节　凡完纳后之饷单，可向经手收饷人员请其押号存据。第六节　凡饷单、饷册等格式，由财政厅规定。

第二十三条　凡纳饷人虽经入有不服字在案，但若饷期已届，应先完纳。

第二十四条　凡有第十七条情事，该报告人实有不能答复之故，财政厅可准减其饷额，或豁免其全额。

第二十五条　第一节　凡第九条所指被封物件，如有下列（一）、（二）两款：（一）第一千一百三十九条第一节及一千一百四十九条第一节事项，（二）该厂先有以物件押当于人之项等事；则被封物件拍卖之项应先还（二），次还临时糖饷，又次还（一）。第二节　凡属上年未纳饷款，而营业于本年12月以后停罢，所有被封物件拍卖之项宜一律分还，不得照上节规定之次序而行。

第二十六条　凡属现在官绅或曾做过官绅者，其对于糖饷之事如有所知，不得泄告于政府以外之人。

第二十七条　第一节　凡糖厂之公司曾在本国地方还过关于当今战事特订之饷者，则该糖厂可免还此临时糖饷。第二节　凡有第一节情事，欲入字声明，其入字期限可视荷京与荷属两处之定饷日孰居其后，则以居后之定饷日算至9个月为止。第三节　凡属于上节声明之字，可以与公局。如有证明字据，或原本，或另抄，宜一并呈交。第四节　公局对于上节所指声明之字，可以判决。如有入字人到局之必要，可请入字人到局以便查问。第五节　公局于判决后，可由邮局寄一保函通知入字之人。第六节　如接到公局判决之书函，有如第十八条第一节第一、第二两款之不服人，可于30日内入字声明不服。第七节　凡声明不服人，可照第十八条规定行之。但属于此事之不服，以财政厅为结审衙门，不得有第二次之不服。第八节　凡经公局及财政厅判决之事，应于饷册注明。

第二十八条　第一节　本规条起行之日，则在本1916年1月1号。该规条可名为《1916年临时糖饷规条》。第二节　关于1879号之规条可以参用。

咖啡全辖出产，1904年约18万1009担，1905年约32万2752担，1906年约38万9840担，1907年约15万4889担，1908年约30万1285担。1909年产额锐减，翌年虽略增加，然终非昔比。盖因耕作不能自由，官营每肆垄断，故不能尽量发展也。其销场为荷、英、德、法、意、美、星洲、吕宋、香港，当地各种人需用亦多。烟叶每年由泗出口31万7230担，值价约600万盾，销往中国、荷兰、英国及其属地。椰干37万3175担，值价约537万8625盾，销往荷、英、法、意、美及新加坡。燕窝2152担，值价约322万8000盾，销往中国、星洲。木材每年出产之值约300万盾，以查底柴为大宗，除本岛供用外多销欧洲。查底柴质坚，不惧水湿，可造舟、架桥、作铁路枕木等。

树薯又称包丰，去净外皮，肉质仿佛若甘薯。中有一细小木质，熟时抽去，食之与甘薯相似。或以器擦磨细屑，炊而熟之，入赤糖少许，有如米糕。若制为粉，以入各色饼干，能酥且脆。树薯粉全年输出英、法、荷、德、意、美、中、日、星洲、香港，约共31万零275担，值价约124万1000盾。又将炊熟树薯以木器榨扁，和以酒曲，则能发酵而成酒。将生树薯去皮切片，放于日下晒干后入油炸之，熟时取出去油拌以糖，再曝至燥，藏于瓷器内，勿使湿气侵入，随时取食，不异饼饵。种类有四大别。（一）三月种。外皮淡褐色，地下茎大而多。由播种之日起达至百日，即可收采。肉质白色微青，味甘无毒。虽在瘠地亦能繁殖，栽于园圃尤为畅茂。（二）六月种。外皮深褐色，地下茎较（一）种稍杀。播种至收成期约六阅月，小粉多于（一）种。（三）九月种。皮色与（二）种类，茎亦略同，九阅月方可收取。富有淀粉，（一）、（二）两种均不及焉。（四）一年种。皮色、地下茎与（二）、（三）两种无异。淀粉质尤丰富，非历一年后不可收采。因其为日久，土人多不及待，种者甚少。

树薯之性，不患蛀虫，旱干水溢更无所忌。种植不必择地，田之埂、园之旁、屋外之杂土，不须锄草下肥，插之皆能蕃衍。泗水气候通常约在华氏表七八十度，循环施种，终年不已。我国地处温带，亦甚相宜，所虑者冬季霜雪伤及种苗。当研究藏苗之法，以免年年转运，则移植吾国，无虞水旱，诚可以抵御灾荒，裨益生计。此前泗水商务总会王振煌、李双辉、杨传霖诸君所为殷殷提倡也。

加薄棉（即木本棉，色黄褐，状如柳絮，可作袽褥，不能纺织）每年由泗出口4万5840担，值价约114万6000盾，销星洲、荷、英、德、法、美、日、中。各色豆每年出产15万零197担，值价约103万6300盾，销本土及星洲。乌胡椒出口2万零631担，值价约61万8900盾，销中国、香港、星洲、吕宋、荷、英、德、意、美。牛皮1万7147担，值价约60万零145盾，销星洲、荷、英、德、法、美、日、中。草本棉花（与加薄棉异，可弹为絮，纺为纱，织为布）1万7959担，值价约44万8975盾。毕拨（药名）1万5320担，值价约38万3000盾，销荷兰、美国、星洲。橡皮5844担，值价约35万2000盾，销荷、英、德、法、日。乌白麻4万5300担，值价约31万7100盾，销日本、星洲。落花生6万7548担，值价约27万零193盾。棉子6万5656担，值价约26万2000盾。此外尚有气酒、玉蜀黍、惹栗子、茶叶、籐、羊皮、槟榔子、白胡椒、几那（即金鸡纳霜）、菁料、香草根、栳梻、桂皮等，每年输出约共11万6597担，值价约共74万6502盾。其他苎枳、甘梦滑、干冬、番椒干、阿参、红葱、花丝、牛骨等，或属本地出产，或由外埠运到，不胜纪也。

全州输入品以布类为大宗，每年约值2061万3030盾。米由西贡、仰光、暹罗、安班澜、峇厘陵、香港等处输入，每年约值1102万2494盾。中国杂货约值730万盾。各国杂货约值398万盾。硫磺粉约值397万9000盾。牛乳袋约值311万2300盾。瓷器、陶器约值271万5000盾。丝织物、毛织物、丝棉交织物约值245万1800盾。铁条约值176万2000盾。火柴约值171万盾。煤油约值102万3776盾。煤炭约值100万1046盾。铁器约值70万6500盾。白纸约值51万8700盾。面粉约值47万5810盾。牛乳约值46万2000盾。牛油约值42万2730盾。大镜约值27万7000盾。卷烟约值27万6900盾。铁钉约值25万零260盾。铜线约值20万7000盾。包纸约值19万7200盾。白蜡约值17万零800盾。制熟牛皮约值16万3000盾。药材约值15万盾。染料约值14万7400盾。火腿约值12万1440盾。石灰约值10万盾。铜片约值8万5300盾。玻璃约值8万零120盾。干牛油约值6万4100盾。漆料约值3万3700盾。漆油约值3万零420盾。熟铁约值3万盾。猪油约值2万3440盾。鱼油烛约值2万2584盾。白铁片约值2万1200盾。染油约值1万1200盾。

泗水海关税，距今七八载前，每年约征四五百万盾。其大要如下之所列：（以盾为单位，不及1盾者不录）

年别	各色货入口税	各色货出口税	酒加税	煤油加税	火柴加税	合　　计
1903	2 286 868 盾	87 990 盾	27 840 盾	1 050 763 盾	646 942 盾	4 100 412 盾
1904	2 521 827 盾	111 407 盾	23 126 盾	1 155 639 盾	644 372 盾	4 456 371 盾
1905	2 648 045 盾	73 920 盾	24 718 盾	1 150 173 盾	552 072 盾	4 448 919 盾
1906	2 959 071 盾	161 686 盾	25 091 盾	1 201 902 盾	839 843 盾	5 187 593 盾
1907	3 335 296 盾	179 578 盾	26 888 盾	1 053 214 盾	779 796 盾	5 374 762 盾

上表系1903年至1907年逐年征税额。近今出入口货较盛，每月征税约90余万盾，亦有旬日间而收税至50万盾者，进步之速，殊可骇人。

绒网驻亚丝石珍一员，君的黎二员。官办邮局、电局、惠贫银行各一。惠贫银行或曰邮政银行，或称关都望，专为各种人寄存借贷而设。华侨总数约千余，华雷珍兰一。中华学校于清光绪三十二年成立，校舍在扫哇韩街，男女生共70余，正教员、助教员各一。民国三年第三学期，不动产收入539盾，动产收入160盾，学费收入359盾，义务捐收入60盾。该学期支出1040盾。历年支出入余款，尚有1300盾。官立荷兰小学校一，男女生共百余名，教员四。

马柔葛套或称惹班，驻亚丝石珍一员，正君的黎二员。副君的黎一员。华侨约千余，华雷珍兰一。街市直而长，商店约百零号，土产以落花生、红乌豆为大宗。

中华学校学生 70 余，教员二。官立荷兰小学校学生 80 余，教员四。古物陈列所一，以石刻为多。邮局、电局、惠贫银行各备。

徐图利祖又名市头甲里，或称市呼阿利曹，驻亚丝石珍一员，君的黎二员。华侨 1500 余，华雷珍兰一。糖厂凡九，故出产以糖为最多。乌豆产额每年约值 9 万盾，分两期，上期约 6 万盾，下期约 3 万盾。米产量亦富，但少输出。华校二。一公立，清宣统元年立案，学生 43。民国三年入款 3126 盾 7 角，出款 2766 盾 4 角。一私立，学额较少。官立荷兰小学校一所，学生六七十名，教员三。

实班让（Sepandjano）亦属于徐图利祖，华侨 700 余，商业尚盛。中华学校一，校舍改土地神庙为之，学生约百名，教员二。别有小村市曰宝囊，出产加薄棉，为爪岛第一佳品。

吉力石简称锦石，驻亚丝石珍一员，君的黎二员。由泗水小公车站（小公车系商办铁路之代名，大公车系官办铁路之代名）名"吧刹厨利"附车前往，车程一时半，每月 3 次。又由泗水港内名"泊吉力石"者附搭小轮前往，每日 6 次，2 点钟一往还，其时刻为 6 点、8 点、10 点、12 点、2 点、4 点。一号位 6 角，二号位 3 角，三号位角半，水程一小时。由吉力石回泗，其水程、次数、时刻亦同。每届阳历七八月间，常有武吃船停泊吉力石三四百艘，输入胶椗皮、梭芽（作染料）、望皂二、蒲节草、籐等，输出酒瓮、各种铁器、下庄花织洋式衣（每戈里约值三四十盾，每年约销 1000 戈里）、糖、米、柴箱等。土产燕窝为大宗，多属厝燕。燕子一只吐燕窝一盏，燕窝一担需燕 3000 余只。锦石逐年产出燕窝数百担，其燕约有数十万只，朝曦初上，飞腾蔽空，天日皆隐。埠中华来新客 200 许，侨生者 300 许。土番善制铁钉、铁碇，销额颇多。中华学校成立于民国纪元前九年，初授漳泉音，至纪元前四年始改授国语。校址在八芝兰，学生 50 余。入款每学期学费约 360 盾，商捐约 380 盾，船捐约 150 盾，燕窝捐约 75 盾，会馆卖物赢利约 120 盾，总计 1085 盾，每学期支出则须 1190 余盾。官立荷兰小学校一所，学生数约 40 名，教员二。

南望安或称南网眼，驻亚丝石珍一员，正君的黎二员，副君的黎一员。官办惠贫银行一。华侨数百，华校未成立。土产烟、米为大宗，乌豆、绿豆次之，药料仅有芷拨。土番性颇驯，风俗略如泗水。

谏义里统辖多隆亚公（Toelogeng－Agoeng）、美利达（Blitar）、登牙利（Trenggalek）、安褥（Ngandjoek）等郡，为爪哇岛七州中之一州。全州土人约 150 万，土人小学校，官立者 15，民立者 32，教立者 13。欧人约 3100 余，阿拉伯及其他各国人约各 50 余。华侨人数随处分详。由泗水至谏义里埠，快车 3 小时即到。荷官黎丝磷、亚丝石珍各一员，君的黎二员，番官淡吧、低米爷各一。全埠商店 200 余，糖厂油厂各六，米厂一。输出品除糖、油、米为大宗外，尚有椰干、落花生、烟叶、阿参、加薄棉、树薯粉、番麦、芷拨、藜叶等。输入品据 1916 年一二月份调查，咖啡 1 月份由泗水来者 412 担，由八实（即官营咖啡山之统称）来者 34 担；2 月份由泗水来者 372 担；由八实来者 28 担。煤油 1 月份输入 8810 箱，2

月份输入7750箱。白米1月份输入6720担，2月份输入4960担。余不备录。华人侨寓本埠约4000人，侨生者居多数，华甲必丹、雷珍兰各一。中华商会成立已久，因货捐停止宣布解散。书报社组织于戊申年，较垅、泗两埠创设尤早。进益会为我华侨俱乐部。义举公祠宗旨如丧事会，开设在20年前，华侨公冢即由其掌理。凡近山修路造桥皆由公祠出项，病院、监狱之华人死无所归者，亦归公祠殡葬。今则转为荷兰官署兼管矣。中华学校首创者徐博兴君，学生50余，一正教员，一助教员兼翻译，教室附设于华商会内。民国四年出款2230盾，入款仅有1440盾，盖因徐君告退，经费难筹故也。蒙侨学校系书报社所附设，教授漳泉音，教员一，学生20余。进益学校教授巫文，男女生共八九十，男教员一，系爪哇人；女教员二，均荷人。闻居留政府岁以百金助之，亦可见其用心矣。官立荷兰小学校一，学生200余，教员六。税则略如泗水。鸦片专卖较泗水制限尤严，凡吸烟之人各领一票，无票不能向买，并须报明每日吸量，只能减少，不得加多。卫生局对于居民住屋尤为注意，凡屋内污秽或倾塌可虞者，则挂一红字之白铁牌，书明该屋污秽或危险字样。如该屋于被挂之年内不重新修理或扫除净洁，则由政府将住屋者逐出，拆卸扫除，费由原屋主担任，并加以惩罚。是固卫生行政所宜然，不得议其苛也。

多隆亚公又名老花，由泗水西行快车4小时，气候温和，人民殷富。驻亚丝石珍、正副君的黎各一员。糖厂一，油厂二，米厂四，邮局、电局、电戏园各备。全埠商店七八十号，华侨3000余，侨生者居80%。欧人200余，阿拉伯及日本人无几。出产椰油为大宗，糖、米、落花生、薏苡次之。有火山，爆发之时地盘受其震动，轻则摇撼作声，重且坍塌房屋。中华商会一，会所方在建筑，预算5万盾。会中储蓄多金，以备同侨借贷，按照定章缴纳利息，颇似一小银行。经济既裕，遂以余力赞助中华学校年约2000余盾。中华学校在古多韩雅特街，男生79名，女生25名。每年出款6700余盾，各项学捐学费收入仅有4000余盾，不足之数则由商会津贴。该校月开演说会2次，以月半、月终逢星期六晚8句钟为演说期。贫儿学校一，系慈德宫会员所创办，名曰慈德义学，学费每月自2角起至一盾止，颇合吾国小学征费制度。官立荷兰小学校一所，男女生共百余，教员四。

美利达或称勿里挞，由泗水西行快车6小时。荷官有一亚丝石珍，两君的黎。土产糖、椰为大宗，米、烟次之。芘拨年出四五千担，销望眉作番药料。惠贫银行一，糖油厂各三。大小商店160余号，属于阿拉伯人者四，属日本人者三，余均为华侨及荷人所开设。华侨数约3000，侨生者居三分之二。欧人约1000，亦以侨生者居多数。中华商会民国五年成立。中华学校前清光绪三十四年成立，学生86。每月进出款约各340盾。官立荷兰小学校一所，男女学生160余名，教员六。土人兴学颇富热诚，尝开夜市筹款。凡入场者先购入场券，场中卖物演戏，极形热闹。乔妆者数十，妍媸不齐，各捧柴盘向人劝捐。又有巫女六七，年龄十四五，称曰女先生，共坐一席。满桌堆花，近之者即取花插其胸际，然后托盘劝募，随人乐与。一夜所入，辄达数千盾。视我国学校，庚癸频呼，束手无策者犹胜一筹，亲爱同胞盍各自反。

美利达之小埠曰"勿里吟"(Wlingi)，土官为"佛都奴"(Wedono)，或曰马仔。地势高，气候凉。华侨至自国内者 30 余，侨生 200 余，华甲首一。高老我有糖厂，厂主系荷人。土产落花生年约 5000 担，乌白麻年约 3000 余担，烟叶年约 3000 担。咖啡山 30 余处，年产 7000 余担。又有加薄棉、树薯粉、椰、米、豆等。有一吧刹，由卢振祯君发起。凡出入货品和买卖，兑米每担抽捐一角，兑豆每担抽 2 角，兑椰每担抽 2 角 5 仙，其他各货均有和约。逐日抽捐，集寄股户，每月分摊公积一次。闻此区区吧刹，一月所捐约六七十盾至二三百盾，团结之利于兹可见。中华学校已成立。荷兰学校学生 70 余，教员三。

登牙利或译丁加黎。荷官有亚丝石珍、正副君的黎各一员。官办惠贫银行一。华侨总数 500 余。中华学校成立于清光绪三十四年，学生 40 许，教员一。

安褥荷官有亚丝石珍一员，君的黎二员。出产乌豆、绿豆年各万余担，下庄烟叶、烟丝年约 5000 余担。米 2 万余担，仅足供本郡之用，少有输出。华侨 700 许，华雷珍兰一。有义和会馆，宗旨近于丧事会。中华学校男女生约 30 余，教员、翻译员各一。荷兰小学校男女生约 50 余，教员二。

吉礁山（Kertosong，或译葛都苏努），面积约 3 方哩，由泗水西行快车 2 小时即到。华侨约 2000，商店 70 余号。有糖厂、油厂、米厂各一，出产糖为大宗，米次之。荷兰学校、土人学校均甚发达。中华学校成立于清光绪三十四年，学生 50 余，岁入 1400 盾，岁出 1500 余盾。近因侨生喜习荷文，别聘一荷文教习。土官佛都奴闻华校兼教荷文，愿认月捐 15 盾。此系荷官署所授意，何为其然，阅者试凝神一想。

由谏义里小公火车前往吧礼（Pare），三等车费 2 角 5 仙。首次行车时刻早间 6 点，末次午后 3 点。过 3 点后须于 4 点半搭大公车先诣吧八，乃转小公车往吧礼，三等车费共 3 角 2 仙。吧礼荷官有君的黎，土官有阿实珍仔，官级高于漫得理，小于佛都奴。华侨 200 余，哇哇居多数。出产咖啡为大宗，加薄棉、树薯粉、葱头、羊皮次之，落花生、甘蔗、烟叶又次之。华侨团体除和义会馆外，并设有商团。凡华商出入货品均按率抽捐，迄年终，以捐额之半发还原主，留其半以助华校。华校学生 120 名，正教员二，翻译员一。女学方在筹办。官立荷兰小学校一所，男女生 80 余名，教员二。土人学校亦颇发达。

由谏义里搭轻便车东行约 4 哩，至山的冷。华侨 20 余，糖厂一，商店七八号。出产糖、落花生为大宗，椰干次之。土官有一阿实珍仔佛都奴。由山的冷搭轻便车东行约 6 哩至牛捞。华侨 70 余，糖厂、当铺各一，商店 20 余号。出产糖、落花生、椰干、树薯为大宗，番麦少许。土官阿实珍仔佛都奴一，并设有巫文学校。由牛捞搭轻便车约 5 哩至文托。华侨十余，商店五六号。出产糖、番麦、椰干。由此再搭轻便车东行约 7 哩，则为前述之吧礼埠。

离谏义里坡 18 哩有地名哇达（Wates），华侨百余。土官为阿实珍仔佛都奴。小公车可通，邮电局已设。华侨初未有公冢，富者运柩葬于谏坡，贫者多与土人合冢。近有唐延年君不忍异种同穴，倡首鸠捐，向土人购地为冢，以备同侨营葬，业经禀由吧督核准。并拟置一棺车，藉省人力。若唐君者，可谓见义勇为矣。

此外谏义里辖有吧八（Papar），兵机兰（Pengkileng），不赖亚施（Pranras）3处。侨商约共500余，殷实者颇不乏。但于教育一事不甚注意，中华学校迟迟未成立，该地侨童多就巫校肄业，本有国民性浸磨浸磷。又有小山市曰"亚致锐"，出产薯粉、薯干、番麦等；曰"隅劳"，华侨数十户，华校未设，子弟多习巫文。土人小学校有新旧两所，学额各百余。

巴士鲁安或译拍泗罗安，或称岩望，统辖玛垄（Malang）、庞胤（Bangil）、勃罗布陵俄（Probolinggo）、加拉山（Kraksaan）、南马漳（Loemadjang）诸郡，亦为爪哇岛之一州。州中有高山曰希茂洛，海拔3676米突。全州土人约共190万。土人小学校官立者二十二，民立者十一，教立者五。欧人约共6000余，阿拉伯人约共2000余，其他各国人约共200余。华侨人数分详各郡。岩望距离泗水车程约4小时，早晨8点30分由泗开车，同日12点余钟即到。地滨海，为通商口岸，外国轮船均许自由出入。码头建筑不佳，且相距颇远，货物装卸殊不便利。土番渔捞为生，番妇好装饰，时髦虽次于万隆（Bandoeng），而逾于日惹。荷官黎丝磷、亚丝石珍各一员。本埠及其属辖共有正君的黎二员，副君的黎一员。华侨总数约千余，泉厦人居多，华甲必丹、雷珍兰各一。土产糖为大宗，咸鱼次之，阿参又次之。糖厂颇多，属于华侨者二。中华学校成立于清光绪二十九年，校址在中华街，学生80余。自开办至今，高等毕业2次，初等毕业6次。入款学费及董事捐、煤油捐月约350盾，出款月须450盾，出入相差100盾。官立荷兰小学校2所，男女生共200余，教员九。

由巴士鲁安前往玛垄，三等车税9角9仙，在庞胤换车。由泗水前往者须由大公车，每日行车时刻为午前5点、8点半、11点半，午后3点，三等车税1盾4角。8点半车、3点车须在庞胤停换，5点车、11点半车则否。快车4小时可达，慢车7小时。荷官有亚丝石珍一员，本坡及其属辖共有正君的黎五员，副君的黎二员。华侨约三四千人，以闽之兴化、福清籍为多。客栈七八号，属我华侨者曰"平安居"，房隔20余，曰"和德饮马"，房隔48，仆役十余名。鱼池假山，建设美备。栈前一环道可容车马，其规模之宏大，在荷兰印度群岛中华客栈首屈一指。每月栈租500盾，杂费如之。栈之右方专住荷人，左方专住华人。住客每日一盾半，兼膳加2盾。玛垄气候凉爽，如我国阴历季秋，夕阳斜挂，清风徐来，虽在热带，几不知暑喝之何在。泗水居民患病者，多至是埠将养。星期六及星期日，侨生男女尤好旅行其间。每年3月至8月为晴季，9月至翌年2月多雨。雨之下降原因于蒸气遇冷而凝缩，然玛垄之雨季不觉冷而觉温。土产咖啡、糖、落花生、番麦为大宗。咖啡质美，系第一号花旗种，为爪哇岛所出咖啡之冠。糖厂在本坡者二，每日各出糖2000余担。落花生、番麦产于东邦（Toempang，东邦已设有中华学校）、峇厨（Batoe）两处，输出则由玛垄。夷皂厂、油厂、米厂各四。果类柑为盛，实大味甘，每日行销泗水、吧城、万隆、星洲以及其他各地，约有数万粒。又有沙拉、篓沙、芒果、红毛丹等。邻近诸埠所销荷兰菜，亦多由玛垄运到。东邦附近地名"文立"者，有一猿洞，猿猴百数。洞旁有谷水，清可见底，不冷亦不热。中华学校成立于清光绪三十年，校址在中华街，男学生172名，女学生44名。入款据民国四年调查，由1月至6月，学费及特别捐共入3417盾3角4仙，货捐如夷皂、生油、煤油、椰油各有征收，共入2338盾7角5仙。洎民国四年7月煤油被荷人收办，每月约减煤油捐200余盾。出款半年间计共6240盾8角3仙，所入不供所出。其能以维持者，前有余款数千，聊资填补耳。官立荷兰小学校二，男女生共400余，教员十四。

由玛垄惹迓兰小公车站附车前往母罗老王（Boeloelawang，或称力其），三等车税1角。有大糖厂名"吉力石"，每日出糖五六千担。又有咖啡厂、粟厂等。商店三四号，华侨30余。土产除糖、米外，有豆及番麦。番官曰佛都奴，番校一，学生百余。往厨连（Toeren，或曰吉里文），商店仅六七号，货物进出均由玛垄转运，不能直接泗水，因大公车不通故也。华侨百余，中华学校一，男女生共34名。岁入1300盾，岁出1200盾。番校一，学生百数十，番官曰佛都奴。邮电局已设。厨连村市有"哇惹"者，铁路未通，马车工程约一点余钟。土产米、豆、麦、加薄棉等。商店十余号，华侨三四十。番官曰阿实珍仔。

由玛垄龟多刺马大公车站附车前往把吉沙喻（Pakasaja，或曰把英），三等车税1角7仙。华侨三四，均系福清人。有一糖厂每日出糖3000余担。番官曰阿实珍仔。番校一，学生80余。往昆冬力其（Gondonglegi，或称哇毅），三等车税2角2仙，亦为阿实珍仔地。华侨七八，均系兴化、福清人。其村市有名"温仔老部"者，华侨50余。再进曰"窝朗"，华侨仅一。再进曰"漫突"，华侨20余。车不能行，运货均用马。电报可通，信件由土人散收散递。再进尚有六吧刹，天气颇冷，出产芝叻皮、加薄棉、燕窝、烟叶、胡椒、橡皮、咖啡等。再进约4哩曰"南海"，波浪甚大，船不能行，水产物颇多。往班然（Panggen，又名曰笨），三等车税2角6仙。荷官曰君的黎，警兵10余。糖厂、粟厂各一，商店十数号，华侨200有奇。华校一，学生20余。番校一，学生200余。土产番麦、落花生、黄红乌豆、米、胡椒、加薄棉等，货物往来或直接泗水，或直接玛垄。其村市曰"牙拨老"，华侨一二，系粤人，贩卖杂货。曰"宝钟"，华侨十余，系福清人。曰"状葛"，华侨三四，土产番麦、燕窝、加薄棉。

庞胤或译望引，为各路停车之总汇。荷官有亚丝石珍一员，君的黎三员。华侨400许，华雷珍兰一。侨立中华学校、官立荷兰学校各一所，学生数约各80余。华校学生组织有自治会，以遵守校规、修养人格为宗旨，成效颇著。

勃罗布陵俄或译破破能饿，或译波婆令我，或称庞越。地处海隅，为通商口岸之一。火车下通本那老干，上至泗水，又有轻便铁路通加拉山。荷官亚丝石珍、正副君的黎各一员。邮局、电局、惠贫银行悉备。华侨3000余，华雷珍兰一。中华学校成立于清光绪三十一年，男女生共87名，有毕业回国留学者，教员、翻译员各二。入款依民国四年第三学期决算，煤油捐536盾，义务捐330盾，杂捐57盾，学费651盾，计共1574盾，出款总数1363盾。官立荷兰小学校一，男女生共200

余，教员九。官立简易中学校、土人师范学校、贵胄学校各一，其办法略如望加锡所立者。华侨团体有中华会馆、永安会馆、义安会馆、旅贞会馆、华侨总会等。永安会馆会员最多，旅贞会馆为福清人之同乡会。华侨商店多系中国式。米厂二，一为彭水梨君所有，一为林国保君与荷人合建，其米多从南眉任抹采来。咖啡厂一，树胶公司一。糖厂四，一在加令，一在过勿，一在莫那西，一在日里午。土产除糖外，以烟叶、白麻、阿参为盛。芒果在爪哇岛最有名，土人名曰"阿鲁马吗氏"，初出时每粒价约2角，盛出亦须5仙，较末里粉峇吉丹（Bakatan）所出者，其味其质实有过之。

加拉山或译加辘山，或译加六山，驻有亚丝石珍一员，君的黎二员。华侨总数1000余。中华学校成立于民国纪元前五年，男学生共47名，女学生共23名。入款依民国四年第三学期决算，学费800盾，煤油捐、青年戏捐各400盾，月捐160盾，杂捐100盾，出款全学期1340盾。官立荷兰小学校一所，男女生共90余名，教员三。

南马漳或译裕马漳，驻有亚丝石珍一员，君的黎二员。华侨约共600余，中华学校一所，学生60余。每月入款约470盾，出款约450盾，现计公积约有6000盾。官立荷兰小学校一所，男女生共80余名，教员三。

西峨舍里亦属巴士鲁安辖，中华学校于前清光绪三十二年成立，学生40余，教员一。

由泗水大公车站登车向东南行，先至庞胤、庞越分车，继至加拉葛分车往南马漳，由此直趋文都老苏。文都老苏初为麦思歧属，故世之论爪哇十七州者，多以麦思歧为一州名，而置文都老苏各郡于其下。嗣因地理上、商业上之关系，改驻黎丝磷于文都老苏，即以文都老苏为一州之首部，统辖麦思歧（Besoeki）、施厨文多（Sitocbondo）、任抹（Djember）、漫油湾宜（Banjoewanyi）诸郡。全州土人约共80余万，土人小学校官立者八，民立者十，教立者二。欧人、阿拉伯人约各2000余，其他各国人约300余。华侨人数分详各邑。荷官除黎丝磷外，尚有亚丝石珍一员，君的黎二员。埠中气候清冷，流质肉汤间或凝冻。天方破晓，水面恒作雾。水土至佳，冲凉随意，较外南望、吧都安、本那老干远胜数倍。商店约百余号。华侨千余，华雷珍兰一。中华学校成立于清光绪三十二年，男女生共70名，校长、翻译员各一，教员二。官立荷兰小学校一所，欧童90余，华童约30。官立幼稚园一所，兼收中西人。

文都老苏本郡所属曰"本那职干"（Pradjekan），出产白糖、番麦为大宗，咖啡次之，其销场多在马渡拉岛。番官曰拔葛拉，职小于佛都奴。华侨20许。曰"乌奴沙里"，番官为佛都奴，邮政归其收发。华侨十余，出产番麦、米。曰"大边"，华侨20余，出产番麦为大宗，米次之。番官系拔葛拉。曰"末琉璃"，亦为拔葛拉地，华侨十余，出产番麦、米。

麦思歧或译末思基，日人称曰勃斯克。依旧区域为一州之长，今不然。荷官有一亚丝石珍，二君的黎，番官有佛都奴，警兵约二三十。由泗水之是埠，于早间

5点50分起程，先至庞越，适为9点，三等车税1盾5角3仙。由庞越9点40分起程，12点至杯敦，华侨仅四五。由杯敦往麦思歧，有轻便铁路通之，行车时刻颇早。附车不及者多雇马车代步，一人独雇税一盾半，二人共雇税各一盾。午后3点至3点半即到，地滨于海，轮舶可通，盛出海鱼。埠中商店三四十，糖厂二，皆属荷人，糖之出口亦由海道。华侨总数200许，华雷珍兰一。中华学校成立于清宣统元年，每年出入款各千余盾。学生34，教员华荷各一。午前读荷文，午后读华文。或谓午后天气较热，蒸人欲睡，祖国文字语言不当于此不良时间习之，宜改易午前，是诚探本之论。然据最近调查，此告朔饩羊之中华学校竟因费绌停办矣，可惜可惜。

施厨文多或译西都文罗，或称吧都安，驻亚丝石珍、正副君的黎各一员，兵警十数。邮局、电局悉备。华侨500许，商店三四十号，糖厂三。每年糖蔗登场，机器欲动，各厂必为种种游戏，俗曰放水。在各厂之旷野开演戏剧，即厂中之番佣车夫，具有一术一艺者，均可在场献技。惟其最豪兴之举则莫如竞牛，以两牛各饰锦绣，置一十字架，人登架上。金声一振，并驾齐驱，殆与赛马同一用意也。出产除白糖外，以乌麻、番麦为大宗。中华学校成立于清光绪三十一年，男女生50余。入款每月学费约共140盾，煤油捐约250盾，全年可收3480盾。出款年约4300余盾，不敷之数，临时设法筹助。官立荷兰小学校一所，男女生共80余，教员三。

任抹驻亚丝石珍一员，君的黎二员。出产米及烟叶为大宗。华侨约2000余，1916年新选任一雷珍兰为华侨长，华侨则拟组织商会，为真正之团结机关。侨立中华学校、官立荷兰学校各一所。华校教员一，学生50余。荷校教员三，学生80余。

任抹所属有甲里刹（Kalisat）者，位置山中，山市也。商店六七号，华侨凡140，荷人20余。输出米为大宗，番麦次之。输入糖、油、咖啡、杂货。番官曰佛都奴。案情较大者，归任抹荷官办理。华侨团体曰中华会馆，附设学校，分甲、乙、丙、丁四级。校长兼教员一，翻译员一。入款年约1400余盾，出款如之。

加里刹所属曰"在古奴"（Chaidono），华侨约百，荷人十余。输出米、番麦，输入糖、油、咖啡、杂货。番官曰亚实珍仔佛都奴（Asistenwedono），其职权较佛都奴稍下，受甲里刹佛都奴之管辖。巫文学校一。读华文者归甲里刹中华学校。曰"马央"（Mayan），华侨30余。输出入品如在古奴。番官曰马央佛都奴。

漫油湾宜或称外南梦，荷官最高者曰亚丝石珍，又有君的黎管理田亩，有阿司的管理房屋桥梁。由泗水之是埠，先至甲里刹而后分车直指东南，中经车站甚多。至勿老湾（Belowang），华侨甚少。旋进入山隙，每山隙约历5分钟。至"葛里峇鲁"（Kelibaroe），华侨六七十。番官曰佛都奴。出产咖啡大宗，橡皮次之。至"葛裹勿"（Keliber），华侨60余。出产咖啡、橡皮均多。至"老兀箜比"（Rogoogampi），华侨30许。番官曰佛都奴。出产咖啡、糖、米为大宗，橡皮次之。有糖厂、米厂。又经一处，忘其名，米厂三，华侨十数。过此即为外南梦，地与峇厘相对，滨海，轮舶可往来。海口有吊桥，起落货颇便。有电报局归英人掌握，凡由香港、厦门等处通电至泗水郡内各埠，均由该电局经过转递。客栈二，惠贫银行、小公银行各一。出产海鱼、椰、米为大宗，生猪次之，输出文都老苏、甲里剎等处。果子名峇厘柚者，质美产多，销行尤远。华侨400余，华雷珍兰一。中华学校一，成立于民国纪元前一年，址在中华街，男学生30名，女学生3名。官立荷兰小学校一所，男女生共70余名，教员三。于此有一问题焉，即学校教员是否须纳身税是也。兹录《泗滨日报》关于此事之记载，以备荷属教育界之参考。原文如下：

> 日昨华侨学务总会得外南梦教员詹步桓君来书，云该埠雷珍兰上年开单向其收取身税8盾7角。该教员告以医生、教员荷例向免征税，雷珍兰不允所请，不得已如数缴出。本年又开单前来，忽增至3倍有余，须25盾零。该教员因爪哇各岛学校林立，未闻教员有纳税之事，函询总会应否照纳。查教员例免身税，各国皆同。即荷属地所有中华学校教员数以百计，同处荷政府统治权之下，十余年来无有实行征收此项身税之事。惟近年如阿拉汉、玛垅、南旺等处均有此项问题，时起交涉，皆由总会函请各该校总理董事亲向荷官理论，旋即得直。其中交涉情形，除阿拉汉一事（是民国元年5月中旬事），经该校总理郭庆水君偕同向荷官理论，据荷官云，甲首报告时仅称会馆先生，并未言明学校教员，故有此误。余如玛垅（元年9月中旬事）、南旺（二年11月初旬事）二埠之交涉结果，虽未经荷吏说明缘由，是否同系错误，而此项教员身税问题卒以消灭。惟前年4月巴拉安中华学校教员身税事，则几乎有不能豁免之势。总会于是月6日得该校长函告，即驰书辩正，嘱其竭力坚持，不得遽行照纳，致开先例；一面以阿拉汉、南旺等处实事为证，函请该校董出为交涉；一面再向三宝垅玛腰询问。玛腰亦云教员确系免税，遂函请该埠甲必丹李遵乾君从中设法。然荷吏仍云牧师、医士可免身税，教员必须照纳，并云荷教员亦一律纳税，华教员如何能免。后经该校董转询某荷校教员，某荷校教员亦云纳税属实，该校董即据情转复总会，又经总会往返函辩，不获见效。继又往询律师高力突等，最后得一荷兰美之答复，言教员确无身税，可查荷文书1914年出版之 *Almenak* 上册，载有详细条文。总会当请本埠华侨公堂代为详复，果得有此项免税条文，略云免纳身税人等，如牧师、医士、教员及正官与国家设立局所机关办事人，依法律之规定得免身税。又查得荷校教员所有照纳身税之原因，为始于1912年吧督Vanhust所提倡。盖渠为正官，本在免税之列；吧督既身先提倡纳税，故荷人多从之。然华人及阿拉伯人之学校教员，仍无有纳过此税者。因再以此项条文为证，由总会函催该校董递禀荷官申请，将此项身税准予豁免，卒蒙吧督批准免纳。今外南梦事同一律，想该校总理董事能将此项证据向荷吏说明，雷珍兰即无从施其为虎作伥之威。近来此事偏僻小埠时有发生，各教员都来自祖国，不明外人法律，爰将总会本年会议报告书中关于此事之始末摘录刊登，俾各校教员嗣后凡遇此等问题发生，得有对待之策焉。

本那老干（Panaroekan）属施厨文多管辖，地滨海，泊面吊桥颇长趺。巴都安、文都老苏之糖、咖啡等多由此处出口，椰油由他埠运到者亦由此处输入。物产海鱼为大宗，米次之。水土恶，后经建设自来水管，引取大山清泉，民乃宜生。番官曰佛都奴。邮政归小公望兼理。中华学校成立于清光绪三十四年，学生24，教员一。

马渡拉或译末流纳，或译马士刺，或称过屿，与爪哇岛隔一衣带水。早晨8点由泗水海口名"汙绒"上小轮船，至对岸"敢仔"登陆，附汽车起程。经望脚兰（Bangkalan）、三蚌（Sampang）、北望加山（Pamekasan）到苏马尼（Soemenep），均为马渡拉所统辖。铁路虽敷设已久，而轨道不甚坚，商务未兴，往来搭客亦少。岛之中央多山，地带红色，仅可植果树。岛之四周地较肥饶，然面积无多，不足供130万土人之树艺。土人以乏生业故，多至泗水觅食，惟其性情暴躁，人不乐用，仅作散工待雇，或为马夫而已。全岛盐利最厚。宰牛及生牛出口税每月有1万3000盾，每牛抽税一盾半。前为华侨包办，今被荷官收回。岛中欧人约共1000余，阿拉伯人约共2000余，其他各国人约共200余。华侨人数分详各邑。

北望加山居马渡拉之中心，驻黎丝磷、亚丝石珍、君的黎各一员。番官曰淡。黎丝磷居处，树木丛生，道路整洁。土产不多，仅可自赡。燕窝虽较盛，出口亦稀。华甲必丹一，华侨约共600许。地瘠民贫。中华学校尚未设。官立荷兰小学校一，教员三，学生80余。

苏马尼或译松美罗，或译双斤㵼，或译千根纳，简称双美。物产为马渡拉全岛之冠，如盐、生油、椰油、海鱼等均甚盛。燕窝产额与本岛诸埠比较，居第四位。华侨约2000人，居本岛各埠华侨数第一位，华甲必丹一。中华学校曰"㵼水"，成立于清宣统元年，分高等、国民两组。入款依民国四年第二学期决算，计学费300盾，董事月捐150盾，煤油捐120盾，总数550盾，出款则达780盾。官立荷兰小学校一所，男女生共百余名，教员四。又有一华侨诗社，创设百有余年。每岁分两期，由社长拟题征集诗章联句，甄别高低分给奖品，亦商场之韵事也。该埠驻兵千名，荷官有亚丝石珍一，君的黎二。

望脚兰仍属亚丝石珍地。马岛土王本居是埠，以绝嗣故，王位已消灭，仅有土官，官名曰淡。华侨约千人，占本岛各埠华侨数第二位。中华会馆成立已久，华校即附设其中。官立荷兰小学校一所，男女生共20余，教员一。出产燕窝，居马岛第一多数。果实有榴梿、篓沙、葛渣悲、芒果、沙叻等，销售泗水甚多。又有树薯、黄牛，行销爪哇及外地。

三蚌驻亚丝石珍、君的黎各一员。华侨约百余。产盐甚旺。在荷属各岛产盐额，马渡拉第一；在马渡拉各埠产盐额，苏马尼第一，三蚌第二。三蚌有盐厂，由荷官经营。土番得盐须卖盐厂，每车（300斤）价10盾，不得别售。盐厂将盐再经制炼，炼后转售各埠，一车240盾。闻其制炼费每车约30盾，合原购价10盾共40盾，每车得利计有200盾。盐之盛出时期为阳历8、9、10、11四个月。三蚌盐厂每日约出400车。

三宝垅（Semarang，或译三马冷），简称垅川，在爪哇岛中部，统辖苏老底甲（Soelotika）、钧挞（Kendal）、丹墨（Demak）、巴底（Pati）、古突氏（Koedoes）、二巴叻（Japara）、安峇老哇（Ambarawa）等郡。全州土人约共260余万。土人男子小学校，官立者十八，民立、教立者各十九。土人女子小学校，合垅川、梭罗、日惹、末里粉、南旺、葛厨诸州，统计有85所，女生约近2000名。其在垅川埠者，有寰特寰达儿女子高等小学校，学生数亦甚多。又有加儿底汝（Kartini）女学校董事会（加儿底汝系前二巴娜酋长女，当时曾在荷校肄业，学问成绩为全爪哇土人学生之冠。未嫁而卒，荷政府传王谕致悼惜之意。今日所有爪哇女学校均以Kartini为名，以志仰慕），为筹划爪哇中部女子教育总机关。欧人约共1万余，阿拉伯人约共1000余，其他各国人约共2000余。华侨人数于各郡分详之。行政官、司法官与泗水略同。征兵筹备处近始成立（凡荷人及华人之入荷籍者，皆须应征），报穷司、保孤所、农工商局、国立病院等均备。本埠华侨2万余，连合各郡计有五六万，以闽之漳泉人为多。海口进出货物约占爪哇岛总贸易八分之二。有新港通市场，长二三里，为商品起落之孔道。出产糖最大宗，买卖多属空盘，先一年或若干月与糖厂定价立约，转相授受。糖厂内容据韩希琦君参观所得，记述如下：

某日午后，余赴刊他耳地方参观实比宁糖厂。甫至，即由某君介绍余与技师相见，随由该技师导观各处。先至榨蔗部，见蔗自转运车叠排迤逦上，机制为两旁用铁环连锁，中间横铺木片，上下循环，如桔槔之运水上行状。榨蔗机分三部，每部有轴形之铁轮横其前，下仍为转运机。惟第一部以前之转运机，上下循环，为运取原料之蔗来此榨成碎段。第一部以后之转运机，则运取此第一部榨成碎段之蔗，输至第二部机，榨过后又输至第三部机，叠次榨出蔗汁，务使蔗体内所有汁尽出无余，以期多得糖分。又3部榨蔗机之前方均设有喷水机，横于转运机上，淋洗蔗上，使蔗洁而糖分易于挤出。至第三部榨过时，则汁尽体干，所有碎片即随时移之炉次，作为薪炭之用矣。次观制糖各部，则上述榨蔗部3次所榨之蔗汁已先后并入槽道，流至一处，以石灰澄清之。时余与技师往观澄清器，过一处见有大铜锅数具，锅底有铜管作螺旋状，似糖汁可由该管中漏出者然。因此项铜锅尚未见有何等工作之事，即亦不复查问，已见澄清器两旁骈列，各器内满贮蔗汁。该技师为言此器内上下两层均为渣滓，中为糖质。渣滓分出后，再煮时仍可得糖6%。言时见下方有一工人立大桶旁，搅灰成稠液。问之，曰此乳灰，即用以澄清蔗汁者。又有女工4名，各持一尺许之小布袋，倾出沉淀物，即澄清器内之渣滓，于袋中挤出少数糖汁后之所遗废料也。旋见大铜锅数具，锅有外沿，上方设槽，有加热后之糖汁注入锅中。一工人持木板拨之，沫外溢四沿，热气蒸腾，中人欲晕，余小立不逾20秒钟，汗流浃背矣。技师言此四沿之沫，即与其他渣滓合并再煮，就中提出若干分之糖质。语已，蒸汽机一禁，沸立止，则于其旁取一扎籐为柄之玻璃管，把出糖汁见示，作黄色，曰此清也。又过其他滤器，则成老清。遂再行十数武观滤器，两华人工作其旁，复以老清见示，抹之玻璃片上，质稠甚。友告余曰，此清字为华语，因向司工作者多华人，传之已久，故该技师亦以清及老清之名词相告云。次又过一汽桶，制殊巨，盖老清经此汽桶时，则蒸之使略成砂状者。

又告一冷汽桶,则加以凝结。然经此两汽桶后,虽凝结成砂状,仍极粘湿。则见有其他之汽桶,为数凡9具,排列成行。每器高度不及4呎,阔径约2呎,如制拴冰然。每器以一工人司其事,时时洒水入内。内部之旋转异常迅速,拴成则糖砂凝结四围。以木板刮下,而制糖之事于是毕焉。积成巨堆,复以搬运器(器近畚箕形,以铁环联络之,似治河时所用搬运泥沙者)运上,经后方再下。经一大糖槽,斜下至极端处,有自动之铁线筛淘出粗块,另存一器内。筛过之糖仍积成巨堆,再有搬运器运上高处,入一大铁柜。柜下作尖底形,底有漏孔,工人以布袋争盛。余及余友参观至此,事已毕,则同返该技师之试验室。室中有土人数名,或拭玻璃管,或燃火酒灯,状甚忙碌。室隅有黑色漆室一间,殊狭小,帘壁均作黑色。中置一棍杆状之照镜,后方燃灯一盏,知为试验之作用。余等以技师工事乏暇,未便再事多渎,遂匆匆辞去。行时余友为言,蔗之佳者,制糖可得12%。此厂每日出糖约8车至9车,每车约160担,计厂内每日用蔗在1万担之度云。

乌豆、落花生产量稍次于糖,亦为主要输出品。输入茶最大宗,次即甘蜜、文烟、布匹、铁器、火柴、酒、染料、药料、干果、杂货等。海关征税每月约40余万盾,税率略如望加锡。近因欧战影响,对于入口粮食类,除米税照常外,余自黄豆、面粉以至冬粉、米粉、面线种种食料,均值百抽三十。税率激增,入口之粮食因之减少,于民食殊有妨碍。然据1917年3月16日所颁布之临时禁令,则似为慎重民食起见。两者互相冲突,诚不可解。兹将该禁令照录如下:

第一条
第一款 规定能久藏之食品,不得下火船出荷属地以外,惟属个人自用者不在此例。
第二款 以上所规定之款,如有特别情事,经荷总督许可者,得以例外准其放行。
第二条
第一款 何人犯上条第一款之禁,以能久藏之食品由火船出口者,依其人之地位,罚拘禁或不给佣值之苦工,自6日至3个月,或罚银至100盾。
第二款 敢载禁品之火船,官厅得施其封禁之权。经审判厅判定后,并可将船内所有物没收之。
第三款 有人阻碍以上各节应执行之行为者,得定以相当之罪处罚之。
第三条 上令于宣布后之第二日实行,不得有人借口不知。上令载入荷属地法令书内。
有紧要处应于各地方遍贴爪哇文、华文各种,俾众咸悉。
各官员对于上令条文须一律执行,不得于人种上之关系有所歧视。

垅川市场繁华次于泗水。华侨商店多系200年前旧式,分布北高然街、甲板街、东街、亚朗街、淡马兰、南梦安、班池安、安然街、峇峇安、新街、碗街、瞒派街、亭后街、中街、西街、茄令岸、大吧刹等处。华侨旅馆有小扬州、远香栈

（在北高然高遮巷）、保安居、平安居（均在南梦安）、三宝垅客栈（现移亭后街）、亚细亚小旅馆（在班地安）、四归居（现移地址未详）诸号。日本旅馆在外岸律。该旅馆含有日人俱乐部性质，近来因警厅取缔娼妓，已为藏垢纳污的唯一数泽，荷警不敢过问也。华侨大道银行方在筹办。黄氏私立银行不依银行通例，惟注重放债存款。爪哇银行、小公银行、汇丰银行、渣达银行、亦是公道银行均集于班内。荷兰客栈（客栈名，一曰新吗蜜儿氏，一曰巴比仑）、学校、贫儿院、地方自治会、戏园、公园、邮局、电局、关都、病院，多聚于茂绒街及亚伦亚伦（华侨称曰二把致埕）。茂绒之东曰时望安狮头山，系故侨长黄志信氏私地，三保洞即在其间。洞为一大石，供明三保太监、王公景宏遗像。章太炎先生曾题一联曰："寻君千载后，而我一能无。"相传阴历六月三十日为三保航抵爪哇纪念日，年年此日大觉寺必循例进香（大觉寺原建在八芝兰内亭后街，后移近北高然）。虽属迷信，亦历史上之光荣也。

华侨公堂（或曰玛腰厅）在八芝兰内观音亭侧，以华玛腰、甲必丹、雷珍兰组织之，其职权与他埠华侨公堂等。迩来居留政府拟废华侨公堂，取消玛腰以下诸职，别设一华民政务司，任荷人司其事，另雇华书记员为佐。巴城华侨对于此事意见尚未确切表示。垅川华侨则谓："华侨公堂一废，华人对于治理侨事永无斧柯可假之日。华民政务司长既为荷人，例诸他种荷官当无毫发别。书记一席属在雇员，除薪水问题外，初无何等权责。且世所不满于玛腰等职，亦谓历任多不得其人耳。今以用人不当之故，遂欲举玛腰等职之设置制度排而去之，甚且欲以玛腰等职所附丽之华侨公堂为殉，是以对人问题、制度问题、机关问题混而为一，其与因噎废食复何所异。"垅川华侨既以除废华侨公堂为华侨之不利，爰由各社会团体凡二十六公组华侨公堂维持会，恳由汉务司长（荷语称曰凯士）据情报告吧督，俯察众情，使华侨公堂机关得以继续存在，该机关事务得以继续由华侨领袖办理。必欲改组为华民政务司，亦请以华侨承任该职为宜。汉务司长虽允转达，结果尚未定。泗水各社团则已继起协同请愿继续维持矣。

华商总会（即中华商务总会）在八芝兰内中街，成立于民国纪元前五年正月。会员315名，会董32名。经费状况依民国四年决算，岁入总额1万5245盾3角6仙半，计分会员应纳会费5220盾，征收商捐9827盾7角5仙半，存放银行利息197盾6角1仙。岁出总额1万4684盾7角4仙半，计商会一切用费共6034盾7角4仙半，补助中华学校经费共8650盾。

中华会馆在马氏东园内，成立较商会为先。乐群书报社在亚朗街，屡参入中国政治运动。中华营业会附设于中华会馆。华侨公会为前上海华侨联合会之分支。华友会馆宗旨如俱乐部。青年会为华荷各校华侨学生联合组织，成立于5年前，会员260，以开发青年之德智体三育为宗旨。居恒演剧鸠资，襄助善举，为各界所欢迎。近更附设一贫儿夜学，学费不收，学额无限制，教科为国文、巫文、算术等，国文用漳泉音教授。文献堂在中街，三万兴在亭后街，南梦安会友在南梦安，皆属丧事会。指南斋附设华侨公堂内，施舍棺木。陈圣王庙为陈姓团体，天后宫为林姓团体，六官祠为郭姓团体，办理入主、祭祖、祀神等事。《中央爪哇新报》、《博闻报》、《哇拉哇打》、《丝那爪哇》、《巴勿里打三宝垄》皆巫文报，主之者为我华侨。地方自治会又名系民治公所，为法定议事机关，华侨中曾毕业于荷兰中学者得被选。然仅2名，备员而已。

荷兰商会在Andstoshinsstroat。荷人公会译名实达丝珍，会内并设有电影剧，成立已久，会员众多。荷文《新日报》资本约20万盾，其股东为荷兰、英吉利及中华民国3种人联络而成。渊士邻特为提倡属地主义之政党，设有机关报，时时露头角。会员中享权利者，土人方面除著名爪哇政客集多医士一人外，余皆荷兰侨生混血族。华人入会亦不少，大率不占势力。日本人亦有三数入会。1916年《万隆评报》主笔日人威挪卫被捕在禁者，即该会之会员。回教联合会在垄势力尤大。1916年乘吧督至垄之便，要求面见，并提出关于土地权事件。关于1913年文通安惨杀华侨案犯（1913年3月27号午后5时至8时，三宝垄监光文通安地方土番聚众二三千人，围林茂盛及其邻右华侨家肆行杀戮，计当场研毙者为冯亚明一命，而林茂盛、叶亚用、黎亚卜、李长如、陈和元等皆遍体鳞伤，一息垂毙。事后验明，送入医院，林茂盛寻卒，余亦以重伤故半成残废，状至惨酷），以及其他等等事件，曾连续开议至一星期余。会中人热心茈会，对于议案上多所讨论，我同胞殆未能及。近更议决上禀吧督请愿实行限制华人居住地段，不得擅徙界外。所持理由，一为"生计上易被侵夺"，二为"宗教不同，习俗殊异，错居杂处，易酿衅端"，三为"华人恃其财力，任意收买房屋，爪哇人只贪目前之利，不计后日之害。一旦彼此易位，华人为业主，爪哇人为佃客，驱逐命下，无处安身"云云，咄咄逼人，我华侨将何以待之。又有Usdv之立会宗旨，于社会主义为近。会中以荷兰混血族为中坚，欧人亦间有之。《爪哇女界报》出版于1916年四五月间，内容分九类：（一）育儿知识，（二）家政，（三）卫生，（四）女工，（五）妇女之常识，（六）各界新闻，（七）已故之爪哇女界大学问家加儿底汝之遗著，（八）女界进步，（九）女界之裨益。土人程度猛进，于此可见。

中华学校成立于清光绪二十五年，学生480余，共分14班。校中设有邮筒，由年长学生数人管理，以备学生与学生间实地练习通信。遇星期日则开讲演会、理科研究会及社会雏形之练习等。又以每日授课时间，系由早晨7点半钟至中午12点半钟。该校校长石鸣球君拟就下午3点至5点之2小时，增设一单级半日国民学校，学费以极低廉之限度为准，贫者免费，书籍文具无力购置者并由该校核给。私立正谊小学校教员一，学生十余。贫儿夜学为南梦安PN会（会名译意近于勤勉二字之义）所附设，学费蠲免，学额无限制，教科为国文、巫文、算术等，国文用漳泉音教授。

华英中学校成立于民国五年3月，教员八，校长为英人Mr. Maan，学生90许。华英文均编6班，上午甲、乙、丙等班上英文课，则丁、戊、己等班上华文课；下午甲、乙、丙等班上华文课，则丁、戊、己等班上英文课。另设特别补习班，华英文各依必要情形编入，其结果英文时数仍视华文为多。聘英人为校长。该校董事现正积极进行，提议建筑新校舍，以能容学生400人为率。建筑费预算40万盾，筹款之法，拟以该校名义发行一种公债票，即将该校为抵押品，周息4厘。如爪哇合格学生不及400名，则兼收荷属各岛。荷属各岛如再不及400名，则兼收英属。学费拟分三等，一等照还，二等减价，三等免纳。说者谓该校于科学上之配置，倘能依照章太炎先生议，英文课每来复最多不过6小时，其他各科又能参照我国中学课程表，则完全美善，来学之人不患其不接踵而至也。

官立中学校、师范学校（师范学校在距垅约15哩之韵雅兰地方）、私立简易实业学校各一。官立荷兰男女小学校8所，男女教员共35名，男女学生1300余名。

附录：各国领事之驻三宝垅者

暹罗	领事	一	比利时	领事	一
英吉利	副领事	一	丹麦	副领事	一
法兰西	代理领事	一	美利坚	代理领事	一
意大利	代理领事	一			

苏老底甲或译沙胜知甲，驻亚丝石珍一员，正君的黎二员，副君的黎一员。气候清冷，垅侨之富者多建屋于是埠，或于星期日到此乘凉。华侨700许。出产烟叶、米、粟、咖啡。官立荷兰小学校二，教员十余，男女生200余。惠贫银行一。

钧挞驻亚丝石珍一员，正副君的黎共三员。华侨700余。土产以粟为大宗。官立荷兰小学校一，学生70余，教员二。惠贫银行一。

丹墨或译淡目，或译潭吗，开埠较三宝垅尤早。有古庙一所，译名靡实七，所祀神为爪哇摩惹排一古贤王，及王配中国女子。土人传说该女子下嫁某贤王，王神通广大，其庙以一夜造成之。造庙将竣时少一柱，仓卒间以树皮及碎木片为之，柱中空，为神物。土人述此，若甚津津。然据韩希琦先生与章太炎、严潆宣二先生同游该庙，除壁上嵌有古瓷数片外，别无可纪。丹墨郡中驻亚丝石珍一员，正副君的黎二员。邮局、电局、惠贫银行悉备。农产物以木棉、咖啡、米、树薯为多，蔗则刊达较盛。华侨约共800人，多以工商为生活。农业、渔业，荷政府为保护土人生计，向不许华侨经营。华雷珍兰一，甲首名数未详。中华学校成立于清光绪丁未年，校址在中华街。学级编制高等科一组，凡5人；初等科二组，共46人。校内职员司事，为教员一名，译员助教一名，庶务书记一名，仆役一名。校内经费每月支出薪水155盾5角，杂费10盾左右。每月收入学费约八九十盾。基本金7300盾，每年生息约292盾。华校向章，凡贫寒子弟无力缴学费者，豁免，惟以10名为限。今查该埠学龄儿童总数约百人，除入华校者51人外，尚有入荷校者20人，无力就学者计30人。华校如能扩张免费学额，教育庶可普及矣。

巴底或译巴帝，或译巴智，驻亚丝石珍一员，正君的黎二员，副君的黎一员。中华学校学生30余，教员一，现已停办。荷兰学校学生百余，教员四。

古突氏或译古都士，驻亚丝石珍一员，正副君的黎二员。官办惠贫银行一。中华学校成立于清光绪三十三年，停闭于民国四年。官立荷兰小学校学生百余，教员四。

二巴叻或译芝吧勝，开埠在三宝垅之前。驻亚丝石珍、君的黎各一。中华学校学生50余，教员一。官立荷兰小学校，学生数与华校若，教员二。

安峇老哇或译奄峇勝哇，或译双角拉罕，简称双汗。驻亚丝石珍一员，正副君的黎二员。地颇扼要，建有兵营。华侨约千余。土产以烟为大宗。中华学校在旧吧刹，学生30余，教员、翻译员各一。欧人约400。官立荷兰小学校两所，男女生共200余，教员八。是埠气候温和，有城郭与山泉之胜。城之名曰 Willem，为爪哇岛第一大城，驻兵约千名。泉有二，一曰 Moentjoe，一曰 Tjanolies。Moentjoe 水冷，其清如镜，他埠居民多有来此沐浴者。Tjanolie 水温，可治疥疾。

此外尚有亚拉汉（Welahan）埠，华侨约400。中华学校一，学生30余。岁入棉花捐及学费约计900余盾，岁出800余盾。普我达里华侨约千余，出产番麦、落花生、乌红豆、烟、米为多。中华学校已成立。爪哇篮（Djoewana）亦有中华学校。

梭罗（Solo）居爪岛中心，名义上为土王自治州，州内行政设施，土王遵照荷政府之法令而执行之。临时事项发生，必听黎丝磷（梭侨称曰班主）之指示。荷政府年给梭罗王73万2000圆，盖几经减削之结果，其初非仅此数也。梭罗王称曰巡栏，为旧爪哇王泗泗忽南后裔，土人至今崇拜之。府第建筑如古宫殿式，府门外教场广大，故例不准华侨驱车驰马过。今为利便交通计，已宽放其一部。府内外各有古大炮及他武器，殆与神庙里之仪仗同一类。府后有动物园。府中盛蓄歌姬舞女优伶，声色狗马，尽降王之乐。又于宫内设市肆，如我国汉灵帝、齐东昏侯、唐德宗故事。府左近有大回教堂及前王祠庙，每遇新年，王则躬亲赴祭，大官侍从，小官匍匐环跪。王之面傅粉画眉，王之身彩花珠履，金伞高张，前呼后拥，表面视之，固俨然王者也。然王之出入必请命于名非王者之荷官，王之书信非受检查不得达。护王之宫者荷兵，督王之过者亦荷兵，王府前之卫队不啻监狱中之禁卒。王府教场每年阴历十二月或正月必开赛会，每8年则开游艺大会。王自为会长，凡王族中人均须到会，妃嫔宫女悉入场招待来宾。离王府一里余，尚有王之大公园，入园券华荷人每张一角，土人半角。园中林木参天，青茵席地，禽类兽类不可偻指数。尤以猴为最黠，有携果而观者，便伸手作乞状，遥掷之辄接而食，少有落地。携果者将去，则击铁栏作高响，意欲引其回顾也。又有五足牛，一足在背，长6寸许。有二鳄鱼，畜铁栏内之池中，长各丈余。园之左有小山，山之上有八角楼亭，颇精致。山下荷池环抱，流波若谷，荡漾如舟，赏荷花而数游鱼，海外桃源斯其足以况欤。王府之右为八芝兰，米豆等营业多聚此间。有一大吧刹，牛羊鸡豕鱼虾果实排设满场，自朝至暮交易者踵接。王府之左为左右丹街，多营杂货，尤以峇泽业为最盛（土人所穿纱笼及裤多有花纹。法于无色处涂以黄白蜡，然后就染，染毕去其蜡，则花纹自现。若所染不止一色，则涂蜡亦必数次如其所染之色。马来语名曰峇泽），药料、烟草、布匹等次之。每夜十一二点，买卖犹未散。梭罗峇泽在荷属群岛最有名，土人居城市者多资以为生活。埠中华侨1万余，相传百年前曾谋据是州，故华侨欲居此者，非得梭王核准，不可便往。其未邀准而寄寓者名曰暗人，发觉则寄寓者与居停主人并罪。今此例已取消，来往自由矣。

梭罗全州土人约共150余万，欧人约共4300余，阿拉伯人约共290余。土人分两派，曰王派，曰民派。王派男子亦留全发，盘髻峨峨，抹粉画黛，使无胡须儿恶作剧，见者几不认为男认为女。如将朝王及遇他庆典，则长垂其发，状如绞索。体质多柔弱，终日嬉游街道间，或家居操井臼，育子女，委生计于母若妇，倚赖似所天焉。民派男子多断发，男女执业，亦与我国成反比例。州中土人小学校官立者三，民立者六。步兵约1000名，土荷各半。惟荷兵均选少年精壮者充之，土兵羸弱，聊以备数耳。传闻大邦（土王府中最高武职）暗蓄民兵500余，皆勇健有拳艺。政府虽忌，无名可除，姑听之而已。荷官除黎丝磷外，尚有亚丝石珍、正副君的黎等。玛腰、甲必丹、雷珍兰等以华侨任之；大米、二米、三米、佛都奴等，择爪哇头目充之。

中华商务总会成立于前清光绪三十四年，会址在保罗停那丹，与华校联合，左为商会，右为学校。创办之初，有糖捐、杂货捐，经费充裕，聘坐办、文案、书记各一。今各捐取消，逐月经费均赖各会员担负。会中附设善所，施舍棺木冢地，并另设医院以济本埠贫乏，其经费则由商会会董特别劝募。益群书报社在左右丹，书报虽少，聊胜于无。公性会、广同和、建连合、合义会、向义会，皆以吊丧送葬为其会中之义务。巫文报有《直拉毛困路》、《勿路马丹连》、《译报》3家，创办者均我华侨。有耶稣教堂，附设医院，贫富皆不取资，与荷兰医院、华侨医院鼎立埠中。

前述土官大邦饶富甲同种，所辖山顶名巴不令安（Pabolinan），建筑房屋十余座，均宏壮精雅。山与梭埠相距约一日程，汽车2小时即达，遇星期日，附近居民多往游焉。该屋虽不名曰医院，然华爪诸色人有病欲觅一所疗养，均无不可。饮食粗淡，求美味者须自备。山中四无人居，凄凉冷静，日惟与守屋番人聚首，好动者不能一朝居也，惟病人畏闹者宜之。闻昔有富翁某因色致病，几不能行，群医束手，一命如丝。家人扛至此山，不过求缓死，非敢望不死也。养至半年，不特不死，反勇健若常人。该山之下有温泉，富硫磺质，浴之可愈疮毒。

中华学校成立于清光绪乙巳年。初创之时分为两所，一在左右丹，一在八芝兰，至戊申年始合并而与商会联络为一。历年总理有马丰美、石诒诏、郭廷美、陈恭维诸君，教员、校长有陈孟起、苏郁文、徐兆甫、谢薛荣、廖嗣兰、苏安贞、石宗何、施荫棠、杨振侣、郑国诒、谢祖尧、龚显灿、关英贤、林伯遁、陈忱庵、林嗜叹、林璧如、陈季全诸君，侨生中担任翻译助教者，有许克勤、陈国坤、叶长新诸君。近年添聘一女教员徐雪贞，学生总数175名。益群书报社附设国民学校，学生30余。中华学校邻近有私塾一，教授漳泉音。

荷立华侨学校在勿仙街，与中华学校相距约半里之遥，似争商而凑市者。男女生共200余，荷人、土人亦间有之。荷兰学校在卢薯碨丹（或称荷兰街），校舍宽敞，可容学生四五百名，专收荷人子弟，华人、土人约居十之一二。荷巫学校在峇朗街，兼教荷语、巫语，系一侨生杨姓者与二荷妇合办。

葛律都斯鲁（Kartosoera）埠者，梭罗之旧都会也，距梭约20里。由轻便铁路前往，一点余钟即至。前清乾隆时华侨因不堪荷政府之压迫，起义巴城，与新加坡华侨密约响应。嗣因先期发难，叻侨赴救不及，遂败。而此梭罗旧都会，竟被军民踏成平地。现有半塌墙壁尚存，禾黍增悲，令人兴感，我华侨尤有隐痛焉。近十余年来梭罗华番生息日繁，浸有移居之者，故是埠渐见兴盛。民国三年成立一中华学校，学生二三十名。土产蔗为大宗，亦有糖厂。

葛律都斯鲁附近有马亚剌里（Bajolali）埠（或译暮腰膀理），距梭约30里，地广于都斯鲁。侨民比较亦多，华雷珍兰及甲首各一。由梭赴垄，此为大路。向未有火车时，凡垄人来梭皆经此地，荷政府因置亚丝石珍以统摄之。土产蔗最盛。中华学校未设。荷兰学校一，学生90余，教员四。

距梭30里有垄牛（Langoo）埠，距40里有济别（Chapi）埠，均产蔗，有糖厂。

由济别再进，有一区曰新班（原名茹剌颠Klaten），距梭约50里，亦隶梭辖，较大于马亚剌里。出产爪哇芬、咖啡，而蔗糖最为大宗。华侨颇多，华雷珍兰一。侨民中虽多富者，而团结性弱，故筹办学校经数年之久，迄未成立。荷校一，学生百余，教员五。荷官曰亚丝石珍，土官曰佛都奴。由梭罗赴日惹之铁道经此，埠中设有客寓，以备游人住宿焉。

上述各埠均在梭罗西南。在东北者有乌奴义里（Wongili），四面皆山，铁路未贯。中途大港横断，渡不以船，番人无行旅者，不论男女每徒涉之，过客殊不便。近正兴工架桥，大约一二年后可告竣。此地距梭约40里，土产甚富，有惹剌子油、树薯干、乌豆、加薄棉、薏仁，最大宗者为米。地广人稀，昔时新客至此，路途被土番截抢及被害者时有所闻，故荷政府亦设一君的黎以统治之。华侨百余名。民国四年成立一中华学校，学生虽少，其兴学之热诚殊足多也。

巴不令安之近邻有地曰些剌径（Salakeng），或译实胜轻，为梭罗赴泗水之大路。铁道未通，往来多以马车代步。土产米为大宗。荷官最高者有亚丝石珍。华校未成立。荷校一，学生40余，教员二。毗连些剌径有小埠曰加兰亚惹，出产米、豆、树薯。华侨无多。民国三年成立一中华学校，教员一，学生十余。亦有荷官。与梭罗相距约10里，未有铁道。

梭罗有大河，贯注本州及南旺、泗水而入爪哇海。沿流田地资以灌溉者，约有230万华亩。其治河之妙，能使久旱不苦旱，久雨不患水，盖因多疏支河，多设水闸。如有五分雨则放五分闸，十分雨则放十分闸，水量适中，吞吐自如。彼文都鲁苏三面环水，中多山岗，雨时能使点滴归海，永无水患。马渡拉岛中虽有数河，而来源甚短，亦无旱灾，职此故也。闸之附近冲流处，水势较急，则于两岸及河底堆砌砂石，或涂以石灰。为便利航船计，又于闸之上下各设一大门，旁设四小门。船欲上行，则放开小门，使上流之水徐徐流下，至闸外与闸内之水平流，然后将大门放开，船便可上。下行之船亦同此法。无高低激湍之虞，无破船覆舟之患。而其门之开闭亦至为便捷，仅需一司机者扭转机捩已能了事。使吾国能依此法治水，则所谓急湍横流者，固可以人力胜之，旱干水溢更从何来乎。

日惹亦为土王自治州，荷政府年给日惹王39万3000圆，使保其领内安宁秩序，奉行荷政府之政令。亦有王府，仪制小于梭罗。每届毛律月（毛律月为爪哇6月）土王例行祀典之期，必在王府埕开夜市七晚，名曰实茄颠。实茄颠乃乐名，有阴阳两音。在回教寺（或称王家祠）之两廊有二乐室对峙，七日夜作乐不辍，声彻数里，各色人种多不惮远来游览。王府埕筑棚环列，半作商场半戏场，人物充盈，几无隙地。晚间灯光点点，灿如繁星，歌唱之音，响遏行云。商女不知亡国恨，可为土王咏焉。

土王之下有武官曰大邦，曰巴加览满；有文官曰二把，曰马兀无眉。又有淡仔光八人，内淡、外淡各四，内淡掌财政，外淡掌民政。官级高下，出入时均以伞为别。土王伞面纯用黄金色，以黄金色最贵也。

荷官黎丝磷、亚丝石珍各一员。土人全州总数约110余万。妇女尚娟秀，男子粗壮，与梭罗殊。婚嫁不拘姓氏，贵族之家多重门第，从堂兄妹结婚姻所常有也。土人小学校官立者十，民立者十九，教立者四。师范学校一。欧人全州总数约4000余。官立荷兰男女小学校共6所，男女生约700名，教员27。阿拉伯人100余，日本人十余。华侨在日惹城市者约共6000人，纳所得税者1400名。华甲必丹、雷珍兰各一，甲首八。华侨中之福清人多以放债为生活，利息甚厚。然因索债之故，常为土人环殴，或被劫伤亡。荷政府近下禁令，凡福清人不得只身行经村落，必须偕一二伴侣；每日午后6句钟必须一律返归寓所。虽曰束缚，福清人亦有自取之咎也。

埠中设有爪哇银行，大小商店近百号。每年贸易总额，糖约10万担，茶约6万件，煤油约20万桶，五谷约6000火车，火柴约1000火车，面粉约400火车，其余烟叶、纱笼、布匹、蚋、酒、药料、染料并他杂货，输出亦甚多。气候入夜颇凉，昼间热度亦较巴城、垄川、泗水为低。街道宽，分划阶级，阶上行人，阶下行车，安步者便之。

中华商务总会成立于清光绪三十三年，会址在塔仔脚。会员数百，会董40余，常年费约2000余盾。丧喜事会十余所，曰洪义会、协义会、共济会、仁德会、北河东等，入会者多属侨生。

中华学校与商务总会比邻，征糖、茶、油、米捐为经常费。男女生共120余，校长、翻译员各一，教员三，普通音、漳泉音兼课。

日惹火车站有4线铁道可通。往东商办，至垄川为终点，车程3小时余。往西官办，至巴城为终点，车程14小时，间接轻便铁道至吗吉垅及万顿。轻便路线既在外侧，梭罗至日惹为商办，搭客恒有搬车之难。于是互相磋商，假商道直过，贴其费，由快车进而为特别快车，每票加贫儿院捐2盾。

日惹有故番酋之水厝，建筑于336年前。内容虽曲折，然卑陋狭小，想见古建筑之幼稚。华侨旅馆有平安居、中华居、永安居、秀三客栈、巴城客栈等，其余荷兰客栈亦多。

离惹五六哩有地名牛连，为阿实珍仔辖。土番颇多，福清人遇难其间者凡数起。又有地名不浪满难（Prambanan）者，大石塔之古迹在焉。塔上雕刻佛国故事，奇形怪相，尚觉壮观。

日惹所属有瓦哒、乌呶沙里2埠，各驻亚丝石珍一员。瓦哒华侨50余，输出上庄乌豆年约万余担，椰油月约1万5000匣，椰干月约6000担。惟椰油、椰干多系葛厨辖之仁叻、乌石二埠转来，非悉产于瓦哒。

乌呶沙里华侨30余，土产以烟叶烟丝为大宗，又有加薄棉、草麻子、花生油、番薯干、乌豆、绿豆、白豆、乌麻等。

末里粉或译峇里粉，又译文里粉，日人称曰马籐。统辖峇吉丹、欧怡（Ngawi）、本阿老卧（Ponorogo）、八济丹（Pojaton）。荷兰行政官有黎丝磷、亚丝石珍、君的黎，司法官有兰得叻。警官曰食甲窝氏，又有西葛礁黎氏、米色甘密。土官淡阿巴低（或曰二身）、阿实珍仔佛都奴（或曰二马仔）、漫得理、栗沙、米爷（又名不食纹）各一。全州土人约共120余万。末里粉埠土人男子小学校凡五。其设于淡阿埕右边及家都亚剌惹者为一级学校，5年毕业。教授荷语，各有荷教员。非官裔及富家子弟不能入。二级学校一在淡阿埕之左，一在四里果，一在脉顶兵营后。土人女子小学校二，一在淡阿屑边，一在家都河纳惹。教授用书均巫文及爪哇文，教员以土人充之。土人中学校一，在家笼阿惹，毕业者可作巴低或佛都奴。其余官立民立土人小学校尚有30余所，分布各村及欧怡、峇吉丹、本阿老卧、八济丹。全州欧人约1600余。官立荷兰小学校在末里粉家都亚剌惹者4所，男女生370余名，教员十六。官办邮电局、惠贫银行各备。华侨之数，仅末里粉本埠已有4000余，华甲必丹、雷珍兰、甲首各一。

华侨团体曰协义会馆，设于西历1902年，以赙丧送葬为宗旨。会友分一、二、三、四、五号。一号会友送葬与否，得随其便。但遇会友逝世，须助赙2盾。二号会友必送葬，助赙一盾。三号会友亦须送葬，助赙5角。四号会友当襄理丧家事务，推挽棺车上坟，助赙2角半。五号会友担任棺木上下于棺车及进葬等事，不助赙。曰以文会馆，凡入会者对于同会友之丧喜事，人出5角，又限定一部分人遇喜事当为助理，遇丧事则须送葬。

中华学校成立于清光绪三十四年，校址在惠荣宫左侧，男女生53名。入款一学期约1000盾，出款约900余盾。

末里粉埠糖厂凡六。一在葡萄惹里，一在巴骨丹，一在甲莅吾鲁（又名生实），一在银浪，一在吃蕉些里，一在力助阿公（又名巴抵安）。木棉每年输出约3万余担，椰干约4万余担，然多系郡本阿老卧、八济丹所出。本埠土产米为最多，亦不及欧怡、本阿老卧。输入品以布为最大宗。

末里粉有一分区曰嗟老蛮（Tjaroeban），是佛都奴辖。华侨500余，华雷珍兰及甲首各一。出产米、树薯。又有下庄烟草年约5000担，仅供土人食萎叶洗牙齿之用，不能与任抹、母遭陵俄罗（Bodjonegora）两埠所出者比。嗟老蛮近安褥处有大柴山，纵横10里，出查底柴甚多。泗水往末里粉铁道经此。

由末里粉轻便火车前行约13哩，有地曰"温勿"，末里粉与本阿老卧来往之通道也。有温泉，富硫磺质。据林庭槐医士考验，其泉水可治疥癣及各种皮肤病。入浴者还费5角。旁有客栈一所，以便行人休憩。

末里粉火车头有大铁厂，面积约一方里，专制火车诸种机器。土人每日进厂工作者四五百名。有电戏在淡阿埕，虎戏、游艺戏、巫来由戏亦多借此地开演。巴刹二，一在市中，一在火车头。各街道路宽广，平坦净洁，道旁或植以亚参树，尤足调剂气候，令人忘热。

峇吉丹居凹雾大山下，地高气寒，早间山上屡结冰块。行政官有亚丝石珍、君的黎，司法官有副兰得呦（兼任欧怡司法）。华侨400余，华雷珍兰及甲首各一。土产米。商业不甚发达。番性颇驯，与华侨少有龃龉。

峇吉丹有分区曰龟倒，土官为佛都奴。华侨百余，华雷珍兰及甲首各一。由欧怡或峇吉丹来往末里粉必经此地。土产椰干、椰油、糖、豆，输入茶、烟、葱、蒜等。

欧怡荷官有亚丝石珍一员，正副君的黎二员，土官曰淡阿。境内驻兵200余。兵营之墙内砌石而外敷土，墙沿再种刺竹。营周围俱凿深沟，阔约2丈，沟水常满，人不能越。营位置在江流会合之冲。30年前铁道未通，通商俱用航船。是江上至梭罗，下至泗水，为转运之中枢，故商业一时称盛。今火车四达，江之价值锐减。且商场离车站远，人货来往必用牛马车，贸易遂益形寂寞。所幸米之产额尚为末里粉全州之最，有二米厂，日出白米颇多。树薯产量次于米，亦为土产之主要者。

埠中气候温和，康庄大道树木翁郁，病院旅馆均已设备。土番尚柔顺。华侨男女500余，华雷珍兰及甲首各一。中华学校学生40余，每岁出入款约各750盾。荷兰小学校学生80余，教员四。

本阿老卧荷兰行政官有亚丝石珍、正副君的黎各一员，司法官有副兰得呦一员（兼任八济丹司法）。驻步兵24名。荷人甚少。华侨600余，华雷珍兰及甲首各一。土番蛮悍，常怀利刃，华人只身前往村市，不带手枪诸武器者辄被劫掠。土产米、豆、椰粒、树薯、加薄棉、落花生均多。

八济丹驻亚丝石珍、正副君的黎各一员。道路崎岖，由本阿老卧前往须步行或乘马，御车多险途。华侨不多。土番悍恶，常与华荷人争斗，或肆盗劫。土产椰最多，加薄棉次之。其地背山面海，山有燕洞，海多鲨鱼，故又有八济丹燕、八济丹翅等名目。

南旺或译南网，或译南望，日人称曰伦彭。统辖厨闽（Toeban）、母遭陵俄罗、勿鲁拉（Blora）等郡。全州土人140余万。土人小学校官立者十二，民立者九，教立者四。欧人千余。荷兰小学校在南旺本埠者一，学生60余，教员二。荷兰行政官有黎丝磷、亚丝石珍、君的黎各一员，司法官曰兰得呦。出产查底柴颇多。华侨之数虽号5000余，而住于拉森者实居其半。中华学校于民国三年顷有学生60余，四年减其大半，五年仅存十数，旋即停办。现韩希琦君与蔡顺安、林有中、高恒隆、蔡重理诸君协谋恢复，想有志者事必成也。

拉森（Lassem）为佛都奴地，系南旺本郡之属辖。南旺与拉森来往三等车，税2角，土人减半。由拉森来往白牡丹，车税亦同。欲适垄川或泗水，均先至南旺换车。埠中驻警察8名。邮、电局各一，自来水已设，无电灯。荷人少数。华侨约共2000余，风俗敦朴，哇哇多识汉字，能闽语，善营商，耐劳苦，他埠侨生者少能及。街市四，曰大街、曰中街、曰后街、曰吧刹墘。商店大者五六号，小者十余号。屋式如吾国，桃符高贴，无异中原。土产加薄棉为最大宗，落花生、乌豆、红豆、白豆次之，绿豆较少。地滨海，船舶可通航。工业操于女界，以制造峇泽为盛，花色颇能改良，销数与北加浪安相颉颃。

中华学校成立于民国纪元前四年，校址在峇岸街，学生50余，教员、翻译员各一。每岁出入款约各2000盾。官立学校学生80余，由南旺来者约有半数。荷兰学校学生60余，教员二。

厨闽临海，因水量不深，轮舶不能至。埠中驻亚丝石珍一，君的黎二。华侨3000余，华甲必丹、雷珍兰各一。华侨团体以丧事会为多，如顺成、协众、义德、众和、义和诸会馆是也。土产落花生为最大宗，每年约有10万担。土烟年约3万担。距埠一哩许地名"墨治"者，有一著名浴池，源发于山，其水清澈。浴费华荷人15仙，土人一角，儿童半价。每遇星期日，往者恒络绎，荷人乘机设一客栈，寓费一人日一盾。浴池围以方墙，内有房屋3间，为沐浴者置衣处。池中有巨鳖。池旁大松数株，阴影蔽日。树上猿猴甚多，遇人则跳梁作态，若深表其欢迎者。

中华学校成立于民国纪元前五年，校址在新街，学生60余，教员、翻译员各一。入款每月学费及义务捐约130余盾，出款月须160余盾，入不敷出，势渐不支。旋议抽收货捐，米每车捐银5角，咖啡、鱼干每担捐银2角5仙，煤油每桶捐银一仙。果能实行，则该校前途尚可维持。官立荷兰小学校学生60余，教员二。官办惠贫银行一。

母遭陵俄罗或称新埔头，亦为亚丝石珍辖。华侨千余，华甲必丹、雷珍兰各一。出产土烟、烟丝、烟叶为大宗。其所辖之佛都奴地如斯煲老惹年出土烟、烟叶约10万担，烟丝约1万担。甲里知厨年出土烟约10万担。网因啌年出土烟约3万余担。巴冬眼（此地并驻有荷官君的黎）年出土烟、烟叶约3万担，烟丝约4000余担。又有加巴氏，土官曰"阿实珍仔佛都奴"，年出土烟约1万余担。烟叶销荷兰本国制烟饼、卷烟，烟丝销星洲巨港及婆罗洲辖之坤甸、汶阿栳等埠。

中华学校成立于民国纪元前三年，男女生共60余。经费依民国四年第三学期决算，入款约700盾，出款约600盾。官立荷兰学校一所，学生60余，教员二。

勿鲁拉或译末流落，或译墨鲁腊，驻亚丝石珍一员，正副君的黎二员。华侨千余，华甲必丹一。出产中庄乌豆年约2万担。其所辖之佛都奴地曰欧延（Ngawen），曰兰当，均盛产米，年约7万余担。欧延有二米厂，兰当之米均归欧延，由欧延行销梭罗、日惹。曰集匏（Tjepoe），或称炽埔，已设中华学校。出土烟，年约5000担，惟烟丝较粗，未及新埔头之美。

勿鲁拉中华学校学生40余，每学期入款约1000盾，出款约1100余盾。集鲍荷兰学校学生40余，教员二。

葛厨或译克毒，统辖玛吉垅（Magelang）、淡满光（Temanggoeng）、加薄棉（Keboemen）、三马望（Sammabon）、巴拉安（Parakan）、文池兰（Moentilan）、昂绷（Gombong）、花那梭帽（Donosobo）等郡。全州土人约共234万余。土人小学校官立者三十四，民立者三十五，教立者十四。欧人2000余，阿拉伯人200余。

玛吉垅为葛厨首埠，驻黎丝磷、亚丝石珍各一员，正副君的黎三员。有陆军营及陆军病院。土产以烟为大宗。华侨3000余，华雷珍兰一。中华学校成立于清光绪三十二年，男女生约共200名。荷兰小学校三，男女生约共360余名，教员十七。

淡满光驻亚丝石珍正副君的黎各一员。官办惠贫银行一。土产以粟为大宗。华侨2000余，有一雷珍兰为之长。中华学校成立于清光绪三十三年，学生90许，教员二。荷兰小学校学生50许，教员数与华校同。

加薄棉驻亚丝石珍一员，正副君的黎二员。官办惠贫银行一。医馆病院均已次第建设。土产椰油、椰干、番糖颇多。华侨千余。纳所得税者约240名。华雷珍兰一。此间土番新设一回教联合会，乡村各有分局。入会者恃其会友之众，傲慢横行，我侨胞因不能合群，常被凌辱。中华学校成立于民国元年，学生56，国文教员一，翻译兼英文教员一。以入口货捐为常年费，全年约2000余盾。修缮及临时支出取诸学费，学费年凡800余盾。本埠侨众颇重体育，设有球会，即借华校体操场为球场。荷兰小学校学生约40名，教员二。

距加薄棉埠8英里有热水名曰"茄胜葛"，水中含有药质11种，凡脚气症、软脚病、湿毒、疮痏、疥癣、半身不遂，浴之可愈。昔有著名荷医多人会集研究，知其功用，迄今浴室中尚有荷字证明书高悬壁上。是间客寓所由住客常满者，即为沐浴来也。

三马望驻亚丝石珍正副君的黎各一员。土产椰最多，番糖次之。华侨千数百，其中染烟瘾者约200余。官营鸦片之销数每月约3万盾。华侨团体有音乐会、合义会等。中华学校成立于民国元年，校址在八芝兰，学生80余，经费岁出岁入约各3000盾。土人除设小学校外，有挨实伊会职员新办一半日实业学校，教室暂借荷兰学校校舍。学科分建筑、修路、治水等。学生约130人，均由初等小学毕业后升转。荷兰教员二，巫来由教员一。

三马望附近八加连（Pakleam）埠出产大宗烟叶。华侨约1900人。初因党派关系，颇涣散。拟办中华学校，迄未能成，侨童多被荷校吸收。间有爱重国学者，乃遣其子弟就学于三马望，长途仆仆，殊不便。近得熊衡三、黄军庶、郑清安、杨启昌、黄振源诸君极力提倡，华校已告成立，男女生共73名。

巴拉安或译巴六安，华侨1000余。土产粟为大宗。中华学校设于土地庙内，学生百余名，经费岁出岁入各3000余盾。

巴拉安所辖有一埠曰茄田，或译呀知日惹（Wgadiredjo）。已设中华学校，学生40余，教员一。

文池兰气候凉爽。有山曰巫突，雕刻石像甚多，为此间一名胜，骚人逸士过者无不留题。出产烟为大宗，粟次之，用磨去壳，用臼去糠，与我国同。中华学校一，经费岁入1400盾，岁出1500余盾。

昂绷华侨800许，所辖高老耶新镶两处，出产椰粟颇多。中华学校学生60余，教员二。荷兰学校学生约200，教员十。

花那梭帽驻亚丝石珍一员，正副君的黎二员。出产烟为最多，行销吧城。华侨约千余。中华学校已成立，学生60许。是处有理英山俯视全岛，气候严寒，宛如我国冬季。山上有三保公池，水带五色，周围约2丈。有三保公井，水量甚深，周围约丈余。人立于井之右，取瓦石用力挥掷，必不能越过于井之左。有三保公锅，圆径一丈有奇。锅外砌阶，凡20余级。锅中之水深仅半尺许，而人无敢入，谓入则身体立碎。鸟亦不能飞过，飞过则坠。有三保公石，人不可踏，踏者死。确乎否欤，余未曾见。有九石塔，塔石多镌明代衣冠人物，相传亦系三保公所建。此山出产以金鸡纳霜为大宗，洋参少许。

巴达维亚（Batavia，或译八打威），简称吧城，因其地盛出椰子，俗又称曰加拉巴，加拉巴者，椰子之果名也。本州所辖虽仅民珍苏洛（Buitenzorg）、丹迄垅（Tangerang）、勃哇葛打（Poerwakarta）、葛老旺（Krawang）、迷实达羔呢里氏（Meestercornelis）等郡，因荷兰东印度总督驻此之故，巴达维亚不特为爪哇首都，实为荷兰东印度诸岛政治策源地。其政治敷布之大网，则以西历1854年9月2号法律所定，及1870年4月9号、7月21号、1878年5月7号、1881年4月12号、1889年5月19号、1901年4月29号、1903年7月21号、1906年12月31号各法律所修补诸章程为依据，惟1906年条款尚未实行。兹将王曾思、夏朗东、王广圻诸君原译详录于下，并附以按语：

荷兰属地章程
第一章　荷兰印度政厅之组织

第一条　亚洲属地领地，统称荷兰印度。其政厅职权，按照本章程条款，由总督以荷王之名施行。

居住该处之人民，均应承认总督为荷王代表。

第二条　总督须为荷人，年满30。

总督由国王简任或罢免，未经旨准，不得放弃职守或擅离荷兰印度。

第三条　总督不得直接或间接参预各种与属地政厅订有合同之营业，亦不得为其保证人。

总督不得代荷兰印度收买各项债券。

荷兰印度之商务航业，总督亦不得直接或间接参预，并不得为地主或赁主（按：本条系因17世纪至18世纪东印度公司专权时代，重要职员类多营私周利，故于1798年收归官办后，即严立此限制）。

第四条　国王得添设副总督一员，以暂时接代总督，并施行国王或总督所定职务。

第二条之第一款及第三条各款，对于副总督一律施行。

第五条　总督应在国王或旨准之第十五条所集合之大会前宣誓（声明或立愿，视宗教之规则为准）。其誓文如下：

余誓非因间接直接托名或行贿而得受命为荷兰印度总督，并清白乃心，始终如一。

余誓为总督时必不因间接直接藉端受贿，以改方针而易常度。

余誓必服从国王，为王忠臣。

余誓必竭尽心力，发达荷兰印度，俾享幸福。

余誓必忠于宪法，竭力遵守，并使人遵守属地章程及他项现行命令。

余无论若何情形，誓必为勇果正直之总督。

皇天后土，实昭鉴之。

第六条　副总督在国王或总督前宣誓（其誓文一切大致相同，译文从略）。

第七条　荷兰印度置参事院一，以副院长一人、院员4人及书记一人组成之。

院长一席总督得自据之，或让之副总督。院长仅有参议之权，无决议之权。如有特别情形，总督得令他项职官，如陆军官或海军官之类到院临席，以资询问。

召集参事院之秩序章程由国王钦定。

事关全体利益必需之时，参事院遵守秘密。

第八条　副院长及院员须为荷人，年满30。副院长及院员由国王简任或罢免。总督与副总督、副院长及院员间，若有第四等之姻谊，不得同时在任。（按：第四等之姻谊，是指妻舅而言）

受命之后，倘适介乎妻舅之列，则非奉特旨不得就职。但其妻已死，则妻舅之谊即时停止。

第九条　荷兰印度参事院之副院长及院员，不能兼充无论何项职官。

第三条所载各款，对于上款人员一律施行。

第十条　院内每出一缺，总督应会同参事院于30日内保荐人员，出具考语，开单咨请拓殖部大臣选派。单上至少须列2人。

有时利益所必需，所出之缺应即补充，不容迟缓者，总督亦可将该缺派其列名单内之一人充补。

以上权时充补之举，但以院内人员与副院长共同计数不足3人之时为限。

第十一条　荷兰印度参事院副院长及院员就职之前，应在国王或总督前宣誓（誓文一切大致相同）。

第十二条　副院长出缺，接代者尚未任命，而荷兰印度未及周知，或本人未能即时就职，总督得使院员中资格最深者暂时署理。

第十三条　总督患病或不在时，得使副总督暂理其职务。如副总督亦有所阻，则使参事院副院长。该副长倘亦不在，则使参事院员之资格最深者暂理之。

第十四条　总督出缺，接代者尚未简任，或简任而荷兰印度未及周知，或本人未能即时就职，则由参事院中钦派之副院长权理总督职务。

第十五条　若有前条所载情形，而无钦派之副院长，则总督职务应由参事院员之一，经公众大会后权时代理。当时临会人员如下：

参事院院员

海军司令官

陆军司令官

高等裁判所长

高等裁判所总检事

全体行政各部指挥官

会计检查院长

该会应于48小时内召集，以参事院中资格最深之会员为会长。

会长会员均应宣誓，其文如下：

吾侪誓必选一最有才能之参事院员，使之权理总督职务。

政厅总书记及书记官皆应临会列席，以书记官之一执笔，其他管理票务。

得无名投票之半数加一者当选。

票箱开出之票，由管理票务者高声朗诵。

半数加一之法，应先将不合式或空白之票除去，而后计数。

第一次投票若无半数加一，则行第二次投票。

若第二次投票又无此数，则行第三次投票，以2人之在第一、二次得票最多者票决其一。该2人应即不与投票之事。

第二次投票内得同一人之票数者如逾2人，则应先票决其一之不得归入上款所指2人之内者。

2人之票数若均，则资格较深者当选。事竣之后，票签当众烧毁。

记载会议情形之报告书应写两份，由各院员及书记官署名，将一份咨送拓殖部大臣。

第十六条　钦派之副院长虽在荷兰印度，而或不能即时代理总督职务，则亦可适用第十五条。但其妨碍就职之事一经停止，则该副长仍照例权理总督事宜。

第十七条　如揣度总督狂乱不能继续任职，则由应行接代之员召集参事院，以审查该督狂乱是否属实。若该员不在或未及知，则由参事院中资格最深之员召集之。

总督近侍职官应临会列席，以备询问。

如有必需之处，得委派一委员会，将总督情状向参事院告知。

该委员会由卫生局长、资格最深职位最高之军医及巴达维亚官医组成。

总督常侍之医亦得加入于会。

如审查之结果与揣度者相符，则召集第十五条所载之会。

该会应将能供询问总督狂乱状者召为证人，然后由多数票决，以国王所许，解免总督之职任。

一经前项决定，总督立即罢任。按照情形，使合于第十四、十五两条所载者权代。

该会报告书应写2份，由会员及书记官署名，将一份咨送拓殖部大臣。

第十八条　总督与政厅书记官及书记官与同官间，不得有第四等亲谊。第八条之后二款对于上项人员一律施行。

第十九条　凡本章程所载关于总督各条款，除第十八条外，对于署理之总督一律施行。

第二章　政厅之权利义务

第二十条　总督遵奉本章程及谕旨外，得将问题之未经法律规定，或不需法律规定，以及未经诏令规定，或不需诏令规定者，颁发普通命令以定之。

第二十一条　除应守第四十三条所载各款外，凡有紧急情形，总督得将问题之应由法律或钦定而未定者，于国王或法律允准之先，颁发普通命令以定之。

上款所载情形若事关法律，由国王即时告知国会。

第二十二条　如有紧要情形，总督得于国王或法律允准之先，将法律或谕旨之应即宣布或实行者，权宜延缓之。

上款所载情形若事关法律，由国王立即告知国会。

第二十三条　除应守第四十三条及本章程条款外，遇有紧要情形，总督得于法律允准之先，将地方通行法律之全部或一部颁发普通命令以停止之。

上述情形由国王立即告知国会。

第二十四条　总督对于国王批准或行省内钦差大臣以国王之名所发之命令，亦得在国王允准之先，施行第二十三条所指之权。

施行本条时，总督所定各行政厅支部之组织及统治之要则（赋税之法即归该要则内），虽未明奉旨允，然亦视为钦定。

第二十五条　总督实行第二十二条之权，若其奏请批准之书为法律或国王所摒弃，则新旨到日，仍须将该法律或谕旨即时宣布实行。

第二十六条　第二十一、二十三及二十四条所载之普通命令，不为法律或国王所允准或为所摒弃，或如第二十条所载问题于同时已在本国解决，则该普通命令实行效力至总督宣告废弃之日为止。

第二十七条　总督得监使普通命令之实行，并颁关于此事之通告。

但在土王土民自治权之区域内，则普通命令必须不背其固有之权，始得施行。

第二十八条　总督得将所有事件或一部分事件，斟酌其必要与否，咨询参事院之意见。

总督必须咨询之事如下：

（一）由总督命令所施关于全体或各郡行政厅之训令及章程。

（二）施行第四十四条及与土王土民所有政治上之交涉章程。

（三）出入款之全体预算。

（四）战争或暴动时，由本地方官执行及他项特别之办法。

（五）委任紧要官职之应由钦派者。

此外由总督独裁，但将所独裁者报知参事院。

凡独裁事件之曾经咨询参事院意见者，则其独裁书内应即首先叙明。

第二十九条　除应守本章程各条外，普通命令之规定、修改、解释、停止及废弃，暨其宣布之延期，总督必须与参事院意见一致。

第三十条　如有上条情形，而总督不能与参事院意见相同，则请旨裁夺。如总督以为延长时期有碍荷兰印度治安及他种紧要利益，则得独担责任，不待诏令之至，便宜行事。

便宜行事之前，总督应与参事院副长及院员间以文牍互换意见，然后将该问题重付参事院讨议。总督为议长，当此之时，总督亦有参预决议之权。若可否各半，即以总督意见为准。

凡爪哇及马渡拉岛，或第三十六条所载之参事院员被召与议，各该员应立即赴召。

第三十一条　不论国家立法权（法律）或国王（谕旨）或总督（命令）所定之普通命令，悉由总督宣布，并由政厅总书记或书记官之一证明。

上款所载宣布之件，由属地官报遵照成式刊行，为实行上必不可少之举。

所有普通命令一经官报刊行，俾众周知，即时实施。

期限未定之件，则爪哇、马渡拉岛以官报刊行日起第30日为周知期，他殖民地及领地以第100日为周知期。

第三十二条　总督接有宣布法律或谕旨之命令，应即饬令荷兰印度官报刊行，并加下叙各文如下：

为免人借口不知起见，荷兰印度总督特将上载法律或谕旨饬登官报，并译土文、华文，公布咸知。

凡大小职官军弁及司法官，各应实力奉行此法律或谕旨，毋得徇私规避。

某年某月某日在某处颁定。

总督及政厅总书记或书记官之一署名。

第三十三条　宣布命令之一定书式如下：

荷兰印度总督会同参事院，以国王之名通谕现在及将来人民知悉敬遵。

详载命令之缘由及其本文。

并为免人借口不知起见，本督特将此法律或谕旨登载官报，并译土文、华文，公布咸知。

凡大小职官军弁及司法官，各应实力奉行此法律或谕旨，毋得徇私规避。

总督及政厅总书记或书记官之一署名。

第三十四条　所有大小官员均应将参事院所当接洽之事详细答复，俾得凭以制作总督所询之意见书。

第三十五条　参事院有建言于总督之权。

总督于参事院所建之言，倘经调查后以为毋庸置议，则将该院所言报告拓殖部大臣，并声明碍难准行。

总督亦将此事告知参事院。

第三十六条　除院长不计外，其参事院员在巴达维亚者苟有2人，总督得派令参事院员在荷兰印度他处以特别委员会及考察职任。

第三十七条　总督行其职务之时，应在国王前担负责任，但仍于宪法第一百六十四条下议院之追究权无损。

第三十八条　总督应受处罚之款如下：

（一）施行或使人施行未经各部大臣之一署名之谕旨，或谕旨之未经拓殖部大臣使其施行者。（按：此可证真立宪国君主之无权）

（二）故意不实力施行，或使人施行本章程条款及荷兰印度必不可少之他种法律或命令并谕旨，暨条约之曾经拓殖部大臣使其施行者。

（三）采用条陈或发号施令时，明知或应知其有背本章程条款，或荷兰印度必不可少之他种法律或命令及所订条约者。

第三十九条　如有上条情形，则凡法律所定处罚各部大臣之条款，一律适用于总督。

第四十条　倘照宪法第一百六十四条或种罪犯过失，有被追究情形，则总督得旨后应交卸于钦派或遵照本章程所派之按代员。

第四十一条　参预海军部行政外，总督为荷兰印度海军大将，节制船舰及船上员役，视其所受于国王之命令，而以最有益于荷兰印度者为准。

第四十二条　总督为荷兰印度现有之陆军大将。

在荷兰印度之将校由总督选任。

该将校由总督按照普通命令升迁降黜。

养老金及俸给由普通命令规定。

第四十三条　遇有战事或暴动情事，总督得取正当办法。虽应由国王允准者，亦得便宜行事，只须有利国家。

照此情形，总督有宣告荷兰印度全部或一部戒严之权，有停行法律及本章程条款之权，有斥革文武官员之权。

如本条所载情事在爪哇、马渡拉岛外之他领地，则总督得畀该地文武官以便宜行事之权。

第四十四条　总督如与土王土民宣战或缔结媾和及各条约，总以遵照诏令为准。约文由国王报知国会。

第四十五条　总督得会同参事院，禁止非生于荷兰印度之人曾经判为有碍治安者，居留于荷兰印度。

被逐者为荷兰人，则驱逐出境之书应附其被逐理由。

驱逐出境之书应定一适当期限，俾被逐者得以料理事件。

倘无出发船舶必需稍待之时，总督得饬将被逐者先行拘禁。

驱逐出境之书及拘禁之令由司法官通知被逐者。

总督应即将书信等类报知拓殖部大臣。

被逐者为荷兰人，则驱逐出境之书由国王报知国会。

第四十六条　为保全治安起见，总督得会同参事院禁止非生于荷兰印度之人在荷兰印度某地方居住。

被逐者为非印度居民，则驱逐出境之书及各项命令由总督立即报知拓殖部大臣。

被逐者为本国人，则由国王将此办法通知国会。

第四十七条　为地方上治安起见，总督得会同参事院令生于荷兰印度之人，遵照指定地方居住，或禁止其在荷兰印度某地方内居住。

倘无出发船舶必需稍待之时，总督得饬将被逐者先行拘禁。

驱逐出境之书及拘禁之令由司法官通知被逐者。

被逐者为非印度居民，则总督应即将驱逐出境之书及各项命令报知拓殖部大臣。

被逐者为荷兰人，则由国王将此办法通知国会。

第四十八条　以上第四十五、四十六及四十七条所载情形，必待被逐者陈辩或召令陈辩之后，乃由总督决定。所有问答之辞应编成报告书。

第四十九条　除本章程特定条例外，所有各职官之任派、撤免或行赏，概由总督按照普通命令所定规则施行。

第五十条　官俸之未经钦定者，总督有制定之权。但业经钦定或已归入请旨批准之预算案内，则非经旨准总督不得增加。

第五十一条　凡职官不能于应得恩给之外，在任内别有所得。

职官受任以后，享受应得之恩给。

偿还职官因公所垫之增加费，永不视为连属于职任之利益。

本章程第三条各款之全部或一部，得按普通命令施行于各职官。

第五十二条　如犯罪者在荷兰印度，则总督有特赦高等裁判所所定罪案之权，但必须经该裁判所承诺。

宣告死刑裁判书，必俟总督照普通命令所定条款，量加斟酌可否恩免而后施行。犯罪者为土王土酋，总督亦有会同参事院赦免刑罚之权。

第五十三条　总督得将普通命令内所载之事，有时豁免。但事关法案，则当询问高等裁判所之意见。

总督会同参事院征取高等裁判所之意见，亦得豁免某命令内所载之事之不包括于普通命令内者。

第五十四条　总督得以国王之名发给航行券于欧式船舰，其土式船舰则每年受免许状一纸，视现在或将来之普通命令为准。

第五十五条　防范不论何人越位擅权之举，为总督最重要之义务。

总督应监令在任职官，实力奉行现在及将来关于前款之命令，并使土人遇有冤屈得以自鸣。

第五十六条　总督应尽力保存官有之种植，并遵照国王命令监视以下各款。

（一）使官有之种植无损日用耕作出产之必需额。（按：官有之种植往往为烟草、椰子之类，所谓日用耕作者，指五谷及咖啡之类而言）

（二）如此种官有之种植在土民自用自垦之田地上，则此田地之处理务须公平正直，并保全其固有之利益及惯例。

（三）分配工作亦须遵守前款规则。

（四）使为官耕种之土人所得酬报，至少须与其自由耕作所入相同。

（五）凡官有之种植上所能遇及之为难情形查悉以后，务必竭力除去。

（六）按照各地方与利益相关者两方合意之接洽，备一章程，以免行政厅之居间。宪法第六十二条第一款所指之报告，应将总督所取关于本条之办法每年一并登载。

第五十七条　凡土人力役之职务及时限，并其所得请求之情节之方法之条件，由总督按照各地方之惯例及施设与其所必需者定之。

关于力役之条令，每5年由总督检阅改正一次，以逐渐递减土人力役为旨。

宪法第六十二条第一款所指之报告，应将上叙力役规则之状况每年一并登载。

第五十八条　除本章程第六十八条（三）款外，总督应监令不得于普通命令所定外另有收税之举。

第五十九条　按照町村课税法每年征收赋金之课税，总督应监令该项课税接续征收。

课税赋金规则由普通命令定之。

宪法第六十二条第一款所指之报告，应将总督所取关于本条之办法每年登载。

第六十条　总督监令不于有益之垦地或工作上发生无益之障碍。

非受许可之特权，市场上概不得收税。

第六十一条　查底林木，总督最应注意。并应监令未曾出卖或因他故让于平民之国有林木竭力保存，并将该林木之扩充及采伐事宜，以有益之方法制定。（按：查底林木为荷兰印度特产，用既广而利亦大。凡荷兰印度森林大别有二，曰家森林，曰野森林。家森林内专植查底一种，野森林则一切未经人种之杂树丛生矣）

第六十二条 （按：本条后五款为1870年4月9号法律增补，见荷兰印度官报第55号）

总督不得出卖土地。

但扩张城村及工场所用者不在此例。

总督按照将来之普通命令所定规条，亦得将土地出赁。惟由土人自垦之土地及配于村或屯（按：荷文名 Dessas，译音台沙，土人之村落也。每台沙内有一土官，由土民选举而经郡长认可）如民间牧场或他用之地，不在此例。

合于将来之普通命令所定规条，土地得为常租，其期不得过75年。总督应监令让渡土地之举，不侵害土民之权利。（按：今华侨向荷兰政府租垦荒地，期限皆在75年以内，职此之故）

凡土人为自用所垦之地如牧场或他用者：（一）总督必为公益然后处理，仍应照本章程第七十七条。（二）或因其有益于官耕事宜，为之处理，则照关于此事之命令。以上二者总督俱应公平赔偿。

凡土人享有世及权之土地，如法定所有主有所请愿时，得让与其主为其产业。该主对于地方上应尽之义务及出卖此产业于非土人之权，应受将来普通命令所确定及产业券所记载之制限。

凡土人让地或赁地于非土人，视将来之普通命令所定规条为准。

第六十三条 非经旨准，则政厅不得在荷兰印度群岛东部之岛内有所建设。

第三章 全体行政

第六十四条 民事全体行政之种种支部，在总督监察之下由指挥官管理。指挥官之额数、职任及其职权由国王裁定。

第六十五条 总督每次请求协赞之时，各地方行政长集成一指挥官议会。

第六十六条 设一会计检查院，以检查属地财政之行政管理，财政上担负责任之人。

该院员额及其组织由国王确定，视管理属地财政之法律为准。

第四章 各部行政及地方行政

第六十七条 苟于事势相宜，则土民得由中央政府任命或承允之土酋直接管辖。

该土酋由普通或特别命令归总督监察。

第六十八条 分荷兰印度之地为郡，国王分之。

郡内行政权由现定或将定名称之高等长官以总督之名施行之。

该官员之职务、职权及与各文官、海陆军官相互之交接，由总督确定。

非有特别条款，则文官位置最高。

第六十八条附款（一）（按：此款为1903年7月23号法律所增，见印度官报第329号。以下两款同）

苟于事势相宜，则照第六十六条所指之属地财政外，得于一郡或郡之分域征收经费，作为本地自出之款，以供本地特别要需。

上款所称郡或郡之分域，可征收经费及要需之不属于荷兰印度普通财政者，悉由总督命令指定。

第六十八条附款（二）　郡或郡之分域所有经费之管理之证据，由普通命令规定。若无他项检查其担负责任之法，则并由会计检查院检查。

该经费之管理及支出条规，务使由普通命令所定之会议厅自理。该会议厅即为郡或郡之分域施行本条（一）款第一节而设。

非经一命令允准，不得借债使郡或郡之分域担负偿还之责。

第六十八条附款（三）　第六十八条附款（二）第二节所载之会议厅，得在总督前辩护其本地方之利益。

会议厅之职权、事务、组织，暨保证其正式之作用所必需，厅长厅员之任命或选举，并所有关于此任命或选举之事，以及一郡内会议厅与同郡之分域内会议厅相互之往来关系，悉由普通命令规定。

由一普通命令规定，各该会议厅在总督监察之下，得按其地方制定关于征税之命令，以发达其本地所有财源为目的。并得制定本章程第五十七条第一、第二款，第七十二条及他项普通命令所载各问题之业由总督或高等郡官命令所定之命令。

本章程第一百十一条所禁含有政治性质之结社集会之款，若专因会议厅员而集之会，不在该款所禁之列。

第六十九条　分郡为邑，总督分之。

每邑之内，总督选择土民中一人任为邑长，该邑长之称号仍照土民习俗。

邑长之职务、职权及与欧官相互之往来关系，由总督规定。

爪哇岛内每一邑长出缺之时，务择此最后邑长之子，或亲族之有才能并清正忠谨者继之。

第七十条　总督如以区分某邑为有益，得分邑为区。

各区由土酋治理，区长之称号仍照习俗。

区长之职务、职权及与欧官相互往来之关系，由总督规定。

第七十一条　在郡长允准之下，土人得于町内自选其酋及其行政官。

总督应维持此项权利，并防护其侵害此项权利之举。

各町得遵守总督或郡长之命令，自行规定其町内固有利益。

本条第一、第二款所定规则，若与民间制度或所得权利不符之时，则此两款可不实行。

第七十二条　郡长得订定警察章程及警察命令，并得按照普通命令科定违犯该项章程及命令之罪罚。

第七十三条　东方客民之居留荷兰印度者,只能聚集于专划界域之内,归其领袖管理。

各该领袖应有之职务、职权由总督监察。（按：本条第一款可与前述居留新令参看）

第五章　司　法

第七十四条　凡土民不能享其固有规例之处,荷兰印度司法官以国王之名裁定之。

第七十五条（按：本条业经1906年12月31号法律所修改,见1907年属地官报第204号,但该法律尚未实行）

凡对于欧人民事、商事以及刑事之裁判,悉以合于荷兰现行法律之普通命令为准。

总督得会同参事院宣行其适用于土人命令之条款于土民或土民之一部分。

除上款情形或土民自愿从欧人民律、商律外,凡土人之教律制度及惯例,苟不背公正之原则,则土裁判官仍得施行。

不背上载之教律制度及惯例,欧裁判官亦得宣决其裁判权内土酋之事,及土裁判官所判民事、商事各案之上诉之举。

除本条第二款所载情形或土民自愿服从欧人典例外,凡土人因民事、商事出庭辩护时,欧裁判官所发之宣告书,务使不背欧人之典例,而仍尊重上载之教律制度及其惯例。

在本条第三、第四两款所载土人上之裁判权内,苟不属于上载之教律等所规定,则裁判官于一切案件应采欧人民律、商律之原则为定衡。

第七十六条　军罪典例以合于荷兰现行法律之普通命令为据。

第七十七条　苟非公益所需,概不得没收一切产业。没收之举由普通命令规定,并预先赔偿之。

公益之宣告,总督会同参事院办理。

倘有战事、火患、水灾、地震、火山爆裂或他项紧要情形,使此没收之举不容稍缓者,总督亦不必会同参事院,并不必预先赔偿,径没收之。

上款所载情形,被没收者于事后仍有享受赔偿之权利。

第七十八条　凡产业上或产业权上、借贷上及他项民法上所起争讼,概由司法权判决。（按：本款与第八十二条第一款互相矛盾,现已删除。参见附款末节）

但土人间或同化人间所起之民事诉讼,向由其教士或领袖按照教律或惯例判决者,仍照其旧。（按：本款所称"同化人",我华侨即在其内。所谓领袖即玛腰、甲必丹、雷珍兰等是也）

第七十九条　司法权由普通命令任命之裁判官执行。

第八十条　不论何人,不得任意舍弃其普通命令所指定之裁判官。

第八十一条　司法上事件,所有不为本章程所允许之政厅干涉,一概禁止。

第八十二条　查照事件之性质，或普通命令所定，其向由行政权管理者，仍照其旧。（按：本款现亦删废。参见第七十八条第一款小注及附款第一百三十二条末节）

介乎司法、行政两权间权限之纷争，总督查照普通命令所定条规，会同参事院规定。

第八十三条　介乎裁判所与土教士、土酋，以及民事裁判官与军事裁判官权限上之纷争，总督查照上款所载规定。

第八十四条　凡控告或追究普通命令所指之土王土酋之民事诉讼及诉讼书，在爪哇、马渡拉岛，以总督之允准为不可少；爪哇、马渡拉以外，则以最高郡长之允准为不可少。

第八十五条　除第四十三、四十五、四十七及第八十六条外，不论何人，非奉有该管官之命令，不得率受拘禁。其命令则视普通命令所定刑法上条款及其指明办法为准。

第八十六条（按：本条亦经1906年12月31号法律所废，惟该法律尚未实行）

除本章程第四十五、四十七条所载各节外，凡不与土人同类之人，遇有特别情形为政治权所拘禁，则被拘禁者必须于发此拘禁命令者命令之下，立即将此情形向王家总检事官申诉，并申诉于发此拘禁书之欧裁判所之检事官。

第八十七条　除普通命令指明各情形之裁判官命令外，其由邮局或他项传递法之书信之秘密不可侵犯。

第八十八条　除普通命令所指各情形及其办法外，不论何人，不被追究或受罚。

第八十九条　刑罚不剥及一切之民权。

第九十条　不论大小罪犯，凡有罪者，财产之收没不得视为刑罚之条件。

第九十一条　所有裁判宣告书均应叙明理由。若书关刑事，并应将按照某律某条一并叙明。

但关于土人之裁判，则宣告书内所应载明理由一节，如有必须更改之处，得由普通命令规定。

除普通命令所指情形外，裁判开庭，公诸众庶。

除普通命令所指情形外，裁判宣告书当众宣读。

第九十二条（按：本条经1901年4月29号法律所改正，于1902年3月1号实行。见1901年官报第318号及1902年官报第465号）

荷兰印度最高法庭所驻之处为巴达维亚，名曰荷兰印度高等裁判所。

第九十三条（按：本条亦经改正同上）荷兰印度高等裁判所长由国王简任或罢免，所长、副所长及所员苟非自愿另就他职，不得他调。

第九十四条（按：本条亦经改正同上）所长、副所长及所员应受开缺之款如下：

（一）年满65岁。

（二）因精神病、身体病或老废而显见其不能理事者。

（三）财产为他人管理者。（按：此即日本所称受禁治产）

有（二）款情形，则副所长、所员由国王开缺。

有（一）、（二）两款情形因而开缺者，则其开缺为国家名誉之举。

有（三）款情形因而开缺者，其开缺亦可为名誉之举。但其开缺时须自不坠名誉。

此外，非本人自愿告退，或有第九十三条所指他调情形，不得另有开缺之举。

第九十五条（按：本条亦经改正同上）所长、副所长及所员应受革职之款如下：

（一）违犯国王所定罪款应入监狱者。

（二）宣告破产，无力偿还欠债，或受民事上之禁锢者。

（三）品行不端或任性疏忽者。

（四）违犯国王所定以下之条款：

(1) 所禁兼充他项食俸职官，或干涉他人利益之。

(2) 所禁躬亲他项职业，或参预商务等事。

(3) 指定之一定常驻地方。

(4) 授意或偏袒两造之一，或其辩护士或检事。

(5) 裁判评议之秘密。

对于副所长及所员之违犯（四）款者，必曾因相类之事为所长告诫在先，乃始革职。违犯（一）、（二）、（三）3款，一经革职，立即离任。违犯（四）款，则其离任虽同，而为名誉之离任或无名誉之离任，由国王察度案情轻重而定。

第九十六条（按：本条亦经改正同上）因有第九十四条（二）款之一及九十五条各款之一之情形，总督会同参事院，以为所长或副所长之一或所员之一应行开缺或革职者，总督应将其所犯罪款函告该员，俾于总督所定期限内复函申辩或陈诉。其辩诉书若经接受，则总督并应将原书附于奏请开缺或革职之书之后。

恭候谕旨之时，总督得先将该员离任。倘经该员请求愿向荷兰本国辩诉，应即照准给予假期。其假期内之俸金及自由旅行费概仍给发。倘该员不作此举，则恭候谕旨期内得受干俸一份。

倘开缺或革职之奏不准，则离任者即时复任，并受在任之俸与假内之俸或干俸相差之数。

第九十七条（按：本条亦经改正同上）凡所长或副所长之一或所员之一，倘经逮捕、拘禁书、拘留警厅或安置疯狂院之命令发出时，或民事上之禁锢宣告时，该员应即离任。前款所指人员之一，虽无逮捕或拘禁书，然一经司法上之追究，则发端之时，总督即得会同参事院将该员离任。

第九十八条（按：本条亦经改正同上）追究、送警厅、置疯狂院或民事上之禁锢一经终止之后，不论是否由总检事据高等裁判所意见申请，或离任者与总检事及高等裁判所会同之后自行申请，总督均即使离任者复任。苟无本条下款所指情形，则复任者并可受在任之俸与干俸相差之数。倘总督会同参事院以为有第九十四条（二）款及第九十五条所指情形施行离任之举，则由此时起，一并施行第九十六条。惟开缺或革职之奏不准，则离任者仍即时复任，并受在任之俸与假内之俸或干俸相差之数。

第九十九条（按：本条亦经改正同上）除第九十六条第二款所指情形，所有高等裁判所长、副所长或所员请假离开荷兰印度之举，即作为自请开缺。

但合于本条下款所载请假者，于假期内及假后未曾充当他项职任，则必须本人自请，及照第九十四、九十五条所载情形，乃可开缺。

假后回至荷兰印度，苟未充当他项职任，则一有缺出即时复任，视其回至荷兰印度日期之先后为序。如有2人同一日期，则资格深者先得之。苟未充当他项职任，则请假期内得受干俸一份。

第一百条（按：本条亦经改正同上）荷兰印度参事院长、副院长及普通命令所指之职官，在其任内所犯轻重罪过，概归高等裁判所裁判。

第一百零一条（按：本条亦经改正同上）前条所指人员除待质外，虽有现犯罪过，若无总督命令，则不得率行拘禁。虽在实行其职务内犯罪，若无总督命令，则不得率行追究。总督仍视普通命令所指规条为准。

第一百零二条（按：本条亦经改正同上）总督及副总督之罪款归本国裁判如下：

一　实行职务时所犯罪款，归大审院裁判。
二　他项罪款由法律所定该管裁判官裁判。

第一百零三条（按：本条亦经改正同上）高等裁判所对于各法庭及各裁判所内一切事件，如讼案之处理，法律及他项普通命令之遵守，皆应监察。

高等裁判所得照所定章程，将各案件之违背法律或他项普通命令者平反或取消之。

第一百零四条　荷兰本国裁判官所决之裁判宣告书，所有该裁判官之命令及公正之成案之录本，得在荷兰印度施行。

在荷兰印度欧裁判官所决之件，亦得在荷兰本国施行。

第六章　居　民

第一百零五条　除本国政府派至荷兰印度之人外，不论何人，若无总督明文允准，不得在爪哇、马渡拉岛居住。此外各地方非有其最高级官之允准明文，亦概不得居住。

荷兰人及外国人得受允准之条规，由普通命令规定。

已经明文允准之荷兰人在荷兰印度居住，非有本章程第四十五条所指情形，不得被逐出境。

第一百零六条　土人之外，合于上条所载有居宅于荷兰印度者，为荷兰印度之居民。

第一百零七条　本章程所谓荷兰人者，系照本国法律指明之人民而言。

第一百零八条（按：本条第二款为1881年12月4号法律所补。见1882年官报第87号）

凡在荷兰印度地上人民之身家财产俱受保护。

凡关于外国人之交犯事宜应行遵守之规条，由普通命令规定。

第一百零九条（按：本条曾经两次修改，一为1899年5月19号法律，见官报第202号；一为1906年12月31号法律，所修改见官报第205号。惟1906年所改之律尚未施行。兹将其所改条款译录于本条各款之后，以资印证）

关于欧人、土人问题之本章程所定条规，及各项普通命令对于同化于欧人或土人之人，苟无特别规定，则俱有施行之效力。

所有基督教人、日本人及下款不载之人，均同化为欧洲人。

凡阿拉伯人、摩垲人（非洲土人）、中国人，上款不载之人暨回教人或多神教人，均同化为土人。

土人之奉基督教者仍归土酋管辖，其权利、义务、职役，与不奉基督教之土人受同一之郡内及区内命令及制度。

总督得会同参事院将本条所指各款免其实行。

附录：1906年改正第一百零九条新款

（一）凡本章程各条款并普通命令、他项章程、警察命令，以及行政上现行条规所指之欧人、土人及东方客民，应遵照下叙各款分别施行。

所谓欧人条规者如下：

（1）荷兰人。

（2）不属于第（1）款内暨出生于欧洲之人。

（3）日本人及出生他国，不属于第（1）、第（2）两款，而其本国之家族法律与荷律意旨相同之人。

（4）出生于荷兰印度之合例之子，或认为合例，以及属于第（2）、第（3）两款各人之后人。

除普通命令所定法律地位内之基督教土人外，其所谓土人条规者，即荷兰印度土著居民，及未经划归他类之居民，并原为他类居民而混合于土著居民者。所谓东方客民条规者，即本条（一）款第二节（3）、（4）两项所未包括之人。惟信奉基督教人及其法律上地位由普通命令规定者不在其内。

各人应归何类，均可查照普通命令所定规则呈请裁判官决定。

（二）凡普通命令、他项章程、警察命令及行政上现行条规所指同化于土人者，即本条（一）款归入东方客民之人。

凡普通命令、他项章程、警察命令及行政上现行条规所施行于土人者，对于本条（一）款所指东方客民，除经特别声明或默认者外一律施行。

（三）凡普通命令、他项章程、警察命令及行政上现行条规所指同化于欧人者，即并无专款订明之人。

凡住居荷兰印度之人，在本条款未行以前，所有属地章程第一百零九条同化于欧人之合例，或认为合例之子女或他项后人，倘未与土人混合，则仍归欧人条规，虽本条（一）款第二节第（2）项内未经包括者亦可。

（四）本条款施行日期，俟后再定。

第一百一十条　政厅稽查报纸之举由普通命令规定。该命令应与出版及言论自由之原则相符。在荷兰本国外之印刷品，苟使无损治安，亦概不受禁阻。

除应守普通命令所定个人之责任外，荷兰本国之印刷品均自由发行。

第一百十一条　在荷兰印度禁止含有政治性质或有碍治安之结众集会，视其情节之轻重，取用违犯此禁之办法。（按：吾国第一次、第二次革命运动，凡开会演说或暗设机关，每为居留政府干涉，即以此故）

第一百十二条　各人俱有呈递志愿、申诉等书于该管官之权利，荷兰与荷兰印度一例。但此书须本人亲自署名，并非合法成立之人团，及归此人团界限之内者，不得数人联合署名。

第一百十三条　所有居民俱应担任民团及他项现行或将来规则总督以为保护治安之军队义务。其何项人民应归入民团使之保持荷兰所在印度之权力，由普通命令指定。

第一百十四条　在荷兰印度居民只可承认欧洲之爵称，及由国王授与之爵禄，除国王特准外，一切外国之勋章、爵位或尊号概不得受。（按：荷属华侨虽经吾国政府颁给各种徽章，如未请官邀准，均不敢佩戴，即为此条所制限）

第一百十五条　奴隶必须废弃，至迟以 1860 年 1 月 1 号为限。

预备逐渐废弃奴隶之方法及赔偿奴主之事，由将来普通命令规定。

宪法第六十二条第一款所指之报告，应将关于本条之成绩每年一并登载。

第一百十六条　禁止输出输入公卖奴隶。

由他处输入之奴隶，一至荷兰印度地上，即放令自由。（吾国畜婢陋习迄未革除。然若携婢至荷兰印度，必诈称己女或己之亲属，否则不能上岸，即上岸而该婢亦可自由行止，奴主无束缚之之权力，即实行此条款也）

第一百十七条　奴主对于荷兰印度之奴隶之权利义务，由普通命令规定。

第一百十八条　在爪哇、马渡拉禁止取用抵押物为债务之保证。

其他各处如于社会情形需及此禁，总督得将前项禁例推行于外郡领地。

用抵押物以借贷之举，倘一时不能废止，则由普通命令规定其时限，总以此举遄废为旨。

抵押借贷之债务不及于债务者之子。

抵押物禁止在海上转运。

第七章 宗　教

第一百十九条　苟于社会无损，并不背普通命令所定之刑律，则宗教之信奉任人自由。

第一百二十条　苟不侵害治安，则公众在屋舍或外郭以内所有宗教上之举动俱所允准。

但宗教上之举动如在屋舍及外郭以外，则必须请得行政厅之允准乃可。（按：如燃放爆竹，亦须禀准，迎神赛会必先期请求）

第一百二十一条　总督监使所有各教宗派服从普通命令。

第一百二十二条　非国王及基督教会之传教官彼此嘉许，则基督教会内已成之制度及办法不得更易。

第一百二十三条　所有基督教内传教人员，得于荷兰印度一部建立传教会，但应随身携带总督或总督认可之特许文据。

倘总督以为有碍治安或其应遵之条件未经恪守，则得将其文据收回。

第一百二十四条　不奉基督教之土教士，由土王邑长及土酋之与该教士奉同一之教者监察。

土王邑长及土酋务使上项之教士毫不违犯本章程，及总督或总督出名宣布之普通命令。

第八章 教　育

第一百二十五条　公众教育为总督最应注意之事。

教育之组织，由普通命令规定，必尊敬各人所奉宗教之主旨。

宪法第六十二条第一节所指之报告，应将公众教育情形每年一并登记，其专为土人所设之学校亦包含在内。

第一百二十六条　除由官长检察教员之才能德行外，欧人或同化为欧人之教育一切自由。

第一百二十七条　所有欧人需要所及暨情势可以允准之处，凡公众初等教育，务使完全无缺，视普通命令所定规条为准。

第一百二十八条　专为土人所设学校，总督应监使其成立。

第九章 商务及航业

第一百二十九条　输出输入及过境之税则，由法律规定。

如有紧急情形，总督得先将前项税则暂时修改，然后再候法律允准。

修改税则之举应立即通知国会之上下议院。

第一百三十条　除应遵守普通命令及本地命令外，所有荷兰友邦船舰俱可驶入荷兰印度通商口岸。

此外口岸只准土船之有沿岸经商权利者驶入。

附加两条

第一百三十一条　本章程照第三十一条规则，在荷兰印度宣布。

实行之期由国王钦定。

第一百三十二条　在上条所载实行期前，所有命令章程及诏旨之业已实行者，应仍遵守至续有他项条令为止。

第八十二条第一款与第七十八条第一款正相反对。该两款于本章程实行2年后作废。

附录宪法2条备证

第六十二条第一款　国王将属地领地内之行政及其情势，每年报告国会之两院。

第一百六十四条第一款　国会议员、各部大臣、各省总督或他项高级职官，暨属地或领地内名衔不同，而与以上各官权力相同官员，并参事院员以及各省钦差，任内或任后所犯罪过，经以国王之名追究或由下议院议决者，归高等裁判所裁判。

荷属东印度群岛之统治虽以上述属地章程为依据，然其临时颁布之命令条款，实有录不胜录者。兹再摘译1915年3月24日吧督颁行《外来兵士住宿条例》如下：

第一条　凡居住荷兰东印度各色人民，若其屋经政府认为必要时，应将该屋赁与自外调来之兵士及兵士随带之牲口住宿。

第二条　凡住宿之屋须完整坚固洁净光亮，又须有搭盖围厩地方，可以安置牲口者。

第三条　（一）凡兵士以及兵士随带之牲口，须有下列（1）、（2）两种之地方方合住宿：（1）属于政府自有适当之屋者。（2）属于人民自愿租赁之屋者。

（二）凡如上款所列两种之地方不够住宿，则由地方官另为指定。

第四条　（一）凡如第三条第二款曾经指定之屋，从中作何居住，则由地方官审度而支配之。

（二）凡经地方官指定之屋不愿租赁者，可向同色人觅有相当愿贷之屋承代，惟必先据情禀知地方官。

（三）凡属兵官可与皙种人同住，若兵官以下之兵士属于皙种者，亦得与皙种人同住。属于色种者，除别无可住之屋外，则不得与皙种人同住。

（四）凡屋中有下列情事之一者不得住宿：（1）有未及弥月之产妇者。（2）有未及殓殡之尸身者。（3）有重病者。（4）有传染病者。

（五）凡经地方官指定之屋，有第四条第四款所列之情事者，该屋主宜于未入住宿之时禀知地方官。如其事发生在住宿以后，亦宜速禀地方官，不得延缓。

（六）凡屋中无有20岁之男子者不得住宿。

（七）凡经兵官赁住之屋，兵官以下之兵士不得住宿。

（八）凡属各国领事公署及其住屋不得住宿。

第五条　凡以屋租与兵士住宿者，则俟解严时兵士起身后，由地方官给与相当之代价。

第六条　凡经地方官指定之屋，敢于抗违不愿租赁者，罚以多至 500 盾之罚款。

凡有第四条第四款之情事，不即禀知地方官者，罚以多至 100 盾之罚款。

吧城地方行政司法机关及玛腰、甲必丹、雷珍兰等职，与珑川、泗水略同。汉务司前曾分设各大埠，今则统归吧城，司长一，司员三，华顾问五，荷书记二。陆军常驻者一旅，总督驻所别有独立部队拥护之。海军司令部所管，今贷于船坞公司之浮船渠，长 324 尺，幅 67 尺，深 22 尺，可容 4000 吨之船舶修理。又有可容 2000 吨船舶之船台。丹绒界里屋（Tandjongpriok，或译丹容捕寥克）新港，每年运出货物及轮舶出入口数与泗水略相当，码头、货仓、铁道、运河等建设甚完备，海关税每月约征 70 万盾。

所得税之规定同于泗水，惟近更出一示，凡纳税者以接到政府税额之通告字起算至大后月 1 号缴纳，届期不纳者照不纳额数加罚 5%，罚期以下月 1 号行之。土地税每年税额作两次分还，每一次还全额之半，应还日期为 6 月 30 号、12 月 31 号。其税每 5 年改订一次，若届第一次还税之期未接政府改订税额之通告字，应于第二期将前期税额合并完纳。若 5 年后始接到通告字，应于此 5 年中第一次还税期并前 5 年之税期完纳。倘所订税额已纳过一期之后，政府许其减少，第一期加纳之额仍可退还。如接到税额通告字以为过重，入字请减，在未接到政府许减字之先，应照原订之额完纳。既届纳税期，延至后月一号未纳者，照未纳额数加罚 5%。

土产除椰外，以米粟、槟榔、乌白胡椒为大宗，咖啡茶叶次之。饮料不佳，瘟疫数发。荷医恒于疫时为人注射血清以防疫。土番曰顺拉，身矮，长 5 呎者不多见。目稍斜侧，鼻平小，而鼻孔独大。族类语言与爪哇番、马渡拉番异。华侨 7 万余，梅县籍约 2 万，大部分营杂货业。木工金工约 1 万，多广州及宁波人。衣租食税之地皮主五六百，多属哇哇。哇哇性质，与新客殊，说巫语，华语多未通，素无回国思想。10 年前苏门答腊岛之喃磅火山爆发，火灰飞至吧城，哇哇惧，始有归志。欧战发，日本有攻吧之谣，哇哇愈有思归者。过其家，厅事中多供木主，龛上悬"追远"两字横额。其于溯源报本之义，尚得周孔治化之遗，使能注意国民教育，未尝不可长其输诚内向之心。此外则为营土产及杂业之闽人。闽人在他埠虽执侨界之牛耳，在吧城则让粤籍占优胜焉。欧人万余，阿拉伯人数千，其房屋之多几占全埠三分之一。华侨社会有书报社，梅县人主之。有智育会及福建会馆，闽人主之。有广肇会馆，广肇人主之。华商总会与中华会馆则为全侨公共机关。少年自治会近始成立。惠溥社方在筹办。初日里张玛腰耀轩到吧，目击梅籍华侨或因年老衰废，或因贫病失业，流落异乡不能归里者在在皆是，恻然悯之。乃捐银 1 万盾，转托丘燮亭君，凡有华侨欲返无赀者，则给以船票一张，荷币 5 盾，并于到后凭单给银 20 元，为还乡之费。惠溥社之筹设即以此为基础，欲再扩而充之，以溥惠我贫侨。又有工务商会、集英会等，亦侨界一部分之团体也。

中华学校成立于清光绪二十六年，校址在八茶贯，男女生共 600 余，教员英美人七八，中国人20左右，常年费约4万盾。义成学校为梅县人所办，与新吧刹中华学校均成立于清光绪三十二年，学生各百余。中华女学校在八兰塘岸，学生30许。

官立荷兰中学校及中学简易科、高等女学校、爪哇法官教育所、警察传习所、华侨师范学校各一。官立荷兰男子小学校十，女子小学校五，学生数约2000，教员60余。全州土人小学校官立者二十四，民立者十，教立者七。

吧城有河，其水殷赤，即前清乾隆间我华侨因抵抗人头税与荷兵鏖战之血所染成也。首领为陈八哥，战区在八茶贯，激斗六七日，死丧万余人。孑遗者觇河水之色化红，乃以红河名之。迄今170余年，河流尚未复其原色，若故留遗迹以诏励吾人者，不自振拔，痛史之痛将无止期矣。

附录各国领事之驻吧城者

中华民国	总领事	一	俄罗斯	领事	一
	副领事	一	比利时	领事	一
日 本	总领事	一	葡萄牙	领事	一
暹 罗	领事	一	西班牙	领事	一
德意志	总领事	一	瑞 士	领事	一
	参 赞	一	挪 威	总领事	一
英吉利	领事	一	丹 麦	总领事	一
法兰西	总领事	一	土耳其	总领事	一
奥地利	领事	一	美利坚	总领事	一
意大利	总领事	一		副领事	一
	副领事	一	巴拿马	由美利坚驻吧领事代理	

民珍苏洛又名茂物，驻亚丝石珍、君的黎各一员。风景甚佳，有小巴黎之誉，由吧城乘汽车前约一点余钟。出产上庄燕窝及茇子等。天气凉爽，饮料净洁。吧督家居是间，西人经商吧城者亦多住眷于此。中华学校一，成立于清光绪二十九年，学生百余，教员三。官立荷兰小学校四，学生700许，教员20余。报馆有中华维新报、爪哇困路两家。

丹迄垅驻亚丝石珍一员，华雷珍兰二。官立荷兰小学校一，学生50余，教员三。

勃哇葛打驻亚丝石珍一员，君的黎二员。官立荷兰小学校二，学生共百余，教员五。

葛老旺或译加拉旺，驻亚丝石珍一员，君的黎二员。市政厅未设。街道窄小，路政不修，晴则飞尘涨天，雨则泥泞没胫，路灯参差破坏，夜行者尤以为苦。土番房屋污秽，前居人，后养猪。或于猪栏中搭一栅，人在上撒粪，豕在下食之，臭气四溢，闻之辄作三日恶。中华学校成立于清光绪三十四年，学生40余，教员一。

迷实达羔呢里氏驻亚丝石珍、副君的黎各一员。官立荷兰男女小学校共4所，学生500余，教员十六。

北加浪安简称北加浪，日人称曰丕加伦加，为爪哇通商港之一，外国轮船得自由出入。属郡有四，曰直葛（Tegal）、八吗垄（Pemalang）、峇东（Batang）、勿礼蜜氏（Brebes）。全州土人约共180余万。土人小学校官立者10所，民立者46所。欧人及阿拉伯人约各2000有奇。荷官驻首郡者，黎丝磷、亚丝石珍各一员，君的黎二员。官办惠贫银行一。土官有二把、把底等。出产糖为大宗，茶烟次之，峇泽业亦颇著名。华侨团体有和义会、由义会、洪顺义会、建功会、平安会、葛洞武呢信义会等。最近联络各团体，更组织一中华联合会，由小群以进为大群，诚为可喜之现象也。

　　中华学校成立于清光绪二十九年，校址在格里文兰公德祠内。男女生共150余，教员五。岁入学费约2800盾，义务月捐约1200余盾，米捐约2000盾，最近倡议再抽冰糖捐，每担2角5仙，年约1000盾。岁出须6000余盾。官立荷兰小学校2所，男女生约共200余，教员六。

　　直葛或译笛吉，驻亚丝石珍一员，君的黎三员。地滨海，出产橡皮为大宗。华侨团体有岭东旅葛公益会、国语会、丧事会等。中华学校甚发达，男女生约共200名。官立荷兰小学校两所，男女生约共170名，教员五。

　　八吗垄驻亚丝石珍一员，君的黎二员。中华学校学生45人，出入款每年约各2400盾。

　　峇东或译马当，驻亚丝石珍一员，君的黎二员。官办惠贫银行一。中华学校学生30人。

　　勿礼蜜氏驻亚丝石珍一员，君的黎二员。官办惠贫银行一。

　　此外有卫礼里埠，与三宝垅辖交界。华侨400余，学龄儿童数在60名以上。近苏笃敬、陈清宣诸君倡设一中华学校，学生60许，教员一。

　　漫柔马氏或译满由吗士，驻黎丝磷、亚丝石珍、君的黎、西葛礁黎氏各一员。统辖芝剌札（Tjilatjap）、普我加多（Poemoketo）、普布利我（Poerbolinggo）、峇突（Batat）、思格拉惹（Soekaradja）等郡，全州土人约共130余万。土人小学校官立者19所，民立者20所，教立者5所。欧人约共1000余，阿拉伯人20余。满由吗中华学校学生90余。荷兰小学校学生80余，教员三。官办惠贫银行一。土产以糖烟及咖啡为大宗。

　　漫柔马氏有山市曰武甲啼惹。华侨70余，中华学校方在筹办。

　　芝剌札或译芝捞汁，为通商口岸之一，轮船往来，虽远逊吧、垅、泗三大商港，较之井里汶、北加浪、直葛则无不及。海口有炮台，内地有防营。埠之东北有小铁道衔接大铁道，水陆交通尚无不便。各街盛植亚参椰树，气候颇藉以调和。惟地气卑湿，脚气症及疟疾较多于他埠。路政未佳，春季霪雨兼旬，泥涂滑泽，行人苦之。

　　荷官有亚丝石珍、正副君的黎各一员。官办惠贫银行一。华侨约2000余，华雷珍兰一。侨人性颇好赌，妇女啸聚室中秘密聚博，时有所闻。如遇冠婚丧祭，其主人必设茶会招待来宾。届时列席前后，前为男宾赌所，后为女宾博场，喝雉呼卢，卜昼卜夜。揣其意殆谓不如此无以助热闹，无以逐睡魔。然消遣之法亦多正术，何必狂赌如斯，自贬人格乎。

中华学校成立于清光绪三十四年，男女生约百名。国文男女教员各一，荷文教员、翻译员各二，重外国而轻本国，人多非之。荷兰学校学生90余名，教员三。

芝刺札所属有小埠曰礁锡马来耶（Tasikmalaja），土人颇众。华侨约近2000名。侨界团体有中华阅报社，社中分子以小资本家及劳动者为多。中华学校开办在数年前，学生60余，教员、翻译员各一。

普我加多或译富老葛力途，驻亚丝石珍、副君的黎各一员。官办惠贫银行一。是埠昔颇寂寞，自快车既通，由此之吧城半日可达，各种人迁居于此者逐渐增多。距埠数十里有清泉曰"办杂"，为此间小名胜。中华学校开办已8年，学生百十许，校长教员各一。该校职员并发起一华侨国语研究会，入会者七八十人。荷兰小学校学生数70余，教员三。

普我加多附近"亚之吧南"，亦有一中华学校，学生30余。地处山僻，经费难筹，仅聘一教员已觉支持拮据矣。

普布利我驻亚丝石珍、副君的黎各一员。官办惠贫银行一。中华学校学生70余，汉文教员兼校长一，英文教员二，外重内轻，其失与芝剌札同。

峇突又名万惹泥加纳，或译闽节力加唠，驻亚丝石珍、正副君的黎各一员。中华学校成立于清宣统二年，校址在前街，学生80余，教员三。经费岁入约3000盾，多取于爪哇烟捐，岁出之数亦如之。荷兰小学校学生60余，教员三。

思格拉惹或译苏格胜雅，或译思甲拉雅。华侨数百。华侨教育中小学俱备，学生数约共70余。总理许汉中君创设一电影戏院，校费多资藉之。

井里汶或译吉里彭，统辖因历南马由（Indramajoe）、芝莺绵氏（Tjiamis）、妈芝陵加（Matjilingka）等郡，为通商口岸之一，许外国商轮自由出入。新客入口不得于此登岸。出口则不禁，但须由华侨公堂转请二杯发给出口字，贴相片，量身材，盖不惟来难也，即去亦良不易。荷官黎丝磷、亚丝石珍各一员，君的黎四员。全州土人170万余。土人学校官立者二十，民立者十七，教立者三。阿拉伯人2000余，欧人千余。华侨在井里汶坡者七八千，有甲必丹、雷珍兰作之长。土产落花生、红葱、荷兰薯、茗枳、糖为大宗，多销石叻。

华侨团体有商务总会及中华会馆。中华会馆附设两等小学校，学生百余，教员三。经费藉货捐为挹注，年约4000余盾，不收学费。教授各科，国语与漳泉音并用，以漳泉音较适于商场，毕业后方能应用之以谋生活也。荷兰小学校两所，学生200余，教员八。

因历南马由或称南安油，驻亚丝石珍、君的黎各一员。物产以米为大宗。华侨千余，华雷珍兰一。中华学校成立于清光绪三十一年，校址在八芝兰街，学生80余。经费据民国四年1月至6月决算，出款2557盾，入款2221盾。

芝莺绵式、妈芝陵甲各驻亚丝石珍、君的黎一员。华侨约各700许，华雷珍兰一。

此外有芝日落（Tjiledok）埠，华侨约千余，华雷珍兰一。中华学校已成立，由苏怀珍君捐赠校舍，由郭宣峰君担任常款。有洛奢里埠，前曾开办一中华学校，今改为荷兰学校，闻者惜之。

渤良安或译勃领岸，或译巴伦加，统辖万隆（Bandoeny）、士甲巫眉（Soekaboemi）、牙律（Garoet）、芝安褥老（Tjiandjoer）、双木丹（Soemodang）等郡，全州土人200余万。土人学校官立者三十九，民立者五十一，教立者十。州长黎丝磷驻万隆埠，万隆遂为渤良安州之首郡。万山环抱，地势如锅，中横铁道，出入必贯穿山隙。极南滨海，进战退守饶有余地，西建大防营，以与爪哇东半岛相呼应。气候清冷，宛如闽省孟冬。土产米、粟、树薯粉、槟榔、几那。几那场圃极为广漠，荷人设厂制造，制出之几那粉由八打威输出荷、英、法、美、日诸国，几那皮则输出垅川、泗水、日惹、井里汶等处。苏门礼拉（果子名）及柿产量亦多，销行爪哇各地。土番大多数属顺拉人，以顺拉语为普通语。番妇好装饰，衣履华丽，时髦为全岛土著妇女之冠。面白类华种，喜与华侨婚，盖黑肤黧面既为彼之所憎，碧眼紫须又为彼之所怪，故华侨遂获首选。华侨居此数约4000。侨生女界多开肆贩卖岑泽，不坐食以分利。华侨客栈八九号，以安华居及新安华居为最著名。华商总会成立于清光绪三十四年，会务颇发达。中华学校成立于清光绪三十年，校址在格奔假的。学生百余，岁出入约各四五千盾。华荷学校校址在亚伦亚伦，荷官特设以课华侨。据该埠评报第三十七号载称，该校管理不善，吸烟赌博一任学生自由。华侨不察，反惑而乐就之，可异也。欧人居此千有奇。荷兰小学校共5所，学生约400，教员二十。又有盲学校、医学校、荷兰病院、惠贫银行等。吧督本居民珍苏洛，爱是间风物优美，已择地建筑新官舍，他日万隆声价将随吧督而益长矣。

士甲巫眉或译思加谋眉，驻亚丝石珍一员，君的黎二员，警察数十。土产以茶为大宗，鱼类布类亦为贸易品之主要者。华侨3000余，华雷珍兰一。中华商会、学校已先后成立。距此20余里有地曰茂绒老邦，商店约20。再进十余里有地曰能冈，商店十数。又进70余哩，可通芝刺札。

牙律或译牙鲁，驻亚丝石珍、君的黎各一员。华侨约千余。中华学校于清光绪三十四年成立，学生60许，教员二。荷兰小学校学生80许，教员四。

芝安褥老驻亚丝石珍一员，正副君的黎二员。华侨1000许，华雷珍兰一。土产以荷兰薯、茶为大宗。荷兰小学校男女生共250余名，教员九。

双木丹驻亚丝石珍一员，正副君的黎二员。华侨800余，华雷珍兰一。中华学校于清光绪三十三年成立，学生30余，经费岁出入各千余盾。

曼丹或译彭动，统辖西垅（Serano）、芝理干（Tjilegan）、垅加氏迷敦（Rangkasbetocng）、巴低迄垅（Pandeglang）等郡。有极佳之煤矿脉尚未开采。全州土人百余万。土人学校官立者十，民立者十三。黎丝磷驻西垅埠，故西垅即为曼丹之首部。黎丝磷之下有亚丝石珍兼西葛礁黎司一员，君的黎一员。中华学校、荷兰学校各一所，学生数各80余。

芝理干驻亚丝石珍、副君的黎各一员。中华学校成立于清光绪三十四年，学生

20余,教员一。

垅加氏迷敦、巴低迄垅各驻亚丝石珍、正副君的黎一员,荷兰学校均已成立。

爪哇、苏门答腊附近,有利育群岛(Riouw)、文岛(Munto)、万里洞(Billiton)等,亦为荷属岛屿中之有名者。利育或译利俄,或称寥内。其苏丹本为柔佛酋长,战败迁都于此,又被荷人逼迫,不得已许让一切政权。既而翻悔,荷人将问罪,惧而出奔新加坡。荷政府每月给予2000盾,俾得苟延残喘,稍冷却其卷土重来之热血。文岛史称摩逸冻,与旧港相望。锡之产额甚多,每年收益约600万盾至2000万盾。据该锡矿公司统计,自1865年至今,收益约达5亿余盾。矿工多属华人,契约劳动者约15 000,自由劳动者约2700余。契约劳动即世所谓"猪仔",因受利诱而入猪圈,由猪贩率至南洋各地转卖于各公司。契约由公司订定,条件至为严酷。猪仔不通洋文,不知契约上所写何物,猪贩造作甘言以惑之。及至华民政务司签字,司官循例问其愿否,有受惑而对以愿者,有临时觉悟露不愿意。因问官是西人,对答用西语,嗫嚅不得尽其辞。猪贩恐失利权,即代为答应,强其画押。画押后驱至作工所在地,鞭挞凌虐,苦过于猪,呼吁无从,欲逃不得。至于水土之合宜与否,尤无人过问。病死不过草草掩埋,染病不死而羸弱不堪工作,则驱逐出外,怅怅无之,或葬身沟壑,以供蝇蚋咕嘬。此猪仔猪贩之名所由来也。至于作猪代价,据北婆罗洲领事谢天保调查,每人每日工银3角3仙,除每月伙食4元5角及扣还应招时借款月2元,所余已属无几。遇疾病或礼拜或停工日期,又须照扣。工作较久,借款还清,工头虑其有余资作归计,则诱以烟酒,劝之赌博。先空其囊,继贷之款,务使永受束缚,终其身莫能解脱而后已。呜呼惨哉。万里洞或译比利敦,或译皮利冬,产锡之额次文岛,每年收益约200万盾至300万盾,亦华工之膏血所造成也。

寥内、文岛、万里洞及其附近之丹绒槟榔(Tandj. Pinang)、冷牙(Lingga)、物冷遇(Blinjoe)、列港(Soengeiliat)、峇厨流石(Batoe Roesa)、顺牙衣昔兰(Soengei Slan)、高木(Koba)、丹绒班澜(Tandjong Pandan)等处,均设有中华学校,学生或百余名,或数十名。万里洞中华商会并经报部成立。

第五编　苏门答腊岛

苏门答腊（Sumtra）马来语谓福地之义，为南洋群岛中次于婆罗洲之大岛。其方向自西北而东南；其位置北起麻剌呷海峡，南至巽他海峡；其纵自北纬5度40分至南纬5度59分；其横自东经95度16分至西经106度3分45秒；其面积约10万1000余方哩。其人口约400余万，华侨约20万，欧人约1万，阿拉伯人4000余，日本人900余。其气候1月至3月约77度，5月至11月约80度。本岛都会在东海岸日里（Deli）州（或译日丽，或译的里，或译投利）之棉兰（Madan，或译眉堂，或译米丹），荷兰巡抚驻焉。港口曰勿拉湾（或译倍拉望，或译物拿湾，或译比拉汪），规模宏大，可泊4000吨大之轮舶。由港口乘汽车至棉兰市，车程1小时。棉兰农产最盛，大农场现有240余。由厦、汕出口之猪仔多数行销于是间，以日里全州计之，此种号称华工，实为猪仔之现数，约有4万余。华商则仅有其十分之六。出产烟叶为大宗，日里烟叶公司资本金5000万，种植地域92 575荷亩，每年产额87 000余担。其他有1万荷亩之烟叶公司尚有十余。耕地7年一种植，使地力得藉以休养，故所出烟叶质薄品良，以卷雪茄烟之外皮最为适用。该烟叶之出售经同行会议规定，须悉数运往荷国，不得私卖他国人。他国人需要者，须向荷人转买，垄断利权，斯其一也。惟迩年橡皮业渐兴，仅华玛腰张鸿南氏之橡皮园已有七八所，耕地近千里，投资数百万，产额之盛将驾烟叶而上之矣。

棉兰驻华领事一。华商总会早成立。华侨教育赖张玛腰之提倡，尚觉蓬勃。除小学校外，近又办一甲种商业学校。日里银行亦为张氏所创设。济安医院、麻风病院，皆藉张氏捐助巨款，得观厥成。苏门答腊《华字报》，间日一出版，并设于是埠。

日里所属有亚沙汉（Asahan，或译亚沙亨，或译亚沙翰）、奇沙兰、米腊诸埠。亚沙汉出产大宗烟叶。华侨2000余，华甲必丹一。培善学校倡办于林国治君，聘一西文教员，三中文教员，抽糖米捐为常年费。近拟扩充校舍，建筑寄宿室，俾远方侨童得来就学。又议创办女学校，使女界渐放光明。此外关于通商者有汉商局；关于惠工者有居留所；关于社会教育者有书报社；关于慈善事业者有医院及义塚。奇沙兰中华学校近始成立。米腊中华学校前因米捐停顿，经费骤绌，后得张玛腰及学校总理谢联棠君等设法维持，糖米捐仍旧征收，镇元宫香烛捐每年800盾，亦指定为学校经费。学生约150余，校舍得张玛腰赠地一所，将重新建筑。至于华侨团体，除中华会馆、阅书报社外，尚有新设立之商务分会。亚齐（Atjeh）或译亚丁，旧为王国，1878年，荷兰始改为一州。州治在古打劳夜，盛出煤油，土地尚未大辟。华商在留者9256人。土民约三四十万，性强悍，无畏敌媚外之劣根性。中有巴塔克种，男子身长平均5尺4寸，女子身长平均4尺8寸，体格硕健，肩广，臂多肌肉，头骨形长圆，目长而黑，皮肤或为暗棕色，或为淡黄色，屡与荷人抗。荷人官斯土者，至以生入玉门为万幸。自1878年迄今三四十载，荷政府尚驻重兵于彼地，又筑运兵道路以备不虞。惟其所与荷兵战者，并非堂堂正正，第出没于山谷中断续为患，不致大损害商务工业之发达。本州最北端指呼可及之沙漫港（或称沙板港），与英属槟榔屿遥相对峙，不啻兰领印度之咽喉。于商业上便于出入船舶，吞吐商品；于军事上可与爪哇以下诸岛相呼应，稍分新加坡锁海之关键。荷政府尤重视之。

罢临网（Palembang，或译巴邻旁，或译巴伦彭，或译浡淋邦，或译巴里八）。明史称曰旧港，泉厦人读巨为旧，故又称巨港。前土王之故京，今荷领之一州也。15世纪之初，旧港酋为广东人陈祖义氏。祖义本非善人，三佛齐王梁道明（广东南海县人）收抚之使长旧港。会明三保太监郑和及其俦王景宏等巡阅南国，祖义谋劫以示威。其僚属施晋卿潜告和，和预为备。祖义率众至，大败被俘，归戮燕市。奖晋卿功，命为宣慰使；及晋卿卒，子济孙奏请袭职，许之。自后虽屡易主，仍多属华人。十七八世纪西力东渐，终归亡灭。凭吊遗城，徒滋感慨，不知在留两三万侨胞复梦见三保否。州中有兵房、病院、回教寺之大，更为东印度群岛冠。煤油矿二。土产除煤油外，以椰粒、胡椒、籐、果子、棉子为大宗，兽类、燕窝、甘蜜、文烟等次之。棉销日本，椰、籐均销欧洲。燕窝色稍黑，多属洞燕。房屋大半筑于溪中，下树木柱，上用竹盖造，随水升降，颇稳固不动摇。溪北岸多商店，约310余号，南岸多居家及大行栈。华商总会早成立。中华学校一，学生百余名，教员五。荷兰及土人学校十余，学生数约1400。

旧港所属有占碑（Djambi）郡者，统辖东葛、纱峇、顺宜吕连、顺宜本汝、文梧、素兰雪、闽哥、直帽、淡勿丝等埠。华侨总数2000余。土人多水居，因当地盛产红白树胶，制造时须用多量之水，故浮木建屋于水中，以便其业。19世纪时代，华侨亦与土番同，今则舍水而陆矣。华侨社会有中华会馆、书报社。中华会馆附设中华学校，书报社附设育才学校，抽盐、米、煤油捐为经常费。1916年乱事发生，华侨被杀者9人，财产损失甚多。虽经书报社函请驻棉兰华领事交涉索偿，恐终未能得效。由占碑乘汽船往素兰雪48小时。往闽哥先乘汽船至直帽或素兰雪易骑，约48时许。往星洲42小时。往直帽36小时。往淡勿丝28小时。

占碑附近又有直民丁宜（Tebingtinggi）埠（或译德明丁基），华侨约千人，华甲必丹一。中华学校成立于清宣统三年，附设在福建公祠，学生60余，教员二。入款由商会董担认月捐及征收授业料，月约250盾，尚不敷出。

喃磅（Lampong，或译浪奔，或译浪坡），比邻旧港，与爪哇西端相望，地势高下不齐。最著名之属郡曰低罗迷洞（Telok Betong，或译德罗克贝当，或译太来克倍丹），古称三佛齐。明洪武间，梁道明曾王此土。逮永乐朝，与其臣郑百可返国朝贡。时闽粤人抵此者已数千，王部众保境，他番族无敢犯。今则但见三色旗飘，碧眼紫须儿动对有色种人喑呜叱咤耳。国破山河在，此三佛齐港尚不失为苏岛之重要商市也。

孟古邻（Benkoelen，或译明古伦，或译班库兰，或译倍克伦），1878年始划为一州。出产大宗椰干、煤油。椰之收取是利用当地特有之猪尾猴，驯养之使升木采摘。全州居民约 20 万。中华学校已成立。荷兰及土人学校十余所，学生 2000 余。

孟古邻最著名之属郡曰慕固慕固（Mokko-Mokko，或译莫科莫科），有英国之旧炮台在焉。盖本岛前曾属英，后英欲荷兰确认新加坡为英领，始以此岛还界荷兰，由地理之陈迹可证明之。

把东（Padang，或译拔堂，或译崩他），又称西海岸。土地肥饶，路政修整。森林、煤炭、咖啡、甘蜜均富于他处。其属辖之卑雅光务、武乙登宜、苏鲁克等处出米尤盛。州治在把东，户约 3 千，人约 2 万。华人荷人各有其特定之村界。华商总会已成立，华领事一。中华学校学生颇发达，惜教授偏重荷文也。

本岛交通多藉水运。官办铁道已成者，有西海岸、南海岸两线。西海岸线自把东南端之内拔港起，至达摩亚落加拉邦；南海岸线自低罗迷洞至旧港。商办铁道已成者，有日里铁道公司线，长 92 启罗米突（一启罗米突合我国营造尺 3125 尺，新定度法之公里与此相等），资本金 1300 万盾，每年纯益平均约 10%。此外尚有亚齐州军用轻便铁道，长 432 哩，资本金 1726 万 7000 盾。至预拟路线由旧港折西至孟古邻，以横断东西；由旧港延长循东海岸与日里铁道公司线及军用线联络，以贯通南北。则敷设尚需时日也。

附　录

中荷在荷兰领地殖民地领事条约

　　荷兰国君后陛下，大清国皇帝陛下，愿于荷兰中国间通商行船条约之外，特订专约，确定在荷兰国领地殖民地中国领事官之权利、义务、职权、特权、特典及豁免利益。是以荷兰国君后特派驻华使臣贝拉斯为全权大臣，大清国皇帝特派驻荷使臣陆征祥为全权大臣，两全权大臣各将所奉全权文据互相校阅合例，会同议定各条款如下：

　　第一条　中国总领事、领事、副领事及代理领事，得驻扎于荷兰国海外领地殖民地中诸外国同等官吏所现时驻扎与将来驻扎之口岸。

　　第二条　中国总领事、领事、副领事及代理领事，是商业事务官，为其辖内本国人之商业保护者。领事官应驻扎于其委任文据所指定之荷兰国领地及殖民地各口岸。除本条约专为该领事所定特例外，凡领地殖民地之民事、刑事法律皆应遵守。

　　第三条　总领事、领事、副领事及代理领事，于受其执行职务之认可，及享其职务所附属之一切职权、特权、特典及豁免利益之先，应将所载该领事官管辖区域驻扎地方之委任文据，呈于荷兰国政府领地殖民地政厅，发给领事官执行职务所需照章副署之认可文据，应不收费。领事官因确保其自由执行职务，有出示认可文据，而受政厅保护地方官援助之权利。荷兰国政府有示其理由收还认可文据之权能，并得命领地殖民地督抚收还之。总领事、领事、副领事、代理领事如有死亡或因事故或不在之时，学习领事官、书记生或书记官应将各员资格通知该管官，经其承认之后，得暂时管理各领事官事务。惟代理之员，须与不经商之外国人地位相当者，始得于暂时管理期内享受第十五条所允与领事官之一切权利、职权、特权、特典及豁免利益。

　　第四条　总领事、领事、副领事及代理领事，得于其居宅门户，铭记中国总领事馆、领事馆、副领事馆、代理领事馆等字样，并标本国政府徽章。所有标章不得以之庇护罪人，其房屋及居住之人亦不能免地方法权之查追。

　　第五条　凡关于领事官事务之档册及一切文件，应不受搜查。无论何项官员及裁判官，亦不问其用何方法或藉何口实，均不得检阅捕取以及查究。

　　第六条　总领事、领事、副领事、代理领事毫无外交上之性质。无论何项请求，非经驻扎海牙外交官则不得径陈于荷兰政府。遇有紧急事情，各领事官得直接陈请于领地殖民地督抚。但须证明其事确是紧急，并当备文记载不能请求于次级官吏之故，或陈明前已向次级官吏请求绝不见有效果。

　　第七条　总领事、领事得派代理领事驻扎第一条所载各口岸。代理领事凡在派驻之地居住之中国或荷兰臣民或他国人民及照地方法令可以准其居住该口岸者，皆得充当。惟任命之时，应经领地殖民地督抚承认，并奉有执行职务上应受节制之领事之文据。领地殖民地督抚无论何时，得将理由通知总领事、领事向代理领事收还前项承认。

第八条 执有领事官所给或经其查验之护照，在荷兰国领地殖民地游历或居留时，凡照地方法令所需各文件，仍应一律具备。又领地殖民地政厅对于执有护照之人，仍有禁其羁留或命远离之权，决不因此护照有所妨碍。

第九条 荷兰国领地殖民地沿岸，遇有中国船舶遭险，一切救助事务由中国总领事、领事、副领事、代理领事指挥之。地方官若为维持秩序保护遭难船员以外救助者之利益，并确保所救商品实行进口出口时应守之规则，方得干预之。总领事、领事、副领事、代理领事不在或未到以前，地方官亦应设法卫护个人，保存遭难物件。又所救之商品，除在内地行销外，所有关税概无庸纳。

第十条 总领事、领事、副领事、代理领事因逮捕拘押或监禁中国商船军舰逃亡之人，得照请地方官援助，其照请应备公文。倘在逃之人，据船舰簿记册及船舰上人员名册并其他确实文件，可证其实是船舰上人，地方官不得拒其所请。但荷兰臣民不在此例。地方官有尽力缉捕船舰逃亡者之义务，缉捕之后，交领事官处置。如须交还其所属船舰或他项之中国船舶，则可以应要求者之所请，为之暂时拘留。所需费用应归请求交出逃亡之人担任。从捕获之日起4个月内，如尚未经交还，当即释放，将来不得因同一事件再行缉捕。逃亡者犯有重罪轻罪或违警罪，未经荷兰国领地殖民地或其国受理该事件之裁判所宣布判决，并业已结案，则应展期交出。

第十一条 中国船舶在海上所受损害，一经驶泊口岸，无论其为逼急避难或出于自愿，除船主货主及保险者之间另订契约外，均由中国总领事、领事、副领事、代理领事裁定。该船舶及其所载之货，如与领事官有利益关系，或领事官为船货之代理人，或荷兰国臣民及第三国之臣民人民与其损害有关系时，当事者间不能协和议结，应由该管地方官决定。

第十二条 中国臣民在荷兰国领地殖民地死亡，如无嗣续人，并无从查知执行遗言之人，则荷兰国领地殖民地法律命令所定管理嗣续事务官员，应从速知照中国领事官，俾其切实通知利益关系人。如领事官先知其事，亦当知照荷兰国管理嗣续事务官。该管地方官应将死亡证据正式录稿送交领事官，以为补证前项之知照而不收费。

第十三条 中国总领事、领事、副领事、代理领事于其事务所及私宅并有利益相关之本国人住所或本国船舶内，有收受本国船长、船上役员及船客并他项本国臣民声告之权。

第十四条 中国总领事、领事、副领事及代理领事，得专任维持本国商船秩序。船长船上、役员并水夫之间，在海上或港内所起一切纷议，专由领事官一人处理。其关于整理薪工或履行相互承认之契约等事有关者，亦包括在内。前项纷议除于陆上或港内之安宁秩序有所妨碍，或与船员以外之人有干，或领事官因欲实行其所判决，与维持其实行之权力，而请援助之外，荷兰领地殖民地裁判所以及他项官员，无论用何名义，皆不得干涉。

第十五条 中国总领事、领事、副领事及代理领事，于领事职务之外，不宜从事商业及他项职务职业。该领事官倘非荷兰国臣民，则一切兵役及军事上之征派抵代军人宿舍及兵役之课款，以及对人税，与有对人的性质之各项征税市村赋课，如中国有以同等恩惠允与荷兰国总领事、领事、副领事、代理领事者，方准豁免。但关税对物的税，以及他项间接税，不包括于此项豁免之内。总领事、领事、副领事及代理领事虽不合前项规定，然非荷兰国臣民则一切兵役及军事上之征派抵代兵役之课款，但使中国有以同等特典允与荷兰国总领事、领事、副领事及代理领事者，亦准一律豁免。总领事、领事、副领事、代理领事，倘是荷兰国臣民而经准其执行所受中国政府委任为领事官之职务者，于所有税课及征派诸费，不论其性质如何，仍应照纳。

第十六条 中国总领事、领事、副领事、代理领事并学习领事、书记生及书记官，应享荷兰国领地殖民地已经允与或将来允与最惠国同等官吏之一切职权、特权、特典以及豁免利益。

第十七条 本条约以5年为期。批准互换之后，自第4个月起实行。其互换日期，自画押之日起4个月以内，从速在海牙举行。本约将届期，如此国欲将本约效力停止通知彼国，则应从其知照之时起仍行一年。惟其知照应至少在一年以前。为此两国全权大臣画押盖印，以昭信守。

中历宣统三年四月初十日
西历1911年5月8日订于北京

附录荷国驻华大臣贝拉斯照会

本日画押之领约内，有中国臣民、荷兰臣民字样。因两国国籍法不同，故此等字样易滋疑义，不能不先解除，用特备文彼此证明施行中国领事在荷兰属地领地之权利义务条约。遇有以上两项字样所滋之疑义，在荷兰属地领地内，当照该属地领地现行法律解决。

华历宣统三年四月初十日贝拉斯押

附录大清国驻荷大臣陆征祥照复

接准贵大臣本日来文，兹特与贵大臣证明施行本日画押之中国领事在荷兰属地领地之权利义务条约，遇有荷兰臣民、中国臣民字样所滋之疑义，在荷兰属地领地内，可照该属地领地现行法律解决。

华历宣统三年四月初十日陆征祥押

附录荷国驻华大臣贝拉斯照会

中国派领事前往驻扎荷国属地，新近幸已妥定章程。查商订该约章时，屡次提及两国籍律之区别。论至此中国政府曾经发表赞成两国律例平等相值之情。本大臣今应讲明所有原是华族而入荷之人，每往中国地方，如欲归中国籍，亦无不可，均听其便。此等办法，本大臣谅与以上所提平等相值之理并无不合。且以上所提之籍民，除中国业经言明外，如前往别国居住者，或存或出荷国民籍，亦可一律听其自便也。相应照会贵亲王查照可也。

宣统三年四月十二日

侨商回国请领护照简章

一、已设领事商会地方，凡华侨回国需用护照者，应先开具姓名年岁籍贯职业，送由商会函请总领事或领事署填送转给。

二、已设商会未设领事地方，应开具姓名年岁籍贯职业送呈商会请给介绍书，盖用商会关防，持赴附近口岸总领事或领事署呈请领照。

如附近有领事口岸，或非归途所必经，或国界不同，不能自由入境，或轮船停泊时间短促赶办不及者，得由本埠商会先期以介绍书寄附近领事请其填照寄回转给。

三、已设领事未设商会地方，得由本人开具姓名年岁籍贯职业，请由当地中国殷实商家代向领事署请领。

四、领事商会均未设之埠，得由本人径请附近口岸商会按照第一、二两条办理。

若附近有领事而无商会，则按第三条办理。

五、侨商请领护照，应缴纳照费每纸收中国通用银一元，别无零费。（准用本处通用币折合）

六、侨商回国到埠时，应将护照送关查验。

中华全国商会联合会招待所章程

第一条　本所以招待回国侨商，交换知识，联络感情，发展本国实业为目的，由全国商会联合会发起组织，定名为中华全国商会联合会侨商招待所。

第二条　本招待所之职务如下：

一、受侨商之委托，调查关于本国工商实业之状况。

二、代陈向本国政府请愿事项。

三、介绍侨商与国内工商业家筹办振兴实业提倡国货事项。

四、侨商资本家有愿回国经营矿业、林业者，凡关于矿产、林业之调查领照注册事项，本所得协力辅助之。

凡国内商人欲经营海外贸易者，得由本所委托各侨埠中华总商会、商会调查之。

第三条　凡侨商委托本所调查工商实业事项，如须用专门人员办理，聘用矿师、林师之类酌收费用，其他普通事项概不收费。

第四条　侨商回国时，应报告于侨商所在地之中华总商会、商会或中华会馆，先以公函知会本所，以便招待。

第五条　侨商回国，或调查实业，或游历各省，本所得介绍于各商会，同负招待之义务，并代请护照，切实保护。

第六条　本招待所一切事务由全国商会联合会职员任之。

第七条　本章程如有未尽事宜，得公议修改之。

福建省保护回国华侨办法

一、凡殷实华侨挟资回国经营生业，或暂时回籍省视庐墓者，准向华侨商会等声请证明给予凭照，叙明姓名年籍执业，赍赴暨南局换给护照。除照贴印花税外，所有请文领照概不收费。

二、侨商领有护照者，准其随时持向地方官厅声请保护。如其寓处乡僻，萑苻未靖，或旅行地点危险堪虞者，并照福建行商请领护照暂行简章，向地方官厅请派警兵保护。

三、凡各侨商华工出入口时，均应由暨南局派员切实巡视，遇事指导，并请水警认真保护。如其回籍经过地方匪氛未靖，易生危险之时，并须由暨南总分局代请警厅酌派警队为之护送。

四、各地方官遇有关系华侨诉讼事件，不得有拖累需索及任意诬陷情事。如违，议处。其轻微各案，经讯明得实者，尤应斟酌情形，随时取保候讯，不得滥予拘押。

五、在籍各华侨于财产上被人欺害侵夺或遭盗窃等事，业经声禀地方官厅而不为之秉公审理拿办，或故意搁延者，准其径禀本省长严饬遵办。

广东省修正旅外工商回国保护条款

一、凡旅外殷实工商挟资回国经营产业，或省视庐墓者，准其备具6寸以上相片，向本国领事官署或华侨商会声请证明，发给文书护照。该书照内应将相片粘附钤章，并叙明年岁籍贯、营业种类、旅外年数及所携眷属姓氏人数。到埠时，即携到省警察厅或各商埠警察局，验明换给保护凭照。此种凭照只由本人购贴印花票银一元，不收别费。

二、凡各工商换领本省凭照后，如尚未启行，即由发照之警察厅局随时派员巡视指导，切实保护。倘有无赖棍徒藉端欺陵讹诈，应即严行拿禁。

三、各工商换领本省凭照后，凡归里或出口时，所经地方如有盗贼未净，危险堪虞之处，准由本人持照赴所在官厅营队，禀明情形，听候酌派兵警护送。倘一时实无可派，该工商亦应暂候，免蹈危险。至送达地点，由各官厅营队体察情形斟酌核定。

四、领有本省凭照之回国工商，如因经营正当事业，须官厅批示维持之处，各该地方官务须查明定章，认真办理。倘有被人侵夺破坏，并应设法妥为保护，不许漠视。

五、领有本省凭照之回国工商，遇有盗贼打草劫掳及各种诉讼发生，具报到县，各该地方官应即上紧设法查缉，或秉公审理，不得玩延拖累。如是被人抗告，除案情重大，及法令有规定者外，亦不得任意拘系。

六、各警察厅局遇有回国工商换领凭照及询问一切时，务须以礼相待，毋稍苛扰轻慢。至发给凭照后，须将号数及领者姓名年岁事实等项具报本省长，及分咨该原籍地方官查照。

教育部修正捐资兴学褒奖条例

第一条　人民以私财创立学校，或捐入学校，准由地方长官开列事实表册详请褒奖。

华侨在国外以私财创立学校或捐入学校，培育本国子弟，准由各驻扎领事开列事实表册详请褒奖。

其以私财创办或捐助图书馆、博物馆、美术馆、宣讲所诸有关于教育事业者，准照前项办理。

第二条　褒奖之等差如下：

一、捐资至100元者，奖给银色三等褒章。

二、捐资至300元者，奖给银色二等褒章。

三、捐资至500元者，奖给银色一等褒章。

四、捐资至1000元者，奖给金色三等褒章。

五、捐资至3000元者，奖给金色二等褒章。

六、捐资至5000元者，奖给金色一等褒章。

七、捐资至1万元者，奖给匾额并金色一等褒章。

第三条　私人结合之团体捐资逾1000元者，分别奖给一、二、三等褒状。至1万元以上者，得奖给匾额。

第四条　遗嘱捐资或捐者未得褒奖而身故时，其款逾千元者，分别一、二、三等褒状。至1万元以上者，得奖给匾额。

第五条　捐资至2万元以上者，其应得褒奖由教育总长呈请大总统特定。

第六条　以动产或不动产捐助者，折合银元计算。

第七条　应给银色褒章，由各道县行政长官详请省行政长官授与。应给金色褒章或匾额，由省行政长官咨陈教育总长授与。

华侨应得之褒奖，由各驻扎领事报部核定授与。

第八条　授与褒章，应填明执照，附同褒章一并授与。其执照式另定之。

第九条　授与匾额，由捐资者按照匾额执照所列式样自制。其执照式另定之。

第十条　授与褒状，应填明状内所列各项授与。其状式另定之。

第十一条　褒章之模型及其佩用仪式，另以图说定之。

第十二条　捐资请奖，自民国元年起适用之。

第十三条　本条例自公布日施行。

教育部规定侨民子弟回国就学章程

第一条　侨民子弟年15岁以上，曾在各居留地侨民所设之学校毕业者，得于每年入校始期以前，呈由该管领事官保送回国就学。

第二条　领事遇前项请求，视为必要时，得酌加试验。

第三条　国内各学校对于前项学生入学试验，得从宽取录，但以试验成绩所差在 10 分以内为限。

第四条　已经取录之学生，国语未甚熟练，有碍听讲者，各该校得为设国语补习科，但不得有碍正科。

第五条　侨民回国后，其入学就学事宜应由所在教育官厅介绍之。

第六条　本规程未尽事宜，临时订定之。

第七条　本规程自公布日施行。

荷属西里伯斯岛及其属辖地名中西文对照表

(Celebes en Onderhoorigheden)

中文	西文	中文	西文
安马利	Aimeri.		
安汶	Amboina.	格色	Geser.
亚罗	Aroe.	牛笼打落	Gorontalo.
亚咾咾	Alor.	迓礼拉	Galela.
安武銮	Amoerang.		
亚达布布	Atapoepoe.	罕母罗氏埋意	Humboldts baai
阿马灰衣	Almahei.		
亚格实拉呷	Akeselaka.	羁衣厨亚老	Key (Toeal).
安须	Ansoes.	加拉峇戏	Kalabahi.
		高喇甲	Kolaka.
万代宁	Bonthain.	观丹	Kwandang.
武敦	Boeton.	加圬	Kaoe.
美吗	Bima.	果甲氏	Kokas.
万涯	Bangae.	加佑马那	Kayoemana.
文武澜	Boenboelan.	高武那	Kamoena.
孟古汝	Benkoedoe.	干阿里	Kendari.
峇漳	Batjang.	高咙蜡丽	Kolonadale.
务罗	Boeroe.	甲劳沙	Karossa.
武利	Boeli.		
万兰	Banda.	纳望峇惹	Laboean Badjo.
		捞揽厨江	Larantoeka.
弄迓拉	Dongala.	鲁郁	Loewoek.
		礼邻	Leling Loewan.
英黎	Endeh.		
挨拉	Elat.	望加锡	Macassar.

万里利	Malili.	巡峇	Soemba.
万武柔	Mamoedjoe.	西汝衣	Seroei.
万鸦老	Menado.	实勿罗	Seperoea.
脉罗计	Marauke.	苏朗	Sorong.
马比亚	Mapia.	苏丽	Sabrek.
貌脉利	Maoemeri.	西汝衣	Saroeit.
马落瓜里	Manokoari.	纱那那	Sanana.
文罩	Moenta.	沙喇梦甲	Salabangka.
万惹丽	Majene.	三吧牙	Sampaga.
		三秧拉几	Saumlaki.
允那允那	Oena Oena.		
		简那低	Ternate.
保燥	Posso.	达吾澜澜	Tagoelandang
波理哇利	Poelowali.	罩轮那	Taloenna.
巴黎巴黎	Pare Pare.	低八	Tepa.
比罗	Piroe.	淡峇果	Tamako.
仆仆	Papoea.	多笃	Totok.
吧哩吗	Palima.	达汝底埋衣	Toeloeti baai.
吧老保	Paloppo.	底富	Tifoe.
巴丹尼	Patani.	多迷罗	Tobelo.
吧汕加佑	Pasangkayoe.	打蒙古	Taboengkoe.
八搭	Peta.	道理多利	Toli Toli.
巴里御	Palili.		
		歪鸡罗	Waikelo.
突朗	Roon.	歪偎浪	Waiwerang.
喇哈	Raha.	哇依牙富	Waingapoe.
		瓦丽	Wakde.
锡来	Selayer.	瓦耶武拉	Wajaboela.
新惹伊	Sindjai.	喂叻	Weda.
沙富	Savoe.	哇海	Wahai.
沙白	Sape.	窝埋衣	Wooibaai.
萧	Siao.		

荷属婆罗洲岛地名中西文对照表
(Borneo)

峇厘把板	Balikpapang.	坤甸	Pontianak.
吗辰	Bandjermasing.	把氏	Pasir.
歌达峇鲁	Kota Baroe.	三马林达	Samarinda.
喃吧哇	Mempawa.	山口洋	Singkawang.
不拉圬	Poelo Laoet.		

荷属小巽他列岛地名中西文对照表
(Lombok and Bali)

安班兰	Ampenan.		
		纳务峇利	Laboean Hadji.
峇厘陵	Boeleleng.		
峇塘	Benona.	三卯哇	Sambawa.

荷属爪哇马渡拉并其附属管区地名中西文对照表
(Java and Madoera)

安峇老哇	Ambarawa.	勿老湾	Belowang.
		望脚兰	Bangkalan.
文都老苏	Bondowoso.	马亚剌里	Bajolali.
巴达维亚	Batavia.	母遭陵俄罗	Bodjonegora.
漫油马氏	Banjoemas.	勿鲁拉	Blora.
曼丹	Bantam.	民珍苏洛	Buitenzorg.
美利达	Blitar.	峇东	Batang.
庞胤	BangiI.	勿礼密氏	Brebes.
万隆	Bandoeng.	峇突	Batat.
峇厨	Batoe.	万里洞	Billiton.
母罗老王	Boeloelawang.	物冷遇	Blinjoe.
峇吉丹	Bakatan.	峇厨流石	Batoe Roesa.
麦思岐	Besoeki.		
漫油湾宜	Banjoewangi.	井里汶	Cheribon.

在古奴	Chaidono.		
济别	Chapi.	马渡拉	Madoera.
		末里扮	Madioen.
日惹	Djocjacarta.	马柔葛套	Modjokerto.
绒网	Djombang.	玛垅	Malang.
任抹	Djember.	马央	Mayan.
丹墨	Demak.	玛吉垅	Magelang.
		脉哩氏	Menes.
吉力石	Grisee.	文池兰	Moentilan.
昆冬力其	Gondanglegi.	茄田	Mgadiredjo.
昂绷	Gombong.	迷实达羔里氏	Meestercornelis.
牙律	Garoet.	妈芝陵加	Matjilingka.
		文岛	Munto.
因历南马由	Indramajoe.		
		安褥	Ngandjoek.
二巴叻	Japara.	欧怡	Ngawi.
		欧延	Ngawen.
谏义里	Kediri.		
葛厨	Kedoe.	巴士鲁安	Pasoeroean.
吉礁山	Kertosong.	渤良安	Preanger.
加拉山	Krakssan.	北加浪安	Pekalongan.
甲里剎	Kalisat.	吧礼	Pare.
葛里峇鲁	Kelibaroe.	吧八	Papar.
葛裹勿	Keliber.	兵机兰	Pengkileng.
钧挞	Kendal.	不赖亚施	Pranras.
古突氏	Koedoes.	勃罗布陵俄	Probolinggo.
葛律都斯鲁	Kartosoera.	把吉沙喻	Pakasoja.
茄剌颠	Klaten.	班然	Panggen.
加薄棉	Keboemen.	本那职干	Pradjekan.
葛老旺	Krawang.	本那老干	Panaroekan.
高木	Koba.	北望加山	Pamekasan.
		巴底	Pati.
南望安	Lamongan.	巴不令安	Pabolinan.
南马漳	Loemadjang.	不浪满难	Prambanan.
垄牛	Langoo.	本阿老卧	Ponorogo.
拉森	Lassem.	八济丹	Pajaton.
冷牙	Lingga.	八加连	Pakaleam.

巴拉安	Parakan.	顺牙衣昔兰	Soengei Slan.
勃哇葛打	Poerwakarta.		
八玛垄	Pemalang.	芝剌扎	Tjilatjap.
巴低迄垄	Pandeglang.	多隆亚公	Toeloeng－agoeng.
普我加多	Poemokerto.	登牙利	Trenggalek.
普布利我	Poembolinggo.	东邦	Toempang.
		厨连	Toeren.
老亢笺比	Rogoogampi.	嗟老蛮	Tjaroeban.
南旺	Rembang.	厨闽	Toeban.
垅加氏迷敦	Rangkasbetoeng.	集匏	Tjepoe.
		淡满光	Temanggoeng.
苏拉巴雅	Soerabaia.	丹迄垅	Tangerang.
三宝垅	Semarang.	直葛	Tegal.
梭罗	Solo.	芝菴绵氏	Tjiamis.
徐图利祖	Sidoardjo.	芝日落	Tjiledoek.
实班让	Sepandjano.	芝理干	Tjilegan.
施厨文多	Sitoebondo.	芝安褥老	Tjiandjoer.
三蚌	Sampang.	丹绒畍里屋	Tandjongpriok.
苏马尼	Soemenep.	礁锡马来耶	Tasikmalaja.
苏老底甲	Soelotika.	丹绒班兰	Tandjong Pandan.
些剌径	Salakeng.	丹绒槟榔	Tandjong Pinang，
三马望	Sammabon.		
士甲巫眉	Soekaboemi.	勿里吟	Wlingi.
西垅	Serano.	哇达	Wates.
思格拉惹	Soekaradja.	乌奴义里	Wonogili.
双木丹	Soemodang（列港 Soengeiliat）	亚拉汉	Welahan.
		呀知日惹	Wagadiredjo.

荷属苏门答腊岛地名中西文对照表

(Sumatra)

亚沙汉	Asahan.	日里	Deli.
亚齐	Atjeh.	占碑	Djambi.
孟古邻	Benkoelen.	喃磅	Lampong.

棉兰	Madan.	罢临网	Palembang.
慕固慕固	Mokko – Mokko.	直民丁宜	Tebingtinggi.
把东	Padang.	低罗迷洞	Telok Betang.

马来语之发音及其意义
（中英巫文合璧）

马来文之发音法，每缀音必和平与均匀；a 如英文 father 之 a，e 如英文 neck 之 e，i 如英文 feel 之 ee，o 如英文 open 之 o，oe 如英文 full 之 u，j 与 y 同，g 之读法如英文 go 之 g；又马来文 r 字之读音必明晰方可。

兹将游历南洋应用之语言列下：

Afternoon 下午　Sore.
A little 少　Sedikit.
All right 是　Betoel.
Appollinaries 荷兰水　Aer Blanda.
At what time is dinner? 几点钟吃晚餐？
　　Poekoel brapa makan malam?
Barber 剪发者　Toekang tjoekoer.
Bath 沐浴　Mandi.
Bed 床　Tempat tidoer.
Bedclothes 铺盖　Seprei.
Beef 牛肉　Daging.
Beer 蜜酒　Bir.
Be off 出去　Pigi.
Black 黑　Itam.
Boat 舢板　Sampang.
Book 书　Boekoe.
Boots 鞋　Sepatoe.
Boy 司务，仆　Djongos.
Bread 面包　Roti.
Breakfast 食早餐　Makan pagi.
Bridge 桥　Djembatan.
Bring 带　Bawa.
British 英国的　Ingris.
Button 钮扣　Kantjing.

Call 叫　Pangil.
Candle 蜡烛　Lilin.
Carriage 车　Kreta.
Carry 负载　Pikol.
Chair 椅　Krosi.
Champagne 香槟酒　Sampannji.
Chicken 鸡　Ajam.
Church 教堂　Gredja.
Child 小孩　Anak.
Claret 红酒　Angor Mera.
Cigar 吕宋烟　Soeroetoe.
Clean 清洁　Brisi.
Cleaning 去污　Biking brisi.
Clothes 衣服　Pakean.
Coguac 大火酒　Brandi.
Cold 冷　Dingin.
Collar 领子　Kraag.
Comb 木梳　Sisir.
Coolie 挑夫　Koelie.
Crater 火山口　Kawa.
Cushion 枕垫　Bantal.
Customhouse 海关　Kantor boom.
Day 日　Hari.
Day after tomorrow 后日　Hari Loesa.

Day before yesterday 前日　Kemarin doeloe.
Dining room 膳堂　Kamar makan.
Dinner 晚餐　Makanan malam.
Doctor 医生　Dokter.
Dog 狗　Andjing.
Don't forget 勿忘　Djangan Loepa.
Drawer 抽屉　Latji latji.
Driver 车夫　Koetsier.
Dry 干　Kring.
Drying 晒干　Djoemoer.
Drugstore 药房　Roemah obat.
Eggs 蛋　Telor.
Eggs, boiled 熟蛋　Telor mateng.
Eggs, half boiled 半熟蛋　Telor stengah mateng.
Eggs, fried 煎蛋　Mata sapi.
Eight 8　Delapang.
Eighteen 18　Delapangblas.
Eighty 80　Delapang poeloe.
Electric tram 电车　Trem lekstrik.
Eleven 11　Sablas.
English 英国的　Ingriss.
English mile 哩　Paal.
Envelope 信封　Envelop.
Evening 下午　Sore.
Every day 每日　Hari Hari.
Everything 各物　Semoewa.
Eye 目　Mata.
Fan 扇　Kipas.
Female 妇人　Prampoean.
Fifteen 15　Limablas.
Fifty 50　Limapoeloe.
Fire 火　Api.
First class 头等　Klas satoe.
Fish 鱼　Ikan.
Flower 花　Boenga.（Kembang）

Fork 叉　Karpoe.
Foot 足　Kaki.
Four 4　Ampat.
Fourteen 14　Ampat blas.
Forty 40　Ampat poeloe.
Friday 星期五　Hari Djoemahat.
Fruit 果　Boewa boewa.
French 法国人　Fransman.
Five 5　Lima.
Garden 园　Kebon.
Girl 女子　Nonna.
Girl－servant 婢，女仆　Baboe.
Give 给　Kasi.
Gloves 手套　Kous tangan.
Go back 回去　Balik.
Go home 回家去　Poelang.
Go on 前进　Madjoe.
Gold 金　Mas.
Good day 再会　Tabe.
Green 青　Idjo.
Hair 发　Ramboet.
Half 半　Stengah.
Half past two 2点半　Stengah tiga.
Ham and eggs 火腿蛋　Mata sapi sama Ham.
Hand 手　tangan.
Handkerchief 手巾　Sapoe tangan.
Hat 帽　Topi.
Harness 装束马具　Pakean koeda.
Have 有　Ada.
Head 头　Kapala.
Here 这里　Sini.
Hill 小山　Boekit.
Hotel 客栈　Hotel（Roemah makan）
House 屋　Roemah.
How much? 几多　Brapa?
Hundred 100　Seratoes.

I 我　Saia.

I come 我来　Saia datang.

I go 我去　Saia pigi.

I give 我给　Saia kasi.

I leave 我去　Saia pigi.

I pay 我还　Saia bayar.

I want 我要　Saia maoe.

I won't 我不要　Saia tida maoe.

Ice 冰　Ys.（Eis）

Ice water 冰水　Aer Ys.

In two days 2 日内　Didalam（Doewa Hari）

Inside, in 内　Di dalam.

Jam 果膏　Seley.

Key 匙　Koentji.

Knife 刀　Piso.

Knock 叩　Poekoel.

Know 知　Tahoe.

Lady 妇人　{ Nonja（已嫁者）/ Nona（未嫁者）}

Lake 湖　Telaga.

Lamp 灯　Lampoe.

Large 大　Besar.

Last night 昨夜　Tadi malam.

Leave 离开　Pigi.

Letter 信　Soerat.

Little bit 少　Sedikit.

Long 长　Pandjang.

Lobster 龙虾　Kepiting.

Look 看　Lihat.

Looking glass 镜　Katja moeka（Tjermin）.

Luggage 行李　Barang.

Lunch 午餐　Makanan tengah hari.

Left, to the 左, 向左　Kiri.

Male 男　Laki.

Mail 邮船　Meel.

Man 人　Orang.

Match 火柴（自来火）　Korek.

Meat 肉　Daging.

Menu 菜单　Soerat makanan.

Midday 中午　Tengah Hari.

Milk 牛奶　Soesoe.

Minute 一分钟　Minuut.

Monday 星期一　Hari Senen.

Money 银钱　Wang.

Month, moon 月　Boelan.

More 更多　Lagi.

Mosquito 蚊　Njamoek.

Mosquito net 帐　Klamboe.

Mountain 山　Goenoeng.

Mustard 芥辣　Mosterd.

My 我的　Saja poenja.

Nail 钉　Pakoe.

Necktie 领带　Dasie.

Night 晚　Malam.

Never mind 不妨　Tida djadiapa.

Newspaper 新闻纸　Soerat Kabar.

Nine 9　Sambilan.

Nineteen 19　Sambilan blas.

Ninety 90　Sambilan poeloe.

Nobody 无人　Tiada orang.

No more 无复多　Tiada lagi.

Noon 中午　Tengah hari.

Nothing 无物　Tiada apa apa.

Office 办公所　Kantor.

Open 开　Boeka.

Oil 油　Minjak.

Only 仅, 止此　Tjoema.

Orange 橘　Djeroek.

Our 我们的　Kita poenjo.

O'clock 点钟　Djam……

One 1　Satoe.

Paper 纸　Kertas.

Path 径，小路　Djalanan.
Pay 还　Bajar.
Pen 钢笔　Penna.
Pencil 铅笔　Potlood.
Pepper 胡椒　Marity.
Piece 碎片，块　Potong.
Plate 盘　Piring.
Policeman 警察　Oppas.
Police office 警察办公所　Kantor politie.
Post office 邮政办公所　Kantor post.
Post card 明信片　Kartoe post.
Potatoes 荷兰薯　Kantang.
Railway 火车　Kreta api.
Rain 雨　Oedjong.
Ready 准备的　Sedia（klaar）
Red 红　Mera.
Rice 米　Bras（nasi）
Right, to the 右，向右　Kanan.
Ring 戒指　Tjingtjing.
River 河，大流　Kali.
Room 房　Kamar.
Road 路　Djalanan
Saddle 马鞍　Sella.
Salt 盐　Garam.
Saturday 星期六　Hari Saptoe.
Scissors 铰剪　Goenting.
Screen 衣架　Sampivang.
Sea 海　Laset.
Second class 二等　Klas doewa.
Sedan chair 肩舆　Tandoe.
Seven 7　Toedjoe.
Seventeen 17　Toedjoe blas.
Seventy 70　Toedjoe poeloe.
Shirt 汗衫　Kemedja.
Shoe 鞋　Sepatoe.
Shop 店　Toko.
Shore 岸　Darat.

Sit 坐　Doedoek.
Six 6　Anam.
Sixteen 16　Anam blas.
Sixty 60　Anam poeloe.
Slippers 拖鞋　Slop（slof）.
Small 小　Ketjil.
Soap 肥皂　Saboen.
Some 若干　Sedikit.
Soup 汤　Soep（Sop）.
Spectacles 眼镜　Katja mata.
Spirits 酒　Sopi.
Spoon 匙　Sendok.
Stamp 邮票　Franco.
Station 火车站　Stashion.
Steamship 火轮船　Kapal api.
Stockings 袜　Kons.
Stone 石　Batoe.
Stop 阻止　Brenti.
Sugar 糖　Goela.
Sun 太阳　Matabari.
Sunday 星期日　Hari Mingoe
Table 桌　Medja.
Take care 小心　Djaga.
Tea 茶　Tè.
Tea-cup 茶杯　Mangkok.
Telegram 电报　Soerat Kawat.
Telegram office 电报局　Kantor kawat.
Ten 10　Sepoeloe.
Ten cents 10 仙　Sketip.
Third class 三等　Klas tiga.
Thirteen 13　Tiga blas.
Thirty 30　Tiga poeloe.
Three 3　Tiga.
Thursday 星期四　Hari Kemis.
Ticket 票　Kartjes.
Till 至　Sampe.
Time 时　Tempo.

Time table 时刻表　Soerat kreta api.
To 至　Sampe.
Toast 烘好之面包　Roti panggor.
Tomorrow 明日　Besok.
Too 太　Terlaloe.
Tooth brush 牙刷　Bros gigi.
Tooth powder 牙粉　Obat gigi.
Towel 水巾　Handdoek.
Town 城　Kota.
Train 火车　Kreta api.
Tram 电车　Trem.
Tree 树　Pohon.
Trousers 裤　Tjelana.
Tuesday 星期二　Hari Selasa.
Tumbler 大杯　Glas besar.
Trunk 衣箱　Koffer.
Twelve 12　Doewa blas.
Twenty 20　Doewa poeloe.
Twenty-five cents 25 仙　Stali.
Two 2　Doewa.
Umbrella 雨伞　Pajong.
Village 村落　Kampong.

Vinegar 酸味　Tjoeka.
Wake up 喊醒　Kasi bangoe.
Waist 背心　Rompi.
Want 要　Minta.
Washerman 洗衣者　Minatoe.
W. C. 便耶　Kakoes.
We 我们　Kita.
Wednesday 星期三　Hari Rebo.
What 何物　Apa brapa.
What time 几时　Djam.
Where 何处　Dimana.
Whip 鞭策　Tjambok.
White 白　Poeti.
Wind 风　Angin.
Wine 酒　Angor.
Wine list 酒单　Soerat Angor.
Window 窗棂　Djendela.
Woman 妇人　Prampoeay.
Yes 是　Ja.
Yesterday 昨日　Kemarin.
You 你，（君）　Koq（Toean）.

（商务印书馆发行，1918 年 1 月初版）

南洋华侨

黄竞初　著

叙

"南洋华侨"这个名称，我国人士大概没有不知道的罢。但是国人对于南洋华侨的情形，明了的很少。此不独内地为然，即南洋各属的华侨，能够彼此明了的，也不很多。这种隔阂的现象，我总以为有介绍之必要，所以不自揣度，敢将四五年来南游调查所得的事实，草为此篇，约略的替他们介绍一下。

此篇名为"南洋华侨"，内容共分十章，分述华侨之分布区域、史略、古迹、风俗习惯、社会、教育、商业、劳工以及居留待遇等项。阅此一册，对于南洋华侨的状况，便可以识其大凡。

南洋华侨目前正有各种问题，亟须解决。如各种企业，则亟须策进；社会教育，则亟须改良；居留待遇，则亟须改善；日人挽夺，则亟须预防。我国青年，如已明了南洋华侨的情形，能更进一步共图华侨事业的发展，那是作者所最希望的了。

著者志于广东梅县，十八年12月22日

例　言

（一）本篇共分十章，分述南洋华侨过去和现在的概况，命名为"南洋华侨"。

（二）本篇除叙述华侨的状况外，对于西人的史略和近况，并有相当之介绍。

（三）篇中所引各埠地名，是以华侨通用之名词为准，惟句末附有西文，以便对照。

（四）本篇叙事，多以谈话之体裁出之，篇中并多引各种轶闻，藉增兴味。

（五）对于华侨现状，著者每于章末，论其得失，但亦不过根据事实，指明其利害而已。至于精到之策，则待同胞之研究。

（六）著者学识浅短，斯篇之作，草率简陋，抱惭良多。尚望海内外识者，加以教益，是幸！

目　录

第一章　各属华侨之分布 …………………………………………（123）
第二章　史略（上）——中南交通之开凿及其发展 ………………（127）
第三章　史略（下）——白人东侵后华人势力之变迁 ……………（131）
第四章　古迹 ………………………………………………………（135）
第五章　风俗习惯 …………………………………………………（138）
第六章　社会与教育 ………………………………………………（141）
第七章　商业 ………………………………………………………（144）
第八章　劳工 ………………………………………………………（147）
第九章　居留待遇 …………………………………………………（150）
第十章　结论 ………………………………………………………（152）

第一章 各属华侨之分布

南洋华侨共有五百八十余万

平均每方里有华侨三人

华侨以闽粤两省人为最多

"华侨的经济势力绝大"

"华侨是南洋的霸者"

南洋位居我国之南端，我国古籍称之为西洋。如宋史载有西洋诸国入贡事；又如今日吾人所艳称之"三保太监下西洋"的掌故，即明代郑和征抚南洋之事实也。当日的西洋，就是今日的南洋；海禁已开，东西互市，我国人乃转称欧洲为西洋；而此地适居我国之南，故称为南洋。

南洋名称之由来如此，可是南洋的界说，向无确定。从广义之说，则安南、暹罗、马来半岛、缅甸、印度、俾路支、马达加斯加、海洋洲群岛、澳大利亚，以及在太平洋之各小岛，皆入其范围；从狭义之说，则不过马来半岛和海洋洲群岛罢了；从折中之说，则于马来半岛和海洋洲群岛之外，再益以安南、暹罗、缅甸三处是也。照我看来，广义之说，未免过泛；狭义之说，未免过窄；觉得折中之说，较为得中。因此，本篇所指的南洋，便从折中之一说。现在先把地理状况，略说一遍。

从折中的南洋界说，来观察南洋的地势，可以分为亚洲的南洋与海洋洲的南洋两部。前者，是安南、暹罗、马来半岛、缅甸；后者就是海洋洲群岛。前者因北面尽是喜马拉雅山的支脉，所以北高南低，河流均向南倒泻；后者则是许多山陵，在海洋中又起又伏，成了无数的大小岛屿，只菲律宾一处计算，大小岛屿有2000余个，其他可知。

亚洲的南洋，又呼为印度支那半岛。这块地方，是亚细亚洲南方突出三大半岛之最东者。而马来半岛，又可谓半岛之半岛，地势伸出南方，一如小姑娘掉其一足以突尖头靴然；新加坡为最南一小岛，即在靴头之尖端。

海洋洲的南洋，即南洋群岛，又呼为马来群岛。除了婆罗洲一岛之外，其余都满布了火山的山脉，分为两道：从苏门答腊，以至爪哇，再至小巽旦群岛，为第一道火山脉；从摩洛哥群岛，以至菲律宾，再至日本，是为第二道的火山脉。就中以爪哇一地的火山为尤多，从前有120余处之喷火；惟现在大半已经窒息，不过仍有十余处，尚有余火，浓烟四时不绝，随时有活动之可能。

南洋群岛中，其岛屿最大者，当推新几尼亚为第一；婆罗洲与苏门答腊次之；其他以次第小，不尽述。群岛中无巨川大河，惟菲律宾附近之马里亚那海，为世界海洋最深处，有32 000余尺。新几尼亚之黑尔姑尔斯山，为世界最高山，也有32 000余尺。川河虽不能与大陆比赛，而山海的高深，倒居第一，也算奇了。

南洋的地势，其概略如是。问各地之政权，则除了暹罗（Siam）尚为独立国外，其余的地方，都是白人的领土。英占马来半岛、缅甸、婆罗洲之北部，及新几尼亚之东半部；荷领爪哇、苏门答腊、婆罗洲之南部、西里伯、摩洛哥、小巽旦群岛，以及新几尼亚之西半部；美领菲律宾群岛；法领安南；葡领的摩耳之半部。

各属地的面积，以荷属为最广，约73万平方哩；英属次之，约59万平方哩；法属约25万平方哩；暹罗约20万平方哩；美属菲律宾约12万平方哩；葡属最小，约5000平方哩；总计有190余万平方哩。约当我国全部面积二分之一，较之东三省、蒙古、新疆三处之地则略小；较之内部18省之地则更大。各属人口总数，亦以荷属为最多，有4800余万人；英属有1600余万人；法属有1800余万人；暹罗、菲律宾各有900余万人；葡属约有50万人；合计有一万万人之谱，约居我国人口四分之一。

华侨之分布，以暹罗为最多，约250万人；英属次之，约180万人；荷属约100万人；法属约36万人；美属约20万人；葡属约一万人；合计有580余万人，约当我国甘肃一省之人数。以南洋面积平均计之，每方哩的华侨3人。列为简表如下：

地名	面积约计（以万平方哩为单位）	华侨人数（以万为单位）	每方哩
暹罗	20	250	12人
英属	59	180	3人
荷属	73	100	1人
法属	25	36	1人
美属	12	20	2人
葡属	0.5	0.5	1人
总计	189.5	586.5	3人

南洋华侨，以广东、福建两省人为最多，约占96%～97%；其他各省人，约占3%～4%而已。所以华侨社会里面，上而大资本家，下而车夫苦力，都是闽粤两省的籍民。

南洋地方，到处有活活泼泼的华商，嘻嘻哼哼的华工，并有林林总总的华人商店；外人见之，莫不羡叹。欧美人说："华侨经济的势力绝大"；日本人说："华侨是南洋的霸者"；他们这般的交口称誉，也并不是无缘无故的。你看，南洋各属地，凡是华侨云集之区，商业就非常繁盛，物产也非常丰登；反之，华侨稀少的地方，商业就不兴，实业也不振。各地方的兴衰，差不多以华侨的兴衰为正比例：有了华侨，便成为昌明富庶之区；没有华侨，便是荒秽野蛮之地。华侨有这种魄力和影响，自然他们要惊异了。

现在我再把各属华侨集中的地点，和他们的主要营业，说明如下：

英属的华侨，以马来半岛为最繁盛；英属华侨共180万，此处有110余万。新加坡（Singapore）为马来半岛之首埠，华侨人数尤多，有三四十万人；其他如槟榔屿（Pinen）、霹雳（Perak）、麻剌甲（Malacca）、吉隆坡（Kualalanpur）等处，人数亦不少。营业以树胶、锡矿、椰子、波罗蜜为主要。如星洲（即新加坡）的张永福、林顺义、陈嘉庚，都是著名的巨商，财产皆在数千万以上。马来半岛之西海岸，如霹雳等处，均有多数之锡矿场，华人劳工，多群集于是处；内地则有多数之树胶园、椰子林，及其他植物之种植场。南洋华侨种植事业之发达，当以此处为最可观。其在缅甸，则以仰光（Rangoon）一埠人数较多，营业以米及木材为主要，华人劳工甚少。盖缅甸与印度毗连，所有苦工，多印度人操之。其在婆罗洲北部，则以沙胜越（Serawak）及新都关（Sandakan）两埠人数较多。原来婆罗洲北部，又分为东西两半部：东半为英领土，西半为英附庸（这个附庸国王为英人），上面两埠，即二处之首埠也。华侨营业，以树胶、椰子为主要，内地亦有华人矿工。其他新几尼亚东部，华侨甚少，地方亦多未开辟，沿海有捕鱼之华人，与澳大利亚相隔之都利司海峡，尤多华人，捞取海参，运销中国云。

荷属的华侨，以爪哇一岛为最繁盛。首府在爪哇西部之巴达维亚（Batavia），又呼为吧城，华人居此者有40 000余。在新加坡未开辟以前，此处为南洋第一重镇，自星洲开辟后，形势乃稍稍变迁矣。惟商务之繁盛，则仍与星洲相颉颃也。爪哇东部之泗水（Soerabaja）、三宝垄（Semarang），亦为华商热闹之地。此数处之华侨营业，以蔗糖、咖啡、椰子、茨粉、花裙为主要；如三宝垄的黄奕柱、郭春秧都是著名的巨商，资财数千万。从前的黄仲涵，魄力尤雄，资产在一万万元以上，有糖王之称。其在苏门答腊，则以棉兰（Medan）及巨港（Palembang）两处，人数较多。营业以树胶为主要。棉兰的张鸿南，昔日经营树胶，也赚有七八千万，华人称他为棉兰王；后因树胶落价，周转不灵，竟忧愤而死。华人劳工，则多在苏门答腊东海岸之欧人农场中，及苏岛附近之邦加岛（Banka）、勿里洞（Billiton）之锡矿场中；是处之华工，均属契约工人，所谓猪仔者是。（猪仔情状详见第八章）其在婆罗洲，则以坤甸（Pantianak）人数较多。营业以树胶及籐为主要；内地亦有采矿工人。其在西里伯，则以孟加锡（Makassar）人数较众，营业以椰干、香料为主要。西里伯为南洋贝珠出产最多之地，故在该处采珠之华人亦颇多。其在摩洛哥及小巽旦群岛，则华侨人数较少；惟人数虽少，而经商则易，籴贱贩贵，取利至优，坐拥巨资者亦不乏人。至于新几尼亚，华侨亦不多，除经商之外，并有专捕极乐鸟之华人。此鸟欧人呼之为 birds of paradise，意谓天堂之鸟也，此鸟之羽毛极足珍贵，产于该岛者，羽翼尤为艳丽。华人在此捕鸟，已有二三百年之久，往昔将其羽翼，运回我国，供官绅顶翎及女人凤冠之装饰，近来则多运销欧美市场，以取善价，产额年值百数十万元。

美属华侨，以吕宋岛之首都马尼剌（Manila）为最多。营业以米、砂糖、烟草、木材、麻为主要；埠中米业，几全为华商所独操。华人之资本家，昔有名陈谦善者，为最有势力之巨商，多财善贾，又擅交际，能左右菲律宾之政治。凡菲律宾之总督，有不与之相洽者，即不能安于其位云。现在的华人资本家，财产在一万万以上者有2人；千万元以上者则甚多。华人劳工，较其他属地少，因内地无矿场容纳多数华工之故。

法属安南之华侨，以法属首都西贡（Saigon）一属之人数为最多。西贡附近有地名堤岸，聚华侨十余万之众，俨若中国之大都会然；其次则有河内（Hanoi）、柬甫寨（Cambodia）等处，华商亦甚繁盛，营业以米业、棉业、药材为主要。西贡一埠，有大碾米厂40余所，华侨占有30余所。从前尚有多数之酿酒厂，营业甚盛，后为法人所嫉，收为官办，而华侨失一利源矣。华人在各商埠之碾米厂及酿酒厂中作工者亦多，内地华工则少；就垦植方面言之，安南内地，多未开辟，丛野森林，在在皆是，将来加以垦植，为利至溥，是皆华侨之大好移殖地也。

暹罗之华侨，以首都曼谷（Bangkok）一埠为最多。营业以米业、木材、鱼干三业为主要。原来南洋地方，以暹罗、安南、缅甸为三大产米之区；故暹罗华侨，亦以米为大宗营业。暹罗之碾米厂，属华侨经营者居其大半。锯木厂昔甚发达，惟近被英人垄断，营业已较前减色矣。沿海渔业，大半亦操诸华人之手，因暹人奉佛，谓捕鱼为伤生之事，多不肯为，而转给华人以多多捕取之机矣。内地乡间，则极多华人之小商店，贩卖零星杂物，暹人之日用物品，皆取给于是。

葡属的摩耳，其首邑曰力梨（Lili），华商营业，以椰干、香料为主要，劳工甚少。埠中华侨十之八九为广东梅县人，此多数梅县人中，又十之八九为黎姓，望衡对宇，均为同族。南洋华侨能以一姓经营一都之商业者，独推此处，是亦侨界之特色也。

以上已把各属华侨集中的地点，及主要的营业说明。我们再把前面所述的各属华侨人数，按区分配一下，就可以晓得华侨大部分人数，是居于亚洲的南洋，如安南、暹罗、缅甸、马来半岛一带，约占70%；小部分则散布于海洋洲的南洋，即南洋群岛，约占30%。纳为比分，便是："亚洲南洋的华侨与南洋群岛的华侨之比，等于七与三之比。"

亚洲南洋的华侨，何以这么多？南洋群岛的华侨，又何以这么少？考其故，约有二因：一是地理的关系；一是历史的关系。亚洲南洋与我国陆地相连，交通较早，而南洋群岛，则海洋远隔，交通较迟，一远一近，故有多少之分。此其一。再就历史上论之。自十六七世纪黄白接触以来，在亚洲的南洋，虽不无战争或冲突，然究竟所伤无多，不致有重大之减损。而南洋群岛则不然，菲律宾发生两次惨杀华人案，爪哇巴达维亚发生一次惨杀华人案，此数次之惨杀，华侨死者，均在数万人以上（详情见本篇第三章），元气受损太甚，浩劫余生，为数实仅（如巴城一处，在1740年，有华侨十余万人，经惨杀后，人数锐减。经200年之昭苏，犹未能恢复旧观，于今巴城华侨，不过4万人。其他各处，可概而知）。职是南洋群岛之华侨，人数较少。此其二。除此两种原因之外，对于入口限制条例之宽严，亦不无多少关系，惟此则小焉者耳。

再从华侨营业方面观之，各属之营业，与各属之出产，至有关系。如英属产树胶、椰子、波罗蜜，则华侨之主要营业为树胶、椰子、波罗蜜；暹罗产米与木材，而该处华侨主要之营业为米与木材。概而言之，则树胶、椰子、米、木材、糖、咖啡、烟草、麻、锡、煤，可说是南洋华侨之十大营业了。

第二章 史略（上）——中南交通之开凿及其发展

南洋的黄金世界与华侨
中南交通开凿于周代
航海探险开始于晋僧法显
史弼征爪哇与郑和抚南洋
华人之自由拓殖与自立王国

南洋地方，现在居然成为庄严灿烂的黄金世界了，造成这黄金世界的元勋是谁？印度人吗？阿拉伯吗？不是。欧洲人和美洲人吗？更不是。应说是胼手胝足，不避艰险的华侨。这句话，不特我们要承认，就是欧美人士也都承认。

在白人未东来以前，不消说我们华侨做了开辟鸿荒的元勋；就是白人东来占领南洋群岛以后，对于伐木开山，辟地开矿，莫不是我们华侨导其先路。在昔南洋地方，多为瘴气弥漫之区，毒蛇猛兽，在在均足死人。其时马来人和西人，皆逡巡不敢前；倘非华人勇敢牺牲，冒险进取，试问满山荆棘之南岛，何时富庶得来！所以南洋今日的繁华，要说是华侨牺牲了无数的性命金钱所换来的，谁也不敢加一否字。

华人对于南洋，已有这般重大的功勋，那么，华侨的历史，自必极有价值，极有光荣，可以想见。要知其光荣与价值如何，请谈侨史：

中南交通之探源，向来有一种传说，谓马来人是尧帝时鲧之后裔，鲧妻生士敬，士敬子曰炎融，生欢头人面鸟喙，有翼，食海中鱼，仗翼而行于南海。现在爪哇人所演的故事，皆人面鸟喙，两手长及地，仗而行，略能飞，与此相符，足证为鲧之后裔云。

上面的传说，据我看来，未免涉于虚诞。爪哇古剧人形相符之证，不足为据，至插翼飞行之说，则与女娲氏炼石补天之说，一样无稽，只好视为一种神话而已。不过我国与南洋之交通，开凿甚早，则可无疑义。兹根据史书探索之，知中南交通之发轫，实始于周代；而航海探险者，则以晋代高僧法显为第一人。因此故可将中南交通之开凿，别为两期：第一期为亚洲南洋之开凿；第二期为南洋群岛之开凿，分别述明如下：

（一）我国与亚洲南洋之交通，开始于周成王时。成王十年（纪元前1106年），有越裳氏来朝，献白雉于王；越裳氏者，安南南部之国王也。降至秦汉，置安南为交趾郡，列为郡县；唐置安南都护使于其地。马伏波将军南征交趾的战绩，尤震烁于史册。溯当日越裳氏来朝之时，至于今日，已历2030余年矣。当日越裳氏来中国，即为中南交通第一期之开凿。

（二）我国与南洋群岛之交通，则始于晋代高僧法显赴印求经之时。法显俗姓龚，3岁度为沙弥，法显乃其法号也。彼以我国经律舛阙，誓志寻求，因赴印度求经，由海道归国，中途遇飓风，船漏入水，浮小船而去，漂至爪哇，居数月始归国。时在晋安帝义熙十二年（西元 416 年），距今已 1500 年矣。是为中南交通第二期之开凿。

经此两度之开凿，中南交通，逐渐进步，华人商业，亦逐渐发展。及至唐代，东西互市，设市舶于广州、泉州等处，我国商船，即由是处南航，达于越南、暹罗、马来半岛、苏门答腊、爪哇各地；船中所载，以茶叶、瓷器、丝绸为大宗，各处的土人，都非常的欢迎，争相购取，中南贸易，于是大盛。今日华侨商业之发达，其良种即播于此时；故至今华侨，仍自呼为唐人；呼中国为唐山；返国曰回唐；唐之佳号，纪念至今不忘。

到了宋朝，不特安南国要来朝贡，还有苏门答腊、婆罗洲各处的王国，也一许来进贡；我国的君主，就把种种的爵号，笼络他们，实行怀柔政策。兹将宋神宗赐三佛齐诏录后，以见一斑。（三佛齐即今之巨港，为苏门答腊昔日之王国）

宋神宗赐三佛齐诏：

"吾以声教敷露方域，不限远迩，苟知乎忠义而来者，莫不锡之以华爵，耀之以美名，以宠异其国。尔悦慕王化，浮海贡琛，吾用汝嘉，并超等秩，以昭忠义之劝。"

宋朝以后，就是元明两代，这两代的势力，更比从前利害，南洋地方，几乎全部收入版图了；或征或抚，煞费苦心，其中最可纪的，算是史弼征爪哇，及郑和抚南洋两役。

史弼征爪哇　元世祖时，遣使招致西南诸国入贡，安南、暹罗、缅甸皆听命，独爪哇不从。元世祖命右丞相孟淇往谕使降，不料反被黥面之辱，世祖大怒，谓非征剿不可。至元二十九年（西元 1292 年），诏史弼，会福建、江西、湖广三行省之兵 3 万余人，乘舟千艘讨之。是年十二月，由福建泉州出发，至翌年一月（即至元三十年），抵钩栏山〔即今之万里洞（Billiton）〕，筹议方略，进至吉利门（Kerimont），再进至杜并足（Jaedan），分军下岸，水陆并进。水军由杜并足经戎牙路港口（今泗水港），进至八节涧；马步军则由杜并足陆行。时爪哇国王，适为邻境噶郎国（Kalang，今谏义里）所杀，其婿士必阇耶闻弼军至，举国降，并请弼征讨噶郎国。三月一日，弼军水陆会师于八节涧，先夺获噶郎守将所辖之鬼头船百余艘；大军继进，至麻哈八歇，屡败噶郎之兵，旋分军三道，举行总攻击；一路由东进，一路由西进，一军断其后，与噶郎兵十余万交战，自平明战至日暮，连冲锋三次，大破之。敌兵奔溃，拥入河中，死者数万人；噶郎国王哈只噶当（Ajikatang）奔入内城，死守，元军围之，并招降。是夕，哈只噶当出降，史弼抚劳之，随谕令还。既而士罕必阇耶潜行叛去，暗袭元军；元军因未防备，将官遇害者数人，军士死者 3000 余人；弼率军力战，败之。是年四月二十四日军还，取得哈只噶当妻子，及其官属百余人，及地图户籍，并所上金字表以还。元之国威，至是遂大震于南洋。

郑和抚南洋　郑和云南人，小字三保，华人称之为三保大人，又呼为三保太监。明成祖永乐三年（即西元 1405 年），与王景宏受朝命出使南洋，造长 44 丈，广18丈之大船62艘，带兵37 000人，征抚南洋各地。自永乐三年至宣德八年（西元1433），航海凡7次之多；所至宣扬大明威德，不服以兵力慑之，使其朝贡。计前后入贡者，达40国；马来半岛以东有15国，麻六甲一带有3国，苏门答腊一带有7国，印度一带有6国，阿拉伯一带5国，亚非利加一带3国。各处的国王，皆贡珍奇，进方物，并且有带领妻子进京朝贡者。当日霸图之广，东至台湾、琉球，南至爪哇，西至阿拉伯，以及非洲东岸，可谓华人势力最盛时代。故三保大人的遗闻轶事，至今犹脍炙人口，称道不衰。

"四夷来朝，天下大治！"这是我国向来的君主所怀抱的至荣观念；不特君主的观念如是，连士大夫的观念，也是如此。所以四夷不朝的时候，有余力，马上就去征讨，叫他来朝；等到他朝了，便收回兵马，再也不要其他什么东西。可晓得我国从前经营异域，原来不过因为一个"朝"字，除了这"朝"字之外，其他当然不成问题。所以元明两代，虽然收服了南洋各地，实际上的确没有什么建设和经营。等到后来，国威不振，所谓朝贡，自然又不算一回事了。

自郑和过后，我国兵威不振，南洋各地，因为上述的关系，遂逐渐离异。可是当国家兵威衰落之时，私人拓殖的能力，反大为发展。有许多华人，自行招了兵马，或带了兄弟们，去征讨南洋各国，征服了那地，就自己立起王国来。所以在明末及清代，南洋各处，大大小小的华人王国，统计有十余处之多，可说是我国人民自由拓殖最盛之世。虽然与郑和同时，也有几个华人王国，称霸一方，如梁明道、王顺塔之属，可是计算起来，总比不上明末清初时，这么热闹。兹将其著称者，举之如下：

（一）张琏　广东饶平人，初为广东海盗，勇武绝伦，党徒极多。明万历间，率众至三佛齐（今苏门答腊），略其地，列市廛，通贸易，琏即为市舶长，管辖其地，成一小王国。

（二）林道乾　福建泉州人，亦是海盗。明万历间，率党徒掠南洋群岛。初击吕宋，时西班牙人正经营菲律宾群岛，合十人死守该地。道乾率军猛攻数次，不能进，退至安南东南隅之昆仑山（即今之康道尔岛），旋进攻婆罗洲，掠其地，称霸一方。

（三）郑昭　原籍广东澄海，其父于清康熙间，随海舶至暹罗，生昭。昭入塾读书，甚聪颖，及长为暹官书记，旋升至州牧之职。适缅人兴兵攻暹，暹京陷，郑昭起兵勤王，逐缅人，恢复暹京。后暹王已亡，昭因众之推戴，登王位，管辖暹罗全国。

（四）罗芳伯　又名罗大刚，广东嘉应人。少孤，家贫，慷慨好义。清乾隆时，赴婆罗洲之坤甸埠。时山番常出掳掠，商贾患之，华侨乃结团自卫，编练团勇，即举芳伯为团长。芳伯已练团军，复联络土王，结为兄弟。适土王与山番开战，土王兵屡败，正欲乞援。芳伯率众助之，所战皆捷。事平，土王感其功，割地与之，芳伯遂为坤甸之王。

（五）吴元盛　广东嘉应人，于清乾隆间，流寓婆罗洲之南境。有地名载燕国者，国王暴戾恣睢，无恶不作，人民恨之。元盛因暗结勇士多人，起而诛王，土人因奉之为王。死后子幼，妻袭其位。

（六）叶来　广东嘉应人，于清嘉庆间，旅居马来半岛之柔佛。是处华侨，多从事采取锡矿，与土人常有冲突；柔佛王袒护土番，下令逐华人。时叶氏在柔佛者，有三百多人，力谋抵抗，公举叶来为首领，与柔佛王宣战，大败之，柔佛王弃城而走。叶来知其必来报复，乃购军械，招乡人万名，渡海助战；与土王血战8年，卒定柔佛全境，而王其国。

（七）张杰诸　广东潮州人，于清道光年间，随海船至南洋之安斑澜（爪哇东边之小岛），岛上原有沙顿民族甚多，为宋明亡兵之后，认张为同乡，甚相得。杰诸乃召集诸人，结为军团，创烟税，以充军用。土人不肯，杰诸力战服之。旋土王因妒杰诸收税之丰，欲夺其利，与杰诸战，为杰诸所败。土王逃往他岛，请兵复仇，复为杰诸击败，杰诸遂辖其全境，为安斑澜之王。

以上诸王国之征役、战争最剧烈者，当推林道乾吕宋之役，巷战冲锋，死伤数千人，连战数日；若林某者，可谓死战之士矣。战期最久者，当推叶来柔佛之役，前后历8年之久，其坚忍卓绝之精神，亦令人敬佩。此两次战役，实华人殖民史上，可纪之战绩也。

吾人试瞑目一思，此多数之华人王国，如果不遭外力之摧残，则今日南洋华人之势力，当如何蓬勃！如何蒸蔚！不料当华人自由拓殖萌芽之时，即白人东来侵略之日。华人大大小小的王国，因无国力为后盾，孤立无援，次第消灭，至于今日，竟无一存，宁不可惜！甚有地可不亡，国家反迫之使亡者，安南、缅甸之割让无论矣。即如叶来王国，当时势力亦不弱，英人欲夺其地，不得逞，清廷为求媚英人起见，反迫叶来家属，使其服英。叶来知不可免，终于屈服。邦国不造，贬主为奴，益令人发生无穷之感喟矣！

欲知白人东来后侵略之痕迹如何，华侨势力之消长如何，请看下篇分解。

第三章 史略（下）——白人东侵后华人势力之变迁

欧人东来探险始于马哥孛罗

开始侵略属地者为葡人

荷人英人继葡人而起

黄白冲突之剧烈

三大僇杀案

自欧人侵略南洋以后，华人势力，即发生一大变迁，此研究华侨历史者，所应注意者也。兹先将欧人侵略南洋之史略，述其梗概，以明来由：

查欧人之东来南洋者以马哥孛罗为第一人。马哥孛罗（Marco Polo）者，意大利人也，初从其父游中亚细亚，顺途入中国，见中国皇帝元世祖，元世祖授以官，由是遂为中国之客卿。作官 20 年，后回国，道出苏门答腊之北海岸，是为欧人最初先到南洋者。时在西元 1292 年，距今已有 600 余年。较之我国法显之开凿南洋航路，犹后 800 余年。及后于 1486 年，有葡萄牙人巴尔他罗地士帝（Bartolomen Diaz），发现非洲南端之好望角。1498 年，复有葡人哇士哥达甘马（Vasco da Gama），由好望角而达印度西海岸之哥里骨。欧人交通南洋之航路，于焉告通，南洋群岛之藩篱，从斯破矣。

自葡人发现交通南洋之航路以来，至今约逾 400 余年。在此 400 余年中，欧人之经营南洋，可谓无微不至，波浪乘风，前仆后起，故南洋地方，陆续入于白人之手，洵可畏哉。兹欲明了其经过之史实，可别为三期以推论之：第一期为葡人称霸时代，第二期为英荷角逐时代，第三期为法美染指时代。申之如下：

（一）葡人称霸时代　葡萄牙人为航海之先进，为探险之先导。在昔英荷之航海事业，远不及葡人之发达；故在 16 世纪初期，南洋各处之贸易，即为葡人所独占。贸易之物品，完全以肉豆蔻、丁香、胡椒等各种香料为主，所谓香料贸易是也。葡人所占之地，自红海以东，以迄南洋各岛，皆为其势力范围；印度之锡兰岛，马来半岛之马剌加，爪哇之万丹，皆其重要之根据地也。葡人已伸其势力于南洋各岛，接续有西班牙人，探得菲律宾群岛，乘机占领之，惟势力则非葡人之敌。故当时南洋群岛，除菲属一小部分外，其余皆为葡人之霸土，是为葡人称霸时代。

（二）英荷角逐时代　当葡人航海通商最盛之时，将南洋香料，运销于欧洲各市场，大获厚利，北欧各国，莫不羡之。于是荷人与英人，皆跟着葡人，东来通商。葡人看见他们来抢香料，自然不肯轻易放过，因此便发生了不少的冲突。这种冲突，非同小可，如果他们在海上碰着，就在海上大杀一场；如果在陆上碰着，就在陆上大杀一场。起初弄到英荷两国人，均有些怕他。不料葡萄牙王国，忽于 1580 年为西班牙所征服；国中多事，葡人对于东方的事业，不暇兼顾，航海通商的霸权，只好让给英荷两家竞争了。

葡人航海事业，忽告崩颓，自是以后，一蹶不振，南洋属地，次第销亡；至于今日，只保有的摩耳之东半部而已。

英荷两国人，承葡人衰败之余，经营东印度的通商事业，均非常得手。原来他们的通商事业，均是由一个大大的公司去经营，所谓东印度公司者是也。荷人有荷人的东印度公司，英人有英人的东印度公司。这种公司，不特有巨大的资本，并且有多数的军备。这多数的军备，初先本是用它来抵抗海上的敌人，后来便用它来征服各属的蛮国。因此，香料的通商进一步便成为属地的占领，英人东印度公司遂取得印度及英属南洋诸地，荷人东印度公司就取得荷属南洋群岛。

缅甸原来是我国藩属，英人占领印度后，乘机进兵，至光绪十一年（西元1885年）英人占其全境。故有17世纪至19世纪，可谓为英荷角逐时代。

（三）法美染指时代　法人对于南洋的通商，一向落后，可是不得染指，心总不甘，虎视眈眈，总思择一肥肉，以偿其欲。到了19世纪末叶，机会果然到了，看见我国的藩属安南起了内乱，便垂涎起来，马上进兵到安南去，以为占领之张本。光绪九年，我国与法军开战，法军失利，法人托人议和，至光绪十一年（西元1885年）和议告成，安南遂为法有。夫安南一地，饶野千里之富国也，清廷庸懦，竟拱手让诸法人，以战胜之师，犹令江山易色，宁非恨事！惟法人已得安南，染指的希望可谓如愿以偿矣。

安南被法人占领后，为时不久，菲律宾又发生一个变化。原来西班牙统治菲属，政治太苛，民不堪命，菲人早欲树反抗之帜。会西元1896年，西班牙美洲属地古巴叛乱，菲人乘机独立，建立共和政府。翌二年，美国与西班牙开战，旋结巴黎和约，美国以500万镑，购菲律宾为领土，派军攻破菲人之革命军，由是菲律宾遂为美国之属土。故在19世纪末叶可谓为法美染指时代。

白人占领南洋的史略，已如上述，至其对于华人的影响如何，申之如下。

白人在南洋大肆侵略之时，正华人自由拓殖萌芽之日，华人大大小小的王国，因无国家兵力为后盾，次第消灭，那是不用再说了。现在只说华人被摧残的事实。当华人王国消灭之后，散居于各属之华人，总较白人为多，其潜势力，至不易侮，且常足以左右地方政治。白人看见了，就不免发生妒忌与怀疑。由妒忌与怀疑，便发生不少的惨剧，这真是华侨史书中最痛心的一页。今日翻阅侨史，看见这一段伤心惨目的流血惨剧，几乎令人不忍重提。但是这一页惨史，对于华侨实有多大的影响，虽有余痛，不可不提。兹将惨案之最重要者，述其崖略于次。

（一）吕宋惨杀案之一　明万历三十年（西元1603年），居于菲律宾马尼剌之华侨，为数颇众。有阎应龙、张嶷二人，言吕宋（马尼剌为吕宋首邑）某处某山产金，禀奏神宗，建议开采。神宗命海澄丞王时和，偕嶷往勘，为菲督亚加拿（Acuna）所拒。因疑中国有侵略菲岛之野心，谓华人将大不利于菲律宾，下令严格监视在菲之华侨，无论居住马尼剌及外岛者，皆受特别约束，戒严设备，草木皆兵，一时谣言四起，有杀尽中国人之传说。华人因疑生惧，为自卫计，乃群起反抗。于是年八月三日，聚众毁西人之礼拜堂，并杀伤西人及菲人。西班牙政府执华人多名杀之，华人益愤。九月五日，聚众攻城。惟西人夙有戒备，且军械完善，又有军舰驶入城旁助战，连发巨炮，轰击华人，华人死亡甚多。正危急间，忽有多数菲人，群起为西班牙人助战，西军愈聚愈众，华军愈战愈弱。不数日，华人败走，退守三巴洛（Sampaloc），困守数月，粮尽援绝，卒为西军所攻破，尽杀华人。计死者有24 000余人之多，实南洋华侨空前之惨劫也。事后西班牙政府惧中国报复，遣使函达广州、漳州等处之中国官吏，谓华人之在吕宋者将谋乱，不得已先杀之云。福建巡抚徐家聚等，据以入奏，明帝大怒，谓张嶷作孽，下令杀张嶷以谢西人。自是张嶷已为枉死之鬼，而数万华侨之沉冤，亦终古莫雪矣。悲夫！

（二）吕宋惨杀案之二　距前次惨案不及40年光景，又发生第二次之惨杀案，时在明崇祯十二年（西元1639年）。事先华侨有两大商船，满载自华运来之货物，驶至吕宋岛北岸之嘉隔洋（Cagayan），被西班牙人击沉。华人因船中载有多数珍宝，遭此意外，损失过巨，遂与之交涉。西人反谓商船由于驶者不慎，触礁沉没，置之不理，华人怨之。旋菲政府又强迫华人至加览巴（Calamba）作工，并勒令华人进贡纳饷，稍有迟误，即加以苛罚；华人不堪其虐，不得已起而反抗。在加览巴之工人首先起事，马尼剌附近各邑均从之，各处暴动，一时并起。西班牙政府，发兵征之，经一年之久，始克平复。华人为西人杀死者，不下20 000余人；财产损失，不知其数。是为吕宋华侨第二次之惨杀案。经此役后，西班牙政府益以华人为可欺，因规定华侨居留人数，以6000为限；并须奉天主教。时正当明祚将终之时，国内不宁，不暇兼顾海外之事，而数万同胞之惨死，也只好付诸无人过问之乡矣！

（三）巴城红河惨杀案　清康熙四十五年（1706年），华侨之居住巴城者，计有十余万人，大为荷兰人所妒忌。巴达维亚政府因此遂下限制华侨入口之令：自华来巴之茶船，搭客大船不得过100名，小船不得过80名。向日华人之来巴者，多搭茶船入境，茶船由华至此，其茶叶多被荷兰东印度公司收买，转运至欧洲。其收买价本定为每担15盾，至是突然降为10盾，其结果，遂令巴达维亚之港，不见中国茶船之踪迹。茶之来源断绝，东印度公司大受打击，嗣经总督吉仑（Dirk Van Cloon）氏努力招徕，至1722年，复有中国航船渡来，茶之通商，得以回复。中国移民之人数，亦因之增加。巴达维亚政府乃声言取缔无职业之华侨，将其一部分送还中国，又一部分流放于锡兰岛及好望角殖民地，复发行入国许可证为限制之策。而东印度公司职员，则视许可证为奇货，凡证书之发行，加以种种苛税，华侨受困殊甚。清乾隆六年（1740年）七月，总督哇力根纳（Ariaan Valekenier）复于印度参议会席上，议定取历行之手段，不论有无入国许可证，凡有疑问之中国人，皆逮捕之付以审问，认为无正当职业者，即流放于锡兰岛，服肉桂园之劳役。不料荷兰官吏复利用此项取缔新例，向有资产之华侨勒索。华侨大起恐慌，又闻放逐至锡兰岛之中国人，出爪哇海后，皆投入巨洋中，而灭其迹。华侨闻此消息，群情惶惑，迫于无奈，乃约期举事，以为死中求生之计。初议联合城内外华侨，同时并举，以放火为号，合攻荷兵营。不料消息外传，荷人已有准备，及期进攻，不得手，华人乃退守唐人街。荷人视华人众多，亦不敢进，相持一礼拜之久。最后，荷人得土人之助，带同多数土番，蜂拥冲入唐人街。华人因众寡不敌，卒致败北。荷人大肆屠杀，妇女老幼，无一幸免。计被杀者有20 000余人，房屋被焚者600余家，亦南洋华侨重大之惨史也。今日巴城有地名红河者，即当日之惨案发生处，因杀伤过多，河中之水竟染成赤色，故得斯名。事后福建总督策楞、提督王郡奏于清廷，清廷置不问。荷人恐清廷兴师问罪，遣使至北京道歉，清乾隆帝反谓之曰：海外侨民，叛逆盗贼，并非大清子民，朝廷概不过问云。呜呼，哀哉！

除上述三惨案之外，虽然仍有其他惨史，可是比较起来，终究微小一点。兹因篇幅关系，恕我不再多述了。

以上三宗惨案，对于南洋华侨，实有极大之影响。惟此等浩劫，果以他族人当之，必致一败涂地，一蹶不振。惟华侨则不然，虽劫后余生，犹能逐渐经营，恢复旧观，坚忍卓绝，奋斗不已。卒能寻求坠绪，把崭新的商业，重行建筑起来，以开今日南洋群岛华侨之局势。此种魄力，实令后人钦拜不置者也。

第四章 古 迹

三保洞与三保井

暹罗之郑王寺

仙丽坟之艳迹

中国古代器物之遗传

峇厘岛之中国钱币

"七洲洋中,插有一竿铁篙,是三保大人的遗迹,笔直的在海水中竖着,你如果看见了,便可以发百万!"这是我来南洋时,我的朋友在船上告诉我的话。我问他们,这句话是从哪里得来的?他们都说是得之传闻,已属传闻,则未必是实有其事。七洲洋是中国海海心的一部分,在地图上找不出这个名词,凡往南洋的都要经过此处。前人所作的《海国见闻录》,有关于七洲洋的一段异闻,说七洲洋中有一种箭鸟,生得非常美丽,凡船到洋中,辄飞来引导,使船免致触礁云。我想铁竿的传说和这段箭鸟的异闻,同属海客口中的玄谈罢。

铁竿的踪迹,虽然渺茫难知,可是三保大人的遗迹,在南洋确实有好几处,那就不是虚玄的了。即如其他我国先民的旧迹,也觉不少。我们为崇拜海外英雄起见,对于古英雄之遗迹,岂可不闻,请谈古迹。

三保洞 在爪哇三宝垄之时望安狮头山,有三保洞,相传为三保大人暮年归真之所。洞中供有三保之遗像,洞前建一方亭,中间设有香案,亭前悬匾甚多。有横彩一幅,书"三保大人"四字,侧有楹联一对,联云:"寻君千载后,而我一能无",为余杭章太炎所题。香案之下,有空穴一口,满贮碧水,投以铜钱,铿然有声,俗传此处与海相通,不知确否?华人以旧历六月三十日为三保大人抵爪哇之纪念日,年年此日,迎神出游,举行热闹之庆祝,红男绿女,云集景从,亦盛会也。距山洞不远,有三保墩,相传三保大人所率之军舰,曾驻于此,有一船沉没其中。此海日久变成陆地,后来华人即于是处筑一土墩,以留纪念云。

三保井 在爪哇茂物境内有三保井,相传三保大人昔日在此凿泉取水,以饮三军云。地距茂物商埠约5里遥,为深山中一大喷泉,喷处水花四射,声浪訇然,近泉处围有铁栅,泉侧作一方池,引水其中,供人游泳。其旁设有茶肆,卖咖啡茶点,方便客人。此地气候清凉,山景绝美,为中西人士所共赏,故来此参观者,四时不绝,南洋之胜境也。

三保洞与三保井不限于此二处。如爪哇谏义里之某山,亦有三保洞,英属马刺甲某山,亦有三保井。又菲律宾,有三保颜,暹罗则有三宝宫,皆纪念郑公之处也。

郑王寺 暹罗湄河岸上,有郑王寺,为昔日暹罗国王郑昭墓地,今名郑王寺。建有寺观,寺顶作尖塔形,高可七八丈,矗立云表,铺以金黄色之细瓦,当夕阳返照时,自远处望之,恍若金蛇万道然,极为美观。

郑公明墓 葡属的摩耳力利埠飞拉山顶，有郑公明墓地。因该处地居荒僻，人迹罕至，古碑埋没于荆棘丛中久矣。近为英人某矿师所发现，视其碑文，知为华人古迹，而字迹模糊，几不可辨。请华人读之，考为明武德将军郑公明之墓，旁书永历某年仲冬立字样。除残碑之外，又发现有矛戈刀戟之属，皆中国物云。

仙丽坟 在爪哇北海岸，有仙丽坟，为一华人女子之墓地。墓前陈列中国瓷器、陶器甚多。墓之来历，殆不可考，惟有一段传闻，谓"昔日福建有个富翁，生一女子，貌甚美，年十八，尚未嫁人。有一天，忽患腹疾，他的父亲延道士治之，道士云：'此女非患疾，乃怀孕也。'富翁怒极，欲杀女。道士不可，谓系女之孕，'仙胎也，实无害。'惟翁疑信参半，又恐将来果然生子，必致玷辱家声，乃心生一计。特备一巨舟，满载宝物瓷器及日用之物，浮于海洋，命女乘之，听其漂泊。意谓果是仙胎，必有仙救；如果不是，那就死不足惜了。部署已定，即遣女登舟。他的女儿无论如何乞免，终难挽回，以是她独自一人，跑到船上，押着这满舱珠宝的帆船，随风漂荡，听其所之，自然不知什么东西南北了。约莫过了20天，到了爪哇。说也奇怪，那时爪哇北海岸，就有一个马来王，他在前一晚，得着一个梦，似乎在海边，有极艳丽的仙女到来，醒来之后，便率带群下侍从，到海边去等候。当他们鹄立海边时，果然这只帆船冉冉地从远处漂荡而来。不久船就靠岸，马来王跳上船去，看见船中真的有一个很美丽的女子，并且有很多平日所没看见的东西，心中欢喜，莫可言状，马上迎女子到王宫里去，十分虔意去奉侍她。可是那女子的腹疾，在船上已经好了，原来并不是怀孕。她到了爪哇之后，因念一生出处，被道士一语所误，漂泊异地，骨肉分离，悲郁过度，不久就死去。死后，马来王即将其营葬，并将其带来之瓷器等物，陈列墓前，以留纪念。今日墓前之各种遗物，即当日所留者云。"

我国先民留在南洋的异迹，自然不止这几处，以上所举，不过就我所知的，略说一遍。至于值得我们纪念的所在，我以为还有下面三个地方，请毕言之。

（一）**血统的遗传** 我国先民，老早到来南洋，不特灌输文化于土人，并且遗传血统于土人矣。至于今日南洋各属之土人，其优秀分子，皆混有华人之血液。如菲律宾议院中之议员，在土人议员中，三分之二华人之混血种也。暹罗政府之官吏之军人，亦大半为华人之混血种，彼辈中多有能操潮州话者，多能认其某代某代为潮州人者。于此足见华人之血统，已灌输于土人矣。惟到了现在，菲、暹两属政府，对于华人，反多方虐待，彼辈不知优待华人，忘其根本，亦可谓不识祖宗了。

（二）**言语的影响** 马来人的语言中，占有多数外国方言的成分，有的马来人很会说闽话，有的马来人很会说粤语。在婆罗洲坤甸地方的土人，就完全说广东的客语，听说是罗芳伯王坤甸时，教他们说上口的，一直说到现在，还是一样。荷兰人要到坤甸作官的，必须学会了客语才行，所以荷政府时常悬赏，征求这种人才，如果荷人有能说客语的，马上可领赏700金，并且有官给你做。客话在南洋之影响有如此。

（三）**器物之遗传** 我国与南洋交通甚早，古代器物之遗留于南洋者亦甚多。

如婆罗洲土酋，还存有我国古代帝王赏给他的玉印和刀剑。苏门答腊东海岸的土人，存有中国的古磁和银锞，银锞每块重二十五两，镌有左侍郎及特授某府正堂字样。爪哇内地的土人，存有中国古代的铜钱，要向他讨取一二枚，任你如何说法，他总不肯，即以银币易之，他亦不愿。爪哇东边的峇厘岛，还通用中国的钱币，到去那边一看，那种外圆内方的孔方兄，触处皆是；荷人叫他们改用荷币，他们总是不肯。这许多钱币，实不知何时何人带去的，我们应该研究研究。以上所述的血统、言语、器物三件事，不是很值得我们纪念的吗！

第五章　风俗习惯

极乐寺宫殿之巍峨
各属地神庙之林立
迎神作福之闹热
鸦片赌博之盛行
青年会之新气象

在古刹神庙间，很可以看出民间许多风俗。因为古刹神庙，是人民风俗组织的一种表现，参观了他们的庙场，自然可以看出他们的风俗，所以本章就从古刹神庙谈起。

南洋华侨的神庙，非常之多。其中建筑最宏丽而风景又最佳的，当推马来半岛之极乐寺，其次就是新加坡的双林寺。

极乐寺　寺在马来半岛槟榔屿西南方的山上，全寺建筑于山腰，楼阁巍峨，风景至美。由寺门上登正殿，看见殿中有许多佛像，其后有佛堂，复供有巨大佛像，香火极盛。两旁房屋甚多，分男女招待室及游人住宿室。内进为和尚住室，正厅供各施主的长生禄位牌，是为后殿。其上为藏经阁，登楼一望，万象皆收，近则椰林荡漾，飞鸟翔空，远则海水迢迢，锦帆碧碧，风景确实不差。因此凡中西游客，走到槟榔屿的，都喜欢来这里参观。寺中住有很多和尚，闻该寺所有的产业在1000万元以上，数目之巨，令人惊讶！此种财产，以之办一大学，固绰有余裕矣。

双林寺　寺在新加坡郊外，建筑也很宏丽，可乘车往观。初进为寺门，二进为天王殿，三进为大雄宝殿，其中有很多佛像，金碧辉煌，据闻多从仰光运来者，耗费之巨，在数万金以上云。内进为和尚住室，后殿亦供有各施主的禄位牌。其上有楼，凭栏一望，可以纵览星洲全景。该寺寺产亦不在少数，闻当日大施主刘某，曾慨捐100万云。

除了上面两寺之外，还有很多大大小小的神庙，在南洋各埠散布着。庙的门额，多写着天后庙、武帝庙、观音堂、大伯公一类的横额。若是清清楚楚调查起来，数目之多，恐怕可以和现在的华侨学校的数目相比。

各处的神庙，平常都有华侨妇女到去焚香。原来这一般妇女都是为祈福而来，里面的和尚自然可以乘机化缘，过他们丰衣足食的清闲生活。大概稍为整齐的神庙，便住有三四个和尚。从前这些和尚还做了地方上的绅士，好像外国的僧正一样。如果居留政府遇有华人的诉讼案，要着当事人发誓时，便要叫和尚监临发誓。不过到了现在，这种礼节却不多见，纵有也不叫华人和尚去了。

遇着神诞时候，各庙里面都非常闹热。有的在香案上摆着许多东西，有的要演戏酬神，有的又要把那座尊神抬出来游街，给埠中华人沿街拜祷。

在爪哇西部巴达维亚一带的华人，每年阴历元宵节，都有抬大伯公的盛会。当他们抬着伯公游行时，附从的人非常之多。旗锣执事，不用说了，还有一大班人，扮着奇异的装束跟随着，有涂花脸的，有戴假面具的，有作战士装束的，有作生番格式的，有男人扮作女人的，有女人扮作男人的，光怪陆离，不可思议。他们成千整万在街上游行，喊呐跳跃，弄得天花乱坠，真是豪踏至矣。无怀氏之民欤！葛天氏之民欤！还有一件很好笑的事，就是他们抬伯公在街上走时，故意把伯公东歪西倒的摇摆着，说是大伯公吃醉了酒。许多华侨看见了，便在门前千叩首万叩首的跪拜。马来人看见了，倒会利用华人的心理，扮了许多人景，跟着大伯公挨户去讨钱，每架人景在门口略等一下，就可以得着一颗大大的红包。

爪哇华侨的闺女姑娘，平常是很少出门的，碰着元宵节，那就例外了。在这一晚，她们都打扮得非常漂亮，到庙内去膜拜。他们这样的虔意，原来她们和她们的父母一齐都相信神力万能，能够默佑她们得着很满意的少年郎，所以这晚就要特别的虔神了。

说起迷信神权，也不止爪哇一处的华侨如是，各属的华侨莫不皆然。马来半岛的锡矿工人说道："要开锡仓，总要鬼神扶助，如果有鬼神扶助，哪怕什么石山，明天就会变做锡山。"其他商人亦多说："事业的发展，要鬼神扶持。"这也可见一斑了。

从前的华侨，还有一种"降条"的恐怖。"降条"原是马来土人的蛊术，华人呼之为"降条"。当初南洋的水土，比较现在的恶劣得多，病死的人自然也多。他们不察原因，每谓病死或发癫之人，是患了土人的"降条"所致，所以就生出恐怖来。现在的华人智识日进，"降条"的恐怖也逐渐消了。

"降条"的恐怖虽逐渐消失，可是妇女们对于"降条"的迷信，终不能洗尽。如果她们屋内有什么不吉利的事发生，她们就要叫马来人的巫觋来解除，念咒消灾，有的还买了许多果品蔬菜，焚烧香纸，在屋内很虔意的陪拜。

每年清明日，为华侨唯一的扫坟日子，到了那天，许多华侨都要到祖先坟墓上去扫祀。在爪哇各埠的华侨，就组织有个清明会，每年由会里拿出钱来，叫马来人在山上演马来戏，谓可以超度亡魂，并办了许多酒席，请各会员到义山上聚餐一次。这一天影响很大，各属地居留政府都定清明日为公休日，和孔子诞辰、阴历元旦一样休假，定为华人的大假日。政府各机关均放假一天。

华侨婚嫁的礼俗，多守旧法，由父母主婚。女子大了，深闺待字，不许出门。有的婚嫁制度，还须照行辈挨次轮值的。譬如有兄弟两人，长兄没有娶妇，弟弟不得结婚；姊妹也是一样，姊姊还没有订婚，妹妹不得出嫁。这种风气行之于荷菲两属，因为礼教如此严酷，所以这两处的华女，便有厄于牢笼之叹，到了三四十岁尚未嫁人的，非常之多。这种旧式的束缚，不知何时可以解放过来。

华侨遇有婚姻喜事，要设宴请客，多在门前搭起篷厂来，在厂里面雇许多洋乐吹打着，或叫马来戏在那边舞蹈，热闹一场。结婚仪式，男子要去亲迎，男女两家都要拜谒祖宗，礼节有的用鞠躬，有的用跪拜。

华侨家庭中，都保存着中国的风味。凡住屋的正厅都挂有寿星图、山水图或祖宗的遗像，两旁写有"源远流长"一类字样的对联，桌上供有香炉，有时就在那边拜祀祖宗。新年端阳，或做年糕，或包角黍，放爆竹，烧好香，和中国没有两样。

华侨的家庭虽保存有中国的风味，可是对于服装、语言、饮食，就不免有多少马来化了。女子多着马来人的纱笼（即花裙），口中常操马来语，食法也会效尤，用手取食，而不用箸，这都是很容易看见的事。

华侨的风俗大略如斯。此外在社会上面，也有种种习惯，其中最普遍最不良的有两种：一种就是吹；一种就是赌。

南洋各属地，鸦片都是公卖，而且卖得非常厉害。就英、荷两属而论，所收的鸦片税，每年均在数千万以上。吸烟的是华人，卖烟的就是白人；华人吸烟吸得越厉害，白人赚钱赚得越蜂涌。可是有钱被他赚，还不要紧，最怕没钱可赚，而他还要赚，那就糟了。所以现在南洋群岛间沦入黑籍的同胞，整千整万，生活都非常憔悴，确是可怜！

赌博一层，南洋华侨也浸染得很深，所谓"公馆"、"金兰会所"、"寿世德"在在皆是，这都是华侨赌博的机关。公馆中赌的是有钱佬，金兰会所和寿世德里面，赌的是贫民。赌馆里，番摊、牛头、十二枝项项都有，色色俱全。华侨工商界中人，因赌而致倾家荡产的极多。这种祸水遗害真不知伊于胡底，可怜我同胞，不知何时可以猛回省也。

第六章　社会与教育

三十年前三点会之势力
黄公度总领星洲
康南海游历南洋
各属华侨之中小学校
华侨学校之组织法

我在没有谈侨社现状以前，请先述一述30年前侨社的状况。

30年前的南洋华侨社会，风气可谓十分闭塞。同居一处的华人，各有会党，各有帮派，此派与彼派，常有械斗暗杀的事情发生。各派里头，都有首领指挥着，他们的组织和昔日内地的洪门会一样。原来洪门会的宗旨，是兴汉排满的，当日海外华侨组织这会，如果大家都能充分地认识兴汉排满的目的，自然是很好。不料大家对于这目的，没有充分认识，倒用来自残同类，那就糟了。

当日这三点会的势力，确实很大，因侨社里面，没有重要团体的组织，社会上的事，自然要归他们支配了。因为他们所做的事，都是寻仇械斗，所以他们的成绩，除了建筑神庙演戏作福之外，没有什么可述。有些地方有善堂的组织，有些地方有"子曰馆"的教学。善堂里做些施医、施药、赈救孤寡的事，"子曰馆"就是念"学而时习之"的地方了。

到了戊戌政变后，国内的社会逐渐维新。南洋华侨的社会，也随着这个潮流，有重大的改革。于是各地有中华会馆、中华商会、书报社、各种社团的创办，从前闭塞的风气，至是便渐渐转移过来。

我现在且谈一谈关于改革的轶史。

在前清光绪十五年，即民国纪元前二十三年，黄公度出任新加坡领事。他看见马来半岛一带的华侨，时时寻仇斗杀，弄得不成样子，怃焉忧之，便着手取消这会党。先召集同乡，晓以大义，劝其息争，以次及于广府籍及闽籍侨民，均甚悦服。间有不服者，则再三劝谕，最后如仍顽执，便要求英政府引渡，遣回内地惩治。这么一来，果然各地的党徒都怕了，快快把会党解散。缅甸仰光一埠的华侨，闻了这种风声，也快将会党的招牌拆下。原来仰光那处的会党，素号强项，有所谓"义兴馆"，有所谓"松柏馆"，有所谓"建德馆"，有所谓"和盛馆"。各馆的资产，有的数十万元，有的数百万元不等，资本越厚，杀人越多。那一天，风闻黄领事快要到来调查，便手忙脚乱，各人争把会门口的招牌拆去，把会中的产业移作神庙公产，暗杀的风气也就从此减杀一大半了。

康南海氏于戊戌失败后，来游南洋。他到巴达维亚时，华侨起初都不睬他。后来看见荷印政府欢迎康氏，华侨便惊讶起来，赶快筹备欢迎。康氏深痛华侨仇杀之害，于是在欢迎会台上大演其说。谓彼此都是汉人，好比家中兄弟姊妹一样，岂可互相残杀，贻笑外人；今后亟宜团结一致，合谋御外，云云。侨胞大为感动，即日组织中华会馆，兴办新学，荷属之有中华学校，即以此为起点。

和康氏同时到来南洋，唤醒侨胞的，还有孙中山先生。他几次到南洋来鼓吹革命，华侨皆翕然从风，以是各埠更有书报社之创设，为宣传革命工作之唯一机关。而较大之商埠，且有日报之刊行，文化日进，风气日开，华侨社会，遂焕然一新。

在最近30年间，华侨社会极有进展，各商埠除商会、学校、书报社之外，更有工会、青年会各种团体之设立，合群互助，举动文明。若以30年前之光景比较之，相差之远，实不可以道理计矣。

社会概况，大略如此，往后便谈教育。

南洋华侨教育于最近30年来，始见发达，其因由可于前段见之。查各属学校创办最久者，英属有星洲之养正、吉隆坡之尊孔，荷属有巴达维亚之中华，菲属有马尼拉之中西学校，暹属有曼谷之培英学校，安南有西贡之穗城学校。以上数校，皆有二十七八年以至30年之历史。学校数目以英荷两属为最多，各有300校之则，其中以小学为多，中学甚少。中学之著称者，星洲有华侨中学，槟榔屿有钟灵中学，仰光有华侨中学，三宝垅有华英中学，马尼剌有华侨中学，曼谷有曼谷中学，西贡有中法中学。近年来则有多数小学，在校中附设初中班或商业专修班，是又成为中小学校兼办了。

各属华侨学校学生人数多者七八百人，少者数十人，男女同学。学校的组织法均用董事制。其法先由各该埠华人，凡认缴月捐若干者（大约一元为普通），即为会员；再由会员选举若干人管理学校之行政，便叫做董事；董事中分为总理、副理、财政、庶务、书记、评议各职。凡聘请校长、教员，与及筹措经费、兴革校中要政，多由董事部执行。兹将荷属中华学校之组织法举例如下，以见一斑。

荷属各埠之中华学校，多附设于中华会馆，中华会馆之董事即为中华学校之董事。其组织法如下：

甲种组织法：
- 正副总理各1名
- 顾问1名或2名
- 文牍或干事1名
- 财政1名
- 庶务1名
- 招待1名
- 评议员8名
- 学务委员4名

共20人

乙种组织法：
- 正副总理各1名
- 顾问或有或无
- 文牍1名
- 财政1名
- 庶务1名
- 招待1名
- 评议员4名

10名

以上两种组织法，甲种多行于大商埠，乙种多行于小商埠。凡大商埠之中华会馆，其会员有多至四五百人者，故选举董事名额亦多，适用甲种；小埠则董事名额较少，因会员较少，适用乙种。

甲种组织法中之学务委员，是用以监督学务者。其权颇重，有督责校长教员之权，有改更课程增减时间之权。乙种组织法中，则无学务委员，惟董事部好预闻学务，虽无学务委员，而权限亦与甲种相等。所有职员均属义务职，惟文牍或庶务，每月有50盾或100盾之酬劳。中华学校之校长,由董事部聘任之,教员之任免,校长不敢自主,须听命于总理或董事。行政权如此,经济权亦如之,校物如购置20元以上之物品,须得董事部允许方可。董事每月开会一次,由财政或干事报告上月收支数目,遇有特别要事,则临时召集开会解决之。

荷属学校之组织法如此,其他各属亦大略相同。

南洋华校之课程,英、荷两属均与内地新学制课程相同,不过英文时间,略增一些而已。菲属则对于英文较为注重,上午完全授英文,下午授中文,或有晚间授中文者。暹属则加授暹文,法属则加授法文。至学校中国语之推行,则当推荷属为普遍,上课均用国语教授。英属则有用国语者,有用闽粤方言者,菲属则多用漳泉语,暹属则多用潮语,法属则多用广府语。各属教员人选从前多由祖国聘来,近因华侨学生回国读书者多,毕业南还,任职教员者不少,故最近各校聘人,多就地征聘矣。教员每月薪金,以常例言之,英属有80元,荷属有125盾,菲属有100元,暹属有80铢,法属有80元。间有较优或较拙者,则不能一律论矣。

各属华校经费,除学生金之外,多由华侨捐题。英、荷两属近来盛行演戏筹款之法,由校中男女生合演,黎明晖女士所作的"月明之夜"和"葡萄仙子",便风动一时。间有数处,由商家抽收货捐以资挹注者。菲律宾马尼剌一处,且由菲政府代为抽收焉。亦有由居留政府津贴经费者,英属沙胎越之华校,每年由该处政府津贴数百元或数十元不等;法属西贡之中法中学,每年亦由法政府津贴多金。惟已受其惠,不能不听其指挥,校中行政便非常不自由矣。

第七章 商 业

大商家与实业大王
华侨经商的手腕
华侨著名之银行
内地山番之贸易
小商店与台柱

南洋华侨,商人为多,劳工次之。南洋各地,随处都有华人的商店。通商大埠,华人的商店占其七八,外人的商店占其二三;至山僻之区,则其商业几完全为华人独占。所以华侨在南洋的经济势力绝大。

华侨商店分为批发商与零售商两种。大资本的批发商,同时又兼作制造者,因为批发商多经营各属内地的物产,如树胶、蔗糖、椰米之属。他们经营这种生意,有的买大大的地方来种植,有的做大大的工厂来制造,好像星洲的陈嘉庚公司,他有几千亩的树胶园,也有容纳数千工人的制造厂。因此华侨的大商家,同时便做了一个实业大王。

华侨的零售商,上而当街摊卖,下而肩担小贩,无所不有,可是他们都很有经商的本领。这种本领就是"勤俭耐劳"4个字。现在的华侨大资本家,他们多是从此出身。起先一个赤贫,就做很小很小的买卖,有的还自己挑担到山巴里去做些生意。披星戴月,宿露餐风,不知历尽许多辛苦,积了些血汗换来的金钱,好容易才得在街市开商店做买卖。从此又勤又俭,商业渐渐发达,才达到他们成功的日子。

华侨殷商因为多从勤俭起家,所以他们的生活便非常简单,饮食很粗糙,衣服也朴实,有的家财百数十万,还赤着足在街上走。

就商店的组织法来观察华侨的营业,个人商店很是发达,其原因就是上面所说的"勤俭耐劳"4个字。因为勤苦努力,自然克奏肤功;即不幸遇敌小挫,而始终不屈,死力奋斗,也可以转败为胜。至股份公司,则觉得衰弱,其病端或许是人才缺乏所致。间有由少数之资本家为中心所组织的公司,信用略好,比较的有起色,其余则不足观也已。因为公司组织缺乏人才,所以对于商业上的补助机关,也联带没有起色。如银行、保险、航运种种机关,不特比不上欧人,就是日本人的都比不上。

近来华侨对于各种商业补助机关,算能急起直追亡羊补牢,各大商埠华侨均设有银行。兹举其著者如下(据民国十五年调查):

行名	总行所在地	资本总额	实收资本	分行数
中南银行	上海	国币2000万元	750万	4
中兴银行	菲律宾	1000万元	560万	
华商银行	新加坡	400万元	100万	

四海通商银行	新加坡	英币200万元	200万	2
华侨银行	新加坡	2000万元	525万	4
和丰银行	新加坡	2000万元	400万	6
利华银行	新加坡	1000万元	156万	
万兴利银行	槟榔屿	300万元	300万元	
岑都巴辖银行	岑都巴辖	200万元	200万	
巴达维亚银行	巴达维亚	荷币300万盾	100万盾	
中华银行	泗水	300万盾	203万盾	
黄仲涵银行	三宝垅	400万盾	400万	
马妙泉银行	三宝垅	100万盾	100万	6
中华商业银行	棉兰	100万盾	100万	

总计以上银行14家，资本总额约占国币一万万元。最近各埠华侨之经营银行业者，年有增加，其他保险公司、航船公司，也逐渐发展，将来可望大有起色也。

山僻之区，华侨之经营小商店者，多以贩卖杂货为主，其取息颇丰。如在新几尼亚沿海一带，用5仙钱的纸卷烟一包，可换价值数盾的椰子百余只，小刀一把，可换极值钱的极乐鸟羽毛10枝。从前有一华人，因为看见土番喜欢把小石穿成连珠，挂在颈下，便运到很多有色的玻璃珠去卖。果然土番十分欢迎，不到几久，玻璃珠卖完了，那华人就赚了3000多金。

华侨在各属乡间，除经营小商店之外，还有一种卖布或卖杂货的肩挑商。他们到那乡间去卖货物，有时还把金钱借给土人，取息也颇优。在爪哇乡间，借债2盾5角，每天偿还1角，一月还清，总计共还3盾，除了本钱2盾5角，还得着5角钱的利息。不过这些商人总要在已经开辟的地方去营业，若是还没有开辟的地方，如西里伯、婆罗洲内部，土番凶恶，他们就不敢去了。

在各属腹地经营小商店，取利虽然颇丰，可是有时也会遇到危险，因为僻远之区，山番凶恶的缘故。从前在新几尼亚有一个华商，和土番买一只小羊，因相差小洋1角，彼此争执。后来那土番竟邀集多人，把这位华商连他的妻子三人一并杀死，把店里的货物一概劫去，残忍极了。而该地离商埠又远，等到警察到来，凶首已逃之夭夭。又苏岛西岸的亚齐土番，也很横蛮。有一次在该地的华人商店里，来了一个土人，买1仙钱的货物。华人把货给他之后，接过了他的1仙钱，就投在柜里。哪知那土人竟谓他给的是半盾银币，坚要华人找回49仙；华人不肯，那土人也邀集许多朋友，把华人大殴一次，可见山番性质的野蛮了。

现在转谈华侨小商店经商的法子。凡小商店向批发商买办货物时，多不兑现，账目约限一月或两月还清。他们把货物卖给土人收了款项之后，再去完账不迟。因此，华人做小生意开零售商店，虽然没有本钱，也可以做得起来。大概华人很富于乡族之谊，对于同乡或同族，都能彼此互助。所以赤贫的华人，如果信用好些，便立即有人帮忙，助其发展。

再就华人大小商店之关系论之。小商店的资本虽然比不上大商店的这么雄厚，可是华侨的大商店能够在南洋任展施为，完全是小商店做了台柱的缘故。这种关系好像戏台一样，戏台上面能够作大舞台，完全靠着下面的柱子扎得稳，如果柱子扎不稳，那舞台便要立刻倒下来。华侨大小商店的关系，就同此一样。前菲律宾政府看见马尼剌市上的米业，完全由华商操纵，立意要推翻这种势力。以是拿出了好几百万元，叫菲人开设个大公司，经营米业，与华商对垒。论他的资本如此雄厚，不难打倒华商，可是不到几久，那公司便自行歇业了。这是什么缘故呢？都因小商店影响所致。菲人虽开设了大公司，可是没有小商店替他销货，周转不灵，自然支持不住。华人的米店便不同，所有小商店都是自己人，自己人当然代销自己人的货，周转如流，台柱稳固，所以终占优胜。

台柱的关系已如上述，可是这种情势，最近已被菲律宾人和日本人看出了。那两种人近年来很着力于小商店的建设，尤其是日本人，进行得非常利害，很想把各处华侨小商店的位置夺而有之，处心积虑，非一日矣。将来此辈正是我们华侨之劲敌也，幸同胞及早预防之。

第八章 劳 工

> 百工俱备之华侨劳工
> 幸运劳工之可羡
> 猪仔生活之可怜
> 香港汕头为猪仔批发地
> 勿里洞矿场劳工之状况

南洋华侨的工业，在种类上面看来，几乎百工都齐备了。鞋工、裁缝工、金银细工、冶铁工、矿工、汽车修理工、钟表修理工、园艺工、泥水匠、洗衣工、刺绣工以及各种制造工，应有尽有。其中以矿工居多数，矿工之中，又以锡矿工人为最多。

华侨劳工的生活都很简单，吃的住的穿的均不好，而且很有吃苦耐劳的精神。在南洋各属，普通的劳工每月总有五六十金的出息。如果能够勤俭，自然能存积多少；如果不能勤俭，或好赌或吸烟，那就空无所有了。南洋华侨工人较商人好赌，上面所述的"寿世德"、"金兰会所"，都是工人聚赌的地方。工人能够立即发百万千万的，就是锡矿工人，但是生活最恶劣终身为人牛马的，也是锡矿工人。现在把这两别的劳工生活状况，述之如下。

马来半岛西海岸的锡矿，为世界著名之锡场，在那处开矿的华工，自然不少。华人在该处取矿，可以自由开采，虽然要经过投税的手续，可是经过一次投税之后，不论那矿苗如何丰富，都归你自己份下所有，政府不得再行剥利。所以到该处采矿的华人，起初替人作工，过了若干时日，积有些钱或贷借一些款项，就可购地开采。偶然得了矿苗丰富的地方，立即可以发百万千万。这算是最有幸运的矿工了，向来在这里发大财的华侨不在少数。

但是在苏门答腊东海岸及其附近的矿工，便大不相同。不特不能发财，甚至终身为奴，万劫不复，这就是生活最恶劣的矿工了。这种劳工，雅言之则为契约工人，俗言之则为猪仔。呜呼！人而称为猪，则其卖身为奴，不言而喻矣。

南洋华侨最痛之史，为上述三大惨杀案（见第三章）；南洋华侨最痛之业，则为猪仔一途。痛史为已过之事，痛业则尚未解除之疾也。猪仔最多的地方，是在苏门答腊东海岸的农场内，和苏岛附近邦加岛一带锡矿场中。经营农场和锡矿的是荷人，里面作工的除了少数马来人外，大半就是华工。这类华工，是由华工头秘密到香港汕头招来的，其招致的手段，恰似猎人安排陷阱，捕捉山猪一样。

工头在汕港招工，先暗设机关，派人主持其事，主持其事者则用其诡计以诱人。碰着有华人说要出洋谋生的，他即给你十元八元零用，并许你一同到南洋去发财，说得非常甜蜜。智识简单的少年不知什么东西，相信了他的话，便乖乖的被他骗到猪圈里去了。

那主事人如果诱了一只猪，可得 100 元的赏金，十只猪可得千元，百只万元；

做了几帮生意,立可腰缠万贯!

工人到了猪圈里,一切举动都由工头指挥。工钱由工头发给,零用由工人赊借,买东西要由工头剥利,工头并要强你赌博。原来照契约应以3年为期,满期后则任工人自由,不能再留难了。无奈工头三抽四剥,虽然满了3年,到最终结算,除去工金以外,还要赊欠工头一笔大债。债已不清,人不能走,只得再做。所以猪仔的契约虽是3年,而工头的法术就可以使你做至6年、9年、12年,以至无穷年!

若说到待遇一层,那更惨无人道了。工人有病,工头不加体恤,还要强迫你去做工。不去呢,他就用皮鞭来抽打你,不由不去。你若是敢抵抗,那工头便如狼似虎的来杀你,打死了可不必偿命,这是殖民地工场里应有的私法。你如果乘夜逃走,他便四处去截你,被他截回时,就要把你活活的埋在地下,抑或抛到海中饱鲸鱼之腹,有的被他绑在树上活活的打死。哎哟!像这种的待遇,还有丝毫人道吗?

兹为明了猪仔场中之生活起见,将杨君百怀所记勿里洞矿场概状,节录如下:

勿里洞采矿场,合计有五十余所,工头由华人充任之,其下有龙帮头(分段采矿者)、带工(督率工人者)、亲丁(管理钱财出入货物买卖者)、财副(理簿书表册者)等职。矿工悉用华人,大工头四五百名,小工头百数十名。其招致华工,闻系无契约,私到香港、汕头暗设机关,牌名"孚通客栈"。大约每客一名,在港汕只给银十元八元,其船单食用,由客栈包足,运到埠时,每名新客,向公司领回荷银100盾,约可获赢利一倍。主持其事者为郭冉麟,数年来郭冉麟即拥资20余万,面团团作富家翁,但同胞血肉身躯,为其经手断送者,不知几千几万也。

工约限期3年(即满36个月),工银新客每月7盾5方。二冬客(即第二年)每月9盾,三冬客每月18盾,年发一次。平时需用概向工头借出之,利息加三(即借1盾账部记银1盾3方,贪黩者更以7角作1盾,实不止加三矣),货物亦向工头赊取,比较寻常商店价率,常昂一倍以上(如茶叶一包向商店现买,不过1角2仙,与工头赊取账部即记2角5仙,余若火柴、红烟、水衫裤等均须向赊,利率称是)。出大粮时,由工头悉数先扣,惟起工及度岁,每名准借5盾,是向公司领取,则免利耳。每日做工8点钟,星期无放假。每月做足30工者,例加2日工银;其不足26工者,须扣除5日伙食,每日该银2角5仙。

数年前有一处矿场,因掌水机之荷人一时失慎,致大水暴涨,矿窿淹没崩陷,华工遭压塞惨死者36人,该矿场亦即停闭。后经商务总会与荷人交涉,始由总公司按名补回恤款银100盾。呜呼!华工之命,亦云贱矣!

看了上面各段,可见猪仔生活之困苦。除此之外,还有一种东洋车夫,生活也很恶劣。在暹罗和马来半岛一带,有很多华人做这种苦役。他们在烈日如蒸的道路上,一面挥汗,一面拉车,有时候还要遭土人斥辱脚踢,比较爪哇的马来驶车夫,十二分的比不上。这种劳工虽然不同猪仔一样,没有失掉自由,可是看见他们辛苦的生活，也是很可怜。

　　总之，南洋华工可分为3种说法。一为契约劳工，俗名猪仔，堕入地狱，永无超拔，最惨痛之劳工也；二为车夫及非契约之矿工，辛苦终身，幸运来临，或有出头之一日，千劳一逸之苦工也；三为平常劳工，即金工、木工、裁缝工等类是，生活平淡，勤俭不辍，衣食可以不虑，此中等之劳工也。以上3种相较，应以猪仔一类为最可怜，其境遇恰与从前美洲之黑奴相等。然而美洲之黑奴，林肯怜之，世界人怜之，卒获解放，终离苦海；而南洋之猪仔，则无人怜悯，解放无期，苦海深渊，万劫不复，死者自死，来者自来，旧鬼新魂，前后相望，可悲也夫！

第九章　居留待遇

居留政府之种种苛待
土人之排华风潮
华侨地位之今昔观
欧人托拉斯之垄断
日人小商店之抢夺

"飞鸟尽，良弓藏；狡兔死，走狗烹……"这是范蠡告诉文种的话。南洋华侨虽然大有造于南洋地方，但是等到地方开辟了，所谓功劳便不算一回事，所以各属的政府对于华侨，就有许多无理的待遇。兹分类申之如下：

（一）登岸之留难　华人之往南洋，登岸时必由医生检验，几成为各属之惯例。此外还要你的登岸税，并要你的担保人等等。上岸验查，极其严密，如果稍有怀疑，便立刻要把你拘留起来，其苛待有如此。入口税各属不同：荷属100元，暹罗6元，安南5元，葡属10元。英属与菲属无登岸税，惟检查之周密，则与各属等，尤以菲属为甚。近年有所谓验臭头、验大便之举，华人登岸时，要给他看看头上有无癣疥，还要给他放一次大便，看看有无微生虫。故意留难，藉端捣蛋，真是恶作剧了。

（二）法律待遇之不同　南洋各属地的法律，是有多种的，对白人是一种，对土人是一种，对黄种人——中国人又是一种，那实在很不公平了。尤其是荷属地，他那边的法律，定欧洲人和日本人为一等民族，土人为二等民族，华人与阿拉伯人为三等民族。呜呼！以堂堂中华大国民，彼竟视为无物，与亡国之阿拉伯人受同等之法律待遇，耻孰甚欤！

（三）税务之苛抽　各属地政府对于华人所征的税项，除入口税之外，每年还要纳居留税和营业税，有的又要纳住屋税、家私税、器具税。原来欧洲各国对于南洋殖民地，均采"惟利是图"的主义，苛抽暴敛，又是他们唯一的政策了。

（四）行动之干涉　华人行动常不自由，遇有开会，辄被干涉。1927年，新加坡华侨因孙总理诞辰，开会庆祝，被军警围捕，枪杀华侨十余人。又同年荷属婆罗洲生瓦生瓦埠，华人因在国民党部内开会，荷警前来干涉，致起冲突，结果华人被荷警杀伤数十人，其余被荷官吏驱逐出境者甚多。于此足见居留政府压迫华侨之一斑了。

（五）教育之限制　各属地限制华侨教育极严。英、荷两属的华侨学校均须向居留政府注册；英属且设有视学员，视察华侨各校，华人奉之为太宗师。暹罗与法属亦须注册，暹政府且迫华校每星期须授暹文3小时以上，校长须聘暹人充之，教员须懂暹文，如不懂者勒令出境。就各属地待遇华校之手段比较之，暹罗可谓至坏，较和缓者当推菲律宾一属，无须注册，且帮助华校抽收货捐，以助经济。

各属地政府办理华侨的事务，英属有华民事务所，以英人主其事，华人称之为正堂官，以华人助理其事，华人呼之为副堂官。荷属有汉务司署，其长官亦以荷人充之，此外又设有玛腰、甲必丹、雷珍兰、默氏各职，则以华侨之有声望者充之。菲属亦有甲必丹之制。暹罗与法属则授权于帮长以管辖华侨，所谓帮长，有广帮、潮帮、客帮之分。以上所有甲必丹、帮长之属，虽为华人，但能够保护同胞者甚少，狐假虎威欺侮同胞者，比比皆是也。

第十章 结 论

侨务改善之先决问题
取消苛待条例及废除猪仔制度
一方须自谋团结
一方藉政府援助

在海禁未开以前，我国人士不知有南洋华侨也；即知之，亦不甚注意。海禁已开以后，国人之谈侨务者渐多，且有大声疾呼，思所以扶植之联合之促进之者。盖南洋有五六百万之华侨，足当我国一行省之人数；而地大物博，人民殷富，又较中国任何一省为优。我国革命之起源，内地经济之抱注，借助于南洋华侨者至多。其关系已如此重要，则宜乎吾人之注意而研究之也。

华侨不特勤于创业，并且勇于通财，凡祖国举办公益事业，华侨莫不踊跃捐助，立汇巨款，其好义如此，令人敬佩！然而浅识者且曰："南洋华侨，徒拥有金钱而已！"不知南洋华侨，除金钱之外，仍有极大之价值在。以地理言之，南洋各岛屿星罗棋布，无虑万千，到处莫不有华侨之足迹，则其拓殖之能力，实不减白人。以历史言之，则马援南征，法显南游，千余年前已树南进之基础，则航海梯山之胆魄，亦不让白人。惜乎人民乏团结之方，政府无援助之策，至于今日，遂至先民伟绩悉付东流，碧眼黄髯后来居上，临风怀想，感喟何如！

兹者，各地华侨皆有社团之结合，而国民政府亦有侨务局之增设，一方能自谋团结，一方得政府之扶助，实幸事也！惟今后侨务，万端待理，其较为重要者，则当以取消种种苛待条例，及废除猪仔制度为先决问题。总理遗嘱有云："……最近主张开国民会议，及废除不平等条约，尤须于最短期间，促其实现，是所至嘱！"今日南洋各属之苛待条例，乃不平等之条约也，而猪仔制度尤为惨无人道，非急急废除不可。此种拯救侨民疾苦之宏愿，不能不希望国民政府当局毅然决然，负责实行者也。

然就改良待遇而言，一方得政府之援助，一方又须侨民之自行团结，合群一致，努力进德，刷新教育，抖擞精神。必如是，方易达到改善之目的。

今更进而论之。自欧洲大战以还，南洋华商所处之地位，大有沧桑之感。综其变迁之点，约有五端。一为承办捐务之取消。欧战以前，南洋各地正在开辟，白人治理是邦，事事皆赖华人为手足，所有捐税，如酒税、烟税以及各种杂税，多给华人承办，华人因此多获厚利。今则不同，地方升平已久，所有税务多由白人直接征收，而华人反无利可取。此不同之点一也。二为营业税务之苛抽。欧战以前，各属地政府为使其殖民地繁盛起见，对于华商征税颇轻。自欧战后，征税极重，苛征暴敛，名目至烦，而各地之华商因苛税关系，皆有立足不稳之叹。此不同之点二也。三为欧美托辣斯之垄断。欧战以前，欧美托拉斯尚未侵略到南洋各地，今则大舞其长袖于南洋矣。如暹罗之木业，昔为华人所独操，今则为英人之托拉斯所垄断矣；

如爪哇之糖业，昔为华商所独占，今又为欧美之托拉斯所垄断矣。昔日华商大规模之营业，今已次第为欧人所揽夺。此不同之点三也。四为土人智识之进步。往昔土人笨蠢如牛，华商之经营于南洋，无人相与角逐，操纵自如。今则不同，通都大邑之土人，其智识与华人等，甚且作为经济独立之呼声，开设商店，与华人争利矣。此不同之点四也。五为日人南进之揽夺。往昔日人之在南洋作商者寥寥无几，其比较惹人注目者，不过姣小洁白之娼妇而已。近今则不然，昔日之娼妇，已于前数年由政府出资扫数遣回，而换以短小精干之商战队矣。今者大小商埠，皆有日人之商店暗中揽夺，大有鸠居鹊巢之概。我华人如不及早绸缪，则前途甚为可虑。此不同之点五也。综此五端，足见华商情势，已经一大变迁。潮流日亟，来轸方遒。华侨！华侨！将如何挣扎图存欤！将如何团结奋斗欤！

（上海：商务印书馆1930年12月发行）

南洋华侨与闽粤社会

陈达 著

目 录

引言 …………………………………………………………………（156）
第一编 华侨社区：传统的生活方式及其变迁 ………………………（162）
  第一章 环境 …………………………………………………………（162）
    一、地理的影响 ……………………………………………………（162）
    二、人口与社会环境 ………………………………………………（164）
    三、心理环境 ………………………………………………………（172）
  第二章 社会变迁的原素 ……………………………………………（174）
    一、我国近年的社会变迁 …………………………………………（174）
    二、社会变迁的主要趋势 …………………………………………（176）
第二编 社会变迁的一个原素：移民的影响 ………………………（191）
  第三章 生计 …………………………………………………………（191）
    一、生计的模型 ……………………………………………………（191）
    二、非华侨社区的生活概况 ………………………………………（194）
    三、华侨社区的生活概况 …………………………………………（197）
  第四章 衣食住 ………………………………………………………（206）
    一、华侨家庭与非华侨家庭的拣样调查 …………………………（206）
    二、家庭入款 ………………………………………………………（207）
    三、家庭用费 ………………………………………………………（208）
  第五章 家庭与婚姻 …………………………………………………（221）
    一、家庭的组织及其功能 …………………………………………（221）
    二、家长的权力 ……………………………………………………（225）
    三、妇女的地位 ……………………………………………………（227）
    四、孩童的地位 ……………………………………………………（227）
    五、财产的分配 ……………………………………………………（229）
    六、婚姻与家庭的关系 ……………………………………………（230）

七、南洋华侨的婚姻 …………………………………………（233）
　　八、移民对于家庭与婚姻的影响 ……………………………（236）
第六章　社会觉悟 ………………………………………………（238）
　　一、治安 ………………………………………………………（238）
　　二、都市化 ……………………………………………………（241）
　　三、交通 ………………………………………………………（246）
第七章　教育 ……………………………………………………（255）
　　一、教育的目标 ………………………………………………（255）
　　二、华侨社区内学校概况 ……………………………………（261）
　　三、华侨社区的学校与非华侨社区的学校 …………………（266）
　　四、南洋华侨社区的教育 ……………………………………（268）
　　五、移民对于家乡教育的影响 ………………………………（271）
第八章　卫生与娱乐 ……………………………………………（273）
　　一、华侨社区的普通疾病及其治疗 …………………………（273）
　　二、非华侨社区的普通疾病及其治疗 ………………………（279）
　　三、南洋华侨的普通疾病及其治疗 …………………………（280）
　　四、个人闲暇的利用 …………………………………………（282）
　　五、节令时候的娱乐 …………………………………………（285）
　　六、华侨对于故乡卫生与娱乐的影响 ………………………（286）
第九章　信仰 ……………………………………………………（289）
　　一、信仰与农民的生活 ………………………………………（289）
　　二、关于治安的信仰 …………………………………………（291）
　　三、关于职业的信仰 …………………………………………（293）
　　四、关于嗣续的信仰 …………………………………………（295）
　　五、关于生活状况的信仰 ……………………………………（298）
　　六、其他的信仰 ………………………………………………（298）
　　七、信仰的变迁 ………………………………………………（300）
附录 ………………………………………………………………（303）

引 言

在历史上我国的沿海居民，偶尔有迁移的运动，例如浙闽粤的滨海村庄，贫穷而勇敢的少年往往因各种理由渡海谋生。近来欧美有些国家，虽施行移民律，禁止或限制我国的迁民[1]，但我国的海外迁民，业已散布于地球上 50 余处。以数量论，由我国迁出者和在居留地生长者合计之，总数约 1000 万人，内中有中国人 1 万人以上的区域计有 22 处[2]。这大量的人数，与我国自然发生好几方面的关系：（1）有些迁民与家乡尚有联络，因各种理由将其积蓄的一部汇回家乡。此项汇款对于家庭经济及国家经济（如国际贸易的平衡）发生何种的影响？（2）因迁民的关系，我国对于国际的问题近来渐形复杂，例如外国政府或资本家向我国招募工人发展其属地或殖民地的自然富源等。我国对于华工应募出国应取的态度及办法如何？（3）有些迁民于寄信回国或于回国游历时，常把新得的知识和经验向我国介绍。他们这种活动对于我国社会的现代化发生何种影响？（4）迁民出国，对于家乡的人口压力，是暂时的还是永久的减轻？对于家乡的经济与社会状况，是否有适当的改善？对于文化是否发生多方面的变迁？

对于上列问题的研究，我国近年来渐有人加以注意与努力。同时太平洋国际学会于研究生活程度时，把移民当作可以影响生活程度的一个重要原素。当 1933 年该会在加拿大本府（Banff, Canada）开会时，国际研究委员会关于生活程度拟定具体的研究计划，希望各会员国斟酌实际情形，努力合作[3]。

中国太平洋学会选定移民为研究的问题之一，并约著者负责进行，其主要结果见于本报告。我国的海外迁民年代既久，范围亦广，已略如上述。我们因人力财力及时间的限制，当然不能作全部的研究，因此我们对于研究的范围作如下的规定：（1）迁民区域限于太平洋，且目下尚有迁移的潮流，而迁民的数目比较是大量的。（2）一部分迁民尚与祖国维持关系，且有时寄款回国或本人偶尔回乡者。按上列条例，我们对于迁民作拣样的研究，选定广东的东部（潮汕区）及福建的南部（漳泉区）为研究范围。汕头与厦门在政治上虽分属两省，在地形、语言与民风看来，应属一区。以移民运动论，两区间彼此有相互的关系与影响，其势不能分离。粤东与闽南的沿海村镇，有许多区域是南洋[4]迁民的家乡。即以我们的经验说，足迹几达 10 县（见附录第 A 表），而有些迁民区域，因各种理由尚未在施行范围以内。譬如南洋的迁民中，客人占有相当的重要位置，但本次的旅行仅包括饶平一

---

[1] 凡由中国迁出者谓之"迁民"，在居留地生长者谓之"侨生"。凡南洋的华侨社会实包括"迁民"及"侨生"，或总称为"海外中国人"，或简称为"中国人"。按本书的定义，"华侨"即是"海外中国人"的俗称。

[2] 陈达：《人口问题》，第 355 面，第二版，上海，商务印书馆，民国二十四年。

[3] B. Lasker & W. L. Holland (editors)：*Problems of the Pacific*, 1934, P. P. 476 – 478.

[4] 所谓南洋，指太平洋西部印度洋东部的半岛及海岛，如菲律宾群岛、台湾、东印度群岛、马来亚、暹罗、印度支那等。

县，那是客人与本地人杂居的县份，实是客人南迁时一个驻足的地点。

在这 10 县之中，我们的观察是普通的，有些乡村或是全部未曾旅行。不过在有些乡村，迁民人数较多，历史较长，迁民对于家乡有比较显著的影响，我们把这些乡村选出作比较精密的访问：在闽南有华侨社区甲与乙，在粤东有华侨社区丙。甲在厦门东北，三村相连，其地临海，自厦门坐小汽轮一小时半可达，共有人口约 4500 人；产著名南洋华侨一人，近年来对于家乡作种种的设施。在普通情形之下，迁民对于家乡的设施，往往是华侨的共同努力；但遇非常之人，虽一人亦能发生多方面的变迁。我们选定甲区，所以表示一人的努力，对于家乡社会的各种影响。乙在厦门西北，其地临海，自厦门坐小汽轮经两小时半可达，为一大姓所居。同宗有许多人在近 100 年以内，不断的往南洋迁移，但亦随时有回乡者。我们选定乙区，所以表示一族在航海以后，如与祖国尚有联络的话，能对于家乡的族人发生复杂的影响。同时我国家庭制度的势力，有许多方面尚能在乙区表示出来。丙在汕头东北逾 60 里，计 7 乡 1 镇，俱相毗连。在此区域之内，各姓的住户俱有，虽有数姓是比较人丁旺盛、有财有势的。最近 100 年以来，此区往南洋的人数及随时回乡的人数甚多。

南洋的迁民运动，在我国历史是有潮流的，这些历史的潮流不在本书范围之内①。但末次最重要的潮流，实在轮船航行以先，那时候我国往南洋的迁民，都赖帆船。以粤东论，丙区是当时往南洋最早的区域之一；自那时到现在，其潮流是大致绵延不断的②。我们选定丙区所以表示该区的组织，不是纯粹的宗族社区，为一大姓所统制的；乃各姓杂居，其组织不专尚血统而渐趋于地域与邻居的观念，因此在丙区我们可以观察不同姓或不同血统的迁民，对于家乡的影响。

区域既定，著者从事选定调查员，让他们在每区住下，由著者指导调查。在粤东与闽南的实地调查，除家庭预算（详后）外，约自民国二十三年 9 月至民国二十四年 4 月，但各地的调查不是同时举行的。

直接调查的工作分类如下：（1）侨民家庭访问表：内列问题 12 个，分 64 项，每项之下有若干细目。调查员经乡村领袖介绍后，对于各界人士的友谊渐深，对于地方的情形渐觉熟悉，然后持表向各家访问，将答案录入表中，计在甲调查 182 家，乙 224 家，丙 942 家。每区调查员人数不一，自 4 人至 7 人，所住时间约自 4 星期至 10 星期。

（2）专门问题调查表：有些问题因内容复杂，须每题订定表格以便得比较详细的材料，如土地的利用，学校、公路的建筑及运用等。这一部分工作，有些亦是很费时间的。譬如关于学生的调查，我们共散发简单式的表格 4 万份，分给各华侨社区及非华侨社区的学生，以便调查华侨学生的人数，及华侨对于家乡教育的

---

① Ta Chen：*Chinese Migrations*；Chapters 1，3，4，5，6，7。

② 次于此区者有庵埠，因该处最早往马来亚的迁民自 1823 年开始。Song Ong Siang：*One Hundred Years History of the Chinese in Singapore*，1923，P. 19.

影响。

（3）杂项资料的搜集：除上述有系统的表格以外，我们还搜集与本研究有关的各种资料，由著者拟定项目单一份，分给调查员。每调查员备有笔记一本，于谈话中或刊物中得有适当材料即行录入。这些资料含有复杂性，例如迁民信札、批馆、募工的办法与概况、著名迁民传、风水、著名的副业、天灾等。

（4）通信：凡我们在调查时所得的材料，如以后发现错误，我们用通信法请求当地专家更正；在调查以后，如发现某项材料的脱漏，我们亦用通信法补入。

关于材料的搜集，除上列数端外，我们还利用各种刊物，如政府报告、书籍、小册子、杂志论文及新闻纸等。本书的材料虽大部分是自己搜集的，实亦包括他种来源如前所述，因此形成一种综合的研究。本书内容以叙述为主，因此对于统计数字，不论是自己搜集的或是现成的，未曾大量的采纳。统计材料的大部归入本书附录中，作为参考之用。

离丙区约60里，我们选定非华侨社区一处，计有相连的两村。本区因距丙区不远，所以地理及社会环境与丙区（除迁民外）相差不大，因此可作比较的研究。在非华侨社区的工作，和上述的计划一样，惟调查员所用的表格，加以适当的修改，以期与非华侨社区的情形适合。例如关于家庭访问表，删去下列项目：（1）南洋华侨对于中国家庭的影响；（2）归国侨民对于南洋的知识和经验；（3）家宅中的外国影响等；加入下列项目：（1）区内迁民稀少的理由；（2）区内的主要职业及副业；（3）华侨区与非华侨区内生活习惯的异点。本区共调查非华侨家庭572户。

关于华侨社区及非华侨社区的比较研究，在可能范围内按性质分类举行。关于有些项目，需要长时间的观察，才能搜集适当的事实，以资比较，例如衣食住及杂项的种类，消费量及费用，通常所谓生活费的研究。我们在华侨社区丙及非华侨社区，每区选定100户，按家庭的经济状况及社会地位分成上中下贫四等。在每区指定居住多年熟知本地情形者一人为调查员，调查员及其助手按时向所选定的住户访问，大概每月每家去访问3次，将访问所得材料录入表册，即"家庭预算表"，（共计表7200份）以一年为期，计华侨社区的住户自民国二十三年10月至二十四年9月，非华侨社区的住户自民国二十四年3月至二十五年2月。此项材料的主要部分见本书第四章，对于华侨家庭与非华侨家庭的生活费用，作概括的分析。

前述比较的研究，实是本书的主要任务之一。我们虽然注重华侨社区，但于可能范围内将非华侨社区的有关材料提出比较，由同点或异点来推究其原因及对于社会的影响。有些项目缺乏适当的比较材料，有些项目没有比较的必要，因此不是每个项目都有比较的，但比较的原则是一贯的。

我们不止是拿华侨社区与非华侨社区相比，并将华侨社区与南洋的华侨社区相比，因此比较的研究是三角式的：华侨社区、非华侨社区及南洋的华侨社区。为要寻找关于南洋的材料，著者于1935年头3个月在南洋各处旅行，经荷属东印度、英属马来亚、暹罗与法属印度支那，以便对于各处的华侨社会作实地的观察。我们旅行的路线，是于可能范围内，依照粤东与闽南华侨社区（甲、乙、丙各区）所迁出的人民，并得其族人、邻居或亲戚的介绍，因此得着一种友谊的联络，以便观察华侨在南洋的生活，及研究他们对于家乡的感想、态度或建议等。著者关于南洋华侨所搜集的材料并非全部的，但只以与本研究的性质有重要关系者为限度，凡南洋华侨对于家乡所发生的影响，不论物质的与非物质的，都在范围之内。

本书的主要内容是南洋华侨对于家乡所发生的影响。这些影响当然是复杂的，是对于整个社会生活发生了变迁的。关于这些变迁，特别是原因与影响，我们愿作分析的尝试。闽粤的华侨社区，有它的生活方式（Mode of Living），如本书各章所叙述的。这种生活方式的形成与变迁当然有许多原素，但南洋的迁民实是主要原动力之一。我们的任务是要对于下列各问题，于可能范围内寻找适当的答案：闽粤的沿海村落，在历史上何以连续不断的有向南洋的迁民运动？这些村落何以形成它们的生活方式？这种生活方式怎样的发生变迁？对于生活方式的形成与变迁，南洋的迁民发生何种影响？这些影响的量与质，在闽粤的华侨社区里如何表现出来？

据我们的看法，所谓生活的方式（Mode of Living），是人群对于环境的适应与顺应，那是三方面的：即地理的，社会的，心理的。自然环境有时候对于迁民供给适当的激刺，如沿海的便利、天灾的流行或土壤的贫瘠是。社会环境包括社会的治安、职业的选择与改变、教育的设施、卫生与娱乐的设备等。易辞言之，凡人对于谋生的努力，及对于维持人与人间的各种交互动作与共同行为，都在范围之内。如果对上述两种环境有适当的调适与顺应，人群的生活对于理智就有适当的发展；但对于情感的发抒尚有欠缺，因此本研究尚有对于心理环境的探讨，如信仰与崇拜。三方面的调适与顺应，实是整个生活方式的表现。

这种看法当然不是狭义的生活程度的研究，虽本书第四章业已对于生活费作粗简的分析，因我们承认，生活费不过是生活方式的一部，即对于广义的生活程度的观点，亦难得一般人的同意。以美国的情形论，有些社会学者和经济学者对于生活程度有较宽广的见解，因此和我们的意见相近，但不是完全相合。有些社会学者对于生活程度的定义如果加以扩充，可以和我们的意见接近，例如社会学教授第万恩（E. T. Devine）氏对于"标准的生活"（The Normal Life）的见解。据氏的观点，一个人从出生到老死，要能得到适当的抚养、职业、教育、宗教、娱乐等等，并要能将生活标准超过于其父亲的标准为企图[①]。经济学教授斐尔德（J. A. Field）氏，对于生活程度（Standard of living）的解释，和我们"生活的方式"（Mode of Living）的涵义大体相似。氏所谓"发展的原素"（The Expansion Factor）实指人们于经济的需要满足之后，将他们的欲望向"卫生、生育、合作、团体关系"等方面扩充[②]。

和上述两意见相似，但不完全相同者，是我们的建议：我们以为人类的生活是

[①] Edward T. Devine：*The Normal Life*：(Second edition) P.P. 1 – 8；193 – 4.
[②] J. A. Field：*Essays on Population*：XV (outline of standard of living course)，P. 391.

对于环境施行三方面的调适,这三方面的调适就是生活的方式。

据本书的观点,书内各章所描写的(如上所述)是生活方式。对于这方式的形成及变迁,南洋华侨有多方面的影响。其影响的量与质,当随性质而有差异。但人们对于这种生活的方式,不一定是完全满意的,因此他们或有改善的期望。这些期望是主观的,可以称作"生活程度";对于这种工作,本书未有系统的分析①。

我们这种尝试,既不是一般的经济学者或社会学者对于生活程度的看法,所以我们在本书里,只把南洋华侨对于家乡所发生的各种影响贡献几种事实,并提出若干应行注意的问题。在有些方面,我们的事实是不充分的,内容的分析是不完全的或不彻底的,因此我们对于本问题的研究,目下只能认作初步的工作,对于问题的整个,目下不能得着若何的结论。

不但如此,我们的研究对于国际的比较亦无适当的贡献②,因为我们注意于生活方式的形成与变迁,所以关于社会原素及社会力有相当的分析与描写,以便探讨生活方式的组织、过程、演化与变迁,但对于生活方式的内容,未作分类或测量的尝试。本书第四章虽对于生活费供给些测量的资料,但因消费习惯、实际工资、币制、民风等,一国之内或各国之间互有不同,因此凡欲引用此项材料作国际的比较研究者,必须格外审慎。

著者拟定研究计划之后,征求国内外对于本问题有兴趣的学者批评与建议,前后所得意见(口头或书面)甚多,势难尽举。但其重要者如下:在国外有派克教授(Prof. R. E. Park, University of Chicago. U. S. A.),安达姆司教授(Prof. Romanzo Adams, University of Hawaii, Honolulu, T. H.),格立克君(Mr. Clarence Glick, University of Cincinnati, Cincinnati, U. S. A.);在国内有陶孟和先生(社会科学研究所所长),陈受颐教授(北京大学),陈序经教授(南开大学),刘士木先生(南洋问题研究者),吴文藻教授(燕京大学),吴景超教授(清华大学)等。

在实地调查进行时,有许多机关和个人热心赞助,特别是:广州中山大学、岭南大学、潮安中学(潮安)、就正小学(澄海樟林镇)、厦门大学、集美学校(厦门)、安溪中学(泉州安溪县)、新江小学(漳州新安乡)等。为推进调查工作的便利,岭南大学伍瑞麟教授慨允为调查团副团长,中山大学傅尚霖教授、厦门大学徐声金教授为顾问。关于调查的接洽事宜及材料的供给,汕头海滨师范学校黄勖吾校长有多方面的协助。对于调查负一部分指导之责者有陈继平、陈观胜、倪因心诸君。家庭预算的调查,由郭复初君、卢明君分别指导。

著者在南洋旅行时,承蒙各方面厚待及协助,如各处政府、各处中国领事馆、华侨商会、华侨学校及许多对于本问题表同情的中外友人。

关于本书材料的整理,陈观胜君、倪因心君有长时期的帮助。当民国二十四年

---

① D. T. Eliot: *American Standards and Planes of Living*: P. 1.

② 关于国际的比较,其方法与事实的讨论及研究,参阅:International Labor Office: *Studies and Reports*, Series N, No. 20, *International Comparisons of Cost of Living*, Geneva, 1934. 关于国际比较的困难及问题,参阅: B. Lasker and W. L. Holland (editors): *Problems of the Pacific*, Ch. 4, London, 1934.

度至二十五年度，著者休假赴欧时，一部分材料的整理由倪君负责。在同时期，关于家庭预算各种统计材料的计算与整理，由陶孟和先生及其同仁担任，特别是郝纶先生及其助手。一部分的修正工作由史镜涵君完成。几种食品的分析，由厦门大学刘椽教授担任。

中国太平洋学会，特别由其干事刘驭万先生，太平洋学会，特别是研究干事贺兰德先生（W. L. Holland），对于本研究的发起与进行，自始至终有多方面的协助与鼓励。后述学会会员拉斯克先生（Bruno Lasker）对于本研究自调查至整理材料，贡献极有价值的意见与批评。拉斯克先生曾到粤东、闽南及南洋旅行，旅行时将观察及阅览所得录入笔记，其笔记的一部散见于本书各章。本研究的英文报告，亦由拉斯克先生编辑。

清华大学由校长梅月涵先生及评议会允许著者请假一年（民国二十三年度至二十四年度），以便对于本问题负研究的责任。本研究的材料，其大部分在清华图书馆内社会学系研究室整理，得着各种便利。中文报告初稿成于民国二十六年5月1日。其后著者继续草拟英文报告，直至7月27日夜间，日本军轰炸北平城及其附近，工作暂停。其后整理工作，在北平市内继续进行。英文初稿于11月1日脱稿，中文稿的修改工作亦于前期5日完竣。

本书中文稿成后，上海商务印书馆于6月间即接受承印，并交由北平京华印书局排印。7月末，华北战事发生，印刷无从进行。俟10月末旬，北平治安渐定，京华印书局经理张雄飞先生以最敏捷的手腕，用最经济的时间赶印本稿。著者于11月初旬离北平时，幸能阅看本稿的初校，以便对于文字及材料略事更易。至于本书的校对，由吴文藻教授及倪因心君担任。

对于上述的机关和个人，及曾蒙合作但未经提出的机关和个人，著者一律表示极诚恳的感激与谢忱。关于本研究的各种缺点，当由著者负责。

中华民国二十六年11月9日陈达序于北平市

第一编 华侨社区：传统的生活方式及其变迁

第一章 环　境

一、地理的影响

（一）山岭：闽南与粤东的陆路交通向称不便。虽其邻近地点无崇山峻岭，但粤北与闽西的边界上有绵延不断的山脉（即五岭山脉），此种山脉大势由西往东蜿蜒而行，隔断闽粤与中原的陆路交通，因此发生文化上的障碍。

以大势言，南岭山系从贵州往东即为其支系五岭山脉，盘踞于广西广东、湖南江西之间。五岭指大庾、骑田、都庞、萌渚、越城而言。越城岭在广西省全州与桂林之间；萌渚岭介于广西省贺县及湖南省江华县之间；都庞岭介于湖南省蓝山县及广东省连州之间；骑田岭介于湖南省郴州及广东省平石之间。大庾岭山势不高（最高峰约有3000呎），但山脉蜿蜒，所盘踞的地域颇大，其大部分在广东省南雄州之北，江西省南安县之南，俗称梅岭。

由大庾岭往东往北，在江西福建界上者有仙霞岭，在福建浙江界上者有武夷山，在福建境内者有梁山、太姥山等，在浙江境内者有括苍、天台、四明诸山。四明山入海为舟山群岛。由大庾岭往南在广东界内者有罗浮山。

以历史言，凡由中原入广东者，大抵以梅岭为陆路上的主要路线。但山路崎岖，旅行不易，因此长江流域与我国南部发生种种隔膜。即至近代梅岭尚是陆路交通的孔道，例如清乾隆五十七年（1792）英使 Lord McCartney 由广东往北京，还是取道于梅岭的。

在有些区域，大庾岭、仙霞岭及其他山岭山上尚有石级，可以行人；但山径狭窄，不便旅行，因此闽粤与长江流域间的陆路交通向来是不发达的。

（二）河流：潮汕与闽南是多山的区域，因此河流甚少，各河亦大致是急流的，往往不便航运。本区域内著名的河流，在潮汕有韩江，在厦门有龙江（或称九龙江），在泉州有晋江。

韩江上源有二：（1）梅江发源于大庾岭，在江西广东的界上俗名渡田河，其所经过的流域即旧嘉应五属。（2）汀江发源于福建长汀县苦竹山，经上杭县峰市入大埔，与梅江合流，称韩江。韩江的支流通民船，韩江自身的航运可用小汽船。自潮安以下，韩江流入平原，成三角洲，其范围包括潮安揭阳、潮阳澄海等处，面积约 600 方哩。韩江于汕头湾入海。

龙江上源有二：（1）北溪源出宁洋县大富山，南流经漳平与华安两县。（2）万安溪源出龙岩县长山，东南流经南靖县至龙溪县东南与北溪合，称龙江。东南流成三角洲，南有海澄县，东有思明县（大市为厦门），龙江于厦门湾入东海。

晋江的支流盘绕于德化县的山谷间，西支曰双溪，源出于横古山，东南流经安溪县；东支曰罗溪，源出于大峰山，东南流经永春县，至南安县西与双溪合流，称为晋江。经晋江县南成三角洲，东流入东海处曰泉州湾。

（三）气候：闽南与粤东有温和的气候。其沿海部分因常受海风，所以夏天不热，因有山岭所以西北风亦不常吹，因此冬亦不冷。夏时温度除非在三角洲，鲜有超过摄氏35度者（或华氏95度），而昼夜的平均约为摄氏30度（或华氏85度）。湿度是高的，因此植物与花果可以繁殖，惟于居民的卫生不甚适宜。山中气温较低，但山岭俱不高，因此亦不能十分减轻湿度。

冬天的温度很少降到冰度，在阳历1月约有摄氏7度（或华氏45度），例如泉州以北；或摄氏13度（或华氏55度），例如汕头以南。在离海较近的区域或在山中其温度当较低。

沿海各处多雨量，自阳历3月（或4月）至9月（或10月），每月平均得雨3吋，6月最多得9吋，每年平均雨量自60吋至80吋。

夏末的雨大致是由台风带来的。台风是回旋的大风，往往带来倾盆大雨。台风起于菲律宾群岛，由海面往西吹去，特别是夏末。夏末气温降低，回旋风因此发生，风的中心力是在气温最低的所在，约20哩左右，那是风力最大的区域。台风每小时行12哩，在海上似有一定路径，但不能预知。台风大体是海面的风，不常吹上陆地，偶尔吹上陆地如我国东南海边，那么往往发生严重的灾害。民国十一年有台风在汕头上陆，水高2丈，淹没生命与毁坏房屋无算，俗称"八二风灾"。有许多居民因财产或职业的损失，受迫而离家往南洋别谋生路〔详见第二章二（二）4〕。有一位人类学家描写这次风灾的实况说：

> 台风近厦门时，有轮船一艘，重4000吨，完全失踪；又有轮船一艘，船身整个被吹上海岛。沿海岸各处有许多尸体发现，因有许多人民是在船上过生活的。据估计，这次风灾淹死的总人数约有80 000人。①

（四）矿产：闽南的金属矿产以铁较为著名，大致产于花岗岩中。铁沙被水冲洗而出，积于河底，与沙土相混合。居民于农暇淘洗，将铁沙运往旧式炼炉，制成农具，此种炼炉往往设于富有木材的山中。铁沙产地颇广，其在本研究区域以内（或相近的处所）者，有安溪、龙岩等县。

闽南非金属矿物以煤为最盛。煤田以龙岩为中心，东至漳平、永春、安溪，西至武平，西南至永定。

> 自民国元年，南洋闽侨回国办矿者有数十团体。其中最著者，如新加坡闽侨林文庆等所组织之资本团，拟集资2000万元，开办福建实业银行及全省路矿事业；怡保闽侨黄怡益等组织福琯路矿公司，拟集资200万元，领办福州至琯江一带之路矿；仰光闽侨杨莫安等组织龙岩路矿公司，拟集资800万元，领办龙岩至漳州一带路矿。一时闻风兴起者不知凡几。旋以二次革命军兴，时局突变，加以群侨希望太奢，求多不遂，即偃旗息鼓，陆续去国。就中惟有李云

---

① L. D. H. Buxton：*China：Land and People*，P. 308，1929.

程等所组织之义记公司，请采邵武焦煤坑之煤矿，得成事实。民国四年，林资铿领采龙岩水龙潭鸡心记煤矿，林长民等组织永德安煤铁公司，请采安溪湖上山、大磜山、五阆山等三处之煤矿，然亦因种种关系，未能实现①。

旧漳州属的龙溪县及安溪北的德化县俱出粘土，制陶瓷器，以供本地之用。但其质与量，俱不及粤东的高陂与枫溪的出品［详见本章二（四）2（4）］。

闽南沿海各区产盐甚富，著名盐场共八处：上四场在兴化、莆田、泉州及埕边；下四场在晋江、厦门、漳州及诏安。每年总产额约为1 000 000担。制法以日光晒为最重要。主要销路分食盐（销于民间）、渔盐（销于沿海渔户）及厘盐（运往外埠者）3种。

粤东金属矿物以钨为最重要，产地甚大。但在本研究区域以内者仅有梅县与揭阳，产量不多。矿床均为脉状，生于花岗岩中。采法均系旧式，大致由工人自行采掘，后由矿商收买转售。欧战时运销外国者其量不小，民国十九年时广东全省尚出钨沙52 401担，值国币1 200 000关两。

粤东非金属矿物首推无烟煤，产地在梅江（韩江支流）东西岸。大致用土法开采，已掘之煤由梅江用民船运至松口（凡50里），由松口运至潮安（凡270里）售卖。自采地至潮安，每吨煤成本约国币12元，普通可获利1元。矿下用男工，矿面用女工。

广东沿海地面较宽，共有盐场17处。在本研究范围内者，饶平有海山与东界，潮阳有招收与河西。制法虽晒煎并用，但以晒法为最重要。广东全省每年约产盐2 000 000担，除供给本地居民消费之外，尚运往他埠销售。

二、人口与社会环境

（一）人口移动

闽南与粤东既因山岭绵亘，陆路方面与长江流域鲜有交通的机会，因此本区域的居民似与中原的汉族亦有分别之处。闽粤两省的人种在历史上似已含有复杂性，例如据近人研究，闽省的人种其主要分子有三，即掸（Shan）、黄帝后裔及蒙古；粤省的人种其主要分子有四，即掸（Shan）、黄帝后裔、蒙克（Monkhmer）及蒙古②。

上述闽粤与中原交通虽不便利，但中原的汉族亦有向五岭以南迁移的，譬如林谞《闽中记》载"永嘉之乱，中原仕族林、黄、陈、郑四姓皆入闽"。后梁太祖封王审知（河南固始人）为闽王，审知兴学劝农，定赋敛，安民心，中原人士往闽者渐众。历史上的迁移运动虽不在本书范围，但据我们在闽南的经验，凡世家望族，有许多是由中原迁往的，有些人家并能由家谱追述其历代迁移的概况。在闽南的乡村，其著名的氏族大致是有家谱的，即自闽南迁往南洋的人家，有些亦保存此

---

① 胡荣铨：《中国煤矿》，P. P. 430-431，民国二十四年2月，上海商务版。
② C. Li：*Formation of the Chinese People*，P. 279.

习惯。西婆罗洲坤甸市的林姓，自以为由谱系可以证明其远祖由中原迁居福建莆田。唐时有林披字茂则，在天宝十一年（752）授临江曹橼，子9人，俱官刺史，为闽南望族。清道光中（1821—1850），林族有人迁往西婆罗洲，现在坤甸一带，林姓为一大族。又福建漳州属龙溪县蔡坂，于清乾隆十八年（1753）中迁往爪哇，今已传至第5代，至1936年止，已有183年的历史。

前述永嘉之乱，实是酿成汉族在历史上大迁移原因之一，其影响不止福建，并及广东。大庾岭南北原是客人根据地，客人的迁移自永嘉五年（311）至清同治（1862—1874）凡五次。以现势论，客人的地理分布以嘉应五属（梅县、兴宁、五华、蕉岭、大埔）为最多，但散布于赣南（寻邬、信丰、大庾）、闽南（宁化、长汀、上杭）、湘南（汝城、郴县）、粤南（赤溪、开平、中山）、桂东（郁林、博白、北流）及蜀东（涪陵、巴县）各处。客人与其邻居在历史上时有冲突，因此时有迁移。清嘉庆时（1796—1820），嘉应与潮汕感受政治与社会的不安，嘉应人罗芳伯率领徒众向西婆罗洲迁移。在潮汕的华侨乡村里，我们常常听说，有些住户或因经济或由治安，渐渐的由别处移入居住。可见粤东各处人口的压力，在历史上和近来呈显著的现象。

我们对于闽南与粤东的居民，虽不能作精细的研究，亦可以作广泛的观察如下：以现状言，大致可分三系，泉漳为一系（闽南人），潮汕为一系（福老），梅县五属为一系（客人）。以语言论，漳泉与潮汕相差无多，客人的语言较有不同。（福建全省据说有方言100种以上，可见人种的复杂）以习惯论，潮汕与泉漳甚有相似之点，而客人似较有不同。三系之先祖，大致都由中原迁移去的，如上所述。不过他们到闽粤以后，经过长时间的居住，不免与本地原有的民族混血。有些民族和汉人竞争或冲突，败而退居山谷，有些民族舍陆地而船居。入山的民族散布于浙赣闽粤界上，其著者如畲（介于浙闽）与輋（介于湘粤），刀耕火种，以农猎为生。入江或入海者如蜑户，聚居泉漳及潮汕的海边（及闽粤其他沿海各处），终年居于船上，以航运及捕鱼为主要职业。

（二）人类学上的特点

虽然对于汉族与其他民族的关系，我们不能有充分的讨论，但我们以为闽南与粤东的现时居民，实与我国他处的居民有些显然的区别：

1. 身体的高度：闽粤两省居民的身高，显然较低于黄河流域的居民，且亦较低于长江流域的居民，如下表所列[①]：

	华北	华中	华南	福建	广东
男（cm）	169.2	165.1	163.0	167.6	164.6
女（cm）	158.0	154.0	151.4	156.0	153.0

2. 身体的重量：闽粤居民的重量，不如华北居民的重量，这是很明显的，并

---

① Paul H. Stevenson：*Collected Anthropometric Data on the Chinese*，P. P. 8，22，26-31，*The China Medical Journal*，Vol. 39，No. 10，1925.

亦大概不如华中居民的重量，如下表所示①：

	华北	华中	华南	福建	广东
男（kilogram）	59.8	52.6	50.4	52.1	49.8
女（kilogram）	50.2	47.2	46.0	49.0	45.3

此外我们以为闽南与粤东的居民，有较黄的皮肤及较宽的鼻子②，这多与环境有关系，例如天气较热，阳光较烈，可以影响皮肤等。据我们的观察，凡闽南与粤东往南洋的迁民，其皮肤往往较深于家乡的居民，特别是在南洋生长的。有些南洋的中国人与土人混血，因此皮肤变色，但热带的气候与温度对于皮肤似亦发生相当的影响③。

（三）居民的文化特性

闽南与粤东的居民为适应自然环境起见，在以往有许多迁民，如上所述。以往的生活有些不见于记载，因此至今久已失传；有些虽有叙述，但因历史的演化，和今日的情形绝不相似。其中演化的过程非有详尽的分析不能得其概梗，因此不在本章范围之内。剩余一部分的生活方式，自历史沿传下来，虽有变更之处，但大致至今尚属保存，这些就是本区域居民的特性。由特性的产生、传布与传递，我们可以知道本区域内生活竞争的过程及文化的变迁。

在各种记载中，我们可以探讨本区域居民的传统的主要职业，因此我们可以推测他们与环境奋斗及适合的概况。这些材料在有些方面，指示我们本区的社会演化。

所谓闽南与粤东，是指沿海部分，约有 10 县。我们对于这个区域的全部，并未搜集充分的材料；当然在有些乡村或市镇，其资料的量与质较胜于他处。各县或各乡的居民大致有不同的职业，因此有不同的民风。但即使如此，有几个共同之点，似乎是显明的：（1）闽南与粤东在地势上多山岭，少平原，因此多数人民不能以农业为生；（2）本区域的一部分是滨海的（自东北至西北的一长条），因此以航运及捕鱼为业者其数甚繁；（3）本区域与中国其他区域（如长江流域）因陆路交通阻塞，以往颇少文化上沟通的机会；但因地滨东海，使一部贫穷居民，特别是有志气的青年勇于渡海，往南洋各处谋生。对于上列数层，在各种记载中往往有局部的讨论，如下文所举各例：

1. 关于泉州

泉州枕山负海，有荔枝龙眼之利，鱼虾螺蛤，多于羹稻，悬岛绝屿，以网罟为耕耘。附山之民，垦辟硗确，植蔗煮糖。地狭人稠，仰粟于外，百工技业，敏而善仿，北土缇缣，西番氆氌，莫不能成。乡村妇人，芒履负担，与男

---

①② Paul H. Stevenson: *Collected Anthropometric Data on the Chinese*, P.P. 8, 22, 26 – 31, The China Medical Journal, Vol. 39, No. 10, 1925.

③ L. D. H. Buxton: *China: Land and People*: P.P. 50 – 51; A. Thompson and L. D. H. Buxton: *Man's Nasal Index in Relation to Certain Climatic Conditions*, in Journal of Royal Anthropological Institute Vol. 53, P.P. 92 – 122, 1923.

子杂作。士挟一经，俛首钻心，无所不能为。贫者教授以资俯仰，缙绅先生为盛于中原；其君子无造次办丽之智，其小人帖愿谨，自取衣食。①

2. 关于海澄

商人贸迁巨舶，兴贩番货，妇人务女工，谨容止，稍有衣食者妇人不出闺门。依山务农业，滨海事舟楫，衣冠文物颇盛。寇盗出没不时，自设县后，民渐向化。②

3. 关于厦门

厦岛田不足于耕，近山者率种番薯，近海者耕而兼渔，统计渔倍于农。海港腥鲜，贫民日渔其利，蠔埕鱼断，蚶田蛏淑。滨海之乡，画海为界，非其界不可过而问焉。越丨以渔，争竞立起，虽死不恤，身家之计在故也。

服贾者以贩海为利薮，视汪洋巨浸为衽席，北至宁波、上海、天津、锦州，南至粤东，对海渡台湾，一岁往来数次。外至吕宋、苏禄、实力、噶喇巴，冬去夏回，一年一次。初至获利数倍至数十倍不等，故有倾产造船者，然骤富骤贫，容易起落。舵水人等藉此为活者，以万计。

造大船费数万金，船置货者曰财东，领货出洋者曰出海，司舵者曰舵工，司桅者曰斗手，亦曰亚班，司缭者曰大僚，相呼曰兄弟。

厦门土木、金、银、铜铁诸工悉自外来。船工大盛，安其业者多移居焉。③

4. 关于潮州

潮民力耕，多为上农夫，余逐海洋之利，往来乍浦苏松，如履平地。女红针黹纺织，鲜抛头露面于市廛，胼手胝足于陇亩者。近山之妇多樵，滨海者兼拾海错以糊口。山乡地瘠而民蛮，水乡土沃而民猾。君子外质而内慧，小人外谨而内诈。其风气近闽，习尚随之，不独言语相类矣。④

（四）主要职业

本章第一节已述自然环境，并略举著名的土产，如矿物；第二节对于居民的特性及传统的主要职业择要讨论，以明本地的居民在习惯上求与坏境适合的努力。以下我们作进一步的研究，选出比较主要的职业数种，描写其概况，以示最近的生活情形，有些职业，实际上就是迁民在家乡时赖以维持生活的。本章所谓主要职业，是泛指全区而言（闽南与粤东）。但本书第3章二、三所述，是在我们选定的华侨区与非华侨区内的职业，范围较小，分析较详，因此，第三章应与本节参照。

在主要职业之外，我们应提出商业，那是极普通的。不过关于商业，似无特别叙述的必要，因凡勤苦耐劳的青年男子，在下等人家往往以佣工谋生，在光景较好的人家，就立志经商。按已往的情形说，乡村的商人以经验为主，至于技术是不高

---

① 怀荫布纂：《泉州府志》第11本，第20卷"风俗"第4页，清光绪八年（1882）版。
② 沈定钧纂：《漳州府志》第19本，第38卷"民风"第2—3页，清光绪四年（1878）版。
③ 周凯纂：《厦门志》第12本，第15卷"风俗"第5—6页，清道光十二年（1832）版。
④ 周硕勋纂：《潮州府志》第3本，第12卷"风俗"第3-4页，清光绪十九年（1893）版。

的，因无长期的训练。至于往南洋经商者，对于训练稍加注意，如第三章三（一）2所述。

闽南与粤东，缺乏天然富源已如上述，因此近世工业至今尚无发展的希望，所以大规模的工业是稀有的。

1. 农业

（1）耕田概况

闽南地势崎岖，可耕地与已耕地不多（闽省已耕地占全省土地面积的12%，其邻省浙江占26.3%）。在地势较低的区域，大致是黏土、带沙土。平地种稻（米的产额占全省农产物总额的63.0%，麦占15%，豆占6%，但有些区域番薯的产量仅次于米），山坡有时候亦锄平为种稻之用，特别是能利用涧水灌溉之处。较高的山坡缺乏灌溉，用作种番薯和落花生的场所。

闽南沿海一带，如漳州平原，已耕地对于土地全面积的比例似尚较低，因附近有许多小山，高度或不出300呎，但其山坡不能耕种。人口密度是高的，以耕地论，每Hectare约有10人。因全人口的十分之七是以农作物维持生命的，所以每Hectare的农产品要养活7人，足见生存竞争的剧烈。且农场面积是小的，每人只有0.142 Hectare，或2.3亩（1亩＝0.06144 Hectare）[①]。

粤东各县已耕地面积甚小。我们所旅行过的区域，有许多居民都说，本地所出的米，不够供给当地人口之用。一般的华侨社区，其食粮大部分是靠外埠运入，因本地所产的稻每年只能维持3个月或4个月。

自民国十年以后，粤东的耕田面积有渐渐减低之趋势。据海关调查，粤东的耕田，特别是饶平、揭阳，在民国十一年至二十年之间，其总面积减少甚速：由75%减至40%。闽南各属同时期亦有相似之趋势[②]。耕田面积之减少，虽有各种理由，但其主因之一，实为两处的青年男子离家迁往南洋者，在不景气来临以前，有渐增的趋势。

（2）其他农业

粤东各处的甘蔗，如晋宁、潮安、揭阳、澄海、饶平，向来用旧法种植。阳历4月播种，9月至12月收割，所用肥料以豆饼居多。蔗田2年以后即须改种稻米或番薯，否则地力恐有用尽之虞。甘蔗分红白两种，红种径约寸余，高5尺至7尺，所含之汁味美而甜，恒作食用。白种径约寸余，高约6尺至8尺，都为制糖原料。每亩产量为30担，在民国十九年，总产额的60%入蔗寮压榨为糖，其余40%为未经制造的甘蔗，销于潮梅、广州、厦门及他埠。制成之糖有白糖、黄糖、赤糖、乌糖4种，最佳者亦不能与洋糖相比。粤东糖业因方法陈旧，近来不能与洋糖竞争，因此产量逐渐减少，本时期与民国元年相比，蔗田业已减少十分之九。在民国二十

[①] F. Hung: *Land Utilization Maps of Fukien Province with Notes on the Physical Environment in its Bearing upon Land Use and the Distribution of Population*, Science Reports of National Tsing Hua University, Ser. C. Vol. Ⅰ. No Ⅰ. 1936, P. P. 28–29。

[②] *China: Maritime Customs: Decennial Reports*, 5th Issue, Vol. 2. P. 158.

年时，因沿海糖税免除，且因洋糖课税，粤东糖业渐觉活动。

漳州原来产糖甚多，但近来亦受洋糖的限制。近来虽有两个糖厂用新法制糖，但成绩不佳。

潮柑产于潮汕铁路近旁，鹳巢最多；但潮安、普宁、蕉岭、惠来多有。潮柑之著名者有5种，即凸柑、金柑、椪柑、招柑、雪柑。潮柑汁多味甘。栽法，于春天在老柑树剪出一枝，接于其他良种的干上，经过4年后即成熟，能产柑。柑树自6年至14年产量最多，过16年以后入衰老时期。每亩约有柑树自1200至1500棵，每棵产柑40斤，每亩共产52担。每担值国币7元，其成本约占半数。最普通的肥料为骨头、草灰与豆饼。产柑时期为自阳历11月至次年3月。

其他水果有荔枝与龙眼，粤东与闽南俱盛出。荔枝亦是插枝接种，10年后产果。每亩可种300至500树，每树平均可产自100斤至150斤，每亩产自40至50担，每担值国币8元。

在厦门出口最佳的茶产于闽南的安溪，俗称"铁观音"，大部分运往台湾。大量的茶亦由宁洋出，宁洋茶大致运往马来亚、暹罗及东印度群岛。漳州有龙井茶，但其量不大，乃数十年前由杭州移植者。泉州、厦门、漳州产乌龙茶，味清香，30年前畅销于欧美，但近年渐为台湾的乌龙茶所夺。武夷山的红茶味浓厚，称为上品，在欧美市场至今尚占相当位置。

闽南近山之地多种番薯。大致阳历6月种植，11月收获，每亩约有20担或25担。薯条、薯粉与薯干为贫民的重要食粮，在有些区域，其重要仅次于米。不过以民风论，一般人轻视番薯，只有贫穷阶级依此为主要食品之一。在民国十一年至二十年间，闽南当局为维持人民食粮来源起见，禁止番薯或薯粉、薯干的出口，足见番薯与食粮的重要关系。

2. 手工业

（1）澄海布

粤东土布最著名者曰澄海布，大部分出于澄海，其次为潮阳与潮安。潮阳出品较粗，销于梅县五属。布是未经漂白的，每匹长约12码，宽约12吋至13吋，值国币1元。织布所用的线是粗纱10支线，织布机是很粗简的。棉纱占成本十分之九，其余十分之一等于工资。潮阳县织布女工约有30 000人，织布大半是家庭工业。

质料较佳的土布产于澄海。织布用细纱，以20支线居多（间或有用40支线者）。每匹长15码，宽18吋至19吋，每匹值国币4元。大致是条子布，白底蓝条或红条。成本之80%或85%等于棉纱，工资等于20%或15%。澄海前有织布机约5000架，大部分为小资本家所有。他们开了小规模的织布厂，雇用女工织布，每匹付工资2角或3角。

在欧战期间，因布价腾贵，澄海布产量骤增。后因南洋华侨抵制日货，澄海布的出口量又大活跃。近年来营业情形，国内国外俱佳，其主因系澄海布物美价廉，颇适合中等及下等人家的普通需要。

（2）夏布

夏布由苎麻、大麻或菠萝的纤维织成（有时用上述两种纤维混合织之）。品质粗者其布色黄，佳者色白。苎麻（Urtica nivea）产于揭阳的高地或小山，凡汕头百里以南各地均有。在阳历6月，苎麻的长度约有6呎，此时最为适宜，以后到11月及次年2月都可收割，但其质较次。纤维先漂净，漂时用本地某树燃烧所出的灰浸于水中，以其液为主要成分。苎麻漂白之后，分成经纬，加以涂浆，然后系于织机，从事编制。大麻（Cannabis）产在炮岭（属揭阳）及潮阳，长成时超过10呎以上，其纤维较次于苎麻，但许多农家亦乐用之。

菠萝纤维（Bromedia ananas）自新加坡运至海口，由海口转销于粤东，大部分运至揭阳，余入潮安、潮阳及澄海，亦用以织夏布，但其质料不如大麻。

揭阳夏布出口甚多，大致销于长江各埠、日本及南洋。民国十一年因风灾，苎麻减收，是年及次年出品较劣。民国十二年又遭兵燹，各商亏本，出品大减，近年营业渐形恢复。种麻工人男子居多，织布工人女子居多。

（3）花边

前清末年，汕头的美国长老会为介绍女教徒的工作起见，始教以织花边，运往美国销售。一部分的收入作为女工的工资，其余留作教育经费（角石的学校分得其大部）。

从前用广州夏布作为花边的底布，近年来大致用揭阳的夏布，惟品质较佳的工作仍采用广州夏布。此外尚有山东茧绸或爱尔兰丝光布。最近且通行钩针的编织物，所用的线是很细的，自40支至70支，那是由英国运来的。

花边的编织都由揭阳女工做的，其次是潮阳的女工。编好之后，送到潮安去刺绣，此后就可售卖。潮阳女工最精细，所出花边最佳，据估计其女工每月可赚国币10 000元。盐灶女工占多数，用60支的细纱编织之。织物各种俱有，如桌布、床单、枕套、椅垫、手帕及刺花的衣服等。除有少数资本家雇用女工在工厂作工外，其余的女工都是于家务之余，抽闲做活，并散居潮安、揭阳、潮阳、澄海等县。花边由汕头出口，运往香港或上海，转销于南洋及欧美。近来花边女工约有3万人。以民国十年时论，花边业总计原料及工资，值国币100万元[1]。

（4）陶瓷业

枫溪（属潮安）与高陂（属大埔）出陶瓷器较多。枫溪在潮安南数里，所用黏土及白色的石块出于笔架山及西山（潮安城外，近意溪），自此用铁路（潮汕铁道）或民船运至枫溪，洗清后只剩下30%的土可用作陶器的制造。一切手续俱用人力，并是旧式的。高陂与枫溪两地的人民大多数以陶瓷业为生。制品分碗、盘、茶壶、茶杯、花瓶、烟灰缸及一切家用器皿等。高陂出品较佳，枫溪次之。此类陶瓷器不但供给本地，并且运销于南洋各处。近年来，南洋生意因日本陶瓷器的竞争，不免受了打击。从前生意发达的时候，由枫溪一处每年的出口货约值国币1 500 000元。

---

[1] China：Maritime Customs：Decennial Reports，4th Issue，vol. 2，P. P. 178–179.

（5）冥纸

冥纸的原料是竹纸，大部分是由福建汀州来的，小部分由韩江上游运来的。冥纸的制造是在松口、庵埠及澄海属的莲阳乡为最盛。业此者仅在莲阳乡一处已不下3万人。冥纸钱分几种，如一元、一两及元宝与钞银等。

竹纸是由汀州运来的，锡是由云南运来的，胶水是由新加坡运入的。工人男女都有，女工的工资较低。一立方时的锡，可由打锡工人打成二方呎的锡箔。竹纸切成适当的样式之后，工人就用胶水把锡箔黏于纸上，再加一薄层槐花汁，使现金黄色。槐花汁是由梅县运来的。冥纸钱的成本，80%是竹纸及锡，其余是工资及胶水与槐花汁。冥纸钱业现有70家，每年共有营业值国币300万元至400万元。冥纸钱只有十分之一是用于本地，十分之九是销售于外埠及南洋的。外埠如上海、青岛、天津及长江各埠，南洋如法属印度支那、暹罗、马来亚、荷属东印度、台湾及菲律宾群岛，凡有大量中国人的区域都用冥纸钱。即以民国二十六年论，自正月至八月，我国共出口冥纸44 680公担（quintals），值国币1 754 314元；就中运往南洋者（包括印度、缅甸、马来亚、东印度、暹罗及法属印度支那）计30 594公担，值国币1 354 691元①。

冥纸钱业以往在福建南台，后移至粤东黄冈，最近在莲阳。捐税重而繁，自出厂至出口，冥纸钱大概有捐税8道，等于成本的6%。

3. 渔业及船业

闽南与粤东其沿海部分多港湾与岛屿，利于航运与渔业。自泉州湾起沿海西南，在同安东南有围头澳，澳西南有金门岛，岛西即厦门。再往西南，在漳浦县西南、云霄县东南为铜山湾，湾口往东有礼是列岛（铜山县即设其上）、诏安湾（介于闽粤之间）。在诏安县西南、潮安县东南即柘林湾，湾口往南为南澳岛。湾西南过澄海县即汕头湾，介于潮阳及澄海之间，为韩江入海处。沿海的居民因此以航运或捕鱼为业者其数甚多。捕鱼者所用的网，普通是用苘麻或苎麻的纤维织成的，这是农家的一种副业，妇女与儿童于农闲时行之。

至于航业分内河与外海两种。从前的航运业俱用帆船，目下帆船虽通行，但新式的小汽船逐渐增多。韩江的内河帆船有岐岭船载重120吨，行于汕头及石下坝之间；帮子船载重80吨，行于汕头与汀州之间。由汀州下水，所运之货以竹纸为多；由汕头运往他埠者有糖、水果及蔬菜等，由他埠或外洋运入汕头者有棉布及毛织品等。

航海的帆船其船头多以颜色涂之，粤东尚红，俗称"红头船"，厦门船尚绿，俗称"青头船"。大号帆船，如由厦门开往台湾、宁波、上海或南洋者，载重1500吨，司事者30人；小号帆船载重500吨，司事者12人。此种帆船大部分以载货为主，但在轮船未通行以前，我国往南洋的迁民即乘坐此种帆船渡海。帆船出口时所

---

① China：Maritime Customs：Statistical Series，No. 8（Monthly Returns of Foreign Trade of China）P. 194，August，1937.

载者为闽粤物产，如茶叶、木材（如杉、松等）、砂糖、陶瓷器、水果、夏布等，入口时运销我国他埠的商品或外国货物。

三、心理环境

闽南与粤东的沿海居民，对于自然环境时求适合，对于社会环境亦时求顺应，因此在传统的习惯上，选定几种职业，如上所述。这些职业为一般人谋生的模型，历代相传，有些习惯是继续的，有些是因时势而演化的。

不过人类的生活方式不限于自然环境及社会环境的调适，虽然这两方面是比较显然的。因为关于这两种的调适，都是可以理解的，可以预测的。人类还有一部分生活是不可以理解的或预测的，那便是心理环境。据一般乡人的观察，人生在世，不但对于温度、湿度、农业和商业要设法调适，即在冥冥之中，似乎有许多势力，个人亦须与之调适，然后可以维持平安。

（一）信仰与生活

心理环境是虚无缥渺的，只可以幻想的，但其所表现的势力，有时候对于人的生活发生亲密的影响。这些势力一般人可以觉得到，但没有人能够解释。最实际的办法，对于这些势力只能信托与依赖。闽南与粤东的乡民，对于心理环境的调适，却是依赖与信托。在传统的生活里，他们向来是崇奉鬼神的，以为敬神祀鬼，可以避祸而得福：

> 俗多信佛礼僧，葬前数日，诵经设祭，供拜忏。葬而柩行，使童子执幡鸣铙，虽缙绅或然。葬必择地，尤信阴阳公位之说，择吉土，有数十年尚未葬者。祭以四时，或春秋二仲月，或延地以冬至。清明祭于墓，妇女与焉。又俗七月祭无祀之鬼，使浮屠主之，焚纸钱，设筵席，费不赀，所谓盂兰会也。①

至于一年中的各节令，有些完全以习惯为根据，有些含有信仰的意味。一般人对于这种节令不知不觉的奉行，心中常常念到，以为违反了习惯，或有不祥之兆。同时他们以为依照习惯，或能降福亦未可知。这些琐屑的民风，因此实际含有对于环境调适的意味：

> 潮安元旦后五日，迎生以傩，谓之禳灾。上元，妇女度桥投鬼，谓之度厄。四月八日，士女咸集寺庙，谓之浴佛。端阳汲江水贮于家，经久不败，谓之节水。七夕酒宴必用龙眼，谓之吉星。中秋玩月，剥芋食之，谓之剥鬼皮。冬至祭祀用米团或粘糕，谓之饲耗。腊月二十四日祭灶，谓之小年。除夕设火井于厅，相围而食，谓之围炉。

> 潮阳四月朔日，村村金鼓喧阗，谓之转龙船。清明上坟，男妇漫山遍岭，设酒觳以祭，纸钱飞夹于道。

> 饶平自清明至四月八日，称为闭墓日，皆可挂扫。冬至以糯米为丸，荐祖之余，家人聚食，谓之添岁。腊月二十四日，谓之交年。除夕祀祖先，击牲设

---

① 沈定钧纂：《漳州府志》第19本，卷38"民风"，第5页。

宴，谓之辞岁。老幼欢饮，通夕不寐，谓之守岁。燃灯床下，谓之照虚耗。更阑人静，抱镜出门，潜听市人语，以卜来年休咎，谓之响卜。

惠来元旦戚族邻里相遇，谓之贺岁。立春日官长鞭春毕，争取鞭，碎土牛，谓之压邪，虽得丸泥片纸，以为吉，否则意沮气馁，故奋臂直前，拥挤杂沓，官法不能禁也。三月三日出郊修禊，谓之踏青。七夕剪纸为衣，供九子母，谓之床前母。

澄海五月五日，插彩旗于江心，而悬以银牌，听龙舟竞取，谓之夺锦标。

大埔立春前一日，胥吏以小土牛贻里社，谓之发春。正月十三日，有善歌者自为侪伍，妆演古人陈迹，迎神街巷，琼箫画鼓，象板银星，迭奏于灯月交辉之下，谓之游春。文人学士悬谜语于通衢，射中者酬以笔墨，谓之灯猜。惊蛰日以石灰散门庭柱础，或炒米掺之，谓之杀虫。中元日延僧为盂兰盆会，沿河放灯，谓之普度。

揭阳、普宁二邑与海潮诸县，虽称名有异，大略相同。丰顺较为质朴，而迎春送腊，乞巧登高，又全郡俱然也。①

(二) 宗教

以生活为根据，有些人以为一部分的经验，是神秘而不可解释的。因此，只有崇奉神明，然后可以得着安慰：

> 照脑筋简单的人们看来，宇宙间有些信仰可以解释一切的神秘。我们如果接受斯宾塞尔及其他社会演化论者的学说，我们可以相信，凡各种初民社会都有神与鬼的信仰。由那些"万有灵魂学"及"鬼神学"的立场，凡生命蜕变现象，不论哪一方面，似乎都得着了充分的解释。②

在闽南与粤东的社会里，有一部分人实际依赖信仰来和生活相调适。这些信仰对于他们的生活，特别是心理方面（实际是以抽象的幻想为根据），却发生有效的深刻的影响。从整个的文化来着眼，我们以为他们的信仰似乎是和谐的，至少在历史是如此的。有些信仰既然适合于幻想环境，那便是宗教：

> 总起来说，社会的调适有一部分是用在知识界以外的经验（生活状况）里，就所谓机遇的，或不可必的经验。
>
> 这些经验仿佛是有灵魂的，那就是幻想环境，和人类的演化一样，是经过长时期变迁的。对于幻想环境的调适，就是宗教。如拿宗教当作一种社会制度，便包括习惯、仪式、标志、成语、圣经、设备、祭坛、庙宇、祭服等。依赖社会制度，人类的思想可以综合起来，并能永远的保存。③

---

① 周硕勋纂：《潮州府志》，第3本，卷12"风俗"，第7—8页。
② W. G. Summer and A. G. Keller: *Science of Society*, Vol. 2, Ch. 21.
③ W. G. Summer and A. G. Keller: *Science of Society*, Vol. 2, P. 1430.

第二章 社会变迁的原素

一、我国近年的社会变迁

自19世纪后半期以来，我国社会已逐渐发生显著的变迁。变迁的原动力，有自国内发生的，有自与欧化接触以后发生的，但以后者之力为大。我国旧有的典章文物自与欧化接触之后，在好几方面格外显出其不适时代性，有些维新的思想家因此感觉到改革的必要。以国际政治言，鸦片战争（1839—1842年）和中日战争（1894—1895年）都是惊醒我国迷梦最有力最沉痛的国际冲突。至于我国固有的文化，原来已在演化中，但因国际间的刺激，变迁的速度亦增加了。例如政治的改革自太平天国之役（1851—1864年）至民国革命（1912年），显然有极重要的变迁，这些异常的事业当然对我国社会发生剧烈的影响。凡社会里重要的变迁，直接或间接多以他们为出发点。假如我们以我国最近几十年的变迁来做研究的对象，我们可得概论如下：

近五十年来（同治十年至民国十年，即1871—1921年），中国人渐渐知道自己的不足了。这点觉悟，一面算是学问进步的原因，一面也算是学问进步的结果。

第一期，先从器物上感觉不足。这种感觉从鸦片战争后渐渐发动，到同治年间借了外国兵来平内乱，于是曾国藩、李鸿章一班人很觉得外国的船坚炮利，确是我们所不及。对于这方面的事项，觉得有舍己从人的必要，于是福建船政学堂、上海制造局等等，渐次设立起来。但这一期内，思想界受的影响很少，其中最可纪念的是制造局里头译出几部科学书。这些书现在看起来虽然很陈旧很肤浅，但那群翻译的人，有几位颇忠实于学问，他们在那个时代能够有这样的作品，其实是亏他们。因为那时读书人都不会说外国话，说外国话的都不读书，所以这几部译本书，实在是替那第二期"不懂外国话的西学家"开出一条血路了。

第二期，是从制度上感觉不足。自从和日本打了一个败仗下来，国内有心人真像睡梦中着了一个霹雳，因想到堂堂中国为什么衰败到这田地，都为的是政制不良，所以拿"变法维新"做一面大旗，在社会上开始运动，那先锋就是康有为、梁启超一班人。这班人中国学问是有底子的，外国文却一字不懂。他们不能告诉人："外国学问是什么？应该怎样学法？"只会日日大声疾呼，说："中国旧东西是不够的，外国人许多好处是要学的。"这些话虽然像是囫囵，在当时却发生很大的效力。他们的政治运动是完全失败，只剩下前文说的废科举那件事，算是成功了。这件事，的确能够替后来打开一个新局面，国内许多学堂，外国许多留学生，在这期内蓬蓬勃勃发生。第三期新运动的种子，也可以说是从这一期播殖下来。这一期学问上最有价值的出品，要推严复翻译的几部书，算是把19世纪主要思潮的一部分介绍进来，可惜国里的人能够领略的太少了。

第三期，便是从文化根本上感觉不足。第二期所经过时间比较的很长——从甲午战役起到民国六七年间止（1895—1918），约二十年的中间，政治界虽变迁很大，思想界只能算同一个色彩。简单说，这二十年间，都是觉得我们政治法律等等远不如人，恨不得把人家的组织形式一件件搬进来，以为但能够这样，万事都有办法了。革命成功将近十年，所希望的件件都落空，渐渐有点废然思返，觉得社会文化是整套的，要拿旧心理运用新制度，决计不可，渐渐要求全人格的觉悟。恰值欧洲大战告终，全世界思潮都添许多活气。新近回国的留学生，又很出了几位人物，鼓起勇气做全部解放的运动。所以最近两三年间，算是划出一个新时期来了。①

如上所述，我国的社会近来实在演化的过程中。约而言之，前述三期的社会变迁，每一期里多有新思想或新制度的介绍。不过社会演化是盲目的，有时候把社会或个人的精力耗费在不重要的问题上，以致社会得不着有用的改良。表面上社会有了变动，实际上所有的改革以浮泛的居多；基本工作反被忽略，进步因此迟缓了。

且夫中国知西法之当师，不自甲午战事败衄之后始也。海禁大开以还，所兴发者亦不少矣！译署一也；同文馆二也；船政三也；出洋肄业局四也；轮船招商五也；制造六也；海军七也；海署八也；洋操九也；学堂十也；出使十一也；矿务十二也；电邮十三也；铁路十四也；拉什数之，盖不止一二十事。此中大半皆西洋以富以强之基，而自吾人行之，则淮橘为枳，若存若亡，不能收收其效者则又何也？苏子瞻曰："天下之祸，莫大于上作而下不应；上作而下不应，则上亦将穷而自止。"②

前段所述"上作而下不应"实是我国社会缺乏进步的主因之一。我们的零星模仿，即使成功亦不能在社会上发生伟大或整个的势力。据严复氏的意思，补救的办法，要注重（1）鼓民力（如禁鸦片及缠足是）；（2）开民智（如崇尚欧西科学及废八股是）；（3）新民德（如设议院、提倡爱国、鼓励法治精神是）。

甲午之战，我国见败于日本，于是朝野上下觉得非真正变法自强无以自救。革命先进孙文氏于光绪甲午年（1894）上书李鸿章说：

窃尝深维欧洲富强之本，不尽在于船坚炮利垒固兵强，而在于"人能尽其才，地能尽其利，物能尽其用，货能畅其流"。此四事者富强之大经，治国之大本也。我国家欲恢扩宏图，勤求远略，仿行西法以筹自强，而不急于此四者，徒惟坚船利炮之是务，是舍本而图末也。③

上面数段足以表示我国近来社会变迁的起源及变迁中所发生的各种社会问题。至于社会变迁的原素，其数甚繁，不胜枚举。但其荦荦大者，如上所云，不外欧化

---

① 梁启超：《饮冰室文集》（乙丑重编）卷67，第20—21页（《五十年中国进化概论》）。
② 严复：《侯官严氏丛刻》第三册，第18—19页（《原强》）。
③ 胡汉民编：《总理全集》（第三集），上海民智书局，民国十九年。

东侵及由东西文化接触后,我国固有的文化所发生的反应,即所谓新文化的产生。新文化包括新习惯与新思想等,内中重要原素之一即我国政府与人民对于迁民的态度。

二、社会变迁的主要趋势

（一）对于国内的。综计以上所述,自中西交通以来,我国社会变迁的主要途径有三：（1）属于政体改革者,如立宪运动及民国革命等；（2）属于物质建设者,如机械的运用,制造的提倡,邮电铁路的建设等；（3）属于思想的解放及社会改良者,如设学校,派留学生,立医院等。这些新事业在我国各地随时相机进行,内中有些特别在闽粤两省开始,或在闽粤特别有些成绩。因此我们特别注意闽粤的社会变迁,以明其在我国整个社会的演化之中所占的地位。

上述第（1）项实是我国社会的整个变迁,内容复杂,势难列举。关于第（2）项及第（3）项,就其与闽粤有关者,可以择要述之如下：

1. 物质的建设。闽粤两省在以往的时候,因地势偏于海隅,交通阻塞,对于我国上古及中古时代似乎关系不大①,但自欧化东渐,对于思想的输入实有重要的贡献。中外通商最早的口岸,在广东有广州（道光二十二年,公历1842年）及汕头（咸丰八年,公历1858年）,在福建省有福州（道光二十二年,公历1842年）及厦门（道光二十二年,公历1842年）,其中的汕头及厦门为本书研究调查范围以内的重要市镇。鸦片战争以后,我国举行的新政有许多往往是先在闽粤尝试的。例如同治五年（1866年）,闽浙总督左宗棠创立造船局于福州的马尾,后左移任陕甘,即举沈葆桢以自代。计自同治八年（1869年）至光绪三十三年（1907年）,共成兵商轮船40号,其航线南至新加坡,北达天津、秦皇岛等处。

物质文明里一个重要部分是交通的改进。以铁路言,闽粤两省亦很早就有忠实的努力,潮汕铁路于光绪二十九年（1903年）动工,距我国最早的铁路（吴淞铁路,1876年）不过27年,闽南的漳厦铁路亦于光绪三十一年（1905年）起始。且这两路的资本,大部分都由两省的南洋侨胞担任,如后所述。

2. 思想的解放及社会的改良。广东对于我国的教育与社会改良,可谓得风气之先。光绪五年（1879年）广东就有女塾的设立,光绪二十二年（1896）康有为在广州创办不缠足会。光绪二十九年（1903）粤绅张振勋君报效学堂经费20万两,那时候认为创举。对于这些事业,当然有些外国籍的传教士亦有相当的努力,譬如英国长老会（Presbyterian）在同治二年（1863年）就在汕头开始医学的工作（Wm Gauld）,4年以后即在该地成立医院②,并把《新约》译成汕头语以便传教。在同治九年（1870年）,荷兰改良教会（Dutch Reformed Church）在厦门设立女

---

① "广东一地在中国史上,可谓无丝毫之价值者也。自百年以前,未尝出一非常之人物以为一国之轻重；未尝有人焉,以其地为主动,使全国生出绝大之影响。崎岖岭表,朝廷以羁縻视之；而广东亦若自外于国中。" 梁启超：《饮冰室文集》（乙丑重编）第35册,第61页（《世界史上广东之位置》）。

② K. S. Latourette：*A History of Christian Missions in China*, P. 561.

学，10年以后移至鼓浪屿①。至于近年来的教育情形，当然愈见发达。即以汕头及厦门的小学校论，公立学校与教会的教育都有相当发展，如下表所示：

第1表　厦门、汕头二市小学校增进的趋势

时期	厦市每年小学增进之数	汕市每年小学增进之数	时期	厦市每年小学增进之数	汕市每年小学增进之数
1912	1	0	1924	1	2
1913	0	0	1925	3	1
1914	1	0	1926	0	3
1915	1	0	1927	2	0
1916	0	0	1928	2	0
1917	0	0	1929	1	3
1918	0	0	1930	1	1
1919	2	1	1931	1	3
1920	2	0	1932	0	2
1921	0	2	1933	1	2
1922	3	0	1934	1	1
1923	2	3	学校总数	25	24

据上表所示，民国二十三年时，厦门市共25小学校，在民元之前该市仅有12小学校（内有教会小学校3校），25校都在民国以后成立。自民国八年至民国二十三年，差不多每年都有学校设立。汕头市也是同样情形，民元之前仅4校（内有教会学校2校），民元以后凡24校。且自民国八年起至二十三年我们调查时止，皆在逐渐增进的过程之中。

就中学校而论，情形亦是如此。厦门共有中等学校10所，内5所是由民国九年以后设立的。规模宏大的厦门大学及集美中学，也在民国时代成立。前者创于民国九年，后者始于民国六年（指中学而言）。汕头共计中学10所，尽在民国元年以后产生，除民国四年设立一个中学之外，余均由民国十三年起才渐渐增进。

以学生的数量说，同样是一年增加一年。集美学校小学部诞生于民国二年1月27日，学生共计135人。但民国二十四年春，据著者的调查，该校（共计7校）共有学生1373人，可见学生增进的一般情形。

（二）对于国际的。在我国近来的社会变迁，有一件事惹起我们的特别注意，就是在维新变法的运动里，一般贤明之士联想到我国对于海外侨胞应取的态度，国家对于他们应有的政策。这种态度与政策的改换，以历史的眼光言，实由于社会变迁里产生出来。但海外的侨胞对于祖国（特别是家乡——大部分是闽粤），跟着发生多方面的影响。这些影响又为我国社会——特别是闽粤的一部——近年来发生变迁的一个主因。

---

① K. S. Latourette：*A History of Christian Missions in China*，P. 450.

清建国之初，对于迁民抱严厉取缔的政策，在普通情形之下禁止人民离国，或有违法迁出者禁止其返国。这种政策大概根据于3个基本理由：（1）有许多爱国志士往往在明末离国，以便继续反清的工作，如郑成功窃据台湾，或天地会的党徒盘据婆罗洲等；（2）清初，我国的海防渐紧，沿海省份如浙、闽、粤，常有海盗出没；且海禁开后，海防问题并涉及国际关系；（3）我国的民风向来安土重迁，人民非至必不得已时不肯轻易抛弃家乡，远适异国，俗有"出门一里不如在家里"之谚语。

因此清律对于"私出外境及违禁下海者"定有专刑，其重者死，轻者监禁或笞杖不等。例如：

> 凡官员兵民私自出海贸易，及迁移海岛居住耕种者，俱以通贼论处斩，州县同谋故纵处斩，失察者革职，永不叙用，道府降三级调用，总辖文武之总督降二级留任，不管兵马之巡抚降一级留任，拿获者均免议。拿获别省出界奸民十名以上记录一次，百名以上加一级。如知情隐匿，守口官革职，提问道府，降三级调用，总督降二级留任，巡抚降一级留任，出界晒盐者亦照此例议处。其船只经过，及买卖货物之地方官故纵，均革职。①

康熙五十一年（1712年）上谕关于禁止南洋贸易一案，经九卿议决"凡出洋久留者行文外国解回正法"。此类法令实际虽难实行，但清廷对于取缔私行离国的臣民，其严厉态度可见一斑。

但因台湾乱事平定，及中外通商以后，我国的海禁渐开，政府对于迁民的回国亦不如历史上的严酷。例如：

> 凡在番居住闽人，实是在康熙五十六年以前出洋者，令各船户，出具保结，准其搭船回籍，交地方官给伊亲族领回，取具保结存案。②

不过这种宽大的政策应用不久，即复旧辙。例如雍正五年（1727）的上谕说：

> 朕思此等贸易外洋者多是不安本分之人，若听其去来任意，不论年月久远，伊等益无顾忌，轻去其乡而飘流外国者益众矣。嗣后应定限期，若逾限不回，是其人甘心流移外方，无可悯惜，朕意不许令其复回内地。

乾隆十四年（1749年）对于巴达威（当时称噶罗巴）充当甲必丹的陈怡老"严加惩治，货物入官"，可算清政府苛待回国侨民的一个显例。

1. 迁民政策的改变

但自鸦片战争结局（1842年），我国与各国所订商约往往有允许订约国人民互相旅行及居住之权，譬如对于英国，则江宁和约（1842）第一条有"华英人民各住他国者，必受该国保佑身家的安全"等语。

海通以后，我国沿海居民，特别是闽粤两省，往往向国外迁移，尤其是贫穷人等，以便出外佣工或经营小商业，以改善其经济状况及提高其社会地位。同时欧洲

---

① 《大清律例全纂》卷20"兵律关津"：私出外境及违禁下海节第1页。
② 《大清律例全纂》卷20"兵律关津"：私出外境及违禁下海节第11页。

有些国家对于发展殖民地，亦正需要大量的工人，因此往往向我国招募佣工。在1859年英国属地圭亚那需要大量工人，派员来华招募。那时候我国与英国正在战争之中（Arrow War，1858－1861），广东巡抚柏贵（1852—1859）及其继任者劳崇光（1859）目睹闭关自守的政策不能维持，乃以明令给予广东人民向海外迁移的自由①。

上面所述，是我国地方大员允许人民自由迁移海外的先例。至于我国政府允许海外迁移的自由，实起于中英天津条约（1858）的续约（1860）。该续约第五款说：

> 戊午年（1858）定约互换以后，大清大皇帝允于即日降谕各省督抚大吏，以凡有华民情甘出口或在英国所属各处，或在外洋别地承工，俱准与英民立约为凭。无论单身或愿携带家属，一并赴通商各口，下英国船只，毫无禁阻。该省大吏亦宜时与大英钦差大臣查照各口地方情形会定章程，为保全前项华工之意。②

根据前述第五款的规定，英法与我国政府于1866年3月5日签一移民公约，共计22款。内中允许英与法籍人民可在我国招募契约工人，其契约载明：（1）工人所往地点及契约有效时期；（2）回国川资并家属的川资（如带家眷者）；（3）每日工作时间及每年做工日数；（4）工资、衣食住及其他待遇；（5）医药费；（6）养家费。在此公约未签字以前，我国附以声明3项：（1）中国政府对于自由移民不加阻挠，如我国人民自愿向海外迁移，并自己担任旅费者，但其他不遵守本公约的各种移民方式皆禁止执行，违者如经查出按法严办；（2）凡贩运"猪仔"之人，即将我国人民施用暴力或诳骗私运出洋者，查出后处以死罪；（3）本公约允许在通商口岸设立招工局，以接济海外的劳力供给；招工时须得我国政府派员及会同外国领事监督，凡不能监督之处不准招工。当时英法诸国因许多殖民地需要工人甚急，派人在我国招工，并未得英法政府和我国政府的许可，显然与上列声明不符，因此英法政府对于本公约拒绝签字③。在1867年末，英法政府提出23条款，名曰"Projet de Reglement International d'Emigration"，拟以替代本公约，因其内容有与我不利者，我国政府未曾签字。同时本公约已于1866年3月1日由我国政府签字，作为对于海外迁民的法律。

但我国因与外国的关系，其复杂性与时俱增，所以对于海外的迁民不能不增加其自由。这一层当时贤明的大吏，特别是海防及外交官员都能看透。譬如光绪元年（1875），闽督沈葆桢因将台湾后山地面设法开辟旷土，亟须招垦，一切规则自宜因时变通，奏请将所有从前"不准内地民人渡台各例禁，着悉与开除"④。

---

① H. F. MacNair：*The Chinese Abroad*，P. P. 14－16.
② 《中外条约汇编》（商务版）《中英天津条约》续约第五款，第12页。
③ 荷兰虽于1873年签字，但我国往东印度的迁民，自1888年以后，并未按此公约的规定。（Van Sandick：*Chineezen buiten China*，P. 19.）
④ 《东华续录》：光绪朝第1卷，第14页。

我国驻英使臣薛福成于光绪十九年（1893）奏云：

　　臣于光绪十七年，奏派道员黄遵宪为新加坡总领事官，属令到任后，详察流寓华民情形，核实禀报。兹据称南洋各岛华民不下百余万人，约计沿海贸易、落地产业所有利权，欧洲、阿拉伯、亚来由人，各居十之一，而华人乃占十之七。华人中如广琼惠嘉各籍，约居七之二，粤之潮州、闽之漳泉乃占七之五。粤人多来往自如，潮人则去留各半。闽人最称殷富，惟土著多而流寓少，皆置田园长子孙，虽居外洋已百余年，正朔服色，仍守华风，婚丧宾祭，亦沿旧俗。近年各省筹赈筹防，多捐巨款，竞邀封衔翎顶，以志荣幸；观其拳拳本国之心，知圣泽之浃洽者深矣。惟筹及归计，则皆蹙额相告，以为官长之查究，胥吏之侵扰，宗党邻里之讹索，种种贻累，不可胜言。凡挟资回国之人，有指为逋盗者，有斥为通番者，有谓为偷运军火接济海盗者，有谓其贩卖猪仔要结洋匪者，有强取其箱箧肆行瓜分者，有拆毁其屋宇不许建造者，有伪造积年契券藉索逋欠者。海外羁氓，孤行孑立，一遭诬陷，控诉无门，因是不欲回国。间有以商贾至者，不称英人，则称荷人，反倚势挟威，干犯法纪，地方有司，莫敢谁何。今欲扫除积弊，必当大张晓谕，申明旧例既停，新章早定，俾民间耳目一新，庶有裨益。盖黄遵宪体察既深，见闻较熟，故言之详切如此。

　　臣窃惟保富之法，肇于周官；怀远之谟，陈于管子。民性何常？惟能安彼身家者，是趋是附。中国出洋之民数百万，粤人以佣工为较多，其俗虽贱视之，尚能听其自便，衣食之外，颇积余财。至今滨海郡县，稍称殷阜，未始不藉乎此。闽人多富商巨贾，其俗则待之甚苛，拒之过峻，往往拥资百万，羁栖海外，十无一还。而华民非无依恋故土之思也，国家亦本非行驱禁之政也，特以约章初立之时，未及广布明文，家喻户晓，遂使累朝深仁厚意，泽不下究，化不远被，奸胥劣绅，且得窥其罅以滋扰累，为渊驱鱼，为丛驱雀，甚非计也。夫英荷诸国，招致华民，辟荒岛为巨埠，是彼能借资于我也；华民擅干才，操利柄，不思联为指臂，又从而摈绝之，是我不能借资于彼也。及今而早为之图，尚可收桑榆之效，及今而不为之计，必至忧杼柚之空。①

上述华侨对于英荷的利益，及其可以和中国发生感情，并对于中国有利之处，非审知国外大势及我国海外迁民的实际情形者不能申说。因此清廷大为感动，取消从前严禁海外迁移的苛罚及回国侨民的种种虐政，此实清政府改变移民政策的一个重要转机。

此后清廷对于驻外使臣及领事，往往有保护侨民的训令，虽事实上不发生大效，但对于海外的迁民却逐渐加以注意。不但如此，朝廷亦偶尔派遣专使出洋考查并慰问，例如光绪十三年（1887）广东提督王荣和出使南洋，光绪三十年（1904）农工商部侍郎杨士琦慰问英法及荷属殖民地的华侨等。我国的官吏与人民，对于海外侨胞亦渐有好感，因此侨胞回国者渐众，祖国与侨胞的感情亦渐趋浓厚。

---

① 薛福成：《出使奏疏》卷下，第6—8页。

光绪三十三年（1907）荷属东印度拟将境内的中国人，促进其同化，其同化的条件包括：（1）能说荷兰语；（2）有若干财产；（3）儿与女有均分遗产权。有些条件是中国人所不愿接受的，如财产的分配，要使他们抛弃历代相沿的旧习惯而采纳荷兰的新法律；又如教育一层，要使他们和其他的中国人，显然分成有区别的社会阶级，因此发生感情上的隔膜。他们虽然愿意得着与欧洲人同一种法律（民律），但因上述理由，他们亦拒绝同化。却巧那几年清政府的腐化渐趋极端，革命党人常在海外旅行，因此有些华侨暗中和革命党魁多方联络。以国际关系言，那时荷属东印度正与我国交涉解决关于在东印度生长的中国人问题，其结果这些人（俗称侨生）照我国宣统元年（1909）的国籍法被认为中国人，因其父或母是中国人，因我国是采用血统主义的（Jus Sanguinis）；荷兰亦颁布国籍法，认他们为荷兰籍民，因荷兰是采用地域主义的（Jus Soli）。后来两国交换外交文件，得到最后的结论：在属地时"侨生"为荷兰籍民，回到中国时即是中国人；如果他们居住于第三国时，由本人自择国籍。

　　对于1911年的革命，海外华侨有相当的贡献，特别是经济的接济，如孙中山氏屡次的宣言。他们对于实际革命运动的参加，如言论的鼓吹，亦有长时期的努力。民国成立，为承认侨胞对于革命的牺牲，并期望赓续的努力，故于临时约法（1912年8月10日）规定海外侨胞可选参议员6人（参议员总数共274人），参加国事的讨论。近年来国民党开大会时，该党海外支部大致必有代表到会，以资研究党务。欧战期间，英法因需要大量工人，在后方从事各项的工作，向我国招工。我国政府设立侨工事务局管理其事，因此，本次华工在外国所受的待遇，在好几方面都较优于从前出洋的迁民。自国民政府成立，华侨回国者渐众，我国与华侨的关系亦日加亲密；且自世界不景气以来，华侨问题更形复杂，我国政府因于民国二十一年4月16日成立侨务委员会，以处理各种侨务。

　　2. 我国南洋迁民的法律地位

　　自中国政府允许自由移民以后，各国在通商口岸或设招工局，或外国公司指派招工经理人，驻在通商口岸招募工人，签订契约。后来有些契约工人，关于招募、运送及剥削都受残忍的待遇，仿佛是奴隶一般，因此契约制度逐渐废除①。以南洋论，菲律宾群岛自隶属于美国后，适用美国的移民律，禁止华工入境。近年来，我国侨民虽有违法偷移入菲者，但究属少数，其余入境者俱是从前久住于菲者或其家属人等②。马来亚向无移民律，仅欧战期间因各种关系限制中国人入境。欧战以后，因世界不景气的来临，限制渐严，如1928年的移民限制条例（Immigrant Restriction Ordinance）及1932年的外籍人民条例（Aliens Bill），后者定为每外侨于入

---

　　① 我国于工人出国的现行法律，其重要者如下：（1）工人出国条例（民国二十四年10月21日国民政府公布）；（2）出国工人雇佣契约纲要（民国二十五年11月6日侨务委员会公布）；（3）募工承揽人取缔规则（民国二十五年11月6日侨务委员会公布），见实业部劳工司《劳工法规汇编》第173—179页，民国二十六年3月，南京。

　　② Ta Chen：*Chinese Migrations*，*Appendix* Ⅶ.

境时，如居住满 2 星期者须有入境执照（收照费新加坡币 5 元），如拟作长期居住者须有居留证（收费新加坡币 5 元），其证每 2 年更换一次。

荷属东印度从前曾用大量的契约工人，特别是苏门答拉东部的烟草园。自 1880 年起，荷印政府颁布苦力条例（Coolie Ordinance），规定工人的招募、工资、工作时间、医药费等。该条例自颁布以来，业经几次修改。近年来契约工人用途缩小，半因国际间舆论反对半奴隶式的劳工制，半因网甲岛及万里洞岛的锡矿渐用大量的机器。近两年来网甲锡矿尚每月雇用契约工人约 200 人，由香港招募（因中国政府不许外国人在中国境内招募契约工人）。荷属东印度限制入境的法律繁而严，入境的中国迁民每人须纳荷币 150 盾，因此我国的普通迁民，因经济困难不能入境①。

暹罗向无移民律，但近年来亦限制中国的迁民，特别是佛历 B. E. 2474 年（即 1933）的移民律，凡入境者必须有护照，如无护照者于入境时，可请发身份证（收费暹币 10 元）。凡愿在暹居留者必须有居留证（收费暹币 30 元）。法属印度支那向来有各种法律限制我国的迁民，虽中法条约明白规定对于中国给予"最惠国"的待遇，在法属印度支那的中国迁民，从前对于不平等待遇感觉痛苦，近来对于征收重税时有怨言②。及至 1935 年中越条约成，原则上对于移民问题虽把不平等待遇取消，但实际如何，要待后来事实证明③。

3. 我国南洋迁民的航渡方法

至于渡海的方法，在轮船未通行以前，大致用帆船（在汕头俗称"红头船"，在闽南俗称"青头船"），浙闽粤沿海各区都有制造的。航海时的驾驶人员，概是本地有经验的航海家。蒸汽机发明以后改用汽船，大部分由外商经营。以大体论，不论帆船与汽船，我国的迁民于渡海时往往尝受危险与虐待，直至近年船中的卫生才比较的有了进步。关于帆船及汽船的航运情形，下面引语可示梗概，有些老年人尚能记忆"红头船"的概况。如潮州附近有一位 84 岁的回国侨民说：

> 我小的时候，记得村内有红头船 8 艘开往南北洋的，北至天津、上海，南往曼谷。北往时载潮柑，南行时运豆、茶、丝等货。最大的船可坐 200 余人。自汕头开船，差不多过一个月才到暹罗。普通的"过番客"只带一个本地磁的水罐，两身衣服，一个笠帽，一条草席。下船以后，只可听天由命了！

汕头某村有一位绅士，其曾祖尝和暹罗通商，有一次其"红头船"遭遇极大的危险。一日某绅以其曾祖的"像赞"示著者，内有一段说：

> 曾祖考讳仆字仁灼，前朝勅授儒林郎，六品封典。祖即高祖峰之五公子

---

① H. F. MacNair: *The Chinese Abroad*, P. P. 222 – 226.

② 南洋华侨对于苛税常有烦言。据说在法属印度支那，中国人的税比同等的土人要高出 7 倍；在荷属东印度的中国人，其所纳的税要比同等的土人高出 13 倍。E. Dennery: *Asia's Teeming Millions*, P. 132; T. E. Ennis: *French Policy and Developments in Indo – China*, P. P. 136 – 137.

③ 中法关于越南的条约虽于民国十九年 5 月 16 日签字，但因所附税律表 2 个未曾订妥，以致该条约未经中法两国政府批准。民国二十四年 3 月 5 日，税律议妥后，两国政府已将该约批准。其第五款云：关于在越南的中国人民，凡居住旅行及经营工商业，各权与他国人民享同等的待遇。

也，自少习庭训，长兴航业，中道遭飓风，漂流琉球百岛，船及货物均为岛民吞没。祖只身背神像渡海，得达山东，行乞以归，已一年矣。当时家人闻船漂落无踪，意谓沉没，即居丧如礼，庆归服除。祖至是一身之外，别无长物，再向亲友借贷造船，航往南北两洋，惜所运仅木材树皮诸贱物，不能获利，晏如也。会星洲烟土跌价，勉办多少，回国运往上海。船次崖门，门吏以此船向运贱货，免查挥去，抵上海烟土获利甚丰。惊识广东烧烟起衅，崖门不查，化祸为福，迨天赐欤？遂捐资修黄河决口，使臣嘉许，达部册封。

闽南各处，如海澄，很早就有人往南洋去。三都殖民尤早，据某绅未刻的笔记，凡"青头船"及汽船时代的旅行，其概况可于下节见之。文中所云轮船，俗名"漳福建"，据说是我国迁民自己经营往南洋最早的轮船：

  三都移民海外，可分数时期。唐宋以来，既不可考，惟新安族谱载元末明初邱毛德通番事，则是时荷兰、葡萄牙海舶间有至者。又载明嘉靖六年，邱某客死马来半岛，隆庆间有赴吕宋，万历间有往交趾经商者。据海澄县志所载，明时澳头设太监衙，遣一阉驻之，征收内外商船税。然则有明一代，都人之附番舶及乘舟浮海冒险往游南洋者，已踵相接矣！观于今日槟榔屿俗民所操言语，悉附近澳头诸社之土腔，可知都人在槟所占之势力由来已久。

  清初郑成功屯兵金厦，占据台湾。斯时地方不靖，居民相率由高浦附舟渡台投军垦荒，各社族谱所载，约略可考。乾嘉间海禁綦严，都人结队陆行至澳门，附番舶出洋经商者，据私家所存之旧账簿，记某站乘轿宿店，费若干钱，殖民行迹犹斑斑可考也！光绪三年小刀会谋反，居民附者甚多，事败逃往南洋，于是都人侨居南洋群岛，经营商业，娶妇成家者日益众。今日南洋有所谓家园者，大抵祖宗于此时期，本其奋斗建设之精神，树立鸿业，故其子孙袭之，享着不尽。

  咸同之际，英人蚕食缅甸，法人并吞安南，藉助都人实多！盖海禁既开，内地居民尽数出洋，势力膨胀，晋用楚材，彼等又乌知所谓国家主义者！

  光绪初年，新安邱忠波购汽船数艘，通航槟榔屿、新加坡、香港、汕头、厦门，铁轮转动无患。石尤慕富之徒咸附以往南洋，荒地忽变繁区。然斯时行者犹有衣锦还乡之思想，洋客归来，亦所时有，都中景况，不亚于农业时期。迨至光绪末年，国政日非，民俗日下，携眷旅居南洋群岛者，势如奔涛，不可复遏。

  及改革以来，潢池盗弄，烽火频年，旅外富人闻风却顾，不敢言归。且又狃于目前之计，有法律之保护，优乐不思蜀。间有返棹者，非贫病无聊之辈，即作奸被逐之徒。昔时出洋，必泣辞尊长，今日一言出洋，举欣欣有喜色，于此可以悟人情，觇世变矣！

4. 南洋迁民离国的主因

前节已把闽粤利于迁民的两个基本理由择要叙述，即（1）地理的，（2）历史的。汕头与厦门俱是海口，当然便于航海。且以我国历史言，沿海的人民很早就有人渡海经商，虽本书对于历史上的迁民运动不作系统的叙述。自中外通商以后，我国政府与人民对于迁民采取宽容的态度，所以渡海的人数比前增加，直至欧美各国颁行移民律，才限制或禁止我国的迁民。

此外关于人民迁移的原因当然甚繁，然一般的讨论大致以演绎为主。本书对于闽粤人民离国的理由，曾用直接访问的尝试。因为我们在汕头附近的一个华侨区，曾由访问员调查过905个华侨家庭，因为每家有人往南洋的，因此对于离国的理由知道比较清楚。虽然他们有些答案未免太简，有些未免含混，但以大体论，这些答案是比较正确的。综合言之，其结果如下表：

第2表 南洋迁民离国的主因

类别	家数	百分数
（1）经济压迫	633	69.95%
（2）南洋的关系	176	19.45%
（3）天灾	31	3.43%
（4）企图事业的发展	26	2.87%
（5）行为不检	17	1.88%
（6）地面的不靖	7	0.77%
（7）家庭不睦	7	0.77%
（8）其他	8	0.88%
总计	905	100.00%

综观以上各理由，第一与第二显然占最重要的位置。所谓"经济压迫"，可以大别为个人与家庭两方面。个人因无业或失业，以致难以谋生，因此冒险出洋，在905家中有353家（或70%）属于此类情形。家庭方面的经济压迫，包括财产缺乏、收入微细、人口众多等，在905家中有280家属于此项。但以概况言之，个人与家庭的经济压迫，实际可以并入一类。这是华侨区内的环境，逼迫许多人家迁移海外的一种重要的原动力。

在另一方面看来，南洋亦时常吸引许多人到那边去。譬如有些人家，在南洋已有生意，特别是由父亲或祖父传下来的（在905家中有55家）；有些人家虽自己没有生意，但在南洋已有亲戚、朋友或同乡从事于各种业务（在905家中有121家）。大概言之，在南洋有生意的人多少有些资本，其经济状况较佳，至于其他的戚友，多数是从业员。这些人有时候回国，有时候在家信中说明南洋谋生的机会，引起家乡的有志青年对于迁移南洋的欲望，在905家中有176家（或20%）是属于此类的。

在我们所调查的华侨区里，近年来有一件极大的社会惨剧，即1922年的"八二风灾"。那一次受灾很重的人家，有许多渡往南洋谋生，在905家中有31家（或3.4%）是属于此类的。

但也有一部分人，或经营商业，或从事于自由职业，资本比较宽裕，教育比较有根底，愿意往南洋去得些经验，或发展事业，在905家中有26家（或2.9%）是属于此类的。

在历史上，凡出洋的人往往被鄙弃为行为不正者，如政治犯或匪类等，如上所述。但近来的迁民中，像这样的人是不多的，凡因吸食鸦片、赌博而迁出者在905家中仅17家（或1.9%）。但关于这一类的案子，其隐瞒不免较多。

所谓地面不靖是指盗匪、兵灾等，所谓家庭不睦是指和家中人发生感情上的冲突愤而出走者。这两项的事情是不多的，各占7家（或0.8%）。

上面的理由不是绝对可靠的，第（1）因容易说得过火，（5）、（6）、（7）都有报告不充分之嫌。

5. 南洋中国人的分布及其主要职业

第3表　中国人在南洋的地理分布

地　别	人口总数	中国人口（1933）
（1）英属马来亚①	4 385 346	1 709 392
（2）荷属东印度②	60 727 233（1930）	1 233 214　男：750 000　女：450 000
（3）菲律宾③	13 055 220（1934）	150 000
（4）暹罗④	11 506 207（1929）	558 324
（5）法属印度支那⑤	20 491 000（1930）	402 000
总　数	110 165 006	4 052 930

表内所列中国人口，是指（1）由我国直接移出者谓之"迁民"及（2）在南洋生长者，俗称"侨生"，"迁民"与"侨生"合称"中国人"或称"华侨"。迁民的人数以闽南及粤东居多数，闽南包括泉州、漳州，粤东包括梅县（及旧嘉应州）及潮汕。此外尚有广州、海南及广西（容县、玉林等处），但其人数较少。以外交言，"迁民"受驻外的中国领事管辖，"侨生"受居留地政府管辖。

"侨生"的父或祖亦是由中国迁出的，但本人是在本地生的，其母亲往往是土人妇，其少数是在南洋生长的中国女子。居留地政府视"侨生"为本国籍民，大致已和本国同化。"侨生"在南洋各处有特别名称，在菲律宾曰Mestizo，在法属印度支那曰Minh-Huong，在东印度曰Peranakan，在马来亚曰Baba等。

表中所列关于暹罗的中国人口，是根据于该国政府的最近调查，是专指中国迁民而言，不包括侨生的人数。有一位暹罗政府的高级职员和著者说：

暹罗人与中国人结婚者甚多，现在国内有许多著名人物是混血者。其实有

---

① C. A. Vlieland：British Malaya：*A Report on the 1931 Census and Certain Problems of Vital Statistics*，P. P. 120 - 21.

② Volkstelling 1930；Deel Ⅶ：*Chineezen en andere Vreemde Oosterlingen in Nederlandsch - Indie*，Batavia，1935，P. 48.

③ International Labor Office：*Opium and Labor*：*Studies and Reports*，Series B，No. 22，Geneva，1935，P. 43.

④ International Labor Office：*Opium and Labor*：*Studies and Reports*，Series B，No. 22，Geneva，1935，P. 33.

⑤ International Labor Office：*Opium and Lobor*：*Studies and Reports*，Series B，No. 22，Geneva，1935，P. 34.

时候连我们自己也说不清楚，谁是暹罗人谁是混血人！

若以中国迁民及暹罗混血人合计之，其数将近 2 500 000 人，或等于暹罗总人口的四分之一①。

关于中国人在南洋的地理分布，有两点惹起我们的特别注意：（1）同乡聚居一处；（2）同乡加入一业。这两点足以表示迁民运动的自然趋势，因迁民出国的路线，往往依照在南洋的同族或同乡的经验与协助。这些迁民前辈对于后来者，大致有血统、友谊或邻居的关系，或广义的同乡关系。以概况论，在南洋的迁民前辈遇有适当的机会，援引家中人，或亲戚，或朋友，或邻居，前往南洋，因此后去的迁民，大致跟着迁民前辈所住的地域及所选的职业。经时既久，这就变成一般迁民的习惯。因此我们对于南洋中国人的地理分布及职业的选择，可以按照迁民的家乡来划分的。

在菲律宾的中国人以闽南人为最多，如泉州及漳州各县。南安、晋江、同安、海澄，多有往小吕宋及附近各市者。此外尚有厦门、金门两岛。以大体论，中国人操菲岛的商业之权，特别是零售商，据说中国人在菲岛总人口的 33% 是业商的②。菲岛零售商的 80% 在中国人的手中，国际贸易如米、糖、烟草、木材、椰子等，中国人亦占有重要位置。近年来，菲律宾的独立运动发展之后，民族性逐渐伸张，菲人不断的排华，因此中国人的商业活动受多方面的打击，如簿记法及限制中国商铺减少中国雇员增加菲人雇员的法律是。自中国人因东三省事变抵制日货以后，日本零售商逐渐增设于菲岛，因此侵夺中国人的一部分生意。除商业外，中国人亦有从事于手工业及工业者，如建筑、石工、木工、鞋匠、成衣等。

关于中国人在菲律宾的经济势力，据某专家说：

> 在菲律宾的中国迁民恐有 125 000 人，此外侨生者恐有 750 000 人。这些人占有 70% 至 80% 的零售商及大部分的各岛间的商业。近来他们的人数及势力有迅速的增加……四分之三的商业信用是在他们的手中。在主要产米区内，靠他们的金融来经营米业，磨米与运销是他们的职业。在各海岛中，木材业的零售大致是他们的企业，40% 的木材是由他们制成的……他们的投资总数，有人估计为美金 1 亿元，或等于美国在华投资总额的一半。③

我国往东印度的迁民当推闽人为最早，其次为客人（大概住于梅县即前嘉应州）、潮州人及广州人。闽南人何时开始迁移，现无确实证据，其见于我国史传者甚多，但是否常在东印度居住是一问题。目下巴达威、三宝陇与泗水，有中国大家族如蔡、韩、简数姓，在彼处居住都已数代（蔡姓已传至第 5 代，其始祖于 1753 年由漳州蔡坂迁往爪哇，至 1936 年为 183 年）。在 1740 年与 1745 年之间，客人开始移殖于西婆罗洲，继之者即为潮州人。起初他们是农业工人，如胶园、椒园、烟

---

① Lin Yu: *Two Loyalties in Siam*, *Pacific Affairs*, Vol. Ⅸ. No. 2, June 1936, P. 191.
② Ta Chen: *Chinese Migrations*, P. P. 104 – 108.
③ R. Hayden: *China, Japan and The Phillipines*, in *Foreign Affairs*, Vol. 11, No. 4, July 1933, P. P. 711 – 715.

草园之类。当 19 世纪后半期，农业与矿业起始发展之后，客人与潮州人逐渐分布于网甲岛、万里洞岛及苏门答拉岛的东部。

东印度的闽南人约有 550 000 人，在爪哇及马杜拉及东印度群岛的东部，他们要占居中国人全体的一半。在苏门答拉（除西部及 Bengkalis，在 Bengkalis 有许多闽南人是从事于渔业者）及西婆罗洲，闽南人不如客人及潮州人之多。

以东印度各岛论，客人较多于潮州人。在东印度的客人（除西婆罗洲）约有 200 000 人。西婆罗洲共有中国人 43 000 人，其大半亦是客人；网甲与万里洞有客人 45 000；苏门答拉东部有客人 14 000；爪哇西部有客人 65 000。

广州人亦较多于潮州人，在东印度各处，恐有 135 000 人之谱。他们大致是平均分散于各区，但在苏门答拉东部及南部、网甲、东婆罗洲及西里伯岛比较多些。

闽南人与西婆罗洲的客人，其大部分是在东印度生长的，这可由男女的性比例及年龄的分配看出来的①。闽南人的一半是商人，但在苏门答拉与西爪哇，他们经营农业与渔业。在爪哇及马杜拉的客人也有许多商人，其次是工业从业员。在苏门答拉的客人经营矿业，在西婆罗洲的客人经营农业〔但在罗芳伯指导下，最初是在东万律（Mandor）邻近开金矿的，约在 1750 年，或清乾隆十五年〕。

潮州人的主要职业是农与菜园。在苏门答拉的东部，他们大半是烟草工人，在西婆罗洲，除业农外他们亦有经商的。在东印度别处的潮州人也有经商的，虽然少数是在工业界谋生的。

广州人成年男子的五分之二是工业从业员，他们的职业和其他的中国人有显然的区别。在苏门答拉有许多广州人从事于农业及菜园业；在网甲他们是锡矿工人，在巨港（有时称旧港）及东婆罗洲他们从事于石油业。

在广州人里，由中国迁出者其数较大于在东印度生长者。他们大致多有精良的手艺，如桌椅的制造。这种技艺到了第二代有许多人家是遗失了，因第二代的人往往谋生机会较多，不必拘守于父老辈的技艺。

新近往东印度的迁民是广西人（例如容县、贵县等），但人数尚不多。他们大致有健康的身体、耐劳的精神，在网甲岛的锡矿工人里，算是后起之秀。荷兰某工程师说：

新由温带迁出的工人，身体强健，工作勤谨，监工者是比较省事的。侨生的健康较次，怠惰性亦增加，谅是受热带的环境影响。

英属马来亚的中国人，据 1921 年及 1931 年的人口清查，分配如下②：

---

① 东印度的中国人大致男多于女，惟在爪哇，则性比例近于常态，因在爪哇侨生者人数较多（在爪哇中国人总人口之 20% 是在东印度以外生的，如在外省，则百分比提高至 51%）。在爪哇，中国人每男子 1000 人有女子 820 人，在外省，每男子 1000 人仅有女子 515 人。W. J. Cator：*The Economic Position of the Chinese in Netherlands Indies*，P. 100.

② C. A. Vlieland：*British Malaya*，P. P. 77 – 82.

第 4 表　马来亚的中国人

年　　度	1931	1921
福建人	540 736	380 656
广州人	418 298	332 307
客　人	218 739	318 139
潮州人	209 004	130 231
海南人	97 894	68 393
广西人	46 129	998
福州人	31 971	13 821
福甲人（Hok Chhia）	15 303	4058
其　他	31 318	26 174
总　　数	1 709 392	1 174 777

按前表，5 个团体的中国人在 1931 年占中国人总数的 92.7%，在 1921 年占 96.2%，其最大的变动是因为这数年之间广西人的增加。

如以地域论，上列 5 个团体的分布如下：

第 5 表　5 个团体的中国人在马来亚的地理分布

人　别	海峡殖民地	马来联邦	柔　佛	Kedah
福建人	287 125	143 429	73 270	21 984
广州人	141 975	226 181	29 585	13 079
客　人	52 369	211 906	33 588	17 718
潮州人	115 123	33 040	35 935	23 045
海南人	35 679	30 107	25 539	2760

在海峡殖民地，福建人最多，其数超过于广州人及客人。柔佛因近新加坡，亦以福建人首屈一指。在马来联邦，广州人与客人俱较福建人为多，Kedah 以潮州人为最多。以职业论，福建人除业农外，都从事于商业如零售商铺之类，因此集居于市镇。新加坡一市有福建人 133 473 人，在柔佛的中国人三分之一是福建人。在马来联邦，他们聚居于大市如吉隆坡、太平与怡保。他们的性比例在中国人中要算是最富有平常性的，每 1000 男子中有女子 620 人。这可以表示福建人移住于马来亚历史较远，他们常住于马来亚，即侨生者亦以福建人占多数。

广州人是喜欢居于市镇的，在新加坡、槟榔屿、马六甲共有 125 189 人（在海峡殖民地共有 141 975 人）。但他们最长于适合环境，因在马来联邦，他们虽亦居于大市，但同时他们是中国人里最多的人，特别是矿业及树胶业。广州人的性比例是每男子 1000 人有女子 581 人。

客人嗜农业，在马来联邦他们的人数略小于广州人，但在海峡殖民地，他们仅等于广州人或福建人的四分之一。海峡殖民地有客人 52 369 人，但在新加坡者仅

14 735 人。在马来联邦，广州人与客人是矿业工人的主要来源。近年来客人的增加女子较多于男子，因此性比例逐渐趋于常态，每男子 1000 人有女子 526 人。

潮州人在海峡殖民地者较多于他处，虽然在 Kedah 他们人数不多，但在中国人中却占第一位置。在马来联邦，他们集中于 Kinta、Krian 与吉隆坡。在柔佛他们较多于客人及广州人。潮州人的性比例是每男子 1000 人有女子 472 人。

海南人自 1921 年以来增加不多，在 1921 年等于中国人的 5.8%，在 1931 年等于 5.7%（虽然实数是略有增加的）。在这 10 年里边，女子增加 5 倍，男子仅有微细的增加。但自 1921 年至 1931 年由 65 883 加至 85 058。海南人居于市镇者常为欧洲人的仆役，其次便是零售商。乡间的职业是树胶，特别是在柔佛，海南人的四分之一是在那处居住的。在 1921 年以前，海南女子因不愿离家，往往不随丈夫迁居南洋，因此在那一年只有 2510 海南妇女（恐怕不完全是海南妇女，内有广州及其他中国妇女）。近来海南女子可以入境，因此在 1931 年已有海南女子 12 836 人，因此每男子 1000 人有女子 151 人。不过世界不景气来临以后，有一部分妇女已逐渐返海南岛。

在法属印度支那，中国人以商业为主，但亦有业农者如稻米、渔业、菜园、椒园等。这些俱是旧有的农业，因中国的迁民在彼处多年，对于本地的农业当然有些基础。近年来新式的农业渐被介绍，如树胶、棉花、咖啡、茶及棕油，这些新事业，特别是树胶园等，中国人几乎是没有势力的。殖民地政府近年来渐设法减少中国人的经济势力，例如由法国银行贷款于土人，以避免中国人以高利借款于农民的积弊。殖民地的政策，是用中国人作一种中间人——站在统治阶级与土人之间，但是不愿意中国人得着任何势力。

> 在法国人与中国人之间，友谊的机会是不多的，他们没有意见的交换，没有社交，连谈话的机会都是稀少的。政府有时施行粗简的政治手腕，徒使中国人格外显示他们的抱怨，增加他们的竞争心。比较好一点的政策是防止中国人得着优越的地位，特别是在印度支那有几个区域里。殖民地政府虽仍然可以承认中国人是必需存在的，但可以不让他们变成殖民地繁荣的必要条件。①

在暹罗的中国人，虽有海南、广州、梅县及闽南人，但以潮汕人居多，特别是澄海、饶平、揭阳、普宁、潮阳、潮安各县。

在暹罗，中国人的主要职业为商业，自零售商至批发商都有，后者数目虽小，但势力颇大。大部分的零售铺亦多是中国人开的，他们富于冒险性，小贩子常深入"山吧"与土人互市。资本大的商人在市镇里经营各种商务。中国人业农的数目不大，但磨米与运米都是他们的企业。有一位华侨说：

> 暹罗和外国的贸易，米是大宗。种稻者是暹罗人，但关于米业的经营，如磨米或国内与国外的运销等，都由华侨担任。

有几种重要的工业亦在中国人的势力范围，暹罗人只有在几种较微细的工业里

---

① E. Dennery：*Asia's Teeming Millions*, P. 160.

活动而已。中国人所经营的工业与手工业有鞋业、成衣业、木匠业、铁匠业、锡匠业、马车业、砖瓦业等①。

---

① W. A. Graham：*Siam*, Vol. 2, P. 2.

第二编　社会变迁的一个原素：移民的影响

第三章　生　计

一、生计的模型

如果我们要分析某社区的生活方式，我们的初步工作是要对于以下问题找寻适当的答案：多数的居民是靠什么来维持生活的？多数人的谋生方法仿佛是一种模范，旁人要在可能范围内仿效的，因此每一个社区的生活方式就得了它的特性。这个特性以技术与经济活动为原动力，以社会影响为最后归宿，因居民必须运用技术，然后才能得着入款以维持生活。由谋生的方法影响到一般人的习惯、思想、信仰及一切行为。因此，简单说起来，生计的模型是经济的现象，生活的方式是社会的现象。

至于居民如何选定某种职业，另有地理、风俗等等关系，不在本章范围之内讨论。我们所要注意的是，一个社区因为有了某种职业，便有了某项入款的来源，由此便演化出某种的生计模型。例如我们所研究的，在华南有华侨社区及非华侨社区，在南洋有华侨社区，这三种社区有不同的主要职业，就演变出来不同的生计模型。但本书注重华侨家乡社区的分析，其余两种社区只在可能范围内作比较，以明南洋华侨究竟对于家乡的人们，在他们的生活里发生了什么影响。

（一）非华侨社区。距华侨社区丙西北约60里，就是我们选定的非华侨社区，因天然地理的关系，这个区域成了华南的普通农村。农既是主要的职业，全年生计的主要来源自然是农作物了。在春夏两季，男女都从事于耕种，再加之以副业如养鸭、养鹅及种水果树等。秋深了，农事完结，中下家庭的女子还上饶平挑炭赚钱。非华侨社区的成年男女，一年之内所忙碌的，就是耕种、耘耙、收割、家庭副业，和上市销售自家所得的农产物。本区生活的中心，表现出华南的农村社会的概况，因此，无须赘述。

（二）华侨社区。本区的生计模型，与前段所述显有不同。非华侨社区内的生活是依靠农业的，但本区的生活大部分是依靠南洋的批款（汇款）。这不是说华侨社区内的人们尽是不从事生产的，许多人也有职业，不过入款微细，不能单独恃此来维持家庭的生活。华侨社区的生命线，大概是寄托于南洋的批款，所以南洋如遇经济恐慌，家乡就直接要受影响。

据我们在粤东及闽南实地考查的经验，中等以上的华侨的家庭大概没有生产的职业，每月生活费尽预算在南洋的汇款里面。但下等与贫等的家庭多少都有农业（如种稻）及副业（如养猪养鸭之类）。这种情形在闽南华侨社区尤其显然。那里有一位医士提醒我们："经济较优的华侨的家庭，子女们只知穿吃度日，终日享乐，假如南洋生意一旦破产，他们非讨饭不可！"这段话虽然说得过火，但大体可以映出华侨社区的生计模型了。

至于华侨社区里的非华侨家庭，因家内无人在南洋谋生，因此得不着南洋的汇款来补助家庭的各种用费。这些人家大致靠各人的职业入款来维持生计，和我国他处的农村家庭有相似的生计模型，以经济状况言，他们大概较次于同区的华侨家庭。

（三）南洋的华侨社区。南洋的华侨有从事于经商的，有从事于劳工的，有从事于农业的，但生活的中心多在生意上面。光景很穷的工人愿意每天辛苦，赚低微的工资。但他们竭力节省，陆续的储蓄，希望将来有一日遇着好运气，能开一个小店铺。光景较好的人们，在儿童时代由父母供给入学费，希望读书之后，能算能写，将来成一个有技能的商人。多数成年的男子，总把希望和光明搁在商业里。所以南洋华侨生活的中心是在经商。

在东印度的中国人，以能生产的人计算，商人最多：以1930年的人口清查为根据，东印度的中国人，能生产者共469 935人，内有商人171 979人，商人占生产者总数的36.6%。因此我们知道中国人的经济势力对于东印度的社会实甚重要，特别因为他们处于联络各社会阶级的地位：一面联络内地的小生产者及内地的小消费者，一面联络国际贸易商人。中国人从事于工业者人数较少（共93 988人），他们大致是中间阶级，初由中国去的迁民大致是普通的工人。①

我们于1935年游历爪哇时，有一位侨生领袖告诉我们："不论在进口与出口业，中间人以中国人占大多数（包括中国的迁民及侨生），以爪哇论，中国人的成年男子几乎十分之九是经商的。零售商从前几乎完全是中国人，自近年来中国商人禁卖日本货之后，日本人逐渐在爪哇开设零售铺。"

在南洋各处，中国人经商者是很多的，特别是零售商。例如在菲律宾群岛，华侨经商者占全岛华侨总人口的33.0%，在各民族中得到最高的比例。

其他如马来亚、暹罗与法属印度支那，其情形大致相似。惟在菲律宾，美国移民律禁止中国工人入境，因此在菲律宾的中国人，除自然增加外，人口不能有很速的增加。在南洋其他各区，中国工人可以有条件的入境。但自不景气以来，移民律逐渐加严，中国人入境的机会因此比从前更加减少。

据一般人的观察，凡在南洋成家立业的中国人，通常经营三个或四个阶段，即工人、行贩（或雇员）、小摊主和大商家。光景很穷的人在生活奋斗场中，当由工人开始依次递升。小有资本的人可不经工人一级，直接由行贩起始，特别身体强健、勇于冒险、愿意入深山或远乡兜售商品者（经济状况较好者，如遇亲友开店，亦可入店为低级职员）。稍有积蓄以后，他们便在街旁或巷里摆摊，用固定的场所经售多样的货物。由此往上，可以入各种资本较大的商业，如制造、批发或零售等，以便在商业繁盛之区作各种的经营。厦门禾山地方有一位菲律宾的华侨，今年

---

① Volkstelling 1930, Deel Ⅶ, *Chineezen En Andere Vreemde Oosterlingen In Nederlandsch-Indie*, P.159.

(1935)已是86岁了。少时在困难中奋斗,老来光景富裕,可以代表一般的成功者。其同时的回国侨民略述此人的生活状况说:

> M君在16岁时,在家乡替人做些粗浅的小工,每天工资80文(饭资在内)。17岁跟随同乡到小吕宋去,就在同乡开的铺内学徒,每天做些打扫洗濯的劳作。因作事谨慎,行为端正,很蒙主人的信托。
>
> 空闲时候,在账房先生下面练字学算;夜间人静的时候,就只身独坐,温习自修,天天不断。七八年以后,写账和算账的两种技术,他都学会了。那时怡郎埠(Iloibo)有一处支店,缺乏一位司账,店主就请M君前往担任,年薪120元(菲币)。M君接任以后,生意日日兴旺,对于西人(西班牙人)及土人的交易,也一天熟悉一天。到31岁,就独立开设一铺,规模很小,仿佛是摊铺而已。但因经营得道,每年所获,约有1000余元。
>
> 几年后,从前的主人再三敦请M君回小吕宋担任经理的职务,年薪2000元,因情厚难却,M君仍回小吕宋担任经理之职。因M君的见识和计划,生意茂盛,财运亨通,于是更获主人的信服。但M君的志气很高,以为寄人篱下终非善策,于是辞去经理,企图独立经营。后来得力西人资助,每年可获利20 000元。
>
> 55岁时,因用人不慎,生意几乎完全失败。后来因奋力支撑,才将生意恢复。
>
> M君已回国,国外业务已全交于儿孙手中,据说积有资财10余万元。

在南洋的中国人,对于商业的经营已有悠久的历史,且有适当的成绩。"中国人是太平洋区的犹太人,因这两民族的经济活动与社会地位是相似的。他们所以致富,不仅因为能够赚钱,并因为能够节省费用。"中国人所以能够经商,能够致富,其原因当然复杂,但不外本能、训练、健康与环境四个主要原素。有些人对于商业有天然的本能,再加以训练,再加以强健的身体,无论处于顺利或拂逆的环境之下,他们必能发展其事业。关于个人的本能、训练与勤劳的精神,我们对于一般的迁民,加以适当的注意。

南洋的环境利于经商,这是毋庸赘言的,特别是中介商。中国人既富冒险性,往往深入山里和土人贸易。但尚有拂逆的环境,仿佛逼迫中国人走入商业之路,这一层往往为一般人所忽略。譬如殖民地政府,对于容纳中国人为政府职员,至今还是有限制的,除书记及其余低级职员外,很少有人能超过法律或习惯而得上升的机会。南洋有些区域,对于土地所有权或租借权是有限制的,例如在法属印度支那,"红"土是不能为外国人所有的,因此中国人很少从事于树胶园的企业。除椒园、菜园及稻田以外(大致在柬埔寨及交趾支那),中国人很少经营农业的[①]。

在荷属东印度,据1870年的土地法,外国人不能买土地或耕种土地。普通荷兰人当然不会离本国到热带来耕地,因此受法律制裁者当以东方外国人(Vreemde

---

① E. Dennery: *Asia's Teeming Millions*, P. P. 135 – 138.

Oosterlingen）为最直接；但因中国人比较最多（占东方外国人90%以上），所以实际受此种法律的制裁者为中国人。

在马来亚，中国人可以用劳力开垦荒地，种植橡树，可以逐渐把橡树园收为己有，因此中国人有一部分变成地主。

在南洋的中国人以经商为主要职业，已如上述。他们的经济活动不仅限于南洋，且推及于中国，经营中国与南洋间的商务。由中国运往南洋的出口货，其主要消费者可分两大类：（1）南洋的消费者是中国人；（2）南洋的消费者非中国人。关于第二类的出口货，我国要作多方面的鼓励，因其显然于国家及人民有极大的经济利益。凡国货出口，对于出口商、入口商及南洋的零售商，各有相当的利益；并且这些商人大多数是中国人，因为消费者非中国人，所以有时候运往南洋的货物即非中国货亦不可目为不爱国。此层理由，南洋商界领袖屡次和著者讨论，著者以为他们的观点是合理的，特别是近年南洋抵制日货之后，致使日本人在南洋逐渐开设零售铺，抢夺中国零售商人的地位。

如果南洋的消费者是中国人，那么以经济的立场言实无大宗利益。南洋的市场犹之乎国内的市场一样，中国货（或非中国货）卖给中国人，除经手人得些微利外并无新财富的产生。由社会学的观点看来，南洋中国人仍买中国货，可以表示他们仍旧保存旧习惯，对于新社会的同化程度显然不高。不过迁民对于祖国，因习惯的关系，当然是喜欢采用本国货的。我国由汕头及厦门运往南洋的货品种类繁多，价值亦大。据我国海关报告，由我国运往南洋的货品，其重要者如下：鲜蛋、冻蛋、松花、火腿、猪油、鱿鱼、墨鱼、咸鱼、干鱼、绿豆、赤豆、麦粉、豆腐皮、鲜果、干果、罐头水果（荔枝、龙眼、橘、梨等）、桂皮、茯苓、人参、甘草、大黄、冥纸等。由南洋运往我国的货品，其重要者如下：亚麻、苎麻、火麻、绳、缆、苘麻袋、锡锭、锡块、海菜、海带、鲍鱼、海参、干贝、鱿鱼、鱼翅、咖啡、米、砂仁、豆蔻、槟榔、胡椒、糖、烟草、煤油、重木、檀香、籐器、橡皮等。

二、非华侨社区的生活概况

非华侨社区的乙村，有725户（此725户包括西都、东皋、意溪三村），共计人口4309人。大部分是有职业的，其重要职业如下：

（一）主要职业

1. 稻作业

稻作业是本地的重要职业，全村十分之九的人口都从事于稻作生活。或于725户中从事稻作业者占650户，计自耕农130家，半自耕农280家①，佃农240家。佃农的制度，此地最普通是对分制，就是每一亩产量由田主和佃农对分，如每一亩产4石谷子，田主得2石，佃农得2石。在平常的情况之下，乙村每一年谷子10 000石，或白米4000石至5000石，约可供给全村9个月的消费，其余3个月的粮

---

① 所耕种的田，一部分是自家的，一部分向人家租来的。

食只能另找出路。

农家所耕种的田亩大小是不一律的。普通可分为3类：即大农户，平均耕种15亩；中农户，平均耕种8至10亩；小农户，平均耕种3亩或4亩。

每亩的田价也是不相同的，根据价格，也可以分为3等：即上等的田每亩计值250元至300元；中等田每亩值200元；下等的田价更无标准了。因为有些田容易遭水灾，如遇多雨的年岁可以子粒无收；有些田因地势太高，灌溉不便，如时雨不调，往往田禾枯死，得不偿失，所以此类田亩就卖不上价了。普通卖价由20元至100元不等。因田价上下不同，每亩产量也因此而异。在平常的年岁，上等田每亩可收谷子5石至6石（每年2次收获的总数）；中等田4石左右；下等田2石。

甲村与乙村共有725家，就中经我们调查者572家。据统计所示，自16岁以上男子共计978人，女子1035人。自15岁以下的孩童共计1145人。平均每户5.52人。这些成年的男女和稍长的孩童多以农业为生活的中心，以木业、香枝业、工业等等为副业。一年360日中，除大节和神会之外，大大小小多整日忙在工作之中。今将实地调查之572家的主要职业分类如下：（1）农业366户；（2）商业93户；（3）工业81户；（4）未明32户。

本社区的邻近村庄是南洋华侨的家乡。本社区离华侨社区丙仅60里，为什么本区出洋的人口极少呢①？关于这个问题，曾经问过许多的本地人，他们的答案可以拿一位老年的农人来代表："这里的人民，只要不懒惰，并如果愿意耕种或作工，总有饭可吃的，何必到外洋去呢？"所以在本区，虽然生活程度很低②，但稻作、木业等等，是足够本社区男女们的工作了。

2. 木材业

非华侨社区内，经营木材买卖的杉木行（规模较大，注重批发）与杉木铺（规模较小，注重零售）很多，前者约有20家。这20家木行，各有人在韩江上流各县采办杉木。杉木从山中采下之时，当即把杉皮刮去，到了相当干燥之后，就编成木排，利用韩江水力航流到非华侨社区甲村。

杉木编成排之后，长短不一，有的木排是3节或5节的，有的是6节或7节，流在水上仿佛是流水游龙，蜿蜒蠕动。

每一排上有一排头，是一张排上的主脑，排上的伙计都由排头负责；雇用、解约和发工资，都是排头的事，木行只知与排头接洽，别的就不管了。平均计算，排工每日的工资大约4毛至5毛钱；排头的工资就不一定，有时能赚1元以上，平均每日大约七八毛左右。因为木行是将木材包给排头，说明木排航运到甲村，共付运费若干，所费多少是以途径的长短为转移。有时雨水调匀，江流平顺，航行省时，排头就有钱可赚了。

---

① 本区725家，内有650家是从事稻作的。其余75家中，每家有1位或2位出洋，大概多不发达；在南洋稍有积蓄者仅四五家而已。

② 见本书第四章，关于非华侨家庭的讨论。

每排节数不等，排工多少也不一律。普通在夏天每排平均五六节，约有排工四五人。每人执竹竿一枝，竿梢装一铁柄，柄旁有一铁钩，排工立在排上，用力撑着竹竿，使木排往前航行。满水时期排工稍可省力，但浅水时期排工就费力了。冬时江水极浅，航行停止。

排到甲村，排头交货，此后就是起卸工人的事务。起卸工人将木排拆开，将杉木运到堤岸，叠成如山，木行将此种杉木批给杉铺，零购的买主就随时与杉铺交易。

本社区在木材工作中生活者共约 2000 人，本处居民占 300 余。此外，农闲时节，农夫们也随时加入木材工作，因人数无定，估计也难，但木材工作对于本社区生计之影响，可以想见一般。甲村是一个小村，村中成年男子的半数是以木材业为入款的主要来源。

本社区的主要职业尚有铅匠 20 人，石灰工匠 20 人，泥水匠 50 人。他们是精技工人，平常在本村工作，但有时亦往邻村做活。工资不定，普通每日由 4 毛至 6 毛。

3. 香枝业

香枝业对于本社区的生计问题也极有影响。香枝的原料是竹，如韩江上流的梅县、丰顺、大埔等县，都是产香枝竹的所在。竹从山中采下，即在江边编成竹筏，如木排一样，就韩江顺流而下，航达非华侨社区甲村。甲村有竹行，叫做竹馆，专经营竹的买卖。普通多由竹馆派人往韩江上流采办竹料，但也有竹商自行采办。竹筏航到本村，即由起卸工人将竹筏解开，将竹枝起到堤岸堆好，香枝铺就各自向竹馆购买香枝原料。

香枝铺把竹枝依香枝规定的长度截成数段，做香枝的女工往铺内领取香枝材料，带回家中，就开始削香枝的工作。

香枝是这样削成的：女工们先把竹劈成竹条，再把竹条劈为三层，外层带绿色的，应送回铺中，中层即做香枝之用，内层无用，女工即以此为火柴。竹条中层削成香枝之后，大约四五斤捆成一把，平均每天每人可削成四五把，可获工资二三十枚（按本地金融，28 枚等于 1 毛）。女工随时将削好的香枝送到香枝铺，铺主就依把数的多少，与距离女工家路途的远近，分别付给工资和脚费。普通削成香枝一把，可得工资 5 枚。如自取材料，香枝削成后又亲自送往铺中，可另得脚费若干；如路途近，每把津贴 1 枚，远的 2 枚。所以工资与脚费一起，每把可获铜元六七枚。

香枝铺还要将削好的香枝渐渐晒干，干燥后就捆成大把，每一把计重十一二斤。工作有精粗之分，粗者每把计十三四枚，精者 20 余枚。这些香枝多输运到潮安城内去卖，卖价也不一等，要看香枝的长短和质料的优劣为转移。长度由 9 吋起到 1 呎零 4 吋止，价值每把由 3 毛起到 5 毛 5 分止。

本社区共计香枝铺 50 家，内有男工 200 余人，平均每日工资 5 毛。本区女子赖此作副业者，大约有 350 余人。

（二）副业

除以上3种职业外，还有各项副业，此项经济的收入实于一年的生计补助非浅。谷子收割后（年共2次），有些农家还加上种麦一次，补助全年的粮食。此项食粮，乙村每年约产700石左右，平常市价每石计值7元5毛。这些多给乙村消费的。

有些农家特别挑选若干田地，专种蔬菜之用，蔬菜长成后挑往邻村运销，所入也不少。甘蔗也培植的，长成后当作水果销卖。鸡、鸭、猪和鹅，平均每家多少都养的。对于鹅，有些农人很大批的培养，长肥后，平均每只可售大洋4元。

妇女和姑娘们在闲空的时候，是从事于绣花的工作，例如手绢、桌布之类。此种工艺在潮汕一带很普遍，每年在汕头出口甚多，运销上海及外洋。若是贫下阶级的妇女们，往往上山做挑炭的买卖。炭烧好后，即挑往潮安去卖，计一来一往，共需2天，平均每天可赚2角与2角5分。这里的女子们与男子一样，耕田挑草等粗工多会做的。

三、华侨社区的生活概况

（一）主要职业　华侨社区生计的维持是依靠两种来源：第一是外洋汇入的侨款；第二是本区主要的职业。今先述职业，而后述侨款。

1. 农业

华侨社区丙的人口总数，据区公所的调查，共计4973户，25 303人。内农户有2500家，约占本社区总户50%。农家的职业本来就不是单纯的，往往除农事之外，兼营商业、手工艺等等。华侨社区的情形也是如此，所以这2500农家除业农外，是有别种生活的。

2500户农家，共计耕种9000亩田，平均每户耕种3.6亩。分析言之，大农户平均每家耕种10亩；中农户平均耕种七八亩；小农户平均耕种一二亩①。一般的农户多是佃农性质。据本社区的估计，自耕农占总农户之1%；半自耕农占5%；余者都是佃农。故以华侨社区丙而言，就是一个小佃农的社区。

每亩稻作的产量要视其年岁丰歉而异。平常年份如无水旱灾，每亩田平均年可二获；早冬的谷2石余，晚冬的谷3石余②。田亩的价格视其田亩地位之如何，如地位高则易旱，地位低则易患水，以地位之不同分为3级：上等田平均价格200元；中等田一百五六十元；下等田一百一二十元。至于山园价值就不同了，有一二十元一亩的，也有三四十元一亩的。

据我们调查所得，在顺利的年岁，全区可产谷40 000石左右，足供全区4个月之消费，其余8个月食粮就须依赖外埠的供给。每年外米的输入，总在10 000

---

① 其中有耕种沙田者，最大的耕户每家有数十亩，但全社区中仅2乡有少数的沙田耕户。
② 一石计116斤（16两为斤）。

包以上①。大多是芜湖米，其余为暹罗、安南、缅甸之米，有时福建之诏安及邻县之揭阳也有米输入，但其数不多。

田亩税，是由田主负担。据民国二十三年的情形，每亩纳钱粮 2 角外，并缴附加税十分之四，共计每亩应纳税 2 毛 8 分。自民国二十四年起，将改为田价 1% 征税，譬如田一亩，而田价为 100 元，则应纳税 1 元正。

田亩租，平常多采花租制度。因本区地势低洼，水旱无定，所以田亩产粮也不一定，租额也难预先规定了。因此本地采行花租制度，即稻作成熟之时，田主和佃农同往田中视察，面议租谷，每亩租谷大约等于产量 40% 至 50%。但也有预先议定的，平均每亩租谷是：上等田租每冬 1 石 2 斗②；中等田 1 石；下等田八九斗。

从人口与粮食看来，本区人口过剩是不用说了，不但人口过剩而已，差不多整个的食品问题是依藉他埠来供给。假如一旦外粮断绝，本区人民就要感觉食粮不足的恐慌了。

2. 商业

商业对于本区的生计是有很大的贡献，其影响力之大，不亚于本区的农业。本区因华侨数量渐渐增加，富侨也慢慢增多，人口就渐渐膨胀，所需的消费，无论种类与质量，也随时而增进了。因此本社区的一部就渐渐成为商业的中心，这一部分就成为樟林镇，本区一部分人的生计就赖此解决了。究竟有多少人依此镇谋生呢？因为无实地精密的调查，不能予以肯定的答案。但据区公所的估计，本区人民赖商业以为生的，大小合计总在 2500 人，约计总人口十分之一。如出洋华侨计算在内，总计 7000 人，约占总人口十分之三。

本社区因华侨的势力，商业的空气弥漫于民间。无论老幼，如提到生计的出路问题，视线的焦点立刻集中在商业上头。有一位经济力属于下等的华侨的妻子以为，"如要赚钱，如要赚大钱，就应做生意去，往南洋做买卖去"，这是本区一般的信心和观念。所以在黎明的当儿，大街小巷之内，三五成群的幼童各自提着一个小筐，用着尖高的嗓子，用劲嚷着："酱豆干！油条！油石果！"实际上，每人每晨平均不过赚了铜元五六枚。原来母亲们的注意点不在五六枚铜元上面，她们注意的焦点是在商业的训练，希望她们的儿子们从小就得到经商的习惯，使他们长成以后，对于经商有了适当的准备。

在华侨社区丙，我们选出侨民若干人，研究他们的职业（即出洋前和出洋后的职业）。由出洋前的职业分析，我们可以明了迁民的本能、兴趣及准备；由出洋后的职业分析，我们可以探讨南洋的经验，对于改变职业的各种影响。向我们作职业报告者，有些人是出洋前与出洋后同是一人，有些人当我们作研究时尚在南洋，由他们子弟们代答的。以概况论，我们由这些例子里，可以看出他们在出洋前和出洋后的谋生情形。

---

① 每包计 170 斤。10 000 包以上，是由米铺所估计。
② 按收成说，一年共二冬，即早冬与晚冬是也。

第 6 表指出 1084 人在出洋前的职业。我们如果把店员（206）、行贩（139）、经商者（47）、商店徒弟（7）合计之，得 339 人，或占总数的三分之一强。这些职业可以总称之曰商业。次于商业者为佣工（182），又次为赋闲者（158），又次为农业者（152）。简单言之，商业者大概是天性近于经商的，再加以父母的训练如上节所述，或学校的训练，如本书第七章所述；那么他们到南洋之后，大部分自然的向商业场中去找生活；至于大量赋闲的人，有些也要顺着南洋的环境在商界中服务无疑。

第 6 表　迁民出国前的职业（1934—1935）

（1）店员	206	（8）失学者	23
（2）工人	182	（9）渔业者	13
（3）赋闲者	158	（10）教员	8
（4）农夫	152	（11）商店徒弟	7
（5）行贩	139	（12）中医生	1
（6）入学者	129	（13）不详	19
（7）经商者	47	总计	1084 人

迁民出国以后，因各种理由，对于职业要发生变化。我们细察上表，知道有许多人对于商业有相当的兴趣与准备，所以到南洋以后必然经商。但在南洋久住以后，或因各种理由返国，这些人的职业也有变迁，如第 7 表所示。我们把店员（333）、商店主（108）、行贩（76）合计之，并总称为商业，那么商业者共得 517 人，几占总数的二分之一（总数为 1071 人），与第 6 表相比显有增加。南洋重商的习惯，由南洋华侨的职业和归国华侨的职业都能反映出来。不但如此，经商的资本已有增加，经商的技术与方法亦有变更，这是一般人的观察。工人仍占第二位置（315），代表奋斗比较失败的人；失业者占第三位置（111），显示不景气的影响。至于农业者（13）比前大为减少，当亦受南洋经商的影响无疑。

关于职业的改变，当有复杂的因素。近汕头的某村，有一家因南洋的经验，由农改商，述其改业的概况如下：

父亲幼时在家乡种田。他是种租田的，在大熟年岁，除了租谷以外，自己还剩下些谷子；遇到荒年，有时候可以子粒无收。种田是辛苦的工作，报酬亦是微细，生活的维持是很艰难的。

姑丈在实叻开杂货店，因生意兴盛，有一次约父亲去帮忙。父亲往南洋后，各事顺利，不久即自己开店，并渐渐有了积蓄。父亲有时候开导我们，"种田赚死钱，经商赚活钱！如有亲友帮忙，或自己交到好运，靠生意来养家，比较希望大些。"

五年前父亲因年老返家乡，让我们兄弟 2 人，各经营粮食店一所，一在本村，一在汕头。现在家内人口增多，费用较大，但经济状况比种田的时候要好得多啦。

第 7 表　回国侨民的职业（1934—1935）

（1）	店员	333	（7）渔业者	6
（2）	工人	315	（8）教育事业者	6
（3）	失业者	111	（9）医生	3
（4）	店主	108	（10）公务员	2
（5）	行贩	76	（11）不详	98
（6）	农人	13	总计	1071 人

（二）**副业**　华侨社区的女子，大致从事于手工如钩花瓣、刺绣、织网和刷金纸等①。青年女子及中年妇女们大多数在操作钩花瓣及刺花布，老妇人们大多操作织网及刷金纸等工作。此项女工的总数总在 4000 人口左右。刺绣花布及钩花瓣者，每天平均可得工资 2 毛左右。织网和刷金纸，平均每天可得工资铜元 10 枚左右。如能在织布厂与缝衣店做工，每日平均得工资三四毛不等。但自民国二十三年以来，手工艺如织布、刺花布、钩花瓣等，多因市场凋敝，销路就渐渐减少，原来从事此项手工艺者大多数改作织网，平均每日尚可赚铜元十余枚。钩花瓣刺花布诸手工，现在每天至多不过获得七八枚而已。织布厂有好几家是倒闭了，缝衣店也少生意，一切女工都转做织网。近来（民国二十四年）南洋群岛多畅销潮网，销卖潮网的多获厚利，因此本区织网工艺正在兴旺之时。据本地估计，本区每年网工艺总产量计值 12 万元。运往南洋群岛者占 10 万元，本国销卖 2 万元。

网的原料是麻，除本地所出不够供给外，大部分由下列各处输入：（1）汉口。汉口的麻先运到汕头，由汕头再转运到本区。麻到本区后，用人工制成麻线。主持网业的人们就以此种麻线分给女工，织成麻网，是谓麻线网。每年输入汉口的麻平均约计 800 余把，每把计 50 余斤，价洋 18 元，故每年汉口麻的输入，总值约 15 000 元左右。（2）上海。由上海来的原料叫做上海纱，运到本地后再制成线，然后织成网，是谓纱线网。上海纱的输入每年平均总值约计 30 000 元。（3）庵埠②。汉口麻到了庵埠，纺结成线；庵埠就将这种已成的线沿着鮀江运到樟林，就可以此原料直接制网了。平均每年庵埠麻线的输入总值三四万元。

（三）**其他职业**　除以上三类职业之外，华侨社区丙的成年男子尚有其他职业 12 种如下：1. 教育（75 人），2. 政界（15 人），3. 船工（11 人），4. 木工（110 人），5. 石工（40 人），6. 泥水工（50 人），7. 挑工（146 人），8. 起卸工人（267 人），9. 理发工人（132 人），10. 建筑业（55 人），11. 渔业（68 人），12. 小贩（62 人），共计 1030 人。内有一部分人，如挑工和起卸工人，除本区之外，尚有邻村工作。因该村临海，为本区进出的要道，凡外地运往本区的货物，多先由该村卸船，而后用人工运入本区（华侨社区丙），故挑工及起卸工人两项，就有 413 人之多。

据以上情形，华侨社区丙的主要职业为农与商，业农者有 2500 家，占全区家

---

① 刷金纸即冥纸，祭祀时用之。
② 地在潮汕铁路沿线。

数的二分之一（全区共4973家）；业商者有2500人，约占全区总人口的十分之一（全区共25 303人）。此外都是副业，因从事于主要职业的人们，有些同时兼有副业。副业中有女工，约4000人，占全区人口约十分之二。有从事其他职业者（共12种）计1030人。虽然有职业的人数是多的，但是入款是微细的，大致不能维持自身及其家庭的生活。本社区里有些家庭（约占总数五分之一强），因为有人在南洋，所以依赖南洋的汇款为他们的主要收入，详情在下节讨论。

（四）批款

1. 汇款概况。华侨的汇款有复杂的内容，我们如果欲作分析的尝试，必须对于下列各问题找寻适当的答案：南洋华侨的入款，其增减是受什么影响？汇款回国，其增减是受什么影响？汇款的方法如何？汇款者大致是什么人？汇款的用途如何？

从历史上看来，南洋华侨的进款有多寡的不同。从前南洋土产销路旺盛的时期，如橡皮、锡、米或椰子，小地主即可获厚利。从前在南洋进口的中国商品可以贬价售卖，使他国的同业者竞争失败，而自己尚能获利。有些华侨以高利贷款于土人，也可赚大钱。往昔劳力的供给缺乏，工资大致是高的。有许多中国商店，因伙计们时常要求增加工资，觉得把这些伙计们升做股主，合股开店，比付他们工资还容易赚钱。不过这些好的机会已是渐渐的过去了。近来移民律逐渐加严，特别是世界不景气来临以后，华南的工人要想到南洋去是不容易入境的了。同时在南洋的中国人如小商人及工人生活比较安定，因同胞的竞争减少，因此可以把家眷逐渐带到南洋去帮忙。

至于商业中的赢余，历年更有极大的变动。变动的原因很多：例如银价的高下，华南政治的不稳，通货规则的骤变，各国的关税政策，特别是日本；这些都是使投资者不知何去何从的主因。近四五年以来，经商的华侨对于赚钱或赔钱，往往自己在事前没有把握，况且有些商人喜欢买空卖空，更是冒营业上的危险，因此，对于汇款回国常有多寡的不定。

汇款回国，汇兑率是很重要的。汇兑于华侨有利，他们可以多汇，否则少汇。同时，汇入汕头或厦门的款项多了，也可以影响那边的金融市场：

> 暹罗与海峡殖民地的华侨汇款对于汕头的钱市是有很大的影响。本地银元与香港银元的汇兑率，每港银1000元可换975至1205元。本地银元与上海关两的汇兑率，为本地银元每1000元可换上海关两自675至745两。汇中外银币的汇兑率常以上海钱市为标准。

同时，银元与法币的汇兑率，据华南银行界人的观察，有一部分亦以华侨汇款为原因及结果。

有一位银行家说：

> 华南各口岸的银子的汇出与汇入可以表示好几种情形。银条大概是华侨汇款，所以汇入的理由或因利率较高，或预备作投资的资本。汇出的银子，或是因政治不稳，或因土匪，或由华侨进口货的付款，或因进口货维持外洋商场的

信用。

因各种的理由，沿海各埠有不同的汇兑率，常有银子的运入与运出。至于运入或运出的动机是不单纯的。每埠的货币汇兑率与银价，大约可以指示沿海的大概情形并受其影响。

汕头的硬银与纸币的上落，在三个月内相差有14%。在如此不稳状态之下，对内与对外的交易似平成了赌博，除有些货物能谋重利之外，其余的贸易是很难进行的。各种贸易都变了汇兑率的投机事业。1934年8月的禁银出口，在有一个时期产生混乱，并且对于生活费有提高的影响。不过最使人注意的是贸易。虽然本市的银业发行有许多种类的货币，有些纸币是不值钱的。

对于政治的不稳，有好几位被访者表示同样的意见：

（1）开明的官吏：暹罗、印度支那及马来亚华侨的汇款，比较美洲或海洋洲华侨汇款，其汇款的平均数量是要小些。其原因是南洋华侨常常汇来（上列各处的华侨是不常汇款的）。且近年来他们已受不景气的影响。至于其大原因乃由于近年来闽广的政治陷于不安的状态。他们为什么要汇款回家？为什么建筑公路、开设工厂或改良农庄？这些是应该研究的问题。有许多的村庄是在绥靖区域之内，目下驻有许多军队以资镇压土匪。实际上南洋华侨有许多是富的，不过他们不敢显出有钱的样子，有许多已经是别国的籍民，他们回祖国来不过作短时间的游历。

（2）有经验的银行家：厦门发展现代式的市镇，不过几年前的事。因战争及劳力与商品的需要，南洋华侨在此有大量的投资。那时候，房产的利息往往在周年1分或1分2厘。现在（1934年冬）虽然有些房屋还在建筑中，但在商情兴盛时代买进的地基，而有许多地主以能得周年3厘为满足。因此，在最近没有人愿意对于房产作大规模的新投资。除非南洋的商务有了起色，或者一部分华侨能将储蓄用于比较能生利的企业里，他们不能汇款回来。

（3）回国的华侨：在厦门与北婆罗洲有些产业的华侨，表示下列的意见：

本村目下很少有人买产业，因外洋的汇款太小了。银钱在他国比较稳当些，现在本国没有吸引大宗的汇款向国内汇寄的能力了。有许多华侨以海外的商业视为主要入款，他们有钱的时候就扩充那面的商店。他们以为家乡的投资因为政府没有保护，是缺乏稳固性的。

厦门邻近有一小学教员发表与上段相似的言论，说他的父亲是菲律宾西步市（Cebu）的商人，每年汇归菲币3000或4000供给同族的人的各种费用。全村除一小学校外，别无新的建筑。但村内三四百户人家都由仰光、菲律宾、新加坡、安南等处的汇款维持生活。这是一个有历史的村庄，著者在马六甲见过好几块匾，说是开山祖师中有3人是由这个村里而去的。

据厦门一位外国领事的估计，厦门的邻近有80%的家庭，依赖华侨汇款维持生活的一部。虽然在1933年，厦门的批馆有三分之一因汇款减少而停寄。在1930年虽然银价狂跌，然而海外华侨并不因此增加汇款。"海峡殖民地与别处，因商情凋敝，特别有几种职业影响中国工人的谋生。同时因内地的不安使得他们不能拿生活费的剩余寄回家乡来生利。照现状论，厦门的银行因存款太多不知怎样办法。"

与以上的意见相符的，是厦门某商业领袖。据说在人民政府初成立时，厦门的住户大起恐慌，于一星期之内，由厦门及鼓浪屿汇出的银元将近国币 7 000 000 之谱。

海外的商情当然影响到华侨经济状况，因此影响到汇款。马来亚的橡胶跌价及徙民入口的限制使得那面华侨的汇款减少（譬如 1930 年）；但在同时候，东印度与菲岛尚感觉不到不景气的影响，因此两处的华侨汇款反比从前增加。在 1929 年厦门区自上述各处汇归的款项高于 1928 年，因 1928 年的数目据说还小于 1927 年。因此我们可以看出华侨汇款回国有好几个原素：海外的营业情形、国内的治安与投资的机会和海外的华侨人数等。

银行家或华侨经济研究者对于华侨汇款不肯轻易作估计，因问题内容复杂，不易得一可靠的结果。华侨汇款与华侨贸易有密切的关系，这两件事不能绝对的分开。

南洋华侨向香港的汇款向来是一个复杂问题，他们的汇款应该视作海外的投资呢，还是视作暂时的存款，预备向国内投资呢？华侨汇款到香港往往以银行比较可靠，因此香港虽是英国属地，实际与上海或鼓浪屿的外国银行相似（或租界地内的中国银行），其存款大致较为安全，存款的一部分分明是作为将来的投资。这种存款的数量是很难估计的。

因以上种种理由，我们对于华侨汇款的总数，以为难得可靠的数字。我们对于总数虽无确切的估计，但对于汇款的趋势比较可以测知。有一位中国银行家以为，80%的汇款由香港汇入，近两年来，这种汇款大约减少三分之二。这是他的意见，以多年在香港的经验为根据。同时他未曾分析汇款减低的原因，例如：（1）华南国际贸易的转变；（2）华侨采用别种投资的方式；（3）华侨的海外营业有了较小的赢余等。

2. 汇款的方法。批信局或批馆是华侨汇款回国最重要的机关，这种制度可以简述如下：四五十年前，华侨往往托亲戚或朋友于返国之便带些银钱回家，后来有些人以为这是有利可图，便以汇寄银钱为职业，他们专为旅外侨商寄钱回国，取一笔手续费；这些人同时做些生意，把国货运往南洋去卖，或把南洋土货运回国内销售。他们就叫"水客"，有时或称南洋客。

因为往南洋的人渐多起来，经理汇款渐渐变成有钱可赚的职业，于是批信局（批馆）就产生了。批馆大致是钱庄的一部分，其金融的周转及信用胜于寻常水客。大概言之，一个大规模的批馆有总馆及分馆，总馆设于南洋，分馆设在汕头或厦门，或其他市镇，大概是华侨家乡的相近地点。华侨汇款的手续大致如下：汇款者如在马来亚，先到新加坡某批馆缴款，批馆即将款折成华币，一面付给汇款者收据一纸。汇款者留下家信一封（如不识字，可请批馆代笔），信内叙述家事并声明汇款，封面上批明汇款数目，所以俗称"批款"。此信背面贴有长二时宽一时之薄白纸信封，外印有该批馆图章及批信号码，此小信封内备有三时宽五时长之白纸一张，预备收款人写回信之用。批信到了汕头，入该批馆的分馆，由该分馆着人分送，此人俗称"派批"。汇款者在新加坡，汇款时，批馆即时登记此人姓名、住址、职业及故乡的住址，并将此编号入簿，批馆即把副张送到汕头的分馆，以便"派批"对号送款。收款人接款后，即将小信封写回信一封（如不识字，由"派批"代笔），此信在批馆视为收据，在南洋汇款人视为回信，俗称"回批"。回批仍由新加坡批馆对号送给汇款人，同时取回汇款时所付的收据。

汇款人于汇款时略付手续费，但其数甚微，往时且有不取汇费者。批馆不注意汇费，乃注意汇兑率，其率往往有利于批馆，不利于汇款人，此实为批馆的主要入款。不但如此，批馆将零星批款陆续收入，俟积有大宗款项然后汇到中国，其中经过的时间所生的利息亦归批馆。此外，自新加坡至汕头，有时候并无现款汇归。因总馆与分馆既经营银钱业或进出口货业，彼此可以划账，或有时候由新加坡批馆利用收入的批款买成南洋商品（例如米）运到汕头售卖以资获利，汕头分馆虽未接南洋总馆的现款，但亦按照"批信"中所述的数目，由"派批"分送各汇款的家庭。

批馆数目甚多，举其规模大者在厦门有153家，福建其他各处32家，共185家。在汕头有66家，广东其他各处27家，共93家。

新加坡批馆收集各信后，从前是将各信汇束封成总包，交邮政局转寄，按照邮包总量，收取信函类国际邮资。近以总包办法与国际邮政公约有抵触①，就于民国十六年起，美属菲律宾、荷属东印度、法属印度支那等处先后取消总包办法，按国际邮费资例，逐封黏贴邮票，再行汇总交寄。自十九年4月1日起，吉隆坡邮局将所有批馆寄交我国内地的信件每封每重一啊，收取邮费新加坡币6分（当时约合我国币1角2分），即其国际邮票1角2分之半数。我国亦自同年5月1日起，按我国当时国际邮费25金生丁（Centime）折合国币1角之数，减半收数，即每重20公分，收国币5分，后以金价迭涨征收每封国币1角2分半（即25金生丁，折合国币2角5分之半数）。

闽南与潮汕每年寄往南洋各处的批信，迄今尚无确实的调查。在民国十八年8月，厦门批信局于半月之内发往南洋的批信共计40 000件。据汕头邮政局报告，民国十九年12月份，由汕头寄往南洋的批信共108 392封。但近年南洋为不景气所笼罩，华侨回国者渐多，批信亦因之减少。据民国二十一年的报告，汕头于该年寄往南洋的批信已降为831709封，比从前每年约减三分之一。但广东与福建尚有他埠如琼山、番禺、嘉积、北海、闽侯等处民局，亦有少数寄往南洋的批信，尚不在内②。

---

① 伦敦国际公约第33条，第4节："信函内不得装有书信交收信人以外何人，或与收信人同居何人之信函字样，或他项实具个人书信性质之文件。"

② 交通部致著者函，民国二十四年5月18日。

3. 汇款者。复次，再论"汇款者是什么人？"以大体言，凡工人小商人等，将其入款除自己的生活费外，所有积蓄的一部分寄回家中，作父母及妻儿的生活补助费或儿女教育费的一部。因此寄款的人与家乡比较有关系，有联络，有感情。他们大概是离国不久的人，平常与家乡照常通信，自己亦偶尔回家。此外尚有比较富有的商人，他们或需要到中国办货，或需向中国运货，或在中国开有联号或代理处。这些人因商业上与中国有关系，亦偶尔汇款回国，或是买货，或将南洋商店一部分的赢余汇给中国的联号。他们的自族或朋友有些人在中国经商，或是他们因与中国时通音信，熟于国内商情，汇寄款项投资于商业。最后南洋有少数的富侨，将一部分赢余或资本运回中国存储（如香港、厦门、上海的外国银行），以便保存或等待投资的机会。

按以上所说，有些在南洋的中国人是不汇款到中国来的，例如离国很久，和中国没有接触的人，或本人生在南洋，或家住南洋已经几代。这些人在家乡大致已无亲族，对于家乡或祖国感情淡薄，或亦无经济上的关系，他们大致是不汇款回来的。但是他们在南洋，因为年代悠久，比较有雄厚的经济势力。他们既无汇款，我们的假定是，以往对于华侨汇款的估计似乎失之过高①，因为在南洋各处的"侨生"人数，约超过于中国人总数的一半以上，他们大概是没有汇款到中国来的。

4. 汇款估计的困难。汇款可由两方面来估计，（1）汇款机关（如近代银行、批馆、邮局），（二）华侨家庭，但都有困难。因一笔汇款可以由批馆经邮局汇出，或由银行汇出，因此作估计时，难免重复。且批馆、银行与邮局其营业范围不是确定的。以簿记论，有些银行对于华侨汇款并不单独列出，所以很难得正确的统计。某银行家说："我们的账簿上对于华侨汇款并无正当的分类。并且我们不知道，近代式的银行对于华侨汇款占总数的百分之几。至于旧式的批馆，往往不肯将营业的实际情形告诉旁人。"

本调查对于汇款的数量问题，亦作局部的尝试：在家庭访问的表格里，我们列有几个关于汇款数量问题。依我们对于数千户侨民访问的经验，到华侨家庭里去调查他们的汇款，通常是得不到确实的答案。只有贫户及下户，对于访问者多少含有希望援助的心理（经济或其他），比较愿意据实告诉。关于这些人家，即使所答不实，可用旁证法来更正，因他们的汇款不多，且他项的入款亦很少的。至于中等及上等家庭，知识较高，猜忌较深（如对于纳税的恐惧心等），大概不愿意把汇款的实数告诉别人。

此外我们还采用拣样法，如附录第 C 表所示，表内所示各等级及各家的汇款数目，其可靠性比较高些，因调查员是 20 年以上的本地住户，对于被调查者的进款知之甚详。即使对于有些人家不知底细，可以用间接访问法，探悉其入款来源与入款数目，不必到每家去直接盘问入款。但是附录第 C 表只能指示华侨家庭依赖汇款到什么程度来维持生活（参阅生计的模型），而不能供给我们估计那一区在那

---

① C. F. Remer：*Foreign Trade of China*，P. 221，Shanghai，1928. 中国银行《中行月刊》。

一年所得汇款的总数。

南洋华侨汇款的总数，虽因种种困难，不易确实估计已如上述。但汇款实为华侨社区的生活费的主要来源确无疑义。例如华侨社区有半数的人家是业农的，但所产的食粮总额只能供给区内人口4个月的消费。区内其余住户的职业入款，种类虽多已如上述，但数量甚微，于家庭经济无大量的帮助。因此华侨社区的华侨家庭，必需依赖汇款为主要的入款。凡熟悉华侨社区情形者，对于上述意见，都能贡献有力的证据。澄海县商会某君说：

> 日常需用的货物，往往一批一批的向华侨社区运入，以供消费。但该区向无大宗商品运往外埠去销售的。近年来只有鱼网的运出对于贫户多少有经济上的帮助，但原料的大部不是该区出的。该区如果没有南洋华侨的汇款，有许多人家恐有不能维持生活的危险。

5. 汇款的主要用途。南洋华侨对于闽粤的社会生活，有两种重要贡献如上所述，即新思想（或新习惯）的介绍，与汇款的寄回。平心而论，这两种实是华侨社区近年来发生变迁的主要原动力。当然我们不能把思想与汇款视作两种各不相干的原动力，汇款人所以愿意出资建筑公路，即有改良家乡交通的思想。同时，闽粤生活方式的变迁，其主动力不是完全发轫于华侨，前已述之。本书的目标仅将南洋华侨当作闽粤社会变迁的一个主要原素，并拟作系统的分析。

本书的主要任务，不在研究汇款的总数，而在对于汇款的用途，作一种尝试的分析。以大体论，本书第二编即以此为主要目的。在华侨的家乡，凡家庭的生活费，以及教育、卫生、信仰的各种费用，当然不全依赖汇款，但汇款却占一个极重要的位置。凡华侨家乡的商业或实业，如交通运输等，有些是由华侨发起的，有些是由他们维持其全部或一部的。如果我们对于这些项目加以分析，我们可以知道南洋华侨，因为思想的介绍及汇款的寄回，对于家乡生活发生多方面的极有意义的影响。

第四章　衣食住

一、华侨家庭与非华侨家庭的拣样调查

按上章所述，华侨家庭的生计大部分依靠华侨的汇款。本章为要明了汇款的用途起见，作拣样的研究。依某种条件（如下所述），于华侨家庭及非华侨家庭各选100户，以便对于入款及出款（后者包括衣食住的用费）作比较详细的分析。

我们于华侨社区丙选出华侨家庭100户，依经济状况及社会地位分成上中下贫四等：计上等13户，中等21户，下等49户，贫等17户。我们指派久住于本地的调查员一人及助手2人按时调查，历一年之久。每隔10日，调查员往每家访问一次，询问的项目包括入款及出款，每项又分细目，将答案录入"家庭预算表"中。我们又将离本区西北约60里的地方选定非华侨家庭100户，也派本地调查员一人作同样的调查。当时选定该区的标准包括下列各点：（1）以地理言，该区离华侨

社区不远，因此自然环境及经济与社会情形（除迁民外）有相似之点，可资比较；（2）在非华侨社区里，居民往南洋者其数理应不多，因此可以研究形成该现象的原因。非华侨家庭100户，共492人，计上等9户，中等16户，下等23户，贫等52户。华侨家庭的调查期间为自民国二十三年10月至民国二十四年9月，非华侨家庭自民国二十四年3月至民国二十五年2月。

华侨家庭100户，共626人，内中150人是侨民。当我们调查时，有许多侨民尚旅居南洋，有些是已经回乡了。侨民150人在南洋的地理分布如下：暹罗101人（或占总数的67.33%），新加坡27人（或18.00%）；安南21人（或14.00%）；坤甸1人（或0.67%）。据此，暹罗的华侨占大多数，因为我们所选的华侨社区，其往暹罗者在最近100年之间向来是多的。侨民150人的职业，可以总括如下：商人81人（包括店主25人，记账员21人，行贩14人，商店司理13人，廊头主5人，鱼廊办事员3人），工人58人，及无职业者11人。

本章对于华侨家庭与非华侨家庭的日常消费分节讨论，但特别注意于前者，因本书的重要目标是研究南洋华侨对于家乡所发生的影响。关于非华侨家庭，只就其值得注意之点择要提出以作比较。至于华侨家庭与非华侨家庭的统计材料，其主要部分入本书附录可作参考。本章内容以叙述及描写为主。关于衣食住的消费，本章试作系统的分析，但对于杂项则略而不论，因本书第二编第七、第八、第九各章实际是就杂项中举出几个重要项目，作比较详细的讨论。

二、家庭入款

关于家庭的入款，我们可以提出几个要点，以作比较的研究：

（一）入款的来源与数量。非华侨家庭的入款有各种来源，如第B表所示（见附录第B表），但以农业的收入为最大，此外尚有各种副业的入款。以大体言，这些复杂的入款可以表示我国南部农村社会的情形。至于华侨家庭的入款，其主要来源是由于南洋华侨的汇款，平均每家每月得国币53.9元（或占总收入的81.4%）；至于本地的收入，平均每家每月仅有国币12.3元（或占总收入的18.6%）。华侨家庭的生活费，其大部分实际依赖南洋华侨的汇款，虽然汇款的数目在上中下贫四等家庭中各有不同（见附录第C表）。

入款的数量亦有显著的区别。华侨家庭的平均入款，每家每月为国币66.2元；贫等为国币15.1元，下等为31.9元，中等为86元，上等为228.9元。非华侨家庭的平均入款，每家每月为国币19.25元；贫等为10.90元，下等为18.14元，中等为28.06元，上等为54.68元。华侨区与非华侨区相距仅60里，两处家庭的平均入款相差不止3倍，显然表示华侨家庭有较优的经济地位。

汇款的侨民如以职业分，以商人及工人为最多。以拣样调查的100户侨民家庭论，在一年之内商人汇款回家者有51人（包括小贩、商店记账、商店司理及商店主），工人则有38人，其详情见附录第D表。

（二）盈余与亏负。华侨家庭的房屋，除9家外俱是自有的，所以大多数不出房租。非华侨家庭的房屋全数是自有的，所以全体不出房租。此外非华侨家庭蔬菜的一部是自种的，燃料的一部是自捡的。凡上列诸项，对于计算盈亏时都不列入。如此，我们可得比较如下：华侨家庭每家每月平均赢余为国币 11.76 元（上等得 47.70 元，中等得 12.12 元，下等得 6.08 元，贫等得 0.22 元），非华侨家庭虽然亦有赢余，但其数甚小，平均每家每月得国币 2.30 元（上等得 21.40 元，中等得 4.06 元，下等得 0.69 元，贫等不敷 0.83 元）。非华侨家庭的平均赢余非但小于华侨家庭，贫等家庭且每月亏负约有国币一元之谱。由盈亏的研究，我们亦可看出华侨家庭有较优的经济状况（见附录第 E 及 F 表）。关于消费方面，其情形较为复杂，因分节简论如下。

三、家庭用费

（一）衣服

1. 华侨家庭的服饰，以调查员的报告为根据，我们可以对于华侨家庭的服饰，举例叙述如下。

（1）第 3 号：

家内各人的衣服，其材料都属上等的丝羽及新鲜的棉织品；其颜色除家主夫妇两人年逾 50，多用乌色、白色及蓝色外，其女儿及其幼男则多趋时尚，花样翻新，色泽不一，平素皆着花布衣衫。其裁制的式样，尚是半新半旧。遇赛会、游神、观剧、做客时所穿的衣服，无论男女长幼，均按寒暑气候所宜，将其平素所制而储留以为喜庆时之用者捡出穿着。家主夫妇因是老成均用旧式，其女儿等则穿新式的旗袍，幼男则用西装式的美丽衫裤。衣服质料以丝绸为多，布类次之。家中各人有皮鞋、布鞋及树胶鞋，式样新旧皆有；老年人喜用旧式，少年人喜用新式。袜皆用纱织者。衣鞋袜各件，此家全是由购买而来，不是自做。一子在暹罗，年 23 岁，喜服西装。

（2）第 11 号：

家主妇一人全用旧式的本国丝棉罗苎等料为衣服，余人则用新式衣装，其颜色亦都用适宜者。遇过节或神会之时，其媳与妾均穿华美的新衣裳，女孙则穿旗袍；女姑的服饰如尼姑，闻系吃素不嫁夫者。家主妇与女姑两人用布鞋，余人均有布鞋及皮鞋。袜则皆用纱质料者。衣鞋袜等物皆是买来，惟衣服则大半是买布回家自缝制的。

（3）第 72 号：

多用土织布料，媳妇与女两人常用花布，余人皆用本色。亦惟女与媳妇稍有用新式衣，其他各人都是旧式，逢年节神会时所穿者，皆为自己最新之衣服，但皆是土布质料，无丝质者。家主夫妇皆有布鞋、树胶鞋各一双，乌白袜各 2 双；常时少着鞋袜，逢神会方穿用。子有树胶鞋一双，媳有花色鞋一双，有色袜 2 双，皆纱织料。女 2 人皆各有花色鞋一双，色袜一双，平常时穿木屐，遇看戏神会时方穿着鞋袜。惟衣服的裁缝皆是自己动手，其他的着物是买现成的。

(4) 第79号：

暑天以苎婆萝麻为衣料，寒天以棉布为衣料。普通颜色为黑白二色，有时其两媳穿用花布杂色布，其式样多属旧式，遇年节神会时，家主妇则只有半旧的衣服可穿。两媳则穿其所有之新者，此新衣是平时制成，即藏留以待时节及游神赛会之日穿者。鞋则家主妇只有自做之布鞋一双，黑粗袜一双，两媳妇则均有布鞋及树胶鞋各一双，袜则皆有2双，平时皆不穿着，男孙则仅着木屐，而无鞋袜。

2. 衣服的种类

衣料可大别为三类：(1) 本地织成的；(2) 国内运入的；(3) 外洋输入的。本地有织布厂，利用已嫁妇及少年女子为织工及学徒，编织各种土布。近年因生意减色，各家织布厂很难维持。有些人家于农闲，由妇女们在家内络线和织布，但其产量很小。土布中有乌绒布一种，销路颇广，布色黑，故俗称"乌"。布的里面织成绒毛，所以取暖，乃冬季用布。大机织成者每匹长7丈5尺，宽1尺9寸；小机织成者每匹长3丈6尺，宽1尺6寸。

国货中由他埠运入的衣料，以丝类及布类为大宗。香山与顺德出一种黑色丝绸，质地单薄，于夏季最适宜，男女皆用之。有一位中年妇人说："我最爱穿香绸衫裤，特别是乌绸，因很凉爽，且不用常洗。"

由上海运来的有山东绸、杭州纺、南京缎等。用山东绸做夏季的西服，用杭纺做夏季的中式衫或旗袍，用宁缎做冬季的衣服。外面运入的布类，其量远超过于丝绸类，各种布类多有，例如苎布、印花布、澄海布、爱国布等。中等户及自中等以下的人家，不论老幼男女，其衣料以布类为主。

外洋运入的衣料，种类甚杂，且式样亦常有变更。"羽布"向来是大宗的由英法德日诸国运来；生羽宜于暑天，熟羽用于寒天。据说羽布是禽类之毛（如鸡鹅鸭）用机器织成布，好的羽布价比丝绸还贵，但"冲"羽布价值便宜，穿用的人多些。"竹纱布"以英日两国的出品为最多，本国近年虽有织出者，但其量不多，其质不如外货的细腻。竹纱布的原料为棉纱，因其质料匀静，织工巧妙，花样美洁，上流社会的人们都用为夏季的衣料。"竹纱衣"（即用竹纱布做成者）5年以前极端流行，近来因纺绸价值便宜，竹纱布的销路大为减少，因此竹纱衣就不常见。各种呢布以洋货居多，大致作为西式服装之用。

3. 衣服与式样

以大体论，各种服装还是我国传统的式样，特别是老年人的。不过华侨社区里也有他国服装的影响，这大致是回国侨民所传入的。

带帽的习惯，有复杂的影响。路上所遇着的，有些人用的是暹罗式的头巾，有些是马来式的绒帽，有些是欧美式的呢帽。本地最常见的是工人或农夫用的箬帽，形圆而大，晴天遮太阳，雨天避雨。其次是绅士们所带的瓜皮小帽，然而这是很稀有的。

有一次我们在小学校里和9位教员相谈，见他们每人都穿西装。年长者一位作如下的解释："在工作的时候，西装胜于中装。我们以为中装比较舒服，西装提得起精神。我们在南洋时，遇见一位旅行的同胞。远远看见他所着的中国长衫随风飘动，如杆上的旗似的，觉得甚不雅观。"

喜着西服的时风，在一部分的青年是极盛的，特别是学生或与外洋有过接触的人。某华侨子弟，年约18，一日举一套白色佛兰绒西装相示，价值比类似的中装要大3倍。著者问："在乡村何必着西装？"其答案是："和我年纪相似的朋友们都喜欢用西式服装。"

比西服简单些，但于工作上得到方便的是"中山服"，这是比较经济的服装，例如领结不用常洗，衬衫亦可随便些。在华侨社区里，凡中年以上的男子，曾经到过外洋的，往往喜欢穿着。在南洋的华侨，中山服亦较西装为通行。

妇女是比较守旧些。在南洋的时候，中等阶级以下的妇女们大致用马来装。但他们回到故乡，大致都改换习惯式的中装。某华侨的母以为马来妇女的服饰不雅："遇风一吹，可以露体。"我们在潮汕与闽南的乡村旅行，未曾遇见一个马来装的中国妇女。

有些时髦的妇女们目下改用旗袍，这是由上海传入的，俗称"上海装"。闽粤因天气炎热，妇女们喜用短裤，特别是乡间。现渐改用旗袍，于妇女的服饰亦是一种重要的变化。

早晨和晚间，街上的屐声嘈杂，因为中等以下的人们不论男女老幼，平常都着木屐，着木屐的人们是不用袜的。贫穷的孩童，粗工和农夫，有时候赤足。平时用鞋袜的大概是上等人，但逢到迎神赛会，即普通人亦往往穿袜着鞋。遇着天雨，一般的农夫是赤足的，但近年来他们改穿树胶套鞋："我们要多谢陈嘉庚先生，因为树胶鞋既便宜又合用。"富裕的人家或比较有知识的人们，近来逐渐采用皮鞋，因皮鞋"可以经久，并且走路的时候觉得可以省力"。

4. 南洋中国人的服装

在南洋的中国人，其服装各有不同。大概言之，受教育的男女用西服，然其人数是很少的。生长于南洋者，女子大概用马来装，男子或用中山服，或黑色香绸衫裤。初由中国去的男女以用中国服式者为多。近年来女子采用旗袍（俗称"上海装"者）逐渐加多，各处有同样的趋势。在东印度，特别是建源公司所经营的国货展览会（泗水与三宝陇）以后，"上海装"逐渐的普遍。关于爪哇的中国服装，有人简述其情形如下：

> 中国人的混血者，他们出街时的服装用白色，即普通热带的衣服，工作时所穿的衣服因职业而异。苦力穿很少的衣服，家具铺的工人有时候上身一丝不挂。妇女大概已是马来化，上身用短衫（kabaja），下身用围布（sarong）。自1岁至6岁的男孩，上身用短衫（kabaja），下身用裤，或上身用衫（badjoe keki）下身用裤；女孩上身用短衫（kabaja），下身用围布（sarong）。
>
> 自14岁至20岁的女子，在家内穿短衫（kabaja）及围布（sarong），出门

时穿欧式衣衫。短衫（kabaja）大致是有色的，如果出门穿短衫（kabaja）那是白色，但用颜色布镶边。同年龄的女子如上坟时，穿衫（badjoe keki），或在保存旧习惯的家庭里，新年向尊长拜年时亦穿此装。

真正中国式的服装，不论男女都是黑短衫与黑裤，纽扣大概是金的。中国鞋如欧式的拖鞋，鞋面是用黑绒制成，鞋底是平的，不用后跟的。

妇女喜带金属饰物：耳环、颈练、发簪、戒指、腰带（饰以钻石及其他宝石），老年的妇女不用颈链。①

上面的描写难以代表南洋各地的中国人。著者在槟榔时，适逢阴历元宵（1935），夜间各家的妇女盛装出街，游行及观灯。

这是最能表示旧节气的一夜，妇女佩戴各样首饰，光景较差的有时候还向人家借了来戴。有许多女子就在那一夜被少年看中了，少年就挽出朋友来做媒。

普通说来，妇女们很少用玉为装饰品。其余的首饰，有些是中国运去的，有些是本地的中国人制的，其手艺大致是精的。

5. 非华侨家庭的服装

据附录第 G 表，非华侨家庭的衣服消费，每家每月平均为国币 1.27 元，或占生活费总数的 7.49%；据附录第 H 表，华侨家庭的衣服消费为 2.86 元，或占生活费总数的 5.26%。华侨家庭对于衣服有较大的费用，同时我们应该注意家庭人口的性质，因华侨家庭常有老妇及儿童，他们对于衣服都比较随便些。老妇因常在家，用不着讲究的衣服，儿童们大致不用很贵的材料做衣服。

非华侨家庭对于衣服虽费用较小，但其费用对于生活费所占的位置却较大，因此对于衣服的费用显然是不充足的，特别是家内除老妇及儿童外，尚有其他各人如长成的男女。衣服费较小的主因在（1）多用布料，少用绸料；（2）多用本地货，少用外国货；（3）多用老式样，少用新式样。

所谓式样包括各种服装，最显著的例是呢帽与皮鞋的缺乏，这显然表示外界势力很少侵入，因此对于服装，尚能保存农村的朴素。

粤东与闽南因气候温和，人民对于衣服的消费自然要比较小些，因此不能与我国他处同阶级的家庭相比（因同样理由，灯油与燃料亦不能作适当的比较）②。

（二）食品

---

① J. Moerman, Jr: *In en om de Chineesche Kamp*：P.P. 178 – 180（Quoted in B. Lasker's unpublished notes）.

② 我国关于生活费的调查，近年来逐渐加多，但因各种理由，缺乏比较性。本研究与他处最大的区别如下：(1) 住房自有；(2) 气候温和，对于衣服、饮食及灯油燃料的影响。关于我国各地工人阶级的生活费，其百分比如下：(1) 衣服 7.5%；(2) 食品 57.5%；(3) 房租 7.5%；(4) 灯油燃料 10.0%；(5) 杂项 17.5%（L. K. Tao: *Standard of Living among Chinese Workers*, P. 9）。

关于福建连江县农户的生活费（人口的性质与本研究比较相近），其百分比如下：(1) 衣服 12.8%；(2) 食品 52.9%；(3) 房租 5.2%；(4) 灯油燃料 8.2%；(5) 杂项 20.9%（J. L. Buck: *Chinese Farm Economy*, P. 386）。

1. 食品的分析

我们对于华侨家庭的食品不愿分等级，但愿得一概念，可参阅下表。100家华侨中，不论贫富，关于他们的主要食品，在冬季选出一个月（民国二十四年1月），在夏季亦选出一个月（民国二十四年7月），以示其食品消费的概况。主要食品以用户的数目为标准。表内所列每类食品，其用户至少在25家以上：

第8表　100家华侨家庭的主要食品

(1) 民国二十四年1月

谷　类	用　户	蔬　菜	用　户	鱼　肉	用　户
本地米	67	白　菜	99	猪　肉	68
小绞米（A）	39	格兰菜	87	大头鱼	57
福建米	35	飞龙菜	84	红口鱼	50
大绞米（B）	31	蒜	82	江　鱼	37
		豆　芽	56	鲨　鱼	37
		豆　干	27	草　鱼	29
				葮只鱼	26

(2) 民国二十四年7月

谷　类	用　户	蔬　菜	用　户	鱼　肉	用　户
本地米	65	应　菜	95	猪　肉	73
安南米	35	格兰菜	85	申　鱼	57
福建米	25	白　菜	65	壳　肉	44
		粉　豆	59	虾　仔	43
		竹　笋	57	鲈　鱼	42
		韭菜花	53	草　鱼	39
		豆　芽	51	沙　虾	37
				江　鱼	31
				熟　肉	28

本地米指广东米而言，但不是完全由本乡出的，因本乡所出的米不够本地人口的消费。乡人喜食广东米，如有不足，则以福建米、安南米或暹罗米、芜湖米补之。火砻俗称"米绞"，所记大绞米与小绞米实指火砻的规模而言，这些大概是由南洋运入的米。"飞龙菜"即菠菜，寒天方有，但近来菜园工人往往早种，于初冬就上市售卖。格兰菜叶圆而大，柄甚长，冬季旺出，夏季亦有，但菜身细小。咸菜用芥菜腌成，潮州几乎每家都有。自己吃了有余，运销外埠及南洋。据有些人的估计，每年由潮州运出的咸菜可得百万元。榄坒（音gai）由黑色橄榄做成，黑榄不可生食，腌后可以当菜。黑榄形似青榄，惟色黑，大小相等。黑榄腌熟后，乡人往往把它切成两半，称为榄坒，以便装入小筐，运往外埠售卖。核仁同时取出，可作香纯的糕饼。应菜是荇菜的一种，叶三角形，柄稍长，暑天旺出，常繁殖于浅水中。此菜与西洋菜为暑天常用的蔬菜。熟肉是酒饭馆里煮成的肉，凡俭仆的人家不

愿自煮，常买熟肉，且可零星的买。鲈鱼江河与海皆有，惟鱼身有大小的不同。黄鱼亦名金陵鱼，相传明太祖都金陵时最盛出。汕头的海滨居民常用大小帆船十余艘入海捕鱼。用网入海，帆船围住，然后各帆船中擂鼓，声浪震动海水，鱼即投网，俗称"打束拘"，冬天最多，夏天亦有。红口鱼因嘴红得名，身细小，产于海中。沙虾为海虾之一，出产甚多。薄壳，为海中小贝类，秋季最盛，价亦便宜。虾仔淡水产，味佳。猪胜系猪肉及猪肠所有的脂肪，用以熬油，富裕的人家当作煎熬各菜之用，贫户往往以花生油代之。

2. 华侨家庭的食品

我们对于华侨家庭的食品消费情形，可将拣样调查中，选出数家，述其概况于下。

(1) 第11号：

以本地米为主要食粮，这是由自己田产收租谷得来的。主要菜蔬除家庭内应时积蓄之自制咸类，如榄坐、咸柑榄、咸芥菜、咸豆腐、豆酱、萝卜干等物以为每餐之用外，其余就四时所出多之菜与鱼而买食，牲畜肉与猪肉则少买。每餐只求足以助饭，不拘样数。当年节赛会时，则所食必有牲畜鱼虾等肉，比平日必加多几样，盖因将祭祖与拜神之物烹而食之也。遇请客时如系自烹之菜，则必稍拘样数，至少须4盘一碗汤或2碗汤、4碗汤，皆就其客之敬意厚薄而定。如遇喜庆丧葬等事，请客则必须菜馆办菜，无有自烹调者。请神之牲礼则必自备，有时亦有到熟肉店买其烹熟者。祭祖有时亦请客，如请客亦必向菜馆办席，即用其席以为祭物，祭好之后，除家中所自办之物收为家人自食外，其菜馆所办之物，即由菜馆之厨夫在祠堂或祖厅中调煮以饷客。客去尚须将所祭之糕粿或饼类等物分送4块或6块以谢之。

(2) 第71号：

以本地糙米为主要食粮，有时配食番薯，皆是买的，不是自种的。主要菜蔬，四时皆是买市卜之多而便宜者，每食不限几色，只取足以一饱，有时且求饱而有所为难。当年节祭祖与神会拜神，方得稍有肉味，然亦无多，必将各物节省留用，不敢在一二日之内即为食完。全年不敢请客，有时逢至戚之人来，亦多坐谈之后即回去，且多有以食物相惠者。

(3) 第44号：

主要食粮是米，系买的。主要菜蔬，四时所出之便宜者。每日三餐，所食不拘定几盘碟，皆是就本日所买之鱼菜酌量以应三餐之用。且潮属之人惟上中两级之人家及商店，每日午晚两餐吃饭，早餐吃稀饭。若下户及贫户，则三餐皆吃稀饭。本户即是三餐稀饭，既吃稀饭，可以免汤送饭，亦可以免用煮炒而可吃咸菜熟鱼等。如此，不但所吃简单，且可以节省柴炭。逢过节及神会时，则必有一天或两天吃饭，亦稍有牲肉及稍好之鱼肉可吃，此盖买以祭祖以拜神之用者。祭祖之年节必不请客，神会时或请客，亦不过就拜神所有之牲品烹调以作请客之菜而已。来做客者以家主是女人主家，且非富厚者，纵以省俭之礼敬客，客亦不之怪也。

(4) 第79号：

主要食粮为米，是买的。日间所食之菜蔬，都是买零碎便宜之物，不能选择合时的各菜。过节时稍增加肉味，遇神会如不拜神即不加添菜蔬。全年无特别重大事故，未尝请客。祭祖亦不过买一斤二斤余之猪肉，及多加三数样之鱼与菜，烹煮为祭品为已。

上列第11号代表上户，第71号代表中户，第44号代表下户，第79号代表贫户。以食品的习惯论，上户与中户有时候相差无几，惟上户用品较多，烹饪时往往用仆人；中户用品较少，常由家中妇女自任烹饪之职。贫户往往每日吃粥3次，一则可以省米，一则可以省菜，因吃粥可用咸菜，或到饭铺里买些现成的菜蔬。下户之贫者，亦有上述的习惯。上户与中户普通都是早晨吃粥，午餐与晚餐用饭。

3. 非华侨家庭的食品

据附录第C表，非华侨家庭对于食品每月用国币11.04元，或占生活费总数的65.13%。又据附录第I表，华侨家庭每月用32.67元，或占60.09%。以钱数言，华侨家庭的食品消费高出于非华侨家庭不止2倍半。但食品的费用在生活费总数中却占较低的位置，这表示华侨家庭对于生活费其他项目有较多的费用（例如杂项），因此华侨家庭似占较高的社会地位。

以食品的种类言，华侨家庭有较多的食品，如本章三节（二）项2下所示。不但如此，华侨家庭的食物品质亦较优。非华侨家庭对于食品一项，于量于质比较具有逊色。我们研究附录的第G表与第I表即可断定，华侨家庭对于食品的消费比非华侨家庭量既较多，质亦较优。

4. 南洋中国人的食品

在南洋生长的中国人，其食品颇受欧化的影响，特别是光景较好的人家。食品的质料有许多还是保存中国的习惯，例如米与猪肉，但饮食的方法以模仿欧式者居多，例如刀叉的运用。但与欧人的主要的分别是中国人除刀叉之外又常用大号的调羹，那分明是因为便于吃饭之故。初由中国迁出的人们大致用筷子，食品中除青菜自种外，往往购中国运往的咸货和罐头食物，或当地的中国式食物。关于爪哇的中国人，有人描写其食品习惯说：

大多数的中国家庭每日三餐，有些只用两餐。虽然他们的吃饭时间不如欧人的准确，但开饭时间大概在早晨7时、正午与晚7时；如每日两餐，其时间为上午8时半与下午5时半。以大体论，中国人喜欢吃美味的食物，虽然有些食品不是欧洲人所羡慕的。

在东印度的中国人，其主要食料为大米饭。"新客"家中常用稀饭。调味和小菜，其样数和花样要看家庭的经济状况与烹饪法而断定。猪肉是最普通，腰子、心、肝、内肠也常用的。其他的肉类有鸡、鸭、兔、鱼（新鲜与腌好的）及鱼翅。

中国人喜欢吃青菜，和主要食物相比，青菜占重要部分。如果他们自己不种青菜，他们就到土人的园圃里去买，那往往是不好的。

有许多菜里用韭菜来调味。其他的菜有"bahmi"，那是一种"杂碎"，其成分有猪肉、鸡蛋、虾、青菜、葱、豆等。中国人最喜欢吃"chapignons"，这一样菜也有许多欧洲人的主顾。"kimlo"也作汤喝。由中国运入的有鱼干、松花、田鸡干、虾干等。

人数较多的家庭里，男人先吃，女子与小孩在后。当吃饭时，平常是不谈话的。

吃饭时饮茶，茶内不加糖与牛奶，男子有饮"arak"的。饮茶用中国式的茶碗，有盖无拓。有些人用欧式的玻璃杯，作为盛茶之用。

有许多人家每餐的菜都是现煮的。巴达威有些人家，早晨煮饭一次作为全日之用，这习惯一般人视作懒惰的。①

南洋的中国人有一种很显著的食品习惯，就是喜欢用冷的饮料，例如冰咖啡、冰茶、冰鲜果水、汽水、冰淇凌等。在中国，特别是乡下，一般人不喜欢吃冷的食物和喝冷的饮料，以为冷的食品容易伤身体。其实问题的关键不在冷与热，而在清洁与否与细菌的存在与否。在南洋的中国人普通不喝热茶，大概因为南洋天气炎热，且因食品比较洁净，冷饮料亦于卫生无害，因此中国人把传统的习惯都改变了。不但如此，有许多侨民也把冷饮料设法介绍到国内，如刨冰、汽水、冰淇凌、冰咖啡等。目下在国内的许多市镇及有华侨的乡村等，这些冷饮料也逐渐通行起来。

5. 食品习惯的变迁

有些食品的习惯，潮汕是与他处不同的，其主因是本地的民风及南洋的影响：

柑蔗蕉子，童叟俱嗜；蒌叶槟榔，无时释口。亲朋往来，不具酒茗，勿以为嫌；不设槟榔，便称简慢！所食大半取于海族，故蠔生鱼生虾之类，辄为至味；然烹鱼不去血，食蛙兼啖皮。②

南洋土人嚼槟榔子③，犹之乎他处人啗烟草，同是消闲的习惯，但据土人的传说，槟榔子有健胃、利尿、强齿之效。土人因嚼槟榔，口腔呈鲜红色，齿呈黑色。把槟榔子切碎，包以蒌叶④，以便嚼啗。蒌蒿一名青葙，名见《神农本草经》。此虽潮汕的本地植物，但因槟榔的传入，却增加了新的用处。粤东与闽南沿用槟榔的习惯，虽是普通，但"无时释口"，未免形容太甚。上节所述他项食品，足以批示本地情形的一部。

近年来有些华侨社区的食品渐呈显著的变迁。菜蔬里面喜欢用辣椒，分明是南

---

① J. Moerman, Jr: *In en om de Chineesche Kamp* P. P. 123 – 124（Quoted in B. Lasker's unpublished Notes）.

② 周硕勋纂：《潮州府志》第3本，第12卷"风俗"第6页，清光绪十九年（1893）版。

③ 槟榔（Areca catechu），棕榈科，木本，高3丈许，叶为羽状复叶。小叶的上端，其形状宛如啮向断之者。干似椰子而细，每一干三四穗，每一穗上结实三四百颗。槟榔东印度原产。

④ 蒌蒿（Celosia argentea），苋科，鸡冠属，一年草，野生，高一二丈，花淡红色，长椭圆形的穗状花序。以其花叶似鸡冠，嫩苗似苋，故又有"野鸡冠"、"鸡冠苋"等名。

洋的习惯。辣椒常用，并常用大量的，此外辣酱油亦比较普通。社会地位较高的人家，不但用餐时饮咖啡，即在平常时间，亦以咖啡款客，往往用以代茶。清晨未起床的时候，常常听见小孩们叫卖咖啡之声，因有许多人用早餐时，就喝一杯咖啡，再加饼干一类的食品。不但如此，在汕头和厦门，有许多回国的华侨往往于用餐时带食水果，所以食品的习惯有显然的变迁。按我国的普通习惯，特别是乡下，把水果视作消闲用的，除非是酒席上的配盘，普通人家很少在用餐的时候拿水果当作食品的。

有一位55岁的回国华侨，曾经对我们说：

> 我有3个儿子在南洋谋生。他们常时在信中劝我喝牛奶，据说牛奶可以使我增进健康。他们又劝我在早晨喝咖啡，据说这是可以提精神的。我就照办，真觉得他们所说的话是有道理的。

社会改良者不但注意食品的变迁，并提出食品与人体发育的关系：

> 公众卫生是此地（汕头）最切要的社会问题。人民的食品必须要改良，贫民所吃的不够身体的需要，富户吃的量虽多，但质亦不够营养。中国今日的弱，以营养缺乏为其主因。

以营养缺乏为我国致弱的主因，我们以为似乎说得过火。但对于指出食品与个人及公众卫生的关系，我们完全赞同。

（三）住宅

1. 华侨家庭的住宅

下举各例，第9号、第3号可以代表上户，第2号代表中户，第72号代表下户，第79号代表贫户之优者。

（1）第9号：

此家在暹罗经商获利，在家乡购买新屋凡3次。其第二次所买的住屋（民国二十年）择要描写于下：此屋的大厝中座有4厅6房，2从厝有2厅10房。此外尚有新式洋楼一座，内有2厅4房。合计共有8厅20房。此屋的建筑可谓新旧参半，建筑的质料全用灰、石、杉、瓦砖等，不用士敏土。屋的四围有空地及园地，然皆不宽。屋顶高度不一，因各厅高矮不齐，最低者约1丈2尺，最高者3丈余。光线比较充足，空气亦干燥。屋内陈设大致整齐清洁。

（2）第3号：

此家住屋系旧式，屋甚大无楼，有3厅4房，屋脊高约2丈2尺。大厅两旁有大房各一，有棚可以堆物。厅内光线尚好，房内光线不足，湿气亦盛。家主信风水理气之说，不敢将其房间多开窗户，致漏屋内的"灵气"。建筑的质料用贝壳类的灰沙筑墙，杉木作椽桷，椽桷之上铺瓦，地上则铺红砖及石条，企柱亦有用石者。四围与邻人的住屋相毗连，无园地及空地，惟屋前有一宽埕为出入的门路。

（3）第2号：

住屋为3层楼，系新式。3层楼上有天台，以便游息养花及藏物。占地约半亩，屋前有空埕，屋后有余地为园。最低层为客厅，后库有房。二楼有厅一房二，三楼与二楼同。建筑的质料，柱基棚面俱用三合土与铁条凝成，余用贝壳灰，木料极少用。屋之两旁，与邻居相毗连。屋内的光线与空气均合卫生。

（4）第72号：

此家开豆腐干铺。住屋楼下为豆腐场所，楼上有厅一房二，为家人住所。房为家主夫妇所住，一房为儿及儿媳所住，厅做藏物及两女卧房。屋高2丈余，光线与空气均欠适宜。屋的三面与人比邻，一面为店铺前门，无园地及空地。建筑的质料用贝壳灰与砂等构成墙壁，用杉木构成楼棚及椽桷，屋上覆瓦，地下铺红砖。

（5）第79号：

住屋系矮小旧漏的小巷厝，计一厅2房。家主妇住厅，两儿媳各住一房。长儿在安南，次儿在暹罗。屋高约一丈半。建筑的质料用灰夹砂、杉木、瓦砖等物。屋内甚暗，且潮湿。家具除吃饭桌外，尚有木凳三，竹榻一，墙壁无挂物。

2. 建筑原料的利用

华侨对于住屋的建筑，颇能利用本地出品，作为建房的原料。例如泉州一带产石甚多，那面华侨家庭用石铺地，甚至于窗中的柱亦有用石者。潮汕一带产大量的杉木，屋中用木的机会因此加多。潮汕与闽南的华侨社区地多近海，产贝类，一般人很早就利用贝壳灰来建筑房屋，譬如覆瓦时用作黏料，或用贝壳灰铺地及修路等。有一种改良的贝壳灰，俗名"三合土"，这是很坚实的黏料，在士敏土未流入以前，普通人家都用三合土。所谓三合土者，即士敏土一斗、沙二斗、碎石四斗的混合物，三种混合之后，再加以水成为黏土，于建筑房屋时用作为柱、为埕、为条块之类。在三合土未经采用以前，贝壳灰和沙土的混和物是流行的：

居民辄用蜃灰和沙土筑墙，地亦如之，坚如金石，即遇飓风催仆、烈火焚余，而墙垣卓立无崩塌者。①

上述蜃灰与沙土的混合物，亦表示地方人士能充分利用土产的一例。至于坚固的程度未免言过其实。因当民国十一年"八二风灾"时，有许多房屋因飓风及海潮受损而倒，虽然那一次的风灾实是罕有的。经过那次风灾之后，光景较好的人家采取士敏土为建房之用，因此士敏土逐渐通行，把贝壳灰慢慢的挤出于市场之外（近年来贝壳灰的市价大跌，国币1元可买灰180斤）。

3. 住宅与荣耀

我国古语说："富贵而不归故乡，如衣锦夜行。"华侨的光景富裕者，往往以归故乡为荣。炫耀乡里最直截了当的方法，是住屋的建筑。某老绅士说：

我们村内的华侨凡富有之家，都愿意建大厝、祠堂、书斋、坟墓，然后方谓完成人生的大事。倘此四样不全，即不得称为"全福"。因大屋住人，祠堂

---

① 周硕勋纂：《潮州府志》第3本，第12卷"风俗"，P.7。

崇祭，书斋设教，坟墓敬祖，都是光前裕后的意思。

华侨在海外有了储蓄，往往汇款回家建筑或购买新屋，譬如上述第9号的家庭，其在南洋发达的事实，可简述如下：

民国初年，家主妇的夫和夫叔同往暹罗做苦工。夫叔后与暹罗王府的一位长官相识，由他介绍在王府内做买卖，后又承办暹罗某处的酒税，获利渐多。十年之内，据说积得国币约200 000元，于是和家主的夫开设当铺一，杂货店一，同时与他人合伙开设金店及火砻。民国十八年夫叔死，财产分析，夫与先夫叔各得国币250 000元。家主的夫另有兄弟两人，每人各得国币100 000元。在暹罗的生意照旧，近年因不景气，火砻无利可图，其余尚属稍有赢余，因此时常汇款回家，其主要用途在购置住房及田地。据说民国十二年购屋一座，价银国币15 000元，购田的银数相同。民国二十年购屋一座，价约国币13 000元，置田亦值10 000元以上。从前在民国十三年亦买房一所，值银13 500元，因系旧屋，需加修饰费约国币12 000元，添置家具费约国币3000元。购置田产费亦有万余元之数。

此外在我们所选出的华侨中，有类似的情形者其例尚多，譬如第14号的家庭：

清宣统三年（1911）家主因光景艰难，往暹罗在族人店中任事。5年之后略有积蓄，遂脱离此店，与人合伙设一京果店。民国十年时，此京果店获利甚多，乃与分析赢余，计得国币30 000元。家主回乡，并将全数带归买田产及修理房屋。京果店由伙友管理，凡2年，无赢余。家主于2年后再往暹罗任经理，后将赢余的一部寄回家中。其妇在乡主理家政颇佳，食用亦省，乃有余款助儿女入学，修理祠堂、坟墓等。民国二十一年家主再回乡，同时长儿到暹经理店务。家主回乡后，将款项的一部建新屋一座，于民国二十三年冬完工，约值国币8000元。因家中已有住房，乃将新房出租。家主说：

> 买房还比存款可靠些，因在银行或商号存款，有时候连本钱都被人侵蚀了！但房屋是永远摆在那里，人人看得见，拿不动的。

因为房屋是"人人看得见的"，所以亲友与邻居都可以发生羡慕之心，房主可以借此表示在南洋发财的虚荣。因为房屋是"拿不动的"，所以在治安有问题的区域，他种投资有较大的危险性，而房产是比较安稳的。

以房屋夸耀于乡里，却是民风的一部，归国的华侨实是尽量发扬这一种民风的。闽南与粤东，在有些乡村旅行时，遇见新屋大厦或"洋楼"较多的，一望而知为华侨社区无疑。

上等人家的住房往往有书斋。书斋是一间幽雅的屋子，平常当作藏文具书画与美术品之用。文雅的客人有时候在此接见，儿女们有时候亦在此补习功课。书斋的外面，在院内往往有假山，有金鱼缸，此外尚有盆花或果木树。我们假如说有些富有的华侨，会想沾染书香的风味，那么书斋实是他们模仿儒雅的象征。

上述建屋，往往与立祠堂、筑坟墓、设书斋在可能范围内同时举行，这亦是富有历史性的民风：

> 望族营造屋庐，必建立家庙，尤加壮丽。其村坊市集虽多茅舍竹篱，而城

郭中强半皆高闬闳厚墙垣者。三阳及澄饶惠普七邑，间阎饶裕，虽市镇亦多乌革翚飞。家有千金者必构书斋，雕梁画栋，缀以池沼竹树。①

前述华侨汇款的主要用处，是要促成"全福"的实现；因此本节关于住宅的讨论，应与第五章（家庭）、第七章（教育）及第九章（信仰）互相参照，然后可以明了南洋华侨对于家乡多方面的影响。

4. 风水与治安

上面第 3 号住宅的家主因相信风水，不肯多开窗户，免得"灵气"由屋内走出。这是华侨社区里比较普遍的意见，所以有许多人家的窗子，关于数目、形式及地位，都由阴阳家决定。大概言之，窗子数目太少，所以屋内阳光不足，空气欠流通。形式有很特别的，例如某家的窗子形长而甚窄，长约 1 尺 4 寸，宽不过 4 寸。至于窗子的地位亦很有讲究，但不注重阳光或空气，所以屋内有时候有很大的地位，往往没有窗子，而屋子的角上或墙壁近转弯处反有窗子。当然这一点对于屋内的防卫也有关系（某处有一富户因房后开窗，强盗曾经站在房外窗边，执手枪内向，逼迫主人开门）。

教育如果逐渐普及，风水的势力当然可以减缩。有些华侨社区里学校与医院比较多些，他们慢慢地发生良善的影响。闽南有一个华侨社区，护士与社会服务者为提倡卫生起见，劝住户多开窗户，据说近来某年度有极好的成绩："我们于一年当中，劝村内各住户多开了 500 个窗子！"

但建造房屋，其地点、式样、高度及动工与完工日期，在有些人看来都与风水有关。因此一族的起盖新屋，往往经过审慎的讨论，有时候因风水关系即起争执。旅菲某侨商致在乡宗亲书说：

当此民国约法，阻挡之例不成问题。惟我国风俗嗜风水邪说殊深，而欲受民国约法幸福，尤以武力为依归而实现。返（反）念我房虽有建筑之人，其迟迟未能实现者，惟此恶习之阻挠耳。甲房乙房既约彼此无论起盖各不于（相）干，视此良机，实千载不可失之机。于是经诸宗亲多方讨论，及庚君新厝左畔园地，即乙君耕种之园。盖争风水时机地皮，应诸亲召集公议赞成是切，按地为二落三间双护厝及埕花，向系要筑洋楼。其地既能足敷，苟此些小多少自可裁。然时乎不可再失，乃议决公推辛壬二君为负责起盖（人），经诸宗人公请而认可。惟种种进行又须积极与后花园及后落同时举行。请先向乡团声明及乙君接办，若非（趁）此时机进行，否则他日彼方建筑落成后，自必难以办理，况亦表示咱房非无其人，而咱房之名誉亦有荣光。

有些光景好的人家，一入街门就是一个大天井，顶上覆以大铁条盖，上达最高层，旁近四面的屋檐，使得盗匪除由街门外无法可以进屋。街门于木头门外，富有之家亦普通加上铁栅栏或铁门一道，因此屋内关于防盗的设备是比较严密的。

5. 房屋的装饰

---

① 周硕勋纂：《潮州府志》第 3 本，第 12 卷"风俗"，P. 7。

华侨的住宅，在外观与屋内的装饰，往往有外洋的影响。所谓"洋楼"在建筑上即是模仿欧美式的房屋，但往往不是深刻的模仿，其最显明的是与环境不融和。譬如有一家的房屋外表是西式，房内有新式的游泳池、新式无线电、新式家具，但游泳池的水就由小河灌入，河内牲畜有时洗浴，秽物有时倾入。本宅的墙有一部分与邻居相接，邻居的房屋是完全旧式的。

关于屋内装饰，凡属于旧有的美术品及家具的陈设，尚足以证明屋主有鉴别的能力并赏识的精神（如卫生与娱乐章（四）节第（三）项）。至于采用外洋的装饰，有时候殊觉不称。有一家的庭栋屋梁画有山水，大厅有门6扇，每门画有《三国志》里的故事。街门顶上塑有花鸟，再用五色的窑磁碎片镶嵌。此种匠艺虽不是最精的技术，然亦可以代表我国营造美术的一部分。但同时在一间屋内，我们看到西洋的粗俗油画或西洋的广告画片悬挂壁上，这是显然的不称。又譬如整齐的西式客房，其门与窗不用铁纱，因此门窗开后，苍蝇与蚊虫可以自由出入。又譬如墙壁的一边挂有我国前任国务总理的题字，致谢家主对于某次水灾的捐款及服务的热忱；另一边镜框里是一封英文信，发信者是英属婆罗洲某英人借用家主的汽车，因此表示谢忱。凡此种种足以表示屋主模仿外洋的习惯，有时候是没有领悟到真实的意义。

6. 非华侨区的住宅

本章对于生活费的讨论不包括房租，因华侨家庭与非华侨家庭大多数都是住自己的房屋，不出房租的（华侨社区内有9家租房住的）。我们如果对于他们的房屋估定房价，以周年3厘起利当作房租，那么，在非华侨家庭每月为1.57元，占生活费总数的7.70％；华侨家庭的房租每月为10.31元，占生活费总数的15.94％。华侨家庭的房屋大致是宽敞而美丽，远胜于非华侨家庭的房屋。

非华侨家庭的住宅，如以中等者为例，可以简述如下：建筑用物是本地货，例如砖瓦与木料，平房用泥地（无地板）。房屋有一大厅，二小厢，一卧房，一厨房。屋中陈设有粗简的木器，如桌椅及凳。墙上无挂物，院中有井，为饮水的来源。

以大体论，华侨家庭的房屋较胜于非华侨家庭的房屋，已如上述。我们如果把房屋分成上中下贫四等，虽然这四等不能和住户的地位完全相符，而将每种房屋加以估计，则华侨社区与非华侨社区显有不同的情形：

第9表　华侨社区与非华侨社区房屋的分类及估价（国币）

	华侨社区	非华侨社区
贫	1000 元以下	250 元以下
下	1000—3999	250—499
中	4000—9999	500—999
上	10 000 元以上	1000 元以上

据上表，华侨家庭的住宅其价值超过于非华侨家庭的住宅，这是实情。但尚有

一个重要理由是房价的不同。华侨在家乡的投资，往往是不动产，如田地及房产，因此把不动产的市价，常时比非华侨社区同样的产业提高数倍。因此我们对于上表的解释，应注意房产市价的不同。非华侨社区有一家其房产估价为 10 000 元，华侨社区有一家其房产估价为 50 000 元，这是两区内最讲究的房屋，可称例外，其余各类房屋的市价见于前表。

第五章　家庭与婚姻

一、家庭的组织及其功能

华侨社区的家庭组织，有些部分依据历代相传的习惯毫无更动，有些部分因时代的潮流及南洋的影响起了变化。关于家庭的组织，今举三例以示概况。

第一例是上等的家庭。丈夫今年（1934）61 岁，幼时家境极寒，当 17 岁时就冒险往暹罗去，在一家华侨的店铺中充学徒，工资每月 5 元。后来自己在曼谷开店，经营米、京果、杂货等。40 余年中，经过了挫折、失败、伤心、失意、挣扎，到现在成功了资产 100 余万的华侨。此户采用"两头家"制度：发妻及妾一人住于家乡，妻作家长；丈夫在曼谷与妾三人同居，丈夫作家长。

家中各人，如在家乡与在暹者合计之，连丈夫共有 22 人，内有妻 1 人，妾 4 人，儿 6 人，女 7 人，媳 2 人，男孙 1 人，女孙 1 人，如下谱所示。此家尚有已嫁女 2 人，因不与家中人同居及过共同的生活，故不计在内。此外尚有婢女 3 人，虽在家中，亦不当作家人计算。

```
             ┌─2. 妾（44岁）──（在家）──┬─子（20岁）──（在汕）
             │                           ├─媳（20岁）──（在汕）
             │                           └─女（7岁）──（在家）
             │                                    ┌─女（33岁）──（已嫁）
             │                                    ├─女（20岁）──（已嫁）
妻──（58岁）→（家长）──（在家）──┼─女
             │                                    ├─子（23岁）──（在暹）
             │                                    └─媳（23岁）──（在暹）──女孙（3岁）
夫──（61岁）→（家长）──（在暹）
             ├─1. 妾（56岁）──暹妇（在暹）──┬─子（31岁）──（在汕）
             │                                └─媳（32岁）──（在汕）──男孙（7岁）
             │                           ┌─子（13岁）┐
             │                           ├─子（7岁） │
             ├─3. 妾（30岁）──（在暹）──┼─子（5岁） ├（均在暹）
             │                           ├─女（11岁）│
             │                           ├─女（10岁）│
             │                           └─女（4岁） ┘
             └─4. 妾（19岁）──（在暹）
```

第二例是中等的家庭。家内除出嫁者外共18人，家长是侨民的妻，夫与夫弟2人都在新加坡当米店店员，民国二十三年（1934）时家庭的结构图列如下：

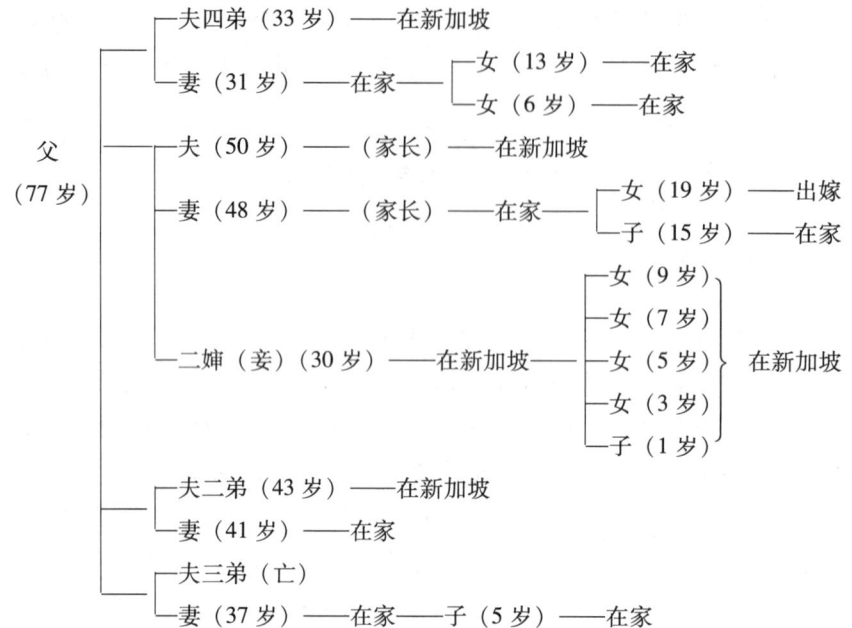

第三例是下等的家庭。全家除出嫁者外共计10人，家长是侨民的妻，夫与子均在暹罗，夫任管账员，子现失业在暹。其家庭结构如下：

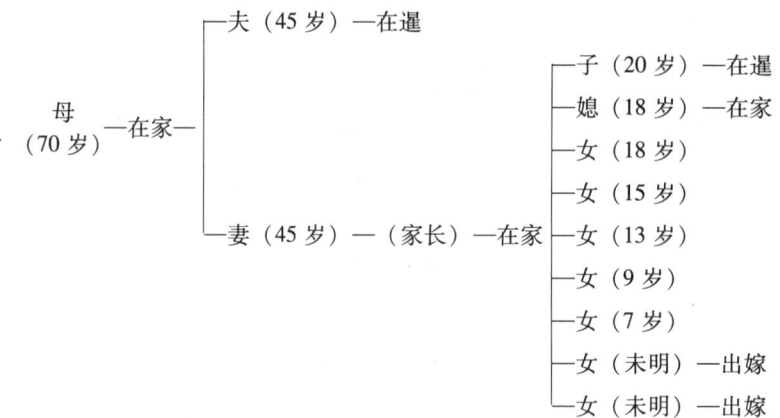

上举三例，可以代表华侨社区的家庭制度，内中应行注意之点列下：

1. 习惯上的大家庭制度大体还是通行的。除夫妇及其儿女以外，家庭里尚有他人同居，如伯叔、儿媳及孙等。

2. 大家庭内各人非特同居，且维持共同的经济生活，因此华侨汇款回家，不仅供给妻室及儿女的生活费或教育费（全部或一部），并供给家庭内他人的生活费或教育费（全部或一部），其详情见本书第三章及第七章。

3. 男当家人如旅居南洋，年长的妇女如在乡即做家主，处理一切家务，如上面第一例所示。凡女子当家者在华侨社区是常见之事，这于家庭的组织显然的起了变迁。女子当家以后，凡家庭经济、儿女训诲、社交及家长所应负的责任都付托于她，因此女权的伸张是必然的趋势。丈夫在南洋亦组织家庭，因此产生所谓"两头家"的制度（详见本章第七节）。

家庭的结构已略如上述，家庭的功用亦应简叙，以明南洋华侨的影响。

（一）祖先的崇拜。华南侨民的社区中，对于祖先的崇奉是十分显然的，对于耀祖荣宗认为是人生最体面的事业之一。他们一方面相信去世的先祖有操纵后代子孙祸福之权，一方面又相信做子孙者对于祖宗有祭祀的义务。结果，家庙的建造、坟墓的修筑及祭祀的典礼，在富裕的人家往往耗费巨金。"招赘女婿"和"买子"承继等等风气，大部分由于要祖宗的祭祀能永久维持，香火永久不息的意思。有一次，在某村调查的时候，我们问一位40余岁的妇人："为什么要崇拜祖宗？"她说："因为祖先能保佑我们，不拜祖宗，家庭就会不安，财气和子孙都要被害了。你看实勖侨商某家因为风水好，祖宗保佑，所以发大财了！"

不过比较有知识的华侨以为，每逢祖宗的生日或死日要有一种仪式，表示纪念的意思，对于宗教的观念倒反而淡薄了：

> 前信提到你们在家（厦门）于先父的忌日到坟上去祭奠。我和嫂嫂在此（新加坡）亦于同日在宅内预备菜蔬献敬。因为我们逢到这一日，都要想到先父生前对于我们的爱，并追忆他一生的事业，这是我们纪念他的一个好机会。

祖先的崇拜在南洋是大致保存的。普通华侨家里都有祖宗的神主，每逢祖宗的生日或忌辰，敬献鲜果与蔬菜以资崇拜。不过有一部分的礼节业已变更，特别是"侨生"的家庭（参阅第九章）。

（二）嗣续的观念。普通华侨，每逢儿子到十五六岁时，家长就要忙着为他定婚。经济力充裕的人当然不成问题，即使贫民家庭衣食不足的，也抱着早婚主义。据我们的调查，中户、下户、贫户的华侨，所汇到家中的款项必须留一部分，预备为本人或弟兄或儿子的婚娶用途。下贫之家每月接到南洋批款八九元，侨民的父母除必需的费用之外，就将余款零星的存储起来。过了几年，就召儿子回国结婚，婚事后，大约过两三个月，又重返南洋了。所以国内的家庭除尽祭祖的责任之外，还守着子孙繁衍的责任。这一点在华侨的人生观中是非常重要的。

（三）经济的援助。华侨大致保存大家庭制度，生活都是靠着几个人的生产，除一二位能生产者外，其余都是消费的人。华侨每月批回的款项，就是补助家中全月的生活费，如南洋生意茂盛，批款富裕，家里的人除生活费外，就将余款预备婚姻，建造屋子，修理坟墓，教养儿童，或储款生息。如家内尚有父兄能够生产，就把此款的一部分充作营业或扩充买卖之用。此外如有余款，尚可用作公益事业如卫生或救济等。由本编各章的讨论可知梗概。又家庭人员如在南洋或国内不幸失业，可以回到家里过活，生活的费用不必自己担负，因此失业者不必依赖政府或慈善机关施以救济。

（四）团体的凝结。同族的人往往聚居一处，以便彼此照应。某房如果男丁兴旺，有许多益处，譬如在本族可占便宜，在祠堂内可分得"丁钱"。从前如果有人入泮,近来如果有人在小学毕业,都可在祠堂内分得"学金"。不但如此,男丁较多的人家势力较大,无论族人或村人都不敢欺侮,在社会里无形中增高社会地位。往时械斗盛行之时,男子较多的人家当然更占优势。凡此种种,所以鼓励一族的人集合居住,以便结合团体。

族人聚居,对于自卫是显然有利益的,特别是乡间,即在承平之时,地方上的治安有时候政府的力量是达不到的。聚居的习惯对于治安的关系,可举一例以明之:

> 民国初年,我家由广东饶平县的小乡村迁移来此居住。迁移的主因,系在该小乡常为大族的人所蚕食欺凌,又恐为匪类所绑掳,故将原有的小住屋舍弃,移到本村住居。此地人丁旺盛,同族的人彼此多有照顾。

不特如此,一族之人因和异族发生冲突,往往只好让步,一面向侨外的族人陈诉,以便合族团结,自己形成一个小社会。如下所述。

闽南海岛上某村,向来有两个大姓聚族而居,每族有许多人在南洋谋生。以大体言,两姓感情和好,村内有许多公益事(例如学校、治安等)都是合作的。民国二十三年邻近的治安感觉不稳,大众提议建设守望楼以资自卫。当众开会决定建楼于宫北,乙姓族人业已认定捐款。不料甲姓掌有地方的政治权如乡长、区长等职,据说有受贿嫌疑,违反众意,把守望楼改建于宫南,实际于守望无益。乙姓族人受罚,与之力争,失败,乃致函万里洞(Billiton)族人报告情形如下:

> 近年国内不治,盗贼四起,民不安居,惊惶莫措。咱乡为保护地方,公议建筑守望楼于宫北,登高一望,四处偏达,可防不测。经合乡开会签押赞成,及兴工,基底已立。突有某姓中悔,愿出银100元,请改移宫南。自称乡长某(甲姓)暗中受贿答应,并发令扣留某等(乙姓),拘禁暗室,横勒罚银,并补缴十名兵费共银28元。

乙姓于其第二函中,不但说明与甲姓冲突的理由,失败的经过,并说明乙姓族人由万里洞岛寄来的汇款,经过甲姓之手时,被其非法抽税,劝乙姓族人以后汇款改由万里洞某批信局转寄:

> 吾族中办事无人,不得已含冤受屈,还银保释,以图将来翻控。问明寄信,每封抽费多少?如南洋寄银到家,每封银50元及40元,抽大银3角;30元以下,每封抽银2角5分;20元以下,每封抽银1角8分;10元以下,每封抽银1角;至上百元加抽几何?咱家未尝寄回百元,兄不得深知如何抽法。本年古历八月二十四日族中叔侄咸抱不平,出银建楼,此系公益之事。某(甲姓)自尊乡长,恃其族大丁多,理当抚恤小姓,曲体下情,何得如此横逆相加?公议同修公函,由邮局保家寄到万里洞托某实号转。

乙姓觉得与甲姓感情破裂,决议不与合作,乃思独立为本族谋利益。原来与甲姓合立学校,目下乙姓决计自行开办私塾。在万里洞的乙姓族人并报告闽南宗亲,谓已捐得开办费的一部:

> 甲姓假公行私,鱼肉乡里,如此蛮横已极,是可忍孰不可忍。无如族中无

人，不得不任其蹂躏。此刻别无想法，愚主张以为无答复之余地，只好进行第一着。古历年底在洞叔侄公函延聘某为西席，已承函复应承。俟开课后，然后来信通知，等久故缓于复闻，谅近日定有佳音。咱族在洞，所捐约国币200元，乃系为开办私塾，改良之用。

乙姓于自行办学之后，觉得族中团结更属需要，乃有提议建立祠堂者，特别是万里洞岛的族人：

> 某叔接到家乡吾族公函，立即传集子侄，特开紧急会议，征求众意，果见群情汹汹，想法对付。某叔遂提议建造祠堂，以为吾族之所以不团结者，无非并会场而无之。吾老而不死，几抱终身之憾，即如乡鳄甲姓，视为可欺可侮，故敢觊觎而生心焉。

聚族而居的习惯，在南洋各处可能性不大，且亦无此需要。如果职业上有关系，如兄弟服务于同一商店，那么兄弟可以住在一处。否则各人因职业的不同，往往一家人东奔西走，分散在几个市镇里，很少能住在一处，维持家庭的团体。有些华侨少年时代在国内过惯乡村生活，目下虽衰老，还是希望儿孙辈保存聚居的旧习惯。所以往往建筑一所公共房子，普通就是祠堂，预备儿子们于结婚后住在那里，但是很少有人照办的。槟榔屿一位侨生律师说：

> 守旧的侨胞，在遗嘱上有时候声明儿辈须住于公共房子，以维持家庭团体，但子孙们往往不能遵守这种遗训的。

南洋有些区域尚能维持祠堂制度，在这些地方，家庭的团结力大体还能保存。比较富裕的华侨，一族大致是有祠堂的。泗水有一大家，在该处已有5代，其祠堂的房产至1935年止，已有143年的历史。祠堂的设立在南洋是很普通的。一族公有的祠堂，只在暹罗与法属印度支那比较少见。暹罗的华侨回国的机会比较多些，有许多人家都在故乡建筑祠堂。法属印度支那的华侨，对于祠堂的维持比较不热心。

二、家长的权力

以概况论，华侨还是保存大家庭制度，家长的权力是特别大的。如下所述：

（一）家庭方面。家长普通是父亲或祖父，比较年长而有才干的。关于家内婚姻、丧事及一切经济权的处置，全操在手中。华侨社区甲有一位15岁的女孩，刚由某小学毕业，家长（父亲）就把她许配给一位40余岁的有钱华侨了。聘金1000元，手饰衣服及一切女家请酒的费用，都归夫家理值，家长（父亲）因经济的关系，就安然决定了他女儿的终身。女孩虽不情愿，但因父母之命不可抗，一桩婚事就依着计划成功了。古语说"父要子亡，不得不亡"，华侨的家庭中的确有那种态度（大致近代化的或接受西方教育的家庭，当然无此现象）。

关于这点应该还有个说明，家长权力之大，是不限于华侨家庭，凡粤东闽南的乡村家庭大概是如此的。可以说，华侨家长的风度，是保存着我国旧有的民风和习惯。

对于女子的贞节，家长有极大的势力。在从前，对于失节的妇女（未嫁女或儿媳妇），家长可以偶尔运用极刑，如活埋与海葬。有一位小说家曾经写了一本小说，描写以往闽南的海葬风俗，有些地方虽记载失实，但亦可以窥见华侨社区内以往社会情形的一部①。

经济权的处置，如别处一样，是在家长权限之内，兹不赘述。但近年来，家长的权力已没有从前那样固定和严厉。婚姻方面虽然是要家长出主意，但在可能范围内，有探听儿女意向的趋势。活埋与海葬现在并不轻易举用。据一位华侨社区甲的华侨告诉我们说，近年有一位姑娘与人私通，被家长发现了，父母暗暗的把她送到南洋去。对于那有关系的男子加以警告，不准他再踏入该村（女子所住的村庄）一步，不然就加以严重的处置。这可见对于极刑的态度已经有些改变了。

这些变迁是有两个主因：（1）教育。近来华侨的村庄普通多有一个学校的设立，村中有些孩童当然受了教育，成年人也渐渐于无形的当中受了些近代思潮的影响。比较能干的家长往往也是村中有权威的人们，他们往往代表村庄对外交际，所以比较明白近代的时势，因此他们的观念也就比较开通。（2）南洋的接触。凡到过南洋的人，气量与见识比较当地的乡下人，大致是要开通些。他们在回国的时候或在通信的时候，往往介绍南洋关于家庭的新习惯，提倡改良家乡的旧习惯，特别是他们认为不合时宜的民风。他们的思想与言论渐渐趋于社会化，往往保守秩序、尊崇法律、主持公道、反抗恶势力等。

私刑的施行，在本地似比在美国还要常见些。私刑的害处虽没有像美国这样普遍，但在此地亦渐渐显著。且举两例为证：在某街近有一人闯入经理室，店员以为此人是一个窃贼，关上店门，将此人施以毒打。门外观众闻声聚集，但不得入室。半小时后警察来到，令店主开门，此人因此得放，但眼鼻与面部有血，遍身受伤。据说，他从前是此店店员，歇工时未取工资。今日返店取工资，惜此店已改换经理，新店员中没有人认识他的。

对于运用私刑的人们，政府应该麆额，政府应该明白告诉他们，说是他们已在文明国里居住，就中有适当的法律手续；同时提醒他们，说是野蛮人的办法已为文明的法律所替代了。②

（二）宗族方面。每一族每一房也有族长和房长，来办理本族的公共事宜，这些人的得势大致亦依靠两个条件：（1）本族中辈分或年龄高的；（2）比较有能干的。凡本族一切内部或外部的问题，都靠他们去解决去对付。这些问题，最重要的可分两类，如下：

1. 内外的纷争

内部族人中发生冲突时，解决的权力全在家长身上。家长如不公允，受屈的方面也只有顺服了。如族与族的纷争、村与村的械斗，完全决于两方家长的手中，两

---

① 活埋与海葬是旧有的惯刑，现在因风气开通，已不多见了。
② *South China Press*, Amoy, July, 21, 1934.

方的流血和生命存于两方家长一念之间。去年（1935）华侨社区甲调查刚在进行的时候，上房与下房为了小孩的打架问题，竟牵动了两房的大局，各备枪弹，各叠沙袋，仿佛预备开战模样。村中的学校负责人奔走两方家长，从中极力调停，经过四天四夜的谈判，才把危险时期渡过。当中有几次谈判几乎决裂，若是决裂，两方死伤必多，地方受害，真不难想象。当中主使的人物全是家长，可见当地家长的权力。

闽南和粤东，从前械斗的风气极盛，这些主使人物尽是家长之类，他们往往是自私的。潮安县东一个华侨村庄有一位家长，因坐吃山空，就常常想法与别村闹事，事情闹成即捏造是非，电告南洋同族华侨，并指定捐款汇到本乡应用。苟不如愿，就寻找是非，欺凌该侨胞在家乡的宗族。

2. 族内的祭祀

最重要的祭祀当推祖先的崇拜，例如冬至的仪式（见本书第九章）。

三、妇女的地位

以大体言，新社会潮流尚未流行于华侨社区，即如我国近来民法上关于妇女的新规定，亦大致未在彼处发生效力，虽民法的其他方面有渐被采用的，如后所论。依据社会的旧习惯，男子的地位高于女子，男子的权势亦大于女子。

通常以男子当家长，但遇某种情形如男子旅居南洋，则女子为家长，例如本章第一节第一例所示：

按照社会习惯，妻的地位超过于妾的地位。如某翁有一妻二妾，其三人的地位即有嫡庶之不同，妻居于嫡位，二妾居于庶位。死后题入神主，还有"妣"与"侧室"之分，可显然的判别妻妾地位的差别。两妾虽有先后的不同，而地位认为平等。不过一妾如有子，一妾无子，于是前者的地位就超过后者，因"母以子贵"的习惯还是盛行，所以妾既生子，妾的社会地位因此提高。妾所生的子与妻所生的子，在华侨家庭里事实上是同等看待，例如择业、择配及财产的继承等，此数点亦是受南洋的影响。

某翁如纳妾，其妻可有下列两种态度：某翁如在外洋纳妾或娶妇，往往不得其妻的同意，但其妻也认为正当，因为藉此可以防其夫在外嫖娼等伤身丧财的危险。华侨如在本乡纳妾，妻则往往大加反对，因妻妾同居，家庭难以平安。但事实上在家乡纳妾事属稀有，据我们的观察，成年男子每百人中不过一二人而已。光景宽裕的华侨，在南洋时往往喜欢纳妾（两头家），回国后亦偶然行之。

四、孩童的地位

华侨的家庭大致守旧，对于子孙的观念非常浓厚，已如前述。所以经济比较充裕的华侨，都有纳妾与螟蛉子的风俗。

家庭中如无嫡子，则庶子（即妾所生之子）与螟蛉子也认为正式承继宗系的男子，在宗族内和习惯上大致认为平等，鲜有差异。所异者，即心理上的差别，就是庶子或螟蛉子不若嫡子的光荣而已。

论到财产的继承，如某家只有嫡子，当然嫡子承继一切家产，毫无问题。如自家无子，只有螟蛉子，其继承权则属螟蛉子，也无问题。如妻妾各有儿子，其承继遗产权就有嫡庶之不同了。照通例，遗产的承继，嫡子较庶子多得一倍。有时，庶子较嫡子为有才，有名誉，则分家产时就平均分配。还有一种，嫡子年长，握有全家权柄，而庶子年少，能力毫无，于是就凭嫡子之意，往往分给庶子财产不及原数十之一二。近年因法律对于遗产继承无嫡庶之分，所以兄弟分配遗产时，往往有涉及讼事者。

采立义子（即螟蛉子，俗称"契子"）之风，在华侨社区颇觉通行。华侨自己无子，往往买人家的男孩做儿子，在社会上的地位也与亲生的儿子大致相同，财产承继权也是大致一样，本族祖祠内的地位也是大致平等。但家谱内对于螟蛉子往往采用一种办法，就是族内有人无子而必须买人家之子为子者，必须买同姓人之子方可；如买异姓之子，即认为乱宗，全族必起而反对。如反对无效，则禁止其进入祖祠祭祀与其他权利。但不同姓的螟蛉子近来逐渐加多，因螟蛉子的买卖在有些区域变成一种有利的营业。

关于螟蛉子的起源，据熟悉当地情形者言，其主因在宗系的延传，因藉男丁可以延续家系。家系的延续，其重要理由当然是祖先的供奉与财产的继承。此外在往昔闽南与潮汕，治安不能维持的时代，增加男丁可以增加家族的实力以资自卫（如盗贼或械斗等）。此外还有两个健全的理由，亦须特别提出：

（一）男子出洋。华南地方男子出洋的很多，当中有许多人一到了外洋经商，回国的机会就很难得。他们往往几年回国一次，甚至十余年回国一次。凡没有儿子或嫌儿子数目不足的人们，就以金钱购买螟蛉子。其目的有二：第一要使祖祠的香火不致断绝；第二要使外洋的事业有人继续。

（二）儿童死亡。华南有些乡民，关于儿童的卫生往往不甚了解。凡遇疾病，有时候求神请佛，以资治疗，因此难以维持儿童的健康，婴儿死亡率及幼年儿童的死亡率所以有提高的趋势。小康之家的父母，因此有购买螟蛉子的习惯。①

有些家庭要维持社会地位，主妇是不操作的，凡家内的扫除、烹饪及一切杂务都由婢女担任。这种人家有时候购买幼女，因为买入幼女，家主妇只须给她饮食及衣服等，将来她长成了，做工是不付工资的。至于贫穷人家，有时候亦作一番挣扎，把幼女买入家中预备为儿子择配，这是"童养媳"。

儿童的买卖，近年来在浙南赣东及闽北比较盛行，有些人专以此为营业。因为这些区域常有匪患或兵灾，增加地方上贫穷的程度，使得穷民越发穷了。父母对于儿女虽有天然的爱情，不肯把他们出卖，不过有些父母们实在连自己都不能生存。遇着这种环境，他们以为不如让儿女们到比较富有的人家，因此父母与儿女双方得着较好的机会，和生命奋斗。

---

① Mr. J. C., *in Personal Letter From Amoy.*

螟蛉子与养女虽亦有运气好的，例如落在贤淑的人家，但一般的情形是多少受着虐待，特别是养女。舆论因此反对，政府亦出命令禁止，尤其对于儿童的贩卖。

五、财产的分配

最后，讨论南洋与家乡分配财产权之异点，以示华侨家庭的特征之一。南洋有宽广的范围，财产的分配是复杂的问题，因此我们以下所述，只能顾到普通的情形。南洋有些华侨，对于财产的分配，把妻妾子女认作平等。如某翁有家产 30 万元，妻妾各有子女 3 人，则共计子女 6 人（女二子四），于是分配家产时就照 6 股摊分。母亲的财产则属于子女之内，如所产生的子女多，其所得的财产也多。其分配的手续也很简单，就请当地律师做公证人，并将分产的证约呈请居留地政府登记，于是就不能发生意外的纠纷。假如父亲对于子女有所偏爱，也可以任意分配其财产，即厚其爱者而薄其不爱者。

至于在华南的华侨社区，关于妻与妾的地位，前节已提到过，即妻妾子女有嫡庶之分，女则绝无分受财产之权（指现行民法未实行的区域而言）。某翁有财产 30 万，如分配时，当必提出 8 万或 10 万做公款（如养老费、丧葬费、蒸尝费等），余 20 万或 22 万中，再提出 3 万或 2 万作二女妆奁费之用。然后，照股数摊分，通常嫡子每人得 2 股，庶子每人得 1 股，如 4 子中有嫡子一，庶子三，财产就做 5 股摊分。

长子嫡孙香丁费，于分配财产时也须拨出。这就是说，长子除所应得之财产外，长子所生的长子（即嫡孙）也应得到财产若干，此种财产叫做长子嫡孙香丁费。如某翁家产 30 万，其长子嫡孙香丁费至少须 2 千元。

提出 10 万之公款（作养老费、丧葬费、蒸尝费等），其用途分配也有轻重厚薄之不同。如某翁有妻一妾二，如养老费定为 2 万元，某翁独得 1 万元，妻 5 千元，妾各 2500 元。蒸尝祭业 5 万元，则合置不动产业，每年将所生的租息作为祭费。小祭出四子轮流，每子各轮值一年，在轮到祭祀的一年中，其蒸尝业所生的租息等，多由祭祀者负责处理一切，一切权利也由该祭祀者一人独占。

分配家产之后，如某翁及妻妾尚多年健在，而养老费则渐渐不敷应用，则丧葬费及蒸尝业费所生的利息可拨作养老金之用，于是三老活过百岁，也无饥寒之忧了。

在本乡分配财产之公证人与南洋不同，南洋是律师，本乡则请有声望及长辈之亲友和族长作公证人。如某翁有四儿，分家时预备阄书簿 4 本①，每本之内叙明分家事由及所分配的财产，最后由公证人及四子签字，四子各执阄书簿一本，这阄书簿就是分配财产的凭证。阄书即分给四子，然后择日分居，各自新打天下。父母普通多在四子家中轮流就食，也有自起厨房者，总之，全凭父母之喜欢而已。

---

① 阄书者，因各份之产业分配清楚之后，即由诸子拈阄而定。阄定之后，始照份详写于书内，故称为阄书。

六、婚姻与家庭的关系

（一）旧式的婚姻仪式。华侨社区的婚姻仪式可分新旧两种，新式结婚大致受近世潮流及南洋华侨的影响，但其数尚少。旧式结婚至今还是普遍的流行，但亦有演化。演化的原动力之一，当来自南洋的华侨。今略述于下：

女子的"八字"若经阴阳家排过，觉得是顺利的话，男家就接着商议订婚聘金等程序。男家到订婚那日，预备好了的几千包糕饼，每包有4吋长，2吋宽，用着红绿纸的纸包，随着媒人送到女家去。媒人在女家吃过了饭之后，把签订的婚约（本地叫"红绿帖"，上写明该女子时辰八字，就算为签订的婚约）送回到男家，这样就算订婚了。女家把男家所挑去的糕饼一一转分送给亲邻，这仿佛是一种订婚的宣布，表明他家的女子已经许给人家了。

结婚前的三四天，男家煮汤团分送亲戚朋友，俨然是一种喜报，朋友同亲戚们也纷纷忙着送礼。对于女家，总送些新娘所需用的东西，譬如镜子、面盆等等；对于男家，送的东西就不同，最普通是玻璃镜框，内有"钟鼓乐之"或"心心相印"等贺词。送礼的人如系近亲或至友，每将礼物凑成六项，内有爆竹、酒肉、花烛、镜框等等。在结婚的前一天，男家把全数的聘金，猪肉百余斤，酒若干坛，随同媒人送到女家，女家用的酒肉等差不多尽是夫家供给的。

迎亲的时候共有轿子三顶，一顶是花轿，是新娘坐的，一顶是媒人坐的，其余一顶是叫做"灯轿"，是预备给"挑灯舅"坐的。前面打着开锣引导，接着打开锣的是背着旗的，提着灯笼的，凡是男家祖先所得的官衔和光耀，尽数写在旗子及灯笼上面。一行几十人到女家去迎亲，回来时把一切的嫁妆也随同新娘抬来。

新娘的花轿，在夫家的大门前等着。吉利时辰一到，新郎穿着黑色长袍，谨严的由屋内走到花轿旁边，把轿顶一拍，就把新娘由轿中缓缓挽出，一直到新房来。在那里，伴娘向新夫妇俩行吃交杯酒的礼。至于新郎走到新妇花轿边把顶一拍，听说在习惯上是丈夫向妻显示权威的意思，表明男是天，女是地，妻须服从丈夫。不过现在只视作仪式中一种老例，原来的意义已经没有人注意了。

当天晚上，摆着丰满酒筵，请亲戚及朋友们共座欢饮。饮酒到半酣之后，大家就进行着闹新房的玩艺，尤其是那批青年人最热心，有时甚至新夫妇俩通夜不得睡觉，然而亲戚朋友辈还引为乐事呢。

经济力丰裕的人家，从前除办酒席以外，还要演戏以敬神谢天。因为天保佑那新郎成人长大，以至结婚，所以演戏谢神。但现在呢，只有中上之家还有这些玩艺，大部分的原因是受南洋不景气的影响。

到第二天，新夫新妇要出来敬拜天地祖先。在那天，贺礼的戚族和朋辈更施玩弄新郎新妇之能事了，他们可任意请新夫妇做出各种可笑的玩艺。

到了第三天，亲戚们就各自返家。每人都带些猪肉（大约一二斤）和糕饼之类回去。同时新郎还要往岳家去拜访，岳家就用酒筵款待，宴罢，新郎出酒席洋12元。岳家回送些糖果糕饼之类，预备新郎回家时可以分给同族和亲戚，于是女婿就与岳家拜别回家。

假如新郎在幼时，父母曾向天发过愿心，在结婚时须"做敬"报谢天地。

离结婚期前 10 天，在大门外插一带枝叶的竹竿，竿梢挂一灯笼，每天晚上点着蜡烛，这叫做"天灯"，听说是报告天公，他家的孩子行将结婚了。在宅内，请道士用颜色纸糊一"天堂"，到结婚的正日，就把那座天堂摆在天井中间，前面正对大门。在天堂面前摆上八仙桌 2 张，上面陈列猪、羊、鸡、鸭、鹅、鱼、水果、糕饼等等。在大门外，正对着天井中的"天堂"，搭一戏台。到结婚日子就大吹大打，道士更念着经，是请天公落凡饮酒看戏的意思。

华侨社区甲内有几个有威望的神佛，如护国尊王、福德正神（土地）、观世音菩萨，都一一抬到宅中，据说是来尽地主之谊，奉陪天公的。

假如家内大小都平安健在的话，在天堂背后，正对着后厅的堂前，还要添糊一座东西，俗称"挡境"，是全家老幼平安的意思。在"挡境"前面也用三牲等物献祭，全家老幼都一一叩头，焚香报谢。到下午 6 点，把天堂扛到门外用火化去，是谓欢送天公上天，"做敬"的礼节于此就算告竣了。但前后所费，至少在一千元以上，贫民除采取童养媳外，是不容易结婚的。

男子结婚时，多在 20 岁与 30 岁之间，30 岁以外结婚者，在本乡是不多的，由南洋回乡结婚者其数较多。女子结婚普通多在 20 岁以内，十六七岁结婚是很普通的。

贫穷而有志气的青年，如得亲友的援引，常有"过番"的野心。我们对于华侨 1106 人，问过他们出洋的年龄，得如下的结果：在 10－19 岁间者 410 人，在 20－29 岁间者 504 人，在 30－39 岁间者 130 人，在 40－49 岁间者 29 人，在 50－59 岁间者 7 人，在 60－69 岁间者 1 人，年龄不明者 25 人。据此，大多数的出洋者在 20 岁以下及 30 岁以下的两组，他们大概是到南洋去找谋生的机会者。他们自有职业起，每隔一个月或 2 个月多少总有钱寄回家中。家里的人，特别是母亲，除了各种正当用费之外，就把所余的钱日积月储起来，主要目的是希望积一笔款给儿子娶媳妇用。逐年储积，积到四五百元（贫家）或千余元的时候，就物色儿媳妇，要为儿子结婚了（参阅第一节（二）、（三）项）。到结婚的前一月，儿子就从南洋跑回去，预备结婚的事情。通常青年华侨回国的第一次，多是为结婚而回去的，新娘当然是父母所代择的了。结婚之后，过一个月或两三个月，仍旧跑回南洋。以后回国，除非光景富有者，大概要在三四年中举行一次，每次回国所居留的时间，总在一个月左右。所以华侨的妻子（在国内的）大部分在结婚期内过着独居的生活。除了受过教育的女子以外，普通女子多认为常事，不觉得是奇特的情形。

我国旧式婚姻中，聘金虽是普通，但在华侨社区，聘金是极注重的。近 30 年来，因地方经济比较充裕，聘金逐渐增加，初由 200 元，旋升为 280 元，360 元，400 元，480 元，以至 560 元。若是华侨在南洋发达后回国婚娶者，则常常越过此界线，而为 600 元或 800 元。有时女性若受过新教育，或是绅士的闺女，则升至千元。其中原因有种种，兹就男女家两方面分述之：

1. 在男家方面

（1）因华侨在外营业兴盛之后，必回国完婚以夸耀于乡里。普通华侨在南洋虽娶有土人妇，但一般人不以正式婚姻看待。

（2）华侨到经济状况充裕时，年龄大致已高，择配不易，但华侨社区里的女子出嫁，多数在20岁以下，特别是闺女，凡与华侨结婚者往往是续弦（此区域里，闺女多数不愿任继配）。

（3）因外洋的商业关系，华侨于结婚后往往单身南行，新娘留守家中。若携眷同行，往往遭翁姑的反对，以为此种举动可以减少寄款回家或回家省亲的机会。

2. 在女家方面

（1）完婚之后，大致丈夫即往南洋。如遇生意失败或不幸染病，往往与故乡信息断绝，妻室在家有坐守生寡之虑。

（2）丈夫在南洋往往有重娶的风习，儿女易于繁殖。到了彼时或将自顾不暇，对于国内妻孥是否能有汇款寄归，颇难预料。

据以上情形，把闺女嫁给华侨，至少含有两种矛盾的心理，即表示此种婚姻的不安稳状态及羡慕华侨的富裕，因此提高聘金，以作消极的准备。潮汕与闽南俗有"白银买人心"之谣，因此与华侨通婚者以下列几种人居多：①穷户女家，以能得多金为目的，且希望由华侨牵引出洋；②世家或绅士的女儿，因拘于门第之见，不愿与农家相配，但有时愿嫁侨胞，以新见闻，名虽不佳，利固较优，因此泉州有"绅士结交洋客"的俗话；③有些受过教育的女子，因父母是守旧的，对于婚姻问题尚由父母作主。

（二）结婚时的用费。聘金的数目虽然很大，但只是占结婚费中的一部分。此外尚有各种用费，举其要者如下：在结婚前数日，应花在女家方面者，在泉州叫做"六礼"，厦门叫作"食糖"。其余尚有衣服、家具、筵席、演戏等费。今为简明起见，将华侨中等与下等家庭结婚时各费估计如下表：

第10表　中等与下等华侨结婚费用的估计

项目	下等人家（国币）	中等人家（国币）
聘金（包括六礼）	440.00	560.00
手饰类	20.00	60.00
轿费	20.00	20.00
衣服类	50.00	100.00
赞见礼及赏礼	20.00	50.00
媒人礼	12.00	48.00
术米（2石至5石）	20.00	50.00
糖（100斤至200斤）	20.00	40.00
食米（3石至6石）	18.00	54.00
猪肉（300斤至500斤）	72.00	120.00
柴炭	20.00	40.00

(第10表续)

项　　目	下等人家（国币）	中等人家（国币）
蔬菜 ……………………………	60.00	150.00
戏子（3日至5日）…………	30.00	150.00
筵席费（10席至30席）……	100.00	400.00
酒（10席至30席）…………	10.00	40.00
烟茶类 ………………………	20.00	100.00
金箔类 ………………………	20.00	40.00
床桌椅类 ……………………	80.00	200.00
添置器皿 ……………………	10.00	50.00
预算外 ………………………	10.00	50.00
统计 …………………………	$1052.00	$2322.00

七、南洋华侨的婚姻

（一）习惯与法律对于婚姻的关系

殖民地政府以往的态度，对于华侨的婚姻，参照中国的法律与习惯。不过近年来华侨教育渐高，知识渐开，引起殖民地沿用统治国的法律，这便发生许多困难与纠纷。

自1925年9月1日起，荷兰的民法适用于荷属东印度群岛全部的中国人。在此期以前，此项法律仅适用于东印度的一部分中国人，但西婆罗洲除外。按照荷兰民法，凡婚姻必需在政府注册。未注册的婚姻，凡有儿女认为私生子，这些私生子在某种条件下法律有承认的可能。

在1935年当著者游历西婆罗洲时，以为当地的社会情形，不能于短时间内实行荷兰法律，因当地的中国人大部分尚沿用中国的习惯。当地的中国人对于荷兰法律，最不了解财产的分配、儿童的承继及妻室的地位等问题。他们以为新法律的实行，其利益属于欧洲人者为多，例如引用同一种法律，于处理商务上各问题较为便捷是。对于商务以外的关系，至今还用不同的法律，譬如中国人的徙民权及刑律的一部。由中国迁入东印度时，中国人所受法律的限制，是繁复而苛刻的。关于刑律有一条最不平等的，即中国人的住宅，警察可自由搜查，无须事前向法庭领取搜查证。关于此点，中国人与土人受一样的待遇，但此种待遇不适用于欧人及他国的徙民。一位在爪哇的著名荷兰法学家说：

> 关于无证搜查中国人住宅一事，实是中国人与欧洲人在刑律上的待遇最大区别之一。

荷兰民法只承认一夫一妻制，因此法律不承认妾或姘妇的儿女。但在民法实行以前，可以有一个例外。在此法颁布以后，凡没有生育的夫妇，经过法律手续可以承继一个儿子，但此种承继方式不能取消。

马来亚政府于1926年指派一个委员会研究中国人的婚姻问题，结果该会向政府建议自由注册的制度，包括新式及旧式婚姻两种。准许注册的新式婚姻，必具下列的条件：（1）婚姻当事人不是在禁止范围内的近房血统者；（2）自愿结婚者；（3）得父母或尊属允许者（如中国民法有此项规定的话）；（4）婚姻当事人在结婚时无他种结婚义务。准许注册的旧式婚姻，必具下列的条件：（1）婚姻当事人的姓名及自愿结婚的宣示；（2）婚姻当事人的父母或尊属的姓名及其允许；（3）媒人的姓名及住址；（4）结婚的日期与地点；（5）在结婚时婚姻当事者并无其他结婚义务。① 这个委员会连带的讨论婚姻与纳妾、离婚及儿女承继等问题的关系。从 1932 年以来，马来亚的立法院对于婚姻问题有较周密的辩论。某非法议员，其先代原籍福建，但生长于马来亚，请求政府采用（任意的）一夫一妻制（凡愿意采用此制者听），并附带准予离婚的条文。华侨社会对于此项意见，除老年人外，大致表示赞同，因这种意见足以代表有教育、有知识的华侨，在原则上与今日欧洲的社会思想及我国的新潮流互相吻合。

在菲律宾群岛，中国人的婚姻问题适用该处的普通法律②，而其最重要的条文为"婚姻不必要有何种仪式，不过结婚者必定须对证婚人声明他们愿意结为夫妇"。因有此种条文，"两头家"的制度直接受了影响。某华侨如果在国内有妻室，法律不许他在小吕宋与土妇同居，即使他事实上同居，法律亦不承认为婚姻。目下此种法律尚不能普遍的施行，将来普遍施行以后，对于菲律宾华侨的婚姻制度必发生基本的变化。

婚姻的礼节有一部分已发生重要的变迁，特别是文明结婚，大致是仿效欧洲的习惯。有一位医生，初从荷兰毕业，醉心于新式结婚者，对于旧式婚姻发表意见说：

> 假如有人介绍一位不认识的朋友，在初次见面，我觉得谈话时还处处不能随便，因为摸不着性情与脾胃，无意中可以伤感情。至于说有人替我介绍一位素不相识的女子作终身伴侣，性情相合还好，否则不是终身要受苦痛么？

实际我国旧式婚姻，结婚者不是完全彼此不知道的。有些男女是带有亲戚或世交的关系，彼此在未婚前直接或间接的已有交谊。不过我国社会，在以前两性间没有公开的社交，而依照历代相传的民风，女子通常以静默寡言为美德，因此和男子的接触不多。

比较守旧的华侨家庭，新郎与新娘在结婚时所用的礼服是我国 30 余年前所通行的，男用袍褂，女用凤冠霞帔，马来亚与东印度的华侨社会都保存此种习惯。著者在茂物（Buitenzorg，Java）躬逢一次喜事，觉得音乐有不可描写的韵调。有一位侨生的朋友说："这是难以形容的音乐，粗粗分析之，调中有马来、中国及印度文化的影响。"

家道殷实的华侨，新郎于婚后大致与新妇到祠堂祭祖，往往就在祠堂内住些日

---

① Chinese Marriage Committee：*Report on Matters Concerning Chinese Marriages*，P. 9，Singapore，1926.

② General Order No. 68 of the Military Government，and Article No. 2710 of the Philippine Legislature.

子，然后再组织小家庭。

（二）两头家

南洋华侨往往维持"两头家"，已如前述。土人妇常居南洋，发妻常居故乡，因此平常家庭并无冲突。有些"两头家"的主妇，虽经长时间，亦各相安无事。不但如此，两个妇人有时候还可以彼此爱护。

闽南某小学教师，对于同村华侨某君的"两头家"，叙述其概况云：

> 从前一个华侨的菲律宾妇人同她的丈夫到我们村里来，帮助婚礼，因为丈夫要和一个村女结婚。结婚之后，两个妇人同居，并不吵闹。丈夫死后，两个妇人各有儿女2人，她们将家产均分，听说这是按照美国的法律。不过长子格外多得些，以便维持祭祀，这又仿佛像是我国的习惯。

"两头家"盛行于侨外较久的华侨，因久在南洋的人容易与家乡疏远，且因经济比较充裕，可以再娶，娶时以南洋妇女最为便利。下表所示第一次结婚者大致是出洋不久的华侨，这些人大多数娶本地女子即所谓"发妻"，她时常住在家乡的。在第一次结婚一个阶级里，娶南洋女子或侨生女子者人数颇少，因此我们知道"两头家"是不多的。不过在结婚2次或2次以上的华侨，"两头家"就比例的增多，因在161人中，娶本地女子者91人，娶南洋土人女子者41人（内有暹罗女子32人，安南女子9人），娶侨生女子者17人。南洋土人女子几乎全数是"两头家"的主妇，侨生女子有许多亦是为维持"两头家"而娶的。

第 11 表　华侨的婚姻状况

第一次结婚者（720人）		结婚2次或以上者（161人）	
与本地女子结婚者	652人	与本地女子结婚者	91人
与南洋土人女子结婚者	24人	与南洋土人女子结婚者	41人
与南洋侨生女子结婚者	21人	与南洋侨生女子结婚者	17人
不详	23人	不详	12人
总计	720人	总计	161人

"两头家"是环境的产物，因南洋华侨除非光景富裕，不能携眷同往南洋，且又不能时常回返故乡，因此只可斟酌情形，在南洋再娶。再娶时，或为土人妇，或为侨生的中国女子，而以土人居多，因此种结合往往不具永居性，且南洋所娶的往往视作侧室。因此"两头家"的实例虽多，华侨们自己及社会的舆论，对于南洋妇多少有些歧视。

在华侨社区丙，"两头家"是很多的，不过有些人家不愿意坦白的告诉。据我们在该区内一乡的调查，单就与土人结婚论，与暹罗女子结婚者有53家，与安南女子结婚者有12家，与马来女子结婚者有1家。至于和异种女子结婚者的动机，当然是复杂的。譬如暹罗女子，目睹中国小商人勤俭耐劳，嫁后可以终身有靠。至于男子方面，因远居异域，不谙语言与习惯，娶一暹罗妇，当然得了一个有力的助手，特别是在乡间做买卖的人。"两头家"的家主对于两家担负各种责任，不过有些男子于娶了暹罗妇女之后，往往对于家乡的妻室逐渐疏淡，以至没有汇款或家信寄回。华侨社区丙有一家，于13年之中，丈夫只自暹罗来过3次家信；另有一家，于21年之中仅通信2次。但这种例子是不多的，大多数的男子如果有"两头家"的，都维持两个家庭。丈夫回国，暹妇很少同来的，因语言不通，且天气较冷，生活上于她是不便的。她的儿子大致于幼时送回中国，以便学习语言文字及历史地理等基本知识。她的女儿们不一定回国求学。

八、移民对于家庭与婚姻的影响

（一）关于家庭制度

对于大家庭制度，有知识的华侨常表示反对的态度。新加坡某锡矿商人年老回国，曾发表意见说：

> 大家庭是很讨厌的一种社会制度，因为如果有一个人赚钱，家内各人都要分得好处，增加这个人的经济负担，使得他不容易发展。我是受过这种苦恼的人，觉得个人对于家庭的责任太重，妨害个人的营业及其他各种的活动。

有许多华侨以为在现代经济潮流之下，我国的大家庭制度必然是要崩溃的。有一位母亲，她的两个儿子目下都在南洋。她说：

> 现在的时候生活是复杂的。要想一家人住在一块儿，不如我们在少年时代的容易。况且今日交通方便，由火车或轮船，可以把家里人于短时间分散于各处，或由各处于短时间内再使家里人团聚。

（二）关于婚姻

有许多回国华侨主张废除旧式婚制，采取新式婚制：

> 旧式婚姻应该改良，仪式务求简单。谈起婚姻制度，我想外国要比中国文明，因为他们在未婚前，夫妇已经是好朋友，所以往往彼此相爱，组成快乐的家庭。我国的旧式夫妻婚前往往是不认识的，或没有交谊的，如此盲目结婚，结果不免有许多痛苦。我有一个朋友，他的妻子是患肺病的，但在婚前丈夫毫不知道，他的家庭如何能得到快乐呢？

回国侨民有许多人虽主张改良婚制，但实际未能达到目的。譬如上面第一人的谈话，他自己就是旧式婚姻的牺牲者。他的父母替他选择妻室，并于结婚时耗费大量金钱，但他得不着家庭的快乐。至于不能骤然改革的主因不外下列二端：（1）历年相沿的习惯一时难改。华侨社区里对于婚姻的制度目下虽有变更，但其势力尚不大。（2）华侨年少时出国，家中有家长；到南洋后虽经验增加，但对于故乡有时候不能与老年人争势力，因为"乡党莫如齿"，还是一般人的社会思想。

凡受过近世教育的华侨，往往赞成文明结婚，反对旧式婚姻。民国二十三年，厦门有一位年龄17岁的女子，她的父亲是小吕宋的豪富。父母作主把她许与厦门某公子为妻，他家虽属显宦，但个人并无相当教育。结婚之日女士忽然避匿，其后发表谈话说：

> 我不愿意嫁他，因为他的教育和知识都不如我。如果他能证明他的智育上

的条件和我相等，我可以与他结白首之盟。

对于杂婚，有些旧式的父母当然表示反对，以为家庭的血统可因此变乱，所以他们不愿意有混血的儿媳，去妨害历年相传的纯血系统。有些父母以为，"目下时易势迁，老年人不应该对于儿女辈的婚事多所主张，特别是对于'过番'的人们。"有一家，两个儿媳妇都是暹罗女子，其母亲甚表示欢迎的态度，以为两房儿媳对于丈夫都有比较良好的影响。有一个华侨，国内的妻室（发妻）对于丈夫所娶的南洋妇亦完全谅解：

> 因为丈夫在曼谷做生意，和暹罗人的往来一定是很多的。并且店在"山吧"，和外面交通不便，丈夫娶一个暹罗妇人来帮忙，对于商店一定是很有利益的。

南洋华侨与侨生的中国女子结婚的比较多些，这些婚姻在形式上虽还保存我国的旧习惯，但在精神方面已有重要的变化。例如男女的地位渐趋于平等，女子对于择配有较大的自由。且有些侨生女子闻见较广，知识较高，如于结婚之后由丈夫带回家乡，对于旧式的家庭往往不惯过活，因此容易发生冲突。有一位新加坡华侨，带领妻室（侨生女子）由南洋回潮州后，妻室即提议分析家产，预备组织小家庭。家长向南洋报告情形云：

> 某侄今年3月15带引新妇回家，女子是个实吵侨生，衣着翻新，读过学校！来宅不外20日，即串丈夫同我分家！某侄亦是不中用人，随时即打迫（逼迫?）吾分家！2人心一样，一坦担，肚内塞。不中用，极（急?）死人。只顾极（急?）心，候汝回家，吾宽宽言明汝听！

（三）关于家庭内个人间的关系

夫妇间的关系，婆媳间的关系，亦有相当的变迁。南洋的结婚，男与女对于择配有较大的自由，特别是侨生女子与在家乡的女子相比。所以结婚之后，丈夫与新妇往往处于同等地位，而已嫁妇的身份自然提高。至于婆媳间的关系，因儿媳别住一处，当然不在婆的势力支配之下，而婆对于这种新的局面有时候亦表示赞成：

> 我觉得儿子这样自动的延媒结婚，同时又与自己满意的女子结终身之约，必然增进许多夫妻间的幸福。

有些南洋妇人侍奉翁姑，采取中国儿媳的模样，分明已有了相当的中国化，她们比较更博得翁姑的欢心：

> 在过去的十余年里，我对于儿子非常挂念。长儿死在南洋之后，其媳（暹罗女子）还有几次批款寄给我，她是很孝顺的。二儿媳亦是暹罗人，她的心就很坏，近来很久没有信来了。二儿（在曼谷）对于我的态度近来也改变了许多，多少是受了她的影响。

上面这一例至少可以指示两点：（1）父母对于儿女还是保持旧有的伦常观念，即使儿女们还在南洋，在家的父母还希望他们和老家维持关系，并给予经济上的帮助。（2）在南洋的儿女们因和他国人接触，感觉到他们有和中国不同的人生观。有些人崇尚个人的独立，并不拿自己的积蓄去赡养父母，因此对于中国的旧伦常观念发生怀疑或甚至鄙弃之。下面一例可以参照：

> 听得一个朋友说，某某制糖公司的荷兰工程师，从大学毕业后就自己有银行存款，不把剩余的钱寄给父母，无怪他这几年来可以买住屋，并购置自用汽车呢！

> 我赞成荷兰人对于家庭的态度。

第六章　社会觉悟

有知识和有经验的南洋华侨，于其日常生活中不知不觉的受着欧洲文化的影响。有些欧洲的新习惯与新技术，他们认为是南洋社会的优点，而且颇可供给祖国采用，因此随时向家乡介绍，以期发展实业，或提高乡人的生活程度。在南洋所获得的深刻而悠久的经验，使他们的思想和行为逐渐顾到社会的利益，使他们由孜孜为利的自私观念转变到为大众谋幸福的社会观念，使他们的目光放得远大，乐于经营或建设祖国的乡村与市镇。

治安不但能保障个人之自由及其生命财产之安全，并且也是团体生活的出发点。治安如能永久维持，此地多数人民定能安然聚居一地，分工合作，向文化的各方面去努力。我们所研究的几个华侨社区，治安都是比较好的。此地在以往是由私人维持治安，在几个领袖之下自行组织，自行防范。近年来，因受地方政府或自治机关的指导，组织格外严密，故社会生活的各方面能得到比较更有秩序的发展。

近世文化所到的社区，有逐渐向市镇发展的趋势，生活的内容渐渐复杂，生活的方式随时改变，这些都市文化问题亦颇受南洋华侨的影响。

都市化里专门问题之一便是交通。交通便利之后，乡村与市镇的隔膜可以逐渐消灭，文化也渐趋于一致，那分明是把一般人的生活程度提高了。

在本章里，我们描写社会生活的主要部分，即治安、都市化与交通，这些事业实是团体生活的必要条件。人民如能够觉悟到共同努力这些事业的益处，他们就会更明了集合生活较优于个人企业，这就是社会觉悟的明显例证。

一、治　安

华侨社区的治安起于华侨自动的组织，大致注重保障生命财产的安全。社区自卫的觉悟乃是直接或间接得之于南洋的经验，自卫的办法各华侨社区略有不同。今分述其概况于下：

（一）华侨社区甲。本区在20年前是一个瘦瘠的渔村，大部分的成年男子因在陆地上抓不住暖衣饱食的生活，皆往海上捕鱼为业。有时货船行过，不肖之徒就相率抢劫。自民元以后，区内有一个在南洋致富的侨胞捐款兴学，提倡教育，因此民智渐开。因教育逐渐发展，当地贫民生活也得到相当的补助。民国四年以后，南洋的生意渐渐发达，中下人民多出洋谋生。本区的子弟，无论男女贫富都受过初级教育。人民安居乐业，渐有自卫的组织，因此治安较好。

1. 警卫队

本区的西头驻有警察一队，管理学校及全村治安，全部的经费由学校担负。夜间，警察在村中及其周围往来巡逻，白天，只遇紧要的事出来巡查。近几年来，匪贼之类在本村似乎完全绝迹，因此治安大有进步。警察除巡逻守卫之外，还担负一些调解人民纠纷的责任，因为打架或相骂的人们常扭到警察所去诉讼。

2. 学村办事处

学村办事处是本村最高的立法和行政机关，其主要任务在处理村内各种问题。如有人来上诉，当即召集各"角"家长开会讨论，共同判决。假如时局危急（如遇土匪或乱兵的劫掠），家长们立即商议办法，采用武力对付。如与外村交涉事务也是如此，例如械斗之事就要听从家长会议的命令。但除去年（1934）自族间几要械斗而成和解之外，械斗之事绝少遇见。

3. 民元以后的治安情形

据当地父老说，自民元以后，本村大致平静无事，惟历年军事频仍，散兵往往分住各村，偶尔聚众抢劫。最惹人注意的是，每逢匪徒扰乱，邻居往往集团抵抗，这显然表示我国乡民向来富于联合保卫的精神。区内近年来的匪祸，举其著者有下列数起：

（1）民国十五年10月，有一位华侨刚从南洋返国，被土匪探悉，匪首即在深夜率匪众六七十人破门而入，把那华侨打伤，并枪毙女儿一名，共抢去2000余元。待村人会齐，众匪已散。

（2）民国十六年11月，有匪五六十名到本乡大路上某布庄抢劫，乡人即会集抵抗。众匪见势不佳，就呼啸四散，但已损失货物不下1000余元。

（3）民国十八年某夜，有土匪五六十人抢劫本乡某宅，乡人闻讯会集抵敌，匪即闻风而窜，计损失金银首饰约共1000余元。

（4）民国二十二年9月，有匪四五十人深夜破入某家，乡人立即包围，匪即遁逃，无钱财损失。

（5）民国二十二年12月，某夜有匪三四十人破入某家劫掠，因主人已往厦门，未受惊惶，但损失衣服用具等物计值千余元。

（二）华侨社区乙。本区的自卫大概是严密的，但其情形与上述者有别。

1. 团防

团防治安由本区祠堂事务所办理。本祠堂是全村的统治机关，其组织如下：

（1）正副总理各一人（每人每月薪金6元）；（2）财政一人（月薪10元）；（3）董事十二人（以家长充任，每人月薪10元）；（4）书记一人（月薪30元）。

每年经常费的实数无从探悉，惟据当地人估计，恐不在1万元以下，凡教育治安祭祀等款都由祠堂事务所开销。团防费每年计2000元，以为制办军器杂货（如衣服、食物、纸烟等）及其他之用。团丁不受薪资。由事务所的职员指挥团丁（每天约有七八人），着起便衣巡逻看守，如发现外来的生人，没有先向事务所说明来历，就把他扣留。

2. 基干队

自民国二十四年春季以来，本区奉政府命令训练基干队伍，把本村划为一乡，由祠堂的重要职员充当乡长等。

去年春间，本村选了4位青年送往县政府受3个月严格的军训，每人费用均由祠堂事务所负担。毕业后返回本区训练壮丁，每人每月薪金12元。

壮丁训练的时间是（从礼拜一至礼拜五）每晚7点至9点，每次共操2小时，计3个月卒业。本乡壮丁分3期训练，每期60余人。这种办法并不限于本区，其他各乡也一致进行。政府目的是在防匪和自卫。本村的青年本来就有武士道之风，加上此种有组织的军事训练，治安就更臻完备了。

3. 治安的概况

因上述诸种严格自卫的设备，本村不但没有土匪，连小偷也稀少的，村内负责任的人们常常以此自豪。据说有一次，一位江西人挑了一担布上本村去卖，那夜就寓在一家旅店内（在本村内）。团丁发现他没有预先通告祠堂事务所，就把他提到事务所内，受了一顿严厉残酷的刑罚。到第二天，事务所用了一只小木船把他送到厦门。

（三）华侨社区丙。本区是一个杂姓的村镇，共有25 303人①。因农商杂居，生活比较安定，所以邻村稍有积蓄的人家有逐渐徙入的趋势。富有的华侨家庭羡慕本区治安良好，从别处移进来。有一位华侨的主妇，谈及她家移居的历史，内中有一段说：

> 我们从前是住在某县某乡的。我们这一房人口很少，常常被人欺侮，因为那边的习惯，大房的人常常压迫小房的人。但此地没有这些恶习惯，所以我们移到此地来住，到现在已经有23年了。

据久住于该地的一位小学教员的报告，本区的自卫费都由上等华侨担负，此等华侨的家产总在5万元以上。所以本区的中户以下的人家最得便宜，公共的捐款大都分派不着，但一切治安的权利，可以与人家一同享受。因此过去几年中，中户人徙入本区者很多。

1. 更楼

本区的四界都有围墙，没有墙的地方利用天然的河或池塘围着，每一个出口处，就有一个更楼，因此更楼散布于村镇内各个险要之区。据我们的调查，此项更楼全区共有38个，每个更楼都有人驻守着。人数的多少要看更楼所在地的险要程度为转移，最少的有50人，至多的有125人。在平常，并非全部驻在楼内，天气暖时，每更楼大约有20或30人，冷天每更楼约有十余人。在西北两面的更楼因向着田野和山地，自然特别险要，驻守的人也比较增多。

更楼的统治机关是更练公所，内设本村镇的电话总机。更练公所一得警报，即用电话通告各更楼，以便全村更楼于短时间内得到消息。

每个更楼有一位更头，总管更楼一切事务，例如指挥、发令等。如有危急，由

---

① 据该地区公所调查，共计4973户，25 303人。

更头召集该楼的团丁武装起来,并由更头中选出一位总更头,当总司令。

驻守更楼的团丁由各区的壮丁中选出。征募团丁的权力属于乡公所,某更楼需用团丁多少、用费多寡,都由乡公所来支配。

守卫的团丁是尽义务的,乡公所发下的钱只当作杂费开支,例如膳食费、燃料、烟茶等。每届年终如杂费项下尚有余款,就拿来买酒买肉,大家同乐一顿。假如更楼所属区域的居民有不愿服役者,保卫团就与这一家断绝合作,他家即有危急,也不愿去帮忙或救助,所以事实上,凡被派为服役的人,都诚心愿意奉公守法。

2. 后备队

自民国二十三年之后,本区奉政府命令,除更楼外尚有后备队之组织,其目的在给民众以基本的军事训练,直接可以自卫,间接可以卫国。所以后备队不限于本区,别处如潮汕等,也都同样奉令组织。

后备队以12人成一分队,三分队成一小队,每一小队有队长,直接向区长负责。照现在规定,凡男子自18岁至40岁止,都应隶属后备队,不过,身体瘦弱或残废者可免服役;身在党政或教育界者也不在后备之内。凡独生子也可以免入后备队。如有二子,必去其一,三子必去其二;但在事实上,有许多经济优越的年青子弟往往都在例外,因为后备队的全权整个的操于乡长手内,只要获得乡长的谅解,什么多可以办了。

凡排定在后备队的人,无论天晴下雨,每天下午要操练2个钟头,这样操练3个月就算毕业。教官都是本地人,他们先被送到县政府,受过3个月的严格军事训练,毕了业就返回本地去训练后备队。本村现在共有8个教官,每人每月得薪金15元。

华侨社区丙,今有5个小队,每小队计36人,共计180人(据民国二十四年春季调查)。据当地人报告,全镇共有90支来福枪,大半都是现代式的。在事实上,本村还有好些精利的武备,例如木壳枪之类,都不愿轻易告人,非遇紧急之时多不使用。

在富有的家里更有进一步的自卫。房屋的建筑上特别加上防匪的设备,如天井上架盖粗硬铁棚,门和窗都配上坚固的铁竿,使普通的土匪不易闯入屋内。此外,还雇更夫一名,晚上来回的在主人的住宅四周巡逻。在白天,装着农人或小工,时时注意来往的生人,如有嫌疑,立即报告负责人。

二、都市化

(一)厦门市

1. 市政的革新

本市是一个中外商人荟萃之地,且为一含有国际性的商埠。往时道路狭窄,空气污浊,一般的街道宽约八九尺。白天在街上走,只有在正午的时候,行人能见一点阳光,在其余的时间,街上呈现阴霾暗淡的状态。雨天街道两边的屋檐水,会直向行人的伞上冲来。街道以碎石砌成，凹凸不平，高凸处是随意倒上的垃圾，凹洼处积成褐绿色的水潭。每逢暑时，疫病流行。一位太古公司的老买办说："厦门从前是很脏的，据外国轮船的水手说，还有一个土耳其的城市也极脏，是和厦门成为世界两大脏市。"其实这些情形，凡住在厦门的教员、商人、传教士都能告诉你。竹树脚礼拜堂一位牧师有如下的观察：

> 厦门近年的市政真有惊人的进步！在1919年，本地的绅商人士因街道狭隘、疠疫时生，于是成立市政会改革市政，结果第一条近代式的街道（开元路）就与厦门居民见面了。每逢礼拜六下午和星期日，不论男女老幼都喜欢跑到开元路去游玩，有些人去看看热闹，有些人到百货商店去买点零星用物。

其实在开元路未成之先，尚有一条短而洁的小走马路。有人描写当初的印象说：

> 我在中学读书的时候，一条最能吸收游人的马路就是青年会前的小走马路。因为很清洁，到了礼拜六和星期日，青年会就成了一个唯一的交际中心了。青年会的活动很多，有音乐会、球类比赛、影片、演讲会、聚餐会、中西食堂的零食等。不久开元路造成，学生们就喜欢往开元路散步，特别在学校放假的时候。

对于上述的意见，著者完全表同情，因著者于民国十八年游厦门时，正是开元路开始受社会热烈欢迎的时候。小走马路是三合土造的，长约300呎，宽约10呎，因是青年会所在地，街道上有人清扫，所以曾一度能吸收游人。开元路宽30呎，长101丈，洋灰三合土造，面上加沥青，因此路成之后，更能吸收游众。近年来新筑的马路甚多，内有中山路，计长291.25丈，宽50呎，最为美观。至民国二十三年止，共计完成新式街道（洋灰三合土上铺沥青）8897.75丈，市内交通远胜于前。

当民国二十三年冬季著者再游厦门时，觉得青年会宛如僻在一角了。小走马路简直变成一个市内的小巷，游人几乎绝迹，青年会的电影早已停止，西式食堂早已取消。同时四明路有华侨办的四明戏院，计建造费10万余元，规模宏大，设备完全，为厦门最华丽最舒畅的电影院。至于美美西菜馆、蝴蝶舞场（四明路）及黑猫舞场（海滨路），每逢夜深人静，往往灯光灿烂，音乐悠扬，招引多数的游客。

厦门的新市政除街道以外，当推房屋的改造。改造的主因有二：（1）因当局改筑街道，凡新街所经过的房屋概以法令拆毁，所以有些房屋不得不重新建造；（2）房主看到市政有勃兴的现象，就乘改建之时再加以改良，希望以后多得租金，以便增加进款。从前的店屋普通都是两层楼房，住屋都是平房，以砖瓦木料建成，窗户细小，光线暗淡。民房窗户更是狭隘，凡房屋四围都不开窗，据说若临外开窗，家内财气就有外溢之虞，所以全家的窗户只向自家的天井开着，光线欠充足，空气欠流通。近年来南洋的富侨往往投巨资于房产业，因此厦门有许多近代式的高楼，建筑比较坚固，设备比较适合卫生。厦门市内不仅是商业建筑改换一新，即住宅区域也有改良。厦门当局自民国十八年以后，开拓新区32处，共辟地113 807方丈，专为卖与人家建造住宅或租住之用。如南普陀旁的华侨新村，虎溪公园附近的住宅区，新式建造美丽洋房已先后落成。

街道完成，市政革新，又于中山路顶点民国路之北开辟中山公园，占地1000余亩，设有运动场、演讲厅、茶座、美术学校。园内有池塘，有湖泽，有小山，有顽石，树木青葱，竹荫深浓。公余之暇游散其中，不禁尘氛尽涤，心旷神怡，不啻厦门深处新添一处"人间乐园"！当地人告诉我们说："公园建造等费，不下60余万！"华南各处的公园，当推此园第一。

离厦门大学不远，当局又依虎溪岩的风景设一虎溪公园，山岩崎岖，树林荫茂，风景绝丽。布置设备一概仿造西洋，整齐清洁，尤使游者称美。

2. 厦门市的华侨事业

(1) 地产。地产包括地皮及建造费2项而言，例如甲有地产业10万元，是指地皮的价值及房屋的建造费共计为10万元。不过，在厦门市内的华侨究竟拥有若干地产，颇难确定。现在且把公私两种可靠的统计，陈述于下：

据厦门市工务局的统计，市当局自建造新厦门以来，计收买民地值国币300余万元，计工程用费约国币1030余万元，两项合计约国币1330余万元。此笔巨款取于出卖新区地价的收入①，计出售新区地价总值为1300余万元②。至于民间近来之新建筑物，估价约1500万元。此项投资，至少十之六七出于华侨。

假如以上的估计可靠，占总投资十分之六计算，华侨在厦门市内地产至少为国币1600万元。

有一个私人的地产公司即兴业公司，为菲律宾华侨所创办，曾经把厦门的主要地产企业家关于投资的总数作一种估计。此种估计虽然不能完全证实厦门市政府对于地产统计的可靠性，如上所示，但该统计的重要部分却给予不少事实的根据：

第12表　南洋华侨在厦门的几种地产投资

		（国币）
(a) 华侨黄君	投资	2 000 000 余
(b) 华侨李君	投资	2 000 000 余
(c) 华侨杨君	投资	1 000 000 余
(d) 华侨黄君	投资	2 000 000 余
(e) 兴业公司（华侨）	投资	500 000 余
(f) 益南公司（华侨）	投资	300 000 余
(g) 华侨银行（华侨）	投资	2 000 000 余
	总数为	9 900 000 余

以上地皮投资，普通有两种方式：一是私人的独立经营，如某富户买得地皮之后，盖造市房（如旅馆与住房）租与人用；一是私人的合股经营，如某富商数人买得地皮之后，盖造房屋租给人家。前者例如黄奕住先生的地产业，后者如兴业公

---

① 市府平山填海，将其所成的新地售与人民；市府再将此款建设市政，辗转经营，共售出地皮1300余万元。此款乃作付工程费用及购买民地之用。

② 新区，指新开发之区，如平山填海之后所获得的新地。

司的企业。今将兴业公司概况略述如下，以窥厦市华侨对于地皮投资事业之一斑：

民国十七年以后，菲岛华侨因受不景气的影响，返国者日众，但因内地不安，只能逗留厦门不返故乡。于是一部分华侨就在厦岛购地另起新屋，以作居住之计。此风一开，仿效者日益增加，有见识的富侨为适应此等新需求，就组成兴业公司。在南普陀东南购广大坟地一块，平地山坡计2000亩，共计地价10万元（此乃公地，由海军司令部堤上办事处出卖），积极经营新村，名为"大南新村"，已用款20余万元，建造新式洋楼10余座。其目的有二：一为出租之用，一为引起其他回国华侨在此新村之内租地或购地造屋。近因厦门商业不佳，大半工程已经停顿。

（2）自来水公司。资本原为110万元，民国十八年增40万元，民国二十年再加50万元，今共计200万元。当民国十三年进行建筑自来水厂时，因新式市政尚未规划，马路尚未开辟，全市没有精确的测量，一切的准备工作都须从头做起，挫折困难可想而知。

公司因经理认真，营业很发达，但所遭遇的困难也很多。如用户中有欠费不交及偷水等，不但私人如此，据说机关中亦不免。厦门是台籍日人杂居之处，他们素来横行无惧，公开偷水，如公司职员与之交涉，往往被殴打侮辱，政府始终无法取缔，此种损失每年约计7万元左右。

饮水改良以后，对于公共卫生发生相当的进步。某工程师说：

> 本公司为华侨创办，纯系营业性质，于社会利益很大，虽然这些利益有时候为一般人所不注意。例如，过去十余年的厦门疠疫常生，但近年来却减少了（无统计）。这虽然大部分是市政革新之功，但饮水的改良也是一个主因。

（3）电灯公司。民国二年开办，共计资本为国币140万元。近来营业很不发达，最大原因是台湾籍浪人偷电，公家剥削，以及营业税捐的增加等。厦门台籍浪人充塞，放肆偷电，政府束手，公司更无办法。查公司每月发电总数为97万余度，而月底电度上，最少的时候仅有17万度，偷电的严重不难想象。公家的剥削也足使人凛冽，有些政府机关用电而不交电费，有些交费而不足数。

但从外界探悉，电灯公司近半年来（民国二十四年下半年）营业已有进步，主要原因为以重金请了一个日本检查员。他带领电表检查员若干人巡逻检查电表，因此偷电之风渐渐减少。

（4）电话公司。光绪三十三年由华侨林尔嘉君创办。开办时仅有资本4万元，现在资本计100万元。历年因受兵匪之扰，约计损失2万余元，幸公司经理得法，所亏尚能弥补。近年由黄奕住君接办，营业尚好，每月可获收入1万余元，除开支外，约有5厘官利。电话公司设分公司于鼓浪屿、禾山、海沧、漳州、石码、泉州等处，闽南大小市镇均可通电话。

（5）银行。厦门的银行业近年来颇有猛进的气象。民国二十年计中外银行共8家，民国二十一年至二十二年增至10家，民国二十四年又增至14家。据说其主要业务在华侨汇款，可见华侨汇款在厦门的经济场合上占有极重要的位置。

这14家银行中，纯由华侨开办者有4家即：（a）中南银行，（b）中兴银行，

(c) 华侨银行，(d) 厦门商业银行。（以上银行资本确数不知）

（二）汕头市

1. 市政的革新

汕头市与厦门一样，大部分是南洋华侨所造成的商埠。潮汕内地人民的生活因出产不足，多靠着南洋直接的或间接的接济。因此，汕埠的盛衰就要看南洋华侨买卖的光景如何。现在，汕埠有66家规模较大的批局，2家近代式的银行，这些金融机关以华侨汇款为主要业务，其余商业之发达与否，也视汇款之丰盛与否以为转移。

在民国十八年汕头改为市，市政方面积极建设，计成新式街道（三合土建筑）总计长25华里，需费94万元，此项费用直接由店铺摊派。

汕头市政既经革新，公园亦随之设立，计用费20余万元，面积广大，地点清静，实为市民最适宜的游憩之所。

2. 汕头市内的华侨事业

本市内的华侨事业种类甚多，对于市内的经济生活亦有极重要的关系。今略述其规模最大者于下：

（1）自来水公司。由革命华侨高绳芝先生创办，高氏因市内饮料不洁，妨害公共卫生，于民国三年开办自来水厂，从此以后，市内饮料也得一伟大的革命。

自来水管（总管）计长36 000呎，约3哩，经过18条河流，所以工程艰难，需费浩大。现在平均每日放水计930 059加仑，供给5537户。据汕市民国二十二年调查，计有30 855户，平均每6户有一户用自来水。但当民国三年开始售水时，仅有1500用户。过去因政治紊乱，时局不定，军政法三界，用水惯不付费，公司损失极大。地方政府如能给以相当保障，全市饮料当更扩张进步。该公司计有资本国币1 600 000元。

（2）电灯厂。汕市的电灯厂是革命华侨高绳芝先生所创办。先生封翁是南洋巨商，先生少时即受近世式的教育，青年时留学日本，返国后从事革命，并且积极提倡实业，汕头的自来水厂及电灯厂就是他努力的结晶。电灯公司创办时，资本计国币200 000元，现在已积成财产国币1 200 000元。

（3）永安堂。资本有国币800 000元，为华侨胡文虎氏所办，有新旧大洋楼2座，新者共计7层，为汕市最高的洋楼。内设筑料制造厂、营业部及星华日报馆。星华日报亦为永安堂事业之一，印刷机器都是新式，国际电报能独自接收，为广东设备完全报馆之一，在汕市却是独一无二的了。

（4）利生火柴厂。华侨王荣勋等合资创办，民国二十年开始建筑工厂，二十二年完成，当年即制造火柴。注册资本为国币5000元，实有资本国币150 000元。每年营业国币500 000元，计有女工313人（民国二十四年春），男工115人。近来因外货充溢市场，廉价倾销（日本火柴偷税进口），公司有不能维持之势。

（5）汕头冰霜厂。为汕市最大的冰霜厂，由华侨合资创办，资本共计国币200 000元。于民国十九年开始制造，每日可产冰30吨。

三、交 通

闽粤的近世式交通事业，特别是在潮汕与闽南，其创办及发展多依赖南洋华侨。华侨到家乡来提倡交通事业，原因很复杂。他们久别了祖国，深入异乡，觉得什么都是新奇的，凡西洋人的经营都觉得可仿效。譬如说，西洋的政治清明，社会有秩序，街道平宽而洁净，交通非常方便而敏捷。橡树园的工人，见大量的树胶用汽车输运，一会儿就到了厂中；商店的伙友们，见各种的货品由内地或由欧美，用铁道或轮船于短时间内运来，这些方便，这些经济，都使他们感觉到喜欢和羡慕。至于家乡的情形，大致道路阻塞，交通不便，所以工商业不能发达。据他们在南洋的经验，知道交通是经商的一个基本条件，所以就从事于交通的营业。

从事交通事业方面的人可大别为两类，一是倡办或经营者，一是投资者。前者大致是比较有眼光、有经验的商人，后者以富户居多。有许多在南洋的华侨以为，把他们的积蓄存在所在地的银行里利息太低，是不经济，于是寻找投资的机会，家乡的交通业即是其一。就闽南说，鸭杏汽车路于民国十三年通车①，因输运便利，营业兴旺，于是仿效者接踵而至。5年前，汽车路的开辟就如春笋勃发，凡华侨家乡之区（例如漳泉两州）都可以乘汽车直达，可见华侨对于交通事业热心之一斑②。

（一） 交通事业的社会影响

近代式的交通可包括铁道、轮船及汽车路。这些交通方法对于社会上发生多方面的影响，例如（1）加增农产品或制造品的销路；（2）增进乡村的防卫；（3）促进乡村与市镇的联系。

1. 交通事业的经济利益。如农产品的易于运销，是显然的事实。例如韩江流域的谷米、蔬菜（做成咸菜卖）、林檎，都因铁道之便销路更旺。据汕头平平公司经理的估计，每年咸菜由汕头出口，总计不下国币 500 000 元。潮汕铁道两边的柑（俗称潮柑），彩塘以北遍地皆是，三冬腊月柑色辉煌，鲜艳夺目。据汕头生果铺的估计，每年出口总计国币 200 余万元。上列各种产品大致由铁道输往汕头，转运国内他市或南洋。

漳厦铁道，其着眼点也在开发龙岩之煤及漳州之果（如龙眼等），只因经理与官吏营私舞弊，以致停止营业，近乃以汽车代之。汽车路的资本至少十分之五出自华侨（据汽车联合会估计），凡漳州之水仙、柑、龙眼，因此可运达厦埠，畅销全国。又如同安县每年运往外地者，计有：（1）龙眼干 60 000 担，值国币 1 500 000 元；（2）龙眼肉 600 担，值 21 000 元；（3）甘蔗 80 000 袋，值 80 000 元；（4）文昌鱼 6000 斤，值 10 000 元。以上货物大多由同厦轮船及同美汽车运往厦门，转往

---

① 鸭杏路，是由惠安鸭山马洋埭起到杏田镇止，共 12 华里，资本 3 万元，有客车一辆，货车 3 辆，每月营业 1000 余元，近年因兵匪之灾，营业大不如前。

② 近年因不景气影响，公路投资已不如从前的踊跃。

他埠（国内或南洋）。

2. 乡村的治安。乡村的治安与以上所说的交通开发也极有影响。有几个较大的华侨村庄本来就有适当的自卫，如上所述，再加上汽车路的方便，因此治安方面更形增进：

华侨社区丙，"纵使遇有大批的土匪来，我们也不惊惧了。只要我们能抵抗半天或一天，我们的接济救兵就能赶到。因为由县城调兵到本区只要一点多钟的工夫，由汕头的兵开到本区，也只要3小时左右。这些方便，10年之前，是绝对不可能的！因为汽车路未造以前，以水道赶往汕头，即使水深风顺，也要一天多可到，普通总要在船上过一夜。"

华侨社区甲也有同样的情形。汽车路未开之前，从本区到同安县城计有陆路40余里，若是步行差不多需要半天工夫。如今汽车通了，只有40分钟就可到。本区如有匪警，同安驻防军接到报告后，半小时工夫即可赶到本区。1934年12月中的一个晚上，有一部分土匪，大约30余人，来本区抢劫校卫队的枪械。同安驻防军接得警报后，于一小时内即赶到本区，土匪当即窜逃。可见汽车路兴筑之后，于乡村的治安维持确有帮助。

3. 消息的传达。可以减少习惯的分歧，或促进思想的沟通。汕头是潮梅两区最大的商埠，厦门是闽南唯一发达的海口，汕头与厦门又是两个区域的文化中心，凡学校、报馆、图书馆、伟大的建筑等，大部均集中于此两地点。从前交通没有开发的时候，由潮州到汕头，旅客须闷坐篷船两天，如遇浅水期，旅程更不能预料。所以当时潮梅往南洋的迁民，先七八日或十余日就到汕头候船出国。自潮汕铁道造成，由汕头乘火车到潮州城，只用1小时又30分钟。潮州之上又有长途汽车，分布于各村，交通方便，消息灵通。一般的迁民就可指定日期由村内出发，于短时间到汕头乘船。

从前，汕头的报纸到潮州时（水道距离85华里）已隔2日，厦门的报纸到同安（水道距离为约60华里）需隔1天；泉州的报纸到同安（水道距离为约260华里）需隔2天。现在的情形却不同了，潮州城的人们在上午8点钟，就可看到汕头的当天报纸（汕头火车上午6点开，7点半就可达潮州），上列闽南各地当日亦可看到厦门的新闻纸。内地的人民依靠近代式的交通，眼光和智识一天比一天的开拓。社会上的习惯逐渐可以统一，同情心可以传播，思想得于可能范围内趋于一致。这些广义的社会教育，使一般人的生活发生剧烈的变迁。著者到同安时，有人描写该地前因交通阻塞，虽离某校甚近，但与某校却有极不相同的习惯：

有一天，某校学生到邻近村中的一个店铺购物，看见铺内有一位20余岁的女子（大概是店主的夫人），他瞧了她几眼，并现笑容。店主见情，当即面红耳赤，怒发冲冠，跑进厨房，拿了菜刀就向学生直追。幸亏学生跑步极健，不然性命恐有危险。但如今呢，该村的青年男女往往在路上结伴同行，人们也不以为奇特。

这虽然同时表示学校的影响，但是交通之功亦不能埋没。因为交通发达，内地与外埠就时常接触,僻壤陋习也因此起了改革。

(二) 华侨对于交通事业的投资

1. 铁道

(1) 漳厦铁道

漳厦铁道是由厦门岛对面的嵩屿镇起,北至漳州城止,计长90华里。大部分是华侨的资本,并为华侨创办。开办时计有资本国币2 426 551元,后来资本增至国币3 300 414.32元。这些资本,据当地人估计,三分之二是南洋华侨的投资,特别是荷属东印度群岛的福建同乡。

光绪三十一年八月(1905),闽绅张亨嘉等要想利用华侨资本开发福建,计划创办福建铁路公司。公推福建名人陈宝琛为总经理,派代表往南洋群岛向华侨募集资本,计募股国币300万元。于是计划先筑漳厦一段,完成之后再伸至龙岩。

光绪三十二年八月(1906),闽省当局奏请朝廷,就闽省各县粮税,每银一两米一石附征路捐200文,每年计可收20万串;又盐每斤附征路捐一文,每一年可收5万串,专作补助铁路经费之用。自1907年下半年即开始征收此项附捐。但当时华侨股本只收国币1 700 000元,所以先开始嵩屿到江东桥一段铁道,计路长56华里(28公里),1910年即行通车,是为漳厦铁道。

宣统元年(1909),股本不继,股东会议决向交通粤行借国币50万元。民国成立后,附捐被省议会议决取消,盐捐也不照付,于是铁路公司收支相差太远,拮据万分。民国二年10月公举代表陈元凯到北京,请交通部将漳厦铁道收归国有,于民国三年4月1日,交通部即实行接收。民国八年7月,交通部拨款建筑码头。到民国十二年,码头工作犹未完成,但战事发生,粤军占据漳厦,全路营业由粤军办理,路局财产就更觉动摇了。

民国十九年漳州嵩屿间的公路完成,铁路营业更觉无法维持。当年11月即正式宣告停业。据路局民国十一年年报,共计亏本国币1 440 000元。但十一年之后,路局财产因经闽省战事的破坏,其损失更无从计算①。

厦门华侨巨子黄奕住、李清泉曾3次提倡整理路政,但都遭失败。(1) 民国十三年7月,黄奕住与黄世金等赴南京和孙传芳接洽,适齐鲁战起,路事作罢。(2) 民国十五年8月,时杜锡珪为内阁总理,李清泉等代表华侨与杜氏接洽,经阁议通过,决定将漳厦铁道交由黄奕住商办,但同年10月党军入闽,事又中止。(3) 民国二十二年,十九路军驻闽,政局略定,整理铁道的问题又重新提起。当年6月1日,在鼓浪屿设立漳龙路矿筹备处,军委会参谋本部及交通部且派飞机帮助测量。不料闽变又起,一切计划尽成泡影②。

(2) 潮汕铁道:

潮汕铁道为纯粹的商办性质,共计资本(投资)国币3 025 872元,尽出于南

---

① 郑华:《福建西南路矿计划》,P.1-3,又交通部:《交通史(路政编)》第十三册,P.5557-5638。
② 厦门《江声报》民国二十四年4月12日第三版(新闻栏)。

洋华侨。光绪八年（1882），英商怡和洋行提议兴筑自潮州至汕头的铁路，未得政府允准。光绪二十二年（1896），英商太古洋行禀呈两广总督，求准代筑潮汕路线，也未允准。光绪二十九年（1903），有广东嘉应州人张煜南氏（张氏为爪哇著名华侨）邀同张步青、吴理卿等，创办潮汕铁路公司，于同年十二月初五日呈请商部奏准立案，聘请日人为总工程师，于是在光绪三十年（1904）二月开始工作。

干线由潮州西门外至汕头，于1904年兴工，于1906年9月竣工。意溪支线成于光绪三十四年（1908），全线共长15哩①。

当路工初兴之际，地方风气闭塞，人民对于工程多方阻碍，铁道公司当买卖地时，业主多避匿不理，以为出卖土地有伤风水，特别是要搬移坟墓。1904年12月16日，在路线所经过的菴埠（胡卢市）地方，有乡愚数百人暴动反对，把筑路的日本工人击毙2名，重伤4名，并将办公处焚毁，工程破坏。日本死难工人等由路局赔偿恤金国币10余万元。

开车后，军事、天灾、土匪三方面相继袭击，损失重大。军事时期内火车停开，所受营业上的损失更难估计，即运军记账一端，已积欠国币100余万元。在1911、1921、1923、1925几年，每年有水灾，计停车72天，洪水冲坏路基，毁伤浮桥，共约损失国币10余万元。1918年地震，车站及员司宿舍倒毁，计损失国币1万元。1922年8月2日风灾（俗称"八二风灾"），货仓机车厂倒塌，轨道损坏计7公里，停车27天，共损失国币十余万元。于1927年，火车行到鹳巢站时土匪行劫，毙车员3人，伤一人，毁坏轨道、水塔及他种工程。至于间接影响到营业上者，其损失更难确知。但近年来，因时局稍见安定，路局整理路政，营业日见起色，股息6厘，已可照数付出。

（3）汕樟轻便铁道

汕樟轻便铁道是由大埔人杨俊如及萧林秋等倡议开办的。计集资本国币225 000元，大部分资本多由华侨投资。据汕头民国日报馆主笔谈话，资本十之六七是由南洋华侨所出，但不知确数。

民国四年倡议，资本集成后，就组织汕樟轻便铁道公司。民国七年铁道造至下浦，八年至外砂，十二年至澄海县城，全路计长10哩。

客座由籐竹造成，好像是籐轿，置台车上，用人力推行。座位等级分特别普通两种，特别级客座左右各坐2人，普通级客座前后各坐4人。沿站设交车路轨，仿效火车规则。

开车以后，月入国币7000元。以三成付推车工人之工资，公司可实收4500元，除一切费用外，公司可得纯利国币2000元。照原有计划，打算造至樟林镇，故称汕樟轻便铁道。但从民国十一年路工罢工后，军事骚动，兵士乘车常不给价，再加上各种苛捐及路局内部人事的纠纷，结果入不敷出，不能维持。及后经股东开会出而维持，恢复通车。因经理舞弊，至民国十八年间将全线押于台湾银行，押款

---

① 交通部《交通史（路政编）》第十六册，P. 411 – 430。

为国币10万元。

到民国二十一年，樟汕汽车路通车，轻便铁道的营业尽为所夺，于是路轨枕木就任其自然氧化无人过问了。

2. 航业

（1）潮汕的航业

所谓潮汕内河的航业，向以韩江为主（俗称汕头江）。韩江由潮州上溯至大埔，淤积尚少，虽在浅水期内，小汽船（以石油发动）也能自由航行至三司河。但从潮州以下，相近外港之汕头等处，在在多是沙洲，在浅水期内如不加濬渫工夫，就不能常通帆船。再加上潮汕铁道由汕头起直达潮州意溪，衔接韩江，所以韩江航业在事实上只注意潮州以上的航行。

关于韩江的航业，从来没有统计和调查，详细的情形实无从知悉。但据我们的访问，华侨对于韩江的航业实有重要的关系。

今在韩江航行者有三公司，其营业概况如下：（a）东成公司。计有资本国币900 000元，十分之四是出于华侨。现有浅水轮船26艘，约共载重3500吨，全公司职员、技士、工人共有600人。在公司未成立之前，韩江一带计有大小30余个船公司，有船36艘，员工1300人。近因内地农村破产，外洋生产凋蔽，航业就一落千丈，陷于破产，结果于1931年改成今日之东成公司。（b）利民公司。有船4艘，航行大埔，计有十分之三的资本是华侨所出。（c）大宁公司。有船2艘，行驶于梅县、松口和潮州等处。资本确数不知，大约华侨的资本，至少也有三分之一，但大股东均是潮汕商人。

3. 汽车业

闽南与潮汕的汽车交通业，几无一路不与华侨发生关系，前节系已经述过，今将华侨对于闽南及潮汕汽车业的经营叙其梗概。

（1）闽南汽车交通业

闽南的汽车路已构成了交通网，四通八达，到处行车。据著者调查所得，在1934年前，大小公司计有27个，每个公司都是各自为政，极少合作，旅客乘车或运输物货非常不便。譬如说，从集美船埠搭车到安溪去，先乘同美公司汽车至同安县站，须等候半小时到一小时才能转乘溪安公司的汽车；旅行固然不便，如带有重量行李更觉痛苦。有时同美公司开车，而溪安公司则因事停开，所以旅行和运货都十分迟缓。1932年7月，汽车业同人组织闽南汽车路公司联合会，一方面巩固公司的力量，一方面改进各路联运的效率，成立以来，成绩卓著。如1933年，福建财政厅拟征汽油捐，联合会即据理力争，上诉国民政府财政部，结果福建省政府收回成命，于是联合会的声誉日高。1934年夏，福建省政府拟凭政府的力量，收回闽南一切私人所辟的汽车路，公司因投资关系，又据法律抗议，联合会会长被捕。此事颇引起投资者及社会的反感。

①闽南汽车路投资估计。确数无从知悉，但据联合会的估计，共约国币400万元，此400万元中大部分是华侨的投资，十分之七的汽车路在泉属，十分之三的汽

车路在漳属。据该会的估计，泉属汽车路的资本，华侨拥有十分之七，漳属汽车路的资本，华侨拥有十分之五。

据闽南汽车公路联合会的报告（1930年）①，泉漳两属共计23公司②，资本共计国币3 002 000元，路线共计1691华里③。详情如下：

第13表 民国十九年前的闽南汽车业：公司、股本及里数

公司	股本（国币）	里数（华里）
（1）泉安	250 000元	95
（2）全禾	100 000	85
（3）泉围	150 000	81
（4）安溪	300 000	180
（5）泉洛	50 000	17
（6）泉洪	200 000	58
（7）白马	40 000	14
（8）始兴	300 000	190
（9）溪安	250 000	77
（10）巷南	50 000	56
（11）同莲	47 000	23
（12）同溪	100 000	36
（13）泉秀	100 000	18
（14）同美	250 000	34
（15）双阳	25 000	36
（16）泉溪	40 000	170
（17）鸭杏	35 000	11
（18）交通	20 000	80
（19）洛阳	15 000	—
（20）厦市	200 000	—
（21）福兴	200 000	260
（22）漳南龙	250 000	150
（23）灌銮	20 000	20
总计	3 002 000元	1691里

由上表看来，闽南私人汽车路的投资，至少是国币300万元，再加上历年来的设备等，或许能与上述400万元的估计粗相符合。

---

① 《闽南汽车路公司联合会周年刊》，第一卷，民国十九年4月出版，图表第4页。
② 政府公路不在内。
③ 洛阳及厦市路线未计算在内。

各公司当初开辟汽车路时,与省政府订有规约,规定通车之后,公司应按照路线的距离交纳租金(最初组织此项的汽车公司尽是华侨资本),计每10里应纳月租400元。除此以外,公司有借款与政府的义务,以便发展交通。例如1929年,福建建设厅与漳龙汽车公司订立合同,建设厅特许该公司在漳州和龙岩之间专利营业15年,但每月除应将月租照数缴纳外,尚须以借给建设厅国币10万元为条件。

②闽南汽车路开辟的困难。闽南各汽车公司,其成立及规模的大小虽有不同,但在营业上所遭遇的困难,自成立以至现在大致相似。今且举泉安公司来作一例,以反映近年来闽南的社会概况。泉安公司为闽南最先创办的汽车公司,胚胎于民国二年,当时由神户华侨陈清机邀地方人士出为发起。预定股本为国币250 000元,民国八年7月股本招足,即开始筑路。当时因经费拮据,几有停工的危险,幸蒙陈氏向各埠华侨尽力劝募,才得根据计划进行。民国十年冬季全线完成,开始通车(全线是由泉州起至安海止)。民国十一年双十节,公司营业刚入轨道,适遇当时粤军回粤,自治军出发闽边,汽车都作运输兵队之用,损失之重,无从详计。

民国十二年冬至民国十三年秋,战争不息,公司损失愈大。王永泉军队驻守泉州,巧立名目创设所谓警察捐,要附加车票一成,公司因此大受影响。以后公路局也要援例附加,公司财政困难更甚,当时几乎不能维持。

民国十三年秋至十四年春,公司极力打算恢复营业。惜战事又起,土匪抢劫、绑票勒索层出不穷,因此旅行被视为畏途,公司业务极不顺利。

民国十四年秋至十五年春,地方略定,公司营业渐有起色。正在打算扩充营业,另辟支线,不多时党军入闽,战事发生,一切车辆尽为军队(属张毅氏)搬运辎重。据本地人说,公司所受战事的损失,以这次为最严重。

民国十五年党军驻泉州之后,地方就逐渐安定,营业也渐见进展。

民国十七年内,泉永(泉州永春)地方安靖,旅客往来日见繁盛,公司业务因此振刷一新。不料东石支路(东石至石狮)地痞土棍捣乱,煽动无知乡民反对,因此公司又遭遇到许多无谓的损失。

民国十八年无战事,但土匪猖獗,泉州车站被劫,人员被毙者八,重伤者三,为公司空前的惨剧。

③闽南汽车路所受兵灾匪祸的影响。读过上节泉安公司的略史,可以想见兵灾匪祸的影响。但是近来,闽南一般的汽车路屡受天灾人祸:(1)民国二十一年度共军侵入;(2)民国二十二年度陈铭枢等据闽独立;(3)民国二十三年度国军剿共。此3次灾祸所造成的损失为从前所未有。福建各地被灾的久暂亦不一律,今为便利估计,每次被灾各以一个月计算。

A. 民国二十一年度共军占领漳州,封车拉夫,运兵输粮,最遭损失的就是汽车公司。

第14表　闽南汽车业因共军所受的损失（民国二十一年）

（Ⅰ）营业的损失

公　　司	平时每一月营业	乱时每一月营业（1932）	每一月营业损失
（1）同马灌角汽车路	国币 9966.00 元	国币 2347.50 元	国币 7618.50 元
（2）安　　　溪	26 705.00	17 158.00	9547.00
（3）泉　　　安	28 964.50	15 233.50	13 721.00
（4）全　　　安	56 272.50	41 902.00	14 705.00
（5）同　　　美	9941.00	3486.50	6454.50
（6）利　行　里　路	3630.00	420.00	3210.00
（7）泉　　　围	8827.50	5627.50	3200.00
（8）漳　　　嵩	27 852.00	10 842.50	16 909.50
（9）泉　　　洛	3378.50	2064.00	1714.50
（10）漳　　　浮	19 079.50	17 517.50	1562.00
（11）长　　　泰	1998.00	1011.00	997.00
（12）漳　龙　南	22 487.00	6905.00	15 582.00
（13）石　　　东	1394.50	776.50	618.00
（14）民　利　里　路	2490.50	601.50	1889.00
（15）同　　　溪	2806.50	1507.00	1236.50
总　　　计	国币 226 183.00 元	国币 127 563.00 元	国币 98 620.00 元

（Ⅱ）桥梁道路车站被毁坏的损失

公司	（1）泉安	（2）漳嵩	（3）泉洛	（4）漳浮	（5）漳龙南	（6）利民里	（7）龙诏	总计
损失总计	国币 5000 元	17 800	100	61 930	75 690	7920	5430	国币 173 870 元

B. 民国二十二年（1933），陈铭枢据闽独立，十九路军因受中央军的压力，节节向漳泉败退，汽车路极受损失。今列表于下：

第15表　闽南汽车路因闽变所受的损失（民国二十二年）

公　　司	每月营业损失（1933）	道路设备等损失	车辆等损失	损失总计
（1）漳　嵩	国币 18 853 元	国币 695 元	国币 31 800 元	国币 51 348 元
（2）枫角公路	2264	6300	12 000	20 546
（3）枫角长途	19 000	8500	38 000	65 500
（4）峡　宏	9500	6940	5000	21 400
（5）涵　锦	2280	1340	3820	7440
（6）泉　安	37 350	2200	41 452	81 002
（7）溪　安	5000	无报告	5500	10 500
（8）漳　浮	7556	22 000	33 000	62 556
（9）枫　洛	15 020	4700	2900	22 620

(第15表续)

公　司	每月营业损失(1933)	道路设备等损失	车辆等损失	损失总计
(10) 石永蚶	1254	无报告	9000	2154
(11) 泉围	4500	450	620	5520
(12) 泉溪	4100	2600	7800	14 500
(13) 福峡	3818	无报告	4800	3618
(14) 漳龙南	24 311	24 260	46 400	94 971
(15) 安溪	22 394	无	6215	28 529
(16) 安黄	2955	无	5130	8085
(17) 同美	21 570	无	6500	28 070
(18) 振兴	无	650	1500	2150
(19) 石东	无报告	无报告	3000	3000
(20) 泉永德	无报告	无报告	19 500	19 500
总　计	201 725 元	80 635 元	283 937 元	530 549 元

C. 民国二十三年度，因国军剿共所受的损失，可分：(a) 营业的损失；(b) 因军差所受的损失。军差损失者乃指因军事运输所耗的人工及用品等等损失，如电油、机油之类。今列表如下：

第16表　闽南汽车路因国军剿共所受的损失（民二十三年）

公司	每月营业的损失	军差总损失
(1) 泉永德	国币 12 123.27 元	国币 118 142.00 元
(2) 泉安	14 753.61	17 105.00
(3) 漳嵩	7985.50	33 934.00
(4) 漳浮	2122.99	28 249.00
(5) 龙诏	7835.73	22 982.00
(6) 漳龙南	2574.10	83 291.00
(7) 枫角（洛角段）	无报告	65 029.00
(8) 枫洛	2778.64	23 620.00
(9) 严潮	仅有半月之记载	26 140.00
(10) 泉莲	2995.10	12 499.00
(11) 福建（实业）	无报告	9364.00
(12) 安溪汽车路	5361.00	5476.00
(13) 同美	1795.91	3693.00
(14) 同溪	257.24	2282.00
(15) 溪安	3753.91	1782.00
(16) 泉围	无报告	1576.00
(17) 晋江石东	873.45	1597.00
(18) 石永蚶	1648.00	1371.00
(19) 灌銮	90.90	71.00
总计损失	66 949.33 元	458 226.00 元

因此，3年中所受的损失，可以得一总结如下：

（A）民国二十一年度因共军所受的损失为：营业方面，每一月中损失国币98 620元，占平时每月营业总数44%；道路桥梁设备等等方面，共计损失国币173 870元。各项总损失为国币272 490元。

（B）民国二十二年度因闽变所受的损失为：营业方面，一个月损失国币201 725元，占平时营业总数98%；道路桥梁设备等等方面，共计损失国币80 635元；车辆方面损失国币283 937元。各项总损失为国币530 549元。

（C）民国二十三年度因国军剿共所受的损失为：营业方面，一个月内计损失国币66 949元，占平时营业总数32%；军差上所受的损失为国币458 226元。两项合计为国币525 275元。

（2）潮汕汽车业

潮汕区域之内，已成的汽车路有下列诸条：①安揭汽车路（由潮安至揭阳计56华里），②安黄汽车路（由潮安至饶平计36华里）①，③安凤汽车路（由潮安至饶平凤凰市计50华里），④护堤汽车路（由汕头至潮安计72华里），⑤广汕汽车路（由广州至汕头约计760华里）；⑥樟汕汽车路（由樟林至汕头约计70华里）。

但与华侨发生关系者，只有漳汕及安凤两汽车路。今分述其梗概于下：

①投资金额。樟汕汽车路共计有资本国币320 000元。华侨投资数目逾国币100 000元，内有新加坡华侨国币30 000余元，暹罗华侨国币50 000元，香港华侨国币40 000元。

本路主理人为陈少文先生。查本路于民国十七年开始建筑，于民国二十一年筑成，即于当年10月通车，生意兴盛，每年营业总数为国币200 000元。

安凤汽车路计长50华里，资本共计国币40 000元，内有安南华侨陈拔奇氏投资国币20 000元，每月营业额为国币3200元。

②兵乱匪祸的影响。樟汕路开车以来，曾于民国二十三年度，被共产党烧毁汽车一辆，值洋国币4000元。此外，每逢军队换防（例如秋防冬防），汽车往往被封，专运军队。自通车以来，每一年中平均总有20余天专运军队，前后计算，总有几万元的损失。

第七章　教　育

一、教育的目标

教育的目标不能用几句话肯定的叙述出来，因为教育目标的形成不是根据于一个人或少数人一时的抽象理想，乃凭藉于大众的生活与经验。许多有知识和有经验的个人，由他们的生活里选出几种有效的经验与知识，这些经验和知识，经过长时期的演化之后，即用来作为训练少年的资料；所以有用的教育，往往于社会环境、

---

① 安黄公路由潮安城东门起至饶平县城止，全路里数未详，但属潮安县内之里数计36华里。

时代潮流与国家需要俱相适合。南洋华侨以生活及经验为根据，对于家乡有时候传达消息，有时候施以经济的援助，因此直接或间接影响于故乡的教育。所以我国华侨社区的教育或南洋的华侨教育，实际上反映出华侨社会训练少年的经验和方法。

（一）教育的传统目标。本书第三章的一部分曾讨论生计的模型，指出南洋的华侨社会以商业为生活的中心，因此华侨社区内的学校，其课程多注重商业的知识和训练，要在可能范围内给学生们相当的基础，以便他们在毕业后可以逐渐在商界服务。

我的教育目标是希望儿子读书识字，在商店任职，做生意赚钱！

我希望儿子于毕业后在商界做事赚钱，希望女子能做教员赚钱，教育目标就是赚钱而已。

读书识字是要将来给儿女谋事不难，又可多赚钱。

教育的目标是要求毕业生出路容易，能赚大钱，对于女子求学，是求将来出嫁之后能帮忙她的丈夫照料生意。

读书时要能打算盘，能记账写信，以便营商。

我是做生意的，希望儿子读书后可以替我管账，我送他入学校，完全在发展生意。

目标是在做生意，儿子在本地小学毕业后，就要带往暹罗学生意去。

现在做生意的人都要识字，读几年书，能识几个字，将来可以记账。

上面的引语可以表示一般华侨对于教育的态度。父母为什么送儿女们入学？对于儿女们的将来有什么期望？这些问题的答案可以暗示教育的目标。不过有一点与我国内地的乡村微有不同，就是华侨对于儿女们的教育平等看待，希望女儿长成起来同儿子一样，也在商店里服务，或女子出嫁以后亦可以赞助丈夫，在商业里帮忙。

多数的华侨是在困苦中奋斗的人，当他们在家乡的时候，有些目不识丁，有些粗能认字，但教育的程度都不高。在粤东的某华侨社区里，我们对于1046人询问他们出国前的教育准备，得如下的答案：入私塾者378人，入学校者161人，受过教育但不指明何种者146人，未受教育者160人，不详者201人。这些答案大致含混不明，因此我们不能明了其教育的程度。迁民们大致是热血青年，光景虽穷，志气颇高，又往往富于冒险性，遂毅然决然抛弃家乡迁居南洋，以便在危险中与环境奋斗，其结果有许多是胜利者。有些人回想他们的经验，在朋友当中有的自少至老不识字，不会珠算，在生意场中偶尔吃亏；有的因能写信能记账，毕竟成家立业。这些经验使他们受了感触，觉得自己的儿女们必要给予他们教育的机会：

40多年以前，我们同村往南洋的有5个人。内中有一个往巴达威，他不识字，不会写信，他的运气不好，所做的生意全是失败的。他改行3次，现在是一个木匠，所得的工资仅乎能维持自己的生活。至于家里的费用，还要靠他的堂兄弟（坤甸开杂货店）来担任一部分。

还有一个人年纪很轻，性情很活泼，最初出洋的时候是到巴达威一家杂货店当徒弟，那是他的叔叔开的。因为他在村内读过5年书，文理通顺，又能珠算，在巴达威店里，他的薪金逐渐增加，位置逐渐提高，很得店主的信任，所有来往书信都是由他办理，他的朋友也增加起来了。几年之后，吉隆坡有一个同乡约他去做锡矿的生意，他就去了。以后一帆风顺，非但能和中国的商家通信，并和欧美的同业打听消息，因为他能看新闻纸，看杂志，并有许多消息灵通的朋友。

上述的例在南洋华侨中很多，有见识的华侨自然能领会到教育对于一个人有多方面的帮助。他们不但观察同胞们，同时可以观察在南洋的欧洲人。欧籍大商家有比较优越的组织和科学化的商业管理，因此他们能够多赚钱。在华侨看来，这些也是根据于教育。因此一般的华侨即使光景贫穷，也必须把儿女送入学校，并常常劝告亲友作同样的努力。华侨劝儿女入学，富有者除外，在家长方面的确是很大的牺牲，非相信教育对于儿女有极大的益处者决不出此！

在法属印度支那长期经商并富于经验的长兄，于一年之内（民国二十三年3月28日，至二十四年2月26日）给旅居堤岸的幼弟写过43封信，信内讨论许多问题，惟常常提到下列数点：（1）努力求学（10次）；（2）崇尚节俭（8次）；（3）努力奋斗（3次）；（4）求得基本知识（3次）；（5）介绍青年有用的读物（2次）。由这许多信里，我们可以看出中华民族的两种美德：（1）崇尚节俭；（2）努力奋斗。第二种是华侨冒险出洋成家立业的一个大秘诀，所谓奋斗即包括于艰难困苦中求学，以谋将来上进的机会。下列三信可以代表长兄勉励幼弟的梗概：

（1）我们现正筹谋纳身税的计划，此数百的款子不知在何处寻求，而你亦要各等的用费，叫我们怎样办法好呢？在此不景气象中讨生活真是难了。而你在此时期求学，我亦替你不安。倘若在生意蓬勃的时候，就可以用之裕裕了。

但你须知，苦中求学应要加倍用功，爱惜光阴和金钱，（金钱）不可浪费。（你要）将血汗的金钱来作有益的事业，节俭奋斗，向前猛进，以期日后有成，是所至祝。

（2）廿八接付来书籍一包，即已转付回家矣，勿念。惟叔公所给之款项至紧要，随身带着，以备交学费及购书籍之用，不可浪费。自此以后，务要努力求学以求上进。国、英、法、算四科尤为重要，切勿放弃，我们现在方悔昔日之不习外文也。倘我有经济能力时，必供（给）你至大学为止，但望你努力向前，不可浪费及不可自弃。

（3）廿一那天接你寄来的信，很是令我快慰。但你虽在此不景气中求学，样样都要从俭约做去，不可浪费金钱和宝贵的光阴。

校中所规定的事情，你是要遵守的，不可学做一个败类的人。闲游、逃学、偷懒和做出种种不规则的行动，一切都要戒绝。

校服已缝好，而你未取，不知所费几何和在哪一间成衣店做的呢？你没有对叔父说过吗？如你有暇可通信告他，抑或他出来时你对他说，为何你次次来信,总不给叔父和哥哥等?

我知你月考在即,温习要紧,所以来函中字法鲁(潦)草得很,且时时都有白字(即差字)。希望你以后不论做什么事业都要认真用心,实是(事)求事(是),切勿苟且。因为字是文章的衣冠,例如你虽文章甚佳,而字法苟且,则虽金玉之句亦不见得佳了。但我自己虽是平常,而我亦希冀你要好的,故此近来我亦日日练习字法,以求有进。

你们学校的风潮有平息的希望未?未知起因怎样?请你有暇下次来书,详细告我。且赤化等等的言语,你不可误听人言而做出种种不规则的行动,以致弄出风波和有害自己的人格。总之用功求学吧,切不可滋事,做一个守规则良好的学生罢。

法文读本如你要用,就不可付人来了,以免多费手续。你在中发支取之银,除应用有余之外,就要储蓄起来,以备不时之需。且如叔父不出来时,你或有紧用者,以后请你向某叔支取,但你来往要谨慎车辆。

你前函所云"欲买胶底鞋",请不可多费一笔款子了。你的三兄闻得这个消息,他自愿将他自己所穿那对胶鞋赠给你,叫你不可买了。如你有经济时,何不多缝一二套衣服呢?且你已经买了一对经济鞋了,怎解(怎样)要着拖鞋子上课呢?

你的中、英、法、算近来有些进步吗?三兄叫你有经济时代他买一个精致的银包。且妹妹等衣服已是破烂了,祈你有经济时,且西堤的布匹较平(便宜),就买多少付入,为盼。

在粤东所选出的华侨家庭100户中,有许多人家对于教育是很热心的。据本书附录第K表及L表我们知道,在拣样调查中,华侨家庭有34户(非华侨家庭仅16户)有教育用费,等于杂费总数的9.20%(非华侨家庭等于2.35%)。下面所举3例,除第一例是上等人家经济宽裕外,其余两家儿女的教育费皆由各方面节省筹措。

(1)第9号:家主妇的子与侄上学者共5人,儿现年18岁,在上海某初中肄业。侄2人,在本区高小学校肄业,又2人在本乡初级小学。此家全年教育费,据我们的估计,至少要国币700元。家主妇的夫有时候由暹罗汇银到上海交其子作费用,在乡上学的各种费用大致由家主妇负责。

(2)第16号:本户关于小孩们的教育用品,在一个月之内有下列数项:卷页及手工纸用费0.86元,本无如此之多,因卷页买成刀,则价值比较零买便宜得多,故作一次多买数刀,本月计费0.50元;又买手工纸共0.36元,系女孙与男孙共用。此外又买颜色纸0.13元,系女孙所购,作为配制纸花之用。

(3)第34号:本户有孙辈在村中小学肄业,一个月内的教育用费如下:长孙往校逢大雨,路上多水,失足跌地,将手上所持的课本等物尽抛失于水中,不能再用。因此重行购买书籍并买墨一条,合共耗银0.34元。又运动场费0.20元,系其长孙合同学之友集资购用乒乓球各用具,以便课余戏球之用,每人须派0.20元。

所谓教育，通常不过是经商的基本训练，如写信、记账、史地常识等，这是华侨的传统观念，华侨社会里并不需要较深的学问，因此很少有人提倡。

教育不是万能的。有些人在学校里虽能依照教师的指导安稳的工作，但出校以后未必即在商界得意，因此有些华侨对于基本知识的灌输（如小学校的工作）亦表示怀疑。因为他们的朋友中，有些人少时目不识丁，老年亦成富翁，所以引起他们藐视教育的观念。由槟榔回国的一位富侨，他自己是不识字的，一日给我们叙述一件故事如下：

我有一个朋友，当他小的时候因家里光景不好，未曾上过学。15岁随着父亲往实叻，在他的店里当杂务。这是他父亲的朋友开的，他的父亲是跑外的。11年之后他的父亲过去了，就由他继续担任职务。

他的八字是适宜于做生意的，不久他就开一家粮食店，几年之后在实叻又增两家，同时在西贡、曼谷、巴达威及香港都有联号。但是因为生意太忙，他每处都雇用"先生"管理信札及账目等事。据我所知，他到了老年还是要请人代写家信的。

（二）教育的新目标。一般的华侨以为教育的基本目的是在训练经商，这种普通的观念已有悠久的历史。不过近年来有一部分的华侨因各种关系，感觉到教育的较深意义，以为教育不仅是谋生的准备工作，实是生活的本体；学校不应仅注重训练商业，也应注重灌输文化。抱此等观念的人数虽然不多，但在华侨的领袖里面却亦偶尔遇到。这些人的观点较为宽广，对于教育的认识较为真切，对于教育的信仰也较为深刻。

有一位新加坡的华侨最热心于教育，他一生的精力除经营自己的职业外，都消耗于学校上面。马来亚的华侨社会及中国的故乡，凡教育事业，都受他极大的影响。有些学校是他创办的，有些学校是他帮助指导或维持的。关于教育的目标与功用，他对于著者的谈话是：

当前清末年，在实叻的闽南同乡很热心创办小学的时候，我们把校址、经费及学生都弄得有着落了。但是实叻的福建同乡人数虽甚多，只有2人可以当教员的，但2人各因事不能就聘，所以我们只可写信到上海去请教员。当时我向自己说："这是异常悲惨的情形。"同乡中以经商的占多数，除极少数人因职业关系不能当教员外，其余的都没有当教员的资格。我想如果人生的目标只是为赚钱，那就太没有价值了。

在那时候我立誓："将来光景富裕，必提倡教育，以便转变风气。"不久，我的经济状况渐渐的改进了，我就在福建的故乡创办小学校，但是对于师资问题遇着同样的困难，接着我就办师范学校，以便培养师资，这是我注意学校教育最早的动机。教育有极深切的意义，我是极端相信"教育救国"的人。我想生活与人生哲学有极密切的关系，学校的课程首应注重生计的训练，以便毕业生可以得着谋生的准备。不过人们不可专注意于谋生，因为他们对于社会、对于国家负有相当的责任。譬如福建多山，耕种是不宜的，但有矿产，有森林。福建又近海,有鱼类及海产。凡开矿、造林、捕鱼都须精的技术,那就须高深的教育,以便有才能的人藉此发展天然富源以造福于社会。不但如此,对于国家,我们须有健全的人格、高尚的知识、奋发有为的精神……换句话说,我们须要培养最高等的人才,如大学或专科学校毕业生,使他们对于国家努力,以便复兴民族,发扬文化。

对于教育抱着这样远而大的态度的华侨,人数虽然不多,但亦偶尔遇见,他们便是新教育的先锋。他们的志愿在逐渐提高南洋及家乡的教育标准,不但使教材渐与生活适合,并且介绍健全的人生哲学,以便充实教育的内容,并开拓教育的范围。此种新的教育由有抱负的华侨渐渐扩充其势力。例如暹罗富侨某君,经营米、布、杂货业有年,送其长子归国求学,待中学毕业,复促其子返曼谷襄助店务。其子返暹后,感觉商业中事宜与自己性情不合,不久即归国入大学,研究文学、哲学。大学毕业后,在华南某市创设师范学校,自任校长职务。于短时间内向旅暹华侨募集巨额的开办费,自开办以来,每年的经常费用,85%出之于南洋华侨,特别是暹侨。像这一类的人,抛弃传统的商业以及安舒的生活,来寻求与性情相合的学校工作,那分明是把人生观扩大了。这些人领会人生的目标,不仅是对于己身谋生存,并须努力适当的企图,以贡献社会及国家。

(三)教育目标改变的主因。目下的华侨教育,在南洋和华南,大部分虽还是重商主义,但已隐约呈现新趋势,如上所述。这种新趋势的产生原因虽复杂,但其主要原动力乃是华侨在南洋的经验。华侨旅居南洋,少数人受了欧西文化的影响。有些人和欧洲人接触,有些人的见闻涉及欧西的文化与教育,有些人受各种生活经验的暗示,觉得中华民族的自强要从学校下手。大多数的华侨初到南洋的时候,是工人或是小商人,他们不免受白种人的歧视及不平等的待遇。但是他们知道中国有悠久的历史与文化,自然而然担负着发扬中华文化的责任。

在南洋的华侨除少数领袖之外,多不与欧人接触。所有普通与欧人的接触,属于商业或事业的居多,属于社会或交情的很少,因此很少有机会与欧人交换意见,或采取其习惯。实际上华侨社会是自足而孤立的,与欧人社会、土人社会成鼎足之势。

有一位有知识的华侨发表这样的意见:

> 因语言与习惯的不同,我们不能同化于欧人社会。我们多数人虽能操马来语,但马来亚的文化是很简单的,我们似乎无须有许多的接触才能领悟,因此华侨的唯一路径是保持中国的文化。

因此南洋的华侨学校必须表现民族性的保存与维持。荷属有一位侨生领袖,自其曾祖已在爪哇居住,他本人颇热心教育。

> 当中华会馆提倡教育而尚无正式华侨学校时,殖民地政府对于华侨并不给予何种教育(除非是甲必丹的儿女等)。康有为先生来游时(1903),我们对于祖国文化曾得了深一层的认识,后来我们派代表回国研究儒教,结果得了郑孝胥先生的指示。他的《孔教新论》虽不能在荷属普遍的遵行,但发扬中国

文化的根本要义，到如今非但保存着，并且相机伸展，譬如华侨学校的增加、学生人数的增加及汉文的注重是。

有许多人说"荷属华侨对于祖国特别表同情"，那是环境造成的。因为按以往的情形，我们既不同化于欧人，又不同化于土人，当然要发扬中国文化。我们承认文化与政治有时候分离不开。我们觉得荷属西印度的华侨比我们自由得多，因此西印度的华侨不加入政治运动。他们在荷兰时，有些人甚至不肯加入中华会。因此，东印度的华侨所以与祖国表同情，不是完全由于国民党的宣传。

南洋其他各处的华侨教育，亦以表现民族性为其主动力之一，这是于华侨的谈话中直接或间接流露出来的。因为一般人入学以后，对于祖国的历史与现况比较知道清楚些，中国与外国的关系亦得到适当的了解，于是爱国心不期然而发现了。

自我出了校门以后，我对于中国发生更深的同情心。我希望同胞们不要互相杀戮，要互相团结，共救国难，使政治上轨道，社会上安定，人民安居乐业。我侨居南洋多年，眼见当地政府团结一致，政治清明，社会安定。我希望中国的政治快上轨道，使中国一天一天的强盛起来。

我虽是一个不得志的人，但爱国不落人后。我那年在新闻纸上看到"九一八"的消息，知道东北被日本抢去了，我就在南洋召集朋友，把薪水十分之二捐助国家，集得百余元（按他的经济情形是属于下等的），交与救国会。所以希望中国快点振作，提高国家的地位，不要使外国人笑我国为毫无出息的国家。

济南惨案发生（1928年5月3日），我刚由厦门返南洋，我捐了30余元寄给祖国。我觉得国家弱，不但政府受别国的侮辱，即国民也到处被人轻视，被人欺侮。这种轻视与欺侮，因个人的知识提高，时时能感觉出来的。我希望中国快快富强起来。

二、华侨社区内学校概况

（一）华侨社区甲：本区共有七校，其最先创办者在民国二年。各校的创办及维持、经费的来源及管理等，俱由本村华侨巨子某君努力担负。以经费论，自学校开办时起，某君共用去国币约400万元，若以年利9厘起息，至民国二十二年止，其息金总数亦有250万元。

所谓七校即：（1）男子小学（民国二年创立）；（2）女子小学（民国六年创立）及幼稚园（民国八年创立）；（3）中学校（民国七年创立）；（4）师范学校（中学程度，民国七年创立）；（5）商业学校（中学程度，民国九年创立）；（6）水产学校（中学程度，民国九年创立）；（7）农林学校（中学程度，民国十四年创立）。每校各有校长，行政独立。七校共有教职员183位，学生1373人（据该校于1933年的报告）；内有华侨学生588人①，占全校学生总数42%。大多数学生由八九岁即来校受初等教育，到中学毕业为止。有些华侨把5岁的孩子就送入幼稚园，可见华侨家庭很重视子女的教育。

本校校舍壮丽，有科学馆、图书馆，都是3层洋式楼房。有礼堂、美术馆、男女寝室、风雨操场，或2层或3层，校舍共有12座，都采取新式建筑。寝室可容纳2000余学生，全校面积占地1000余亩，等于本村面积的大半。

本村的学校对于本村有各种影响：

1. 对于子弟教育

自民国二年1月27日设立两等小学以来，学校就积极鼓励村内子弟入学，凡入学的主要费用均由学校津贴。到民国七年，两等小学改为师范和中等学校，以后增设幼稚园、水产学校、商业学校和农林学校，村内子弟入上列各校都照常免费优待。因此，村内的教育实际已经普及，村内的女子教育比男子更为发达，中学毕业生的人数，女性超过于男性。因为男子在小学或初中毕了业，家长急忙的要将他们带往南洋去学生意。女子既不负责维持家庭的经济，家长们就要她们多读几年书，希望提高她们出嫁时的身份②。

本校对于本村子弟的教育，影响到如何的程度呢？据我们224家的华侨家庭访问，他们无论贫富老幼，多送子弟入学，学龄儿童的90%是在学校的。今将实际情形统计如下：（1）子弟全受过学校教育者132家；（2）子弟未受过学校教育者16家；（3）愿子弟受学校教育，但子弟尚未到学龄的年龄和尚未有子弟者72家；（4）未说明者4家。

2. 对于成人教育

自民国六年起，本村专为村内失学的成年男子开设夜校一所，上学的有100余人。民国十一年起添设妇女夜校，招收失学的年轻妇女。民国十三年，成年男子的教育似已稍稍普及，即停办男子夜校。自此以后，专办妇女夜校，对于一般失学的年轻妇女施以教育。在民国二十四年春，妇女夜校有学生80余人，分7级，高小3级，初小4级。女教员5人，每夜上课2小时，全年经费国币300元，俱由本校担任。

本村的华侨，受过学校教育（包括成人教育）及私塾教育而有记账的能力者甚多。据224家华侨的情形言，其家长的教育概况如下：（1）家长受过学校教育者118家；（2）家长受过私塾教育者62家；（3）家长并未受过教育者32家；（4）未说明者12家。

3. 对于福利事业

（1）道路。本村原是偏僻荒凉的渔村，道路狭小，交通不便。但自本校创办以来，村内的路政随学校的历史而进展。今日道路加宽，公路汽车可以直达村内。

---

① 华侨学生包含两点：（一）直接由南洋来之华侨子弟；（二）南洋华侨在家乡之子弟。
② 华侨社区甲的风俗，凡教育高的女子，聘金则加倍提高。

（2）卫生。从前本村有以下 4 种普遍的疾病，即寒热病、吐泻病、天花和鼠疫。但因本校在校内附设医院，聘有训练的医生，除管理学校卫生外，对于村民也做义务的施诊及施行各种瘟疫的预防注射。结果近十余年来，鼠疫绝迹，天花亦未流行，蚊蝇减少，疟疾稀罕。（3）本村改成学村。民国十二年，闽南战事蔓延，校内尽驻军队，学校当局请求南北政府改本村为永久和平学村，旋即蒙政府署诺赞同。又于当年 10 月 20 日经孙中山先生正式批准，因此凡村内田地屋宇一概免税，并且任何军队不能驻扎。（4）本村生计。自本校开办以来，全校教职员及学生最多时数近 3000 人，各种消费的数量因此增加（现在，1935 年春，有学生 1373 人），许多村民生活的一部分亦赖此维持。据我们调查，自本校设立以来，店铺共产生了 91 家，资本共约计 10 万元。

4. 对于社会

自开办以来至民国二十二年 1 月止（1933 年 1 月），本校共有毕业生 3530 人，分布如下：（1）国学专门科 37 人；（2）师范讲习科 12 人；（3）师范学校 699 人；（4）师范高级 107 人；（5）中学四年制 239 人；（6）新制初中 791 人；（7）高中 32 人；（8）高中师范科 64 人；（9）水产 77 人；（10）商业学校 183 人；（11）女师特别科 14 人；（12）女子师范 213 人；（13）女中 215 人；（14）甲种农林 17 人；（15）初级农林 74 人；（16）高级农林 6 人；（17）农林讲习科 5 人；（18）幼稚师范 88 人；（19）男子小学 442 人；（20）女子小学 215 人，共计 3530 人。

今日闽南各地小学的师资，90% 以上是由本校出身，潮汕及南洋各地，亦有本校的毕业生充当教员。旅居南洋的闽南侨胞，往往把他们的儿女辈送入本校攻读，因此本校在南洋华侨的教育事业，实占有重要的位置。

（二）华侨社区乙：闽南华侨社区乙的住户大部分皆同姓（内有杂姓者数户）。族人迁往马来亚者，在最近 100 年以来连续不断。在清嘉庆（1796－1820）年间，槟榔屿的族人因人数加多，且经济渐觉充裕，乃建造祠堂一所，以资联络，不久又增设一所，并且购置地产，以积公款。到民国十年（1921），基金超过马来亚银 100 余万元，习惯上以此项利息作旅槟族人及家乡的教育、慈善及公共事业的经费。清光绪末年，科举废，学校兴，家乡的族绅提议以槟榔祠堂公款的一部分利息充作家乡开设学校的经费。光绪三十一年（1905）男小学成立，到民国二十四（1935）我们调查时为止，已有 31 年的历史。

本社区的男小学设在一座文武庙内，地方尚觉宽敞，凡教室、礼堂以及会客室，多是以现成的庙屋改成。文武庙一联有 3 座房子，都背北向南。东边是文昌庙，中间是关帝庙，西边是岳王庙，现在这三位"老爷"都被搬入中间关帝庙内，每逢诞辰还都照常供祭。在平常，神座的前面就作为学校的礼堂，星期一的纪念周仪式就在这礼堂举行。除纪念周外，这礼堂就无形的被学生作为健身房，在里面玩小皮球和乒乓球，墙上高悬的总理遗像和上面台上供的三位神像，只沉静的欣赏那天真活泼的儿童的游戏。

全校共分 6 级，共分 5 教室，一、二级同一教室，其余各级都各有教室。教室因采用现成的庙屋，光线都从天井中射入，所以教室内的光度很不平均，靠近天井一面的光度太强，里边一面的光度太弱。假如在阴雨的天气，坐在极里边一面的学生就不容易看出课本的字句，如蝇头细楷，比较更难了。

教室墙上，尽贴本级学生写的字和图书的成绩，如飞机、火车、轮船以及伟人的肖像等，都是学生模仿画成的（内有孙中山、纳尔逊及拿破仑）。

教室与自修室是合用的。学生所用的桌子及椅子均是成人所用的普通椅桌，学生安坐听讲时，两足大多离地半尺，钟摆似的悬着。学校周围有二三亩空地，下课时学生就奔出教室作种种游戏，最普通的是踢小皮球，次之是礼堂内的乒乓球。

本校校长一人，教员8人。校长是本村祠堂的正理事，也是本村最有势力的家长，月薪36元，但一切校务均交与现任该校某教员的胞弟全权办理，所以校长自己除办毕业典礼时应到校训话之外，照例不到校。教员8位，内有7位是校长亲近的族人。

早上的课自9点钟开始。太阳早已挂得很高了，往往学校里边还没有一个人。下午上课在1点至4点之间，4点以后，学校就关门了。

学生免交学费，因为学校每年可向槟榔同族祠堂领得常年经费（最近的一年即1934年为国币2500元）。学生有154人，除24名外，尽是华侨子弟。本村有学龄儿童500余人，但入学者只有154人，即连义务学校的女生计算在内，也不过260人。为什么不多收学生呢？据学校当局说：（1）因许多穷户的家长们不愿子弟上学；（2）因本校经费不充裕，自从南洋不景气之后，每年汇款减少，现在本校每年经常费只有2500元。分配如下：（一）校长与教员薪金每年国币2300元，内中教员薪金每人每月自12元至22元；（二）校役一人，每年120元或每月10元；（三）杂费每年50元；（四）购买图书费每年25元。

学生无一定制服，有的衣冠整齐，露出笑容，但大多数保存乡间的本色，蓬发垢面，衣服污浊，赤着脚来上学。6位教员穿西服，其余2位戴着瓜皮小帽，蓄着胡须，具有乡绅的威严。

校役一位，专理打扫工作及供给开水之类，每月工资10元，与最低的教员薪金相差2元。校役是校长亲族，平均一天做2小时工作，就可以清闲无事。为省去时常烧开水的麻烦，他预先烧水一锅，可以供给学生一二天之用，所以他整天优游无事的过着生活，每日下午4点以后，也随同教员放学返家了。

本校门禁森严，虽然"学校重地，闲人莫入"的虎头牌已经撤去了，可是原来的威严依然存着，除教员学生外，平常人向来不到学校观光。每逢暑假寒假和星期日等等，学校的门总是用铁锁锁着。文武庙前除了挂上一块校牌外，参观的人们对之，感觉不出一点学校的意味。

本村尚有女小学一所，于民国十五年设立，无经常费，以学费作开支。自民国十八年起，槟榔同族的祠堂允给经常费每年国币1200元。但到民国十九年，因南洋生意不景气，即宣布停发。此后，每年学校所收学费不过百余元，只能充作杂用而已。教员男 4 人女 4 人，全属义务性质①。现共有学生 64 人，华侨子女占 45 人。

此外尚有妇女工艺传习所一处，创立于民国十八年，其经费初亦由槟榔同族祠堂拨付，每年国币 1000 元。不久南洋的经费断绝，乃将传习所改为女子小学校，以收学费来维持，每生每年交学费 4 元，贫穷者免缴，每年可收学费百余元。学生共 51 人，内华侨子女 35 人。教员男 6 人女 1 人，均不受薪，每人每月只领膳费津贴 5 元。

（三）华侨社区丙：本乡是近汕头而有名的华侨村镇，经济能力完全操于华侨手中，所以镇内治安以及慈善事业等，直接的或间接的，大多由富有的华侨维持。一位久住本乡的老先生说：

> 住在本乡最便宜的人，要推中等以下的人家，他们现成享着平安和各种权利与方便，因为一切公益的义务都由四五万元家产以上的华侨担任去了。

本乡的教育也大致依赖华侨的经济。譬如第一及第二高级小学，名义上是区立的，但实际上与区公所并不发生重要的联系，尤其在财政上面。学校的财政如有困难，还是要靠着校长个人向本地富有的华侨征募。

据我们在民国二十三年（1934）冬天的调查，本乡共有 28 个学校（除二高小外余为初级小学），教员共计 119 位，学生 2113 人。本乡曾有创设中学之议，因民国十一年"八二风灾"作罢。本区的 28 个小学，大多数与华侨有深切的关系：（1）由华侨倡办者 7 校；（2）其经常费的一部每年由华侨捐助者 16 校（包括华侨创办的数校）；（3）华侨偶尔有捐款者 8 校。

在民国二十三年（1934），本乡共有学龄儿童（年在 7－15 岁之间者）4987 人，内计男孩 2738 人，女孩 2249 人。但实际入学的儿童共计 2113 人，内计男孩 1665 人，女孩 448 人。已经入学的儿童数目占学龄儿童总数 42.4%，或每 2.36 学龄儿童中有一人在学校读书。假如以性别说，男孩入学的数目占学龄男孩总数 60.8%，或是 1.64 男孩中有一人读书。女孩入学的数目占学龄女孩 20.0%，或是 5 个学龄女孩中有一人读书。

2113 个学生中，有 789 个学生出自华侨的家庭，计占学生总数 37.3%，或每 2.68 个学生中有一个是华侨的子弟。因为学校繁多，势不能逐一详述，今选出三校叙其概况于下：第一校在创办时得南洋华侨的捐款，以后按时得其维持费；第二校未得华侨的开办费，但得其维持费；第三校未得华侨的开办费，偶得其维持费，并得归国华侨的鼓励与经济援助。

1. 两级小学

本校现有教员共计 10 人，学生 170 人。常年经费共计国币 3150 元，经费来源大部由华侨所捐，计暹罗华侨每年捐助国币 1900 元，本地校董计年捐国币 400 元。这些校董们多数是归国华侨。其余来源就全仰给于学费的供给，所以三分之二的经费，要靠华侨的捐助。

---

① 教员均是初中毕业生，现家居无事，就乘便作义务教员。

当本校开办之前，校长往暹罗去捐款。结果，华侨计捐助开办费国币7000元。因此本校于开办时，在经济方面已有巩固的基础。暹侨所捐的国币7000元中，一半用作开办费，其余存作将来的用途，因此本校早年为初级小学。到民国二十一年（1932）此存款逐渐用尽，校方负责人再往曼谷，向本村同乡中请求援助，结果又得其每年援助国币2000元的允许，因此添办高级小学，而本校成为村内二完全小学之一。

两级小学的创办人，以改良教授法勉励同事。他们以为有些基本知识要从早灌输于儿童，并且要深深的印入儿童们的脑中，所以他们的叮嘱是：在原捐的7000元中，有一部分要花在仪器及设备上面，如化学及物理的模型、动植物的标本、人体模型、壁上悬挂的地图等。教室中亦陈列学生的美术品，如铅笔画、着色画及学生的木工成绩（如桌椅）及工具的模型。

有一位富于经验的教员向我们解释说：

> 儿童们对于所见的事物多喜欢真实化，不喜欢用抽象的讲解。譬如儿童画一所房子，烟囱里往往冒烟，以为非冒烟不能表现出烟囱的真实性。我们如能利用这种心理来灌输知识，其成效比较大些。所以我们在可能范围内，用些图画式模型来引起儿童于听讲时的兴趣。

2. 区立第二高等小学

本校是区立学校，共有教员7人，学生112人，全年经常费国币2000元。但因扩充校舍，于民国十一年（1922）添筑新屋一座，计需国币1500元，而华侨（暹罗）则捐助国币850元。本校于民国二十年（1931）又新筑校舍一座，计需国币1600元，而暹罗华侨又捐国币600元。华侨对于本校建筑费共捐助国币1450元。民国二十一年华侨又捐修理费国币540元，其他间接的补助，因无记录可查，不易计算。

3. 初级小学

某初级小学在民国二十三年有教员10人，学生193人，常年经费国币1120元，本校于开办时未得华侨的经济援助。自开办以来，虽偶有华侨捐款，但实际自南洋来者亦不多。有些回国华侨因送其儿女在本校入学，曾对于本乡的教育公费竭力向各界劝导，因此本校经费每年可以勉强维持。在本村居住的回国华侨，对于本校有多方面的协助。

三、华侨社区的学校与非华侨社区的学校

严格说来，3个华侨社区内的教育情形各有不同，已略如上述，因此我们将华侨社区与非华侨社区作比较时，只能包括其概况。如下所列：

（一）课程。两区的学校都遵照我国的教育部部章编制课程，但华侨社区对于尺牍与国语（讲话）特别注重。

我国一般的小学并无尺牍一门功课，因为尺牍即包括于作文之内。但是华侨社区内的学校，从初小四年起，就把尺牍单独作为一门功课，并且教员及学生都认为

是极重要的学科。因为写信的训练，于商业有相当的关系。

也极注重国语。自初小一年起就开始教授，教员都用北平话，发音虽欠准确，但可使听者懂得，小学的毕业生就能粗粗用国语了。这些情形在潮汕及闽南一带非常显著。

著者有一次在闽南的一个乡间迷了路，正在发愁之时，远远的望见田野间有几个牧童，乃即前去打听路径，一位牧童说出很清晰的国语，使我们十分惊奇。据说他已在某华侨社区的初小毕业。这可见华侨学校注重国语的情形。

（二）师资及教授法。教员的程度不齐。从以下 3 个华侨社区里可以看出来：甲区的学校教员尽是师范毕业生，这是例外，不能和其他华侨社区相比；乙区男小学，8 位教员中有 3 位中学毕业生，一位初中毕业生，3 位初中肄业生，一位本校小学毕业生；丙区学校的师资以初中肄业生占多数，次之为小学毕业生，因无统计，无从详说；但我们参观学校以后的感想，觉得一般的师资与国内普通的乡村比较，却居中上。至于非华侨社区的教员，大致是私塾出身，训练与经验不足，且不识国语。

因师资不同，各教员之教授法亦异，其适宜之程度相差很远。在某华侨社区里，某小学的自然班，在课室内按课本研究植物生长的原理，在学校后面果园里，学生自己种蔬菜与花果以作实验。有一个学生说：

> 我们家住在城里，西红柿与黄瓜只在饭桌上见面。我在学校的果园里，才亲自看见他们生长的情形，觉得很有趣。

有几门功课是着实注重儿童的记忆力，关于这一点，华侨社区与非华侨社区有相似的情形。上课时，如国文历史等课，教员将课本内容朗诵一遍，学生接着复诵一遍，教员似乎不能引起儿童的趣味，儿童对于这些课程也感觉不到深刻的兴趣。

（三）校址、经费及设备。不论在华侨社区或非华侨社区，大多数的学校往往借用庙宇或祠堂作为校舍。但非华侨社区内的初级小学 3 所，俱有比较不清洁的校舍，内中最劣的小学亦在祠堂内，只有屋一间，以极污秽的布帘隔成两部作为教室两间，墙上无图画以补助讲解之用。其余两小学，足与华侨社区里设备中等的小学相比。

学校经费的来源，在华侨社区里，大部分依靠华侨（在南洋及已回国者）的捐款；在非华侨社区里，大概由地方自筹（如由校产的入款或学生的学费等）。两区的学校大致都感觉经济的困难，非华侨社区尤甚。

（四）学生人数。华侨社区丙有学龄儿童 4987 人，入学者 2113 人，或每 2.36 人中得一人，或入学者等于学龄儿童总数的 42.4%。入学儿童中有 448 人为女生，女童总数等于 2249 人，入学女童占总数的 20%，或每 5 女童中有一女童入学。

非华侨社区有学龄儿童 933 人，入学者 239 人，或每 4 人中有一人入学，或入学者占儿童总数的 25%。学龄儿童中有女童 410 人，内中入学者 20 人，或每 20 人中有一人入学，入学者占女童总数的 5%。

按入学儿童中，在华侨社区内的 2113 人中，有 789 人，或 37% 是华侨家庭的儿童；在非华侨社区的 239 人中，只有 45 人是华侨家庭的儿童。

四、南洋华侨社区的教育

（一）华侨学校的起因

南洋华侨的教育事业不在本章范围之内，但其对于教育的观念，其兴办学校的理由及其所遭遇的困难，和华侨所以提倡家乡教育有重要的关系，因作简要的讨论如下：

华侨学校是如何产生的？简单说来，其主因有三：

1. 对于环境的适应

南洋各居留地政府有不同的教育政策，各地亦有不同的环境，南洋华侨学校大致是因为适应环境而产生的。19 世纪末年，在东印度的中国人（除"马腰"、"甲必丹"或"兰珍纳"的儿女外）没有受教育的机会，华侨领袖因此在亲友中募款设立私塾以便教养其子弟。塾师大半不能尽责，塾址亦大致是借用破旧的庙宇，但同时荷属华侨由中国方面得着有力的激刺与鼓励，例如光绪二十九年（1903）康有为氏因变法失败，逃往南洋，在爪哇时力劝华侨办"新学"，于是巴达威、泗水、三宝垄的华侨就将私塾改办做"学堂"。光绪三十一年（1905），两广总督岑春萱派刘士骥往爪哇劝学，刘氏约各埠"马腰"、"甲必丹"等到万隆开会，以资提倡。光绪三十二年（1906）荷属华侨学务总会成立，为有力的教育机关①。这些努力对于殖民地政府的教育政策发生相当的影响，因殖民地政府即于次年（1907）起始，推广教育于中国人。

在英属马来亚，初级教育向来是普遍的，凡有愿意接受此种教育者都可入学，因此并无单独设立华侨学校的必要。待欧战开始，民族主义的运动由中国传入马来亚，华侨学校亦应运而生。

很早就惹人注意的问题之一是：殖民地的学校应该用哪种语言来教学生？用土人的语言，或用统治国的语言？

在法属印度支那，政府学校向来都用法文，因殖民地的统治者相信因如此可以促进同化，并可以培养少数的土人领袖，以便产生"传布法国文化的附属人"。

> 除乡村小学校外，法属印度支那的各种学校以用法文授课为原则。教育采用集权制，凡习惯上的分权制（近虽暂时复活）很快的要过去了。对于法国文化与安南文化的综合，有各种的努力，以避免反国家化之不良影响。例如在中等学校的课程里，用特种教科书授自第 18 世纪以来的法国文学或汉文，使学生认普通的汉字，以资了解初浅的经典及现代的读物。安南文学史学亦包括在课程之内。②

美人在菲律宾的教育设施几与法人相似。因按照美人的信心，以为能解决一切

---

① 荷属华侨学务总会：《荷属东印度华侨教育鉴》第 372 页，民国十七年 5 月。
② H. A. Wyndham: *Native Education*, P. 229.

社会问题者,惟"自由的政治制度与普及的教育"。从菲律宾的占领以至现在,以英文为授课的工具,以施行教育。

荷人在东印度的教育从前限于上等社会,并以马来语传授。自1907年起,把教育推至于乡村的民众。这种态度的改变当然"是受民治思想的影响"。有些学校以马来语授课,有些学校用荷兰文。

英属马来亚的政府学校素以英语授课,不过近年来,把马来亚的钟点加增,因此引起"教育马来化"的误会。实际,马来亚的传统政策是以英语来传布英国文化,此种立场至今尚未变更:

> 从来没有人提议,强迫中国人空费3年或4年的光阴学习国语或马来语。侨生是最喜欢英国化,所以上述的行为非但无意义,并且是专制的。别且不提,有许多侨生的家庭通常都说英文,因此,英文应该作为教育的工具。①

暹罗的国立学校向以暹语授课,但私立学校中,从前除暹语外,亦得用外国语授课,例如华侨学校内可以用汉文。近年来暹罗政府要推广暹文而取缔汉文,与在暹华侨发生争论,如后所述。

2. 民族主义的传布

民族主义的传播,特别是在民国革命时期的前后。清朝末年,朝廷改变其对于迁民的态度,偶尔派大员前往抚慰。在20世纪初年,革命党首领有时候在南洋旅行,宣扬中华文化,激动爱国心,劝募款项,以助国民革命,因此类及他种关系,南洋与我国的感情渐趋浓厚。有时候南洋华侨派代表往中国游历,或以调查商业状况,或以研究文化(如孔教或教育),南洋华侨学校的设立即为其结果之一。

3. 中文在南洋的需要

中国人在南洋经商者甚多,自行贩至出口商俱有,但以小商家居多。他们大致用中文在南洋互相通信,如果和中国通信,更会感到中文的重要。因殖民地学校不授中文,所以须设立华侨学校。

除授中文以外,华侨学校尚有其他目的吗?这个问题的答案和殖民地的教育方针是联系的。如上所说,殖民地教育注重"同化"。华侨中知识较高者常常要问:"同化于何人?"如果同化于土人,那么华侨们的答案是:"我们授之于土人者多,取之于土人者少!"如果同化于欧人,那么事实告诉我们,欧人与中国人在南洋除因职业或经济关系外,别无往来。关于殖民地学校的同化,华侨领袖屡次宣言说:

> 因受居留地政府学校的长期训练,我们中华民族已经变成衙门的书记或商店的雇员了。

有些华侨领袖的心目中,以为华侨学校的设立,是解决上列各问题的办法之一。

(二)华侨学校目前的主要问题及注重家乡教育的主因

1. 并校运动及国语的推广

---

① Minutes of Legislative Council, Feb. 12, 1934 (Speech of Director of Education).

但今日的华侨学校，有许多问题亟待解决。例如校数太多。南洋华侨因语言及习惯之不同，原分五帮（闽南、海南、广州、潮州、梅县，内闽南与潮州的方言相差不多）。某地如有学生并有教育经费，各帮必立一校以教养其儿女。其余的理由是：各帮会馆以办学为荣，彼此互相竞争；华侨缺乏中央组织，不能将教育问题作全盘的计划。

世界不景气以前，华侨学校曾有一度剧烈的发展。在1933年，马来亚有华侨学校373所，内中67校是旧式的。在此总数中，36校得殖民地政府的津贴，计（新加坡币）44 945元或每年每生得津贴7.92元。华侨学校共有男生18 376人，女生6477人，华侨儿女在殖民地政府的学校入学者男生计12 223人，女生计4718人，后者以侨生的儿女为多，前者以迁民的儿女为多。以大体论后者收费较多，前者收费较少，侨生的生活比较同化于统治阶级，其经济状况亦较优。

在东印度的中国人，侨生的儿女大概入荷华学校，以荷文教授；迁民的儿女，大概入华侨学校，以国语教授。以现状论，荷华学校有107所，内有中国学生男15 516人，女10 922人①。华侨学校近年有渐增的趋势：在1908年计75校，有学生5 500人，在1915年计400校，有学生17 000人，在1931年计约600校，有学生30 000人②。据华侨学务总会的调查，在1926年，东印度共有313校，男女学生31 441人③。中国人的识字者，近年亦有增加，据1930年的清查报告，识字人数占中国人总数的29%（爪哇等于34%，外省等于24%），内中识荷兰文者等于3.2%。

在1932年，暹罗有小学生788 846人，内中7726人是华侨学校内的中国学生，都是纯粹的中国人。有些混血的儿女当包括在全国小学生的数目内，惟确数不知。暹罗教育部准许华侨学校注册，于佛历2461年（1918）取缔私立学校，于佛历2464年（1921）取缔小学校。

近年来，暹罗政府为推广暹文，对于华侨学校拟作严厉的处置，引起旅暹华侨的反感与纷争。据1934年暹罗教育部的章程，凡华侨小学校增加暹文的授课时间（第1年每周12小时半，第2年12小时，第3年8小时，第4、第5年各每周6小时），同时减少汉文的授课时间（第1年至第3年每周各5小时半，第4、第5年每周各11小时）。此种规定虽表示暹罗政府的让步，但与1930年以前相比，华侨学校汉文的授课时间已大量减少④

从前南洋的华侨因方言不同多设学校，近年来此风渐衰，因自民国以来，南洋各处除印度支那外，有热烈的国语运动，学校内大致采取国语，因此校数大减。马来亚一位华侨领袖说：

> 校数减少果然可以节省我们的教育经费，并且可以免除许多隔膜。各帮间

---

① W. J. Cator：*The Economic Postion of the Chinese in the Netherlands Indies.* P. 86.
② Volkstelling 1930 deel Ⅶ，P. 108.
③ 荷属华侨学务总会：荷属东印度《华侨教育鉴》，第448页，民国十七年5月。
④ 苏鸿宾：《暹罗取缔华侨教育之现阶段》，《华侨月报》，民国二十五年11月12月合刊。

的误会可以减少，合作的机会因此增加。

不过学校的数目恐怕不能十分减少，因乡下人有散居的习惯，不能因教育的关系强迫他们集中居住，且有许多学校没有大规模的教室可以容纳多数学生。华侨学校的学生大致能讲国语，在学校里亦讲国语，不过出了校门，不论在家里或是在社会里，还是通用马来话或是闽粤的方言。

2. 经费、教员与课程

除极少数的学校以外，经费都很困难。华侨学校无固定的经费，大致由会馆与富商的捐款及学费来维持。自不景气来临以后经费大减，不过光景富裕者还是很慷慨的捐助学校，一般的父母对于儿女的教育都抱极大的牺牲。

学校的教员是一个困难问题。以前的时候大致多由国内请去，教国语为其主要职务。这些人因无久住的计划，往往不学马来语或南洋的历史与地理等。近来有些所在地政府要华侨学校注重本地文字，教员首先反对。又因南洋华侨社会与欧人少社交，所以隔膜殊甚，有些教员们乘此机会作政治的宣传。将来侨生子弟在中国或他国受了相当教育，回到本地从事教育工作，这些人数加多以后，师资问题即可圆满解决。

与师资有连带关系的是教科书。民国革命以来，殖民地政府认为有些小学教科书有政治意味，不准入口（但有些并无政治意味的书籍亦禁止入口）。有些教科书内容不合南洋的学校，特别是史地与自然。自1932年以后，商务与中华书局专为南洋华侨学校编著教科书，比较适宜。

华侨学校的课程适合于南洋的环境吗？有些毕业生不能在南洋本地找到适当的工作，因为学校里注重中文，远不如殖民地政府的学校注重西文。不但如此，职业的机会近年也逐渐减少，因为有许多职业渐有人满之患。因此有些华侨逐渐把儿女送回中国求学，不但中文的准备可以好些，亦可减省经费。他们的目标渐移转于中国，要使儿女们在国内找寻谋生的机会。因此，有些华侨对于家乡的教育肯热心捐款，热心规划。他们这种热心不是完全由于自私，上文已经申述。青年华侨回国求学的人数增加，实是民族主义宣传以后的现象。马来亚有一位中等的批发商有儿女5人，一日对著者说明其教育的态度说：

> 从前我们都把儿女们送入政府的学校，因为毕业以后可以在政府机关里任书记或在商店里当雇员。近来这些机会逐渐少起来了。有许多亲友逐渐把他们的儿女送入华侨学校，因为他们希望有些人将来可以回到祖国服务。不过华侨学校在南洋是很难办得好的，所以最近有些青年都由家长送回福建或广东去求学，因此有些人对于祖国的教育格外关心。

五、移民对于家乡教育的影响

（一）在华侨社区者。华侨对于教育的影响，有一部分在华侨社区里就看得出来，如本章第二、三各节所述。为醒目起见，今将其主要之点总结如下：1. 学校数目的增加；2. 学生人数的增加；3. 两性教育的注重；4. 私人对于教育捐款的踊跃；5. 人们对于教育需要的感觉；6. 教育对于社会的影响；7. 国语的推广。

（二）在华南市镇者。上面简叙华侨对于故乡教育的努力与贡献。但有许多华侨归国后不返故乡居住，他们平时与邻近的市镇在事业上维持适当的关系，返国后或即卜居于此，因此华侨对于华南几个市镇的教育亦发生相当的影响。

1. 厦门市的教育

（1）与华侨直接发生关系的学校。厦门市内正式立案的小学校共计有39校，其中有17校与华侨直接发生关系，或占厦门市小学校总数的44%。39所立案的小学校共有学生8430人，内有华侨学生1752人，或占学生总数的21%。

这17所小学校内，有11所每年直接获得华侨经济援助。其经常费的大部分非由华侨供给不能支持，每年华侨所供给的经常费共计国币18 146元。此17校中，获得华侨捐助建筑费者有11校，共计国币48 400元；其他如校舍因系华侨产业，不纳租金等等间接的捐助尚不在内。例如雅化女学为厦市历史最久的学校之一，自成立至今（1934年）已有48年的历史，该校于民国十五年，获得华侨捐助建筑费国币12 000元。今有教员男7人女6人，学生286人，全年经常费为1930元，华侨认年捐410元。本校原为教会学校，由西人主办，今已收回自办，全校经费五分之一强是赖华侨供给。

在厦门正式立案的中学校共有11校，内有5校与华侨直接发生关系。私立慈勤女子中学创立于光绪三十一年（1905），至今已30余年。全年经常费为国币21 890元，但华侨黄奕住君捐助常年费国币15 800元，经常费之三分之二，尽出之于华侨。

厦门立案的中学共11校，共有学生2405人，内有华侨学生853人，或占中学生总数的35%。

厦门大学是华侨陈嘉庚先生一手所创办，前后建筑费及经常费之总数已达400万元。但自世界不景气发生以来，陈氏商业失败，对于学校仍极力维持，计至民国二十三年（1934）终，尚每年出经常费国币72 000元，余数只能随时向他方筹划了。厦门大学（1935年春）共有教员55人，学生609人，全年经常费国币333 130.63元，内有华侨学生43人，或占学生总数的7%。

（2）华侨对于厦门市的教育捐款。华侨对于厦门市的教育捐款因时期无定，数量无定，往往无记录可供参考。今将可以叙述者列下：

教育特捐。立案的39个小学中，有11个小学校曾获得华侨之特别捐助，大抵用于建筑上面，计得捐款国币48 400元。立案的11个中学，有一校计得华侨特捐国币17 000元。大学一校华侨陈氏独捐，共约国币4 000 000元。

（3）教育经常费的补助或维持。据厦门市立案的39小学校中，计有11个小学校得华侨经常费的补助或维持，全年共计国币18 146元。按此11个小学常年经费的总数为国币54 782元，故华侨捐助之经常费总数占11个小学校总经常费33%。39个小学校全年经常费总数为国币151 835元，故华侨对于小学经常费补助的总数占小学校（39校）经常费总数的11%。立案中学共11校，计得华侨补助经常费者共计 2 校，计国币 16 800 元。按此 11 个中学校常年经费总数为国币 203 170 元。故华侨对于经常费补助的总数，占全体中学经常费总数 8.3%。厦门大学的经常费为国币 333 130.63 元，华侨捐助经常费总数为国币 72 000 元，故占全校经常费总数的 22%。

2. 汕头市的教育

华侨与汕头教育的关系，可分两点讨论如下：

（1）华侨与汕头市内直接发生关系的学校。汕头市立案的小学校共计 29 校，内中与华侨直接发生关系者共有 4 校，学生最多的某校即此 4 校之一。这不过与华侨直接发生关系者而言，其间接发生关系者（财政上的关系）自然不止此数，但因无记录可查，不能统计。某校现（1935 年春）有教员 42 人，学生 1212 人，为汕头规模最大之小学校。自创办以来，多得华侨的扶助，但可考查者，只有华侨捐助建筑费国币 20 000 元一项而已。据学校当局言，该校常蒙客属华侨赞助，直接与间接的财政扶助当不止上述之数。

29 个立案的小学共有学生 8562 人，内有华侨学生 872 人，或占学生总数的 10%。

据我们调查，汕头市共有立案的中等学校 10 校，内与华侨直接发生关系者计有 4 校。汕头海滨师范学校常年经费为国币 24 000 元，华侨竟补助常年经费国币 20 900 元。又如现代中学常年经费为国币 8000 元，而华侨则补助常年费总数的 40%。汕头无大学，仅有立案的中学校 10 所，共有学生 2440 人，内有华侨学生 559 人，或占学生总数的 23%。

（2）华侨对于学校的捐款。华侨对于汕头中小学校计有两种捐款如下：

①特别捐款。汕头立案的小学校共 29 校，计有华侨特种捐款者共 2 校，共计国币 25 000 元。10 个中学里，计受华侨特别捐款的有 3 校，共捐国币 25 200 元。其他特捐，如送地基盖造校舍，或租屋开校不出租金等等亦属不少，但无记录可查。

②经常费的补助。汕头有 2 个小学校，于经常费中接受华侨的补助共计国币 420 元，占全市 29 个小学校经常费总数 0.19%（各小学的经常费总数在民国二十三年为国币 215 948.15）。中学校里有 4 校受华侨经常费的补助，共计国币 26 300 元，占全市中学校经常费总数的 13%（各中学经常费的总数在民国二十三年为国币 205 341 元）。

第八章　卫生与娱乐

一、华侨社区的普通疾病及其治疗

（一）人口概况

闽南与粤东的沿海 10 县里常有许多壮年男子往南洋去的，但南洋华侨的故乡当然不完全是这 10 县。譬如客人在南洋是比较众多的，但客人的主要住区为梅县及旧嘉应州所属各处,而本报告仅包括饶平县一处(因实地调查仅限于该县的一部),这是客人与本地人杂居的县份,可以指示客人向东南迁移的路线。

我们在这区域的大部虽多旅行过,但对于材料的搜集有好几方面是不充分的,在有些县里不过停留很短的时间,所到的区域亦不多。工作比较有系统的只有3县,因在3县里选出几个华侨社区及非华侨社区来搜集些材料,这些材料有几方面比较满意,而在其他方面亦觉得有些欠缺。

10县的人口,据我们的估计,约有4 600 000人,但其可靠程度甚难决定。在有些市镇或乡村,近年来地方政府及团体为治安或卫生的关系,搜集些人口资料,这些资料的一部是被我们采用。

假如自然富源的利用可以指示人口压力,那么闽南与粤东有几县的人口实觉太密,其最显著者在广东有澄海与潮阳,在福建有思明与晋江。思明(大市有厦门)每市方里有474人(或每方哩4908人),于10县中有最高的人口密度。以已耕地论,每人得0.1亩,每亩已耕地有7.8人(或每噉51.9人)。晋江每市方里有102人(或每方哩1057人),每人有已耕地0.6亩,每亩已耕地1.7人(或每噉有11.3人)。澄海每市方里有261人(或每方哩2709人),每人有已耕地0.7亩,每亩已耕地有1.4人(或每噉9.2人)。潮阳每市方里有195人(或每方哩2019人),每人有已耕地0.6亩,每亩已耕地有1.6人(或每噉10.5人)(见附录第A表)。据此,这些县内的农民对于谋生感觉十分困难,无怪遇着适当的机会,要离家而迁往南洋。

生育率、死亡率与婴儿死亡率的材料是很欠缺的。关于这些材料,有时候用他人的报告或估计,有时候凭自己的观察作估计。详情见附录第A表。

(二) 卫生材料搜集的困难

卫生是一个复杂的问题,有广泛的内容。一般的家庭亦多少明了卫生的重要性,以我们的拣样调查论,华侨家庭100户,内有卫生费用者计52家;非华侨家庭100户,内有卫生费用者75家(见附录第K,L表),足见两种家庭都感到卫生的重要。但因卫生的项目不同,因此非华侨家庭的预算表包括些非卫生的消费项目。

我们因受人才、经济及时间的限制,对于卫生只能选出几个重要之点来搜集些材料,并作简单的分析。据我们的观察,社会上流行的疾病及治疗的方法,显然可以指示一般的卫生状况,但关于材料的搜集有各种的困难。乡村对于疾病是无记载的,特别是以往的情形,所以关于以前的疾病状况只好依赖老年人,在他们的记忆中告诉我们一些大意。这些材料量既不多,正确性亦不高。社会服务人员与医生当然能供给我们比较可靠的资料,特别是关于市镇方面的,因近年来市镇里的医院起始有疾病的记载与分类。

不但如此,一般人缺乏医学的常识,因此对于疾病的报告往往得不着真实的病原。湿气可以包括四肢浮肿及鼓胀病等,"中暑"可以包括因阳光剧烈所得的各病及时疫等,"感冒"俗称伤风,是呼吸器的病症,凡天气骤暖骤寒,身体的一部或全部遭遇急变的冷空气则血管紧缩，血液壅塞于内脏，粘液的分泌增多，粘膜发炎，往往咳嗽或发烧，或发生头痛。"感冒"虽是常见的病症，但确实的描写却很难得到。

肺痨在乡间比较盛行，但一般的乡人对此病并不注意。近厦门有一个华侨社区，某调查员在访问时提到疾病问题，觉得住屋的一角因光线黑暗，不辨人形，但闻呻吟之声：

问："府上有人生病吗？"

答："没有。"

问："屋里不是有人呻吟吗？"

答："他没有病，因他并未卧床，他不过觉得有些懒惰而已！"

后来此人走出屋外，显出瘦白的面容，并知道他时常咳嗽，痰中有时带血，午后身上发烧，晚间有时候出虚汗，这些都是肺痨的象征。但他2月以来实际并未卧床，在乡人的眼光，以为凡有病而不到卧床的程度，病情还是轻的。

此外我们还须注意民风，因乡人对于疾病与死亡有时候认为不祥，不愿公开的叙述。譬如婴儿的疾病与死亡，父母因各种忌讳往往不愿向外人报告，实在关于婴儿的疾病与死亡，其病原及详情亦是比较难以知晓难以记忆的。

（三）普通疾病及卫生设备

虽然如此，我们且把华侨社区关于疾病的材料粗粗叙述于下。为指示疾病的变迁，我们选出"童年时代"与"现在"两个时期，以便被访者凭记忆所及述其大概。所谓"童年时代"其时期亦非固定，大约离"现在"（1934年冬）15年至30年之间。

第17表　华侨社区的普通疾病

	甲区	乙区	丙区
童年时代	(1) 寒热 (2) 吐泻 (3) 天花 (4) 鼠疫	(1) 鼠疫 (2) 痢疾 (3) 吐泻	(1) 天花 (2) 发烧 (3) 感冒 (4) 瘟疫 （霍乱及鼠疫）
现　在	(1) 寒热 (2) 吐泻 (3) 皮肤病	(1) 疟疾 (2) 皮肤病 (3) 发烧 (4) 湿气	(1) 湿气 (2) 感冒 (3) 皮肤病

同时我们拿华侨社区的卫生设备择要举出，因为由这些设备亦可间接指示村中人民对于疾病的治疗方法。

第18表　华侨社区的卫生设备①

别类	总人口	医院及医生	药铺
甲区	2454	(1) 医院共计5所② (2) 西医共计7人 (3) 中医共计6人	(1) 中国药铺共6家
乙区	3720	(1) 医院共计1所③ (2) 西医共计1人 (3) 中医共计2人	(1) 中国药铺共2家
丙区	25 303	(1) 西药房兼施诊6处 (2) 中　医52人 (3) 西　医9人 (4) 牙　医6人	不　明

我们拿各种的材料综合起来（如家庭访问表的答案，各界领袖及医师晤谈的笔记等），以为如果没有其他比较可靠的材料，我们对于闽南与粤东的华侨社区的疾病状况可以暂时概论如下：（1）胃肠传染病最为流行，如伤寒、霍乱、痢疾等；（2）昆虫传染病次之，如疟疾、钩虫病等；（3）肺病的各类次之；再其次有（4）呼吸传染病，如白喉、天花及猩红热等，及（5）疫疠如鼠疫等。流行的疾病不全是传染病，但传染病实居多数。照此看来，疾病对于乡间的公众卫生及社会安宁实际发生重大的影响。

以上是指乡村的概况，至于市镇当有区别。如以1933年几个医院的记载为根据，我们对于汕头市的普通疾病，以严重性为次序可以举出下列六种，即：（1）肠胃传染病；（2）皮肤病及外伤（纤维细胞、骨头及四肢受伤）；（3）沙眼；（4）因暴致病（自杀除外）；（5）消化器病（肝病除外）；（6）眼病④。我们对于厦门市可依据1930年鼓浪屿的医院报告，举出普通的疾病如下：（1）皮肤病及外伤（细胞纤维、骨头、四肢受伤）；（2）消化器病（肝病除外）；（3）呼吸器痨病；（4）生殖器病；（5）梅毒；（6）孕妇的生产时及分娩后各病⑤。

（四）流行病的概况

1. 霍乱。霍乱不是常见的，但如果遇到，社会上受祸大致不浅，因此虽事隔数年，总有人能够追忆。譬如在1911年，自阴历七月初二至初十，华侨社区丙因霪雨连绵，韩江水势大涨，塘堤崩溃。沿韩江几个村镇都遭大水，潮属某处七乡一镇被淹更甚，积水自4尺至9尺不等。水退以后，苍蝇遍地，污秽堆积，疾病因此

---

① 医院和药铺。
② 5所医院内有专门产科医院一所。除学校医院外，均无病人寄宿之所。
③ 只有门诊和出外施诊而不收病人，规模极小，仅医生一人，助理一人。
④ H. S. Gear：*The Incidence of Desease of Selected Hospitals in China*，*Chinese Medical Journal*，Vol. 48，P. P. 768－769，1934.
⑤ Ditto：P. P. 770－771.

蔓延，霍乱流行。死亡的人数虽不确知，约计在100与600之间。至于对于霍乱的治法，大概沿用旧习，据村内某中医（有25年的经验）说：

> 辛亥年的霍乱，由于阴雨多时，洪水冲塌堤岸，浊气化生苍蝇染于食物。人若错食东西就生霍乱症，阳症宜用寒水，阴寒当以建中理中之法治之。

2. 鼠疫。3年以后（民国三年即甲寅年，1914），同村又有鼠疫，自阴历三月延至八月为受灾期间，虽死亡者无确实统计，但约计在2000左右云。据一位59岁的绅士说：

> 有些人家在当初遇见院子里或卧房里老鼠忽然死了，过了些日子，村里头有些穷人也无缘无故的死了。那时候村里只有2个旧式的医生，他们对于这件事亦是束手无策。有些病人在表面上看来今日还是很好的，明日或者与世长辞。在瘟疫初发的时候，发现有些人在颈上或腿上长了圆形的疮，这是治不好的，除此以外，一般人看不出病征，因此不能预防。光景较好的人家逐渐搬往邻村，奔投亲友，穷人只能住在村内听天由命。但邻村恐怕传染瘟病，不久亦表示不欢迎由华侨社区丙迁往的人家。一般无知识的人多说这是因为本村人得罪于神明，所以遭此奇灾。幸而几个月之后，瘟疫自然的消灭了。

3. 疟疾。潮汕与闽南的乡下因天气炎热，地多河沼，有些区域又是近海的，因此往往疟疾盛行。从前的治法大致依赖草药，近来逐渐采用金鸡纳霜。有一位中等的华侨，在暹罗经商20余年，看见金鸡纳霜的功效，常劝其妻采用。其妻说：

> 从前我患过发冷症，请求中医诊治，经过半年尚不见效。后来丈夫寄回些白色丸药，味甚苦，劝我服用。我连日服用不过半个多月，觉得发冷就不如从前这样厉害，过了一个半月，病就好了。从此我相信西医，就是有些别的病症（如头痛），我都愿意买西药。

有一个制皮革商人，少时甚贫，致富后改变其卫生的态度。据其妻的自述，大致如下：

> 许多年以前我们丈夫在村内开一个小店，因为运气不好，把本钱都赔了。刚好有亲友"过番"（航海的俗语），丈夫就借了些钱和他们一同到曼谷去，在一家亲戚的杂货店里当伙计。不久小有积蓄，但因位置欠稳，丈夫就同2个朋友开一制革厂，规模虽小，生意却很好。丈夫不断地寄钱回家，我先把债还清了，于是逐渐买些好的食品、好的衣服给小孩们，并买些较美观的家具。丈夫在信上常劝我注意卫生，我想这就是要把我们的生活提高些了。有朋友回村时，他总托带西药。依我的经验，金鸡纳霜最有功效。去年我有一个女儿发疟疾，邻人把她带去看中医，但不见效。我给她些金鸡纳霜，她的病不久就好了。从此以后，不但我自己对于西医的信仰增加了，我并且有好几次介绍西医于邻居及朋友。

但是疟疾至今还是流行，这由观察就可以知道，因为有好几个村中常遇见面黄的人们。不过一般人对于治疗比较注意，对于蚊帐的施用较为普遍。

4. 天花。在民国初年闽南某华侨社区曾发见一次剧烈的天花，被害者每日有数十人。当时的治法，大致于事前注重旧式的种痘。近年来对于新式的牛痘在华侨各社区逐渐普遍，据说天花已渐渐绝迹了。

5. 破伤风。至于婴儿的疾病，其材料更不易得，已如上述，因（1）父母对于婴儿的疾病与死亡，因忌讳而不肯直言；（2）父母对于婴儿的疾病与死亡确实比较容易忘记，有时候亦实在不知其疾病的原因。上面所述疾病，有几种当然包括婴儿的疾病，此外婴儿最普通的疾病当推"破伤风"。其病原为破伤风杆菌，由脐带的伤口入婴儿的身体繁殖排毒所致。闽南与潮汕的乡村，贫户人家常用旧式产婆接生，施手术时常用污秽的剪刀剪断婴儿的脐带，或用染脏土的棉花或布裹扎脐带的伤口，杆菌即由手中或棉布或剪刀上传入婴儿的身体。婴儿患此疾者生后4日至7日即发烧、抽风，不久即死。近来旧式接生者渐少，西式接生逐渐增多，因此"破伤风"逐渐减少，特别是在经济比较宽裕的人家。

旅暹布商某，在曼谷逾20年，于其家信中常常提及西法接生的重要。其母说：

> 我儿常写信来说，西法接生不但对于产母及婴儿危险较少，并且比较卫生，我们以为他是对的。

有一位母亲，因为她有一个儿子在马来亚的华侨学校当教员，介绍西式接生：

> 当我们三儿媳快要生第一个女儿的时候，我们的三儿从南洋来信劝我们用西式产婆。我们遵照他的意思，结果极为圆满，不过在经济上我们是吃亏的，因为接生费是加重了。

（五）求神治病

上面所述的疾病治疗，仅描写卫生习惯变迁的一部。此外尚有传统式的治疗方法，特别是下层阶级所采用的。有些贫穷人家，因经济拮据，生病的时候往往不请医而求神。

在华侨社区乙与丙，求神治疗的方法是相同的。一般的民众如有病症，家中比较重要的人物（通常是主妇）购备香烛和元宝（金纸作成，即所谓冥钱也），亲自到庙求神。求神者恭恭敬敬走到神座之前，把香燃起，蜡烛点着，再将元宝焚烧，继之叩头作揖。然后求神者把签筒取来，肃然对神跪下，轻轻祈祷。祈祷完毕，就把签筒慢慢动摇，最先被摇出的竹签即神所指示之签，求者以此竹签易取药方①，上载明中国药料，以此药方，即可在中国药铺购药，求神开方的手续就算完结。在华侨社区丙以三山国王最为著名，在华侨社区乙以福灵宫所供的保生大帝为惟一的医神，凡有病的人家，普通多求这两位神医。

在华侨社区甲，求神者请神佛自己开方，因此与以上两处有不同的习惯。本区有一位万灵的神佛叫做护国尊王，据说不但能保境安民，更能驱邪医病。普通一般知识较低的民众如有病症，往往求护国尊王诊治。求神者须先请两位神的助理，那就是"法司"与"头尖"，他们可都是本村的居民。求神者焚香燃烛之后，即在神前叩头揖拜，把病状一一陈诉。神前原有桌子一张，桌旁坐"法司"，专司书记之

---

① 司庙者管理药方，药方都编定号码，凭签易方。

职，神旁立有"头尖"一人，扶助神佛写字。神听毕陈诉，"头尖"即扶助神手在桌上开方，左右挥写，形似乱动。此种字迹，旁观者当然不能认识的了。桌旁坐的"头尖"，深明神的草书，译成凡人所通用的药名，求神者即以"头尖"所抄的药方携往药铺取药，这叫做仙方。

求神的费用是很简省的。普通香烛元宝等费不过一二毛钱而已。如求护国尊王，还要加上助理的酬谢，大约值4毛钱的糕饼。如求神者光景富裕，其消费就说不一定了，求神与谢神之时，往往每次用至几十元。

求神的时期先后是不一定的。有的先请过中西医生，都无实效，然后再去求神；有的一病即上庙祈祷，求赐仙方。求神者并不限于贫穷阶级，虽贫者占大多数。富户而无知识者有时亦去求神，惟教育较高经验较广的人们，遇病求医而不求神。

二、非华侨社区的普通疾病及其治疗

据本地的老年人所说，当他们童年时代，最流行的病症第一要算天花，旁的病症就记不清楚了。现在最流行的疾病有下列5种：（1）发烧，（2）感冒，（3）伤寒，（4）中暑，（5）皮肤病。

非华侨社区的住户普通多喜欢用中医诊治各种病症，但是经济力下等的人，连中医也不常领教的。平常的病症总是上庙内求仙方，或上中药铺买点现成药，就算尽过医道。假如病症未到严重的阶段，是不肯去请教医士的。有一位被访者告诉我们说：

> 我们平常有病，多凭自己的经验去医治，或请药铺的伙计弄些凉茶来喝便得了。如不好，再请中医诊脉，因为我们穷，不得不如此。

村中的知识分子对于西医也不表示反对的态度，他们不常请西医，实因本地缺乏西医的原故。譬如说乙村全村只有3个地道中医，一家地道中药铺，人们除请本地医生外，普通人就别无办法，所以只能请中医了。

> 我家里如果有人生病，我打算去请中医，因为本乡没有西医。

非但如此，一部分人因事实的表示，或教育的启发，对于西医产生了新的信仰。例如有一个铁匠告诉我们以下的经验：

> 我有一次因工作不慎，手被铁锤所伤，流血很多。请中医诊治，始终无效，后来改请西医，不久伤就好了。从那时起，我就很相信西医。

又有一位中学毕业生告诉我们说：

> 我是相信西医的。因西医有科学的眼光，不像中医讲什么气及五行等等难以证实的说话。我在中学有病的时候，都是请西医的。

不过以上几种开通的态度不能代表一般的人们，一般人还是知识闭塞，为习惯所束缚。贫穷人家遇到病症，往往总到关老爷庙里求些仙方，或上三山国王庙中取些香灰，假如他们需要医生诊治，大概已是病入膏肓了。

非华侨社区共分两村,是壤地相接的。其卫生设备如下①:

(一)甲村。(1)有中药铺共 14 家,内除一家药铺外,每家中医各一人,共计医生 13 人,内有 12 位是祖传的中医。此外,有单独行医者一人,故本村中医共 14 人。(2)儒医 3 人,均系祖传。(3)西药房 4 家各有西医一人。其学历大致如下:①潮州红十字会护士学校毕业;②汕头福音医院毕业;③潮州红十字会医院毕业;共计 4 人。(4)西法接生一人,广州图强产科学校毕业。(5)产婆一人,没有医学常识,全用土法接生。(6)外科中医,共计 3 人,均系祖传。(7)跌打损伤医生 2 人,均系祖传。

(二)乙村:乙村距甲村虽仅 5 里之遥,但完全是一个偏僻的内地乡村,事实上是无所谓卫生的设备。统计乙村全区,没有西医,仅旧式的中医 3 人及中药铺一家。如要请教西医,只能往甲村及潮安城去。

三、南洋华侨的普通疾病及其治疗

以大体论,南洋的中国人还是保存我国"多子多孙"的民风,因此他们亦有高生育率。譬如在 1933 年海峡殖民地的中国人,其生育率为 43.21②,于各民族中为最高。次为马来人的生育率,即 39.86,最低者为欧洲人的生育率,即 23.98③。

当 1933 年时,在海峡殖民地马来人、中国人与印度人的死亡率为 26.19、24.19 及 22.84,欧洲人仅有 6.26,就中马来亚的中国人死亡率与同时期中国全国的死亡率(约 33.0)相比似乎要低些。

在东印度群岛,欧洲人的死亡率较低于中国人。据有人观察以为中国人所以有较高的死亡率,其主要原因为(1)迷信,(2)教育的缺乏,(3)贫穷④。

在东印度的中国人近来有显著的增加,其主因有三,(1)工人与小商人的增加,他们是季节性的迁民,要于短期内返中国的;(2)在东印度常住的迁民及其眷属近亦增加;(3)侨生家庭(在一代以上者)因生育而增加其人数,上列第二原因实为促成东印度中国人口增加的最要原素,因为他们不但增加人口,并要增加中国人的生育率。

在已往有许多迁民是常住于东印度的,因此他们生了许多儿女们,这种情形近几年来比从前更明显,因此有许多小孩子现在已经成年了,这些人当然要增加当地中国人的数量,他们的父亲或祖父也许是在东印度生的。

照比例说,中国迁民与侨生者的儿女要比成年人多,因此现在未成年的男女将来到他们成年的时候,其数目当然要超过他们的父母这一辈。虽然现在迁民数已大形减少,但因上述未成年的男女将来定有大量的生育,所以中国人口是要着实增

---

① 指医生、医院、药铺等等。
② 原书如此。现今多用千分数表示。保留历史原貌。——编者注。
③ Straits Settlements: *Annual Report on The Registration of Births and Deaths for* 1933, *Singapore*, 1934, P. 6.
④ J. Moerma: *In en om de Chineesche Kamp*, P. 152.

加的。

我们可以假定中国人的生育量是大的,因有许多中国家庭尚以多子多孙为福。关于这一点,他们还保存中国旧文化的观念,已如上述。不过家庭的平均人数,即在最适宜的环境之下,恐怕还是没有增加,或有稍减低些的趋势,亦未可知。

关于死亡率及平均人寿,现无可靠的材料,不过我们的猜想是,这两件事都有进步,因卫生近已有了显著的进步①。

南洋有许多中国人对于卫生还是保存原有的习惯。在南洋居住甚久的中国医生,众口一辞的对我们说:

> 有许多侨胞们,对于旧习惯所谓冷与热的原则尚是坚持的,他们以为冷的食品容易致病,热的食品宜于摄生。不过近年来喜欢冷饮料的人们增加起来了,如鲜果水、汽水、冰咖啡等。这种习惯的改变,恐怕是由于殖民地政府认真施行科学的食品卫生条例所致。

在有些偏僻的华侨区域,旧式的中医还得着一般人的信仰。在西婆罗洲有一个小乡村,地近东万律,那一村的中国人原来从嘉应州迁出者很多,目下总数不过1000人,但有旧式的中药铺3处,其普通陈设与嘉应州100年以前的药铺相似。据本地人说,其生意仍是兴盛的。这不是一个稀罕的例,因为据久居于马来亚及东印度的西医和著者屡次的谈话,大部分的中国人,特别是新由中国迁出者,至今还是相信旧式的中医,并服用中国药。

民风难改,是社会学者所公认的。我们不必远在南洋找证据,即近如香港,我们亦能观察同胞们对于医药的态度。居住于香港的中国人薰染欧化已经很久了,但有许多人还是相信中医的。

> 受教育的中国人虽赏识西医,但人口的大部分还是信托旧式的医药,因此有许多人到生病的时候,还是请教草药师。等到请政府医院来看病的人,大致是已经请教过中医之后,并且他们的病已经是很沉重的了。②

人民对于医药的信托,大部分根据习惯,至于理智的运用是不多的。在香港用牛痘来预防天花,其功效远胜于种痘,但有许多中国人至今还是相信旧式的种痘,有时候使得儿女们冒受极大的危险。

> 大多数的中国人仍旧以为,对于天花的预防,土法种痘胜于牛痘。不过根据下列的分析,这种意见是靠不住的:(1)东华传染病院完全采用土法种痘;(2)政府传染病院采用牛痘。以过去24年的病人来讲,在前者的死亡率为48.25%,在后者为15.53%。③

但南洋卫生工作的进步,一般的中国人都能领悟,特别是富有观察力的人们。譬如马来亚的疟疾控制,在预防及医治两方面都使华侨极端的钦佩。就是橡皮园的

---

① Volkstelling 1930, deel Ⅶ, P. 157.
② Hongkong: *Medical and Sanitary Report for* 1933, P. 33.
③ Hongkong: *Annual Report on the Social and Economic Progress of the Colony During* 1933, P. 7.

中国工人，他们的知识虽然浅陋，但也明了疟疾预防对于个人卫生的重要。

在亚洲人的树胶园中，中国籍医生治过印度工人298人（总数为1523人），中国工人89人（总数为4078人），马来工人41人（他们得病之后大概是回家去了）。当然有些中国人采用旧式医药，因此不入报告。但同时我们可以看出来印度人容易染得疟疾，特别是因为这些树胶园没有预防疟疾的设备。其主要理由是因为中国工人多挂蚊帐，印度人则否。①

在东印度群岛，有许多中国人对于卫生的态度近来也改变了。据一位有经验的荷兰医师说：

中国人利用医院的人数增加起来了。与马来人相比，虽然他们付4倍的费（每人每月一盾，马来人每月付25分）。他们往往早到医院，因此得着较好的注意。恐怕他们是比较聪明些。

有些中国人还是用旧式的药，不过他们不是像在中国的时候一样，要等到病势严重而再想别种医治的方法。马来人或者有此习惯。中国人如遇患病，如果一个医生不对，时常可以换医生。这事大概丈夫作主，而丈夫比较是开通的，所以往往能够找到适当的医生。

"新客"的住宅不一定比在中国时清洁些，但爪哇的环境比较好些。爪哇的天气较热，所以要常洗澡，屋内的空气要常流通，这些是显著的变更。孩子们的皮肤病虽较少于中国，但亦常常遇到，不过他们大概一病就医，所以痊愈的机会就增加了②。

四、个人闲暇的利用

人们有一部分精力分明是用在职业上面，以资谋生，其余一部分当然是娱乐，所以由娱乐我们可以间接的观察他们的生活状况。华侨社区里的娱乐互有不同，这是大体由于习惯。今将每区中比较普通的娱乐列举如下：（1）华侨社区甲的娱乐，其普通者有12种，即跳格子、足球、篮球、纸牌、骰子、麻雀、天九、十二支、鸦片、象棋、音乐（箫笛胡琴）、留声机；（2）华侨社区乙有5种，即跳格子、篮球、队球、拳术、音乐（包括笙笛、胡琴及提琴）；（3）华侨社区丙有6种，即六马直、斜角食、羊虎、石科、陀螺、纱球。内中比较重要的娱乐，可以分类简述如下：

（一）儿童的娱乐。有一种儿童的游戏，在华侨社区内普遍的流行，俗名"跳格子"，其手续是很简单的：儿童们拿白粉笔或石块在地上划一方块，面积约5尺见方，块内分成6个格子。儿童们轮流跳跃，跳时左脚悬空，用右脚把石头一片一次踢入第一格（以后每次跳一格），然后跳入第一格，石头未经推动或推出第一格

---

① Malacca Agricultural Medical Board: *Statements of Accounts and Senior Medical Officer's Report for* 1933, P. 11, Wah Seong Press, Malacca.

② Quoted in B. Lasker's notes (unpublished).

外,或跳出第一格外,都算输的。第二个儿童接上跳跃,各人自有记录。

（二）旧式的户内消遣。户内消遣当然有许多种类,今但举其重要者如鸦片与赌博。在华侨社区中,鸦片是比较普遍的。据当地人的估计,华侨社区甲每5人中吸鸦片者一人,全村吸鸦片者约有500人;每人每日约费国币2毛,或全村每年约费国币54 750元。在华侨社区乙,成年男子的十分之六（农夫除外）是有鸦片瘾的。据本地鸦片专卖铺的报告,全村每日可销国币50元,全年共费18 000元。至于富户在邻县批发者尚不在内。在华侨社区丙有5家公开的烟窟,是禁烟局所办的,吸食的人数虽无统计,但吸烟之风盛行村内。中等以上的人家往往家里备有烟具,如有上宾来访,以鸦片款待。在一般人的心目中,以为鸦片还比茶叙来的体面些呢。

赌博亦有相当的流行。在华侨社区甲,大规模的赌场有二,其一每夜5桌,其一每夜3桌。但在民国十四年春,两处俱被中央军禁止。华侨社区乙有几个家长对我们说:

村内严禁赌博,因槟榔的族人常有信来劝少年,切不可以千辛万苦赚来的钱任意的输出去。

据我们所知,华侨社区乙实际是无赌风的。华侨社区丙有8个公开的赌场,对于地方政府纳捐,番摊最受欢迎。每番摊场须每日捐国币1元2毛。

在南洋的华侨社会,鸦片与赌博大体上是和国内的华侨社区一样的盛行。果然,在菲律宾群岛鸦片早被禁止,在马来亚赌博近亦被禁;在其他的南洋区域,据我们所知,华侨可于某种条件之下,有鸦片与赌博的自由。若以所耗的金钱及受影响的人数论,南洋远超过于华侨的故乡,这由于南洋华侨经济状况较好,且殖民地政府除抽税外,给予相当的自由。

以海峡殖民地论,马来亚政府实行鸦片公卖。鸦片的收入在1918－1921年4年间,每年等于总收入的60%、51%、47%、38%。鸦片的收入在1918年几乎等于该政府总收入的一半。至1934年12月止,马来亚的鸦片吸食者须向政府登记,这表示政府对于取缔鸦片的决心,将来或须禁绝。在东印度群岛,鸦片亦是政府的专利,因此鸦片公卖局是散布于各处,在矿场与农场的邻近比较更多。在暹罗与法属印度支那,凡属较大的市镇,中下等的中国人会集之区都有鸦片馆（通称谈话室）。在南洋的属地里,鸦片吸食者几全数为中国人,但在暹罗,本地人亦有吸食者。

在东印度群岛,赌博的权利是政府特许的。每逢过节或婚丧宴会,事主可向政府请求开赌,在市内每24小时出费50盾,在乡下减半。正式赌场亦由政府抽税,凡工人集居之处赌场较多。法属印度支那对于赌博亦行抽税的办法。

对于鸦片与赌博的害处,著者有极深刻的印象。在1935年,当著者游历网甲岛时,见每一个矿区有一个或一个以上的老人院,住院者几全数是中国工人。他们不全是锡矿工人,因按章在锡矿继续工作满15年者,每月可得养老金3盾,比较得着经济上的帮助。

近邦嘉槟港（Pankalpinang, Bangka）有一个老人院，当时共有132人，他们大多是由高州、雷州、琼州、广州、肇庆、容县去的。他们久居于东印度群岛，约自10年至30年，有许多人已在55岁以上。以与著者相谈的31人论，5人稍有积蓄，回家过2次，7人回家过一次，其余自离国以来从未回家。著者说："你们是老年人了，为什么不回家？"他们的答案是："没钱，鸦片与赌博把我们的积蓄大致花完了。"在矿场附近，鸦片是公卖的，赌场即在矿工寄宿舍里，工人于换班时可随意赌博。

据台湾的经验，鸦片可以提高死亡率。在1901－1927年间，普通死亡率最高为34.5，最低为20.8，平均为21.8；同期鸦片吸食者的死亡率最高者为85.08，最低者为50.73，平均为64.07（或几3倍于普通死亡率）①。

比较有知识的中国人看见同胞们受罪，往往提议禁止。当著者游西婆罗洲时，适近旧历新年，某市有侨胞一队，面陈苦衷，并交公函。其内一段云：

> 现在荷印政府放弃国际条例，私开赌禁，连年出卖赌照，而中华商会牟利分子纷纷投资承购，不顾侨民利害，只企有利之图。此种问题对于国家关系匪浅，特将该政府之通告附呈，便中请先生将此情呈达政府，设法消灭，以解侨民之痛苦。

至于狎妓的习惯，在南洋的华侨比在家乡要自由得多。一则因为经济充裕，一则因为性道德的观念起了变化。譬如华侨社区乙是无妓馆的，因为全村几乎都是一个大姓的同族，别姓人很少。况且村人把妇女的贞操问题看得非常严重，凡遇男女私通等事，他们的家长们或公议惩罚，或把他们驱逐到南洋去。只有对于纳妾，一般的舆论尚无显著的反对。

华侨社区甲内亦无妓院，村中的"放荡之流偷偷摸摸到某县或某市的妓馆，偶尔做些丑事。这些人以回国的华侨占多数，因为他们在南洋过惯放肆的性生活了。"

上列两个区域，对于传统的道德观念比较的根深蒂固。

> 闽南人素来是守旧的。他们向崇朱熹的遗教，因此社会上称孝与贞操为美德。寡妇再嫁是少有的，从前节妇的牌坊是常见的。
>
> 本地人在习惯上如此看重贞操，性的不道德在从前是受严厉的束缚。数年前妓馆初立时，妓女不是本地人，是由台湾、广州、汕头或福州运入的。②

华侨社区丙患花柳病的人，据本地人的估计，每年总有300余人，内中有60多人是被本区及邻镇的妓女传染的，他们再传给他们的妻妾约100余人。此外的花柳病都由回国的华侨从南洋带到家乡。据本地熟悉社会情形者的报告："恐怕华侨社区丙80%的花柳病，是由回国的华侨传布的。"

有一个景况平常的华侨，很坦白的叙述自己的经验说：

---

① International Labor Office: *Opium and Labor*, *Studies and Reports*, Series B. No. 22. P. 41, 1935.
② Lim Bong Keng: *Amoy that remembers the Mings*, *South China Press*, Amoy, Sept. 15, 1934.

> 我 20 多岁就到暹罗做工过活。跟着朋友们常到青楼去玩，因为妓女大半多有梅毒，所以慢慢地我也染上梅毒，我就懊悔极了。暹罗的中国工人很多，大半是年富力强的青年，有许多人是喜欢寻花问柳的。玩妓女在暹罗是一件极平常的事，那里有一句很流行的话："青灯上家乡无想。"意思是说你到了妓院，有花花姑娘点上了青灯，你就什么都不管，连家乡也忘记了。

（三）艺术化的消遣。有些华侨们因有适当的教育及优越的环境，往往采用正当的娱乐。我们进了他们的庭院，就感觉到他们的乐趣和一般无知识的人们不同。他们家内的陈设比较整齐清洁，有书报，有乐器，表示他们对于闲暇的利用是知识的寻求及艺术的享受。

譬如华侨社区丙第 5 号的家庭，关于客厅的陈设，饶有书香的趣味。桌上搁有《四书五经注》、《古文笔法》、《聊斋志异》、《人子须知》（堪舆书）、《御批纲鉴》、学校教科书（小学校），茶桌下搁有报张（汕头《星华日报》），堂上悬挂清代翰林鲁琪光的对联及本乡人温其华的名画。厅堂左右两壁挂新式的画镜屏各四块，左壁上方更挂着本地潮音的胡琴两把。半桌上有留声机一副，椅桌材料多是桑枝红木，非常雅观阅目。从这样的陈设可以知道此家闲暇利用的情形了。

本乡第 4 号家庭，客室中亦陈设着许多消闲的设备。堂上悬挂中堂行书（澄海书法家王抡元书）及四幅新式书画，两壁悬有清代榜眼朱汝珍的条幅及西洋画共 16 块。厅堂上桌搁有《良友月报》、《时兆日报》、《星华日报》及中小学校所用的教科书十余本。靠床上陈设留声机器一副，中西唱片多张。右壁左上角悬有潮音乐器（胡琴及箫）全副。这些乐器，这些读物，多是闲暇时消闲的物品。

（四）户外的运动。户外有组织的运动有足球、网球、篮球、队球等，球类运动是学校所提倡的。譬如在华侨社区甲，篮球很受欢迎，因某学校注重各种的球类运动。据说自某学校成立以来，全省各种球类的锦标，其三分之二属于该校，该校的毕业生就把这种户外有组织的娱乐介绍到别处。目下华侨社区乙的各种球队就是一例。华侨社区乙的祠堂事务所购置篮球和队球，又凡球队往村外比赛时的一切旅费亦由事务所担任。而事务所的经费是由槟榔寄来的，由此可知华侨对于户外运动的鼓励是显然的，因此华侨社区乙的青年与儿童对于球类运动非常感觉兴趣。民国二十三年（1934）12 月初，福建海澄县举行全县球类运动会，华侨社区乙获得篮球及队球的锦标。

五、节令时候的娱乐

在华侨社区内，所有节令时候的娱乐，有含宗教性者，如保生大帝诞日；有含社会性者，如除夕节；有纪念节候者，如元宵节；有纪念收获者，如五谷老爷生日。各地因习惯不同，因此纪念与娱乐的种类亦异，如本书第九章一（四）所述。

每逢重要的节日都要演戏，以资酬神。村中男女老少也藉此穿比较整齐的衣服来凑热闹，大家欢乐一番。戏的种类不一，其号召观众的能力亦不同。以汕头的乡村论之，大别之有潮州戏、木头戏及电影三种。

（一）潮州戏。清代末年及民国初年，华侨社区丙排演潮州戏剧的天数很多，每年大约能占 100 天。自民国十一年"八二风灾"之后，地方元气大伤，常年的戏剧因此大减。两三年后，逐渐恢复戏剧，到民国十六年，才有乐观戏院的创设①。于是乡社之戏减少，普通多在戏院开演了②。

今年（民国二十四年）在乐观戏院③共计演过潮州戏 15 回，每回平均 3 天。平常所演戏目，大概可分 3 类：

第一类古代剧：（1）诸葛亮五丈原自叹；（2）韩文公冻雪；（3）王昭君和番；（4）杜十娘怒沉百宝箱；（5）刘永假不第；（6）妲己乱纣；（7）曹玉屏哭墓；（8）林黛玉伤春；（9）薛仁贵回窑；（10）五虎平南。

第二类现世剧（多取材于电影）：（1）姐妹花；（2）孤儿救祖；（3）大义灭亲；（4）可怜的闺女；（5）火烧红莲寺；（6）烈女报夫仇。

第三类滑稽戏：（1）绛玉；（2）卖牛开厅；（3）群芳楼双姐；（4）阿大阿二；（5）双橹船；（6）桃花过渡。

以上 3 类戏剧，为华侨社区丙最普通者，同时也可知道华侨社区丙的人们对于一般戏剧的趣味了。

（二）木头戏。华侨社区丙之木头戏也很普遍，每年平均排演 80 回以上。凡酬神、神诞喜庆等等，大多排演木头戏，因取其简单和价廉④。

木头戏的情节多采取于潮州戏，但按照本地风俗，凡排演潮州戏多于夜间举行，大致要演至天亮为止⑤，而木头戏虽是夜戏，但不演至天亮。

（三）电影。电影介绍入汕头的乡村是比较近年的事实。在前清光绪二十九年（1903），华侨社区丙的富家每逢节令时期，往往以新奇少见的电影欢迎来宾。但当时影片尽是舶来货物，加以机器不精，开演时动摇闪烁，模糊不清。到民国十二年才有本国电影的演映。自本国电影传到华侨社区丙之后，西洋电影就很少在本地开演，如今呢，就绝无西洋影片的光临。

今年（民国二十四年）共演电影两次。第一次的影片是：（1）狄青大闹万花楼；（2）珍珠塔；（3）火烧九曲楼。第二次的影片是：（1）海外女侠；（2）飞将军；（3）民族英雄。片中情节采取于中国旧有的小说，多是武侠英雄之事，含有警世之意，皆为地方所最欢迎。

六、华侨对于故乡卫生与娱乐的影响

南洋的华侨，特别是教育程度较高者、观察力较强者，对于殖民地里的卫生与娱乐常有良好的印象。他们在家信里或在回国的时候不断地向国人介绍，因此故乡

---

① 演戏无定期。
② 指大戏而言。
③ 指民国廿四年，常年至多也不过 20 回。
④ 凡发生事端，谈判之后，理曲者往往被罚戏一台，此种处罚往往用木头戏。
⑤ 汕头及潮州城内之戏院不守此例。

的卫生及娱乐有局部的改变，已略如上述。兹为醒目起见，就其比较显著者作综合及概括的叙述如下：

上述华侨社区甲在学校附设医院，于诊治教职员及学生外，并对于乡内各界人士免费诊治。在1932年，该校医院共诊（校内及校外）24 674人（包括牛痘及眼科的治疗）。

不过华侨对于医药的观念，不是盲从西医或鄙视中医。经验告诉他们，中医与西医应该分别采用。有一位贫穷侨民的母亲曾经对我们说：

> 我以为内科病要请中医，外科病要请西医。据一般请过中西医的人们，大概有同样的感想。我知道西医的好处，是从本地西医方面得来的，因为看见西医医好过许多病。

有些侨民根据亲身的经验，对于中医和西医有比较真切的鉴别力：

> 关于刀伤、疟疾、皮肤病的治疗，应请西医。我在南洋见过西医诊治外科，非常有效，中医实在不及西医。我以为内科，例如头痛、发冷发热、湿气等症，中医胜过西医。

有一类人因与南洋发生悠久的关系，目睹耳闻西医的治疗，也渐渐相信西医。有一位侨民的妻告诉我们说："我是相信中医的，不过我患了湿气脚软症，丈夫常常自南洋写信来，叫我上汕头去请西医用电治疗，不过到现在还没有去过，我将来也许去试试看。"

至于一般的华侨，对于医药与卫生的态度因经验而异，如下列各段所述：

> 我以前是相信中医的。到了后来我渐渐觉到中医不可靠和不合理，于是我便开始信西医，回国后我仍是请西医看病的。

> 我相信西医，到暹罗之后，我似乎完全用西医了，回国后也常请西医治病。

中等以下的华侨，虽然因经验的结果知道西医的好处，但因医价昂贵，不得不改请比较廉价的中医：

> 我虽然知道西医好，可是西医贵，医不起，于是平日有什么病总请中医诊治。我在南洋时，也曾经见过高明的西医。

> 我信中医，也信西医，可是西医贵，回国后，我就不常用了。我在暹罗时如遇患病，大约有三分之二的时候是请西医和用西药的。

> 中西医我都相信，但是西医太贵，往往请不起西医，只能请中医了。我在星洲时是请西医的，星洲的西医是很高明，所以我很相信西医。我相信西医的念头是在星洲开始的。

有一位华侨在35岁时离家往曼谷当药材店的伙计，目下家道小康，有4个儿子在暹罗经商，他本人告老回乡，主张由个人卫生来改良社会。他说：

> 以大体言，我国的乡下人对于卫生没有正确的观念，因此凡街道、饮食、衣服、住宅等都欠清洁，因此有许多人短命。我们对于卫生应该着实注意才好，我回国之后，不吃未煮熟的食品，我并且不许家里的人饮未开的水。家庭

卫生上了轨道，公众卫生才有办法。

有一个华侨在法属印度支那经商 15 年，于归国之后，述其对于卫生的感想说：

安南的街道大致是干净的，我国的市镇，尤其是乡村，只有污秽的道路。在我的家乡，粪坑是和邻居公用的，人粪是用作肥料的，这与卫生都不相宜。不但如此，蚊虫、苍蝇、秽土必须加以适当的控制，然后传染病可以减少，公众卫生是以进步。

归国的华侨往往以外洋的经验为根据，唤起家乡对于卫生事业的注意。厦门有一种日报（South China Press）是华侨的企业，对于蚊蝇、自来水及住宅等问题，有一次发表社论如下①：

本市的自来水，诚供不应求。再加市民只知谋利，而不讲求卫生，因此，本地遂成产生疫疠最适宜之场所。本市一切拥塞不堪的住宅，应设法阻止之，盖住宅拥塞，则空气难以流通，实为发生疾病的原因。露天的隙地，每见用马口铁、洋灰桶等废物所架成的破屋，居住者均属贫民，他们要想请求卫生，非但无办法，抑且无时间——他们对于清洁的需要，认为是一种奢侈。

要使厦门及其他区域成为适宜的住宅区，其职司社会福利的当局，对于瘟疫传染的预防（例如蚊、蝇、蚤、虱的除灭）应予以审慎的考虑。当局应设一研究部，专管本市的卫生问题，如马来亚的疟疾研究委员会，及伍连德博士指导下的东三省防疫委员会。此种卫生运动不在于宣传，而在实际的工作。故沟渠的改造、水量供给的增进，与夫垃圾废物的处置，即是促进卫生的方法。海河路一带非居住区域，当局应予以适当的管理，以免垃圾任意堆积。泥潭水坑应填满之，否则亦应予以消毒，以绝幼蚊的产生。无论贫富住宅，应一律予以检查，藉以促进居住者宅内空气流通，而使屋内多得新鲜空气与阳光。

至于对于娱乐，华侨最显著的影响莫如户外有组织运动的介绍。南洋华侨早年就喜欢西式的各种运动，如新加坡的《海峡时报》（Straits Times）在 1885 年正月十四就记载那处的中国人组织海峡中国人娱乐会，以便提倡网球、足球、曲棍球等。以后有许多年数，凡遇中国新年，他们多举行比赛。到了今日，马来亚的中国人对于各种运动更有普遍的兴趣。

东印度的中国人，对于娱乐有同样的兴趣，特别是网球、踺球及足球。他们常和欧人、土人比赛，数年前我国的"南华队"往爪哇比赛，更唤起他们对于祖国的爱国心，不但使他们羡慕国内体育的发达，并使他们敬爱祖国，因为他们由我国足球队员的谈话，得到关于我国近年各种进步的消息。

南洋华侨逐渐把西式娱乐介绍到故乡来了。他们虽不是唯一的介绍者，但他们的影响是很大的。在 1900 年以前，香港的中国人起始参加西式运动会。在 1904 年足球会宣告成立，目下南华体育会是我国南部最健全的体育组织②。

---

① *Soccth China Press*, Amoy, June, 17, 1934.

② Quoted in B. Lasker's unpublished notes.

广州是南华第二的体育中心，网球与足球在 1905 年就起始提倡，那时候有广东体育联合会的各种努力。直到 1909 年该会就正式成立。从香港与广州，体育逐渐向他处传播，譬如福建南部，闽南体育会即成立于 1912 年，会址在鼓浪屿。

体育与娱乐的传播虽不全由于南洋华侨，但他们的势力很大，已如本章所述。因他们首先自己表示兴趣，在南洋参加并提倡各种运动，随后介绍运动到南华各市及他们的故乡。他们有时候写信回家，也不断地提倡：

> 听说在新年的时候，实叻（新加坡的俗称）的中国足球队要和槟榔队比赛，我家三哥也要参加。大哥既然于去年（1913）返厦门，我们希望他和别的朋友要极力提倡运动，因运动可以使身体得到健全的发育，特别是少年。

第九章　信　仰

一、信仰与农民的生活

（一）信仰与心理环境。本书第一章以为，我国的海外迁民运动实是生存竞争的一种方式，因借此可与环境相调适。所谓环境的调适是 3 方面的，即自然的、社会的与心理的。本章即以心理环境的调适为讨论的范围。

心理环境实是虚无缥缈的。在乡人的心中，往往感觉到神明的存在，这些神明是可以感觉而不可以理解的。对于这些神明，乡人往往愿意祈求，以期得福而免祸。乡人有许多习惯是不知不觉的，有些习惯是历代传下来的，他们大致不了解习惯的真意义。有些习惯是以生活的实际经验为根据的，对于这些习惯，他们有时候能够明白习惯的效用。无论如何，乡人的心理以为各种习惯在不可知的境遇中，有时候给予他们精神上的安慰。

闽粤乡间因此有复杂的信仰，我们从普通的观察就能得此印象的。据本书的附录第 K 表及 L 表，非华侨家庭 100 户，对于信仰每月有费用者平均占 91 户，其每家每月用费为国币 2.50 元，占杂项总消费的 58.82%；华侨家庭 100 户中，对于信仰有费用者平均占 92 户，其每家每月费用为国币 0.36 元，占杂项总用费的 3.36%。

依上列事实，华侨与非华侨家庭每月都有对于信仰的支出，虽其费用因各家的经济状况与社会地位而显示区别。因此我们可以知道，华侨与非华侨家庭都能领悟到信仰对于生活有亲切的关系。不但如此，在有些华侨家庭尚有比较重视信仰的趋势，因家中既有人在南洋，他们的身体安全或事业顺利，在家中人的臆想，莫非要靠神明来保佑。某调查员对于中等华侨某户作如下的观察：

> 某华侨社区成年男子多是侨居南洋，其家中女人每存仰仗神天庇佑，使男子侨外能得身体平安，且多获财利之念。故每逢夏历之初一、十五两日，及佛祖诞日、"大伯公"神的寿辰等，即必多办钱纸（即冥纸）香烛及糖饼果实等物，前往庵寺神庙祷拜许愿，祝望如心所愿，合家平安。所以几乎各家每月皆有拜神费，且所费实不止其所报之数，盖其意以为报数太多，人将讥其迷信，

故惟从少数报知。如此家本月之拜神费仅5毛，若按其实际当在1元以上，且月月如是，非特本月而已也。

对于神佛的崇奉，妇女们特别表示虔诚：

妈生拜神费9毛5分，此妈生即"天后圣母"，其诞日每年在夏历三月二十三。某华侨社区对于此妈生日，人家多有备办面粿及牲礼钱纸香烛等物。往拜者尤以妇人为甚。此家全系妇人，且以老妇主家，其对于此事当必极其诚意，揣其实在之用费，想不止此9毛5分也。

有些华侨家庭，特别是知识低下、经济困难的人家，凡遇疾病往往求神医治：

遇家人有疾病，如系奇异者，则必往问本乡的神佛或仙师以求治，据说往往有效。若是平常疾病，则延中医诊治。

（二）信仰的种类。就事实言，信仰是不能分类的。据我们的观察，乡间人生活习惯的一部，显然含有信仰的意味。但我们如果以此直接询问，恐遭他们的否认；因为他们对于有些习惯是不知不觉的。有些信仰有复杂的来源，我们对于来源势难逐一列举，况且各地的信仰不是完全相同的。因此我们的尝试不注重信仰的统计，但就其比较与生活发生亲切关系者择要描写，并于可能范围内叙述信仰的变迁，指示变迁的主因及变迁的途径。传统的信仰有神、佛、妖精、祖先等类，除祖先的崇奉外，这些信仰大致起源于佛教及道教，特别是两教的通俗方面。在闽粤的乡村社会，所盛行的信仰只具两教的形式，渐失两教的真义。有一部分的信仰如拜祖，显然是受孔教的影响。新近传入的信仰当推耶稣教，以现势论之，其信徒不多，但有渐增的趋势。

闽南华侨社区乙共有华侨家庭224家，其家长的信仰如下：信神佛者154人，无信仰者60人，信耶教者5人，对于神佛半信半疑者5人。粤东华侨社区丙对于信仰有报告者计912家，其家长的信仰如下：拜神者664人，拜神与拜祖者109人，信佛者90人，信佛与拜祖者27人，拜祖者12人，信天主教者6人，信基督教者3人，信孔教者1人（专指服膺于孔子及其弟子所教者而言）。

（三）人民的信心。神真能降福吗？对于这个问题，不能有一致的答案。有些信徒自己并无坚决的信仰，不过将祖传的习惯照样奉行而已。有些信徒以为佛真能作威作福，的确能够满足他们的精神欲望：

（1）自从15岁的时候我就相信佛爷。假如家中不安，我就去求佛，我相信佛能治妖精鬼怪，靠着他，家里就能平安吉利了！

（2）我相信本地的神佛，向他们祈求可以使家中平安，并可以多福多寿多子孙。我们如要择婚丧的日子或决疑问，多要去求神佛，他们可以作主。我们相信他们，当然是有许多益处的。

（3）我们一家人都是信佛的。我们如逢着盖房子，要先求菩萨；娶新娘，要请菩萨；家里有人生病，要请菩萨；丈夫或儿子要往南洋去，要求菩萨来决定。得菩萨保佑的人家可以万事亨通，否则可以惹祸，我们怎样可以不信呢？

（四）信仰与节令。祀神的仪式不一，有时在家，有时在庙。祭祖可以在家或在祠堂内举行。在潮安某村，每年所拜的神共30种，虽然这不是每家所敬奉的，特别是与职业有关的神。如下表所示：

第 19 表　潮州某华侨社区的信仰：神鬼名称及祀奉日期

所奉祀的神鬼	日期（阴历）	所奉祀的神鬼	日期（阴历）
（1）诸神下降	正月初一	（16）七圣夫人	七月初七
（2）天公圣诞	正月初九	（17）花公花妈	七月初七
（3）抚督圣诞	正月十五	（18）魁星爷	七月初七
（4）文昌爷圣诞	二月初三	（19）孤鬼	七月十五
（5）三山国王圣诞	二月二十五	（20）招财爷	七月二十三
（6）元天上帝圣诞	三月初三	（21）司令帝官	七月二十四
（7）太阳神	三月十九	（22）八仙过海	八月初八
（8）天后圣母圣诞	三月二十三	（23）月神	八月十五
（9）太子爷	四月初八	（24）元天上帝飞升	九月初九
（10）注生娘娘	四月二十五	（25）仙公	九月初九
（11）关公	五月十三	（26）火帝夫人	九月十五
（12）三山国王夫人	六月初六	（27）韩文公	九月十五
（13）慈悲娘（观音）	六月十九	（28）元帅老爷	九月十九
（14）火帝爷	六月二十三	（29）五谷老爷	十一月十四
（15）土地爷	六月二十九	（30）诸神上天	十二月三十

同村每年又有节令，其主要者每年有10种，内中有几种与信仰有关，例如清明与冬至（祀祖）、中元（孤魂）及五谷老爷等。详见下表：

第 20 表　潮州某华侨社区的节令：名称及日期

节　令	日期（阴历）	节　令	日期（阴历）
（1）清明（扫墓）	三月	（6）赏月节	八月十五
（2）端午	五月初五	（7）冬至（祭祖）	十一月
（3）土地爷（大伯公）	六月二十九	（8）五谷老爷	十一月十四
（4）中元节（孤鬼）	七月十五	（9）释迦成佛	十二月初八
（5）地藏王圣诞	七月二十二	（10）福腰节	十二月廿九

二、关于治安的信仰

土地庙是比较最多的。据我们在闽粤的经验，在华侨社区里，每村最少的有四庙，最多的有八庙；在非华侨社区里，每村最少的有二庙，最多的有六庙。庙的规模大致是很小的，通常是在路旁占一所狭小的房子，里面供奉两三位菩萨，但香火是很盛的，因据一般乡人的信仰，土地神保护地方上的治安，所以人人须崇敬的。

有时候土地神是不在庙里供奉的，在家里或在作坊里可用纸像，在坟墓之旁可用石碑，但信士们对于这些象征是一样的虔诚。

（一）大伯公。土地神在潮梅一带俗称"大伯公"，据说这是由马来亚传来的称呼。早年往南洋的潮梅人，因热带地方草木茂蔚，地气潮湿，毒虫猛兽甚多，往往或病或死。他们患病或死亡的主因或因不讲卫生，或因工作太劳，但普通都泛称为"不服水土"。据一位潮州绅士的笔记：

> 有些侨民如有不死而能保存者，实属幸之又幸。此种开荒不死之人，嗣后他人即名之为"开山大伯"。再加一公字者，实表示尊敬之意。所以在马来亚地方，华侨对于土地神皆称之为"大伯公"。及后华侨有回祖国者，遂亦沿用此名，称土地神为"大伯公"。

著者于民国二十四年（1935）游槟榔时，见海珠屿有大伯公庙，其碑文的一段云：

> 南洋言神，辄称三宝大神，或云三宝即明太监郑和也。南洋言佛，群颂大伯公，墓碑一张一丘一马，姓而不名，统尊之曰大伯公而已。

据槟榔屿某华侨的口述，嘉应五属人对于大伯公特别崇敬。因在清咸丰间（1851—1861），有一年疫疠盛行，马来亚华侨死者甚多，但五属人丘某（铁匠）、马某（烧炭工人）、张某（塾师）不死，他们即被尊为"开山大伯"。后人追念他们的功德，立庙奉祀。

南洋华侨不论农工商各界，凡遇建新屋或筑工厂，每于动工之先奉祀大伯公，以求平安。此种信仰，华侨中各帮（包括闽南、海南、广州、潮州、梅县）都是奉行的。但大伯公出游的日期各地各帮略有不同，且大伯公的名称，在暹罗的华侨，改称为"本头公"。

至于奉祀土地神的源起及其降福的种类，据潮州某绅的观察，可以简述如下：

> 农民拜田园的伯公，工人则凡新设一工场，必于兴工之际安设伯公像以崇拜之，然后动工。兴工以后，每日早起必由工头或工人到伯公神前焚香叩拜，以祈每日工作的安全。工场的工程完毕，然后以牲礼香纸等物酬谢拜送。有些信士在家内或工场内永远奉祀伯公，此等人希望因此得福，如平安居住、收成丰足、动作无所伤害等。商人所以崇奉伯公，希望到处可以服水土，因此可以获财利。各人因职业不同，所以求神所降的福亦有不同的种类。

潮梅的居民都说"大伯公"是由南洋介绍来的，这当是仅指名称而言，因土地神的崇奉，在闽粤的乡间实有悠久的历史。土地神的起源传说不一，不免有许多附会穿凿，难以尽信。姑以当地人民的口述，加以各种记载所得，择要述之于下：在潮梅的土地神有时候称伯公或伯爷，前者当是大伯公的简称，后者或系伯益的转音。相传夏禹用其臣伯益开辟土地，烈山泽，使人民得有所居，后人不没其功，所以奉祀。"因土地是到处有的，所以大伯公亦是到处有的。"潮汕的乡间，墓侧往往树立石碑，名曰"后土之神"，这或由于少数文人用《左传》"皇天后土，实所共鉴"及"山川土地之神"一类的典故。潮梅有些土地庙内挂有"福德正神"匾（南洋的大伯公庙内亦往往有之），则系本于经传所载，如"鬼神非人实亲，惟德是依"、"鬼神福善而祸淫"或"有德者神必降之以福"等。

（二）感天大帝。在有些乡村，土地神称为"感天大帝"。有一位老年妇人说：

> 我们村里的井水都是咸的，但离我们不远的山脚下有一个泉，却有淡水，这不是天保佑我们吗？泉边就有感天大帝庙，我们都往那里去烧香。

但感天大帝亦有人以为有历史的根据。南宋末年，宋帝昺被元兵追逐，与其臣陆秀夫逃避于潮州饶平属之大月山（山麓南与樟林乡交界），即在山顶扎营，拟避入饶平沿海的百州及三百门等地，以便与元兵凭险相持。据说某夜山神土地对于宋帝加以默佑，宋帝感其德，封之为"感天大帝"。

三、关于职业的信仰

（一）五谷老爷。在闽粤的乡村社会，不论是华侨社区或非华侨社区，农是很重要的职业。农民所崇奉的神实际有好几种，不过据我们的调查，最普通的是"五谷老爷"，听说是起源于神农，那是每村所敬奉的。因各村的耕种习惯不同，奉祀的日期略有差异，但大致离秋天收割期不远。例如在潮安某非华侨社区为阴历八月十五，在又一相近的非华侨社区为阴历十月十五；在近汕头的一个华侨社区为阴历十一月十五；在闽南某华侨社区，亦有"五谷老爷"的崇奉，但其日期未详。

据一般农民的信仰，他们春天下种，夏天耕耘，谷类能够不受虫伤，不受水旱之灾，那必是受神明的默佑，岂不是"靠天吃饭"的意思吗？某华侨社区的一位老农夫说：

今年是一个好年岁呵！晴天可以耕耘，但不至于太旱。雨水刚刚使苗得能长成，但又没有水灾。老百姓们真是靠天的保佑呢！

（二）几种职业神。其他有许多职业，往往祀奉其开山祖师一人为该业的神。有些开山祖师未必真有其人，或虽有其人但未必实在是该业的创始者，不过俗相沿，一般人信以为真。譬如木工崇奉"巧圣老爷"（据说即鲁班先师），日期为阴历五月初七，筏工崇奉"水仙老爷"，日期为阴历六月十九。此二神于潮安相近的两个非华侨社区特别重要，因两业的人数在彼处是比较多的。商人崇拜"财神"（阴历九月十八）是各地的普通习惯，读书人崇拜"文昌帝君"（阴历二月初三）藉以代替祀孔，因各乡并无孔庙，而读书人实际亦是不多的。

（三）关帝。"关帝"的崇奉（阴历五月十三）大致亦是普遍的，但在有些乡村商人特别起劲。因据一般人的信仰，"关帝"不但是"主持公平"，并能"生财有道"，闽粤人往南洋的，因此往往保存奉祀"关帝"的习惯。不过在有些地方，名称上已有变更。譬如在西婆罗洲的东万律（Mandor），其关帝庙的正匾就称为"山西夫子"〔在爪哇井里汶（Cheribon）的潮觉寺亦同〕。原来关羽生于山西的解州（解梁），因替平民伸冤，恐其为官所拘，逃出潼关，旋在涿州有桃园结义；在他晚年的生活里，屡次显示其勇与义。有些信徒以神的出生地名其神，亦是合理的。

（四）天后圣母。华侨社区里的职业信仰，其最普遍而最重要者当推"天后圣母"（阴历三月二十三）。闽粤的沿海居民，凡以捕鱼及航运为业者大都奉祀之，两省的内地村落，离海很远的区域，其乡民却不知此神的存在。据老年人的传说，福建莆田（兴化）很早就奉祀"天后圣母"，由此逐渐传播到闽粤其他沿海的村庄。

此神与航运业的生活发生极亲切极重要的影响。近汕头的某华侨社区，某绅的族人于最近100年之间，往暹罗者将近500人。其曾祖有一次航海遇大风，飘往琉球，背神像（即"天后圣母"）渡海，得达山东。[第二章二（二）3]

关于"天后圣母"的来源，闽粤沿海各村的妇孺都能说些有趣而不同的故事，但其可靠性大致不高。册籍所载，亦有不同的事实及不同的解释。下列引语对于本故事的叙述及解释，或去事实不远：

莆田县东北70里海中有岛，名湄洲屿，宋元间多居民，以生林孝女著名。孝女系出莆田，唐邵州刺史林蕴九世孙。曾祖保吉，周世宗显德中（954—959）为统军兵马使，弃官归隐湄洲屿。祖孚，袭勋为福建总管。父维悫，为宋都巡官。

孝女行六，为季子。生后弥月不啼，因名曰默。八岁，从塾师读，悉解文义。及长，喜诵经礼佛。

孝女年十六，随父兄渡河，西风甚急，狂涛怒撼，舟覆；孝女负父泅水到岸，父以无恙，而兄没于水，又同母嫂往寻其兄之尸。遥望水族蝟集，舟人战栗，孝女戒勿忧，鼓枻而前，忽见兄尸浮水面，载之归葬，远近称其孝友。

屿之西有门夹乡，礁石错杂，有商船渡此遭风，舟人哀号求救。孝女谓人"宜急拯"。众见风涛震荡，不敢前，孝女自驾舟往救，商舟得以不沉。自是矢志不嫁，专以行善济人为己任，尤多于水上救人，世因称其灵异，流传不衰。清嘉庆时，莆田士人陈池养纪孝女事实，以为："孝女殆海滨之人，习于水性者欤？"

孝女既殁，里人立祠祀之。厥后庙宇遍各省，旁及外国。历朝封祭，尊为天后。中华民国十八年，莆田县县长据九牧林氏阖族绅士呈请，保存孝女庙宇。经民政厅批准备案，惟今将天后宫名称改为林孝女祠；并呈请内政部通令各省保存孝女祠。①

据此林默以孝闻于乡，他人感其孝，立祠崇奉。因孝女曾拯救航渡者，因此船户渔夫及航运业者更为敬拜。不过林默的故事在闽粤传播颇广，因此神话亦逐渐加多。潮州某乡绅曾述其乡对于孝女的故事，有如下的传说：

时值九秋，天后纺织，忽然心动，遂闭目神驰，手握机上梭，脚踏机下轴，炱炱然若有所提。母急呼后醒，后被呼惊醒，哭曰："父幸保，而兄没矣。方脚蹈之轴，乃父之舟，手握者乃兄之舵，因被惊醒，手放兄之舵，兄舟不能获救。"继而报到，兄果没矣。

"天后圣母"不但在闽粤的沿海区域是被人崇奉的，即在南洋的华侨社会亦复如此。不过在南洋有些区域俗称"妈祖"，其庙曰"妈祖宫"。华侨众多的区域，通常有两个重要的宗教中心区，"公祠"所以敬祖，"妈祖宫"所以祀神。泗水的

---

① 郑贞文：《闽贤事略初稿》，P231-232，商务版。据《闽林氏世谱》："林默，宋福建路兴化军莆田县人，生于宋太祖建龙元年（960），卒于太宗雍熙四年（987），享年28岁。"

华侨在同治元年（1862）就设立"妈祖宫"，以为"新德礼，明道义，变鄙俗，必自修身治民事神始"，以便一般的侨胞"知少长之序，有揖逊之容"。每月初二与十六可以奉祀，并劝人捐款，以便侨胞中有死亡或疾病而无力自理者，可由"妈祖宫"施以葬具或药物等。当时有一部分侨胞渐信回教（俗称"毛咸末"教），为年老者所反对，因立"妈祖宫"，藉使"从番设醮"及"拜祷番墓"者，知所猛省。以目下的情形论，南洋一般的华侨（深沐欧化者除外）对于"妈祖宫"的"妈祖"尚有相当的信仰。

四、关于嗣续的信仰

（一）观音。闽粤的乡村社会，对于嗣续的普通观念还是"不孝有三，无后为大"。已嫁妇大致喜欢多生儿女，尤其是男孩，以便继续一家的祭祀。乡间的妇女以为生育这一件事，冥冥中似乎由神明作主，未曾生育者去求神，已经生育者去谢神。所以在漳泉与潮梅，"观音"俗称"送子娘娘"，以为她能把小孩送上门来（如果有人去求她的话）。奉祀观音的日期各地参差不齐，在闽南一个华侨社区为阴历六月十九，在又一个华侨社区为阴历九月十九。每逢观音生日，村人都到庙里去烧香，并供献糕果等。从前向"观音"求子而果然得子者，那一日到庙里来"做敬"，俭朴的人家只在神前挂一块匾（或是布的或是木底金字），写明"有求必应"，富裕的人家往往演戏酬神。离厦门不远的观音庙，有一夜灯光辉煌，乐声悠扬，有一位和尚对观众说：

> 这是本月第二次的酬神戏。主人从前在新加坡经营茶叶业，主妇年逾40，最近产了第一个儿子，弄得满家万分欢喜，因此来谢观音大士，阿弥陀佛！

在南洋的华侨社会里，观音的信仰还是保存着，并且对于这神的基本概念亦无显著的变易。爪哇井里汶（Cheribon）市的潮觉寺（即观音寺）有一联云："大士原是慈悲，莲花贝叶波罗蜜；观音本空色相，辂马金锣福寿男。"

（二）祖先的崇奉。冬至。关于嗣续的信仰，佛教与孔教有亲切的关系，因后者有几种礼节，对于祖宗与后嗣有深刻的意义，如清明的扫墓及冬至的大祭等。

有些人家在家内供有祖宗的"神主"，于某祖的"忌辰"，在"神主"前供奉菜蔬与果物，并焚烧冥钱，以行简单式的祭礼。每逢清明，大致全家的人都往祖宗的坟墓，行比较隆重的礼节。不过关于祖先最隆重的典礼是冬至节，那是在祠堂内举行的。

近汕头的华侨社区丙共有4973家，内有华侨家庭共942家。这区域内共有祠堂52所，就中15属于陈姓，11属于林姓，4属于曾姓，4属于蓝姓，黄、李、杨、宋、池每姓各有2祠，纪、张、马、朱、叶、章、吴、蔡每姓各有一祠。祠堂的建筑费有时候为一家所出，如果这一家特别兴盛的话，否则由同姓的各家摊派。同姓中如有几房先后兴盛，每房可以自建一个祠堂，因此一姓可以有好几个祠堂。祠堂建成以后即有祭产，通常是田地等不动产。祠堂与祭产的管理，大概每家每年轮流的。凡是这一姓的信仰、经济、教育及社会问题，如有必要时都在祠堂内讨论或决定。在这一个社区里，除开各姓的祠堂之外，尚有一个公共的祠堂，其内供奉开创这个社区的名人的"神主"，那就是由各姓的祖先里选出些重要人物就是。

民国二十三年12月22日（阴历十一月十六），陈家祠堂举行冬至大祭。关于大祭的仪式，目下在我国有些区域已不通行，在其他区域虽尚通行，但其礼节业已简单化。因此我们对于本项仪式作简单的叙述，以示我国社会变迁的一种趋势。先述仪式的主要部分，然后对于有些项目，加以短明的解释：

第21表　潮州某华侨社区冬至大祭的仪式

通唱：起鼓。开中门。序立（司事者各司其事）。主祭者就位。与祭孙就位。瘗毛血。盥洗。

引唱：诣盥洗所。进巾。复位。

通唱：上香。

引唱：诣香案前跪！上香。跪！酹酒。叩首。再叩首。三叩首！兴。复位。

通唱：迎神。鞠躬拜（主祭者以下皆拜）。兴。拜。兴。拜。兴。拜。兴。平身。

通唱：奏乐。行初献礼。

引唱：诣显始祖考妣暨列代祖考妣之神位前。跪！初献帛，献爵，献馔！叩首。再叩首。三叩首！兴。复位。

通唱：读祝文。

引唱：诣读祝位前跪！主祭者以下皆跪。读祝文者就位跪！读祝文。叩首。再叩首。三叩首！兴。复位。

通唱：奏乐。行亚献礼。

引唱：诣显始祖考妣暨列代祖考妣之神位前跪！亚献爵，献馔。叩首。再叩首！三叩首。兴。复位。

通唱：奏乐。行三献礼。

引唱：诣显始祖考妣暨列代祖考妣之神位前跪！三献爵，献馔，献饭，献茶，献芙蕾。

通唱：饮福受胙。

引唱：诣饮福受胙位跪！

通唱：诵嘏词（诵嘏词者就位，读嘏词）。

引唱：饮福酒。受福胙。叩首。再叩首。三叩首！兴。复位。

通唱：读祝文者烘祝。司帛者焚帛。望燎。

引唱：诣望燎所望燎。复位。

通唱：辞神。鞠躬。拜（主祭者以下皆拜）。兴。拜。兴。拜。兴。拜。兴。平身。撤馔。礼毕。

上述的祭仪有几项应加以解释，以明祭祀对于生活的影响，及指示南洋的迁民对于家乡的祭祀所引起的重要变迁：

(1) 通赞一人：赞礼员。

(2) 引赞一人：引领主祭者，并将通赞的口令从详解释并唱出。

(3) 主祭者一人：大概是大宗之子（宗子），由开基祖到本人，一直是由大宗传下来的；年龄较老，社会地位较高。

(4) 读祝文者一人：清时以秀才充任，目下用高等小学毕业生，读祝文时用"普通话"，其余时间各人都用本地话；祝文内述行祭的人氏、日期、地点，并祝"列祖列宗畅饮"。

（5）诵嘏辞者一人：大致是有"功名"并有福的人，如子孙繁衍等，庶于嘏辞相当，因嘏辞是祖宗降福的象征，如"来汝孝孙，使汝受禄于天，宜稼于田，眉寿永年，子子孙孙，勿替引之"等语。

（6）礼生若干人：协助主祭者取放祭物等事（桌左的礼生将所供奉的祭物跪授于主祭者，桌右的礼生接置于桌上）。

（7）与祭者若干人：襄助主祭者行祭礼，大致是有功名并在族中占有社会地位者。

（8）初献与亚献时所敬奉的酒馔都是本地的物品；但三献时有一部分的祭物显示南洋的影响，因所献芙蕾，实是饭后助兴的物品，可以用橄榄或蒌蒿①。蒌蒿虽是本地土产，但当作一种祭品，并在饭后贡献，不是本地习惯。南洋的土人嚼槟榔子时②，往往用蒌叶包之。华侨模仿此种习惯，后又介绍到家乡，并在祭祖时用之。

（9）望燎在历史上是用一堆柴物点火焚烧，目下则用燃放鞭炮代之。

（10）大祭毕，一部分司事者可以分得祭物、礼品及坐席，特别是①主祭者，②高寿者（自60岁起），③有功名者（自高小毕业生起），④值事者，⑤新婚者，⑥新得子者。其所得的礼物各有不同，如新得子者可得饼2元；值事者棹面全付，坐席；宗子可得棹面全付，大狮一只，福胙2斤，羊肉3斤，坐席；高小毕业生可得棹面全付，坐席；寿到90岁者可得棹面全付，大狮2只，坐席。

不过在南洋有些区域，奉祀的仪式业已改变。譬如在东印度的一部，侨生家里的"神主"不写祖宗的生日与死日，但用一幅风景画（有时候是手绘的，有时候是电镀的）装以美丽的镜框，其用意恐是在奉祀的时候由风景引起奉祀者的记忆，激动宗教的观念。坟墓的建筑大致援照潮汕与厦门一带的模样，但即在清明节，扫墓的习惯不是普遍的。

有些祭祀的仪式在国内业已废除，但在南洋还可以遇见。例如著者在泗水（Soerabaja）所见者（1935年），特别是某家因父死，其长子须带孝27个月。不过有些习惯业已混有南洋的风俗，譬如灵前的"子孙灯"，不是用菜油灯或蜡烛，乃用电灯代之；又如孝子带白布头巾，穿白布衣，但跣足。跣足不是温带居民的习惯，这种改变分明是我国迁民对于热带环境的调适。孝子行拜跪礼，来宾行鞠躬礼。有一位侨生的朋友说：

> 丧事的礼节是很隆重的。长子在荷兰上学，乘飞机赶回奔丧，他要穿白色丧服27个月。听说关于这一点，在祖国有些区域已是不通行了。今晚行"点主"礼，由一位本地有名誉的侨胞主持。我们虽离国多年，但是有些礼节还愿意保存祖国的旧文化。

---

① 蒌蒿（Celosia argentea），苋科，鸡冠属，野生，高一二丈，花淡红色，长椭圆形的穗状花序。以其花叶似鸡冠，嫩苗似苋，故又有"野鸡冠"、"鸡冠苋"等名。

② 槟榔（Areca catechu），棕榈科，木本，高3丈许，羽状复叶。小叶的上端，其形状宛如啮而断之者。干似椰子而细，每一干三四穗，每一穗上结实三四百颗。槟榔东印度原产。

五、关于生活状况的信仰

闽粤的乡间，有许多人的日常生活不知不觉的与神明相调和。有些动作他们要求神明的保佑，有些动作因为习惯是如此的，他们也不过照样奉行而已。这些动作是繁杂的，例如住宅的坐落、坟墓的位置、结婚或安葬的日期、井与河的修掘等。

如果有人要兴造新屋，那么关于房屋的方向与位置、动土的日期、上梁的日期等，都须由专家来决定；这些专家俗称"风水先生"，或泛称为"堪舆家"。据潮梅乡间的信仰，"杨公先师"是保护住宅的神，凡起盖新屋，必须先求"杨公"庇佑，同时再请风水先生，拟定较详并较平安的计划。

在民国二十年冬（1931），闽南某华侨社区里，有许多小孩们在鳌头宫内煨番薯，因不戒于火，遂把庙屋焚烧，连庙内所供的天后圣母神像亦烧去一部。这次不幸事件发生以后，全村的善男信女发生了难以形容的情感，他们的心里充满了惊惶惋惜与羞愤的情绪。某堪舆家后来占卦云："这次火灾的主因，由于村内华侨某君新盖洋楼，破了鳌头宫的风水。"这番预言传到听众的耳鼓，使他们变了一群疯汉，蜂拥前去，急忙地把洋楼推倒。事后屋主得讯（时在小吕宋），立即托人在家乡提起民事诉讼，据说至民国二十三年底止（1934），此案尚未结束。

调查员某君的笔记，载其对于乡民的谈话说：

问："听说贵村李先生由南洋回来替大儿子办喜事么？"

答："是的。不过据算命先生说，按照新郎与新娘的八字，这两个月之内排不出吉利的日子，使得男女两家都可以得福。因此婚期展缓，李先生亦于前日回金边（Phnom Penh，属印度支那）去了。"

潮安属有一个乡村，其住户只有一姓，约100家，同宗的男子过半数是往马来亚的，其村长解释二房衰落与四房兴盛的主因说：

南山原来是一个虾形。二房的坟墓据虾头，后来是人财两旺的。近来他们把一部分茔地让给四房了。四房有一个坟，不幸占住了二房曾祖墓的青龙首，因此四房兴而二房败运了！

六、其他的信仰

上面的分类是勉强的，仅能指示乡间信仰的大概，其实他种信仰尚繁，不胜枚举。前述的信仰，奉祀人的主要目的是比较单纯的，此外尚有些信仰含有繁杂并混乱的目标，虽其对于一般人的生活亦发生亲切的影响。

（一）安济圣王。据潮州民间的传说，明时有潮人谢某服官于云南，因犯法被拘，梦王伉来救，脱逃归家。谢某因感王伉恩，在潮立庙以祀之，称为"安济圣王"。三国时当诸葛亮征蛮时，永昌郡太守雍闿与牂柯郡太守朱褒叛，惟雍闿的僚属王伉会集百姓，死守永昌郡，坚持十余年。王伉没后被封为神，后人建庙崇奉以示不忘其德。民国二十四年"安济圣王"在潮州某处出游时，费时3日，费银5000余元，观者邻近各县多有。

安济圣王每次出游,例有先期 2 天之鼓乐游街,总共 3 天热闹;游人当于第三日(阳历 3 月 2 日)为最多。其最美术值得观赏者厥为花灯戏景、鲤鱼杂灯、龙湖舞龙、傀儡影戏及梨园戏班等。

花灯戏景一项,系由工匠用各种材料制为古今人物,缀以木石花卉,状如俳优,中点汽灯,煌煌华丽。此次合众社计抬花灯 10 屏,中以"青梅记"、"平南蛮"、"金山寺"等戏景最为出色。每屏约费百余元,可见工料之大。①

(二)正顺宫,谢安。闽南某华侨社区,其居民的祖先以为是由河南迁往的。村内有"正顺宫"奉祀谢安及其侄,据云因谢安淝水之战,祖先在中原时慕其勇与诚,曾经奉祀,后来迁居闽南,保存此习惯。村中有许多人是往南洋的,在南洋亦有"正顺宫"。不但如此,南洋方面于家乡兴造正顺宫(嘉庆二十三年,即 1818)及两次重修时(同治十三年,即 1874,及民国六年,即 1917)都捐款接济。正顺宫内并奉祀文昌神像,足见信仰的复杂。

(三)王爷。闽南三个华侨社区有"王爷"的信仰,那是英雄崇拜的又一种。(1)某村崇奉"池府王爷",据说有"代天巡狩"的职权。每逢阴历七月演戏一次,费用颇大,内中一部分由仰光华侨(文山堂)担任,在民国二十三年时,其捐款为国币 600 元。(2)某村里将"李元帅"与"王府王爷"合祀于"拱豪宫"内,乡民不知神的职守,不过大家相信他们能够使地方上不动干戈,及使盗匪灭迹。"王爷"出巡时有音乐、彩灯及花炮等。(3)某村在每年阴历十月举行"王爷节",一般善男信女在本村大祠堂内焚香祝拜,家家都杀鸡鸭猪羊来祭。

马六甲(Malacca)的华侨目下还是奉祀"王爷"的,俗称"清华宫勇全殿仙舟游行"。据马六甲青云亭(即观音庙)一碑,称甲必丹李济博为"银同(同安)之鹭江(厦门)人",因"明季国祚沧桑,航海而南行,悬车此国",遂为华侨最早至者之一(碑立于龙飞乙丑年,疑是乾隆十年即 1745②)。与其同时至者有三都(海澄)、曾家湾(厦门)等处人,足见马六甲最早的华侨是由厦门近处迁出的。"王爷"的信仰原来盛行于闽南乡间,因此这种信仰必由闽南传入马六甲无疑。

马六甲华侨举行"王爷"第一次出游时在 1856 年(咸丰六年),嗣后每隔数年举行一次(自 5 年至 14 年不等)。在 1933 年,其举行期为自 11 月 27 日至 12 月 8 日(即阴历十月十二至二十一)。最惹人注意的部分,是此种迎神先有采莲队,继之以"王舡",再继之以五王爷的神像。采莲队员"身穿白色制衣,头戴圆形白帽,围以红绸小带,腰束红绸长布;跣足,手握如舟中之木桨一枝"。行时两人一排,共约 25 排,唱采莲曲,内有"代天巡狩播威扬"句。手中所持的木桨"随时作势,以效摇船的动作"。游行毕,"王舡"焚烧。

---

① 《星华日报》,汕头,民国二十四年 3 月 2 日。
② 按我国历史,在明清之交并无"龙飞"的年号。在东晋时曾有龙飞时代,但仅有 3 年(396—398)。此处所称"龙飞",疑是马六甲的迁民自立的,因闽南有些迁民于明末清初离国,抱有扶明灭清的志愿,他们及子孙或因此不用清朝的年号。犹之孙中山先生在南洋奔走革命时,所发"华侨革命捐款"的收据,不用清朝年号而自立"天运"的年号。

马六甲的"王爷"与闽南的旧俗，有同点亦有异点。"王爷"同为五神（但闽南有些区域不奉五神），神的职守同是不肯定的，仅说"代天巡狩"。在马六甲游行之后，即把"王舡"烧去；在闽南只有福州的习惯于礼毕焚船。最显著的相异点是，马六甲的游神有采莲队，在闽南各处未闻有此风俗。

关于"王爷"的起源传说甚多，今述其一如下：

> 据说明永乐帝见迷于龙虎山某道士，颇欲乘机试其法术；乃暗中训练亲信之臣为乐工，让他们在地窖下奏乐。帝诳谓道士曰："邪鬼作乐，请驱除之。"道士用法剑斩各乐工头，死鬼因冤魂不散，常来扰永乐。帝复请道士以法术诱囚鬼魂于木箱，浮于海。遇海边有人，开箱，鬼魂逃归。道士劝帝封各鬼为"王爷"以平其气，内有五姓（朱、温、池、李、白）渡海至马六甲。①

七、信仰的变迁

闽粤乡村社会的信仰近年来已有变迁，其变迁的主要原因当推教育与迁民。学校、新闻纸、乡间与城市的交通是表示前者的势力，至于迁民在南洋，因有新经验与新知识，可以影响到他们自己或家庭的信仰。

（一）冲突的情感。有些人因为知识或经验增高以后，其心中对于旧信仰发生怀疑。"神佛是泥塑木雕的，哪里真能作威作福呢！"怀疑派的心境常有冲突的情绪，情绪冲突的结果，对于旧信仰或藐视或破坏。闽南某村的关帝庙，其神的胡须有一日忽然不见了。管庙人细心观察，发现神须在庙旁的桑树上飘摇于风中。近汕头的某村因逢大旱，村人向海龙王求雨而雨久不至。海龙王神像忽然失踪，但3日之后，韩江下游的乡民在江中捞起神像，因认识神袍，把海龙王像送归原庙。

有些人因知识与经验的提高，对于旧信仰虽不亲自破坏，但表示不信任。有些南洋华侨表示坚决的态度说：

（1）我不信柴头！我以为拜神的习惯应该打倒！

（2）我不信神，也不信宗教，因为我觉得神如要人给他香烛才加以保护，那保护的程度决不会高的。外国人就不信神。

（3）我在小时候信神拜菩萨，但出洋后这种习惯已经改了，因为拜神的费用太大，且于事实无益。

在南洋的时候，有些侨民因和欧洲人有接触，觉得自己的生活习惯有变更的可能。因此对于有些旧观念，如风水命运等，或抱半信半疑的态度，或抱除旧取新的态度：

（1）我对于风水已有一点马虎主义了。我以为一个人只要有力量，肯努力，他自然会发达的。

（2）我对于风水是在矛盾中，半信半不信。信是由于风俗造成的，不信

---

① Tan Seng Tee, M. D.: *The Great Wangkang Festival: Its Origin, History and Significance*, in the Memento of Wangkang Ceremonial and Procession, *The Malacca Guardian*, Malacca, Nov. 26, 1933.

是根据做人的经验。我的儿子（侨民）不信风水，他说西洋人不信风水也可以发财。

（3）我以为无所谓命运，只要努力，人的生活便可以充实。一个人能否成功，也是看各人的努力如何，命运究竟是有些欺骗性的。

（4）我不信风水命运这一类的幻想，因为我的丈夫常由南洋写信回来提醒我，劝我不必相信风水与命运，因为风水与命运对于他的生意完全没有帮助。

（二）调和。知识较高经验较富的人们，对于旧信仰往往求与在变迁中的社会适合。近汕头的一个华侨社区共有小学校28所，内中利用祠堂为校舍者13所，利用庙宇者10所，已拿祠堂和庙宇逐渐作为灌输儿童们新知识之用。闽南某华侨社区有一个祠堂近已改作村公所的办事处，又一祠堂改为西医的诊疗所。村内又有一庙共3屋，两旁屋改作小学教室，中一屋悬以白布一块，布后安置神像，烧香者可以自由出入。布前放些游戏器具，以便小学生在户内游戏。

潮州某华侨社区在街巷间往往贴有小学毕业生的告白，红纸黑字，类似前清的"喜报"："某君业在某小学校修满各课，并奉教育局令，在该校举行毕业考试，考试及格，准予毕业。"在科举时代，有人"入泮"，便成"秀才"，于是衙门差吏往秀才家中报喜，并张贴红纸黑字的告示。这种旧习惯的精神至今还是保存，分明和新环境相调和了。

在传统的习惯上，匾额是表示功名的徽志。但闽南某华侨社区，其祠堂内有一匾，颜曰"法学博士"，旧制度与新文化相调和，这是一个显例。著者游网甲岛（Bangka）时，侨生某家大厅中有一横额，题"甲必丹大"四字，虽属汉字，但非纯粹华俗，否则应把"大"字居第一位置。上述排法实模仿马来人习惯，把"大"字作为形容，置于名词之下，这亦显然对于当地的社会习惯施以适当的调和。

（三）新信仰的接受。近汕头的某村有天主教徒及新教徒，据说他们的信教与移民有深切的关系。第一个天主教徒是黄某，他是新加坡的华侨，约于50年前在新加坡信教的。信教以后，他写信回来劝其妻入教，她亦入教。10年以后黄某回乡，他就用一间矮小的房子作为教堂，以便祈祷。民国七年此屋为地震所毁，近年教徒渐多，目下已有150人，乃另租较大的房一所作为教堂。某牧师说：

> 天主教对于教徒们的生活业已发生重要的影响，因为他们非但能熟读圣经，因此得着道德的训诲，并且他们的日常生活也比入教前肯负责任，肯彼此信赖，并表示诚实。

同村在1872年时就有教堂，其创始者是黄某。他是穷家之子，父亲曾往南洋谋生，母亲多才，在40岁时有一日因听人传道，大受感动而信教。黄某幼时在汕头近村读圣经，后即信教。在1872年，黄某加入汕头区的4个新教礼拜堂之一，其后负责创立20个礼拜堂于汕头区。目下在某华侨社区的礼拜堂，有会员约200人，一切经费都由本地筹措。每逢星期日有祈祷会，但因领袖不得其人，精神不见甚佳。

有些耶教徒以为，耶教对于生活的各方面有亲切的影响：

> 我信天主教，是跟着父亲信的。我的父亲从前在安南做生意，他因法国神父的劝导，在那面进了教。他寄回天主教救世的图书，劝我们也进教，说进教可以得到快乐。我听了他的话我就入教，果然觉得生活安定的多啦。

潮安某君，他们家里信耶教已经3代了。一日述说他们对于宗教的态度：

> 耶稣劝人为善。我们入了教，我们就不能赌，不能吸鸦片，不能骂人，岂不是把生活改善了吗？

南洋的华侨对于新信仰，以回教与耶教两种为最重要。在东印度群岛，回教的信徒在历史上已经是不少的，在马来亚的回教徒大致由于中国的男子和马来亚的女子结婚的结果。

在菲律宾群岛，有一部分的华侨逐渐相信天主教，在东印度群岛，天主教与新教划分区域来传播福音。不过以大体论，天主教对于华侨的势力似乎要广些。

在马来亚的华侨，信耶教的人数是不多的，在1931年有耶教徒30 738人，或等于华侨总数的1.8%。海峡殖民地的耶教徒比马来联邦要高一倍，非马来联邦的耶教徒最少，但那边的中国人亦最少。在1921—1931年间，在马来亚的中国耶教徒增加了50.2%，同期间的中国人口增加了45.5%。

附　录

第 A 表　粤东闽南 10 个华侨社区的人口与耕地

	面积		人口③	生育率	死亡率	婴儿死亡率	已耕地		人口密度		平均每人所有耕地（亩）⑧	平均已耕地所有人数	
	方市里①	方哩②					亩④	喊⑤	方市里⑥	方哩⑦		亩⑨	喊⑩
晋江	6500	627.47	663 522				385 000	58 520	102	1057	0.6	1.7	11.3
同安	5800	559.90	147 716				98 000	14 896	25	264	0.7	1.5	9.9
安溪	7800	752.97	426 052				417 000	63 384	55	566	1.0	1.0	6.7
龙溪	3700	357.18	262 974	40.4	48.0	187.5	165 000	25 080	71	736	0.6	1.5	10.4
思明	900	86.88	426 438				54 000	8208	474	4908	0.1	7.8	51.9
海澄	3500	337.87	123 262				151 000	22 952	35	365	1.2	0.8	5.3
饶平	10 996	1061.49	528 392				434 000	65 968	48	498	0.8	1.2	8.0
潮安	5885	568.11	753 445	27.9	27.9	277.8	623 000	94 696	128	1326	0.8	1.2	7.9
澄海	1709	164.98	446 869				318 000	48 336	261	2709	0.7	1.4	9.2
潮阳	4401	424.85	857 650				535 000	81 320	195	2019	0.6	1.6	10.5
统计	51 191	4941.70	4 636 319				3 180 000	483 360	91	938	0.7	1.4	9.5

①③⑥系内政部统计司二十四年 8 月出版之《全国各市县土地人口调查》一书内之数字。

②根据桂中枢编《英文中国年鉴》1935—1936 年，以 1 市里 = 0.3107 哩，由此折合成 1 方市里 = 0.09653449 方哩，从①数字折成②数字。

④系《统计月报》（二十一年 1、2 月合刊）之数字。

⑤以上列刊物 1 亩 = 0.152 喊折成该项数字。

⑦ = ③ ÷ ②，⑧ = ④ ÷ ③，⑨ = ③ ÷ ④，⑩ = ③ ÷ ⑤。

第 B 表　非华侨家庭生产者的职业分类
（民国二十四年 3 月至二十五年 2 月）

	每户每月入款（国币）	14.99 元以下	15—24.99	25—34.99	35—80	户数统计
单	农夫	1				1
	樵夫	1				1
一	店员	1		1		2
	书记				1	1
职	工人	1	1			2
	农业副业者	1				1
业	总计	5	1	1	1	8
两	农业者，农业副业者	11	4	3		18
	农业者，商业者	7	4	2	2	15
种	农业者，自由职业者或公务人员		1	2		3
	农业者，工人或杂役	14	3			17
职	农业副业者，工人	3	1			4
	店员，无技工人	1				1
业	总计	36	13	7	2	58
三	农业者，农业副业者，商业者	5	4	4	3	16
	农业者，农业副业者，利息收取者				1	1
种	农业者，农业副业者，工人	3	4		1	8
	农业者，农业副业者，公务人员				1	1
职	农业者，农业副业者，自由职业者		1	3		4
	农业副业者，杂役，行贩	1				1
业	农业者，店员，工人	2				2
	总计	11	9	7	6	33

（第 B 表续）

每户每月入款（国币）	14.99 元以下	15—24.99	25—34.99	35—80	户数统计
四种职业 农业者，农业副业者，教员，店员			1		1
四种职业 总计			1		1
共　　计	52	23	16	9	100

第 C 表　华侨家庭的每月入款：南洋汇款，本地收入：实数与百分比

（民国二十三年 10 月至二十四年 9 月）

入款组（国币）	家数	平均每家每月所得的南洋汇款	平均每家每月在本地所得的收入	平均每家每月收入总数
20 元以下	17	11.4	3.7	15.1
20—49.99	49	25.7	6.2	31.9
50—124.99	21	68.1	18.5	86.6
125—250	13	192.6	36.3	228.9
总　　数	100	53.9	12.3	66.2

百分比

入款组（国币）	家数	南洋汇款	本地收入	合计
20 元以下	17	75.5	24.5	100.0
20—49.99	49	80.6	19.4	100.0
50—124.99	21	78.6	21.4	100.0
125—250	13	84.1	15.9	100.0
总　　计	100	81.4	18.6	100.0

第 D 表　汇款回国的分类侨民：汇款者实数与百分比

（民国二十三年 10 月至二十四年 9 月）

汇款组（国币）	佣工	行贩	商店记账	商店司理	商店主	有两种以上之职业者	家数总计
20 元以下	23	1	4			1	29
20—49.99	15	8	8	4	2	6	43
50—124.99		1	2	5	10	3	21
125—250					6	1	7
总　　计	38	10	14	9	18	11	100

百分比

汇款组（国币）	佣工	行贩	商店记账	商店司理	商店主	有两种以上之职业者	合计
20 元以下	79.3	3.4	13.8			3.4	100.0
20—49.99	34.9	18.6	18.6	9.3	4.7	13.9	100.0
50—124.99		4.8	9.5	23.8	47.6	14.3	100.0
125—250					85.7	14.3	100.0
总　　计	38	10	14	9	18	11	100.0

第 E 表 华侨家庭每月的盈亏
（民国二十三年 10 月至二十四年 9 月）

入款组 （国币）	家数	全年每家每月平均盈余（+）或亏短（-）	
		房租在内	房租除外
19.99 元以下	17	-1.46 元	+0.22 元
20—49.99	49	+3.40	+6.08
50—124.99	21	-1.63	+12.12
125—250	13	+2.90	+47.70
总　计	100	+1.45	+11.76

第 F 表 非华侨家庭每月的盈亏
（民国二十四年 3 月至二十五年 2 月）

入款组 （国币）	家数	全年每家每月平均盈余（+）或亏短（-）	
		房租蔬菜柴草在内	房租蔬菜柴草除外
14.99 元以下	52	-3.61 元	-0.83 元
15—24.99	23	-2.31	+0.69
25—34.99	16	+0.38	+4.06
35—80	9	+13.48	+21.40
总　计	100	-1.13	+2.30

第 G 表 非华侨家庭的每月生活费（房租在外）：实数与百分比
（民国二十四年 3 月至二十五年 2 月）

入款组 （国币）	家数	食品	衣服	燃料灯油	杂项	总计
14.99 元以下	52	8.05	0.80	0.35	2.53	11.73
15—24.99	23	11.55	1.10	0.55	4.25	17.45
25—34.99	16	15.10	1.75	0.72	6.43	24.00
35—80	9	19.81	3.52	1.14	8.81	33.28
总平均	100	11.04	1.27	0.53	4.11	16.95

百分比

入款组	家数	食品	衣服	燃料灯油	杂项	总计
14.99 元以下	52	68.63	6.82	2.98	21.57	100.00
15—24.99	23	66.19	6.30	3.15	24.36	100.00
25—34.99	16	62.92	7.29	3.00	26.79	100.00
35—80	9	59.53	10.58	3.42	26.47	100.00
总计	100	65.13	7.49	3.13	24.25	100.00

＊此表为每家实在支出之数，将自家所有之房租与食品中之菜蔬及燃料中之柴草除去之后，计算而成者。

第 H 表　非华侨家庭的每月生活费（房租在内）：实数与百分比
（民国二十四年 3 月至二十五年 2 月）

入款组（国币）	家数	食品	衣服	房租	燃料灯油	杂项	总计
14.99 元以下	52	8.59	0.80	0.97	1.62	2.53	14.51
15—24.99	23	11.90	1.10	1.25	1.95	4.25	20.45
25—34.99	16	15.64	1.75	1.65	2.21	6.43	27.68
35—80	9	20.39	3.52	5.71	2.77	8.81	41.20
总平均	100	11.54	1.27	1.57	1.89	4.11	20.38

百分比

入款组	家数	食品	衣服	房租	燃料灯油	杂项	总计
14.99 元以下	52	59.20	5.51	6.69	11.16	17.44	100.0
15—24.99	23	58.19	5.38	6.11	9.54	20.78	100.0
25—34.99	16	56.50	6.32	5.96	7.98	23.23	100.0
35—80	9	49.49	8.54	13.86	6.72	21.38	100.0
总计	100	56.62	6.23	7.70	9.27	20.17	100.0

第 I 表　华侨家庭的每月生活费（房租在外）：实数与百分比
（民国二十三年 10 月至二十四年 9 月）

入款组（国币）	家数	食品	衣服	燃料灯油	杂项	总数
19.99 元以下	17	10.38	0.86	2.15	1.49	14.88
20—49.99	49	69.96	1.76	3.42	3.68	25.82
50—124.99	21	47.44	4.40	6.26	16.38	74.48
125—250	13	97.20	7.13	12.96	63.91	181.20
总数	100	32.67	2.86	5.04	13.80	54.37

百分比

入款组	家数	食品	衣服	燃料灯油	杂项	总数
19.99 元以下	17	69.76	5.78	14.45	10.01	100
20—49.99	49	65.69	6.82	13.25	14.25	100
50—124.99	21	63.69	5.91	8.40	21.99	100
125—250	13	53.64	3.93	7.15	35.27	100
总数	100	60.09	5.26	9.27	25.38	100

第 J 表　华侨家庭的每月生活费（房租在内）：实数与百分比
（民国二十三年 10 月至二十四年 9 月）

入款组（国币）	家数	食品	衣服	房租	燃料灯油	杂项	总数
19.99 元以下	17	10.38	0.86	1.68	2.15	1.49	16.56
20—49.99	49	16.96	1.76	2.68	3.42	3.68	28.50
50—124.99	21	47.44	4.40	13.75	6.26	16.38	88.23
125—250	13	97.20	7.13	44.80	12.96	63.91	226.00
总数	100	32.67	2.86	10.31	5.04	13.80	64.68

百分比

入款组	家数	食品	衣服	房租	燃料灯油	杂项	总数
19.99 元以下	17	62.68	5.19	10.14	12.98	9.00	100
20—49.99	49	59.51	6.18	9.40	12.00	12.91	100
50—124.99	21	53.77	4.99	15.58	7.10	18.56	100
125—250	13	43.01	3.15	19.82	5.73	28.28	100
总数	100	50.51	4.42	15.94	7.79	21.34	100

第 K 表　非华侨家庭的杂项用费：实数与百分比
（民国二十四年 3 月至二十五年 2 月）

项目	平均家数	每月每家平均用费（国币）	百分比
卫生	75	0.24 元	5.65
教育	16	0.10	2.35
纳税	47	0.36	8.47
娱乐	8	0.01	0.24
礼物	5	0.07	1.65
家具	26	0.17	4.00
烟酒	54	0.13	3.06
交际	2	0.01	0.24
交通	52	0.10	2.35
拜神	91	2.50	58.82
其他	27	0.56	13.17
总计		4.25	100.00

第 L 表　华侨家庭的杂项用费（包括或不包括婚费）：实数与百分比
（民国二十三年 10 月至二十四年 9 月）

项目	平均家数	每月每家平均	百分比	每月每家平均[②]	百分比
卫生	52	0.17	1.22	0.17	1.59
教育	34	1.28	9.20	1.28	11.95
纳税	44	0.66	4.74	0.66	6.16
娱乐	19	0.05	0.36	0.05	0.47
礼物	34	0.69	4.96	0.69	6.44
家具	46	0.55	3.95	0.55	5.14
烟酒	27	0.46	3.31	0.46	4.30
交际	24	0.21	1.51	0.21	1.96
婚费	1	3.20	23.00	—	—
车费	20	0.02	0.14	0.02	0.18
拜神	92	0.36	2.59	0.36	3.36
其他	75	6.26	45.00	6.26	58.45
合计		13.91[①]	99.99	10.71	100.00

①此项数字与五大类表内者略有上下，因两表所用平均法不同。其他细分各表亦同一原因，但俱相差甚微。

②除婚费一项计算者。

（商务印书馆 1937 年印行）

夏威夷之华侨

H. L. Shapiro 著

导 言

此次杭州太平洋会议圆桌会议，把"移民问题"和"种族问题"合并为一组，这是值得我们注意的。在以往我们讨论移民问题时，总不免专从政治或经济方面着想，所研讨的大都着重于人口过剩地方移往人口低落地方的利弊何如，雇用职工移民有何利益与危险，以及其他类似的问题，而忽略了一个根本问题，这问题便是：从体格上看，移殖对于收容移民国的后代子孙有何影响？提到这个问题，一般人每每容易不经过一番合乎科学的考查而随便给一个答复，这答复是移殖时随着当地人一时的兴致而定。他们或者以为这种移民的迁入有一种好结果，对于本土人的血统可以灌注一种新生命；或者以为这种移入有不好的结果，毒害了本地原有的血统，破坏了本土人各种高尚的性格。直到近年来，我们才能比较的打破这种成见，努力从事于精细的考查，研讨移入某地的人，因着通婚之故，对于本土人身体之特性上究竟有无影响，以及有如何之影响；反之，移殖的人因着此种变迁，自身又受如何之影响。

因为实际便利的缘故，我们在太平洋各地域中特选定夏威夷岛作为研究此问题的材料。我们对于种族混合各方面先有一种开端的研究之后，现在再进一步作比较深切的研究。这研究是想多搜集些现今所难得的材料，如种族混合之后所遗传下来的特性是否显然属于某一种的，或是因为适应环境的缘故，移入的人在体格上有何种变迁。这些问题的答案，对于各处应采的人口政策，实在是有极重大的关系。不过这次对于夏威夷研究的结果，未能十分完满，而只是一种初次研究的简略报告。这报告虽则不完全，但也可以表明我们研究所用的各种方法，以及我们认为尚未能确定的结论。

不过本文之提出杭州大会，太平洋学会美国分会对于作者此文中所举的事实或所发的意见，并不负何种责任。此种事实和意见好像本人亲口讲述的一样，均归作者本人负责。

一、绪 论

华侨移殖夏威夷岛的经过，是两种民族互相接触一种很有意义的史实，但是没有充分的记录。凡80年之久，这些中华的侨民侨居在这个根本不同的新环境里；我们可以看出在这80年之中，主体上还是保留他们那种传统的习俗。不过本文所要讨论的，并不是关于华侨在社会习俗上如何适应夏威夷的新环境，而是研究中华与夏威夷混合民族遗传上的某几方面，这个范围广大的遗传问题就是夏威夷大学专门研究的。在此，作者对于夏威夷大学校长克劳法先生的种种鼓励，不得不表示谢意。

如欲分析华、夏混合民族遗传的特性，就必须先对于两方身体上共有的特性以及各方特有的性格有充分的明了。以夏威夷人而论，这个问题是很简单的。他们生息在这些岛上已有1000余年之久，所以他们的种族是很固定的。稍觉困难的，就是要能够有很多的本土人足以代表他们纯粹的血统。至于中国的侨民，却是另一个问题，是一个范围较广影响较大的问题。中国的人民移往世界各处的都有，他们遇着各种不同的环境，适应各种不同的环境，他们移入夏威夷的，只是全体移民中很小的一部分。在这种种不同的环境之下，这些中国移民能保持原有体格上的特性到何程度，实难于确定。各处的移民彼此不同，每处与原来的中国人又不相同。我们要研究华、夏混合民族的遗传关系，就必须明了华侨到夏威夷之后是否有了改变。如果华侨到夏威夷之后逐渐发生了一种改变，那么我们研究华、夏混合种时，就应当先对于此点考查认识清楚，因为这种改变的特性也可在混合种的遗传性里显示出来。但是这个问题不仅是与华、夏混合种有直接的关系，如果我们认为固定的原种，而证明出来是已经受了环境的影响而改变了的种类，那么无论是从理论上或实际上看来，对于我们的结论就要有很大的打击了。本文所研究的，就是要考查夏威夷的华侨原有的固定性究竟是怎样的。可喜的是，我们对于这问题在夏威夷可以得着很多研究材料，研究的结果对于中国移往别处的侨民所发生的影响，也有互相发挥之处。

如果我们以夏威夷的华侨为代表，分析中国人体格上的各种特性，而不经过一番详细的考究，那么结果就很难可靠的。我们研究夏威夷华侨体格上的特性，就应当先晓得他们的特性是移动不定的，研究时应当采取一种特殊的方法，与研究长居一处的人民（如夏威夷人）方法不同。关于研究某种族移往各种不同的环境中能保持其原有体格上的特性到何程度，除波爱司（Boas）所研究的《移入美国外侨的后代》之外，其他对于这问题从事研究的，实在是绝少。因此，我们就计划扩充研究的范围，我们把生于夏威夷的华侨与生于中国而侨居于夏威夷的华侨互相比较，又把这两种华侨与从小到老生长居住于中国的华人互相比较。以一种意义而言，居住生长于中国之华人，实在是另成一固定的种族。至本文撰述时，我们对于这一种中国人还没有得着研究的材料，不过对于前两种华侨已经得着了相当充分的材料，可以表明他们大概的趋势何如，等待日后本研究的全部完成之后，就可有一种确定的结论。但是在我们未讨论这方面之先，顶好明了华侨与他种侨民的关系如何。

二、人口统计

中国移入夏威夷之侨民，最初始于 1852 年，但是直至 1875 年至 1885 年时，才有突飞猛进之势。这种华侨的移殖，以及其他非华侨的移殖，其原因实可追源于糖业之兴盛。糖业兴盛，因之需要人工甚多，于是各地之外人，连袂而侨居于夏威夷岛之滨。至 1898 年止，移入夏威夷之华侨，共计 37 000 人，大都为糖业之工人。但自通过禁止华侨移殖案后，华侨之移入乃停止，现今该岛华侨之增多，全由于自然之生产。本文后列之第一表，为各时期华侨之总额，及其与全体人口之百分比。华侨人口最密时，为 1884 年，有全体人口 22.65%。嗣后他处之侨民增多，于是华侨之比例逐渐减低。依照 1930 年美国政府之统计，夏威夷之华侨，只当全体人口 7.38%。

早期华侨之移入，男性远过于女性。大半之华侨为男子，有未结婚者，有已结婚而家眷留居中国者。这两种男性华侨，本族既缺少女性，于是在他种族中寻求之。当时女性之比较充足者，只有夏威夷人，故华侨多选择夏威夷之女子为伴侣。但近年来华侨中这种男多于女的比例，已渐趋于平衡，一则因为前期渐有若干女性华侨移入，一则近年华侨生产之后代女性增多。下列之表即表明此种变迁之统计。1900 年以前未有统计，想当时男女之不平衡有更甚者。1930 年之统计尚未公布，想此时男女之比例较前更为平衡。

年代		男性	女性	每百女性与男性之比
1900	中国人口	22 296	3 471	642.35
	全体人口	106 369	47 632	223.31
1910	中国人口	17 148	4 526	378.88
	全体人口	123 099	68 810	178.93
1920	中国人口	16 197	7 310	221.57
	全体人口	151 146	104 766	144.27

两性比例的变迁，从社会的立场而观，影响是很大的。如华侨的女性少，则华侨男性之娶夏威夷及他种侨民之女子者必多；但华侨之男女两方日趋于平衡之后，则华侨男性有禁止与外族杂婚之趋势。一般人以为夏威夷岛为各种混合之处，而实则并不尽然。其他如日本及朝鲜人，亦有男性不与外族通婚之风气。将来有若干年的情形，大概是有一部分混合的种族，同时有几个孤立纯粹的种族。

本文后列的第二表，是华侨人口的生产率，以千人按年计算，并表明其与全体人口生产之百分比。该表所列者，自 1912 年起，1930 年止。他们的生产率，自开始日渐增高，至 1923 年而达于顶点——34.01%。1921 至 1926 年华侨人口之生产率为平行线，自 1926 年以后乃逐渐降低。1930 年之生产率为 25.53%，可谓 1914 年以来之最低者。此表中所计之生产率，与欧美之人口生产率相较，实可占优胜之地位。最近1929年桑德斯（Sandos）对于欧洲各国之人口生产率，曾有大略之统计表。自19世纪中叶以后，各国的生产率都逐渐降低，没有一个例外。在本文后列的第三表中，根据于桑氏的人口生产率，与夏威夷华侨生产率相比，则可知华侨之生产率实超过欧洲各国。不过前面已经讲过，早期华侨年龄和性别的分配是不平均的，那时男子多于女子，老年多于青年。下列之表，乃根据于1920年之统计，表明华侨中年龄大的居多数。

年龄	对于夏威夷全体人口之百分比	其中夏威夷人之百分比	其中日本人之百分比	其中中国人之百分比
45岁以上	16.00%	22.6%	14.7%	33.00%

如果以每千妇女（15岁至45岁）的生产率来统计，恐怕要精确些。妇女生产能力的限度是很重要的，而妇女生理上生产能力又要受社会、经济、组织等之影响。不过大概而论，从统计的调查看来，从15岁至44岁差不多可以完全包括妇女生产的时候。桑氏对于欧洲各国的统计，是15岁至45岁，与我们所定的限度不同。不过虽则有此种差异，我们比较时总不至受很大的影响。

1920年华侨中每千妇女（15岁至44岁）的生产数为210.6。这是一种很高的生产率，与欧洲比较起来更是非常显著。第四表即根据于桑氏可代表欧洲方面数国的华侨妇女生产率与夏威夷华侨妇女生产率互相比较。

本文后第五表为华侨妇女生产率与夏威夷他种侨民妇女生产率之比较。但是1920年华侨生产率与他种侨民比较，并不能表现他们真正所处的地位。每千华侨妇女（15岁至44岁）的生产率与他种侨民相比时，要超过平均的总数。

第六表为1913年至1930年华侨死亡率与夏威夷全体居民死亡率之比较。自1913年至1922年，华侨的死亡率较全体居民的死亡率都要低，但自1928年以后，则较为稍高。因为缺乏统计之故，我们不知华侨死亡率受年龄分配不均，影响到何程度。华侨中年老者甚多，这一点对于死亡率恐怕增高了。

不过华侨的婴儿死亡率很低，特别是与夏威夷的他种侨民相比。计算婴儿死亡率是以每千生育中的婴儿死亡数，这不受年龄或性别的影响，所以这种计算较比上述成人的死亡率要准确。本文后的第七表，是依照做母亲的国籍分别列出其婴儿死亡数。华籍的婴儿死亡率是在最低者之中，仅比高丽和北欧的稍高，而比日本、葡萄牙、拍托里科（Porto Rico）、菲律宾、夏威夷、高加索夏威夷混合种、亚细亚夏威夷混合种都要低些。

第八表为华侨实在的人口增加率，即生产率减去死亡率。根据以上所述的，我们晓得这种增加率与夏威夷全体人口平均的增加率比较起来虽然很重要，但是真正人口的增加率精确计算起来，这种统计并不能代表真正的情形。

夏威夷的华侨另有一种特殊现象，便是多数很快的由乡村移往都市。最初大多数的华侨原是住在乡间，但是现今的趋势是由农村生活变而为商业的活动。促成此种趋势的原因很多而很复杂，在此不能提及。下列之表，仅为表明此种趋势之统计。

	1900 年	1910 年	1920 年
城市华侨	9 061	10 009	14 045
乡村华侨	16 706	11 665	9 462
华侨总数	25 767	21 674	23 507
乡村华侨与全体华侨之百分比	64.83%	53.82%	36.64%
全体乡民与全体人口之百分比	74.48%	69.29%	63.36%

三、华侨身体各部的变迁

大凡一种族体格上有固定的特性，这是一般人所默认的。的确，我们要认识一个种族，除此之外，很难有别的适当方法，因为一个种族其他时常改变的特性，是很难确定的。不过我们考查华、夏混合种的时候，不仅要晓得某时期华人体格上的特性，而且要考查此种特性在不同的环境之下是否也随着改变。我们考查华、夏混合种时，如果他们的父母因为环境的变迁而体格上的特性多少有改变，则他们也要受影响，这是很明显的。因此，有一个根本问题更重要的，便是一个种族体格上的固定性究竟可以维持到如何程度。这问题不仅对于本研究关系重要，也是普通都认为重要的。波爱斯（Boas）研究美国外侨后代体格上特性的变迁，很引起一般人的注意。从前一般人以为一种族体格上的特性是固定的，现在就相信改变也是很可能的。这种看法在理论上虽然很重要，但是实际上没有人在客观上从事研究，以证明或否认此种理论。夏威夷的华侨对于这问题可以供给我们一些材料，我们可以有机会直接去研究夏威夷的华侨。而且这些华侨大都从中国广东省来，我们还可以有机会去考查他们原来生长环境的同种。不过我们现在考查的材料还不甚完全，所以对于研究的结果还没有十分的把握。如果将来另有新材料的时候，或许要更改我们的结论。

（一）男性

在本文后第九表里，我们把生在夏威夷的男性与生在中国的男性两相比较。最初看来我们觉得两者有许多相同的地方，但是经过一番详细的考查之后，就发觉了许多差别。生在夏威夷的男性身体要高些，头部长些。他们的直径要短些，而他们全面部的高度，面部上半的高度，鼻子的高度，鼻子的长度，两眼之中的宽度，都要大些。但是在我们未认定这种差别之先，必须看两方年龄大小的分配如何，因为年龄对于体格上的特性或许有很大的关系。维斯勒（Wissler）在 1927 年证明，即算是一般人认为在体格上已经固定的年龄时期，身体上也还是有些部分继续增长的，如头部的长度、宽度，以及鼻子的长度、宽度。年龄的分配是列在本文后的第十表中。在这表中有一个很显著的差异，便是近代这两种华侨年龄分配之不均。1898 年夏威夷并入美国之后，即不许华人移该岛，结果现代夏威夷年青的成年华侨中，很少是生于中国的。这种生于中国的华侨，大都是 1898 年以前移入的。但是在他方面，生于夏威夷的华侨，则年青的居多，而年老的很少。我曾经设法改正这种年龄的差异，但是这种年龄分配之不均过于厉害，要改正很不容易。因此，要使两方年龄一致，暂时实难办到。暂时既不能办到，则最后的结论只好等到将来从中国得到相当的材料之后，才能肯定。

不过我们除了把年龄的分配影响于体格上的特性不可忘却之外，暂时我们还是可以把生于中国的华侨与生于夏威夷的华侨作一比较。这两种华侨在第九表中所表现的差异，有些可说是因为年龄之不同，但另有些则不能如此解释。

生于夏威夷的华侨男子身材较高，这或是因为年龄的关系，因为他们年龄较大的身材就矮了，这恐怕是因为背脊骨缩短，弯曲等原因。

生于夏威夷的男子较比生于中国的男子，头部的长度和宽度稍大些，但是生于夏威夷的青年和老年相比，结果却不同。不过这两种华侨的差别很小，每种只稍大一点。生于夏威夷的，头部长度和年龄的系数是 +0.20。生于中国的则很小，是 -0.03。这种差别，确实是年龄分配不同之故，生于夏威夷的，20 岁居多，以故使他们年龄的平均数减少。因此，如果他们的年龄较大，则他们头部平均的长度较比 187.6 公厘还要长些。这样，这两种华侨的差别就很大了。

衡量头部的宽度结果很模糊。照维斯勒所衡量的，自青年至 36~40 岁时，头部宽度逐渐增大以至达于顶点，以后则逐渐减小。这两种华侨男子头部宽度和年龄的系数，一为 +0.04，一为 +0.13。如果这种系数是对的（因为年龄分配之不均或许使之不准确），则此两种华侨之差别不但可以成立，而且比现在的数目还可增大。

此两种华侨头盖前骨及直径的最低限度，是相等的。但是他们的下颚角直径则差别很大，在此我们也可将生于夏威夷的华侨之中，互相比较。譬如，照维斯勒所衡量的，21~25 岁生于夏威夷的男子平均下颚角，是 108.08 公厘。此种平均数至 51~55 岁时，则逐渐增至 112.58 公厘。这种事实与上述的事实有密切关系，表明此种差别是年龄不同之故。而且生于夏威夷的华侨男子，和年龄的系数是 +0.39，就更足以证明此点。生于中国的华侨面部较短，恐怕是因为年老牙齿脱落之故；额部较高，恐怕是因为头发脱落之故。这种改变是很明显的，无须再加以说明。此外，生于中国的华侨鼻子较宽，与年龄也有关系；照维斯勒所衡量的，21~25 岁生于夏威夷的华侨，鼻子宽度为 42.37 公厘，至 51~55 岁，而逐渐增至 43.34 公厘。但是生于中国的华侨鼻子的高度和长度，年龄愈大则逐渐减小，则使人不可解，因为与生于夏威夷的恰恰相反。这一点要等待将来材料较多时，才能确定。最后，生于夏威夷华侨两眼之中的宽度虽然较大，但这恐怕是因为年老眼旁的肌肉缩小之故。譬如在第十五表里，生于中国的老年华侨，眼皮要窄些。照此情形，因为材料之缺乏，我们暂时可以结论说，生于夏威夷的华侨，虽然与他们原来的环境根本变迁，但是在体格的特性上，与他们最近的祖先并没有什么显著的变更。

上述各种衡量的指数，列于本文后的第九表中。各指数是代表各种衡量的，但是各种衡量尚不能十分肯定，所以我们对于这些指数，暂时也不必发挥其意义如何。

(二) 女性

本文后第十一表，为生于中国之华侨女子与生长于夏威夷之华侨女子互相比较。第一部分之女子，大半成人后始移入夏威夷。根据以上所述，年龄对于体格上的特性有很大的影响，故在第十二表中将两种华侨年龄之分配均列出。生于中国的女子虽然年老的多些，生于夏威夷的女子青年多些，但较比华侨男子年龄之分配要均匀些。生于夏威夷的女子平均年龄为30.7岁，生于中国的女子平均年龄为43.7岁。两种华侨女子年龄的系数相差不远，这就可以证明她们年龄的分配要均匀些。

在表中我们可以看出，生于夏威夷的女子身材较比生于中国的要高些。不过以假定的错误而计算，她们这种差别并不甚大。而且，生于夏威夷的身材高度和年龄的系数为-0.37，生于中国者为-0.42，这便可以证明年龄愈老则身材愈短。在这种情形之下，生于夏威夷的身材要高些，这是当然的趋势。我对于表中假定的错误没有加以精确地修正，因为这些系数只能看为大概的计算法。如果在现在加以修正，反而不能代表真的事实，以致错误。

生于夏威夷的女子头部的长度，却是出人意料之外。她们的身材既然高些，我们料想她们头部的长度也要大些。但是实际上她们头部的长度仅有177.68公厘，较比生于中国的要短4.5公厘。而且这种差别有假定的错误6倍之大。生于夏威夷的年龄与头部长度的系数为+0.27，生于中国的为数甚微，仅-0.01。如果生于夏威夷的与生于中国的年龄一致，则此种差别可以免除矣。

生于夏威夷的头部平均宽度，较比生于中国的要大些，此则与头部的长度恰相反。据维斯勒所考查的，生于夏威夷华侨女子头部宽度与年龄的系数是正数，而我们所得的结果却不同。我们所考查的，生于夏威夷的系数是-0.04，生于中国的系数是-0.13。

这两种华侨女子另有一种显著的差别，便是鼻子宽度之不同。这里的差别，差不多有假定的错误5倍之大。但是把鼻子的宽度与年龄并合而为系数的时候，这种差别便减小了。生于夏威夷的系数为+0.35，生于中国的系数为+0.19。

在第十一表中，这两种华侨其他的特性都相差不远。在17种特性中，只有3种有差别。即算这几种差别，也恐怕是年龄的关系。等到将来有充分的材料的时候，才能作最后的肯定。

各种衡量的指数，列于第十一表中。在此表中我们可以看出，这两种华侨仅有头部的指数、头部长宽度的指数和鼻子的指数有差别。关于这些指数各成因之意义，上面已经论及，在此只须提一句：这些差别是因为年龄之不同影响于衡量之故。

四、华侨之变异程度

华侨体格上的变异，无论是生于中国的或夏威夷的，男的或女的，都可从第十三、十四两表中看出。大概而论，各种变异都是颇一致的，平均的变异仅为

0.5。以男子而论，生于中国的变异较大，而女子方面则生于夏威夷的平均的变异较大。

五、对于华侨其他特性之一般观察

我们观察华侨两性其他不能衡量之特性时，也可知这些特性是受年龄之影响的。为避免分析之麻烦起见，在第十五、十六两表中，仅将比较重要的特性列出。根据于这中统计，我们晓得两性之中有些特性之差异，是因为年龄之不同。譬如，年龄愈大则"眼复角"愈不显，同时眼皮亦愈窄。生于中国男女华侨之鼻形，较比生于夏威夷的要凹入些。这种差别我们没有详细的考查，不知是否与年龄有关，抑或是根本的差别。门牙前缺乏盖肉者，生于中国之男子多于生于夏威夷之男子。女子则恰与此相反。

至于发状、发色、眼色、瞳人、鼻梁、嘴唇之厚薄、中央上齿之地位等，则两种华侨之男子，彼此均相差甚少。腋下之肤色，生于中国华侨男子较比生于夏威夷的要黑些，女子则无此种差异。如果此种差异系年龄不同之故，则何以仅现于男子，颇不可解。至于显露于外之肤色（如面颊），则生于中国之男子较白。生于中国之女子，显露于外之肤色，则黑白深浅各不同，但平均则大概与生于夏威夷之女子相约。

六、结 论

关于结论，我不能过于肯定，只能简略言之。上列各段，已将生于夏威夷之华侨与生于中国者，互相比较。我们最初所遇的困难，便是年龄对于某数种体格上的特性，有连带的影响。有些特性，即成年之后，仍继续变更。生于夏威夷之男女，既然大多数均为青年，故他们体格上特性的差异，乃受年龄之影响，而并非生于夏威夷者体格上根本有何改变。但是这种解释，也并不能适用于一切的差异。如生于夏威夷之男子有几种差异，如头部之长宽度及鼻子之高度，并非因为年龄不同之故。但女子对于这几部分，并无显著的变迁。上述生于夏威夷之女子与生于中国的各种差异，均可以年龄之不同解释之。

不可衡量的各种特性，有些并无差异，有些差异则因受年龄不同之影响。此外，此两种华侨之变异性，是相差不远的。

最后，我在此重申一句：这些比较只是表明其趋势，而并非已成立之定论。

参考书目：

Boas, F., *Changes in Bodily Form of Dascendants of Immigrants*. New York, 1912

Sanders, J., *Comparative Birth-Rate Movements among European Nations*. Eugenies Research Assoc., *Monograph Series*, No.1, Cold Spring Harbor, L.I., 1929

Wissler, Clark, *Observations on Hawaiian Somatology*. *Memoirs*, Bishop Museum,

Vol. IX, No.14, Hono-lulu, 1927

第一表 夏威夷华侨之人口

年数	中国人口	全体人口	中国人口之百分比
1853	364	73 138	0.50%
1860	600	69 800	0.86%
1866	1200	62 059	1.93%
1872	2038	56 897	3.58%
1878	6045	57 985	10.43%
1884	18 254	80 578	22.65%
1890	16 752	89 990	18.62%
1896	21 616	109 020	19.83%
1900	25 767	154 001	16.73%
1910	11 674	191 909	11.29%
1920	23 507	255 912	9.19%
1930	27 179	368 336	7.38%

第二表 夏威夷华侨人口生产率之略数

年数	每千华侨所生之人口	全体人口每千中所生之人口	华侨所生人口与全体所生人口之百分比
1912	20.46	26.8	8.22%
1913	22.74	25.6	8.78%
1914	25.33	29.7	8.11%
1915	27.88	31.5	8.34 (7.14)%[1]
1916	29.84	33.2	8.29 (7.38)%[2]
1917	30.77	34.7	7.81 (7.26)%[3]
1918	29.93	36.7	7.08%
1919	31.45	34.8	7.82%
1920	29.25	39.05	6.50%
1921	32.04	36.8	7.06 (7.0)%[4]
1922	33.78	40.1	6.77%
1923	34.01	38.9	6.97%
1924	33.17	40.0	6.59%
1925	33.91	41.6	6.38%
1926	33.30	38.1	6.70%
1927	30.89	37.2	6.32%
1928	30.61	33.8	6.70%
1929	27.47	32.6	6.04%
1930	25.53	29.6	6.38%

①据夏威夷人口调查局之报告，日本人口生产为3377，日本领事府之报告则为4606。
②据夏威夷人口调查局之报告，日本人口生产为3662，日本领事府之报告则为4639。

③据夏威夷人口调查局之报告，日本人口生产为4260，日本领事府之报告则为4918。

④据夏威夷人口调查局之报告，日本人口生产为4910，日本领事府之报告则为5001。

第三表 1922年至1927年夏威夷华侨人口生产率与欧洲人口生产率之比较（‰）

	中国	瑞典	法国	意大利	西班牙
1922	33.08	19.14	20.16	30.30	31.14
1923	34.01	18.48	19.96	29.50	31.30
1924	33.17	17.67	19.45	29.67	30.61
1925	33.91	17.08	19.68	29.00	30.00
1926	33.30	16.50	19.56	28.36	30.63
1927	30.89	15.72	18.82	27.99	29.17

第四表 1920年每千华侨女子（15岁至44岁）生产婴儿数与同年欧洲各国每千华侨女子（15岁至45岁）生产婴儿数之比较

中国	210.6
瑞典	102.31
英格兰与韦耳斯	101.33
法国	93.62
意大利	144.04
西班牙	125.51

第五表 1920年夏威夷本土及各种族侨民每千女子（15岁至44岁）生产之婴儿数

全体	205.8
亚细亚与夏威夷混合种	412.3
高丽	302.8
高加索与夏威夷混合种	297.8
拍托里科	278.7
西班牙	261.9
菲律宾	255.6
日本	216.5
中国	210.6
葡萄牙	199.5
夏威夷	120.1
其他高加索种	91.1

第六表 夏威夷华侨之死亡率

年数	每千华侨死亡人数	华侨死亡率与全体死亡率之百分比	全体每千人中之死亡数
1913	10.7	7.12%	14.8
1914	11.4	6.66%	16.3
1915	12.7	7.76%	15.4

(第六表续)

年			
1916	12.5	6.95%	16.6
1917	12.3	7.75%	13.96
1918	14.9	8.25%	15.6
1919	14.1	7.95%	15.4
1920	16.1	7.98%	17.5
1921	13.3	7.86%	13.7
1922	14.7	8.14%	14.7
1923	14.0	7.13%	16.0
1924	12.6	7.32%	13.9
1925	11.8	7.27%	12.7
1926	12.9	7.96%	12.4
1927	11.8	7.56%	11.9
1928	13.6	8.59%	11.7
1929	13.1	7.39%	12.7
1930	11.8	8.07%	10.8

第七表 每千生产中婴儿之死亡数（按母亲之国籍分类）

年数	1930	1929	1928	1927	1926
夏威夷	206.2	202.2	185.7	237.2	198.5
高加索与夏威夷混合种	102.3	109.7	85.98	102.4	78.75
华侨与夏威夷混合种	131.6	132.6	97.8	116.2	103.4
葡萄牙	69.95	63.9	58.5	78.1	74.2
拍托里科	83.87	110.0	103.45	122.45	114.3
其他高加索种	36.73				
中国	51.87	64.8	47.9	52.8	61.3
日本	52.20	66.7	50.3	55.6	72.76
高丽	42.1	69.8	42.9	42.9	42.7
菲律宾	190.17	244.5	220.3	226.25	237.2

第八表 每年华侨人口增加之百分率

年数	华侨人口增加率（‰）	全体人口增加率（‰）
1913	12.04	10.73
1914	13.91	13.41
1915	15.20	16.10
1916	17.36	16.66
1917	18.51	20.78
1918	15.05	21.06
1919	17.33	19.40
1920	13.14	21.52

(第八表续)

年份		
1921	13.32	13.73
1922	14.85	14.68
1923	14.29	15.96
1924	12.81	13.93
1925	22.08	28.83
1926	12.93	12.44
1927	19.08	25.25
1928	17.03	22.14
1929	14.37	19.86
1930	13.72	18.79

第九表　各种华侨身体各部衡量之比较

身体各部	生于夏威夷之华侨	生于中国之华侨	差别	三倍假定错误之差别
人数	62	28		
年龄	24.7±0.44	52.3±1.64	27.6±1.70	5.10
身材高度	166.3±0.37 公分	164.5±0.59 公分	1.8±0.70	2.10
头部长度	187.6±0.66 公厘	186.0±1.12 公厘	1.6±1.30	3.90
头部宽度	152.4±0.43 公厘	151.5±0.64 公厘	0.9±0.77	2.31
头部高度	129.8±0.41 公厘	128.2±0.60 公厘	1.6±0.73	2.19
前头盖骨最低宽度	110.5±0.33 公厘	110.1±0.50 公厘	0.4±0.60	1.80
两颧距离	141.6±0.39 公厘	141.5±0.66 公厘	0.1±0.77	2.31
两下颚角距离	106.6±0.39 公厘	109.2±0.64 公厘	2.6±0.75	2.25
全面部高度	120.3±0.56 公厘	117.4±0.90 公厘	2.9±1.06	3.18
额部高度	70.9±0.54 公厘	73.2±0.99 公厘	2.3±1.13	3.39
上面部高度	68.9±0.35 公厘	66.2±0.71 公厘	2.6±0.79	2.37
鼻子高度	51.8±0.26 公厘	48.7±0.38 公厘	3.1±0.46	1.38
鼻子长度	49.7±0.29 公厘	44.7±0.50 公厘	5.0±0.58	1.74
鼻子厚度	17.8±0.17 公厘	18.4±0.25 公厘	0.6±0.30	0.90
鼻子宽度	39.8±0.21 公厘	40.3±0.36 公厘	0.5±0.42	1.26
两里眼角距离	34.2±0.22 公厘	33.3±0.31 公厘	0.9±0.38	1.14
两外眼角距离	93.0±0.35 公厘	87.8±0.71 公厘	5.2±0.79	2.37
各部指数				
头颅	81.41±0.39	81.32±0.60	0.09±0.72	2.16
头长与头高	69.21±0.23	68.90±0.60	0.31±0.52	1.56
头宽与头高	85.11±0.32	84.68±0.37	0.43±0.49	1.47
头部与面部	92.93±0.25	93.22±0.44	0.29±0.51	1.53
额部及颅顶骨部	72.59±0.26	72.78±0.39	0.19±0.47	1.41
额部与颧部	78.11±0.20	77.94±0.41	0.17±0.46	1.38

（第九表续）

颧部与下颚角	75.30 ± 0.25	77.31 ± 0.55	2.01 ± 0.60	1.80
全面部	85.09 ± 0.45	83.12 ± 0.74	1.97 ± 0.87	2.61
上面部	48.69 ± 0.29	46.89 ± 0.54	1.80 ± 0.61	1.83
鼻部	76.94 ± 0.59	83.17 ± 1.08	6.23 ± 1.23	3.69

第十表　华侨男子年龄之分配

年龄	生于夏威夷的	生于中国的	年龄	生于夏威夷的	生于中国的
20	15		38	1	1
21	8	1	45	1	
22	6	1	48		1
23	3	1	52		2
24	5		53		1
25	4		54		2
26	3		55		3
27	3		56		3
28	2		57		2
29	4		58		1
30	2		59		2
32	2		63		2
33	1	1	65		1
34	1		66		2
35	1		69		1

第十一表　各种华侨女子身体各部衡量之比较

身体各部	生于夏威夷的	生于中国的	差别	三倍假定错误之差别
人数	70	48		
年龄	30.7 ± 0.74 公分	43.7 ± 0.93	13.0 ± 1.19	3.57
身材高度	154.4 ± 0.44 公厘	153.2 ± 0.49 公分	1.2 ± 0.66	1.98
头部长度	177.6 ± 0.56 公厘	182.1 ± 0.48 公厘	4.5 ± 0.74	2.22
头部宽度	147.2 ± 0.51 公厘	145.1 ± 0.49 公厘	2.1 ± 0.71	2.13
头部高度	127.5 ± 0.38 公厘	127.6 ± 0.41 公厘	0.1 ± 0.56	1.68
前头盖骨最低宽度	107.7 ± 0.37 公厘	106.2 ± 0.46 公厘	1.5 ± 0.59	1.77
两颧距离	135.3 ± 0.45 公厘	134.4 ± 0.50 公厘	0.9 ± 0.67	2.01
两下颚角距离	101.8 ± 0.39 公厘	101.9 ± 0.45 公厘	0.1 ± 0.60	1.80
全面部高度	112.6 ± 0.47 公厘	114.0 ± 0.58 公厘	1.4 ± 0.75	2.25
额部高度	71.1 ± 0.57 公厘	71.0 ± 0.72 公厘	0.1 ± 0.92	2.76
上面部高度	65.9 ± 0.34 公厘	66.6 ± 0.37 公厘	0.7 ± 0.50	1.50
鼻子高度	49.5 ± 0.32 公厘	49.8 ± 0.29 公厘	0.3 ± 0.43	1.29

（第十一表续）

鼻子长度	47.5±0.31 公厘	47.2±0.32 公厘	0.3±0.45	1.35
鼻子厚度	17.6±0.17 公厘	18.0±0.16 公厘	0.4±0.23	0.69
鼻子宽度	37.2±0.22 公厘	38.6±0.19 公厘	1.4±0.29	0.87
两里眼角距离	34.1±0.24 公厘	33.0±0.27 公厘	1.1±0.36	1.08
两外眼角距离	90.6±0.38 公厘	89.0±0.48 公厘	1.6±0.61	1.83
各部指数				
头颅	82.97±0.38	79.75±0.29	3.22±0.48	1.44
头长与头高	71.88±0.24	69.98±0.19	1.90±0.31	0.93
头宽与头高	86.78±0.32	87.95±0.32	1.17±0.45	1.35
头部与面部	92.00±0.25	92.77±0.31	0.77±0.40	1.20
额部及颅顶骨度	73.26±0.26	73.27±0.32	0.01±0.41	1.23
额部与颧部	79.64±0.22	79.01±0.29	0.63±0.36	1.08
颧部与下颚角	75.29±0.24	75.89±0.34	0.60±0.42	1.26
全面部	83.30±0.36	84.90±0.50	1.60±0.62	1.86
上面部	48.81±0.27	49.54±0.30	0.73±0.40	1.20
鼻部	75.57±0.66	77.85±0.58	2.28±0.88	2.64

第十二表　华侨女子年龄之分配

年龄	生于夏威夷的	生于中国的	年龄	生于夏威夷的	生于中国的
20	4	1	40		1
21	7		41	1	1
22	2		42	1	1
23	2		43		2
24	4		44		7
25	8		45		2
26	3	1	46		
27	2	2	47	1	
28	2		48	2	1
29	4	1	49	1	4
30	5	2	50		3
32	2	1	51	1	2
33	3	1	53	2	1
34	4	1	54		5
35	1		57		1
36	2		58		2
37	1	1	60		1
38	2	3	63	1	
39	2				

第十三表　华侨男子身体各部之演变

身体各部	生于夏威夷的	生于中国的
身体高度	4.3 ± 0.26	4.6 ± 0.41
头部长度	7.7 ± 0.47	8.8 ± 0.79
头部宽度	5.0 ± 0.30	5.0 ± 0.45
头部高度	4.8 ± 0.29	4.5 ± 0.42
前头盖骨最低宽度	3.9 ± 0.24	3.9 ± 0.35
两颧距离	4.6 ± 0.28	5.2 ± 0.47
两下颚角距离	4.6 ± 0.28	5.0 ± 0.45
全面部高度	6.5 ± 0.39	7.1 ± 0.64
额部高度	6.3 ± 0.38	7.2 ± 0.70
上面部高度	4.0 ± 0.24	5.6 ± 0.50
鼻子高度	3.0 ± 0.18	3.0 ± 0.27
鼻子长度	3.4 ± 0.20	3.9 ± 0.35
鼻子厚度	2.0 ± 0.12	2.0 ± 0.18
鼻子宽度	2.4 ± 0.14	2.8 ± 0.25
两里眼角距离	2.6 ± 0.16	2.4 ± 0.22
两外眼角距离	4.1 ± 0.25	5.6 ± 0.50
各部平均演变	4.3	4.8

第十四表　华侨女子身体各部之演变

身体各部	生于夏威夷的	生于中国的
身体高度	5.4 ± 0.31	5.0 ± 0.34
头部长度	6.9 ± 0.39	4.9 ± 0.34
头部宽度	6.3 ± 0.36	5.0 ± 0.35
头部高度	4.7 ± 0.27	4.1 ± 0.29
前头盖骨最低宽度	4.6 ± 0.26	4.7 ± 0.32
两颧距离	5.6 ± 0.32	5.1 ± 0.35
两下颚角距离	4.8 ± 0.27	4.6 ± 0.32
全面部高度	5.8 ± 0.33	6.0 ± 0.41
额部高度	7.0 ± 0.40	6.2 ± 0.51
上面部高度	4.1 ± 0.24	3.6 ± 0.26
鼻子高度	4.0 ± 0.23	3.0 ± 0.21
鼻子长度	3.8 ± 0.22	3.3 ± 0.23
鼻子厚度	2.1 ± 0.12	1.7 ± 0.12
鼻子宽度	2.7 ± 0.15	2.0 ± 0.14
两里眼角距离	3.0 ± 0.17	2.8 ± 0.19
两外眼角距离	4.7 ± 0.27	4.9 ± 0.34
各部平均演变	4.7	4.2

第十五表　华侨男子一般观察之比较

肤色	生于夏威夷的 人数	生于夏威夷的 百分比	生于中国的 人数	生于中国的 百分比
腋部				
Luschan 氏衡量标准				
8	1	1.61		
10	2	3.22		
11	15	24.19	1	3.57
12	32	51.61	3	10.71
13	4	6.45	1	3.57
14	5	8.06	8	28.57
15	1	1.61	1	3.57
16	2	3.22	10	35.71
18			1	3.57
21			3	10.71
面颊				
8			5	17.86
10	2	3.22	4	14.28
11			6	21.43
12	13	20.97	9	32.14
13	12	19.35	1	3.57
14	16	25.81	1	3.57
16	16	25.81	2	7.14
18	2	3.22		
20	1	1.61		
发状				
硬	59	95.16	26	92.86
短卷	1	1.61	1	3.57
中等卷发	2	3.22	1	3.57
发色				
黑	61	98.39	12	92.31
深褐	1	1.61	1	7.69
发质				
粗	33	53.22	15	53.57
中等	26	41.94	12	42.86
细	3	4.84	1	3.57
眼色				
Fischor 氏衡量标准				
13	1	1.61		
14	18	29.03	7	25.00
15	36	58.06	17	60.71
16	7	11.29	3	10.71

(第十五表续)

橘绿色			1	3.57
眼轴				
平直	25	40.32	11	40.74
向上	35	56.45	15	55.56
向下	2	3.22	1	3.70
眼复角				
无	5	8.06	10	35.71
稍有	8	12.90	11	39.28
中等	27	43.55	2	7.14
狠现	22	35.48	5	17.861
眼皮距离				
中等	45	72.58	7	25.92
窄	17	27.42	20	74.07
鼻侧面				
凹入	24	38.71	16	57.14
平直	12	19.35	2	7.14
凸出	6	9.68	4	14.28
波形	14	22.58	2	7.14
凹凸	6	9.68	4	14.28
鼻孔直径				
前后			2	7.14
斜	14	22.58	8	28.57
横	48	77.42	18	64.28
嘴唇之厚薄				
薄	1	1.61	1	3.57
中等	21	33.87	8	28.57
厚	40	64.52	19	67.86
门牙盖肉				
左右门牙				
无	11	20.75	7	33.33
稍有	20	37.74	3	14.28
中等	12	22.64	8	38.10
多	10	18.87	3	14.28
中央门牙				
无	14	28.57	7	33.33
稍有	15	30.61	3	14.28
中等	10	20.41	9	42.86
多	10	20.41	2	9.52
中央上门牙之位置				
	2	4.00		
	44	88.00	20	90.91
	4	8.00	2	9.09

第十六表　华侨女子一般观察之比较

	生于夏威夷的		生于中国的	
肤色	人数	百分比	人数	百分比
腋部				
Luschan 氏之衡量标准				
8	1	1.43	1	2.08
10	6	8.57	4	8.33
11	26	37.14	30	62.50
12	20	42.86	12	25.00
13	7	10.00		
14			1	2.08
面部				
10	2	2.86	2	4.17
11	11	15.71	3	6.25
12	31	44.28	14	29.17
13	19	27.14	18	37.50
14	7	10.00	7	14.58
15			1	2.08
16			2	4.17
20			1	2.08
发状				
硬	68	97.14	48	100.00
短卷	2	2.86		
发色				
黑	64	96.97	33	94.28
深褐	2	3.03	2	5.72
发质				
粗	19	27.54	6	12.76
中等	46	66.67	37	78.72
细	4	5.80	4	8.51
眼色				
Fischor 氏衡量标准				
14	11	15.71	13	27.08
15	40	57.14	23	47.91
16	19	27.14	11	22.92
橘绿色			1	2.08
眼轴				
平直	26	37.68	19	39.58
向上	42	60.87	28	58.33
向下	1	1.45	1	2.08

(第十六表续)

眼复角				
无	8	11.43	21	43.75
稍有	24	34.28	13	27.08
中等	25	35.71	7	14.58
狠现	13	18.57	7	14.58
眼皮距离				
宽	2	2.86	2	4.17
中等	51	72.86	20	41.67
窄	17	24.28	26	54.17
鼻侧面				
凹入	47	68.12	39	81.25
平直	8	11.59		
凸出	2	2.90		
波形	8	11.59	5	10.42
凹凸	4	5.80	4	8.33
鼻孔直径				
前后	2	2.86		
斜	10	14.28	3	6.25
横	58	82.86	45	93.75
嘴唇之厚薄				
薄	1	1.43	3	6.25
中等	22	31.43	18	37.50
厚	47	67.14	27	56.25
门牙盖肉				
左右门牙				
无	19	38.00	7	20.59
稍有	10	20.00	11	32.35
中等	18	36.00	13	38.24
多	3	6.00	3	8.82
中央门牙				
无	18	36.00	9	25.00
稍有	13	36.00	12	33.33
中等	16	22.00	13	36.11
多	3	6.00	2	5.56
中央上门牙盖肉之位置				
	1	1.89		
	46	86.79	85	89.74
	6	11.32	4	10.26

(中国太平洋国际学会发行,1932年8月出版)

加拿大华侨的过去史略及其近状

甄一怒

一、华侨初期来加之冒险

加拿大为英国之属国，毗邻于美，地大物博，其面积约如中国之本部。其出产以渔业、林业为最大宗，农产次之，矿产又次之。华人之来加也，约在60年前，初几不知有所谓加拿大。时因闻美国有黄金出产，乃相率渡美采金，故粤人以往美国者为往金山。后更有富于冒险性者，再由美而渡加，时仅知有所谓域多利埠，几以域多利代表该国，仍不知加拿大为何物，此为华人来加最初时期。迨云高华埠开辟，倾里寅布失役铁路公司，即简称 CPR 公司建筑由加东贯通加西之铁路，乃招致大帮华工来加，以为筑路先锋队。其时加西地方，多未开辟，该路线所经过的地方，俱是崇山峻岭，山岚瘴气，中者辄毙，各国工人，均不愿冒万险以博蝇头。该公司为完成该路所需要，乃有招致华工之举。我们华工，为好奇心所鼓动，为生计所驱迫，闻此讯，争相冒险应招而来，哪有计乎生命之危险与否。闻当时筑路华工，有四五十人而为一群者，有五六十人而为一群者，亦有二三十人而为一群者，张幕而居，架床而宿。被服既不完备，饮食复恶劣，更因水土不服之故，与乎山岚瘴气之毒，故路尚未成，而死亡已过半，且闻有一群之人，经一夜死亡三分之二。后华工中有略知医理者，乃于食品之中，加以多量之蒜子，以辟其秽，而死亡乃日渐减少，该路乃得完成。但该路完成通车之后，而华工残尸白骨，尚暴露于该路之两旁，此因当时死亡华工，多就地以薄土掩埋，后经风雨飘荡，因而暴露也。所以该路之完成，岂只华侨心血汗之结晶，简直可说以华工之骸骨肉体换来的。当时华工之所得，每月仅得30金，复经华洋工目之剥削，每月实不过20金，以月薪20金之微薄，而竟葬送其生命于异域，不亦大可悲乎？此为华人初期来加景况也。

二、华侨第二期来加概况

该路完成之后，加境工艺，勃然振兴，以此华侨蜂拥而至，加政府因而震惊，乃乘机征收华侨入口税每名50元，以为寓禁于征张本，此为前清光绪初年事。但是时华侨之来也，仍争先恐后，加政府益为恐怖，无几何时，再将华侨入口税加征至100元。然华侨之纷至沓来，仍不减少。加政府知欲减少华侨之来，非加征重税不可，乃再将华侨入口税，加征至500元。岂知征税愈重，而华侨之来愈多，此为前清光绪末年事，大约旅加华侨，以是时为最盛，其人数约有 50 000 余名。华侨所操职业，以作洋厨、营洗衣业者居多数。其它如板厂、制鱼厂、斩树、路工、矿工、园艺、耕种、杂工等等亦不少。业商者最为少数，只营祖国油米，及各种食品而已。能够和西人媲美者，只有经营西餐馆，及瓜菜小贩两种。然是时华工进口，固要缴纳入口税 500 金，但正当商人及其妻子、教士、学生等，尚可以依照法律手续办妥而来。他如未成年之华童，可以保证金 500 元，存放移民局，即准予入口；入口之后，入公家学校肄业一年期满，可领回 500 金，且予以永久居留加境之权。此例虽仅行诸一二年，然华童之免税入口者，当不在少。尔时华侨正为风起云涌，加属全境，无一处没有华侨足迹，工商事业，又均称发达，故我们华侨亦均视为乐土，比之为第二金山也。

三、华侨初入恐怖时期

造成加拿大之繁荣，华侨之功力即如上述。不图西人工党，即因是而生忌，的市赞辰之驱逐华工，首见于 1905 年。云高华之工党暴动，声称焚毁华人区，再见于 1907 年。那时我国尚在清政府统治之下，未有驻加领事之设，保护无人，生杀由他。工党暴徒，或五人一群或十人一队，梭巡华埠，以石掷击华人商店，门窗玻璃无不遭其击碎。途遇华人，则围而殴之，头破额裂，手折足断，奄奄垂死者不知几许。且有被捉而反缚其手者廿余人，预备投诸洋海，以果鲸鱼之腹。幸为某西人牧师所见，以此种举动，大背人道，面斥其非，乃得释放。此等华侨不死于工党暴徒之手，其间实不容发。其他华侨，均匿居屋内，跬步不敢出，而静听户外之暴徒，喊声震地。谓纵火而焚者有之，谓炸毁华区者有之，谓破门直入捉而杀之者又有之，如是者二三日。后得加政府派遣大队马兵，驱而散之，一场风波，始得平靖，然华侨损失，已不赀矣。后虽报告前清政府交涉索偿，卒毫无结果而罢。自此以后，华侨之居留僻地者，或失踪，或被惨杀，均是冤沉海底，尤可昭雪。

四、加人排华严重时期

自从经过此次工党暴动之后，排华声浪，日高一日。一般政客议员，均以高唱排华，讨好工党，为进身途径。以故"黄白分校"、"白女佣"（华人西餐馆不得雇白女佣工，华人不得与白女同室操工）等案，相继发作。时为民国初年，卢炳田、杨书雯先后为驻加总领事，虽曾向加政府据理力争，但因国弱之故，结果只打消黄白分校案，白女佣案则判决属于地方自治范围，不能定为省宪，归地方警局核办。所有华人西餐馆，欲雇白女佣工，必须请求地方警局核准方可。华人不得与白女同室操工一节，视为太无理由，完全打消。亦以彼等富室，均雇有华厨与白女故也。现因世界不景气，白人失业日众，各埠华人西餐馆亦居然雇白女为佣。倘无不道德或非常事件发生，警局亦不加干涉。

禁绝华人入境之呼声，自 1910 年以后，甚嚣尘上。但时禁时弛，尚未十分雷厉风行，故在 1917 年以前，虽或不能纳税入口，但持商照而来者，尚不知凡几。至 1921 年关于中国移民苛例四十三条，乃突然颁布。旅加华侨，睹此苛例，几如空中霹雳，魂魄皆飞，奔走相告，莫知所措。时驻加总领事为周启濂氏，亦无法为华侨谋解救之道。

五、华侨合力抗例经过

四十三条苛例，实为旅加华侨之致命伤，故不能不合全加华侨，出死力抗争。于是设局筹款也，通电宣传也，延律师派代表入京抗争也，种种运动，无所不至。抗争年余，结果只略行修改，然所费已逾数万金，而苛例亦于 1923 年 7 月 1 日实行矣。旅加外侨，何止千百国，均无另立苛例禁绝入境，而独于我华侨则有之，不平孰甚？若只禁绝工人，犹有可说，乃商人与商人妻子，亦不准携来同居，何无人道之如是？彼加人岂无在我国经商者乎，若以其人之道，还治其人之身，彼又作何感想？

六、苛例实行后华侨苦况

苛例实行之后，在 12 个月以内，所有居留加境华侨，一律须要注册，否则，课以 500 元以下之罚款，或一年以下之监禁。厉行注册期间，以前之不正当入口者，及 1915、1916、1917 等年，持商照而来者，俱须再纳 500 金入口税，否则逮解出境。故此等华侨，乃如惊弓之鸟，大有风声鹤唳之势，更有甚于美国之拉册（即搜查入口护照）。云域两埠中华会馆，以此为华侨莫大耻辱，特定 7 月 1 日为侨耻纪念日。每年于该日开会纪念，以示不忘，且不时向祖国当局呼吁，乞予声援。又曾经直接派人向外长王正廷报告，请求向政府交涉。当时王氏只允选派能干总领事来加，与加政府订约，从中冀图打消此苛例云云。后果派李骏来加，充当总领事，李氏下车伊始，亦尝以订约自任。乃荏苒数年，无能为力，中加之约固未订，而四十三条中国移民苛例则仍在，故旅加华侨，徒自呼吁，而祖国各界，似已淡焉若忘矣。彼加人固无时不欲伸张商务于我国，近年来加货运华，为数甚巨。倘我国工商各界，对于旅加华侨之呼吁，稍予声援或提倡抵制加货以为报复，或运动另立苛例以对待加商，彼加人必有所恐惧。更以政府能够正式提出抗议，对于四十三条苛例，虽或不能完全打消，当必大有改良。至禁止商人妻子入境之一节，彼必无充分之理由答复。

去年 8 月间太平洋国际友谊会议，在加属品夫埠开会，我国出席代表六七名，胡适之、刁敏谦为首领，胡氏且被选为大会副主席。当胡刁等代表来加之始，云域中华会馆，及华人商会，均开会欢迎。在欢迎席上，请求各代表在大会席上提出四十三条苛例讨论，能够完全取消固佳，否则最低限度，要求修改，对于商人妻子，准予来加同居。各代表当时同声答允是必努力以赴，以慰华侨之望。同时各埠华人团体，函电交驰，亦均以废除或修改四十三条苛例为请，足见旅加华侨，被压迫于四十三条苛例之下，是何等残酷，一有可乘之机，咸来签请废止也。讵该代表首领胡刁二氏，未将此案提出大会，只与加拿大代表在会外讨论，加代表只口头上允代达政府而已，毫无结果而罢，旅加华侨，遂大失所望。

七、苛例实行后旅加华侨人数大减

苛例实行之后，旅加华侨，回国者回国，死亡者死亡，渡美者渡美，有出无进，以故人数日少。10年前约有50 000余人，今只得30 000左右，若再过20年，恐除土生子之外，再无华人足迹。更以迩来世界不景气，加人排华，更是无微不至，前以暴烈手段，今易以阴柔政策，前只民众运动，今则政府设计，断绝华侨生计。以对待华农：（一）限制田主，不租赁耕地与华人；（二）所有农产品须经过农业委员会或医生检验，方能出市；（三）限制市价，不能私自抬高。如对待华人洗衣馆，洗房须铺士敏土，洗槽须用铁制，或用白铁包镶，室内墙壁天面，每年须扫灰水一次，每日工作，不得过8小时，种种限制，不得自由。至营业税则加征至10倍之多，如前征10元者，今则加征至100元，务使其不能立足而后已。至于经营西餐馆、果子瓜菜店、瓜菜小贩、操木瓦工、板厂工、制鱼厂工及各种杂工者，无不另立条例限制。如关于政府工业，或公家地方工业，更不准雇用华人。他用高压手段，务使华人不能在加境谋生，一律要回国而去，其立心之酷辣有如此者。

八、现在失业华侨惨状

华侨既为加人所歧视，复受世界经济恐慌之影响，因而失业者约占70%。彼等失业华侨，初尚仰给于朋友或昆仲之救济，但连年如是，而朋友昆仲之救济亦穷，遂不得不与各国侨民，同向加政府请求赈济。昔者华侨无论如何困苦，绝不仰求外人，故西人尝有言曰，"华人互助之义最可风"。实在我们华侨，倘不至山穷水尽，断不乞怜于外人。今竟若此，其苦况已可概见。现查各埠华侨之领赈数列表如下：

埠 名	原有人数	领赈人数	埠 名	原有人数	领赈人数
云高华	约7000人	1100余人	舞市阻	约200人	60余人
域多利	约2000人	约100余人	伙伟林	约300余人	150人
锦碌	约500人	约120人	都朗度	约2000人	300余人
汝利慎	约200人	约50人	满地可	约2000余人	320人
片市鲁别	约200人	30余人	兰 顿	约100人	50人
叻 磨	约500余人	60余人	古 璧	未详	80人
温地辟	约2000余人	400余人	柯 京	未详	50人
卡忌利	约1000余人	200余人	稳 梳	约500人	200人
沙市加寸	约200人	80余人	鸟 埠	约400人	150人
雷振打	约200余人	90人			

其余各埠，未及调查者尚多，领赈人数当亦不少。旅加华侨，自有历史以来，以现在为最困苦。前虽经过几度艰难，不过工价低廉而已，仍有工业可图也。至今虽贬价求工亦无之，甚至以工而抵食住，亦无人过问。

九、加拿大华侨团体之类别

旅加华侨，向有各种团体组织。属于公共性质者，则有中华会馆、中华公所，专办理慈善公益各种事业及为华侨自身之保障。属于宗族者，则有各姓堂所，如李陇西堂、李氏公所、陈颖川堂、黄江夏堂、黄云山公所、林西河堂、林九牧公所、马金紫堂等等，不胜枚举。属于地域性质者，则有各邑堂所，如恩平同福堂、冈州会馆、中山福善堂、台山宁阳会馆、开平会馆等等。属于职业性质，则有华人商会、瓜菜侨生会等。属于政治性质者，则有中国国民党、致公堂、宪政党。属于文化性质者，云埠则有现象社，温地辟则有警魂社，都朗度则有世界镜、涉趣园、振洪声剧社，雷舞沙三埠则有三联剧社，锦碌则有三民剧社，点问顿则有警世钟等等。工人方面，前则有西厨工会、木瓦工会，现已瓦解。尚有酒楼茶室工会，亦已消沉。最近则有工人保障会，大概受西人工会所支配。宗教方面，则有美以美、长老会、中华基督教会、中华圣公会、耶教联合会等等，亦俱受西教会支配。前有华人长老自理会，为华人自办的，现已停闭。统计加拿大华侨团体，虽不为不多，然多自办一方面事业。惟中国国民党，则为唯一救国团体，及正式政党，华侨优秀分子，多隶属该党。该党已有廿余年历史，自同盟会到现在，所做革命工作甚多，如组织义勇军回国讨袁、筹募革命军饷，组织演说团，宣传革命真理种种，其成绩颇为昭著。致公堂乃是祖国"三合会"、"哥老会"之变相，其分子甚复杂，时有逞蛮捣乱不幸事之发生。宪政党是"保皇会"变相，实早已瓦解，不过尚有极少数顽劣分子，作最后之挣扎，现与致公堂联合，专反对国府及国民党。

十、加拿大华侨之刊物

加拿大华侨之刊物，在域多利则有《新民国报》，云高华则有《大汉公报》，都朗度则有《醒华报》及《洪钟报》。《新民国报》、《醒华报》为国民党所办；《大汉公报》及《洪钟报》为致公堂所办，专反对党治，及诋毁国民政府。现为世界经济恐慌影响，《大汉公报》、《新民国报》尚可以维持现状，《醒华》、《洪钟》两家，恐不能支持门面，大有岌岌不可终日之势。

十一、加拿大华侨教育状况

加拿大华侨儿童，日见增加，虽未有正确之调查，统计约在二三千以上，但教育极散漫，不能统一。如云高华虽有学校五六间，然皆不甚完备，每间学生多者六七十名,少者三四十名。学生少而程度不齐,故同一课室,而分三四班教授,教者固费时太多,读者反得益甚少。数年前经有热心华侨教育分子,出而谋统一之,办一完备学校,收容全埠华侨儿童,一炉共冶。无如各校执事,界限意见甚深,牢不可破,不问学生之得益与否,先争该校教员之位置,是以卒不能成功,至今仍各自为政。域多利虽较云埠略佳,华侨公立学校,办理颇为完善,但仍不能统一。致公堂则另办一间菁莪学校,独树一帜。顽固宿儒,则开设私塾,仍以《千字文》、《状元幼学诗》、《中庸》、《大学》等为独一无二之教科书,以谋其个人之生活。卡忌利埠,总亦办有学校一间,然附设于教会之下,亦是不完备者。如都朗度、满地可、温地辟等大埠,华侨儿童虽多,均绝无正式学校,至小埠更无论矣。故该等华侨儿童,只读英文,说英语,生活习惯,几尽与西人同化。政府对于此等华侨儿童,若不施以祖国教育,灌以祖国文教,吾恐将必变为外人,不知其本身之何来矣。

十二、挽救加属华侨危机及统一教育方案

  总而言之,加拿大自实行四十三条中国移民苛例之后,华侨日见减少,更以加人施行断绝华侨生计之阴谋,而华侨益难立足。因此旅加华侨,不必如墨西哥之驱逐,南洋群岛之遣送回国,而华侨足迹,自然消减于无形。至生长于加拿大之华侨儿童,因缺乏祖国文化教育之熏陶,其耳濡目染,尽是加邦风俗习惯,恐不至再传,而不知其本来之国籍。然则为今之计,欲免除旅加华侨之危机,(一)须设法废除或修改四十三条苛例;(二)设法普及华侨儿童教育。此两者实缺一不可。然负此重责,以为旅加华侨谋幸福者,究将谁属,不能不希望于政府诸公,与侨务当局诸公。

  现闻加政府拟派驻华公使,欲商于我国政府久矣。但迟迟未见实行者,虽有其他原因,要亦加商对于远东商务,极其注意,渴望有以疗其贫耳。原来加政府早欲在我国通商口岸,建筑一大货仓,屯储加货于其中,以便批发。加政府与加商既有此两事等谋,我国政府正可乘机向其要求废除四十三条苛例,再订中加通商互惠条约,以为交换条件。至欲统一加拿大华侨教育,须先从云域两埠着手,政府宜设立一华侨学校于该两埠,所有该埠及邻近华侨儿童,俱收容而教育之,不收学费。云埠约有学童300至400名,现可以租赁空铺以为校址,租金极廉。域埠约有学童200余名,以固有之华侨学校,另辟两三教室,当可容纳之。第一年云埠开创与经常两费,约25 000元,域埠约12 000元(俱加币)。以后每年云埠经常费约17 500元,域埠约8500元。虽则政府今日正在财政支绌之秋,筹此巨款,恐未能遽尔办到,然若注意华侨教育,亦未必绝无办法。查加货运华,现须我国领事馆签证,方能起运,应从现在签证手续费,加收二成,以为当地华侨教育经费,此其一也。又厉行华侨回国须到领事馆请领回国证,否则政府不任保护之责,回国证每张收教育费一元,以华侨之财,办华侨教育,华侨当必乐从,此其二也。此两者责成当地领

事馆执行，每年收入，其数当不小，即或不敷，政府再拨多少以足之，当不难也。先从云域两埠试办，果有成效，再推及于加中加东两部，而加拿大华侨教育问题，自不难解决。政府侨务诸公，想对于华侨教育，素所注意，若不以狂生之言为谬妄，采而行之，不特为旅加华侨之幸，亦国家之福也。

兹并将加政府颁行四十三条中国移民苛例，表而出之，以为政府将来交涉之参考。

第一条　本例定名为1923年中国移民例。

第二条　说明：在本例内及其他对本例发出不论任何命令或布告规定等之内，除非上下文别有所指，否则（一）部长，指移民或殖民部长，抑或英皇在加拿大内阁之职员，授任执行本例者；（二）总管理，指任命"由部长指挥"为执行本例之规定有效者的兼有权管理其他移民局职员，及受任命为助理执行本例条件之人；（三）管理，指移民局员或其他职员，在临海商港或国界商埠，正式任命充当斯职之人，为帮助执行本例之规定有效；（四）职员，指不论任何人员，凡被任命为执行关于本例一概事务者，并本例中第二条第二节所规定一概人员；（五）中国移民，其意即此项移民，其来历或远祖本是中国民族，而来加拿大欲入本国籍，如本例第二章第四节所说明者；如本人只其母或其属于女子之先人，系中国人，则该人不能当作中国民族；（六）船主，车上管理，指凡指挥航船驶车之人；（七）船只，指凡能以航海之船只，不论款式如何，但能载客者；（八）船只量数，意即系船只之总吨数，依照英国议院商船例所定者；（九）载运物，指渡船、汽船、火车、手车、马车、四轮马车、雪车，或其他各种载运物，不论如何推进或拖行者；（十）拒绝，以用于移民及其他任何欲来加拿大之人，意即系该移民，或其他任何人，已经为移民职员所审决，兼经由管理不准进口者；（十一）拨回原籍，意即以本例之规定，将凡已被拒绝之移民，或其他任何人，及业已在加拿大登岸，而违背本例不论某条规定，而居留于国之人，经加拿大各所在地移民局员拒绝或扣留者，可随时将其人拨回原籍；（十二）登岸，凡中国民族，由船只或其他载运物登岸，如经本例内不论何号证明者，意即该人已合例，及得管理员或其他正式人员批准按照本例在加拿大登岸者，与其他须先审讯，然后方准登岸之人不得同一待遇，亦不须将其人扣留于正当扣留所，此外则须待查悉，确已合本例之规定，得管理或其他正式人员批准，始能离扣留所，与华人海员暂时登岸，为其所属之船起卸货物，或登岸而候移过别船者不同，遵照内阁命令所定，此等人或海员当被扣留于扣留所内，或候移过别船之时，视其人的在新来之船上；（十三）进口处，指不论任何商埠、海湾、车站，或在加拿大其他各处，即凡移民搭客，或其他任何人被审察是否合例进口之地方。

第三条　加拿大总督之权分9种，（一）任命一人或多人为执行本例有效；（二）派委人员驻加拿大以外各国，为签发护照，或办理本例内规定之各项责任；（三）以关于执行本例之责任，交付与不论任何移民职员或加政府任用人员；（四）说明各人之职权所属；（五）定实各人员薪俸或赏金；（六）中英交通译员之聘请及发薪；（七）规定以执行本例之方法；（八）指定某处湾港，已为准入加拿大之华人进口处；（九）规定补发遗失税金纸，签发护照，及关于执行本例其他事务之费用若干。

第四条　各移民官有监视移民发誓，及盘问供证之权。

第五条　凡华人有华人血统者，不论其有无他项国籍，须限于下列之3种，方准入加。

（一）外交官，及政府代表，与其随员及差役，领事官，或商务委员等。

（二）在加拿大华人之子女，生于加拿大者，如因求学或他故离加者，于其回加时，能确实证明得移民官之满意。

（三）商人及学生，学生须专为求学，能直接入官立大学，或政府承认之大学肆业，得移民官之满意，最后须得移民总长之允许，此两种人，持有中国政府之护照，曾经驻该地加拿大移民部之代表签名或盖印。

第六条　华人须依所指定之口岸入加。

第七条　华人除本例第五条之第一、第三两款及第廿三、廿四两条所指外，均须在云高华或域多利入境。

第八条　华人有下列之情形及行为者，不准登岸，或已在加者解拨出境。

（一）痴呆、愚弱、癫狂，或曾患是症。

（二）肺痨、麻风，或他种恶疾传染病，或有害公众卫生之病者，不准入境。虽由加假道往他国亦不准。

（三）凡经被判有罪，或犯伤害风化之罪者。

（四）营丑业，如娼妓龟鸨等。

（五）华人谋带妇女入加，专营丑业，或有不道德之行为。

（六）乞丐及无业者。

（七）如移民官于其进口时，认其为无力自给者。

（八）身体不健，神经衰弱者。

（九）有酒药癖者。

（十）凡不属于上例种类，经加拿大卫生部证明，有神经或体力之欠缺，不能谋生者。

（十一）凡主张煽惑以武力暴动危害加拿大政府人员者，及一切图谋不轨者。

（十二）或曾秘密结会，希图反动，及推翻加拿大政府，或谋害公民官员者。

（十三）谋乱或因最近战事犯罪，或曾同谋反对政府，或与敌人串通，或反动加拿大同盟国者。（以上均无修改）

（十四）（原文）年在15岁以上，不能读英法或他国语者，移民官以法定纸张及文字约三四十，任择一张，使读而定之。加拿大籍民，及假道者不在此限。(修改)年在15岁以上，不能读英法或他国语者，移民官以法定纸张及文字约三四十，任择一张，使读而定之。于通过此例时，已经居留加拿大者，及加拿大籍民，不在此限。

(十五) 曾经被加拿大或他国判出境者。

第九条　移民总长，可不依据本例，有准华人入境之权。惟限以特别时期，并有拒绝展限及停止居留之权。

第十条　(原文)(一)移民官遵依本例，有允许或拒绝华移民入口之权，及拨回之权；(二)审问时无移民官之允许，不准入庭旁听。(修改)(一)移民官遵依本例，有允许或拒绝华移民入口之权，及拨回之权；(二)审问时无移民官之允许，不准入庭旁听。"设若第一次审问时，移民官不满意其人有居留加拿大之权者，审问事当推迟48点钟之久，或更延长时间，均由移民官视乎适当而定。当予其人与律师磋商之机会，于审讯时或后来法律上进行，律师当有代表其人之权。"

第十一条　移民官根据医生之证明，认其有下列之病症而被拒绝入境，该华移民不准上诉。其病症，即恶疾有害公共卫生、癫狂及痴呆等。

第十二条　华移民如不服移民官之判决，须于48点钟函知移民官，声明具案上诉于移民总长，而候其最后之判决。

第十三条　上诉后于听候判决之期内，该华移民及其从来须入拘留处。

第十四条　在拘留所之华人移民，可向移民官具银单保出候判。

第十五条　被拨回之华人，须由原载运公司，送回原处，其被拘留时之费用，及送回原处川资，俱由该公司供给。

第十六条　(一)轮船公司，须送回不准入加之华人至原搭船地点或原籍，不得索费；(二)铁路公司须送回其所载来不准入境之华人于海港，俾其由该港可以乘船回原籍，铁路公司不得索费。

第十七条　(一)合例入加之华人，移民局每名给以证书一张，黏有相片，书明其履历，及登岸地点，及时期，此证书即表明依照此例入口者，如政府人员，对于此项证书有疑虑时，得以根究之，惟须由发给该证书地方之高等法庭之裁判官审讯，裁判定之；(二)移民官管理长及管理员等，须将允准入加得有证书之人注册存记。

第十八条　(原文)于此例颁行后12个月内，所有加拿大之华人，无论是否附有他项国籍，须照政府关于此例所定之规章，向政府所指定地方及官吏注册，并领取上述之证书。

(修改)于此例颁行后12个月内，所有加拿大之华人，无论是否附有他项国籍，须照政府所定之规章，向政府所指定地方及官吏注册，并领取上述之证书。"设若当注册时期，彼等不在加拿大，而有权复回加拿大者，于回来时可能注册"。

第十九条　载运华人入加之轮船，每次所载人数，不得超过每载量250吨载一华人之比例数。

第二十条　（一）船主非得移民官允许，证认为遵照本例者，不得许华移民行客官员及偷关离加，如有不遵者，船主须交罚金，每登岸华人一名1000元；（二）移民官须得检验卫生照，证明船上华人无染麻风症疫及各种恶疾者，方得给该船主允许证，如犯有本例第八条之一者，不准登岸；（三）如有船只犯前节所指之事，于未判定应罚款若干之时期内，或已经判定而未有款交付，则不得发给执照与该船，所罚之款，除非得移民部长意见以为错误，否则不得退还罚款。倘离港执照，在未判定罚款之前，已经发给，则须以应罚之款，如数储足于就地之移民局，始准启碇。

第二十一条　（一）火车运载华人入加，该车管理员，须于车到时向所在之移民官，呈交实在之报告，载明华人之姓氏、国籍、职业及最近之所居地等，非俟报告后不得擅许华人离车；（二）船主负责交出华人载运中国人来加拿大之船，其船主对英皇负有责任，交出所载之华人与移民管理，又于船抵埠时，华人船员及乘客未登陆之前，将船员、乘客、希骗船费者，及其他任何人之名单，交与移民管理，名单内须注明各本人姓名，出世之国名、地名、职业，及最近之住址；（三）罚款，倘有船主或车上管理，不备有中国籍民之名单，或不肯将名单呈交移民管理，如本条所规定者，则该船主或车上管理，须要罚款，由移民管理或其他移民局人员，得移民部长许可，定每名移民，罚船主或车上管理纳款1000元，款交移民管理或其他移民局人员接收，在未决定罚款，或已决定罚款，而未有款交付之时期内，不得发给放行执照与该船或火车。既判定所罚之款，不得退还，但倘放行执照，已先期发给，则须储足应罚之款于移民局，以作保证金。

第二十二条　凡华人假道经加拿大地方，前经往他处者，须遵照加政府关于此事所定之规章而行。

第二十三条　（一）凡华人声明欲离加拿大，而有复回之志愿，须得移民官之允许，认其为合例入口及居留，须于未起行24点钟以前，书明前往之他国口岸，或地点，及往返路程等，呈送于其离加处之移民官，同时并须缴费2元；（二）此项请求书，须遵照加政府随时关于此事所规定者办理；（三）移民官须将此项请求书姓名、住所、职业，及履历，并关于此事为规章之必要询问者，一一注记。

第二十四条　照此例注册者，如于2年内回来，注明一切，得移民官之满意者，准其入境，移民官对于此项入境者，有最后裁决权，如其人不能在注册之2年内回加，应照本例作初次请求入境之移民办理；（二）凡华人离去加拿大，如未照例注册，则于其回来时，应与初次入境之移民同样待遇；（三）华人在1914年4月1号，至1919年3月1号之期内，注报入境者，照1919年4月2号（b，G，）（六九七）之阁令，得于加拿大官报宣布，欧战停止日之后，一年内准入加境，不须再纳税者，均于本例施行后之一年内，注明一切，得移民官满意者，再得入境，虽有（b，G，）（六九七）之阁令，所有华人在1915年①4月1号，至1919年3月1号之内离加者，如不依本例施行后一年内回加，均作初次入境之移民论。（以上各条均无修改，惟第二十四条第二项则修改如下）"第一项修改"：照此例注册者，如于2年内回来，注明一切，得移民官之满意者，准其入境，如其人不能在注册之2年内回加，应照本例作初次请求入境之移民办理。

第二十五条　（一）如合例居加之华人，如受雇于航行美加间各商埠之轮船公司，须一律向移民局注册，领取证书，方能于船回加时，得以复入。此项证书之格式，须照本例及政府关于此事所定者，无论何时，官员可以检验，证书之时期，以2年为限，移民官发给证书时，每张收费2元；（二）如不照本例所规定请注册，回加时作初次入境论；（三）凡轮船公司之经理人、代理人，或主人等，如雇用未遵照此条请注册之华人，无论移民官，或官员，得课以罚款。每华人一名250元，至确实罚款多少，须俟移民总长判定。判定以前，该船不得开放，惟该船交保证金，以作将来之罚款，不在此限。（无修改）

第二十六条　无论何时，依照此例所派之官员或地方官，（此句改为"无论何时，如依照此例所派之官员"）疑虑华人违犯本例，或1906年修正之加拿大法律第九十五章之华移民例，及其他修正例，可以不持拘票逮捕之，如该华人不能证明其合例入加及居留，该官员可将送交于最近之移民官处审讯之，若确查得该华人未依法律定手续入境及居留权，"得"将其拨回原籍，（此句"得"字改为"或者"二字）并许其得依初次入境之上诉例办理。以此条拨回之华人回国路费，须由彼自备，其无力者则由政府代付之。

第二十七条　照华移民例或修正例或本例免纳税金入加之华人，在其入境后，不属于各移民例免纳税人等之列者，除彼为加拿大籍民外，须取消其居留加拿大之权利。政府人员得任意逮捕之，交于附近移民官审讯之。此项办理，与前条规定处理被疑问之人相同。（原文）

（修改）凡华人血统之人，于此例施行之日在加拿大者，不论依照往昔之例，或目前之例，准其入口，但非假冒入口，并非属于此例第八条所定禁止者之等级，则其人应得继续居留加拿大之权。如其人于1917年7月25号以后入口，确是商人，不须纳人头税。若停止经营商业者，则要缴纳人头税500元。倘其人不肯纳，或无力将款缴交，则失去居留加拿大之权。凡移民局人员，不用拘人票能将其拘拿，送交移民官审讯。待遇其人，依照此例第二十六条拘人之办法相同。（二）凡依照此例准入口者，不论何时，其人如停止属于条例准其入口之等级，失去居留加拿大之权，凡移民局人员，不用拘人票，能将其人拘拿，送交移民官审讯。待遇其人，依照此例第二十六条捕人之法相问。

---

① 原文前后不一致，保留历史原貌。——编者注

第二十八条　运载华人入加拿大口岸之轮船，如运载人数，超过每载量250吨准载一人之数，得罚该轮船公司所载之超过额各500元。

第二十九条　船主或火车管理员，违犯本例，运载华人或协助华人非法入加者，须照放走人数交罚金，每人1000元，或监禁至多不过6个月。

第三十条　华人被拒绝入境后，如来时所乘之轮船公司主人，不允将其送回原搭船地点，或不供给其在拘留期内之费用，或向其追索上项之供给费，或扣留物件以作抵押，则认定该公司为违法，每犯一项规定，处以100元以上1000元以下之罚金。

第三十一条　铁路公司，或他项运载公司，载有华人，路经加拿大境内者，如不遵照加政府关于此事所定法律办理，即认该公司为违法，处以1000元以下之罚金。

第三十二条　华人凡不依例登岸，或用伪造假冒或顶替之凭照希图登岸者，处以12个月以下之监禁，或1000元以下之罚金，或二者并罚，并由管理长命令拨回原籍。如有指使或协助他人违犯此例者，或意图尝试者，皆处以12个月之监禁，或1000元以下之罚金，或二者并罚。

第三十三条　船主或火车管理员，经移民总长或其他移民官员，用公文请各船公司等，依照本例不论载何人被拨出境者，如不遵照者，处以500元以下之罚金。

第三十四条　华人如不照本例第十八条及他种注册者，处以500元以下之罚金，或10个月以下之监禁，或二者并罚。如被告自认为非华人，须有确实之证据。

第三十五条　如有私组法庭，审讯有罪华人，或伙同执行判决，及私施刑罚者，处以12个月以下之监禁，或500元以下之罚金，或二者并罚。惟如发生事端，众人和解，及公断等事，如与所在地之法律无冲突者，不在此限。

第三十六条　如有搅扰妨碍或阻止移民官员执行职务者，处以12个月以下之监禁，或1000元以下之罚金。

第三十七条　如有违犯本例内之一条，该条内虽无罚法之注明，得处以12个月以下之监禁，或1000元以下之罚金。

第三十八条（原文）移民官及移民总长所判定之华移民案，法庭无权干涉之。

（修改）移民官及移民总长所判之华移民案，除非其人系加拿大籍民，或已得有居留加拿大之权者，则法庭无权干涉之。

第三十九条　（一）所有关于此例之诉讼案件，除各种已经判决不准上诉外，余皆由公判人警官长，或肇事地方之官长审讯，得以加拿大刑事法律执行之；（二）如罪人被判决罚金或监禁，如无力交款者，得以原定监禁期限外，多加2月以下之监禁，以抵罚金。

第四十条　凡所收之罚款，及在本例所收之款，皆存入加国库内。

第四十一条　本例实行后一月内，如有华人来加，适在路中，可以按照旧例法律手续入口，并纳税金。如在免税之例，不在此限。

第四十二条　轮船于罚款未交清之前，不准出港，惟预付款项以作将来之罚金，不在此限。

第四十三条　加拿大法律1906年改订之第九十五节，以及1908年法律之第十四节，及1917年法律之第七节，及1921年法律之第二十一节，公布作为无效。

以上之略加修改者，是当时旅加华侨合力抗争之结果。加拿大移民部执行本例第二十七条之消息：

（一）中国妇女，以商妻资格入口者，无论现操何项工业，亦无论其入口久暂，一律不用纳税。

（二）已成年之商人子女，无论彼等前于何时入口，现操工谋生，亦不用纳税。其父亲营商，或操苦工谋生，亦于其女子无涉，若已成年之商人女子，虽嫁于工界，该女子亦不用纳税。

（三）1917年以后入口之商人，现操工业而非营业，或曾经营商，而生意倒闭，一律纳税500元，否则逮捕出境。

（《侨务月报》第6期，1934年6月）

南洋华侨学校之调查与统计

钱鹤 编

序

调查不易,统计更不易,然钻研学术底蕴,探讨社会真相,则非调查不可,非统计尤不可。诚以调查统计能集事物之复杂情态而笔之于书,理乱为整,化繁为简,使人一览了然,所谓科学方法者其近是乎?教育为社会动态之一,其内情外状之递变演化依时间空间而不同。华侨教育尤称复杂,国外无统一之所,各属乏指导之人,于是各地各校人自为政,编制有新有旧,设备或缺或全,经济有足与不足,师资有合与不合,一言以蔽之,侨教情形之错杂几非笔墨所能形容。若非加以详密之调查、正确之统计,则探悉真相戛乎其难。

近者侨界人士咸知华侨教育急宜改进矣。两年来关于华侨教育之集会,有中央,有暨大,有全教会议,仆与编者咸追随其后,议决方案裒然成帙,但能不免纸上谈兵乎?能不免闭门造车乎?欲解答此问题,惟有根据调查与统计之结果可以明之。如华侨学校病在基金之缺乏也,则当有大规模之基金运动以药之;如失在办理之不相统一也,则应提倡联合,消融意见以济之;由此类推,不庸枚举。

仆认华侨教育在海外侨务中最为重要,昔年历往南洋考察所得,苦无暇晷,未获整理,以襮于世。今钱子铁琴自来本部即从事于斯,前既制表征求,加以统计,今复广搜博采,汇刊成编。虽新旧错综,详略有异,而各属侨校之多寡盛衰、缺失优长,已略备于是。关心侨务者可考览矣。是为序。

刘士木 1930 年 10 月 14 日暨大文化部

编辑例话

一·本书的编辑，意在搜集南洋各属华侨学校的新旧调查和各种统计，使国内外人士都能明了华侨教育的真相。

一·华侨教育急求改进，人所共知。但是华侨教育的情形十分复杂，非加以调查统计不能知道它的症结所在。所以要研究和实施华侨教育的人，不可不从调查和统计入手。

一·南洋地方辽阔，调查华侨教育实在不易。因为从前我国政府向不注意，所以调查材料实不易得，即私人或团体的调查也是一鳞半爪，要求完全真是难能。

一·编者服务于暨大南洋文化部，始终注意这个问题，曾在民国十七、十八两年寄发表格到南洋各学校，计有1000多份，可是到本书编辑为止，不过收到108校，差不多是十分之一。这也难怪，因为我们不是一个教育行政机关，他们不一定要负填表责任的。

一·我国现在做调查工作的人确也不少，但是调查以后置之高阁，不加整理，也不发表，这种调查有什么用处？所以编者把调查的108校，除在《南洋研究》发表外，还搜集其他材料，并合印成这本书。

一·本书各种材料中，调查有新有旧，有详有略，统计有分有合，有整有零，且有许多重复矛盾，与现在情形不符的地方。但是各篇都注明调查年月和根据所在，也可见得南洋华侨教育今昔实况和递变情形。

一·本书材料的来源大部分取给于国内外各种刊物，如中央侨务月刊、星洲日报周年纪念刊、小吕宋中西学校30周年纪念册、钟灵中学校刊、华侨努力周报、南洋商报新年增刊、觉民日报十七周年纪念刊、荷印华侨教育鉴、苏门答腊民报副刊、日本南洋年鉴、马来亚七州府提学司报告、荷印统计年报等。编者对于上项各种刊物的编者、著者十二分的感谢，出版以后当各赠一册，以表谢意。

一·本书重在客观的纪实，可和编者前与刘士木先生合辑的《华侨教育论文集》互相参阅。因该书重在理论，与本书重在事实者可相为表里，亦可说是"姊妹篇"，还有拙编《南洋华侨教育会议报告》也可提供参考。

一·本书材料大都从表格和刊物中得来，且挂一漏万，缺点很多，要请阅者指教。编者在最近期中，颇有意到南洋各属去实地调查一回，以明华侨教育的真实情况。尚能成行，将来再编一册，或者可称满意哩。

一·本书当编辑时，承刘士木先生供给材料；当付印时，承刘弘济先生详细校阅，特此志谢。

民国十九年国庆前一日，编者钱鹤写于暨大南洋文化部

目　次

第一篇——调查之部

南洋华侨学校调查概览	国立暨南大学南洋文化事业部	(345)
南洋华侨学校概况	中央侨务委员会	(401)
华侨学校调查表	外交部侨务局	(417)
新加坡华侨学校调查表	新加坡星洲日报	(419)
槟城华侨学校调查	钟灵中学校刊	(440)
英属马来半岛华侨学校简明一览表	南洋英属华侨教育之危机	(445)
十五年度荷印华侨学校概况表	荷属华侨学务总会	(448)
苏岛华侨学校调查表	苏岛东方商鉴编印社	(459)
棉兰华侨学校之调查	棉兰教育总会	(461)
菲律宾华侨学校之调查	菲律宾华侨教育会	(464)
缅甸华侨学校调查录	华侨努力周报社	(469)
缅甸华侨学校概览	缅甸觉民日报	(471)
暹京华侨学校	中央侨务委员会	(499)
暹罗华侨学校	中华民族之国外发展	(500)
安南华侨学校	小吕宋中西学校卅周纪念刊	(501)
北婆罗洲砂胜越国古晋坡侨校一览		(502)
荷属婆罗洲华侨学校	国立暨南大学南洋文化事业部	(502)
英属北婆罗洲华侨学校	国立暨南大学南洋文化事业部	(503)
西里伯岛华侨学校	国立暨南大学南洋文化事业部	(504)
龙目岛华侨学校	国立暨南大学南洋文化事业部	(505)
南洋华侨学校最近状况之调查	国立暨南大学南洋文化事业部	(505)

第二篇——统计之部

108所华侨学校内容之统计	钱　鹤	(508)
荷印华侨学校之统计	荷属华侨学务总会	(510)
荷印土人教育状况之统计	荷土教育委员会	(515)
邦加岛华侨教育的统计		(518)
荷属东印度学校及学生统计表	姚楠译	(519)
荷属中华会馆学校统计表	许克诚	(520)
受荷校教育之华侨人数表	许克诚	(520)
荷印中华学校、荷华学校校数、学生及教员表	荷印统计年报	(521)
荷属东印度之教育统计	荷土教育委员会	(522)

英属马来华侨教育之统计	英属马来七州府提学司（523）
马来半岛各地中华学校学生、教员数表	荷属马来七州府年报（525）
马亚半岛各地英语学校学生国别表	荷属马来七州府年报（525）
马来半岛各地英语学校教员国别表	荷属马来七州府年报（526）
1929年度海峡殖民地教育统计	（526）
暨南高中师范科毕业生统计及调查表	暨南大学高中师范科（527）
国立暨南大学华侨学生人数统计表	暨南大学教务处（529）
南洋华侨学校教职员出境及被捕表	钱　鹤（530）
南洋各地聘请校长、教员广告的统计	陈谷川（532）

第一篇——调查之部

南洋华侨学校调查概览　国立暨南大学南洋文化事业部

（民国十七年、十八年调查，共计108校）

一、棉兰华商学校（Hwa Shang School）

一、创立经过　民国纪元前四年，由棉兰各侨商丘清德、苏保全、温发金、李丕树等12人发起募捐开办。至民国四年学生日多，另设女子部。

二、所在地址　荷属苏门答腊，日里棉兰日本街。（Medan, Deli, Sumatra.）

三、董事总理　名誉总理丘清德，正总理温发金，副总理张念遗，财政员李承宗，协理黄汉忠、黄清淡等10人。

四、教职员数　教务长钱雄飞，女子部教务长孙懿行，英文主任丘金忠，自治会指导员周宝璜，级任石汉荃、张玉麟、温素珍、丘沧海，科任刘毓瑜、蔡式宾、赵文化、孟吟、温素彬等。共计教职员17人，内女教员6人。

五、学生数　男生337名，女生145名，共482名。

六、学级编制　分高等、国民两科，共有12级，男子8级，女子4级。

七、校产基金　无。

八、经费状况　经常费：董事及各侨商之月捐，年可得6000余盾。临时费：特捐年约3000盾，学费年约14 000余盾。职教员薪金年约18 000余盾，月薪最高者130盾，最低者50盾。

九、校舍　借用民房，不纳租金。教室12间，办公室1间，女教职员宿舍2间。

新校舍建筑正在进行中，地为福建公所捐赠，建筑费已募得58 000余盾，不日动工。

十、设备　书籍3000余册，图表100余件。仪器、标本、体育器械均略备。每年增置费约3000盾。

十一、教科用书　科目为公民、国语、算术、英文、常识、卫生、历史、地理、自然、商业、工艺、美术、唱歌、体育各科。用书悉系中华书局出版，惟英文用商务本。教授用普通语，一年级参用闽语。

十二、其他　学生籍贯，闽籍占75%，粤籍占25%。

二、小吕宋华侨第一小学校（The First Chinese Elementary School，原名中西学校）

一、创立经过　民国纪元前十三年创办，初附属于善举公所，民国纪元前一年始独立，民国四年菲律宾华侨教育会成立，归其管理。

二、所在地址　美属岷里剌。（1235，Santa Elena Manila，P. I.）

三、董事总理　菲律宾华侨教育会管理，董事长陈迎来。

四、教职员数　校长颜文初，监护兼国文主任陈联壁，庶务兼国文主任洪敦友，国文教员陈祖寅、周一尘等14人。英文主任陈龙团，英文教员郭扶西、陈天池等14人。另有菲籍2人，美籍2人，共计32人。内有女教员5人。

五、学生数　日课男生552人，女生55人，夜课男生330人，共计937人。

六、学级编制　汉文分国民、高小级四三制。日课汉文14班，英文照程度编级，除一年级外，皆上午专课汉文，下午专课英文。课程得居留地教育局承认，毕业后可直接升公私立中学。夜学属补习性质，英汉2科，由学生自选，共开14级。

七、校产基金　无。

八、经费状况　以营业附捐为经常费，即营业100元者纳政府1元5角，加抽4仙半为教育费。学生纳费，日课学生每名年收40元，夜课年收14元。教职员薪金年支33 192元。月薪最高者225元，教员任上午或下午一部者，每周17小时，汉文70元，英文60元，夜课每周10小时40元。3年以后加薪5元。

九、校舍　本校原有校舍暂借华侨中学用。现在租赁校舍，占地1200余方米。操场占500余方米，教室14间，办公室2间，教职员宿舍自购10间，学生贩卖部1间。

十、设备　书籍5000余册，图表50余件，体育器械、教具略备。仪器与华侨中学合用，每年增置费200余元。

十一、教科用书　科目汉文科有国文、社会、尺牍、历史、地理、自然、商业等，用书概系商务出版，惟尺牍、商业自编；英文照此地学校课程略为减少。教授用国语读音，用厦门话解释。

十二、其他　学生籍贯50%为福建晋江县人，30%为南安县人，10%为思明县人，其余为惠安、同安各县，并广东籍者。

三、巨港中华学校

一、创立经过　民国纪元前四年始由谢芳春倡办，而前甲必丹蔡咸兴等赞助之。继则经费取于船捐，终乃与布商创办之昆源学校合并，仍用今名。

二、所在地址　荷属巨港17号监光。（Palembang）

三、董事总理　董事魏金嘉、潘珠安、高奄知、刘樵山等15人。

四、教职员数　校长汪万新，教务主任谢定邦，训育主任黄云峰，事务主任林柴屏等，共计10人。内女教员2人。

五、学生数　男生215人。（女生另有女校附设本校）

六、学级编制　分高初两级，共有8班。

七、校产基金　基金3万盾，校舍约值6万盾。

八、经费状况　经常费：船捐每年约48 000盾，学费每年约1500盾。教职员薪金合女校分校计算，每年约30 000盾，月薪最高者200盾，低者125盾。

九、校舍　自己建筑，占地宽约30米，直约60米。教室8间，办公室1间，教职员宿舍8间。其他厨房、浴室、校役室、体育室、商店、储藏室皆备。

十、设备　书籍约有6000册，图表约100件，物理仪器约80件，化学仪器约400件，动植矿标本约250件。体育器械、棍棒、哑铃、杠杆皆备，每年增置费约300盾。

十一、教科用书　科目有国语、算术、社会、自然、英文、地理、巫语、尺牍、音乐、艺术、训育、体育。用书用商务本，亦有选教者。教员教授时，初级用闽语，高级用国语。

十二、其他　学生籍贯，福建籍占98%，广东占2%。

四、堤岸崇正学校（Ecole Shun Chin）

一、创立经过　民国十年，本埠客帮公所陈金育、余南喜、徐智权等发起开办。

二、所在地址　法属堤岸梅山街34号。（Rue Cay Mai 34, Cholon.）

三、董事总理　董事徐智权、张应奎、曾联益等9人。

四、职教员数　校长张智修，监学曾璟煌，法文教员张良顺等，共7人。

五、学生数　男生150名，女生15名。

六、学级编制　共分4班。

七、校产基金　无。

八、经费状况　经常费每年由客帮公所津贴1500元，临时费由徐智权先生津贴2500元。学费全年共收3000元，教职员薪金全年4500元，膳费600元，月薪最高者70元，最低者20元。

九、校舍　由客帮公所房屋改建，不受租金。教室4间，宿舍4间，办公室3间，教职员宿舍5间，膳堂1间。

十、设备　不详。惟每年支出仪器标本200元，图书150元。

十一、教科用书　国语、法义、英文、公民、历史、地理、自然、算术、美术、音乐、体育、工艺、卫生。用书多系中华书局出版，教授用语，除国语、体育用普通语外，皆用客家话。

十二、其他　学生籍贯，全体广东人。

五、暹京新民学校（Sin Min School）

一、创立经过　民国十六年1月，由橐驼社社员4人出资创办，并招请同志担任义务教职。当时赁校舍1座，学生68人。

二、所在地址　暹罗盘谷竹攀篮59号。（Bangkok, Siam.）

三、董事经理　无。

四、教职员　校长潘清岳，副校长文可亭，教员许竞立、郭殿宝、廖烈进，图书馆员李柏英，暹文教员林电光等，共计13人。内有女教员2人。

五、学生数　303 名，内女生 61 人。已毕业 1 次，28 名。

六、学校编制　小学高初级及专修班，共计 8 班。

七、经济状况　无基金，经常费以学费收入为主，临时费由橐驼社担任。学费每月收入 1200 余铢，教职员皆义务性质，仅支车马费而已。

八、设备概况　校舍占地 8 亩，每月租赁费 180 铢。教室 9 间，宿舍 11 间，办公室 2 间。图书馆、应接室、体育室、阅报室、医药室各 1 间。图书 1200 册，标本 40 余件，每年增置费约 900 余铢。体育设备有篮球场、排球场等。

九、科目教材　科目有国语、英文、算学、自然、卫生、形艺、工艺、音乐、暹文。除英文用伊文思、算学用商务外，其他各科均用世界书局出版。教授时用国语兼潮语。

十、其他　学生原籍全系广东省，浙江、福建仅有 5 名。广东尤以澄海、潮阳、饶平 3 地为多。

六、纳务亚利中华学校（Tiong Hwa Hak Hao）

一、创立经过　民国三年 8 月，周归弈、张襄廷二君以本埠侨胞日多，有开设学校之必要，乃提倡募捐。侨胞踊跃赞助，遂以民国三年 8 月实行开学。

二、所在地址　荷属龙目岛纳务亚利埠。（Laboeanhadji, Oost-Lombok.）

三、董事经理　董事周归弈、杨伯筹、张炳朝、张任三、刘金泉、陈龙迪、周祖烈、周洪昌、陈国华。

四、教职员　校长李子仙，女教员李仁美，共 2 人。

五、学生数　48 人，内女生 13 人，已毕业 3 次，计 20 人。

六、学级编制　小学高初级 2 班。

七、经济状况　基金 15 000 盾，年息 2250 盾，经常费每年货捐 3785 盾，学宿各费 575 盾。校长月薪 125 盾，教员 60 盾。

八、设备概况　校舍租金每年 240 盾，占地约 4 亩。教室二，宿舍二，办公室一，教员宿舍一，阅报室一。书籍 842 册，图二，表 11 件，理科挂图 1 幅，体育器械有木枪、哑铃、网球等。

九、科目教材　高级有国文、历史、地理、公民、算术、理科、图书、体育、巫文。初级有国语、算术、社会、常识、音乐、手工等。书用商务所出新学制本，教授用国语。

十、其他　学生原籍，福建占五分之三，广东五分之二。

七、爪哇新巴刹中华学堂（Tiong Hoa Hak Tong.）

一、创立经过　前清光绪三十四年正月，由甘壁山、赵德凤、黄朱容、陈森炎等十余人发起创办。

二、所在地址　荷属爪哇八打威新巴刹。（Pasar Baroe, Weltevreden, Java.）

三、董事经理　黎殷南、甘壁山、陈森炎、陈寿金、陈宰、陈永中等 15 人。

四、教职员　校长萧范群，管理员甘壁山，庶务梁仲杰，教员蔡益、梁绵俊、高英信共计6人。内女教员1人。

五、学生数　108名，内女生51名。已毕业16次，约180名。

六、学级编制　小学高初级，共有6级4班。

七、经济状况　基金无，校产约5万盾，经常费年约4000盾。职教员薪金年约5000余盾，校长月薪125盾。教员最高100盾，最低15盾。

八、设备概况　校舍建筑费约2万盾。教室4间，办公室一，食堂一。图书有200册，标本约100余件，每年增置费约200盾。体育器械有篮球、网球、木马等。

九、科目教材　科目有国语、常识、作文、算术、地理、历史、公民、卫生、英文、巫文、商业、体育、美术、工艺、音乐。教科书均用商务出版。教授时一年级用巫语，二年级以上用国语。

十、其他　学生广东籍占70%，福建占30%。

八、帝汶沽邦中华学堂（Tiong Hwa Hok Tong.）

一、创立经过　民国二年，李介眉、黄亭成、黎小亭、黎达宾等发起创办。

二、所在地址　荷属帝汶沽邦。（Timor, Koepang.）

三、董事经理　董事李镇练、汪林九、李绍泉、徐少缙、胡宏忠，总理兼校长黄明瑞。

四、教职员　校长黄明瑞，教员潘恒、钟起寰、钟达和，共4人。

五、学生数　90名，内女生20名。已毕业3次，计23名。

六、学级编制　小学初4级，高3级，共7级。

七、经济状况　基产息金3500盾，经常费临时收入800盾。教职员薪金3500盾，教员月薪最高125盾，低者70盾。

八、设备概况　校舍捐银自建，费2万盾，占地1300方米。教室4间，办公室1间，教职员宿舍4间，图书仪器不详。

九、科目教材　国语、文学、常识、社会、自然、尺牍、算术、图书、体操、唱歌、手工。用书系商务本，教授用国语，兼马来语。

十、其他　学生原籍，福建占二分之一，广东占二分之一。

九、加里刹中华学校

一、创立经过　民国元年7月，由黄宗河、郭建宝、卢天祥诸人创办。

二、所在地址　荷属爪哇加里刹。（Kalisat, Java.）

三、董事总理　董事黄宗河、翁庆品、张光瑀。

四、教职员数　校长陶靖尘，教员杨一山，共2人。

五、学级编制　小学高初6级，分2班教授。

六、学生数　共47名，内女生13名。已毕业9次，共计33名。

七、经费状况　有校产估价2000盾，每年经常费收入2000盾，学费700盾。支出约共5000盾，校长月薪130盾，教员120盾。

八、设备概况　校舍占地2亩，教室2间，学生宿舍、教员宿舍、办公室各1间。标本86件，书籍300册，体育器械教具略备。

九、教科用书　科目有国语、算术、社会、自然、公民、卫生、地理、历史、音乐、体操、图书、手工。教科书悉用商务本，教授时用国语。

十、其他　学生籍贯不详。

十、望茄兰中华学校

一、创立经过　民国四年4月，由何国荣、杨传亿、黄振爵等创办。

二、所在地址　荷属爪哇望茄兰（Bangkalan, Java.）。

三、董事总理　董事郑盛茂、侯庆详、吴记洛、郭水鹤、赖耀星5人。

四、教职员数　校长无。高级主任袁慎宣，初级主任石础，共计2人，内女教员1人。

五、学级编制　小学高初共6级，分2教室。

六、学生数　共47名，内女生12名。已毕业初小3次，16名；高小1次，□名。

七、经费状况　基金校产无。经常费收入，会员月捐每年约1800盾，学费年约1200盾，支出约3900盾，收支不敷之数另筹捐款。教员月薪各130盾。

八、设备概况　校舍借用本埠丧事会房屋，占地约15亩。教室2间，办公室、教员宿舍各1间。浴室、厨房、操场、学校园各1处。标本以昆虫为多，书籍约300余册，体育机械教具略备。

九、科目用书　有国语、算术、英文、历史、地理、自然、卫生、公民、商业、美术、音乐、手工。教科书皆系商务本，教授时用普通话。

十、其他　学生原籍，福建41名，广东6名。

十一、北加浪岸中华学校

一、创立经过　民国纪元前七年4月，由黄振火、杜开来、陈如切、郑昭福等发起创办。校舍就功德祠厅改建，迄1924年始建规模宏大之校舍。

二、所在地址　爪哇北加浪岸。（Pekalongan, Java.）

三、董事总理　总理林成良。董事马发之、吴甘秋、黄修协、吴新发、黄鸿禧、林明、鲁绍宽、苏振基、杨子超。

四、教职员数　校长匡光熙，教员刘祖沛、邢宜椿、张贤范、林景福等，共计11人。内女教员3人。

五、学级编制　小学初高小及师范科，共计10级。

六、学生数　共343名，内女生118名。已毕业初小17次，高小10次，师范科2次，人数不详。

七、经费状况　基金有18 000盾，年息约600余盾，校产（即校舍）约4万盾。收入学费与各热心家月捐，每月计1500盾。支出每月约1500余盾。教职员月薪，校长160盾，普通120盾，最低者75盾。

八、设备概况　校舍自建，所费3万余盾，占地27 000平方尺。有普通教室十二，特别教室一。储藏室、图书馆、博物馆、学生商店等，计12间。书籍3000余册，理化仪器、博物标本、体育器械等略备。

九、科目用书　未详。

十、其他　学生籍贯，99%为福建，其余广东。

十二、泮水中华学校

一、创立经过　民国九年，陈清容君发起创办。

二、所在地址　荷属爪哇泮水埠。（Plered，Cheribon，Java.）

三、董事总理　董事陈清容、陈似翔、郑肉豆、李古党、连渊水、唐定等13人。

四、教职员数　教职员仅1人（女）。

五、学级编制　共有高初五级，一教室。

六、学生数　共46名，内女生22名，已毕业一次10名。

七、经济状况　基金无。经常收入月捐每年600盾，临时费430盾，学费1000盾。支出每年约2000余盾，教员月薪150盾。

八、设备概况　校舍系借本埠寺庙，其余不详。

九、科目用书　科目有国语、常识、国文、尺牍、珠算、簿记、地理、历史、公民、自然、商业。教科书全系商务出版，教授时用普通话。

十、其他　学生皆系本埠侨民子弟，原籍皆系福建。

十三、怡保育才中小学校

一、创立经过　前清光绪三十四年，由胡子春创办。先办初小，继办高小。民国十三年增办初中，十四年增办英文班。

二、所在地址　英属霹雳怡保磨边路。（Ipoh，Perak.）

三、董事总理　董事梁南、胡重益、何照轩、张义选等，共有18人。

四、教职员数　校长赖标文，教务主任丘可贞，事务主任李子宏，训育主任卢演群，图书馆主任李芷纫。英语、算术教员吴叔奇、胡道樵，国文、史地教员李绍云等，共计11人。

五、学级编制　初小、高小、初中、英文班共有18级。

六、学生数　共计610名，全系男生。已毕业初小11次，340名；高小9次，230名；初中2次，30名。

七、经济状况　基金尚存建筑费1万元，校产有树胶园30吉，值1万元；年息两共2300元。经常收入每年募捐一次，学宿费约收12 000元。支出每月共计

2660 元。校长月薪 120 元，教职员最高者 88 元，低者 70 元。

八、设备概况　校舍共 3 座，2 座自建，1 座租赁，占地约 6 亩。教室共 18 间，学生宿舍共 3 间，办公室 1 间。教职员宿舍共 17 间，杂用房屋共有 9 间。仪器标本约 300 余种。书籍除四库丛刊外，共 2500 册。体育器械、教具略备。

九、科目用书　有国文、英文、算术、理科、历史、地理、商业、图书、手工、音乐、公民诸科。教科书用商务出版，教授时用普通语。

十、其他　学生皆侨居本埠，以广东占大部分，福建次之。

十四、纳闽坡启文学校

一、创立经过　民国二年 2 月，由李碧瑗、蔡清喜、叶水珍等创办。

二、所在地址　英属纳闽坡。（No. 73, Peach Street, Labuan.）

三、董事总理　董事林志祥、张成慨、张兹善、杨锦七、陈式哲等 14 人。

四、教职员数　校长欧阳骏，教员易镇民、符栋才，书记张如川，庶务叶水珍，共 5 人。

五、学级编制　小学初小 4 级，高小 1 级。

六、学生数　共 111 名，内女生 14 名。已毕业初小 8 次，50 名；高小 3 次，30 名。

七、经济状况　校产有住屋 3 间，约 1 万元，年息约 1000 元。经常收入，出入口货捐每年约 3600 元，学费约 1000 元。支出共计约 2600 元，校长月薪 55 元，教员 50 元，书记、庶务各 15 元。

八、设备概况　校舍自建，费共 14 000 元，占地 3 亩。教室 4 间，办公室 1 间，教员宿舍 4 间。杂用房屋如阅报室、食堂等共 8 间。标本、图表、体育器械、教具等略备。

九、科目用书　科目有国语、算术、自然、社会、体操、音乐、图书、手工、历史、地理、公民、卫生、英语、商业各科。教科书皆用商务本，教授时用国语。

十、其他　学生原籍，广东 58 名，福建 52 名，浙江 2 名。

十五、彭亨育华学校

一、创立经过　光绪三十四年春，由王寸丹、黄伯群诸人创办。

二、所在地址　英属彭亨埠劳勿武吉公满。（Bukit Koman, Raub, Pahang, F. M. S.）

三、董事总理　董事黄义清、蔡谭、李胜、蔡福、钟德和、彭发。

四、教职员数　校长张仲潜，教务主任曾公义，训育主任郑吉昌，庶务主任张桂芳，女子部主任阮惠贞，皆兼课，共 5 人。内女教员 1 人。

五、学级编制　小学高初级共 4 班。

六、学生数　150 人，内女生 25 人。已毕业 3 次，14 人。

七、经济状况　基金无，经常费收入，每年本埠金矿公司津贴 200 元，英政府补助 1208 元，特别捐 2080 元，学宿费 2667 元。支出共计 5800 余元，教职员月薪，校长 85 元，其余 70、60、50 元。

八、设备概况　校舍自有，占地约 4 亩。教室 4 间，学生宿舍 1 间，办公室 2 间，教职员宿舍 4 间。其他礼堂、图书室、贩卖部、操场、校园各一。仪器、标本略备。书籍 240 册，体育器械、教具全备。

九、科目用书　有国语、算术、英语、公民、社会、地理、历史、商业、自然、常识、信札、国文、体育、音乐、艺术各科。教科书商务、中华兼采，教授时用普通话，兼客家话。

十、其他　学生原籍，以广东占地十分之九，福建占十分之一。

十六、日里火水山中华学校

一、创立经过　前清宣统二年五月，由尹玉庭、张锦帆、陈振荣、黄捷云、洪维克诸君创办。

二、所在地址　苏门答腊日里火水山。（P. Brandan – Deli）

三、董事总理　总理邱四神，董事为创办人等。

四、教职员数　校长邱立才，教员 6 人，姓名不详。

五、学级编制　小学高初共 7 级，暂分 6 教室。

六、学生数　共 228 人。毕业生不详。

七、经济状况　每年收入货捐银 6000 盾，月捐及学费约共 6000 盾。

八、设备概况　不详。

九、科目用书　科目不详，用书采商务新学制教科书。

十、其他　学生籍贯不详。

十七、廖岛端本学校（Toan Poon School）

一、创立经过　民国前二年六月，由蔡茶碨、林三冰、杨惠阶诸人创办。民国四年有停办之势，后经董事自购校舍并店铺屋十余间，学校基础始固。

二、所在地址　荷属廖岛丹绒槟榔。（Tanjongpinang, Riouw.）

三、董事总理　董事蔡茶碨、郑清文、杨惠阶、叶金海、陈镜秋等。

四、教职员数　校长叶时修，国语、算术教员温仁贤，英文教员陈昭谦，史地教员王世昭等，共 11 人，内女教员 3 人。

五、学级编制　小学高初级及补习班，共计 9 班。

六、学生数　共 276 名，内女生 63 名，已毕业 6 次，共 204 人。

七、经费状况　校产估价 5 万元，年息每年 4000 元。经常费收入，每年酒捐 3000 元，学宿各费 2000 元，支出约 7900 余元。教职员月薪，校长 90 元，教员 70 元、65 元、50 元不等。

八、设备概况　校舍自购，价约 5000 余盾，占地 10 亩。有教室 10 间，办公室 2 间，教职员学生宿舍 10 间，其他图书室、自治办公室各 1 间。仪器、标本 300

余件，书籍580余册，图表80余件，体育器械有足球、篮球、木棒、木枪等，应用教具均备。

九、科目用书　科目有公民、国语、算术、英文、历史、地理、商业、女红、音乐、体育。教科书全用商务印书馆新学制本，惟英文用原本，补习班教科书自编。

十、其他　学生籍贯，广东131人，福建145人。

十八、吉隆坡中国学校（Choong Kwok School）

一、创立经过　民国六年3月，由张昆灵、郑道南、林增虞、张立亭等十余人创办。至十年因教育条例事停办，至十一年复办。

二、所在地址　英属吉隆坡苏丹街75号。（Kuala Lumpur，F. M. S.）

三、董事总理　张昆灵、郑道南、陈云舫、陈济美、周善初、梁公逊等13人。

四、教职员数　校长黄毓南，国语、算术、体育教员陈金章，地理、英文、自然教员田一石，美术教员陈启明，共计4人。

五、学生数　125名，内女生15名。已毕业5次，共80人。

六、学级编制　高初级4班。

七、经济状况　基金无，全由筹款维持。经常费收入每年约1000元，学宿费1000元，临时费200元，支四教职员薪每年2400元，校长月薪70元，教员60元至55元。

八、设备概况　校舍假嘉应会馆，占地约3亩。教室4间，办公室1间，教职员宿舍3间。其他教务室一，学生图书馆一，客厅一，礼堂一，食馆一，仪器室一，校园、操场各一。仪器、标本约500件，书籍约2000册，图表约100件，体育器械、教具用品均备。

九、科目用书　科目有公民、国语、算术、英文、历史、地理、自然、常识、卫生、体育、音乐、工艺。教科书用商务本，教授时用国语。

十、其他　学生侨居地有吉隆坡、加蕉、丹荣马林、煤炭山等地。原籍以广东占大多数。

十九、新加坡美芝律崇正学校（Chong Cheng School）

一、创立经过　清光绪三十二年六月，由陈东岭创办。

二、所在地址　新加坡美芝律378号。（No. 378，Beach Road，Singapore.）

三、董事总理　总理钟水泮，副理李光前，财政陈文清，司理陈臣位。

四、教职员数　校长江希志，英语主任林俊菴，六年主任校长兼，五年主任张步华，四年主任陈学多，三甲主任林元材，三乙主任张子材，二甲主任何星祝，二乙主任沈个厂，一甲主任刘华柱，一乙主任王振福等，共计14人。

五、学生数　315名，女生无。已毕业高级15次、初级19次，约共150名。

六、学级编制　高初级共9班，四、五、六年各1班，一、二、三年各双班。

七、经济状况　基金无，收入经常费，每月叻币约1000元，学宿费无。教职员薪金每月890元，月薪校长最高95元，中等60元，最低20元。

八、设备概况　校舍分正校、分校2所，正校有5教室，分校4教室，办公室一，教员宿舍二，其他厨房、储藏室各一。仪器标本无，书籍图表不详，体育器械教具略备。

九、科目用书　科目有国语、算术、英语、社会、公民、历史、地理、自然、书法、国音字母、会话。教科书商务、中华兼用，高级教授时用国语，初级参用福建南腔。

十、其他　学生原籍，福建占99%，广东占1%。

二〇、沙胼越咪哩坡公立中华学校（Chung Hwa School）

一、创立经过　民国二年，由林世宗等创办，由小规模逐渐发展，今已略见完备。

二、所在地址　英属沙胼越咪哩埠。（Miri, Sarawak.）

三、董事总理　总理杨玉台，副总理杨八，财政和隆美号，副财政万裕昌号，监督刘焕明、黄佐臣，其他尚有董事多人。

四、教职员数　校长杨画生，教员林耸英、宗索生、林淑春，共4人。内女教员1人。

五、学级编制　高初级共计7班。

六、学生数　108名，内女生29名。已毕业5次，共23名。

七、经济状况　未填。

八、设备概况　未填。

九、科目用书　科目有国文、国语、尺牍、英文、算术、公民、理科、常识、地理、历史、珠算。教科书用中华本，教授时全用国语。

十、其他　学生原籍以广东占十分之九，福建占十分之一。

二一、雪兰莪沙叻大同学校（Tai Tong School）

一、创立经过　民国纪元前三年，由罗钦茂、罗钦芳、叶晋足、黄桂兴、叶幹廷、曾新初等创办。初办时仅有2教室，后学生日多，遂扩充校舍。

二、所在地址　英属雪兰莪沙叻。（Salak South, Selangor, F. M. S.）

三、董事总理　正总理叶晋足，副总理黄桂兴、廖蕴香，财政叶幹廷，司理曾新初。

四、教职员数　校长黄人锐，教员郑友文、李德恒、陈庆麟，共计4人。

五、学生数　95名，内女生25名。已毕业3次，计35名。

六、学级编制　高初级6班。

七、经费状况　校产有树胶园，估价四五千元，收入息金无定。校董月捐全年约300元，教职员薪金全年2400元。

八、设备概况　校舍建筑费5000元，占地宽15米，直60米，教室4间，宿舍5间，办公室1间，其他浴室、厨房、陈列所各一。标本80件，教具略备。

九、科目用书　科目有国语、历史、地理、自然、算术、英文、体操、唱歌、手工、图书、尺牍。教科书用商务本，教授时用普通话。

十、其他　学生原籍，广东占92%，福建占8%。

二二、槟城商务学校（The Chinese Commercial School）

一、创立经过　民国前四年，由私立之私塾而成公立之商务学堂，再由商务学堂而成今日之广东公立商务学校，创办人为郑桂云君。

二、所在地址　英属槟榔屿牛干冬街407号。（407，Chuliw Street，Penang.）

三、董事总理　正总理钟珍豪，副总理罗梅山，财政阮金水，学监员姚仲璜，查账冯醴泉，注册员罗秋元、吴杰臣、王镜甫、邓晚。

四、教职员数　校长叶荧震，教务长王佐邦，训育员李相机、张曼华，英文教员朱维高等，共计12人。内女教员1人。

五、学级编制　小学前后期，共计8级。

六、学生数　男女生共301人，内女生38名。已毕业5次，约共80余名。

七、经济状况　基金无，校产有商店式屋一间，估价为5000元。经常费收入，本年3930元，学费3937元，支出职教员薪金5520元，图书、仪器、消耗、修理、杂项等2000余元，薪金校长最高，月支80元，中等55元，最低25元。

八、设备概况　校舍租自五福书院同乡会馆，每年租费40英洋，占地3亩，教室6间，办公室2间，教员宿舍2间。标本约有500件，图书2000余册，体育器械、教具略备。

九、科目用书　有国语、国文、算术、社会、自然、作文、历史、地理、理科、卫生、音乐、艺术、珠算、商业、簿记、公民、英文、体育，教科书用商务新学制本，教授时国音与粤音并用。

十、其他　学生籍贯，广东310名，福建2名，江苏1名。

二三、佛罗理岛英梨华侨学校（Hoa Kiaoe Hak Haoe）

一、创立经过　民国十五年8月，由汤儒亮、李子朝、蒋启招、汤重伯、汤月波、李水是等20余人发起创办。

二、所在地址　荷属佛罗理岛英梨埠。（Endeh，Flores.）

三、董事总理　总理兼财政汤儒亮，董事李子朝、蒋启招、汤重伯、汤月波、李水是、杨培奎、李晋是、汤腾辉、郭土牛。

四、教职员数　校长陈元勋，教员李纬明，共2人。

五、学生数　共30名，内女生14名。初级毕业1次，共5人。

六、学级编制　小学初4级，高2级。

七、经济状况　基金无，常年经费除收学费400余盾外，不敷之处由董事捐助，支出临时费 300 余盾，薪金 2400 盾，校长月薪 150 盾，教员 50 盾。

八、设备概况　校舍购用民房，3500 盾，占地宽 60 米，阔 80 米，教室 2 间，教员宿舍 2 间。图书仪器不详。

九、科目用书　高级有国文、国音、国语、历史、地理、公民、算术、理科、文范、商业、音乐、体育，初级有国语、常识、社会、自然、算术、体育、图书、唱歌。书用商务新学制教科书。

十、其他　学生原籍，福建占 97％，广东占 3％。

二四、旅越永隆公立崇正学校（Ecole Thun–Chin，Vinhlong，Cochinchine.）

一、创立经过　民国十三年春，由张博齐、萧励余、罗瑞堂、张竹村、连民杰、杨民京六君发起开办，而彭勋、张发、郑和、陈月波、朱永立、陈福、张义和、沙松盛、何凡初、陈回春、杨炽堂诸君分任巨款赞助之，不逾月即成立。先就客帮公所辟为校舍，至 10 月间，于公所后方空地另建新校舍 1 座。

二、所在地址　法属安南永隆省沙里舍地街。（Rue Talicelia Vinhlong, Cochinchine Francaise）

三、董事总理　正总理张博齐，副总理张竹村，协理陈务，名誉总理彭勋，财政沙松友，庶务连明杰、邓昌余，董事会由萧励余、罗瑞堂、彭汉业、杨炽堂、张义和五君组织之，并推举萧君为董事长。

四、教职员数　校长杨丽翁，教员杨筱丽，法文教员梁政，共 3 人。

五、学生数　共 50 名，内女生 8 名。高级毕业 1 次，计 13 名。

六、学级编制　小学设高初级，高级 1 班，初级 2 班，共 3 班。

七、经费状况　以客帮公所原有基金酌量拨充，并堤岸客帮公款年拨数百元以作基金。经常费原议由店牌税、田土税、身税附捐，迄未实行。学生学费每年收入约 1000 元，薪金每年支出约 1000 元，月薪最高者 50 元，最低者 20 元。

八、设备概况　校舍开办时借用公所，今已自建迁入，计有教室 2 间，办公室 1 间，教员宿舍 2 间，体育场 1 所。学生宿舍及食堂借用公所，不纳租金。书籍约有 3000 余册，图表百数十件，仪器、标本、体育器械略备，每年增置费百数十元。

九、教科用书　科目不详，去年增加三民主义 1 科，并有法文 1 科，教授时概用国语。

十、其他　学生籍贯广东占最多数，其他不过一二人。

二五、旅暹潮州公立培英学校（Pei Ying School）

一、创立经过　民国九年 5 月 20 日，由旅暹潮属华侨陈梧宾、周焯辉、赖渠岱诸君发起开办。

二、所在地址　暹京嵩越路老本头。（Bangkok, Siam.）

三、董事总理　总理陈梧宾，协理周焯辉，正财政赖渠岱，副财政萧铿麟，正议长郑国民、泰山号，查账刘中汉、泰和昌。

四、教职员数　校长郭文彬，教员华人16名，暹人3名；职员华人7名，暹人2名。

五、学生数　330余人，男女细数不详。

六、学级编制　高级小学3班，初级小学8班。

七、经济状况　基金无，经常费以学费、月捐、特别捐充之。岁入约暹币3万铢，岁出约25 000铢。

八、设备概况　校舍洋楼1座，中有教室11间，音乐教室、图工教室、办公室、应接室各1间，其他图书馆、礼堂、教员宿舍、操场均备。图书仪器不详。

九、科目用书　初级小学科目有三民、国语、书法、社会、自然、笔算、珠算、图画、手工、音乐、体育、暹文，高小科目为三民、国语、国音、自然、算术、公民、历史、地理、图画、手工、音乐、体育、暹文、英文。所用教科书，初级采用商务本，高级多采用世界书局本；教授语言，初级用潮语，高级兼用国语。

十、其他　学生籍贯不详，在暹政府教育部注册。

二六、安顺华侨公立学校（Chinese Public School）

一、创立经过　民国三年3月，由林松友、邓子贤、欧炳养诸人创办。

二、所在地址　英属霹雳安顺埠亚张街。（Ah Cheong Street, Teluk Anson, Perak.）

三、董事总理　校董欧炳养、简乾卿、邓子贤、陈礼宗、欧仲文、林松友、马志超、李盖来、陈明顺、陈新水。

四、教职员数　校长伍锦泉，教员5人，职员9人。

五、学生数　共150名，内女生18名。

六、学级编制　小学前期一、二、三、四年级，后期一、二年级，分3班教授。

七、经费状况　基金无，来源（1）学费，（2）校董月捐，（3）演剧筹款，岁入6000元，岁出6000元，教职员薪金不详。

八、设备概况　校舍借庙堂东西两庑为教室，教室三，办公室一，篮球场、小足球场、网球场、学生营业部各一，其他不详。

九、科目用书　初级有国语、英语、算术、常识、自然、珠算、游戏、图画、音乐。高级有国语、英语、算术、公民、自然、历史、地理、卫生、珠算、簿记、音乐、图画。所用教科书，商务、中华、世界三书局兼用，教授时用国语。

十、其他　学生籍贯不详，在四州府提学司处注册。体育在课外，不列入授课表。

二七、海防华侨时习初级中学附属高级初级小学

一、创立经过　前清宣统三年，由谭质均创办。

二、所在地址　越南海防沙华街。

三、董事总理　董事谭与苍。

四、教职员数　校长廖芭孙，广东新会人，历任本校教务主任17年，广东师范毕业。教职员共18人，内女子4人。

五、学生数　共431名，内女生139名。

六、学级编制　初小一年级至四年级，共分5班。高小一、二年各1班，初中一年至三年共分3班。

七、经济状况　经费由校董谭与苍担任，学费每年可收12 231元，岁出16 662元，教职员薪金年需9107元。

八、设备概况　教室十，住室十四，礼堂、操场、成绩室、会客室、办公室、食堂、图书馆、贩卖室、贮藏室、浴室各一，休息室三。仪器、标本约400件，各项用具皆备。

九、科目用书　初中为公民、历史、地理、国语、外国语、算学、自然、图画、工艺、音乐、体育、商业。高小为公民、国语、算术、卫生、历史、地理、自然、法语、商业、图画、工艺、音乐、体育。初小为常识、国语、算术、图画、手工、音乐、体育。以上各科用书均采用商务本，教授用广州语。

十、学生籍贯　福建6人，广西2人，江苏2人，余俱广东籍。

十一、其他　经费是十六年度决算。初中外国语分英、法语两组选科。

十二、意见　（一）添办幼稚园。（二）添办女子初级师范班。（三）教科注重商业。

二八、吉隆坡培才学校（Puay Chai School.）

一、创立经过　民国十二年1月，由黄实卿创办。

二、所在地址　英属吉隆坡谐街。(High Street, Kuala Lumpur, Selangor.)

三、董事总理　正总理杨敬好，副总理朱嘉祥、黄柏松，董事潮侨各殷商。

四、教职员数　校长黄实卿，广东普宁县人，师范生。教员陈承琛、陆文旭、曾化泰、钱爱华、叶师清，共6人。

五、学生数　共105名，内女生20名。

六、学级编制　初小4级，高小2级。

七、经济状况　积储现金2000元以作基金，岁入共5000余元，内由潮侨各殷商担任月捐，每月可收300余元，学费每月可收150元，岁出4000余元，薪金每月305元。

八、设备概况　校舍假潮州八邑公所旧式屋址，书籍设有学生图书馆1所，仪器、标本、教具略备。

九、科目用书　科目不详，用书系商务新学制教科书，教授用国语。

十、学生籍贯　广东、福建人为多。

十一、其他　设学生自治会，会员每日纳捐1占，并由学生组织贩卖部，所有捐款及贩卖红利，除添置图书、按月给奖外，概助校中杂务，每年有六七百元左右。

十二、意见　现在校舍不合用，创办人均系潮侨人士，将来有建筑新校舍之动议。

二九、吉隆坡光汉学校（Kwong Hon School）

一、创立经过　民国元年7月，由叶佛佑、彭镜波、萧寿记、郑兆如等创办。

二、所在地址　英属吉隆坡新街场。（Sungei Besi，K. L.）

三、董事总理　正总理余汉铁，副总理李季邺，董事罗钦崇、叶海如、郭奉、黄能枢、罗惠民、余汇初等。

四、教职员数　校长何秋亭，广东兴宁人，教员叶炳昌、吴自强，共计3人。

五、学生数　共95名，内女生15名。

六、学级编制　初小4级，高小2级。

七、经济状况　基金收入，各董事商号月捐约500元，特别捐约400元，学费全年约1300元，岁出约2200元，月薪校长60元，教员50元。

八、设备概况　校舍建筑费4000元，占地宽4丈，直5丈，教室3间，宿舍2间，图书仪器不详，教具略备。

九、科目用书　公民、国语、算术、英文、历史、地理、自然、常识、卫生、尺牍、体育、音乐、工艺。教科书概用商务书馆出版，教授用国语。

十、学生籍贯　广东占92%，福建占8%。

十一、意见　本校自成立以来，当时未筹常年经费，加以董事部方面多放弃责任，所以常嗟风雨飘摇。现在因土产影响，经济极形困难，教职人员虽欲振刷而力有不足。此后希望国民政府有所保护为盼。

三十、南洋工商补习学校（The Chinese Industrial and Conmerciae Continuation School）

一、创立经过　民国八年冬，由施甦、柯朝阳、叶贻秀、洪石亭、庄笃鼎、黄卓善诸人创办。

二、所在地址　英属新加坡英俄街30号。（30，Enggor Street，Singapore.）

三、董事总理　财政委员汤祥藩、石学能、谢荣西、傅芙蓉等，经理林则杨，校产信托人林金殿、林志义等。

四、教职员数　校长兼经理林则杨，福建金门人，教职员共计20人。

五、学生数　日学部男193人，女17人，夜学部男125人，共计335人。

六、学级编制　用复式编制法，日学部初小4学级，普通补习科2学级（普通补习科略同高小程度，专备无力升学者学习实用学识之用），夜学部国语科1学级，国文科1学级，英文科2学级。

七、经费状况　校产林金殿赠民屋2座，价值3万余金，自购校地1所，面积

8万方尺，建筑费5万余金，现在建筑中。学费每月2元，贫苦减半或全免，岁出约2万余元，薪金14 000余元。

八、设备概况　校舍现有教室六，教员寝室三，礼堂、招待室、办公室、图书馆、商品陈列所、学生银行、消费公社、操场、厨房各一所。图书有中西文共万余册，仪器标本100余种，体育、卫生及课业用具略备。

九、科目用书　初小照新学制办理，普通补习科注重国、英、算及体育，夜学分国语、国文、英文三科，书用商务本，并自编补充教材，教授时用国语，略用闽南语解说。

十、学生籍贯　福建占96%，广东占4%。

十一、其他　工商丛书已出3种，工商周刊已出180余期，电影教育股，民国十年创办，自购影机，去年向美国教育影片公司直接购片放映。

十二、意见　本校以办理补习教育为职志，此其异于本坡各学校者，此后仍本此目的进行。

三一、吉隆坡培德女学校（Pei Turk Girls School）

一、创办经过　民国十一年黄花岗纪念日，由李少玲创办。

二、所在地址　英属吉隆坡暗邦律。（Ampang Road, Kuala Lumpur.）

三、董事总理　正总理郑关蕙馨女士，副总理杨思齐、刘存智，董事阮卿云、阮思舜、郭云泉、林焯南。

四、教职员数　校长曾铭岩，福建福州人，清廪贡生。教职员共计8人。

五、学生数　共计233人，内男生70人。

六、学级编制　初高2级。

七、经费状况　基金校产均无，学费高级收3元，初级收2元，贫者酌减，每月约收百元。岁入除学费一项外，惟英政府之津贴及热心家之捐助，教职员薪金每年5840元。

八、设备概况　校舍租金每年1560元，有教室七，教员宿舍三，仪器用具略备。

九、科目用书　有国语、算术、公民、历史、地理、自然、卫生、常识、社会、音乐、美术、国技、英文、工艺，教科书用商务本，教授用国语，现于四年级以上加三民主义1科。

十、学生籍贯　广东三分之二，福建三分之一。

十一、其他　本校初由李少玲女士创办，至十四年曾铭岩接办，筹款改组，积极进行，于是学生自治会、贩卖部、音乐队次第成立。只以基金无着，仍不得尽量扩充也。

三二、宿务中华学校（Cebu Chinese School.）

一、创立经过　民国四年9月，由宿务中华会所诸职员创办。

二、所在地址　美属菲律宾宿务埠临马诗阿笼街。

三、董事总理　正总理吴天赞，副理陈允和，董事叶安顿、陈夏兰、薛芳锥、吴天为、丁文楷、廖天发等13人。（Cebu，P. I.）

四、教职员数　校长刘泽春，福建思明人，福建商业专门学校毕业，任本校校长14年。教职员数共23人，内女教员8人。

五、学级编制　幼稚园1级，初小1级，高小3级，中学3级，共15级，分15教室教授。又夜校汉文甲、乙组2级，英文甲、乙组2级，特别班1级。（此班系教菲人国文）

六、学生数　日学男生298名，女生102名，夜学男生92名，共计492名。

七、经费状况　校产有校舍、场地、器具，约值20万金，学费每年可收7000元左右，岁入营业税、附捐约一万三四千元，载资回扣约3000余元，岁出约25 000元左右，薪金21 000余元。

八、设备概况　校舍自建值17万元多，图书约值2000余元，仪器标本七八百元，各项用具约1万余元。

九、科目用书　商务、中华、世界、菲外国书店出版图书均有采用。教授时，小学用厦语，中学用国语与英语，科目未详。

十、学生籍贯　以福建思明、晋江、南安3县为最多，广东学生只有五六人。

十一、其他　本校校舍为全菲岛华侨学校校舍之最大者，运动场面积亦甚广，为他校所不及。

十二、意见　宣传中国文化，培养健全侨民，使菲化者日渐减少。

三三、雪兰莪加影华侨学校（Hwa Kiew School.）

一、创立经过　民国三年1月，由傅仁宾等创办。

二、所在地址　英属雪兰莪加影埠。（23，Hill St.，Kajang, Selangor，F. M. S.）

三、董事总理　正总理黄金，副总理陈蕴珍、蔡来，董事60人，树胶山受托人4人，校舍受托人5人。

四、教职员数　校长蓝秉枢，福建闽侯人，高等学堂预科毕业，历任南洋中小学校职员13年。教员蓝志超、李钦铭、杨凤禧、丘华安，共计5人。内女教员1人。

五、学生数　共154人，内女生38名。

六、学级编制　初小3班，高小2班。

七、经费概况　校产有树胶山18依葛，约值1万余元。学费年约1500元，岁入月捐1000元，树胶山入息800元，特别捐300元，岁出薪金3780元，杂用240元，书籍添置等费约400元，校长月薪90元，教员65元。

八、设备概况　民国十四年购置地宽约3依葛，教室5间，教员室2间，教务室、学生宿舍、礼堂、学生俱乐部、贩卖部、储蓄会、议事厅、操场、果园、鱼塘等各 1 所。图书约有 600 册，仪器、标本、体育用具不全。

九、科目用书　公民、国语、算术、英文、历史、地理、自然、社会、卫生、体育、音乐、工艺等等。教科书采用商务出版，教授用国语。

十、学生籍贯　广东籍以大埔最多，嘉应州次之。

十一、其他　毕业 7 次，计 71 人。学校董事缺少能力，学校内部常起风潮。树胶园为人把持，出息全入私囊，两年来所差经费皆由黄金先生个人维持，计垫 3200 余元。

三四、钟灵中学（Chung Ling High School.）

一、创立经过　民国六年，由槟城阅书报社创办。

二、所在地址　槟榔屿中路六十五号。（65，Macalisler Road，Penang；S. S.）

三、董事总理　正总理陈民情，副总理许生理，董事陈汉玉、谢丕意等 70 人。

四、教职员数　教务长唐桐侯，江苏上海人，东吴大学文学士，曾任暨南大学教职。共计教职员 14 人。

五、学生数　共 251 人。

六、学级编制　高小 2 年，计 3 班，初中 3 年，计 4 班，共 7 班。

七、经费概况　校产有校舍 1 所，年收约 9000 元，岁入由校董负责，岁出总数约 23 000 元，教职员薪金约 18 000 元。（均以叻洋计算）

八、设备概况　校舍有教室七，宿舍可容 56 人。图书约值 2000 余元，仪器、标本约值 1000 余元，各项用具约 5000 元。

九、科目用书　商务、中华及原版西书，教授用国语与英语。

十、学生籍贯　闽籍 160 余名，粤籍 80 余名，苏、桂各 1 名。

十一、其他　学生家长职业，商贩 147，工佣 30，农林矿 24，书记、会计 16，教育、报馆 7，船员 5，医 2，其他 20。

十二、意见　（一）本校不设校长，对内教务长负责，对外总理负责，财政由校董会负责，进退教职员由校董会常务委员会负责。此制在敝校行之颇适宜。

（二）明年拟决添请教员 2 人，增开新生 1 班，校舍设备均须增加完备。

三五、暹京明德学校（Ming Tank School.）

一、创立经过　民国三年 3 月，由旅暹广肇华侨创办。

二、所在地址　暹罗滨角石龙军路。

三、董事总理　正总理黄文述、梁笃信。

四、教职员数　校长洪声远，广东中山人，中学校毕业。教职员共 11 人。

五、学级编制　初小 6 级，高小 2 级。

六、学生数　男生 350 名，女生无。

七、经费状况　基金、校产无。岁入无定额，岁出 16 000 铢，学费每生每月 3 铢，校长月薪 110 铢，教员月薪 90 至 70 铢。

八、设备概况　校舍有教室八，礼堂一，教员室八，运动场三，教务室一，仪器室一，图书室一及各种办公室，图书有 1000 余册，仪器、标本 500 余件，排球、篮球等应用教具均备。

九、科目用书　有国语、算术、党义、卫生、地理、历史、自然、商业、英文、暹文、形艺、工艺、音乐、体育等科。教科书商务、中华、世界并用。

十、学生籍贯　多属广东籍，福建及暹罗籍亦有数名。

三六、槟城邱氏新江学校（Sin Kang School.）

一、创立经过　前清光绪三十二年二月，由已故邱德宣先生创办。

二、所在地址　槟榔屿新路门牌 93 号。（No. 93, Victoria Street, Penang.）

三、董事总理　正总理邱体仁。

四、教职员数　校长邱韶年，福建龙岩人，福建省立第一师范本科毕业。教职员共 5 人。

五、学级编制　初一、二合级，初三、四各 1 级，高小一、二年合 1 级。

六、学生数　男生共 122 人，女生无。

七、经费状况　基金由邱公司产业生息项下拨出开销，岁出 5000 余元，学费不收，教职员薪金每年 4176 元。

八、设备概况　校舍系旧房屋，由邱公司充作为校舍，计普通楼房 1 座，有教室五，教员预备室、事务室、教员室、校役室各一，校旁有运动场。图书新旧约值 300 元，体育器械如木枪、棍棒、足球、网球等均完备，地图、理科标本亦略备。

九、科目用书　科目不详，教科书概用商务本，教授时，读法用国语，解释则用闽南方言。

十、学生籍贯　全体系福建海澄县籍。

十一、其他　本校由旅槟邱姓公司族人所设立，完全族学性质，专收本姓学生，外姓不收，经费每年由邱公司支给，不收学费。

十二、意见　本校校舍宏大，似可兼收外姓学生，以宏造就。惟该公司中人多未赞成是议，因是学额颇难扩充，变通办法惟有俟诸将来而已。

三七、吉隆坡光华学校（Kwong Wah School.）

一、创立经过　民国二年，由叶锦记、叶任友、杨炳南诸公创办。

二、所在地址　雪兰莪吉隆坡关津八条石。（Selanyang Village, Kuala Lumpur, Selangor, F. M. S.）

三、董事总理　正总理李偶、张灼民，副总理陈沙、叶廷光，董事余焕文、钟发、李秋、曾扬胜、周贵等。

四、教职员数　校长萧建谟，广东惠阳人，吉隆坡尊孔学校高小毕业。教职员只 1 人。

五、学级编制　初小共 8 级。

六、学生数　男生62名，女生13名，共75名。

七、经费状况　基金3800元，校产每月40元，岁出1200元，学费每月50元，薪金每月98元。

八、设备概况　校舍一小座，现已将破，图书无，军乐齐备。

九、科目用书　国语、自然、算术、社会、公民、卫生、图画、常识、英文，教科书用商务新学制本，教授用普通话。

十、学生籍贯　广东惠阳72名，福建3名。

十一、意见　经济困难，校舍破坏，办学无效，势将停办。

三八、霹雳金宝公立中华学校（Chung Huah Chinese Pubiic School.）

一、创立经过　民国九年11月，由陈达初、胡清吉二君创办。

二、所在地址　霹雳州金宝埠。（Kampar, Perak, F. M. S.）

三、董事总理　正总理汤壬生，副总理孔七、陆祐之，名誉总理30人，注册校董10人，评议员50人。

四、教职员数　校长岑干廷（义务校长），广东恩平人，香港皇仁书院毕业。全校教职员共9人。

五、学级编制　初小4级，高小2级。

六、学生数　男生240人，女生无。

七、经费状况　基金校产均无，岁入计学费、月捐、政府津贴共约8000余元，岁出11 000余元，学费每月收入约400元，薪金每年7000余元。

八、设备概况　校舍有教室八，训练室一，图书馆一，体育场一，仪器标本有甲种全副，如动、植、矿、物理、化学、卫生俱全，体育用具俱备。

九、科目用书　科目不详，教科书用商务新学制本，教授用国语。

十、学生籍贯　广东占90%，客籍占8%，福建占2%。

十一、其他　本校为金宝阇埠华侨所公立，其经费遇不敷时则沿门劝捐，以资接济，大约筹足，每年3次。

三九、暹京琼侨育民学校（Yock Min School）

一、创立经过　民国十年1月，由旅暹琼属侨商云竹亭、符福临、冯尔和、林泽、韩振丰诸君创办。

二、所在地址　暹京书里翁。（922, Suriwongse Rd. Bangkok, Siam.）

三、董事总理　正总理云竹亭，副总理兼财政符福临，副财政永源丰，审查员沈明吉、协陈坤、冯尔和、云作霖4君，董事韩琼丰、林鸿高、符致顺、林天隆等11人。

四、教职员数　校长陈步云，广东文昌人，民国十二年6月到校任事。

五、学生数　男381人，女48人，共429人。

六、学级编制　依照小学四二制办理，现分高级4班，初级8班（内女初1

班），共 12 班。

七、经费状况　基金无，经常费以学费及回琼船务捐助款充之，岁入暹币约 2 万铢，岁出约 2 万余铢，薪金每年约 16 000 铢。

八、设备概况　校舍自建，教室 12 间，宿舍 5 所，职教员寝室 8 间，图书馆、大礼堂、音乐室、贩卖部、接待室、仪器室、教务处、食堂、储藏室等各 1 间。书籍 2000 余册，图表 100 余幅，理化器械 600 余件，中西乐器 50 余件，每年添置费 500 余元。

九、科目用书　初小科目有三民、国语、算术、常识、图书、手工、音乐、体育、暹文、英文。高小科目有三民、国语、算术、自然、历史、地理、图画、手工、音乐、体育、卫生、暹文、英文。所用课本均采商务出版新学制教科书，教授语言，初高级均以国音读，琼音解。

十、学生籍贯　学生原籍，广东文昌占 70%，琼山占 20%，其他不过有十余人。

四十、华侨启明学校（Chi Ming School）

一、创立经过　民国七年 3 月，由张学标、张学宾、林国光、冯宾轩诸君创办。

二、所在地址　暹罗他巢埠（Tasas, Siam.）

三、总理董事　正总理林国光，副总理符万和，董事张学标、张学宾、冯宾轩、陈嘉茂、陈宝璋等 21 人。

四、教职员数　校长陈伟美，广东文昌人，琼海中学毕业。教员吴国俊、陈维民 2 人。

五、学生数　男 78 人，女 11 人，共计 89 人。

六、学级编制　初小 2 班，高小 1 班，用复式编制。

七、经费状况　基金 5000 元，校产有汽车 1 辆，每年除运送学生外，可入息 200 余元。学费年收约 3000 元，岁入有货橱捐、秤尾捐、学宿费、月捐共 4000 元。薪金每月共 200 元。

八、设备概况　校舍去年新造，计分办公楼、图书馆各 1 所，教室 3 间，教员室 3 间，学生宿舍 4 间，应接室、体育室、储藏室、浴室等各 1 间。书籍 1000 余册，挂图 30 余件，仪器值银 400 元，标本自制共 100 余件，运动器械如足球、篮球、秋千、浪桥等皆备。

九、科目用书　科目有三民主义、国语、算术、英文、历史、地理、商业、美术、乐歌、体育、社会、自然、常识、工艺。教科书全用商务新学制本，但常识一门系由本校自编，教语方言、国语相参用。

十、学生籍贯　广东文昌县 86 人，暹罗 3 人。（此间有觉悟之土人多令其子弟入华校读书，学习华文。）

十一、其他　在此居留政府之下创办学校，必设暹文校长 1 名，每日暹文功课占华文半数,华文校长教员要知暹文及其语言,在初聘时要加考试,以定去取。

十二、意见　在此办学,受居留政府之支配,此难发展者一;常年费与董事经商盈亏有关,此难发展者二;任教职者每觉环境不良,好教师不易得,此难发展者三;课本取材与当地环境不合,尤非另编不为功。

四一、棉兰敦本学校（Tun Pun School）

一、创立经过　民国前四年三月,由故玛腰张榕轩（煜南）独捐私资20万盾开办。（10万盾作建筑费,10万盾作学校基金。）

二、所在地址　荷属苏门答腊日里棉兰。(Medan, Deli, Sumatra.)

三、董事总理　总理张步青（故玛腰之子,现在任棉兰领事）。

四、教职员数　校长徐贡阁,教务长李克固,教员蔡鹤田、徐贻叔、李肇飞、黄清海、古鹤安等,共10人。

五、学生数　180余名,内女生50余名。

六、学级编制　单式编制一、二、三、四、五、六年级各1班,共6班。

七、经济状况　全年支出1万盾,盈亏皆由校主张领事步青负责。

八、设备概况　校舍系特造,甚适用,内有教室六,教员预备室、学生图书室、大礼堂各一。教员卧室5间,杂用室5间,一切校具均略备。

九、科目用书　科目完全,教科书用商务本。

十、其他　是校于六七年前曾添商科,商科学生及小学科学生达350余人。后因教师中途他去停办,故今只有小学科。

四二、棉兰不帝沙通俗学校

一、创立经过　民国九年,由吕培添、苏贤有、谢联棠、刘迪凡等发起开办。

二、所在地址　苏门答腊日里棉兰不帝沙。

三、董事总理　正总理丘毅衡,副总理谢联棠,董事吕培添、苏贤有等。

四、教职员数　校长饶平,教员丘祥茂,共2人。

五、学生数　学生75人,内女生十余人。

六、学级编制　一、二年级1班,三、四年级1班。

七、经费状况　全年支出3000余盾,收入为学金1000余盾,商店捐1000余盾,年终不足则筹特捐以弥补之。

八、设备概况　校舍系借用民房楼,上下各设1教室,一切设备皆甚简单。

九、科目用书　科目完全,教材用商务本。

十、其他　学生闽籍占过半数。该校董事现因校舍小、学生多,已进行谋建新校舍。

四三、棉兰养中学校（Yuang Chung School）

一、创立经过　民国元年,由鹅城会馆全体董事发起创办,即以鹅城会馆为校舍。

二、所在地址　荷属苏门答腊日里棉兰。（Medan, Deli, Sumatra）

三、董事总理　正总理黄汉卿，副总理姚尔融，董事林良权、刘普嵩、张义声、杨国徽等。

四、教职员数　校长陈叔芬，教员傅石生、张昭麟、张灼华、梁琼清、黄清财、林玉昆，共计7人。

五、学生数　231人，内女生60余人。

六、学级编制　前期4级4班，后期五、六年级合1班，共5班。

七、经费状况　全年支出8000余盾，收入为学费4500余盾，商店捐2000余盾，年终不足则募特别捐以弥补之。教员薪金高者百十盾，低者60盾。

八、设备概况　校内有礼堂一，教室五，教员卧室二，学生图书室、贩卖部、教员预备室及来宾应接室各一，校具及教授物，一切略备。

九、科目用书　科目有国语、算术、英语、常识、历史、地理、巫文、工艺、美术、唱歌、体育、尺牍等。教科书四、五、六年级用中华新学制本，一、二、三年级用商务新学制本，教授时完全用国语。

十、其他　学生原籍，粤占80%，闽占20%弱。

四四、棉兰华侨幼稚园（Chinese Kindergarten）

一、创立经过　民国十一年，由林家珍私人发起开办，时学生仅6人。至民国十四年学生骤增，乃添设初级小学科。

二、所在地址　荷属苏门答腊棉兰。（Medan, Deli, Sumatra.）

三、董事总理　正总理丘荣庆，董事黄展骥、何宏经、谢联棠等。名誉董事张步青、丘清德、温发金、张剑豪等。

四、教职员数　园长林家珍，教员陈秀英、黄明月、林义兰、丘万金、张金莺等，共12人，皆女子。

五、学生人数　430余名，女生约占过半数。

六、学级编制　国民科6级，幼稚科5级，共11班。

七、经费概况　全年支出约9000余盾，收入为学金6000余盾，商店约2000余盾，年终时经费不敷，则募特别捐以弥补之。教员月薪最高者为145盾，最低者为50盾。

八、设备概况　校舍租用民房，楼上下共设教室十一及教员预备室、学生阅书室各一，园内儿童用具及一切恩物均略备。

九、科目用书　国语、算术、英文、谈话、游戏、常识、唱歌、工艺、美术、书法等，教科书用商务新学制本，教授时高年级用普通话，低年级用土语。

十、其他　学生原籍，广东占65%；福建占35%。又闻该园长已向正总理商议，购地自建园舍以谋扩充，业经正总理许可，现已向政府进行讨准字云。

四五、冷吉中华学校（Chung Hwa School）

一、创立经过　民国元年4月，由姜文生发起创办。

二、所在地址　荷属苏门答腊日里冷吉。(Langkat, Deli, Sumatra.)

三、董事总理　正总理杜文伯，副总理黄弈源，董事徐子松等。

四、教职员数　校长林长青，教员邝影亚、王达权、林永发，共4人。

五、学生数　115名，男女细数不详。

六、学级编制　高级2级1班，初级4级2班，共3班。

七、经济状况　全年经费收入共4500盾，全年支出为3500盾，约年可积存1000盾。

八、设备概况　校舍新建筑于本月初始告落成，内有教室六，教务一，学生图书室一，教员卧室二。

九、科目用书　科目有国语、英文、算术、常识、唱歌、工艺、体育、历史、地理、珠算等，教科书多用商务本。

十、其他　校中学生，广东、福建各占半数。教授时，高年级用国语，低年级用土语。

四六、老武汉中华学校（Chung Hwa School）

一、创立经过　民国十年5月，由丘奎阁、蔡林桂、黄邹鲁等发起开办。

二、所在地址　苏岛日里老武汉。(Labocan, Deli, Sumatra.)

三、董事总理　正总理许世城，副总理胡世盛，董事蔡桂林等，大监督吴金锭。

四、教职员　校长郑源深，女教员郭闺文，共2人。

五、学级编制　复式一、二年1班，三、四、五、六年1班，共2班。

六、学生数　90余人，内女生30余人。

七、经济状况　全年支出4000余盾，收入为学金1000余盾，商店捐货捐3000余盾，又寿山宫补助600盾，约年可余数百盾。教薪最高者为110盾，低者为100盾，宿膳自便。

八、设备状况　校舍甚宏大合用，系棉兰故玛腰张榕轩、张耀轩昆仲出资建筑捐赠，内有教室二，教员室二，礼堂一，学生书报室一，应接室一。尚有余屋"供杂用"数间，教具、校具一切应有尽有。

九、科目用书　科目完全，教科书系中华、商务二局参用，教授时完全用国语。

十、其他　学生籍贯，闽粤各居半数。

四七、勿老湾中华学校（Chung Hwa School.）

一、创立经过　民国十年10月，由叶伟生、周智足、林衍文、吴柳生、苏培福等发起开办。

二、所在地址　荷属苏岛日里勿老湾。（Belawan，Deli，Sumatra.）

三、董事总理　正总理吴柳生，副总理陈添寿，董事黄垣源、林文珠、苏志清、林金狮等，名誉董事林衍文、周智足。

四、教职员　校长郑泽民，女教员林某，共2人。

五、学级编制　复式一、二、三年1班，四、五年1班，共2班。

六、学生数　学生共90余人，内女生20余人。

七、经济状况　全年支出3000余盾，收入为学费800余盾，商店捐2000余盾，最近又加出货捐1项，约可得二三千盾。

八、设备状况　校舍系民房，楼上下各设1教室，校具教具略备。

九、科目用书　科目完全，用书系中华、商务二书局参用。

十、其他　该校董事因学生甚多，刻已从事进行建筑新校舍，地亦向荷政府领到。现由周智足、林衍文、吴柳生分头向各商家筹捐，已集有成数，大约年内可以动工，来春定可有落成新校舍之希望。

四八、马达山华强学校（Hwa Chung School）

一、创立经过　民国十一年5月，由刘春华、陈乙顺、林树任诸人创办。首任校长为高梦云，当时学生数仅7名。

二、所在地址　荷属苏门答腊岛马达山上。（Brastazi，Sumatra.）

三、董事委员　委员庄文琦、陈乙顺、林树任、翁青慈等。

四、教职员　校长叶子元，教员蔡忠宴。

五、学级编制　前期小学5级，计分2班教授。

六、学生数　共76名，内有女生14名，已毕业4次十余人。

七、经费状况　每月支出200余盾，收入有学费50余盾，商店月捐100余盾，猪捐30余盾，每至年终费不敷，则演剧一次以弥补之。（校长月薪80盾，教员70盾）

八、设备概况　校舍1间，系民房借用，中间以木板分成前后2教室，教员卧室及预备室各一，皆在楼上，校具等略备。

九、科目用书　科目分国语、算术、英文、手工、体育、唱歌等，教科书系商务新学制教本。

十、其他　学生多潮州籍，约占7/10以上。该校董事近以校舍太小，又不合用，已发起募款建筑新校舍，刻正在进行中。

四九、甲文惹中华学校（Chung Hwa School）

一、创立经过　民国十二年6月，由叶建勋、白文挖、白廷泰诸人创办，开办费系由发起人担任，自认一半，一半由各商家担任。

二、所在地址　荷属苏门答腊甲文惹海。（Kabandjahe，Sumatra.）

三、董事总理　总理冯其恒，董事白文对、叶建勋、白云吉、陈芹、张顺利、梁赛生等，名誉董事张步青、丘清德、温发金、黄丕安等。

四、教职员　校长蔡毓才（兼教员）。

五、学生数　28名，内有女生4名。

六、学级编制　初级4级合1班教授。

七、经费状况　基金无，每月支出为120盾，收入为学费10余盾，商家月捐100余盾，收支相抵可以有余，校长月薪为90盾。

八、设备概况　校舍新建，于本年1月始落成，经费系由各董事向本埠各商家及棉兰民礼等埠募款9000余盾，建筑成立，校内各种设备应有尽有。

九、科目用书　科目有公民、国语、算术、常识、英文、工艺、音乐、体育等。教科书用商务印书馆新学制教本。

十、其他　教授时完全用国语，以故各学生皆能说国语，并皆流利。内学生籍贯，粤籍占十分之六，闽籍占十分之四。

五十、邦加南榜中华学校（Chung Hwa School.）

一、创立经过　民国十八年2月，由温孟定、周南昌、徐同记、蓝奇郎、黄添才、李要安等发起开办。

二、所在地址　荷属邦加岛南榜下炉寮。（Parit No. 1, Djeboes, Banka.）

三、董事总理　正总理温孟定，副总理徐同记，财政蓝奇郎、周南昌，书记黄添才，监察李要安、张钦寿，干事员曹庆寿、罗戊深、蓝奇文、蓝奇善等。

四、教职员数　校长钱鹏，教员陈钦贤。

五、学级编制　复式一、二年，三、四年2班。

六、学生总数　学生67人（女3）。

七、经济状况　全年约须2500余盾。

八、设备概况　校舍新建，内有礼堂一，教室二，校具及教具等正在添置中。

九、科目用书　科目照教育部规章，用书则中华、商务参用。

十、其他　学生皆广东人，学生图书室在计划中。

五一、邦加流石中华学校

一、创立经过　民国纪元前五年，由蓝瑞元、曾连庆等创办。

二、所在地址　荷属东印度邦加流石。（Batoeroesa, Banka. D. E. I.）

三、董事总理　正总理张松友，副总理林庆星，其他董事12人。

四、教职员数　校长许钟灵，广东人，汕头华英中学毕业。教职员7人，内女子2人。

五、学生数　257人，内女生50人。

六、学级编制　初小4级，高小5级。

七、经费状况　岁入约7800盾，岁出约10 400盾，薪金每年9420盾，学费每年约 7800 盾，不敷之款由特别捐弥补。

八、设备概况　校舍尚在建筑中，下学期即可落成，现暂借书报社，图书约有 700 余部，其他教具略备。

九、科目用书　除技能科外，均采用商务印书馆之新学制课本，定于下学期起，改用"大学院"审定之新时代课本。

十、学生籍贯　广东、福建、广西。

五二、吉隆坡运怀义学（Wan Wye Free School）

一、创立经过　民国十二年，由陆运怀创办。

二、所在地址　马来半岛吉隆坡半山巴路 12 间。（208, Pudu Road, Kuala Lumpur, F. M. S.）

三、董事总理　校主陆运怀，监督欧阳雪峰。

四、教职员数　校长黄国元，广东新会人，国立中央大学教育科毕业。教员 4 人，内女教员 2 人。

五、学生数　男学生 160 名，女生无。

六、学级编制　初级小学 4 级，每级 40 名。

七、经费状况　本校一切经费均由校主陆运怀先生一人负担，数额不详，学生免费。

八、设备概况　校舍如何不详，校内设儿童图书馆及教职员图书馆。

九、科目用书　不详，教授时用国语，惟一、二年级用广东语讲解。

十、学生籍贯　广东、福建。

五三、中华仁化学校（Tiong Hwa Djin Hwa Hak Hauw）

一、创立经过　民国二年 10 月成立，十五年停办，至十八年复行开办。

二、所在地址　荷属苏门答腊西部把东班让。（Padang-Paudjang; Sumatra.）

三、董事总理　委员长谢振生，常务委员谢圣占，执行委员洪恭怀、郑绍棠、曾志性，监察委员曾漳水等。

四、教职员数　校长郭捷南，福建龙岩县人，福建公立法政专校毕业。

五、学生数　共 35 名，内女生 9 名。

六、学级编制　高初小及补习班，兼设夜学。

七、经费状况　校产估价 500 元，岁入 1000 元，岁出 1800 元，校长月薪 80 元，教员 50 元，堂役 20 元。

八、设备概况　校舍假华侨公会书报社，内占地 1 亩，教室 4 间，办公室 1 间，教员宿舍、礼堂各 1 间，图书仪器概受地震损失，刻下经费困难，尚未补办。

九、科目用书　公民、国语、算术、英文、地理、历史、修身、常识、体育、音乐、工艺，兼讲中山全书、国音字母。教科书用商务本，教语初学期闽语兼马来语，第二学期用国语。

十、学生籍贯　以福建为多。

十一、其他　班让华侨不下500，学童计约100人，贫苦者居多。惟入外学者比入本校学生更多2倍，令人可叹。

五四、打拿根中华学校（Tiong Hwa School）

一、创立经过　民国九年1月，打拿根华侨创办。

二、所在地址　婆罗州打拿根。（Tarakan，Borneo.）

三、董事总理　正总理傅青云，副总理梁桢，董事有11人。

四、教职员数　校长沈旭明，杭州人，浙江第一师范毕业。教员乔宗元1人。

五、学生数　共67名，内女生17名。

六、学级编制　初小4级，高小2级。

七、经费状况　校产有出租屋数间，岁入4000余盾，岁出3000余盾，学费收入每月170余盾，薪金每月150盾。

八、设备概况　校舍自建，备有学生图书，仪器、标本缺。

九、科目用书　照新学制所订之科目，教授用国语。

十、学生籍贯　闽粤籍居多。

五五、巫劳中华学校

一、创立经过　民国十六年7月，由沈荣贵、卢荣春、沈世到、黄辰与诸先生创办。

二、所在地址　荷属东婆罗州巫劳。〔Berouw，（Tgredeb）Borneo.〕

三、董事总理　正总理李锦宏，副理陈绍锵，财政傅梅发、赵焕文，评议章贵荣、韩玉成、沈时典、张华灼、黄献量，监学李鸣皋。

四、教职员数　校长潘四存，江苏人，同文书院毕业，女教员1人。

五、学生数　共计47名，内女生16名。

六、学级编制　初小一、二年，又幼稚生1级。

七、经费状况　基金校产均无，十七年度岁入货捐、学费、特捐共6950盾，岁出6950盾，学费平均每生每月约2盾，薪金每年3600盾。

八、设备概况　校舍即在中华会馆，图书、用具略备，仪器、标本无。

九、科目用书　不详，教授用国语。

十、学生籍贯　广东、福建居多数。

五六、江沙崇华学校（Chong Wah School）

一、创立经过　中华民国元年2月，由邱能言、廖南亩、伍蕴山、蔡国波等创办。

二、所在地址　霹雳瓜胮江沙。（Kuala Kargsar，Perak.）

三、董事总理　正总理廖南亩，副总理许炳南、吴凤书，董事蔡长枝、邱能言、周致福、桂就标、蔡国波等9人。

四、教职员数　校长何欣农，福建诏安人，民国十年来本校任职。教职员共6人，内女教员1人。

五、学生数　共172名，内女生43名。毕业计高级3次，共22名；初级已6次，共72名。

六、学级编制　初小8级，分3教室，高小3级，分2教室。

七、经费状况　校产有校舍1座，建筑费为16 000元。岁入约7250元，岁出约7350元，学费每月收入约240元，薪金每年5760元。收入除学费外，有校董捐、居留政府补助及特别捐。

八、设备概况　校舍系楼房，于十五年竣工，连操场占地3 Rood，楼下设教室三，教务处一，中作休憩室，楼上设高级教室二，宿舍三，学生图书室一，会客、储藏、礼堂各一。图书不详，仪器、用具等略备。

九、科目用书　国语、算术、英文、常识、三民主义、音乐、体育、图画、手工、国音，高级加地理、理科、历史、三民问答、马来半岛地理。所用书籍除三民主义外，概用商务版本。教授语言，初二以下读音照国语，讲解用粤、闽方言，其余各级咸用国语。

十、学生籍贯　闽占48%，粤占52%，马来人3名。

十一、其他　体育场有二，有足球、篮球、排球、乒乓，最近向居留政府借用一足球场。学生有自治会，内分阅书、储蓄、演说、体育、音乐等股。

十二、意见（1）拟于来年加建宿舍，兼收附近村落之寄宿生。（2）来年拟附设初中，惟居留政府不许男女同校。（3）本校不得已，受居留政府每年补助1400元，今拟筹足基金，免受补助。（4）华侨学校每多集权于总理，校务每受牵制，本校尚无此弊。（5）自然科教材不适实用，闻居留政府有编订华校教本，此与华校兴替大有关系，不知政府将何以挽救之乎？

五七、霹雳兴中师范暨附属小学（The Hsing Chong Normal Primary School）

一、创立经过　民国元年，王振相先生创办。

二、所在地址　霹雳和丰。（Sungei Siput, Perak.）

三、董事总理　正总理周国泰，副总理黄馥林，永久董事部主任王振相。

四、教职员数　校长庄铭端，福建人，师范大学研究2年。教员8人。

五、学生数　共250人，内女生65名。

六、学生编制　初小4级，高小2级，师范2级。

七、经费状况　基金有橡树园，校产、校舍有3所，内连广大操场，岁入1万元，岁出12 000元，学费年收3600余元，薪金6900元。

八、设备概况　校舍有3座，图书设有儿童图书馆，仪器、标本简陋不敷用，各项用具略备。

九、科目用书　科目依据新学制课程标准，采用商务各科用书，英文系由教员自定教本，各级均用国语教学。

十、学生籍贯　广东、福建。

十一、意见　国内现成各科教材不适合南洋社会环境，致南洋华校开办多年，成绩尚未显著。今欲改进侨学，当由改编教材着手。

五八、邦加烈港中华学校（Chung Hwa School）

一、创立经过　成立以来已有20余年，其成立年月及创办人不详。

二、所在地址　荷属邦加烈港。（Soengeiliat, Banka.）

三、董事总理　总理吴盛博（现任烈港华侨自治会长），会计杨新才等。

四、教职员数　校长萧伯勋，教员吴光耀、余官勋、李维纲、叶官兴、冯文达、温云招、谢宏伦等16人。

五、学校编制　初高皆单式，内分一、二、三、四、五年级，上下学期各1班，又补习生及幼稚生各1班，共12班。

六、学生数　男女学生共562名，内女生100余名。

七、经济状况　全年开支13 000余盾，计有华侨自治会月贴150盾及学生学费之收入，收支两方可以相抵。

八、设备概况　校舍特建，尚合用，惟光线稍差，内有礼堂一，教室十二（四系新建，甚合式），教员室五，教务室一，厨房一，校具、教具等皆可敷用。

九、科目用书　教科书全系中华书局出版，科目亦照章完全，教授一、二年级用客语，三、四、五年用国语。

十、学生籍贯　学生皆广东客籍人。

五九、亚庇中华学校（The Chinese School）

一、创立经过　民国七年4月7日，由胡孝德、陈三龙、王瑞琛、李斐然十余人创办。

二、所在地址　英属北婆罗洲亚庇。（Jesselton, B. N. Borneo.）

三、董事总理　正总理陈三龙，副总理李斐然，董事胡孝德、王瑞琛、许耀南、周贵、章宏声、黄自然、林廷藻、蔡其正、林邦琴等30余人。

四、教职员数　校长郭后觉，浙江崇德县人，杭州第一师范、前北京国语讲习所毕业，曾任中小学教员多年，上海中华书局编辑员5年。教员男2人，女1人。

五、学生数　共77人，内女生3人。

六、学级编制　初小4级，分2教室，高小2级，1教室。去年设过补习班，为毕业生预备升学。

七、经费状况　校产有市屋1所，月收房租一百数十元，学生学费初一、初二每月1元，初三以上各2元。除上项收入外，随时募捐以补不足。岁出约共三千七八百元，校长月薪本90元，教员75元，从去年秋因胶价跌落，各减每月10元。

八、设备概况　校舍自建，共计 18 000 余元，有屋 20 余间，屋旁有 1 小亭，1 网球场。本坡各界合办图书馆附设本校。理化仪器不备，博物标本有数十种。

九、科目用书　初级有公民、三民主义、国语、算术、常识、形艺、工艺、音乐、体育，高级加英语、史地、自然、卫生等科。用书以中华出版者为多，英语用商务模范读本，教授完全用标准国语。

十、学生籍贯　以客属最多，平津人最少。本学期百分比计算，河北人 1%，广州 6%，四邑 8%，琼州 22%，闽南 18%，客属 45%。

十一、其他　本校训育要旨，以儿童生活为本位，以三民主义为依据，尊重儿童自由意志，养成儿童守纪律的良好习惯。从十六年 10 月起成立学生自治会，职员用委员制。

十二、意见　（一）宜急筹基金，注意设备。（二）华校应完全实施国语教学。（三）筹备南洋特殊教材编纂会，以便刊行特殊教本。

六十、中华维新学校（Chinese Wie Sin School）

一、创办经过　民国三年中秋节组织临时校董部，民国四年 5 月 1 日行开校礼。

二、所在地址　马来半岛登嘉楼（Kuaia Trengganu.）

三、董事总理　正总理杨必应，副总理黄经烈，财政傅德成、周保谋，司理潘经通、苏欲静，协理黄绍全、林泰盛、刘天裕、黄兴爱，监理林皆政、苏纪发，查账施修德、德祥公司，议长黄献等、赵有斐，评议 24 人。

四、教职员数　校长梁峻中，湖南人。男教员林参天、周寒笙、常问梅、温石亮、林位中，女教员丁亦明、沈疏篁，庶务黄鸿绵，书记曾宏明，共计 10 人。

五、学生数　男生 95 人，女生 36 人，共计 111 人。

六、学级编制　初小一、二、三年级各 1 班，四年级 2 班，高小一、二年级各 1 班，初级商科一年级 1 班。

七、经费状况　校产有校舍 1 座，校周余地约 10 亩。全年经常费由船捐、百货出入口捐、同侨月捐、学费及临时筹款维持。学费每月可收 150 元左右，岁入约 6000 余元，岁出约 8000 元，教职员月薪有 90 元、70 元、60 元、40 元不等。（膳宿在内）

八、设备概况　校舍分男女两部，男校舍自建，有教室四，教员室六，礼堂一，教务室一，阅书报室一，图书馆一，学生贩卖部一，器械室一，储藏室一，校园一，操场一，厨房一，冲凉房一。女校舍系租民房，教室二，教员室二，内操场一。图书共 3200 余册，估价 400 余元，仪器标本无，自然科挂图及各种挂图、地图等均全，各项用具，如体育、游戏器具均备。

九、科目用书　科目有三民、国语、英文、数学、历史、地理、理科、社会常识、簿记、卫生、珠算、尺牍、音乐、体育、工艺、美术。用书除音乐、体育、工艺、美术教材自编外，余均用商务、中华两书局出版之教科书。教授用国语，参用英语。

十、学生籍贯　福建学生十分之七，广东学生十分之三。

十一、其他　本校分男女两部，校务分教务、训育、事务3科。学生自治会分区会、中央2部，区会分忠、信、笃、敬、温、良6区，中央分总务、巡察、图书、贩卖、储蓄、风纪、运动、戏剧、园艺9部。

六一、公立育群学校（Yu Chun Public School）

一、创立经过　民国一二年间创办，发起人不详。

二、所在地址　霹雳华都呀吔。（Batu Gajah, Perak, F. M. S.）

三、董事总理　正总理施阿德，副伍龙仕，财政通讯员、庶务员、监学委员等16人。

四、教职员数　校长兼教员1人，书记兼事务1人，英文兼体育1人，国语兼女红1人，国语兼歌操1人，共5人。内女教员2人。

五、学生数　男学生108人，女生44人，共152人。

六、学级编制　初小4级，复式；英文班1级，单式；高小2级，复式。

七、经费状况　基金有楼店2所，每年收入计700元左右，为固定基金。校产有校舍和校地，计一又四分之一曦。岁入基金700元，提学司补助约1000元，学费约2000元，共计3700元。岁出薪金3720元，杂支约700元，共支4420元。

八、设备概况　校舍有礼堂一，教学室四，教员室四，学生宿舍一，儿童图书馆一，事务室一，会客室一，体育场一，膳厅、厨房、贩卖所、器械室各一。图书有300余册，仪器、标本仅十余件，各项用具约200件。

九、科目用书　国语、算术、英语、地理、历史、自然（高小）。公民、卫生、手工、图画、体育、唱歌、常识（初小）。教科书多采用中华版，教授时全用国语，初年级参用广州话解说。

十、学生籍贯　广东客属35人，广州70人，潮州5人，福建闽南2人，闽北40人。

十一、其他　自本年下学期起，五、六年级于公民科内参授中山主义的国民读本。政府补助和学费视学生之多少而定，每年所缺之费全由筹款维持。

十二、意见　本校今年学生骤增，教室不敷，拟筹款添建校舍，扩充校务，并拟组织学生会，以期养成自治能力。

六二、新加坡兴亚学校

一、创立经过　民国六年1月，由蔡仪卿、吴海涂、杨兆同、郑古悦等创办。

二、所在地址　新加坡丝丝街。

三、董事总理　正总理蔡嘉种，协理单永钟，董事美南、锦城、源盛兴、长发、福同等各商号。

四、教职员数　校长吴澈，福建南靖人，前清优生，历任校长7年。正教5

名，助教 3 名，共计 9 人。

五、学生数　共 188 名，内女生 7 名。

六、学级编制　不详。

七、经费状况　岁入除学费 2000 元外，余无的款，岁出约 8000 元左右，薪金年支 5400 元。

八、设备概况　在二楼、三楼计教室 4 间，图书不备，仪器、标本略具。

九、科目用书　科目为初小有国文、国语、常识、英文、算术、图画、默写、作文、体操、音乐，高小有国文、国语、英文、唱歌、体操、图画、理科、地理、历史、作文、默写、常识、算术等科。用书为汉文用中华出版，英文用商务出版，教授国文用福建方言，国语用国音。

十、学生籍贯　全数闽籍，以同安、金门、思明为多数。

十一、其他　本校因校舍狭隘，不得不用复式教授。国文须授以方言，英文每日 2 小时。其体育与设备略有不周者，循学董之意也。

六三、打利汪中华学校

一、创办经过　民国九年 8 月，由周料福、杨百畴、黄保全、周源叶、张逢生等创办。

二、所在地址　荷属松巴哇岛打利汪埠。（Taliwang, Oost – Soembawa.）

三、董事总理　正总理张逢生，副吕庆燧，董事黄锡厚、陈典廉、周泗吉、李信孚、关百祥、杨止复、吴炳瀚、杨省三、张煜均等 14 人。

四、教职员数　校长李占春，湖北省立农业教员讲习所毕业，任南洋教职 20 年。教员 1 人。

五、学生数　男生 20 名，女生 6 名。

六、学级编制　初小一、二、三级 18 名，高小一级 8 名。

七、经费状况　基金 2500 盾，校产 3600 盾，学费 425 盾，岁入 2200 盾，岁出 2600 盾，薪金 2280 盾。

八、设备概况　校舍系民房改造，合操场园地共占面积 5405 方尺。图书有 30 余种，图表、挂图等多件，其他用具略备。

九、科目用书　国文、国语、社会、常识、历史、地理、自然、公民、卫生、商业、尺牍、簿记、算术、图画、音乐、手工等。教科书用商务新学制课本，教授用国语。

十、学生籍贯　广东 24 名，福建 2 名。

十一、意见　（一）三民主义难于进口，政府须提出交涉。（二）各校经费支绌，政府须拨庚款以补助之。（三）政府须派视学员实地指导。

六四、望加锡中华学校（Tiong Hwa School）

一、创办经过　民国纪元前十一年，由李连喜、郭映林、梁英武、李振兴、李连全等10余人创办。

二、所在地址　西里伯望加锡中国俱乐部街。（Chinese Societeitstraat, Makassar, D. E. I）

三、董事总理　正总理李振兴，副总理陈本良，董事长（即学务部主任）汤国梁、王信超、李连全、郭映林、李汉豪、容璞完、陈亚丰、林明增。

四、教职员数　校长现由教务长孙连汀代理，福建永春人，上海大同学院普通科毕业。教职员男8人，女7人，共16人。

五、学生数　男生285人，女生360人，共计645人。

六、学级编制　初小12组（由第一学年至第四学年），高小3组（由第一学年至第二学年）。

七、经费概况　基金约2万盾，校产约5万盾，学费年约15 000盾，岁入约26 000盾，岁出3万盾，内薪金约28 000盾。

八、设备概况　校舍男学部有教室1间①，运动场、图书室等；女学部有教室10间，雨天操场等。图书约100余种，标本仅购教科挂图等，各项用具略备。

九、科目用书　科目不详。用书系商务出版新学制小学教科书，教授用国语。

十、学生籍贯　大多数闽粤籍。

十一、其他　现在着手改进校务，如组织童子军、奖励学生运动、设立流通图书馆等。又岁出不敷之数，多藉学生游艺会以弥补之。

六五、望加锡正义学校（Cheng–I School）

一、创立经过　民国十七年9月，由施荷农、郑鹤龄、谢殿明、兄弟会、苏垂修等创办。

二、所在地址　西里伯望加锡。（Groote St. 72, Makassar, D. E. I.）

三、董事总理　董事部用委员制，姓名同创办人。

四、教职员数　男教员3人，女教员2人，用委员制。

五、学生数　男生约70人，女生约50人，共120余人。

六、学级编制　初小3级，高小1级。

七、经费状况　基金校产无，岁入岁出不详。

八、设备概状　校舍暂时租赁，图书陆续置备，仪器、标本不备。

九、科目用书　科目不详。教科书系用商务新学制本，教授语言用国语。

十、学生籍贯　广东、福建两省人居多。

六六、沙胜越广建学校（Kuang Chien School.）

一、创办经过　民国十六年3月，由锦福兴、广合兴、坤兴、沈深渊、恒发、萧南坤等创办。

---

① 原书如此，保留历史原貌。——编者注

二、所在地址　南洋沙朥越泗里街。(Sarawak, B. N. Bornes.)

三、董事总理　正总理陈梦，副总理蔡锦续，董事沈朝坤、林片心、沈深渊、翁常五、叶杜仲、萧南坤。

四、教职员数　校长张乐天，广东大埔人，埔中毕业，曾任大埔麻园学校校长4年。教员张维金、萧南坤2人。

五、学生数　男生38人，女生6人，共44人。

六、学级编制　小学前期4级，后期2级。

七、经费状况　经常费由董事月捐，每月200元，居留政府每月津贴44元，岁出、岁入4000余元，学费每名每月1元、2元半不等，薪金每月共150元。

八、设备概况　校舍暂借广惠肇公所，现正从事建筑新校舍，建筑费已筹4000元，明年可以落成。图书约值200余元，仪器、标本约值110元，各项用具共值500余元。

九、科目用书　科目不详。教科书概用中华版本，教学概用国语。

十、学生籍贯　广东、福建。

十一、意见　本埠文化幼稚，头脑陈旧者仍固执文言，鄙视白话，欲灌输新青年的知识，迎合新潮流，尚多窒碍。

六七、亚齐司吉利图南学校（To Nam School.）

一、创办经过　民国纪元前二年，由李铁山等创办。

二、所在地址　苏门答腊亚齐司吉利。(Sigli - Atjeh, Sumatra.)

三、董事总理　正总理张渭滨，副总理曾有衡，名誉总理张聚才，财政熊仲衡，庶务李新玉，董事黄和贤、苏文涂、赵仲任、李延汀、陈启光、李辅卿等12人。

四、教职员数　校长张雪庐，龙溪暨南中学毕业。教员柳锡南、罗元霖，女教员柳春玉。

五、学生数　男生85名，女生35名，共计120名。

六、学级编制　初小一、二、三、四年各1级，高小一、二年各1级。

七、经费状况　各商家月捐年约收2000盾，糖捐年约收1500盾，土产捐年约收700盾，学费年约收1800盾，共计岁入约6000盾，岁出约7000盾。教员薪金月需360盾，庶务杂役月需55盾，年需5000盾。

八、设备概况　校舍系民房改建，占地约3亩，有教室四，教员室三，办公室一，儿童图书馆一，儿童商店一，操场一，校园一，接待室一。图书约1000余本，各种挂图70余幅，体育用具如球类等均备。

九、科目用书　科目有国语、英语、数学、地理、历史、商业、卫生、公民、尺牍、烹饪、常识、理科、国音、音乐、图画、体育、手工等。各种用书概用商务出版者，教语用国语，惟低年级间用方言。

十、学生籍贯　广东占四分之三，福建占四分之一。

六八、爪哇茉莉芬中华学校

一、创立经过　民国纪元前六年，由杨岐松创办。

二、所在地址　爪哇茉莉芬埠。（Madioen, Java.）

三、总理董事　正总理杨瑞莲，副总理胡世远，其他董事十余人。

四、教职员数　委员会主席吴松，浙江人，曾任安班澜、望加锡各校教员。男教员5人，女教员1人。

五、学生数　男115人，女55人，共170人。

六、学级编制　初小6班，高小商业班2班，均复式。

七、经费状况　校产自建校舍一座，估价25 000盾。学费及货捐年约440盾，岁入共计7800盾，岁出统计约9750盾，薪金年支8370盾。

八、设备概况　校舍1座，宿舍1座，杂屋1幢。校舍分教室四，商店一，办公处一；宿舍分教员室五，另借本校对面神庙余屋1间为幼稚教室。又操场一所，占地160方米。图书年购30盾，各项用具如体育器械等略备。

九、科目用书　科目有国语、算术、自然、常识、英文、巫文、历史、地理、公民、珠算、商业、簿记、商业概要、国音、唱歌、工艺、形艺。课本概用商务出版，教授用国语，幼稚班参用巫语。

十、学生籍贯　福建占多数，广东次之。

十一、意见　本校缺乏基金，入不敷出，当局力主减省，颇有碍本校之发展。又学董畛域之见甚深，意见往往分歧，非学校前途之福也。

六九、噤唔培英学校（Pei Ying School.）

一、创立经过　民国三年，由张锦、简炎、李悦、黄木恩等创办。

二、所在地址　彭亨关丹噤唔（Gambang；Kuantan, Pabang：F. M. S.）

三、董事总理　总理江娇，财政冯觉芸，董事温秀、范省三、黎新、叶吉等。

四、教职员数　校长朱石友，广西桂平人，厦门集美学校毕业。教员朱君泽1人。

五、学生数　男生50名，女生7名，共计57名。

六、学级编制　初小4级，高小2级。

七、经费状况　基金有公市收入每月100余元，校产有新种树胶18英亩。学费每生每月1元半，岁入每年叻币2000余元，岁出相抵，薪金校长每月80元，教员60元。

八、设备概况　校舍民国三年建筑，占地1英亩，有教室2间，礼堂1所，办公室、客厅、图书室各一，操场一，教职员宿舍三，书籍杂志1000余册，体育器械有排球、羽毛球等。

九、科目用书　科目有国语、国文、社会、自然、三民主义、公民、历史、地理、卫生、算术、英文、国音、美术、工艺、音乐、体育。教科书商务、中华兼用，教授纯用国语。

十、学生籍贯　广东占80%，广西占20%。

七十、槟榔屿时中学校（Shih Chung School）

一、创办经过　民国前四年三月，由戴欣然、谢梦池、梁碧如、张弼士、胡子春等创办。

二、所在地址　槟榔屿色仔乳巷72号。（72A，Love Lane，Penang.）

三、董事总理　正总理梁应权、谢仲岂，董事戴芷汀等20人。

四、教职员数　校长蔡公宝，广东大埔人。教员7人。

五、学生数　男135人，女50人，共计185人。

六、学级编制　初小4级，高小2级。

七、经费状况　基金店租每月约可收400余元，校产大伯公庙每年拨助200元，学费每月约收二百七八十元，岁出入约8000元，薪金每月500余元。

八、设备概况　校舍新建筑，计费35 000余金，俱由侨商捐助，计有教室6间，教员室5间，礼堂、图书室、办公室等各1间。图书正在扩充，仪器、标本略备。

九、科目用书　科目有国语、英语、算术、历史、地理、公民、自然、社会、常识等。教科书多用商务本，间用中华本，并取适合南洋社会课本兼授。教授概用国语，低年级兼用客音解释。

十、学生籍贯　广东、福建，以广东客籍人为多。

十一、其他　历届毕业生计高级毕业9次，初级毕业16次。

七一、暹京坤德女校

一、创立经过　民国六年，由黄求标、黄宣充、梁敏纯、陈水长等创办。

二、所在地址　暹罗曼谷七圣妈桥头。

三、董事总理　正总理黄文述，副梁笃信，董事黄宣义、李柏伦。

四、教职员数　华文校长黄绮文，暹文校长拿理威。黄绮文广东人，广州圣希利达中学修业。女教员黄詠霜、杨宝瑜、邓坤范、李锦凤、黄育才，共计7人。

五、学生数　共计女学生106名。

六、学级编制　初小4班，高小2班。

七、经费状况　基金无，学费每月收入约300余铢，岁出约6000余铢，薪金每月440铢，校长100铢，中等60铢，最低40铢。

八、设备概况　不详。

九、科目用书　有国语、算术、英语、暹语、社会、公民、历史、地理、自然、卫生、三民主义。教科书商务、中华兼用，教授多用广府语。

十、学生籍贯　广东占99%，福建占1%。

七二、新加坡爱同学校（Aitong School）

一、创立经过　民国元年10月，由留鸿石、翁妙策、设连登、高友恭、林清看、吴清涂等创办。

二、所在地址　新加坡直落亚逸172号。（172，Teluk Ayer Street，Singapore.）

三、董事总理　正总理陈嘉庚，副薛武院，董事承日兴、蔡嘉种、颜长春、邱国瓦、王嘉禄、黄琼瑶等24人。

四、教职员数　校长陈雯登，福建人，集美师范学校毕业。男教员黄书田、陈祥麟、常明治，女教员刘韵桐、王秀媛、刘淑贞等，共14人。

五、学生数　男学生315人，女学生7人，共计322人。

六、学级编制　初小7级，高小2级。

七、经费状况　学费每生月收2元，贫苦者得免收，每年可收学费约7000元，董事月捐约2000元，十七年度预算12 500元，不足之数由总理认垫。薪金每月886元，占全月份费用十分之八而强。

八、设备概况　校舍计有教室九，宿舍六，办公室三，礼堂、图书馆、娱乐室、会客室、膳厅、商店、银行各一，大小操场各一。图书馆藏书约3000部，物理、化学仪器各1份，动物标本70余种，挂图100多件，军乐队铜乐器30余件，运动器械均敷用。

九、科目用书　原有国语、算术、英文、公民、自然、卫生、地理、历史、园艺、珠算、簿记、形艺、工艺、音乐、体育、商业等科。本学期实施三民主义教育，三年级以上加授三民主义。教授语言，一、二年级用方言，三年级参用国语，四年级则纯用国语。

十、学生籍贯　全体福建人，就中以同安为多，金门次之，闽北人最少。

十一、其他　本校儿童之自治能力当称丰富，如学级联合会、巡察团、图书馆、商店、银行，均由儿童组织执行。

十二、意见　星洲华校大小180余所，内容腐败顽固者不少，且少联络，经济、学生均不集中，希望祖国政府派员考察，拨款补助之。

七三、提岸三民学校

一、创办经过　民国十六年6月，由叶熙春、裕巨祥、郑焕芳等创办。

二、所在地址　安南堤岸水兵街。（Rue de Marins，Cholon，Cochinchino.）

三、董事总理　正总理邓焕芳，副永和成，董事裕巨祥、永和成、南生利、德裕盛、新大华、饶余田等。

四、教职员数　校长潘蓉波，广东籍，国立北京工科大学肄业。男教员5人。

五、学生数　男生106名，女生8名，共114名。

六、学级编制　初小3班，高小1班。

七、经费状况　基金有2万余元，琼府会馆公产拨归校产，学费不收，岁入每年房租约有 1 万元左右（但在 3 年后始有收入），岁出约 8000 余元，薪金校长每年 1000 元，教员 800、600 元。

八、设备概况　教室 4 间，宿舍 2 间，教员室 2 间，办公室 1 间，会客室 1 间，厨房、食堂均全，图书很少，仪器、标本不全。

九、科目用书　三民主义、国语、算术、英文、法文、商业、自然、历史、地理、公民、体育、音乐、工艺、卫生、美术，课本俱用商务新学制教科书，教授用国语，兼海南方言。

十、学生籍贯　广东、琼州。

七四、马吉郎中华学校（Tiong Hwa School）

一、所在地址　爪哇马吉郎。（Magelang；Java.）

二、创立经过　1906 年 9 月 1 日，由郑鸿端等创办。

三、董事总理　正总理李清溪，副郑峙爵、王福林，董事陈光汉、林有曲、许长发、高森恩、郑振莲、王福宣、陈清海等。

四、教职员数　校长林治安，福建闽侯人，师范毕业生。男教员 2，女教员 2，共计 4 人。

五、学生数　男 65 人，女 68 人，共 133 人。

六、学级编制　初小 5 班，高小 2 班。

七、经费状况　基金有七八千金，学费月收 300 盾，岁入约 5000 金，岁出约 6000 金，薪金约 5000 金。

八、设备概况　校舍租赁，图书略备，仪器、标本缺，体育用具略备。

九、科目用书　商务印书馆出版之新学制教科书，教授用国语与英语。

十、学生籍贯　福建籍占 90%，粤籍占 10%。

七五、堤岸福建学校（Ecole de Fochien）

一、所在地址　安南堤岸福建街 66 号。（Onai de Fockien No. 66，Cholon-Cochinchine.）

二、创立经过　前清宣统元年，创办闽漳小学，民国十二年拓建校舍，十三年易名为本校。创办人为陈和成、林联庆、谢妈延、曹允泽等，提倡扩充本校者为谢妈延、杨克聿等。

三、总理董事　常务董事谢妈延、曹允泽、雷泉理、杨碧堂，董事林有恭、林度生、谢章贡、何良罗、颜太恨、谢步堂、涂渚舟、王棠安、陈锦煌等。

四、教职员数　校长陈远澜，福建人，全闽师范毕业。男教员 16 人。

五、学生数　男生 430 人。

六、学级编制　初小 7 班，高小 3 班。

七、经费状况　基金由霞漳、温陵两会馆公款平均划出，学费免收，岁出约 2 万元，薪金全年约 13 000 元。

八、设备概况 校舍有礼堂一，教室十，特别教室一，教员室八，会食室一，学生宿舍一，小图书馆一，操场一，图书、仪器等不详。

九、科目用书 高小有国文、国语、修身、历史、地理、理科、算术、英文、法文，初小有国文、国语、常识、法文，其他体操、工艺、形艺、音乐。教科书采用商务十分之七，中华十分之三，新招初等生用国语教授以外，概用方言。

十、学生籍贯 泉属十分之八，漳属十分之一点五，各属十分之零点五。

十一、其他 董事2年为1期，每期董事由霞漳、温陵两会馆各举10人。十六年秋，初小卒业32名，高小卒业15名，送回祖国升学者10人，十七年春季高小卒业14名，全数回国升学。

十二、意见 华侨土音复杂，学生无读音之标准，此后教职员宜自行组织国音研究会，以达到完全国语教授之目的。

七六、新加坡中南学校（Chung Nan School）

一、所在地址 新加坡小坡芒果路85号至88号。（85—88，Bencoolen Street, Singapore.）

二、创办经过 民国十二年5月，由福建人王水斗等创办。

三、总理董事 正总理林连贯，副黄水池，董事司理朱鹿其，财政张木水，合计董事共24人。

四、教职员数 校长胥书昶，湘南湘阴人，上海中国公学文科毕业。

五、学生数 男生152人，女12人，共164人。

六、学级编制 初小4级，高小2级。

七、经费状况 校产有校舍1所，学费初小每月每人2元2角，高小3元3角，岁入董事月捐与学费每年约6000余元，岁出约计7000余元，薪金每年合工人工资约5280元。

八、设备概况 校舍自购，图书因经费欠缺不完备，博物标本颇全，体育器械都有。

九、科目用书 科目不详，教科书用商务本，教授通用国语。

十、学生籍贯 福建人最多，客籍人次之，广州又次之。

十一、其他 董事部全为福建人组成，因董事意见不能一致，常感经费困难，而校务不能进展。

七七、星洲养正学校（Yeung Ching School）

一、所在地址 新加坡大门楼67号。（No. 67，Club St. Singapore.）

二、创立经过 民国纪元前五年正月，由广肇惠三属华侨创办，递年公举董事40人代表。

三、总理董事 正总理吴胜鹏，副林文田，司理何思观，财政罗承德。

四、教职员数 校长邝维周，教员33人。

五、学生人数　初中 90 人，高小 120 人，初小 280 人，共计 490 人，内女生 10 人，寄宿 130 人。

六、学级编制　有初中、高小、初小，班数不详。

七、经费状况　岁入学费各项收入 32 000 元，董事部补助 1 万元，共 42 000 元，岁出相同。

八、设备概况　校舍有课室二十二，礼堂一，会议厅一，图书馆一，仪器室一，理化试验室一，办公室一，教员卧室十五，学生宿舍四，应接室一，成绩陈列室一，军乐亭一，学生自治会办公室一，学生商店一，会食堂二，学校园二，动物场一，操场三。

九、科目用书　不详。

七八、布先光汉觉民学校（Kong Hon Kok Min School.）

一、所在地址　英属霹雳布先埠。（Pusing, Perak, F. M. S.）

二、创办经过　民国十五年 3 月，由阮英祥、郑国光、罗添、邹胜英等创办。

三、总理董事　正总理阮英祥，副罗添，董事邹胜英、江连、郑国光、陈伯和。

四、教职员数　校长张汉军，广东人，暨南学校毕业。男教员 5 人，女教员 1 人，共 7 人。

五、学生数　男生 259 名，女生 34 名，共 293 名。

六、学级编制　初小分 5 班教授，高小分 2 级教授。

七、经费状况　基金有 4000 元，每月可得息银 50 余元，学费每月约收 320 余元，岁入 4500 元，岁出 5900 余元，薪金 4620 余元。

八、设备概况　校舍有楼屋 1 座，平房 2 座，图书约 200 余册，仪器、标本无。

九、科目用书　科目不详，书用商务新学制教本，教授用国语。

十、学生籍贯　广东、福建，以广东为大多数。

十一、其他　本校系由光汉、觉民两校合并，未合并前已受英政府津贴，合并后一仍其旧，故仍用两校之名。

七九、吉礁中华学校（Chung Hwa School）

一、所在地址　英属吉礁亚鲁士打。（Alor Star, Kedah.）

二、创办经过　民国元年，由谭桂芳、林裒墨、郑辅道等创办。

三、总理董事　正总理陈鼎臣，副谭桂芳，董事 22 人。

四、教职员数　校长李天游，福建思明人，上海大厦大学文学士。教职员共 9 人。

五、学生数　男生 108 人，女生 36 人，共 144 人。

六、学级编制　初小 4 班，高小 2 班，初中将设。

七、经费状况　基金无，校产有校舍 2 座，学费每月 120 元，岁入 5000 余元，岁出 6000 元，薪金 400 元左右。

八、设备概况　教室 1 座，可容学生 100 余，礼堂、办公室、生员宿舍 1 座，图书每年预算 150 元，化学仪器曾办 1000 余元。

九、科目用书　商务新学制教本，科目不详，教授用国语。

十、学生籍贯　福建最多，广东次之。

十一、其他　现进行抽收西米捐，创办中学。

十二、意见　南洋各华校太涣散，少联络，现又受注册条例限制，处处受人压迫。

八十、葡萄野里中华学校

一、所在地址　荷属爪哇三宝垄葡萄野里。（Poerwodadi, Java.）

二、创立经过　1910 年 5 月，由已故侨商黄远基等创办。

三、总理董事　校董易安坤、谢金安、郑水池、魏发銮、施仁国等 18 人。

四、教职员数　校长黄克权，师范毕业。教员林东旭、郭云端、黄庆莲，共计 4 人，内女教员 2 人。

五、学生数　男生 77 人，女生 54 人，共计 131 人。

六、学级编制　初小分 6 班，高小分 2 班。

七、经费状况　出入货捐，岁入约 4000 盾，学费 3000 盾，及其他共约 7200 盾，教职薪金及设备等费岁出约 7000 盾。

八、设备概况　校舍自购，占地 3 公亩，约值 7000 盾，有教室 4 间，教员宿舍、礼堂、操场、校园、图书室、运动器械、标本等皆备。

九、科目用书　科目有国语、算术、珠算、常识、商业、东印度地理、历史、自然、地理、公民、卫生、体操、音乐、图工。教科书除东印度地理由本岛出版外，其余皆用商务本。

十、其他　本校有毕业生与在学生合组光华会，内分体育、图书、演讲、戏剧、贩卖等 6 部，颇有精神。

八一、加影华侨学校（Wha Kiew School.）

一、所在地址　雪兰莪加影。（Kajang, Selangor.）

二、创立经过　民国三年 1 月，由傅仁宾等创办，先办初级，六年增开高级，八年由曾富庭奔走募捐购树胶园，十四年由郑子员等发起购校舍，十六七年经常费年差二千数百元，由黄金先生个人维持，更为难得。

三、总理董事　董事 88 人。

四、教职员数　校长蓝秉枢，教员杨凤禧、蓝心陶、李钦铭、丘华安，共 5 人，内女教员 1 人。

五、学生数　男生 122 人，女生 38 人，共 160 人。

六、学级编制　初小4级，高小2级。

七、经费状况　本校自购校舍1所，树胶园22英亩，每年中尚缺经常费1000元左右。

八、设备概况　校中设备惟缺标本、仪器，其余课外设备有图书馆、贩卖部等。

九、科目用书　科目有谈话、故事、国语、算术、自然、社会、音乐、工艺、英文、珠算、体育、尺牍、史地等；用书悉系商务出版。

十、其他　学生组织有自治会，年暑假时有商品调查队、风俗调查队等，毕业生多未升学，每届有五分之一入英文学校肄业。

十一、意见　教科书课文太长，其间有不合于南洋方面者。社会对本校多见信仰，惟一部人士怀有省县界之观念，故前途不甚发达，乃为此耳。

八二、麻里八板中华学校

一、所在地址　婆罗洲麻里八板。（Balik Papan, Borneo.）

二、创办经过　不详。

三、总理董事　正总理吴义仁、陈孔坚，董事伍敬堂、庄振助、张遐福、朱禄儒。

四、教职员数　校长苏公重，福建永定人，上海中学毕业。男教员5人，女教员1人，共计7人。

五、学生数　男生95人，女生12人，共计107人。

六、学级编制　初小4级，高小2级。

七、经费状况　基金有荷币5000盾，校产有校舍1所，约值2万盾，学费每月收入约450盾，岁入货捐约4000盾，岁出11 000盾，薪金约800盾。

八、设备概况　校舍有教室四，礼堂一，图书馆一，教员宿舍六，图书若干，约值150盾，音乐、体育器具略备。

九、科目用书　教科书用新学制教科书，科目不详，教授时用国语，兼用英语。

十、学生籍贯　福建、广东。

八三、吗辰中华学校

一、所在地址　婆罗洲吗辰。（Bandjermasin, Borneo.）

二、创办经过　不详。

三、总理董事　正总理张顺友，副陈水较，董事王福生、翁柏园、沈居义、李云皆、洪德沛、林永芳、倪进九、遂泰号等。

四、教职员数　校长曾雄，湖南人。男教员四，女教员三，共8人。

五、学生数　男135人，女22人，共157人。

六、学级编制　初小4级，高小2级。

七、经费状况　基金无，岁入学费3200盾，树胶捐15 000盾，岁入17 000盾，薪金1050盾。

八、设备概况　校舍自购，有教室八，礼堂一，图书馆一，教员宿舍八，阅报所一，图书约值银1000盾，挂图、乐器略备。

九、科目用书　商务新学制本，科目不详，教语用国语、英语。

十、学生籍贯　福建、广东、湖北。

八四、日里浮罗巴烟中华学校

一、所在地址　荷属苏门答腊日里浮罗巴烟。（Poeloe Brajan, Deli, Sumatra.）

二、创立经过　民国十年10月，由李记真等发起创办。

三、董事总理　正总理张阿泉，副吴阿玉，财政赖观龙，董事谢丹史、郑佐贤、廖敦我、陈林佐，名誉总理苏贤有。

四、教职员数　校长孙德光，女教员黄月英，共2人。

五、学生数　共79人，内女生17人。

六、学级编制　复式二、三、五年级1班，一、四年级1班。

七、经费状况　全年支出1500余盾，收入为学费1200余盾，商店捐600余盾。

八、设备概况　校舍系故玛腰张榕轩、张耀轩之市房，借用不纳租金，楼上下各设1教室，教室后上下各有半间，上作教员卧室，下作教员预备室，一切设备均甚简单。

九、科目用书　有国语、算术、常识、唱歌、手工、图画、书法、体育等科目；教科书用商务新学制本。

十、学生籍贯　粤闽各占半数。

八五、日里颂牙中华学校

一、所在地址　苏门答腊日里颂牙。（Soenggal, Deli, Sumatra.）

二、创立经过　民国三年2月，由陈来兴、彭德福等发起开办。

三、总理董事　正总理彭德福，财政钟天和，稽查阮亚均，书记林星初，收捐员谭炳荣，监察陈成添，名誉董事陈来兴。

四、教职员数　校长罗陈汶淑1人。

五、学生数　男生42名，女生6名，共48名。

六、学级编制　单级教授。

七、经费状况　全年支出1000余盾，收入为学费500余盾，商店捐400余盾，恰可相抵。

八、设备概况　校舍于十七年6月募款建筑，内有教室、教员卧室及校役室各一，校内用具一切略备。

九、科目用书　有国语、算术、常识、尺牍、书法、唱歌、工艺、美术、体育等科目，教科书用商务新学制本。

十、学生籍贯　广东占70%强，福建占30%弱。

八六、日里浮罗巴烟植才学校

一、所在地址　苏岛日里浮罗巴烟。（Poeloe Brajan, Deli, Sumatra.）

二、创立经过　民国十二年2月，由伍慎、刘述、谭梧、李七等发起开办。

三、董事总理　正总理阮秋，副总理谭枢，财政刘述、伍慎，书记伍麟稽、伍贤、邝宏，评议伍佛、余德等。

四、教职员数　校长伍德华。

五、学生数　共29人，内女生7人。

六、学级编制　单级编制。

七、经济状况　全年支出1000余盾，收入为学费300余盾，工人捐250余盾，年终不足，则分向工头募捐以弥补之，校长月薪90盾。

八、设备概况　校舍系日里烟草公司捐赠，内有教室、教员室、应接室各一，校具、教物等略备。

九、科目用书　有国语、算术、唱歌、手工、图画、书法、谈话、体育、常识等科；用书系商务新学制本。

十、学生籍贯　十之八九皆广东潮州籍。

八七、吧城老巴杀中华学校

一、所在地址　爪哇吧达维亚老巴杀。（Ode Pasar, Batavia, Java.）

二、创立经过　民国前五年，由陈进木等发起开办。

三、董事总理　正总理杨善秋，副杨德子，董事许楚卿、梁东京、陈世平、苏舜民等。

四、教职员数　校长徐胜武，教员朱翠林、张志青、张毅军、向金羽、丘祯祥等7人。

五、学级编制　单式一、二、三、四、五、六年级各1班，又补习科1班。

六、学生数　256人，内有女生16人。

七、经济状况　全年开支1万余盾，收入有学金1000余盾，不足则由董事部向外募款以弥补之。

八、设备概况　校舍新建颇合式，内有教室七，礼堂一，教员室八，学生图书室一，教务室一，教具等一切略备。

九、科目用书　教科书皆用商务本，科目亦完全。

十、学生籍贯　十之七八皆广东人。

八八、吧城中华学校

一、所在地址　爪哇吧城八帝贯。（Batavia, Java.）

二、创立经过　西历1900年2月，由李兴廉、丘燮亭等发起创办。

三、董事总理　正总理正格就，副邹冻淋，董事洪渊源、林顺锦等。

四、教职员数　校长汤武杰，教员林和宗、陈少虞、郑超逸、费振东、温思汉、陶莹、孙留云等29人。

五、学级编制　小学6年，皆双级，12班；初中一年级2班，二、三年级各1班，高中2班，又补习科（小学）2班，共计20班。

六、学生数　学生共730余人，内女生200余人。

七、经济状况　全年支出6万余盾，收入学费35 000余盾，中华会馆及智育会补助2万盾，不足则二三年后举行募款1次以弥补之。

八、设备概况　校舍系中华会馆借用，不甚合式，内有教室二十二，礼堂一，教员预备室二，学生图书室、职员办事室各一，女教员宿舍1幢（现将改为科学馆及理化教室之用）

九、科目用书　科目照教育部规定，用书皆商务本。

十、学生籍贯　福建约占十分之六，广东等省占十分之四。

八九、南榜下炉寮华侨学校

一、所在地址　荷属邦加南榜下炉寮。（Mine 3，Djeboes，Banka.）

二、创立经过　民国十八年3月，由李开荣发起开办。

三、总理董事　总理李开荣。

四、教职员数　教员杨斯道、潘彤2人。

五、学级编制　复式一、二与三、四年级，分2班教授。

六、学生数　学生共118名，内女生5名。

七、经济状况　每月开支175盾，学费收入150余盾，不足时向外募特别捐以弥补之。

八、设备概况　校舍系总理之民房借用，不纳租金，内教室二，应接室一，教员预备室、卧室各一，设备甚简略。

九、科目用书　科目完全，教科书用商务新时代课本。

十、学生籍贯　学生十分之九皆广东人。

九十、南榜下炉寮中华学校

一、所在地址　邦加南榜下炉寮。（Mine 3，Djeboes，Banka.）

二、创立经过　民国三年3月开办。

三、董事总理　总理黄见明。

四、教职员数　校长邓伯友，教员林石泉、黄考祥、吴柏贞等4人。

五、学级编制　复式编制，小学完全6级，分3班教授。

六、学生数　52人。

七、经济状况　全年开支4000余盾，收入仅有学费1000余盾，收支相抵，历年亏款甚巨。

八、设备概况　校舍新建合用，内有教室三，应接室一，教员卧室三，教务室一，教具粗备。

九、科目用书　教科书用商务本。

九一、槟港中华学校

一、所在地址　荷属邦加槟港。（Pankal Pinang；Banka.）

二、创立经过　民国前四年成立，创办人不详。

三、董事总理　正总理谢和顺，副曹其华，财政叶和顺等。

四、教职员数　校长赖官林，教员李乾林、张鸿南、曹钦宏、董乔芳、徐均政、陈铁春、叶天养、温乾和、曹秀月、陈蔚其、钟能万、温德和、凌彬等，职员2人。

五、学级编制　单式一年级至六年级，皆双班，又有幼稚级1班，共13班。

六、学生数　共562人，内有女生约200余人。

七、经济状况　全年支出17 000余盾，收入为学费及中华会馆补助，约12 000余盾，不足之数由董事会于年终时募集之。

八、设备概况　校舍特建，颇合用，内有教室十二，教员卧室三，教员预备室、应接室各一，礼堂1所，系与中华会馆合用，旁有学生贩卖部，又一教室系在校外借民房为之。

九、科目用书　科目完全，用书皆商务本，教授时纯用国语。

九二、先达中华学校

一、所在地址　荷属苏门答腊东部先达。（Siantar, Sumatra.）

二、创立经过　民国前一年成立，由陈顺丹、李元亮、曾中和三人发起创办。

三、董事总理　正总理陈顺丹，副李元亮，董事洪我情、李丕存、洪友文、曾中和等。

四、教职员数　教务长黄建中，教员汪蔚丹、陆傅纹、叶明东、饶烈等10人。（内女4人）

五、学级编制　小学初高共8班。（初小6、高小2）

六、学生数　男女学生共282人，内女学生50人。

七、经济状况　基金无，每月学费可收入600余盾，各商店月捐500盾，岁入约13 000盾，岁出为15 000盾，不足之数由总理募集之，今年将举行卷烟税，月可得500盾，则无虑不足矣。

八、设备概况　校舍向由陈顺丹之民房借用，民国十三年始建校舍1所，内有大礼堂一，教室八，教员卧室十，颇合用，图书等略备。本届学生大增，教室不敷用，业已捐得巨款，目下正在动工建筑中。

九、科目用书　科目有国语、算术、常识、公民、卫生、地理、历史、音乐、唱歌、体育、商业、珠算、工艺、美术等。教科书皆用中华书局课本，教授时一、二年用闽语，三、四、五、六年用国语。

十、学生籍贯　福建占十分之七，广东占十分之三。

九三、任抹中华学校

一、所在地址　荷属爪哇任抹。（Djember, Java.）

二、创立经过　民国纪元前一年开办，校舍初租民房，及民国四年始自行建筑。

三、董事总理　董事21人。

四、教职员数　校长庄信群，集美师范学校毕业。男教员林式建、廖稚泉、许秀奇3人，女教员黄孟蘅1人。

五、学生数　男生83，女生49，共132名。

六、学级编制　复式3级，单式1级，共4学级。

七、经济状况　经常费商店货捐占65%，商店月捐占7%，学费占18%，校产出息占10%。

八、设备概况　校舍自建，儿童图书及简易教具略备，仪器等因经济上限制全缺，体育器具如篮球、足球等均备。

九、科目用书　科目有国语、算术、常识、形象、英文、社会、自然、公民、史地、卫生，教科书用商务本。

十、其他　本校有学生自治会，内分学艺部、游艺部、体育部、商店巡察部，各部设部长1人。

十一、意见　国内所编教科书不合华侨学校之用，尤以常识、自然两科为甚。其他如各地办学者无统一之机关，学校经济多操在董事部，以致干涉校政，闹出风潮，凡此当应行补救之问题也。

九四、纳卯中华学校（Davao Chinesc School.）

一、所在地址　美属菲律宾纳卯。（Davao, P. I.）

二、创立经过　民国十三年6月，由戴秋饮、林美回、蔡振山、林全份等创办。

三、董事总理　总理戴秋饮，司库林美回，董事林全份、陈清泉、戴冬桂、刘有余、洪慎泡、林绥定、陈会、陈文俊、李安。

四、教职员数　校长施守璧，福建晋江人，台北师范毕业，日本早稻田大学肄业。英文教员曾鹤龄、林子山，史地教员李文铎，国语、算术教员戴子卿，女教员张淑贞，共计6人。

五、学生数　男生68，女生12，共80名。

六、学级编制　初小4级，高小2级，复式编制。

七、经费状况　经常费全由筹款及附加捐维持，学费每年1000余元，岁入约

1万元，岁出8000元，校长月薪160元，教员100元至140元。

八、设备概况　校舍自建，价约15 000余元，内有教室二、办公室一、学生图书室一，教员、学生宿舍五，膳堂一，校园、运动场各二，其他厨房、储藏室、浴室各一，图书约有500余册，仪器标本无，体育器械、教具用品略备。

九、科目用书　科目有国语、算术、历史、地理、自然、常识、白话、书信、三民、国音字母、会话、体育、音乐。教科书全用中华新学制本，惟英文用菲政府小学原本，教授全用国语。

十、学生籍贯　福建占90%，广东占10%。

十一、其他　毕业2次共18人，学生侨居地有捞了、岑浪摩、马地、仙打龟律等。

九五、苏格拉加中华学校

一、所在地址　荷属爪哇苏格拉加（Soekaradja, S. D. S. Java.）

二、创办经过　1901年7月创办。

三、董事总理　正总理许汉中，副黄三阳，董事16人。

四、教职员数　校长沈厥成，浙江余杭县人，浙江一师毕业。男教员6人（中文三、英文二、荷文一），女教员3人（中文、英文、荷文各一），共计10人。

五、学生数　男生69，女生72，共141人。

六、学级编制　初小4级，高小2级，初中2级。

七、经费状况　常年费岁入7000盾左右，内学费每月500余盾，岁出14 000盾左右，内薪金每月900余盾，因此经费十分困难，拟召集侨民大会解决之。

八、设备概况　校舍尚合用，计有10教室及师生宿舍、操场等，图书有1000余册，仪器、标本所备甚少。

九、科目用书　科目有国语、算术、常识、作文、历史、地理、自然、公民、音乐、形艺、珠算、簿记、英文及荷文（两者不得兼习）等。小学、初中均用商务新学制本，教授用国语，惟教英文用英语，教荷文用荷语。

十、学生籍贯　以闽籍占十分之九，粤籍占十分之一。

十一、其他　本校对于外国文特别注重，自小学二年级起每日即教授1小时，三、四年级2小时，五、六年级3小时，初中4小时。

九六、马六甲培德女学校

一、所在地址　英属马六甲鸡场街100号。（No. 100, Jonker Street, Malacca.）

二、创办经过　民国六年5月，由沈鸿柏等创办。

三、董事总理　正总理刘汉屏，副曾有美，董事胡少炎、颜华闻、林大典、李月池、陈季和、吴启森、曾国项等15人。

四、教职员数　校长张竹如，广东省立女子师范本科毕业。女教员舒圣霞、秦珠、王兰、毕凤辉，共5人。

五、学生数　女生108人，男生7人，共115人。

六、学级编制　一、二、三、四年级4班，高小六年级1班。

七、经费状况　校地1块，约值5000元，学费每年约收2000元，其他岁入4000元，岁出7600元，内薪金4500元。

八、设备概况　校舍租赁丰顺义学。

九、科目用书　初级国语、算术、公民、常识、三民主义、图画、唱歌；高级加地理、历史、卫生、尺牍，用书均中华书局出版，教授用国语。

十、学生籍贯　广东、福建两省。

九七、旅越槟知崇正学校

一、所在地址　法属安南槟知省客帮公所3楼。（Rue Aohceli a Banh Are）

二、创办经过　不详。

三、董事总理　正总理兼财政张敬六，董事黄克明、李其煌、何史卿、卓有六、萧抱佛、骆春生、杨伯元、萧恩、巫士照等。

四、教职员数　校长兼教员梁作民1人。

五、学生数　共42名，内女生5名，初级毕业1次，计20名。

六、学级编制　初小1级，高小1级。

七、经费状况　常年经费除收学费1000余元外，不敷处由董事津贴，每年支出约1000元，校长月薪50元。

八、设备概况　校舍借用公所，计有教室1间，办公室1间，教员宿舍1间，体育场1所，学生食堂、宿舍各一，图书仪器略备。

九、教科用书　科目有国语、国文、数学、珠算、公民、地理、历史、自然、社会、作文、音乐、艺术、商业、运动、手工、图画。教科书用商务新学制本，教授时国语与客语并用。

十、学生籍贯　广东占多数，其他不过一二人。

九八、槟榔屿台山学校

一、所在地址　槟榔屿大伯公街36号。（36，King Street，Penang.）

二、创办经过　民国七年9月，由陈宗赵、李盘兰、任文雅、麦弈滋、林在田、岑锡祥、朱和畅、朱和乐、翁洪沛、马谋修、刘日三等创办。

三、总理董事　正总理朱重绪，副梅宗雅，董事雷森、梅英荣、李宜琳、李梅初、邓景坡等。

四、教职员数　校长甄颂周，广东台山人，广东高等学校毕业。教员何焜耀、李景堂、朱见田、廖业勋、李恩权、陈俊，共计7人。

五、学生数　男生122人，女生20人，共计142人。

六、学级编制　初级分3班，高级合为1班。

七、经费状况　基金在开办时捐募而得，除开办费外，存1万余元，置买铺业生息，每月可得400余元。学费高小每月1元5角，初小每月1元，薪金每月共530元。

八、设备概况　校舍暂借大伯公街武帝庙及宁阳会馆为本校，租鲁班庙后座为分校，标本、教具略备。

九、学生籍贯　台山籍贯为多。

十、科目用书　现用课本除英语外，皆用新学制教科书，教授初小用广州语，高小用国语。

十一、其他　本校由校董中组织一经理部，以维持经费及校务进行。

九九、丹江开文学校（Chinese Public School）

一、所在地址　英属砂胜越明那丹。（Binatang, Sarawak, Borneo.）

二、创办经过　民国十二年秋，由姚岩创办。

三、总理董事　正总理姚岩，副陈挺，董事林明洛、张公彬、林水生、王宇宙、张仕馨。

四、教职员数　校长黄颐，福建闽侯人，旧制中学毕业。男教员3人，女教员2人，共计6人。

五、学生数　男生38名，女生15名，共计53名。

六、学级编制　初小一、二、三、四年级，高小一、二年级皆全，又设特别班与幼稚园。

七、经费状况　经常费岁入3000余元，系校董与商店月捐，学生学费由居留政府津贴，薪金2800余元。

八、设备概况　校舍有三层楼1座，图书、标本、教具略备。

九、科目用书　科目有国文、三民、历史、地理、卫生、自然、算术、英文、巫语、常识、手工、图画，教授用国语。

十、学生籍贯　福建、广东。

十一、意见　希望暨大南洋文化部调查侨校，编成总报告一册，互相观摩。

一百、勿里洋中华学校

一、所在地址　荷属邦加勿里洋。（Blinjoe, Banka.）

二、创立经过　民国纪元前五年，由曾玛腰政卿创办。

三、董事总理　本校组织校务委员，监察曾政卿、梁锡鋆，总务主任曾应良（现任甲必丹），副主任李兑前，财政赖安仁，书记曾孟贤，执委蔡明郎、陈和兴、许悦昌、曾运德、林日耀、蔡明等7人。

四、教职员数　校长陈映秋，广东蕉岭人，上海复旦大学文科毕业，教员杨素芬、陈璧如、蓝燮深、叶万顺、陈士枬、王祥珩、陈葆友、赖喜权、凌钦贤、林已禄、阮兴松等12人。

五、学级编制　完全小学一、二、三、四年级，上下学期各 1 班，五、六年级各 1 班，又幼稚生 1 班，共 11 班。

六、学生人数　男女学生共 420 人，内女生 80 余人。

七、经费状况　全年开支 13 800 余盾，收入计有屋租、自治会津贴、学费及会员月捐等。收支两方可以相抵。

八、设备概况　校舍特建，有教室十一，教员室十二，礼堂阅报室、会客厅、图书馆各一，理科仪器、标本及各种球类如足球、网球、篮球等俱备。运动场有 3 处，均极广阔，学生有体育会、演说会等。

九、科目用书　教科书全系商务出版，科目亦照章完备，二年级以上概用国语教授，以下国语音读，客话解释。

十、学生籍贯　广东占多数，广西、福建次之。

十一、其他意见　拟于暑假后加建学生寄宿舍，兼附设商业专修科，专为一班无力升学之各省侨民得着较有实益之商业智识。华侨学校之通病，集权于总理，校务每每感受牵制，本校尚无此弊。

一〇一、庞越中华学校

一、所在地址　爪哇庞越。（Probolingo，Java.）

二、创办经过　民国纪元前六年五月，由何存乐等创办。

三、董事总理　正总理林鸿年，副总理谢成发，董事彭元才、施教众、陈桂灵、韩为仁、王贵川、黄景福、王澄辉、吴序投、高端丕、王贵清、林义堂、余传胤、何步奎。

四、教职员数　校务主任陈有章，江苏无锡人，暨南师范科毕业。男教员 6 人，女教员 1 人，共计 8 人。

五、学生数　男生 60 人，女生 38 人，共计 98 人。

六、学级编制　幼稚科 1 级，初小 4 级，高小 2 级，补习科 1 级。

七、经费状况　经常费岁入约 6000 盾，内学费每月约 5000 盾，岁出约 1 万盾，内薪金每月 775 盾。

八、设备概况　校舍自建，图书有学生图书部 1 间。

九、科目用书　商务新学制教科书，完全用国语教授。

十、学生籍贯　福建占十分之九。

一〇二、马六甲育民学校（York Min School）

一、所在地址　马六甲荷兰街 122 号。（122，Heeren St，Malacca.）

二、创办经过　民国十一年 7 月，由余超英先生创办。

三、董事总理　正总理周卿昌，副郑弈略，董事林先纯、姚金水、郑成快、郑弈禧、王裕辉、颜文祺、赵敦伟、林世明。

四、教职员数　教务长赵井一，江苏嘉定人，上海澄衷中学毕业。男教员 5

人，共 6 人。

五、学生数　男 76，女 7，共 83 名。

六、学级编制　初小复式一、二年，三、四年合班，高小五、六年合班。

七、经费状况　基金 15 000 元，校产 1 万元，学费不收，岁入 4000 元，岁出同，薪金 3000 元。

八、设备概况　校舍暂假永春会馆，现已买有校址 8000 方呎，正在测绘计划建造中。图书已备无几，正拟添置，仪器略备，标本尚缺，各项用具完备。

九、科目用书　中华书局新中华教科书，教授用国语。

十、学生籍贯　福建永春。

一〇三、马六甲华侨平民学校（Pheng Ming School）

一、所在地址　马六甲武也拿牙 135 号。（135, Bunga Raya, Malacca.）

二、创办经过　民国十一年 4 月，由沈鸿柏、刘汉屏、谭松祐、林登瀛等创办。

三、总理董事　正总理林大典，副刘汉屏，董事沈金义、王德义、沈孝德、吴启森、王榕辉等 30 余人。

四、教职员数　司理林登瀛，福建闽侯人。男教员 7 人，共 8 人。

五、学生数　共计男生 215 名。

六、学级编制　初高小全系复式教授，共 8 级 5 教室。

七、经费状况　经常费岁出、岁入约 6000 元，学费不收，教职员及役丁每月薪金共 378 元。

八、设备概况　校舍租借民房 2 所，图书有 40 余种，体育用具略备。

九、科目用书　概用新中华教科书，教授用国语。

十、学生籍贯　福建省 76 人，广东 139 人。

一〇四、马六甲培风学校

一、所在地址　马六甲荷兰街。（Heeren Street, Malacca.）

二、创办经过　民国二十七年，由曾江水、陈齐贤、沈鸿柏等创办。

三、董事总理　正主席郭镜川，副主席刘汉屏。董事部自十八年始改为委员制，监察委员 9 人，主席曾江水，执行委员 17 人，正副主席如上，共计 26 人，其他职务均由各委员兼任。

四、教职员数　教务长赵颂周，江苏嘉定人，曾任上海龙门师范教员。共计教职员 13 人。

五、学生数　共计男学生 296 人。

六、学级编制　初小 5 级（三年级分甲、乙两班，各 1 级），高小 2 级，初中 3 级。

七、经费状况　校产有房屋 1 所，每月租金 132 元，学费每月约 350 元，岁入连房租、学费、公款、特捐，约计 16 000 元，岁出相等，薪金每月约 980 元。

八、设备概况　校舍 1 所，计教室 9 间，办公室 2 间，图书仪器室 1 间，另租教员宿舍计上下 2 间，图书约 700 余种，2700 余册，仪器、标本约十数件，办公用具、体育用具均备。

九、科目用书　初中部各科用商务现代初中教科书，小学部用中华书局新中华教科书，教授除初中部英语外，俱用国语。

十、学生籍贯　福建 116 人，广东 176 人，广西 2 人，直隶、浙江各 1 人。

一〇五、马六甲巨镜学校（Kee Keng School.）

一、所在地址　马六甲双家纳。（Tranquerah Rsad, Malacca.）

二、创办经过　民国十七年 8 月，由郭巨川、郭新创办。

三、总理董事　正总理郭巨川，副郭新。

四、教职员数　校长王培春，广东文昌人，广东高等师范毕业。教员 3 人，庶务 1 人，共计 5 人。

五、学生数　共男生 40 名。

六、学级编制　初小一年级 1 班，高小一年级 1 班。

七、经费状况　一切经费均由总理私财支给，学费全免，薪金每月 300 元，校役工资在内。

八、设备概况　校舍教室 2 间，学生宿舍 8 间，仪器有高小适用物理器械、化学器械，标本有动植矿及生理模型。

九、科目用书　教科书用商务本，教读用国语。

十、学生籍贯　琼崖学生 36 人，广西学生 4 人。

一〇六、马六甲谦光女校

一、所在地址　马六甲武也拿牙。（Bunga Raya, Malacca.）

二、创办经过　民国十九年 4 月，由温咏苹创办。

三、总理董事　无。

四、教职员数　校长温咏苹，广州人。女教员 1 人，共计 2 人。

五、学生数　男生 9 名，女生 46 名，共 55 名。

六、学级编制　初小为 1 教室，单级。

七、经费状况　经常费岁入 1330 元，岁出 1500 余元，学费与岁入同，薪金与岁出同。

八、设备概况　校舍系租借民房，教具略备。

九、科目用书　教科书用商务本，教授用广州语。

十、学生籍贯　广州 42 人，潮州 3 人，雷州人、客籍各 2 人，福建 6 人。

十一、其他　本校创办，既未筹相当经费，又未得公共机关之补助，故运动场尚付厥如，教科上一切设备不完。

一〇七、马六甲惠民学校（Hui Min School.）

一、所在地址　马六甲将腐街94号。

二、创办经过　民国十六年1月，由罗谭稳、钟德胜、陈瑞生、黄云和、吴真、林发好所创办。

三、总理董事　正总理黄云和，副罗谭稳，董事施妹合、吴真、钟爱卿、刘仁珊、黄庭光等。

四、教职员数　校长吴小园，广东惠来人，广东如是美术专门学校毕业。教员3人，共计4人。

五、学生数　男63名，女22名，共计85名。

六、学级编制　初小分3教室，初一、初二各1教室，三、四年级合1教室。

七、经费状况　经常岁入1568元，岁出1650元，学费每月收80余元，薪金每年1295元。

八、设备概况　校舍系鹅城会馆，内设教室3间，教务室、会客室、储藏室、阅报室、图书室各1间，教员卧室、学生卧室各1间，图书有儿童参考各种图书，有小学普通标本，各种用具略备。

九、科目用书　国语、英语、公民、常识、自然、地理、历史等，教科书采用中华、商务2书局，教授以国语为主，酌采各地方言，为粤语、潮州语、客语及福建语等。

十、学生籍贯　以广东大埔为最多，其次梅县、惠州、广州、福建。

十一、其他　本校是半公立学校，开办只有2年，对于各种仪器尚未购备，其余一切用具亦不能齐备。

一〇八、大觉平民学校（Pin Min School）

一、所在地址　苏岛大觉。（Berombang, Paneh, Sumatra.）

二、创办经过　民国十二年7月，由林维斌、黄仕岩、郭洙泮、陈名坤等创办。

三、总理董事　主席黄仕岩，总务陈名坤，执监委员郭洙泮、杨清解、陈名河、庄连泉等。

四、教职员数　校长方少正，福建莆田人，莆田私立哲理中学毕业。男教员林继仁。

五、学生数　男生57名，女生8名，共计65名。

六、学级编制　初小复式一、二年级1班，三、四、五、六年级1班。

七、经费状况　基金无，岁入学费900余盾，店捐、货捐、猪捐约3000盾，岁出3000余盾，收支相抵有余，校长月薪100盾，教员90盾。

八、设备概况　校舍2间，租用民房，内分教室二，学生图书室一，教员卧室二，标本学生自制100余件，运动器具如篮球、足球等均备。

九、科目用书 国语、英语、算术、常识、地理、历史、公民、自然、卫生、尺牍、国音、手工、唱歌、体操等，教科书皆用商务书馆新学制本，高初级俱用国语教授。

十、学生籍贯 福建占十分之六，潮州占十分之四。

南洋华侨学校概况 中央侨务委员会

（民国十八年调查，转录《中央侨务月刊》第五六期、七八期合刊）

一、中华醒民学校（Seng Min School）

一、校址 南洋荷属爪哇吧城加烈埠。（Karet, Batavia, Java.）

二、创立经过 民国九年成立，就右邻古屋为教室，由侨胞捐募巨款建筑新校舍，十一年6月落成。设立初级一组，用复式教授，由是学生日见增多，分为高初两班。

三、最近校况 本年将学生分为三组，每组分为两级。至本学期学生又增加，教室不敷，业经董事部议决，再筑教室及教员室，并添置仪器、标本等项。其建筑费纳荷币1万盾，限本年内完竣，拟明年再行扩充。

四、何时何地立案 民国十一年向荷兰政府立案。

五、创办人及校董 创办人李前篇、黄人让、李长治、詹盛琼、白辰恭、李长恒等6人，校董黄人让等13人。

六、教员职员 校长高子巍，教员陈柱中、李已任，黄王月珍。

七、学级编制 照新学制编法，现分三组，第一组五、三合级，第二组二学年单级，第三组一学年单级。

八、学生人数 男生69人，女生27人，共96人。

九、教授科目 自然、文范、英文、汉文、国语、地理、算术、历史、图画、音乐、公民、手工、珠算、体育等。

十、教授用语 国语及闽省漳泉语。

十一、经济状况 由醒民公司补助及学费所得，岁收荷币5800盾，岁支荷币6180盾。

十二、设备概况 校舍计有办公室1间，教室5间，大礼堂1间，图书室1间，体育场1所，宿舍4间，图书100余册，标本80余件，仪器50件，校具100余件，运动器具20余件。卫生设备有校医，每星期检验。

十三、其他 该校附设醒民公司，系由该埠全侨工厂组织，专营各工厂应用材料，各股东议决按年由纯利项下抽30%为该校常年经费，如有不敷或有特别用款，例由该公司垫足。

二、中华学校（Tiong Hwa Hak Hauw）

一、校址 南洋荷属爪哇日惹哇哒士。（Wates-Djokja, Java.）

二、创立经过　民国五年，由该地华侨捐资创办。

三、最近校况　仍由该地华侨按月负担经费，继续维持。

四、何时何地立案　未详。

五、创办人及校董　创办人杨瑞徵已故，张光源回国，唯林育卿仍侨居该地。校董陈照发、曾绍同、陈兴华。

六、教员职员　校长杨炯华，教员由校长兼任，职员周钟楼等5人。

七、学级编制　两等小学共4级。

八、学生人数　男生19人，女生18人，共37人。

九、教授科目　国文、国语、算术、体操、图画、唱歌。

十、教授用语　国语。

十一、经济状况　全赖华侨月捐，并无学费，岁收荷币约2000盾，岁支相等。

十二、设备概况　未详。

十三、其他　现正筹募自建校舍。

三、中华学校（Tiong Hoa Hok Kow）

一、校址　南洋荷属爪哇万悦埠。（Bandjar, Java.）

二、创立经过　民国七年创办成立。

三、最近校况　未详。

四、何时何地立案　十七年呈请国民政府侨务委员会转呈国民政府立案，并于十八年向荷属东印度政府立案。

五、创办人及校董　创办人张孟山、刘有任、林紫扭、梁启富、王得利、许瑞溅、詹茂堵等7人，校董陈才俭等16人。

六、教员职员　校长邹厌繁，教员陈映梅，职员刘有任等9人。

七、学级编制　新学制共6级，分前后期小学，共6年毕业。

八、学生人数　男生23人，女生9人，共32人。

九、教授科目　国文、英文、算术、信札、地理、历史、自然、公民、音乐、体操、图画、艺术等。

十、教授用语　国语、英语。

十一、经济状况　侨民注册捐款、屋税、地税以及学费，岁收入1360元，岁支约1600余元。

十二、设备概况　校舍计有办公室1间，教室2间，大礼堂1间，图书室1间，体育场1所，宿舍1间。图书以儿童适用为最多数，标本、仪器、校具、运动器具略备，另设学生共同卫生会及俱乐部。

十三、其他　民国七年及十一年，两次共买学校屋地计200方码，并修理一切，需洋4500元，皆由华侨捐款。

四、平民学校（Pin Min School）

一、校址　南洋荷属爪哇打横。（Tasik Malaja, Java.）

二、创立经过　民国十三年，由该地华侨热心教育赞助创办。

三、最近校况　本年再谋校务发展，由校董会另组学委会及组织建筑校舍委员会，募捐建筑校舍，以求教授上及设备之完善。

四、何时何地立案　未详。

五、创办人及校董　创办系该地华侨书报社校董余友文等9人。

六、教员职员　校长林煜华，教员熊畹馨、蔡新意，职员由校长教员兼任。

七、学级编制　新制小学同级复式教授，共7级。

八、学生人数　男生45人，女生27人，共72人。

九、教授科目　国语、算术、英文、地理、历史、商业、珠算、卫生、公民、体操、唱歌、手工、图画、常识、社会等。

十、教授用语　国语。

十一、经济状况　公款、捐款以及学费所得，岁收4350盾，岁支相等。

十二、设备概况　校舍计有办公室1间，教室4间，大礼堂1间，图书室1间，体育场1所，宿舍1间，图书、标本、仪器、校具、运动器具略备，另设学生讲演会、储蓄会、贩卖部、足球会等。

十三、其他　现正自建校舍，经费募捐而来，新校舍大约十九年可落成迁校。

五、中华学校（Tiong Hoa School）

一、校址　南洋荷属爪哇芝里马野。（Tjia Maja, Java.）

二、创立经过　民国三年由巴城八帝贯中华学校分支，初开办时仅二三十学生，后经校董教员从事努力宣传教育，侨生逐渐增加。校舍原仅1堂，民国十五年再捐资建1堂。

三、最近校况　本年添办高小1班，注意学生课外活动，书籍、器具积极购备。

四、何时何地立案　未详。

五、创办人及校董　创办人陈英麟、陈江松、王金德、蔡怡秀等4人，校董赖双安等共21人。

六、教员职员　教员何庆贤、古凤梅，职员赖清安。

七、学级编制　四二制共5级。

八、学生人数　男生58人，女生48人，共106人。

九、教授科目　国语、社会、自然、算术、英文、图画、手工、音乐、体操。

十、教授用语　国语。

十一、经济状况　捐款及学费，岁收2700元，岁支2900元。

十二、设备概况　校舍计教室3间，大礼堂1间，体育场1所，教员室2间，标本、仪器均无，图书、校具、运动器具略备。

十三、其他　图书室正在筹备之中，体育场系向董事借来。

六、中华学校（Tiong Haw Hak Hauw）

一、校址　南洋荷属爪哇马都拉望加兰。（Bangkalan，Madura，Java.）

二、创立经过　民国元年创办，初因办理不善，至民八改良办法，惟该地侨民对于该校时常攻击，民国十七年时几陷停顿，后经热心教育之董事极力赞助，始得继续维持。

三、最近校况　近因该埠侨民多轻视华校，另设荷华学校，专读荷文，以致人数稍有减少，但各董事仍努力整顿，以维久远。

四、何时何地立案　未详。

五、创办人及校董　由甲首何国英创办，校董杨登酉等6人。

六、教员职员　校长李恕俊，教员张碧轩。

七、学级编制　分高初两级小学，共5级。

八、学生人数　男生45人，女生15人，共60人。

九、教授科目　国语、自然、社会、地理、历史、簿记、英文、尺牍、商业、珠算、卫生、体育、工艺、算术等，用新学制书。

十、教授用语　国语。

十一、经济状况　捐款及学费，岁收约4000盾，岁支相等。

十二、设备概况　校舍计办公室1间，教室2间，图书室1间，体育场1所，教员宿舍2间，各种儿童图书800余本，简易标本些许，仪器不齐，校具、运动器具略备，另设卫生部。

十三、其他　校舍系租赁。

七、中华小学校（Tiong Hwa Siauw Hak Hauw）

一、校址　南洋爪哇梭罗属吉里丹。（Kartasoera，Solo，Java.）

二、创办经过　民国三年创办，初因仅藉学费收入，经济困难，后改收月捐，学生免费，故由20余人增至40人。

三、最近校况　未详。

四、何时何地立案　未详。

五、创办人及校董　由该地中华会馆创办，校董林日润等12人。

六、教员职员　教员何厥德，职员由教员兼任。

七、学级编制　旧制合级，共3级。

八、学生人数　男生19人，女生21人，共40人。

九、教授科目　国语、作文、常识、算术、图画、唱歌、体操。

十、教授用语　国语。

十一、经济状况　月捐岁收1000盾，岁支相等。

十二、设备概况　校舍仅教室1间，图书略有。

十三、其他　未详。

八、联合义学堂（Bian Hap Gi School）

一、校址　爪哇多隆亚公温律埠。（Ngoenoet，Java.）

二、创立经过　该校为联合义会馆所建筑，民国七年曾一度开设华校，粗备规模。不二年因经济不足，宣告停办，后又改办巫校。及民国十四年董事改组，鉴于巫校之教法不良，遂再办华校，而董事以谋经济之解决，故于民国十五年开夜市一次，得利1000余盾，遂增建校舍、宿舍、体操场等。次年再开夜市，亏本7000余盾，校务影响，故第四级不能继续教授，将该级全数拨入多隆亚公华校肄业，盖该校为多隆亚公华校之分校也。

三、最近校况　仍继续维持。

四、何时何地立案　未详。

五、创办人及校董　由联合义会之董事陈欣延、徐忠源等16人所创办，校董除会馆董事外，另请郭启东、卢振麟2人为校务长、校务次，共16人。

六、教员职员　校长郭东明，教员秦蒔芹，职员2人。

七、学级编制　新制初等小学，共4级。

八、学生人数　男生36人，女生27人，共63人。

九、教授科目　国语、常识、尺牍、英文、算术、体育、图画、唱歌、手工。

十、教授用语　国语。

十一、经济状况　因夜市亏本，负债7000余盾，校费由出入货捐、公善会津贴以及学费所得，岁收3000盾，岁支3540盾。

十二、设备概况　校舍计办公室1间，教室2间，大礼堂1间，图书室附设于大礼堂，体育场1所，宿舍3间，贩卖部1间，图书、标本略备，仪器缺少，校具、运动器具略备，另设学生自治会、贩卖部等。

十三、其他　该校除一部分为联合义会馆所有，其他宿舍及操场、贩卖部之一半系向土人定租，以10年为期。

九、中华小学校（Tiong Hoa Hak Hao.）

一、校址　荷属爪哇武加地惹。（Boekatedja，Banjoemas，Java.）

二、创立经过　民国六年创办，因该地侨胞太少，赞助乏人，故经十余年之久殊少进步。

三、最近校况　未详。

四、何时何地立案　未详。

五、创办人及校董　中华会馆分局创办，校董郑定兴等13人。

六、教员职员　教员朱润生、黄仲坤，职员陈瑞发等4人。

七、学级编制　新学制两级小学，共6级。

八、学生人数　男生23人，女生32人，共55人。

九、教授科目　国语、社会、算术、自然、公民、卫生、历史、地理、商业。

十、教授用语　国语。

十一、经济状况　捐款及学费，岁收2490余盾，岁支相等。

十二、设备概况　校舍计办公室1间，教室2间，大礼堂1间，图书室1间，体育场1所，图书有数十册，标本、仪器无，校具、运动器具略备。

十三、其他　未详。

十、中华学校（Tiong Hwa School.）

一、校址　荷属爪哇苏格拉加。（Soekaradja, Java.）

二、创立经过　民国纪元前四年，由中华会馆创办，但因太重英文，故至今22年，国文成绩欠佳。

三、最近校况　今年取消英文，改授荷文，且注重中文，以陶镕祖国之文化。

四、何时何地立案　未详。

五、创办人及校董　中华会馆创办，校董许汉中等5人。

六、教员职员　校长沈厥成，教员沈厥成、赵慎一、郑玉翠3人，另聘荷兰教员1人，职员1人。

七、学级编制　新学制共7级。

八、学生人数　男生39人，女生50人，共89人。

九、教授科目　照新学制所规定科目。

十、教授用语　国语。

十一、经济状况　学费岁收5400盾，岁支6000盾，经费不足时由董事临时筹集。

十二、设备概况　校舍计办公室1间，教室4间，大礼堂1间，图书室1间，体育场1所，宿舍3间，图书有儿童课外读物、教师参考书，约有3000册左右，标本缺乏，校具略备，仪器、运动器具均无。

十三、其他　未详。

十一、士明山中华学校（Soebengsan Chung Hwa School）

一、校址　荷属东印度爪哇岛滇满光。（Temanggoeng, Java.）

二、创立经过　民国纪元前五年，由该埠华侨李赵璧、黄罗二君创办，至民国二年，因经费支绌几陷停顿，幸赖洪双挑君出为维持，得以继续。是年夏间复承青年界演剧捐助5000余盾，经费稍裕，校务藉以维持至今。

三、最近校况　该校经常费近况，由该埠中华会馆诸董事所维持，对于振兴华侨教育均极热心赞助。

四、何时何地立案　民国前四年立案，在何处未详。

五、创办人及校董　创办者李赵璧、黄罗2人，校董李道德等13人。

六、教员职员　校长吴怀森，教员苏耿发等4人，职员苏金盘。

七、学级编制　复级制共八级。

八、学生人数　男生72人，女生45人，共117人。

九、教授科目　国民级为算术、自然、国语、常识、音乐、体操，高级则加授公民、卫生、地理、爪哇地理、历史、英语等。

十、教授用语　国民三年级以上概用国语教授，国民二年级以下用马来语说明。

十一、经济状况　捐款与学费及其他所得，岁收约4300余盾，岁支相等。

十二、设备概况　校舍计有办公室1间，教室4间，图书室1间，体育场2所，图书略备，标本、仪器、校具均无，运动器具略备。

十三、其他　该埠华侨因营业概用巫文、荷文，故对于华校不甚重视，多将子女送入荷华学校。故近来该校学生递减，学校经费受其影响，幸赖中华会馆极力赞助，以发扬祖国文化。

十二、中华学校（The Chinese School）

一、校址　荷属爪哇梭罗特别省加拉登府城吧帝安街。（Klatten，Java.）

二、创立经过　民国七年，由李长泰君出面组织，及中华会馆兴办货捐筹建校舍。

三、最近校况　近因侨生醉心荷文，该校恐受影响，故于下午加授荷文。为使侨生将来回国俾供社会实用起见，加授闽南方言。近更将校舍前座重新改造，规模略有可观。

四、何时何地立案　未立案。

五、创办人及校董　创办者林开明、李长泰、张德昭，校董林清良等9人。

六、教员职员　校长许超，教员黄启唐等4人，职员胡志良等4人。

七、学级编制　共8级。

八、学生人数　男生101人，女生55人，共156人。

九、教授科目　国文、常识、算术、簿记、美术、音乐、体操、历史、地理、公民、荷文、英文。

十、教授用语　国语、荷文及闽南方言。

十一、经济状况　公款捐款与学费及其他所得，岁收9490余盾，岁支约7000余盾。

十二、设备概况　校舍计有办公室3间，教室4间，大礼堂1间，体育场1所，校园1所，图书、标本略备，仪器无，校具、运动器具略备，卫生设备略有。

十三、其他　捐款一项系取于货捐，多少无定，视商场状况而变迁。该校校舍系自购地建筑，另有典屋3所，为校产业。

十三、中华学校（Tiong Hwa School）

一、校址　荷属爪哇新丹。（Sindanglaoet，Java.）

二、创立经过　民国八年，由该埠仁寿会创办。后因仁寿会之会员日增，意见分歧，故于民国十二年由学校另选董事，与仁寿会分离。

三、最近校况　近亟欲扩充，开办高等，建筑新校，而董事亦多赞成，但以因循之故，不能见诸实行。

四、何时何地立案　未立案。

五、创办人及校董　创办者新丹仁寿会，校董陈才等7人。

六、教员职员　校长李惠敏，教员李声、熊岭梅，职员无。

七、学级编制　照新学制编制合级教授，共5级。

八、学生人数　男生14人，女生27人，共41人。

九、教授科目　国语、算术、社会、自然、图画、手工、体操、尺牍、爪哇地理、音乐。

十、教授用语　国语。

十一、经济状况　公款、捐款以及学费所得，岁收2440盾，岁支相等。

十二、设备概况　校舍计有办公室1间，教室2间，大礼堂1间，图书室1间，体育场1所，图书足用，标本略有，仪器无，校具全，运动器具略备，另设学生自治会与卫生部。

十三、其他　校舍系租赁。

十四、中华学校（Tiong Hwa School）

一、校址　荷属爪哇梧桐。（Godong, Java.）

二、创立经过　民国七年，由许桢祥等君发起创办，未及三年，筹集基金1万余盾，乃建校舍及购地皮。近因该埠生意殊欠发达，故所募捐款无多，每月仅敷维持。

三、最近校况　该校前仅有校舍3间，今年因学生人数增加，添筑校舍5间，俾便扩充教育。

四、何时何地立案　民国九年立案，在何地未详。

五、创办人及校董　发起者为许桢祥，创办者孙添丁、王福俊、黄吉顺、施大雨、陈丰兴、余亚风等6人，校董林德裔等5人。

六、教员职员　校长陈彦潮，教员施礼迟、杨慧庄，职员黄金临、陈添祥。

七、学级编制　复式编制，共3级。

八、学生人数　男生59人，女生20人，共79人。

九、教授科目　公民、珠算、作文、书法、国语、算术、历史、地理、自然、形象、唱歌、体操、商业、尺牍、爪哇地理、常识、社会等。

十、教授用语　国语。

十一、经济状况　公款、捐款以及学费所得，岁收约4000余盾，岁支相等。

十二、设备概况　校舍计有办公室1间，教室3间，大礼堂1间，图书室1间，体育场2所，宿舍2间，图书、标本略备，仪器无，校具全，运动器具略备，卫生略有设备。

十三、其他　未详。

十五、中华学校（Tiong Hwa School）

一、校址　荷属爪哇井里汶瓦勒。（Waled, Cheribon, Java.）

二、创立经过　民国三年，由钟振荣纯以私人财产创立斯校，惜此人已逝世。

三、最近校况　未详。

四、何时何地立案　无。

五、创办人及校董　创办者钟振荣，校董陈顾闸等11人。

六、教员职员　校长李晖球，教员魏运华、郑振刚，职员无。

七、学级编制　分高初小学，合级教授，共6级。

八、学生人数　男生39人，女生18人，共57人。

九、教授科目　未详。

十、教授用语　国语、马来语。

十一、经济状况　公款、捐款以及学费所得，岁收约3000盾，岁支相等。

十二、设备概况　校舍计有办公室1间，教室3间，大礼堂1间，体操场1所，图书、标本以及校具等，均未详。

十三、其他　该校因荷政府不准有中华学校立案，但该校系隶属于华人所组织之仁寿会，校舍系租赁。

十六、中华学校（T. H. H. K.）

一、校址　荷属爪哇加拉横。（Krawang, Java.）

二、创立经过　成立计25年，过去校史因表册无存，无从查考。自民国十七年因董事部无力支持，乃由该埠国民党分部接收，交华侨阅报社负责办理。

三、最近校况　该校因校舍关系暂行复级教授，至经费方面不敷甚巨，俱由华侨阅报社执委会负责筹足。

四、何时何地立案　未详。

五、创办人及校董　创办人未详，校董系华侨阅报社执委陈善可等17人。

六、教员职员　教务长黎尚环，教员陈慕予、李天浪、李顺英等3人，职员谢剑影。

七、学级编制　四二制，初级4级，高级2级，共6级。

八、学生人数　男生69人，女生32人，共101人。

九、教授科目　国文、英文、算术、地理、历史、公民、卫生、体育、手工、图画、自然、唱歌、舞蹈、常识、训育等。

十、教授用语　国语、马来语。

十一、经济状况　捐款与学费及其他所得，岁收5000盾，岁支相等。

十二、设备概况　校舍计有办公室1间，教室4间，大礼堂1间，图书室暂设在大礼堂内，体育场1所，宿舍1间，图书约500册，标本无，仪器、校具、运动器具略备，卫生设备有浴室。

十三、其他　现在之校舍系 2 年前由该埠华侨集资所建。

十七、中华学校（Tiong Hwa School）

一、校址　爪哇双木丹。（Semoedang，Java.）

二、创立经过　初开办系西历 1905 年，由钟云盛君创办，至 1920 年停办，1929 年复由杨雁友君提倡协办，恢复斯校。

三、最近校况　因无确定经费，完全由各商店认捐维持。

四、何时何地立案　西历 1917 年立案，在何处未详。

五、办创人及校董　创办者钟云盛，恢复协办者杨雁友，校董黄其兰等 6 人。

六、教员职员　校长杨雁友，教员许顺景，职员杨炳熊、杨桂生。

七、学级编制　1 级。

八、学生人数　男生 24 人，女生 12 人，共 36 人。

九、教授科目　国文、算术、常识、自然、社会、体操、音乐。

十、教授用语　国语。

十一、经济状况　捐款及学费，岁收 1500 盾，岁支相等。

十二、设备概况　校舍计有办公室 1 间，教室 1 间，大礼堂 1 间，体育场 1 所，宿舍 1 间，图书、标本、仪器均无，校具略备，运动器具无。

十三、其他　未详。

十八、中华学校（Tiong Hwa Hok Kauw）

一、校址　荷属爪哇芝查另加。（Tjitjalengka，Java.）

二、创立经过　民国九年，由平安会创办，至十七年，因该埠人数减少，平安会取消，又因教员与董事发生意见，停顿数月，至十八年 2 月始恢复再办。

三、最近校况　该校因恢复未久，而原有学生多入外国学校，故学生寥寥无多，现正力图扩充校务。

四、何时何地立案　民国九年立案，在何地未详。

五、创办人及校董　创办者杨长福、黄寿德、郑元喜等 3 人，现任该校校董。

六、教员职员　教员张庆宣。

七、学级编制　国民小学共 4 级。

八、学生人数　男生 8 人，女生 16 人，共 24 人。

九、教授科目　国文、常识、社会、作文、书法、算法、图画、唱歌、体操、英文、演说等。

十、教授用语　国语、英语。

十一、经济状况　捐款及学费，岁收 1100 余盾，岁支相等。

十二、设备概况　未详。

十三、其他　未详。

十九、中华学校（Tiong Hwa Kauw）

一、校址　荷属爪哇码要拉里。（Bojolali, Java.）

二、创立经过　民国十年，由华侨黄春美等所创办。

三、最近校况　未详。

四、何时何地立案　未详。

五、创办人及校董　创办者黄春美、顾景美、清祥、叶九旺、阮如珍，校董黄福安、陈三及等。

六、教员职员　教员汤珍魁。

七、学级编制　新学制共4级。

八、学生人数　男生17人，女生10人，共27人。

九、教授科目　国文、常识、社会、自然、算术、珠算、图画、体操、作文、书法、巫文。

十、教授用语　国语、巫语。

十一、经济状况　捐款及学费，岁收600余盾，岁支700余盾。

十二、设备概况　校舍计有教室1间，与大礼堂合，体操场尚未修理完备，宿舍1间，至图书、标本、仪器均无，校具不齐，运动器具无。

十三、其他　校舍系借用，经济不敷时概由黄福安、陈三及2人担负。

二十、华侨平民学校（Hoa Kiauw Pin Min School）

一、校址　荷属井里汶高力多兰。（Kolectonan, Cheribon, Java.）

二、创立经过　民国十六年，由荷属支部第七分部苏少纯等发起倡办，复由全体同志极力捐款扩充建设。

三、最近校况　现在学生日增，故极力扩充校务，并宣传党义，以期三民主义普及平民。

四、何时何地立案　十六年曾呈报荷属支部（现总支部）备案。

五、创办人及校董　创办者苏少纯等，校董林立一等。

六、教员职员　教员张福兰等5人，职员林立一。

七、学级编制　四二制共7级。

八、学生人数　男生56人，女生30人，共86人。

九、教授科目　除照4年、2年高初章程教授外，并加三民主义、孙文学说两课。

十、教授用语　国语。

十一、经济状况　捐款及学费，岁收3000盾，岁支4800盾。

十二、设备概况　校舍计有办公室1间，教室4间，大礼堂1间，图书室1间，体育场1所，图书略备，标本、仪器、校具、运动器具等均无。

十三、其他　幼稚班40人。

二一、维新学校（Ie Sin School）

一、校址　南洋爪哇红牌。（Paal Merah, Java.）

二、创立经过　该埠在民国十年以前仅有一巫文私塾，华侨子弟均在该私塾肄业。一般热心教育者恐其将来对于祖国文化懵然，故特发起创办华校，建筑校舍，费资1万余盾，于民国十年5月开学。

三、最近校况　该校教科书，现仍采用商务印书馆新学制，因种种困难，尚未改用党化教科书。附设学生会，因内容不备，特改组为维新市，分市议会、市行政厅、市裁判所三大纲。

四、何时何地立案　无从查考。

五、创办人及校董　创办者黄衍俊等，共31人，校董林箕栋等，共16人。

六、教员职员　校长黄大培，教员苏若林等5人，职员由董事部兼任。

七、学级编制　共7级。

八、学生人数　男生72人，女生48人，共120人。

九、教授科目　国语、常识、自然、社会、笔算、珠算、尺牍、公民、卫生、历史、地理、南洋史、商业、簿记、巫文、荷文、英文、艺术、音乐、体育等。

十、教授用语　国语、闽漳泉语、巫语。

十一、经济状况　捐款、学费及其他所得，岁收4800余盾，岁支6700余盾。

十二、设备概况　校舍计有办公室1间，教室4间，大礼堂1间，图书室1间，体育场1所，宿舍3间。图书有杂志及儿童用书，标本有自然及国音挂图，仪器未备，校具敷用，运动器具略备。

十三、其他　经费全年收支相抵，不敷远甚，但按该校情形，犹可设法补助。

二二、中华学校（Chung Hwa School）

一、校址　南洋爪哇加薄棉。（Keboemen, Java.）

二、创立经过　加薄棉之有华校，实胚胎于民国纪元前三年，惟其经常费无着，仅岁余而辍，且组织亦欠完备。及民国元年，有詹联泉君出而提倡货捐，兴办斯校，以至今日。

三、最近校况　因经费支绌，现正从事组织电影剧院，以作补助经费。

四、何时何地立案　未详。

五、创办人及校董　创办者詹联泉，校董李溪辉等15人。

六、教员职员　校长孙治钦，教员张笑菱等5人，职员邱嘉泉等4人。

七、学级编制　单式兼复式，（小学初级4级，幼稚班1级，高小2级，共7级）新学制。

八、学生人数　男生77人，女生50人，共127人。

九、教授科目　国语、算术、常识、工艺、形艺、体育、音乐、英文、历史、地理、卫生、公民、簿记等。

十、教授用语　国语。

十一、经济状况　捐款及学费，岁收6900盾，岁支8400余盾。

十二、设备概况　校舍计有办公室1间，教室6间，大礼堂1间，图书室附在大礼堂，体育场无，但校前有余地可用，宿舍4间。图书、标本、仪器、校具、运动器具均略备。

十三、其他　校舍系借用该埠广惠宫后余地建筑，并拨用该宫余屋。

二三、中华学校（Tiong Hwa Hak Kauw）

一、校址　南洋爪哇木那洛可。（Ponorogo，Java.）

二、创立经过　该校创办于民国纪元前三年，初赁民房为校舍，不二年即停办，至民国十年，热心教育者复发起募捐，建筑校舍，重行开学。

三、最近校况　该校因经费困难，几濒于危，幸各校董极力维持。

四、何时何地立案　民国十四年立案，在何地未详。

五、创办人及校董　创办者余贞梁、陈国珍、陈平城、曾东清、余高珍、杨进钰等6人，校董余义川、林荣珍、余高珍、杨进钰、郭锦文等5人。

六、教员职员　教员陈立华，职员杨进川等5人。

七、学级编制　依照新学制编成，初级小学共5级。

八、学生人数　男生29人，女生8人，共37人。

九、教授科目　国语、常识、算术、国文、会话、作文、图画、音乐、体育。

十、教授用语　国语。

十一、经济状况　捐款、学费以及货捐，岁收1240盾，岁支1550盾。

十二、设备概况　校舍仅有教室1间，体育场2所，图书100余种，标本百数十件，仪器、校具、运动器具略备。

十三、其他　该校因经费困难，故应行设备者均见缺乏，至校费出入不敷，由各董事设法维持。

二四、中华学校（Tiong Hwa Hak Kauw）

一、校址　南洋爪哇妈沙浪。（Masaran，Java.）

二、创立经过　民国十四年，由该地华侨热心教育者提倡创办。

三、最近校况　各校现正筹划经济，以谋扩充校务。

四、何时何地立案　民国十五年立案，在何地未详。

五、创办人及校董　创办者施天源、陈金良、李发仁，校董李发文等7人。

六、教员职员　教员庄长祚。

七、学级编制　共4级。

八、学生人数　男生14人，女生12人，共26人。

九、教授科目　国语、常识、算术、唱歌、图画、作文、书法、尺牍、体操。

十、教授用语　巫语。

十一、经济状况　捐款及学费，岁收1140盾，岁支1080盾。

十二、设备概况　校舍有教室1间，余未详。图书、标本略有，仪器无，校具、运动器具略备。

十三、其他　未详。

二五、中华学校（Tiong Hwa School）

一、校址　南洋爪哇井里汶。（Cheribon, Java.）

二、创立经过　民国纪元前六年，由该地中华会馆设立，至民国八年，与南华学校合并为一，于是扩大规模，乃自建伟大校舍。

三、最近校况　成立至今，学生日增，现附设有初中1班，希望将来能成一正式中等学校。

四、何时何地立案　民国纪元前六年十月立案，在何地未详。

五、创办人及校董　创办者陈景美君，校董林和合等21人。

六、教员职员　学校委员制，教务由李毅刚、吴金昭、石月幌3人主持，教员林焕彩等6人，职员林盛德等2人。

七、学级编制　高初两等小学，附设初中，共14级。

八、学生人数　男生112人，女生94人，共206人。

九、教授科目　未详。

十、教授用语　国语、英语、巫语。

十一、经济状况　公款、捐款、学费及其他所得，岁收1万余盾，岁支相等。

十二、设备概况　校舍计有办公室2间，教室9间，大礼堂1间，图书室1间，体育场2所，宿舍12间，另附设学生自治会办公室1间，贩卖部1间。图书有1000余种，标本100余种，仪器数十种，校具齐全，运动器具十余种，并童子军队用器数种。

十三、其他　未详。

二六、中华学校（Tiong Hwa School）

一、校址　南洋爪哇牙律。（Goroet, Java.）

二、创立经过　民国纪元前五年，由该地华侨热心教育者筹资创办。

三、最近校况　近来学生日益增多，教室不敷分配，故着手筹款改建学校，以备扩充校务。

四、何时何地立案　未立案。

五、创办人及校董　创办者刘湖迟、徐怀生、甘荣源等3人，校董刘泽海等十余人。

六、教员职员　校长陈问樵，教员郑嘉来、马云英，职员唐震巫、温燮柏。

七、学级编制　分高初复式编制，共6级。

八、学生人数　男生72人，女生38人，共计110人。

九、教授科目　采用现时颁定小学课本。

十、教授用语　国语。

十一、经济状况　学生完全免费，货捐及其他所得，岁收4000余盾，岁支5000余盾。

十二、设备概况　校舍计有办公室1间，教室3间，体育场1所，宿舍3间，会客室1间，图书有800余种，标本、仪器、校具、运动器具略备。

十三、其他　未详。

二七、中华学校（Tiong Hwa School）

一、校址　南洋爪哇芝里昂。（Tjilegon，Java.）

二、创立经过　民国十一年创办。

三、最近校况　未详。

四、何时何地立案　民国十一年立案，在何地未详。

五、创办人及校董　创办者为该埠华侨社里会，校董高甲俊等4人。

六、教员职员　校长郑六德，兼任教员，职员张英玉等8人。

七、学级编制　共4级。

八、学生人数　男生22人，女生19人，共41人。

九、教授科目　国语、常识、社会、自然、算术、英语、体操、唱歌。

十、教授用语　国语、英语。

十一、经济状况　公款、捐款、学费及其他所得，岁收3900盾，岁支3500盾。

十二、设备概况　校舍计有办公室1间，教室1间，大礼堂1间，体育场1所，图书、标本、仪器均无，校具、运动器具略备。

十三、其他　未详。

二八、中华学校（Tiong Hwa Hak Kauw）

一、校址　南洋爪哇吥唝。（Laboean，Java.）

二、创立经过　未详。

三、最近校况　未详。

四、何时何地立案　未详。

五、创办人及校董　创办者陈春、许清安、詹德润、詹德丰，校董梁宗海、陈笃恭、詹金禄。

六、教员职员　教员吴世标。

七、学级编制　共5级。

八、学生人数　男生20人，女生18人，共38人。

九、教授科目　国语、自然、社会、算术、珠算、唱歌、体操。

十、教授用语　国语。

十一、经济状况　学生免费，捐款及其他所得，岁收1800盾，岁支1500盾。

十二、设备概况　未详。

十三、其他　未详。

二九、中华学校（Tiong Hwa School）

一、校址　南洋爪哇巴六安。（Parakan，Java.）

二、创立经过　民国纪元前三年，由该地华侨提倡创办，初开学时学生寥寥，经20年之极力振兴，学生增多，校务扩充。

三、最近校况　近因该地商场冷落，侨民日减，故学生为之减少。

四、何时何地立案　民国纪元前三年，在何地未详。

五、创办人及校董　创办者郑源成、周文灿、李赵璧，校董苏瑞梁等13人。

六、教员职员　校长邵俊涛，教员周庆瑞等3人，职员薛生财等3人。

七、学级编制　新制小学，合级教授，共6级。

八、学生人数　男生85人，女生45人，共130人。

九、教授科目　国文、算术、英文、历史、地理、公民、卫生、自然、社会、图书、音乐、体操、簿记、珠算、尺牍。

十、教授用语　国语。

十一、经济状况　捐款及学费，岁收3300余盾，岁支3800余盾。

十二、设备概况　校舍计有办公室1间，教室4间，图书室1间，体育场1所，图书有按期订购各种杂志，标本、仪器均无，校具、运动器具略有。

十三、其他　校舍系由庙宇改造。

三十、中华学校（Tiong Hwa School）

一、校址　南洋爪哇老有占卑埠。（Rogodjalnpi，Java.）

二、创立经过　民国六年，由华侨李双辉等提倡创办，建筑校舍，至民国十六年停办，至民十八年复行开学。

三、最近校况　未详。

四、何时何地立案　民国六年立案，在何地未详。

五、创办人及校董　创办者李双辉等23人，校董林金凤等11人。

六、教员职员　校长杨纯熙，教员胡翠华、王国雄，职员李德。

七、学级编制　新学制小学，共2级。

八、学生人数　男生25人，女生15人，共40人。

九、教授科目　国语、作文、常识、自然、社会、会话、体操、算术、唱歌、手工、巫语。

十、教授用语　国语。

十一、经济状况　未详。

十二、设备概况　校舍计有办公室1间，教室1间，大礼堂1间，体育场1

所，图书、标本均无，仪器、校具、运动器具略备。

十三、其他　未详。

华侨学校调查表　外交部侨务局

（民国十七年调查，转录《侨务月刊》第一期）

校　名	校　址	校　长	教职员人数	学生人数	每年经费
中华公立学校	日本横滨	孔宪瑷	23	358	16 000 元
时习学校	东京海防	廖芑孙	18	430	17 000 元
华侨公立学校	朝鲜仁川	现任领事	6	102	3400 元
华侨第一小学	菲律宾小吕宋	颜文初	33	810	35 000 元
中华学校	苏门答腊日里水火山	邱立才	6	235	1 万盾
公立教育学校	霹雳怡保	赖标文	25	610	28 000 元
培德女学校	吉隆坡	曾铭岩	19	228	8000 元
崇华学校	霹雳爪胗江沙	何欣农	27	166	7300 元
中华学校	爪哇厨闽	萧式雍	6	194	7000 余盾
中华学校	爪哇八马垄	汪本然	5	106	7000 盾
中华学校	爪哇任抹	庄信群	7	142	11 000 盾
中华学校	爪哇直葛	龚道熙	8	274	16 000 盾
明德学校	暹罗枋角	洪声远	12	340	16 000 铢
坤德女学校	同上	杨宝瑜	6	120	7000 铢
三民学校	安南堤岸	史继光	5	124	6000 元
华商学校	苏门答腊棉兰	钱雄飞	19	480	23 000 盾
穗城高小学校	安南堤岸	赵桃之	20	494	
平民义学	同上	同上	9	529	
中国学校	吉隆坡	黄毓南	5	125	3000 元
中华学校	爪哇北加浪岸	匡光照	13	340	18 000 盾
华侨中学校	缅甸仰光	管震民	14	153	36 000 盾
振华高小学校	东京南定	黄进步	8	72	
新民学校	暹罗枋角	潘法岳	18	355	12 000 铢
崇正学校	新加坡	江希志	14	315	13 000 元
中华学校	邦加岛槟港埠	李觉	17	497	2 万盾
育华学校	彭亨劳勿	张仲潜	5	158	5500 元
福建学校	安南堤岸	陈远澜	15	430	18 000 元
中华学校	爪哇麦斯基	蔡尚耿	2	33	3000 盾
华强学校	日本神户	支鉴辉	16	226	12 000 日金
中华学校	爪哇岩望	叶鸿宝	7	147	12 000 盾

学校	地点	负责人			
中华学校	爪哇龟突	何 雄	4	91	3000 盾
南洋华侨中学	新加坡	吴毓腾	12	226	3 万元
公立中华学校	越南河内	陈鸿翔	6	143	4000 元
华英中华	爪哇三马垄	邓树森	17	230	4 万盾
华侨中学校	菲律宾马尼拉	张时英	30	140	32 000 元
华侨第二小学	同上	欧阳锡廉	17	203	2 万元
时中小学	日本长崎		3	90	4000 元
南洋工商补习学校	新加坡	林则扬	20	355	2 万元
同文学校	日本神户	莫衍钧	18	414	19 000 日金
华侨公立小学校	加拿大云高华	曾石泉	14	63	2300 加元
华侨当仁学校	菲律宾苏洛	张竞亚	17	157	11 000 元
养中学校	日里棉兰	陆淑芬	20	250	15 000 盾
中华学校	爪哇辰玉	委员制	5	88	7000 盾
三育学校	西婆罗洲坤甸双勾月	许心民	11	61	2400 盾
大同小学校	雪兰莪沙叻	黄人锐	3	84	
华侨学校	爪哇庞越	谢涂新	4	42	3500 盾
中华学校	爪哇花那小浦	何 丰	3	101	4000 盾
神州学校	日里棉兰	何焜耀	10	289	1 万盾
华侨学校	美国纽约	司徒灿	6	130	6000 元
东安小学	东京海防	何荫棠	6	140	4500 元
中华学校	爪哇文都鲁苏	麦镇邦	4	102	7000 盾
育美学校	新加坡	符孔遴	18	305	12 000 元
义成学校	爪哇巴达维亚	陈少伟	10	386	

新加坡华侨学校调查表（民国十八年调查，转录《星洲日报》周年纪念刊）

校名	中西文住址	创办年月	校长	总理	司理	教员人数	学生人数	班级数目	校舍设备	经济状况	学生籍贯	所用课本	附记
萃英书院	厦门街131号，No. 131, Amoy St., Singapore.	前清咸丰辛酉年	陈正庭	薛中华、陈仙钟	陈延谦、蔡三重、薛武院、许山治、吴克俭、林秉祥、陈思敏	中文教员2人，英文教员1人	120人	3班8级		本校私产	闽同安人居多	中华书局	
达泉学塾	万拿街16号，No. 16, Banda St., Singapore.	开办已25年	尹达泉			由校长兼任（1人）	20余人	无分班级	讲堂1所		全是广府人	教旧书	本校原名民育，现改达泉学塾
崇正学校	米芝律门牌378号，No. 378, Beach Road, Singapore.	前清光绪三十一年六月初一	江希志	钟水洋	陈贵贱、陈金源	14人	310人	10级（高2初8）	教室十，办事室二，教员室二	除学费外，其余不敷由顺天宫神庙香资补贴	福建闽南人	新中华及新时代	
应新学校	源顺街门牌215号，No. 215, Telok Ayer St., Singapore.	民国纪元前六年六月廿四	丘子夫	伍季酬	庶务1人	正校6人，分校1人	正校212人，分校23人	行四二制，共6级	教室六、阅报室一、礼堂一、校长室一、教员室一、图书馆一、学生自治室一、球场一、膳藏室二、储藏室二、浴室一、厕所一、役一、厨房一	每月收入约800余元，支出约700余元	客属人占十分之九	商务、中华兼采用	

(续)

校名	地址	创办时间			教职员	学生	班级	设备	经费	学生籍贯	课本	备注
道南学校	皇家山脚17号, No.17, Armenian St., Singapore.	民元前五年十一月	张春元	陈嘉庚		14人	300人	10	完备	以学金及月捐以维持, 不敷时由福建会馆补助, 明年则完全由会馆接办	闽南人最多	商务印书馆新时代课本	
启发学校	二马路52号, 52, Hill Street, Singapore.	民元前八年	蓝六桥	蓝禹甸	吴平轩	11人	325人	8班	完备	人数出	客属, 大埔人最多	商务书馆出版	
端蒙正、分校	正校在丁律29号, 29,Tank Road. 分校民多律33号, 33,Minto Road.	正校民元前六年, 分校民十三年	陈颂龙	正杨钻文, 副林雨岩, 吴竹村		正校18人, 分校9人	正校623人, 分校308人	正校14班, 分校7班	图书阅报、自然仪器、工用陈列、演设军乐、体育器械等各一	潮州公款利息, 行家年捐学费各1万元, 共3万元	潮州潮安人占最多数, 广府及闽人办有	商务书馆课本	分校设教务主任1人
养正学校	大坡大门楼67号, Yeung Ching School No.67, Club St. Singapore.	民国纪元前五年三月	邝维周	吴胜鹏	何思观	29人	500人	分19班	礼堂、图书仪器室各一, 课室二十一, 学生宿舍四间	岁人学费各项22 000元, 董事部补助1万元, 岁出32 000元	广府人占60%, 客琼10%, 潮闽7%, 其他占6%	商务书馆新时代课本	
崇德学校	公土的力9号	民国前六年	刘溥天			2人	60人	高初分4级	教室、图书室	收学费	广东人	商务书馆新学制课本	
寿抑学塾	呢律46号, No.46, Neil Road, Singapore.	20余年	曹寿抑			连校长2人	40余人	单级	讲堂一所	收学费维持	全属粤人	新旧书兼用	
陶美学校	乌呤律Omar Road, Singapore.	20余年	林春李			2人	32人	5级	教室2	收学费维持	全属粤人	用新学制课本	附设英文夜校

(续)

学校	地址					教员	学生	班级	教室	经费	籍贯	采用新制书籍	备注
宁阳夜学校半	大坡大马路门牌42号宁阳会馆内，No. 42, South Brich Road,Singapore.	大约有20年	黄章甫	林文田	宁镜澜	教员4人	100余人	分4班	教室4	凡系宁阳人免收学金，若外邑人则收1元，余则由会馆律贴	各省各人均有	采用新制书籍	
中华星洲女公立校	小坡竹脚利民律15号，No. 15, Nioen Road,Singapore.	民国纪元前二年	前校长阮祖辞职	正总理刘炯思副总理王苦士	正司理林邦彦副司理黄镜源	11人	200余人	共9级，分作6教室，复式教授	即华侨中学旧址，礼堂、课室、浴室一律齐备，容400人，操场	每月如有不敷，则由赞助人维持之	各属都有	中华书局及商务印书馆	新校长已聘定，但尚未就职
育英新加坡学校	小坡芒果路门牌130号，No. 130, Prinsep St.,Singapore.	宣统三年	詹行炽	黄有渊	韩钊淮	17人	340人	分11班	尚可敷给	每年开支约18 000元，出入相抵	多属广东琼州人	多数选用新中华课本，间有选用新时代课本	
明新学校	牛车水戏院横街9号2楼	民国前一年	谭海屏			1人	30人	分甲、乙两班	只教室一所	所收学费足敷开支	全是广肇府人	除选授古文外，均用商务印书馆教科书	
育群书学校	石叻门298号，No. 298, Telok Blangah Rd.,Singapore.	民国元年2月12日	陈瞻侃	正王植桂,副司徒德	何祥,霍善余	3人	115人	初小一年至四年各级	完备	除学费外，每年由热心家捐助	多属广州人	商务书馆，中华书局新学制代课书	本校为石叻船门工人所创办，学生多工人子弟，限于经济，不能完全免费
爱同学校	直落亚逸街172号，No. 172, Telok Ayer St.,Singapore.	民国元年10月	张春元	陈嘉庚		12人	289人	10级	教室九，校长办公室一，特别教室一，办公室一，教员室五，应接室一，下役室一	开支不敷数目，由福建会馆补助	多属福建同安人	商务新时代课本	

(续)

学校名称	地址	创办时间	校长	主席/董事	监学	教员	学生	班级	校舍	经费	籍贯	课本	宗旨
圣心学校	马里士他街62号, No. 62, Ballestier Rd., Singapore.	民国元年	韩志平	文增爵	韩志和	7人	80人	4班	2座	除学费外,教员维持	广东人多	新学制教课书	本校以补助华侨失学青年授以普通教育为目的
益新学校	巴丝班让四条半石 41/2M. S. Pasi Pandjang, Singapore.	民十三年10月	韩爱麥	林业初		1人	21人	分甲、乙2班	校舍三进,楼2层,设有阅报室及各种球类等	每月收入学费及董事月捐约80元,出入相等	以琼人为多	白话、书信、国语、会话、国文、算术、英语等	
灵化学校	哇打路(即四马路)130E	已15年	李艳清			1人	20余人	高初两等3班,另专修、补习2班		不敷	完全粤籍	共和、国文、新制、常识、三民主义、国语教科书	附设高中学生革心学专修科,矿学全科速成科
天南学校	吻基律门牌78号, No. 78 Buagouag, Singaore.	民四创办,民十注册本坡	卢凤翔		校长兼	2人	30余人	分3级	教室二	收学费维持	潮安、饶平人居多	商务书馆新学制课本	
若愚学校	磨士的力7号	民国五年3月	冯仲彭			校长兼任	30人	未分班级	教室一	只收学费	广肇府人居多	新旧并用	
崇福女学校	大坡实旦尼律21号, No. 21, Stangly Road, Singapore.	民国五年4月	林淑钦	主席陈嘉庚		17人	270人	13班	课室十一,办事室一,校长室一	除收学费外,概由福建会馆补助之	完全闽籍	商务书馆课本	
南洋女子公立学校	三角埔10号, No. 10, Dhoby Ghaut Singapore.	民国五年8月10日	刘韵仙	李振殿	何葉仁	12人	300人	初级师范前期,后期小学,共9班	课室九,宿舍三	学生学费,董事月捐	闽广客,惟闽人最多	中商务、华最新出版课本	

(续)

学校	地址	成立时间				教职员	学生数	班级	校舍	经费	籍贯	教科书
侨英女学	鸣拉峇街47号，47 Malober Street.		陈慕洁									
侨英学校	21－2, Holloway Lane. 小坡荷老惠连街21号之二	民国五年6月	陈慕洁			3人	25人	3班	讲堂一	以学金为经费	广东人最多	商务书馆新课本
德馨学校	松柏街门牌20号，20, Upper Nanhin Street. Singapore.	民国五年6月	章砺修			4人	60人	小学一、二、三、四、五、六年级	教室三		广东人	商务书馆新课本
公立南华女校	小坡五马路36号，No. 36, Bencoolen St. Singapore	民国五年	黄锦沼			男教授2人，女教授2人	40人	分甲、乙、丙三班	教室2所	收学费维持	完全广府人	教新旧书
兴亚学校	丝丝街10号之二，No. 10－2, Cecil Street, Singapore.	民国六年7月	吴允文	梅国良		13人	209人	师范3级，小学6级	校舍设备现可够用，但已进行以图发展	由学费及校产收入维持，不足则由董事负责筹措	各属均有，惟粤人最多	中华、粤、商务新学制采用
广福学校	小坡十字路14号，14, Savender St., Singapore.	民国六年8月25日	吴海涂	高芝能	卢水槽	6位	121名	高级2级，初级4级	只敷应用	除收学费月捐约180元外，不足由爪哇商务局津贴	同安、金门人居多	新学制适用教科书及中华教科书2种兼用
		民国七年	施廷栋	何思观	陈赞明	4人	143人	4班	自建洋楼1座，讲堂4间，操场1所	除收学费外，另由广福庙拨款补助	粤人	用商务之新学制

(续)

校名	地址	成立日期	校长	教员	学生	班级	校舍	经费	学生籍贯	教科书	备注
南洋华侨中学校	武吉知马律673号，No. 673 Bukit Timah Rd. Singapore.	民国八年3月21日	正委员长 周启才，副委员长 俞民新	正 胡文虎，副 李振殿	18人	304人	高、初中学部18班	大礼堂1所，教室1座共12间，大宿舍1座共50余间，图书馆1所，大厨房1所，食堂1大座，尚有旧校舍1座，现租子中华女学校	每年开支3万余元	粤籍最多，闽籍次之	初中部系采用商务、中华各种教本，高中部由教员另编讲义	（一）本校校址共75；（二）本校初中部特设补习班，以应各地远道来校其程度不够之学生补习之；（三）本校为注重课外运动，特设足球场1处，网球场3处，篮球场1处，排球场2处，羽球场十余处，乒乓球场多处，由体育主任专门指导
崇德学校	701, Havelock Road. 芳林巴刹701号	民国八年5月5日	黄资日	侯西反 梁少山	8人	200名	初级5班，高级2班	教室六，应接一，阅报一，办公一，教员三，操场一	每年出入在七八千元之谱	闽南人	用中华、商务出版的新学制课本	本校蒙当地政府送校地1所，在本校对面，惜因经济不便故不克建筑，但明年校务及经济维持可归福建会馆帮理
养祖学校	北单边街53号，53, North Canal Road, Singapore.	民国八年7月	罗澄华		1人	40名	多级制	课堂1所，共分3班	以学金充经费	以广府人为多	商务新学制课本	本校为私立性质，故无总司理各职。附设英文半夜班
振德学校	松柏街门牌30号，No. 30, Uppre Nankin St. Singapore.	民国八年	植研乐		校长兼任	30人	甲、乙、丙三班	课堂一	以学费维持	完全广府人	教新旧书	
光洋学校	后港 Upper Serangoon Rd., Singapore.	民国八年	黄泰源（已故） 陈清林 王文珍		4名	130余人	7班	现有校舍租的	以年捐、学捐、学费维持	厦门人	新学制	曾于民十五演剧筹款买地一段，复于民十八作第二次建筑募捐，新校舍不日可落成

(续)

学校	地址	创办时间	校长	管理	董事	教员	学生	班级	设备	经费	籍贯	教科书	备注
光亚学校	道乃实的力 H43号	经有10年	陈桂芳			1人	30人	复级		仅可维持	广东人	商务出版的	
存仁学校	Ssnith Street, Singapore.	民国八年	甘寿章			1人	16人	无分班级				英文读本	
启蒙学校	仁记山口714又1, Kai Mung School. 714-1 Alexander Road.	民国八年	林章藻	陈凤毛	张家赛	2人	72人	4班	讲堂一	只赖收学费	完全福建人	商务新学制课本	
南洋工商补习学校	欧南街15号, 15, Dutram Rd, Singapore.	民国九年3月1日	林则扬兼经理	行委员制	林金殿、陈贵贱、李道泽、谢荣西、汤祥藩、蔡汉亮、陈济民、傅芙蓉（上为委员）	日学部10人, 夜学部7人	日生250余人, 夜生180余人	日学部12级, 夜学部14级	大致完备	每年进支约15 000元相抵	闽南人十分之九, 其他占十分之一	商务书馆新制教科书	编制用复式制
昭孔学校	Duxon Hill, 27 Singapore.	民国九年10月18日	包昌国				30余人	2班			福建人	国文	
宏文学校	哇打鲁街189号, No. 189, Waterloo St. Singapore.	民国九年秋	郭子惠	陈耀如	苏仪福	4人	115人	4班	校舍附于兴安会馆	由校董部负责	福建人居多	新学制课本	
东安日学	牛车水二马路东安会馆	民国九年	张雨田	袁谱畦	刘汉民	中教员1人, 英教员1人	日生18人, 夜生40余人	3级	讲堂二	免收学费, 只收堂费, 每年收入年捐约1000元	广东、新安人	新学制	附设英文夜学

（续）

学校	地址	成立时间	校长/经理	职员	教员	学生	班级	设备	经费	广府人	国文	备注
均育学校		八九年	罗伯凭		1人	30人	2班					
娜嬢女学校	大坡尔律152号，No. 152, Neil Road, Singapore.	民国十一年3月	黄敬文	庶务 王菊仙	女教员 4名	62人	高初小学分6级3班	教室三、礼堂一、图书一、手工一、教员室二	除收学费外，如不敷则由月捐弥补	广府属占七，闽属占三	用商务、中华新学制课本	本校成立已经8年，向由黄校长1人独力维持。至本年8月始改为公立，现组织校董捐团求校董捐助经费，以谋发展
在勤学校	域多利亚街，Victoria Street, Singapore.	民国十年秋	孔在勤		2人	40人	甲、乙、丙、丁4班	教授、技艺、图书、休憩室各1所	以学费作经常费用	全是广府人	用中华商务出版的	本校为谋识教育普及计，全用国语教授，用粤语讲解，贫者则酌免学费
觉蒙学校	广合源街714号，No. 714, Pagoda Street, Singapore.	民国九年开办	谭宝田		连校长 2人	58人	无分班级	讲堂1所	收学费以维持	完全广府人	商务书馆新学制	
育本学校	合洛律，Hanelock Rd. Singapore.	民国十一年春	叶冠英	经理 黄辉庭	华英计 2人	32人	国民、高等分3级	课堂一	月收学费60余元	多数为闽南人	商务出版的新学制国语教科书等	

(续)

公立南洋平民学校	四牌坡花园路20号，No. 20, Spottiswoodpart Rd., Singapore.	民国十一年6月1日	许治宇	杨荣兴	6人	213人	8班	课室五，操场二	仅可维持	广东人多	商务书馆新学制
觉民学校	呢律51号，No. 51, Neil Road, Singapore.	民国十一年6月	杜画堂		4名	95人	分4班	课室二	收支相等	广府居多	商务出版新法国文
中华学校	芽笼29条巷，Lorong 29, Geylang, Singapore.	民国十七年7月12日	吴天民	黄利礼	黄碁村	6人	122人	5级	略具规模，未臻完善	收支不敷甚巨	闽籍85%，粤籍15%	商务出版新时代
南洋丹招学校	No. Aigueid Road of Geylaxg Rord. Singapore.	民国十一年8月	何乃宣	吴兆源	陈百础	6人	160余人	高级2班，初级4班，分上下两期	本校校舍系由先总理吴士基捐建全座	除收学费外，不敷源由吴兆源负责	闽籍居多	用中华书局课本	本校素乏基金，校舍系居，逐月除学费外，概由侨胞热心资助
星洲幼稚园	No. 4303, Tundjong Pagar Road, Singapore.	民国十一年	陈令典	陈济民	协理 林金殿、王子斌、郑聘廷、陈文展，财政 谢天福	20余人	500余名	分14级	讲堂十，膳室一，操场一	每月收入月捐250元，学费800余元，膳车费约600元，收支相抵	各省人均有	中英文课本并用
应新分校	双龙山嘉应五属义祠	民国十二年4月1日	校长长丘子夫，教务主任徐竹青		伍季酬	1人	23人	分一、二、三、四年级复级教授	教员室一，教授室一	除收学费外，一切费用皆由正校供给	客属人多	中华商务

（续）

校名	地址	开办时间	校长	教员（正/副）	教员	教员人数	学生人数	班级	校舍	经费	籍贯	课本	备注
明科英文夜校	福南街门牌9号，No. 9, Hock Lam St., Singapore.	民国十二年6月	刘伯展			1人	22人	5级	3间房舍合一	以学费作经常费	以四会人为多	用商务出版的课本	
公立合群义学校	小坡大马路331号，No. 331, North Bridge Rd., Singapore.	民国十二年7月	赖步隐	曾纪宸	谢　平、洗致云	10人	340人	6级	租赁	征收月捐及特别捐以维持经费	以广惠肇三属人为多	用中华及商务出版课本	本校专收贫苦儿童，免收学费
彰德学校	新甘光实勿律64-65号，No. 64-65, Silat Road. Singapore.	民国十二年11月	卢建章	正蔡克谱，副蔡多华	陈文彬	4位	103人	6级	4间	校舍自建，月捐175元，学费约130元	以诏安、惠安人为多，漳浦、南安次之	商务新学制	学生人数系按在籍者填入，月捐是按捐员填入
大德女学校	水车街32号3楼，32, Kreter St., Singapore.	民国十二年	白少贞			2人	30余人	甲、乙、丙、丁四班	讲堂1所	以学费维持	广东人居多	新学制课本	
养元学校	27, Tandjang Rhu, Singapore.	民国十二年	王雪人	何秀填	刘文经	2人	75人	复级教授，2班5级	初具规模	以月捐、特别捐及学费作开支	福建金门县人为多	采用商务之新学制课本	
义三水夜学公立学校	大坡海山街35号2楼，35A, Upper Cross St., Singapore.	民国十三年3月	袁宝烘	何耀楠	冯　珍	2人	30人	分3班					本校经费支绌，是以不能充量发展

(续)

校名	地址	成立日期			职员	学生	班级	校舍	经费	学生籍贯	教科书	备注
尚志学校	小坡五马路 61号,Bencoolen Street,61,Singapore.	民国十三年2月1日	翁华年		1人	30余人	多级制		每月收入六七十元,仅足相抵	广州属居多	商务出版之新法,新制兼采用	
商科学校	吉宁街 105号 2楼,105, Cross Street, Singapore.	民国十三年4月	黄辉庭		3人	42名	国文、高等分4级	课堂1所	月费约600元左右,以学费为抵注	闽南人居多	商务出版之共和及新学制新课本	
三水公立文学	大坡海山街 35号 2楼,35, Upper Cross St., Singapore.	民国十三年3月1日	袁宝烘	冯 珍	2人	100人	分高初 2级,每级分4班	在 2 楼一层,分 2 课堂	全年经费大约 2000 元,其入全由募捐	完全为粤之三水籍人	以新学制之国语、自然、社会、算术等为教本	
英汉学校	二马路 75号,75, New Bridge Rd. Singapore.	民国十三年6月1日	吴志仁		连校长 2人	75人	初级小学一、二、三、四年级各1班,商科1班	课堂1所,分4班	只收学费,无别进款,目前经济稍可支持	广东最多	用商务新编课本	
星洲公立益励学社	小坡夜冷槟椰 4号,No. 4, Galan Penang,Singapore.	民国十三年12月	曾诒如	萧志天 黄和由	5人	日学生 125人,夜学生 43人	日学复式3班,夜学英文、国语各1班	礼堂一、教室三、教员室、办事室、应接室、操场各一、浴室二、厕所三	月捐约 120元,学费约 200元,每月支出约 500元,不敷由社董及热心家捐助	福建属最多	商务印书馆出版	本校系私立性质,故无总司理之职

（续）

学校	地址	创办时间	创办人			教员	学生	班级	校舍	经费	籍贯	教科书	备注
正修学校	砌其辫街		林镜秋			1人	72人	3班	课堂一	仅有学生修金	福建、潮州人	商业、尺牍、商务信、必读、秋水轩四书五经、唐诗等	
坤成女学校	水车街, 23, Kreter St., Singapore.	民国十三年	邓德仪			连校长3人	40余人	甲、乙、丙、丁四班	课堂1所	全靠学费维持	广东人居多	用商务出版之新学制课本	
育德学校	五马路24号	5年左右	黄章甫	黄章甫		1人	17人		课堂1所	只收学费	广府人居多	新学制课本	
中南学校	芒果路86号, 86, Bencoolen St., Singapore.	民国十四年5月	骨书昶	林连桂	朱鹿其	6人	150人	前期小学一、二、三、四年级4, 后期一、二年级2	校舍自置	归董事部负担, 现时经费困难	闽人居多	用中华书局课本	
建华幼稚园	小坡述实得力10号, 10, Short St., Singapore.	民国十四年10月	黄汉光	林鸿宾	许华书	5人	70人	4班	设备完善	足以维持	闽粤最多	国语、社会、三民、唱歌、图书、手工、游戏	本园创办以来成绩颇好, 兹拟扩充
崇善学校	小坡梧槽律162号2楼, 162A, Rochor Road, Singapore.	1925年12月7日				男女2人	男女学生37人		只用本楼	私立自备	多属广府人	商务书馆教科书	历史、作文、唱歌、地理、自然、信礼、修身、珠算、联句

(续)

学校	地址	成立时间	校长	教员	学生人数	班级	校舍	学费	籍贯	教科书	备注
公立英才平民学校	小坡阿思律24号，No.24, Owen Road, Singapore.		赖 忠	赖思升	6人	160人	5级	教室二，办公室，应接室，厨房，浴室，厕所各1间	月捐30元，堂费80元，特别无限量	广福潮江客相等	用新中华小学教科书	
启华学校	玻璃左单边街30号，30, North Cemal Road, Singapore.	民国十四年	卢启照		3人	70人	4班		征收学费	广府人居多	商务新撰教科书	本校前故校长卢海寿所筹办创办
菁莪学校	纽鸣吉律，New Market Road. Singapore.	大约4年	马伯钺		3人	80人	6班	教授堂二	除收学费外，无募捐	广东人多	新学制书籍	
群英女学校	牛车水庙仔街28号2楼	民国十五年5月1日	陈素英		校长兼任	46人	4班	讲堂1所	收学费	广府人居多	用商务新学课本	
培正学校	二马路111号，No.111, New Bridge Rd., Singapore.	民国十五年8月1日	赵继明	不设总司理，完全由教员及学生毅然坚持，校务乃得以维持至今	祁英、王汉荣、梁启明、曾惠卿4人	约70名	日学小学1班，夜学英文1班，中文1班，国语1班，星期日美术1班	租赁民房，有课室二，办事室一，宿舍二，游戏处二	全靠学费开支，教员义务，半义务或全义务，不求外人捐助	90%为广府人，其余为上海人，福建人	完全商务书馆新制小学课本	国语夜学及星期写像因属初办，人数未定，陆续而来。今足赵校长回国后，赵君已回叻，故恢复原有之劲队，与本坡球队周旋球国而停办，今拟

(续)

校名	地址	创办时间	创办人	现由总理兼任	教员	学生	级别	租用	经费	闽籍及潮州	采用商务新学制	兹议筹建贫儿工业厂
惠群义学	安迷年街16号, 20-16, Ormenien St., Singapore.	十五年11月17日	陈秉镛	唐秉生		1人	男24人, 女10人	高级1班, 初级一、二、三、四	无基金, 募捐津贴	闽粤为多, 巫人为少		
浚源学校	嘉东罗弄E, Lorong E. East Coast, Katang, Singapore.	民国十五年	今年方书明邦, 明年诸林明	Rio Murray		17人	427人	英文部9班, 汉文部7班			英文用英文原本, 汉文用商务出版	本校系上午专授英文, 下午专授汉文
新侨学校	本坡东陵电影戏院街面对	1926年	彭镛	莫惠民	黎央秤	1人	115人	甲、乙两级	讲堂一, 教室一, 学生办事处一, 阅报处一, 寄宿舍一	收入与支出相抵	学生多是广东人	平民书信, 新法会话读本, 小学级新时代国语教科书	
振群学校	振来街1号, 1, Chin Lye St,	民国十五年始创办	司徒慧民	司徒慈	司徒旺	王月娴	25名	一年级、二年级、三年级、四年级			广府人	国文、地理、历史、论说、算术	
番禺会馆义学		三年	曾纪宸		徐志诚	苏信侨1名	27名	分甲、乙、丙、丁4班	讲堂1所	每月收入20余元, 余则全赖学费, 困甚	番禺属	教新旧书	
公立培德平民学校	新加坡大坡亚律口奎街门牌45号	民国十六年正月开幕, 十五年10月创办, 迄今3载	黄竹三	刘一鸣	陈清河	男女教员6人	男女学生计176名	计6级	教室4间, 办事室一, 礼堂、贩卖部各1间, 教员室一, 休息室二, 操场一	全靠月捐并热心家特别捐, 学生堂费而已, 毫无基本金	闽南居多, 客居少数, 广府寒子弟甚多	商务出版新学制本	本校经济非常困难, 对于常费每月不敷100余金, 书记1员, 校役1人

(续)											
化南学校	小坡金部巷门牌41号，No. 41, Campbell Lane, Singapore.	中华民国十六年1月	朱丰羽	林鸿宾	顾玉章	男女教员2人	男女学生共82人	分3班，第一年级一学期、二学期，第二年级第四学期	校舍照设备外，另挂各种挂图、礼堂悬挂孙国父遗像	每月开支300余元，除学费外，不敷由各董筹给	福建兴化、南诏安、永春、安溪、福清等县，广东潮州，学生属福建人多	商务书馆新时代教科书	本校实行废除旧历，每星期一早，全校员生齐集礼堂作纪念周毕，报告政治或校务时事
福青学校	蜜玉申律门牌250号，No. 250, Macpherson Rd.,	民国十六年1月开办	廖铭诗	李攀福	江仁和	2人	56人	共分高初2教室，每室2级	校舍系1所1层的西式房屋，后有花园，前有小院	本校月需一百余元，除以学费为来源外，余由总理个人津贴	以属粤籍者为最多	商务书馆出版新学制教科书	一本校校长兼教员，占教员数之一。二，本校有总理，无董事。三，本校现任校长是暂时代理者。
桃源学校	新加坡夏门街106号，106, Amoy St., Singapore.	民国十六年2月	李家耀	陈初崇	王声世	3人	80人	高初计分5级	教室三，办公室一，图书馆一，宿舍二	逐月总额收入约300元，开支约280元	福建永春县占三分之一	商务印书馆出版新学制课本	本校附设永春会馆内
松民夜学校	大门楼85号2楼	民国十六年7月2日成立	张竹松			1人（即校长）	22人	无分	讲堂1所	只领学费维持	各属人都有	英文课本	
民正学校	星洲武吉班让，No. 4, B. Pandjang, Singapore.	民国十六年7月	叶耿		梁后苗、钟清快	3人	70余人	初级一、二、三，高级1	茅屋2座	靠特别捐、月捐维持	福建籍40余人，粤籍20余人，闽南人多	商务印书馆出版新时代课本	敝校居马来亚铁路旁七州府大路右，前有高山，山脚华侨居住之茅屋环绕，曰武吉班让者以此山之名而得名也

(续)

校名	地址	开办时间	校长			教员	学生	班级	设施	经费	学生籍贯	教材	备注
合群义学第一分校	大坡恭锡律35号，Keong Saik Road, Singapore.	民国十六年8月1日	校长赖涉隐，主任陈桂芳	曾纪宸	谢 平	2人	85人	三年级40人，二年级45人	教室二，操场一	年收月捐，其消支足的召集同侨设法维持	广州70%,肇庆占20%,惠州10%	商务印书馆新学制本	
陶蒙学校	丹戎隅91号	1927年9月	谢藻卿			谢藻卿	34名	甲、乙、丙			粤籍	国文、地理、历史、公民、算术、社会、自然、信札	
怀德学校	河水山347号，347, Beo Lave, Singapore.	民国十六年10月10日	蔡英茂	林祝绳	曾瑞全	4位	80人	初级一、二、三年级	教室4间，教员接室、校长室各1间，操场2所，厨房1所	每年收入大概在1000余元之例	闽南	商务新学制自然、常识、国语、英文、算术	本校校舍系各热心家募助款建筑
静方女学校	尼律83号，83,Neil Road.	十六年2月13日	陈如萊	曾纪宸	宁镜澜	9名	160余	小学6年、初级师范3年		可以支持	广东人	商务书馆	
益才学校	巴打东街19，Pantani St.,	民国十六年创办	何耀璧			何耀璧	28名	分4班			广东广州	新学制	
衍余女学校	大门楼门牌60号，No. 60,Club St.	民国十六年开办	吴琬娴			吴琬华，连校长2人	50余人	甲、乙、丙、丁四班		出入相等	广东学生为多	新旧书兼用	

(续)

学校	地址				人数						
志铏女学校	贡锡街 Kong Siak Street.	周惺华			1人（校长兼任）	25人	无分	普通		广府人多	国文	
公立兴华学校	武极巴梳律13号，13, Bukit Pasoh Road.	陈慕平	陈玉莹	康兆柏	3	40	初小一、二、三、四年，高小一年	设有儿童图书馆	100元左右	广府	商务新学制	本校至今年9月改为公立
为民学校	陆佑街门牌1号		黄福平		教员2人	30余人	分4班	讲堂2所	年收特别捐，兼收学费	广府居七八，福建各属居一二	教新学制	
中英夜校	吗呜咕街	刘荣顺			教员2人	40人	复式教授	1座	收学费外，别无捐题	潮州人多	Using English Day School Books	
公立尊孔学校	海崀吻基102号	赖书香	黄子芳	谢玉昆	4人	72人	3班	课堂3间	学生学费，年捐，特别捐	全属潮洲人	照教育部审定现用新时代课本	
通儒学校	东陵北刹口对面吉林哩律门牌23号	梅介石	单人设立，未设总理	由本人兼任	亦由本人任之	26名	分2班授课	仍在本校	每月收学费3大元	广州人居多	全用新制课本	敝校教授遵从教育部意旨，全用国语教授，务使诸生能操纯正之语音而为社会交际之用

(续)

学校	地址	开办日期	校长	教务	现在教员	现有学生人数	班级编制	校舍	经费	学生籍贯	教科书	备注
攀青学校	Shrewsbury Road. 土鲁士答里街（即陈笃生医院前）	民国十七年5月开办,十八年6月经当地提学司注册给照	委员制	陈桂兴	卢有祥	现在教员3人	现在50人	现时各为前期一年,前期二年,前期三年,计前期一、二、三,后期一、二、三,前后期三年合级,共2级	洋楼1座,教室2,应接室一,学生陈列室一,储藏室一,休息室一,浴室,厨房各1间	学生纳学费每月最少者1元,贫者免收,每月收学费共30元,校租每月计45元,不足由总理负担	商务印书馆出版新制教科书	
弘毅学校	呢律150号, Well Ngai School, 150, Neil Road.	十七年7月7号	卢少华		日学卢少华、崔则正,夜学唐汉昌、卢少华	现有62名	高初级14名,高初级20名,夜文英学班28名		现为委员制,由委员担任,人不敷出,很为棘手	福建、广东,广东占多数	采用商务出版新时代本	
公立振东学校	小坡盒巴威里律26号, Chin Tong School, No. 26, Upper Weld Road, Singapore.	民国十七年7月续办	林客世	陈文大	林拱河	127人	5人	现编为5级	教室四,图书室一,办公室一,礼堂一,浴室一	常月经费500元,除收入学金,余均从筹募	全体学生除少数潮属外,余属闽籍	中华书局出版之新中华课本	
光华学校	广合源街28号A, 28A, Pagoda St.	十七年10月10日	谭天铎			2名	30名	2级			广州、南海、高要、新会、顺德等县居多	商务印书馆高初二级小学用书	
登萃学校	松柏街门牌15号	民国十八年元月9号	明日樵		明日樵	16人	分甲、乙	教室1	只收学费	全广府人	新旧书兼教	本校校舍系租用店楼,不甚合用。近董事部正积极筹谋建筑,不久或可实现新校舍

(续)

校名	地址	成立时间	校长	教务主任	教员数	学生数	班级	校舍	经费	学生籍贯	所用教科书	备注
南洋女子体育专门学校	丹戎百加黄杰街29号至32号	民国十八年1月15日	丁巧英	林金殿	苏氏	9人	96人	4班	教室四,办公室,阅报室,膳房,教务室,宿舍二,篮球场二,队球场二,羽球场一,可容100余人	学费,月捐等,特别捐,现下尚可维持	广东、广西、湖北、湖南、福建等省,广东最多		本校分学、术两科,关于学科的课本,除生物学、教育学、英文、国文等采用商务中华外,其余由教员自编
明星学校	厦门街87号,No. 87, Amoy St.,	民国十八年元月	周硕硕	甘纪南、蔡木豆、陈清林			男生90外,女生约30外	计高级1级,初小3级,分3课室复式教授	阅报室,贩卖部	由学生学费月捐及童事捐充之,不足之数向社会热心家募特别捐之	完全闽省,中以漳州、泉州占95%	商务馆出版新制及教育新主义科书	
公立知行中文学校	小坡蜜驼律220号,No. 220, Middle Road.	民国十八年正月	黄铁梁	萧旅麟	胡桂根、杨雨若	4人	127人	4级(初小)	教室二,庶务处,学生办事处一,教员客室二,接客厅、图书馆、阅报处,贩卖部各一	学生不收学费,仅收学费,共50元左右,其余则以年捐及特别捐以维持之	广府家、潮州、福建、海南,广府人多	商务出版新时代课本	
广育学校	新加坡小坡哈明律街门牌219号,Kuang Yu School No. 219, Lavender Street, Singapore.	民国十八年1月	梁国有	陈翼扶	温子翘	3位	60余人	第一、二、三、四年级,现共4级	礼堂一,教室二,教员室一,接待室,学生成绩展览处,杂役室、厨房、浴室、厕所各一	本校现无基金,除收学费外,弥补董事部维持	广东人多,福建人次之	概用商务印书馆的	本校同人现编辑一部《实用新加坡指南》,不久出版,所得盈余补助本校经费

(续)

学校	地址			校长兼教员	学生数	班级	校舍	学费	籍贯	教科书	备注
树新学校	新加坡牙笼17巷128号，Loreng 17, 128, Geylang Road, Singapore.	民国十八年2月	谭铸新	私立学校，无总理	无	22人	1班分3级教授	教室一，应接室一，休息处一，阅报处	征收学生学费，堂费以充本校一切经费	广府居多	采用商务印书馆出版新学制教本	
南元学校	石龙岗律928号，Serangoon Road.	民国十八年2月成立	孙振裕		无总理	设置董事会	1人	42人	分3级	1间	学费收1人2元，1元，1元5角不等	潮州，客家，福建均有	新学制
育华学校	芽笼25条巷门牌30号，No. 30, Lorong 25, Geylang.	民国十八年4月	杨为梁	黄耀焜	曾国让	3位	70	级数3级	校舍系税租，内分课堂二，礼堂一及办公室，小运动场等	无基金，月费用除学金月捐外，不敷概由事部担任之	以福建泉州为多	商务出版新时代教科书
公立华群学校	大坡二马路164号，164, New Bridge Road.	十八年6月	彭寿铭代	陶文俊		4位	98人	二、三、四、五5级	礼堂一，教室二，宿舍二，办事厅一	学生费约40元，月捐约50元，如用费不敷，常请热心家作相当的帮助	广府占80%，福建占15%其他占5%	商务出版新学制教科书	学生家长职业之七八为苦力工人，故堂费每月5角堂费交者无法缴交者，因此学生一免费设，间或酌给其书具，以成其志 待部，
嘉东公余夜学校	嘉东如切律130号2楼，Kung Yu Evening School, Ist. Floor. 130, Joo Chiat Rd., Katong, Singapore.	十八年8月1日	郑恰梯	经理梁作度		3人	34人	单级制	租来	不佳	福建，广东	除原版西文书外，采用商务书馆出版者	

（续）

学校	地址	开办时间	校长	教务	其他	教员	学生	班级	校舍	经费	籍贯	课本	备注
西门英文夜学校中	大门楼94号, 94, Club Street, Singapore.	民国十八年8月1日	黄志德			2位	15名	共3级	校室一	仅可维持	广东人多	商务课本，中华初级英文本	
公立华侨义学校	新加坡小坡仰光路141A, Rangoon Road 141,A.	十八年8月	赖东轩	李月阶		4人	132人	完全小学	暂赁洋楼为校舍	除些少学堂收费人外，别无他项收入	广东人	采用新中华课本	
冈州会馆义学	大坡新桥路142号	民国十八年8月开学	李亦民	罗承德		2人	80名	初小一、二、三、四年级4级	就会馆3楼为教室，每容学生40余名，每分2级	藉冈州侨众捐助	广东新会人之子女占多数，广州各县亦有	采商务、中华两书局之新制教科书	本校用国语教授，方言解释
开智学校		己巳年十月初一	李学明				11人	分3级			潮州人	商务印书馆	
智德学校	公锡街	十八年	陈学浦			4人	18人	4班	讲堂1所	全靠学费	广府	新制	
钟剑飞英文夜学	结宁街门牌7号	1929年	钟剑飞			1名	22名	无定			广东居多		
树人学校	敬昭街, No. 26 Keng Chew St.,		林景崧	林竹圃	副总理陈愈楠、李庆盛	男女8人	男女计280人	计9班7级	教室9间，办事室1间，礼堂1，应接室1，贩卖部1	由潮州各商号年认年捐，月捐以作常年经费	潮州约十分之九，客属闽籍十分之一	商务出版新学制本	本校经费除收年月捐及学费外，每年常不敷4000余元左右

槟城华侨学校调查（民国十五年调查，转录钟灵中学校刊）

一、校　名　钟灵中学校。　　　　　　　校　址　中路65号。
　　总副理　林连登、陈民情。　　　　　校　长　顾因明（教务长）。
　　教员数　9人。　　　　　　　　　　　学生数　182人。
　　学级数　（甲）中一、二、三年级，　　创办年月　民国十二年1月。
　　　　　　（乙）预科一、二年级。
　　学　费　中学4元，预科2元5角，　　备　考　经费由董事部负责筹措。
　　　　　　免费率10%。

二、校　名　中华学校。　　　　　　　　校　址　港仔墘。
　　总　理　杨章安。　　　　　　　　　校　长　林芳。
　　教员数　19人。　　　　　　　　　　学生数　590人。
　　学级数　中学2级，高等3级，初等9级。　创办年月　民国前七年。
　　学　费　中学3元，高等2元2角半，初　备　考　（一）基金孔圣庙项下计存1
　　　　　　等三、四年级1元7角半，一、　　　　　万余元；（二）学校基金项下
　　　　　　二年级1元2角半。　　　　　　　　　计存3万余元。民国十二年居
　　　　　　　　　　　　　　　　　　　　　　　留政府曾津贴洋3600元，每月
　　　　　　　　　　　　　　　　　　　　　　　开支约计1100余元。

三、校　名　韩江学校。　　　　　　　　校　址　吉宁街。
　　总副理　林任可、陈罗雄。　　　　　校　长　王浩然。
　　教员数　6人。　　　　　　　　　　　学生数　140余人。
　　学级数　高小与国民共7级　　　　　　创办年月　民国九年。
　　学　费　1元5角或2元。　　　　　　　备　考　基金充裕，多由潮属侨商捐助，
　　　　　　　　　　　　　　　　　　　　　　　校舍新建，规模宏大，林连登
　　　　　　　　　　　　　　　　　　　　　　　先生捐款最巨。

四、校　名　新江学校　　　　　　　　　校　址　新路。
　　总副理　邱体仁、邱慕齐。　　　　　校　长　邱韶弁。
　　教员数　6人　　　　　　　　　　　　学生数　120余人。
　　学级数　高小1级，国民4级。　　　　　创办年月　民国前三年。
　　学　费　免费。　　　　　　　　　　　备　考　不收别姓学生，经费由邱氏家
　　　　　　　　　　　　　　　　　　　　　　　庙产业项下拨息开支。

五、校　名　时中学校。　　　　　　　　校　址　色仔乳巷。
　　总副理　戴芷汀、梁应权。　　　　　校　长　古尧宾。
　　教员数　4人　　　　　　　　　　　　学生数　115人。
　　学级数　高小20余人，余为国民班。　　创办年月　民国前四年。
　　学　费　高小2元，国民1元。　　　　　备　考　有女生十余人，同班受课。

六、校　名　台山学校　　　　　　　　　校　址　大伯公街。
　　总副理　林在田、黄立表。　　　　　校　长　余蒂棠。
　　教员数　5人。　　　　　　　　　　　学生数　145人。
　　学级数　高小2级，国民科4级。　　　　创办年月　民国七年。

	学费	高小每月1元5角，国民科1元。	备考	免费率20%。
七、	校名	陈氏学校。	校址	打铁街。
	总副理	陈清贵、陈石狮。	校长	汤玉声。（教务长）
	教员数	5人。	学生数	110人。
	学级数	4级。（国民科）	创办年月	民国六年2月。
	学费	免费。	备考	基金由陈氏家庙产业项下拨息开支，不收别姓学生。毕业生家况贫寒者，升学后得由家庙津贴学费。
八、	校名	丽泽学校。	校址	沓田仔。
	总副理	陈民情、许金钟。	校长	温吉成。（教务长）
	教员数	8人。	学生数	280人。
	学级数	国民5级8班。	创办年月	民国十二年。
	学费	一、二年1元，三、四年1元5角。	备考	基金无定额，由丽泽社社友认捐。
九、	校名	商务学校。	校址	牛干冬。
	总副理	陈山泉、伍辅庭。	校长	罗蔚南。
	教员数	7人。	学生数	176人。
	学级数	高小与国民共5级。	创办年月	民国三年。
	学费	每月1元5角，或酌减或免费。	备考	附设夜学，学生50余人。
十、	校名	谢氏学校。	校址	本头公巷。
	总副理	谢德泰、谢紫忠。	教员	荣渭生、殷传德。
	教员数	3人。	学生数	100人。
	学级数	国民2级。	创办年月	民国八年。
	学费	别姓学生三、四年级1元5角，一、二年级1元，本姓学生不收。		
十一、	校名	新民义学校。	校址	浮罗双溪槟榔。
	总副理	陈其新、李荣光。	校长	刘福民。
	教员数	2人。	学生数	86人。（女生18人）
	学级数	国民4级。	创办年月	民国九年。
	学费	免。	备考	经费系由各热心家负担，教员薪水及校用每月约130元。校舍宏敞，空气清鲜，筑校舍去8000余元，宝永公司主权人张北胜君慨赠校址及操场一段，可称热心兴学矣。校内秩序井然，学子皆半工半读，盖多贫家子弟也。上课时间自上午10时半起。
十二、	校名	华侨学校。	校址	四坎店。
	总副理	谢文波。	校长	丘丹心。

教员数	2人。	学生数	50人。
学级数	2级。	创办年月	民国十四年3月。
学费	每名月收1元半。	备考	校舍租赁店屋，甚形狭小，闻将筹款建筑新校舍。全校开支除学生束修外，随时由总理设法筹措。
十三、校名	中华商业学校。	校址	峇六拜。
总副理	陈弈云、罗戊才。	校长	张航声。
教员数	3人。	学生数	60人。（女生16人）
学级数	高级2，国民4。	创办年月	民国二年原为商业与中华二校，至民国十五年乃联合为一。
学费	免。	备考	经费由董事负责，自本年起扩充学校基金，并建筑新校舍，试办农工商业科，教科书用新学制商业，教员随时编发讲义。
十四、校名	养正学校。	校址	公吧。
总副理	陈存笑、阙光根。	校长	张航声。（义务）
教员数	教务长一，教员一。	学生数	50人。
学级数	国民班共分一、二、三年级。	创办年月	民国十四年。
学费	不定。	备考	经费由董事部筹措。
十五、校名	崇德学校。	校址	浮罗山背。
总副理	林清辉、周宜昌。	校长	罗甚堂。
教员数	3人。	学生数	60人。
学级数	前期4级，后期1级。	创办年月	民国元年。
学费	1元或1元5角。	备考	无基金，经费由埠中热心家捐助。校舍虽不甚宏敞，而空气尚佳。
十六、校名	育华义学校。	校址	笃鹿马坑。
总副理	梁成舜、卢润来。	校长	钟鉴衡。
教员数	2人	学生数	38人
学级数	国民4级。	创办年月	未详。
学费	免。	备考	成绩尚佳。
十七、校名	介山学校。	校址	峇六拜山。
总副理	徐文彬、林定当。	校长	林履绍。
教员数	3人。	学生数	40余人，女生7人。
学级数	高小1级，余为国民班。	创办年数	民国十二年1月。
学费	1元或1元半。	备考	无基金，常年经费由地方热心家捐助。
十八、校名	培南学校	校址	日落洞。
总副理	徐华霖、李兴寿。	校长	陈观云。

教员数	4 人。	学生数	90 人。
学级数	国民 4 级，高小 1 级。	创办年月	民国八年。
学费	1 元或 1 元 5 角。	备考	常年经费由董事部设法筹措。

十九、校名　公民学校。　　　　　　　校址　亚依淡。

总理	王森茂。	校长	王德宾。
教员数	2 人。	学生数	28 人。
学级数	2 级。	创办年月	民国十年。
学费	1 元、1 元半或 2 元。	备考	校舍由地方捐款建筑，规模不甚大，教室一，可容学生 60 人。常年开支，除学费外，由总理设法筹措。

二十、校名　益华学校。　　　　　　　校址　色仔汝巷。（南洋医院街）

总副理	潘正昌、王谟仁	校长	郑仲权。
教员数	3 人。	学生数	37 人。
学级数	3 级。	创办年月	民国八年，中经停办一二次。
学费	1 元、1 元半或 2 元。	备考	前年筹款一次，修理校舍。常年开支除学费外，余由董事部设法筹措。附设夜学。

廿一、校名　共和学校。　　　　　　　校址　双溪濑。

总副理	周百英、许元龙。	校长	沈卧明。
教员数	2 人。	学生数	30 人。
学级数	国民 4 级。	创办年月	民国十二年。
学费	1 元或 1 元 5 角。	备考	无基金，常年经费由董事部捐助之。

廿二、校名　慕义学校。　　　　　　　校址　日落洞。

总理	校长兼。	校长	黄耀藻。
教员数	1 人。	学生数	15 人。
学级数	1 级四班。	创办年月	民国七年。
学费	1 元或 1 元 2 角。	备考	私人创办，初有学生四五十人，后受土产价落之影响停办一次，至民十二年续行开办。

廿三、校名　福建女学校。　　　　　　校址　打石街。

总副理	陈民情、黄回澜。	校长	杨和林。
教员数	7 人。	学生数	223 人。
学级数	高小 2 级，国民 5 级。	创办年月	民国九年 9 月 5 日。
学费	2 元或 1 元半，免费率 10%。	备考	董事部通过明年附设师范科。

廿四、校名　中华女学校。　　　　　　校址　柑仔园。

总理	林福全。	校长	林秀杰。
教员数	3 人。	学生数	150 余人。
学级数	高小 2 级，国民 4 级。	创办年月	民国十一年。

	学费	1元半或2元，免费亦有。	备考	校舍极阔，光线充足。无董事部，校务完全由林福全先生负责。平时收入之学费仅敷校舍租金及杂用，教员除一位英文先生外，余皆为林君之女公子。
廿五、校名		毓南女学校。	校址	鉴光内。
	总理	无。	校长	李素芬。
	教员数	4人。	学生数	130余人。
	学级数	5级。	创办年月	民国七年。
	学费	高小2元，国民1元5角。	备考	无基金，除收学费开支外，间有热心家捐助。校舍已旧，允宜修理。
廿六、校名		华侨公立女学校。	校址	南华医院街。
	总理		校长	李金凌。
	教员数	4人。	学生数	80人。
	学级数	高小2级，国民3级。	创办年月	民国十年。
	学费	2元、1元5角或1元。	备考	去年曾演剧筹款。
廿七、校名		南洋女子工商学校。	校址	南洋医院街。
	总副理	谢聚会、黎基钦。	校长	黎绶荣。
	教员数	5人。	学生数	70余人。
	学级数	高小1级，国民4级。	创办年月	民国十二年。
	学费	1元、1元半或2元，免费率10%。	备考	私人创办，收学费以充开支。湘绣极有成绩，十四年3月曾演剧筹款。
廿八、校名		坤仪女学校。	校址	大伯公街。
	总理	无。	校长	利翰英。
	教员数	1人。	学生数	20余人。
	学级数	高、初2级。	创办年月	民国十一年。
	学费	2元，免费34人。	备考	私立，常年开支专赖学费。用广州语教授，功课依现行教育制，成绩极有可观。
廿九、校名		坤德女学校。	校址	牛车水街。
	总理	无。	校长	鲍坤鹏。（教务长）
	教员数	2人。	学生数	十余人。
	学级数	1级。	创办年月	民国十三年。
	学费	1元5角。	备考	私立，全校常年开支按照学费分配，校长不定年俸额。

英属马来半岛华侨学校简明一览表
(民国十年调查,转录南洋英属华侨教育之危机)

新加坡

校 名	校 址	校 名	校 址
南洋华侨中学	利民律	光亚学校	牛车水崎车牌馆左
道南学校	亚棉尼亚士的力	宁阳夜学校	大马路长泰街口
应新学校	源顺街	南洋女学校	三角埔
崇正学校	小坡廿间	中华女学校	水龙头
爱同学校	厦门街	坤一女学校	车牌馆左边
广福学校	小坡十字路火城	培元学校	
养正学校	大门楼	南强学校	二马路戏园口
端蒙学校	火车头	鼎新学校	厦门街
育英学校	芒果路车牌馆街	振群学校	丹绒吧葛尾
启发学校	二马路商会街	崇文学校	妈祖宫右边
兴亚学校	丝丝街	南溟夜学校	小坡琼南会馆边
侨英学校	小坡海南街	南华女学校	水仙宫酒店街
通德学校	源顺街	崇福女学校	妈祖宫前
育群学校	实叻门	崇本女学校	小坡二十间
公民学校	二马路庙仔街口	工商补习学校	丹绒巴葛英俄街
南明学校	后巴窑凤山寺	宏文学校	小坡三马路

柔佛

校 名	校 址	校 名	校 址
宽柔学校		中华学校	麻坡
中华学校	六条石	正修学校	华刀巴辖
启明学校	麻坡东甲	华新学校	同前
中正学校	喏咖吧	尚华学校	金仔士

槟榔屿

校 名	校 址	校 名	校 址
中华学校	吊桥头	顺清学校	昔仔乳巷
新江学校	海墘	林氏学校	中街
商务学校	牛干冬	壁如女学校	昔仔乳巷
台山学校	广东街	陈西祥槟城女学校	庇能律后
时中学校	昔仔乳巷	中华学校	峇六拜
钟灵学校	表加里士打律六五号	高渊学校	高渊
同善学校	刣牛后	韩江学校	

校名	校址	校名	校址
慕义学校	日落洞	崇德学校	浮芦
培南学校	同前	日新学校	大山脚
勉励学校	槟城过港峇东丁亚	王氏学校	
华侨中学校		慕贞女学校	日落洞
陈氏学校	打铁街	育才学校	本头公巷
务内女学校	汕头街	周氏学校	汕头街
毓南女学校	台牛巷		

吉礁

校名	校址	校名	校址
中华学校	亚劳士打	新氏学校	宋溪大哖
训华学校	高仔式朥	文英学校	新文英
中华学校	浮罗交怡		

马六甲

校名	校址	校名	校址
培风学投	马六甲荷兰街	培德学校	马六甲鸡场街
培新学校	野新	中华学校	亚沙汉
育英学校	淡边	培华学校	

雪兰莪

校名	校址	校名	校址
尊孔学校	吉隆坡	国民学校	同前
中国学校	同前	坤成女学校	同前
柏屏学校	同前	柏荣女学校	同前
侨南通俗夜学校	同前	中华学校	巴生
志文通俗夜学校	同前	育华学校	嘉影
中华女学校	巴生	开智学校	半山巴
华侨学校	嘉影	新民学校	公蕉园
开明学校	甲洞	安邦学校	暗邦
三育学校	万挠	大同学校	沙叻
新民学校	士我月	竞明学校	古毛
光汉学校	新街场	爱同学校	华刀亚音
循人学校	吉隆坡		

霹雳

校名	校址	校名	校址
育才学校	怡保	俊修女学校	怡保
怡保公立学校	同前	培元学校	金保

校名	校址	校名	校址
金保公立女学校	金保	崇华学校	江秀
益智学校	布先	文明学校	务边
安顺华侨公立学校	安顺	修齐学校	太平
明新学校	嗱吃	新华学校	巴里文蕉
明德学校	怡保	群志学校	甲板
振华学校	同前	兴华学校	沙叻
强亚学校	金保	同汉学校	马亚冷
正本学校	同前	兴中学校	和丰
新民学校	石城	重新学校	丹戎马林
光汉学校	布先	培英学校	波赖
安顺培华学校	安顺	东华学校	峇眼色海
汉民学校	嗱吃	南华学校	古楼
育群学校	华刀亚爷	广益学校	羔丕山
达材学校	红毛丹		

森美兰

校名	校址	校名	校址
中华学校	芙蓉	中华学校	式来岸
文华学校	芙蓉	坤华女学校	同前
振华学校	同前	中华学校	挂罗庇朥
中华学校	波德申	中华学校	文丁
华侨公立学校	挂罗庇朥		

彭亨

校名	校址	校名	校址
启文学校	文冬	商办学校	关丹
中华学校	林明	培英学校	嘌孟
育华学校	劳吻武吉公满	锐进学校	啦啤

吉冷丹

育德学校		欲正学校	

丁加奴

维新学校

砂朥越

校名	校址	校名	校址
广惠肇侨办益群学校		中华学校	峇南
南强学校	诗荗	中华学校	米里

中华学校	北婆罗亚庇	中华学校	老越
民德学校	吉晋坡	启文学校	纳关
中华学校	诗茇	华侨学校	石角

十五年度荷印华侨学校概况表（荷属华侨学务总会）

（转录《荷印华侨教育鉴》）

岛 名		府 名		埠名或街名		校 名		学生数	教员数	年费	备注
中文	巫文	中文	巫文	中文	巫文	中文	巫文				
爪哇	Java	万丹	Bantan	冷加士勿洞	Rangkasbetoeny	中华学校	Tiong Hwa School	45	2	2550	
				班特吉垄	Pandeglang	中华学校	,,	28	1	1260	○
				历完	Laboean	中华学堂	,,	50	2	2580	
				西冷	Serang	中华学校	,,	110	3	4950	△
				芝利干	Tjilegon	中华学校	,,	100	3	4500	*
		巴达维亚	Batavia	巴达维亚	Batavia	中华学校	,,	505	26	62 682	
				新巴杀	PasarBaroe	中华学校	,,	120	4	6260	
				老巴杀	PasarSenen	中华学校	,,	190	6	11 500	
				丹拿望	Tanahabang	中华学校	,,	56	2	2520	○
				干冬墟		中华学校	,,	140	4	5400	
				文登	Tangerang	中华学校	,,	185	6	8330	○
				茂物	Buitenzorg	中华学校	,,	182	6	8190	
				加拉旺	Krawang	中华学校	,,	70	3	3150	○
				芝拉马亚	Tjilamaja	中华学校	,,	35	2	1580	○
				巴达维亚	Batavia	义成学校	Ge Sing School	154	6	6930	○
				巴达维亚	,,	广仁学校	KwongDjin-School	90	2	4050	△
				巴达维亚	,,	中华女学校	Tiong Hwa Girls School	112	4	5040	○
				巴达维亚	,,	平民学校	Pin Min School	90	3	4050	△
				巴达维亚	,,	福建学校	Hok Kian School	150	5	10 000	
				巴达维亚	,,	中华醒民学校	Seng Bin School	60	4	5300	
				丹绒不碌	Tandjongpriok	华侨学校	Hwa Kiauw School	62	3	2790	△
				孟加四	Bekasi	中华学校	Tiong Hwa School	100	3	4500	*
				红牌	Palmerah	中华学校	,,	100	3	4500	*
				老巴杀	PasarSenen	平民学校	Pin Min School	100	3	4500	*
				新巴杀	Pasar Baroe	平民学校	Pin Min School	100	3	4500	*

(续)

	勃良安	Preanger	尖美史	Tjiamis	中华学校	Tiong Hwa School	112	3	5040	
			打横	Tasikmalaja	中华学校	,,	101	3	5924	
			打横	,,	平民学校	Pin Min School	38	1	1950	
			牙律	Garoet	中华学校	Tiong Hwa School	105	3	5000	
			万隆	Bandoeng	中华学校	,,	227	7	10 220	
			万隆	,,	平民学校	Pin Min School	100	3	4500	
			万隆	,,	平民学校	Pen Beng Kong Hok	136	5	7700	
			万隆	,,	华侨公学	Hwa Kiauw Kong Hok	100	3	4500	*
			剪玉	Tjiandjoer	中华学校	Tiong Hwa School	42	2	1890	○
			士甲巫眉	Soekaboemi	中华学校	,,	95	4	5300	
			双木丹	Soemedang	中华学校	,,	24	1	1080	○
			芝马喜	Tjimahi	中华学校	,,	84	3	3780	○
			万悦	Bandjar	中华学校	,,	38	1	1480	
			芝者冷加	Tjitjalengka	中华学校	,,	100	3	4500	*
	井里汶	Cheribon	井里汶	Cheribon	中华学校	,,	344	11	14 061	
			南安田	Indramajoe	中华学校	,,	77	3	3470	○
			冉垄	Djamblang	中华学校	,,	54	2	2430	△
			芝日洛	Tjiledoek	中华学校	,,	171	6	7590	
			哇叻	Waled	中华学校	,,	59	3	2820	
			香山	Djatiwangi	中华学校	,,	25	1	1000	
			新丹	Sindanglaaet	中华学校	,,	48	2	2348	
			噎致峇垄	Djatibarang	中华学校	,,	40	1	1800	
			罗沙垄	Losarang	中华学校	,,	57	1	2000	
			罗沙里	Losari	中华学校	,,	72	2	2184	
			泮水社	Plered	中华学校	,,	40	1	1650	
			千铜哈郁郡	Distiriet Kandanghauer	中华学校	,,	37	1	755	
	北加浪岸	Pekalongan	北加浪岸	Pekalongan	中华学校	,,	303	10	23 000	
			峇东	Batang	中华学校	,,	74	2	3330	△
			八马垄	Penalang	中华学校	,,	146	4	5500	
			务美亚由	Boemiajoe	中华学校	,,	61	3	3638	
			直葛	Tegal	中华学校	,,	280	9	11 200	
			丹绒	Tandjoeng	中华学校	,,	40	1	841	
			实力威	Slawi	中华学校	,,	66	3	2970	△

（续）

				峨罗美	Srebci	中华学校	,,	100	3	4500	*
				格当贡安	Ketanggo-engan Brebes	中华学校	,,	25	1	550	
				万野兰	Bandjaran	中华学校	,,	73	3	3285	△
		三宝垄	Semarang	三宝垄	Semarang	华英中学	Chinese English School	163	11	41 360	
				三宝垄	,,	中华学校	Tiong Hwa School	838	19	34 000	
				三宝垄	,,	平民学校	Pin Min School	100	3	4500	*
				三宝垄	,,	正谊学校	Djin gi School	62	3	2790	○
				爪亚蓝	Joana	中华学校	Tiong Hwa School	39	2	1760	○
				亚拉汗	Welahan	中华学校	,,	77	2	3500	
				二巴拉	Japara	中华学校	,,	87	3	3920	○
				丹墨	Demak	中华学校	,,	56	1	1903	
				葡萄野里	Poerwodadi-grobogan	中华学校	,,	115	3	6820	
				梧桐	Godong	中华学校	,,	69	2	2700	
				卫礼里	Weleri	中华学校	,,	64	2	2350	
				双胶汉	Ambarawa	中华学校	,,	104	6	6400	
				龟突	Koedoes	中华学校	,,	152	4	4500	
				巴致	Pati	中华学校	,,	34	2	2659	
				根那	Kendal	中华学校	,,	100	3	4500	*
				沙拉笛歌	Salatiga	中华学校	,,	58	2	3480	
				北岸仓	Pegandon	中华学校	,,	16	1	1238	
				加里羽伍	Kali Woengoe	中华学校	,,	17	2	1580	
		南旺	Rembang	南旺	Rembang	中华学校	,,	100	3	4500	*
				木流老	Blora	中华学校	,,	52	2	1880	
				新埠头		中华学校	,,	109	4	4910	○
				万浙	Bandjarne-gara	中华学校	,,	39	1	1600	
				厨闽	Toeban	中华学校	,,	181	6	6620	
				拉森	Lasem	中华学校	,,	186	5	7350	
				欧延	Ngawen	中华学校	,,	72	2	2880	
				灵岸	Rengal	中华学校	,,	100	3	4500	*
				织捕	Tjepoe	中华学校	,,	61	2	3420	
				望云楼	Bowerno	中华学校	,,	13	2	2100	
		泗水	Soerabaja	泗水	Soerabaja	中华学校	,,	381	20	37 800	
				泗水	,,	侨南学校	Kiauw Nan School	95	4	6330	

(续)

				泗水	, ,	振文学校	Chin Bun School	330	7	24 900	
				泗水	, ,	中华学校	Tiong Hwa School	35	3	3300	
				泗水	, ,	南华学校	Nam Hwa School	100	3	4500	*
				泗水	, ,	平民学校	Pin Min School	100	3	4500	*
				什班让	Sepandjang	中华学校	Tiong Hwa School	28	1	2030	
				锦石	Grisee	中华学校	, ,	60	2	4250	
				惹班	Modjokerto	中华学校	, ,	97	6	6100	
				绒网	Djombang	中华学校	, ,	81	3	3650	○
				茂草亚公	Modjo Ago-eng	中华学校	, ,	94	3	3920	
				格布得兰		中华学校	, ,	100	3	4500	*
		巴苏鲁安	Pasoeroean	岩望	Pasoeroean	中华学校	, ,	133	6	12 000	
				庞引	Bangil	中华学校	, ,	35	2	2570	
				庞越	Probolinggo	中华学校	, ,	113	5	9015	
				加拉山	Kraksoan	中华学校	, ,	78	3	4620	
				南海漳	Loemadjang	中华学校	, ,	57	2	3300	
				玛琅	Malang	中华学校	, ,	320	10	26 360	
				东邦	Toempang	中华学校	, ,	50	2	2250	○
				都连	Toeren	中华学校	, ,	35	1	1925	
				勃峇同波	Porrong	中华学校	, ,	86	3	6430	
				格拉加	Klakab	中华学校	, ,	100	3	4500	*
				徐图祖利	Sidhardjo	中华学校	, ,	100	3	4500	*
		麦斯基	Besoeki	西都文罗	Sitoebondo	中华学校	, ,	83	3	6000	
				文都鲁苏	Bondowoso	中华学校	, ,	82	5	8500	
				加里萨	Kalisat	中华学校	, ,	40	2	3400	
				任抹	Djember	中华学校	, ,	133	5	5990	○
				外南梦	Banjoe Wangi	中华学校	, ,	35	1	1580	△
				麦斯基	Besoeki	中华学校	, ,	33	1	1870	
				苏各温挪	Soekowono	中华学校	, ,	23	1	1500	
				文罗沙里	Bonosari	中华学校	, ,	100	3	4500	*
				老果占碑	Rogodjampie	中华学校	, ,	42	2	1890	○
				加里巴汝	Kalibaroe	中华学校	, ,	13	1	715	
				庵不路	Amboeloe	中华学校	, ,	100	3	4500	*
		满由马斯	Banjoemas	满由马斯	Banjoemas	中华学校	, ,	70	3	3150	○
				普禾加多	Poerwokerto	中华学校	, ,	172	8	7845	
				苏格拉加	Soekaradja	中华学校	, ,	173	9	15 500	

(续)

				普禾灵峨	Poerbolinggo	中华学校	,,	101	4	4550	○
				完越能加拉	Bandjarne-gara	中华学校	,,	40	2	1680	
				峇突	Batoer	中华学校	,,	77	3	5590	
				芝拉札	Tjilatjap	中华学校	,,	200	11	9000	△
				亚芝峇垅	Adjibarang	中华学校	,,	85	3	2650	
				歌罗夜	Kroja	中华学校	,,	25	1	1240	
				布加得加	Boekatedja	中华学校	,,	33	2	2310	
				加蓝薄	Klampok	中华学校	,,	100	3	4500	*
				双标	Soempioeh	中华学校	,,	32	1	1380	
				马仁铃	Madjenang	平民公学	Peng Bin School	100	3	4500	*
		葛都	Kedoe	马吉冷	Magelang	中华学校	Tiong Hwa School	119	4	9000	
				文地兰	Moentinan Dm	中华学校	,,	117	4	5000	
				淡马光	Temangoeng	中华学校	,,	114	4	5400	
				巴六安	Parakan	中华学校	,,	132	4	5300	
				加薄棉	Keboemen	中华学校	,,	152	6	7350	
				昂望	Gombong	中华学校	,,	92	3	3670	
				八加连	Poerworedjo	中华学校	,,	107	3	4820	△
				文诺梭婆	Wonosobo	中华学校	,,	98	3	4455	
				克拉拍	Grabak Merbaboe	中华学校	,,	52	2	2800	
				三马望	Koetoardjo	中华学校	,,	75	3	5150	
		日惹	Djokjakarta	日惹	Djokja	中华学校	,,	215	7	9840	
				哇达氏	Wates	中华学校	,,	29	1	4034	
		梭罗	Soerakarta	梭罗	Solo	中华学校	,,	340	10	15 800	
				王路义里	Wonogri	中华学校	,,	63	3	6000	
				禾也拉里	Bojolali	中华学校	,,	100	3	4500	*
				纱拉绢	Mcdjo Sragen	中华学校	,,	95	4	3980	
				加拉丁	Klaten	中华学校	,,	122	3	5435	
				北地坛	Petjitan	中华学校	,,	100	3	4500	*
				柏都鲁杜	Batoeretno	中华学校	,,	100	3	4500	*
				马沙兰	Masaran	中华学校	,,	30	1	790	
				加打书拉	Kartasoera	中华学校	,,	100	3	4500	*
				梭罗	Solo	平民学校	Ping Bin School	86	3	5180	
				嘉邦岸	Kabangan	平民学校	,,	23	1	1040	△
		茉莉芬	Madioen	茉莉芬	Madioen	中华学校	Tiong Hwa School	159	6	9369	
				本那罗哥	Ponorogo	中华学校	,,	38	1	2110	

（续）

		谏义里	Kediri	谏义里	Kediri	中华学校	,,	137	5	7250	
				卫冷年	Wlingi	中华学校	,,	97	3	4470	
				美里打	Blilar	中华学校	,,	116	4	5220	○
				丁牙律	Trengaleh	中华学校	,,	48	3	1210	
				巴礼	Pare	中华学校	,,	80	3	5600	
				多隆亚公	Toeloengag-oeng	中华学校	,,	169	6	10 680	
				吉醮山	Kertosono	中华学校	,,	63	5	4294	
				安褥	Ngandjoek	中华学校	,,	35	2	1580	○
				温律	Ngoenoet	联合义学堂	BianHapGie Hak Tong	34	1	1650	
		马都拉	Madoera	双根纳	Soemenep	中华学校	Tiong Hwa School	18	1	1389	
				望加兰	Bangkalan	中华学校	,,	54	2	3650	
				孟加山	Pamekasan	中华学校	,,	39	1	2680	
苏门答腊	Sumatra	苏岛西海岸	Sumatra's Westkust	巴东	Padang	中华学校	Chnng Hwa School	101	3	4500	○
				巴东	,,	新华学校	Sing Hwa School	100	3	4500	＊
				巴东	,,	陇西学校	Loang Sie School	100	3	4500	＊
		苏岛东海岸	Oostkust Van Sumatra	呀冷	Galang	中华学校	Tiong Hwa School	48	1	1850	
				峇都抛捞	Batoebahra	益华学校	Jik Hwa School	39	2	3800	
				直明丁宜	Tebingtinggi	中和学校	Tiong Hoo School	151	5	6800	○
				直明丁宜	,,	冠芳女学校	Koan Feang School	100	3	4500	＊
				仙达	Pematang Siantar	中华学校	Chinese School	115	6	9000	
				双溪南吧	Soengair Rampah	中华学校	Tiong Hoa School	31	1	1710	
				新邦地甲	Simpang Tiga	华新学校	Hwa Sin School	59	2	2300	
				吧噉	Loeboeg Pa-kam	中华学校	Chung Hwa School	70	3	3150	○
				段干	Petoem Boe-kan	华商学校	Hoa Shang School 1	100	3	4500	＊
				温浮罗巴	Bangoengo-erba	华商学校	,,	100	3	4500	＊
				民礼	Bindjie	中华学校	Chung Hwa School	218	8	9810	○
				民礼	,,	中华女学校	Chung Hwa Girls' School	100	3	4500	＊
				火水山	Pangkalan Brandan	中华学校	,,	176	5	7920	○

(续)

				亚冷名	Arnhemia	自强学校	ChinKiong School	40	1	1640	
				勿老湾	Belawan	中华学校	Tiong Hwa School	28	1	1260	○
				浮罗巴姻	Poeloe braijan	中华学校	,,	52	2	1500	
				老武汉	Laboean	中华学校	,,	42	2	2070	○
				笼葛	Tadjoengpoera	中华学校	,,	88	2	2760	
				笼葛	,,	华侨学校	loaKiauw School	100	2	4500	*
				爪捞	Koeala	植基学校	Chid Ke School	100	3	4500	*
				昔里西	Selisia	华侨学校	Hoa Kiauw School	100	3	4500	*
				居利	Keri	育才学校	Yok Joy School	46	1	1545	
				棉兰	Medan	神州学校	Shan Chow School	100	3	4500	*
				棉兰	,,	养中学校	YangChung School	130	4	6250	
				棉兰	,,	华商学校	Hwa Shang School	470	3	21 000	
				棉兰	,,	敦本学校	Tun Pun School	200	8	90 000	○
				棉兰	,,	通俗学校	Toeng Sie School	100	3	4500	*
				棉兰	,,	华侨幼稚园	Chinese Kindergarten	260	8	8500	
				颂牙	Soenggal	中华学校	Chinese School	53	2	2390	○
				峇冬贵	Batang Koewis	养正学校	YangCheng School	42	1	1340	
				望加利	Benkalis	培元学校	Pajj Gwau School	100	3	4500	*
				石叻班让	Selat Pandjang	培文学校	Paij Boon School	170	6	7690	
				峇眼亚比亚比	Bagan Api, Api	竞存学校	Keng Chun School	171	7	12 500	
				邦加兰思思	PangKalan Soesoe	中华学校	Tiong Hoa School	65	2	3295	
				亚沙汉	Asahan	培善学校	,,	168	6	7560	○
		丹巴奴利	Tapanoli	西波加	Sibolgo	中华学校	Chinese School	100	3	4500	*
		蒙古露	Benkoelen	笠望	Mceara Aman	中华学校	,,	39	2	1760	○
		南榜	Lampoeng she distr	直落勿洞	Telok Betong	中华学校	,,	50	2	2250	○
		巨港	Palembang	巨港	Palembang	中华学校	,,	143	8	17 260	

(续)

		巨港	,,	华侨学校	Hoa Kiauw School	100	3	4500	*
		吗老芸林	Moearoenim	中华学校	Chuang Hwa School	60	3	4500	
		吗老赖	Moeara Doea	中华学校	,,	100	3	4500	*
		丹绒	Tandjong Enim	中华学校	,,	100	3	4500	*
		峇都拉惹	Batoe Radja	中华学校	,,	100	3	4500	*
占碑	Djambi	占碑	Djambi	中华学校	,,	150	5	17 860	
		占碑	,,	华侨公立学校	Hoer Kianw KngLip HokHauw	100	3	4500	*
亚齐	Atjeh en Onderh	爪捞新邦	Kwala Simpang	启文学校	Ki Wen School	131	3	5530	
		冷沙	Langsa	中华学校	Tiong Hoa School	155	4	3830	
		古打拉夜	Koeta Radja	中华学校	,,	180	5	7000	
		古打拉夜	,,	振华学校	Chin Fah School	100	3	5950	△
		沙璜	Sabang	南侨学校	Nam Kaw School	71	2	3270	
		四里问	Seulimeum	崇文学校	Tjong Boen School	11	1	700	
		美伦	Bireuen	三育学校	Sem Yok School	100	3	4500	*
		司吉利	Sigli	图南学校	Toe Nom School	84	3	3780	
		司马慧	Lho Seumawe	养慧学校	Yang Hwi School	68	3	3960	
		打经岸	Takengon	南华学校	Nan Hoa School	32	1	1750	
		鹿树坤	Lho Soekoen	图强学校	Toe Kiomg School	100	3	4500	*
		鹿树坤	,,	中华学校	ChungHwa School	28	1	1130	
		板得捞务	Pantonhboe	尉才学校	Wie Tjaij School	100	3	4500	*
		意里	Idi	中华学校	OhungHwa School	36	1	2390	
		纳勃	Pcureula	三保学校	Sam Poaw School	17	1	1699	
廖内	Riouw en Onderhoorgheden	丹绒槟榔	Tandjoeng Pinang	端本学校	Toan Poon School	260	10	9380	
		仙丹	Terempa Siontan	群化学校	KoonHwab School	74	3	6790	
		大坡	Senggarang	育正学校	Yok Chin School	51	3	2144	
		吉里汶峇来	Tang Balai Karimon Su	公立培本学校	Pei Poon School	92	5	5400	

（续）

				丹绒峇来	Korimoen Tandjoeng Balan	平民学校	Pin Bin School	100	3	4500	*
				文都峇	Penoeba	中华学校	Chinese School	100	3	4500	*
邦加	Banka	邦加	Bankanen Onderhoorigh	文岛	Muntok	中华学校	,,	71	3	3200	○
				沙璜	Toboali	中华学校	,,	179	6	7000	
				沙璜	,,	华侨学校	HwaKiouw School	100	3	4500	*
				高木	Koba	中华学校	ChungHwa School	125	4	5630	○
				滨港	Pangkal Pinang	中华学校	,,	182	6	8190	○
				流石	Batoe Roesa	中华学校	,,	28	1	1260	○
				烈港	Soengailiat	中华学校	,,	238	8	10 710	○
				勿里洋	Blinjoe	中华学校	,,	320	9	13 540	
				南榜	Djeboes	中华学校	,,	70	3	3150	○
				雪兰港	Soengaiselau	中华学校	,,	67	3	3020	○
勿里洞	Billiton	勿里洞	Billiton	勿里洞	T-Billiton	建新学校	Kian Sing School	85	4	10 000	
				丹榕板兰	Tandjong Pandan	中华学校	ChungHwa School	98	4	4410	○
				猛吃	Manggar	南华学校	Nam Hwa School	133	6	8184	
				猛吃	,,	华侨学校	Hoa Chiao School	183	8	9450	
				新路	Klapa Kampit	新华学校	Sin Wah School	82	3	4850	
				岸党	Gantaeng	中华学校	Chung Hwa School	87	3	3820	○
婆罗洲	Borneo	西婆罗洲	West Borneo	山口洋	Sing kawang	中华学校	,,	100	3	4500	*
				山口洋	,,	培南学校	Pai Nam School	100	3	4500	*
				坤甸	Pontianak	振强学校	ChenChing School	181	6	8150	○
				坤甸	,,	中华学校	Chung Hwa School	157	4	5000	
				坤甸	,,	德育女学校	Tek Yok Girl' School	105	5	5920	
				喃吧哇	Mampawa	觉群学校	Kok Kian School	104	3	3830	
				喃吧哇	,,	民立学校	Min Lip School	94	2	2500	

（续）

			万那	Landak Pontianak	中华学校	Chuang Hoa School	30	1	1250	
			大院	Tajan	振华学校	Tjin Hwa School	73	3	3000	
			吧猛克	Pamankat	正伦学校	Chen Lun School	100	3	4500	*
			三巴	Sambas	正伦学校	,,	100	3	4500	*
			拿本	Ngabang	正伦学校	,,	100	3	4500	*
			新党	Sin Tang	振华学校	Tjin Hwa School	100	3	4500	*
			松柏港	Soengai Bakau Basarn	新民学校	Sing Ming School	43	3	194	△
			松泊港	,,	文化学校	Boon Hoa School	43	2	1940	○
			松泊港	,,	华侨学校	HoaKiouw School	100	3	450	*
			松泊港	,,	培英学校	Pai Eng School	100	3	4500	*
			米仓	Pontianak	中华学校	Chung Hwa School	100	3	4500	*
			汶水港	Pontianak	新华学校	Sin Hoa School	100	3	4500	*
		东婆罗洲	Zuider en Borneos Oosterafd	麻里巴板	Balik Papan	中华学校	Chinese School	148	6	14 400	
			马辰	Bomdjar Masin	中华学校	,,	74	3	3330	○
			三马林达	Samarinda	中华学校	,,	99	3	4460	○
			三马林达	,,	达德女学校	TaTekGirls School	100	3	4500	*
			高达马路	Kota Baroe	中华学校	Tong Hoa School	67	3	6750	
			巫老	Berouw	中华学校	,,	28	1	1260	○
			打拉根	Tarakan	中华学校	,,	67	2	5340	
			生瓦生瓦	SangaSanga Dalum	中华学校	,,	100	3	4500	*
			宋布也	Sombodja	中华学校	,,	100	3	4500	*
西里伯	Celebes	文那多（又称万鸦老）	Manado	峨仑打落	Gorontalo	中华学校	,,	53	2	4000	
			东加拉	Donggala	中华学校	,,	46	3	7108	
			把礁	Pett	培才学校	Peie Tjni School	31	3	4800	
			吧哇高	Tamako	益智学校	I Chih School	100	3	4500	*

（续）

				文那多	Manado	育材学校	Yok Tsai School	70	3	3150	○
		西里伯	Celebes	孟加锡	Macassar	中华学校	Chinese School	305	10	13 730	○
				孟加锡	,,	培德学校	Pei Tik School	100	3	4500	*
				鸦母栏	Amoeangr	中华学校	Tiong Wa School	39	2	2095	
				噜务	Loewoe	义德学校	Lie Tek School	100	3	4500	*
				达汝那	Taaroena	振华学校	Chen Hwa School	100	3	4500	*
安汶	Ambon	摩鹿哥	Amboina	安汶	Amrbon	培德学校	Paij Tek School	53	2	2390	○
丹拿低	Ternate			丹拿低	Ternate	新民学校	Sip Min School	46	1	3240	
新基内	Nieuw Guinea			马落机	Merauke	中华学校	Chung Hoa School	42	2	1890	○
帝问	Timor	帝问及佛罗里斯	Timoren Flous	沽邦	Koepang	中华学校	,,	74	3	4300	
				亚达布布	Atapoepoe	中华学校	,,	28	1	1260	○
				沥里（葡属）	Dilli	中华学校	,,	50	2	2250	○
佛罗里斯	Elores			英梨	Endeh	华侨学校	Hoa Kiaoe School	25	2	2150	
				卑马	Bima	华侨学校	,,	100	3	4500	*
峇里	Bali	峇里与龙目	Bali en Lombok	峇里陵	Boeleleng	中华学校	Tiong Hwa School	148	5	6660	○
				峇塘 又名连巴杀	Denpasar	光华学校	Kong Hwa School	25	1	1780	
				淡望滑	Temoekoes	中华学校	Tiong Hwa School	36	1	1620	△
				华唐	Badong	共和学校	Kong Hoo School	100	2	4500	*
				新加烈者	Singaradja	中华学校	Tiong Hwa School	131	5	13 000	
				峇塘	Denpasar	竞南学校	Chen Lan School	100	3	4500	*
龙目	Lombok			安班澜	Ampenan	中华学校	Tiong Hwa School	29	5	12 000	
				纳务亚亚	Laboean Hadji	中华学校	,,	45	2	4731	
总计		35				313		31 441	1105	1 771 960	

说　明

（一）各校之下备注栏内无记号者，所有学生数、教员数以及年费，均照该校十五年度所填之本会调查表填记。

（二）凡有△记号者，则调查表虽既寄回，而只有学生与教员数，年费缺而未填；故所有年费则照荷印华校每年岁出，按每校平均占费及斟酌地方情形，推算而得。

（三）凡有〇记号者，则调查表未曾寄回；所有学生数，均照民国八年调查之数填记，另加该校学生40%（荷属华校学生平均增加率）。至教员数，则照学生数酌量增加。年费则照上条推算。

（四）凡有 * 记号者为新办之学校。既不能照八年度调查推算，而十五年度之本会调查表又未寄回；故其学生数则根据各校之平均学生数定为100名。其教员数与经费数则又根据学生数推算而得。

苏岛华侨学校调查表（民国十六年调查，转录《苏岛东方商鉴》）

校名		校址		编制学生	董事教员
中文	西文	中文	西文		
华商学校	Hwa Shang School	棉兰十八间	23–29, Japan Schestraat, Medan.	初高2级，学生224人	总理温发金，教职员12人
华商女学校	Hwa Shang Girl's School	棉兰十八间	19–21, Japan Schestraat	初高2级，学生128人	总理温发金，教职员5人
敦本学校	Tong Poen School	棉兰张榕轩街	Tjonyonghean-straat, Medan.	初高2级，男女学生200	总理张浩龙，教职员8人
神州学校	San Chew School	棉兰路易街	Louisestraat, Medan	初高级、初中、幼稚园，男女学生280人	总理刘锡康，教职员10人
养中学校	Yong Chung School	棉兰打打尼街	Dardanellen-straat, Medan.	初高级，男女学生不详	总理黄汉卿，教职员不详
通俗学校	Thong Sook School	棉兰不池沙	Petisah, Medan.	初高级，学生40人	总理苏贤有，教职员2人
华侨幼稚园	Chinese Kindergarten	棉兰甲必丹街	Kajiteinsweg, Medan.	初级、幼稚合办，学生320人	总理丘荣庆，教职员10人
中华学校	Tiong Hoa School	老武汉	Laboean, Deli.	初高2级，学生68名	总理许世诚，教职员3人
中华学校	Tiong Hoa School	勿老湾	Belawan.	初高级，学生38人	董事苏培福，教职员1人
养正学校	Yang Cheng School	峇冬贵	Batang Rwis.	初高2级，学生40人	总理庄海澄，教职员1人
育才学校	Yok Chay School	丹绒不劳哇居利	T. Morawa Kiri.	初高2级，学生68人	总理廖省初，教职员2人
中华学校	Tiong Hoa School	巴敢	Loeboeq Pokam.	初高级，男女学生100人	总理郭锡乾，教职员3人
中华学校	Tiong Hoa School	牙冷	Galang.	初高2级，学生65人	总理陈文珍，教职员1人
华商学校	Hwa Siong School	段卜干	Petoem-boekan.	初级小学，学生30人	总理刘石清，教员1人

（续）

中华学校	Tiong Hoa School	万温浮罗峇	Bang en Poerba.	初级小学，学生30人	董事郑清郁，教员1人
华新学校	Hoa Sin School	新邦知甲	Perbasengan.	高初2级，学生75名	总理黄天盛，教员2人
作新学校	Tjo Sin School	网眼	Pantai Tjeermin.	初级小学，学生18人	总理廖云汉，教员1人
中和学校	Tiong Hoa School	直名丁宜	Tebing Tinggi.	高初2级，学生135人	总理陶景秋，教员5人
坤范女学校	Khoen Fun School	直名丁宜	Tebing Tinggi.	高初2级，学生90人	总理同上，教职员4人
中华学校	Tiong Hoa School	仙达	Pematang Siantar.	高初2级，学生210余人	总理陈顺丹，教员7人
中华学校	Tiong Hoa School	三板头	Perdagangan.	初级小学，学生30人	董事陈顺丹，教员1人
培善学校	Poey Sian School	亚沙汉	Tandjong Palei.	初级小学，学生220人	总理丘福枣，教职员7人
培育学校	Poey Yoh School	奇沙兰	Kisaran.	初级小学，男女学生120人	总理游德连，教职员3人
培元学校	Poey Yeun School	孟加丽	Bengkalis.	初高级小学，男女学生110人	总理蔡文孚，教职员4人
中华学校	Tiong Hoa School	邦年	Paneh.	初级小学，学生25人	总理张远谋，教职员1人
中华学校	Tiong Hoa School	颂雅	Soenggal.	初级小学，学生33人	总理瑞兴号，教职员1人
中华学校	Tiong Hoa School	民礼	Bindjei.	高初2级，学生265人	总理杨显永，教职员9人
植基学校	Tjitkee School	瓜唸	Kwala.	高初2级，学生70人	总理赖振成，教职员3人
中华学校	Tiong Hoa School	火水山	Pangkalan Brandan.	高初2级，学生180人	总理梁炳勋，教职员6人
中华学校	Tiong Hoa School	邦加兰思思	Pangkalan Soesoe.	高初2级，男女学生110人	总理林心临，教职员3人
南强学校	Nam Khiong School	西利不老湾	Serbelawan.	初级小学，学生25人	总理启华公司，教员1人
华强学校	Hoa Kiong School	勿叻士打官	Brastagi.	初级小学，学生55人	总理林树任，教职员2人
中华学校	Tiong Hoa School	甲文夜海	Kaban Djaba.	高初2级，小学生30人	总理瑞和号，教员1人
中华学校	Tiong Hoa School	浮罗巴烟	Poeloe Brayan.	初级小学，学生53人	总理苏贤有，教员1人
益华学校	Aik Hoa School	峇抵抛捞	Laboean Roekoe.	初级小学，学生50人	总理杜南唐，教员1人
中华学校	Tiong Hoa School	冷吉	Tandjong Poera.	初高2级，男女生125人	总理赖振成，教员5人

棉兰华侨学校之调查

(民国十八年11月调查，转录《苏门答腊民报·副刊》"课后")

第一区校

去岁棉兰华侨教育总会成立，以敦本为第一区校，并指定专办后期小学。前校长李克因君去职后，校务由代理校长负责，至本年8月，教总会聘请叶时修君为视学，并委以一区校长之兼职。叶君自任职以来，对于校务颇多改进，而该校同事又能热心合作，精神为之一新。现有学级凡七，即仁级（初中预备）、义级（六年下期）、礼级（六年上期）、智级（五年下期）、信级（五年上期）、道级（四年下期）、德级（四年上期），共计学生190人，教员9位，7人为级任，2人为科任。自8月以来，计开校务会议5次，校务进行多取决于此，如厉行试验以资甄别，整洁校舍以壮观瞻，厉施赏罚以维秩序，取缔食摊以重卫生。至于学生之课外活动则分部进行，各部由教员1人任指导，部员则由学生分任之。其人数之多寡则以事业之繁简而定，计分纠察部、图书部、成绩部、演说部、卫生部、运动部、营业部，共7部，另设美术研究部，供学生课外之研究。至校刊部现尚在进行中，将来或附刊于本埠日报，或自己发行，则分部事业又多一种矣。此外则每周周会改刻板式之训诫，为有系统之例话，盖仿爱的教育中每月例话之法也。

第二区校

本校现有学生452人，计男生315人，女生137人，分11级学级，级名如下：

月级——一年上A	霞级——二年下
雨级——一年上B	露级——三年上
星级——一年下A	雪级——三年下
云级——一年下B	雷级——四年上
阳级——二年上A	电级——四年下
虹级——二年上B	

学生年龄最小者6岁，最大者17岁，全校平均年龄为10.55岁。教员14人（连本校英语主任），校役一人。办学方针注意五育，冀养成知识彻底、言行合轨、体格健全、爱国爱群、审美爱好之学生。于教学则主兴味，增其活力；于训育则主感化，以身作则，藉养成其优粹之学行。每2周开教职员会议1次，共商校务之进行及教务训育上种种问题。每周一第一节举行周会，由各级学生轮流作课业上之各种表演，寓学习于游艺之中，更可促进其努力竞争之心，试行以来颇有成效，且饶兴趣。每日清晨举行早操，会全校师生于一场，整齐活泼，学生体力上得益不少，体育主任之功也。至于训育，除周会之后各级由级任上谈话课外，平时课外休息时之监护，分全校为三区（楼上、楼下、场上），由各教师轮值担任，处理学生之纠纷，举行个别之训话，记入监护日记。三、四年级先后组织级自治会，由级任辅助

指导。至于教务,知识各科随时举行临时试验或某科比赛,不日拟举行合级比赛,以资鼓励。国语课特别注意学生之误字,已调制误字统计表,作有系统之研究及报告。他如雪级会与第五区三下级作一度友谊的算术比赛,电级尺牍课教师指导与本岛荷属、英属及祖国暨日本各华校同程度之学级练习通信,皆欲于教学上有所改良,使学生得益较大。教务处调制各种图表,如历年学生统计图及表、历年毕业生统计图及表、学生年龄比较表、精勤学生统计表及全体学籍卡片之填写、本校历年照片整理编订,凡此爬罗抉剔,无非欲于校史方面保留一些仅有之陈迹、成绩而已。至于体育,课外运动之指导、女生跳舞之选修、唱游歌舞之教授、担任教师之热心,尤为可佩。统观全校学生,级风各有不同。约略言之,当以电级学生为最勤勉最安静,雷级学生为最具理解亦最浮嚣,雪级学生为最富自治能力,露级学生为最有发表,至如一、二年生,年龄幼稚,天真烂漫,各教师循循善诱,教育有方,甚为学校庆得人也。所惜者学生少课外活动,操场少运动器械,课后少娱乐,校舍太逼仄,教员无宿舍,职责太不分明,一切办事太无手续,即有改进之理想及计划,亦未易见诸实施耳。

第三区校

自六校合办以来,本校概况稍异从前,兹乘"课后"出世的机会,将本校概况报告如下:

本校现有教职员6位,自前校长徐纯去职以后,教总会委梁琼清为代理校长。现有学生男124人,女82人,共计206人,分5级教授。一年下期由谢端清主任,学生43人。二年上期由何绍圣主任,学生47人。二年下期由古学安主任,学生43人。三年上期由李庆谷主任,学生38人。三年下期由余抚民主任,学生39人。至学校行政组织,计分教务、训育、事务三系。教务系又分学级检查、考试、图表编制、课程编制、成绩审查五股。训育系分体育、训育、卫生三股。事务系分编辑、布置、图书、营业四股。各股事务由教职员分任之。

本校现添置多种运动、游戏器具,领导学生于下课后从事于正当之活动。惜操场狭窄,9时以后阳光又烈,学生运动殊多不便也。

第四区校

第四区学校位于双勾彝雅区内,地处边隅,远离市廛,以僻静故,颇宜于修学。兹将该校近况约略言之:

编制　行单式制。自初级一年至四年,共分8班,学生约300余,男生居多,约占60%以上。

设备　校前为体育场,两旁树荫蔽日,儿童游息其间,亦一乐也。校舍为两层洋房,左右分列教室8个,中为会客室,楼上则为校务室。其后空地一块,现辟为游戏场及校园。教室光线空气颇足,装饰亦颇美观,惟太短窄,每级只可收容40人而已。仪器、标本亦有,但不完备。学生会自购各种儿童用书,于阅读上不感缺乏。

教师　教职员凡9人，除校长外，余分担各级主任。另英文教员6人，男女俱半。

行政　校务组织以校务会议为最高机关，下设教务、训育、事务3系。教务分教材预定及教学研究2项，训育分级任、监护、训导、指导4项，事务分庶务、图书、记录、学籍、卫生、成绩6项，由各教员分任之。

学生活动　本校有学生会之设，内分总务、警务、学艺、体育、实业5部。总务部内括文书、庶务、财政3股。警务部分卫生及巡察2股，巡察团共18人，每日派出3人维持秩序，以为监护员之助。学艺部分游戏、演讲、图书3股。本校逢星期三日下午之演讲会，三年级以上各生俱须加入练习。每日上午10时为图书馆开放时间，馆员非常的忙碌。现有书本约1000余册，9月份借书人数在600外，借出书数共900余，学生之喜阅书报可见一斑。体育部分乒乓、排球2项，时约别校学友作比赛，尤以第一区学生为多，以距离不远也。实业部分商店及园艺2股，商店自开课以来，已有90余盾之益利，学生会又多一宗款项为购图书之需矣。校园分区恳植，花草虽未长成，已不如前之秽芜不治矣。课余各生携锄与耙，入园芟割，工作颇忙。他日百花开放，好鸟飞鸣于上，蝴蝶翩翩其下，孩子之畅快为何如耶？各部由教师分担指导及监督之责。总之，学生生活不感枯燥乏味，可断言也。

最近因一、二年生过多，于日前拨送第六区约20余人。本校以前后面俱有余地供学生走动，故彼辈俱能活泼向学。只以学生多工人子弟，工人因生活变迁迁徙无定，故月中进入、退出凡有数起，施教上稍感困难耳。

第五区校

本校现有学生76人，教员3位，分为3级，但学生程度不齐，势难混合教授。故除一年级生单式教授外，二、三年级均分上下学期复式教授。教员则除教总会聘定之孟吟、丘肇周、温素珍及英语教员黄彦琦四君外，不敷分配之钟点由校长商请谢生禄、石汉荃、黄心仁三君分任数小时。

本校自10月中校役辞去以后，即由学生自动组织卫生队，维持校中一切整洁事宜，同时组织纠察队以维持校中之秩序。至该二队之职员各有正副队长2人，队员9人，并由教员2人分任指导。

第六区校

本校为棉兰华侨唯一之女子学校。现有教员10人，学生242人，内分7级，初级一年上期48人，一年下期甲组43人，一年下期乙组42人，二年上期36人，高级一年上期27人，一年下期16人，二年下期30人，均以单级教授，采用新学制教科书。

本校教务及训育各种进行事宜均由校务会议议决施行。对于教务方面，每2月考验学生成绩1次，考验之成绩以国语、算术、英文3科平均，各级互比优劣，藉资鼓励。每学期终作学期总考验，其成绩与月考之成绩平均，报告于学生家长，使其明了该生在校之状况。对于训育方面，由校务会议公举一训育主任负责管理训育事项。每天由教员轮流监护，帮同管理一切。每星期周会及逢各种纪念日，由教职员训话或特别训练。

学生方面由学生组织学生自治会，以养成学生健全之自治能力、高尚之人格，并联络各级之感情及辅佐学业之进步。其中分图书、营业、演讲、游艺、卫生等部。

兹以总会经费困难，故设备办理不无缺憾。如学校图书系供教员参考及学生课外自修之用，乃为经济所限，未能多购图书，此缺憾一也。各种科学专靠课本，学上必难领悟，须备各种挂图及试验用具，藉实质之开明，以助儿童之领会记忆，此教学上之要点。而本校对于此种设备均付厥如，此缺憾二也。至于本校校舍，本非备学校用者，故教室内之光线不良，有碍童之目力，此缺憾三也。有此三缺憾，此固美中之不足，但吾人当尽所能，力求达到完美地步，方不负吾侨热心教育诸公之厚望也。

第七区校

本校上学期系与第六区并合，至本年8月，因学生人数骤增，教室不敷分配，遂将幼稚生分出，另设第七区校于天后宫之后部，由教总会着工修整，开教室4间，游戏场1方，客室及办公室各1间。现有学生数计145人，男生86，女生59，共编为4级。教职员则有代理校长蔡德辉，教员许万美、叶荷爱、黄明月、谢碧玉，共5位，对于管理上、教授上俱能认真办理，故天真烂漫之儿童日见进益。惟分校未久，设备不周，如幼稚恩物及玩具等幼稚教育用品多未购置，教授上颇感困难焉。

菲律宾华侨学校之调查

（民国十七年调查，转录《小吕宋中西学校三十周纪念刊》）

在菲华侨虽多，然在1898年（清光绪廿四年）前，尚无正式教育子弟之学校。自陈刚于是年在领事馆设立中西学校后，华侨教育始奠基础。其后逐渐发展，爰有今日之状况。据去年（国民十七年）之调查，全菲华侨学校如下：

校名	校地	开办年月	由何团体倡设	学校程度	校长	学生数 男	学生数 女	职教员共若干	中英文开几级	夜课生数	中英文开几级	本年预算	学费外何项收入	校舍租或自建	困难之点
菲律宾华侨中学	35, Felipe Manila, P. I.	民十二年6月	华侨教育会	旧制4年	张时英	141	17	19	中7级,英5级			30 296元	教育会拨款	教育会自建	无充分课室与操场
第一小学校（中西school）	1035, Sta, Elena Manila, P. I.	光绪己亥	首任驻菲领事	高小,国民	颜文初	475	37	31	中14级,英30级	350	中6级,英7级	41 000元	同上	租	同上
第二小学校	651, Soler Manila, P. I.	民十三年6月	爱国,粤侨二校合并	同上	欧阳锡廉	122	39	11	中7级,英4级			15 500元	同上	租	同上
第二小学校（普智学校）	522, Benavides Manila, P. I.	民六年月	华侨普智日报社	同上	王泉笙	485	55	35	中英各14级	400	中英各7级	44 500元	同上	自建	经济、操场
第一小学分校	824, Jaboneros Manila, P. I.	民八年6月	闽商会馆	国民	主任颜国祥	92	12	5	中3级,英2级			8000元	同上	租	无操场、级数多
第三小学第一分校	907, Globode oro Manila, P. J.	民六年6月	华侨教育会	国民	主任陈钧秉	50	15	5	中英各2级	45	中英各1级	7506元	教育会拨款	租	同上
第三小学第二分校	1409, Heron Paco Manila. P. I	民十一年1月	百岗华侨	同上	主任杨胜白			2		42	中英2级	2320元	同上	租	甚多
第一女学校	622, Ongpin Manila, P. I.	民六年6月	本埠华侨	同上	苏俊美	70	205	18	中英各9级			20 680元	同上	租	校地不足用
华侨女子学校	714R, Regent Manila, P. I.	民十年6月	美驻菲圣公会	幼稚园、高初中一年	主任陈雯华	91	215	19	中13级,英9级			26 000元	基金出息并特别捐助	自建	校地狭小
中山学校	408, Salaza Manila, P. I.	民十四年6月	国民党总支部	高小,国民	委员制	143	65	12	中7级,英8级	125	中英各2级	16 510元	党员月捐及附加捐	租	经费不足
青年会夜学	672, Benavides Manila, P. I.	民十六年11月	青年会智育部		陈慕华			6	菲、西、英、国语各1级,中2级	88		2000元	游艺会券资并临时捐	自建	

(续)

学校	地址	成立时间	名誉领事等	高小国民	校长	学生数	男	女	班级	教员	经费	经费来源	校舍	备注
怡朗乙种商业学校	YIoilo, P.I.				庄烜笙	448	19	9	中2级,英4级	65	中英合3级	2800元	附加捐	自购	甚多
怡朗尚实学校	YIoilo, P.I.	民元年2月	侨商黄世美等	同上	施家玉	62	9	4	中6级,英4级			6500元	董事常年捐	同上	学生少,级数多
怡朗中山学校	YIoilo, P.I.	民十三年6月	国民党	同上	委员制	62	16	8	中6级,英5级	45	混合教授	6800元	附加捐、党员特别捐	租	甚多
宿务中华学校	68, DamaLang St., Cebu, P.I.	民十四年11月	中华会所	幼稚园、高小、初中	刘春泽	288	95	21	初中2级,高11级,英12级	83	中3级,英2级	25000元	附加捐及佣	自建	中英程度不齐
宿务中山学校	Dama Lang St. Cebu, P.I.	民四年9月	国民党	高小、国民	委员制	117	36	6	中英各6级	63	国语1级,英文2级	14000元	附加捐	同上	
宿务中山第二学校	Dama Lang St. Cebu, P.I.	民十四年6月	广东会馆	同上	委员制	50	6	6	中英各3级	—	—	7000元	侨商月捐	同上	甚多
黎牙石庇甄陶学校	Legaspi, Albay, P.I.	民十五年9月	商会与国民党	同上	刘熔西	19	2	3	中英各1级	15	国语1级,英文1级	2400元	商家捐助	租	财政困难
珠尔汶中华学校	SorsoGon. P.I.	民十三年9月	侨商	同上	吴善耤	60	15	3	中英各2级	45	国语2级	2750元	商家捐助、佣	租	同上
独鲁万兴华学校	Tocloban Leyte, P.I.	民十六年6月	和益商会	同上	何光第	67	15	4	中英各6级	—	—	5540元	出口人捐	自建	级数太杂
纳卯中华学校	Davao, P.I.	民八年6月	侨商	同上	李甘棠	57	11	4	中6级,英5级	—	—	6700元	附加捐	自建	经济不接
苏禄当仁学校	Sulu. Jolo, P.I.	民十三年6月	中华商会	同上	张兖亚	90	70	6	中7级,英8级,幼稚园	50	英2	6500元	商会负责	租	
蚊盾中华学校	Cotabato, P.I.	民十二年6月	国民党、华侨会所	同上	黄巽夫	44	37	5	中英各5级	—	—	4500余元	附加捐	租	甚多

（续）

校名	地点	创办年月	主办	性质	校长	男生	女生	教员	班级	夜学生	夜学班级	经费	附加捐、特别捐	校舍	经常费不足
三宝颜中华学校	Zamboan Gas Mindanas, P. I.	民七年6月	全体侨商	同上	林籁条	75	23	7	中6级、英5级	—	—	12 000元	附加捐、特别捐	租	
仙答洛中和学校	San Pablo Laguna, P. I.	民八年6月	中和团体会	高小、国民	苏陶甫	65	7	2	中7级、英6级	59	中英各5级	2000元	附加捐	自建	教员少，级数多
内湖中华学校	Sta, Cruz, Laguna, P. I.	民十六年6月	多数侨商	同上	黄绍章	15	7	2	中英各3级	30	国语专修	3000元	附加捐	租	同上
璞山寨公立学校	Pasanjar, P. I.	同上	同上	同上	王德尚	25	4	1	均汉文	23	中英2级	1300元	商户月捐	借	同上
甲万那端大新学校	Cabanatuan N, E, P. I.	民十年8月	中华商会	同上	孙启东	23	8	2	合级	20	中英各1级	2800元	校董、商户月捐	租	程度不齐
捞宇板大同学校	Dagupan Pang asinan, P. I.	民九年6月	公益社	同上	洪长寿	40	8	2	中英各5级	24	2级合授	3000元	附加捐	租	教员太少
罗沙礼示博爱学校	Rosales Pang asinan, P. I.	民九年1月	同上	同上	陈志华	40	11	2	中英5级、英3级	31	中2级、英1级	2800元	附加捐	租	级数太杂
罗申那同和学校	Lucena Teaba, P. I.	民九年1月	工商同和会	同上	魏锡三	24	2	2	中英共4级	20	中2级	4300元	抽牛拖工补充	自建	
乃乙中华学校	Daet, Cam Norte, P. I.	民十三年6月	华侨商会	同上	黄铠	34	7	4	中英各2级	28	2班专修中文	2560元	煤油抽厘	自建	甚多
那牙华英学校	MagaCam Sur, P. I.	民十年1月	华侨教育会	同上	李涞	57	18	4	中英5级、英4级	—	—	6000元	附加捐	自建	甚多
亚巴里智启学校	Aparr, Cagayan, P. I.	民十二年1月	各华商合组	同上	蔡建安	58	14	3	中英各6级	55	中英各6级	3200元	共和公司筹贴	自建	经费不裕
碧瑶中山学校	Baguio, P. I.	民五年6月	国民党分部	同上		18	22	2	中英共4级	20		2000元	各商户认捐	同	级数太多
总计 35 校						3207①	1220②	269		1726		338 756元			

①②总计数与表内上列数字不符，保留历史原貌。——编者注

总计华侨学校35校，日夜学生6147[①]名，教职员269人，经费338 756元。平均每教职员教学生22.85名，较之菲岛教师教学生40名者，已不及矣。至每生所费为55.11元，比较菲人只费12元余者，实相差远甚。

在珉里拉之华侨学校尤多，依调查所得，（民十八）表列如下：

校名	日夜校学生数	班数	教职员数	全年经费收入	全年经费支出
菲律宾华侨中学校	160	7	19	31 000	31 000
华侨第一小学校	818	28	31	13 500	23 000
华侨第一小学分校	112	4	6	4400	8000
华侨第二小学校	159	?	11	15 500	15 000
华侨第三小学校	997	41	34	27 860	41 537
华侨第三小学第一分校	108	6	5	2736	7321
华侨第三小学第二分校	45	2	2	696	2105
华侨第一女学校	265	9	15	10 044	20 684
总计8校	2664	?	123	106 336	148 647

---

① 此统计数与表内数字不符，保留历史原貌。——编者注

缅甸华侨学校调查录（民国十五年调查，转录《华侨努力周报》）

学校名称	地址	创办时期	公立或私立	性别	总理	财政	校董	校长	教员	学生	现行制度	教授方法	经费取给	调查年月	备考
青年团义务夜学校	仰光22条街65号	民国十三年夏	公立	男女同学	青年团委员长	青年团财政	青年团执行委员会12人	青年团夜校部主任	陈雄飞、谭秀枝等	80人	新学制	国语教授	青年团	十五年11月21日	
粤侨公立育德学校	仰光20条街21号门牌	民国六年	公立	女交	李崇板	欧阳锦松、陈崇辉	校董共100名	李崇板	4人	140人	高小新制、初小旧制	高小用国语、初小用粤语	粤侨公会担负	十五年1月22日	初等毕业3班，高小2班
缅甸华侨中学校	仰光九文合55号	民国十一年2月春	公立	男	丘贻厥、张永福	曾文银	64人	管霞民	男10、女1、英人1	188人	三三制	协动教学法	半系募捐半系基金	十五年12月1日	
育新学校	仰光五十尺街68号	民国七年	梅侨公立	男校	朱城记	海源公司	40余人	陈仁仙	6人	70余人	现用新学制	客语、普通语参用	梅侨公共负担	十五年11月21日	初级毕业4班，高级1班
福建女学校	仰光坡瑞漾坦64-65门牌	前清宣统元年	公立	女校	曾祖概	张永福	40名	潘连璧	12人	230名	师范、高、初，共9级，行新学制	全用国语教授	闽省人共担	十五年11月22日	师范毕业4班，高9班，初11班
强亚学校	Haing Shr lehinese School, Mgaungmga, Burma.	民国五年	粤侨公立	男女同学	李凯基	总理兼	16人	李伟礼	主任赵剑光	26人	新学制	国语教授方言解释	各董事及各界负担	十五年11月	
勃生华侨光亚学校	Kong ah Chinese School, 48. Commissioner Road, Bassein, Burma.	民国七年	粤侨公立	男女同校	黄忠臣	朱昌彝	约30余人	李鲁如	陈觉然、黄益谦等	36名	新学制	国语与粤语兼施，与普通相同	校董年捐及他收入	十五年11月24日	

校名	地址	创办时间	公立/私立	男女同校	校董	校董	校董共100人	校长	教职员共10位	学生共220余人	学制	语言	经费	报告日期	备注
粤侨公立育德学校	仰光河边街七十一号, 71, Canal Street, Rangoon, Burma.	民国七年创办	公立	男校,另有女校附设	李崇枢	欧阳锦松,陈崇辉		李崇枢			高等科新学制,初等科旧学制	初等粤语, 高等国语	粤侨公共负担经济	十五年11月21日	初等5班, 高等3班
缅甸华侨笃亚学校	缅甸恭文倪	民国六年	华侨公立	男女同学	刘长正,陈明珠	叶马大	18人	马加禾,林禄加	3人	42人	现用共和教科书	福建方言兼授国语	由华侨及马仔供给	十五年11月27日	
华侨公学	勃生港湾路	民国十四年冬	华侨公立	男女同校	苏福,陈文俭光	江镜如	50余人	陈根旺	4人	120人	新学制	复式教授国语方言	向本埠闽侨募捐	十五年11月4日	由三育, 觉豪, 新三校合并
培梅学校	缅甸漳略 Phy Moy Chinese School. Mgaungmja. Burma	民国九年	梅侨公立	男校	古鼎寿	邹梅初	40人	钟天松	陈逸群,钟曾高	22人	新学制	一、二方言, 三、四国语			
公育学校	仰光瓦溪吗公育学校	民国八年	公立	男女同校	洪永仁	洪天兴	20人	黄子平	李涓春,黄子平	35人	新旧学制	普通教授	本埠饷码取给	十五年11月25日	
培元学校	江埠	民国七年	公立	男女同学	苏廷芳,苏集末	苏朝培	12人	林洋芳	苏礼征	35人	新学制	国语教授	本外埠等备并借猪码捐补助	十五年11月29日	
漳略闽侨强亚学校	缅甸漳略成光街 Khaing Ahr Chinese School, Mgauugmga, Burma.	民国五年成立	闽侨公立	男女同学	刘文吟	刘文吟,陈凤通	20多人	许耀进	林清溪,曾志良	40多人	新学制	国语教授	漳略闽侨负担	十五年11月25日	

缅甸华侨学校概览

（民国十九年8月调查，转录《缅甸觉民日报十七周纪念刊》）

缅甸华侨中学校（Burma Chinese High School）

地　址　仰光九文台591号。（No. 591, Kemmendine Road, Rangoon.）

沿　革　民国十年2月开办。

创办人　曾广庇、邱瑞轩、张永福、杨子贞。

董　事　曾祖慨、张永福、曾文银、洪渭水等9人。

教职员　张惠洪、邵稼农、张石芳、黄辉鼎、黄康屯、罗翔远、洪溢远、罗兰氏、潘莲蕊、邱会俊、林文元。

学生人数　89名。

经费来源　年需经费约3万盾，由龙山堂认捐二分之一，余由各侨胞临时捐助。

备　考　校董会由闽、粤、滇3省侨胞选出校董52人组织之，上列校董姓名仅系现任正副总理、财政、查账、查学员，共9人，余因篇幅关系从略。

中山学校（Chong San Chinese School）

地　址　仰光瑞郎坦门牌70号。（No. 70, Oliphant Street, Rangoon, Burma.）

沿　革　本校于民国十一年间开办，初名模范学校，至民国十五年重新改组，名为中山学校，一向采用新学制。

创办人　中国国民党缅甸总支部诸同志，黄壬戌、邝金保。

董　事　邝金保、曹畴五、朱伟民、黄俊生等9人。

教职员　陈觉彦、朱乾汉、何慧瑶、罗若萍。

学生人数　110名。

经费来源　向侨胞捐来，如遇不敷由党部供给。

备考　本校系属党办，董事原称"校务委员"，系由中国国民党缅甸总支部执行委员会所委任者。

中华共和学校（The Chniese Republican School）

地　址　仰光紫荷坦。（No. 51, Crisp Street, Rangoon.）

沿　革　本校始名益商学校，创自戊申年以前，民国成立以后改名为中华共和学校。

创办人　陈朝初、陈甘敏、徐赞同、雷荣南。

董　事　陈东海、龚其七、陈火炎、曾顺续等19人，名誉董事陈甘敏、曾瑞开、杜慎海、陈清韵等5人。

教职员　雷太声、陈笙云、陈开鼎、林汉中、王岩涛、吴文渊、杨元阳。

学生人数：126 名。

经费来源：常年经费来源有三：（一）由演剧筹款而来者；（二）由本坡热心商家之月捐而来者；（三）由本校存款所生之利息及学费一项而来者。

备　考　常年经费来源，第一项每隔一二年或一二年以上演剧一次，并非逐年开演。

粤侨公立育德学校（Yock Tuck Chinese School.）

地　址　仰光干拿街门牌25号。（No. 25, Canal Street, Rangoon.）

创办人　李遐养、李遐礼、阮祝三、李春荣、黄壬戌、陈崇辉等16人。

董　事　黄天照、李南亮、陈肇大、李香林、刘如子、卓国光等16人。

教职员　名誉总理李遐养、李遐礼，总理陈孟儒，财政黄景燿、陈崇辉，查账陈国义，教员司徒金、罗季达、黎天民、胡荫浓、何廷炎、陈若兰、赵栋焕、林卓生，英文教员 K. S.

学生人数　237 名。

经费来源：历年经费，其中三分之一由按月征收学生学费而来，三分之二由热心商家及慈善社团捐助。

育新学校（Yu Sin Chinese School.）

地　址　仰光瑞郎坦门牌97号。（No. 97, Oliphant Street, Rangoon.）

沿　革　民国五年开办，民国十四年改用新学制。

创办人　龚有质、池裕、林公干、朱倬民。

董　事　龚松三、林公干、侯星桥、谢学正、朱倬民、侯纪堂等15人。

教职员　萧凤琴、叶挺英、冯麟欣。

学生人数　76 人。

经费来源　抽收营业捐学费，暨由应和会馆津贴。

新华学校（Sin Hwa School）

地　址　仰光九文台海墘街。（No. 302, Strand Road, Kemendine, Rangoon）.

沿　革　民国十六年5月开办，采用新学制。

创办人　陈番来。

董　事　苏清举、许传枝、陈文赏、曾源成等6人。

教职员　正总理陈番来，副总理吴水南，正校长谢文党，副校长苏友明，财政林生来，学监曾瑞清，教员叶国祥、吕炳照。

学生人数　45 名。

经费来源　每年需银1800余盾，均由校董捐助。

逸仙学校（Yat Sen Chinese School）

地　址　仰光勃生堂。（Pazundaung, Rangoon.）

沿　革　本校在民国十八年时，原系中华民党勃生分部所创办之民生学校，本年重新改组，定名逸仙学校。

创办人　彭伯衡、熊公杰、陈复兴、刘禄生。

董　事　彭伯衡、熊公杰、刘禄生、廖炳华、李竹瞻等26人。

教职员　陈复兴、罗始辉、黎天民。

学生人数　38名。

备　考　（一）本校开办伊始，故学生不多，经济亦极感支绌，每月除征收学费外，只向各校董及热心商号捐募以充经费。（二）本校学生大多数从前未受过中国教育，程度幼稚，故暂不设立后期小学。

乾坤学校（Kien Koon Chinese School）

地　址　仰光广东大街门牌655号。（No. 655, Dalhousie Street, Rangoon.）

沿　革　民国七年，在广东大街创办，至民八分设于揽勃陶，民十五再分设于仙宫门各一所，十五年照章改用新学制。

创办人　黄水田。

董　事　黄水田。

教职员　陈万全、黄淑华、陈海南。

学生人数　70名。

粤侨公立育德女学校（Yock Tuck Girls School）

地　址　仰光二十条街门牌92号。（No. 92, 20th Street, Rangoon.）

创办人　李遐养、李遐礼、阮祝三、李春荣、黄壬戌、陈崇辉等16人。

董　事　黄天照、李亮南、陈肇大、李香林、刘如子等16人。

教职员　名誉总理李遐养、李遐礼，总理陈孟儒，财政黄景爟、陈崇辉，查账陈国义，教员黄卓民、李国华、梁士英、梁伟英、李锦漩、罗致晶，英文教员Mrs. M. R. Raul。

学生人数　183名。

经费来源　常年经费三分之一，由按月征收学生学费而来，三分之二由热心商家及慈善社团捐助。

华侨女学校（Oversea Chinese Girls School.）

地　址　仰光百尺路门牌32号。（No. 32, Latter Street, Rangoon.）

沿　革　本校开办于民国十六年12月，租十七条街17号屋为校舍。嗣因学生增加，校舍不敷应用，于十八年3月迁移百尺路。本校按照国内新学制办理。

创办人　陈清韵、陈联生、陈有情、陈廷捷及福建女学校学生会。

董　事　陈清韵、陈有情、陈清德、陈宗珍。

教职员　校长周慧贤，教员陈文清、郭筱萍、梁士英，英人T. Rollins，陈秀治、曾水治、周玉枝、曾抱治、庄秀羡、吴碧霞、陈刊治。

学生人数　188 名。

经费来源　除董事年捐 4000 余盾外，其不敷之数由本校学生会演剧筹补之，或向各界热心家募捐。

复华学校（Foo Hwa Chinese School.）

地　址　仰光高解甘美关。（Kambe，Rangoon. B. R.）

沿　革　民国十三年3月开办，十八年改用新学制。

创办人　朱文昌、黄香卿。

董　事　郑文土、郑文斜、郑文肴、徐辉煌、陈文向等18人。

教职员　刘清泉、陈奕爵。

学生人数　39 名。

经费来源　向各埠诸热心家捐助。

崇华学校（Chung Wua Chinese School.）

地　址　仰光勃生堂眉见达街。（Begaiedet Street，Pazundaung，Rangoon.）

沿　革　民国十六年开办，当时系初级分3班，俱用旧学制，民国十八年改用新学制，添设高级，用新中华教科书。

创办人　伍芬、刘耀龙、谢德智、许昌锦。

董　事　郑长、许韦、黄缉、曹槐芳、何协德等12人。

教职员　安定一郎（台山籍）。

学生人数　35 名。

经费来源　经费皆赖征收学生学费开支，自开办以来，未尝向各界募捐分文。

广育学校（Kwangyu School.）

地　址　瓦城。（Mandalay，Burma.）

沿　革　民七开办，民十建筑校舍，向用总理制，近改用委员制，民十五改用新学制。

创办人　朱箕琼、陈云洲、伍于郎。

董　事　伍若瑚、李笙初、卢伟南、陈崇节、李兆基等18人。

教职员　李宝章、黄月楼、陈道民。

学生人数　65 名。

经费来源　捐募。

育群初级小学校（Yoke Cheong Chinese School.）

地　址　瓦城二十九条街。（No. 887，29th Street，Mandalay Burma.）

沿　革　民国十五年十月开办，用新学制。

创办人　凌福祥、温宝廷、钟燕长、张族生、凌公甫。

董　事　凌福祥、温宝廷、钟燕长、张族生、王禄寿等14人。

教职员　教务主任钟冠英，教员凌育槐，庶务彭炳章，书记凌桑祥，交际凌同盛。

学生人数　46名。

经费来源　由各商店及各工人认定月捐，并将群治会馆月捐存款拨充本校经常费外，年终并向侨胞募捐一次，以补足之。

昌华学校（Chang Hwa Chinese School.）

地　址　瓦城唐人街云南会馆。（Yunnan Club, China Street, Mandalay, Burma.）

沿　革　本校创办于民五，假云南会馆为校舍，后因经费用罄，于民十六已停办，至十七年秋季，得校董程子让君提倡复办，并捐助经费，其他各校董亦赞同，乃继续复办。在民十四年时已改用新学制，近更添授英文。

创办人　寸海亭（已故）、解仕义、李任卿、寸文卿、郑心齐、杨利浦、杨丽三、赵坦然、明子章（已故）。

董　事　程子让、解德新、王绍岳、董爱廷等11人。

教职员　马兆梅。

学生人数　27名

经费来源　初开办时，由兴隆、三盛、二玉、石岗拨来2000余盾，及各热心家之捐助，共得基金数千盾，早已用罄。自十七年复办后，每年由云南同乡会拨出600余盾，连收学费共900余盾，仅足开支。

华侨培植小学校（Pway Sitt Chinese School.）

地　址　毛淡棉那西兰街。（Narcis Lane, Moulmein, Bnrma.）

沿　革　民国七年1月成立，自七年至十四年皆采用旧学制，十五年起始改用新学制，并用国语（注音符号）教授。

创办人　苏成明、温玉盘、苏兆彩、苏求晚等12人。

董　事　苏成明、温玉盘、苏求晚、张静深、杜南盾等16人。

教职员　校长苏兆彩，教务主任许镜莹，教员郑肇南、郑步青、郑肇昌。

学生人数　102名。

经费来源　由本坡各华商捐助，年约4000盾，征收学费年约1000盾。

备　考　本校建筑物（校舍及地价）约值缅币3万盾，购置物（图书、校具、仪器）约值缅币2000盾，均由本坡各华商捐助。校舍设备：教室六，教员室四，礼堂一，图书馆一，宿舍一，厨房一，浴房一，操场一，厕所四。

培原高小学校（Pway Guan Chinese School.）

地　址　峇淡棉岭顶。（Zeygyogone, Moulmein, Burma.）

沿　革　民国六年春开办。

创办人　李文淡、沈吉之、陈延箭、林美叫、陈菊友、沈万成。

董　事　林振地、林荣诸、叶和节、叶乌祺等8人。

教职员　黄震夷、林峇峇、李文淡、沈吉之、陈延箭、林美叫、沈万成。

学生人数　44名。

经费来源　常年经费由岭顶和胜公司捐银200盾外，其余则由学生负担，每生每月多者5盾以上，少者2盾，合计全年约收1500盾。

华侨焕文中西学校（Hoon Boan Chinese School.）

地　址　庇固。（Pegu, Burma.）

沿　革　创办于民国元年，至本年6月改用新学制。

创办人　胡乃姓、郑仕进、胡家滩。

董　事　胡乃姓、郑仕兴、郑仕进、蔡格物等9人。

教职员　杨忠仁、宋添寿、李珠玑。

学生人数　39名。

经费来源　征收学生学费及由热心家担任月捐，不足则由董事捐足之。

新民学校（Sin Min Chinese School.）

地　址　庇固班兰街23号。（No. 23, Pan Lane Street, Pegu, Burma.）

沿　革　民十二年梅侨开办，校名应新，十四年与粤侨合办，翌年停办，十七年冬侯君浩华出而提倡续办，改用新学制。

创办人　侯浩华、蓝遵元、杨育省、侯火华、林鼎兴等9人。

董　事　侯火华、蓝遵元、林鼎兴、林森松、杨育省等15人。

教职员　侯玉如、杨育省、侯谷熙、杨德民、侯梦陶。

学生人数　30名。

经费来源　常年经费系由酒廊、当铺、布衣店各热心家捐助。

普华学校（Phaw York Chinese School.）

地　址　庇固。（Pegu, Burma.）

沿　革　民元前二年成立，民二经向教育部立案，遵照部章办理，民十八实行党化教育，改用大学院审定之新时代教科书。

创办人　陈光茂、陈金钟、陈双珪、许和尚、陈川根等12人。

董　事　金万丰、万隆美、金万兴、蔡初秀、陈弄狮等9人。

教职员　陈金钟、何金星、陈双珪、陈丙春、源春辉等17人。

学生人数　42名。

经费来源　常年开销约需6000余盾，除由各商号认捐外，再收冬春两季粟捐以补充之。

华侨光亚学校（Kong Ah Chinese School.）

地　　址　勃生维多利亚街。（Bassein，Burma.）

沿　　革　民八开办时，校款未充，校舍租赁，嗣后学生日众，乃添聘教员，稍加振刷，规模乃略备。于民十四改用新学制，今年董事会鉴于校舍长此租赁之非计，议决筹建校舍，遂于4月购地建筑，于8月间可竣工。

创办人　李裕发、黄忠臣、李鲁如、吴伍如、朱昌彝、朱庭翕。

董　　事　总理李国斌，副总理何元光，名誉总理黄忠臣、朱昌彝。财政李华栋，外交陈宽林、朱庭翕、吴伍如、吴润女，书记黄祯祥。

职教员　校长黄子明，教员黎国扬、黄重远。

学生人数　60名。

经费来源　由本埠商号及当铺、酒廊饷码捐垫。

体育学校（Thay York Chinese School.）

地　　址　勃生辖亚塘埠。（Ahtaung Village Kyonpyaw，（Bassetn Dist.）Burma.）

沿　　革　民十一年开办。

创办人　林文生、林文格、林文现、曾虎七、廖清秀等16人。

董　　事　白文寅、陈文发、李治边、陈良柱、黄再发等15人。

职教员　郑少卿、郭锦山。

学生人数　43名。

经费来源　由本埠诸热心家及邻社各热心侨胞捐助。

启益学校（Khay Yack Chinese School.）

地　　址　勃生辖岱别社。（Daikpy et（BassienDist.）Burma.）

沿　　革　民国十五年8月开办，原名启昏，翌年本社火祝，校舍被焚，遂停办，迨至十八年3月方续办，6月改名为启益，同时改用新学制。

创办人　陈耀裕、白圻瑞、白锡锦、白媳妇、白朝能等9人。

董　　事　陈玉麟、白圻春、陈耀基、白锡会、白文涂等11人。

职教员　总理白圻瑞，校长陈耀裕，财政白文笑，会计兼文牍陈自明，教员傅维琛，监察白锡锦，交际周文律、白朝能，抽收员白锡山，庶务白圻玲。

学生人数　15名。

经费来源　常年经费，由（一）职员或董事负担常年捐，（二）抽收入口货捐，（三）由外埠捐得之款补充之。

培源学校（Pei Yuan Chinese School.）

地　　址　勃生辖兀布岛。［Ngaputaw（Bassein Dist.）Burma.］

沿　　革　民国十八年正月开办，采用新学制。

创办人　钟如川、钟云阶、钟思廉、钟福生等 11 人。

教职员　钟如川、钟萍星。

学生人数　7 名。

经费来源　由钟如川个人负担。

粤侨公立强亚学校（Kaing Ah Chinese School.）

地　址　渺咯。（Myaunymga，Burma.）

沿　革　中华民国五年 5 月开办，当日校舍由闽粤两省租赁合办，民国七年倡建校舍，民国八年新校舍始告落成，（建筑费约需 20 000 盾之谱）随后闽粤各自分办，至民国十四年改用新学制。

创办人　李凯基、梅现乃、陈象官、伍民三等 16 人。

董　事　伍晋民、陈德隆、伍民三、李树齐等 15 人。

教职员　总理李凯基，校长李伟礼，教员朱乃超、黄绍民，监学黄富求，交际员陈象官，文牍李伟仪，总务黄岳南。

经费来源　当年经费约需 3000 余盾，由本埠承饷公司及诸校董捐助。

闽侨强亚学校（The Kiong Ah Chinese School.）

地　址　渺咯。（Myaungmya，Burma.）

沿　革　本校始创，闽粤合办，于五年 5 月 5 日开学，照旧学制办理，至七年新校舍落成，学制仍旧，延至十一年，闽粤分组，改用新学制，十八年另设专科文言以方言教授，本年始一律采取语体文，并用国语教授。

创办人　蔡文理、伍民三、苏芳仪、林文骞等 12 人。

董　事　钟苍云、苏清跷、江玉达、李文曲、林真意、郭寿禄等 15 人。

教职员　正总理蔡传谒，副总理柯振安，校长蔡镇邦，财政林文厘，教员陈少明，监学林有益。

经费来源　经费由创办人向各饷码公司募捐，不敷由各董事、职员等负担。

培梅学校（Phy Moy Chinese School.）

地　址　渺咯。（No. 7，4th Street，Northern Quarter，Myaungmya，burma.）

沿　革　民国八年 8 月开办，民国十六年改用新学制，民十九年改建木屋校舍为砖屋校舍。

创办人　罗锡阶、邹梅峰、魏乃福、邹梅初、陈煌义、古鼎寿。

董　事　罗仕元、谢学正、侯星明、罗金仁、陈景才等 15 人。

教职员　邹梅峰、陈崇安、陈庆星、黄钦庆、邹梅初、廖森记、谢梓祥、范晋齐、黄岐孙、罗锡阶、郭捷仁、张捷云、陈铁桥。

学生人数　34 名。

经费来源　由创办人及热心家捐助外，另有营业年捐。

中华学校（Kyaung Hwa Chinese School）

地　　址　礼低港墘街。（Strand Road, Dedaye, Burma.）

沿　　革　民十二年3月，由闽侨开始筹备，粤侨嗣亦参加，于是年6月20日成立，越二年闽粤分办，今仍为闽侨之华侨。从前沿用旧学制，于本学期改用新学制。

创办人　高石材、林江南、曾美萍、曾振声等8人。

董　　事　高石竹、李招掬、陈天德、郭服茶、陈知母等16人。

教职员　邱水来、曾红鲐、陈顺利、苏玉成、刘梧桐、郭其飘、郭其标、吴培根、陈椿帕。

学生人数：21名。

经费来源　常年经费由当码、猪码、酒码、煤油码等捐来，如或不足或诸码破裂时，暨由董事部担任月捐维持。

强华学校（Chaung Far Chinese School）

地　　址　礼低。（Dedaye, Burma.）

沿　　革　本校创办于民国十四年春，用新学制。

创办人　粤侨。

董　　事　李清钦、李清仰、李小汀、池伯菝等35人。

教职员　杨无我。

学生人数　31名。

经费来源　由热心家担任月捐。

中华公民学校（Kong Min Chinese School）

地　　址　毛淡棉遵横街。（Moulmeingyun, Burma.）

沿　　革　民国十二年5月开办，历用共和教科书，迨十九年5月实行党化教育，采用新中华教科书。

创办人　简昌时、陈贻士、陈寿山、谢学正、林占弈。

董　　事　谢学正、李崇职、陈生印、龚金泉等18人。

教职员　陈明谦、曾大才、苏木长、陈秋明、谢彩藩、林占弈、李赐仁、叶志轩、陈珍生、杜趁嘴、蔡盛锵、简品三、江逎文。

学生人数　48名。

经费来源　年需经费约5000盾，由各项饷码及土油捐、月捐拨充。

益民学校（Aik Min Chinese School）

地　　址　毛淡棉遵辖甲佳瑶社。（Kakiyo, Moulmeingyun, Burma.）

沿　　革　民十八年2月开办，采用新学制。

创办人　庄春艿、简凤锦、庄钦瓒、简必昌等 5 人。

董　事　简必昌、简朝佑、萧接茂、庄培君等 11 人。

教职员　庄春艿、庄钦瓒、简凤锦、庄肃雍、庄海钟、简余金、萧长万、简随柳，教员江克雄。

学生人数　32 名。

经费来源　由基金生息，兼抽粟捐、猪捐，不敷则由各职员捐题。

铭新学校（Beng Sin Chinese School）

地　址　兴实搭于仁枝路。（U. Yin‑Gyi Quorter, Henzada, Burma.）

沿　革　成立于民国八年夏间，先设初等班，十三年夏增设高等班，十四年夏始改用新学制，实行国语教授，添设英文科，十八年夏实行党化教育。

创办人　温威仪、陈泽捆、洪源晋、陈振登等 16 人。

董　事　温威仪、陈泽捆、洪源晋、陈振登、黄子辉等 16 人。

教职员　李惠生、杨章鼎、曾幼荣、季振成、陈喜盛、庄少衡。

学生人数　81 名。

经费来源　经常费每年约需 5000 余盾，其来源（一）基金生息，（二）侨商月捐，（三）屠兽捐捐余，（四）煤油电油捐，（五）热心侨胞特别捐。

培智学校（Pway Tee Chinese School）

地　址　兴实搭辖锡溪埠。[P. O. Shage（Henzada Dist.）Burma.]

沿　革　创办于民国十八年 2 月，用新学制。

创办人　林葱岭、戴文稿、王九曲、陈采意等 12 人。

董　事　自成发号、金同春号、酒廊公司、何煜培、谢文枢等 15 人。

教职员　陈知新。

学生人数　27 名。

经费来源　由本埠侨胞担任月捐，如遇不敷，乃向邻埠诸侨胞募捐。

公立启育学校（Khay Yok Chinese School）

地　址　板庭梧〔Pantanaw.（Maubin Dist）Burma.〕

沿　革　创办于民国六年 5 月。

创办人　杨汉卿、潘剑秋、陈永年、叶早梅。

董　事　陈文硕、黄亚三、陈玉瑞、陈昭穆、伍于栋。

教职员　名誉总理伍应骥，正总理薛芳史，副总理陈文稔，正校长伍丁享，副校长潘宝铿，财政李戒生，文牍杨汉卿，庶务潘增浩，教员陈继周。

学生人数　25 名。

经费来源　当年经费需 2000 余盾，征收月捐及酒猪和码余款拨充之，不敷则由正总理薛君芳史捐足。

笃育学校（Tock Yok Chinese School）

地　　址　　板庭梧辖戾也纳社。〔Zayathlagyi.（Maubin Dist）Burma.〕

沿　　革　　创办于民国十三年5月。

创办人　　王光汉、陈起帆、许五伦。

董　　事　　陈番姜、许文忠、陈明月、陈文委、黄福硕等14人。

教职员　　副总理骆文水，正校长池永桓，副校长王经纶，财政王金沙，交际陈光阵，庶务骆银来、王驷界，文牍许沧浪，书记林怡扬，主任教员王辉，监学王光汉。

学生人数　　27名。

经费来源　　年需经费1500盾，由学费基金利息暨收入捐款拨充之，不敷由各职员捐足。

兴亚学校（Hain Ah Chinese School）

地　　址　　竖榜埠亚并街。（Apyaung Road, Pyapon, Burma.）

沿　　革　　创自民国十二年4月，初用旧学制，现经改用新学制。

创办人　　李圣栋、陈祚勤、陈百祥、李崇举。

董　　事　　谢迪明、钱耀评、李崇杰、李仁德等10人。

教职员　　总理李崇举、李圣栋，财政李崇举，学监李伯裕，学董陈祚勤，校长季希迈，教员黄仲膺。

学生人数　　18名

经费来源　　除征收学费外，不敷之数由粤商捐足之。

育德学校（Eyork Teik Chinese School）

地　　址　　竖榜埠二条街门牌75号。（No.75, Second Road, Pyapon. Burma.）

沿　　革　　创立于民国纪元前三年，去年改用新学制。

创办人　　陈皆得、曾天庆。

董　　事　　陈皆得、陈玉祷、陈秀良、林金菊等11人。

教职员　　陈景彬、庄国梁、陈玉蓉、陈吉庆。

学生人数　　74人。

经费来源　　常年经费系由侨商和卖煤油及各饷码所得余利拨充之。

培南学校（Pye Nam Chinese School）

地　　址　　东吁七号街。（7th Street, Toungoo, Burma.）

沿　　革　　成立于民国十三年5月，用旧学制，迨至民十五改用新学制。

创办人　　侯东兴、侯信修、温渭川、温挺英等7人。

董　　事　　侯瑞长、古佛生、陈兆伦、张季铁等16人。

教职员　古道存。

学生人数　26名。

经费来源　由梅侨酒廊、商店及董事捐题。

培德学校（Phoy Tuck Chinese School）

地　址　东旰唐人街。（China Street, Toungoo, Burma.）

沿　革　开办于民国九年正月。纯系粤侨筹款自办，十三年改用新学制，并同时捐款改建新校舍。

创办人　朱文亮、曹行庄、龚平安、陈孔业等9人。

董　事　朱凤柳、朱凤绢、龚平安、陈孔业等12人。

教职员　校长曹行庄，学监朱文亮，教员陈谦甫，助教曹张举。

学生人数　26名

经费来源　由校董会负责，向埠中各侨商募捐。

公华学校（Kon Hwa Chinese School）

地　址　绕彬九埠。（Cyobingauk, Burma.）

沿　革　创办于民国九年8月，迨民十二年改用新学制。

创办人　卢守其、李如祥、张连源、张连登等10人。

董　事　张茂泰、简水文、张万春、卢裕安等17人。

教职员　张连源、卢守其、古佑森、钟建伟、江木炎、李如祥、李富昌、李耀腾、李格民、张福恒。

学生人数　25名。

经费来源　本校经费，由各董事担任月捐及征收学生学费拨充之。

培风学校（Phway Hong Chinese School）

地　址　绕彬九埠。（Gyobingauk, Burma.）

沿　革　创办于民国元年，初名振华，后改醒华，再后乃改今名，至民十七改用新学制。

创办人　陈绵瑞、陈广业、陈振玉、陈振球等12人。

董　事　潘琼林、林赐评、王尔思、钟建伟等16人。

教职员　林占裕。

学生人数　30名。

经费来源　每年支出约一千七八百盾，由热心家担任特别捐、月捐及征收粟捐、杂货捐应支。

华英学校（Wha Yaing Chinese School）

地　址　卑谬埠。（Prome, Burma.）

沿　革　开办于民国十年，至民国十七年，因经费缺乏停办，及至本年再行续办，乃改用新学制。

续办人　李子棠、梁金玉、何瑞泉、何瑞文等7人。

董　事　张瑞龙、李其叶、李炳燕、张北庄等16人。

教职员　李子棠、梁金玉、何瑞泉、何瑞文、曹芗园、黎永基、朱永辉。

学生人数　31名。

经费来源　由董事及热心家担任月捐以维持之。

中兴学校（Tiong Hin Chinese School）

地　址　卑谬埠唐人街8号。（No. 8, Chinese Street, Prome, Burma.）

沿　革　开办于民国六年5月，初系闽侨开办，以后诸热心家出而鼓吹，闽粤合办，改用新学制。及至去年因猪码纠葛不和，随又分为两校，本校以商业为主要科。

创办人　傅题名、陈文定、陈文门、李国初、王绵水。

董　事　苏昭康、陈存显、罗骏卿、陈鼎建等10人。

职教员　总理傅题名，校长陈文定，财政永联生，监学傅子川，书记纪乃涂，庶务傅题达，主任郑思齐，教员陈万祥、陈清泉。

学生人数　67名。

经费来源　常年经费由货捐及月捐拨充之。

三民学校（San Min Chinese School）

地　址　直通横街。（Thaton, Burma.）

沿　革　民国十六年5月成立，采用新学制，十八年5月实行党化教育，采用新时代教科书为课本。

创办人　刘玉兔、刘垂缀、陈嘉宾、李瑞草等6人。

董　事　陈嘉宾、刘垂缀、刘垂顶、刘垂九等17人。

教职员　郑化龙、谢俊、林畸。

学生人数　40名。

经费来源　每年经费约需3500盾，系由各董事担任月捐拨充之。

中华义务学校（Teong Hwa Chinese School）

地　址　直塘。（Thaton, Burma）

沿　革　民元前开办，至民国十一年，始命名为中华学校，时与梅侨合办，后由闽侨独办，改用新学制。

创办人　刘芳源、刘玉兔、杨聪明、李贞状等6人。

董　事　李贞状、陈植满、陈启忠、陈福安等12人。

教职员　林哲、晋鹏举。

学生人数　70名。

经费来源　由本埠华商担任月捐或年捐。（近因商况不佳，故本年乃派员出发，向各埠华侨募捐，现正在进行中。）

公立培德学校（Pay Tuck School）

地　　址　南渡埠。（Namtu, N. S. S. Burma.）

沿　　革　民国十一年1月开办，十七年改用新学制。

创办人　朱锦涧、梁章利、黎仕达、陈瑞稳、伍显民。

董　　事　陈瑞稳、伍显民、陈良炘、梁章利等19人。

教职员　黄慕康、朱兼白。

学生人数　65名。

经费来源　由校董暨向就地各侨胞捐助。

中华学校（Teong Hwa School）

地　　址　岱吁埠。（Daik-u, Burma.）

沿　　革　成立于民国五年。

创办人　陈双珪、杜远香、郑两湖、郭联登、陈大壹、陈瑞涂。

董　　事　陈双珪、饶潜川、郑金钟、陈西香等15人。

教职员　总理陈双珪，校长饶潜川，监学郑金钟，财政陈西香、杜远香、郭清赞，庶务陈仁向、曾庆忠，文牍王金石，教员许棠华。

学生人数　38名。

经费来源　本校常年经费由本埠中人士及热心者捐助之，如遇不敷，则由各校董分别捐足。

中华学校（Tiong Hwa Chinese School）

地　　址　坦直篦。（Tantabin, Burma.）

沿　　革　民国十三年开办。

创办人　曾再成、黄红瓜、曾宝撑、薛荣科等15人。

董　　事　薛有福、王守卿、王天生、王有志等16人。

教职员　郑清庆。

学生人数　28名。

经费来源　由猪码捐及月捐得来。

公育学校（Kong Yiok Chinese School）

地　　址　瓦溪吗。（Wakema, Burma.）

沿　　革　民国九年春开办，至民国十八年改用新学制。

创办人　洪水仁、陈金水、洪天恩、洪正心等10人。

董　事　黄大龙、黄桂生、曾刘盛、洪水锭等12人。

教职员　黄文岱、黄文捷、黄平治、洪水仁、洪水锭、洪天恩、黄醒侬。

学生人数　26名。

经费来源　除征收学费外，由黄文岱、黄文捷、黄治平捐助。

觉后学校（The Kak hor Chinese School）

地　址　那直粦。（Nattalin，Burma.）

沿　革　民国八年8月开办，初用旧学制，近已改用新学制。

创办人　曾文坤、杜和甫、杨以专、江煌钊等15人。

董　事　杜文房、江文番、邱成善、江祥书等11人。

教职员　李崇范。

学生人数　35名。

经费来源　本校原有多少基金，将基金生息及征收学生学费外，如不敷再筹特别捐、饷捐，大约每年需经费约2000余盾之谱。

知本学校（Tee Poon Chinese School）

地　址　良党。（Yandoon，Burma.）

沿　革　成立于民国七年6月，至民九改用新学制。

创办人　陈法力、陈永编、詹永松、许文龙、杨其仁。

董　事　陈福教、陈永编、杨其仁、林友若等13人。

教职员　张敬宗、杨保生、张垂芳。

学生人数　38名。

经费来源　由本辖内诸侨胞担任月捐、日捐捐助之。

育群学校（York Koon Chinese School）

地　址　恭文倪。（Kyonmange，Burma.）

沿　革　成立于民国十六年9月，十八年用新学制办。

创办人　陈明珠、叶乌沉、马嘉豪、陈清源等10人。

董　事　叶文简、叶妈大、陈清源、杜有训等29人。

教职员　正总理叶乌沉，副总理林炮声，正校长马嘉豪，副校长林添有，财政陈明珠，书记陈南星，庶务陈运华，教员叶元征。

学生人数　53名。

经费来源　以和饷码所得之余利及学生学费为经常费，不足则募捐补充之。

备　考　原名笃育学校，系同安、思明、永定、南靖各县侨胞所合办，成立于民国七年底。迨民国十六年，因各方之意见不合，遂分为两校，同、厦人所办者名曰育群学校，永、南人所办者名曰笃育学校。

育材学校（Yock Chye Chinese School）

地　　址　吉桃埠。（Kyaikto, Burma.）

沿　　革　创于民元，系私塾性质，至民国二年方改为学校，民国十五年加授国语，照新学制办理。

创办人　陈文拿、黄天恩、陈仁佐、苏孝扁等6人。

董　　事　苏友来、陈可行、陈永羡、张君节等14人。

教职员　总理陈仁砰、李洛书，校长陈三千，教员雷振宇，书记黄炯黎，监学李金德，庶务侯其英、李金木、郑文成、陈满溢，财政连合利。

学生人数　38名。

经费来源　每年开支约需2000盾，由和码所得之余利及月捐拨充之。

仁安学校（Jin Aun Chinese School）

地　　址　仁安羌。（Yenangyaung, Burma.）

沿　　革　民国十一年7月初开办，用旧学制，民国十七年秋始改新学制。

创办人　伍廷享、陈神宗、曹南杰、郭知情等12人。

董　　事　吴序恩、林荣春、林玉麟、陈裕买等12人。

教职员　陈神宗、张瑞龙、郭知情、杨有泮、宋时禧、陈锦焕、郑子文、雷锦鹏、江雪壶、陈世宗、曹南杰、张京。

学生人数　38名。

经费来源　常年经费端赖和码与抽收货件捐以资维持。

启文华校（Chi Wen Chinese School）

地　　址　吉叻海塂街。（Strand Road, Kyaiklat, Burma.）

沿　　革　创办于民国十六年8月，开办时即采用新学制。

创办人　黄庚升、张接福、江赐遐、赖泮钟。

董　　事　黄庚升、江赐遐、张接福、赖泮钟、黄永安等10人。

教职员　江海若。

学生人数　16名。

经费来源　除裕兴号、联兴隆担任月捐及征收学生学费外，其余完全由黄庚升君个人捐助。

中山学校（Chung Shan Cinese School）

地　　址　岱枝。（Taikkyi, Burma.）

沿　　革　本校创办于本年5月，由启智、剑啸两校合并而成，采用新学制，概用国语教授。

创办人　吴鲁波、梁和、王祖武。

董　事　李论安、吴善火、杜文冬、吴祥沃等20人。

教职员　王威、吴毓秀。

学生人数　24名。

经费来源　征收学费，不敷则由各董事捐题。

新民中华学校（Sin Ben Chinese school）

地　址　竖榜辖敏甲光。（Myinkagon（Pyapon Dist.），Burma.）

沿　革　创办于民国十三年，迨至十五年改用新学制。

创办人　王癸来、曾妈记。

董　事　王光升、王光高、王朝基、王跳稞等18人。

教职员　曾名川。

学生人数　34名。

经费来源　经常费年需1200盾，除承办猪码及征收学生学费外，悉由募捐得来。

建和学校（Kyan Hoe Chinese School）

地　址　毓建。（Myingyan，Burma.）

沿　革　开办至今已经20余年，前照教育部旧学制办理，现至民国十七年，始改用新学制。

董　事　杨峰章、钟宗妙、陈天恩、苏清苞等14人。

教职员　正总理杨文善，副总理杨函寿，正校长陈再喜，副校长苏沓进，书记许乃阵，财政苏珠领，庶务陈天恩，教员杨一舫、陈秀华。

学生人数　47名。

经费来源　屋租与月捐。

福建女学校（Fukien Chinese Girl's School）

地　址　仰光瑞琅坦上段门牌87号。（No. 87，Oliphant Street，Rangoon.）

沿　革　前清宣统元年四月开办，开办时校舍系租用，民国十五年自建新校舍，至民国十三年起，改用新学制。

创办人　陈植汗、陈秋帆、商务团体槟榔公司。

董　事　邱贻厥、陈金在、陈文章、陈清源等21人。

教职员　总理曾祖概，财政张永福，校长刘淑芳，教员陈素真、叶宝坚、陈金珠、陈席珍、陈金宝、乔女士、李国华、杨抱治、陈珠意、张彩霞、杨玉叶。

学生人数　203名。

经费来源　由宝得力米公司代抽经纪捐拨充之。

养正学校（Yaung Cheng Chinese School）

地　址　溪渊埠。（Kayan，burma）

沿　革　创办于民国十年，至十一年因经费支绌停办，十三年续办，遵照新学制办理，十八年由总理制改为委员制。

创办人　建德堂、陈尽忠、林复礼、陈大粒等9人。

委　员　陈焕炳、林国銮、陈尽忠、陈大粒、林水溅、黄永国、林国忠等25人。

董　事　林复礼、王福金、李石志、王来和、林文三等22人。

教职员　蔡超英。

学生人数　47名。

经费来源　常年经费由承包猪码捐所得之款拨充之。

崇华学校（Chong Wha Chinese School）

地　址　土瓦埠。（Tavoy, L. Burma.）

沿　革　创办于民国二年2月，迨民国四年曾一度宣告停办，至民国八年自建校舍，民十六改用新学制。

创办人　杨子三、胡登和、陈水声、邱子安等10人。

董　事　尤弈愈、林大旗、尤世从、邱清泉等14人。

教职员　陈泽晋、林炳煌、王文善、张星若等13人。

学生人数　95名。

经费来源　经费由（一）个人认捐，（二）店铺月捐，（三）和办饷码得来。

备　考　本校已议定与大同学校合办，现正在进行筹备中。

华英学校（Hwa Eng Chinese School）

地　址　丹老埠。（Mergui, Burma.）

沿　革　本校创办于民国七年2月，其始租屋为校舍，越二年乃购置校舍，十一年改用新学制。

创办人　陈泽钵、黄和溪、黄守瓜、陈弈群、洪金寄。

董　事　陈泽钵、黄和溪、洪维厥、谢玉执等16人。

教职员　陈六明、黄金水、洪永吉。

学生人数　73人。

经费来源　仰给于本埠华侨教育公积金及董事认捐之月捐。

瑞和学校（Shwe Hoe Chinese School）

地　址　瑞帽埠。（Shwebo, U. Burma.）

沿　革　创办于民国初年，后因经费支绌停办，至本年6月，由热心家捐款续办。

创办人　朱文昌。

董　事　庄其甫、苏清渊、陈开照、陈其业等20人。

教职员　陈景颐女士。

学生人数　13名。

经费来源　由热心家捐助。

中国学校（The Chinese School）

地　址　毛吁箧辖天里社。（Thanni,（Maubin Dist）Burma.）

沿　革　创办于民国十四年，至民国十八年，改用新学制。

创办人　许经凤、陈水固。

董　事　许经凤、陈水固。

教职员　林醒。

学生人数　19名。

经费来源　除收学费外，由陈水固、许经凤二位校董捐足。

中兴学校（Chung Hsing Chinese School）

地　址　彬文那埠仁轻路。（Genkin Road, Pyinmana, Burma.）

沿　革　民国七年11月开办，彼时完全采用旧学制，民十五以后，新旧学制并用，至本年5月起乃完全采用新学制，以国语教授。

创办人　王文浅、杜天益、郭炳祥、陈清良、郭心悦、庄天来。

董　事　郭炳祥、陈盛耸、杨章绸、电灯公司等17人。

教职员　郭云漳、王崇礼、陈清良、胡亚夫、杜天运、王搏昌、叶贻明、陈书札、郭光灿、郭维椅、王悌溪、杨乌福、郭礽弈、胡波臣、颜文焕、王一山、谢秋容。

学生人数　65名。

经费来源　由华侨热心捐集基金生息及抽收货捐。

启民学校（Cake Min Chinese School）

地　址　茂礼。（Bogale, Burma.）

沿　革　前清宣统元年创办，名侨成学校，民国九年改定今名，照新学制经理。

创办人　曾天和、简乾铨、简羡强、曾文孝、曾生华。

董　事　郭天和、黄有田、曾生华、庄成桂等16人。

教职员　校长曾元孝，副校长陈嘉勤，总理叶德三，副总理简高木，财政简羡强，副财政曾汝壬，学监魏坤芳，交际曾傅左、简锦帆，文牍简迎宾，教员杨声徽、简炯山。

学生人数　61名。

经费来源　年需经费5000余盾，除抽收屠兽捐、土油捐、舢舡捐计得4000余盾外，余由各董事分担捐足。

建文学校（Kyan Boon School）

地　　址　节东埠。（Sittaung，Burma.）
沿　　革　民国九年3月开办，至民国十七年改用新学制。
创办人　叶日新、叶文源、郑老婴、郑云明、叶清景等14人。
董　　事　叶万全、郑妈瓦、叶金陵、叶大掺等14人。
教职员　陈贺益、吴汇川。
学生人数　54名。
经费来源　所需经费系由田租利息及莲复成、莲和兴、煤油捐、莲发公司米捐得来。

荣智学校（Wain Chee Chinese School）

地　　址　瑞朗益。（Shwedaungyet，Burma.）
沿　　革　初为明伦学校，民十年改为今名，照新学制办理。
创办人　梁表裕、李福就。
董　　事　梁表裕，校长梁毅持，副校长林奏，校董李福就、李伟文等10人。
教职员　教务主任马琼石，女教员梁丽卿。
学生人数　29名。
经费来源　经费均由热心家捐助。

兴华学校（Hin Hwa Chinese School）

地　　址　良礼笾。（Nyaunglebin，Burma.）
沿　　革　开办于民国三年4月，后被祝融税驾，全校焚毁，至民国十六年3月重新建筑校舍，十八年7月告竣续办，采用新时代教科书。
创办人　陈大性、陈好椅、曾仁沙、陈头绪。
董　　事　刘逢吉、赵金山、刘孔森、曾有福等18人。
教职员　校长张舜琴，教员邱锡荣、许协力，书记陈怡培，财政永德美，庶务林昆郡。
学生人数　66名
经费来源　常年经费约需6000盾左右，抽收粟捐、猪码、杂货捐和个人热心家拨充。

中山学校（Chun Shan Chinese School）

地　　址　果岭。（Kawlin，Upper Burma.）
沿　　革　开办于民国十八年1月，遵照祖国教育部章办理，并注重党化教育。
创办人　林长昌、刘必桢、寸承恩、李生泽等12人。
董　　事　林长昌、刘必桢、寸承恩、李生沛等16人。

教职员　林小鹤。

学生人数　27名。

经费来源　由本校全体董事担任年捐，每年收支相等。

笃育新校（Tock York New Chinese School）

地　址　恭文倪。（Kyonmange，Burma.）

沿　革　创办于民国十六年7月，照新学制办理，并用国语教授。

创办人　张耀西、黄渥卿、刘正长、黄华忠等14人。

董　事　张满桃、张家声、陈维周、刘善勋等9人。

教职员　总理刘正长、黄华忠、校长张耀西，财政黄渥卿，庶务简石良，文牍江南春，交际吕勉周，主任教员苏震寰。

学生人数　45名。

经费来源　每年需经费2500盾，除由基金生息外，不敷则由本埠各热心家捐助。

敏慧学校（Min Hwee Chinese School）

地　址　东遵。（Taungzun，Burma.）

沿　革　成立于民国四年，至民国十七年改用新学制。

创办人　陈妈珍、陈文生、丘粪扫、许福赞等5人。

董　事　苏妈珍、高清扬、陈文队、王皆再等20人。

教职员　教务主任王文烺，庶务员王德美、林文党，征收员高文芳、张思德，会计曾文章。

学生人数　28名。

经费来源　常年经费，由本埠及附近山芭各商号担任月捐及由煤油捐拨充之。

时敏学校（The See Myin Chinese School）

地　址　杰柳军。（kanyuthwin，Burma.）

沿　革　本校创办于民国元年，因经费支绌，曾一度停办，至民国十六年续办以后，即用新学制。

创办人　庄温琴、陈以德、陈广厚、李伯禄等13人。

董　事　永协隆、广茂、和兴美、和美等8家。

教职员　陈嘉模、陈以德、曾文雷、李安然等。

学生人数　32名。

经费来源　抽收杂货捐、粟捐拨充。

新民学校（Sin Min Chinese School）

地　址　恩星澳降埠。［P. Street，Okkan P. O.（Lnsein Dist）Burma.］

沿　革　民国九年6月开办，是年12月，因教员黄君身故，遂至停课。至民十聘得温旅南君为主任教员，复行开课，民十四改用新学制，十六年添授三民主义。

创办人　丘笃生、张银粦、张继昌、谢錾粦等9人。

董　事　谢栢粦、温业和、丘笃生、李欢能等9人。

教职员　校长温旅南，义务教员叶公亮。

学生人数　40名。

经费来源　除收学生学费外，由各埠侨胞乐助，如仍不敷，则由五属会馆津贴。

培华学校（Pui Hwa Chinese School）

地　址　凛不力。（Hninpalt，Burma.）

沿　革　民国十五年创办，采用新学制。

创办人　王清来、苏凤仪、杨如切、周文胡等5人。

董　事　周和尚、曾文重、苏水城、苏水应等7人。

教职员　总理苏凤仪，校长杨如初，教员杨希宽，财政源栈。

学生人数　24名。

经费来源　经费年需900至1000盾，由热心家捐助。

维新学校（Ee Sin Chinese School）

地　址　新彪遵。（Sin by ungyun，Burma.）

沿　革　成立于民国纪元前八年八月，后因经费支绌停办，民国十六年改用新学制。

创办人　陈文报、陈朝阳、陈明舜、雷新政等16人。

董　事　庄宗宝、钟武万、黄慎昌、苏友绵等16人。

教职员　黄文续、林文良、陈明卿。

学生人数　37名。

经费来源　由本埠各商号担任年捐。

敦化学校（Toon Hwa Chinese School）

地　址　吉叻埠。（Kyaiklat，Burma.）

沿　革　民国十一年2月成立，至十四年因经费支绌宣告停办，民国十六年乃行续办，改用新学制。

创办人　杜宗乞、杨章爪、蔡德机、郑玉成、林督邦。

董　事　杜宗乞、郑玉成、王福星、杨清源、林督邦等25人。

教职员　林朝情、颜亚年、陈永成、陈三尊、王学渊、郭宗文等。

学生人数　43名。

经费来源　年需经费 2000 盾左右，由承包猪码、当码所得余利拨充。

中华学校（Chinese School）

地　　址　峰都寺。（Paungdawthi，Burma.）

沿　　革　成立于民国十一年 5 月，用旧学制，迨至民十四年始改用新学制。

创办人　陈双珪、吴赵云、陈知母、叶清赞等 10 人。

董　　事　陈高福、陈文仙、陈允宗、刘亚川等 15 人。

教职员　陈知母、李玉振、林沮如、陈金仁、吴赵云。

学生人数　23 名。

经费来源　由猪码捐及杂货捐得来。

共和学校（Kyong Toung China School）

地　　址　新火车路彪关。（No. 233，Chinese Street，Pyu，Burma.）

沿　　革　民国八年开办，初用旧学制，近始照新学制办理。

创办人　石迪甫、陈清波、侯亚炮、陈亚存等 6 人。

董　　事　曾振发、陈水琼、陈亚存、石迪甫等 15 人。

教职员　傅维杰。

学生人数　46 名。

经费来源　临时筹捐。

育华学校（York Hwa Chinese School）

地　　址　苗旺。（Myanaung，Burma.）

沿　　革　开办于民国六年 1 月，民国十四年冬，本埠发生火祝，几成灰烬，幸诸董事热心教育，竭力题捐，重复建筑校舍，始有今日之现象。

创办人　吴文孔、龚承谱、叶益茹、陈善华。

董　　事　龙永善、叶益茹、曾天助、曾根旺。

教职员　总理吴文孔，校长陈善华，教员陈友松。

学生人数　27 名。

经费来源　本埠产糖，由福兴号、协兴号和卖，每百斤抽价 2 盾以充经费。

兴华学校（Singh Hwa School）

地　　址　南督波墩埠。（Namtu Bawdwin，Burma.）

沿　　革　创办于民国七年。

创办人　思相成、思必钰、郗光廷、张玉林、尹明初。

董　　事　思鸿巨、金如亮、管连相、郗裕廷等 16 人。

教职员　李天华。

学生人数　38 名。

经费来源　年需经费由热心商号捐助。

知本学校（Tee Poon Chinese School）

地　址　米粦。（Bilin, Burma.）

沿　革　民国八年开办，中因经费支绌停办年余，现照新学制办理，兼授三民主义。

创办人　苏妈贺、苏秋水、苏及仰、吴天球。

董　事　苏妈恭、苏及郡、苏秋水、邱初源等10人。

教职员　陈汝骥。

学生人数　26名。

经费来源　由各校董担任月捐。

中正学校（Chong Chong School）

地　址　最杯埠。（Kywobwe, Burma.）

沿　革　民七创建，旋中辍，迨去岁始续办。

创办人　庆丰年米厂、陈清波。

董　事　庆丰年、陈清波、吴文越、杨南泰等13人。

教职员　教务主任陈新知，义务教员杨南泰、林溪水。

学生人数　46名。

经费来源　年需经费由校董暨热心商店捐助。

中正学校（Kyone Ching Chinese School）

地　址　腊戍埠。（Lashio, Burma.）

沿　革　民国十八年8月开办，照新学制办理。

创办人　张合德、梁器之、朱宗宝，张群有等15人。

董　事　张合德、张福源、黄梁梦、伍福明等9人。

教职员　黄云。

学生人数　30名。

经费来源　每年经费，除和包饷码所得之款外，不敷由各商号捐足之。

觉华学校（Kak Hwa Chinese School）

地　址　荷西光。（Othegon, Burma.）

沿　革　民国十三年创办，未几因经费支绌停办4年，至民国十八年1月始行续办。

创办人　吴家枫、吴候钗、倪敬根、许敬城等6人。

委　员　陈金镇、吴家枫、吴候钗、倪来兴等16人。

教职员　陈金镇、倪来兴、陈水阔、张水根、邱清山、吴昭等。

学生人数　40名。

经费来源　年需经费1500余盾，由酒廊、猪码捐及侨胞捐助拨充之。

培侨学校（Phay Kyu Chinese School）

地　　址　宋砌。(Thonze, Burma.)
沿　　革　民国十七年9月创办。
创办人　朱壬癸、李家骓、曹南进、马观羡等5人。
董　　事　冯延石、罗熙、许耀辉、林亚盛等9人。
教职员　正总理李家骓，副总理朱壬癸，财政罗亨，庶务黄栋，教员马观羡。
学生人数　16名。
经费来源　常年经费除征收学费外，另由朱壬癸暨各董事担任月捐拨充之。

建文学校（Kyan Boon Chinese School）

地　　址　勿外埠。(Magwe, Burma.)
沿　　革　本校创办于民国元年5月，至民国十五年方改用新学制。
创办人　黄清速、陈文萍、龚水竹、陈细约等5人。
董　　事　林火炎、陈细约、龚水竹、杨以专等13人。
教职员　林逢源。
学生人数　28名。
经费来源　年需经费2000余盾，抽收土产捐拨充之。

育文学校（York Boon Chinese Boy's School）

地　　址　知模埠。(Hsipaw, Burma.)
沿　　革　民国七年创办。
创办人　张介周、陈庆山、林天乞、庄明简等7人。
董　　事　德记栈、长茂栈、新生军、永万栈等18家。
教职员　庄明简、林天乞、陈庆山、杨章甫、陈文约等。
学生人数　50名。
经费来源　年需经费3000盾，由和包饷码及抽收货件捐所得之款拨充之。

光华学校（Kong Hwa chinese School）

地　　址　礼勃坦。(Letpadan, Burma.)
沿　　革　民国四年创办，十七年因经费支绌暂告停办，本年2月始行续办，照新学制办理。
创办人　陈水仙、林九级、王永泰、王臭头等8人。
董　　事　阮三白、江水刊、德安当、蔡世添等11人。
教职员　学监庄汝恭，教员蔡亨智。

学生人数　42名。

经费来源　年需经费2100余盾，除收货捐外，不敷由董事捐足。

新民学校（Sin Min Chinese School）

地　　址　皎墨埠。（Kyaukme, Burma.）

沿　　革　民国八年春季筹办，翌年成立，向系采用旧学制。

创办人　尹瑞琳、尹瑞瑜、余自兴、李家声等6人。

董　　事　尹瑞琳、尹瑞瑜、余自兴、董从龙等7人。

教职员　寸树昌。

学生人数　24名。

经费来源　年需经费除征收学费外，由各董事担任年捐、月捐拨充之。

义华学校（Gee Hwa Chinese School）

地　　址　居脉埠。（Kume, Burma.）

沿　　革　民国十年8月创办，十六年春季改用新学制。

创办人　杜诗竹、周文桄、杜启仁、杜廪生等16人。

教职员　总理杜诗竹，教职员黄振宗，助教杜赞智。

学生人数　36名。

经费来源　年需经费2200余盾，由各热心家捐题。

育成学校（Yu Cneng Chinese School）

地　　址　密支那埠汉人街。（China Street, Myitkyina, Upper Burma.）

沿　　革　民国十六年5月开办，迨至民国十八年，方改照新学制办理。

创办人　侯炮华、楚朝纲、李元昌、李顺球等7人。

董　　事　尹继周、张维周、杨启万、杨绍震等18人。

教职员　李步安、张天然、侯玉湘。

学生人数　52名。

经费来源　年需经费约2000盾，除征收学费外，由本埠华侨担任及各项特别捐拨充之。

中华学校（Chug Hwa Chinese School）

地　　址　多伟。（Tawwi, Burma.）

沿　　革　民国九年1月创办，初时用旧学制，民国十三年始采用新学制，并用国语教授。

创办人　陈福顺、陈嘉诚。

董　　事　泉原、联和、泉安、万德等12家。

教职员　总理吴祥连，副总理陈赤九，财政永隆美，副财政永茂，庶务曾如辉，教员陈邦基。

学生人数　24名。

经费来源　当年经费约2500盾，除募特别捐及货捐、屠兽捐、酒廊捐，外不敷由董事捐足之。

培智学校（Phay Kyi Chinese School）

地　址　杰沙。(Khatha, Burma.)

沿　革　民国十四年10月创办，采用新学制，纯用国语教授，民十八迁至本埠国民党分部楼下上课。

创办人　朱彰业、梁衍庭、周志鹏、梁耀海等8人。

董　事　名誉总理朱家耀，正总理梁衍庭，副总理黄邦能，财政朱彰业，监学董友兰，书记刘振元，庶务梁学嵩等。

教职员　校长朱耀南，教员耕云氏、潘剑雄。

学生人数　39名。

经费来源　常年经费约需4000余盾，全靠饷码、特别捐及侨胞捐助。

辉南学校（Whee Lam Chinese School）

地　址　彬直渣。(Pyuntaza, Burma.)

沿　革　民国七年开办，至十七年改新学制。

创办人　陈天理、廖逢超、蔡登熊、陈有全等8人。

董　事　陈瑞雨、林银创、李龙岩、陈沙坛等12人。

教职员　陈祯祥、蔡有拨、李振隆、蔡有福、陈亦樵等。

学生人数　55名。

经费来源　全靠猪码捐及粟捐。

育英学校（Yok Yeng Chinese School）

地　址　丹老赤芽社。(Seiknge Quarter, Mergui, Burma.)

沿　革　民国六年开办，民国十二年改用新学制。

创办人　梁鸣洽、朱经陶、陈庚裕、梁长寿等8人。

董　事　陈庚裕、朱经陶、梁怀廷、吴庚星等8人。

教职员　林茂。

学生人数　26名。

经费来源　募捐及公益捐。

中华公立学校（Chong Hwa Chinese School）

地　址　丹老港口社。(Konkaw Quarter, Mergui, Burma.)

沿　革　民国三年开办，至十三年改用新学制。

创办人　欧阳威、张植塔、李德成、陈丰源等13人。

董　事　陈再成、沈钟寄、欧阳威、李德成等18人。

教职员　锡英、陈金英、尤傅昭。

学生人数　53名。

经费来源　募捐及公益捐。

汉民学校（Hon Main Chinese School）

地　址　土瓦咸缅依。(Hermingyi, Tavoy, Burma.)

沿　革　民国十二年开办，至民国十八年改用新学制。

创办人　林惠常、李和顺、萧汉民、李平结等8人。

董　事　郑仰、林万流、季耀检、余根等14人。

教职员　萧剑冲。

学生人数　37名。

经费来源　由本埠各侨胞捐助，及请会所得之款拨充经费。

缅甸美以美会中西学校（Methodist Boy's High School）

地　址　仰光克里克街。(Creek Street, Rangoon.)

沿　革　1904年开办，原为缅人而设，后因华人子弟就学者日众，特增设汉文部，照英政府学制办理，每级加授汉文1小时。国民班用闽粤语分班教授，高级小学用国语教授，中学部完全用英文。

创办人　美人勒博士。(Dr. C. H. Riggs.)

教职员　李竹瞻、林福才、梁起予、杨金水、曹根元。西人　Rema, Karen, Miss Arr Atoon, Armemen 等。

学生人数　213名。

经费来源　英政府与美以美会拨助。

华侨美会中英学校（Methodist Englo Chinese School）

地　址　仰光甘马育。(Kamayut, Rangoon.)

沿　革　本年6月开办，用新学制，为增高英文程度起见，每日授英文2小时，汉文课3小时。

创办人　李竹瞻。

董　事　许昌和、许善明、季瑞庭、关瑞屏等8人。

教职员　李竹瞻、李嵩浦、李幹新。

学生人数　32名。

经费来源　除由热心教育者赞助外，由仰光粤侨美以美会同人负担。

真光华英男女学校（Chin Kong Chinese Boy's & Girl's School）

地　址　瓦城唐人街。(China Street, Mandalay, Burma.)

沿　革　民国十二年开办，采用新学制，全校用普通话教授，至民国十四年，初级改用广东土音教授，高级用普通话教授。

创办人　张令泮、容锡云、陈开清、蒋少怀等6人。

董　事　梁长盛、张群有、张群鸿、彭三耀等13人。

教职员　麦伯亨、张万福。

学生人数　31名。

经费来源　浸信会会员担任年捐和向外界募捐。

思明学校（St. Aidanis Chinese School）

地　址　毛淡棉。（Moulmein，Burma.）

沿　革　本校创办于民国纪元前五年，中西文并重，近改用新学制。

创办人　丘伯钟。

董　事　温著牧师。

教职员　丘伯钟、丘桂墀、杨日荣、陈思明等。

学生人数　108名。

经费来源　英学部津贴，并收学费，不足则由丘伯钟君协同圣公会牧师设法筹足。

暹京华侨学校（民国十八年调查，转录《中央侨务月刊》）

年来我国政府对于华侨教育之设施极为注意，即南洋各地华侨也正不遗余力。素称繁盛之暹京曼谷，我侨胞所创办之学校随处林立。兹将调查所得各学校名称分列如下：

培英学校	新民学校	进德学校
明德学校	育民学校	玫瑰学校
协益学校	黄魂学校	养才学校
崇真学校	广育学校	三民学校
国光学校	民生学校	光华学校
三育学校	醒华学校	联合学校
培才学校	导民学校	维德学校
晨光学校	工余学校	竞青学校
觉民学校	商业学校	建青学校
孔教学校	华侨学校	培元学校
潮州女学	坤德女校	培华女校
中正女校	建和女校	懿德女校
洁芳女校	存真女校	

以上在暹京华校，共有38间。

暹罗华侨学校（民国十四年调查，转录中华民族之国外发展）

在盘谷市者

校 名	属别	学生数	校 名	属别	学生数
培英学校	潮属	480 名	育民学校	琼属	320 名
进德学校	客属	220 名	明德学校	广肇属	180 名
培元学校	闽属	80 名	机器工人学校	广肇属	100 名
工业平民学校	混合	220 名	联合学校	潮属	50 名
崇真学校	客属	50 名	道南学校	潮属	60 名
玫瑰小学校	天主教	100 名	琼侨夜校	琼属	80 名
琼岛夜校	琼属	80 名	南溟夜校	琼属	80 名
培英夜校	潮属		潮州女子公学	潮属	400 名
坤德女学	广肇属	150 名	存真女学	耶稣教	150 名
懿范女学	客属	50 名			

在各省州府者

校名	所在地	校名	所在地
民生学校	网銮下南浦	觉民学校	大城
启蒙学校	万仑	培华学校	华富里
培才学校	万面	中华学校	北榄坡
育英义务学校	佛丕	醒民学校	彭世络
振汉学校	万磅	中华学校	大哞
育英学校	程罗	英华学校	清吻
成梁学校	程粮	华益学校	佛统
南华学校	尖竹汶	育英学校	柯叻
见思学校	柯叻	中国国民学校	宋卡
国民学校	青迈	培兰学校	廊升
鸿成学校	万佛岁	宏华学校	万佛岁
华民学校	博南口	明新学校	新城
培才学校	龙仔厝	育才学校	洛坤南邦
启明学校	他巢	益群学校	合艾
平民学校	陶公		

又据黄征夫君《30 年来暹罗华侨教育概况》，分华侨学校为三时期如下：（见《小吕宋中西学校三十周年纪念刊》）

第一期

校名	属性	校名	属性
新民学校	潮属	大同学校	潮属，不三年停闭
南英学校	同上	中华学校	潮属
进德学校	客侨	明德学校	广侨

第二期

校名	属性	校名	属性
振坤女校	同属于新民学校	潮州女校	同属于中华学校
维德女校	同属于进德学校	坤德女校	同属于明德学校
盘谷学校	教会所办	存真女校	教会所办

第三期

校名	属性	校名	属性
培英学校	潮属（新民、中华合并）	三民学校	潮属
新民学校	前新民学校同学创办	培华女校	客属
黄魂学校	潮属	励智女校	同上
育民学校	海南属	华侨公学	同上
协益学校	潮属	孙文学校	客属
新潮学校	同上	洁芳女校	同上
华侨专科学校	同上	中山女校	同上

安南华侨学校（民国十八年调查）

校名	校址	性质	校名	校址	性质
义安学校	堤岸	公立	孟材书馆	堤岸	私立
中法学校	同上	同上	全著学校	同上	公立
坤德女校	同上	同上	福建学校	同上	同上
研农学塾	同上	同上	崇正学校	永隆	同上
穗城学校	同上	同上	华侨学校	西贡	同上
兼善学校	同上	同上	崇正学校	梭椥	同上
广肇学校	同上	同上	崇正学校	茶句	同上
崇正学校	芹苴	同上	仰华学校	薄寮	同上
崇正学校	堤岸	公立	广肇学校	东川	同上
精武学校	同上	同上	永善学校	泳濂	同上

又据陈远澜君《30年来安南华侨教育概况》所述，华侨学校有如下列：（见《小吕宋中西学校卅周纪念刊》）

校名	创办人	地址	校名	创办人	地址
闽漳小学	陈成、林联庆等合创办	堤岸	中法中学校	与法人合办	堤岸
穗城学校	广东华侨	堤岸	崇正学校	客帮华侨	

义安学校	潮州华侨	同上	精武学校	闽粤华侨	堤岸
乐善学校	南海华侨		三民学校	琼州华侨	
平善学校	广东华侨		新民学校		美荻
振亚学校		扒草布	志成学校		西贡
坤德女校	同上	堤岸	广肇学校	广肇华侨	东川

以外沙的、邦铁、柬埔寨、宅郡诸埠的学校也先后成立。

北婆罗洲砂朥越国古晋坡侨校一览（民国十六年调查）

校名	校址	教员	学生	成立期	学费	常年费
福建	毛士律	11	260	民元年	每名月收1元，贫者免	政府每名月贴1元，余由圣王宫尝及闽侨捐足
民德	汉阳街	6	110	民七年	每名月收3元，2元1元不等	政府月贴50元，余由上帝庙尝及潮侨捐足
公民	亚答街应利馆	3	70	民七年秋	高小每名月收3元，国民1元	政府月贴100元，余由客属人捐足
益群	亚答街广肇会馆	4	90	民七年	每名月收3元、2元不等	政府月贴50元，余由某公司及粤侨捐足
大同	亚答街埔邑公所	7	120	民十二年	每月高小收3元，初小2元、1元	政府月贴100元，余由大埔旅越人捐足
侨琼	亚答街侨琼公所	1	30	民十二年	现贫富月收3元、2元、1元	
敏励	大中街	1	30	民十三年	同上	
亚多马	亚答街后	15	450		每名月收2元	政府月贴500元，余由耶稣教会垫足
玛利亚	博物院后	10	350		同上	政府月贴200元，余由天主教会垫足

荷属婆罗洲华侨学校（民国十八年调查）

古达马路（Kotabaroe）
  中华学校
    总理　林玉璋　　　　校长
    教员　3人　　　　　学生　85名

三马林达（Samarinda）
  中华学校
    总理　曾清达　　　　校长　杨长民
    教员　9人　　　　　学生　215人

巫劳（Berouw）
  中华学校
    总理　黄辰与　　　　校长　曾希贤
    教员　2人　　　　　学生　58名

生瓦生瓦（Sangasanga）
  中华学校
    总理　陈庆万　　　　　　　校长
    教员　2人　　　　　　　　学生　85名

麻厘巴板（Balik Papan）
  中华学校
    总理　吴义仁　　　　　　　校长
    教员　9人　　　　　　　　学生　157名

吗辰（Bandjer Masin）
  中华学校
    总理　张顺友　　　　　　　校长　曾雄
    教员　　　　　　　　　　　学生　158名

坤甸（Pontianak）
  图存学校　　　　　　　　　胶容学校
  振强学校　　　　　　　　　坤甸学校
  中华学校

打拿根（Tarakan）
  中华学校

英属北婆罗洲华侨学校（民国十九年调查）

一、亚庇（Jesselton）

中华学校　　　明德女校　　　崇德学校　　　平民学校
津侨学校（以上为华侨所办）　圣心学校　　　培育学校
诸圣学校　　　　　　　　　　乐育学校（以上为教会所办）

二、山打根（Sandakan）

华侨学校　　　明新学校　　　启华学校　　　育侨学校
中华学校　　　中华女校　　　女子职业学校　振华学校（以上系华侨所办）
监督会学校　　巴生会学校　　天主堂学校（以上系教会所办）

三、丹南（Terom）

闽南学校　　　华侨公学

四、保佛（Beaufort）

中华学校（华侨所办）　　　　协和学校（教会所办）

五、古达（Kudat）

圣雅谷学校（教会所办）

六、巴吧　Papar

孔文学校

七、王麻骨（Mernbokut）

培英学校

八、古达毛律（Koda Belud）

中华学校

九、纳闽（Labuan）

启文学校

十、西林堡本（Silimpopeng）

华侨学校

西里伯岛华侨学校（民国十九年调查）

一、望加锡（Macassar）

中华学校　　中山公学　　正义学校　　华民学校　　培正学校

二、万雅佬（Menado）

中华学校　　育才学校

三、巴力巴力（Pare Pare）

中华学校

四、葫芦拱吧（Baeloe Kaemba）

仙逸学校

五、达古邻那（Tagoolandang）

华育学校

六、巴礁（Peta）

中华学校

七、打巴各（Tomloekoe）

中华学校

龙目岛华侨学校

一、安班澜 中华学校　二、纳务亚利 中华学校　三、籍加膦 中华学校　四、峇厘峇东 光华学校　五、巴来耶 中华学校

南洋华侨学校最近状况之调查

学校状况变迁无定，一校如此，一地尤甚。况南洋各校受环境与经费之影响，其变迁尤速。兹特根据民国十八、十九年间南洋各报所载华侨学校之近况，分类编述于下。惟阅报所及，不免挂一漏万，特借此以见一斑耳。编者钱鹤志

一、新办学校

新加坡：　南洋女子体育学校　　华侨义学　　　　中国女学中文科
　　　　　余氏家塾　　　　　　加东同文学校　　星洲女学校
　　　　　中英学校　　　　　　兴华学校　　　　华侨国语学校
　　　　　马来语专修学校　　　星洲民立公学　　励新学校

槟榔屿：　雅南师范学校　　　　三山学校　　　　育才学校
　　　　　台山平民学校　　　　培英学校　　　　三育学校
　　　　　启明学校　　　　　　集群学校　　　　平民学校（武吉雅丁）
　　　　　崇正学校　　　　　　光华学校　　　　平民学校（峇来仔）
　　　　　中山学校（数校合并）

马来半岛：司南马公立育强学校　　高仔武劳中华学校
　　　　　吉隆坡平乐学校，华义学校　根登中华学校
　　　　　十五碑半日半夜中文学校　瓜拉雪兰莪益智学校
　　　　　北西吗育英学校　　　积莪营华侨公立学校
　　　　　太平走马埔启明学校　麻坡真如学校
　　　　　立卑公立学校　　　　巴生中英夜学校
　　　　　芙蓉大华学校　　　　朱毛公立培正学校
　　　　　赖影育民学校　　　　地摩培民学校
　　　　　万津中山学校

沙朥越：　龙呀坡公立华侨学校　　蒲罗岸中华学校
　　　　　成邦江公立培才学校

爪哇：　　泗水平民学校　　　　泗水华侨小学
　　　　　芦马亚横中华学校

苏门答腊：龙葛芦茫中华学校　　　占碑震南学校

		巴东宁仔侨民学校		英得利其中华学校	

暹罗： 光华学校　　　　　　　　华杏维华学校
　　　　马德望育群小学　　　　　清迈公立光华学校　　华侨女学
　　　　坤西施新民学校　　大同学校　　培华学校　　培侨学校
安南： 堤岸华英女学　　　茶荣福建学校
　　　　丐冷潮州学校　　　中华学校

二、新办中学

槟榔屿南强中学　　　南洋中学　　　泗水华侨中学　　暹罗华侨中学
苏岛苏东中学　　　　实兆远中学　　万鸦老中学　　　泗水南华学校初中
太平震华学校初中　　厨闽中华学校初中

（注）上述各校中，有已成立者，亦有在筹备中者。

三、停办学校

爪哇中华学校　　　　暹罗养才学校　　　　爪哇吉里渊中华学校
吉打山中华学校　　　南海漳中华学校　　　缅甸崇信学校
百格亚南中华学校　　芙蓉启华学校　　　　星洲华侨义学

（注）以上各校中，有已停办者，亦有因经费困难、负责无人，势将停顿者。

四、发生风潮

泗水中华学校　　　　巨港华侨学校　　　　槟城中华中学
安汶培德学校　　　　玛珑中华学校　　　　江沙荣华学校
暹罗越迪中华学校　　曼谷培英学校

五、筹建校舍

爪哇老巴杀平民学校　　　邦加文岛中华学校
南榜的鹿中华学校　　　　雪兰莪干中育强学校

六、统一办理

万隆： 华侨师范、华侨公学、平民公学、中华学校、平民学校 5 校。
井里汶： 中山学校、平民学校、中华学校 3 校。
宋卡： 正德学校、国民学校 2 校。

七、政府压迫

芝拉扎瘴仙中华学校　　暹罗培华女学　　　　暹罗淡水草场中华学校
黄桥光华学校　　　　　呜辰中华学校　　　　思思中华学校
坤甸振强学校　　　　　北加浪岸中华学校　　巴敢中华学校

棉兰第三区校　　　　　　火水山中华学校　　　　　　三宝垅中华学校

（注）以上各校，大都是校长、教员被居留政府限令出境，或有停职者。

八、联合运动会

槟城华校联合运动会　　　　棉兰华校运动会
马来亚华侨运动大会　　　　挂罗比朥华童联合运动会

九、学生联合会

爪哇学生联合会，加入者有：泗水中华学生会，三宝垅校友会，吧城学生会，玛琅学生会，苏里巫眉学生会，万隆同学会，乌奴义里校友会，梭罗学生会，伯罗拉青年会。

十、童子军

爪哇：茂草亚公、绒网、多隆亚、井里汶四华校皆办有童子军。

第二篇——统计之部

108所华侨学校内容之统计

钱　鹤

　　本部自十七年着手调查华侨学校，寄发表格2次，委托友人三四，陆续填寄者，至十八年底，得108校。（载在本书首篇）兹将岛别、校别等统计于后，虽校数无多，而南洋侨校状况于此亦可见一斑矣。

　　又本表以校数为经，以事项为纬，凡有数字，多系校数，此种统计方法可以见侨校办理优良与否之多寡，且最足以相互比较也。

十九年6月统计者钱鹤识于暨大

一、岛别

岛名	校数	百分比	岛名	校数	百分比
马来半岛	27	25	苏门答腊	20	18.4
爪哇	14	12.96	新加坡	7	6.48
邦加	6	5.55	越南	6	5.55
暹罗	6	5.55	槟榔屿	5	4.62
荷属婆罗洲	4	21.7	英属婆罗洲	4	3.7
菲律宾	3	2.77	小巽他	3	2.77
西里伯	2	1.84			

二、校别

校别	校数	百分比	校别	校数	百分比
完全小学	78	72.22	初级小学	10	9.25
初级中学	3	2.77	小学兼幼稚班	3	2.77
小学兼补习班	2	1.84	小学兼幼稚班、补习班	2	1.84
小学兼补习夜校	2	1.84	幼稚园	1	0.92
师范学校	1	0.92	职业补习学校	1	0.92
小学校、幼稚、初中及补习夜校	1	0.92	高中初中	1	0.92

三、经费

费别	校数	百分比	费别	校数	百分比
有基本金	30	27.77	经常费不足	39	36.11
有董事、商店月捐	33	35.55	不收学费	6	5.55
有商货捐	17	15.74	其他来源	18	16.66
有居留政府津贴	7	6.48	经常费相抵	64	59.25
由总理担任	3	2.77	收学费	102	94.44
经常费有余	5	4.62			

（注）前3项基本金、商货捐、月捐不能截然划分，常有一校兼2项、3项者。

四、设备

项别	校数	百分比	项别	校数	百分比
校舍自有	54	50	校舍借用	21	19.44
校舍租赁	14	12.96	有运动场	32	29.62
有图书室	45	41.66	有礼堂	28	25.92
略备仪器、标本	53	49.07			

（注）内有19校校舍自有或租借，未详。

五、学生

名额	校数	百分比	名额	校数	百分比
26–50	15	13.88	51–100	22	20.37
101–150	22	20.37	151–200	12	11.11
201–300	16	14.84	301–400	8	7.4
401–500	7	6.48	501–700	5	4.62
701–800	1	0.92			

六、科目（只有61校，其他不详）

科目	校数	百分比	科目	校数	百分比
国语	61	56.48	算术	60	55.55
公民	41	37.96	英文	49	45.37
常识	42	38.88	卫生	32	29.62
历史	54	50	地理	52	48.14
自然	53	49.07	商业	22	20.37
工艺	45	41.66	图书	48	44.44

唱歌	57	52.77	体育	41	37.96
国文	14	12.96	社会	22	20.37
尺牍	17	15.74	三民主义	16	14.84
巫语	6	5.55	法文	5	4.62
暹文	5	4.62	作文	6	5.55
珠算	15	13.88	簿记	8	7.4
国音字母	6	5.55	书法	8	7.4
谈话	5	4.62	会话	2	1.84
游戏	2	1.84			

（注）其他尚有故事、文学、女红、文范、国技、默写、烹饪、国艺、修身、白话、训育、荷文、东印度史地、运动诸科目各1校。

七、教语（只有86校，其他不详）

语别	校数	百分比	语别	校数	百分比
全用国语	40	37.03	国语方言并用	16	14.84
低年级用方言	16	14.84	全用方言	5	4.62
兼用英语	8	7.4	兼用巫语	4	3.7
兼用荷语	1	0.92			

八、性别

性别	校数、名数	百分比	性别	校数、名数	百分比
男女同学	91校	84.25	全男学生	11校	10.18
全女学生	4校	3.7	男女分部	2校	1.84
男教员	689名	85.59	女教员	116名	14.40
男学生	16 399名	89.25	女学生	1974名	10.74

（注）男女教员数只有106校，尚有2校不详。又男女学生中，有女生数不明者数校，作男生算。

荷印华侨学校之统计（荷属华侨学务总会）

荷领东印度群岛散布于太平、印度两洋之间，面积达73万6千方哩，吾侨学校即散设于各群岛间，调查殊非容易。况本会既无偌大之经费，又无强制之权力，故最近虽曾2次发出调查表，嘱令各校填送，而结果照缴者不及三分之二，亦惟有徒呼负负而已。但侨学究为吾华侨切身之事业，症结所在自应唤起注意，以图补救。本会此次调查虽缺而不全，引为憾事，但除学生数、教员数、经费支出项下有推算而得者外，其余尽系实录。有心整顿侨学者，得此未始无所补益。

一、学校数

荷印华校的数目，据本会十五年度调查，苏岛东海岸有35校，巴达维亚20校，西婆罗洲19校，三宝垄18校，亚齐15校，勃良安14校，满由马斯13校，井里汶和泗水各12校，巴苏鲁安、麦斯基、梭罗各11校，北加浪岸、南望葛、都邦加各10校，谏义里、东婆罗洲各9校，峇里及龙目8校，巨港、廖内、勿里洞各6校，文那多、西里伯斯、帝问及佛罗里斯万丹各5校，苏岛西海岸、摩鹿哥、马都拉各3校，日惹、茉里芬、占碑各2校，丹巴奴利、蒙古露、南榜各1校，共计313校。

但近3年来，各地平民学校时有增设，如吧城、勃良安、井里汶、巴苏鲁安、满由马斯、梭罗诸府属，共计有11校之数。合计之，全荷属华校当已达324所了。

此324所华校中，除三宝垄华英中学外，余均系小学。虽有几所已添设初中，如吧城八帝贯、北加浪岸、玛郎、直葛、芝拉扎、苏格拉惹、加薄棉、邦加沙黄、勿里洞等处中华学校，大都设备简陋，均系附属性质。

二、学生数

学生的数目，苏岛东海岸有3932人，巴达维亚2601人，三宝垄2151人，邦加1380人，西婆罗洲1830人，泗水1501人，梭罗1159人，亚齐1223人，满由马斯1208人，勃良安1302人，万丹333人，井里汶1024人，北加浪岸1168人，南旺913人，马都拉111人，巴苏鲁安1107人，麦里齐684人，葛都1058人，日惹244人，茉莉芬197人，谏义里779人，苏岛西海岸301人，丹巴奴利100人，蒙古露39人，南榜50人，巨港603人，占碑250人，廖内677人，勿里洞667人，东婆罗洲780人，文那多300人，西里伯斯644人，摩鹿哥141人，帝问277人，峇里龙日704人，共计31 441人。内有女生8759人，约占男生38%。

三、教员数

教员数，万丹11人，巴达维亚98人，勃良安42人，井里汶34人，北加浪岸39人，三宝垄71人，南望30人，泗水58人，巴苏鲁安40人，麦思齐27人，满由马斯53人，葛都36人，日惹8人，梭罗37人，茉莉芬7人，谏义里32人，马都拉4人，苏岛西海岸9人，苏岛东海岸128人，丹巴奴利3人，蒙古露2人，南榜2人，巨港23人，占碑8人，亚齐37人，廖内27人，邦加46人，勿里洞28人，西婆罗洲59人，东婆罗洲27人，文那多14人，西里伯司21人，摩鹿哥5人，帝问及佛罗里司11人，峇里与龙目25人，共计1105人。

四、学校的行政与组织

（一）系统

荷印华校的行政系统，经本会此次调查，归纳起来可得下列 10 种：

1. 分董事、教务两部，董事主持校务，校长主持教务；
2. 校务、教务全由董事部包办的；
3. 校长一人主持的；
4. 校务由总理一人包办的；
5. 校务由总理、财政包办的；
6. 董事部另举学务委员管理学务的；
7. 董事部另举中英文学务委员，分别管理中英文 2 部学务，不相联络的；
8. 董事部有总理，教务部行委员制的；
9. 董事部行委员制，教务部有校长的；
10. 紊乱而无系统的。

董事部的组织，大都有总理、副总理、财政、文牍、庶务、评议诸人，关于经费出纳，由董事主持，教员聘请之权亦大都属于董事，所谓校长者，只不过支配教务而已，有时连教务亦被董事干涉。最荒谬者为中英分部，简直将一校学生分属二主，教授、训练绝不联络。系统紊乱，权限不清，经本会此次调查，实认为华校成效未显之一大原因。

（二）校舍

校舍有特建的，有租赁的，有借用公产的，有购用民房的。特建的在 182 所学校中（本会收到调查表的学校数）有 55 所，约占 30%。合用的只 54 所。

但这 54 所合用的校舍并非尽属特建的。特建而合用的校舍只有 9 所，尚合用的有 8 所，占特建校舍的 31%。其余 38 所是不合用的，其不合用的地方在哪里，虽略而不详，但大都不出下列四因：

1. 逼近街道；
2. 余地太少；
3. 声浪冲突；
4. 光线、空气不足。

华侨选择校基，大都不计及学生休息场所，并为将来学生发达时留扩充余地。因此学生一多，便只得将大礼堂分隔为数教室以敷应用，其光线、空气之不足和声浪之冲突，是其余事。

（三）设备

设备上，于 182 所学校中，有特别教室、校园、图书室、运动场的如下表：

1. 有特别教室的 23 校，占 12%；
2. 有校园的 65 校，占 36%；
3. 有图书室的 83 校，占 46%；
4. 有运动场的 130 校，占 71%。

这 182 所学校中，除 130 校有运动场外（但大都面积极小），余则有的借用公众运动场，有的未填，想是没有的。

运动器具，有木枪、哑铃、棍棒、铁杠、足球、乒乓球、球竿、网球、秋千、吊环、木球、木环、跳台、平行台、双彩圈、浪桥、星球、浪木、垒球、短棒、曲竿、跷跷板、木马、铁球等。

设备简陋为荷印华校的通病（经费支出只占5%而已），莫说标本、仪器备者极少，即挂图已属不多见了。学生用桌椅又都未能尽合儿童身体，有碍卫生。参考书更是稀少，甚至有连报纸也未备一份的。

（四）编制

各校编制如下：

1. 复式编制的58校；2. 有单式和复式的1校；3. 单级的11校；4. 有单级和复式的7校；5. 多级单式的10校；6. 道尔顿制的1校。

以上共计88校，尚有94校，有未填的，有填而不合的，如学程制、新制、以多数为主体、照教部定章、甲乙丙丁、男女分班等。

前列的复式编制中有高小合级的，有高小与初小的某一年级合级的，又有高小、初小编成单级的。教学之难，当可想见。

又各华校中，除小学6个年级外，又都设有幼稚班（或称国语练习班，又称预备班），它的性质在初级小学和幼稚园之间。

（五）课程

荷印华校课程皆采用新学制，惟其间插入外国文钟点很多。普通自初小三年级起即授外国文，每周时数，有自6小时至12小时，一到五、六年级竟有增至18小时的。今将本会调查所得，于182校中采用新学制课程外，复插入其他各科的科目与校数列后：

1. 加尺牍的33校；2. 加商业的26校；3. 加簿记的12校；4. 加爪哇地理的3校；5. 加东印度地理的1校；6. 加英语的46校；7. 加巫文的16校（其中有4校兼教英文）；8. 加荷文的1校；9. 加农业的1校；10. 加家事的1校。

外国语中占最多的为英语，约占72%，巫文占25%，荷文只占3%而已。但近3年来，外国文改授荷文的渐多，或感到英文不适用于荷属环境吧。华校课程中除加入外国文外，其次的要算是尺牍与商业，可见外国文与商业于华校课程中，应占有相当的地位。

幼稚班的课程大都是国语、注音字母、算术、音乐、游戏、形艺、工艺等科。

（六）教材

教材的采择，有用商务印书馆的，有用中华书局的，有商务、中华两种书并用的。用商务书馆的约占85%，中华的占2%，商务、中华并用的13%。但都嫌其与南洋时地不合，不适于用。其最感困难的，为自然、算术、社会、常识等课本。

（七）联络

荷印华校教员大都来自祖国，学生家长又大都不通华文、华语——爪哇更甚，外岛略差——故联络颇为不易。且华侨终日忙于商业，对于子女教育不甚重视。即有教师与之联络，或访问，或通信，成效亦很少。

据本会此次调查所得，于182校中，有38校与学生家长绝无联络的。想即因言语隔阂的缘故罢。其余各校所取联络的方法如下：

（1）开游艺会、展览会、运动会等以联络家庭。
（2）每月填发学生成绩报告书以报告家庭。

五、教学法与成绩考查法

各校采用的教学法如下：

1. 启发式49校；2. 设计教学法15校；3. 自学辅导20校；4. 道尔顿制6校；5. 注入、启发并用的5校；6. 普通教学法5校；7. 分团教法与设计教学并用的1校；8. 自学辅导与设计教学并用的2校；9. 注入、自学、辅导并用的1校；10. 注入、设计、启发并用的1校；11. 蒙台梭利1校。

以上共106校。尚有76校，有填报的，有填报而不知所云的，如"练习用注入法"、"专制方法"、"实际"等。总之，华校中有42%是无所谓教学法的。即上文中所载所谓道尔顿制和设计教学法，照华校现状之下看来又谈何容易。但非实地考察，在此也只得置疑了。

关于学生成绩考查，大都分平时、每月、每学期3种。其方法大都命题考试，间亦有采用中华教育改进社的标准测验的。平时评定成绩大都仍沿用记分法。用常态分配法的，在182校中只5校，用符号的2校，用百分法的1校。

六、训练

训练上有取放任的，有取严格的，有宽严并用的，有由学生自治的。就此4种列下：

1. 自治的16校；2. 宽严并用的13校；3. 严格的10校；4. 放任的4校。

其余有未填报的，有言"每日晨行训话"、"分个人训练与团体训练"的，大概都从方法上说明。其标准有用校训的，有用好国民的。

七、经费

荷印华校大都无基本金，今就182校调查表中所载，有基本金的只39校，占21%。今再将十五年度全荷属各府属华校经费支出数，就推算而得，载明于后：

万丹15 840，巴达维亚165 772，勃良安62 864，井里汶42 108，北加浪岸58 814，三宝垄129 960，南旺39 760，泗水105 780，马都拉7719，巴苏鲁安77 470，麦思歧40 445，满由马士63 895，葛都52 945，日惹13 874，梭罗56 225，茉莉芬11 479，谏义里41 954，苏岛西海岸13 550，丹巴奴利4500，蒙古露1760，南榜2150，巨港39 760，占碑22 360，苏岛东海岸26 2640，亚齐53 489，蓼渚32 714，邦加60 200，勿里洞40 714，西婆罗洲78 530，东婆罗洲49 040，文那多23 558人，西里伯司29 325，摩鹿哥7520，帝问14 460，峇里及龙目48 791。

经费收入有下列10种：

1. 学费；2. 董事月捐；3. 商店月捐；4. 货捐；5. 商会、丧事会补助费；6. 旅客捐；7. 卖彩票；8. 开夜市；9. 赌捐；10. 演剧筹捐。

平民学校为近5年来新崛起的学校，大多数为党部所办。其经费收入除党员月捐和学生学费外，大都赖学生演剧筹款来维持。中华学校经费除第一、第二、第三、第五4项外，其余如货捐收入，每随商场的盛衰为起落，卖彩票则非请准居留政府不可，请准甚不容易。赌捐惟邦加等岛为多。

八、荷印各府华校学生所占费

荷印各府华校学生按名所占费，最高的为占碑，最低的为井里汶，兹详载于下：

万丹47.5，巴达维亚63.07，勃良安48.3，谏义里53.8，北加浪岸50.3，三宝垄69.4，南望43.5，泗水70.0，巴苏鲁安69.8，麦斯基59.1，满由马斯51.9，葛都50.0，日惹56.4，梭罗48.5，茉莉芬58.2，井里汶41.1，马都拉69.6，苏岛西海岸45.0，苏岛东海岸66.9，丹巴奴利45.0，南榜43.0，蒙古露45.1，巨港65.9，占碑89.4，亚齐43.7，廖内48.3，邦加43.6，勿里洞61.0，西婆罗洲42.9，东婆罗洲62.6，文那多78.5，西里伯司45.5，摩鹿哥53.3，帝问及佛罗里司52.2，峇里与龙目69.5。

荷印土人教育状况之统计（1927年荷土教育委员会调查报告）

荷土教育委员会，系由政府明令委派，成立於1927年11月28日。组织成立之后，即奉命调查荷政府在当地对于土人灌输之西方教育，最后成一详细之报告，附以弁言，即行付印出版。据云在过去时期，政府所施之土人欧化教育，1900年已有显著之成绩，盖当局已能依附属地政策之新的理想，设施于教育上，而所得效果，亦至相称，于时代潮流，也能力求适应。其报告中，自初等教育、中等教育、欧化之工业教育以至高等教育，分层叙述，既详且尽。

初等教育

现行之初等教育制度，共有小学校5种。欧童小学设立于1900年，初时系专供欧籍土人（米拿哈萨即孟拿多，安汶及茂物提蒲克葡萄牙混合各种土人）军士子弟求学之所。至1908年始创办荷华小学（用荷语教授华侨儿童之小学校），1914年创办荷土小学（用荷语教授土人儿童之小学校），至1921年，而有所谓职业补习学校。

荷华小学及荷土小学，就学制上及实际上言，可视为基本小学，在学制上为直接的与中等教育段衔接一贯。职业补习学校，修学时期定为5年，荷土小学毕业之优才生，其实际上无升入大学或高等专门学校之可能者，则无须入普通中等学校，而改入此特设之学校。于5年内，受范围较广之西方学术技能之训练，使所习之荷兰语文，亦得较良的进步，毕业后即可出而应用。

据最近统计，爪哇及各外岛先后设立之荷土小学，其学生人数比较1900年，乃增加至6倍。而专供欧童求学之小学校，其学生人数28年来，仅有2倍。

1927年，欧童小学生人数共为41 766名

荷华小学	16 488 名	荷土小学	58 791 名
预备学校	2289 名	职业补习学校	2664 名
总数	121 998 名		

中等教育

中等教育段之学校亦分为5种，其中有2种亦系设立于1900年以前者，是为甲、乙2种之HPS中学校。甲种修学年限定为7年，乙种仅须2年。此类学校最初设立之目的，系专备在此暂时居留之欧人青年，以为移居外属后升学之预备，然实际上入学者仍大多数属于在此久居之青年。1919年另设立所谓普通中学1种，内部分设2科，一为初级中学科，一即高等专门预备科。

自1926年后，荷属各大埠复设立欧洲书院式之中学校，学生须寄宿校内，除上课室受业外，在校中另分别训练。中等教育进步非常之速，在1900年，全荷属中学生数仅748，而1927年已增加至13 099，较前增加至17倍。

中学生人数最多者为初级中学，计9624名，初中毕业后升入中学，修学年限5年数共1864名。自1920年至1924年，在高中肄业之学生每年平均有2198名，厥后则因添设普通中学，故高中学生人数逐减。下列之表，为各色人男女中学生人数之比较：

种/年别	1900年	1910年	1920年	1927年
白种男生	574	866	2400	8082
女生	140	787	2240	2972
土人男生	25	118	2161	4791
女生	1	17	441	901
华人男生	9	119	688	1045
女生	0	11	107	308
男生总数	608	1103	5249	13 918
女生	141	815	2788	4181
合并总数	749	1918	8037	18 099

1900年以前，所有肄业于各中学之学生，其中有95%为欧籍，厥后则有色人种学生人数渐进。今兹之比例，白种学生反占少数，仅有46.2%，其余概系土籍及东方客氏（以华人居最多数）也。

中等学校设立数目既日增加，则其中办法虽免多有更张。至今尚保持纯粹欧洲中等学校风气者，仅为各地之高级中学HPS耳。下列之表系1927年调查之各中学校生人数及其性别：

欧籍学生在校人数

校别/性别	男	女	合计	百分率
五年制高中	1082	539	1621	87.0
三年制高中	48	564	612	87.0
普中初中部	1692	1776	3468	36.0
普中高中部	124	20	144	20.8

土籍学生在校人数

校别/性别	男	女	合计	百分率
五年制高中	95	27	122	6.5
三年制高中	12	13	25	3.6
普中初中部	4249	842	5094	52.9
普中高中部	435	17	452	65.1

东方籍民学生在校人数

校别/性别	男	女	合计	百分率
五年制高中	56	25	121	6.5
三年制高中	22	44	66	9.4
普中初中部	830	235	1065	11.1
普中高中部	95	3	98	14.1

以上3种籍民学生在校人数统计

校别/性别	男	女	合计
五年制高中	1273	591	1864
三年制高中	82	621	703
普中初中部	6771	2853	9624
普中高中部	654	40	694

就上各表观之，最堪注意者为三年制高级中学（即 HPS）女生人数独多，其实毫无足异。盖全荷属此数学校共有 7 所，而其中 6 所系专为女生而设者，而准许男女生兼收者仅 1 校而已。

五年制之高级中学女生总数居男女生总数 25% 至 30%，而各女生皆有，且人数相差亦不甚巨。

初级中学之欧籍学生，女生多于男生，多约四分之一，而土籍及华籍学生则男生多于女生，其比例率各为 83% 及 78%。

普通中学男女生相差之数尤为显然，所有华籍学生，男生占 96%，女生仅 4%。

职业教育

在当地设施之职业教育分为两大部分，一为师资之养成，居全数学生 30%；一为学生职业学识、技能之训练，居 70%。

下表 1927 年各种职业专门学校在校学生人数及其种别：

	欧籍	土人	东方客民	合计
职业师范养成班	981	1289	123	2393
专门技师之训练班	909	65	—	974
女子职业训练班	472	20	—	492
行政及司法吏员训练班	139	695	6	840
工业教育	1098	568	117	1783
商业教育	136	108	188	432
航海技术	9	1	—	10
普通医药科	111	339	81	531
普通农科	189	147	34	370
兽医科	5	43	—	48
其他职业专门训练	819	221	15	1055
合计	4868	3496	564	8928

上表之普通工业及农林教育，其农工商部直接办理之工业及农林专门学校（实际上系划归中等教育段）尚未列入。

就此报告概括观之，自1900年以降，各级学生增加之倍数，计小学教育增加至570％，职业中等教育为1750％，职业专门教育为650％。其中进步最速、增加最多者为商业科，但此类尚未能发生重大影响。

高等教育

关于此段教育，因开办未久，兹仅就1928年底调查之各校各籍学生人数及其性别列表如下：

		欧籍	合计	土籍	合计	东方籍	合计	总计
万隆工科大学	男生	50	50	20	20	5	5	75
	女生	—		—		—		
吧城法科大学	男生	32	40	73	73	21	23	136
	女生	8		—		2		
吧城医科大学	男生	12	14	17	17	15	15	46
	女生	2		—		—		

邦加岛华侨教育的统计

本岛教育可算普及，人人多晓得祖国文字的重要，都很愿意进自己设的学校。九大埠里头，都各有一所中华学校，程度到高级小学为止，一律采用新学制。教员有暨校出身的本地华侨，有外江来的，有广东、福建来的。学校经费的支出都从每月所收的学费里开销。学费的定法很不一律，随学生的境遇而异，有的每名每月收7盾半或5盾或1盾半，最低的就是75仙。教员薪水都是按月分发的，校长有一百二三十盾，普通教员有100盾，帮助教员有45盾。荷文完全不见用于此等学校，兼用的外国文只有英文一门。教育机关除学校之外，还有国民党支部、书报社、青年会等，也是华人文化的活动机关。

现在把民国十三年和民国十八年各埠的学生数目比较一比较，就晓得邦加华侨教育年有进步了。

民国十三年邦加学生的统计　　　　民国十八年邦加学生的统计

烈 港	170 人	槟 港	103 人	槟 港	512 人	勿里洋	479 人
勿里洋	98 人	硫 石	93 人	沙 横	280 人	烈 港	380 人
高 木	69 人	南 榜	62 人	硫 石	208 人	文 岛	130 人
锡 兰	48 人	文 岛	51 人	高 木	180 人	南 榜	183 人
沙 横	55 人	总 计	749 人	锡 兰	82 人	总 计	2434 人

除此以外，其他乡村市镇和矿地私塾林立，生徒很多，一时不能指出具体的数目，所以没有列入统计里，但是其数目大约超出学校生徒八分之五，这样的好现象实在令人乐观。但是经费都不稳固，除了学费之外，没有旁的来源以谋发展。并且许多学生不能如期缴纳学金，教员薪金不能付足，渐渐危及学校本身，所以我希望要计划一个最妥当的办法。

这个办法或可以略为介绍两个来，一个就是照蔴坡（Mual）华侨抽税的方法，从进出口货里头抽出百分之几做教育基金。这种办法一方面可以很公平地筹款，一方面又可尽热心教育的天职。还有一个就是月捐的方法，这是各埠常用的老调，不过只限于局部的，我觉得很有效果，不妨普遍的施行起来。如果还有更妥当的办法，最好提出来大家研究实行。

荷属东印度学校及学生统计表①

姚楠 译

名　目	学校数		学生数	
	1898 年	1927 年	1898 年	1927 年
一、初等教育	1264	16 798②	134 946	1 380 229③
（一）以土语教授之学校	184	826④	—	—
（二）以荷语教授之学校				
1. 欧童	—	—	16 400	35 657
2. 土童	—	—	1202	66 280
3. 华童	—	—	202	23 927
二、中等教育（中学、大学预科）	4	87	—	—
1. 欧人	—	—	611	5845
2. 土人	—	—	11	5690
3. 华人	—	—	5	1350
三、高等教育（大学校）	—	3	—	—
1. 欧人	—	—	—	83
2. 土人	—	—	—	93
3. 华人	—	—	—	39
四、职业及商业学校	29	563	—	—
1. 欧人	—	—	471	5100（?）
2. 土人	—	—	562	12 900（?）
3. 华人	—	—	—	1200（?）
总　计	1481	18 277	20 906	1 538 933（?）

① 此表不含私人创办之回教学校及中华学校，因少明确之统计。
② 14 188 为乡村学校，2610 为模范学校。
③ 在乡村学校者 1 018 560 人，在模范学校者 361 669 人。
④ 338 欧童学校，398 荷土或相似之学校，90 华荷学校。

荷属中华会馆学校统计表

（许克诚，《小吕宋华侨中西学校三十周纪念刊》）

	年别	学校	教员	学生
爪	1926	262	645	20 054
哇	1925	240	650	16 026
及	1924	197	487	13 774
马	1923	165	408	11 712
都	1920	153	410	12 472
拉	1915	175	346	10 010
	1926	245	447	12 614
外	1925	225	124	10 381
	1924	107	324	1923
	1923	177	299	6681
省	1920	429	67	1770
	1915	105	294	6489
	1926	507	1092	43 668
总	1925	465	1062	29 401
	1924	394	813	21 697
	1923	342	707	18 393
计	1920	195	477	14 242
	1915	280	640	16 499

受荷校教育之华侨人数表（同上）

校别		1926 年			1915 年		
		男	女	总计	男	女	总计
幼稚园		2179	1422	3601	893	409	1307
小学	荷华	11 475	6101	17 576	4228	1378	5606
	其他	2479	1791	4270	1491	833	2324
中学	初中	765	170	935	71	16	87
	五年制	166	53	219	154	7	141
大学		28	—	28	—	—	—
职业教育		450	3	453	85	—	—
荷华师范		71	58	129	—	—	—
家政教育		—	591	591	—	89	89
总计		17 613	10 189	27 802	6907	2732	9639

一、此表由荷属东印度政府之农矿商部统计局刊行之1926年统计年报择译，荷属华侨教育无中央机关，故不得不取材他人。

二、荷属东印度政府注意华侨教育为近数年事，以前其地方官对调查侨校甚随意，华校填表亦然，前数年统计不甚确。

三、荷属东印度政府名爪哇以外之岛为外省。

四、1926年受华校之教育为32 668人，受荷校之教育为27 802人，而全属15岁以下之华童约有111 500余人，未受教育者尚多也。

荷印中华学校、荷华学校校数、学生及教员表

（1927年荷印统计年报）

种别	校数	教员数					学生数					
		欧人		土人		东洋人	合计	欧人		土人		东洋人	合计
		男	女	男	女			男	女	男	女	男　女	
中华学校	507	—	—	不明	不明		1092	—	—	—	—	不明　不明	32 668
荷华学校	90	168	290	50	28		536	66	94	483	187	10 195　5463	16 488
荷华学校教员养成所	1	6	—				6	—	—	—	—	68　55	123

编者按：该年报载，东洋人之入欧人小学者，男1405，女1198；高等小学者，男830，女235；入中学者，男215，女72；入工科大学者，男3；入法科大学者，男23，女2；入医科大学者，男11；入医学校者，男67；入栽培学校者，男28；入商业学校者，男182，女6；入工业学校者，男95。此所称东洋人中大多数为华人云。

又据新国民报载1928年荷印教育报告：荷华学校数目，岁见增加，荷华学校之敌，即"华人社团所设中华学校"则逐渐减缩。是年中，共有国立、市立荷华学校40所，是年年底，学生总数为14 068人。华人儿童入不受津贴之华人学校者，为数尤多。荷华学校教员626人，其中有华人教员98人，计男教员65人，女教员33人。如与1920年比较，1928年入学之华人女孩，增加极为明显，1920年与1928年华人女学生之比例，为100与285之比，华人男学生为100与205之比，土人女学生为100与206之比，土人男学生为100与176之比。本地受荷兰教育之各族学生共140 303名，计欧人学生37 349名，或26.6%，土人学生78 110名，或55.5%，华人及其他之东方外国人学生，共24 914名，或仅17.9%。受荷兰教育之土人学生为数最大，较其他各族学生总和尤多。初级中学中华人、土人学生恒有增加，五年完全中学华人男生减少，乃女生则反增加。土人学生情形亦同，1928年完全中学毕业考试时，土人学生15人，仅有9名及格；华人学生成绩最劣，应五年完全中学之毕业考试之17名华人学生，及格者仅有3人。高等学校情形如下：万隆高等学校学生574人，内华人学生仅47人，土人学生118人；吧城高等法政学校学生138人，内土人学生75人，华人等学生23人（内女生2人）；吧城高等

医学校学生 51 人，中土人学生 18 人，华人学生 16 人。荷印全境现仅有华人大学生 86 人，其女生仅有 2 人云。

荷属东印度之教育统计

吾人由荷印教育部委员处接到一册，关于荷印教育统计，粗阅一过，颇足引起吾人之注意。此虽为一小册之书，然其中载有不少关于教育之统计，阅之不难窥见荷印教育现状之一斑也。

据 1928 年尾之调查，荷属东印度共有学生 1 703 199 名，此数字对于荷印总人口 5300 万人数之比例，为占 3.22%。

于此吾人须注意者，即此 1 703 199 学生人数中，凡中华学校学生，皆未算在内，即彼私立各校而未得政府津贴各校之生徒亦未算入也。

中华学校学生及私立各校学生，其总数，据其推测，近 3 万名云。

埃及就学生徒人数，与其总人口之比，占 3.4%，印度占 4.5%，暹罗占 5.6%，菲律宾占 9.7%，日本占 13.8%，德国占 16.3%，英国占 17.6%，瑞士占 18.4%，而荷兰则占 19.5%，故荷兰在世界可谓教育极发达之国，然而在荷兰属地则何如？

就以占百分之比例观之，荷印教育虽比之菲律宾群岛尚远为不及，更何论欧洲各国，则荷印教育不能不谓为尚在幼稚时代也。

在南洋各种族中，其教育情形若照百分比例而计算之，则其总数各若何？

欧人之侨寓南洋者，其入学人数与其总人口之比，在男子方面占 7.23%，而女子方面占 19.04%。

土人方面，其男子就学人数，占 5%，而女子方面仅占 1.18% 而已。

东方外侨（包华人、阿拉伯人等），男子就学者，占 3.28%，而女子方面占 3.27%。此处人当注意，此种数目中，凡私立各校之生徒人数皆未列入也。

生徒就学人数，男子为多抑女子为多，试为比较之如次：

在欧人属区中，入学生徒男子占 51.39%，女子占 48.61%。在土人区线中，男子占 80.61%，而女子仅占 19.38%。至东方外侨，男子占 62.81%，女子占 37.19%。由以上观之，除欧人外，则女子之就学人数均远较男子为少也。

在荷属南洋群岛中，女子就学最多之区域为万鸦老及摩鹿加；而在爪哇，则女子就学最多之区域为勃良安也。

在华人区线中，女子就学最多之地方为梭罗及日惹，几占 41.9%，而女子就学最少之地方则为西爪哇，足见该处华侨头脑尚多守旧也。

吾人更试查各处环境之情形，则加拉旺一带华侨女子入学者竟较男子为多，占却 54.4%，是亦一种奇特之现象也。

更奇特者为在勿里洞岛上华侨教育之现象，男女入学人数完全相等，各占 50%，是真可谓之男女平权也。

华侨子弟似多不肯入乡村学校肄业，即初等学校亦多不愿加入，大部分希望入官立学校或受政府津贴之荷校，此则为侨生华人多数之心理也。

英属马来华侨教育之统计

一、1928年华侨学校数

据海峡殖民地及马来联邦政府提学司对于1928年英属马来七州府教育之报告，统计华侨学校经向当地政府注册者，海峡殖民地（即三州府）共335所，马来联邦（即四州府）达361所，两条合计696所。

二、1928年七州府华校学生及教员数

七州府1928年华侨学校共计696所，除新加坡之华侨中学、槟榔屿之钟灵中学及怡保之育才中学为中等学校外，其余则系两级小学校，然亦有加办初中及师范科者。至于学生总数，共达43 961人，女生仅9917名，约占2%。兹列举详表如下：

	地名		新加坡及纳闽	槟榔屿及附属	马六甲	霹雳	雪兰莪	芙蓉	彭亨	总共
新式学校	（公立）	学校	66	50	23	81	58	31	16	324
		学生	9233	4572	1172	7337	4822	1768	1079	30 038
		教员	382	211	51	286	200	70	38	1234
	（教会）	学校	7	4	4	7	5	3	0	30
		学生	726	273	110	282	503	91	0	1985
		教员	24	10	5	14	19	3	0	75
	（夜学）	学校	39	9	1	5	12	5	0	71
		学生	1349	376	41	168	472	107	0	2513
		教员	61	17	1	8	18	5	0	110
	（私立）	学校	50	4	6	15	9	4	2	90
		学生	1716	351	165	504	884	147	66	3833
		教员	82	13	8	20	30	5	3	161
旧式学校	（私立）	学校	43	24	6	47	51	4	6	118
		学生	1297	1096	114	1475	1342	123	158	5587
		教员	54	41	6	56	54	4	6	221
总数		学校	205	91	39	155	135	47	24	696
		学生	1432	6668	1602	9758	8083	2236	1303	42 961
		教员	603	292	71	384	321	87	47	1805
备注			七州府学生总数43 961人，男生34 044名，占98%，女生9917名，占2%强。							

三、1928 年英校华侨学生数

据 1928 年政府之报告，华侨女子送入七州府英校肄业者共达 23 971 名，其中三州府学生 16 079 名，约占 67%。读者请阅下表：

新加坡（纳闽在内）	男生	6447 名	雪兰莪	男生	2195 名
	女生	1806 名		女生	1002 名
槟榔屿	男生	4616 名	芙蓉	男生	658 名
	女生	1604 名		女生	117 名
马六甲	男生	1173 名	彭亨	男生	245 名
	女生	433 名		女生	213 名
霹雳	男生	2707 名	总数	男生	18 041 名
	女生	755 名		女生	5930 名

备注：三州府 {男 12 236 名 / 女 3843 名}　四州府 {男 5805 名 / 女 2087 名}

四、1928 年华校学生与英校侨生之比较

就上二表观之，吾人可知 1928 年七州府华侨子女之受教育者，共达 67 932 人，在华校者占全数 65%，在英校者占 35%。但此数仅限于海峡殖民地及马来联邦，尚未包括非马来联邦，即柔佛、登嘉楼、吉兰丹吉打及玻璃市等。以其尚无确实之统计，故从略焉。惟大约推测之，非马来联邦之华侨教育固远逊于马来联邦或海峡殖民地，然大小华校及学生人数，当可及三州府或四州府之半数也。兹再列表比较之。

区别		人数比较	百分率
海峡殖民地	华校	22 591 人	58%
	英校	16 079 人	42%
马来联邦	华校	21 370 人	72%
	英校	7892 人	28%
合计	华校	43 961 人	65%
	英校	23 971 人	35%

五、1928 年七州府华校受政府补助之统计

英属马来华侨所办学校之经费历来概由吾侨担任，近年来始有受居留政府之补助者。据 1928 年提学司之报告，在海峡殖民地者共 10 校，在马来联邦者 73 校，合计 83 校，约占华校总数 12%，兹列表于下：

地 名	补助华校	比较率	地 名	补助华校	比较率
新加坡	1	1‰	雪兰莪	26	4%
马六甲	1	1‰	芙蓉	3	4‰
槟榔屿	8	1%	彭亨	1	1‰
霹雳	43	6%	合计	83	12%

据政府之报告，1928年华校所得政府之补助金，在海峡殖民地者共7090元，在马来联邦者共71 284元，两条合计78 374元。此外，马来联邦补助华校，对于学生火车免费票又支16 240元。

除上述补助金外，1928年7月雪兰莪政府复在吉隆坡创办州立华文学校，一切经费完全由政府担任，该年学生人数共218名，女生占117名云。

马来半岛各地中华学校学生、教员数表
（1927年海峡殖民地及马来联邦政府年报）

地方别	公立学校			教会学校			夜学校			私立学校			私立学校(旧式)			共 计		
	校数	教员	学生	校数	教员	学生	校数	教员	学生	校数	教员	学生	校数	教员	学生	校数	教员	学生
新加坡及纳闽岛	71	368	9188	7	20	569	23	39	1234	47	76	1690	41	48	1313	189	551	13 994
槟榔屿	46	175	3991	5	12	263	11	19	454	6	11	226	19	32	796	87	249	5730
马六甲	18	53	1239	6	7	104	1	1	54	1	2	61	10	10	204	36	73	1662
海峡殖民地总计	135	596	14 418	18	39	936	35	59	1742	54	89	1977	70	90	2313	312	873	男16 796 女4590
霹雳	70	238	6182	7	12	212	6	14	436	12	19	362	56	65	1510	151	348	8702
雪兰莪	52	172	4068	5	12	415	12	17	444	10	33	798	53	53	1304	132	290	7029
森美兰	29	68	1675	3	3	89	8	8	180	3	3	83	4	4	127	47	86	2154
彭亨	16	33	876	—	—	—	1	1	20				6	6	143	23	40	1039
马来联邦总计	167	511	12 801	15	30	716	27	40	1080	25	55	1243	119	128	3084	353	764	男14 917 女4007

马来半岛各地英语学校学生国别表
（1927年海峡殖民地及马来联邦政府年报）

国籍别	新加坡及纳闽		槟榔屿		马六甲		海峡殖民地计		霹雳		雪兰莪		森美兰		彭亨		马来联邦计	
	男	女	男	女	男	女	男	女	男	女	男	女	男	女	男	女	男	女
欧美人及欧亚混血人	980	868	302	308	320	179	1602	1355	147	156	243	205	94	75	8	5	492	441
马来人	709	25	797	36	383	7	1859	68	1130	21	853	47	593	9	1117	2	3693	79
中国人	6069	1754	4470	1484	1188	404	11 727	3642	2513	853	2284	859	595	166	226	12	5618	1890
印度人	476	118	781	142	144	66	1401	326	1239	330	1141	358	456	118	138	22	2974	828
其他	113	130	107	44	12	3	232	177	27	23	77	90	30	21	—	—	134	134
合计	8248	2895	6427	2014	2047	659	16 821	5568	5056	1383	4598	1559	1768	389	1489	41	12 911	3372

马来半岛各地英语学校教员国别表

(1927年海峡殖民地及马来联邦政府年报)

国籍别	新加坡及纳闽		槟榔屿		马六甲		海峡殖民地计		霹雳		雪兰莪		森美兰		彭亨		马来联邦计	
	男	女	男	女	男	女	男	女	男	女	男	女	男	女	男	女	男	女
英国人	27	31	20	13	8	9	55	53	13	22	8	10	2	5	—	—	23	37
其他欧美人	4	10	6	14	2	2	7	12	31	5	7	17	3	3	—	—	13	27
欧亚混血人	37	123	18	39	16	12	71	174	18	18	14	28	9	8	—	—	41	54
马来人	8	—	22	—	3	—	33	—	7	—	6	—	6	—	—	—	19	1
中国人	64	36	132	27	24	13	220	76	52	8	54	18	16	1	3	—	125	27
印度人	66	7	34	4	12	3	112	14	50	4	63	8	31	—	23	—	167	16
其他	1	9	7	1	3	1	11	11	14	7	15	4	—	—	—	—	29	11
合计	204	216	239	98	68	45	514	359	159	70	165	85	67	17	16	—	417	172

1929年度海峡殖民地教育统计

海峡殖民地内政府所办之学校，1929年共有22所，学生人数为9577名，经费统计1 064 772元。1928年学校共有20所，学生人数为8717名，经费统共1 032 806元。受政府津贴之英文学校，1920年有28所，学生人数为15 289名，政府津贴之经费为137 691元；1928年则有学校29所，学生人数有15 255名，政府津贴之经费为831 716元。1929年政府所办之本地方言学校有213所，学生人数20 459名，经费为490 429元；1928年政府所办之本地方言学校为215所，学生人数19 421名，经费454 611元。除中国方面学校以外，1920年受政府津贴之学校20所，学生人数3170名，政府津贴之经费共10 043元。1928年受政府津贴之方言学校19所，学生人数为2794元。

殖民地关于华人学校支出之经费，1929年为23 341元，1928年为19 607元。截至1929年终，已注册之华人学校332所，学生人数共23 518名；1928年则有335所，学生人数为22 591名。1929年在新加坡有一华人学校，得政府津贴620元；在槟榔屿则有12所华人学校，得政府之津贴共21 321元；麻六甲则有2所华人学校，得政府之津贴共657元。至1928年，新加坡得政府津贴之华人学校1所，共银964元；槟榔屿12所华人学校，共得津贴金18 508元；麻六甲华人学校1所，得津贴金135元。

暨南高中师范科毕业生统计及调查表

(民国十五年起民国十八年止,十九年2月制)

统计一:服务及升学

年度	毕业生数	性别	服务者		升学者	
			国内	国外	校内	校外
十五年	9	男9		6	1	2
			6		3	
十六年	19	男19	1	11	5	2
			12		7	
十七年	15	男10,女5	1	3	10	1
			4		11	
十八年	18	男14,女4	1	4	10	1
			5		11	
总计	61	男52,女9	3	24	26	8
			27		34	

统计二:服务种类及人数

区域	人数	注
国内	3	
荷属	10	
英属	10	缅甸在内
美属	2	
法属	无	
暹罗	2	
总计	27	

统计三:服务区域及人数

职务	人数
校长	3
主任	1
教务主任	1
训育主任	2
教员	20
总计	27

十五年份毕业生共9名:

伍锦泉　前任英属霹雳安顺埠中华学校校长,现在槟城钟灵中学服务
叶定耘　前任英属霹雳安顺埠中华学校教员,现在吉隆坡中华学校服务
胡准芳　前任福建永定下洋市公立学校教员,现在英属宜力中华学校服务
房增福　曾任英属吉隆坡尊孔学校教员,旋以病故
文可亭　现任暹罗盘谷新民学校教员兼训育主任
洪长寿　现任美属菲律宾捞宇板大同学校校长
叶庆章　广州中山大学教育系第四年级
郝春德　前任荷属邦加岛高木埠中华学校教员2年,现在本校教育系
朱木祥　前任荷属邦加岛高木埠中华学校教员2年,现在燕京大学

十六年份毕业生共 19 名：

傅石生　前任荷属苏门答腊棉兰养中学校教员，现任同属亚齐冷沙中华学校校长

张玉麟　前任荷属苏门答腊棉兰华商学校教员 2 年，现任棉兰新中华报编辑

陈浩浓　前任荷属苏门答腊棉华商学校教员，现任同岛直民丁宜中华学校教员

黄则龙　现任荷属苏门答腊把东中华学校教员

蔡开辉　现任荷属爪哇芝拉札中华学校教员，兼营照像业

黄启辉　现仍任荷属爪哇薄加棉中华学校教员

曾纪书　历任英属加影埠华侨学校、巴生埠中国青年学校教员，近将回任加影校云

李忠信　闻在英属吉隆坡任新书书社编辑

卢秉钧　前在美属菲律滨苏洛当仁学校教员 2 年，现改营商业

温岳灵　现任暹罗盘谷新民学校教员

吴信长　现在英属霹雳安顺埠家居，助父营商兼任当地学校校董

蔡峻德　现仍任本校实验小学教员兼训育主任（现在里回，工作不详）

郭锦鸿　前任英属新加坡养正学校教员，现在本校教育系

乔云岳　前任本校实验小学教员，现在本校教育系

陈五章　在本校教育系

林文端　同上

田乾石　同上

林振楷　前在本校教育系，现在广东省立动物试验教育场研究

钟连基　前在复旦大学（现在本校教育系肄业）

十七年份毕业生共 15 名：

温凤良　现仍任荷属爪哇巴达亚维八华学校校员

钟梅庆　现仍任荷属安汶中华培德学校主任教员

林勇南　前任荷属坤甸振强学校教员，现任同岛大院集华学校校长兼教员

江以秀　现任南京督粮公所幼稚园主任

陈祖训　在本校教育系

郑麟趾　同上

蒯敏文　同上

陈素贞　同上（现在仰光福建女学校任教职）

乔淑云　同上

符瑞五　同上

陈授天　同上

杨永禄　同上

翁贻源　同上，近回爪哇

杨谦茂　在本校法律系

张秉麟　在日本留学，近回暹罗

十八年份毕业生 18 名：

谢绍先　现任本校实验小学教员（现回南洋，工作不详）

黄崇钦　现任英属霹雳历布先埠光汉觉民学校教务主任

黄良兴　近回爪哇

吴汉庭　现任英属吉隆坡尊孔学校教员

梁士英　现任缅甸仰光育德女学校教员

张震亚　在本校师资科

陈光顺　在本校外国文学系

张维兑　同上

赵百欢　同上

白双春　同上

黎汉祥　同上

连宣烈　同上

曾锦松　同上

吴世璜　同上

黄开禄　现在清华大学肄业

符　海　近状不详

杨裕德　同上

沈瑞芝　同上

国立暨南大学华侨学生人数统计表

（十八年 1 月 1 日教务处调制）

属别	部别\区别	大学部	高中部	初中部	实验小学	统计
荷属	爪哇	24	65	44	6	
	苏门答腊	30	45	60	2	
	婆罗洲	3	13	16		
	望加锡		4			
	望加兰			1		342
	安班兰		4	8		
	安汶	1	5	8		
	谏义里		1			
	龙目		1	1		

（续表）

属别	区别	大学部	高中部	初中部	实验小学	统计
英属	海峡殖民地	27	58	33	8	252
	雪兰莪	8	29	14		
	霹雳	5	11	10		
	彭亨	3				
	芙蓉		1	1		
	麻六甲	1	9	3	2	
	丁加奴	2		1		
	缅甸	3	8		3	
	印度		2			
	香港	3	2			
	澳洲	1				
	加拿大	2	2			
美属	菲律宾	13	14	8	1	47
	檀香山		1			
	美洲	4	6			
日属	台湾	7	6	2		18
	神户	2		1		
暹罗		24	35	36	5	100
法属	安南	8	3	2		13
德属	柏林	1				1
葡属	叻利		1			1
非洲	波埠			1		1
全体统计		172	326	250	27	775

南洋华侨学校教职员出境及被捕表

钱 鹤

姓名	学校职务	原因	处罚	年月日
涂 纯	苏岛棉兰第三区校校长		限令出境	十八年9月2日
许剑鸣夫妇	爪哇巴敢中华学校教员	教授三民主义	限令出境	十八年
张演存	苏岛火水山中华学校教员	教授三民主义及新时代课本	限令出境	十八年9月
潘允中	同上	同上	同上	同上
傅烈汉	同上	同上	同上	同上
梁、蔡二君	爪哇三宝垄中华学校教员		同上	十八年

姓名	学校职务	事由	处分	时间
杨瘦梅	爪哇北加浪岸中华学校中学主任	教授含有政治意味之书籍	限令出境	十八年12月
匡光照、赵君	同上，校长、教员		停职	同上
叶时修	苏岛棉兰教育总会视学员	在廖岛华校日记被查	限令出境	十八年12月
景多恩女士	荷属美那多育才学校	入口时查出新时代教科书	拘禁押回	十八年10月
林宏婉女士	同上	同上	同上	同上
景晏如女士	同上	同上	同上	同上
教员8人	暹罗黄桥光华学校	成绩展览会中有三民主义问答	被拘	十九年1月31日
胡、陈、尹三君	苏岛思思中华学校教员	不明	停职	十九年2月19日
周 钧	婆罗洲吗辰中华学校教员	不明	被捕	十九年3月13日
陈子达	同上	同上	同上	同上
方君	爪哇芝拉扎中华学校教员	学生作文有抵触法律	停职	十九年4月1日
李振中	暹罗淡水草场中华学校教员	不明	被捕	十九年5月12日
杨伟新	同上	同上	同上	同上
杨映梅夫妇	爪哇普禾加多华侨平民学校校长、教员	悬总理遗像，唱党歌	出境停职	十九年5月8日
李、罗、王、余女士等7人	暹罗曼谷培华女校教员	5月1日悬挂国旗	被拘	十九年5月13日
张、夏、陈三女士	爪哇北加浪岸中华学校教员	不明	停职	十九年8月
陈仲书女士	望加锡中华学校教员	不明	限令出境	十九年8月
潘封镜女士	望加锡中山公学教员	不明	同上	同上
林博夫	婆罗洲坤甸振强学校教员	五九纪念在校开会演说	停职	十九年8月20日
林勇南	同上	同上	同上	同上
吴实兼	暹罗他巢启明学校教员	开纪念会宣读总理遗嘱	出境拘押	十九年4月
陈文书	同上	同上	同上	同上
程 滔	爪哇吧城八帝贯中华学校教员	宣传三民主义	出境递解	十九年8月27日
夏女士	同上	同上	同上	同上
冯汉悦	荷属望加锡中山公学校长	致力党化教育，张贴党部标语	出境拘押	十九年10月13日

以上共计52人，内荷属33人，暹罗19人；男37人，女15人。

南洋各地聘请校长、教员广告的统计

陈谷川

一、前记

每年11、12月间，是南洋华侨教育界新旧交递的时期，所以在这2月间的南洋各报上，常要发现聘请校长和教员的广告。现在我把这些广告剪了下来，稍加整理，作了一个小小的统计。根据这样少许的资料，自然不能得到十分精确的结论。但从这些资料中，实也可以帮助我们略略看出现在南洋华侨所需要的是什么样子的"师资人才"，同时也还可以献给正在准备往南洋发展的同胞们，作一个"准备中"的参考资料。

二、各地广告件数及其类别

南洋各属地	件数	聘请女校长	男校长	女教员	男教员
英属马来半岛	26	4	13	2	7
英属缅甸	1				1
英属婆罗洲	1				1
暹罗	3		1		2
荷属东印度群岛	16		1		15
总计	47	4	15	2	26

上表是按广告标题的性质来统计的，其实有好些个广告既请校长，又请男女教员，或同时聘请男女教员各1人。为统计便利起见，前者便归在聘请男校长类，后者便归入男教员类。所以按上表看来，是不能知道各地需要教员的确数。

三、各地征聘男女校长、男女教员的数目

如要知道各地征聘男女校长及教员的确数，只有将广告上所载的人数作一统计。兹列表如下：

南洋各属地	女校长	女教员	男校长	男教员	性属不明	总计
英属马来半岛	5	7	15	13		40
英属缅甸					多名？	
英属婆罗洲		1		1		2
暹罗	2	1			5	8
荷属东印度群岛	8	1		18		27
总计	5	18	17	37		77

四、各地教育界的变动

根据上表看来，可以略略知道——在广告上告诉我们的——在去年（十八年）

底,南洋各地的教育界有77人发生变动。中间自然不免有一部分是得意的——找到更优的地位,一部分是失意的——得到失业的苦痛。

英属马来变动最大,有5个女校长下野,15个男校长登台,7个女教员得到位置,13个男教员打破了饭碗。

其次要数到荷属,18个男教员得到职业,8个女教员有了寄托。

从上数目字所示,亦可概见各地销纳"师资人才"的胃量,而我们也很可以据为将来选择战场的目标呵!

五、聘请男女校长的条件

资　　格	数	经　　验	数	能　　力	数
大学或高师毕业	1	富有办学经验	4	擅长汉、英、算	1
高中或高师以上	8	富有教育经验	2	精通普通科学	5
高师或初级师范	1	教育、管理具有经验	2	精通英文、音乐	3
高中或师范毕业	2	品学兼优,富有经验	2		
中学毕业或中等以上	4	具有办学常识	1		
暹文小学毕业	1	尝任他处校长3年	1		
高才	1				

语　　言	数	薪　　俸	数	膳　　费	数
国语纯正	10	叻币　　60	2	在内	13
擅长国语	1	70	6	在外	1
精通国语	1	75	2		
略通闽语	1	80	2		
		85	1		
		90	1		
		100	1		

由上表看来,可知在南洋当一个"校长",至少须具备下列的条件:

(一)须有高中或高师以上资格;

(二)须富有办学的经验;

(三)精通普通科学;

(四)国语要纯正。

至于待遇,每月薪俸在70元至80元之间,最低者60元,最高者不过100元。膳费概要自理。

关于女校长的资格和待遇,特在此多赘几笔。南洋所要的女校长是这样的:

(一)皆要高师或高中以上之资格;

(二)皆要富有办学经验;

(三)皆要国语纯熟;

(四)皆要各科优长。

此外有一家要略通闽语及"品学"兼优者。至于待遇,薪俸最低者70元(2

人），85元1人，100元者1人，以上膳费概要自理。90元者1人，膳费且在外。

六、聘请男女教员的条件

资 格	数	经 验	数	薪 金	数
大学或高中以上	4	富有教育经验	1	叻币50	1
中学或师范以上	16	富有办学经验	2	55	1
高师或初师	2	富有管理经验	1	60	5
国内外大学毕业	1	学识富丰，经验深长	1	70	4
初中或初师	1	在南洋曾任教职2年	1	80	2
幼稚师范	2			荷币75	1
领有居留政府准字	5			80	1
南洋七号程度	1			100	13
暹文小学毕业				110	2
				120	1
				从优	1
能 力	数	语 言	数	膳 费	数
擅长普通科学	14	国语纯熟	19	在内	11
精通华文	9	国语流利	1	其 他	数
专通簿记、史记	1	专通国语	1	助旅费50盾	4
英算专任	2	兼通广府话客语	1	夫妻能担任更妙	4
擅长体育、音乐	1	兼通闽语	3	夫妇为合	2
女红、歌舞、刺绣及普通科艺术	7	能通粤语	1		
		略通闽语	1		
		兼通巫语	1		

由表看来，可知南洋现在所需要的教员是具备下列条件的：

（一）要在高中或高师以上毕业，

（二）擅长普通科学，

（三）国语纯熟。

至于女教员，更须擅长歌舞及艺术科。

七、关于歌舞

自从"葡萄仙子"这一类的歌剧流传到南洋之后，于是所谓表情歌舞这东西逐渐在南洋各地流行起来，后来又经所谓国内的歌舞明星和电影明星之流亲到南洋各地去表演，影响所及，即穷僻小埠的小学校也以歌舞代替了徒手体操。从前南洋各华侨学校有哑铃、球竿、棍棒这一类的器械体操，所以当时凡欲当"技能科"教员的，必须晓得那一道。现在是歌舞时代，不懂歌舞的似乎是不配当"技能科"的教员了。不但学校内流行歌舞，即一般华侨社会中也有什么交际舞、家庭舞到处风行起来。因为歌舞勃兴，于是大感歌舞人才的缺乏，所以各地的歌舞研究社也就应运而生。在星洲竟有了一所南洋女子体育学校。

八、关于语言及其他

看所有的广告，无一不特别声明"国语要纯熟"，可知国语"蹩脚"的人是不配当校长和教员的。南洋到底是闽粤人的殖民地，所以如通闽语或粤语，再加流利的国语，一定是被人欢迎的。如能更通巫语，则在荷属方面尤为相宜。

其次便是英文。凡是擅长英文的，无不被人欢迎。在暹罗吃教员饭便须懂暹文，至少要有暹小学校毕业的程度，这是一个苛例。因为要想在暹当一个教员，便须学3年的暹文。暹罗文是什么东西，值得花3年的时间去学？所以在这一方面，只有在暹土生的华侨同学占了便宜了。在英、荷、暹当教员，统须到居留政府去注册，得到"准许开业"的执照后，才能安心去吃教育版，所以不少广告上标明，要领有居留政府准字才合格，这实是双重的苛刻的条件了。假定南洋各地有一天也统须领有执照的人才配当教员，则凡是新客都要碰壁，没了出路。

此外，有好几处地方，特别是在荷属，倘欲同时聘请男女教员各1人，往往欢迎夫妇一双，所以在广告上常加以醒目的声明："夫妻能担任更妙"，有些甚至言明定须"夫妇才合"。这是一个好机会，给靠学校生活的两口子得到一个共同生活、共同努力教育的方便。但在另一方面，则给单身而又正苦于失业的"男女先生们"一个望洋兴叹的失望了。

九、关于教员的待遇

关于薪俸，不少广告上只标明"从优"两字，而不列出定价来。这"从优"两字实含有"还价"的意味：这便是看取什么样的货色，便给什么样的价钱。有些便是因为学校经费困难，不能出善价招徕，于是也就用这"从优"两字代替了。而且这样一用，对于正苦于失业的智识阶级，还颇具引诱的魔力哩！

在英属，最低的薪俸为50元，最高者不过80元，普通在60至70之间。以现在（十九年1月）的汇水计算起来，50元叻币约合国币75元，80元便有120元光景，与国内的小学教员的俸给比较起来，倒也不算坏了。可是南洋到处"不景气"，土产一落千丈，无处不叫苦连天。因此有些学校支持不住，只得跟着商店一齐宣告破产，有些还拼命带劲维持，但第一声便是"减俸"。所以当华侨苦难的时代，即清贫的教育界也不免要遭难了。

荷属的薪俸起码75盾，最高为120盾，普通多在100盾间。暹罗因资料太少不能比较，缅甸也是这样。

住宿大抵由校供给，唯伙食则多除外。在荷属有津贴旅费50盾的待遇，这不能不算"特典"了。

十、关于普通科学

看上统计，无论聘请男女校长或教员，都要擅长普通科学。所谓普通科学是什么东西？现在我们试看吉礁司南马育强学校的"聘请教员广告"：

"本校拟聘请教员1名，要担任国文、英文、算术、体操、音乐、历史、地理、图书、公民、三民、理科、手工及国语纯熟，有十七年登记证者，方为合格，薪水从优……（余略）"

由此可知，所谓普通科学，即小学所有的课程；所谓擅长普通科学者，即既能担任国文、英文、历史、地理，也能担任算术、理科，至于体育、手工、图书、音乐等，也能胜任。

这样看来，要在南洋当一个校长或是教员，起码要有下列的素养：

（一）国文科——国文、史地、公民。

（二）理科——数学、理化、博物。

（三）技能科——体操、音乐、图书、手工。

所以南洋所需要的小学教员，是一个万能的、百科全书似的。

十一、后记

在南洋当一个校长或教员，实际是并不难的，因为他们所要求的条件，无论谁多少都具备的。不过我们如果仅仅拼命去预备迎合他们所要求的条件，而放弃了比这"条件"更其重大的使命，那么，这完全是为了饭碗而战了，为了个人的生活而做校长、教员了。生活固然重要，尤其在现社会制度下，无论谁都要浪费半生的精力去谋生活。但是我们在这迫人迫到不得不浪费的环境之下，当要有一个觉悟，这便是除了备人生活之外，要负起一部分责任，造出一队"像人样的人"来。

现在在暹罗做教员，要识暹文，要有暹小学毕业的程度，在英荷属当教员，则要有居留地的"许可证"。

荷属近来采积极进攻的政策，一方面限制华侨智识分子入口，一方面则关起门来检举，教三民主义的出境啦，看一本"南洋研究"的出境啦，入口时未声明来当教员的出境啦，不准华校采用"新时代"教科书啦，这等等都是明显的进攻，其余没有暴露出来的不知还有多少呢。

在英属一带，歌舞风行，国术勃兴，书画会如雨后春笋，好像在一个升平时代。这到底是一个什么现象？这个时代真正是华侨的黄金时代吗？换句话，这是一种积极反面的麻醉政策，这是要使中国人老是歌呀舞呀、书画呀、国术呀，一直堕落下去，于是乎天下也就真正太平了。

虽然是小小的几块"广告"，其实"广告"上所要告诉我们的无限。只要我们对于这些广告略一思索，便可发见种种可怖的阴影。当在这个时候，每个被赤道上的太阳所晒过的青年呵，该有一个什么自觉？（完了）

十九年1月21日脱稿

（上海：暨南大学南洋文化事业部1930年9月初版）

南洋华侨教育调查研究

林之光、朱化雨 著

邹 序

　　南洋华侨教育肇始于40年前。时国家义主闭关，海外侨民视同化外，教育诱掖期治甚难。自总理领导革命，飞刍挽粟，多侨民是资；夫然后设侨务局以董理，一反向之认为私自出海移住者矣。南洋以土壤与我连接故，始拓殖者胥吾国人，其用心借此作逋逃薮已耳。初未尝兴言教训而保育之也。即言教育，而统治者之压迫与取缔，诛求网若，陵砾锯如，固有不能优游以生死者，更何敢谋教育之发达，以触忌讳哉？林生之光辑《南洋华侨教育调查研究》一书，于此凡三致意，谓将求切实保障侨教，而为之筹划经费补充教材也，是真探源之论，夫岂敷陈事绩已哉？书成，请序于余。余维国家远抚长驾，刍茺之采，终必有如林生所期者，先民有言，德音莫遗，是书也，其华侨教育之德音也欤。

中华民国二十有五年2月25日邹鲁

崔　序

中山大学教育研究所以南洋华侨与南中国具有非常密切的关系，自始即对南洋华侨教育加以注意。民廿一年，研究所前主任庄泽宣先生自欧取道南洋返国，目睹南洋华侨教育的实况，益觉有从速研究之必要。乃于同年冬末，即约同学郭景希君制定一调查表格，廿二年春分别寄至南洋各地学校，请为详细填写寄回。至去年暑假时，先后由南洋英属海峡殖民地、马来属地、马来联邦、婆罗洲及缅甸、暹罗、菲律宾、安南各地学校寄回表格共172份。

此种表格最初由朱化雨君负责整理。朱君一面整理，一面尚须从事其他工作，故进行稍缓。至今年暑假，约完成全部工作之大半，此时余下工作乃由研究生林之光君赓续负责，迄今经一学期，全部工作已告完成。本书之成，虽非出于一人之手，但二君同为暨南教育系毕业同学，均曾涉足南洋，且极相友善者，彼此聚会之机会甚多，时相商讨，故本书仍能保持其一贯的精神。

本书内容以上项调查表格所得为主，其余各方面之问题如侨教历史及现状等，亦皆参考别种图书，有所论述，是诚不失为一部比较完备的侨教著作。然而此种工作究属艰巨，其中错漏自所不免，尚希社会人士有以正之也。

至关于改进华侨教育之途径，本书则曾列举三项。（一）为筹划经费，解决的办法是希望政府指定的款。（二）为保障侨教，解决的办法是希望政府与各国政府作严重的交涉。（三）为编订补充教材，解决的办法是希望政府聘请教育专家编订适合华侨社会的各项教材。上列三项，诚为南洋华侨教育问题之焦点，但其解决的办法，吾则仍以为有待商讨之处。盖如事事希望政府负责，依据吾人之经验，实鲜有实现之希望，远不如由全体侨胞本其合作之精神，脚踏实地的做去，更为有效。

民国廿三年12月崔载阳序于中大教育研究所

庄 序

我在厦门大学任教的时候，即感到华侨教育材料的缺乏与调查的必要，当时曾发出调查表一次，惜回卷不多，且不久即离厦，因而停顿。既至广州在中山大学创设教育研究所，复感此问题的重要，奈研究工作已进行者已多而人手不够，不得已暂时搁起。

民国廿一年夏赴欧出席世界新教育会议，往返均经新加坡，华侨教育界中人有知我曾有调查华侨教育的计划的同志们殷殷下问并盼早日完成此重要工作。返粤后适有郭景希君生长南洋且对于华侨教育问题素所留意，因与商谈从事此方面研究。郭君一方面搜集已有资料，一方面拟制表格发出，经两度的函催，居然陆续收到了一二百份。不幸郭君因病休学，此事又暂搁置。廿二年夏朱君化雨自南洋归国，征得同意，将郭君所集及收回答卷从事整理，但我又应桑梓之请回浙服务，以致不能常与磋商。朱君在粤任教，余暇不多，进行较缓，崔载阳先生继长研究所事，又托研究生林君之光编制全部报告，始告完成。

此次调查收回答卷虽为数不多，幸几南洋各地均有寄回，颇能代表一般状况，至提出的困难问题，尤多切实，因此我们感到尚有发表的价值。我们希望这个报告不过是国内对于华侨教育系统的调查与研究的敲门砖，抛砖引玉，继起的必有更大的贡献，那么，我们的起点虽小，总算是不枉费精神与笔墨了。

民国廿四年2月泽宣识于杭州

祝 序

本书是作者林之光先生对于南洋华侨教育多年注意，调查、搜集及专门研究的结晶。书名《南洋华侨教育调查》，实际上应该称做《南洋华侨教育研究》；因为书里面所载的，远超过"调查"的限度，而包含多方面的"研究"的。

我国在外的华侨，对于国内的关系是很重大的。在我国近代史上，华侨在多方面留下不少举足轻重的印迹。这其间，尤其是以南洋一带的华侨为甚。在国内经济、政治、文化诸方面，华侨曾经发生过不少左右历史的作用。譬如，我国长期的对外贸易的入超，居然在对外支付均衡（Paying Balance）上能够维持平衡，基本的是依靠华侨汇回国内的汇款。近年来因为世界经济不景气的结果，华侨回国汇款减少，竟在我国对外支付均衡上形成巨额的出超，致使现银不间断的流出，全国资金顿现枯竭。这在中国银行每年报告上可以很明白的见到。还有，华南许多开发和新建的事业，其资金的基本来源几乎多是这些华侨的汇款。广东省内有许多新式事业及小都市，几乎全是这样建设起来的。

这种的影响实际上远不只限于经济方面而已，文化上的影响更是不少，而且是多方面的。广东人民生活中许多特殊的"作风"，完全是华侨的"创作"。古今中外独有的广东所谓"洋楼"，凡是从别地方来到广东省的人都能注意到的。这种"创作"的深入和普遍于文化之中，竟形成许多华侨式的英语与英语化的广东话。

而我国近代史中占重要地位的几次政治事变与革命运动，华侨更起了不可磨灭的决定性的作用。华侨对于我国的全部生活，其作用之重大是极显然的。

这不是偶然的事。近代的我国，是受帝国主义多方侵略压迫的贫弱国家。华侨就是贫弱的我国人民在帝国主义直接领域内消度生活的。而南洋华侨是所谓次殖民地的人民在帝国主义直属的殖民地内生活的，尤其是保守的如英荷帝国主义的直属殖民地内谋生的。这几种特殊关系，也就是造成华侨，特别是南洋华侨，对国内发生特别作用的根据。

但是我国在南洋的侨民主要的是工商界，而且是下层的工商界，如劳工苦力和小商小贩等，或者是由这种下层工商分子发展而为富足的工商分子。他们的意识与他们的文化教育程度是很低级不发达的。上层的工商界是这样，下层的工商界更是这样。他们的智识太感缺乏，尤其是缺乏正确的智识。试想，这样对我国近代史上起举足轻重作用的华侨，竟是缺乏智识的。可是事实是更其坏些。华侨既是生活于特殊条件之下，又缺乏智识，则教育应该是很重要的工作之一了。可是，如果华侨是有教育的话，那当地治者是其重要的支配者，这种教育至少绝对不是为养成我国国民而设想的。在本书中可以详尽的见到这点。

自然，侨民对于自身教育是不断的进行着奋斗的。因此，一部华侨教育史，实是一部华侨教育的奋斗史，也是华侨一般奋斗的反映。然而，这一问题在事实上竟并不引起国内上下的特别注意、积极促进与努力工作。虽然国内人士对于华侨对我国的关系渐被谈到，特别是近年来对于华侨汇款的问题渐被注意，政府还派遣过几次专员到南洋去巡视调查，近年听说还有派舰经常巡视住有侨民各地的拟议；可是深切的研究，积极的措施，实在谈不上，何况几次巡视还是别有作用的。

直至如今，我们还没有见到一个切实详尽的关于华侨教育的报告。而在出版上，我们至今还没有见到一本书，甚至于一篇有系统有充实内容的文章，专论华侨教育的。如果有这种著作，则本书就是第一本了。

单就这一点，就可以想见本书的重要与价值，何况本书是一册二三十万字的巨帙。因此，至少本书是开系统地研究南洋华侨教育之先。

具体的说，本书载有许多详尽的材料，其中有许多名贵的文件。这些材料都是零零续续散在各别刊物上，或档存在各种机关的案卷中。现在作者将它收集拢来，作有系统的编列。有系统地提供南洋华侨教育研究的材料，本书是第一次企图。

同时，作者对于这许多材料还加以研究。作者从南洋及南洋华侨的经济、社会、历史情形着手研究，进而探讨南洋华侨教育情况及其各种问题。这样的研究方法，使南洋华侨教育问题放在坚实的基础上，使读者对于南洋华侨教育问题的理解容易正确。这使本书成为研究南洋华侨教育问题的一个很好的开端。

所以我觉得，本书不仅是在目前我国应该特别注意南洋华侨教育问题以及一般华侨问题时期中，第一部必要的基本著作，而且它是一部足以充作研究该问题的相当优美开端的作品。

时代与情景的需要与本书的适逢其会，使我对于本书只见到——或正确些说——只愿意见到其重要性与优点。批评是接续这一"开端"后继起研究的事。

祝百英，民国二十五年2月18日，于国立中山大学校

黄 序

余去岁漫游南洋考察华侨教育，得识林之光君于吉隆坡。今春2月，林君偕朱化雨君来见，以其所合编之《南洋华侨教育调查》一书见属为序。盖二君生长于南洋，同在暨南大学教育系毕业后，林君复入中山大学研究院专研教育，今将联袂东渡，欲在彼邦大学研究院更求深造，是书乃二人数年来研究教育之结晶也。余略为披览一过，觉《前论》一篇，于南洋华侨教育之演进从源溯流，颇为翔实；《本论》一篇，于南洋华侨教育之现况条分缕析，一览无遗；《后论》一篇，于南洋华侨教育之将来献议各端，多属切要。是其蒐集之勤与思虑之深，均有足多者。余往者亦尝编有《考察南洋华侨教育意见书》及《考察日记》，惟仅就足迹所至略为叙述，非若二君之专就一问题而纵横研讨也。因喜其足资印证，而为将来改进华侨教育之依据，爰腾吾书，并关之序以归之。

中华民国二十五年2月8日黄麟书识于广东省教育厅

雷 序

暨南学友朱君化雨、林君之光将历年来对于南洋华侨教育之研究，在事实方面作有系统地叙述，在学理方面作综合地观察，合著《南洋华侨教育调查》一册。书成，出以相示，并索一序。披阅之余，百感交集；徒以束装方竟，行将就道，只能简约地陈述所怀，以质读者，并以告邦人君子。

一、"华侨问题，简约地说，是中国的民族问题之一部分。后者是一个整体，前者是构成后者的一个成分。因此之故，从事于民族运动的人们必不可忽视华侨问题。"此为10年前旧话。在此地作者只要补足一语，即谓："依同理热心于解决华侨问题的人们必不可不热烈地参加中华民族的民族解放运动。"

二、"中国的教育问题，简约地说，是中国的社会问题之一部分。将欲事于教育改造而收取实效，我们必须同时致力于整个社会的彻底改造。然而在同时，欲将整个社会得到彻底改造，我们决不可忽视教育。反之，我们更要善于运用教育的力量，并尽量发展教育的功能。"此为作者从1927年国民革命运动所得的实际教训和行动哲学。随之，作者实屡次不一次不惮舌敝唇焦而为青年学子陈说，并以此旨演讲而写成《新教育与新秩序》。

今年为民国二十五年，在西历为1936年，以时势推测，当为中华民族的最大厄运之一年，凡我邦人君子谅有同感。如果我们真能从事于民族运动而得到民族解放，如果真能抓住社会问题的核心而求取满意地解决，则整个华侨问题以至华侨教育问题当不难迎刃而解。恰如古诗所咏：

落红不是无情物，化作春泥更护花。

然而我们必须紧记：

陆沉未必由洪水，谁为神州理旧疆。

读者诸君：

神州如果真不幸地陆沉，伊谁之咎？

神州决不至陆沉，是在人为而已。愿大家努力！

宾南雷沛鸿1月21日于中国社会教育社第四届年会

目　录

前论　南洋侨教的史实 …………………………………………（546）
　第一章　南洋侨教之背景 ………………………………………（546）
　　第一节　南洋的自然环境 ……………………………………（546）
　　第二节　南洋的社会环境 ……………………………………（552）
　　第三节　南洋华侨移殖史略 …………………………………（555）
　　第四节　南洋各属的殖民教育概况 …………………………（558）
　第二章　南洋侨教之史的发展 …………………………………（563）
　　第一节　南洋侨教的起源 ……………………………………（564）
　　第二节　各属侨校的创办 ……………………………………（566）
　　第三节　南洋英属侨教史略 …………………………………（570）
　　第四节　南洋荷属侨教史略 …………………………………（573）
　　第五节　暹罗侨教史略 ………………………………………（575）
　　第六节　法属越南侨教史略 …………………………………（576）
　　第七节　菲律宾侨教史略 ……………………………………（577）
　第三章　我国政府与侨民教育 …………………………………（578）
　　第一节　历来政府与侨民关系 ………………………………（578）
　　第二节　侨务机关的设立与沿革 ……………………………（579）
　　第三节　政府对于侨教之设施 ………………………………（580）
　第四章　各属殖民政府摧残侨教之实况 ………………………（613）
　　第一节　颁行学校注册苛例 …………………………………（613）
　　第二节　压迫侨校教员 ………………………………………（632）
　　第三节　严厉取缔用书 ………………………………………（634）
本论　南洋侨教的调查 …………………………………………（636）
　第五章　南洋侨校的调查 ………………………………………（636）
　　第一节　历来调查的整理统计及解释 ………………………（636）
　　第二节　我们调查的经过 ……………………………………（646）
　第六章　学校方面的统计总表及解释 …………………………（648）
　第七章　学生方面的统计及解释 ………………………………（651）
　　第一节　学生人数及性别的统计及解释 ……………………（651）
　　第二节　学生人数及年龄的统计及解释 ……………………（652）
　第八章　教职员方面的统计及解释 ……………………………（653）
　　第一节　教职员人数及性别的统计及解释 …………………（653）

第二节　教职员人数及年龄的统计及解释 …………………………… (655)
　　第三节　教职员资格与经验的统计及解释 …………………………… (655)
　　第四节　教职员待遇及职务的统计及解释 …………………………… (656)
　第九章　教学方面的统计及解释 ……………………………………………… (657)
　　第一节　课程的统计及解释 …………………………………………… (657)
　　第二节　教材分科的统计及解释 ……………………………………… (660)
　　第三节　教材的统计及解释 …………………………………………… (663)
　　第四节　学级的统计及解释 …………………………………………… (664)
　第十章　建筑及设备方面的统计及解释 ……………………………………… (665)
　　第一节　校舍来源及形式的统计及解释 ……………………………… (665)
　　第二节　校舍面积的统计及解释 ……………………………………… (665)
　　第三节　教具及仪器的统计及解释 …………………………………… (666)
　　第四节　图书杂志的统计及解释 ……………………………………… (668)
　　第五节　宿舍、运动场及校园的统计及解释 ………………………… (669)
　　第六节　图书馆的统计及解释 ………………………………………… (670)
　第十一章　经费方面的统计及解释 …………………………………………… (671)
　　第一节　全年收入或预算百分数及差额统计与解释 ………………… (671)
　　第二节　经费支配的统计及解释 ……………………………………… (672)
　　第三节　经费来源的统计及解释 ……………………………………… (673)
　第十二章　困难问题的统计及解释 …………………………………………… (674)
后论　南洋侨教的改进 …………………………………………………………… (680)
　第十三章　侨教应负的任务 …………………………………………………… (680)
　　第一节　侨教与民族精神之发扬 ……………………………………… (681)
　　第二节　侨教与民权思想之启发 ……………………………………… (682)
　　第三节　侨教与民生幸福之促进 ……………………………………… (682)
　第十四章　侨教应有的原则 …………………………………………………… (683)
　　第一节　须适合侨童身心的发展 ……………………………………… (683)
　　第二节　须适应南洋的特殊环境 ……………………………………… (686)
　　第三节　须培养侨民的自觉心理 ……………………………………… (687)
　　第四节　须适应华侨农工商业的竞存 ………………………………… (690)
　第十五章　侨教应有的改进 …………………………………………………… (690)
　　第一节　筹划侨教的经费 ……………………………………………… (691)
　　第二节　切实保障侨教的发展 ………………………………………… (692)
　　第三节　编辑补充教材 ………………………………………………… (692)
附录 ………………………………………………………………………………… (693)

前论 南洋侨教的史实

第一章 南洋侨教之背景

第一节 南洋的自然环境

一、南洋的范围及位置——南洋一名词有三种涵义：广义的南洋包括印度支那半岛、印度、马来半岛、马来群岛、澳大利亚、纽丝兰及太平洋群岛，占有亚洲的东南部和海洋洲之全部。狭义的南洋单指马来半岛和马来群岛而言。第三种涵义，则以印度支那半岛及马来群岛为南洋。

这三种的说法，我们不能说哪一种是确当和哪一种是不确当，因为各人的立论和研究的范围不同，而所下的定义也不一样。不过本书的立论是以中国为本位的，所以本书所指的南洋则以第三种说法为准则。因为第三种所指的南洋这一带地方是华侨移殖的中心，在地理上说，或与我国陆地毗连，或则隔海相望；在历史上说，或为我国藩属，或为我势力范围。所以无论在经济方面、政治方面，以至自然环境，都和我国有密切关系的。

南洋在亚洲大陆之南，也是在我国之南。印度支那半岛和我国的云南、贵州两省紧接着，东部为法属越南，分北圻（东京）、中圻（安南）、南圻（交趾支那）、柬埔寨、老挝五部；西部是英属缅甸，为英属印度的一省。暹罗介于越南和缅甸之间，即在半岛的中部。从暹罗向南下来就是马来半岛，北部是暹属，南部为英属。英属马来又分三部：一为海峡殖民地，由英国直接管辖；一为马来联邦；一为马来属邦，同是英国的保护国。从马来半岛向西南，有苏门答腊，再东有爪哇、婆罗州、西里伯、小巽达、摩洛哥等大小各岛。这些岛屿除婆罗洲北部属英及小巽达之一小部分属葡外，其余都属于荷兰，叫做荷属东印度。婆罗洲北部分为三部，东部为北婆罗，是英国的殖民地；西部为砂胜越；中部为汶莱，同是英国的保护国。北婆罗之东北就是菲律宾群岛及苏禄群岛，皆属于美国。总而言之，南洋各地除暹罗自成一个独立国外，其余都是英、荷、美、法、葡五个帝国主义的殖民地或保护国。兹为易于明了起见，特把南洋群岛之划分及其所属国别列表于后。

表1 南洋各属划分简明表

华侨卷

南洋 {
- 印度支那半岛 Indo-China Peninsula {
  - 暹罗王国 Siam
  - 越南 French Indo-China {
    - 交趾支那（南圻）Cochin China
    - 安南（中圻）Annam
    - 东京（北圻）Tonghing
    - 柬埔寨 Comleodia
    - 老挝 Laos
  } 法属
  - 缅甸 Burma ·········
  - 英属马来半岛 Malay Peninsla {
    - 海峡殖民地（三州府）The Straits Settlements {
      - 新加坡 Singapore
      - 马六甲 Malacca
      - 槟榔屿 Penang
    }
    - 马来联邦（四州府）The Federated Malay States {
      - 森美兰 Sembilan
      - 雪兰莪 Selangor
      - 彭亨 Pahang
      - 霹雳 Perak
    }
    - 马来属邦 {
      - 柔佛 Johore
      - 吉打 Kedah
      - 加央 Perlis
      - 丁加奴 Trengganu
      - 吉兰丹 Keluntan
    }
  } 英属
}
- 马来群岛 Malay Archipelago {
  - 荷属东印度 {
    - 北婆罗州 Northern Borheo {
      - 北婆罗
      - 汶莱
      - 砂朥越
    } ·········
    - 大巽达群岛 Greter Semda IS. {
      - 苏门答腊 Sumatra 及其属岛 {
        - 邦加岛 Banka I.
        - 万里洞岛 Billiton I.
        - 寥内岛 Riau I.
        - 民大威群岛
        - Mentawei IS.
      }
      - 爪哇 Java 及其属岛 {
        - 马都拉岛 Madura I.
        - Kengean I.
      }
    }
    - 小巽达群岛 Lesser Dauda IS. {
      - 峇里岛 Bali I.
      - 龙目岛 Lambok I.
      - 巡峇岛 Sumba I.
      - 巡峇哇岛 Soembawa I.
      - 佛里屿岛 Wattar I.
      - 帝汶岛 Timoy I.（东部除外）
      - 西南群岛 { Watter I. / Roma I. / Letti I. }
      - { 帝汶岛东部 / Kambing I. } 葡属
      - 东南群岛 {
        - 打林马群岛 Tanimbar Tumorlant IS.
        - 峇密岛 Babor I.
        - 羁衣群岛 Kei IS.
        - 亚汝群岛 Aru SI.
      }
      - 沙富岛 Sava I.
      - 罗底岛 Roti I.
      - 亚咾岛 Allor I.
      - Salor IS.
    }
    - 婆罗洲 Borneo I.（北部除外）及其属岛纳都拿 Lauh I.
    - 西里伯岛 Celebes I. 及其属岛 {
      - 武教
      - Muna I.
      - Sangi I.
      - Talaud I.
    }
    - 摩洛哥群岛 Moluceas {
      - 西兰岛 Ceram I.
      - Gilolo I.
      - Sula I.
      - Morotai I.
      - 丹拿底岛 Ternate I.
      - 峇漳岛 Bachin I.
      - 务罗岛 Buru I.
      - 安汶群岛 Ambonor Amboyna IS.
      - Tidore I.
      - 万兰群岛 Bauda I.
      - Ombira I.
    }
  } 荷属
}

```
                            ┌ 吕宋岛    Luzon I.
                    ┌ 吕宋群岛 ┤ 民都洛岛  Mindoro I.
                    │        └ 马示描地岛 Mabate I.
                    │        ┌ 三描岛    Samar I.
                    │        │ 里御洛示岛 Neros I.
   菲律宾群岛         │        │ 班乃岛    Panay I.
   Philippine IS.   ┤ 未塞亚群岛┤ 礼智岛    Leyte I.      美属
                    │        │ 宿务岛    Cebu I.
                    │        └ 保和岛    Bohol I.
                    │ 棉兰荖岛   Mindanao I.
                    └ 巴捞温岛   Palawan I.
```

二、南洋的面积——南洋的面积，各人所考各有出入。据张相时所说，南洋面积有 170 余万方哩；陈谷川所说，有 170 余万方哩；李长傅所说，约有 170 万方哩；黄竞初所说，有 180 余万方哩。兹将各家所列南洋各地面积表摘录于后，以资参考。

表 2 张相时的南洋面积表

地　　名	面积（千方哩）
暹罗	200
缅甸	263
英属北婆罗	31
勃尼	4
菲律宾	127
越南	274
英属马来半岛	53
砂朥越	58
荷属东印度	734
总计	1734

附注：见张相时著《华侨中心之南洋》。

表 3 陈谷川的南洋面积表

地　　名	面积（千方哩）
荷属东印度	734.000
法领印度支那	261.500
暹罗	195.000
英领马来	139.660
菲律宾	115.00
缅甸	263.000
总计	1708.160

附注：见《南洋研究》三卷一期。

表 4 李长傅的南洋面积表

地　　名		面积（方千米）
暹罗		521.833
法属印度支那		664.922
英属	缅甸	605.301
	马来联邦	71.248
	海峡殖民地	4.144
	马来属邦	59.818
	北婆罗洲	199.705
	合计	940.216
荷属东印度		1900.133
美属菲律宾		297.917
葡属		18.985
总　计		4344.006（方千米）
合　计		1696.877 千方哩

附注：见李长傅《南洋地理志》。

表 5 黄竞初的南洋面积表

地　　名	面积（千方哩）
暹罗	200
英属	590
荷属	730
法属	250
美属	120
葡属	5
总计	1895

附注：见黄竞初之《南洋华侨》。

看了上面4表，就可以知道4人所述各略有不同之处。其不同原因，除了葡属面积有人没曾列入外，大概是因为地面广阔，测量不能精细，或许是有些地方被人遗漏或忽略。凡此种种，都足以使所得的结果发生多少的差异的。但就大体言之，南洋土地的广袤，约南自赤道下11度起，北至赤道上27度止，西自东经90度起，东至140度止。面积在一百七八十万方哩左右。

三、南洋的气候——南洋地带当赤道之南北，在一般之想象中，必以赤道左右之气候为酷暑不焚，瘴疠漫天。其实南洋各岛受海洋之调剂与季节风（Monsoon）之吹拂，一日的气候惟日中炎燠，朝夕则凉爽如秋；一年之气候仅分干湿两季，寒暑表之差亦极微。湿季平均华氏表80度左右，干季平均85度左右，惟因太阳位置之转移，与季节风方向之不同，各地之季节有迟速。又以经纬线之互异，南北南洋分热带与亚热带两种。兹将各地气候列表于下：

表6　南洋各地气候表

地名	最高温度（华氏）	最低温度（华氏）	平均温度（华氏）	湿季	干季	一年的雨量（吋）
马尼拉	93.3	66.3	79.8	6月至10月	12月至次年5月	113.2
西贡	95.0	65.0	80.0	4月中旬至10月中旬	10月中旬至次年4月中旬	70.9
盘谷	95.5	62.0	82.5	4月至10月	11月至次年3月	55.3
新加坡	97.0	61.0	79.0	10月至次年3月	4月至11月	93.8
巴达维亚	92.0	66.3	79.1	10月至次年4月	5月至10月	119.2
棉兰	93.5	67.7	80.6	11月至次年3月	4月至10月	120.3
马辰	101.0	71.0	86.0	10月至次年3月	4月至9月	113.0
山打根	96.0	67.0	86.3	10月至次年3月	4月至9月	102.2
砂胜越	91.6	71.2	81.4	12月至次年2月	3月至11月	160.0

附注：见刘士木《南洋丛谈》（《南洋情报》一卷272页）。

南洋之湿季，即为多量之湿气。自西风吹来，每日大抵降雨一二次，久则二三小时，短则三四十分钟。大雨之际，倾盆而下，雷电交作，雨点较温带之黄梅雨为大。雨后大地若洗，草木苍翠，气候凉爽。干季则骄阳高悬，滴雨全无，历数十日而后，始易节候，但各地仍大都时降甘霖。故每至热得不能耐的时候，常有一阵恰如人愿的雨水来调节。所谓"四时皆是夏，一雨便成秋"，这便是南洋气候之真确的描写。

四、南洋的物产——南洋既地处热带，故出产品特为丰富。就农产物而言，则有米、树胶、蔗糖、麻、烟草、茶、咖啡、金鸡纳、椰子、玉蜀黍、可可、棉花、木棉、胡椒、豆蔻、丁香、肉桂、药用及染料植物、漆、樟脑、籐、波罗蜜、香蕉等。矿物则有锡、铁等。还有柚木、杂木等，亦是建筑及制造船舶的最好材料。至于海里面的鱼类以及山林里面的禽兽，出产的种类也多。兹将其重要之出产物，足为南洋经济之基础者分述于下：

1. 树胶——树胶为南洋重要产业。50年前英人威尔蒙氏始由巴西偷运7万枚种子，试种于伦敦皇家植物园，得苗木2800余株，分寄印度、锡兰、新加坡等处试植之。英属马来得22株之苗木。30年来，种胶之地发达至227.5万㗇，年产树胶30万吨，占全世界种胶面积及产额之过半，而为英属数百万人生活直接与间接之所寄托。迨后，荷属继起，在20年间，植胶面积共有124万㗇，可割胶者为109万㗇，年产树胶45万公斤，产额较次于英属。惟自英属限制采液期中，遂予以荷属种种良好机会，于是骎骎乎有凌驾英属产额之势，迫使英属放弃限制之条例。而竞争之剧烈，为各种企业所未见。他若美属菲律宾和暹罗等处，亦皆日事培植。美以树胶消耗最大之痛苦（年约45万吨），且将组织树胶托拉斯，并有划出菲律宾之南部以为专植树胶之议。

树胶生产既有增无减，价钱因而低落，而全世界经济恐慌又日加剧烈，胶价更是一落千丈。在1932年6月每磅仅值5分叻币，1933年6月也不过值一角左右，这种价格，几乎连生产费都不够。因之影响所及，业树胶者多数破产，而工人亦大都失业，尤以马来半岛所受之打击最深，前此之繁荣几为之丧失殆尽。本年以实行限制之故，虽胶价日有起色，惟以世界经济恐慌日甚，各种产业部门日趋没落，胶业前途仍未许乐观也。

现在全世界树胶栽培的总面积为715万㗇，其中英属马来即占301万㗇，荷属东印度有278万㗇，此外南洋各属约有60万㗇。总计南洋方面树胶栽培总面积有638万㗇，占全世界总面积的88%，所以树胶为英属马来亚经济之骨干。

2. 米——米为南洋各地盛产之粮食，一岁三熟，青黄相间于田野，终年皆为适宜播种与收成之时期，以南洋之气候常年皆为春夏季故也。使南洋已开辟之土地皆用于种稻，则世界之米价将跌至半数以下，而各地之饥馑亦可以大减。然以欧洲工业界，恃南洋农林之特产为原料，使南洋各地沃野次第种植树胶、甘蔗等物，而英属马来半岛之粮食反须仰给于外来者。如最适种稻之爪哇，从前年有1万吨以上之粮米出口，今则年需20万吨之外米输入矣。南洋近今产米数量以缅甸居第一位，有农民800余万人，耕田1239.6万㗇，年产米额517万吨，输出427万吨，约值华币一万万元。暹罗次之，农民有500万余人，耕田占全国总面积44%，每年产米额为3875万担，输出1975万担，值银约一万万铢（合国币8000万元左右）。安南又次之，然产米额有逐年增加之趋势。法人初领安南时，每年出口额仅有25万吨，至1926年输出额竟达192万吨，进步可谓速矣。此三大产米国，供给环绕于其四周之四五万人民之粮食，尤以中国、日本和英领马来为主要之销路。

3. 蔗糖——蔗糖为荷属东印度经济之命脉，其原产地为印度，输入南洋虽早，然教土人以制糖之方法，则为中国人。考16世纪上叶，中国人至东印度者以制糖与种茶之方法为荷属爪哇土人所欢迎。荷属东印度公司特在井里汶等地设厂种蔗，聘请华人为技师。至17世纪初，华人在巴达维亚附近有土法之制糖厂130所，更扩张其势力于爪哇腹地。后卒遭东印度公司之忌，设法禁止，至1779年，减为55所。其中22所为荷人所经营，可产糖10万担。18世纪以后，英荷等国以大量资本经营糖业，然煮糖之技师仍聘华人。自强制种植法〔1830年荷督番登仆希（Uan Dan Boseh）所定政府有限制各种种植面积及种类之权〕取消，制糖之机器亦先后发明，爪哇糖业乃大兴盛。至1926年，总产额达164万9000吨，仅次于古巴（古巴同年产额为550万吨），栽培面积达1.4万喥。最大之糖厂，每日产糖8千担以至1万担。创始之华人虽有新式糖厂12所，然仅占爪哇总额5%，且近已逐渐为荷人所收买矣。至糖价之涨落，则操诸荷人所设之糖公会，中国糖商并中介之利亦难获到矣。此外暹罗、菲律宾等地亦有产糖，惟规模甚小，殊不足与荷属比也。

4. 锡——为南洋发现最早之矿物，盛产于英属马来半岛及荷属苏门答腊附近之邦加、勿里洋、勿里洞等小岛。英属采锡之业多操于华人，荷属则全为荷兰人所独占。而收买华土之契约劳动者（俗称猪仔）以采掘之，与苏岛之烟园工人同为最无人道之举动。荷属每年产锡三万二三千吨，英属每年产锡四五万吨。英属开采矿区其广，共计21处，惟矿脉既老，采掘不易，不如荷属正在盛产之年也。

5. 煤油——煤油为荷领南洋独步之矿业，与华、巫人民生活不生重大之关系，其采掘权完全操于荷人之手。产地在东婆罗洲与苏门答腊东部，未发见者尚多。

6. 马尼拉麻——为菲律宾特产之纤维植物，采自芭蕉属之亚加巴树干（Acaba），有耐海水浸蚀之特性，为海舶所必需，亦可织布编帽。菲岛每年输出约150万包。

7. 咖啡——亦为荷属经济界重要之产物。16世纪之末，东印度公司以彼得费鲁氏在非洲摩加所发现之咖啡试种于西爪哇，1700年始有爪哇产之咖啡发现于欧洲市场。后选种造林，几经改良，迄今植株面积达451 745荷亩，与他种植物合种者，292 680荷亩，单纯咖啡园共163 554荷亩，丰收年份可得咖啡825 325担。五分之四产于爪哇，以谏义里、八苏鲁、安比苏其等处栽培最盛。此物为热带人民不可缺乏之饮料，除本地消耗外，尚能以巨额供给美、法、德、荷等国之需要。

8. 椰——椰为南洋全部普遍之产物，在南洋经济上占有重要之位置。以椰子油为工业上重要之原料，现为英、美、荷三属有名之出口货，荷属领地最大，出口亦最多。种椰之面积，在爪哇与马都拉两岛中，只欧人所有已达12 250公亩，散在各岛者有3.1万公亩，然以较全属各色人种，种椰之面积犹九牛之一毛耳。据1917年调查，荷印种椰之数，为1.07万万株。各地遍设制油厂。椰干输出额18.2万吨，值银8724万盾。英属马来半岛植椰之面积大约有49.2万余喥，椰干总额200万担，输出额20万担，值三千数百万元。美属菲律宾为世界最大之产椰地，其输出额虽逊于荷属，然以面积为比例，则驾荷属而上之，其栽培之面积为100万喥，椰树8700万株。

南洋产物除上述数种外，尚有木材及其他之农业，尤以木材之销路为最大。柚木一项（亦称麻栗树）为铁路枕木所必需。暹罗、缅甸、安南等处，又产纹理细致、色泽光滑之红木与乌木，为制造家具之良好材料，每年输入我国广东各处，为数甚巨。

总之，南洋为天惠优渥之地，益以科学能力，各种产业既良且多，大有左右世界经济之可能。故帝国主义者莫不以占领南洋为要图，于是南洋一隅，遂成为列强角逐之地矣。

附注：物产一节乃参考陈枚安《南洋生活》。

第二节 南洋的社会环境

一、南洋的种族与人口——南洋素有人种博览会场之称，其人种之复杂可想而知。大别有七，曰回教马来族（Mohamme Jan. Maliys），曰马来土族（Primitiues Malayans），曰巴布亚族（Papuan or Malanesians），曰尼格罗族（Negrilos），以上四族分布于马来半岛与马来群岛中。曰泰伊族（Thais，暹罗人、老挝人、柬埔寨人、吉宁人、□人、蒙人等属之），曰缅甸族（Burmese），曰安南族（Anames），以上三族分布于印度支那半岛各部。此外尚有近世移往之中国人、欧洲人、阿拉伯人，及其他野蛮民族与混血种等。南洋7个种族中，以栖息最古言，当推尼格罗族；以种繁族殖递衍言，当推马来族。马来族在南洋人口中占过半数。兹将南洋各属人口分布列表于下：

表7 南洋各属人口分布表

地 方		面积（方公里）	人口	每方公里密度（人）
美领菲律宾		296 285	12 352 900	41.70
英领	马来半岛	136 236	3 332 603	24.46
	北婆罗州	75 584	257 344	3.40
	砂胜越王国	124 033	600 000	4.84
	勃尼王国	10 360	25 451	2.46
法领	交趾支那	64 000	4 244 739	66.33
	东京	115 800	7 289 246	62.91
	安南	150 100	4 738 278	31.57
	柬埔寨	175 700	2 517 264	14.33
	老挝	231 500	324 595	1.40
荷领	爪哇马都拉	131 611	34 987 171	266.10
	外领	1 768 761	14 366 663	8.10
葡领帝汶		18 989	394 518	2.070
暹罗王国		518 162	9 939 000	1.908
合 计		3 817 071	95 363 772	2.446

附注：见刘士木《南洋丛谈》（《南洋情报》第一卷323页）。

依据上表，南洋的人口共有9500万人。其中除了560万是华侨，和一部分印度人、阿拉伯人外，其余几完全是土人了。至于欧美人和日本人，则为数极少。

二、南洋的行政关系——整个的南洋都为英、荷、法、美等帝国主义者的殖民地。虽号称为独立的暹罗王国，也不过是英、法殖民地之变相而已。这些地方是帝国主义者的原料供给地，也是他们的独占市场，帝国主义者对于殖民地，无不竭尽其统治剥削之能事，以造成其本国经济繁荣之根基。但南洋各属地方情形各有不同，所以各属地方之行政的关系也就不一律了。

南洋群岛，在各国势力范围内，只有葡属之的摩尔岛（俗称帝汶）为最小，所以葡政府只设一个知事以统治之。其他英、美、法等国则皆驻有总督，以统大权。而英属南洋之地域甚为复杂，所以海峡殖民地的总督，在职制上不特为了马来诸州（联邦州及非联邦州）与勃尼王国的高等监督官，并且对于英属北婆罗及砂胜越王国，也成为全权委任的代理官。兹将南洋之英、荷、美、法等4个帝国主义所管辖各地的行政系统列表于后：

表8　南洋英属殖民政府行政系统表

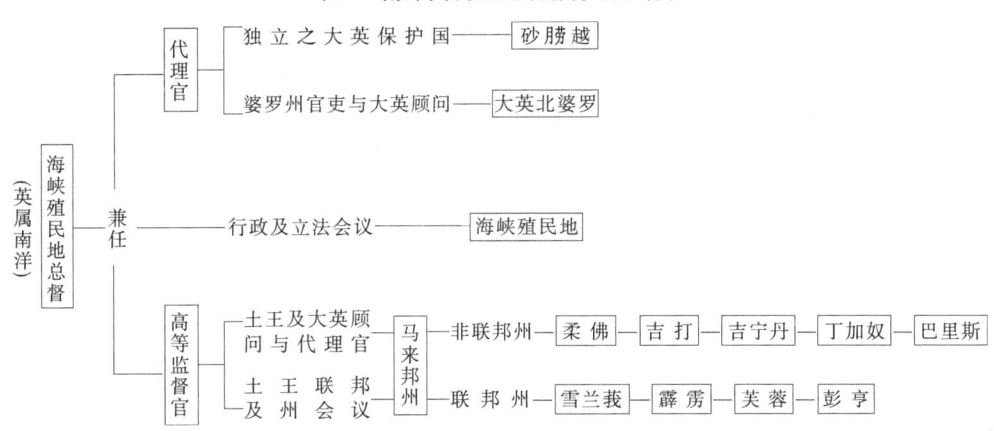

表9　南洋法属殖民政府行政系统表

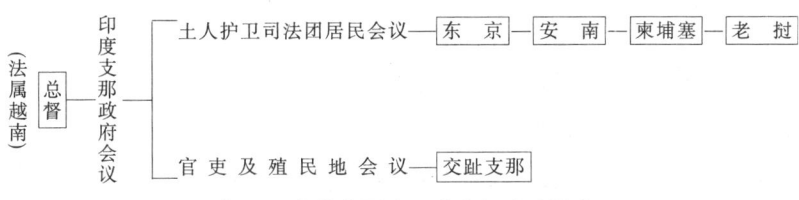

表10　南洋美属殖民政府行政系统表

（美属南洋）总督——行政及立法会议——菲律宾群岛

（荷属南洋）总督长官——立法咨议会议——荷属东印度

三、帝国主义的殖民政策——统治南洋的各帝国主义，因其国情与南洋关系之轻重各有不同，所以所行的殖民政策亦各有所异。英国人对于殖民地先由开设银行入手，法国人先建剧场，西班牙及葡萄牙先立教会，荷兰人则注重交通，如铺道路、浚河流等。就产业开发来说，英国与荷兰对其属地则采取门户开放之自由主义，但近来对于华侨则大加排斥或驱逐了。美、法则采取保护政策，尤以法国之门户封锁色彩为最浓厚。再次各帝国主义，对于西班牙和葡萄牙两国对于土人之异教宣传的失败，彼此都觉悟前此之非计，而改注其力量于教化政策了——尤其是美、荷两国。

英属南洋，若与英国所占领全世界之殖民地比较起来，实为至小，但关系太平洋市场的企图则甚大。他如小国的荷兰，其所领有的东印度群岛较其本国大了60倍以上，因为有了这偌大的殖民地，才可以在国际经济上占相当的地位。美领菲律宾虽经允许其独立，但因为在太平洋上争霸的关系，实际上仍难放弃其支配关系。法国方面为着对华的关系，所以治理越南的政策又特别地带有严重束缚性。这就是各个帝国主义对于南洋的殖民政策，各有其不同的原因。

附注：本节参考刘士木《南洋丛谈》。

四、南洋的社会经济——社会的经济基础反映上层建筑的政治法制与意识形态，南洋之社会经济过程，乃取决于经济生产之方法，故此我们先把南洋经济分析之。

南洋的拓殖者最先乃我华人，而统治者最初为西班牙、葡萄牙、荷兰、英国等组织东印度公司。公司所抱的唯一目的就在于经济之掠取，其达到这种目的手段则在政治。现在公司的政权已给还国家，但是国家的目的仍系保护私人公司，把南洋的林产品、农产品运回祖国，把祖国的工业品运到南洋。其注意点仍在经济，使南洋成为商品过剩之独占推销市场，能投资范围之势力图，与及原料供给的地方，使南洋的经济地位，永附庸于帝国主义统治下。而现在华侨叫政府机关为"公班衙"（Company），原来的意义就是公司，因为当时的公司得到政府的允许，有召募军队、设置警察、建筑公署、指派官吏，俨然和一个政府一样。现在这一部分的政治工作已由政府去负责，不要公司去麻烦。公司解散后而遗留下来的小公司，好像苏门答腊的八大公司、马来半岛的锡矿公司，就专意在操纵市场的唯一工作。公司有巨大的资本运用，有政治势力保护，对于土产的采购，对于工业品的推销，均握有优先权，所以他的营利比任何色人（即华侨、印人、马来人、阿拉伯人）的营业特别优，而我华侨则处在白种人与土人之间的中介人地位罢了。

市场价格，如英属之锡价、胶价，荷属之糖价、咖啡价，法属之米价，都听命于几个大公司组合机关的牌示，中国人和土人只有仰其鼻息。所以侨商当物价高贵的时候，就因缘时机，而获厚利，成为暴富实在不少；一遇物价低贱的时候，侨商往往一筹莫展，蚀本破产而致报穷逃债入狱，乃成一般的现象。

惟其生产关系不能不需要劳动力，这种劳动工具，都是我多数的劳苦侨众的血汗。故当物价高涨时，货物畅销的时候，就是无数的"猪仔"买进；当物价低贱，货物拥滞的时候，就有成批成群的失业侨众被逐出境。

英属各殖民地以前开矿、种树胶是采自由营业主义，现在当这世界经济不景气，锡胶生产过剩，则限制锡胶出产。但以前外国资本主义者之经营，则具大规模之机器，而使生产科学化，而我华侨则多雇人工采植。前者又有政府为后盾，有具体之组织及计划以利进行；后者均无后盾，而无组织无计划，只靠向外国银行借债，往往受制于人，而失保障。但华侨素具勤苦耐劳之天性，赤手空拳苦干，而奠定经济之基础。但这种中介人之地位永远失其独立性，而有几分依赖性，会成为我华侨今后之危机。故当今整个南洋经济行将破产之时，而我华侨即首当其冲，受苦最甚了。

附注：本节参考熊理《南洋社会经济的分析》(《南洋研究》三卷五期)。

第三节　南洋华侨移殖史略

一、华侨移殖的原因——考华侨向海外活动的历史，其隐者约有千余年，其显者至少也有五六百年以上。至其移徙的原因，不外是政治的和生活的两种压迫。兹更分述于下：

（1）政治的压迫——自唐朝末叶，因为黄巢的扰乱及五代的纷扰，这时中国的人民多数为着避乱的缘故，而相率远徙海外。及到了宋明二代，一班遗老不愿作他朝臣民，而感受政治上和异族的种种压迫，不能够在国内安居，因此也挈族南行，附从他们的其数约有数万之众，亦有人说竟达数十万，可见当时向海外移徙的众多了。清朝初时，三藩的扰乱，及至中叶，又遇洪杨战事的绵延，更使国人难以谋生，而不得不相率向海外移徙。这些向外移徙的中国人，因为地理上和交通上的关系，多数是到南洋去的。

（2）生活上的压迫——吾国自从宋、元、明、清这几个朝代以来，都是祸乱频仍，政治非常腐败的。因此人民的生活日益困苦，乃不得不转向海外移殖，以求生存。同时，福建和广东两省因为耕地面积的狭小，而居民欣羡海外工资的丰厚，又因为地理上接近南洋，交通上比较他省利便，故相率向海外谋发展。此中国人向海外移徙以闽粤两省为最多者也。

附注：本节参考《申报第一次年鉴》。

二、华侨移殖的经过——华侨向海外移殖的经过，大约可以分为三期：

1. 交通访问时期　吾国与外国交通的历史颇为久远，汉代张骞之通西域，马援之征交趾，晋代僧法显之旅游海外，元初之大举南征，与夫明代郑和之出使等，皆为华侨移殖海外之先导。但以彼时工商贸易之迹象未著，故号为交通访问时期。

2. 避乱逃徙时期　国人之避乱逃徙于海外者，以唐季开其端，而盛于明清两代，至近20年来移徙之众，益驾明清两代之上。惟当时移徙海外之民多属不法游乱之徒，不能安居谋生民众，及不愿奉戴异族正朔之士。明初法律原禁止国人移徙海外，自郑和出使后，此种态度虽略有变更，然而仅许个人自由出境。降至清初，复严其禁，然禁者自禁，而移徙海外之人，仍源源不绝也。迨民国以来，国内纷争日甚，人民生活日困，善良者乃不得不挈眷南行，而向海外移徙之民至今益众矣。

3. 工商贸易时期　国人向美洲移殖，自19世纪初叶（即清代后期）而大盛。其时美国加省发现金矿，中美又因筑路需华工工作者甚殷，此实诱致国人前往侨居之重大原因也。南洋各地则自16世纪至19世纪初叶，英荷两属采取自由移民政策，以求荒地之开发，故对于华工之延招亦至迫切，甚且有掳劫华人前往工作者。1858年，吾国政府即正式与英法订有移民船渡自由条约，国人因在国内生活困穷之关系，此后向海外移殖以谋工作及营商者日益繁多。此可称为工商贸易时期，亦可称为向海外移殖之解禁时期也。

附注：本节参考李长傅《南洋华侨史》。

三、各国对我国移殖的政策

1. 英国对付中国移民之政策　英国除本国与华侨发生之关系极少外，其领地之马来亚、缅甸、北婆罗洲、海峡殖民地等，在昔亦多取"保证贸易自由"及"移徙自由"之政策。加拿大对于华人向取无限制主义，自1877年设华民政务司后，即施行限制政策。马来亚之华侨本极多，惟自1930年7月以来，因失业问题之关系，禁止成年华工进口，至1932年6月，则只准华工由汕头、香港、厦门、海口等处每月移入1000名。近虽以土产价格较佳，商况日有起色，惟对于华工之进口，仍施行其严格之限制也。

2. 美国对付中国移民之政策　美国对于中国之移民，近年以来，无论其本国或属地，如菲律宾等，俱采同一限制及排斥政策。考美国于19世纪中叶发现金矿，及敷设中部横断铁路招致华工时，本保护华民之移殖。1884年首次颁布华工入境禁例。1889年、1898年、1902年以至现在，禁例屡有修改，其修改之点虽不同，而日趋严密，则无可疑也。菲律宾于1922年曾有簿记案之提出，对于华侨亦多妨碍。换言之，排斥无所不至耳。当时虽遭美国国会之否决，然二十一年间闻又旧案重提。

3. 荷兰对付中国移民之政策　荷兰自16世纪统治东印度群岛以后，为谋开发该处之土地及繁荣贸易起见，故在昔时于外人之投资甚表欢迎，对于华侨之劳动者罗致不足，且由海口掳人以往。至1740年，荷人嫉华人之势力日涨，遂发生所谓红河事件，华人死者2万人（一说6万人），不久，并设华人裁判所，管理华人事件。此后对于华人即施压抑政策，入口之抽税、贸易之苛征、居留之虐待、侨教之摧残，至19世纪以后而益烈，近更苛例迭颁，压迫日甚矣。

4. 法国对付中国移民之政策　法国在安南及其他领地，对于华民之移殖素采严厉政策。盖以中越关系过深，在越华人商业势力又极雄厚，故法方对于越南华侨之移殖、居住、贸易等备加压迫。苛税重重，如人头税、营业税，各按身世之高下及资本之大小而定征收之标准；对于身税纸之搜查及入口时之虐待，可谓苛求已极。十九年所改定之中法越南商约，法政府至今尚未履行，华侨在越南几役以无约国人看待，殊可痛也。

5. 暹罗对付中国移民之政策　暹罗在昔对华移民系采同化政策，华暹结婚至为常见之事。据调查暹罗人口900余万至千万人中，华侨混血种人口竟占200余万。惟暹政府以华人在暹势力日益膨胀，而商业尤为发达，乃突施阻抑政策。故近年以来，对于国人之入境，抽身税、打指模等苛税苛法日有增加，且入口条例修订至为严密。自暹王拉马第六登位以后，渴慕致化，排华更日见显著，1925年之商人簿记取缔法，1928年之公共事业取缔法，及其他教育条例等之公布，尤为华人移殖经营之致命伤也。

6. 其他各地对付中国移民之政策　除上述各地外，其他如澳洲、非洲均排斥有色人种之移徙，华侨自在其内。至于俄国自苏维埃政府成立以来，对于各国人士之入口限制极严，华人之移徙自不容易。

各国对付中国移民之条例繁多，欲加详述，非此篇幅所能许，以上所记仅其概要耳。惟其间尚有一重要之点，不可不加以说明者，即中国国籍法与侨务有关各国国籍法之不同也。如中国国籍法所订：凡其父母为中国籍者，更无论矣；而依暹罗、荷、印者，皆应为各该地之籍民，因之发生交涉，至为困难，而中暹订约之停顿，此亦一因也。

附注：本节参考《申报第一次年鉴》。

四、华侨分布人数　华侨散居海外，足迹遍于五洲，虽海角天涯亦莫不有华侨存在。惟因向鲜详细的调查与精确的统计，究竟人数多少，都不甚明白。兹据侨务委员会一年以来向各方精密调查，及其根据各驻在地使领馆的报告，统计华侨人数共有 7 838 895 人，虽然不能算为十分精确，丝毫无错，但按诸实际，究亦不会相差过远。在这 700 余万当中，就南洋（本书所指的范围）各地，已占有 6 136 057 人，足见南洋为海外华侨所托迹的中心地带了。兹将海外华侨居留地域及人数分列于后：

表 11　华侨居留地域及人数表之一

越南	381 417 人	南洋葡属帝汶	3500 人
暹罗	2 500 000 人	菲律宾群岛	110 500 人
南洋英属马来群岛共	1 709 392 人	缅甸	193 598 人
南洋英属北婆罗洲	75 000 人	总数	6 136 057 人
南洋荷属东印度群岛共	1 232 650 人		

表 12　华侨居留地域及人数表之二

美国	74 954 人	澳洲	15 500 人
加拿大	42 100 人	新西兰	2854 人
墨西哥	25 000 人	南非洲	4500 人
秘鲁	5704 人	日本	20 074 人
智利	2700 人	台湾	46 691 人
巴西	820 人	朝鲜	41 304 人
阿根廷	600 人	印度	381 417 人
哥伦比亚	1000 人	英国	8000 人
委内瑞拉	2826 人	法国	17 000 人
中美洲各国	9400 人	德国	1800 人
西印度群岛	36 400 人	卢森堡	52 人
檀香山群岛	27 179 人	西班牙	90 人
太平洋各小岛	1200 人	葡萄牙	1200 人
印度洋各岛	5000 人	荷兰	8000 人

比利时	550 人	丹麦	900 人
波兰	139 人	苏俄	251 500 人
捷克斯拉夫	250 人	芬兰	7 人
奥地利	98 人	立陶宛	7 人
匈牙利	49 人	拉多尼亚	2 人
意大利	274 人	爱沙尼亚	3 人
瑞士	149 人	大溪地	5000 人
罗马尼亚	4 人	佐市治	2300 人
保加利亚	7 人	纽竺尼岛	2000 人
约果斯拉夫	37 人	埃及	75 人
土耳其	7000 人（大部分入土籍）	香港	825 645 人
瑞典	13 人	澳门	838 895 人
挪威	3 人	总数	1 702 838 人
		合计	7 838 895 人

附注：本节参考《申报第一次年鉴》。

第四节　南洋各属的殖民教育概况

南洋有 170 余万平方哩的土地，将近一万万的人口，原料非常丰富，出产非常迅厚。自食粮之米稻，应用的树胶，消耗品之茶、可可、咖啡、胡椒、糖、烟草，药用品之金鸡纳霜，以至于军用品之锡、铁、锌、钨、石油，珍贵品之钻石、珠宝等，多为特有的产品，其产量都是占全世界产量的重要部分。在欧洲大战尚未发生的时候，南洋的原料出产尚未过剩，与世界的市场和工业的制造正在需要的时候，南洋各地的统治者都感觉劳动力不足，尤以各处的荒林僻土尤亟待人工的开辟与垦殖。当时各地的土人因为惰懒的习性与技能的低劣、智识的幼稚，对于劳动力的供给都未能适应统治者的需要。所以当时统治者除了一面极力设法以提高土人的智识和技能外，同时又欢迎华工的移殖，来供给他们驱遣，来作他们的奴隶，使其达到经济榨取的最后目的。但是，统治者把土人的智识稍为提高的时候，便会引起土人的觉悟，而思有以摆脱被束缚的锁链。因此，统治者一方面是采取怀柔的方略，用愚民的同化的政策施行教导的训练，以泯灭其民族意识的觉醒；一方面是采取残酷的手段、严厉的压制，来阻止被统治者的反抗运动。于是南洋各属的教育，遂在这种榨压政策劫掠下颠簸踬瞰，左右桎梏，形成一种特殊的现象。

近 40 年来，各属殖民地的土人教育，如马来亚、东印度、安南、缅甸等地，无论在质量上，都有惊人的进展。但这并不是统治者切实提携土人而施予的一种恩惠，反之，倒是厉行其同化政策，使殖民地的土人之固有的语言、文字，都设法使之消灭、埋没，而代以统治者本国的语言文字，使其永不醒目，而永远做其奴隶牛马,以供其驱使与剥削而已。生长在殖民地的华侨教育竟也遭池鱼之殃,而受到同样的压迫、桎梏、摧残和同化的祸害。兹将各属殖民地的土人教育的概况分别述之:

一、英属马来亚的土人教育概况

在1926年以前,马来亚一带的土人教育和华侨教育的设施都比较荷法两属为自由,而且在设施方面,也与法荷两属颇异。越南和荷印两地的殖民教育政策,除了厉行其同化与禁锢的方略外,同时又竭力于实业教育的提倡,以为辅助经济榨取的手段。马来亚方面,对于同化政策的推进虽甚为努力,可是对于实业教育的提倡则一向不大注意。1902年,槟城始有商业学校的创设,继起者则不多见。1925年,吉隆坡始有工业学校的开办。1926年,星洲始有职业学校的成立。至于农业学校,直至1931年5月,始打破18年来提议的悬案而正式招生。且上面所述的各种实业学校又多属复习式养成所性质,课程和设备都是非常的简单,修业的年限也是非常短促,最长的不过4年或3年,甚至有缩至一年,仅养成一种工艺学徒的。较之荷属的职业教育,相差太远了。这大概是受英本国的教育方针的影响。

英属马来亚的教育,既厉行其同化政策,当然是要强迫土人的子弟去入学,使之薰染驯服歌颂英国的功德;但同时又恐其智识增进,思想发达,不得不施以一种阻抑的行动和种种防范的设施,因此便于1926年颁布其学校注册的条例了。从此土人或华人在马来亚一向较为自由的设施的教育,也和法荷两属一样遭受无理的摧残了。

英属马来亚的教育,以语言分的,有英语学校、马来语学校、华语学校、印语(吉宁波)学校四种,除华语、印语、马来语3种学校,皆为华、印、马来3种人限于自己的国籍入校外,英语学校则各色人都有,而尤以华人和印人为最多。土人和印人的学校都是小学,中学非常的少。马来语学校都是以罗马字母拼音来替代。英语学校颇为发达,普通多为书院制,自高级小学至中学,修业年限为10年,毕业后可直接投考星洲之官立医科大学与莱佛十学院及英国之剑桥大学等。

马来亚高等教育,仅星洲之医科大学与莱佛士学院及霹雳之马来学院三校。医科大学创设于1905年,据1930年之调查,共有学生114人。莱佛士学院创设于1928年,据1930年之调查,共有学生128名。以上二校均用英语教授,在籍学生亦以华印土人居多,欧美人及混血种次之。马来学院则用罗马字母拼音教授,前两年才开办,为马来贵族子弟就学之所,毕业后可应英国剑桥大学高年级的入学试验。英语学校,据1930年的调查,海峡殖民地与马来联邦共有99所,学生人数共43 875名。马来语学校,据1930年的调查,海峡殖民地与马来联邦共有743所,学童共59 311名。印语学校,据1930年的调查,海峡及联邦共有364所,学童14 077名。

至英语学校中之43 875名中,马来人仅占5012名。

此外,马来属邦之英语学校,及马来语学校之土人在学人数约万余名,未计在内。

统上所述，全马来亚土人在学之实数，约 7.5 万名，而马来亚土人人口共 160 余万，计占 4% 强。

二、英属缅甸的土人教育概况

缅甸本来是吾国的藩属，其土人笃信佛教，所以僧侣的教育颇为发达。自 1886 年被英国并吞而划为印度的一个行省后，一切教育权都操纵在英帝国主义者的印度总督之手。他用罗马字母拼音来替代梵文的应用，并且加以种种的压制。

缅甸自受英帝国主义者的愚民的同化教育政策以来，屡次引起了缅人的反对，并提出其"教育自由"的口号。由于这件事实的考察，便可以知道英人对于缅甸的压制、摧残，是到了一个怎样的程度。

缅甸的僧侣教育，往者既已发达，所以目前的小学教育也颇为普及。其普及的因子，虽然也有属于英人的提倡，但是这种提倡并不是善意的，而是帝国主义者厉行其同化政策的一种手段。

据前数年的调查，全缅甸的入学儿童约有 40.14 万名。成年男子能写读者，约占成人中 42%。于此便可见其发达的程度了。但对于高等教育及中等教育方面，仍甚落后。计仰光有大学一所，设有文科，创于 1920 年；瓦城有农科大学一所，其他尚有工业大学一所，美术学校 2 所。此外中等教育以师范学校较多，工商业之补助学校则很少数。至于全缅甸的人口，大约有 1300 余万左右。

三、荷属东印度的土人教育概况

自 1663 年西班牙人放弃了东印度的统治权后，荷兰人就起而替代之了。从此以后，不论在经济上、政治上、文化上、教育上的种种设施，都操纵在荷人手里，惟他们的命令是从。至于他们所取策略，当然是与其他的殖民地无异，即压制土人的思想，同化政策的厉行，加强经济条件的榨取。因此，在荷帝国主义者压制下的土人教育便遭受了空前的厄运。

荷属东印度的学校种类很多，有荷人的，有土人的，也有荷华人的，也有荷土人的，不论是中小学或职业学校都这样的分别着。

荷土人的两种学校的制度、内容和入学的程度、修学的年限，都各有不同。土人小学分第二级小学、补习学校、庶民学校 3 种。中学分三年制与五年制两种，三年制多为职业学校性质，五年制则为升入大学的预备，故施教方面各有不同。此外尚有各种职业学校及养成所。

据 1930 年的调查：土人公私立小学共有 18 477 所，在学儿童 1 473 585 人。此外，在欧式小学中就学者，有 67 931 名。全荷印各种中等学校共有 84 所，土人学童 6928 名。至大学教育，则不分人种均可入学。全境计有 3 所，法科大学与医科大学在巴城，工科大学在万隆，土人学生共有 178 名。至于幼稚园及小学预备学校共 303 所，学童有 7410 人。又土人教育养成所共 309 所，学生 9400 人。此外，土人在各地的医药学校、工业学校、农林学校、商业学校、官吏及事务人员养成所、海军养成所、陆军养成所肄业者，共约 1.2 万名。

荷属东印度的土人的人口数共有 6000 多万，而就上面的调查，在学人数总计仅150万，仅占全人口的2%强，可见其教育尚处在很落后的地位。

荷属东印度物产的丰富，亟待各种技术人员的开发。所以全荷印的中等学校只有80所，而各种养成所及工业学校则有600余所之多。属于土人的中等学生只有6000多人，而土人之在养成所及职业学校者，则有1.2万人。本来，教育之应趋重于生产技术之训练，固为人们之所公认，而且也为现代的一种新的教育思潮，可是荷属殖民政府的用意，并不是在于培养土人的技术，以提高其生活的地位。简言之，他们并不是替土人利益着想，而倒是养成一大批技术的人员以供其劳役，而增强其经济条件的榨取。其他如农事场、森林研究所等，又有特殊的努力，预备把殖民地的宝藏及产物尽量的搜罗，然后运回祖国。至于对文科方面，而足以增进土人对于政治、经济、文化的理解者，则又摧残殆尽，尽量压制，所以对于巴城在1930年倡立文科大学的提议，至今未见实行。

欧战以还，土人已渐觉悟，思想亦趋急进。荷印当局为保持其统治地位起见，不惜多方摧残，而于土人的教育、思想、言论，束缚得尤为厉害。1923年3月颁布修改的《学校条例》已尽其摧残之能事，而1932年10月公布之《取缔私立学校条例》，尤为土人教育的致命伤。于此我们可以说，殖民地的教育，除了多制造几个统治者的忠仆和牛马而外，简直谈不上其他的效果。

四、法属越南的土人教育概况

越南以前是我国的藩属，所以昔时的教育制度也受了我国很大的影响，而且采用了我国的科举制度，每隔3年即考选状元、榜眼、探花等，以为攫取真才的工具。至其所用的教材，也完全是我国的《四书》、《五经》，制度更如我国的私塾一体。

自1887年，法人占领了越南以后，初时为笼络土人计，仍准沿用以往的制度，同时更藉此而羁縻青年的意志，以昏迷其民族的意识。并因此而更作进一步的设想，凡自6岁以上，即导以八股文字的研究，又奖励诗、赋、词章的钻研。更效法我国清初怀柔士子的手段，设鸿儒博学科，召延遗老旧臣来归。这可谓极尽其压制的能事了。但其结果，都发现了两种相反的思潮：

1. 科举的制度，本来是藉以束缚青年的思想的，但是青年每每由此而变成了思念家国的观念。

2. 殖民教育的最终目的在于经济的榨取，可是这种教育并不能完成帝国主义者的企图。

在这样的两种事实表现以后，帝国主义者深觉其过去政策的失当，而亟谋其他的路径。这时又以土人感觉到科举制度的腐败，而请求改善。统治者乃利用这种机会，于1919年废止科举的制度，厉行其新教育的政策。

越南新教育的设施已有十余年的历史了。据1930年的调查，土人的寻常小学，公立的有4891所，私立的有569所，计有学童355 811名。中等教育分高等小学（约等于吾国初级中学）与中学（约等于吾国的高级中学）2种。越南全境有四年制之高等小学（内分男子学校与女子学校）及男女师范学校等22所与男女独立师范3所（河内2校，西贡1校），据1929年之调查，男学生888名，女学生181名；中学校则仅有2所（河内、西贡各一），学生人数很少。高等教育只河内有大学一所，为医药学校、美术学校、法政学校、土木工程学校及高等师范学校、高等农林学校、高等商业学校、高等递信学校等8校合并而成。

在外表看起来，越南的土人教育似乎是很发达了，越南政府对于土人子弟的栽培，可谓优惠之至了。但是我们再去细详地考察他的内容，则会令人发生无限的愤慨。

在小学教育的课程上，虽然是编配着历史和地理的科目，可是除了必须采用当局所编就的赞美法国的功绩的课本以外，别的不准教授。至于锻炼身体的体操和激发志气、陶冶性情的音乐，则都在禁止教授之列。同时，又改用罗马字拼土音来教授，根本覆灭华文的势力，割断越、华人的联络，来制造法国驯民牛马的工具。至于中等教育与高等教育之设施与教材，亦莫不以此为出发点。他如实业教育，在顺化、海防、西贡等地共有5校，其目的也无非是养成一班技术的人员，以增加其经济榨取的程度罢了。

总括言之，越南政府对于土人的新教育的设施，无非是要泯灭其民族的意识，替法国宣传统治的德意，使其永远为其牛马，尽忠主人，而达到其经济榨取的最终目的而已。

五、菲律宾的教育概况

菲律宾被统治于西班牙达300余年，当时对于教育上的种种设施，与法之统治越南、英之统治马来亚、荷之统治东印度殆无二致。自美国乘土人仇视西班牙之际，而把菲律宾的统治权转夺到手以后，便一扫从前那种腐败的教育，而向新的路径前进。所以菲律宾的教育，无论在质与量都非常的发达；至于教育的方针，也获得相当的自由，远非其他殖民地的教育所能及。但是美国对于殖民地教育所以较为宽纵的放任的缘故，并不是美国人生性纯厚，不愿欺人，而倒是由于其自身经济条件所决定。因为美帝国主义者是一个后来居上的资本主义的国家，它对于原料的供给是无须赖于殖民地的开发的，因为其本国内尚有很丰富的物产与多量的原料，不像其他帝国主义者须完全仰给外来的那样的迫切。所以它之对殖民地的唯一的目的，在于其过剩商品的倾销，以之获得其多量的利润。假使这种企图能够顺利进行，则其他的事情都可以视若无关重要。然欲使这个目的的实现，则须提高殖民地土人的购买力，并引起其种种的好感。所以菲律宾自被美国统治后，对于一切的设施都是很能够使土人得到相当的满意的。菲岛的教育便基于上述的理由而获到自由的进展了。这30年来的成绩，不特在殖民地中可以首屈一指，即比之其他的独立国家的教育，也无甚愧色了。

当西班牙统治时代，菲岛的教育完全用西班牙语教授，自美国统治后即改用英语，现在英语已非常普及了。

全菲人口大约有1100万左右。据1930年的调查，全菲计有学校8000所左右，学龄儿童共计3 224 104人；而就学人数则为1 213 711人，占全数37.64%，较之

15年前增多一倍。教育的经费也很充裕，各级学校的设备亦甚为完善。中等以下学校（除寻常小学外）颇注意职业教育，高等小学除普通科外，又有农科、工艺科、家政科的设立。至于工艺学校及简易农业学校，则与高等小学程度相等。寻常小学就学时间为3年，高等小学亦为3年。各种工商农业学校则分中等科、初等科2种，采衔接递升制。其就学时间，初等科为3年，中等科为4年，共计7年。其程度介于高等小学与中学之间。中等学校则分普通科、家政科、师范科等，就学时间为4年。独立之师范学校则分普通、家政二科。至于大学教育，公私立学校共有4所，学生很多。国立菲律宾大学设备尤为完善，学生人数达5000名左右，计分工学部、医学部、法学部、教育学部、齿科、药学科、兽医学部等。就学年限，除法、医学院2部为7年外（预科2年，本科5年。法学部分2科，法律科预科皆2年，本科4年，共6年；政治法律科则本科5年，预科2年，共7年），普通多为4年。至于齿科之技术科、药学科之药剂科等则为3年。此外尚有附设林业学校、音乐学校、美术学校等。

菲人对于教育权，既得自由的享受与发展，则其智识程度亦必日高，所以在自由平等的要求方面，在民族解放运动方面，都有热烈的竞争与企图。现在已经蒙美国准予独立，而且在明年（1935年）将见诸实行了，这也未尝不是受教育程度提高的影响。

附注：本节参考陈刚父之《帝国主义统治下之南洋各地教育》（《南洋研究》四卷五六期）。

第二章　南洋侨教之史的发展

我们欲明了华侨教育的现状，欲谋其未来的发展的动向，则应先探讨华侨教育的过去历史。我们知道，教育是帮助人营社会生活的一种工具。它是随着历史的推演而演进的，它是随着环境的不同而改变其方法与意义的。

南洋华侨的生活无时不受着当地自然、社会、物质、文化、政治、经济等等环境的影响，同时又与祖国的社会文化各种部门时时刻刻的发生直接或间接的关系与相互影响。所以现在谈到南洋华侨教育史的时候，我们不能忽略过华侨的一切生活的环境和其过去的历史的生活经验。因之，搜集关于这类事实的叙述的记载，是一种重要的事件。

南洋的环境和国内不同，它有它的自然环境，它有它的社会环境。华侨教育生长在这样的环境当中，虽然已有30余年的历史和经过多少的变迁与沿革，可是一方因为受了各种思潮的影响，一方又受了当地政府之种种压迫与自身经济的不安定的影响，因之未能尽量发展。这实在是一件很值得注意的事情。所以我们研究它的过去的史绩，就不能不注意到：

1. 华侨教育思潮的演进，受了国内社会和南洋社会的影响，才发生了怎样的结果和趋势。

2. 根据华侨教育制度的沿革经过，如何才能培养适应于南洋农工商业竞存之特殊社会，及养成为中华民国的良好公民。

3. 根据华侨教育方法的改革，如何才适合侨童身心发展的程序，以养成健全的公民。

再简单地说，我们欲谋华侨教育的改革，使其将来得以充分的进展，首先要把握住它的改革和创造的基础，然后才可以找出它的发展的途径。那么创办了30多年的华侨教育经过，正是改革和创造的基础，我们可以根据这个基础，来找寻其将来发展的程序。因此，研究南洋华侨教育史是一件必要的工作。

惟关于侨教的叙述或记载的典籍很少，未能给我们以丰富的材料。虽有时当地侨校有一二报告或征通录，但总不免"固步自封"，各自为政，既与祖国没有联络，而其自身复零乱不堪。至于名人游记中间有述及侨教状况者，仅一鳞半爪，略而不详。故对于近代教育史有研究之舒新城先生也这样说着：

"华侨在国外自营的教育事业，除于各处报告中可窥见若干现象而外，教育行政机关始终无详细的报告，致研究者无从取材，实为现代教育史的一个缺憾。"

不过，近年来有些机关已举行华侨学校调查，本可以藉此一窥其鳞爪，但可惜各机关的调查并无统计整理作具体的报告和精密的正确的分析。此外，近来各华侨报馆及侨校相继有些纪念册刊行，间有记载侨教过去史料，诚为现代研究侨教之重要参考。如暨南大学之《25周年纪念论文集》、菲岛中西学校之《30周年纪念册》、荷印教育会之《华侨教育鉴》……他如槟榔屿之《光华日报》、缅甸之《觉民日报》、《星洲日报》、《荷属日报》，均有纪念册出版，亦可为探讨侨教史迹之材料也。

兹广集关于侨教史的资料，及参酌各人的意见作归纳的研究，并根据华侨移殖史实作客观的考察。爰分为4点立论：

由华侨教育的起源上考察；

由华侨学校制度沿革及变迁考察；

由华侨教育存在于各殖民地的比较上考察；

由华侨教育之范围纵横两方面的考察。

附注：本节参考刘士木、钱鹤《华侨教育论文集》（暨南文化部）。

第一节　南洋侨教的起源

南洋地处热带，日间气候虽热，惟四面环海，入夜海风袭袭，大有如秋凉之意。一切生物生长在这种天然的环境之下，极易生长与繁荣。故南洋的自然环境诚为天惠之乐土，远非温带与寒带所可及。

华侨移殖于南洋者已有数百年的历史，居于斯，生于斯，食于斯，累代相传以迄今日。初则为农为工，继则为商，兼居土人与白人之中介人之地位，只求暖衣足食便已满足。初时固无所谓教育也。惟自与土人朝夕往返，潜移默化，习尚土生，而于祖国的观念则日形淡薄。故华侨教育之起源，若从广义来说，实以非正式教育为始。盖华侨当时既与土人与白人之往来已处处发生关系，必须懂得彼方之语言，以为表达一切之工具，故当时最先需要之教育就是学习他们的语言，以为贸易之用。然当时的学习并非有什么学校与教师，而只是互相传授，务能强记，或仅求一知半解，能彼此会意而已。即今初到南洋的所谓"新客"者，亦多先习几句当地土语，以为谋生之助，因为起于成人自己生活上之需要，故学习亦易进步，这种教育实出于当时之不自觉中耳。及后华人之往南洋者日众，与国内渐发生密切之关系，有时亦需要书信往来，互通消息，远报平安。至于贸易契据、记账、写算诸常识，亦需要文字以资记载。因之多藉先民的传授，始能驾轻就熟，长承继而不辍。当时传授之法专赖口述，传授时间多在工余之暇，或则在一面做一面学的工学之中，并无所谓书本与教师。父兄戚友就是先生，店东伙计就是师傅，故此时期的教育大概属于成人补习教育性质，专以实用为主。可是普通的学校教育却因之渐次演进，稍具雏形，然仍没有自觉的教育思潮。

大概因为有些人读过圣贤之书，知道故国典章文物之重要，规矩法度必须保存，圣贤遗训必须发扬光大，故稍事宣传，以促侨民的注意。华侨亦恐其子弟为习俗所染，数典忘祖，故教育事业因之逐渐成长。然其创始于何时，则无从稽考。但以实际生活之需要观察之，华侨对于其子弟的处置，至多不过欲其知书识字，会算会写，以及鲁鱼亥豕之能辨而已。及后各种职业日见繁复，对其子弟之训育未必能行之于家庭以内，置之戚友之随，势不能不延师课读，以分其责。于是蒙馆的设立，遂盛起于这个时期。

至所谓蒙馆教师者并非硕学之士，而多是科举落第南来谋生的童生，和星相命卜以谋糊口之流，因此使中国古代畸形落后的文化充满于南洋，传布其宗法的传统思想。至于馆舍所在，则多假于大伯公庙（神佛庙）或会馆内，所有设备非常简陋，一如国内之私塾焉。他们所用的教材，无非是《三字经》、《百家姓》、《四书》、《五经》，以及其他的八股文章，教法只求强迫背诵，注入强记，不求理解。学徒之一举一动皆以师傅为模范，而教师之一言一行又以皇帝为独尊，故所造就学生一如前清之忠君报国的顺民，其效率无所谓实用，其训导方法更无所谓启导思想与训练身心了。在当时各属殖民政府，已有西文学校之设，然非富有者不得入学，且所学者亦无非愚民之智识也。

迨19世纪末叶，清政府变法改制，废科举而倡办学校。此时侨民受国内思潮的影响，且为适应时代之需要，群起创办侨校，于是华侨的教育事业始由此而走上进展的途程。然以此时的侨民，对于教育仍无相当的认识和远大的企图，故形式上虽废蒙馆而兴学堂，而实际上并无若何变更也。

近几十年来，侨民已渐觉悟，且知教育事业之重要。故虽在殖民政府层层压迫之下，经济万分困难之际，仍不忘其对于教育事业之重视，如遣送子弟回国升学，尽力维持侨校之存在，使学童得以继续增加，校数有增无减，诚未尝不引为幸事也。

附注：本节参考陈福璋《南洋华侨的教育谈》（《南洋研究》一卷一期），凌翔《30年来英属华侨教育概况》（《中西学校30周年纪念刊》），颜文初《30年来菲岛华侨教育》。

第二节　各属侨校的创办

南洋华侨因受国内的思潮所激动，又鉴于时代的所趋和自身生活上的种种需要，所以逐渐地由过去那种蒙馆教育、私塾教育、个人教育而转变到学校教育，实施新教育的方法，采取新教育所备的材料，去教养华侨的子弟，这确是一种进步的地方。但各属的侨校究竟是在什么时候创办呢？在哪一属的侨校比较多？哪一处的侨校创办比较早呢？这都是有待于我们解答的。兹为求易于明了起见，特列表于下：

表 13　华侨学校创办表

民国前一八二年	荷属吧城明诚书院		
民国前四十九年	新加坡萃英书院		
民国前十三年	菲律宾中西学校		
民国前十二年	荷属吧城中华学校		
民国前十一年	苏格拉加中华学校		
民国前八年	星洲启发学校	缅甸新彪遵维新学校	
民国前七年	星洲达泉学塾	星洲崇正学校	槟城港仔庙中华学校
	爪哇双木丹中华学校	北加浪岸中华学校	
民国前六年	星洲应新学校	星洲端蒙学校	星洲崇德学校
	爪哇苏利芬中华学校	爪哇井里汶中华学校	槟城邱氏新江学校
民国前五年	星洲养正学校	星洲道南学校	爪哇滇满光士明山中华学校
	爪哇牙律中华学校	邦加流石中华学校	吧城老巴杀中华学校
	勿里洋中华学校	缅甸思明学校	
民国前四年	棉兰中华学校	巨港学校	槟城商务学校
	槟港中华学校	槟城时中学校	爪哇苏格拉加中华学校
	爪哇双木丹学校	怡保育才中小学校	彭亨育华学校
	爪哇新巴杀中华学校	棉兰敦本学校	
民国前三年	雪兰莪沙叻大同学校	爪哇加拉横中华学校	爪哇加薄棉中学校
	爪哇木那洛可中华学校	爪哇巴六安中华学校	缅甸福建女学
	缅甸侨成学校	槟城新江学校	缅甸育德学校
	堤岸福建学校		
民国前二年	日里火水山学校	廖岛端本学校	亚齐司吉利图南学校
	吉隆坡尊孔学校	吉隆坡坤成女学	星洲公立中华女学校
	三宝垄葡萄野里中华学校	缅甸普华学校	
民国前一年	先达中华学校	任抹中华学校	星洲育英学校
	星洲明新学校	海防华侨时习初级中学附属高初级小学	
民国元年	吉隆坡光汉学校	棉兰养中学校	冷吉中华学校
	江沙崇华学校	霹雳兴中学校	星洲爱同学校
	吉礁中华学校	爪哇马都拉望加兰学校	星洲育群学校
	星洲圣心学校	北婆罗洲砂朥越国古晋坡福建学校	
	缅甸时敏学校	缅甸建文学校	仰光中华共和学校

	庇固华侨焕文中西学校	缅甸振华学校	菲律宾怡朗乙种商业学校
	加里刹中华学校	缅甸瑞帽瑞和学校	槟城崇德学校
民国二年	帝汶沽邦中华学校	纳兰坡启影学校	吉隆坡光华学校
	吉隆坡中华仁化学校	马六甲培风学校	缅甸育材学校
	缅甸崇华学校	砂胜越咪哩坡公立中华学校	
民国三年	纳务亚利中华学校	安顺公立培华学校	雪兰莪加影华侨学校
	暹京明德学校	暹京中华维斯学校	嚓喏培英学校
	日里领牙中学校	南榜下炉寮华侨学校	爪哇芝里马野中华学校
	爪哇梭罗属吉里丹中华学校	爪哇井里汶瓦勒中华学校	缅甸兴华学校
	缅甸中华公立学校	槟城商务学校	丹老港口社中华学校
民国四年	棉兰华商学校女子部	望加兰中华学校	菲律宾宿务中华学校
	星洲天南学校	缅甸敏慧学校	缅甸光华学校
民国五年	爪哇日惹哇达士中华学校	星洲若愚学校	星洲崇福学校
	星洲南洋女学	星洲侨英女校	星洲侨英学校
	星洲德馨学校	岱吁埠中华学校	菲律宾碧瑶中山学校
	缅甸粤侨强亚学校	缅甸渺咯闽侨强亚学校	缅甸育新学校
	缅甸昌华学校		
民国六年	吉隆坡中国学校	槟城钟灵中学	星洲兴亚学校
	暹罗坤德女学	马六甲培德女校	爪哇武吉地惹中华学校
	爪哇老有占俾中华学校	星洲南华女校	缅甸育华学校
	缅甸育英学校	缅甸粤侨育德女校	缅甸笃育学校
	缅甸培原学校	缅甸启育学校	缅甸中兴学校
	菲律宾普智第一第二小学	菲律宾华侨女校	槟城陈氏学校
民国七年	亚庇中华学校	星洲华侨启明学校	槟城台山学校
	爪哇万悦中华学校	爪哇亚公温律埠联合义学	爪哇加拉登府中华学校
	爪哇梧桐中华学校	星洲广福学校	缅甸知本学校
	缅甸华英学校	南督波墩埠兴华学校	最杯埠中正学校
	缅甸育义学校	缅甸辉南学校	
	缅甸育新学校	缅甸勃生华侨光亚学校	缅甸培元学校
	缅甸河边街公立育德学校	仰光乾坤学校	缅甸培植小学
	槟城毓南女校	槟城慕义学校	菲律宾三宝颜中华学校
	砂胜越古晋坡公民学校	砂胜越古晋坡益群学校	缅甸广育学校
	暹罗他巢埠华侨启明学校	北婆罗洲砂胜越国古晋坡民德学校	
民国八年	星洲南洋工商补习学校	爪哇新丹中华学校	星洲华侨中学
	星洲崇德学校	星洲香祖学校	星洲振德学校
	星洲光洋学校	星洲存仁学校	星洲启蒙学校
	缅甸培梅学校	缅甸公育学校	缅甸华侨光亚学校
	缅甸铭新学校	槟城谢氏学校	槟城培南学校
	菲律宾第一小学分校	菲岛独鲁万兴华学校	菲岛仙答洛中和学校
	缅甸共和学校	缅甸皎墨新民学校	槟城益华学校
民国九年	泮水中华学校	暹罗潮洲公立培英学校	霹雳金保公立中华学校

		棉兰不帝沙通俗学校	打拿根中华学校	打利汪中华学校
		爪哇中华醒民学校	爪哇查另加中华学校	星洲昭孔学校
		星洲宏文学校	星洲东安学校	星洲觉蒙学校
		缅甸培德学校	缅甸公华学校	缅甸公育学校
		缅甸建文学校	缅甸恩星澳降埠新民学校	缅甸多伟中华学校
		槟城韩江中华学校	槟城新民义学	槟城福建女学
		菲岛捞宇板大同学校	菲岛罗沙礼示博爱学校	菲岛罗申那同和学校
民国十年		安南堤岸崇正学校	暹京琼侨育民学校	勿老湾中华学校
		老武汉中华学校	日里浮罗巴烟中华学校	爪哇码要拉里中华学校
		爪哇红牌维新学校	星洲在勤学校	菲岛第一女学
		槟城华侨公立女学	菲岛甲万那端大新学校	那牙华英学校
		缅甸华英学校	缅甸养正学校	缅甸荣智学校
		缅甸义华学校	槟城公民学校	缅甸华侨中学
民国十一年		吉隆坡培德女学	棉兰华侨幼稚园	马达山华强学校
		马六甲育民学校	马六甲华侨平民学校	爪哇芝里昂中华学校
		星洲娜嬛学校	星洲育本学校	星洲南洋平民学校
		星洲觉民学校	星洲丹韶学校	星洲幼稚园
		槟城中华女学	槟城坤义女学	菲岛第三小学第二分校
		仰光中山学校	缅甸体育学校	缅甸中华义务学校
		缅甸公立培德学校	缅甸仁安学校	缅甸敦化学校
		缅甸峰都寺中华学校		
民国十二年		吉隆坡培才学校	甲文惹中华学校	吉隆坡运怀学校
		星洲中南学校	日里淙罗巴烟植才学校	丹江开文学校
		大觉平民学校	星洲应新分校	明科英文夜校
		星洲公立义学	星洲彰德学校	星洲大德学校
		星洲养元学校	菲律宾华侨中学	槟城丽泽学校
		槟城共和学校	槟城南洋女子工商学校	菲岛苏禄当仁学校
		菲岛亚巴里启智学校	缅甸庇固新民学校	缅甸闽侨中华学校
		缅甸中华公民学校	缅甸兴亚学校	缅甸汉民学校
		砂胜越古晋坡大同学校	砂胜越古晋坡侨琼学校	缅甸真光华英男女学校
		槟城介山学校	吧双中华学校	肱胜中华学校
民国十三年		怡保育才中小学校	越南永隆崇正学校	爪哇打横平民学校
		星洲端蒙分校	星洲益新学校	星洲尚志学校
		星洲三水公立义学夜校	星洲商科学校	星洲英汉学校
		星洲三水公立义学	星洲益励学社	星洲正修学校
		星洲坤成女校	缅甸青年团义务夜学校	缅甸复华学校
		缅甸培南学校	槟城坤德女校	菲岛中西第二小学
		菲岛怡朗尚实小学	菲岛蚊盾中华学校	菲岛纳卯中华学校
		菲岛乃乙中华学校	菲岛黎牙石庇甄陶学校	缅甸坦直笸中华学校
		缅甸新民中华学校	缅甸觉华学校	砂胜越古晋坡敏励学校
		吧双中华女学	肱胜华侨学校	吉隆坡文良港中华学校

民国十四年	爪哇妈沙浪中华校	星洲中南学校	星洲建华幼稚园
	星洲善峰学校	星洲公立英才平民学校	星洲启蒙学校
	槟城华侨学校	槟城养正学校	菲岛中山学校
	菲岛怡朗中山学校	菲岛宿务中山学校	缅甸华侨公学
	缅甸强华学校	缅甸中国学校	缅甸培智学校
民国十五年	佛罗理岛英黎学校	布先光汉觉民学校	马六甲谦光女学
	星洲群英女学	星洲培正学校	星洲惠群学校
	星洲浚原学校	星洲新侨学校	星洲振奋群学校
	仰光育群初级小学	缅甸启益学校	槟城中华商业学校
	菲岛宿务第二中山学校	缅甸培华学校	吧双万津益群学校
民国十六年	暹京新民学校	巫胜中华学校	砂胜越广建学校
	堤岸三民学校	马六甲惠民学校	星洲培德平民学校
	星洲化南学校	星洲福音学校	星洲桃源学校
	星洲松氏夜学	星洲民正学校	星洲合群义学第一分校
	星洲陶蒙学校	星洲怀德学校	星洲静芳女校
	星洲益才学校	星洲淙余女校	星洲志钊女校
	星洲公立兴华学校	菲岛青年会夜校	菲岛殊玺汶中华学校
	菲岛内湖中华学校	仰光新华学校	仰光华侨女学
	仰光崇华学校	缅甸三民学校	缅甸启文学校
	缅甸育群学校	缅甸育成学校	菲岛璞山寒公立学校
	吧双而榄华侨学校	吧双港口青年学校	吧双直落平民学校
民国十七年	望加锡正义学校	马六甲巨镜学校	星洲中华学校
	星洲公立尊孔学校	星洲通儒学校	星洲擎青学校
	星洲弘毅学校	星洲振东学校	星洲光华学校
	缅甸培侨学校	菲岛朗仑兴华学校	菲岛牛入中山学校
	菲岛美岸中华学校	吧双华侨学校	吧双中路国民学校
	吧双而榄启智学校	吧双直落中正学校	
民国十八年	邦加南榜中华学校	星洲登泰学校	星洲南洋女了体育专门学校
	星洲明星学校	星洲公立知行义学	星洲广育学校
	星洲树新学校	星洲南元学校	星洲育华学校
	星洲华群学校	星洲嘉东公余夜校	星洲国英学校中西文夜学
	星洲公立华侨学校	星洲冈州会馆义学	星洲开智学校
	星洲智德学校	星洲钟剑飞英文夜学	仰光逸仙学校
	缅甸益民学校	缅甸培智学校	缅甸果领中山学校
	缅甸腊戌埠中正学校	缅甸勃生辖兀岛培源学校	
民国十九年	星洲中国女学中文科	星洲加东国文学校	星洲中华国语学校
	星洲马来语专修学校	星洲励新学校	槟城雅南师范学校
	槟城三山学校	槟城平民学校	槟城中山学校
	马来半岛十七校（内数校合并）	砂胜越三校	爪哇三校
	苏门答腊四校	暹罗九校	安南三校
	缅甸袋枝中山学校	缅甸华英学校	缅甸瑞华学校

缅甸光华学校　　　　　缅甸美会中英学校

附注：本节参考郭步陶《25年中之华侨教育》（《国立暨南大学纪念论文集》）。

第三节　南洋英属侨教史略

一、英属马来亚侨教史略

英属马来亚华侨教育之发轫比之荷属较迟。荷属侨教已萌芽于1729年（即民国纪元前一百八十三年）。

至于英属侨教之始祖，则以新加坡之萃英书院为最早。该校创办于1863年（即民国纪元前四十九年，清咸丰辛酉年）。据民国十八年《星洲日报》之调查，该校至今尚在。

英属侨教所以会比荷属发轫较迟的原因，是由于英荷两帝国主义统治殖民地政策不同的缘故。荷属政府素采严厉主义，荷政府办的学校不许华侨子弟入学，使莘莘学子咸抱向隅之叹，逼令侨胞不得不自办学校。至于英属殖民地政府，素取同化政策，很早就广设英文义学，并尽量招收华侨的子弟入学。初时，华侨不明了帝国主义者此种用意，故亦乐于遣送其子弟入英文学校。而侨校之创设，因无实际需要，遂亦较迟。我国有名学者，如辜鸿铭、林文庆等皆肄业于英文学校。此种教育对于华侨固不无好处，惟侨童身心尚属幼稚，一经灌输外人之教育，辄忘其本。况殖民地教育，根本是要造就统治者的工具。是以稍具民族性之华侨，鉴于愚民教育之毒害，同时眼见土人藉英人之提携，受多少教育之后，见闻日广，智识日开，对商业上之竞争亦日趋剧烈，乃渐知自身所处地位之危殆，诚非提倡本国教育无以竞存。故富厚之家，亦以为"衣食足而礼义不兴"为耻，于是多起而创设学校，使其子弟受本国之教育。

其时，康有为亡命于南洋各地，到处讲学，受其影响者颇不乏人。更以当时革命党人之鼓吹，与夫热心之士多方奔走，遂于光绪卅一年在星洲一地即办有崇正学校、启发学校，翌年又办应新学校、端蒙学校，而槟榔屿之邱氏新江学校亦成立。再隔一年，星洲又办养正学校、道南学校，槟榔屿之时中学校、商务学校，怡保之育才学校，彭亨之育华学校，亦于是年接踵成立。综此数校，即为英属马来亚之最初创办之侨校。然考其组织，仍与前清之私塾无大出入，教法与教材仍多因袭过去者也。

然此犹有足述者。当时华侨因受康有为与革命党鼓吹之故，思想上形成两大对垒。前者为提倡君主立宪之保皇党，以各帮会馆为其集团所在，而言论上则以星洲《总汇报》为宣传机关。后者多借诸阅书报社，利用各帮行头（即今之工会）或学校而宣传革命，暗中组织同盟会，并以《中兴报》为宣传机关，其直接间接帮助祖国革命，与回国从戎者甚众。故此时之华侨教育无形中即受此两种思想之影响矣。是时清两江总督端方又创办暨南学堂于南京，招收华侨子弟回国求学，英属亦有选派学生回国，一直至暨南因事停顿，学生方南返。

迨民国成立，各埠学堂多改称学校，而相继设立者亦日多。但各校皆各自为政，既无统一之机关，又无联络之团体，故华侨教育之统系至为紊乱，乃有华侨教育学务总会之建立，并向我国教育部呈请立案。在未立案之前，星洲代理领事曹让之等提议，暂设学务筹备处代理一切。及民国二年槟榔屿正式成立华侨学务会；民国三年英属华侨教育总会亦正式成立，10月并将成立经过报告本国政府，民国四年由星洲领事代行禀请立案。民国六年，教育部曾派黄炎培、林鼎华2君前往调查南侨教育，并到各地宣讲侨教之重要。当时用普通话演讲，须请一人翻译粤语，一人翻译闽语，殊觉不便，遂感国语之重要。而各校前以方言教授者亦遂渐改用国语，其初仅由各校聘一教师专教国语。迨五四运动之后，新文化之怒潮澎湃，南洋亦受其影响，而国语之推行更为普遍，至今英属各侨校几乎全用国语了。当民国七年，教育部规复南京暨南学校专收华侨学生，英属各侨校选派侨生归国就学者络绎不绝，遂开侨生归国升学之先锋。

自民国成立以来，中国最初时之教育宗旨以提倡道德教育为主，实利教育辅之。华侨教育亦跟着采用实用主义教科书，学生商店或贩卖部或学校银行，这一类的活动亦先后成立。至于正式创办的职业学校，可算吉隆坡尊孔学校之乙种职业商科及吧双之中华职业学校为最先。然以受五四运动之影响，学生日趋课外活动，各种活动团体，如自治会、演说会、商店、银行、园艺、学生刊物，大多随其兴趣及教师指导而成立。至于参加社会活动，如抵制日货、国庆日之提灯游行尤为热烈，于是更招殖民政府之嫉忌，遂时有知识分子被遣出境。旋而英属海峡殖民地及马来联邦四州府之《华侨学校注册条例》颁行，限制侨教之发展，诚为华侨教育之致命伤。当时群侨反对，并派数人分赴英国请愿及回国向政府求援，率无效果，而殖民政府且将华侨教育总会解散矣。此民国九年事也。迨民国十一年国内改革学制，翌年南侨小学制度亦跟着改革，将初等小学4年、高等小学3年，改为三三制之6年小学。其时并增办了许多中学，除民国七年星洲之华侨中学成立外，尚有星州南华女校附设之二年师范讲习科。民十二年以后，星洲养正学校、麻坡中华学校、霹雳育才中学相继增办初中部，女校方面，星洲之南洋女学、中华女学，吉隆坡之坤成女校三年初级师范亦相继成立。

侨校既受注册条例之束缚，遂须受该地之华民政务司之提学司之管理。而殖民政府对于侨教，则极尽其摧残压迫与利诱欺骗之能事。对于侨校之经费不足，与能秉其命令而切实施行者，则恒以补助经费，并藉此而得干涉学校行政，务使侨校不能发展而后已。

英殖民政府摧残华侨教育，尚不以为满，且欲进而厉行其同化政策，故在吉隆坡办了一所师范学校，养成最低等无能之华校小学教员，以符愚民教育之宗旨。其处心之险，阴谋之深，可谓无微不至了。

比年以来，因世界不景气影响所及，遂使南洋各种土产过剩，百业滞销，经济衰落，直接间接影响于侨校。前者尽受殖民地政府压迫与摧残之侨校，今则加上一层经济之压迫矣。

附注：本节参考凌翔《30年来英属教育》(《中西学校30周年纪念刊》)，《教育部第一次中国教育年鉴》。

二、英属缅甸侨教史略

缅甸僻处南洋极端，闽粤人以地理上关系，所以往缅甸者较各埠为迟。惟曼德礼（缅旧京）以上因为和云南之腾越毗连，所以滇侨之赴缅者既早而且多。现在统计全缅华侨人数，大约有30万左右。缅甸各种工商业多操纵在华侨手里，而华侨各种团体林立，虽连山芭之地，亦有氏姓会所及书报社和党部的机关，至于教育亦有日盛一日之趋势。兹特分期述之：

第一为胚胎时期。缅甸华侨鉴于国势之不振，与夫教育之重要，乃于光绪二十九年商诸经营槟屿各商家及旅缅土产各郊户，开会筹款，起草章程，创办中华义学于仰光。到翌年三月开学，学生方十余人。是为缅甸华侨创办学校之先声。至光绪三十一年春，学生已达120人，并添授英语，学科既暂完善，学生亦日见增多。

同年仲春，长沙巩黄秦力山君为传播革命种子南渡至仰光，旋请其修改中华义学章程，该校根基益趋巩固，而民族主义之精神亦藉此发扬。又陈甘泉、庄银安、徐赞周等为谋华侨得以普遍求学起见，乃于创办中华义学时并设益商夜校，至光绪三十二年冬改为日校，由徐君独力支持。教科宗旨先以民族主义，辅以普通工商业，董其事者为张永福、陈甘敏等。然同时此校亦为同盟会在缅甸之总机关耳。

光绪三十三年三月，益商学校附设同盟会支部，唯其时风气未开，宣传颇难，而益商与同盟会且几遭澌灭。至光绪三十四年九月，汪精卫、吴应培二君奉孙中山先生命至仰光，鼓吹革命，并为益商题校训。此时校务亦愈发达。益商规模颇大，惟经费支绌，殊难维持，乃于光绪三十四年初夏添设工艺科，并设印刷所，以谋经济之宽裕。此时学生已增至160人。至辛亥民国成立，益商改名为共和，侨生来学者亦日众。故缅甸华侨教育，实益商与中华两校开其基焉。

第二为发达时期。宣统元年，福建女学应运而起，女子教育始为华侨所重视。自后至民国十年，在仰光华校继续创办者有平民学校、育德学校、培元学校、女子公学、育德女学，在山芭创办最早者，则有新彪遵之维新学校，秉礼贡之普育学校、瓦城之礼义、广育两校，然此皆为仅具规模之小学。是年春2月，一班热心华侨鉴于中学教育之重要，乃集资创办华侨中学一所。惟时仅年半即告停办，至十三年新校舍建筑完竣，规模颇大，华侨中学始恢复焉。

自民十至民十七年间，增设之华校，就仰光一地言之，有中西学校、乾坤学校、中华国民学校、振兴学校、新华学校、培正学校、育新学校、中山学校，学生多则二三百人，少亦五六十人。至教会所办者，有中西学校、英华男女学校、挽华学校，吾侨子弟入校肄业者颇多。女校方面，则有华侨女学与广东女学两所。其他全属义务性质者，则有青年团所设之夜校及中华工党总部所设之夜校两所。

总之，缅甸华校创办迄今，为数不下200余所，兹所述者仅就其略耳。

附注：本节参考管震尼《30年来缅甸华侨教育概况》（《中西学校30周年纪念刊》），《教育部第一次中国教育年鉴》。

第四节　南洋荷属侨教史略

考荷印华侨教育，于 1729 年间已有明诚书院的组织，想如国内的书院制度一样，但无详细记载。当时荷政府设立的荷文学校很多，惟华侨非富有的不得就学。

时至清末，祖国政治制度日受外国潮流之影响，提倡维新，鼓吹立宪政体，尤倡学校教育，将学院改为学堂。此时之华侨教育亦受影响，热心先辈遂有创办学堂之议。乃于 1900 年，在巴城八华贯中华会馆内创办中华学堂，是为荷印华侨学校之嚆矢。

1903 年，康有为因维新失败亡命南洋。到了爪哇，觉得华侨知识闭塞较之国内为甚，不知"忠君"，又不晓得"尊孔"，非提倡教育不为功。遂到各埠劝华侨创办学校，教授子弟读《四书》、《五经》。于是巴城、泗水、三宝垄等处华侨均将私塾改为学堂，学舍多假中华会馆。当时八马垄、八加郎岸、万隆、井里汶、直葛、日里等地，共有华侨学堂 20 余所。

是年两广总督岑春萱派刘士骥往爪哇劝学，招各地"甲必丹"开学务会议，学务总会跟着成立。该会在当时只专管理聘请教员及购买校具之事，但至现在已成为荷属华侨教育的最高机关了。

1906 年，广东学务处派汪凤翔为巴城荷属华侨劝学所总董兼视学，并颁印有华侨学堂章程，为各侨校创办之标准。迄 1910 年，国内革命日炽，清廷大加逮捕革命分子，因之都亡命南洋，鼓吹革命，侨民加入甚众。当时各坡中华学校亦成立不少，而荷人学校亦准华侨子弟入学。

1907 年，两江总督端方自欧洲考察宪政归国。鉴于南洋华侨应设法招徕，乃奏设暨南学堂于南京，专招收华侨子弟归国升学。计荷印华侨子弟第一期回国者有 21 名，第二次回国者有 10 名，第三次回国者 46 名。及革命军起，暨南暂告停办，侨生星散，荷印学务总会设法汇寄返荷川资。后暨南学生执教鞭于荷属者甚多，在教育界颇有相当地位。是午北京又派马吉朗及中华学校校长前往调查华侨教育，但因事未有结果，乃转道新加坡而回。

1910 年，爪哇、泗水陈显源等鉴于当地小学校设立日多，毕业生无处升学，乃创办华侨中学一所。当时张继、田桐、陶成章、苏曼殊等亦在泗水当教员，其他国民党同志亡命爪哇者亦多执教鞭，荷印华侨教育于此亦日有进步了。最可惜者，泗水华侨中学在中华会馆成立不过 2 年，就因经费支绌，无法维持，而宣告停办。是年汪凤翔曾在巴城招集各校长教职员开教育研究会议，讨论华侨学校章程、课程标准及假期问题等，虽无圆满结果，但对于华侨教育引起研究和注意，亦不无相当裨补。此后，华侨教育更渐次改进，日谋发展，如开办两次各校学生联合竞赛会，学务总会增添候补教员，以为不时之需。尤有足述者，就是当时之侨校设立，必须以马来文章程向荷政府注册，兹亦改为华文以重国体。这都是民国以前的荷印华侨教育大概情形。

到了革命成功，民国成立，我国教育宗旨改变为"注重道德教育，以实业教育、军国民教育辅之，更以美感教育完成其道德"。当时华侨教育亦随而变更，所取教材较重实用，所授教法较为启发，所施训育较重道德，不比从前之"忠君"、"尊孔"、"尚公"、"尚武"、"尚实"了。

民国元年广东派一位纲甲中华学校校长曾揖馨赴荷印调查学务。后来福建又派郑贞文、陈鸿祺为学务委员，各埠均设有中华学校，约共百余所。而校舍仍多假于各会馆内，由几位热心家创办维持，且亲自向各侨商募捐经费。富者担负月捐若干，余或年捐、半年捐不等，间或有征收货捐；如经费尚不足者，则举行游艺筹款。侨校有充实之基金者甚少，故每因土产跌价，经费支绌而宣告停办。侨校组织，最高行政机关为董事部，由侨界富商任校董，内分总理、司理、财政、文牍、事务、查账等职，由董事中热心办学者任之。他的权责能管理一切校中行政，不管为校长教职员，亦有权干涉之。这样，校董与校长教职员权限不分清楚，所以每每因此闹起风潮，而减少教育效率。

在当时，荷兰政府忽又施其文化侵略之恶意。前者荷文学校只富侨子弟能予入学，后见华侨势力日张，商业经济几为华侨所垄断，遂变易方法，不特准华侨子弟入荷文学校，且贫苦者亦有津贴费用，以造就为他们服役的走狗，忠顺的奴才。智识简单的侨胞为其诱惑者不少。

至于学校数目，在民国元年（1911年）调查，爪哇有67校，学生5450人；民国二年调查，有75校，学生6411人；民国三年有79校，学生6445人。民国三、四年间有78校，学生约有5845人，较之往年减少。这也许是因侨生多愿入荷文学校，及侨校因经费问题、校董与教职员发生风潮的缘故，有以致之。

到了民国四年（1915年），北京教育部派泗水中华学校校长熊理为荷属视学。翌年黄炎培又南游调查华侨教育，并极力提倡新教育，以适合时代的需要。学务总会并推黄炎培出席全国教育会议。而教育研究会亦就举行，并次第开过成绩会两次，以资观摩。至于搜集教材，编纂教科，以适应南洋特殊环境之教育者，终因人材关系，未能实地进行，不过一时唱高调罢了。

民国七年至八年（1918-1919）我国新文化运动开始，正如怒涛汹涌，蔓延全国，人心为之一变，教育思潮亦趋向于民本主义，而华侨教育亦因之而递改。教材不但要实用，而且要有活动性；教法不但要启发的，而且要辅导的，更进而为自动的；训育不但注重德性，而且要养成学生自治，参加团体生活。虽有教部颁布华侨学校章程，但有好多地方，他们都以为不能完全依照办理者，盖华侨社会环境与国内不同故也。当时一方面出版《华侨教育月报》，并请名人演讲，以资研究讨论；一方面派人视学指导，并遣学生回国升学，俾学成后以为南回服务。及国立暨南大学恢复于南京，荷印教育会曾派遣多人归来就学。

据民国十五年（1924）统计，荷属华侨学校共有313所，学生31 440人，教员1105人，经费1 771 960元。是年学务总会在日里中华商会开教育研究会议，讨论华侨教育一切问题。兹将其所议决的华侨教育宗旨录下，以供参考。

"华侨教育宗旨，养成健全之华侨，发扬中华民族精神，培植适于南洋之充实生活之能力，增进各民族之感情。"

附注：本节参考朱化雨《荷印华侨教育的过去概况》（《晦鸣》一卷六期周刊），许克诚《30年荷属华侨教育略述》（《中西学校30周年纪念刊》），黄斐然《30年荷属华侨教育》，倪宗璐《20年来荷印华侨教育变迁大势悬论》（《荷印华侨教育鉴》），熊理《荷印华侨学务总会过去之历史》，本会《荷印25年来华侨教育大事记》，《教育部第一次中国教育年鉴》。

第五节　暹罗侨教史略

暹罗华侨教育的产生只是近30余年来的历史，在起初的教育机关，并不是学校，而仅是这些富商所办的私塾，就是在现在，还有许多私塾存在着。这因为许多华侨所希望的教育的成绩只是读几本古书，识几个字，能够写得来往的书信和检查帐簿或登记，便以为够用了。同时因为在那个时候没有人起来提倡，一班华侨不晓得新教育的重要，因此学校教育也就迟迟未能产生。

到了后来，中国的革命潮流已经是如怒潮地澎湃了。许多有学识的志士都因革命而先后亡命到了海外，鼓吹革命，提倡教育。暹罗的华侨也就间接或直接地受其影响，而学校教育的制度于是始具雏形。这个时期大约是在光绪末年。

暹罗的许多华侨学校，在最初当然免不了患着幼稚的毛病。那时的程度大多数是初级小学，在初脱离私塾的时候，仍旧是含有很多私塾的色彩。因为当时的教师对于教育上的种种主张和设施还未十分了解，而一班华侨也还是陷于认识字为唯一要义的错误观念之中。所谓科学的，不过只有唱歌、体操、手工、算术等几科而已。至于学生人数亦极有限，差不多是极开通的子弟才进学校。

暹罗华侨学校成立最先的，是由暹罗的一班革命同志联合五帮（潮帮、客帮、广府帮、福帮、海南帮）创立的新民学校，名义上虽然是全暹华侨公立，可是负责办理及学校的教员多为潮侨，所以完全是用潮州土音教授，而不能施以国语教授。因此，在不久之间，其他各帮也都自设立学校。潮侨又因为人数和派别的关系，新民之外复创设大同学校，不到3年，大同倒闭，产生出一个南英学校，又不久而有中华学校的产生。至于其他各帮所设立的，闽侨有培元学校，客侨有进德学校，广府帮有明德学校。若以立场来观察，中华学校是属于保皇党，新民学校则属于革命党——同盟会。若以时期来划分，暹罗的华侨教育在第一期中，只有潮侨的学校，到了第二期，各帮才陆续的开办，至设立最迟的，算是琼侨所办的学校了。琼侨学校成立虽很缓，但其进展却很速。至于女子教育，在第二期中方才兴起。

暹罗学校的第一期为自光绪末年起至民国元年，第二期为自民国元年至民国九年。在第二期中，以量的方面来说，自然不能够和后来比较，但以质的方面来说，可以说是暹罗侨教中的光明时代。因为在本期里，各侨校的设施都含有极大的竞争性，校董和校董竞相发展各自的学校，教职员和学生也都充满了教书和读书的竞争观念。这当然是教育界中一件好的现象。所以在这时期中，学校中的课程渐臻完善，教师的人选也渐严格，学校在社会上的地位逐渐提高，学生人数逐年增多。虽然在教学上还未能一一本之教育原理，可是已有欣欣向荣的气象了。最可注意的是，许多毕业的学生也都相率的回国升学了。在第二期内，新设立的女校有振坤女校、潮州女校、维德女学、坤德女校，此外还有盘谷学校、存真女学，都是暹属浸信会所办的。

从民国九年以至现在，为暹罗华侨教育多量发展的时代。在潮帮方面，即于九年合并新民、中华两校为潮侨公立之培英学校。此外增设者，在暹京潮侨有协益学校、黄魂学校、新潮学校、华侨专科学校、华侨公学、三民学校，客侨有孙文学校，女校有培华女校、洁芳女校、励智女校、中山女校，亦极一时之盛。其在山芭内地，各种书报社与各侨校的设立所在皆有，真如雨后春笋一般的发达起来。

在民国十一二年间，暹罗各华侨学校亦尝有华侨教育会的组织，但因力量薄弱，不久就消灭了。从此之后，暹罗侨教依然是七分八裂，各自为政的胡乱地生长下去。

自世界经济恐慌日益严重，暹罗的侨校也因为受着这种怒潮的侵袭，而日形衰落了。

附注：本节参考黄征夫《30年来暹罗华侨教育概况》（《中西学校30周年纪念刊》），《教育部第一次中国教育年鉴》。

第六节　法属越南侨教史略

越南地方分为三圻，即南圻、中圻、北圻是。在越南的侨民大约有40万人，南圻占四分之三，北圻和中圻仅有四分之一。北圻因为华侨人数不多，而且多属劳动者，所以办学校的还是寥寥无闻，虽有亦是少数。（因无详细考查）可是私塾各处都有。中圻华侨散居各省的村市，里头没有甚么有钱的人，所以力量薄弱，到了民国十四年，才由广南、广义两省的侨民募捐，在会安地方创办一间养正小学校。南圻因为是华侨聚集和商业中心的地方，所以华侨学校也较发达。

越南的华侨教育可以分作三个阶级来叙述。光绪末季以至宣统年号，可以说是私塾时代；民国元年至民国九年，可以说是办学时代；民国九年以至现在，可以说是发达时代。

在第一期中，虽然到处皆是私塾，但却和祖国有绝大的关系。因为越南毗连我国，昔为我国属邦，不止华侨用《四书》、《五经》去教子弟，即连各省的土民（除西贡、堤岸两埠政府赶办法文学校，并禁止念习汉文以外），还是念《四书》、《五经》的占了多数；30岁以上的土人大半认识或多或少的中国字。而在中圻的地方，汉文的势力更其膨胀，顺化省的皇陵碑文都用汉字，文理也很可以，多由他们的君主自题，或是朝臣的撰著。北圻与中国尤其接近，土人懂中国字的一定比中圻还多。

民国纪元前四年，闽人林联爱等创办闽漳小学。是时学生只有100多人，而经济也不十分充足。至民元再成立坤德女校，同时粤侨并设穗城小学，又从西堤集资，与法人合办中法中学。没几年，潮帮又分办义安学校，客帮再办崇正学校，南海县人继办乐善学校。除了中法中学收费，以外都是免费的。各校的地点都在堤岸，别的市镇仍旧保存私塾教育，对于创办学校则寥寥无闻。就是学生的额数来说，在第二期里只有穗城较多，其余的也都是百余人或数十人。到了民国十年以后则大不相同了，学校日见发达了。在堤岸的闽粤华侨联合组织精武学校，广东的东莞县人再办平善学校，琼州人再办三民学校，以外的扒草布有振亚学校，美萩有新民学校，西贡有志成学校，东川、沙渺邦邦铁各处也接踵兴办，且连接壤的柬埔寨潮福两帮人的学校也都成立。堤岸的穗城学校又附设平民夜学，连小学的学生人数竟达千人。义安学校和闽漳小学，男女生亦各至400以上。女校方面则有坤德女学和其他私立的女校。

总之，在越南的华侨学校数约40余所，只南圻一地已达30余所。虽然各校的经费异常支绌，办理未能十分完善，但仍有日见增多的趋势。

附注：本节参考陈远澜《30年来安南华侨教育概况》（《中西学校30周年纪念刊》）。

第七节 菲律宾侨教史略

在西班牙领有菲律宾时代，还没有华侨的教育机关，这时所赖以教导侨民子弟者不外是一些零零碎碎的家庭教师，或不三不四的私塾场所而已。到了1899年，美国人占领了菲律宾，取消甲必丹制度，设领事馆，首任领事陈紫衍先生就旧甲必丹衙门设立一间学校，这便是中西学校的产生。当时的学生只有二三十人，教材也只是些《四书》、《五经》而已，算不得一所真正的学校。经费除每年由善举公所拨充1000元之外，余皆由董事临时捐助。因视若一种慈善事业，所以谈不上什么扩充和改良。到了民国纪元前一年，始筹募3年经费，脱离善举公所而独立，并且订立修业的年限，增聘英、汉、算各科的教员，始略具学校的形式。

辛亥年武汉起义，共和成立，旅居菲岛的侨民眼见得美国人在菲岛兴设学校，使菲岛民族的文明很快地向前迈进，而国内的政体改革百度维新，国民的思想也日益进步。所以这时，大家都感觉到教育的重要。因此在民元那年，怡郎埠华侨就创设了乙种商业学校；民四年，宿务埠就创立中华学校；民五年，碧瑶埠就创立中山学校；民六年，创立华侨女学、第三小学（即普智小学）和第三小学第一分校；民七年，国民所办的爱国书报社创设爱国学校，全岷侨商在三宝颜地方创设中华学校；民八年，闽商会馆创设闽商小学（即第一小学分校），华侨工党创设华侨公学，中和体育会在仙答洛地方创设中和学校，和益商会在独鲁万地方创设兴华学校，工商同和会在罗申那地方创设同和学校；民九年，捞宇万埠多数侨商创设大同学校，罗沙礼示中华公益社创设博爱学校；民十年，岷埠侨商创设第一女学，甲万那端侨商创设大新学校，华侨教育会在那牙地方创设华英学校；民十一年，百阁华侨创设第三小学第二分校，又全岷侨众更创设尚螺女子职业学校。当时各小学校的毕业生日见增多，回国求学又有许多不便，乃于民国十二年夏季，开设华侨中学校。初办的时候，学生只有60多人，仅分两级，到了第二年增至100多人，并分办商科和普通科，实行国语教授。同年（十二年），苏禧中华商会创设当仁学校，亚邑里各华商创设启智学校，广东会馆创设粤侨公学；民十三年，百闽侨民创设百闽学校，商会与国民党在黎牙石比创设甄陶学校，纳卵多数侨商创设中华学校，国民党和华侨会所又在蚊厝地方创设中华学校，适乙华侨商会创设中华学校；民十四年，国民党总支部在怡朗、岷里剌、宿务共创设中山学校3所，天主教会创设华儒钦正学校；民十五年，广东会馆在宿务创设中山第二学校；民十六年，内湖侨商创设中华学校，青年会创设青年会夜学，殊尔汶侨商创设中华学校；民十七年，朗仑侨商团体创设兴华学校，牛八侨商创设中山学校，美峰岸侨商创设中华学校。民十八年以至现在尚未经有详细的调查。

在岷里剌埠各个华侨学校，除华侨女学和钦正女学含有宗教的色彩而由教会主持外，其余皆请教育会承认收归，负责督收支并用人行政责任。又因教育会董事皆经营商业，无暇顾及学校教育事宜，所以在民十三年间，特地添设一个学务部，聘黄澄秋先生为主任，并以各校校长为部员，以谋各校应兴应革的事项。教育会又欲统一岷里剌各侨校起见，在民十二年9月开华侨教育大会，改中西学校为华侨第一小学校，粤侨公学与爱国学校合并为第二小学校，普智为第三小学校，尚螺女子职业学校为华侨第一女学校。民十三年改闽商学校为第一小学分校，溪仔婆中西学校为第三小学第一分校。华侨公学亦因校舍与普智比邻，为节省经费起见，将学生并入普智，而取消其校名。民十五年改百闽为第三小学第二分校，专办夜课。

菲律宾之华侨教育会系成立于民国初年，此种机关即扩大学校董事会对外之范围。在民一二年间，岷埠只有中西学校一所，校董不特负财政之责，且负聘请教员责任。迨为推广学校计，倡议抽收营业附加捐，以对内对外皆不可无统一机关，藉负全责，于是集侨众之意见，而华侨教育会因之产生。但名虽为菲律宾华侨教育会，而其办事范围只及岷里剌一埠。岷埠各校之得以循序改进、井井有条者，实教育会有整个计划，而负全责以实施也。

尔来菲岛侨民渐有远大眼光，对其子弟学业亦较往昔为注意。故学生毕业后多有升学，或升是地公立各学校与华侨中学，或则回国升进于沪厦各校。故菲岛侨教仍日在进展之中也。

附注：本节参考颜文初《30年来菲律宾华侨教育》（《中西学校30周年纪念刊》），《教育部第一次中国教育年鉴》。

第三章　我国政府与侨民教育

第一节　历来政府与侨民关系

殖民政策是帝国主义者为着本国工商业的发达，生产物膨胀，人口众多，原料缺乏，而不得不向外发展，以掠夺市场，夺取原料的供给地，及安插过剩人口的一种侵略政策。在大英的百科全书，对于殖民（Celonizalion）两字所下的定义："离开母国，到比较未开化的别一个国家，永远居住，从事经济活动，保持母国的政治关系，这便是殖民。"看起来我们更可以明白，殖民事业是帝国主义者从事于经济掠夺的整个政策。但是这个政策的推行，是需要政治武力为后盾的。

中国在历史上，虽然有几次的武力伸张到海外各地，而且也有不少人民的跟着外移，可是中国向来那种向外伸张威力不过是一种宣威示德，使各小国对之称为臣属，按期朝贡，不称兵扰乱边境，而接受上国的命令，承受大国的恩德而已。元世祖时代之大举南征，使南洋各个小国都来归附称臣。明朝每次虽有不少的中国人跟着外移，三宝太监的7次下西洋，然其目的也不过宣示上国的威武而已，并非涵着殖民而发生的行动。这是由于经济条件所决定的，因为中国在那时候的经济发展，并没有达到使政府有计划地向外拓殖的地步。到了明末清初，中国的人民有的因为受生活的压迫，有的因为政治上的关系，相率而之南洋者益众，及后，且成为明朝遗臣反清复明的根据地。当时的清政府不特视海外侨民为毒蛇猛兽，卑劣下贱，不值一顾，而且出示，严厉禁止抛弃祖宗坟墓，远泛于海外了。在大清律例二百二十五条，有这样规定着：

"一切官员及军民人等，如有私自出海经商或移住外洋海岛者，应照交通反叛律，处斩立决。府县官员通同舞弊或知情不举者，皆斩立决。仅属失察者免死，革职永不叙用。道员或同品官员失察者，降3级调用。督抚大员失察者，降2级留任，如能于事后拿获正犯，明正典刑者，得免议。"

这就是清政府初期对移民的态度。至其所以这样严厉禁止的原因，是由于入关不久，人心未定，势力未固，怕明朝遗臣藉海外为根据地，以作倾覆清廷、恢复明室的企图，因为那时郑成功据台湾，声势鼎盛，颇予清室一大忧虑。

由于这条禁例的颁布，遂逐渐地衰灭了中外200余年的交通，一直延至光绪十二年中国派遣驻英公使时还没有取消。不过到了时间一久，而且人民的生活又日困，于是禁者自禁，向海外移殖的又是络绎不绝了。

由于当时清政府轻视侨民的原故，遂使侨民对于祖国的观念更为淡薄。这种情形一直到鸦片战争，欧洲资本主义国家的势力侵入了中国以后，清政府为着列强势力的压迫，而相继签定了各种的条约；同时又鉴于环境的需要，与夫侨民之不断地请求，这才在海外各地相继设立领事馆，谋与侨民增进密切的关系。而且在1909年（宣统元年）春更制定国籍法，规定国民的地位和侨民的保证。这样一来，中国政府与侨民的关系才渐渐改变那种向来漠不相关的态度。

1911年清朝倾覆，民国成立，使政府对于侨民和侨民对于祖国的态度都改变了。在民国未成立以前，华侨曾以大宗金钱赞助中国革命，且有无数的侨民实际参加革命的行动，这使政府不能不对于华侨予以特别的重视和优待。可是自民国以来，国内日起纠纷，政治未上轨道，国际地位未能提高。政府虽日倡高调，如何如何以保证侨民者，如何以促进侨民之幸福者，迄未见之实行，且亦无力行之。遂使华侨之在海外，仍受种种不平等的待遇，前此华侨对祖国之热烈期望与赞助者，今则变为失望与咒诅矣。

第二节 侨务机关的设立与沿革

自民国成立以后，政府当局鉴于海外侨民之众多，经济力量之雄厚，对于革命事业尤热烈之赞助，为报答其功劳（其实并不如此），扶植其发展计，亟应设有侨务专管机关，以资处理一切。同时为鼓励华侨回国投资起见，亦应设立侨务机关，以装饰门面，讨好侨胞，以遂其招呼顾客之目的。所以建元及今，侨务机关之设立者多矣，而其变革亦屡矣。虽其实效无一可观，惟其历史过程，则应有以略提之也。兹更分期述之：

（1）北京政府时代之侨务机关

民国七年1月至十年12月，有国务院侨工事务局之设立，为专司出国华工之一切事务。

民国十一年1月至十五年3月，有国务院侨务局之设立。

考此两机关之设立，虽名为谋侨民之福利，然究其实，亦不过装饰门面，讨好侨胞而已，侨民并未受其丝毫之恩惠也。

（2）广州时代之侨务机关

民国十三年至十五年，孙中山先生以革命事业多赖于华侨之赞助，故对于一切侨务至感重要，垂注尤深，遂在大本营内政部设立侨务局以治理侨务。然因戎马倥偬，亦少成效，未几又告停顿。

民国十五年，国民党第二次全国代表大会决议设立侨务机关，遂于是年10月，在国民政府内成立侨务委员会。中受政府迁汉、迁宁之影响，成绩未见，而不久又由粤当局裁并于粤省政府。

（3）国民政府奠都南京以后之侨务机关

民国十七年1月至十七年5月，政府当局念侨务之不可搁置，特在外交部设立侨务局，又于大学院设立华侨教育委员会。

民国十七年2月，国民党第二届中央执行委员会第四次全体委员会议议决，改侨务局为侨务委员会。

民国十八年，国民政府改组，将侨务委员会改隶于中央执行委员会，称为"中央侨务委员会"，秉承中国国民党中央执行委员会之命令，指导监督关于海外侨民之移殖保育等事项。

民国二十年，立法院修改侨务委员会组织法，将侨务委员会直隶于国民政府行政院，称为"侨务委员会"。其所以不用"中央"二字者，以其隶属于政府，而不属于党部也。

第三节　政府对于侨教之设施

一、民国以前时代

明清时代的中国政府，对于海外的侨民既不加以保护与扶植，且从而禁止之，是当时无侨务之可言彰彰明矣。政府对侨民之态度既如此，而对于侨民教育益不堪闻问。迨鸦片战争以后，帝国主义者之势力如怒潮骤至，中国日形屡弱，革命之潮亦日趋膨胀，且皆以海外各地为革命发动之根据，侨民之赞助革命与参加实际行动者日众，遂引起清政府之滋虑。而且深知前此用严厉禁止侨民外移之非计，亟思改变其一向漠视侨民之态度，而运用怀柔之良策。于是前此对侨民之卑视者遂一变而重视之矣，故而华侨教育事业亦因之而与祖国政府逐渐发生密切之关系矣。

1905年，清政府之两广总督岑春萱即派委员刘士骥，前往南洋各地查学。刘士骥抵步之后，遂在各地召集先进侨民，会议兴办学校。华侨学校之得以发展，未尝不受其影响也。是年又派林文庆先生到各埠劝学。

1906年，广东学务处派汪凤翔前往荷属东印度吧城任华侨劝学所总董兼视学员。汪氏即拟订华侨学堂章程，以为各学堂设施之标准，侨教至此始暂上轨路。是年，中国驻荷兰公使馆参赞钱洵前赴爪哇调查侨校，并举董鸿祎、王维忱等分赴各地宣传文化。

1907年，两江总督端方由欧考察归来，感于海外侨民之众多，华侨教育之重要，为讨好侨民并且藉此以缓和革命之空气计，即请准清廷，在南京鼓楼薛家巷创办暨南学堂，招收华侨学生回国读书。同年，福建提学使亦派陈华南渡查学。

1911年，清廷复派林鼎华视察南洋各地学校，刚至吧城，即闻本国发生革命，因之折返星洲。

以上是清政府对于华侨教育的一点恩惠。我们知道，清政府所以会改变向来那种卑视侨民的态度，进而对于侨教问题的注意，并不是出于真正提高侨民知识，改善其生活的诚意；反之，倒是他笼络华侨、讨好侨民的一种手段。但是不管他笼络也好，讨好与蒙骗也好，华侨教育在实际上是很受其多大的影响，而跑上发展的途径的。这在侨教的历史上，很可以看得明白。

二、民国后北京教育部时代

1912年，民国是成立了，政府为报答华侨对于革命的勋绩，当然于侨务方面要加以特别的重视。在民国成立那一年，广东都督陈炯明即派曾揖馨前往各埠调查华侨学校。同年12月，福建政府也派了郑贞文、陈鸿祺两君任南洋各地的学务调查员。

1913年（民国二年），北京教育部鉴于华侨教育无监督与指导机关，难望其充分的发展，乃与外交部议决，委托中国驻外各领事兼管华侨教育事务。故在2月22日，教育部令第五十七号有云：

"居留各国华侨办理学校，由驻在该埠之总领事或领事或副领事考查，报告教育总长；遇有重要事项，并须分报外交总长。未设领事地方，由向来兼管该埠商务之总领事、领事或副领事代理之。"

同时，并公布领事管理华侨学务规程，其条文如下：

第一条：对于各华侨学校，宣达教育法令。

第二条：对于华侨学务上之纷争，调停或处理之。

第三条：遇必要时，得向各学校表示意见，指导改良。

第四条：处理华侨学生回国就学事项。

第五条：考核小学校教员事宜。

第六条：褒奖各学校教职员等事宜。

自领事兼管华侨教育之规程公布后，而历来政府对于侨教事业漠不相关者，至此亦改变其态度，予以相当之注视矣。惟以各地领事对于教育既非素稔，欲求其如何促进侨教事业之发展，仍属等于幻想耳。

1914年（民国三年）2月6日，北京教育部为奖励华侨子弟回国就学起见，在第九号部令公布《侨民子弟回国就学规程》七条。其条文如下：

第一条：侨民子弟年在15岁以上，曾在各居留地侨民所设之学校毕业者，得于每年入校始期以前，呈由该管领事官保送回国就学。

第二条：领事遇前项请求，视为必要时得酌加试验。

第三条：国内各学校对于前项学生入学试验，得从宽取录，但以试验成绩所差在10分以内为限。

第四条：侨民学校已经本部立案者，其学生得由本校出具证明书，向国内相当学校转学。但学科程度不及格者，国内学校得酌令补习（本条于同年2月16日公布）。

第五条：已经取录之学生国语未甚熟练，有碍听讲者，各该校得为国语补习科，但不得有碍正科。

第六条：侨民回国后，其入学就学事宜应由所在教育官厅介绍之。

从这规程颁布以后，华侨子弟回国就学者日益增多，而国内各大学亦多设国语补习科，以便彼等之学习国语。

在同年，教育部更制定《华侨学校简明调查表》之式样，分令各埠驻外领事照表填写，并将其所调查之结果报部立案。此为调查侨校实况之始。

1915年（民国四年），北京教育部派高登鲤、梁家义二君为驻外视察员，但至泗水时，即与振文学校教员闹意见，乃折返中国。

1916年（民国五年），教育部派熊理视察荷属各地侨校。

1917年（民国六年），教育部委托江苏教育会副会长黄炎培和林鼎华赴南洋各地调查教育状况，同年大总统颁发匾额，奖励热心提倡华侨教育之侨民，并奖励努力侨教事业之服务人员。

1919年（民国八年），教育部再委熊理至荷属西部群岛视察学校。同年并褒奖热心兴学之侨胞多人。

自民国八年以后，政治屡生纠纷，政府迭经改组，而最高教育行政机关负责人员之更动又屡见不鲜，对于国内教育尚且未能顾及，遑论华侨教育。

三、国民政府大学院时代

迨至国民政府奠都南京以后，即于十六年6月27日中央政治会议通过组织中华民国大学院，为全国最高学术教育行政机关。十七年，大学院为奖励及倡导华侨教育起见，特设华侨教育委员会专司其事，同时并公布《华侨学校立案条例》、《华侨小学暂行条例》、《华侨补习学校暂行条例》、《华侨子弟回国就学办法》。

大学院在十七年2月22日第八号布告有云：

为布告事：照得本院为奖励及倡导华侨教育起见，特设华侨教育委员会专司其事。现各地华侨学校闻风而起,来院请求立案者已有多起,因订《华侨学校立案条例》七条,俾资遵守,并经呈报国民政府,暨分布施行在案。嗣后各地华侨学校应即遵照现颁《华侨学校立案条例》,呈由华侨视学员或华侨劝学员转呈本院立案。但在视学员及劝学员未派出之前,得由各该校主管者径呈本院核办。除令行华侨教育委员会遵照外,特此布告。

兹将华侨教育委员会之职务与组织暨各种条例择录于下:

(一)大学院华侨教育委员会之职务

  第一条:关于鼓励及指导海外华侨子弟回国求学事项;

  第二条:关于视察奖励及倡导海外华侨教育事项;

  第三条:关于倡设海外华侨补习教育及增设职业教育事项;

  第四条:关于宣传本国文化于海外华侨事项;

  第五条:关于招待回国华侨引导参观国内教育机关及鼓励其赞助祖国建设事项。

至该会之组织,可分述如下:

  第一条:华侨教育委员会由大学院院长聘请委员若干人组织之;

  第二条:华侨教育委员会由大学院院长指定主任委员一人处理日常事务;

  第三条:华侨教育委员会得设书记及事务员若干人襄办事务;

  第四条:华侨教育委员会为洞悉华侨教育情形,得随时酌派视察员分赴海外视察,并得选择当地熟悉教育之华侨派为视察专员。

(二)大学院公布之《华侨学校立案条例》

  第一条:凡华侨学校,须由主管者备具呈文及附属书类,呈请中华民国大学院立案。

  第二条:凡华侨学校,须具有下列各项资格,方得呈请立案:

  一、经费:

  (一)有确定之资产或资金,其租息足以维持其学校之常年经费者;

  (二)或于确定资产资金外,并有其他确实收入,足以维持其学校之常年经费者;

  (三)或虽无确定之资产资金,而另有其他确实收入,足以维持其学校之常年经费者。

  二、设备:

  有相当之校地、校舍、运动场、教具、校具各项者。

  三、教职员:

  教职员能合格胜任,有专任教员一人以上者;校长由中国人充任者。

  第三条:凡华侨学校呈请立案时,须开具下列各事项,连同全校平面图及说明书送呈备查:

  一、学校名称(如有外国文名称者,亦应列入);

  二、学校种类;

三、校址（中外文）；

四、开办经过；

五、经费来源及经常临时预算表；

六、组织、编制、课程及各项规则；

七、教科书及参考书目录；

八、图书、仪器、标本、校具及关于运动卫生各种设备；

九、教职员履历表；

十、学生一览表，附：历年毕业生一览表。

第四条：凡已立案之华侨学校，其组织课程及一切事项，除有特别情形者外，须遵照现行教育法令办理。

第五条：凡已立案之华侨学校，如经大学院认为措施失当、成绩不良时，得撤销其立案。

第六条：凡已立案之华侨学校，如欲变更或停办时，须呈请大学院核准。

第七条：本条例自公布日施行。

从这条例公布以后，华侨学校之切实遵行，呈请大学院立案者，竟寥寥无几。因为照各属华侨学校之设备观之，具有符合其所规定之条例，而得蒙其准予立案者，十无一二。凡是稍为熟悉侨校情况的人，无不明白这点理由，所以这种条例依然是一种具文，实际上于华侨教育并没有什么裨益之处。

（三）《华侨小学暂行条例》

第一章 总 纲

第一条：华侨小学教育，应根据三民主义，按照心身发展之程序，培养国民之基本知识技能，以适应社会生活。

第二条：华侨小学修业年限6年；前4年为初级小学，后2年为高级小学。在不能设完全小学地方，得单设初级小学。

第三条：华侨小学得附设幼稚园及其他初等教育机关。

第四条：凡华侨小学，应依照《华侨学校立案条例》，呈请中华民国大学院立案。

第五条：凡华侨小学应受华侨视学员及华侨劝学员之指导。

第二章 教科及编制

第六条：华侨小学之教授科目如下：

三民主义、公民、国语、外国语、算术、历史、地理、卫生、自然、乐歌、体育、党童子军、图书、手工。

高级小学得酌量地方情形，加设职业或其他科目。

华侨小学如有特别情形，得呈经大学院之许可，酌量变更其教授科目。

第七条：华侨小学之教学实施及课程分配，须依照大学院所订小学各科要旨及课程标准。

第八条：华侨小学教科书须采用大学院所审定者。

第九条：华侨小学应按照年级分为六班；但如限于财力或教室不敷用时，在初级小学得合班教授。

第三章 组织

第十条：华侨小学校长负学校组织及行政之全责。

华侨小学校长以专任为原则，但得以本校专任教员兼任之。

第十一条：华侨小学教员分级任教员及专科教员，均以专任为原则。

第十二条：华侨小学校长及教员之资格如下：

一、曾在国内外师范学校或其他中等学校毕业者；

二、曾充小学教员2年以上，或现充小学教员而有成绩者。

但师资缺乏时，得呈经大学院之许可，酌量变通办理。

第四章 设备

第十三条：华侨小学地址宜选择无碍卫生道德及便利教学之处。

第十四条：华侨小学之校舍、体育场及一切设备，均须适合于教学管理卫生之原则。

第十五条：华侨小学依经济状况及地方情形，得设教职员之宿舍。

第五章 入学修业及毕业

第十六条：年满6岁之侨童，得就华侨小学肄业。

第十七条：学生修业期满，成绩及格，由学校给予毕业证书，得呈报大学院转饬华侨教育委员会加盖印信。

第六章 上课及休假

第十八条：华侨小学以每年8月1日为学年之始，翌年7月31日为学年之终。

第十九条：一学年分为2学期，以8月1日至1月31日为第一学期，2月1日至7月31日为第二学期。

第二十条：华侨小学每年假期如下：

暑假45日，寒假14日，春假3日；

国庆纪念日、南京政府成立纪念日、总理诞生纪念日及逝世纪念日及星期日，均休假一日；其他各纪念日及四时令节，得酌量休假。

暑假寒假之起止及日数，得依地方气候酌量规定并变通之，但两者合计日数不能出前项规定总日数之外。

第七章 附则

第廿一条：本条例自公布日施行。

《华侨小学暂行条例》公布后，实际上仍于华侨教育无甚裨补，而华侨学校所表现的各种事实，恰与大学院所规定者相反，不论是方针，是课程编制，是行政组织，是设备种种方面，都仍是各自为政，视法令如弁髦。这种原因是由于政府之无力切实帮助，而引起侨校的怀疑与观望，同时也是由于当地政府的压迫，而不容许你照那种规程去实施。所以华侨教育依然是处于萎靡不振、毫无生气的状态。

(四)《华侨补习学校暂行条例》

第一条：华侨补习学校应由华侨中不谙国文或国文程度太浅者，施以相当之补习教育，使能应用本国文字，藉知本国文化。

第二条：华侨补习学校分半日补习、夜间补习二种，得借会馆、商会或其他公共机关设立之，并得在华侨学校内附设补习班。

第三条：华侨补习学校或补习班之修业年度，由1年至2年。

第四条：华侨补习学校或补习班之教授科目，应以国文为主要科，所有三民主义、历史、地理各科教材，皆应纳入国文之内。

第五条：华侨补习学校或补习班所收学生，无论为成人或儿童，均须于入学时加以考验，编入相当班次。

第六条：华侨补习学校或补习班学生补习期满，成绩合格，由学校给予毕业证书；其补习未满，中途退学者，亦得给予修业证书。

第七条：本条例自公布日施行。

(五)《华侨子弟回国就学办法》

第一条：华侨子弟无论曾否入校肄业，均得呈请该管劝学员介绍，于每年2月或8月以前回国就学。

第二条：华侨劝学员于介绍华侨子弟回国就学时，应查明开具下列各项，函请大学院华侨教育委员会送入相当学校肄业。

一、姓名；二、性别；三、年龄；四、籍贯；五、学历；六、体格评语；七、品行评语。

第三条：国内各学校对于华侨子弟入学，应特别予以优待，但因该生之学历、体格或品行有不适宜时，得函商大学院华侨教育委员会另订办法。

第四条：华侨子弟在未回国就学前，得呈由该管劝学员，按照第二条所列各项查明开具函请大学院华侨教育委员会调查某地某校与该生适宜，函复转知。

第五条：华侨子弟学成毕业，应由该校函请大学院华侨教育委员会酌予奖励，其中途转学或因事退学各生，大学院华侨教育委员会得据该校报告加以指导，或函由该管华侨劝学员转知该生家属。

第六条：本办法经大学院院长核准施行。

(六) 大学院《华侨视学员条例》

第一条：华侨教育委员会为实地调查及提倡指导起见，得请派员分赴海外视察。

第二条：视学员以明了教育、熟悉侨情、服膺党义及习识英、法、荷及西班牙、马来、暹罗等一种语文者为合格。

第三条：为海陆交通上及使用语文上便利起见，特将视察区域分为6路如下：

一、檀香山（13区）、坎拿大（2区）、北美洲合众国（1区）、古巴及西印度群岛，兼南美基安那（6区）；

二、墨西哥（3区）、巴拿马及中美洲（4区）、秘鲁及南美洲各国（5区）；

三、英、荷属南洋（10区、11区）；

四、澳洲及南太平洋诸岛（12区）与南非洲（18区）；

五、日本、高丽及台湾（15区）、安南（7区）、暹罗（8区）、印度、缅甸（9区）及菲律宾（14区）；

六、俄罗斯（16区）及欧西各国（17区）。

第四条：按各路线距离之远近及视察地点之多寡、日期之久暂，而定视察费、旅费若干金额。

第五条：视学员之主要任务规定如下：

一、视察各侨校教育，施以相当之指导，其应设校而未设者，按照本会所订侨校规程助其组织。

二、视察华侨社会教育机关，如阅书报社、报馆、讲演所等，除对现有机关发表意见外，并提倡其应设的机关。

三、调查各埠华侨学龄儿童总数及实际就学之儿童数，并审察其不就学之原因；

四、调查学款之来源及款额；

五、调查侨地政府法规上，有无阻碍华侨教育进行之点；

六、征集当地侨民对于办学之意见；

七、征集当地教育界人员对于华侨教育改革之意见；

八、视察各侨校所采课本及教材适应地方情形与否；

九、除上述诸项分别具报外，并随时接纳侨界对于大学院及华侨教育委员会之要求事项，代其转报办理。

（七）大学院《驻外华侨劝学员条例》

第一条：大学院为实地调查及提倡指导华侨教育起见，得因华侨教育委员会之推荐，聘任驻外华侨劝学员；

第二条：驻外华侨劝学员均为义务职，但纸张邮电及巡视川资得据实开列预算，请华侨教育委员会核发；

第三条：驻外华侨劝学员分区聘任：（一）北美合众国，（二）坎拿大，（三）墨西哥，（四）巴拿马及中美各国，（五）秘鲁及南美各国的属土，（六）古巴及西印度群岛，（七）安南，（八）暹罗，（九）印缅，（十）英属南洋，（十一）荷属南洋，（十二）澳洲及南太平群岛，（十三）檀香山，（十四）菲律宾，（十五）日本、高丽及台湾，（十六）俄，（十七）西欧，（十八）南非等区，各区酌派若干人。

第四条：驻外华侨劝学员之地位，界于华侨教育委员会与华侨之间，其任务极关重要，兹规定如下：

一、关于调查华侨教育事项：

如调查所属华侨学校子弟求学情形及所办通俗教育事业，并依据华侨教育委员会所定表格随时填报；

二、关于视察华侨教育事项：

如视察所属侨校办理情形及通俗教育状况等，并依据华侨教育委员会所定表格随时填报；

三、关于提倡华侨教育事项：

如所属有设立侨校之必要时，应由华侨劝学员随时提倡设立，并将其情形报告华侨教育委员会；

四、关于指导华侨办理教育方法事项，并随时将指导情形报告于华侨教育委员会；

五、关于华侨教育委员会对于华侨宣传事项及华侨子弟入学事项；

六、关于通告所属侨校向华侨教育委员会登记事项，其登记手续另章定之；

七、关于转达华侨请求华侨教育委员会办理教育事项。

四、国民政府教育部及中央侨务委员会时代

从大学院设立华侨教育委员会，并颁布对于华侨教育之各项规程以后，在表面上，华侨教育已有一个专管与指导的机关及进行的路径，而华侨教育的前途似乎从此也可以一日千里了。可是在实际上，华侨教育委员会依然是一个空洞的机关，做不出什么成绩来。同时，大学院所颁布的各种规程仍是只见华侨教育的表面，未能把握着其真正困难的所在，结果也没有什么收效，而仅是一种具文而已。

十七年□月中央政治会议议决，华侨教育事宜归侨务委员会管理后，未几，大学院之华侨教育委员会即宣告取消，但在侨务委员会未成立以前，所有关于华侨教育事项系暂由外交部之侨务局接管处理。及后，侨务局亦改为侨务委员会，并于十八年国民政府改组时，即将侨务委员会改隶于中央执行委员会。其时，大学院亦已改称为教育部。从此以后，关于华侨教育事项，在实际上乃由中央侨务委员会负责，但须与教育部辅酌而行，至制定侨教各项规程与宣达教育法令于侨校者，概出于教育部，用示中国教育行政上之划一耳。

侨务委员会曾拟订侨民教育实施纲要，其全文如下：

《侨民教育实施纲要》

查侨民教育，在设施上既受所在地居留政府之种种限制，经费又多缺乏，其困难情状较之内地教育大不相同。非求发展，非迅为拟定方针，力谋补救不可。爰依本会组织法第八条侨民教育职掌之各项规定，制定实施纲要如下：

一、实施方针

（一）以中华民国教育宗旨及其实施方针为标准。

（二）依各地之特殊环境，实施方式以不受事实之牵制，务达到培养民族意识、训练自治组织能力及改善生活、增进生产为目的。

（三）积极解除各居留地政府所颁妨碍侨民教育之法命。

二、关于教育行政者

（一）依据本会组织法第八条之规定，侨民教育处职掌：

  1. 关于侨民教育之指导、监督及调查事项。

  2. 关于侨民回国求学之指导事项。

  3. 关于侨民教育经费之补助事项。

  4. 关于文化之宣传事项。

依此规定，侨民教育应由本会主管，俾专责成。其有关于国家教育宗旨及重要原则之决定，仍归教育部主持，则事实与法理自能切合，而于组织法第九条之规定自无抵触之处。

（二）在使馆设教育专员，切实负指导、监督侨民教育之责。

（三）督促海外各地，组织华侨教育会。

（四）侨民教育会议每年开会一次，由侨务委员会召集之。

（五）派遣侨民教育视察员分赴海外视察。

三、关于学校教育者

（一）设立侨民教育师资养成所，并订检定侨校教员办法。

（二）征集侨校教材，编订侨校适用教科书。

（三）变通侨校适用课程标准及训育标准。

（四）订定普及侨民小学计划，并调查学龄儿童。

（五）提倡侨民职业教育及扩充侨民补习教育。

（六）各地实行各校联合会考，并随时举办各种比赛。

四、关于社会教育及文化事业

（一）订定普设图书馆、阅书报社、巡回文库、通俗讲演所、博物院等。

（二）一切刊物如周报、月报、年报、丛书、专著、报告书之类，积极提倡举办。

（三）举办教育的、艺术的或商业的展览会。

（四）积极倡办侨民学术团体及学术研究会等。

（五）运往海外之书报、杂志及影片、唱片，其有诲淫诲盗或导人迷信等作用者，出口时应予取缔，其在海外发行者亦设法禁止。

五、关于教育经费者

（一）侨民教育基金，依中央训练部召集之华侨教育会议，定为1000万元，由中央政府、闽粤两省政府及华侨分担筹足。

（二）侨民教育补助费，依中央训练部召集之华侨教育会议，每年定为50万元，由庚款或国库拨给之。

（三）侨民教育基金，另设委员会保管之。

（四）补助侨民教育经费，由侨务委员会拟具办法，征求教育部同意办理之。

在此尚有足述者：一为十八年6月6日，国立暨南大学所召集之南洋华侨教育会议，各属侨校及主要团体出席代表78人，开会时期达一星期之久，提出议案260余件，经议决者46件。一为十八年11月3日，中央训练部在中央党部召集华侨教育会议，到华侨教育协会各机关代表40余人，议决确定华侨教育实施方针、华侨教育实施纲领，筹集华侨教育基金，请政府年拨50万元补助华侨教育经费等25案。

此两次会议结果虽称完满，提案不谓不多，然议案悬至今日仍难见诸实行，是侨教依然未受其奖赐耳。惟自此两次会议议后，已渐促起国人对于侨教之注意，是又不容讳言者矣。

附注：关于两次会议之经过情形，当见于该会议之报告，兹限于篇幅，不再赘述。

兹将民国十八年以来，教育部关于修正或新订之各项华侨教育规程列后：

(一)《教育部华侨教育设计委员会组织条例》（十八年12月21日国民政府公布）

第一条　华侨教育设计委员会依教育部组织法第十四条之规定组织之。

第二条　委员会之职务如下：

（一）拟订改进华侨教育方案；

（二）调查华侨教育情形；

（三）计划华侨教育经费；

（四）计划其他关于华侨之教育及文化事宜。

第三条　委员会由下列各项委员组织之：

（一）当然委员

1. 中央执行委员会侨务委员会委员2人，由侨务委员会指定之；

2. 与华侨教育有关系之国立大学校长；

3. 教育部员3人至5人，由教育部部长指定之。

（二）聘任委员7人至9人，由教育部部长就下列人员延聘之：

1. 明悉侨务之教育专家；

2. 经理华侨教育行政或办理华侨教育著有成绩者。

（三）名誉委员无定额，由教育部部长延聘侨界热心教育人士充任之。

第四条　委员会由教育部部长就第三条所列一、二项委员中，聘请常务委员3员处理会中常务。

第五条　委员会每两个月开全体会议一次，每半个月开常务会议一次，开会时由常务委员互推一人为主席。

第六条　委员会全体会议须有当然委员及聘任委员之过半数出席。

第七条　委员会于必要时得设秘书一人、事务员2人，商承常务委员办理会中一切事项，秘书、事务员由教育部部长指定教育部职员兼任之。

第八条　委员会因处理事务之便利得分组办事，其细则由教育部定之。

第九条　委员会委员均为无给职，惟因公来往得酌支旅费。

第十条　委员会当然委员任期依其本聘职，任委员任期2年，但得续聘。

第十一条　委员会所拟关于华侨教育计划由教育部部长核定施行。

第十二条　本条例自公布日施行。

(二)《教育部华侨教育设计委员会分组办事细则》（十九年6月17日教育部公布）

第一条　华侨教育设计委员会依照组织条例第八条之规定分组办事。

第二条　本委员会因办事之便利，分第一、第二、第三各组。

第三条　本委员会第一组之任务如下：

一、调查华侨中等以上学校情形；

二、编订改进华侨中等教育之各种方案；

三、拟具关于华侨学生升学就业之各种计划；

四、建议改进国内与华侨教育有关之各中等以上学校；

五、其他关于华侨中等以上教育之设计。

第四条　本委员会第二组之任务如下：

一、调查华侨初等教育情形；

二、编订改进华侨初等教育之各种方案；

三、编订分年普及华侨小学教育方案；

四、拟具培养华侨小学师资及关于华侨小学教育之服务进修优待等办法；

五、拟具华侨小学教育辅导研究制之施行办法及细则；

六、其他关于华侨初等教育之设计。

第五条　本委员会第三组之任务如下：

一、调查华侨社会教育及文化事业状况；

二、编订改进华侨社会教育方案；

三、编订推广华侨各种补习教育方案；

四、拟具整顿华侨教育团体计划；

五、拟具收回华侨教育权及保护华侨教育办法；

六、其他关于华侨社会教育之设计。

第六条　关于华侨教育学区之划分、经费之支配及其他与两组以上有关系之事项，由三组或两组共同办理之。

第七条　本委员会各委员应分入一组办事，由常务委员推定之，但除推定之一组外，其有愿兼其他一组之事务者，得由各委员认定兼任。

第八条　每组设主任一人，由常务委员分别充任之。

第九条　各组经常务会议之决议，得召集分组会议。

分组会议时以各组主任委员为主席。

第十条　分组会议时，常务委员及本组各委员均须出席，他组委员及秘书得列席会议。

第十一条　分组会议所议决之方案及计划，应提出于委员会全体会议决定之。

第十二条 分组会议之决议案应即送各委员，各委员得开具意见，送还各组主任委员参考。

第十三条 各组委员所任各本组之事务，得由各组主任委员分配，提出于常务会议通过，通告本人，但各委员如愿改任其他职务者，得函达本委员会提出常务会议改定之。

第十四条 各组关于华侨教育之问题有须研究讨论者，除提出分组会议外，得由各组主任通函各本组委员征求意见，提出本委员会全体会议决定之。

第十五条 通函征求意见时，其有不具复函者，作赞成论。

第十六条 名誉委员对于各组事务得随时陈述意见、协助办理，并得加入一组分任职务。

第十七条 各组设计应博采各地华侨教育团体、各领事馆、华侨教育视察员等之意见。

第十八条 本细则得由本委员会之决议，请教育部长核准修改之。

第十九条 本细则由教育部公布施行。

(三)《华侨劝学委员会组织规程》(十九年6月5日第三届中央第九十五次常务会议通过，十九年6月19日第三届中央第九十七次常务会议修正)

第一条 为谋普及华侨教育起见，于华侨教育会成立之前，在海外中国侨民人数较多、交通便利之地点，设立华侨劝学委员会。

第二条 华侨劝学委员会由中国国民党海外各级党部会同所在地华侨各社团，选定委员7人至15人组织之。

第三条 华侨劝学委员会以依据中央所定之三民主义的国民教育方针，劝导华侨出资兴办并改进中学、小学、师范学校、补习学校、图书馆、书报社等教育文化事业，以谋海外华侨文化之发展为宗旨。

第四条 前条各项教育文化事业，华侨劝学委员会得直接经营。

第五条 华侨劝学委员会每月至少开常会一次，其开会时间由委员会酌定之。

第六条 华侨劝学委员会每次开会后，应将经过情形及劝学成绩一面呈报当地高级党部，一面直接呈报中央训练部侨务委员会及教育部备核。

第七条 华侨劝学委员会办理第三、第四两条所定各种教育文化事业成绩优良者，得受中央之补助金及奖学金。

第八条 本规程由中央训练部呈准中央执行委员会颁布施行。

(四)《领事经理华侨教育行政规程》(教育部十八年5月24日公布)

第一条 驻外总领事、领事或副领事（下通称领事）依本规程之规定，经理各该驻在地及兼辖区域华侨教育行政事项。

第二条 领事经理华侨教育行政之范围如下：

一、受教育部长之委托，考查并处理华侨教育事宜；

二、报告华侨教育状况于教育部，每半年至少一次；

三、接受教育团体呈请立案文件核转教育部；

四、劝导华侨兴办教育事业；

五、处理华侨子弟回国就学事项；

六、处理热心教育华侨之褒奖事项；

七、协助教育部派住各驻在地及兼辖区域调查或办理华侨教育之人员，进行一切事务。

第三条　领事对于华侨教育之处理，其事项如下：

一、宣传中央教育法令并监督其实行；

二、介绍本党党议教育方法并指导其实行；

三、调查在学儿童及失学儿童数；

四、调查经费之来源额数及其管理、分配、预算、决算等；

五、查察学校行政、教学、训育及其他教育团体之教育状况；

六、考核教育成绩；

七、指导教育改良；

八、设讲习会、研究会等，增进小学教员关于教育之知识技能；

九、褒奖优良教职员。

第四条　领事赴任前，应向教育部长陈述对于华侨教育之意见。

第五条　领事经教育部之核准，得将驻在地及兼辖区域划分为若干学区，每区指定一优良学校为各侨校之领袖，领导改进华侨教育。

第六条　领事经教育部之核准，得指定当地优良学校校长或教员为名誉督学，视察指导当地学校教育。

（五）《华侨教育会暂行规程》（二十年2月教育部公布）

第一章　总　纲

第一条　华侨教育会为谋华侨教育之普及与发展，在中国国民党与国民政府监督指导之下组织之。

第二条　华侨教育会于本国首都设立总会，于国内外各重要地点设立分会。

第三条　华侨教育会之职务如下：

一、关于华侨教育之提倡推进事项；

二、关于华侨教育之领导研究事项；

三、关于华侨教育之协助调查事项；

四、关于华侨教育之设计建议事项；

五、关于华侨教育之咨询商榷事项；

六、关于所在地无领事馆之华侨学校转呈立案事项；

七、关于介绍或保送华侨子弟之升学事项；

八、关于处理教育行政机关之委办事项。

第二章 会 员

第四条 华侨教育会会员以信仰三民主义、效忠中华民国，并具备下列各项资格之一者为合格：

一、侨居海外，具有教育学识或经验者；

二、曾任或现任华侨学校教职员者；

三、熟悉华侨教育情况者；

四、曾受高级中学以上教育，志愿从事于华侨教育事业者；

五、热心华侨教育事业者。

第五条 凡合于前条规定之资格者，由会员2人之介绍，经分会执行委员会之审查通过者，即得为本会会员。

但依照本规程第十一条第二项之规定，被指派为第一期总会执行委员者，即可取得会员之资格，不适用上项之规定。

第六条 凡有下列行为之一，经会员之举发、分会执行委员会之审查、会员大会之通过者，即取消其会员资格：

一、违反三民主义者；

二、不忠于中华民国者；

三、有破坏会务之言论或行动者；

四、患神经病或吸食鸦片者。

第七条 会员有缴纳会费、推进会务之义务。

第八条 会员有选举权及被选举权。

第三章 总 会

第九条 华侨教育会总会每2年得召集华侨教育会代表大会一次，其组织及代表产生方法，由总会执行委员会拟具规章；分别呈请中央训练部、中央侨务委员会及教育部核定之。

华侨教育会第一次代表大会之召集，于总会成立满2年、分会成立在20处以上时行之。

第十条 华侨教育会代表大会之职权如下：

一、处理重要会务及议决关于华侨教育之重要提案；

二、选举总会执行委员及候补执行委员；

三、审核华侨教育会总会及分会之报告。

第十一条 华侨教育会总会设执行委员会，委员名额定为15人至20人，候补委员2人至5人。

前项委员任期2年，在第一次代表大会未举行前，由中央训练部、中央侨务委员会及教育部就具有第四条所规定之会员资格者会同指派之，在第一次代表大会召集后，由代表大会选举之。

前项委员之产生方法，由总会执行委员会拟具规章，分别呈请中央训练部、中央侨务委员会及教育部会同核定之。

第十二条　华侨教育会总会执行委员互选常务委员5人至7人，主持日常会务。

第十三条　华侨教育会总会执行委员每半年举行全体会议一次，常务委员每星期举行会议一次，但于必要时得召集临时会议。

第十四条　华侨教育会总会于执行委员会之下设秘书处，处设秘书主任一人、秘书2人，承常务委员之命处理会内一切事宜。秘书处之下设下列三科：

一、总务科，设主任一人、干事及助理干事各若干人，主持文书、会计、庶务等事宜；

二、研究科，设主任一人、干事及助理干事各若干人，主持研究、编辑等事宜；

三、调查科，设主任一人、干事及助理干事各若干人，主持调查统计等事宜。

第四章　分　会

第十五条　南京、上海、广州、厦门、汕头各地及国外各重要地点，有合第四条所定会员资格者10人以上之发起，报告当地高级党部备案，经总会之批准，得召集成立大会，设立华侨教育分会。

凡具有第四条所定会员资格，出席分会成立大会者，均为本会会员，不适用第五条第一项之规定。

第十六条　华侨教育会分会每半年开会员大会一次。

第十七条　华侨教育会分会设执行委员会，委员名额定为5人至7人，候补委员1人至3人，由会员大会选举之执行委员互选常务委员1人至3人，主持日常会务。

第十八条　华侨教育会分会执行委员之任期为一年，但得连举连任。

第十九条　华侨教育会分会执行委员每月举行全体会议一次，常务委员每星期举行会议一次，但于必要时得召集临时会议。

第二十条　华侨教育会分会执行委员会之下设下列三股：

一、总务股，设干事一人、助理干事若干人，主持文书、会计、庶务等事宜；

二、研究股，设干事一人、助理干事若干人，主持研究、编辑等事宜；

三、调查股，设干事一人、助理干事若干人，主持调查统计等事宜。

第五章　经　费

第廿一条　华侨教育会总会之经费由总会执行委员会筹集，并呈请政府补助之。

第廿二条　华侨教育会分会之经费以下列各款充之：

一、会员入会费；

二、会员常年会费；

三、当地华侨特别捐款；

四、政府补助费。

第廿三条 华侨教育会总会及分会执行委员均为名誉职,但得酌支公费。其他各职员由常务委员任用并酌定薪金。

第廿四条 华侨教育会总会之预算、决算,应呈请教育部审核。分会之预算、决算应报告总会,由总会呈请教育部备案。

第廿五条 华侨教育会总会及分会之收支细目,应于每年度结算后交由会计师审查,并将其结果公布之。

第六章 附 则

第廿六条 华侨教育会总会、分会,应按期将工作报告分别呈送中央训练部、中央侨务委员会及教育部备查。

第廿七条 本规程施行前已立案之华侨教育团体,应于本规程施行后6个月内,依照本规程改组或归并之。但因地方特殊情形,经总会之认可,得沿用原有名称。

第廿八条 本规程自公布之日施行。

(六)《改进并发展华侨教育计划》(第二次全国教育会议第六次大会修正通过)

本计划参照十八年中央执行委员会训练部所招集之华侨教育会议议决各案,及训政时期教育部训政工作分配年表、"发展华侨教育"两种材料编辑而成。(条文首尾有△号者,是华侨教育会议的决议,由中央执行委员会议决交办。除修改词句并稍加补充节略外,全是原案,未便更改)

一、目 标

(一)△根据中华民国教育宗旨和实施方针,以谋华侨教育的统一与发展。△

(二)△根据华侨所处的特殊环境,为提高他们的地位,促成中外民族间的平等起见,从教育方面力谋增进他们的民族意识、自治组织能力;并且养成他们改良生活、发展生产的智识技能。△

(三)△根据华侨的实际需要,力谋华侨普通教育、职业教育、师范教育、社会教育、补习教育的改革与扩充。△

二、组 织

(一)由教育部遵照"教育部组织法"和国民政府颁布的"华侨教育设计委员会组织法",组织华侨教育设计委员会。这委员会的性质为教育部专门委员会之一。这个委员会的设立,意在集中各方对于华侨教育的意见,详细计划,用一贯的精神谋华侨教育的发展,以便一切进行完全合于三民主义的真谛。

(二)△华侨教育行政应统一于教育部。组织纲要如下:

1. 依照华侨教育会议决议,华侨教育司应于最短期间成立,在该司未设立以前,应由教育部指定高级部员(人数由部酌定)办理华侨教育行政事宜，并执行设计委员会所拟各种计划。

2. 领事馆秉承教育部，管理华侨教育，其主要任务如下：

（1）调查并指导华侨教育。

（2）督促华侨兴办学校。

（3）提倡华侨文化事宜。△

（三）△领事为执行上条任务，领事馆内须设专员负责督察并指导华侨教育，其性质如督学。办法大要如下：

1. 教育专员各领事馆至少增设一人，应在外交部领事馆组织章程内规定。

2. 教育专员的名称，由教育部与外交部商定。

3. 教育专员由外交部计缺，咨请教育部选派，再由外交部加委。

4. 教育专员的名额、资格、职权、待遇等，由教育部会同外交部订定。△

（四）△未设领事馆地方，华侨教育的指导督察事宜，由教育部选派专员负责巡回处理△。

（五）教育部应于最短期间派视察员分赴各地方巡回，视察华侨教育（此项视察员与第三、第四两条所称专员性质不同，应并行不悖）。

（六）△设立华侨教育会，组织规程由政府规定颁行。大要如下：

1. 性质　遵照本党政策与国家政令，在党的指导与政府监督指挥之下，谋华侨教育的普及与发展（是人民团体之一）。

2. 组合　采委员会节制，设总会于南京，分会于海外所在地的重要地点。执行机关用委员制。

3. 委员资格　必须以能接受三民主义，忠于民国，并具备下列资格一者为之合格：

（1）侨居海外多年，具有教育经验者。

（2）确实熟悉华侨教育及其他情况，并有志于华侨教育者。

（3）曾受高等教育，有专门学识，并且志愿专心从事于华侨教育者。

委员会职权：

（1）关于华侨教育的建设事项。

（2）关于华侨教育的研究事项。

（3）关于华侨教育的推进事项。△

（七）△在未成立华侨教育会的地方，照下列办法进行：

1. 由中央党部训令海外总支部，支部约集所在地华侨各社团组织劝学委员会，专作劝学工作。

2. 劝学委员会系临时性质，但每年至少举行劝学工作2次以上。

3. 劝学委员会组织规程由所在地海外党部订定。

4. 宣传方法，或在报纸中鼓吹，或集会演说表演，或挨户劝导。

5. 宣传大纲由中央宣传部会同教育部订定分发，以资遵循。

6. 宣传范围限于劝导华人子弟受本国教育及侨商供给教育经费，力避批评指摘态度。△

三、经　费

（一）△中央在国库中或庚子赔款中每年拨 50 万元，作为发展华侨教育之用。用途如下（数目支配由华侨教育设计委员会拟定）：

1. 培养华侨师资。

2. 改选优秀贫苦学生回国就学。

3. 补助成绩优良、经费支绌地方的侨校。

4. 奖励优良教员及发展华侨文化著有成绩人员。

5. 补助华侨学校教育回国进修或考查。

6. 其他。

（附注：按该项经费已经国府决议，由十九年起照拨。）

（二）△筹集华侨教育基金，以谋华侨教育的永久发展。其办法如下：

1. 金额共 1000 万元。

（1）中央 200 万元。

（2）广东省政府 60 万元。

（3）福建省政府筹集 40 万元。

以上 3 项应于十九年度一次全数筹拨。

（4）华侨方面 700 万元，分 6 年募集。

2. 用途：年支利息，由华侨教育设计委员会统筹全局支配。

存款地方：

（1）国府及闽粤两省的基金概存中央银行。

（2）华侨自行募集的基金存放华侨教育分会所在地的银行。

3. 保管方面由教育部指聘殷实侨商，组织基金保管委员会保管。保管委员会的组织规程由教育部颁行。

4. 募捐及奖励捐款人的方法由教育部另定。△

（三）△海外各地华侨教育经费的筹集、支配、保管，应由各地组织华侨教育经费委员会办理。其组织规程由教育部规定颁布。筹集经费的方法可由各地斟酌情形，采用下列各项办法：

1. 仿照菲律宾华侨筹集教育经费办法，加抽营业附加税，至少营业 100 元加增 3 元。

2. 仿照英属麻坡华侨筹集教育经费办法，抽收土产捐及百货捐。

以上两项办法宜由各地华侨教育经费委员会会同华侨商会办理。

3. 团体及商店的月捐或年捐。

4. 个人的月捐或年捐。

5. 特别捐。△

四、设　计

（一）由华侨教育设计委员会根据华侨现有小学校数、学生数、教职员数及学校分配状况，并各地失学儿童数，拟定分年普及华侨小学教育计划。

（二）由设计委员会根据现有华侨初级中学所在地学生数、教职员数及各小学毕业儿童升学状况，拟订扩充华侨初级中学计划。

（三）由设计委员会根据现有华侨高级中学、职业学校、师范学校所在地、学生数、教职员数及初级中学毕业生升学状况，为各地华侨的需要，拟定扩充华侨高中、职业、师范等各种学校的计划。

（四）由设计委员会根据各地华侨补习学校状况、失学青年人数及需要，拟订推广华侨各种补习教育的计划。

（五）由设计委员会根据各地华侨社会教育及文化事业的状况，并华侨的缺点及需要，拟订推广华侨社会教育计划。

此项计划对于华侨的识字运动、国语运动、爱国运动、妇女解放运动，尤应详密规定。

（六）调查各地华侨教育团体的概况，拟订整理华侨教育团体的计划。

（七）由设计委员会根据各地华侨居留地政府对于华侨教育的态度及法令，拟订保护华侨教育等的计划。

此项计划应将下列各点包括在内：

1. △各地方领事与党部均负调查应付的责任，对于一切压迫华侨教育的苛例，应由领事馆随时向居留地政府交涉解释。△

2. △外交部根据所得，分别向各该国府切实交涉，并作广大的国际宣传。△

3. △遇有华侨学校或其他文化机关遭受当地政府的压迫时，各使领应即召集当地领袖侨胞及重要教育人员商定一致的意见，与当地政府尽力交涉。△

4. △与各国订约时，特别注意保证华侨教育。△

5. △华侨众多而尚未通使设领的国应由外交部从速交涉，订约通使设领。△

（八）由设计委员会根据现有华侨学校的组织、设备、经费、课程、训育等实际状况，注意其缺点及缺点所在，拟订整顿华侨各级各种学校的计划。

（九）由设计委员会根据华侨教育状况，拟定中央所拨华侨教育经费及基金利息的支配用途办法。

（十）设计委员会进行设计及支配款项时，应博采各地领馆教育专员及华侨教育团体的意见，尤应与华侨教育会合作。

（十一）关于华侨教育的规章法令办法，均由教育部编订，编订时应参照下列原则：

1. 根据调查所得的实际状况。

2. 参考设计委员会及华侨教育团体的意见。

3. 内容须简便易行。

4. 与居留地政府意见相接近，并勿与国际公法相抵触。

五、学校教育

（一）关于华侨学校的设置者，大要如下：

1. 海外华侨学校以华侨自办为原则，名称须标明学校性质。

2. 海外华侨学校应一律遵照本国教育部所定华侨学校立案规程，向教育部立案。

3. 领事馆及华侨教育会应调查就地华侨状况及其需要，劝导华侨设立学校，并指导如何筹款设校等方法。

4. 华侨亦得集款回国兴办专为华侨子女升学的中等以上学校，其校为私立性质，应依照手续向教育行政机关呈请立案。

5. 华侨捐资兴学之奖励，除国府公布之捐资兴学褒奖条例办理外，应由教育部另定办法，按捐资多寡分别加给奖励。

6. △教育部应订定华侨兴学奖励规程，激劝华侨兴学。△

7. 教育部应订定补助华侨学校规程，指定的款专事补助华侨学校，已立案华侨学校有下列情形之一者予以补助费：

（1）成绩优良，经费缺乏者。

（2）学校不可不设，而所在华侨无力办学校者。

（3）经教育部指定为中心学校，作侨校模范者。

8. △中央除在国内设立便于华侨子弟升学的中等以上学校外，并得依照下列原则，在海外择地设立学校，作侨校模范。

（1）学校地点应择交通最便或需要最急者。

（2）学校名称宜用所在地的地名，不必标出"国立"等字样。

（3）学校种类视华侨的需要而定。在中央设立师范学校的地方应设立附属小学，未设立师范学校的地方应设立与国内实验小学相类的小学。

上项学校以国立为原则，但可补助扶持优良学校，使成为可作模范的学校。△

9. 华侨学校非遇有特别情形经教育部许可者，不得接受外国政府的津贴，并不得用外国人做校长。

（二）关系华侨学校的组织者，大要如下：

1. 华侨学校应设校董会，以创办人及捐款人等为校董，校董会的组织规程由教育部调查华侨学校校董会的组织，规定几种，只须大体统一，仍由各校择一适宜于本校情形者遵照。

2. △华侨学校校董与校长的权限及其关系，应根据下列大纲，规定在关于华侨教育的法令中。

（1）校董会权限如下：

①捐募基金。

②筹划常年经费及建筑设备等临时经费。

③审核预算及决算。

④保管校产。

⑤选聘校长。

⑥代表学校办理对于当地政府的交涉事宜。

（2）校长的职务如下：

①主持全校教务、训育及其他一切事宜。

②聘任教职员。

③编造预算及决算。

（3）校董会与校长相互的关系如下：

①校长聘任期内，非确有失职或其他不得已事故，双方不得中途解约。

②校长得列席校董会议并得提出议案，但无表决权。

③校董对于校务兴革有所建议应提出于校董会议，议决交由校长酌量处理。△

3. 华侨学校应组织教职员会，讨论学校行政及训育、教务各事项。教职员会以校长为主席。

4. 华侨学校学生自治会的组织，应遵照中央党部所规定的原则及大纲办理。

（三）关于华侨学校经费者，大要如下：

1. 华侨学校经费标准，应由各地领事馆教育专员及华侨教育会就当地华侨经费实况，分别编订。

2. 华侨学校会计方法、校产管理方法、经济公开办法，均参照第四章、第五章关于小学、中学经费各部办理。

（四）关于华侨学校建筑设备者，大要如下：

1. 各校校舍建筑应以教育部所定校舍建筑模范图样之一种为标准，但得参照当地政府所定校舍图样办理。

2. 各校桌椅设备应以教育部所定桌椅模范图样之一种为标准，但得参照当地政府所定桌椅图样办理。

3. 各校体育卫生设备应依照教育部所定或当地政府所定学校体育卫生设备标准办理。

4. 各校图书及其他设备，凡教育部定有标准及办法者，均应遵照办理。

（五）关于华侨训育者，其大要如下：

1. 由教育部根据国内中小学训育标准，调查华侨社会习惯的特殊需要，征求华侨学校及熟悉华侨教育情形者的意见，增加补充条目及实施方法，以便华侨学校应用。

2. 各地领事馆华侨教育专员及华侨教育会同华侨学校，根据前款所定训育标准，参酌当地特殊需要，订定各年各月各周训育事项及实施方法，呈准教育部备案实行。

3. 其他关于训育者，参照第四章第七节。

（六）关于华侨学校课程教材者，大要如下：

1. 华侨学校的课程，应由各地领事馆教育专员会同华侨教育会及华侨学校代表，根据部颁中小学课程标准，斟酌本地情形分别编订，送至教育部核准应用。（编订手续应参照第四章第九节办理）。

2. △由教育部制定华侨学校教材用图书审查办法，征求华侨学校现有特备的教材图书，加以审查修订，准予通用于某一地，优良者并加奖励。△

3. △教育部依照华侨学校课程，制定华侨学校特殊需用的各种教科图书编辑标准，听由私人依照标准编辑华侨学校教科图书，送部审定发行，优良者并加奖励。△

4. 华侨学校特殊需要的某种教材，各私人编辑出版者，由教育部委托专家编辑之。

5. 华侨学校采用外国教科书时，应由领事馆会同华侨教育会及当地华侨学校教员代表组织委员会遴选并审查教材，分别取舍。

6. 华侨学校教具测验、成绩考查法等，参酌第四章第九节相关各条。

（七）关于华侨学校教职员者，大要如下：

1. △由教育部拟定培养华侨学校师资训练办法，培养华侨学校师资。其纲要如下：

（1）将国内现有的各校华侨教育学院、师范、专科、高中师范科严格整顿，务使切合华侨学校的需要。

（2）在国内设立训练华侨小学师资的师范学校。

（3）在海外交通便利的地方，设立训练华侨师资的师范学校。或指定海外成绩优良的高级中学增设师范班，补助经费，办理训练师资的工作。△

2. 由教育部依照所定检定教员标准，订定华侨学校教员登记办法，现任华侨学校教员及志愿为华侨学校教员者一律照章登记，其要点如下：

（1）海外华侨学校教员由领事馆办理登记事宜。

（2）国内志愿为华侨学校教员者，由教育部委托南京、上海、广州、厦门、汕头等处地方教育行政机关办理登记事宜。

（3）登记时，除检查成绩外，并得酌量试验。

（4）对于侨校现任教员登记限制从宽，但必须条件为：

①学力相当（如国语教员须国语通顺，理化教员须有自然科学的相当知能等）。

②品性良善（如无不良嗜好等）。

③明了党义。

（5）对于以后志愿前往任事的教员，登记限制从严，其必须条件为：

①能力胜任（不但有相当学力，且须有教学成绩）。
②品性优良。
③身体健康。
④明了党义。

（6）登记合格者许给以华侨教员许可证，得充任华侨学校教员。

（7）海外华侨学校教员有不良行为经证实者，视其情节轻重予以相当的处罚。例如：

①取消许可证。
②令学校解除其职务。

3. 由教育部订定介绍华侨学校教员办法，委托南京、上海、广州、厦门、汕头等处教育行政机关或其他教育机关，组织华侨学校教员介绍所，介绍教员前往任事。

4. 由教育部规定华侨学校教员俸给最低标准、年功加俸办法大纲，发给领事官，征求华侨社团及华侨教育界意见，再由部定订数种详细办法通令施行。

5. 由教育部定订奖励并保障华侨学校教员办法。在华侨教育经费中指定若干，专为奖励之用，奖励范围大要如下：

（1）服务年期满若干时，成绩至如何程度者，除学校年功加俸外，政府并给予若干奖励金分期或一次给予。

（2）著有成绩的国内教员赴华侨学校服务时，其合若何标准者，政府给予若干补助费，以作奖励。

保障办法大要如下：

（1）华侨学校教职员一律用聘书，聘约期内无故不得辞退。

（2）华侨学校聘请国内教职员，聘约期至短2年，每年薪金作12个月计算。膳宿以由校供给为原则，往返川资亦由校发给。但经学校并请准领事馆将其辞职或教员自动辞职，并不回国者，得免给回国川资。

（3）华侨学校教员有被延欠薪水等事，得呈请领事馆核办。

6. 华侨学校教员进修办法，参照第三章第九节办理。

（八）关于华侨学校学生者，大要如下：

1. 华侨学校应设贫寒子弟免费学额。

2. △由教育部订定华侨学生回国升学办法，考选优秀分子，并给予资助金，令其回国就学，其要点如下：

（1）各埠侨生得受考选资助的名额由教育部规定。

（2）备具下列资格及条件者，政府得核给资助金：
①在中央设立或经立案的高小以上毕业者。
②无力升学，确有证据者。
③成绩优良，经当地主管华侨教育机关考试或审查及格者。

（3）资助金的多少，照其学校等级、学业成绩与家境状况分别规定。

（4）每年应给侨生资助金，在国民政府补助教育经费项下发给。△

3. 凡国立及省立学校有华侨子弟回国就学，经华侨公团证明确系贫苦者，得由各校酌量情形予以免费优待。

4. △在适当地点设立升学指导机关，指导华侨学生升学。要点如下：

（1）由中国领事馆及当地华侨教育机关办理侨生升学的一切指导与介绍事宜。

（2）在国内侨生入口较多的地方，如上海、广州、汕头、厦门、天津等处，由教育部令该地教育行政机关派定委员，专司侨生回国求学的一切指导与介绍事宜。

（3）侨生在所投考的国内学校不能录取者，即由该校直接介绍其投考程度相当的学校，或在设有侨生补习班的学校补习，或即由该校自行设法与以相当的机会。△

（九）关于华侨学校的辅导制度，由教育部规定办法实行。大要如下：

1. 各领事馆教育专员应负辅导华侨学校、改进华侨教育完全责任。

2. 领馆教育专员及未设领馆地方的巡回辅导专员，在派出前应由教育部指定地方教育机关，加以3个月以上辅导工作的训练和实习，并须具有下列资格者方得充任：

（1）在师范学校或高中师范程度相当的师资训练机关毕业，尚有5年以上办理教育的经验，并且有相当成绩者。

（2）国语娴熟，能外国语者。

（3）性质优良，身体康健，并明了党义者。

（4）明了华侨社会及其教育情形者。

3. 教育专员应将所在地分作若干辅导区，每区指定一二所学校作中心，领导全区学校研究进行。

4. 教育专员应约集华侨教育会代表及中心学校教职员代表组织辅导会议，每年开会一次，讨论辅导各学校改良进步的办法，由中心学校负责执行。

5. 中心学校应联合所在地学校组织教育研究会，研究改良进步的方法。研究体材，应用联合游艺会、展览会、音乐会、演说会以及互相参观等方式。

6. 教育专员及华侨教育会应常利用假期、夜晚、星期等组织讲习会，辅助华侨学校教职员进求学问。

7. 教育部应常派员往各地视察指导。

六、社会教育

（一）△关于华侨补习教育者大要如下：

1. 设立半日学校、平民夜校、假期（暑假与年假）补习学校及妇女补习学校等。

2. 补习学校应注重党义、国语、国文、本国历史、地理等普通科学及职业学科，课程纲目由教育专员视学生需要规定。

3. 各种补习学校的经费就华侨教育经费中酌拨一部分，或由主办者自行筹集。

4. 各种补习学校的成绩由教育专员考核后，并呈报教育部。

5. 各种补习学校的规程由教育部规定颁行。△

（二）关于各种社会教育者，大要如下：

1. 设立下列各项社会教育机关：

（1）通俗图书馆。

（2）阅书报社。

（3）通俗讲演会。

（4）新剧表演会。

（5）侨民俱乐部。

（6）家庭改良会。

（7）其他。

2. 各社会教育机关均应受当地党部及华侨教育分会的指导。

3. 经费由主办者自行筹集，不足时由当地党部及华侨教育分会酌量筹款补助。

（三）关于华侨社会教育临时集会者，大要如下：

1. 每年举行下列各种宣传运动的集会：

（1）卫生运动。

（2）国语运动。

（3）劝学运动。

（4）其他。

2. 由华侨教育会等机关办理。

（四）华侨社会教育由华侨教育团体（如华侨教育会、华侨学校……）联合举办。

(七)《侨民中小学规程》（2月21日教育部与侨务委员会会同修正公布）

第一章 总 纲

第一条 侨民中小学应遵守中华民国教育宗旨及其实施方针中普通教育之原则，根据侨民特殊环境，并按照学生身心发育之程序，培养民族意识、自治组织能力及改良生活、发展生产之知识技能。

第二条 侨民中小学以当地侨民筹款自办为原则。

第三条 侨民中小学之设立，应依照本国现行学制，小学修业年限6年，前4年为初级小学，后2年为高级小学。初级小学得单独设立。中学修业年限，初级中学3年，高级中学3年，均得单独设立。前项修业年限依照地方特殊情形，呈经侨务委员会商同教育部核准者，得变通办理之。

第四条　侨民小学得附设幼稚园，侨民中小学均得附设补习学校及其他社会教育机关。

第五条　侨民中小学应遵照《修正侨民学校立案规程》第一条之规定呈请立案。

第六条　侨民中小学应受该管领事或教育部及侨务委员会派往调查或办理侨民教育之人员监督指导。

第二章　经　费

第七条　侨民中小学经费由设立者酌量当地情形，采用下列办法等集之：（一）侨民营业税附加税，（二）出入口土产捐或百货捐，（三）侨民特种营业捐，（四）侨民团体及商店或个人月捐、年捐、特别捐，（五）其他捐款。

第八条　侨民中小学得受本国政府补助金。

第九条　侨民中小学经济，应公开其会计方法，校产管理法、经济公开办法均由校董会订定，缮具3份，内一份呈请该管领事馆备案，余2份呈请该管领事馆转呈侨务委员会及教育部。

第十条　侨民中小学经费分配等项，凡经教育部或侨务委员会或该管领事馆定有标准可依据者，均应依据之。

第三章　设　备

第十一条　侨民中小学地址，应选择无碍卫生、道德并便利教学之处。

第十二条　侨民中小学之校舍、体育场及一切设备，均须适合于教育、卫生之原则。

第十三条　侨民中小学之建筑设备，凡经教育部或侨务委员会定有标准及办法可依据者，均应依据之。但因地方情形，亦得采用所在地政府对于一般中小学所定之标准及办法。

第四章　课　程

第十四条　侨民中小学之课程应依照教育部制定中小学课程标准办理，但因地方特殊情形，得呈请侨务委员会商同教育部变通之。

第十五条　侨民中小学教科书，应由该管领事或教育部、侨务委员会派往办理侨民教育之人员会同当地侨民教育团体及侨民中小学教职员代表，组织中小学教科用书编选委员会，就教育部审定之教科书中选定若干种，任各校采用。为适合地方情形起见，并得由该委员会加以修改或另行编辑。前项修改或另行编辑之侨民学校专用教科书，应呈送侨务委员会商由教育部审定之。

第十六条　侨民中小学采用外国教科书时，应由中小学教科用书编选委员会选定或审查教材，分别取舍。

第十七条　侨民中小学除外国语外，一律以国语为教授用语，小学不得采用文言教科书。

第十八条　侨民中小学之教务，凡经教育部及侨务委员会定有标准及办法可依据者，均应依据之。

第五章 训 育

第十九条 侨民中小学之管理学生，应一律平等待遇，并不得施行体罚。

第二十条 侨民中小学以师生共同生活为原则，一切规律均应共同遵守。

第二十一条 侨民中小学之训育，应由全体教职员共同负责，凡指导学生自修自治、考核学生品性行为、联络家庭、服务社会等，全体教职员均应取协同一致之态度。

第二十二条 侨民中小学之训育，凡经教育部或侨务委员会定有标准及办法可依据者，均应依据之。

第六章 校董会

第二十三条 侨民中小学应设校董会，其职权如下：

（一）捐募及保管基金，（二）购置及保管校产，（三）筹划常年经费及建筑设备等临时费，（四）选聘及改聘校长，（五）审核预算决算，（六）办理学校立案事项，（七）代表学校办理与所在地政府之交涉事项。

侨民中小学校董会之组织规程另定之。

第二十四条 侨民中小学校董对于校务之兴革有所建议时，应提出于校董会议议决，交由校长酌量处理之。

第二十五条 侨民中小学如因地方特殊情形不能设置校董会者，得由学校设立者呈请侨务委员会商同教育部准免设立。本规程第二十三条所列之校董会职权，由设立者行使之。

第七章 教职员

第二十六条 侨民中小学每校设校长一人，均应专任。但级数较少之初级小学得以本校专任教员兼任之。

第二十七条 侨民中小学校长之职权如下：（一）主持全校校务，（二）聘请教职员，（三）编造预算及决算。

第二十八条 侨民中小学校长得列席校董会议并得提出议案，但无表决权。

第二十九条 侨民中小学校长以服膺三民主义、人格健全、能与学生共同生活，并具备下列资格之一者为合格：（一）中学校长：1. 专科以上学校毕业，对于教育素有研究，并曾任教育职务一年以上者，2. 专科以上学校毕业，其专长与所办学校性质相符，并曾任教育职务一年以上者，3. 对于中学教育或某种学术有特殊贡献，可以成绩证明，并曾任教育职务5年以上者。（二）小学校长：1. 与高中程度相当之师范以上学校毕业者，2. 高级中学以上学校毕业，对于教育有研究者，3. 旧制中学毕业，曾任小学教员2年以上者，4. 对于小学教育有特殊贡献，可以成绩证明，并曾任小学教员3年以上者。

第三十条 侨民中小学教员均以专任为原则，除教学外，并应分任本校其他一切校务。

第三十一条 侨民中小学教员以服膺三民主义、品性良善（如无不良嗜好等）、学力相当（如国语教员须国语文通顺等），并具下列资格之一者为合格：（一）中学教员：专科以上学校毕业，其专长与所任教科相当者，2. 对于某种学科有专门研究，可以成绩证明者。（二）小学教员：1. 6年以上师范学校毕业者，2. 初级中学以上学校毕业，对于教学方法有经验者，3. 对于小学教育有特殊贡献，可以成绩证明，并曾任小学教员2年以上者。

第三十二条 侨民中小学得视事务之繁简，酌设书记、会计、庶务等职员。

第三十三条 侨民中小学校长、教职员之聘任一律用聘书，聘任期内非确有失职或其他不得已事故，双方不得中途解约。

第三十四条 侨民中小学校长、教员每年薪俸作12个月计算，膳宿以由校长供给为原则。其在国内聘请者，往返川资由校供给，但解职后并不回国，仍在本地或附近200里内就业者，得追缴其回国川资。

第三十五条 侨民中小学专任教员之最低薪给，以相当于每人每月在各该地方普通膳食费之5倍至10倍为准。

第三十六条 侨民中小学教职员之年幼加俸恤金、养老金、子女教育金等，由该管领事会同所在地侨民教育团体，参照教育部所定标准或办法另订之。

第三十七条 侨民中小学教职员之进修，依照教育部所定中小学教职员进修办法办理之。

第八章 学 生

第三十八条 侨民子女年龄6周岁，应就侨民学校肄业，小学毕业得升入中学。当地未设中学者，得升入近地侨民中学或回国升学。回国升学之办法另定之。

第三十九条 学生在侨民中小学修业期满，除由各该校举行毕业考试外，应将毕业考试及格之学生于10日内造具名册及各科成绩表，呈报该管领事馆听候会考。会考委员会组织规程及办事细则另定之。凡有特殊情形及未设领事或距离领事馆过远地方，得由当地或附近曾经教育部及侨务委员会立案之侨民教育团体代行会考职权召集会考。若侨民教育团体亦未成立或该地及附近仅有侨校一所者，得免会考，但准免会考之中学毕业试卷须汇送侨务委员会复核。会考或复核及格者，由各该校给予毕业证书，均须呈经该管领事馆或会考委员会验印。中学毕业证书并须呈送侨务委员会验印。初级小学修业期满成绩及格，由各该校给予毕业证书，可免会考。

第四十条 学生纳费及贫寒学生免费办法，由该管领事会同所在地侨民教育团体规定之，呈请教育部及侨务委员会备案施行。

第九章 学生学期及休假日期

第四十一条 侨民中小学学年、学期及休假日期，在气候与本国相同之地带，遵照教育部所定"修正学校学年学期及休假日期规程"办理；在气候与本国不相同地方，其学年、学期、例假得依照所在地各外国学校之学年、学期及例假日期办理。

第四十二条　侨民中小学所在地特殊纪念日，经所在地政府规定必须休假者，得照例休假。

第四十三条　侨民中小学除星期日、例假、纪念假、所在地特殊纪念日、本校纪念日休假外，不得任意休假。各种集会应星期日举行。革命纪念日除有特别情形，应遵照国民政府公布之革命纪念简明表（民国十九年7月国民政府施行）办理。

第十章　研究会

第四十四条　侨民中小学应设中学教育或小学教育研究会，以校长为主席，全体教职员为会员。

第四十五条　侨民中小学得联合本地各学校成立各校联合研究会，以各校校长、教员为会员，依"学科"、"训育"、"学校行政"等项各组研究。每月各组至少开会2次，每年由各组推举代表会议一次。其组织细则由该管领事会同各学校代表拟订，呈准教育部及侨务委员会备案施行。

第四十六条　侨民中学教育或小学教育研究会及各校联合研究会均以研究教育为目的，以"课程"、"教务"、"教学教育方法"及"学校行政"为研究中心，不得涉及教育以外之问题。

第四十七条　侨民中学教育或小学教育研究会及各校联合研究会开会形式，均适用民权初步。

第十一章　附　则

第四十八条　侨民依所住地情形，得办理简易小学。其办法另定之。

第四十九条　本规程由教育部、侨务委员会会同公布施行。

（八）《侨民学校立案规程》（廿三年2月）

第一条　凡中华民国人民侨居他国者，在侨居地设立学校，须由设立者求其代表备具立案呈文及附书类2份，呈由该管领事转呈侨务委员会，由侨务委员会会同教育部核办之。在未设领事地方之侨民学校呈请立案时，得请当地或附近之侨民教育团体转呈或径呈侨务委员会，由侨务委员会会同教育部核办之。

第二条　凡侨民学校须具下列各项资格，方得呈请立案：1. 经费，有确定之资产资金或有其他确实收入，足以维持学校之常年经费者，2. 设备，有相当之设备者，3. 教职员：（1）各教职员均能合格胜任者，（2）每学级有专任教员一人以上者，（3）校长由本国人充任者。但有特别情形必须聘外国人充任时，须由该管领事或该校校董会全体呈请侨务委员会商同教育部核准。

第三条　凡侨民学校呈请立案时，须开具下列各事项，连同全校平面图及说明书呈送审核：1. 学校名称（如有外国文名称者，亦应列入），2. 学校种类，3. 校址（中外文），4. 开办经过，5. 经常费来源及经常、临时预算表，6. 组织编制规程及各项规则，7. 教科书及参考书目录，8. 图书、仪器、标本、校具及关于体育、卫生各种设备一览表，9. 教职员履历表，10. 学生一览表及历年毕业生一览表。

第四条　凡已立案之侨民学校，其组织课程及一切事项，除有特殊情形呈经侨务委员会商同教育部准予变通外，须遵照现行教育法令办理。

第五条　凡已立案之侨民学校，如有应行褒奖补助及介绍学生回国升学事项，均得予以优异之待遇。

第六条　凡已立案之侨民学校，如教育部或侨务委员会认为办理不善，得令其改进。如屡经令饬改进而仍未遵办者，由侨务委员会商得教育部同意，得撤销其立案。

第七条　凡已立案之侨民学校如欲变更或停办时，须呈经该管领事转呈侨务委员会，由侨务委员会会同教育部核办之。在未设领事地方，得请当地或附近之侨民教育团体转呈或径呈侨务委员会，由侨务委员会会同教育部核办之。

第八条　本规程由教育部、侨务委员会会同公布施行。

（九）《侨民中小学校董会规程》（廿三年2月）

第一条　本规程依据《修正侨民中小学规程》第二十三条修订之。

第二条　侨民中小学校董会为学校设立之代表。

第三条　侨民中小学校董会应一律并以校名称，为"某某中学（或小学）校董会"。其有特殊情形另定名称者，于请求立案时呈明。

第四条　凡属中国人民而具有下列各项资格之一者，得被选为侨民中小学校董会校董：（一）设立学校者，（二）对于学校曾经捐助款项者，（三）当地教育专家及热心提倡教育者，（四）当地教育团体职员。

第五条　侨民中小学校董会设置下列各职员：（一）董事长1人，（二）副董事长1人至3人，（三）财务2人，（四）稽核2人，（五）会计1人，（六）文牍1人。（附项一）校董选举方法及任期由校董会自定之。（附项二）校董人数过多时，得设常务校董5人至9人。（附项三）如设有常务校董者，上列各职员由常务校董分兼之。

第六条　侨民中小学校董会之职权规定如下：（一）募捐及保管基金，（二）购置及保管校产，（三）筹划常年经费及建筑设备等临时费，（四）选聘及改聘校长，（五）审核预算决算，（六）办理学校立案事项，（七）代表学校办理与所在地政府交涉事项。

第七条　关于学校行政，由校董会选任之校长负责主持之。校董会、校董得随时巡视学校，对于校务之兴革有所建议时，应提出于校董会议议决，由校长酌量处理之。

第八条　侨民中小学校董会会议以董事长为主席，董事长缺席时，由副董事长为主席。

第九条　侨民中小学校董会职员不得兼任所办学校教职员。

第十条　侨民中小学校董会于所办学校呈请立案时，应依照侨民学校立案用表式样"校董会一览表"所开各项详细填注，请由主管领事馆转呈侨务委员会商同教育部一并立案。

第十一条　侨民中小学校董会改组时，应将改组情形呈报主管领事馆，核转侨务委员会及教育部备案。

第十二条　侨民中小学因事解散时，其校董会应于一星期内将经过情形呈报主管领事馆，转呈侨务委员会及教育部备案。

第十三条　侨民中小学如有特殊情形不能设置校董会，得由学校设立者呈请侨务委员会商同教育部准予免设。校董会之职权由设立者行使之。

第十四条　本规程由教育部与侨务委员会会同公布施行。

《中央训练部华侨党义教育实施计划》

一、纲领

(1) 普及华侨党义教育于海外全体华侨，

(2) 促进华侨思想行动革命化，

(3) 提高华侨在国际间的地位，

(4) 确定海外各级党部与华侨教育机关的连锁关系。

二、调查华侨教育状况

(1) 制发调查表册，

(2) 派人实地调查。

三、纠正华侨教育过去的错误

(1) 无宗旨，(2) 无标准，(3) 无系统，(4) 无适当之教材，(5) 缺乏良好之师资，(6) 不认识党义，(7) 学校与党部不联络，(8) 学校与学校不联络，(9) 董事部组织不良，(10) 言语不统一，(11) 盲目的尊孔，(12) 地域观念太深，(13) 社会教育不能平均发达，(14) 一般文化专业不能积极提倡，(15) 缺乏领导华侨之报纸及指导华侨教育之机关。

四、确定华侨党义教育的宗旨

(1) 发扬民族精神，(2) 启发民权思想，(3) 增进民生幸福，(4) 促进世界大同，(5) 振作自立精神，(6) 培养自治能力。

五、确定华侨党义教育的标准

(一) 一般的

(1) 养成认识主义、信仰主义、实现主义的革命人才，

(2) 养成适应生活的专门的技能，

(3) 养成不屈不挠刻苦耐劳的奋斗精神，

(4) 养成观念正确、思虑周密、是非明辨、作事敏捷的科学头脑。

(二) 应特别注意的

(1) 养成有纪律、有组织、能牺牲、能互动的团体意识，
(2) 养成有目标、有方法、有理性的爱国家、爱民族的思想，
(3) 养成明了祖国情形、适合侨地环境的智能。

六、华侨党义教育关于学校方面的设施

(一) 环境

(1) 悬挂总理遗像及党国旗，撤销孔子像，(2) 举行纪念周，(3) 张贴关于党义之标语、图书及三民主义图解，(4) 悬挂革命伟人相片，(5) 悬挂国耻图，(6) 悬挂为华侨奋斗的伟人像片，(7) 张贴不平等条约表解，(8) 添置党义书报，(9) 改正不合党义之校名，(10) 张贴当地政治、经济、法律、地理、历史、工商、交通统计图表，(11) 其他。

(二) 课程

1. 补充原课程的内容
(1) 自然科应注重当地之环境及其产物，
(2) 社会科应注重当地之史实及其政治、经济、法律、交通、工商业各种实际上材料，
(3) 文学科应注重含有刺激性、足以鼓舞学生革命兴趣的文字，
(4) 艺术科应注重含有革命性的宣传作品及革命化的歌曲，
(5) 体育科，中等以上学校应注重军事训练，小学应注重体育上的平均发展及党童子军或党幼童军之训练。

2. 增加党义课程，根据"各级学校增加党义课程暂行规则"办理
(1) 中等学校：
①建国大纲浅释，②建国方略概要，③三民主义，④五权宪法，⑤直接民权之运用。
(2) 小学校：
①孙中山先生革命史实，②三民主义浅说，③民权初步演习。

3. 从略

4. 此外应行增加的课程或教材
(1) 中等学校：
①各国移民史略，②华侨自动移民史略，③华侨经济事业概况，④华侨文化事业概况，⑤华侨自治事业概况，⑥日本南进事业之研究。
(2) 小学校：
①革命伟人的故事，②华侨自动移民的故事，③为华侨奋斗的伟人故事，④世界各民族现状谈话。
(按：华侨教育现只有初等教育、中等教育两阶级，故未将专门学校及大学的课程列入。)

七、检定华侨学校党义教师（参照"检定各级学校党义教师暂行通则"

办理）

八、编订华侨党义教育用书

九、敦促华侨社会教育机关及文化事业机关充分宣扬党义

十、于特殊情形（指党务不能公开或受当地干涉而言）的补救方法

（1）由海外各级党部秘密施行华侨党义教育，

（2）华侨学校于学校课程外，应由各教员设法随时补充党义教育的教材，

（3）华侨报馆应于可能的范围内，以比较和平态度开明党义，但须注意避免当地政府之干涉。

十一、考核华侨党义教育实施的成绩

1. 考核的标准：

（1）有无违背党义，（2）是否合教育原理，（3）有无其他困难情形。

2. 拟订考核条例。

十二、确定华侨教育行政系统，由本部会同教育部及侨务委员会办理之。

附注：本章参考何汉文《华侨概况》（神州），梁启超《祖国政府与荷印华侨教育》（《荷印教育鉴》），周霭羽《祖国政府与荷印华侨教育》，熊理《荷印华侨学务总会过去之历史》，本会《荷印25年来华侨教育大事记》，《现行侨务法规辑要》（中央侨务委员会），《现行重要教育法令汇编》（教育部），《第一次中国教育年鉴》（教育部），《教育部公报》二卷卅二期。

第四章　各属殖民政府摧残侨教之实况

南洋是帝国主义者的角逐场，也可以说是他们的生命线。帝国主义者为维持他们的统治地位，为永久地霸占南洋起见，当然，对于南洋的经济、政治、文化、教育各部门，都要使之十足地殖民地化，永远地在帝国主义者的铁蹄下过着残喘的形态，能驯成一种顺良的、服从的尽忠于帝国主义者的忠仆。所以，南洋的一切意识形态都脱不离了他们的支配与蹂躏。

华侨在南洋一带，人数达700余万，其经济力量也非常雄厚，本来对于各项事业是很可以充分地向前发展的。可是处在帝国主义者的暴力之下，既未容许你有自由发展的余地，同时我国的政府又未能加以实力的保护与扶植，结果只有使华侨各种事业日趋于没落之途。而华侨教育便在这样的形势下，度其微弱的衰落的命运。

教育是启发人类知识的一种工具，是文化持续的场所，所以帝国主义者对于华侨教育的摧残，比其他来得厉害与严酷。他们不但使你受不到一种真正的教育，而且还想把你的思想麻醉着，意识同化着，使永远做他们的羔羊，以供其宰割、践踏而不自觉。

下面那些事实，便是帝国主义者摧践侨教的铁证。

第一节　颁行学校注册苛例

南洋各属殖民政府，如荷、英、法、美及暹罗诸国，对于华侨教育之摧残无所不用其极。其最显著而足以制华侨教育之死命者，莫过于学校注册苛例之颁行。在

英属殖民政府，有1920年《英属三州府学校注册条例》；至1926年，又颁《学校注册条例》；迨至本年（1934）复颁布《马来联邦学校注册条例》，压迫侨校愈来愈凶，摧残教育更无微不至。在荷属殖民政府，订有《荷属东印度学校条例》；安南政府订有《南圻中文学塾规则》；英属砂胜越亦订有《学校注册条例》与《禁止华侨教授国语条例》；至暹罗王国，前订有《暹罗民立学校法》，近更订有《强迫教育实施条例》。此种条例一并施之于华侨学校，是直视华侨为其属民，华侨学校即其本国之学校而无疑矣。

华侨学校处在殖民政府的重重压迫之下，发展固属无望。若侥幸得有丝毫之进步者，而其所获得之结果亦几与当地土人所受之教育并无二致，斯诚令人引为戒栗者也。

兹将各属殖民政府所订各种苛例，列举于下：

（一）《荷属东印度学校条例》

荷兰统辖东印度总管部堂为出示晓谕事，照得私人设教，官厅向少视察，合应规定下列视察私人设教条例，宣布以资遵守。

第一条 （一）凡对于1880年11月3日第二百零一号国报，经于1912年4月18日第二百八十六号国报内修正之规则未有遵守义务者（即非欧洲人），今欲自行设教，不受政府公款，必须将其设教之意具呈报告于设教之地该管长官（即府长），并须将教授之性质及教授之地点，于该报告内详细书明。（二）本条例所称设教二字，系指非专教任何宗教之学校，而其学校内所收之学生不仅为三家之子弟者。（三）一款所开报告之式样及其词句如何，概由府长拟定。该呈应送何处官厅，亦由府长指定之。（四）该官厅于收到上述之呈报时，当发回收条一纸为据。（五）教授之性质及地点如有变更迁移时，应即另行报明。

第二条 第一条所指之教育，应归政府派定之官厅监视之。

第三条 （一）第一条所指之教者，对于视察员之检查不得拒却。如该员对于教授各事有所询问时，务须详细陈答，使其无碍视察职务。（二）施教之地方及其附设之学生寄宿舍等，该视察员均得入内查视之。

第四条 为保公安起见，府长得禁止某人于一定之时间内不得施教。但此种期间最多不逾2年。（二）上述禁令须将令其停止施教之理由注明，并将附张一纸交授于关系人。（三）于收到禁令后，在3个月以内之期间，得向本总督处用书面呈，但一面仍须遵照禁令停止施教。

第五条 （一）1. 第一条所开之教授者，如不先行照章呈报而擅自开课者，应惩以不过8日之拘留，或不逾25盾之罚金。2. 其教授之性质及施教之地点有与呈报者不符时，倘非曾经报明有案，一经查觉，应惩以不过8日之拘留，或不逾25盾之罚金。3. 有将第三条第一款之报告失误者，应惩以不过8日之拘留，或不逾25盾之罚金。4. 如有谎报，应惩以不过8日之拘留，或不逾25盾之罚金。（二）如犯上款所列事项致受惩罚，而其所犯是在因犯同一事项之惩罚确定后未满2年者，应惩以不过1个月拘留，或不逾100盾之罚金。

第六条　在依照本条例第四条之规定受禁止施教之期间内擅行施教者，应惩以最多一个月之拘留，或100盾之罚金。

第七条　（一）其向来施教于私学者，于条例施行时起6个月以内，须遵章将第一条所开列之报告呈报，而其他各条则统由本条例宣布之日起发生效力。（二）如有不遵章将此项报告呈报，而于上所述之6个月期间届满以后仍复施教者，应惩以不过8日之拘留，或不逾25盾之罚金。

第八条　其违犯本条例之第五、第六、第七各条之罪为轻罪。

第九条　所有警员暨本条例第二条所开之官员，均得查视有无违犯本条例之人。

荷兰1923年3月28日《示报》第一三六号。

(二)《暹罗民立学校法》

第一条　本律命名为《钦定民立学校法》，著为法令，准于佛历二四六一年四月第一日施行。

第二条　律词之解释，凡称谓学校者，系专指民立学校而言。在除官立以外，无论个人或团体所组织之学校，而以教授诸学生者皆是。凡称谓学生者，系指来肄业之人。凡称谓校董者，系指个人或与他人共同担负开设或维持民立学校之责任者。凡称谓校长者，系学校中之担负教授责任及为诸教员领袖者。若该校中只有一教员，即以该教员为校长。凡称谓教员者，系指民校中之任教授者。凡称谓法厅者，系指司法部所属全国之民事法裁判所。

第一章　组织民立学校之规定

第三条　组织学校之人，须具下列资格：（一）其人之年龄须完全在20岁以上者。（二）未受刑事法之定罪，如因犯叛逆国家或谋害君主，或立假誓、诬告及为谎证，或聚众为盗、组织红字会党，或伪造银币及假冒单契，或强奸及败坏风化，或堕成形之胎，或偷盗抢劫及妄施恐吓骗取货财，或匿赃等案赃者。（三）未受社会上指斥，因其平日有败坏风化之污点，致失付托子弟使受教育之信任者。

第四条　凡被任为校长者，须具下列资格：（一）具有上条则规定校董同样之资格者。（二）领有蒙学师范毕业文凭或官立学校第六年级之证书，或他样之证书，或同等之艺术，经教育部大臣认为与政府所给之证书同其效力者，惟此等被认可之人须通晓普通暹语。

第五条　教育部大臣对于各已成立之学校校长，为声明之通牒；如该校欲维持现状，应依照本律完全遵行，并限于接到通牒之日起2个月之期，呈复教育部大臣。

第六条　凡有欲创设学校者，须于开办前2个月将创办情形呈报教育大臣。

第七条　凡已成立之学校,或欲在京都及京畿以外地方新行组织学校者,须向该地方教育部委员或地方知事或京兆委员呈报,该地方有司须将来呈及自己意见转呈教育部大臣,该公函可由邮局加保投递。

第八条　呈报书应照下开格式:呈明校董之姓名年岁、籍贯、住址,呈明校长之姓名、年岁、住址、籍贯及曾领有何种证书。呈明校舍所在地及其邻近之现状,并声明是处曾否设有学校或系欲新创。呈明现授课程或拟订将来欲授之课程,由校董所定之章程:(一)所教之学生为男为女,或男女兼收。(二)年龄之限定若何。(三)所授课程为普通专门,或某一国之文字及何种科学。呈明现在教员之额数与拟定将来之额数若干。

第九条　教育部大臣对于欲续办已经成立之学校或欲创设新校者之请愿,可以反对,惟须举反对之理由,以公事照复于请愿者。凡已经成立之学校,于未接到反对之部文期内,可以照常上课;凡欲创设新校者,自投递请愿书之日起,于2个月时间未接到反对之部文,亦可径行举办。

第十条　凡欲反对已经成立及请愿新创之学校,须有以下之理由方能施行。如请愿欲续办已经成立学校,或欲创设新校者之呈报,对于法律上有缺点或有含混不实之处者;如校董校长之资格不合于本律第三、第四条所规定者;如原有校地或欲创之校地有违碍于卫生者。

第十一条　凡经已成立之学校或欲创设新校者,如已接到反对之部文,须依照部文所训示完全遵行,直至该部将前项反对之件取消,或经法厅之裁判以该部之反对为不合后,方能续办或举办。

第十二条　凡已经成立之学校,及欲新创之学校,如未经教育部大臣正式取消前项反对部文,则不得认为已完全依照本律遵行。

第十三条　凡欲续办已经成立之学校或欲创设新校人等,而以教育部之反对为不合,而向法厅起诉要求伸理者,须将诉词另录一份呈寄教育部;如该案未经法庭最终判决准其开学者,则不得续办或举办;惟当开审期内,不论何级法厅均有权可允该校为暂时之续办或举办。

第二章　管辖学校之规定

第十四条　全国民立学校之校董,其对各本校学生所施之教授必如下列各节:(一)使学生能通晓普通㗩文㗩语。(二)养成学生使为良好之国民,激发其爱㗩国之心;至少须使其通晓国疆形势及历史地理等科学。若学校所授并非普通科学,或其宗旨在专授外国之某一国言语文字或某种艺术者,则教育部大臣可以豁免上列规定课程。

第十五条　凡学校有欲更易校董或校长或委人代理,或迁徙校地等事情,须将详细情形直接报告于教育部大臣;其报告之件由邮局加保投递。若该校在京畿以外,则照例由地方官吏代递。若该部以更易迁徙之事能致学校之态度变迁,不能完全如律所规定,则可下反对之部文,不准其变易或迁徙。若该校长于接到部文一日之后不能照部文施行,则该部可以勒令该校暂时或永远停课。

此等部令立时可生效力。但于此时期中，若该校校董或校长以教育部此等处置为不合，亦可向法庭起诉，要求伸理。

第十六条　凡校董欲聘何人为教员，须直接报告教育部大臣，其报告之函件由邮局加保投递。若校地在京畿以外，则由地方官吏照例代递。此等报告须声明该教员之姓名、年龄、住址及聘者之国籍。若经领有证书或通谙何种艺术，亦须详报。

第十七条　教育部大臣可以通牒于校董，要求将其教员辞退，惟须据以下之理由：（一）该员有犯本条内第二、第三两款之嫌疑。（二）不能证实其通晓暹语可以施于教授。若校董校长自接到此项通牒，于一个月之时期不将被教育部反对之教员辞退，则该部大臣可以提出起诉，要求法厅判决将该员辞退。

第十八条　各民校校董于每年编列本校成绩表，报告教育部大臣一次；其呈式如下列：（一）教员之额数，每人须详明姓名、年岁及国籍。（二）学生名数。（三）考取学生名数及受有何年级证书，亦须列明。

第十九条　教育部大臣有权可以禁止，如经被查出一种能导人伤害良美之风化，破坏群众之安宁，及怂使青年逾越规矩等类书籍，不得在校中用为教授。如何种书籍在禁止之例，则应将该书之名宣布于政府公报。

第二十条　调查民立学校一职由政府派员任理，如下列各职：（一）寻常调查员，由教育部总长地方教育司、巡编教务委员、各省教育部委员、各省督抚暨地方知事等委任。（二）特别调查员为高级官吏，于应需要之时由教育部大臣指派。

第廿一条　调查员之职任，在调查原有或新立各校及校董之情状是否与其呈报相符；及学校地点是否有合卫生；呈报教育部大臣审查定夺。

第廿二条　调查员之权限如下列：（一）调查现在之学校是否照所呈报各节履行，并无何等更易。（二）调查现在之学校是否有合卫生规则。（三）调查校长并各教员是否能通晓暹文，以暹文教授学生，并训督学生使忠爱暹国及通晓暹国地理；如本律所规定。（四）调查校中所有教授是否有破坏风化秩序暨公众安宁，及违背国家等课程。

第廿三条　各调查员不论于何时可以径入各校查阅，校长与各教员须以善意招待，以便得以查询一切。

第廿四条　教育部大臣将各民立学校注册存案，所有原立及新立之校均要详明，并详载以何理由而勒令停课。

第三章　停课之规则

第廿五条　教育部大臣有权可以勒令各校暂时或永远停课，因据下列各理由：（一）如有原立或新办等校有违背本律之行为。（二）如因有更易校董校长或迁徙校地等事，有违背本律之行为。（三）如因校董校长之资格不合于本律所规定。（参观第三、第四两条）（四）如因该校地有不适宜之事发生，或因发生传染症有碍于学生及教员。若校长已接到通牒，使于适宜之时间妥为修改或设法迁徙，而不遵照履行者。（五）如因已证实调查员之报告，谓校董校长并无实意奉行本律，如所规定教授暹文、训导忠爱暹国，及使学生通晓暹国地理，或敢以犯禁书籍教授等事。若该学校已接到警告公文，于一个月之时期而不履行者。（六）如因校董有委任教员而不报部，或因法厅已判决将教员辞退而校董置之不理者。凡关以上各节，教育部大臣对于各校所发停课部令随时可以发生效力。于此期内，若校董校长以该部所处置为不合，欲求法厅公判，亦可照例起诉。

第廿六条　凡遇疫症流行，但传染学生或诸教员者，教育部大臣立时可以饬令民立学校立时停课。但停课之期不过一个月。此项部令若于必要时亦可再令续停，然为期只再一个月。

第四章　私立蒙塾之规定

第廿七条　蒙塾之设原以抚育幼童为宗旨，兼教育之诵读，使能知书数而已。凡蒙塾之教员，不必有何种之证书亦可充任。

第廿八条　蒙塾对于本律所规定其他各条，如关于管辖上开课闭课及卫生等件，亦宜从宽取缔。

第五章　审判及定罪之规则

第廿九条　法厅之审判关于开课闭课及取消教员各案，对于教育部大臣及一切有关系得失之人，须予以援引证据之机会，并须听两方骇论详尽，然后加以裁判。此等案件须盖红印，迅加审决，不得依循常案号数。

第三十条　凡校董、校长、教员及塾师人等，如不遵照行政官训令或法厅最终判决之件履行，如饬令临时或永远闭校，或取消教员等事者，即以有罪论。当处以不逾一月之监禁，或不逾100铢之罚款，或监禁与罚款并施。若有人已悉行政官之训令或法厅之判词，而对于该校董、校长、教员、塾师等加以赞助，使其违法犯上项罪案，即以同罪论。

第卅一条　凡组织学校或管理学校之人，如照律应报告教育部之件而故意含糊不以实告者，以有罪论，处以不逾50铢之罚款。

第卅二条　凡有故意阻碍调查员使不能行其职务者，以有罪论，处以不逾50铢之罚款。

第卅三条　凡要求处罚违犯本律之起诉，专归检察厅办理。凡任校长教员，均须受试验。其法自任职之日起6个月期满，即赴教育部指定之处，先10日以前通知，届时自携纸笔伺候，试验读音、习字、默写、会话四科。再逾6个月，再试验第二次科目，则为读音、习字、默写作文。如不及格，则禁止不得上课，违者罚其校董。如仍充当教员，须再补习，候试验及格乃得上课。

(三)《安南南圻中文学塾规则》

第一章

第一条　凡中国学塾皆纯然为中国儿童而设，其管理人及教授者均应为中国人（除下文第十条之例外），计分两种：

第一种文字学塾（私塾），只教授中国文字，其教授之方言须用一定之中国土音。

第二种初等小学塾（国民学塾），教授小学普通课程（文字通用课学常识）及法文一科。

第二章 两种学校之通例

第二条 凡欲在南圻设立以上两种学校，必须向该地方参办官讨取许可。如在西贡、堤岸设立者，则呈禀该处市长，禀内须要详明设立何种学塾。

第三条 凡欲设立以上两种之学塾，须要遵照下列之规定方能设立。

（一）凡属中国人。

（二）曾在安南居住最少2年，及在其所设立学塾之地方居住一年。

（三）年龄在25岁以上。

（四）须要有品行纸一张，如在西堤者，则向该处市长讨取之；如在六省者，则向该省参办讨取。

第四条 禀内须填明所设立之学塾所在地点，并注明该学塾可容学生人数若干，以每一学生最少占1.25平方米为度。

该学塾及其布置，须依照现行教育条例第七十三条办理。

第五条 参办官或市长，将所呈之禀另加签批，然后转呈南圻元帅，方能批准。开设何种学塾，若有设立寄宿舍者，则由卫生委员会查验后方能开设。

以上各种许可可以永远或暂时由南圻元帅缴回。

第三章 文字学塾及国民学塾教授之许可

第六条 凡在两种学塾内当教授者，无论校长或所聘请之助教，皆须依照上列第三条之例，（除下列或十条例之外）仍须遵守以下各节：

（一）医生纸一张，证明其体格能力。

（二）须要有下列第五章所载明之资格证书。

第七条 所发给之许可证，可以随时由该省参办官或市长官呈请南圻元帅，暂时停止或缴回。

第四章 办理法及监督法

第八条 以上两种之学塾均由教育局监理，至整理法及遵守法则由该省参办及市长监视之。

第九条 凡国民学塾之校长，每年须将教授之中国书籍课程及教职员开列一纸，呈上南圻元帅。

第十条 凡国民学塾最高级两班须每星期教授法文4小时，其法文教员须有第十三条之资格证书，方可教授。

第五章 教职员应有之保证

第十一条 凡当文字学塾之教职员者，应要遵照第三、第六两条规则，仍要具有下列之文凭方能充当。其文凭发给法如下：每年试验一次，由南圻元帅指定日期。若投考者人数过多，则每年分两次试验。考题为中文论文，或出自《四书》，或由近代新国文择出，其题则由教育局选出。

各论文由考试委员择选，其委员之指定法或由南圻元帅，或由南圻元帅转至北圻、中圻指定之。

第十二条　国民国塾教员只教中文，除照第三、第六两条例之外，并须有下列之程度：

（一）或有中国公立学校文凭，由东法元帅交驻中国法领事调查后，承认方可。

（二）或由法政府考验后所发给之文凭。其考验法如下：

（1）汉文简浅作文。

（2）物理学。

（3）数学题两条（代数亦可）。

（4）历史地理。

各题目均由教育司选出，而选录则照如上第十一条第四段办法。

（三）或中法学校毕业文凭，平均分数以 12 分为度，照校内章程发出，其发给之章程遵照东法教育部长所批定。

第十三条　如国民学校教授法文者，除照第三、第六、第十二条之外，当须有以下之程度：

（一）或有法国或本地方政府文凭，等于小学毕业证书者。

（二）或按照教育部定章之第三百二十六条而能入选者。其考选法如下：

（1）默书 10 行至 15 行。

（2）简易论文。

（3）解书及会话。

各题目均由教育司选出，其择取则由每年元帅所指定之委员会择选。若考试会话时，亦由该委员会考验。

（三）或有中法学校毕业文凭，其法文程度至少在 14 分为度，其分数则在毕业文凭上批明。

第六章　暂行定章

第十四条　凡开设以上两种之学塾及其教授者，宜速于 6 个月期内，选照现定之规则而行。

第十五条　以前所定之各规则，如对现行之规则有相抵触者，则作为无效。

西历 1924 年 4 月 29 日布

（四）《英属砂朥越之学校注册条例》

一、兹因砂朥越之各种学校必须注册，下列条例定于 1925 年 1 月 1 号实施。

二、各校不问其在 1925 年 1 月 1 号前成立，或于该年 1 月 1 号后成立，均将照此项条例之规定注册。

三、凡未注册之学校任教之人,法庭对于初犯,将处以100元以下之罚金,再犯、过犯将处以500元以下之罚金。

四、地方得视学员之请证实某校未注册,可勒令该校永久停办,或令停办若干时,由地方酌定。

五、成立之学校请求注册,必须1924年12月1号或以前,向古晋(首府)提学使领取格式纸,并不取费。新立之学校必须向提学使请求注册,批准后始可开校招收学生。

六、成立各校之司理、董事部董事及教员,均须于1924年12月1号或以前,请求古晋提学使注册。凡愿为一校司理、董事部董事或教员者,均须请求注册,非待提学使准其注册后,司理、董事或教员均不得任职。凡请求注册者,按照此条可向提学使请领格式纸填写呈报,此项格式纸并不取费。

七、不论何人,如在未照此项条例第六条注册之学校担任司理、董事或教员;或学校之司理、董事聘请未照第六条注册之教员任教,法庭于初犯可处以100元以下之罚金,再犯或过犯可处以500元以下之罚金。

八、提学使对于请求注册格式中所开各项认为满意时,将给以注册证书一纸。倘视为须拒绝注册时,提学使将以此项情形报告总参政司。

九、不论何人,于请求之格式纸中填报不实或不全,法庭于初犯可处以250元以下罚金,再犯或过犯可处以500元以下之罚金。

十、提学使或其代表,每年至少亲赴注册之学校视察一次,证明各校是否遵照此项条例一切之规定。视学员或其代表,于适当时候随时可入各校调查。

十一、如提学使觉此项条例学校有未遵守处,可传学校之司理,在一月以上之期内未逾限之前,命其遵守之。如逾期该司理不遵,提学使将以此种情形报告总参政司,总参政司将传该司理,命其表明未遵守之理由。

十二、如表明之理由总参政司认为不满意,总参政司将令提学使取消该校之注册,此项学校嗣后将视为未注册之学校。

十三、提学使主持学校注册,将各注册学校之校名、司理、董事各董事、各校员之姓名,及实施此项条例必要之详情一一入册。代理之提学使将于其监督之区域内主持同样之注册事务。

十四、各注册学校更动教员,或董事部有何种变动,该校之司理将报告提学使。如于一月内不将此项变动报告,可处该司理以25元以下之罚金。

十五、如总参政司认任何学校系作政治宣传,致碍此邦威力或公众者,总参政司可奉拉惹命,或得行政委员会之许可,宣布此项学校为违法学校,请提学使于注册中将该校删除。

十六、如提学使认任何学校随便聘请何人担任教员,为贻害此邦或学生,提学使得总参政司之许可,可将发给此项教员之注册证书取消。

十七、不论何人,胆敢在违法之学校任司理、董事或教员,法庭可处予

500元以下之罚金。

十八、总参政司得最高议政局之批准,可定出管理学校及实施此项条例之宪条并定章,规定:(一)学校或校舍之适当卫生状况。(二)学校训练之方法。(三)禁止注册学校。用不愿用之书籍。(四)适当保存注册学校之帐簿文件及簿册。(五)在校学生行医学上之检验。

(附注)按照此条所定之宪条,将在公报公布。

1924年9月23日

(五)《英属砂朥越禁止华侨教授国语条例》

查华侨学校中教授国语,与政治之宣传上有密切之关系。为此业引起政府之注意,以为此项宣传有碍此邦,似将致久居砂朥越,服从居留政府法律,安守本分,从事各种实业之大多数华侨间发生不安,特禁止华侨教授国语,此令。

一、砂朥越不论何种研究班或学校,一律禁止定国语为学科教授,及以国语教授何种学科。非待政府在公报公布,认此时教授国语不复与宣传政治有关,至碍此邦,不得教授。

二、此项命令实施后,如有何人胆敢教授国语,一经查出,地方官得处以500元以下罚金或监禁6月,或监罚并施,及驱逐出境。

三、此项命令实施后,如有学校胆敢教授国语,政府将勒令停办,地方官可处该校总理或校长以500元下之罚金。

四、此项命令定1925年1月1号施行,如得拉惹同意命在公报公布,得展缓施行。

行政委员会会长莫尔顿氏奉命布,1924年9月22日

(编者按:此项条例业已取消,特此声明)

(六)《英属三州府学校普通章程》(按本章程系根据1920年学校注册法律而设)

第一条 凡新建学校及修改或扩筑旧校,须先将其图式呈交提学司察核,俟批准后方可兴工。

第二条 凡课堂之窗牖或向外开通之处,倘不及课堂面积五分之一者,则提学司不得批准其图式。

第三条 凡课堂之高不满十二呎,或其面积对于学生座位每人不足12方呎者,则提学司不得批准其图式。

第四条 凡厕所及洁净上之布置,倘提学司以为不适合足用者,则其图式不得批准。

第五条 本章程实行后,凡学校之书桌及座位,须得当地视学员准许方可使用。

第六条 凡学校欲有改造校舍或厕所之类,或有卫生或洁净上之各种设施,苟非先得提学司或副提学司给函许可,则该校之经理人不得自行修筑或请

人或任人改造设施。

第七条　凡课堂之窗牖及向外开通之处，倘提学司或副提学司要将其扩大，则该校之经理人须即增广，使有该课堂面积五分之一之大。

第八条　已注册之学校，苟非先得提学司或副提学司给函许可，则不得迁移别处。

第九条　倘有不遵上述之第一、五、六、七或第八条章程者，如系新设之学校，则可依据注册法律第九条不准其注册；如系已注册学校，则可依据该法律第十三条将其注册取消。

第十条　已注册学校之经理人，须于每课堂之门前，用或板别项报告式样，显明标志该课堂之名或号。

第十一条　每课堂能容学生若干，其核算之法以每人得占空间144立方呎为度。倘课堂高过12呎者，亦作12呎伸算。倘课堂内有光暗不均之处者，则其部分光亮足以使学生课读而无伤目力者，方可入算。

第十二条　已注册学校之经理人，当将医生所给之执照标贴于每课堂当眼之处，以示该堂所应容纳学生之数。除医生或其代表外，他人不得将该执照撕脱或涂抹或将其内容删削改换。

第十三条　倘非得当地视学员给函许可，每课堂所容纳之学生不得多过上述执照所规定之数。

第十四条　每日散学后，每课堂须扫净，其地台则每星期一次，须以认可坠尘之消毒药水洒之。

第十五条　倘视学员有令，书桌当如命摆设，务使光线照于学生之下，方为合式。

第十六条　每6个月最多一次，倘提学司或副提学司，令经理人将各课堂涂以某样颜色之灰水或油漆者，当即照办。

第十七条　教员与学生于体服上均须洁净整齐。

第十八条　已注册学校之经理人，不得准人于上课期内在课堂烹饪或吃物，或吸烟或吸食鸦片。又鸦片床及其用具均不准发现于校内。

第十九条　校内不准随处吐痰，只准唾在痰罐之内。而痰罐亦须盛消毒药水，又当常常洗净乃可。

第二十条　已注册学校之经理人，不得准人施鞭扑之刑于女子身上。

第廿一条　男子之扑刑须用籘鞭施于掌上，或连裤之臀上。
倘学校教员有多过一人，则扑刑宜归校长独自施行，或归其特许亦可。

第廿二条　上课期内，除教员及学生外，别人不得留据课堂。

第廿三条　同一时间内，每教员所教之学生不得多过40人。惟体操或做针黹或唱歌，则数级学生尽可同集一处。

第廿四条　男女同校，两性之一须以12岁为限。

第廿五条　已注册学校之经理人，须于每课堂内专设学生点名册一本，该点名册之样先得当地视学员准许方可。

第廿六条　除官立学校或政府补助学校或私立谋利学校外，凡已注册学校之经理人，须于每年阳历3月尾以前，将该校上年之进支数目列表呈送当地视学员，该表之格式另列于本章程附录条内。（从略）

第廿七条　凡已注册非谋利之学校，其经理人须遵命将该校之各数簿及其他关于数目之单件，呈交提学司或副提学司或当地视学员，以便查验。

第廿八条　凡已注册学校之经理人须遵命，于每年阳历3月尾以前，将该校情形呈报当地视学员，其格式另录于本章程附录条内。（从略）

第廿九条　凡已注册学校之经理人每欲休业，须及早将放假日或停课日预先函知当地视学员。如遇特别假期，亦须报明该假期系纪念何事而设。

第三十条　凡已注册之学校，倘其教授时间有所更改，则该校之经理人须报知当地视学员。

第卅一条　倘当地视学员有令，凡已注册学校之校长须预定计划，俾遇火警或其他意外事件发生时使众学生得以疾然井然离校，该计划平时须贴于该校当眼之处，该校长务令众同事熟悉其计划，而各教员对于该计划尤当明其本人所负之职责。

第卅二条　各级学生须常川训练，一如警报发现时，俾对于该计划知如何归伍联队，或如何供职尽责。

第卅三条　警报须不时发出，以资习练。届时虽无预告，各生亦须施行该计划之布置。巡视员查学时亦宜随时躬自发警，以资试验。

第卅四条　欲防患操练之计划，具有下列之布置：

（一）当示每级学生，于警报发出时所宜进占之地位。

（二）当详示负责之人，如何引导各级学生安然离开校舍，并办理其他职务。

（三）除发令者外，当示以注重极端镇静之态度，并示以疾走之不许。

第卅五条　凡注册学校之学生，医生得随时到验，并将其报告及议行各节寄一份与当地视学员，另一份寄与该校之经理人。

第卅六条　除医生外，别人不得查验女生之体。此种察验，不得在男子之前施行。

第卅七条　凡经总督及议政局在宪报宣布禁用之书籍，则各注册学校内之人不得用之。倘已注册学校之经理人许人由用此等违禁之书，则法庭可判罚款最多100元，而该书或毁灭或另以他法处置，均听法庭定夺。

第卅八条　凡学校之经理人倘有不遵上列章程第十至第三十三条中之任何一条者，是为犯法，一经定罪，可罚银最多20元。

（附录）启者：现据1920年学校注册法律附设之《三州府学校章程》第二十六条，请先生将贵校进支数目详细填于后列之格式纸上（表格从略），并于阳历3月尾以前寄返本署为要。此致

学校经理人　　　　先生鉴
埠视学员　　　　　启

19　　　年　　月　　日

(七)《英属三州府1926年学校注册条例》

例　言

第一条　本条例定名为《1926年学校注册条例》。

第二条　本条例非遇与本旨或上下文有所抵触，各项界说规定如下：

(一)"提学司"指根据本条例第四条而委任之提学司。

(二)"副提学司"指根据本条例第四条而委任之副提学司。

(三)"视学员"指根据本条例第四条而委任之视学员。

(四)"医官"指根据本条例第四条而委任之医官。

(五)"总理"指对于学校设施上有管理权之人。

(六)"董事部"指实行处理任何学校财政之一人或数人，官立学校不在此例。

(七)"教员"指政府或总理或董事部所聘用以教授学生之人。如总理而为校长，或与校长同等地位者，则亦在教员之列。

(八)"学校"指（参酌本条例第十八条第五项）正在时常教授15名以上之学生于一教室，或数教室之所。但其教材之纯系宗教性质者，不在此例。

(九)"注册簿"指依据1920年学校注册条例第十七条，或律令第一百八十号第十七条（学校注册），或本条例各条款之规定而保存之注册簿，"已注册"即已登录入注册簿之意。

第三条　本条例各条款，除全由英国军官维持办理之学校以外之各学校，均适用之。

第四条　总督可委派其认为胜任之人为提学司、视学员及医官，以实施本条例。

学校注册

第五条　(一)学校概须注册。

(二)不注册学校之总理或董事部人员或教员，皆以违犯本条例论罪。

第六条　提学司或副提学司应备有注册簿一册或数册，将已注册各校之名称及其总理、各董事部人员暨各教员之姓名，以及随时实施本条例各条款所必需之一切详细条目，一一登录入簿。

第七条　(一)学校注册，可由该校总理或董事部人员向提学司或副提学司请愿。

(二)请愿书格式应照本条例表式一。（详附录）

第八条　(一)任何学校请求注册，提学司或副提学司应（参酌本条第二项）准其注册，并给以注册证，如表式二。（详附录）

(二)如提学司察知该校不合卫生，或以政治宣传为目的妨碍本殖民地或公众之利益，或施行误人子弟之教育，或用作非法团体集会之所，则非待校舍宜于卫生，并切实担保不至用作集会等活动之所时，可不准注册。

（三）如不准注册，提学司应送通知书于请求注册之人，告以请愿书已经拒绝，并准其在通知书到达后2星期内呈诉于参议院总督。

总理、董事部人员及教员之注册

第九条　（一）总理、董事部人员及教员概须注册。

（二）未经注册而任为学校之总理或董事部人员或教员者，应以违犯本条例论罪。

惟遇已注册学校之总理或董事部人员告退，而新总理或新董事部人员继任时，则此新总理或新董事部人员于其就职后20日以内注册者，不在此例。

第十条　（一）注册为总理或董事部人员之请愿书可呈交提学司或副提学司，其格式如表式三。（详附录）

（二）注册为教员之请愿书可呈交提学司或副提学司，其格式如表式四。（详附录）

第十一条　如有根据本条例第十条而请求注册者，提学司或副提学司应即照准，如为教员则应给以注册证，如表式五。（详附录）

惟提学司得便宜行事，不准注册，如遇请求注册之人（一）曾在本殖民地或他处有相当裁判权之法庭上判有监禁之罪名者。（二）曾任某校总理或董事部人员或教员，而该校已因本条例各条款，或1920年学校注册条例，或律令第一百八十号（学校注册），或马来保护国之任何法律（在宣布该校非法时有效者）而宣布为非法学校。（三）请求注册为教员，而提学司察知其如果充任教员，对于本殖民地或公众或学生之利益皆有妨碍者。

第十二条　（一）已注册学校之总理如遇该校教员及董事部人员有所更动，有呈报提学司或副提学司之责。

（二）总理于变动事件发生后20日内尚未呈报者，以违犯本条例论罪。

学校之管理与督察

第十三条　提学司有亲自视察或命令副提学司或视学员视察已注册学校之责，每年至少一次，以便查核本条例规定各条款各校奉行与否。

第十四条　为欲实行本条例各条款起见，提学司或副提学司或视学员可在适宜时期内入已注册之学校，检查其书籍及关于处理校务，或教授学生之公牍。若其书籍公牍察出为含有政治宣传作用，妨碍本殖民地或公众之利益者，可取出之，以便再加审查。

第十五条　（一）如提学司察知本条例其条款为已注册之某校所未曾奉行，可送通知书于该校总理，命其在通知书指定之时期内进行规定于通知书内之各项计划，以便奉行该项条款，并告以在通知书到达后2星期内，可向参议院总督呈诉。通知书限期已到或2星期已过，而提学司规定之计划尚未进行，亦未呈诉于参议院总督，则提学司可于注册簿中将该校取消，而该校从此不许复注册。

（二）如该校总理找寻不着，而通知书已黏贴于该校校舍易见之处，且在宪报上发表一次，则应认为已交到总理本人。

（三）如呈诉于参议院总督，总督命该校总理将通知书内提学司指定之计划或他项计划一一进行，而总理不奉命，总督可命于注册簿中将该校取消，而该校从此不许复注册。

第十六条　（一）无论何时，已注册之总理或董事部人员在本殖民地或他处有相当裁判权力之法庭上，判有监禁之罪名者，或为马来某保护国某项法律（在宣布该校非法时有效者）所宣布为非法学校之总理或董事部人员或教员者，提学司可取消其注册。

（二）无论何时，提学司察知其任用已注册之某教员于某校，足以妨碍本殖民地或公众或学生之利益者，提学司可取消其注册，并向之索还注册证而注销之。

（三）总理或董事部人员或教员，已因本条款（一）、（二）两项而取消注册，提学司应即作书通知，告以取消注册等情；并准其于通知书到达后2星期内呈诉于参议院总督。

第十七条　（一）提学司或副提学司，因该项目的而特别缮状委任之官员，偕同其他公用人员，可入（必要时可助以武力）彼所疑为未注册学校所在之任何房屋宅第等建筑物，并可搜查或查封，或取出任何书籍公牍或其他物件之被所认为属于未注册学校之财产，或与之联络公用者。

（二）为欲遵行本条例而入室搜查，提学司或副提学司或该项特别委任之官员，对于该房屋宅第等建筑物或任何锁闭之仓库，疑为藏有属于未注册学校或与之联络而公用之物件者，可攻破其内外门户而入。

宣布非法学校

第十八条　（一）如参议院总督察知某校以政治宣传为目的，妨碍本殖民地或公众之利益，或施行误人子弟之教育，或用作非法团体集会之所，总督可命令通知该校总理，详述控告该校之各项事实，并请其于通知书指定之时期内，说明该校何故不应宣布为非法学校。

（二）如该校总理找寻不着，而通知书已黏贴于该校校舍易见之处，并于宪报上发表一次，则应认为已交到总理本人。

（三）总理或董事部人员欲说明其学校不应宣布为非法学校之故，可用英语将其理由缮成呈文，于通知书限定时期内呈交参议院秘书。

（四）如在通知书指定之时期内并无呈文上达，或参议院总督对于呈文加以考虑，或于其认为必要时再加调查后，而确信该校含有上述目的之一，或用作集会之所，则总督可宣布该校为非法学校。

（五）为欲贯彻本条款及第十九、第二十、第二十一各条款之宗旨，"学校"应认作无论何地之实施教育者，其生徒之数可不论。

第十九条　凡学校既因本条例第十八条第四项而宣布为非法，而该校已经注册，则提学司或副提学司应将该校及该校总理及董事部人员暨各教员一律取消注册，而该校及该校总理及董事部人员暨各教员从此不许复注册。各教员因此而取消注册，在提学司或副提学司追还其注册证时，应即交还作废。

第二十条　（一）凡学校既因本条例第十八条第四项而宣布为非法，提学司或副提学司，因该项目的而特别缮状委任之官员，偕同其他公用人员，可入校（必要时可助以武力）搜查，取出或毁坏该校之招牌、印信、旗帜及其他徽章标记，以及书籍或其他物件之足以妨碍本殖民地或公众之利益者。

（二）为欲遵行本条例而入校搜查，提学司或副提学司或该项特别委任之官员，对于该校或任何锁闭仓库，疑为藏有本条例所准许毁坏之物件者，可攻破其内外门户而入。

第廿一条　学校既因本条例第十八条第四项而宣布为非法，则无论何人仍任该校之总理或董事部人员或教员者，应以违犯本条例论罪。

罚　则

第廿二条　无论何人，根据本条例第七、第十四两条款，请求为学校或个人注册，故以不实不全之情节呈报于提学司或副提学司者，应以违犯本条例论罪。

第廿三条　无论何人，拦阻提学司或副提学司或其他官员，根据本条例而入室，或搜查或施行本条例授与之任何权力者，应以违犯本条例论罪。

第廿四条　无论何人，违犯本条例者，应由地方法庭或警署法庭分别定罪处罚，初犯罚洋250元以下，重犯罚洋500元以下。此种法庭可不照刑事诉讼之定章，而课以本条款规定之全部处罚。

总　则

第廿五条　（一）凡总理或董事部人员，因提学司不准其学校注册，或因提学司根据本条例第十五条指挥一切而受冤屈者，及无论何人因本条例第十六条而取消注册者，可在本条第八条第三项或第十五条第一项或第十六条第三项规定之通知书送达后2星期内，呈诉于参议院总督。

（二）呈诉之理由，须用英语简单说明于诉状中，送达参议院秘书，参议院秘书应于7日内通知审询。

（三）审询时，控诉人可亲自或请律师到庭，受察辩护。

第廿六条　参议院总督根据本条例而公布之命令，皆系最后之命令。

第廿七条　（一）参议院总督为欲纠正校风并增进效率，以及实施本条例各项条款，得厘订章程若干条，而与此本旨无违，可订立章程，规定：

（1）学校或建筑物之卫生状况。

（2）实行纪律之方法。

（3）禁用不适宜之书籍。

（4）禁止校舍借作不适宜之用途。

（5）管理学校纪录及账簿妥善之法。

（6）学生健康及校舍卫生之检验。

（二）此项章程于宪报上公布之日起施行。

（三）违此定章之总理及董事部人员，或各教员之违章，或指使他人违章者，应受重罪，且应按律惩治。

如无定律可援，则课以250元以上之罚款。

第廿八条　非有提学司或副提学司之控告，无论何人不应控指为违犯本条例或根据本条例而厘订之章程。

第廿九条　律令第一百八十号（学校注册）从此作废。

附　录

表式一

敬启者：兹有学校一所，将于＿＿＿＿（填校址）开办，敢乞按照1926年学校注册条例，赐给注册证书为感。兹将应开各节附呈

詧核，此上

提学司（或副提学司）钧鉴。

总理（或董事部人员）＿＿＿＿（签名）谨启
19　　年　　月　　日

计开：

（一）校名及校址，（二）男校或女校或男女同校，（三）各教室容积，（四）各级撮要，（五）各级每周授课时间表，（六）点名次数，（七）例假，（八）各教员姓名、年岁、资格、履历及俸额，（九）各董事部人员之姓名、住址及其职务，（十）各项费用及其减免：（十一）其他经费，（1）基金或地产，（2）公家捐助，（3）私人捐助。（十二）校舍租金，（十三）校债。

表式二

＿＿＿＿埠＿＿＿＿学校，已按照1926年学校注册条例注册，特给此证。

提学司

表式三

敬恳者：乞将鄙人注册为＿＿＿＿埠＿＿＿＿学校之总理（或董事部人员）。通讯处如下＿＿＿＿＿＿＿＿＿＿签名

表式四

敬恳者：兹录呈应开各节，乞按照1926年学校注册条例，将鄙人注册为教员，并希赐给注册证书为感。通讯处如下＿＿＿＿

签名

计开：

（一）姓名签号。（二）生长地：（1）国，（2）省，（3）州及县，（4）镇或村或街。（三）在何地受教育。（四）资格。（五）从前任职各学校之校名、校址及任职年期。（六）现在任职学校之校名、校址及订定任职年期。

(七)现在住址。(八)学校之标记或其总理之署名。

表式五

_____(英文姓名)_____(华文姓名)_____岁,生于_____(生长地),已按照 1926 年学校注册条例注册为_____埠_____学校之教员,特给此证。

提学司

19　年　月　日

(八)《暹罗强迫教育实施条例》

第一条　本条例定名为佛历二四六四年《强迫教育实施条例》。

第二条　本条例由佛历二四六四年十月一号颁布施行之。然因特别情形,暂依照后列之县区表实行。教育部长认为必要时得随时扩充施行之。

第三条　本条例中之意义解释如后:

"小学校"指官立学校、公立学校及私立学校。

"官立学校"指教育部所设立维持之小学校。

"公立学校"指一县或一区之人民所设立维持,而受教育部管辖之小学校,或县长设立,经费由一县或一区之人民负担,或由政府帮助而受教育部管辖之小学校。

每一县或一区,于必要时得增办之。

"私立学校"指一人或多人依照私立学校条例而设立维持之小学校。

"儿童"指各地之男童与女童。

第四条　进官立学校或公立学校求学之儿童,概免学费。

然在于特别之少数官立学校,则须依教育部所规定之学费章程缴纳。

第五条　儿童进学校时期,自 7 岁起至 14 岁止,然在特别情形之地,得自八九岁或 10 岁开始每年修学时间,至少不得在 800 点钟以下。

(7 岁至 14 岁之期间,儿童不得离校,自八九岁或 10 岁始者亦同样至 14 岁止不得离校)

第六条　所谓能依照本校例修学者,须不犯下列之规定:

(一)照第八条列名于学龄儿童登记表中之儿童,应遵照小学制度所规定或教育部长认为适合之科学学习之。

(二)未经准许之前,或无充分之理由时,不得一连旷课 30 天以上。

第七条　凡满 14 岁之儿童而其暹文程度尚不及格者,则须延长其修学之时期,至达于相当之程度为止。然体魄不全、脑力不充者,是不在此列。

第八条　每年末月,县长应制定来年学龄儿童登记表,用书面通知列名于表上之儿童之父母或家长,令其于来年送子女入学。入学时间由县长限定之,同时县长应送学龄儿童登记表一份于该县各校校长。

第九条　各小学校长应备簿 3 本,并须依照教育部所规定之章程及期限登记下列之 3 项:

（一）学生出入登记。（二）点名。（三）日记。

第十条　倘儿童之父母或家长聘请教师在家教读，而向教育部要求时，教育部长得准该儿童不必进入学校。但为父母或家长者每年应送儿童赴县教育局考试一次，如考试成绩恶劣，经县长向教育部报告，教育部长得取消该项要求。

第十一条　要求聘教师在家教读而不进学校之儿童，又须受下列之限制：

（一）年龄未满14而已在小学毕业者。

（二）体魄不全，脑力不充，或犯传染病者。

（三）家离校3200米以上或路途阻塞，交通不便者。

第十二条　府尹有权批准第十一条之一切规定，但于批准后须呈报总督或省长。倘总督或省长认府尹所批准为不适合时，得行取消之。

第十三条　倘儿童之父母或家长具有充分之理由，以书面向县长要求子女离校时，总督得准许之，每年至多二阅月。然府尹认县长所批准为不合时，得行取消之。

第十四条　下列职官无论何时，得莅各小学校视察。

教育部各厅局之领袖，路查学官，省教育厅长，府教育局长，地方查学员，县教育局长，总督，省长，府尹，县长。

第十五条　儿童之毕业考试归教育部职官负责，考试及格者予以毕业文凭，考试科目依照小学制度所规定。

（九）《英属马来联邦政府1934年学校注册条例》

据民国廿三年9月2日《星洲日报》载："马来联邦为严格管理所辖内一切学校起见，特颁布律例，将学校之注册规程规定。该规程已于上星期六之宪报号外中详细刊出。兹将其原文内容译刊于后。"

凡一学校之成立，必须向政府注册。而该校中负责校务之董事部，不论总理或主席或董事或担任教课之校长教员，若不向政府注册，即为违法，而将被判罚。

凡学校之进行注册，可由校中之总理或一董事具文向政府之学务监督或副监督请求批准。

政府之学务监督于接到呈文之后，即须派人查察该校之一切情形，看是否与报告无异，及是否适合开设学校。查覆核准成立后，即将情填具一注册证，交与该校之请求人，即该校总理或董事。

若政府学务监督查悉该校之校舍或环境不合卫生，或有火患之危险，或其校舍之建筑不甚坚固而有倒塌之危险，或该校之成立有政治作用，能损及联邦政府或联邦民众，或以该校为非法宣传机关，将对学生作非法之宣传；凡此种种，学务监督查悉其一，不准设立。除非其设备之不卫生者已经改善，有危险性者已经改建坚固，有政治作用嫌疑者则可保证永不致使此嫌疑竟成事实，即不以之为非法聚集所在及宣传机关。若经此种手续之后，再使学务监督满意，则准予成立，证书始可发给也。

凡一学校之成立，学务监督须经上述之种种查察以外，联邦之驻扎官方面尚有手续。即遇一校请求准予立时，驻扎官有专断之权，得令该校之请求人具现款500元以内存于政府，以资保证。但不能以现款具保者得具保状，依照所定数目由二担保人代保。但其担保人须经驻扎官之批准，认为确有代保之资格者方合。若上述种种手续上有一不能使学务监督满意者，则学务监督将以书面通告通知请求人。通告之内文大意谓，所请各则学务监督于查察考虑后，不能批准。但请求人得于接到此项通知14日之内，向驻扎官上诉以作最后之决定。一校之中为总理者或为董事主席者，为董事者，为教员者，概须向政府注册。若任何人身任一校之总理或董事主席，或董事或教员不注册者，将被控为违法者被判罚。凡一注册学校之总理或董事主席，或董事、或教员，脱离原职任务而由他人继任时，必须于交卸后20日内将情报告，否则又系违法，将被究罚。学务监督有专断之权，得不准请求人之请求注册。若该请求人（一）曾在联邦司法权力范围内或其他地方触犯法律，被判监者，（二）曾任某一校之总理、董事或教员，而该校乃被判为不法者，（三）系请求为教员，而学务监督则认为被任教员之后，对于联邦利益或公共治安或任职学校之学生有所不利者。

若该邦驻扎官查悉某一学校系用为宣传政治、危害学生，或以之作非法机关，则驻扎官得通令该校总理解释各疑点，并说明何以该校不应被认为非法学校。任何人触犯本律例中之规定者，第一次触犯者得罚250元以内，第二次及二次以上者，则每次得被判罚至500元以内云。

第二节　压迫侨校教员

殖民政府对于华侨教育，既订种种苛例肆意摧残，以达其同化之目的，对于侨校教员之压迫更无微不至。凡教员中思想之较新颖者，倘若被其察觉，立即予以监禁或驱逐。故在南洋一带当教员者，须安分守己，拼命教学生读死书而已，万不可涉及其他问题，或表示不满帝国主义者之微词，不然便将受其严厉之处罚也。

"民国十九年，荷属汉务司柯芬氏亲赴各地华校视察。抵三宝垄时，以中华学校教员梁某、中华公学教员蔡某俱因登坡字未曾说明系任教员，且其所教学生作文簿内有打倒帝国主义字样，致触该汉务司之怒，大加诰责，且将居留字（即居留执照）取去。又北加浪峰中华学校中学部主任杨瘦梅，以其担任三民主义课程，被迫出境。十七年12月，景晏如女士往荷属孟加锡任教职，因行箧中带三民主义书籍，亦被拘禁驱逐。"

《星洲日报》二十年3月据荷属棉兰通讯报告："前星洲华侨中学教员章某因华中学生纪念广暴事件连带辞职后，即受荷属棉兰教育总会之聘任苏东中学体育教员。不意荷政府以章君曾在星洲华中任职，深致不满，突于2月25日限令章君于3月3日出境。"苏东中学员生闻讯甚为悲愤，然寄人篱下，喜怒由人，亦复无可奈何！只得优礼相送。"

"二十年正月间，荷属北加浪岸中华学校教员匡某，忽被爪哇政府指为与政治活动有关，停止教职。"

"同年3月间，汉务司前赴巴城各校察视，得悉八帝贯中华学校有一学生，英文作文题目为'何谓爱国'（What is the Patnotison），认为有挑拨侨生之血性，危害当地之治安，即属令该改卷教员停职。"

"同年3月间，苏岛思思中华学校陈、伊、胡3教员，因汉务司曾疑其有教授三民主义之嫌，无故令其停职。"

"同年3月间，马辰中华学校教员周某、陈某无故被警署传讯，即加拘留，虽经校董保释无效。"

"又，汉务司及市长察视之芝拉扎中华学校，以该校学生对彼缺乏礼貌，及方教员居留字不合手续，勒令停职。"

"同年4月间，棉兰总商会新聘男女教员校长计数人，当地政府藉口未领证书强令停教，并饬玛腰公署执行。"

"同年7月间，先达中华学校教员陈某入口时，因报告工人之错误，及毕业文凭与居留字各字不同，即加拘留，配遣回国。"

"同年8月间，坤甸咬呷振华学校教员刘子祥因教唱党歌，即由该地政治部勒令出境。又，坤甸振强学校教员2人，因纪念'五九'开会演讲，涉有政治嫌疑，停止教职。几经说项，展缓一月执行。"

"同年11月间，荷属望加锡中华学校教员陈某、中山公学女教员潘封镜到校未及匝月，忽奉荷政府命令，毫不宣布理由即被遣配出境。"

以上所列举的各种事实，都是荷属殖民政府压迫华侨教员的铁证。其实华校教员受当地殖民政府的压迫、监禁与驱逐者，并不只此数，而他们手段的残酷，更不是我们所能想象得出的。不过我们见了这一点点的事实，也就可以推测荷属殖民政府对于侨校教员的压迫之一斑了！

至于法属越南方面，则订有《限制教师条例》，对于华侨教员之压迫亦无微不至。该条例第三条第二项规定华人学校之校长教员，最少须曾在安南境内居住2年，及在学校所在地居住1年，方能合格。从此条例推行以后，华校之聘请教员者即感受极大之困难。

他如英属马来半岛之殖民政府，对于教员亦复横加压迫，拘留、处罚、驱逐亦时有所闻。民国二十年新加坡华侨中学之被迫解散，员生之被驱逐或责罚，皆显而易见者。在吧生而槛益智学校，某女教员因教授党歌之故被监禁数月，即遣配出境。该校校长系其夫，亦被累及，而同遭监禁与驱逐。

此外，如暹罗之华侨教员更遭受空前之厄运。自暹政府《强迫实施教育条例》颁布以后，凡当教员者应先经暹政府之暹文考试，合格后方能充任，任职后更不许涉及其他的言论。不然，亦与英荷政府施同样监禁与驱逐之手段。

综观以上，足见各属殖民政府对于华侨教员压迫之一斑。为教员者处在这种桎梏之境地，欲望其安心服务，尽忠职守，乌可得乎，斯又侨教前途之隐忧也。

第三节　严厉取缔用书

教科书是学校教育的唯一教材，对于这些教材的选择，是应该十分的注意的。假使教材不适合时代的需要，不能与实际生活相接吻，则其结果将使教育一无所获，学生毫无所得。

本来华侨学校是应该另编一种教材，以适应于南洋的自然和社会环境的。在没有适当和专门的教材以前，便不得不沿用与国内学校相同的课本。所以华侨学校之采用国内课本是一桩出于不得已的事情，而于教学效率上也受到很大的影响。可是连这些可怜的课本也大半被当地的殖民政府所取缔，而不许采用，迫令华侨学校又不得不采用那些内容腐旧的不适合于时代需要的教科书，而养成一班混混噩噩的侨民的子弟。这的确是华侨教育前途的一大危机。

在荷印方面，汉务司差不多每年亲自巡视各地华校一次，而且很郑重地亲自检查各机关如学校的书报。当地政治部也时常派员到各校严密调查，调查的时候带有华人随员以供翻译，备有样本书目以凭对照，课本之外，还要将学生课卷一一翻阅。课本则凡涉有国家政治或主义问题的都在被禁之列，课卷则认为某生文字有思想危险的倾向者，立刻追究主任教员。倘若在图书馆里查出违禁书报，便由校长负责，因此各校校长和教员都要十分谨慎，不然便有被驱逐的危险。

有一次，棉兰各校在被政治部大举检查并没收大半书籍之后，各董事及各校长曾被传去。政治部长用了很严厉的训话式告诉各校长要当心政府所禁用的书籍，以后如有发现了其中的一本便不客气。末了，还叫每人抄一张禁用书目，及签认了3份接受警告的文件。

至于荷属东印度殖民政府所公布禁止的中文书籍，计有572种（二十年7月公布），举凡关于主义的、政治的书籍，及比较上含有朝气的作品，无不在禁止之列。

十九年汉务司柯芬氏在华侨各团体临时会议席上曾郑重表示，略谓：“此地系荷兰殖民地，办理学校应遵荷兰政府教育条例。所谓三民主义教育只能行之中国，在荷政府监督之下，学校儿童不应灌注反帝国主义思想，此后荷政府当严厉禁止。”这便是取缔教材的露骨表示。

在英属方面，民国十九年，英属七州府副提学司威廉士曾通告各校，略谓"查得本年度中华民国新出版之新时代教科书，内容或有不正当之宣传，特令禁止。各华校采用新时代教科书为课本，应另选合宜之教科书"等语。

又据廿一年11月26日星洲讯："据昨25日出版之海峡殖民地政府公报载，最近又宣布侨校禁用之读本及教科书如下：

上海中华书局出版新学制适用新小学教科书，高级小学用之国语教授书第三册，历史第二册及第四册，初级小学用之国语第七册及第八册，社会第七册及第八册。新中华教科书，初级中学用之本国地理下册，高级小学用之国语教授书第三册，地理教授书第二册，初级小学用之国语教科书第七册，公民教授书第三册及第四册，常识教授书第六册，国语第五册及第八册，公民第六册及第七册，常识第七册。又，新中学教科书初级中学用之公民第一册及第二册。

上海商务印书馆出版现代教科书，初级中学用之国语第一册及第二册，公民第一册。新学制教科书，高级小学用之历史第二册，初级小学用之国语第八册。新撰教科书，初级中学用之本国史全部，及平民学校用之市民千字课第二册。

上海儿童书局出版高级小学用之国语第一册及第二册。

上海大东书局出版教科书，初级中学用之本国地理第一册及第二册，本国历史第三册及第四册，言文对照，高级小学学生尺牍下册。

上海文明书局出版教科书，高级小学用之国难读本第一册及第二册。

上海世界书局出版教科书之初中国文指导书第二册，现代小学生尺牍下册。

上海亚细亚书局出版之白话书信作法。

上海乐华图书公司出版之现代学生白话书信上下两集。

上称南强书局出版之现代书信等数十种。"

上列各种课本，其实并没有什么过激之处，然也在殖民政府禁止之列，直使华校无书可教了。

又英属北婆罗洲砂朥越政府，自1924年10月，曾颁布禁止华侨教授国语条例，使中国人连学中国语都不可能。近来又苛难华侨学校注册、教员注册，禁授兵式体操，禁授三民主义、党史等书。

在暹罗方面，对于侨校课程之分配、教材之选择，更受暹政府之严厉的限制。凡侨立学校中、暹的教员并课程时间须各占半数，校长教员和学生须读暹文，更不准学生巡行开会，作纪念式之表示。

此外如安南、缅甸等处，华侨学校之被压迫，各种教科书之被取缔，亦层见迭出。

由于各属殖民政府对于侨校之种种压迫，遂使各属华侨之管理上、训练上、设备上、课程上亦唯居留政府之马首是瞻，而整个华侨教育遂益趋于殖民地化矣！

附注：本章参考马特曼《帝国主义与华侨教育》（《晦鸣周刊》一卷十一期），刘士木《南洋各属学校注册条例》（暨大文化部），《各国虐待华侨苛例辑要》（中央侨务委员会），《华侨所受不平等待遇》（中央侨务委员会），《华侨教育》（暨南师范科），《华侨周刊》（中央侨务委员会），《南洋研究》（暨南文化部）。

本论　南洋侨教的调查

第五章　南洋侨校的调查

第一节　历来调查的整理统计及解释

华侨教育的重要，近来已渐渐为国人所注意，华侨教育的幼稚、零落，尤为不可讳言的事实。我国政府因为经过屡次的更迭与变乱，对于国内政治上的一切设施尚且未能纳于正轨，而于海外侨民的一切事业，更难予以相当的注意与竭力的赞助。此华侨教育所以未能蒙政府之扶植而充分发展者也。

虽然国内仍有不少热心侨教之士，对此问题曾加以严密深刻的注意与努力，冀能扶植其发展，以增进侨民之福利，然终以财力与能力之关系，未能作有系统的论述与整个严密的调查及精确的统计，诚为憾事。惟历来调查所得，虽云一鳞半爪，不克窥其全豹，然亦未尝不可以资参考也。兹将历来所调查者汇成两表分列于后：

第一表以年度别及居留地所属国别为经，以学校教育内容各项目为纬，用求百分比法比较，并综观南洋华侨教育概况。

第二表以常年经费数、学级数、教学数及学生数等项目及居留地所属国国别为经，以年度别及各项数目为纬，以求平均数法比较，并综观南洋华侨教育概况。

历来侨教调查统计总表之一

表14　历来侨教调查统计总表之一

项目		居留地所属国 校数及百分比 年度	十五年 荷		十六年 英		十七年 英		十七年 美		十八年 荷		十八年 英		十八年 各属		合计	百分比	十九年 英		总计	总百分比
			校数	百分比	校数	百分比	校数	百分比	校数	百分比	校数	百分比	校数	百分比	校数	百分比			校数	百分比		
教学级编制		复式	58	65.89							22	73.33									80	67.79
		单式									1	3.33									1	0.85
		单复兼	1	1.14							6	20									7	5.93
		单年级	11	12.5							1	3.33									12	10.16
		单级复式	7	7.95																	7	5.93
		多级单式	10	11.36																	10	8.47
		道尔顿制	1	1.14																	1	0.85
		总校数	88								30										118	
学		国语									18	72			61	100					79	91.88
		国文									10	40			14	22.95					24	48.85
		作文									7	28			6	9.88					13	15.12
		书法									4	16			8	13.11					12	13.96
		国音													6	9.83					6	6.98

（表14续）

项目		居留地所属国 校数及百分比 年度	十五年 荷		十六年 英		十七年 英		十七年 美		十八年 荷		十八年 英		十八年 各属		合计	百分比	十九年 英		总计	总百分比
			校数	百分比	校数	百分比	校数	百分比	校数	百分比	校数	百分比	校数	百分比	校数	百分比			校数	百分比		
教	科	会话									2	8			2	3.28					4	4.65
		文范									1	4									1	1.16
		公民									11	44			41	67.2					52	60.48
		历史									12	48			54	88.51					66	76.76
		地理									12	48			52	85.23					64	74.43
		卫生									8	32			32	52.45					40	46.52
		自然									16	64			53	86.87					69	80.25
		商业	26	14.27							5	20			22	36.06					27	31.4
		农业	1	0.55																		
		家事	1	0.55																		
		尺牍	33	18.12							8	32			17	27.36					25	29.08
		算术									25	100			60	98.34					85	98.86
		珠算									8	32			15	24.59					23	37.22
		簿记	12	0.66							5	20			8	13.11					13	15.12
		常识									16	64			42	68.84					58	67.45
		社会									14	56			22	36.06					36	41.88
		美术									18	72			48	78.67					66	76.76
		工艺									11	44			45	73.76					56	65.13
		乐歌									22	88			57	93.42					79	91.88
		体育									24	96			41	67.2					65	75.6
		舞蹈									1	4									1	1.16
		游戏													2	3.28					2	2.33
		党义													16	26.22					16	18.61
		训育									1	4									1	1.16
学		演说									1	4									1	0.16
		谈话													5	82.0					5	5.82
		爪哇地理	3	1.65							3	12									3	3.49
		东印度地理	1	0.55																		
		南洋史									1	4									1	1.16
目		英文	50	27.45							14	56			49	80.31					63	73.27
		巫文	16	8.78							3	12			6	9.83					9	10.47
		荷文	1	0.55							2	8									2	2.33
		法文													5	82					5	5.82
		暹文													5	82					5	5.82
		总校数	182								25				61						86	

(表14续)

项目		年度 居留地所属国 校数及百分比	十五年 荷 校数	十五年 荷 百分比	十五年 英 校数	十五年 英 百分比	十六年 英 校数	十六年 英 百分比	十七年 美 校数	十七年 美 百分比	十八年 荷 校数	十八年 荷 百分比	十八年 英 校数	十八年 英 百分比	十八年 各属 校数	十八年 各属 百分比	合计	百分比	十九年 英 校数	十九年 英 百分比	总计	总百分比
教	教科用书	商务出版	266	85									61	63.5							327	79.79
		中华出版	6	2									6	6.25							12	2.93
		商中合用	41	13									6	16.66							57	13.91
		用旧书											31	3.12							3	0.73
		新旧合用											10	10.42							10	2.45
	总校数		313										96								409	
教	教学用语	全用国语			5	38.46					18	60			40	37.03					63	47.36
		全用方言													5	4.62					5	3.76
		全用巫语									1	3.33									1	0.75
		国语及方言			6	46.15					1	3.33			16	14.84					23	17.29
		国语及英语									3	10			8	7.4					11	8.27
		国语及巫语									3	10			4	3.7					7	5.26
		国语及荷语													1	0.92					1	0.75
		低年用方言			2	15.38									16	14.84					18	13.53
		低年用巫语国语									1	3.33									1	0.75
		方言并用国语巫语									1	3.33									1	0.75
		方言并用国语荷文									1	3.33									1	0.75
		巫文并用国语英文									1	3.33									1	0.75
	总校数				13						30				90						133	
教	教学方法	启发式	49	46.23																	49	46.23
		设计法	15	14.15																	15	14.15
		自学辅导	20	18.86																	20	18.86
		道尔顿制	6	5.66																	6	5.66
		注入启发并用	5	4.72																	5	4.72
		蒙台梭利法	1	0.94																	1	0.94
		自学辅导及设计合用	2	1.89																	2	1.89
		注入自学合用	1	0.94																	1	0.94
		注入设计启发合用	1	0.94																	1	0.94
	学法	分团设计合用	1	0.94																	1	0.94
		普通教学法	5	4.72																	5	4.72

(表14续)

项目	居留地所属国 校数及百分比 年度	十五年 荷 校数	十五年 荷 百分比	十六年 英 校数	十六年 英 百分比	十七年 英 校数	十七年 英 百分比	十七年 美 校数	十七年 美 百分比	十八年 荷 校数	十八年 荷 百分比	十八年 英 校数	十八年 英 百分比	十八年 各属 校数	十八年 各属 百分比	合计	百分比	十九年 英 校数	十九年 英 百分比	总计	总百分比
训练法	总校数	106																		106	
训练法	使学生自治	16	37.2																	16	37.2
训练法	严格	10	23.26																	10	23.26
训练法	宽严并用	13	30.23																	13	30.23
训练法	放任	4	9.3																	4	9.3
建筑及设备	总校数	43																		43	
建筑及设备	校舍自置	55	30					17	48.57					54	50					126	30.87
建筑及设备	校舍租赁							17	48.57					14	12.96					31	7.60
建筑及设备	校舍借用							1	2.86					21	19.44					22	5.39
建筑及设备	有特别教室	23	12																	23	5.64
建筑及设备	有图书室	83	46							16	59.26	13	17.33	45	41.66					157	38.47
建筑及设备	有体育场	130	71							23	85.8	14	18.66	32	29.63					199	48.76
建筑及设备	有礼堂									20	74.07	12	16	28	25.92					60	14.7
建筑及设备	有办公室									22	81.48	15	20							37	9.07
建筑及设备	有宿舍									15	55.56	18	23.99							33	8.09
建筑及设备	有校园	65	36							1	3.7	1	1.33							67	16.42
建筑及设备	略备标本仪器									16	59.26	2	2.67	53	49.07					71	17.4
经费来源	总校数	182						35		27		75		89						408	
经费来源	基金息			1	7.14			1	2.86	1	3.45			30	27.78			7	7.07	40	9.78
经费来源	校产息											2	1.68							2	0.49
经费来源	庙产					2	22.22					2	1.68							4	0.98
经费来源	机关或团体津贴			2	14.28			8	22.86	2	6.9	4	3.36					8	8.08	24	5.87
经费来源	个人负担											2	1.68	3	2.78					5	1.22
经费来源	公款									1	3.44	1	0.84							2	0.49
经费来源	居留政府津贴					7	77.78							7	6.48			4	4.04	18	4.4
经费来源	教会补助					2	22.22													2	0.49
经费来源	各种捐款			14	100	4	44.44	25	71.43	29	100	43	36.13	50	46.3			130	131.31	295	72.22
经费来源	学费			14	100	9	100	35	100	25	86.21	71	59.66	102	94.44			99	100	355	86.9
经费来源	其他			1	7.14			8	22.86	8	27.59			18	16.67			7	7.07	42	10.28
经费	总校数			14		9		35		29		119		108				99		413	
一年决算	有余									5	17.24			5	4.62					10	7.23
一年决算	相抵									13	44.29			64	59.25					77	55.64
一年决算	不足									11	37.93			39	36.11					50	36.13
	总校数									29				108						137	

(表14续)

项目	年度 居留地所属国 校数及百分比	十五年		十六年		十七年		十八年						合计	百分比	十九年		总计	总百分比
		荷		英		美		荷		英		各属				英			
		校数	百分比	校数	百分比	校数	百分比	校数	百分比	校数	百分比	校数	百分比			校数	百分比		
困难点	经费不足					7	22.58											7	22.58
	校舍不足					5	16.13											5	16.13
	教员太少					10	32.26											10	32.26
	学生程度不齐					2	6.45											2	6.45
	体育场不够					6	19.35											6	19.35
	难点甚多					7	22.58											7	22.58
	总校数					31												31	

表14附注：

（1）十五年度荷属之学级编制、教科用书、科目、教学法、训育及设备等栏的事实，根据《荷属华侨学务总会之荷印华侨学校统计》。

（2）十五年度英属之教学用语及经费来源2栏的事实，根据十五年华侨努力周报之《缅甸华侨学校调查录》。

（3）十六年度英属经费来源栏的事实，根据十六年《北婆罗洲砂朥越古晋坡侨校一览》。

（4）十七年度美属之经费来源、建筑、设备、困难点等栏的事实，根据《菲律宾中西学校30年纪念刊》内之《菲律宾华侨学校调查表》。

（5）十八年度荷属之经费来源、学级编制、科目、教学用语、设备等栏的事实，根据中央侨务委员会之《南洋华侨学校概况表》。

（6）十八年度各属之科目教学用语、设备及经费来源等栏的事实，根据钱鹤《南洋华侨学校之调查与统计》之《一百零八所华侨学校内容之统计》。

（7）十八年度英属之教科用书、设备及经费等栏的事实，根据《星洲日报周年纪念刊》之《新加坡华侨学校》。

（8）十九年度英属之经费来源一栏的事实，根据缅甸《觉民日报十七周年纪念刊》之《缅甸华侨学校调查》。

（9）十八年度"各属"一横行之事实，原十七、十八两年中所调查者，本表为求便利起见，特列入于十八年度栏。

（10）设备栏中之宿舍一项，包含学生宿舍及教职员宿舍。

（11）凡原表之设备一项有填"完备"字样而不详填者，本表皆视为未详，不便列入。

（12）凡原表在教科用书一项，只填用"新学制书"而不填明为何书局出版者，本表皆不列入。

（13）"各种捐款"一项所包含的细目：募捐、年捐、月捐、特别捐及其他捐款等。

（14）十五年度科目栏荷属一行之事实，是指除采用新学制课程外所增设之科目。

（15）建筑设备、经费来源及困难点3栏事实不能截然划分，盖每校往往兼有2项以上的事实，因此各该栏内的校数数目有时超过其总数的数目，如十九年度经费来源栏之"各种捐款"即其一例。

（16）十五年度荷属行科目栏事实，没有计入总计行及百分比行。

表 15 历来侨教调查统计总表之二

年度 项目	居留地 属国	十四年 学校数目	十四年 各项数目	十四年 每校平均	十五年 学校数目	十五年 各项数目	十五年 每校平均	十六年 学校数目	十六年 各项数目	十六年 每校平均	十七年 学校数目	十七年 各项数目	十七年 每校平均	十八年 学校数目	十八年 各项数目	十八年 每校平均	十九年 学校数目	十九年 各项数目	十九年 每校平均	各年合计 学校数目	各年合计 各项数目	各年合计 每校平均
常年经费	荷属				313	1 771 960	5661.214													313	1 771 960	5661.214
	英属													74	423 841.38	5727.6				74	423 841.38	5727.586
	美属										48	572 500	11 927.083							48	572 500	11 927.083
	各属合计				313	1 771 960	5661.214				48	572 500	11 927.083	74	423 841.38	5727.6				435	2 768 301.4	6363.9
学级数	荷属 一				29	133	4.6 -							30	163	5.4 -				30	173	5.4 +
	英属 二													71	447	6.3 -				213	1026	4.8 +
	美属													113	446	3.9 -				33	346	10.5 -
	各属合计				29	133	4.6 -				33	346	10.5 -	100	698	7 -				100	698	7 -
教员数	荷属 一				313	1105	3.5 +	35	127 +	3.7 -				314	1754	5.6 -				376	2233	5.9 +
	英属 二				29	127	4.4 -	9	58	6.4 +	33	346	10.5 -	30	91	3 +				383	1349	3.5 +
	美属 一				14	63	4.5	665	1637	2.5 -				5	25	5						
	暹罗 二				12	123	10.3 -				35	269	7.7 -	87	486	5.6 -				1619	4726	2.9 +
														119	550	4.6 +				35	269	7.7 -
																				12	123	10.3 -
	各属合计				368	1418	3.9 -	709	1823	2.6 -	48	580	12.1 -	106	805	7.6 -				154	1385	9 -
学生数	荷属 一				313	31 441	100.5 -	35	3665	104.7 +	7.79	2654	3.5 -	347	1957	5.6 +				2203	7852	3.6 -
	英属 二				29	3225	111.2 +	9	1.51	167.8 -	696	43 961	63.2 -	30	2249	75 -	99	5081	51.2 +	384	38 113	99.3 -
	美属 一				14	1284	91.7 +	665	40 313	60.6 +				6	758	126.3 +				1717	121 116	70.5 +
	暹罗 二				12	2229	185.7 +				33	4427	134.2 -	86	13 220	153.7 -				33	4427	134.2
		18	2850	158.3 -										119	12 525	105.3 -				30	5079	169.3
											48	11 493	239.5 -	108	18 373	170.1 +				156	29 866	191.4 +
	各属合计	18	2850	158.3 -	368	38 179	103.7 +	709	45 485	59 -	777	59 881	77.1 -	349	47 125	135 +	99	5081	51.2 +	2320	198 601	85.6 +

表 15 附注：

（1）各属所用银元单位不同，荷属用盾，英、美、法属用元，暹罗用铢。表中常年经费栏数目字虽没有注明，见此便可明白。

（2）常年经费栏之"各属"行的银元单位，原因各国属之不同而异，本来不得混做一起计算。本表为避免繁琐起见，故没有分开列明。

（3）各项栏中之"各属"行的事实，原为十七、十八 2 年中所调查。本表为求便利起见，故特列入十八年度栏。

（4）凡原表数目字有填十余、几十余或百数十余等不确实数目者，本表把余字去掉不算，例如原表若填 40 余元者，本表只算 40 元。

（5）各项事实之根据：

①根据钱鹤《南洋华侨学校之调查与统计》内之暹罗华侨学校者：

十四年度学生数栏暹罗一行的事实。

②根据荷印华侨教育鉴之《荷印华侨学校概况》表者：

十五年度常年经费栏荷属行事实；

十五年度教员数栏荷属（一）行事实；

十五年度学生数栏荷属（一）行事实。

③根据十五年槟城钟灵中学校刊之《槟城华侨学校调查》者：

十五年度学级数栏英属（一）行事实；

十五年度教员数栏英属（一）行事实；

十五年度学生数栏英属（一）行事实。

④根据教育杂志十八卷十期之《曼谷华侨学校调查表》者：

十五年度教员数栏暹罗行事实；

十五年度学生数栏暹罗行事实。

⑤根据华侨努力周报之《缅甸华侨学校调查录》者：

十五年度教员数栏英属（二）行事实；

十五年度学生数栏英属（二）行事实。

⑥根据苏岛东方商鉴之《苏岛华侨学校调查录》者：

十六年学生数栏荷属（一）行事实；

十六年教员数栏荷属（一）行事实。

⑦根据《英属北婆罗洲砂朥越古晋坡侨校一览》者：

十六年度教员数栏英属（一）行事实；

十六年度学生数栏英属（一）行事实。

⑧根据海峡殖民地及马来联邦政府年报之《马来半岛各地中华学校学生教员数表》者：

十六年度教员数栏英属（二）行事实；

十六年度学生数栏英属（二）行事实。

⑨根据侨务月刊第一期之华侨学校调查表者：

十七年度常年经费栏；

十七年度教员数栏"各属"行事实；

十七年度学生数栏"各属"行事实。

⑩根据《菲律宾中西学校 30 周年纪念刊》之菲律宾华侨学校之调查者：

十七年度学级数栏美属行事实；

十七年度教员数栏美属行事实；

十七年度学生数栏美属行事实。

⑪根据英属马来七州府提学司之马来半岛华侨教育之统计者：

十七年度教员数栏英属（一）行事实；

十七年度学生数栏英属（一）行事实。

⑫根据《星洲日报二周年纪念刊》之《马来半岛华侨文化教育概观》之芙蓉、吉隆坡、巴生、霹雳、实兆费、槟榔屿等华侨学校调查者：

十八年度常年经费栏英属行事实；

十八年度学级数栏英属（一）行事实；

十八年度教员数栏英属（一）行事实；

十八年度学生数栏英属（一）行事实。

⑬根据中央侨务委员会之《南洋华侨学校概况》者：

十八年度学级数栏荷属行事实；

十八年度教员数栏荷属（一）行事实；

十八年度学生数栏荷属（一）行事实。

⑭根据星洲日报周年纪念刊之《新加坡华侨学校调查》者：

十八年度学级数栏英属（二）行事实；

十八年度教员数栏英属（二）行事实；

十八年度学生数栏英属（二）行事实；

⑮根据荷属婆罗洲华侨学校调查（见钱鹤《南洋华侨学校之调查与统计》）者：

十八年度教员数栏英属（二）行事实；

十八年度学生数栏英属（二）行事实。

⑯根据暨南大学南洋文化事业部之南洋华侨学校调查概览（见钱鹤《南洋华侨学校之调查与统计》）者：

十八年度学级数栏各属行事实；

十八年度教员数栏各属行事实；

十八年度学生数栏各属行事实。

⑰根据缅甸觉民日报十七周纪念刊之《缅甸圣侨学校概览》者：

十九年度学生数栏英属（一）行事实。

（6）本表各项事实除十五年度之教员数栏及学生数栏的英属（二）行和暹罗行等事实，以及十八年度之常年经费栏的英属行学级数栏、教员数栏及学生数栏的英属（一）行等事实外，皆得见于钱鹤所编之《南洋华侨学校之调查与统计》一书。

上列二表所得，可归纳之如后：

①学级编制——就第一表十五年度及十九年度荷属栏之事实看来，我们就可知道在荷属各地之118校中，复式编制的最多，单式编制的最少。考诸原因，不外由于学校经费支绌，无力可以增设教室与多聘教员所致。

②科目：

A. 普通科目多与国内学校同。

B. 能适应当地社会情形及自然环境的特殊科目殊不多见。根据第一表关于此项科目，如薄记、珠算、农业、商业、当地史地等科，皆为数极少。

　　C. 乐歌一科特被看重。在第一表中，乐歌一科几占92%校，除算术、国语2科外，其他各科所占之根数均莫能与比，此可见乐歌特为侨校所重视。考重视此科之原因，则为藉此以训练表演歌舞或演剧之资，以博社会人士之赞赏而易于筹款焉。

　　D. 国语之作法及写法每被忽略。作法及写法被忽略之原因，大概由于科目太繁，时间短促，致被淘汰。

　　E. 党义多不能添设。党义一科因受各当地政府之限制，故侨校多不得开设。

　　F. 外国语以英语最为普遍而重视。英语一科，无论何处侨校皆极重视，以其能适应南洋之商业环境故也。巫文一科，其在南洋之普遍的与商业的价值虽也不下于英文科，惟侨校之增设是科者寥寥无几，考其重要原因，则有如下2种：

　　a. 视巫文为亡国奴文字，在自大的中国人的心理上都以为不值得研究。（殊不知欧人之往南洋者，无一不以习巫文为需要）

　　b. 或以巫语易学，可于日常生活中学得，故学校课程无须专设是科。

　　③教科用书——教科书以商务印书馆所出版者为最多，商务及中华2书局所出版课本并用者次之，全用中华书局所出版者甚少。此外还有一小部学校用旧书或新旧书并用的，这些学校大概是一班腐儒所办的私塾。

　　④教学用语——南洋侨校有一点可取，就是教学上很注重国语。南洋华侨多隶闽粤两省，侨校多为此两省人所开办，教学上能以国语为重，以方言为辅，较之国内闽粤两省的学校教学之以方言为主、国语为辅者适相反。此外，也有兼用各该居留地所属国语或巫语者，但仍以国语为主。于此可见用国语教学为南洋侨校之普遍现象。其他如国语夜校及国语补习学校之林立，也莫非侨教之注重普及国语之表现。

　　⑤教学方法——就第一表教学方法栏事实看来，南洋侨校的教学方法似乎极重顺应现代教育潮流而颇合于教育原理。其实就我个人所经验过的如英属马来及荷属西婆罗洲等处侨校，仍以注入式，至设计法、自学辅导法、道尔顿制、蒙台梭利法等，则殊少见而且少闻。

　　⑥训练法——训练方法殊难规定划一，也殊难判断其孰为适当，孰为不适当。盖训练之方，宜因时因地因人而异，用之得当与否，全视教育者之能否因时济宜随机应变而定。就第一表之事实看来，则在43个侨校中其采用学生自治法者最多，其次为宽严并用法，再次为严格法，最少者为放任。由表上看来，这种训练情形不可不算为好的现象。但是我们如果有机会去细心实地考察，便可看出这些方法之于侨校多属有名无实。就我所曾看过的如所谓使学生自治者，事实上不外是校长教员们为着要节省自己的麻烦起见，于是替学生组织一个学生自治会，同时替他们立了几条自治会的章程，使学生照章行事而已。结果低级的学生只要高级学生之支配，而高级学生仍惟校长教师之命是从。在这种师长支配（非指导）变相的学生自治情形之下，还有什么自由活动之可言。至于其他的训练方法，也可由此而想见其一

斑了。

⑦建筑及设备——南洋侨校之建筑及设备都极其简陋，在第一表中之事实看来便可明白。建筑方面，校舍租借多于自置，即自置者也多不敷应用，（参看原表困难点一栏校舍不足一项事实）而且多不合用。荷印华侨学务总会之《荷印华侨学校之统计》一文中有这一段话说："校舍有特建的，特建的在182所学校中只有55所，特建而合用的校舍只有9所，尚合用的有8所，其余38所是不合用的。"设备方面，且就其中最占多数之事项如体育场、图书室之设备言，其所占校数也不过总校数之半，而在此不过半数之侨校中，此项设备恐怕纵有也是简陋。我虽然没有走遍南洋去调查各地侨校之设备状况，可是就我所看过的一部分地方的侨校的体育场和图书室的设备，不是全无，便是不足。要证实我的话，还有第一表最后一栏体育场不够之困难点的事实可以参照。至于其他需要较小的种种设备，那更极感缺乏了，表中事实稍足为证。

⑧经费——侨校之经费来源，除征收学费一项外，最占多数的为各种捐款。捐款不是恒产，社会上的经济状况好的时候，侨校捐筹固属不难，然而一至经济恐慌时期，则学校基础未免因此动摇。至于学校成立所必具的根本要素如基金或校产，则为侨校所绝无仅有。目前侨校之所以争相减薪裁员及缩小范围，甚至于停办者，无往而非没有基金而捐款无由之影响。再看决算栏中之事实而比较经费不足与经费有余2项，更可知道侨校的经费状况正在朝夕不继的状态中了。

⑨困难点——困难点一栏的事实所代表者，虽只有31校，然颇能适切南洋侨教的一般情形，对之上述各节的事实，也可以互为印证。兹再分述之如次：

A. 教员太少为侨校之通病——从第一表学级编制栏的事实看来，复式制占最多校数，可为证一。从第二表最末一栏的事实看来，学级数之总平均为5、9，而教员数之总平均则为3、6。平均起来，每个教员要担任将近2级的管理手口教学。而且每个教员都不能得到片刻的休息，因为他们每点钟都有课上。这种事实可为证二。

B. 经费不足——经费不足也为侨校通病，尤其是近几年来，上述事实如建筑设备之不全、教员数之不足，都直接受经费支绌之影响。又如上节所述经费一项事实，更足为此缺点之明证。

C. 体育场及校舍不足——此点已详述于建筑设备一项，兹不赘。

D. 学生程度不齐——学生程度不齐本不足算为教育上之缺点，因为此项与学级编制及教员数有密切之关系，学生程度不齐，若学级数及教员数均同时增加，即可无此项困难之发生。惟是侨校关于此项之事实适得其反，倘如前述，莫怪学生程度之不齐，也成为侨校之困难问题。

综上各节所述事实，可得南洋侨校内容之概括。结论如下：

（1）各校教员太少。

（2）学级编制以复式制为最多，单式制为最少。

（3）科目大抵与国内学校所有者同，甚少加入能适应各该地社会需要及自然环境之科目。

(4) 国语作法及写法多被忽略。
(5) 乐歌一科特被看重。
(6) 党义一科为各居留地政府所不容许，故多不能开设。
(7) 英语一科甚为普遍，巫语则被忽略。
(8) 教科用书多采商务印书馆及中华书局所出版者，颇不适用于南洋之环境。
(9) 教学用语多以国语为主，以方言为辅。
(10) 教学方法多用注入式，且有莫明教学法之为何物者。
(11) 建筑和设备均极简陋。
(12) 经费来源以学费及捐款为大宗，基金或校产绝无仅有，每年决算不敷者多于有余，出入相抵者最占多数。

第二节　我们调查的经过

缘起——南洋华侨教育近已渐为国人所重视。而改进之声浪亦日趋浓厚。然其实质若何？现状若何？如经济之来源与支配、学校之设备与扩充、教材之实施与收效、教职员学生之现况等等问题，虽有人作过调查，但均未能十分完密与分析，固仍未为国人所详知也。窃以华侨教育之良否，影响于我国政治、经济、社会、文化诸形态，至重且大；故欲谋改进之方，必须从事实着手，方免涉于空泛。前本所主任庄泽宣先生和现所主任崔载阳先生有见及此，乃于去年春制定调查表格，分发南洋各地侨校，使其详细填写，寄返本所，汇集之后即从事统计，并加以精密分析，冀能发现其症结所在，以为改进之依据，而谋整个侨教之发展。此本所调查南洋华侨教育之所由起也。

经过——自本所拟定从事调查工作之后，即将表格分寄各侨校，并经两次去函催促。计前后发出表格达 1000 余份，而陆续填写寄回者，仅收到 172 份。此或由于各地侨校之不注意，或因其他种种关系不能填寄所致，殊引以为憾事。惟为数虽少，然亦未尝不足以探求其真相所在，以为改进之张本也。

范围——本所调查范围及所收到各地侨教之调查表格，计有英属海峡殖民地、马来属邦、马来联邦即马来半岛、英属北婆罗洲、英属缅甸、荷属各地、暹罗、菲律宾、安南等处，校数 172 校。

项目——调查项目为数颇多，分类计之有六：（1）经费方面的调查；（2）设备方面的调查；（3）教学方面的调查；（4）教职员方面的调查；（5）学生方面的调查；（6）困难问题的调查。

附录：寄发南洋侨校之函两件，调查表格一种。

校名			公立或私立		何年开办		男校或女校或男女同校	
			公址					

学校种类及阶级												
教学	教材	用何书局所出版教科书或用讲义										
课程	每周授课时数											
科目												

教职员		1	2	3	4	5	6	7	8	9	10
	性别										
	年龄										
	资格										
	任事经验（曾任何事几年）										
	职务及任课时数（何科及每周时数）										
	月薪										

学生		人数	
	年龄	男生	女生
	6		
	7		
	8		
	9		
	10		
	11		
	12		
	13		
	14		
	15		
	16		
	17		
	18		
	19		
	20以上		
	总数		
	男女合计		

建筑	有无运动场或校园		
	校舍	全校可容学生多少	
		有无寄宿舍	
		中式或西式	
		特建或租借	
		面积	

设备	图书	册数	中文
			西文
	有无图书馆		
	杂志	种数	中文
			西文
	仪器及标本几种		
	运动器具几种		
	其他重要教具		

经费	经费之支配	经常费	教职员薪金	本年预算
			仆役工资	
			舍租	
			杂费	
			图书添置费	
			其他	
			总计	
		临时费	建筑费	
			设备费	
			其他	
			总计	
	经费之来源		学费收入	本年决算
			私人捐款	
			地方公款	
			政府补助	
			税捐收入	
			产业收入	
			基金利息	
			其他	
			总计	

学级编制	小学	班	有几班	
		有补习班否		
		秋季始业有		
		春季始业有		
		其他		
	中学	班	有几班	
			班	
			班	

备注 贵校有何困难问题请写下

敬启者：华侨教育为我国海外同胞今后事业发展之根基，其重要固途人皆知。近年来热心研究华侨教育问题者颇不乏人，惜真相不明，以致各地所发表之意见多涉于空泛。敝所有见于此用，特制定详细调查表分寄英属、美属、荷属、暹罗、安南各华侨学校，恳予填写。素仰　贵校办理完善，兹特奉寄一纸，乞于收到后10日内填就寄下。查此次发出表格千余份，结果如何全视各位填写寄回之份数多少。素念　先生在华侨教育界服务有年，望尽力赞助，使此调查得臻完善。将来敝所汇集调查所得，当刊行报告奉上，并公诸海内外同胞之参考，庶华侨教育现状得以明了，今后改进方案得有所根据。调查表内最末一项，系征求　先生对于办理华侨教育实际困难问题，亦盼多多提出，以供海内外同志之研究。将来华侨教育如有进步，皆出于先生之赐，敝所敢代海内外同胞预谢。专此奉渎。顺颂

教祺

国立中山大学教育学研究所谨启

再者，先生如知有华侨学校未收到此项调查表者，请函知新加坡《星洲日报》编辑部罗公陶先生或珉里拉中西学校颜文初先生，当补寄不误。

敬启者：前曾奉上调查表一纸，谅达　览中。现查此项调查表寄回者已有多份，惟贵处犹未见复。因恐上次所寄者为邮局误投，兹特再寄上一份，务盼贵处收到后即日填写寄回，使此次调查得以完备，不胜感谢。顺颂

教祺

国立中山大学教育学研究所谨启　　月　　日

第六章　学校方面的统计总表及解释

学校所在地分布统计表（总表之一）
学校设立的性质统计表（总表之二）
学校设立的年数统计表（总表之三）
学校设立的阶级统计表（总表之四）
学校设立的类别统计表（总表之五）

一、表格：

表17　学校所在地分布统计表（总表之一）

英属	新加坡	35	荷属	丹拿低	1
	海峡殖民地	37		新几内亚	1
	缅甸	21		摩鹿加群岛	0
	北婆罗洲	8		合计	55
	合计	101	菲律宾		4
荷属	爪哇	25	法属越南		2
	苏门答腊	20	暹　罗		10
	婆罗洲	4	总　计		172
	西里伯	4			

表 18　学校设立的性质统计表（总表之二）

公立	私立	教会立	党立	不明	合计
118 校	44 校	2 校	2 校	4 校	172 校

表 19　学校设立的年数统计表（总表之三）

年份		校数	年份		校数	年份		校数
光绪	三十	1	民国	三	5	民国	十三	8
	三十一	0		四	3		十四	8
	三十二	2		五	11		十五	2
	三十三	3		六	8		十六	6
	三十四	2		七	5		十七	8
宣统	元	3		八	5		十八	10
	二	2		九	6		十九	6
	三	5		十	7		二十	8
民国	元	13		十一	9		二十一	4
	二	9		十二	7		未详	8
合计								172

＊内有二校系复办的。

表 20　学校设立的阶级统计表（总表之四）

完全中学	1 校	初级小学	33 校
初中及附小	3 校	初级小学及幼稚	1 校
初级师范及附小	1 校	私塾及其他	18 校
高级小学	3 校	两级小学	100 校
两级小学及幼稚	12 校	合计	172 校

表 21　学校设立的类别统计表（总表之五）

男女同学	全男校	女校并收年稚男生	合计
157 校	9 校	6 校	172 校

二、解释：

（一）学校所在地分布的统计结果。我们最初发出成千表格，而收回者仅 172 份，其中以英属为最多，共 101 校；次为荷属，其次为暹罗，再次之为菲律宾而至安南。英属中之新加坡仅为海峡殖民地之一部分，而竟有 35 校，与海峡殖民地相差少 2 校，荷属则以爪哇为最多。我们虽然只收到 172 份表格，但我们可肯定南洋并不只这些侨校，只就英属或荷属而论，侨校数量想亦超过此数。惟为何我们发了整千表格而仅收回此数者，则不无原因。根据各侨校之复信及调查所得，有下列之因素：

（1）当南洋不景气的时候，侨校经费支绌，教员生活不安，故不填答。

（2）当地殖民政府之压迫侨校，不准其与国内教育文化政党机关联络，荷属殖民政府对此尤甚。故有许多表格由荷属退回后，随后侨校又另函说明这种苦衷。

（3）暹罗侨校之权即操在暹罗校长之手里，华人校长乃徒有空衔耳。国内教育机关寄去之函件多被暹罗校长扣留不宣布，我们寄去之表格自然不出例外。

（4）以往国内外举行之侨教调查，大多不统计其结果以公布大众；或有调查公布而无解释；或有解释而无建议改进者；或有建议改进而无大影响者。故侨校对此易生误会，以为通信调查是玩意。

（5）侨校师资有些较差的，简直不知教育调查之重要，故不填答。

（6）有些侨校行政权全受制于校董，校董的总理权高于一切，而校董对于教育调查根本不明了。

（7）侨校最顾面子，深恐别人调查之后明其真相，则好丑俱见，自觉"献丑不如藏拙"，故不填答。

（8）此外有许多学校因住址不明或已迁移或已停办的，故亦多被退回。

至于英属之新加坡、荷属之爪哇，这两个地方交通利便，报馆、书店林立，文化程度较其他为高，故侨校数量当比其他地方为多，其对祖国文化之接触与沟通亦较利便，自不待言。

（二）学校设立的性质统计结果

这里以公立学校为最多，而南洋之所谓公立学校，即广惠肇三属合办的侨校可以称为三属公立，潮州人办的称为潮州公立，琼州人办的称为琼州公立，福建人办的称为福建公立，客人办的称为客人公立，广府人办的称为广府公立；虽名为公立，其实就是各帮属之地方观念封建思想的形成。界限分严，莫此为甚。

（三）学校设立年数统计结果

我们调查中，历史最大的侨校乃光绪卅年办的，至今亦有28年历史。然华侨学校究竟何时兴起，我们在第二章已说过。最先侨校算荷属吧城之明诚书院及英属新加坡之萃英书院，但该2校因历史太长久，已不可考。至于宣统前数年侨校并不多，其后渐兴起，至民国以后侨校更日见发达了。

（四）学校设立的阶级统计结果

统计结果以小学为最多。侨教学制至无系统，教育阶级更无一致，程度参差不齐，比比皆然，此皆因我政府无管理侨教所致。甲帮属之侨校办一个幼稚班，乙帮属侨校就跟着办；丙帮属侨校增办一女子师范，丁帮属侨校就跟着办。如是互相竞争，只顾全门面而不求实际，侨教如何进步？

（五）学校设立的类别统计结果

侨校大都男女同学，这是一种好现象。不过高年级学生年龄往往超过初中年龄者，处于热带的儿童每有早熟之现象，则宜注意性教育之实施。

第七章 学生方面的统计及解释

第一节 学生人数及性别的统计及解释

一、表格：学生人数及性别统计总表

表22 学生人数及性别统计总表

全校人数	校数	性别	1-5	6-10	11-15	16-20	21-25	26-30	31-35	36-40	41-45	46-50	51-60	61-70	71-80	81-90	91-100	101-120	121-140	141-160	161-180	181-200	201-220	221-240	241-260	261-280	281-300	301-320	321-340	341-360	361-380	381-400	420-440	441-460	合计
1-10		女																																	
		男																																	
11-20	3	女	2	2																															4
		男			1	3																													4
21-30	16	女	3	4	8	1																													16
		男			5	7	3																												15
31-40	19	女	4	8	1	2	1	1																											17
		男	1		2		5	7	3																										18
41-50	13	女	2	5	4	2																													13
		男					1	1	4	5	1	1																							13
51-60	21	女	2	1	4	6	4	1	1	1																										20
		男					2	1	4	5	4	2	2																							20
61-80	16	女		1	6	2	2		1				1																						13
		男	1							2		3	5	2																					13
81-100	22	女			2	10	1	4	4	1	1																								23
		男								1	1		3	13	3	2																			23
101-120	13	女			2	2		1	3	3				1		1																			13
		男				1				1				1	5	2	2	1																	13
121-140	6	女			1		2			1		1	1																						6
		男											1	1		2	2																		6
141-160	7	女					1	1		1					2		1																		6
		男		1									1	1			3																		6
161-200	12	女				1	2	2	1	2	1		1	1																					11
		男																		2		3	2	1											8
201-250	11	女				2		1		1	1	2	1	1							1	1													11
		男					1															2	4	2	1											10
251-300	7	女				1						1	1																						3
		男																						2			1									3
301-350	3	女										1	2																							3
		男																										1	2						3
351-400		女																																	
		男																																	
401-500	2	女															1																		1
		男																														1		1	2
合计	171		15	23	37	34	26	20	23	22	10	8	15	23	11	8	4	11	1	5	9	4	1	3								1	1	1	316

二、解释：学生人数及性别的统计结果，即发现如下的事实：

（一）在统计中之 171 校，学生由 81 人至 100 人者占 22 校，为最多数；其次为由 51 人至 60 人者占 21 校。至于具 300 人以上学生之学校固属少数，即仅有二三十人的学校为数亦鲜。此种原因，一方由于各地侨胞尚保持地域与宗族观念，各自为政，未能以教育为前提通力合作，使各校并而为一，以收宏效。故每每同在一埠，即有数所学校的设立，而其设立的动机多数由于地域观念所引起，如所谓闽属、潮属、粤属、客属等等的划分。畛域之观念既未泯除，则其经济力量亦属有限，欲举办大规模之学校固不可得也。惟际兹南洋经济不景气之时，侨校常形不能维持之势，故各地学校合并之声浪亦渐见浓厚。倘能逐渐成为事实，亦未始非侨教前途之一线曙光也。

（二）在统计中之 171 校，男生与女生之分配数为成 2 与 1 之比，就是说在 171 校中，男生多过女生 2 倍以上。由此我们可以知道，华侨教育中的女子教育依然是非常的幼稚和迟滞。这固然是由于女子在社会上、经济上还未能取得和男子平等的地位的结果，但也是由于我国人对于传统的重男轻女的观念未能根本泯除的缘故。

（三）在 171 校之中，英属海、新、婆等处占 79 校，荷属 55 校，缅甸 21 校，暹罗 10 校，菲律宾 4 校，安南 2 校。这并不是说在那个地方只有那几所学校；反言之，在英属方面并不是仅有 79 所学校，荷属全部并不是仅有 55 所学校，其实何止此数。单就我们所知道而发出的调查表格已达 1000 余份，而且尚有许多不知道而没寄去的呢？不过因为各殖民地的帝国主义的忠仆，平时对于华侨学校已竭尽其摧残压迫之能事，而一般主持侨校的教职员为着学校前途和个人的地位起见，若把我们所寄去的调查表格详为填写，深恐被其查出的时候，学校会受封闭和驱逐出境的处罚。因此有的完全不敢填写一字，有的竟填得零碎不全，所以我们所收到的只是些一鳞半爪而已。这的确是华侨教育前途的暗礁。

第二节　学生人数及年龄的统计及解释

一、表格：学生人数及年龄统计总表

表 23　学生人数及年龄统计总表

年龄\人数校数	1-2		3-4		5-6		7-8		9-10		11-12		13-14		15-16		17-18		19-20		21-25		26-30		31-35		36-40		41-45		46-50		50以上		合计
	男	女	男	女	男	女	男	女	男	女	男	女	男	女	男	女	男	女	男	女	男	女	男	女	男	女	男	女	男	女	男	女	男	女	
5	1	1		1																															3
6	25	31	13	10	6	4	6		7	2					1	1			3	2		1	1												115
7	21	24	15	21	15	5	7	2	6	3	5	1	2	1	1	2			3	1	2												1		138
8	15	36	22	10	11	7	7	3	7	4	8	3	2	3	5	1	2		4	1	2		1						1						152
9	19	29	15	18	12	9	11	5	8	5	5	2	4	2	5		1		2		2	4			1				1						157
10	17	26	17	18	13	8	4	5	5	8	1	3			2	4	3	1	3			2		1			1	2							156
11	15	29	15	21	7	10	12	6	6	3	6		2	1	3	1	3		4		3														149

(表23续)

人数\年龄\校数	1-2		3-4		5-6		7-8		9-10		11-12		13-14		15-16		17-18		19-20		21-25		26-30		31-35		36-40		41-45		46-50		50以上		合计
	男	女	男	女	男	女	男	女	男	女	男	女	男	女	男	女	男	女	男	女	男	女	男	女	男	女	男	女	男	女	男	女	男	女	
12	13	28	16	22	17	7	10	2	5	5	4	3	3	1	1		3	1	3		2		2				1								148
13	24	30	20	23	5	6	12	2	7	1	1	1			3	2	2		2				1											1	145
14	24	22	21	13	11	5	5	1	3	1	3	2	3		2			1	1				1											1	122
15	29	22	17	10	10	1	1	2			1	2	3		1								1		1										105
16	23	16	12		10	1	2	2			1	1	2		1												1								73
17	21	8	11	3	4				1				1																						49
18	12	5	5		4																														26
19		5	2		2		1																												10
20以上	2	1	1		1																														5
合计	266	310	200	170	126	68	81	29	59	30	42	17	24	9	23	11	15	3	25	5	17	1	6	2	1	0	5	0	4	0	0	0	4	0	1553

二、解释：学生人数及年龄统计的结果，发现如下的事实：

（一）男生的年龄竟有在20岁以上者，在小学的学龄上，这的确是一种特别的现象。由于这种事实的发现，我们就可以知道华侨教育是到了怎样的一个阶段。所以构成这种原因，大概是由于一般的侨民初到南洋时，是身无余资可以遣送子弟入校就学；及到了辛苦勤劳几年，身边稍有积蓄的时候，那时候为着种种需要起见才遣送他的子弟入学，可是这时的年龄远超过相当的学龄以上了。在表中，侨校儿童的年龄最多数的为13岁至17岁，这也是远超过学龄之上。这大概都是由于受经济支配未能早年入学的结果。

（二）女生的年龄在比率上普遍的多过男生。本来女生的人数已经是少于男生2倍以上了，而其年龄又反居男生之上，这益发表明，华侨的女子教育的幼稚，是到了一个怎样的程度。

第八章 教职员方面的统计及解释

第一节 教职员人数及性别的统计及解释

一、表格：教职员人数及性别统计总表

表24 教职员人数及性别统计总表

全校人数	校数	性别	男女分配数																			
			1	2	3	4	5	6	7	8	9	10	11	12	13	14	15	16	17	18	19	20	未详	总计
1	29	男	26																					26
		女	2																	1				3
2	39	男	11	6																				17
		女	11																					11
3	29	男	3	17	14																			34
		女	17	3																				20

（表24续）

全校人数	校数	性别	男女分配数																			未详	总计
			1	2	3	4	5	6	7	8	9	10	11	12	13	14	15	16	17	18	19	20		
4	18	男		4	11	2																		17
		女	11	4		1																		16
5	11	男			2	4	4																	10
		女	4	2																				6
6	8	男				2	1	3																6
		女	1	2																			1	4
7	9	男			1	5	2	1																9
		女	3	4	1																			8
8	5	男				1	2	1	1															5
		女	3	4																				7
9	5	男							1		4													5
		女	1	1																				2
10	5	男						1	1	1														3
		女	3	1	1																			5
11		男																						0
		女																						0
12		男																						0
		女																						0
13	1	男												1										1
		女	1																					1
14	1	男											13		1									14
		女	1																					1
15		男																						0
		女																						0
16		男																						0
		女																						0
17		男																						0
		女																						0
18		男																						0
		女																						0
19	3	男						1						1						2				4
		女																						0
20		男																						0
		女																						0
总计	163																							

二、解释：教职员人数及性别统计结果。在163校中，最多数的学校只有2个教职员，计39校。其次为只有1个教员与3个教职员者，各29校。再次为有4个教职员者计18校，其他由5个以至10个教职员者，那不过只有几校而已，至有13、14、19个教职员者尤其少数。由此我们可以看出侨校的教职员都是很少的，竟有一个人兼任校长、教员——即包揽全校事务者。像这样的学校那简直谈不上进

步，因为一个人的精神和能力是有限的，哪能负责这样多的事情？但这也是由于学校经费困难的缘故。至于男女教员的分配数，男的多于女的5倍，即每6个教职员中仅有一个女教职员。

第二节 教职员人数及年龄的统计及解释

一、表格：教职员人数及年龄统计总表

表25 教职员年龄统计总表

年龄	16	17	18	19	20	21	22	23	24	25	26	27	28	29	30	31
人数	2	1	8	6	29	25	37	17	35	30	28	25	24	23	45	11
年龄	32	33	34	35	36	37	38	39	40	41–45	46–50	51–55	56–60	60以上	未详	合计
人数	18	9	10	16	12	8	5	4	11	13	9	2	2	2	19	486

二、解释：教职员人数及年龄统计结果。共有486人，年龄在30岁者计45人，为最多数；而最普遍者是20岁至29岁。间亦有发现60岁以上的，这大概是从前的私塾教师转变过来的。

第三节 教职员资格与经验的统计及解释

一、表格：教职员资格与经验统计总表

表26 教职员资格与经验统计表

资格\经验次数	未有经验	曾任教育工作										其他经验					未详	合计
		半年	1年	2年	3年	4年	5年	6年至10年	11年至15年	16年至20年	21年至30年	未详	2年	5年	6年	10年	未详	
留美硕士			1															1
留美学士													1					1
研究院学员		1											1					2
国外大学毕业												3						3
留日大学二年				1														1
大学	1	1		5	3	3	1	2	1	2		23				2	8	52
高师	2		1	1	1	1						3				2	4	15
专门	2			2	1			2	1	1	1	10			1		10	31
师范	9		5	10	3	6	8	20	10	1	2	32		1		7	9	123
中学	14		5	19	20	7	12	36	13	5	2	59	1	1	1	9	25	228
英文学校	9		6	6	4	1	2	4	4			8				1	8	53
职业学校	2			3		1	1	4		1		4					4	21
高中	2			1			3		1			2					1	11
初中	10		8	7	1	1		1				3						31
高小	10		3	3	2	3		3	1			4				1	3	33
其他	9																1	10
未详			2	6	1	1	2	4	2	1	1	2				4	32	59
合计	70	1	32	63	38	25	29	76	34	11	6	155	1	1	2	1	26	104	675

二、解释：教职员资格与经验统计结果。在675人中，中学毕业者占228人，为最多数；次为师范毕业者，占123人；再其次为英文学校毕业与大学毕业。由此

可见，华侨教育的师资问题的确是值得我们深切的注意的。因为在南洋各地的侨校充当教职员的，大多数是中等的程度，甚至连高小毕业充当小学教员亦有 33 人之多。他们的努力固然有其可嘉之处，但对于理解方面比较欠缺也是事实。至于英文学校毕业的教员，以之教授儿童，对于教学的原则未能完全把握着，尤可断言。他们只会教儿童死板板地念着 A、B、C，他们只晓得死守旧法，不顾儿童兴趣去拼命的教，结果只有使儿童原来的兴趣更加低减，教学的效率益形退步。所以华侨教育的师资缺乏问题是一个亟待解决的问题。至于教职员的经验也不见得有怎样丰富，这是在平均分配上来讲的。因为在 675 人的教职员中，未有经验者已有 70 人，即十分之一强；未详者有 254 人，曾任教育工作者亦不过 300 人。虽然在 300 人中，由 6 年至 10 年经验的也有 76 人，然多数系中学毕业的学生。他们对于理解方面未有充分把握，同时又都因为生活的关系，未能注意新的理论的探讨，所以对于教学效率仍难望其速进。这的确是教职员中的普遍情形。

第四节　教职员待遇及职务的统计及解释

一、表格：教职员待遇及职务统计总表

表 27　教职员待遇及职务统计总表

职务	次数	义务及无定	1-5	6-10	11-15	16-20	21-25	26-30	31-35	36-40	41-45	46-50	51-55	56-60	61-70	71-80	81-90	91-100	101-110	111-120	121-130	131-140	141-150	151-160	161-170	171-180	181-190	未详	合计
教员、级任及科主任（每周兼课时数）	1-5				1	2																							2	5
	6-10				1	2				1																				4
	11-15				5	2	3	2	4	1																				17
	16-20				4	1	3	2	10			1		1	1															23
	21-25		1			3	10	3	7	9	8	7	13	7	8	1	2	1	1										1	82
	26-30				4	2	4	1	11	4	12	6	13	9	6	2	6												8	89
	31-35	1				1	1		3	4	1	3		3	2	1	1	1												22
	36-40				2				1	2			1	1	2															9
	未详	6	1	2	7	6	16	4	14	2	16	3	11	10	7	3	5	2	1	2					1	2			11	132
校长、教务、事务及训育主任（每周兼课时数）	未有兼课	1																											1	2
	6-10	1														1														2
	1-15	1							1		2	1	3	1															4	13
	16-20						1	2	1	2		1	1	1		1			1										1	13
	21-25					2		2		2	7		2		2	1	1		1										1	21
	26-30						5		4	1	3	3			2		3			1		1								23
	31-35					2	1		1	1					2	1														10
	36-40												1		1														2	4
	未详	2			2	2		1	1	4		6	1	5	4	7	2	4											2	43
助教		4				1				1	1																			7
其他职员		4			3	2	2	2	1		1																			16
未详					4	2	1																						1	8
合计		20	2		13	32	19	49	15	64	27	54	31	51	36	41	16	23	4	6	3		2			1	2		34	546

二、解释：教职员的待遇及职务的统计结果，发现如下的事实：

（一）教员、级任及科主任每周兼课的时数，最多数的为由 26 小时至 30 小时，其次为由 21 小时至 25 小时，间亦有每周授课在 31 小时至 35 小时，甚至由 36 小时至 40 小时者。由此可见，侨校的教职员每日除处理其他的校务以外，还要兼任 5 小时以至 7 小时的功课，这简直是没有休息的机会。一个人的精力是有限的，像这样的工作不停，不特不能生出怎样的效率，而且会变成一种敷衍的状态。这确是侨教的一种危机，但这种原因是由于侨校的经济困难，未能多聘教员所致。

（二）校长、教务主任、事务主任、训育主任原系负校中行政责任，对于课务照理应当减少担任时数，才能够专力处理一切。但侨校的校长和教务、训育等，每周授课时数竟也有多数在 26 小时至 30 小时以上者，甚至有在 31 小时至 40 小时之间者，这实在是一种特殊的现象。像这样终日忙于课务的学校行政负责人员，难免发生力不从心、敷衍塞责的弊病。

（三）在待遇方面，最多数的为每月由 36 元至 40 元，其次为由 46 元至 50 元，56 元至 60 元，26 元至 30 元。这样的待遇还不能算得低劣，因为在中学毕业的学生，每月获得这样薪水可以说是不错了。但是最奇怪的，在每月的待遇中，竟有发现由 6 元至 10 元的报酬者，这实在是一件不易见到的事实。因为这样低劣的报酬连个人的膳食都不够维持，欲望其尽心致力于课务，那简直是梦想。至于最高的薪俸，虽然有在 200 元左右，但那是非常的少数，仅一两个人而已。

（四）至于各属侨校教职员待遇的比较，当以荷属为最优，英属次之。

第九章　教学方面的统计及解释

第一节　课程的统计及解释

一、表格：课程统计总表之一（小学及幼稚园）
　　　　　课程统计总表之二（中学及师范）

表 28　课程统计总表之一（小学及幼稚园）

科目	次数		每周授课时数																	每天一次	选修	课外	未详
	校数	百分比	1	2	3	4	5	6	7	8	9	10	11	12	13	14	15	16	17	18	33				
国语	156				10	12	34	39	10	18	12	13	1	8		2	1	1							21
书信	77		36	32	2	1	1																	1		12
作文	70		26	39	3	1																				8
书法	63		9	23	10	6	2	3																1	1	7
国音	34		20	6																						8
国文	23			3	3	1	1	2		1	2	1	1			2										8
默法	6		1	2		1																				1
背诵	2			1																						
日记	1					1																				
自由阅读	1			1																						

（表28续）

科目	次数 校数	百分比	1	2	3	4	5	6	7	8	9	10	11	12	13	14	15	16	17	18	33	每天一次	选修	课外	未详
谈话	3			3																					
故事	5		3	1	1																					
英语	135		4	15	18	23	26	31	4	8	2	4	2											1		16
英文文法	1			1																						
英文书法	1			1																						
英文作法	1			1	1																					
法文	1																									
马来文	8		1	2	3																					2
暹文	9				1	1	2					1	1			1		1								1
自然	141		24	93	7	2		1																		19
地理	135		14	94	5	2																					14
历史	138		16	93	6	1																					16
常识	126			30	25	22	17	8		2																	19
卫生	81		33	34	1		1																				12
公民	75		40	30	5																						9
社会	42		3	23	6	3		1																			6
党义	26		6	19	2																						1
周会	9		9																								
演讲	7		7																								
修身	2		1																								1
信条训练	1			1																						
自治训练	1		1																								
整洁训练	1		1																								
世界地理	1		1																								
南洋地理	2		1	1																							
算术	165			4	2	45	62	29	2		1		1	1													24
珠算	76		29	31	4	5																			1		10
商业	43		18	19																							6
簿记	7		3	1		1																					2
美术	155		98	40																							19
音乐	154		118	31		1	1																				19
体育	138		60	54	14	2																				1	20
工艺	109		88	12	2																						14
游戏	10		4	3		1	1																				1
舞蹈	4		3																								1
园艺	5		5																								
家事	2		1	1																							
刺绣	1		1																								
恩物	1				1																						
童军	3			2																							1
军笛	1		1																								
国技	1		1																								
自修							1																				

表 29　课程统计总表之二（中学及师范）

科目	校数	每周授课时数									
		一	二	三	四	五	六	七	八	九	十
国文	2						1		1	1	
尺牍	1	1									
国语	2						1		1		
文学史	1	1									
文学概论	1	1									
英文	4						1	2	1		
数学	2					1	1				
自然	3		2	1							
生理卫生	3	1	2								
算术	2						2				
代数	1			1		1					
几何	1			1	1						
三角	1				1						
物理	1			1		1					
化学	1				1						
生物学	1		1								
心理学	1		1								
历史	4		4								
地理	4		4								
公民	2	2	1								
教育学	1	2	1								
南洋地理	1		1								
簿记	1		1								
社会学概论	1										
商业	1	1	1								
体育	3	1	2								
音乐	3	3									
美术	2	2									
工艺	2	2									

二、解释：课程统计可分为 2 部：

（一）小学及幼稚园的课程——最注重的为国语，每周授课时间多数在 6 小时，但亦竟有每周上至 33 小时者。至英语的注重亦不在国语之下，每周授课亦多在五、六小时之间。其次为算术，每周授课时间多由 4 小时至 6 小时。其他课程如自然、地理、历史、常识等科，每周授课时间普通都是 2 小时。

在英、荷属一带，各侨校为适应环境之需要起见，兼设有马来文课程。在暹罗方面，不特侨校须添授暹文，且连教职员对于暹文也要有相当的基础，经暹政府考验后才得在当地任职。

（二）中学及师范的课程——国文、英文、算术并重。国文每周授课时数由 5 小时至 9 小时，英文由 6 小时至 8 小时，算术 6 小时。由此可见，中学课程和小学课程并没有什么大的分别，其所不同者在于增加几个科目而已，如生物学、物理学、三角、几何、代数等类。这完全是由于凭学校当局所感觉到的所拟定，并没有斟酌环境的需要而加以精密的审定。至于中学和师范学校的师资更是缺乏得不堪，在中学任教职员者往往只是中学毕业生，他们的学识和能力当然较差，（但也有优良而足以胜任愉快的）所以教学效率难免受着多少影响。这种原因，一方面是由于学校经费困难，待遇菲薄，较有学识与经验者，当然不愿意屈就。同时校董方面，他们往往只求挂个中学的招牌，足以炫耀一时也就算了，对于内容方面是不大注意到的。因此所谓侨教的中等教育，到了现在还是非常幼稚的。

第二节　教材分科的统计及解释

一、表格：教材分科统计总表

表 30　教材分科统计总表

科目	书局	书籍名称	校数	科目	书局	书籍名称	校数
国语	商务	新时代教科书	8	国音	商务	新学制会话	1
		新学制教科书	8			国音留声机课本	1
		南洋华侨教科书	6			（平）注音字母练习本	1
		基本教科书	1			未详	6
		幼稚课本	1			合计	9
		未详	18		中华	未详	2
		合计	42	作文	商务	新学制	2
	中华	南洋华侨课本	16			未详	2
		新中华课本	2			合计	4
		未详	20		儿童	儿童应用文	1
		合计	38	英语	商务	新学制教科书	4
	儿童	儿童国语读本	2			新法教科书	2
	北新	未详	1			英语模范读本	3
书信	世界	未详	10			未详	18
	中华	白话学生尺牍	1			合计	27
		未详	3		中华	新中华课本	6
		合计	4			未详	10
	商务	未详	3			合计	16
	明文	白话书信范本	1		开明	英文读本	9
	鼎新	未详	1		Thomas Nelson Co.		2
国文	商务	未详	2		Mcd Co. London		2
	世界	未详	1		Royal Croun Reader		2
	中华	未详	1				

(表30续)

科目	书局	书籍名称	校数	科目	书局	书籍名称	校数
英语		Collins Reader	1	卫	商	新学制教科书	9
		Chamber's Reader	1			新时代教科书	4
		The Malayan Reader	1			南洋华侨教科书	2
		New Method Reader	1			未详	11
算术	中华	新中华课本	16		务	合计	26
		南洋华侨课本	2		中	新中华课本	2
		新小学课本	1			未详	11
		未详	21	生	华	合计	13
	华	合计	40	常	商	南洋华侨教科书	9
	商	新学制教科书	8			新时代教科书	4
		新时代教科书	4			新学制教科书	2
		南洋华侨教科书	2			未详	11
		未详	22		务	合计	26
	务	合计	36		中	南洋华侨课本	11
	世界	未详	2			新中华课本	1
珠算	世	珠算指南	2			未详	17
		未详	3	识	华	合计	29
	界	合计	5	地	商	新时代教科书	7
	商	新学制	1			新学制教科书	2
		未详	5			南洋华侨教科书	3
	务	合计	6			未详	22
	中华	新中华课本	2		务	合计	34
	锦章	未详	1		中	南洋华侨课本	9
商业	商	新时代教科书	3			新中华课本	1
		未详	7			未详	17
	务	合计	10		华	合计	27
	中	新中华课本	2	理	鼎新	未详	1
		未详	5	历	商	新时代教科书	8
	华	合计	7			新学制教科书	4
自然	商	新学制教科书	9			南洋华侨课本	2
		南洋华侨教科书	6			未详	23
		新时代教科书	6		务	合计	37
		未详	21		中	南洋华侨课本	10
	务	合计	42			新中华课本	1
	中	新中华课本	5			未详	18
		南洋华侨课本	1	史	华	合计	29
		未详	15				
	华	合计	21				

（表30续）

科目	书局	书籍名称	校数	科目	书局	书籍名称	校数
公	商	新学制教科书	6	音	商	新学制教科书	1
		南洋华侨课本	1			未详	6
		未详	18		务	合计	7
	务	合计	25		中	麻雀与小孩	1
	中	新中华课本	3			未详	4
		新小学课本	2		华	合计	5
		南洋华侨课本	1		儿童	未详	1
		未详	5	乐	良友	未详	1
	华	合计	11	工	商	新学制教科书	1
	开明	爱的教育	1			未详	3
民	儿童	儿童活叶文选	1		务	合计	4
修身	商务	未详	1		中	新中华课本	1
社	商	新时代教科书	7			未详	3
		新学制教科书	2	艺	华	合计	4
		南洋华侨教科书	1	国艺	中华	未详	1
		基本教科书	1	化学	开明	开明化学教本	1
		未详	7	物理	开明	开明物理教本	1
	务	合计	18	生物学	中华	未详	1
会	中华	新中华课本	1	生理	中华	未详	2
党	商	新时代教科书	6	外国史	世界	未详	1
		未详	3	外国地理	世界	未详	1
	务	合计	9	本国史	世界	未详	1
	世界	未详	1	本国地理	世界	未详	1
义	中华	未详	2	教育	中华	未详	1
美	商	新学制教科书	1	英文簿记	西版	未详	1
		未详	5	中文簿记	讲义		1
	务	合计	6	打字	西版	未详	1
	中	新中华课本	1				
		未详	2				
术	华	合计	3				

二、解释：

教材分科统计结果。国语科以采用商务出版者为最多，中华次之；英语科亦以采用商务出版者为最多，中华次之，开明更次之；算术科以采用中华出版者为最多；商务次之，世界书局居其三；珠算科以采用商务出版者为多，世界次之，中华书局居其三；商业科多系采用商务与中华两书局出版者，而以商务较多；自然、卫生、地理、历史、公民、社会、党义、美术、音乐、工艺等科，以采用商务者为多，采用中华书局出版的亦复不少。至常识一科，则以采用中华书局出版的为多。

由此可见各地侨校所采用的教科书，以商务和中华两书局所出版的为最受人欢迎。

第三节 教材的统计及解释

一、表格：

教材统计总表之一

教材统计总表之二

教材统计总表之三

表31 教材统计总表之一

书局	校数	采用科目数															未详
		一	二	三	四	五	六	七	八	九	十	十一	十二	十三	十四	十五	
商务	132	5	5	4	8	8	13	2	10	8	13	4	2		1		49
中华	111	6	4	5	8	7	6	7	2	7	5		1	1	1		51
世界	27	10	3				1										3
开明	14	10	1														3
儿童	3	1	2														
大东	2																2
文明	2	1															1
北新	1	1															
锦章	1	1															
大成	1	1															
鼎新	1				1												
良友	1	1															
西版书	9	8	1														
当地政府颁行	10	10															
讲义	34	10	1	4	2	1	1										15
选授	13	2	2	4		2							1				1

表32 教材统计总表之二

书局	书籍名称	校数	采用科目														未详
			一	二	三	四	五	六	七	八	九	十	十一	十二	十三	十四	十五	
中华	南洋华侨课本	35	3	6	1	2	4		2		2							15
商务	新学制教科书	30	2	2	1	5	1	2		2	1		1					8
中华	新中华课本	22	5	5		2	1			1	2	1						5
商务	南洋华侨教科书	13	3	4	2		1			1								2
商务	新时代教科书	11			2			1	1	1	1	2						3
中华	新小学课本	3	3															
商务	新法教科书	2	2															
商务	共和国教科书	1																1
商务	基本教科书	1		1														

表33 教材统计总表之三

书局	书籍名称	校数	书局	书籍名称	校数
儿童	儿童国语读本	2校	商务	英语模范读本	3校
儿童	儿童应用文	1校		The Malayan Reader's	1校
儿童	儿童活叶文选	1校		Collin's Readet	1校
商务	国音留声机课本	1校		Chamber's Reader	1校
商务	（平）注音字母练习本	1校		Rayal Crown Reader	1校
文明	白话书信范本	1校		New Method Reader	1校
中华	白话学生尺牍	1校	世界	珠算指南	2校
商务	幼稚课本	1校	商务	新学制初中混合算学	1校
开明	开明英文读本	6校	中华	麻雀与小孩	1校
商务	新法英语教科书	1校	开明	爱的教育	1校
中华	新中华初中混合英语	2校			

二、解释：教材统计结果。采用科目数，以商务印书馆所出版的各项教科书被采用之科目，竟有13校采用达10种之多，至采用达七八种之多者亦复不少，间亦有一校采用该馆出版的达14种之多者。除商务外，其次就是中华书局，再次就是世界书局和开明书局。最奇怪的是，当地政府也有颁行教科书而由各侨校采用者，此种教科书的内容无疑的是一种愚民的奴化的思想，不特于侨童无益，而且有害。凡关心侨教问题者，诚不可不加以注意也。

第四节 学级的统计及解释

一、表格：学级统计总表

表34 学级统计总表

学级\班数\校数	未及1班	1	2	3	4	5	6	7	8	9	10	11	12	13	14	未详	总计
初级师范				1													1
中学		1		1	1			1									4
小学		5	2	5	21	25	60	13	10	4	3		3	1	1		153
幼稚		13															13
平校		1															1
补习班	1	16	3														20
半日班	1	3															4
夜班		2	1														3
复式		6	2	2	2		2									1	15
秋季始业		8	14	21	14	13	21	4	1								96
春季始业		14	16	15	18	16	17	4	2								102
夏季始业					1												1

二、解释：

学级统计结果。有初级师范、初级中学、小学、幼稚园、平校、补习班、半日班、夜班、复式的，有的是秋季始业，有的是春季始业，有的是夏季始业，可以说是很不划一。师范和中学的班数都在3班和4班左右，所以规模并不见怎样大。小学方面最多有至14班者，最普遍的是6班。至始业期间，以春季始业为最多，秋季始业次之，所以侨校的改聘教员都在春季，而学生卒业期间亦多在秋季，这和国内的学校完全相反，不能衔接。这也是一种值得注意的问题。

第十章　建筑及设备方面的统计及解释

第一节　校舍来源与形式的统计及解释

一、表格：校舍来源与形式统计总表

表35　校舍来源与形式统计总表

来源\形式次数	中式	西式	半中西	马来式	商店式	暹罗式	番式	热带式	南洋式	英缅式	西式平房	未详	合计
自建	12	60	13	1		1		1	1		1	1	91
买来	2	5	1							1			9
赠来	1	1			1								3
租借	17	28	11							1		5	62
半租建	1	2											3
未详		1	1				1					1	4
合计	33	97	26	1	1	1	1	1	2	1	1	7	172

二、解释：

校舍来源与形式统计结果。在172校之中，自建的有92校，为最多数。建筑形式以西式洋楼为多，半中西式次之，中式又次之，间亦有马来式、西式平房等建筑者。租借的有62校，占三分之一。即南洋各地侨校虽有半数校舍属于自建，然仍有不少是租借于他人者，至半租建的、赠送的、买旧屋的亦有。自建的校舍，对于光线、空气、清静、卫生等等的建筑设计当然是较为周到；至于租借的校舍，多数是不能符合校舍建筑的原则，所以在管理上和施教上不无多少的障碍。

第二节　校舍面积的统计及解释

一、表格：校舍面积统计总表

表 36 校舍面积统计总表*

面积(方丈)\校数\容纳人数	1-10	11-20	21-30	31-40	41-50	51-60	61-80	81-100	101-120	121-150	151-200	201-250	251-300	301-350	351-400	401-500	501-600	601-800	801-1000	未详	合计
1-5			1	3		1	2														8
6-10									2	2											4
11-15						1	1		1	2	1			1							7
16-20							2	2	1	3					1						10
21-25							1	2	1	1						1					7
26-30				1			1	1	1					1	1						7
31-40										1	2	1									4
41-50			1								1				1					1	4
51-60							2	1	1					2							6
61-80							1	1													2
81-100							1		2	2	1			1							7
101-150							1	1		2	2		1	2							9
151-200		1									1										2
201-250							1				1		1		1						4
251-300																					
301-350							1			1											2
351-400					1						2										3
401-500										1											1
501-600										1											2
601-800							1	1										1			3
801-1000													2								2
未详				1	2	2	4	2		2	1	4	2							2	22
合计	1	2	5	4	12	13	12	17	12	6	10	11	5		1		1	1	3		116

* 此表内各栏数字与合计数不相符，保留历史原貌。——编者注

二、解释：

校舍面积统计结果。最宽的为由 16 至 20 方丈，最小的为由 1 方丈至 5 方丈，最大的为由 801 方丈至 1000 方丈。容学生数，在 1 至 5 方丈的校舍中究有容纳学生至 128 人者，足见校舍之狭小。的确，在南洋各侨校的校舍，不论是自建抑或租借，往往是不敷应用。因为学校为经济所限，当然不能建筑很大的校舍，也无力租借很宽大的房屋。往往只求能够勉强容纳一些学生，便算满足，至具有大规模的建筑，那实在是如凤毛麟角，不可多得。

第三节 教具及仪器的统计及解释

一、表格：教具及仪器统计总表

表 37 教具及仪器统计总表

普通科仪器、标本数 \ 专科教具数 次数	无	1	2	3	4	5	6	7	8	9–10	11–12	13–14	15–16	17–20	21–25	数十余	未详	合计
无	3	1	4	2	1	1												12
1		1	3	3	1	1	1		1									11
2			2	1	1	2			1									7
3		1	3	1		2	1		1								1	10
4				1			1	1	1									4
5				1	1			1	1									4
6				2													1	3
7																		
8																		
9–10			1	1		1	1	1										5
11–12				1		1				1								3
13–14																		
15–16	1			1		1												3
17–20							1		1									2
21–25						1									1	1		3
26–30				1	2			1										4
31–40		1		1		1		1	1								1	6
41–50					1	1				1								3
51–100					2								1					3
100 以上			1	1	1	3	1	1		2							2	12
300 以上										1								1
400 以上																1		1
1000 以上						2		2									1	5
未详			5	3	4	3		4	1	1	1						50	72
合计	4	4	18	16	11	19	7	9	8	6	6		7		3		56	172

二、解释：

教具及仪器统计结果。普通科的仪器和标本，在 100 件以上、200 以下者为最多数，但也不过占 9%，大多数学校仅有数十件，甚至只有几件而已，至完全没有此类设备者亦占有 9%。所谓专科教具的设备，那简直等于零，因为在数目上，最多数者仅有 5 件，虽有一二校在 20 余件者，但那不能代表普通的情形。由于上面的考察我们可以知道，侨校的设备方面简直是缺乏的不可言状，教员所教给学生的仅仅是靠几本课本，虽然是属于自然科学的科目，但仍缺乏仪器和标本以资实验和考证。学生所努力攻读的，也仅仅是死念着几本课本。像这种的学校，哪能收良好的效果？这种原因都是由于学校经济困难，无力购置所致。有时也是由于校董方面不明白，教学的原则在重实证与重实验的缘故，就是说，他们兴办学校，在于教人会做文章、会写信、会记账而已，至于其他的科学是怎样的重要，他们是莫名其妙，可以置之不理。因此他们所希望于学校当局者，在能实现他们的意旨，多教子弟认识几个字而已。

第四节 图书杂志的统计及解释

一、表格：图书杂志统计总表

表38 图书杂志统计总表（注：图书、杂志两种均混合计算）

书籍校数\杂志	全无	1-2	3-4	5-6	7-8	9-10	11-12	13-15	16-20	21-25	26-30	31-40	41-50	51-60	61-80	81-100	101-120	121-140	141-160	161-180	181-200	201-300	301-400	401-500	501-600	601-800	801-1000	1000以上	未详	合计
全无	12	5	4	1																										22
1-5																														
6-10		1																												1
11-15																														
16-20			1																											1
21-25																														
26-30			1																											1
31-35																														
36-40																														
41-45																														
46-50				1			1																							2
51-60				1																										1
61-70															1															1
71-80					1																									1
81-100		1	2	1	1	2																								7
101-150		1	3	2			1	1							1															9
151-200		1	1	2	1																									5
201-250			1	2	3					1																				7
251-300			1	2	1	1			1																					6
301-350			1		1	1																						1		5
351-400	1		1		2	1																								5
401-450																														
451-500	1			2																				1						5
501-600				2	1		2																			1				6
601-700				2																										2
701-800				1	1																									2
801-1000					1	1																								2
1000以上	1	1	1	3	3	1			4	4			2	1														1	1	23
未详																													60	60
合计	15	11	17	21	15	7	1	5	4	7			2	1	2	1		1		1	1			1		1		1	2	60	172

二、解释：

图书杂志统计结果。在172校中，有图书杂志在800本至1000本者占23校，为最多数，普通的都是由80本至600本中间。完全无图书杂志者亦有22校，并不能算少。由此我们也可以知道，华侨学校的内容实在是空虚得很，多数的学生除读几本课本以外，简直是无杂志可阅，无其他的书籍可读。这不但于学生的兴趣大减，知识太差，就是教育的效率也要大大的减少。但这未始非经费困难所致。

第五节　宿舍、运动场及校园的统计及解释

一、表格：宿舍、运动场及校园统计总表

表39　宿舍、运动场及校园统计总表

运动场或校园＼宿舍次数	无	有	有一所	有二所	只有教员者	寝室四大间	以上层者	不在校内	有五间	教员寝室二间	小寝室	不完备	附设在校内二幢	教员的四间	楼上寄宿	有二十间	未详	合计
全无	15	4	1	1	1													22
有运动场	26	8			1		1	1							1		1	39
有校园	2	1																3
运动场与校园均有	37	20	3	3	6	1			1		1	1			1		1	75
有二运动场														1				1
校门外有小草场					1													1
有运动场二，有校园一			1															1
运动场与校园均有二所					1													1
有运动场系借用	1																	1
有运动场而校园现在进行中		1																1
有运动场三，有校园一					1													1
院落代用											1							1
有运动场，但不与学校同一块	1																	1
借用公共运动场						1												1
有篮球场系租借	1																	1
未详	4				1												20	25
合计	87	34	5	5	14	1	1	1	1	1	1	1	1	1	1	1	22	175

二、解释：

宿舍、运动场及校园统计结果。在172校中，具有运动场与校园者有75校，仅有运动场者有39校，全无者亦有22校。由此可见，侨校的运动场和校园还未能

普遍的设置。本来每个学校至少都要有一个运动场，尤其是在小学，此种设置更觉需要。因为儿童是要给他常常运动或游戏，不能够把他整天都关在教室里面的。像这种的教育，那是摧残儿童的身心，而不是真正的培养儿童身心的发展的错误教育。至于有宿舍以供学生寄宿者，那是非常的少数。虽然在一二个学校中也有学生在寄宿着，可是在设备上仍是很多的缺点。

第六节　图书馆的统计及解释

一、表格：图书馆统计总表

表40　图书馆统计总表

有图书馆或图书室	主权	完全系学校办	59
		完全系学生办	9
	藏书	中西文书籍杂志兼备	40
		有中文书籍及中西文杂志	4
		只有中文书籍及杂志	19
		只有中西文书籍	1
无图书馆		图书杂志全无	16
		只有中文杂志	10
		只有中西文杂志	7
		中西文书籍杂志兼备	7
合　计			172

二、解释：

图书馆统计结果。在172校中，有图书馆或图书室之设备者计有二分之一，无图书馆或图书室之设备者几为二分之一。但所谓图书馆或图书室者，其藏书数目非常的少，最多的亦不过1000本。仅有数十本而成一图书馆或图书室者亦复不少，儿童课外阅读之缺乏概可想见了。

第十一章　经费方面的统计及解释

第一节　全年收入或预算百分数及差额统计与解释

一、表格：全年收入或预算百分数及差额统计总表

表41　全年收入或预算百分数及差额统计总表

差额	占全年收入或预算百分数＼校数	1－5	6－10	11－15	16－20	21－25	26－30	31－35	36－40	41－45	46－50	51－55	56－60	61－65	66－70	71－80	合计
不敷	2000以上										1						1
	1801－2000																
	1601－1800					1											1
	1401－1600																
	1201－1400				1											1	2
	1001－1200				1												1
	801－1000				1	3					1						5
	601－800				1		1		1		2						5
	501－600				1	1									1		3
	401－500				1	1	2	1									5
	301－400		3				1		1								5
	201－300			4		2	2	3									11
	101－200		1	4	2	1											8
	51－100		7	6	1												14
	1－50	2	7	1		1											11
相抵		11															11
盈余	1－50	2	1														3
	51－100	1	6														7
	101－200		6	2	5												13
	201－300			5	2	2											9
	301－400			3	3	3	1										10
	401－500			2							1						3
	501－600			1	1												2
	601－800					1											1
	801－1000																
	1001－1200					1											1
	1201－1400					1											1
	1401－1600						1										1
	1601－1800																
	1801－2000																
	2000以上																
	合计	16	31	28	20	17	4	8	2	1	0	5				2	134

二、解释:

在 134 校的经费统计结果,全年收支相抵者仅 11 校,盈余者 51 校。但此 51 校的盈余数额,多数由 100 元至 500 元之间,虽有盈余达 1000 元以上的,不过一二校而已。至于每年的收入数不敷支出的,竟超过一半以上,达 72 校之多。而不敷的数额,多数 50 元以上,1000 元以下,亦有不敷在 2000 元以上的。由于这两种项数额的对照,我们就可知华侨学校的经费是怎样地困穷、怎样地恐慌。因为学校经费的困难,不特对于各项设备无从谈起,就是对于教职员应得的薪俸也往往不能照发。本来侨校教职员的待遇已是菲薄,兼之迭被拖欠,生活发生问题更使其无心服务。像这种的教育哪能谈得上发展?所以华侨教育的根本问题就是在于经济问题,假使经济问题不能求一个根本的解决,则对于各种的教育建设都谈不到。侨校的经费都是建筑在侨胞个人的商业上的,各华侨的商业经济呈稍活跃的时候,侨校的经费则比较安定;反之,则很容易关门。像这种建筑于私人经济上面的教育,确是一种特色,而其危险不安的程度也较深刻。这是我们研究教育的人要加以深切的注意与谋根本之解救的。

第二节 经费支配的统计及解释

一、表格:经费支配统计总表

表 42 经费支配统计总表

	经费支配	校数	1—50	51—100	101—200	201—300	301—400	401—500	501—600	601—700	701—800	801—1000	1001—1200	1201—1400	1401—1600	1601—1800	1801—2000	2001—3000	3001—4000	4001—5000	5001—6000	6001—8000	8001—10000	10000以上
经常费	教职员薪	162			1	2	3	4			5	14	9	4	11	4	4	15	6	7	2	2	4	1
	仆役工资	131	2	17	23	9	6	1	2		4	1	1											
	房租及地税	61	8	4	9	3	4	3	5			1	1	1		1		1						
	杂费	158	10	14	26	12	4	3	4		3	3		1										
	图书购置费	25	27	14	14	7	1	1	1			1												
	其他	59	6	10	8	4			1		1	2				1								
	奖金	1	1																					
	利息	1			1																			
	校舍及店保险金	1			1																			
	总计	161			2	1	2	2	3		7	10	11	14	15	5	24	14	12	9	10	4	12	
临时费	建筑	29	3	4	2	1		3							1		1	2	1	1	2	4	1	
	设备	44	8	6	5	4	2	2	1		1	1		1		1		1						
	其他	25	5	4	5	2		1			1													
	广告及印刷费	1																						
	总计	57	9	3	5	7	4	5	1		1	1		3	1	1	3	2	1	1	1	5	3	

二、解释:

经费支配方面,经常费部门,最多的是教职员的薪金,其次就是房租及地税,再其次就是杂费。至于图书的购置费，那简直是少得可怜，每年普遍都在50元左右。像这样微末的数目，有时连一部书都买不起，哪能谈到图书设备。临时费部门，最多的支出可以说是建筑，次及设备。所谓设备也是有限得很，最多数的都是由50元至300元之间，虽然也有在几千元的，那不过是一二校的中学，小学方面根本没有。在一个中学校里，每年只有那些设备费，其实也不能算为充足。总而言之，华侨学校的经费，每年对于教职员的薪俸能够发足，已是一件幸事，欲望其加多设备、充实内容者，那未免过于奢望耳。

第三节　经费来源的统计及解释

一、表格：经费来源统计总表

表43　经费来源的总表

	经费来源	校数	每年数额																				
			1–50	51–100	101–200	201–300	301–400	401–500	501–600	601–700	701–800	801–1000	1001–1200	1201–1400	1401–1600	1601–1800	1801–2000	2001–3000	3001–4000	4001–5000	5001–6000	6001–8000	8001–10000	10000以上
经费来源总表	学费收入	155			5	7	4	14	9	5	7	10	5	2	2	8	1	9	7	2	3	2	1	2
	私人捐款	102		5	4	6	9	9	2	4	5	6	2	3	3	3	1	3	1					
	地方公款	34	1	1	7	1	3	1		1		1	1	2	1	1			1					2
	政府补助	26				3	2	2						1		1				1				
	税捐收入	55	1	2	2	5	5		1	1		2	3	3	2			2			1	3		
	产业收入	40	4	4	3	1	3	1		2		3			1	2								
	基金利息	15		2	2	2	1					1		1										
	宿费收入	1																						
	其他	22	1		1	2			2	2					1			1						
	总计	157		1	1	3	3	6	13	8	15	6	9	4	24	12	14	7	11	6	10			

二、解释：

经费来源统计的结果。最多的是学费收入，其次就是私人捐款，即临时捐、常年捐或月捐，再其次就是税捐收入、产业收入、地方公款，至于受当地政府补助的也不在少数。一个学校的经费如果多数靠学费的收入和私人的捐助，往往是容易发生问题的。因为学生的人数不能够年年都是一样，有时商情较佳，父兄的经济充足一点，就多送几个子弟去就学；反之，他倒要叫他的子弟直接参加生产劳动，以帮助家庭的经济。所以南洋侨校的学生人数时时都有增减，就是说，在每个月的里面也常常会增加或减少的。我们只要看看困难问题的统计上就可以完全明白，由于学生人数的增减无常，靠学费收入以资维持的学校也时时呈着恐慌的状态。至于由私人常月或常年捐助的那更是难靠得住。因为私人的经济常常因为别种关系而容易衰落，甚至破产，这立刻就影响到学校来，即使不至关门，也要恐慌。这几年来，南洋的社会经济因为受着世界不景气的怒潮所侵袭，华侨的经济是极度的衰落、空前的崩溃了，多数的侨民当然是无力遣送其子弟入学，因而学校的收入受到极大的影响。同时侨民因为连生活都自顾不暇，也无法可以常月或常年的捐助学校，学校的收入又是受着一层的打击。结果，只有裁减教员，减支薪金，从前每月有 100 元的报酬，现在已降至 30 左右。但这还算幸事，若夫无力维持、闭门大吉的，尤属时有胜所闻。至所谓税捐收入者，不外是就当地土产的加抽多少的税率，这种办法当然较学费和私人捐款来得可靠，在南洋各地，也常常采用这种办法来维持学校。不过在资本主义生产过剩，全世界经济恐慌已达极点的今日，南洋的土产价格不特空前的低落，有时竟连极微贱的价格也无人承买，销路淤塞。这么一来，所谓就物产出入口的价格上附加教育费者，又是此路不通。

第十二章 困难问题的统计及解释

一、表格：困难问题统计总表

表 44 困难问题统计总表

困 难 问 题	校数
经费困难	139
当地政府横加干涉	38
校董不负责、顽固及垄断校务	10
校董自身不能团结致影响校务	4
学生程度不齐及退学、入学无定期	20
教学效率受方言影响	8
校舍不敷用	8
设备缺乏	8
校址偏僻	3
师资缺乏	13
教材不适用	5
教职员职掌紊乱	5
华侨轻视教育	4

二、解释：

困难问题——南洋的社会环境、自然环境都和国内不同，在这样的环境中所孕育出来的教育形态，当然也和国内不一样。不论是在学校经济方面、学校行政方面、学校设备方面、学校制度方面，都各有其不同的地方，而其所遇到的困难又是特别多。华侨教育到了今日还不能长足的进展者，实在是它所受的桎梏无从脱摆的缘故。它不但要受经济的压迫，而且要受帝国主义政治力量的摧残；它不但不能巩固自己的战线，而且反时时暴露本身的弱点，互相倾轧，交相诋毁。所以华侨教育的危机到了现在，已是极度的深刻了。兹将我们所调查的侨校困难问题分别解释于下：

（一）经费困难的统计结果——计有 139 校。虽然我们的调查范围不广，校数不多，未能下个更确切的结论，但至少总可以看出，华侨学校十分之八是经费困难的，尤其是在南洋经济衰落的现在，困难的程度益发深刻。我们在前面检阅过，侨校的经费是靠学费、私人捐款、税捐、地方公款来维持的。至于有学校产业的收入以资维持者，那是很少的一部分。在目前的南洋情况是非常萧条，不但学费捐款、公款等项难收，就是连原有的校产的出息，也要极度的低减。因为侨校所建置的产业不外两种，即树胶园和店屋。在树胶价格高涨的时候，置有树胶园的学校其收入当然是足以维持。可是自树胶价格惨跌以来，置有此种产业的学校也和其他的学校一样，陷于不能支持之势。至置有店屋的虽然较为稳定，但在百业凋零的南洋，店屋的价值也同样地低落得可怜，有时虽欲贱价出售，仍感无人接手；有时华丽而租贱的店屋，也无人承租，所以仍旧是和其他学校陷入同样恐慌的境地。

（二）当地政府的干涉——南洋侨校除了受经济压迫而不能向前发展外，最大的困难还有所谓政治的压迫。据我们的调查统计结果虽然仅有38校，其实并不如此。我们可以说，不论在英属、荷属、美属、法属、暹罗各地的侨校，都同样地感受这种压迫。这我们只要注意到报章的记载，或试一检阅各地侨教的历史，就可以明了无遗。至其所以填得这样少数者，不外是侨校的负责人恐怕被当地政府所发觉，而不敢忠实地尽量地填写，同时或者由于教职员未明白我们的用意。不过我们由这些少的数目上仍可以发现，侨校的困难问题除经济问题外，其次就是这个问题了。我们知道，教育是上层建筑之一，它是建筑在经济基础之上的，它不但要受经济变更的影响，同时还要受政治的支配。这不管在任何时间和空间，都可以检出这类的事实以资证明。南洋的经济形态和国内不尽相同，所以教育受经济变动的影响也不一样。南洋的政治组织也和国内不同，所以教育受政治的支配、干涉也异常复杂与厉害。因为中国是世界各帝国主义者所蚕食的变为次殖民地的国家，中国的教育政策和任务当然是以脱离帝国主义者的宰割为唯一要图。南洋的侨教无疑地是应当负有此种任务，以巩固中华民族的阵线，以解脱一切的束缚。但南洋是帝国主义者的统治地，是帝国主义者的势力范围，我们这种教育政策无疑的和帝国主义的利害是根本冲突，就是说无异向它宣战，无异要它的命。帝国主义者看到这点，当然是手足无措、惶惊失色，所以想尽了种种的方法把华侨教育尽量的压迫和摧残，更订了许多苛刻的条例，使教员的自由横遭剥夺，学校的自由丧失殆尽，学生的自由荡然无存，使华侨教育永无进展的一日，使学生的思想永远沉滞在腐旧的境中。但这还不能算为满足，他们更深思熟虑地想把许多优秀而纯良的侨民实行其愚民政策、同化政策，使众多的侨民不但不能起来和他们作对，而且可以养成他们的忠仆、走狗，以供他们的驱策。所以有的侨校要采用当地政府所颁的教本，有的子弟要送到当地政府所办的学校去念书。有的学校因为采用较有时代性和社会性，而直接或间接地攻击帝国主义的，便要遭惩罚或封闭的处分；有的教员更因为教授党歌，便要被监禁与驱逐出境。[南洋英属吧生（Klang）而揽地方有间学校的校长即遭受此种的处分] 这一切的事实都足以证明，华侨教育是怎样地遭受帝国主义者的摧残，也足以证明帝国主义者的面目是怎样地狰狞，更足以证明教育受政治的支配是必然的结果。

（三）学生程度不齐，入学和退学均无照学校规定的期间——华侨学校的学生程度确实是非常复杂的。在一级中的学生程度，往往相差的有一年甚至2年之多。所以在施政上的确是发生了很大的困难，讲高深或抽象一点，有的则不能理会；讲浅显或具体一点，有的则认为无味。这是作者所体验过来的。至其程度不齐的原因约有数种。第一当然是学生入学与退学绝对自由，而学校又难加以严格的制裁。因为华侨学校的行政权直接虽然是操诸校长之手，而间接还须仰校董的鼻息，并服从其命令的。假使某个学生因为有点些微的事故而要休学几天或几星期，只要有个校董的一句话，学校便不能不照办。又假使有个学生在学期中要插进某年级肄业的时候，只要有校董的介绍，学校也不能不服从。有时某个学校因为经费困难的关系，虽然在学期中，也有学生要求入学的，他们虽然明知在教学上有着种种的困难，但为着多收一些学费起见，也不得不勉为收录。像这样的进退无定，便发生程度的不齐；由于程度的复杂，便发生教学上的种种困难。第二是学校当局为要一班校董的欢心，对于校董的子弟要特别加以优容。因为有许多校董的子弟的程度往往太差，照学业的成绩计算，当然是不能给他升级的。但是假使不勉强给他升级，则校董势必不欢，不是藉故说教职员不尽职，予以改聘，便是取消极的态度，不以经济上的赞助。所以往往听见许多校董说："我捐了许多款，我的儿子竟读到这样，真令我灰心。"这就是一般校董心理的写照。教职员处在这种情势之下，为着个人的饭碗起见，为着学校的经费着想，虽然知道校董的子弟的程度是怎样低劣，给他升级又怎样地会发生教学上种种困难，但仍不得不厚着面皮，在校董面前怎样地称赞他的子弟是何等用功，成绩是如何优异。像这样因循敷衍的结果，学生的程度自然不能齐一了。第三是多数的侨民对于学校的认识，以为也是同私塾一体。在私塾制度，遣送子弟入学时期是比较无定的，而且大多数又是春季——新年入学，所以许多侨民的子弟的肄业和毕业的期间往往未能同国内的学校相衔接。第四，因南洋商业变化很快，今日为资本家，明日为穷光蛋，当其穷时连子女的学费都难供给。第五，因华侨迁徙无常，今日在甲岛，明日往乙岛，或出国归国的无定时，故插班退学在所不免。有了以上的五种原因，就形成了学生程度异常复杂的结果。而这种结果竟居了困难问题上的第三位，这的确是我们应该力谋补救的。

（四）师资缺乏——这个问题的确是华侨教育普通的病态。许多华侨学校所聘到的教职员，往往是资格不够、学识未充。因为在南洋，各地政府对于智识阶级的虐待是非常严厉，而侨校对于教职员的待遇，也因为受不景气的影响异常菲薄。在待遇菲薄、自由毫无的教职员生活，当然不是一般较有学识的人所愿意担任的，就使有的也不过是暂时的逃亡，或有其他的关系国内不能立足的缘故。同时，各校的教职员往往是和校董方面有着联带的关系的——亲戚，他们有着校董做护符，资格和学力当然是可以不必去担心的。由于这样的关系，就形成师资缺乏的状态。

（五）校董不负责、顽固及垄断校务——在南洋的许多华侨学校，因为多是私人受种种不正当心理所激发而捐资兴办的，所以学校的最高权力都是操在校董之手。但许多校董都是工商业家，对于教育既不明白；有的复忙于工商业不暇顾及学校，或甚完全放弃责任；其能负责者又因董事部与教务部权限不明，致发生冲突，不论是学校行政、教学、设备种种方面，他们都要直接或间接地加以干涉，甚而至于把持和垄断。因此，华侨学校的教职员往往和校董的意见相冲突，而发生极大的风潮。综其弊端约有三点：（一）剥夺校长权限，使校中事权不一，精神涣散。（二）董事部干涉教务，对于教员每以爱憎为左右袒，常因此而发生巨大学潮。（三）校中受董事部严格的限制，致设备不全，学务因受影响。至于校董顽固的，又是随处可见。因为在南洋侨校中多数之所谓校董者，当他们还未发财的时候，不过是一个极平常的商人或工人，自身既没有受过教育，见识自然有限与腐旧，对于学校方面的设施，如果较为新奇的、特别的，如男女游艺合演，他们就认为不当，而引起种种的疑虑或责难。这有时就会使教职员的讨厌和冷淡而减少教学的效率。

（六）教学效率受方言影响——这就是说，在南洋各地侨校还未能完全用国语教授，有的还用着各属的方言。因此，教学效率往往要受着影响。关于这个问题，据我们所调查的结果虽然还很少数，但在南洋各地的侨校，尤其是在较为偏僻或范围较少的地方，对于国语多数不去注意。因为所聘请的教职员都是同乡的关系，用同属的方言来教授儿童当然比较快便。可是这样一来，使儿童很少有学习国语的机会，在教学上自然要受到相当的影响了。

（七）校舍不敷用——校舍不敷用可以说是华侨学校的普通情形。虽然在我们调查的仅有8校，但此并不能据为正确的结论。凡是到了南洋的人，凡是对于华侨教育有相当认识的人，当然会理解这点。我们知道，华侨学校最大的问题是经费困难，华侨学校的校舍又多数租税的，经费既是困难，当然不能够去租较宽大的房子，而先求能够勉强容纳许多学生而已。这我们在校舍面积与容纳学生数的统计表中就可以看得出来。校舍既然不敷用，则在管理和设备、教学方面都要感受许多的困难的，但这仍是属于经济问题。

（八）设备缺乏——设备缺乏，致教学上受着种种困难，这也是南洋各地侨校普通的病态。我们试查看经费支配统计表和设备方面统计表，便可以明白，侨校的各项设备都是异常的缺乏。本来教育这种东西并不是单靠几科课本，聘几个教员讲授所能奏功，尤其是在小学方面，只求注意课本的学习，更难得到良好的效果。因为课本上的文字是一种抽象的东西，小学生的智力有限，当然不能够完全理会的。就使能够勉强记忆，但也不过是一种糊涂的概念，仍会使他感到莫名其妙的。所以小学教育最重的是要充实各项的设备，使学生多与实物有接触的机会，也就是说，教学上是要重具体而不重抽象。记得当我每次讲授自然的时候，说到各种动植物，学生往往是反复问难，虽然是费尽唇舌，但他们仍觉得莫名其妙。比喻你讲到松柏、杨柳的时候，因为缺少那种标本，而且地在热带，根本没有这种东西，虽然你是怎样地在形容松柏、杨柳的生长、用途和耐寒的种种性质，但仍难给他们毫无疑问的理会着。所以由于设备的缺乏，教育的效果就也受到极大的影响。

（九）教材不适用——这个问题是很重要而且应该异常注意的。因为教材不能适用，就无异于人的胃口误吃食物而不能消化一样的弊害。我们在前面已经说过，南洋的社会环境和自然环境都是和国内不同的，在这不同环境中，而要采取同样的教材、同样的方法去教授生长在不同环境中的儿童，确实是一件不合教育原理的事情。教育的任务是适应环境，是改进人类的生活。可是以国内所用的教本灌输给南洋的儿童，结果所获得的知识和技能往往与其日常生活脱离关系，就是说，往往不能把已得的各种知识应用到日常生活上面去。这种教育岂不是等于无用吗？至于在讲授上发生种种的困难，耗费许多的精神和时间，尤其不可胜言。所以教材问题是研究华侨教育的人要加以特别的研究的。

（十）教职员职掌紊乱——华侨教育既无统一的机关，各地侨校都各自为政，而学校组织的系统也往往紊乱不堪。由于组织的不严密，各种职务的分配遂不能臻于妥善，所以一班的教职员对于一切校务，有时是视若无睹，毫不关心，有时则互相夺权，争欲包揽。结果往往因之发生风潮，影响整个学校的进行。

（十一）华侨轻视教育，未能切实赞助——华侨大多数是无受过教育的，对于教育的重要当然是未能十分的理解。他们捐资学校，往往是视同其他的慈善事业一样，高兴时就捐多些款，不高兴时则完全不顾。有时更因为国内的政治不良，人民生活的困苦，国势的衰弱日甚一日，使许多华侨对于祖国感到无限的失望。由于失望的缘故，就发生一种卑视的心理，即是由于政治的失望转而咒诅教育的无能与表示其不信任。同时因为眼见得殖民地政治的良好，欧美文化的进步，就转而重视外人的文明，把自己的子弟送进外人所办的学校去读书，对于华侨学校，不特不赞助一文，甚且肆意诋毁。所以华侨教员的前途，就受到极大的影响，这是一件很痛心的事。

（十二）校董不能团结致影响校务——这的确是华侨学校中的一个很困难的问题。据我们调查统计的结果，虽然仅有4校，但考其实际总不只此数，不过因为我们所调查的范围至为狭小，未能完全调查清楚，所以仍难得到一个确实的答案。但在一般的华侨学校中，常常是表现着校董自身的不健全，而影响到校务进展的，如新加坡的华侨中学之时起风潮便是一个明证。我们如果再检阅过去和注意今后报章的记载，于这种事实更可以得到一个切实的了解。因为各校校董的创办学校，多数是为着名誉心所引起或因地域上的关系——如同属同乡，不得不同人家争气，而办一个学校以资炫耀和夸张。他们办学的动机既是这样复杂，而校董的知识又是非常简陋，所以对于校董会的重要角色都是拼命的争夺，对于校董会的实权更是竭尽其把持的能事。假使目的不能达到，便不惜想尽种种破坏的方法，以资对付他方。这样的意见各一、利害冲突的结果，就间接的影响到学校方面来，华侨学校往往因此而遇到极大的困难。

由上面各项解释看来，我们就很明白，华侨学校的一切设施与收获是很少能够使人满意的。已经具有30多年的侨教的历史，经过了许多热心侨胞的奋斗和提倡，而其结果仅仅如斯，这未免令人慨叹不已。

华侨教育以前虽然没有受着祖国的政治力和经济力的资助，同时又受外力的极度摧残，但许多侨胞并不因此而自馁其志，他们仍不顾艰困，排除万难，毅然以提倡教育、发扬文化自任。这种不假外求，自觉自力的新精神，纵然成效无多，惟即此一点已足自豪，并且令人起敬了。

华侨教育事业，虽以种种关系未克迅速发展，然就其显而易见者略举于后，亦未尝不可以窥其端倪也。

一、国语一门虽未能完全普通，然较昔日已有显著普通之推行，固无可疑义。

二、土生侨胞原极卑视本国文化，惟近年以来已渐改变其眼光，而生渴慕之念。

三、南洋之成人补习学校素无设立，近则逐渐推广。

四、侨校素无统一，往往一地数校，互相诋毁；近已逐渐合并，渐现统一合作端倪。

五、聘请教师已渐知审慎。

六、幼稚教育日见发达。

七、书报社、图书馆事业虽规模不大，设备不全，然已逐渐设立。

八、公馆、俱乐部专事无益之征逐与无谓之消遣者，日渐减少。

九、新会社以切磋新智、团结互助为号召者，与日俱增。

十、华侨学生不惮重洋跋涉，相率回国求学者，日有增加。

由于以上各种事实的检出，我人虽在长叹之余，而心犹有所慰藉。倘中国之政治得上正轨，国家之力量得以日臻强盛，对侨民有保护之力量，对侨教更资助以经济，并谋而统筹之、策进之，华侨教育之发展固未尝不一日千里也。惟遍观国内政治日益黑暗，帝国主义之侵略日益紧迫，欲期待其资助者，犹恐终成泡影，斯又令人太息痛恨耳！

后论　南洋侨教的改进

第十三章　侨教应负的任务

在整个的南洋群岛，都在帝国主义者的铁蹄践踏之下与残酷的剥削之中。无疑的，寄居在此地的华侨是沉沦于殖民地文化生活的境地，被殖民政府的愚民教育政策所迷醉，所以华侨教育问题是一个严重而又迫切的问题。

在中国的现状尚属于纠纷的形势之下，其政治的、经济的、社会的各方面尚未完全走上轨道之前，就是说当中国还未能脱离一切帝国主义者的侵略，还未获得真正的实际独立的时候，要去解决整个的华侨问题，谋全体华侨的解放，当然是一种不可能的事。但教育的作用有促进社会的效能，故比较上有可能性的，还是华侨教育的改革与促进。而且唯有从事于华侨教育的改进，才是解决整个华侨问题之必要的途径。

这个理由是很简单的。因为要使海外侨胞解除一切的痛苦，获得政治上、经济上和文化上的平等自由，犹之帝国主义者的侨民在中国所受一切的优遇一样，当然要靠祖国的力量以为后盾才有可能。可是目下的祖国是自救不暇，是反希望海外华侨能加以经济的赞助，自然是没有余力去扶助华侨事业的进展的。不过华侨在政治上、经济上、社会上、文化上各方面，虽然受了不平等的待遇，受压迫和束缚，幸而他们的身体还有一点点的自由，而其反帝的奋斗的精神仍不会完全消失。所以除了政治、经济、社会的关系之外，对于教育事业的改进，用教育力量来训练华侨，仍有相当的可能，虽然这种可能仍是很微少的。

世界上各个帝国主义者，他们移民于海外的，都是曾经在本国受过一般的和特殊的训练。他们有整个的组织，有严密的计划，更有一贯的政策以从事于殖民事业的开发。而我国则不然。数百年来，华侨之移殖海外者，都是由于生活的压迫，出于个人的行动。以往不但政府无保护的政策，且从而禁止之，所以不特无那种特殊的移民教育的训练，即连一般的国民基础教育亦多未曾受过。他们是愚昧冥顽，孤陋寡闻，赤手空拳，贸然离开祖国，跋涉重洋远适异方，其生死存亡、吉凶祸福，早已置之度外，而全凭个人的机运与努力，不幸而至于丧身亡命者，固不可胜计。其幸而得以立足苟存，以至于坐拥巨万致大富者，亦都是靠其勤苦耐劳的精神之奋斗的结果，或偶然机运的降临，并无所谓特殊之智识与技能也。所以华侨之知识仍形低下，其社会组织仍保持着那种封建式的同乡关系的形式。而因其身处异邦，累世相传，与祖国少往还，岁月迁延，人事鼎革，对于祖国的印象也愈形淡薄，且穷困者又多同化于土人，富裕者则多模仿于西欧生活，西装革履，欧语土音，殆不知自己是中华民国的国民，大汉民族的后裔。彼帝国主义者，复从而压迫之、羁縻之、麻醉之、束缚之，于是寄食异地之同胞不为帝国主义者所残害，亦将为其牛马奴隶，以供其驱策者矣。

我国向来以漠视侨民之故，其结果遂使海外侨民事业完全断送于欧人之手，700余万之侨民益陷于困苦之境地。迨乎近世，国家衰弱日甚，帝国主义者之侵略益紧，国内之革命潮流益为澎湃。海外侨民中之先觉者亦感于自己地位之危。殆欲解除自身之痛苦，一方须先援助祖国之革命运动，使国家有强盛之机，侨民有受保护之会；一方又须设立学校，创办舆论机关，力谋华侨文化事业之发展，唤醒民族固有之精神。故今之海外各地，华侨中小学多有设立，即侨教振兴之表现。然以在各帝国主义者握制之下，受严厉之取缔和干涉，如轻视华文，取缔关于我国之历史、地理和党义教材，检查教员，横加驱逐，殆为普通的现象。兼之各地侨校经费困难，派别各异，办理不良，宗旨陈旧，教法不当，有成绩者寥寥无几。是华侨教育之危机依然四伏，而其重要非言可喻，负发展侨教之责者尤不可不加以注意也。

第一节　侨教与民族精神之发扬

华侨向海外移殖的，大多是劳动阶级，他们在国内的时候既没有受过教育，到海外以后又须胼手胝足，孜孜矻矻地去从事生产的劳动，以求生活的满足。因此他们所认为唯一重要的是物质条件的获得，而不是智识学问的需求。由于这样的影响，遂使华侨教育的事业很迟缓的推进，而一班侨胞的智识仍旧是保守与低下。由于侨胞智识的低下，所以往往对于祖国的政治的、经济的、文化的各方面，都不能加以深刻的认识。如对于中国这几十年来屡见不鲜的政治纠纷和军阀混战，不但不能予以相当的合理的批判，有时且会受人煽惑与利用，而增加国家民族的忧虑与危难。这样的推演下去，于整个中华民族的生存确实是有很大的危险的。再从另一方面来看，南洋各地都是布满着帝国主义者的暗箭，表现着帝国主义者狰狞的面目。他们对于整个南洋不特要用政治的力量，以冀永久的克服与占领，而且对于寄居地这个领土内的各种民族，也想以文化的毒汁以灌输其麻醉的政策而实行同化，使各民族忘掉了他们固有的民族意识而永为帝国主义者的忠仆，供其驱遣。许多华侨处在这样的情景之下，受其麻醉与役使的颇不乏人。如遣子弟去入帝国主义者所创办的学校，去充当他们的走狗，来压迫本国的同胞，更不承认本身是中国的国民，这便是显明的例证。像这样的推演下去，于整个中华民族的生存也有着很大的影响。

华侨教育是启发华侨智识的一种利器，是改进华侨生活的一种工具，也可以说是延续中华民族的生存的要素。华侨教育之应加以积极的提倡和鼓励，都是不容丝毫迟疑的。

一个民族要不为别的民族所消灭或同化，必须有其明晰的正确的民族意识。因为有了民族意识，才能保持自己民族的生存和发扬本民族固有的精神与文化。

华侨之在海外者为数将近千万，对于祖国的政治的、经济的、社会的、文化的各种形态，都具有其密切的关系。但多数因为自幼从事工商，失却受教育的机会，更有一部分生长海外，终身未回祖国，对于祖国的情形、语言、文字茫然无知，甚而至于被外人所同化，而失却本民族的意识。像这样的继续下去，这许多华侨难免为其他民族所消灭。挽救的要道也只有发展华侨教育，因为华侨教育也是保持和发扬民族意识的一种利器。

第二节　侨教与民权思想之启发

华侨是中华民族的一部分，对于中国的各种事业都具有重大的影响。目前，中国正在本着三民主义以建设健全的国家，这是无可异议的。但欲使政治永远纳于正轨，国家永远臻于富强，则凡属人民务须本着民权主义的理论，加以深刻的认识和严密的运用，才能顺序迈进，以促成整个三民主义的实现。

孙中山先生说："以人民管理政事，便叫做民权。"我们要从民族前途着想，就要全体人民能够管理国家的政事，所以对于民族主义的认识与运用确是必要的事情。但所谓"认识"与"运用"，都是属于智识问题。教育是启发知识的工具，欲使认识更加深刻，运用更臻灵活与严密，当然要靠教育的力量。海外侨胞因在在受外人压迫，几无丝毫自由之可言，所以提倡华侨教育，使其有求智之机会，能够明了其个人与国家所以不能臻于自由平等之原因，并探求今后争取自由平等的新机能，确是非常重要的。这么一来，民权的思想可以逐渐普及，民权之运用可以集中，可以养成团体的意识，熟练团体的活动，既可以和国内同胞共同努力健全祖国之政治组织，又可以坚固自己的团体，实行自卫，向外开拓，以免受异族的欺凌，而促进中华民族的复兴。

第三节　侨教与民生幸福之促进

华侨向外拓殖，都是赤手空拳，并无其他长物。也不是像帝国主义者，具备着完密的殖民政策以为工具，而把握着胜算之标帜。反言之，华侨完全是因为环境的压迫、生活的鞭策，而自动的纯个人的追求生活的行为。他们远渡重洋，离乡背井，以勤朴耐劳的精神，经悠久时间的经营奋斗，才能够创成如许的商业和实业，才能拥有十数万、几百万或几千万的财富，才能执南洋经济的牛耳，占着优越的地位，这的确是难能可贵。荷人有句话："南洋的政治权在英、荷、法、美，宗教权在阿拉伯，而经济权却在华侨。"暹罗皇室也有如下的一句白话："暹罗为华侨之暹罗。"日本人也有"华侨为南洋的霸王"的赞语。于此就可见华侨经济势力是无限的雄厚了。就每年汇回国内的款项，总数不下万万元，这就足以抵减我国每年对外贸易入超三分之一的损失，于国计民生的影响是非常大。我国几十年来的政治的纷乱，农村经济的崩溃，遂使民生日益凋敝。假使不是以南洋为容纳失业群众的尾闾，靠华侨寄回的款项以资挹注，则国计民生益陷于不可收拾的境地。其他如革命义举，民国三年的大地震，八二潮汕的大风灾，连年华北各省的旱灾，黄河流域的水灾，山东之济南惨案，东北义勇军之抗日的战争，"一·二八"沪淞对日的抗战，与夫救国运动、慈善公益等一切的社会事业，亦莫不慨解义囊，踊跃输将，尤足表现华侨赞助祖国的热忱。

可是自从世界经济恐慌的怒潮袭到南洋以后，华侨一方面因为自身智识的缺乏，没有远大的眼光，更不能用科学的方法以统制固有的实业，同时又因为各资本主义国家改换了向来的步调，变更了原来的政策，而向华侨尽量摧残。在这种情势之下，华侨的经济已渐沦于悲惨没落的境地。这不但华侨本身受着莫大的打击，即连整个的国民经济也受到莫大的损害。

所以吾人欲谋华侨经济的昭苏，民生幸福的促进，其唯一的任务必须提倡华侨教育，改善华侨教育，尤其生产教育方面之提倡，使一般华侨能够养成有一种生活的特别智识和技能，并用合理的、经济的、科学的方法以从事华侨农工商事业的发展，以谋抵抗帝国主义者的经济侵略，更进而推进民生主义的实现。

附注：本章参考中央训练部《海外劝学宣传大纲》，第二次全国教育会议《改进并发展华侨教育计划》，《第一次全国教育会议报告书》，刘士木等《华侨教育论文集》（暨大文化部）。

第十四章　侨教应有的原则

华侨教育问题的确是华侨问题中最严重的一个问题，对于这个问题，实应以科学的方法，从实际方面着手研究，才能获得相当的效果。惟遍观国内热心的人们，往往舍本逐末，忘却华侨教育的重要意义与其特质，而仅抄袭国内的教育标准，以为推进侨教之方针；用国内的教育方法，以为实施侨教之方法；更以国内所用的教材，以资灌输于侨校的儿童。以此设施，即欲望华侨教育之发展，这的确是一种错误的见解。我们知道，我国的教育制度初则模仿日、德，继则抄袭欧美，是否合乎国情尚有疑问，而欲其尽适合侨情，尤属大有问题。因为南洋的历史有其当地特殊的历史背景，南洋的社会有其特殊的社会状况，南洋的自然环境、生活需要，亦有其不同的地方，而南洋的儿童，更有南洋儿童的身心发达状态。故教育上的种种设施，实应根据此种种事实与特点着手进行，万不能和国内采取同一的方法。

我国政府素来无确定华侨教育之方针，以致办理者无所适从，各自为政，侨教之零乱与衰落实非无因。至民国十九年2月，中央曾颁布华侨教育实施方针和实施纲领，对于侨教的意义与特质虽未详为阐明，但在实施方针第二条都有说及："根据华侨教育之特殊环境，为提高华侨地位，促成中外民族间之平等起见，应从教育方面力谋华侨民族意识之增进、华侨自治能力之训练与华侨生活之改进及生产能力之养成。"足见政府对于侨教亦渐注重也。兹更体察实情，根据华侨教育之特质，分别伸论其原则。

第一节　须适合侨童身心的发展

教育的对象并不是教科书，并不是只教小孩子认识几个中国字，会写信、会记账便算了事。它的对象是儿童，是按着儿童的身心发达的状态施以一种适当的教育，使其学习种种的知识与技能，养成种种的良好习惯与兴趣，以改善人类的生活，适应社会的需要，完成一个在群体中能独立营生并谋社会的发展的分子。

儿童的生理与心理状态是随着自然环境与社会环境的转易而不同的。处在寒带的儿童和处在温带的儿童，他们的身心发展的状态不同；处在温带和处在热带的儿童，他们的身心发展状态也不一样。教育的根本原则即在根据其所处的种种环境，以定出其实施的方针与程序。简言之，教育须与时间和空间谋密切之联系的，因为超越时间和空间的那种教育理论是不能给予多大的收效的。

南洋地处热带，自然环境既和国内不同，社会环境也和国内有异。生在这个地方的儿童，他的心理的生理的种种方面都有其特别发展的地方，万不能和国内的儿童同样看待，所以对于教育的原则也不能和国内并为一谈，而须适合南洋儿童的身心发达的程序。但南洋儿童的身心发达的状态是怎样呢？他和国内儿童的差异是在什么地方呢？这是一个亟待解答的问题。对于这个问题，以往很少，简直没有做过科学的测验和有系统的调查，所以不能够得着一个正确的科学的论证。现仅就一般人对于这个有问题的观察，来作个梗概的叙述。

我们可以说：华侨是富有下列的各种特性的：

（一）有坚忍勤苦的耐劳性；（二）有勇敢的冒险性；（三）有应付危难环境的适应性；（四）有坚决奋斗的向上性；（五）有开拓事业的创造性；（六）有安贫守己的朴素性；（七）有经商的独立性；（八）有热烈的爱国性。

这种种的特性虽然是华侨所特备的，但多是由于后天的影响。南侨儿童生在这个特殊的社会环境中和大自然的怀抱中，他们身体的发育真如雨后春笋，而其体格健强、活泼可爱，亦非国内儿童所能及。兹将 2 位对于南洋华侨儿童的心理状态之意见择要述之。

陈问樵君对于南洋儿童心理的分析：

（一）意志：大都脆弱而易变动的。他们对于任何事物很少能用理智去判断。这种情形，且不限于儿童，成人似亦有此病，这大概是久积成习了，更由积习而渐变为遗传了。

（二）感情：因意志薄弱的缘故，所以感情大都是很浓厚而热烈的。侨童的感情所以会这样的丰富，这大约是他们有生以来即在漂泊中，过着旅店的生活，又受着外来种种刺激的反响。

（三）行为：侨民大都是出身工商，加之幼时又没有受过良好的教育，所以他们的行为不免粗暴而蠢俗。不过他们虽粗暴蠢俗，但他们的言语和举动却是很爽直的、勇敢的。还有他们因受后天自由无拘束的感染，大半是好动而恶静。

（四）智力：因在终年炎热而少刺激及变化的热带，所以侨童的脑力大都迟钝而简单，他们的智力因使薄弱，感觉力缓慢，思考力缺乏，记忆力薄弱。

（五）智力与品性的特长：对于艺术特别爱好，具有特别天才，制作图书及唱歌很肯用心构思，又都富于服从、合群及好公益的美德。

（六）缺点：南侨儿童本是很活泼的，但一到年龄较大的时候，便变为一个怠惰而不喜工作的顽童，也许因为气候的关系，使生理上有此变化。又如喜争斗、好零食、吐痰、不清洁，都是特殊缺点。

沈厥成君对于南洋儿童心理的分析：

侨童大都是轻佻性（多血质）或带热烈性（胆汁质）。至于沉郁性（神经质）和冷静性（粘液质）很不多见。凡是轻佻性和热烈性的儿童，体质都是强健的。

现把侨童精神方面的特征列成下表：

心性	善	同情，顺从，乐天。
	恶	虚荣，阿谀，意志薄弱，忍耐力缺乏，浮躁强悍。
行为	善	活泼，善于社交。
	恶	好争斗，放纵，轻率，骚扰，不整顿，不注意，不持续。
言语	善	夹直，迅速。
	恶	轻率。

我们看了陈、沈两君对于南洋儿童心理的分析以后，虽然未能认为完全不错，不是一种科学的具体的诊断，而仅凭主观的、个人的分析。但我们至少可以知道，南洋儿童的确有好多地方和国内儿童的心理是不同的。他们既各有其心理状态的不同，便各有其所需或所好，决不是以同一的教育原则所可收效的。所以华侨教育应切实注意及此，若一味强迫或因袭祖国教育，不顾侨童已具的特性，则不特使受教者格格不相入，且亦失却儿童本位教育的意义。

据作者个人的经验，南洋儿童的好处是天真活泼、刚直、勇敢，能加以激励，其勇往直前的精神远胜于国内的学生。他们喜听革命的爱国事迹，崇拜革命的人物和爱国的行为。对于富有革命性的热心教员非常尊敬，对于腐化、消极及头脑顽固、思想落伍者则异常厌恶。他们的思想是趋向新奇，一切陈旧的学说极难引起其同情。凡遇集会的时候，不论那个会是何种性质，只要演讲者插几句爱国的言论，听众都会兴奋而且鼓掌。有时报告国内时局达数小时之久，他们亦毫无倦容。至于英文的程度则高出国内学生，因南洋华侨与欧亚各民族杂居，儿童自幼即习见蟹行文，故学习英文较易。兼之校内兼重英文，多数认英文为较有实用和较有兴趣的学科，其进步自然较速。南洋儿童通常要学习好多种语言，如广府话、客话、潮州话、海南话、福建话以及国语、英语、马来语、荷兰话、暹罗语、安南语等，虽发音有不准确，亦莫不尽心力而学之。音乐、图书、手工、跳舞，南洋学生特别有兴趣与优异。音乐因受欧化的影响，学校无论大小多有军乐队，校舍尽管不够分配，而乐器室多半是有的，而且有许多乐器，在国内的大学中也有时见不到的。每逢祖国的各种纪念日或董事家内的婚丧庆吊，学生都大奏而特奏。

南洋地处热带，故儿童的体格强壮，精神活泼，而性好动。因此体育一科尤其特长，球类更为出色，年来多有代表祖国出席远东运动会者。其个性好斗，在休息时间内往往有数起打架的事情发生。有些学生品性横蛮，当殴打厉害之际，教师非加以适当的合理的制裁，则事情往往扩大。至于其他不良的习惯，如好赌与嗜零食等，都是常见的事情。这种不良习惯的养成固然由于环境不良，家庭教育不好，但南洋儿童具有好动的特性也未始不无相当的原因。

南洋儿童既有许多优良的品性和行为，又有许多不良的习惯和性格，则教育的原则应当把他们那些不良的习惯设法免除之、引导之，对于那些优良的品性和行为又应当尽量设法以启发之、激励之，使其得以充分的发展，这才是一种正确的方针。假使华侨教育不以南洋儿童的特性和兴趣所在，而仅仅依照普通的原则而厘定施教的方针，则其结果自然令人失望。这是研究侨教的人应该加以深切之注意的。

附注：本节参考陈问樵《荷印华侨对于教育事业的态度》（荷印教育鉴），沈厥成《荷印华侨之初等教育》（同上），朱法雨《华侨教育之特质》（《广州民国日报·副刊》）。

第二节　须适应南洋的特殊环境

人类在这"物竞天择，适者生存"的宇宙中，必须有相当的知识和技能，才能适应其周围的环境，因为人类与其他的动物不同。动物只须适应自然环境和简单的社会环境，所以它的胎儿期幼稚期很短，而且天赋的适应能力很多，不须经过长久的学习。人类可不然，他除适应自然环境外，还要适应很复繁的社会环境，而且人类的天赋适应能力至为薄弱，反射动作很少，必须经过很长久时期的学习与训练才能获得相当的适应能力。人类的胎儿期、幼稚期之所以比较其他动物为长者，盖欲藉此以获得经验以及学习种种的知识技能，并养成习惯，以适应社会之需要也。教育的职能在培养人生控制自然、适应社会活动能力之获得，而其目的即在供给社会的需要，改进社会，发扬文化，使人类的精神和物质的生活得以充分改善。但教育有它的普遍性，同时还有它的特殊性。所谓普遍性者，是教育基本原则的普遍化；所谓特殊性者，是应用普遍性外，还要以当时当地的特殊环境为根据，而施以一种特殊的教育，使教育所获得的结果能够适应当时当地的人类实际生活的需要。

南洋的自然环境和社会环境和国内不尽相同，侨民在实际生活上的各种需要，当然和国内人民也未尽相同。所以华侨教育的机能，就是应如何使华侨能够适应南洋的特殊环境，以促进其实际生活的改善。换言之，华侨教育在原则上，应如何使华侨与国内民族相一致，共同致力于中华民族的自救与复兴繁荣；在方法上，应促进华侨如何获得经验？如何学习种种知识技能？如何养成良好的习惯，以促进其生活的向上？这是最切要的问题。

雷宾南先生说："华侨移殖异地，少者数十年，多者数百年。在这个时期中，他们或筚路蓝褛以启山林，或深入不毛以觅新土，故虽在穷乡僻壤，都有华人负贩，山陬水涯，不乏华人足迹。如此看来，华侨的耐劳刻苦固属可惊，他们富有冒险的精神也可佩服，而其对于自然环境的适应也可算是适合了。但不幸'强中更有强中手'，他们所到之地，不是已有欧美人先到，便是有欧美人随后。华侨所有的是耐苦能力和冒险精神，欧美人所有的是科学和知识。结果，欧美人在殖民事业当中较为优胜。因为前者对于自然常抱持'不识不知，顺帝之则'的态度，倘有横来，只有顺受；后者对于自然不但不顺从它，还要克服它，还要利用它，不但如是，欧美人更用他的科学知识发明种种新机械，这种新机械就是他们做呼风走电和移山倒海的工具。一方面既得自然为用，一方面又有新机械和其他资本以为工具，故欧美人对于三分生产之要素已有二，所缺乏者为劳工。若一举而生产要素具备，则他们遂全数变为当地的主人，华侨到这时连充为仆役亦不可得。这就是欧美人比华侨较为适应，而生出这种优胜劣败的现象。"雷先生的结论是："第一，要解决华侨问题，我们必须彻底研究华侨的自然环境，因为我们相信控制自然是人类生活的重大任务。第二，要解决华侨问题，我们必须彻底研究华侨的社会环境，因为我们相信改造时势是人类生存的必须条件。"

雷先生的立论诚有其精到之处。迩来外国政府对于华侨，正藉其政治的暴力而施以种种残酷方法的压迫，并藉其工商业的力量扶其雄厚的资本并最新式的科学生产方法，力谋扑灭相与竞争的侨胞。在这种紧张的情况之下，侨胞居然能不被其全数摒绝，于千辛万苦之中立得住脚，并且有所建树，吾人自然不能不称赞其刻苦耐劳和崇俭重朴的习惯。然而倾轧排挤的紧张，华侨所遇的困难是有加无已的。外人工商业的组织方面、生产方面、运销方面日益科学化，侨胞的生活所受的威胁便也愈加厉害。益以近年来世界经济状况的不景气，外国政府为保护其本国工商业与救济本国失业起见，对于素来视同眼中钉的侨胞所操作的职业，自然痛加摧残，因而形成目前华侨生活最大的痛苦的现象。我们对于此种可痛的事迹欲谋有所挽救，当然有许多方法应该同时推行。如最首要的固应以整个国家的政治的经济的力量以为保障，并资助华侨事业之发展。然在中国的政治尚未上轨道之前，华侨事业尚未受切实保障之际，则其唯一的要图当以竭力提倡华侨教育，以增进华侨之知识与技能。使有业者更因知识与技能之增加，而促进其业务的改善与繁荣，或在不景气中能保持其固有的事业的稳定；无业者更以知识与技能之获得，亦可以从事于职业的活动。我们知道，华侨工商业之所以未能与外人竞争，侨民生活之所以未改善者，其原因固多，然技能与学识的缺乏都是一种可能的因子，如商业方面，管理缺乏科学化，广告术的不甚注意即是一例。所以华侨教育的原则尤当体察华侨生活困苦之所在。南洋社会根本需要是什么？南洋的自然环境和社会环境的特点在那里？简言之，即华侨实际生活所需要者为何物？怎样才能促进其生活的改善？这便是华侨教育的根本课题。

我们可以说，目前华侨实际生活所感觉需要者，是经济生活，即物质生活的改进和精神生活，即文化生活的解放与提高。换言之，在冀求脱离帝国主义者之政治的、经济的、文化的压迫与摧残，使能站在民族自由平等的原则上去谋自身的发展。

这种企求的实现，当然惟有等待整个资本主义制度的崩溃之后才有可能。然在世界革命潮流当在澎湃当中，华侨教育之唯一任务与原则仍当本其所需，在可能范围内施以一种适应的、合理的、前进的教育。

附注：本节参考刘士木等《华侨教育论文集》（暨大文化部），雷宾南《解决华侨问题的根本原则》（《暨南学生》第二期），朱法雨《华侨教育之特质》（《广州民国日报·副刊》）。

第三节　须培养侨民的自觉心理

华侨移殖南洋历史悠久，人数几达700余万，其分布地域几遍全球，无论海澨山陬，只要人迹可通的地方都有华人的足迹。他们多数为生活所迫离乡别井，抱着冒险的天性与创造的精神，斩荆棘、辟草莱，与炎暑严寒相抗，和毒蛇猛兽奋斗，辗转挣扎，不断努力，遂能创造许多伟大的事业，永留功绩于不朽。今日的南洋群岛在昔日不过是一片荒凉的地方，其所以有今日如是的繁荣，在经济上可以占世界之重地位者，未尝不是华侨胼手胝足所努力造成的结果。可见华侨的丰功伟绩，诚有垂万世而不能磨灭的理由。

惟自帝国主义者尚未侵入南洋群岛以前，华侨以自身之能力及文化固足以征服土人而有余，对于南洋群岛之经济的开发、政治势力的操纵，尽可自由运用，而为南洋群岛之盟主。乃自欧美帝国主义者发现南洋是一个黄金宝库，而挟其经济的、政治的、军事的各种力量向南洋竭力经营以来，南洋的社会情形已经一变而为复杂的经济争斗场所。华侨以无巩固政府的力量之援助，以其原有之能力与文化而曾对付土人者，以与白种人竞争，便不可能了。所以华侨昔日在南洋各地所握住的经济威权遂逐渐为白色人种所夺去，而其所处的地位亦日趋危殆。迨乎世界经济不景气的狂潮侵袭南洋以后，华侨益处于极度危险而难于应付的境地中。兹就其所受最大与最显著的袭击者列举于后：

（一）受居留政府的压迫。居留政府为着华侨以坚毅的精神，为着华侨用自身的血汗取得南洋各地的经济威权，惹起了他们的嫉视。更为着民族间意识的歧异和保护其本国工商业的繁荣，救济本国失业的恐慌，于是便不惜多方的对华侨施以种种的压迫与摧残。

（二）受土人的排挤。南洋的土人本来是一种文化很低的民族，对于华侨自无所谓排挤与残杀之事，甚且多与华侨表示亲善者。惟自帝国主义者之势力侵入南洋以后，认为华侨在南洋发展为其不利之对象，除一意对华侨施与压迫外，更煽动土人仇华思想，有时并指使其施用种种残酷手段以排挤华侨，造出种种不幸的事件。

（三）日人对华侨商场的侵夺。华侨在南洋营商的多数是中介商人，把欧美、日本和本国的货物贩来后再卖给土人，居中获利。近10年来，因为华侨排拒日货，日帝国主义者便作进一步的侵略，积极训练许多小商人，直接将日货向土人贩卖，于是华侨这种中间商人的地位大有被其取而代之的情势。

（四）受世界不景气的影响。华侨在南洋所经营的事业，除了少数是资产者外，几全是小资本商业或劳工。然自从世界经济不景气的狂潮侵袭南洋以来，橡胶与锡价以及所有的土产的价格是极度的惨跌，致使很多的工厂倒闭，商店关门，大批的工人失业。由于经济基础的动摇，使一切华侨事业皆受波荡，而华侨教育所受的影响，尤不可胜言。

由上述四点看来，今日的侨胞处在这样的一个四面楚歌、危险万分的境地里，处在这种国际势力的殖民地上，要使其已取得的权利不致丧失，要使其一切事业得有保障，生活得以安定，最重要的便是须有国家的实力以为后盾。华侨之所以受到殖民政府的压迫、土人的排挤，与夫日人对于商业上之不断地侵夺而不能求相当的解脱者，最大的因子诚然是由于中国政府之本身一向不理华侨，而且无具体的实际的能力可以援助华侨，而使其自生自灭。然除此而外，华侨对于自己所处的地位无彻底之认识与觉悟，对于全体同侨无切实之团结与合作，而时启自相残杀、自相攻击与诋毁之破绽，而使外力有隙乘机侵入与欺侮者，诚非无因也。

现在的华侨虽然有很多已经觉悟而奋起，但仍有不少袭故蹈常，狂于守旧而不自觉。他们每遇一事，辄以命运的兴衰以为准绳，并无远大的眼光与宏图的志愿。在百余年前，各地土人大梦未醒，文化未开，欧美殖民政策施行未遍之时，尚可本其数千年前遗传下的浅薄知识，用其坚忍耐苦、克勤克俭之天性，以驰骋奔跃于南洋群岛之上。今者，梦者已觉，强者已集，前者称霸南邦的侨民，遂为跣足裸体之土人所袭击，与残忍横行的外人发射之鹄的。华侨处此危境之下，仍无自振之精神与团结合作之力量。若以社会言，则尚沉沦于伤风败俗恶劣习惯中；以教育与文化言，既未求高深，复未能普及；以经济言，则缺乏世界眼光，缺少国际贸易知识。且散漫不整，力量薄弱，以之身处异域，宁不为人所宰制？

教育在学理上原有普遍的原则和一般的方法，而其目乃是使人类认识现实生活，并促进人类具有改善现实生活与发扬社会文化的知识和技能之获得。但是现实的生活是随时间和空间而不同的，因之教育的原则和方法亦不能古今中外千遍一律、相类无异，而是有其时间性和空间性的了。所以华侨教育自有其特殊的意义与原则在。

华侨乃中华民族的一部分，乃侨居外国的中华民族，所以最低的限度也应当记得祖国、认识祖国、了解祖国。对于祖国的文化尤应有深切的认识，自身所处地位的危险，亦应有透彻的觉悟。富有者切不可沉湎于奢华的物质的生活而忘记了自己的前途与所负的使命；穷困者尤当振刷精神，树立个人的独立之意志，并且在同一的意志之下团结起来。

目前的华侨究竟是怎样呢？他们累世外居，已经有很多数是数典忘祖了。对于祖国的现状如何，怎样会形成现在的状态，固无相当的认识。对于祖国的历史文化有些已懵然无知，而于自身所处环境的险恶更莫知所以。有资产者日惟骄奢逸乐，劳动者则贫困不能自拔，均不知自身之在帝国主义者的压迫剥削之下，生命财产之握于帝国主义者之手。而封建思想、地域观念复根深蒂固，恶俗流行，生活腐化，不知改革。所以目前的有些华侨不特不认识自己，而且不认识祖国，而有许多则不认识世界，更不认识时代。这的确是目下华侨本身的危机，是中华民族日趋没落的征象。

华侨教育之目的无非是谋增进侨民之福利，故对于侨民的这种种缺点，应当予以适当的纠正和启导。换言之，华侨教育的本旨就在培植个人的自觉心理，扫除那种传统的散漫的习性，改变他们生活的态度，纠正他们错误的观念，训练整个的民族精神，使其一致地在共同的目标之下去争求自身的解放，去努力争取整个中华民族的生存与光荣。这是华侨教育所应注意的一个原则。

附注：本节参考《华侨周报》（中央侨务委员会），《南洋研究》（暨南文化部），《华侨半月刊》（南京华侨半月刊社），刘士木等《华侨教育论文集》（暨大文化部），朱法雨《华侨教育之特质》（《广州民国日报》）。

第四节　须适应华侨农工商业的竞存

南洋华侨的环境大多数是占据在农工商业的圈子里。因为南洋是一个天惠的乐土，物产异常丰饶，生长在此地的土人多受其天然环境的影响，生性愚蠢与游惰而不事生产。华侨凭其贸迁有无的本领，逐什一之厚利，大的富累千万，小的亦尽足以谋生。然其具有那样深厚的经济基础，并非一朝一夕之故，而是具有其悠长奋斗经营的历史与其当时所处环境之丰厚耳。

现在南洋的经济舞台已非昔日华商独霸一方、称雄岛上的时代了。既有欧美人的竞争，复有日本人的争夺，而土人对农工商业的程度亦继长增高，大有起而与华侨为难之势。华商在此四面楚歌之中，其守旧者犹"故步自封"，并不晓得采取科学的知识、技能与商业上的新战略，其结果难免为人所夺去。迩来华侨商业日见凋弊，虽云是由于世界经济恐慌的袭击，然其农工商业竞争方法之低劣，不足以与人竞存，亦为普遍的现象。

华侨教育之提倡，即亦以谋华侨经济之扩充、侨民生活之改善者，故对于华侨农工商业上的这种危机，应在教育上谋补救之术，就是提倡适应于农工商业竞存的教育。不论中小学校，于必需课目之外，对农工商业方面的各种课程应特别注重。在中等教育方面，或多办一些实业学校或职业补习学校，亦无不可。因为大多数的学生毕业后即须助其父兄经营各种业务，所以对于农工商业的知识和技能很是需要。假使在校的期间内，不予以一种实业技术的训练和科学常识的培养，则出校之后势必用非所学，而感到种种的困难。我们常常听见许多侨胞说："现在许多毕业生，要求一个懂得簿记、会算、会写，并且具有较充分的商业常识的人，真是难得，所以现在给子弟读书简直没有什么用处。"由于这点点的意见，我们就可以知道，现在的华侨教育大多数是不适应于南洋各种实业环境上的需要了。所以我们要维护华侨过去在南洋农工商业的地位，并谋今后的发展，以适应其环境，则必须侧重于农工商业竞存的原则了。

附注：本节参考刘士木等《华侨教育论文集》（暨南文化部），《南洋研究》（暨南文化部）。

第十五章　侨教应有的改进

海外的侨民是中华民族的一部分，他们的繁荣与衰落，他们的知识的高深与幼稚，甚至他们的一举一动、一事一业，都是与整个的中华民族有着密切的关系；有时，他们对内对外的关系还比较国内的民众来得深切与严重。因此，我国政府对于海外数近千万的侨民，至低限度也应该同国内的民众一样的看待，而不应有所漠视的地方，以共图中华民族之自觉统一和自救运动。

华侨在海外创办学校，提倡教育，是近40年来的史实。他们的倡办学校，完全是出于个人的力量与行动，并不是有其他外力的赞助。反之，所谓外力，倒是华侨教育的桎梏，而不是促进华侨教育发展的助力。华侨教育自始及今，即遭受种种外力的摧残。而未由跑上前进的途径，所以现在仍是处在幼稚、低下的状态中，甚而日趋于破产的境地。执笔至此，令人寒心。

中国政府在以前是不当海外侨民是中华民族的一部分的，所以对华侨的一切事业都可以不加闻问，而令其自生自灭。现在虽然是改变以前那种浅见的态度了，可是在事实上，海外侨民所得到的是些什么？这不能不使人发生疑问。华侨教育的经费困难是当局所深切了解的，但是却未见有丝毫的救济；殖民政府的任意摧残华侨教育，是当局所能深切了解的，但是却未闻有实效的解脱……华侨教育由于外力的极度摧残下，由于中国政府的不加扶植，由于自身的散漫不整，于是又渐渐地跑上殖民地化的领域。这又是令人发生无限的愤慨。

上面几章中所讨论提及的，不论是理论的任何方面，我们都可以深切地觉得华侨教育的危机四伏。至于那些统计材料的分析，我们更可以看到华侨教育是日趋于破碎零落的境地。

我们感觉到，华侨教育的破产就是整个中国教育破产的一角，华侨教育的危机就是中国教育的危机，海外侨民的衰落与痛苦也就是整个中华民族的不幸。因此，我们对于理论的探讨与事实的分析以后，不能不提出一些微浅的改进侨教的见解。

关于改进侨教的意见，曾经有很多人提出不少的主张与计划，在政府机关方面也曾经开过几次的会议，而想讨论出一个关于改进的途径。可是那些主张和会议事后都变成具文，列为悬案，于华侨教育仍没有丝毫的收效。这个最根本的原因，是由于那些主张与计划不是仅凭主观不顾实际的见解，便是舍本逐末、去重就轻的浅见，结果当然是不会得到什么效果的。我们现在所要提出的，是分其轻重与缓急，是着重事实，而不尚空谈阔论。这或者于华侨教育前途会有多少的裨益吧。

第一节 筹划侨教的经费

经济是一切事业的基础，假使经济不充，则一切事业均无从发展，或且会发生根本动摇。所以无论谈什么问题，都脱不了经济条件的支配。

教育是意识形态之一，它是建筑在经济基础之上的。教育如果失掉了经济条件的依据，就会立刻发生动摇，甚至于整个破产，这又是必然的因果法则。

南洋的华侨社会经济无疑地已经趋于没落的地位了，建筑在经济基础上的华侨教育当然是跟着没落。所以近来的侨校，多数为着经济困难而实行紧缩、减薪，甚至宣告倒闭，这是一种普遍的现象。

据我们的调查统计结果，侨校经费困难占十分之九。由于经费的困难，对于设备自然简陋，而于管理上、教学上更受到极大的影响，所以经费问题是华侨教育一个最基本最迫切最严重的问题。对于这个基本问题，如果没有办法可以解决，则一切华侨教育的设施与计划都是等于空谈。

我国政府对于国内的各种教育经费都有明白的规定，按期由公家拨给，惟对于海外侨民的各种教育经费，则多属侨民自筹，并没有丝毫顾及，经费既不充裕，教育事业自难向前发展。华侨是中华民族的一部分，同其他的国民不论是在义务上、权利上，都是应该站在同等的地位的。在国内的各县市有着各级公立学校的设立，在海外各地则未见政府有点滴的恩惠,在理是不应当有这样的歧视的。况且海外侨民对于祖国的各种事业,不论是在物质方面、精神方面,均有极大的助力与贡献,政府更宜予以相当的奖掖与提携。根据上述的理由,我们认为,政府每年应该指定的款以充华侨教育的经费。此外,可以另就南洋各地的出产或货品,商请当地的侨众酌量抽收税捐,及向殷商筹募。经费既有确定,且由政府统筹拨发,则对于侨校的用人行政概可由政府直接派人主持,这样华侨教育便可以暂上轨道与向前发展了。

所以,我们认为筹划华侨教育经费是发展华侨教育的先决问题。这个问题的急待解决,无论何人都不能加以否认的。

第二节 切实保障侨教的发展

华侨教育迭受各地的殖民政府的压迫与摧残,这是有目共睹的事实。英属殖民政府屡颁学校注册条例,压迫侨校越来越凶;荷属殖民政府则比英属加甚,对于华侨文化机关如学校、如报馆,封闭驱逐,视为常事,对于侨校所采取的教材更取缔得异常厉害;暹罗政府则强迫华校的员生学习暹文,视同本国的臣民一样。华侨教育处在这样的层层压迫之下,欲望其自由发展,那简直是等于梦想,所以政府当局应该要向各国提出严重交涉以谋保障。可是沦为次殖民地的国家,在其本部内的各种束缚的锁链尚且无力解脱,哪有余力可以保障海外的侨民,可以解脱侨教的桎梏。所以我们可以说,欲侨教之得以发展,须待中国强盛之后,不然仍是空言无补,交涉无效的。

第三节 编辑补充教材

南洋华侨学校所采用的各种教材都是国内所出版,而适合于国内的环境和实用的(其实也未必适合)。南洋的环境和国内不同,南洋社会的需要更和国内不一样,对于那些教材之不尽合用自不待言。所以,最高教育机关应该要聘请专家,从速编辑适合于南洋社会需要的各项教材,华侨教育才能收到良好的结果。不过,关于教材的编纂与采用须待政府对于侨教有切实的保障以后,就是说须待解脱各殖民政府束缚的锁链以后,不然他们仍会加以无理干涉与取缔,使得无从采用。

上面的 3 个问题,我们认为是华侨教育中最迫切需要的问题,而应该先以解决的。这 3 个问题如能顺序的解决以后,则华侨教育自然可以跑上发展的途径。不过解决这 3 个问题的大前提,则须待中国完全脱离了帝国主义的压迫而完全独立自主与富强的时候。不然,虽言论皇皇,计划深远,仍是无补于实际的。因此,海外侨民为自己谋解放计,对于政府应有深刻的认识。

此外,如组织华侨教育总会,规定校董部与教务部的职权,培养侨校师资,奖励华侨热心办学人员与奖励华侨子弟回国升学等等问题固属必要,但我们终觉得,那是枝节的问题,而不是主要问题的解决。所以我们并不把它列为正课,而仅仅在这里略为提及。

附　录

一、本书参考书籍

专　书

暨大文化部编《南洋华侨教育会议报告》（暨大文化事业部）

刘士木等编《华侨教育论文集》（暨大文化事业部）

刘士木编《南洋各属学校注册条例》（同上）

刘士木等编《民十八年度南洋华侨教育之概况》（同上）

《菲律宾中西学校30周年纪念刊》（中华书局）

傅无闷《星洲日报一周年纪念刊》（星洲日报馆）

傅无闷《星洲日报二周年纪念刊》（同上）

荷印华侨学务总会《荷印华侨教育鉴》

曹聚仁等《国立暨南大学纪念论文集》（暨南大学）

钱鹤编《南洋华侨学校之调查与统计》

中央训练部《华侨教育会议报告书》

中央侨务委员会《华侨所受不平等待遇》

中央侨务委员会《各国虐待华侨苛例辑要》

中央侨务委员会《现行侨务法规辑要》

汪同尘《扶助海外华侨教育计划书》

荷印华侨学务总会《荷印华侨教育研究会议决案》

庄希泉等《南洋华侨教育之危机》

《星洲端蒙学校25周年纪念刊》

缅甸觉民日报馆《觉民日报纪念刊》

陈阜民《暹罗状况全书》

厦门大学教育科《南洋各属华侨教育机关一览表》

陈枚安著《南洋生活》（世界书局）

李浩吾著《新教育学大纲》（南强书局）

张相时著《华侨中心之南洋》（暨南大学）

李长傅著《南洋地理志》（暨大文化部）

黄竞初著《南洋华侨》（商务印书馆）

刘士木著《南洋丛谈（南洋情报）》（暨大文化事业部）

申报馆编《第一次申报年鉴》

李长傅著《南洋华侨史》（暨大文化事业部）

陈刚父《帝国主义统治下之南洋各地教育》（《南洋研究》四卷五六期）

熊理《南洋社会经济》（《南洋研究》三卷五期）

何文汉《华侨概况》（神州国光社）

教育部《现行重要教育法令汇编》

教育部《第一次全国教育会议报告书》

中央训练部《海外劝学宣传大纲》

教育部《第二次全国教育会议之决案》

许克诚《荷属东印度群岛史略》（暨南讲义）
刘士木《南洋荷属东印度之教育制度》（暨大文化事业部）
黎国昌《南洋实业科学教育考察报告》（广东省教育厅）
《槟榔屿光华日报纪念刊》

杂　志

《南洋研究》（暨大文化事业部）
《中南情报》（同上）
《南洋情报》（同上）
《中国与南洋》（南京暨南学校）
《菲律宾研究》（暨南菲律宾同学会）
《荷印华侨学生刊》（暨南荷属学生会）
《华侨教育》（暨南师范科）
《暨南周刊》（暨大出版部）
《暨南校刊》（同上）
《暨南学生》（暨南学生会）
《槟榔屿》（暨南槟榔屿同学会）
《菲律宾华侨教育丛刊》（菲律宾中西学校）
《福建会馆教育丛刊》（星洲福建会馆）
《南国半月刊》（星洲南国社）
《华互月刊》（广州华侨互华社）
《南洋杂志》（怡保南洋杂志社）
《华侨半月刊》（南京华侨半月刊社）
《侨务月刊》（外交部侨务局）
《中央侨务月刊》（中央侨务委员会）
《华侨周报》（侨务委员会）
《侨务月报》（侨务委员会）
《华侨教育副刊》（《星洲日报》）
《教育附刊》（新加坡《民国日报》）
《教育部公报》（南京教育部）
《申报教育栏》（第二次全国教育会议特刊）（上海《申报》）
《晦鸣周刊》（晦鸣社）
《现代青年》（广州《民国日报·副刊》）
《民族杂志》（上海民族杂志社）
《钟灵中学校刊》（槟榔屿钟灵中学）
《厦大周刊》（厦门大学）
《厦大学报》（厦门大学）
《暨南教育季刊》（暨南教育学院）
《教育创造》（暨南教育学院同学会）
《教育与生活》（暨南教育系）
《教育杂志》（商务印书馆）

《中华教育界》（中华书局）

《初等教育》（集美中学）

《教育研究·菲律宾教育专号》（中大教育研究所）

《申报月刊》（上海《申报》）

《新中华》（中华书局）

二、修正侨民学校立案规程

第一条　凡中华民国人民侨居他国者，在侨居地设立学校，须由设立者或其代表备具立案呈文及附属书类2份，呈由该管领事转呈侨务委员会，由侨务委员会会同教育部核办之。

在未设领事地方之侨民学校呈请立案时，得请当地或附近之侨民教育团体转呈或径呈侨务委员会，由侨务委员会会同教育部核办之。

第二条　凡侨民学校须具下列各项资格，方得呈请立案：

一、经费

有定确之资产资金或有其他确实收入，足以维持学校之常年经费者。

二、设备

有相当之设备者。

三、教职员

1. 各教职员均能合格胜任者。

2. 每学级有专任教员一人以上者。

3. 校长由本国人充任者。但有特殊情形必须聘外国人充任时，须由该管领事或该校校董会全体呈请侨务委员会商同教育部核准。

第三条　凡侨民学校呈请立案时，须开具下列事项，连同全校平面图及说明书呈送审核：

一、学校名称（如有外国文名称者亦应列入）。

二、学校种类。

三、校址（中外文）。

四、开办经过。

五、经常费来源及经常临时预算表。

六、组织编制课程及各项规则。

七、教科书及参考书目录。

八、图书、仪器、标本、校具及关于体育、卫生各种设备一览表。

九、教职员履历表。

十、学生一览表及历年毕业生一览表。

第四条　凡已立案之侨民学校，其组织课程及一切事项，除有特殊情形呈经侨务委员会会同教育部准予变通外，须遵照现行教育法令办理。

第五条　凡已立案之侨民学校如有应行褒奖、补助及介绍学生回国升学事项，均得予以优异之待遇。

第六条　凡已立案之侨民学校，如教育部或侨务委员会认为办理不善，得令其改进。如屡经令饬改进而仍未遵办者，由侨务委员会商得教育部同意，得撤销其立案。

第七条　凡已立案之侨民学校如欲变更或停办时，须呈经该管领事转呈侨务委员会，由侨务委员会会同教育部核办之。在未设领事地方，得请当地或附近之侨民教育团体转呈或径呈侨务委员会，由侨务委员会会同教育部核办之。

第八条　本规程由教育部、侨务委员会会同公布施行。

三、修正侨务委员会补助清贫侨生回国升学规程

第一条　凡侨生回国升学，考入公立或已立案之私立高中以上学校肄业，成绩优良而经济困难，有确切之证明者，得请求本会补助。

第二条　凡侨生请求补助者，须具备下列手续：

一、由家长自具申请书，除声叙经济困难、无力供给之实况，拟请补助之数目及期限外，并陈明本身之姓名、性别、年岁、籍贯、职业、侨居地、通讯处及该生之姓名、性别、年岁、生长地方、通晓语文、学历、现入学校、所习学科、毕业时期等，同时呈验该家长及该生居留证或出生证、回国护照暨其他足以证明侨民身份之文件。

二、须有当地本国领事馆、高级党部、已在本国主管部会立案之商会、教育会之一，或已在本国立案侨民学校，两校之证明书，证明该家长之经济困难实况。

三、呈验以前毕业学校之证书及最近肄业学校之"在学"或"考取"证明文件及学校成绩单等。

四、附缴该生最近2寸半身相片一张。

第三条　清贫侨生回国升学补助数目，按其学业成绩及需要程度规定如下：

一、肄业高级中学者，甲种补助费每年200元，乙种补助费每年150元，丙种补助费每年100元。

二、肄业专门以上学校者，甲种补助费每年400元，乙种补助费每年300元，丙种补助费每年200元。

第四条　补助清贫侨生回国升学之名额，高级中学每年以100名为限，专门以上学校每年以50名为限。如超过规定名额，续有请求经本会审查合格者，得先予存记，遇有已毕业或取消之名额，依次递补。

第五条　各地方准予补助之侨生名额分配另表开列，但对党国有勋劳者，其子弟得享有优先权。

第六条　凡侨生请求补助，合于第二条各项之规定，经本会核准饬知后，该生应即分期填具本会制发之收据呈会请领，本会即将其应得补助费寄由其所肄业之学校转交。

第七条　凡经本会补助之侨生，至少每2个月须将其在学状况报告一次，每学期须将其学业成绩报告一次，并须附呈学校成绩单。不按期报告或据学校报告成绩低劣，经本会审查属实者，本会得停止其补助费之一部或全部。

第八条　凡受本会补助之侨生，非具有充分理由，经呈本会核准，不得自由转学，否则得停止其补助费。

第九条　凡经本会补助之高级中学侨生，将届毕业之4月前，须将愿否升入专门以上学校预报本会，以便核办。

第十条　受补助之侨生，如其家庭经济状况确已改善，力能自给时，应自请停止或减少辅助，本会亦得于查明时停止或减少其补助费。

第十一条　本规程自公布之日施行。

四、侨务委员会指导侨生回国升学规程

（二十二年11月11日第五十六次常会通过）

第一条　本会为指导侨生回国升学起见，特制定本规程。

第二条　凡侨生回国升学请求本会指导者，得用书面或亲到本会侨民教育处询问，惟须附带原来学籍之证明文件。

第三条　凡侨生回国升学请由本会介绍者，须具备下列手续：

一、自具呈文一件，陈明姓名、年岁、籍贯、家长姓名、职业、侨居地址、毕业学校及所欲升入学校等级。

二、有当地本国领事馆、党部、商会、教育会或经本会立案学校之一之证明书或介绍书。

如遇特殊情形不能具备前项手续者，得由本会委员2人负责证明，但仍须补缴上项证明书或介绍书。

三、呈验毕业文凭或修业证书、转学证书、学校成绩单等。

四、附缴最近2寸半身相片一张。

上项手续具备外，须在所拟升进之学校截止报名期前请求介绍者为限。

第四条　凡侨生确因家境困难，请求本会介绍减免学费升学者，除应备第三条各项手续外，须有当地本国领事馆、高级党部、商会、教育会或经本会立案学校之一之确实证明。

第五条　国立或政府属下各机关所立学校招考新生有特别规定时，凡请求本会介绍之侨生，须照该校之特别规定。

第六条　由本会介绍之侨生一经录取，应即报告本会。入学后每学期须将其在学情形报告本会，中途退学或转学者亦如之，否则不得再请本会介绍。

第七条　本规程如有未尽事宜，由本会常务会议议决修改之。

第八条　本规程公布后，本会原订之《保送及介绍侨生升学规程》应即废止。

第九条　本规程经本会常务会议议决公布施行。

五、华侨教育改进之研究

一、目的及重要：

华侨教育之幼稚诚不容讳言，所以改进华侨教育是一个极迫切而又重要的问题。因为散处海外的侨胞数近千万，他们对于祖国之政治、经济、文化各部门都有极密切的联系。若华侨教育不良，则其影响于整个中华民族之前途至重且大。本研究系从搜集材料入手，再从现实材料中找出其症结所在，而后拟定改进之方案。

二、范围与内容：

本研究之范围，系就华侨教育之最重要而又迫切的问题加以严密的探讨。其内容暂定如下：

1. 关于华侨教育经费问题。2. 关于华侨教育行政问题。3. 关于华侨学校教材问题。4. 关于侨校的师资问题。5. 其他。

三、研究步骤：

本研究步骤如下：1. 问题之发现、选择与确定。2. 材料之搜集与整理。3. 概括及解释。4. 拟定改进之方案。

四、材料来源：

材料来源可分为两方面：1. 国内关于华侨教育之图书、杂志、报纸等材料之搜集。2. 利用假期亲往海外各地调查与搜集。

五、时间分配：

本研究工作拟于两年内完成之，即自廿四年度上学期起至廿五年度下学期止。其分配如下：

1. 廿四年度上学期——问题之发现、选择与确定。

2. 廿四年度下学期——材料之搜集与整理。

3. 廿五年度上学期——概括及解释。

4. 廿五年度下学期——改进方案之拟定。

六、预料结果：

本研究工作之结果预料如下：

1. 对于侨校之经费问题，找出其解决的方案。

2. 对于侨校之教材问题，定出其编辑的原则与步骤。

3. 对于侨校之行政问题，定出其一贯有效的组织。

4. 对于侨校之师资问题，定出其应有的训练方案。

七、附带研究问题：

1. 华侨经济概观。2. 华侨工商业调查。3. 华侨社会概况。4. 其他华侨问题。

六、研究华侨教育的初步计划

第一节 搜集侨教资料

一、国内搜集

（一）侨教书籍：（1）书局出版，（2）学校出版，（3）私人出版，（4）团体出版。

（二）公报中关于侨教者：（1）教育公报，（2）两广福建教厅公报，（3）侨务局及海外部公报，（4）四邑中山各县教育公报，（5）其他。

（三）侨教杂志：（1）各种教育杂志，（2）国立暨南大学历年杂志，（3）中大、岭南、厦大、集美等学校有关侨教之杂志，（4）福建、汕头出版之侨务杂志，（5）侨务局海外部之杂志，

(6) 香港出版之杂志，(7) 其他。

(四) 报纸剪稿：粤、闽、苏、香港之报纸关于 (1) 华侨消息之参考，(2) 侨教消息。

二、国外搜集

(一) 当地机关刊物：(1) 地方：英属、法属、荷属、美属、暹罗等地之学务司，(2) 性质：公报、年鉴、报告书、概况、法规、调查表。

(二) 华侨教育书籍：(1) 侨校之……一览概况、章程、征信录、报告书，(2) 书局出版物，(3) 私人出版，(4) 其他。

(三) 杂志：(1) 中文，(2) 外国文有关侨教者。

(四) 报纸：各属报纸之侨教资料剪稿。

三、搜集方法

(1) 购买，(2) 定阅，(3) 函索赠送，(4) 互相交换，(5) 付邮费索取，(6) 登报以代价征求，(7) 请热心者出资购赠，(8) 投稿而希望酬赠。

第二节 整理工作

一、编辑侨教书报概览

(一) 目的：将所关于侨教之书籍、报纸分类，并将书籍内容及纲目抄起，以供参考时检阅便利。

(二) 内容：书报内容用卡片载明于下：(1) 书名，(2) 作者，(3) 出版处，(4) 出版时期，(5) 价目，(6) 书之纲目。

(三) 分类：(1) 通论，(2) 侨教之背景，(3) 侨教类，(4) 教科书，(5) 概况，(6) 报告，(7) 调查，(8) 征信录，(9) 杂志，(10) 报纸，(11) 法规，(12) 纪念册，(13) 其他。

二、编辑侨教论文索引

(一) 目的：搜集国内外杂志、报章之侨教论文，每篇辑其目录提要，以供参考。

(二) 编制材料如下：

(1) 规定所采取之范围，(2) 制定写卡片之格式，(3) 搜集材料，(4) 将各论文卡片编制索引，每卡载明如下：①题目，②作者，③刊名，④卷期，⑤出版时期，⑥内容提要。(5) 将卡片分类：①通论，②教育史，③行政组织，④管理视导，⑤课程与教材，⑥训导，⑦体育与养护，⑧师资，⑨经费，⑩初等教育，⑪中等教育，⑫职业教育，⑬女子教育，⑭社会教育，⑮概况，⑯报告，⑰调查表，⑱法规。

第三节 调查工作

一、整理别人侨教调查

(一) 材料来源

(1) 钱鹤编《南洋华侨学校调查与统计》，此书材料皆辑自近数年来各种侨教调查与统计凑合而成，材料极多。

(2) 傅无闷编《星洲日报二周年纪念刊》中之《马来半岛华侨文化教育概观》一文。

(3)《华侨学校调查表》，载于南京侨务委员会出版之《华侨周刊》。

(4)《教育杂志》十八卷十期之《曼谷华侨学校调查表》。

(5)《华侨学校调查》，既南文化部编制，历载于南洋研究杂志内，而未编入《南洋华侨学校之调查与统计》一书者。

（二）整理统计：（1）以年度言：①十四年，②十五年，③十六年，④十七年，⑤十八年，⑥十九年，⑦二十年，⑧廿一年，⑨廿二年，⑩廿三年，⑪廿四年。（2）以各属地区分：①英属，②法属，③荷属，④美属，⑤暹罗。（3）调查项目分：①教学，②训导，③设备，④经费，⑤教员数，⑥学生数，⑦困难问题。

（三）结果解释

二、我们的侨教调查

（一）缘起

（二）目的：（1）知道侨教背景，（2）侨教史实，（3）侨教近况，（4）经济恐慌中侨教状况，（5）帝国主义压迫下之侨教，（6）根据调查结果，以为实际问题作相当解决。

（三）调查的办法

（1）规定调查范围，（2）制定表格，（3）搜集各地侨校地址，（4）印定信件，（5）将表格及信寄发各侨校，（6）收回表格整理。

（四）整理统计经过

（五）结果解释

第四节 研究工作

一、南侨教育专题研究

（一）目的：以新教育原理根据华侨社会生活状况阐明侨教方针，以谋侨教实际问题之解决。

（二）材料来源：（1）侨教书报概览，（2）侨教论文索引，（3）别人调查之结果，（4）我们调查之结果，（5）自己搜集的结果。

（三）问题发生：（1）从实际生活上去发现，（2）从创造计划上发现，（3）从实际困难上发现，（4）从学习心理上发现，（5）从研究问题上发现，（6）从偶然事项中发现，（7）从参观与调查所得，（8）从阅读中所得，（9）从谈话中所得。

（四）问题选择：（1）注意急待解决的问题，（2）从小问题研究起。

（五）研究的根据：（1）根据南洋殖民地社会及自然环境，以求教育相当适应助长其发展，（2）根据南洋经济环境，以求教育效果适合生活需要，（3）根据科学的方法，以求发明创造，（4）根据教育的原理原则，以求得适当的方法，（5）根据过去经验，以解决现在侨教的困难，（6）根据试验的态度，以决定应取的途径，（7）根据比较的程式，以明各种方法的利弊，（8）根据经济的原则，以求得最大的效率，（9）根据侨童心理、生理，以应其需要，（10）根据侨童个性差异，以应特殊之要求，（11）根据侨童性别年龄，以定方法之使用。

（六）研究之方法：（1）以各属侨教为单位作比较之研究，（2）以问题为中心作确定之研究，（3）以各地调查之统计结果为主要之解释，（4）以归纳方法广集各人之意见以求真确之解决。

（七）研究步骤：（1）确定研究范围及方法，（2）搜集资料，（3）根据调查之解释，（4）将各种侨教实际问题之解释。

二、研究南侨教育实际问题示例

（一）华侨教育的行政管理问题，（二）各地华侨教育史的发展，（三）各地华侨教育背景之研究，（四）华侨教育的社会经济基础，（五）祖国政府与华侨教育，（六）怎样组织一个华侨学校，（七）华侨学校校董与校长权限问题，（八）怎样做一个侨校校长，（九）怎样做一个侨校教务主任，（十）怎样做一个侨校训导主任，（十一）怎样做一个侨校事务主任，（十二）怎样做一个侨校体育主任，（十三）怎样做一个侨校教员，（十四）最低限度的侨校设备，（十五）最低限度的侨校应用表册，（十六）怎样办理侨校筹款，（十七）怎样使侨校与社会联络，（十八）怎样与家庭联络，（十九）怎样指导侨生升学，（二十）怎样指导侨生职业，（二十一）华侨教育宗旨问题，（二十二）华侨学校课程问题，（二十三）怎样编辑华校教材，（二十四）华侨学校师资问题，（二十五）怎样视导华侨学校，（二十六）怎样办华侨补习学校，（二十七）怎样办华侨阅书报社，（二十八）华侨社会教育问题，（二十九）怎样办侨众夜校，（三十）怎样指导侨生课外活动，（三十一）侨童心理之研究，（三十二）华侨社会心理之研究。

致　谢

本书蒙前所主任庄泽宣先生和现所主任崔载阳先生的督促指导与修改，书成又替我们写序，谨此表示万分感谢！其后又蒙邹校长、祝百英先生、雷宾南先生、黄麟书先生为文介绍，尤为感激！

当各地寄回调查表格时，因为处于帝国主义者压迫之下，连通信的自由都被剥夺，故荷属有些侨校当时很恳切地嘱咐我们，不要宣布它的校名和学校主持者姓名，以免发生意外，足见其热心侨教之一斑。谨致谢意，并祝努力！

调查表之制印和寄发均为郭景熙先生负责，他并把前人之调查作过很详细之统计，至整理时又供给我们许多参考；本书第一章内南洋的范围与位置及第五章第一节，均蒙郭先生帮忙，特致谢意！

此外，曾帮忙我们转寄表格的星洲罗公陶先生和菲律宾颜文初先生，帮忙我们统计画表的朱哲能先生，我们也很感谢的。

书中参考刘士木先生、陈刚父（福璿）先生、陈谷川先生、陈枚安先生、熊理先生、雷宾南先生的意思许多，并此述明。

当我们发两次通信调查之后，觉得收回表格很少，打算再发一次信，因为调查校数越多，则统计的结果越可靠。但后来等候许久，大家都以为快些整理发表为宜，故延迟了许多时日，才能出版，抱歉之至！书中错误之处，尚望阅者指正！

朱化雨、林之光，廿三年冬于国立中山大学研究院教育研究所

（国立中山大学出版部1936年2月初版）

大阪神户华侨贸易调查

实业部工商访问局 编辑

序 文

中日通商由来旧矣。日本当幕府时代，禁止外人入境，独中国与荷兰不在其例。降及订立五国通商条约，开放口岸，允许外人贸易，而华人之赴日者益众。明治初年调查全国外侨，华商占半数强。虽华侨在日，以种种因缘，其势力与商业未足与南洋媲美，然川口贸易往往足以左右日本市场。其潜势力之浓厚，与夫刻苦自励百折不回之精神，实有足多者。今者国府励精图治，深知欲谋庶政之建设，非发展实业不为功。而发展实业，对内投资，对外贸易，均有赖于华侨之辅助。于是一洗从前漠视华侨之观念，而有侨务委员会之设。实业部行政方针，亦于华侨经济之发展及华侨回国兴业问题再三致意。本局秉承斯旨，用是有华侨经济丛刊之辑。余友朱羲农先生留日有年，钻研经济，著述至富。兹复出其平生实地调查研究之所得，辑成是书，以为本局华侨经济丛刊之第一编。余深佩其于侨日华商之状况，调查详晰，叙述简要，足资国内外研究国际贸易者之参考。爰弁数言，藉识缘起云尔。

民国二十年6月寿景伟识于工商访问局编纂处

目　次

第一章　绪论 …………………………………………………………（704）
第二章　沿革 …………………………………………………………（704）
第三章　我国贸易商人概况 …………………………………………（705）
第四章　华商行栈 ……………………………………………………（708）
第五章　华商团体 ……………………………………………………（709）
　一　大阪华商商会 …………………………………………………（710）
　二　大阪中华北帮公所 ……………………………………………（710）
　三　大阪南帮商业公所 ……………………………………………（711）
第六章　贸易现状 ……………………………………………………（711）
　一　贸易额 …………………………………………………………（712）
　二　贸易品 …………………………………………………………（713）
第七章　交易现况 ……………………………………………………（713）
　一　交易开始 ………………………………………………………（713）
　二　定货 ……………………………………………………………（714）
　三　合同 ……………………………………………………………（714）
　四　交货 ……………………………………………………………（716）
　五　付款 ……………………………………………………………（717）
第八章　金融现况 ……………………………………………………（717）
第九章　运输现况 ……………………………………………………（718）
　一　海上运输 ………………………………………………………（718）
　二　铁路运输 ………………………………………………………（720）
第十章　保险现况 ……………………………………………………（720）
第十一章　神户华侨贸易现况 ………………………………………（720）
第十二章　结论 ………………………………………………………（726）
附录一　华商团体规章 ………………………………………………（728）
　一　大阪华商商会拟定章程 ………………………………………（728）
　二　大阪中华北帮公所章程 ………………………………………（731）
附录二　国内直接川口贸易之团体规章 ……………………………（735）
　一　东庄洋货公所章程 ……………………………………………（735）
　二　东庄同业公益规则 ……………………………………………（737）
　三　天津贸易共进会规则 …………………………………………（738）
附录三　大阪侨商商号名簿 …………………………………………（741）

第一章 绪 论

中日通商历史甚为悠久。自德川幕府宣告锁国政策后，仅许我国与荷兰两国人民在日通商贸易，并以长崎之出岛为荷兰人租界，又以小岛乡为唐人集住之所。当西历1562年时，我国福州、漳州商人即有以帆船至长崎贸易者，同时荷兰亦有船只装货赴日。当时中日间之贸易商品，从我国输出者以丝绸、药种为主，糖、磁器、麝香、珠玉等次之；由日本输入者除金、银、铜之外，概为海产品。最初每年航船仅四五十只，其后渐增，贸易额亦渐巨。而幕府鉴于此种形势，遂于贸易数额加以严格之限制。国人之往大阪贸易也，其年代已不可考。据日人记载，谓在六七十年以前，即有多数华商到大阪经商。中日商业上之基础，实已立于斯时矣。目前我国侨民散处日本主要商埠者，共一万千数百人。据民国十六年日人调查，在大阪者3319人，在神户者5618人，在长崎者1044人，在横滨者3525人，在函馆者90余人。以人数而论，大阪远不及神户；然以贸易额而论，则神户又远非大阪比也。兹就我国在大阪、神户之贸易商人分别述之。

第二章 沿 革

我国在大阪商人，其居住区域为西区川口町及邻近之本田一番町、本田二番町、本田三番町、本田通二丁目、梅本町等。川口町为旧租界地，当安治川、本津川之交。东为本津川，临江子岛；西界治安川，对下福岛。本田町等位于川口町之南。查大阪之辟为商埠也，系根据安政条约，文久二年与江户、兵库同时批准。后以内乱频仍，未克实现。至庆应三年十二月，始定兵库、大阪为通商口岸。明治元年七月，划川口地方为26区作为租界，英国得13区，法国2区，比国1区，葡国2区等。至明治十九年，因地区狭小，又复划入西南部，总共为36区。明治三十七年，因修改条约之结果，取消治外法权，收回租界。最初我国商人均居住于本津川沿岸，后以租界收回，欧美人士均移住于天王寺方面及神户方面，于是川口区域渐有我华商之踪迹矣。

我国商人之旅居于大阪也，其历史颇悠久，而年代已不可考。最初仅有广东、福建两省人经商该处。从大阪输入本国者为洋菜、海参、虾米等，运往日本者为糖、米、杂粮、药种、香料等。至上海方面之商人为数不多，其输出入仅海味、杂货、皮革、药种等而已，其势力远不及闽广商人也。

中日战争之后，我华商经商于日本者渐多。当时大阪港口设备简陋，中日航路均以神户为起点，输出入物品亦必自神户转运，极感不便。于是我华商颇希望移居于神户，而神户日商又极端欢迎，并予以种种便利。故明治三十年时，所有闽广商人及上海之采办海味者，无不移居于神户，其留住于川口者，仅上海方面之杂货购买商而已。其后天津、芝罘商人赴日者益众，迨日俄战后，东北方面之商人日增。

而最有助于我华商在日势力之膨胀者，则为行栈之设备。

在光绪末年时，上海方面之留日商人为团结势力起见，组织三江公所，而北方来日之商人亦多加入。后北方商人赴日者渐众，遂又组织大清北帮商业会议所，后又改为大阪中华北帮公所。而三江公所亦改称为大阪中华南帮商业公所，民国成立后又依法组织中华商会。

兹以民国十四年我国旅居大阪川口町之华商列举如下：

职业	民国十四年	民国十五年	民国十六年
织布业	250	251	291
杂货业	384	382	336
旅馆业	9	11	12
运送业	3	2	2
保险代理	2	2	2
公司职员	82	80	79
店员	461	450	495
裁缝店	3	5	13
裁缝工人	9	12	39
绸缎店	5	10	12
绸缎商	25	20	27
饭菜馆	3	3	8
饭菜馆工人	8	74	103
理发店	1	1	2
理发匠	19	20	19
仆婢（女）	1	0	0
无职、有职家族（男）	20	18	32
同上（女）	58	57	58
合计	1343	1399	1530
户数	96	98	110

附注：本表系根据日本川口町警察署所调查。

在阪侨商独身者多，有家族者少；神户方面则反是。上表所列，如仅以川口贸易有关系者而论，十六年底为1217人。至川口町以外之侨商，散居于大阪者多为理发业、饭菜馆等，均与川口贸易无关。又我国侨民在大阪总数，民国十四年底有2421人，十五年增至3090人，十六年更增至3319人。

第三章　我国贸易商人概况

我国华侨在大阪从事于贸易者共约1200余人，以棉纱、棉布、杂货商人居多数，其次则为转运公司、代理保险业、旅馆业等，余均为公司职员及商店员。然代表入中华商会者，在民国十四年底为300余人，十五年底减至270余人，十六年底增至310余人。若以地域言，则分属于南帮商业公所及北帮公所。属于南帮商业公所之商号约30左右，上海占大部分，汉口、宁波次之。属于北帮公所之商号，民国十四年底为256家，十五年底为240家，十六年底为282家。若以地别言，天津居首位，哈尔滨、辽宁次之，营口、青岛、芝罘、长春、珲春、济南、安东、金州、东宁、北平等又其次也。至于我国侨居日本之商人，年有多寡，又因季节关系而有增减。且南方商人居住神户者多，在神户之华人商店属于三江商业会议所者33家，属于福建商业会议所者29家，属于广东公所者64家，当另篇以论之。

我国侨商有独自设立商号者，亦有寄居于行栈者。属于南帮公所者多自设商号，寄居于行栈者仅二三家，属于北帮公所者大部分均寄居于行栈。以自设商号而又兼营行栈者合计之，亦仅30余家。更如二番馆，以经济上之关系，有数人共组一家者。商号之外冠以番馆者，别无意义，如十六番馆鸿茂祥号是也，实际上亦有无番号者。又凡独立之商店，均各有商号名称，而大部分概为国内之分号，故普通即用总号之牌号。商号组织，有经理、店员、学徒、出店等。普通店员二三人，多者五六人，少者一二人。经理之外，亦有设副经理者，则视其营业之范围如何耳。寄居于行栈者，概皆为总店派出之坐庄，其牌号即用总店名称。庄客寄居于行栈之中，由行栈供给食宿，或以交易之多寡提给酬金，或给以一定之食宿费而另给酬劳。亦有少数寄居于日本人旅馆中者。庄客概皆每年回国一次结算账目，届时或由总店另派庄客。而庄客资格必与总店有深切关系及少年有为之士，方能胜任愉快也。

行栈兼营客栈事业，为我国赴日商人食宿之所，或受国内商人委托代为办货。经营行栈者，必旅居日本甚久而熟习日本商情者；其设立商号者，亦必了然于日本状况者而后可也。至于庄客则时有更换，长居日本者甚少。兹以民国十四、十五、十六3年北帮公所所属会员之旅日年数，列举如下：

旅日年数	民国十四年	民国十五年	民国十六年
1	79	72	100
2	53	53	47
3	37	38	49
4	25	16	8
5	24	25	24
6	5	8	7
7	7	1	7
8	6	3	4
9	1	2	3
10	5	7	3
11	0	0	3
12	3	2	2

13	1	2	1
14	0	0	2
15	4	1	1
16	0	1	1
18	1	0	2
19	2	3	0
20	2	1	2
21	3	0	1
22	2	0	3
23	1	2	3
24	0	1	2
25	0	3	3
27	1	0	0
28	1	1	0
29	1	0	2
30	0	1	0
36	0	0	1
37	1	0	0
合计	265	240	282

将上列之统计总括言之则如下：

旅日年数	民国十四年		民国十五年		民国十六年	
	人数	%	人数	%	人数	%
1	79	29.8	72	30.0	100	35.4
2	53	20.0	53	22.1	47	16.6
3	37	14.0	38	15.8	49	17.4
4	25	9.4	16	6.7	8	2.9
5	24	9.0	25	10.4	24	8.5
5年以内计	218	82.2	204	85.0	228	80.8
6—10	24	9.1	18	7.5	25	8.9
11—15	8	3.0	5	2.1	9	3.2
16—20	5	1.9	5	2.1	5	1.8
21年以上	10	3.8	8	3.3	15	5.3
合计	265	100.0	240	100.0	282	100.0

我国旅日商人以日货运华者多，以国货运日者少。换言之，即营进口贸易者多，营出口贸易者少。输出品中，以棉花、麻、药种、皮革、毛发、席、刷子材料

等为主，尤以棉花与麻为大宗。至于川口贸易之主体则为进口贸易，其主要者为棉纱、疋头、杂货、海味、糖、药品、铜铁机器等，尤以纱布、杂货为最重。此等商人中有专营纱花者，有专营杂货者，亦有纱花、杂货兼营者；惟专营纱布者较少，专营杂货者较多。若以帮别言，营杂货者多属南帮，营纱布者仅二三家。北帮则各有专营，且有专营糖业者或铜铁机器者。其交易额虽因商品而异，但以纱布为最巨。因无确实统计，故不赘述焉。

旅日华商所需之经费无一定标准，而寄居于行栈者则概依交易之多寡提成给予。普通言之，杂货商至少须提1%，而纱布商概为5‰。其支出概有定额，与设立商号所需之经费则相差甚远。今更就设立商号之经费言之。依最低限度计算，房租、薪金、伙食、公所费、电报费、交际费及杂费等，至少每年必须3500日元乃至4000日元。譬如每年交易金额有20万元，则经费非2万元不可也。

侨商商号之收入，大部分为手续费与运费、保险费及制造厂、批发所等之回扣。且有纱布商人观察当地情形，与厂方订立买进合同，见市价回好而转卖者。更有利用汇价以谋利者，大约总可开支，而经营得法交易发达者概有盈余。商侨因结算账目之关系，每年大概回国一次，或2年回国一次，亦有3个月回国一次者。其回国时期则因所经营之商品种类不同而异，概皆在交易闲散时期。例如纱布商在阳历三四月回国，杂货商则在阳历一月底二月初回国。回国之际，必将厂家、批发所、银行方面以及行栈方面账目一一结清，俟新派庄客来时再行交易。在新庄客未来之先，亦有委托行栈代理者，亦有全部停止营业者。回国目的，一为结算账目，二则观察国内市场状况，并征求总店今后营业之方针。然有店铺者，当然常留有负责之人也。

第四章　华商行栈

行栈者，兼营旅馆之贸易商也。一般虽称之曰客栈，但并非单纯为商人食宿之所，行栈乃其本业也。

今以民国十六年日本川口警署所调查之我国在日行栈及其客数举如下：

番馆	商号	地点	姓名	商帮	旅日年数	客数
二	双兴号	本田三番田丁二一	高兴寿	河北	25	7
六	同和栈	川口町二七	傅嵩山	天津	5	9
七	德顺和	本田三番町三	王农山	芝罘	25	57
一四	泰东洋行	本田二番町一七	王歧山	山东	25	23
二四	振祥永	本田通二—三八	颜振祥	芝罘	18	16
三〇	恒昌号	本田三番町九	卢小熙	山东	14	12
三九	德盛泰	本田通一—四六	王树东	芝罘	3	18
四〇	东和商行	川口町三	张俊卿	山东	7	4
四三	正泰昌	本田二番町二	黄剑青	宁波	8	3

五〇	万义栈	本田二番町一六	王植生	山东	18	20
六三	乾生栈	川口町六三	李尧臣	山东	22	52
六四	公顺栈	本田通一一四六	刘汉卿	哈尔滨	22	26
七〇	惠昌号	本田三番町三〇	葛和甫	宁波	16	4
九五	德昌裕	本田二番町一	马敏卿	天津	24	2
一一五	玉成栈	本田二番町一三	黄观亭	山东	23	39
一五六	通德源	本田二番町四	桑佐臣	营口	29	16

行栈之客数，大者四五十人，小者数人，中栈 20 人左右。每室之外皆悬有自己号数，以资识别。经营行栈者，概皆久居日本而又熟习日本社会情形者。行栈之中，有经理、店员、学徒等，均属国人。大栈之中，使用人数往往二三十人，经理亦有二三人者。其所营业务，除供旅客及庄客居住外，并为之绍介交易机关、充当翻译、运送货物、办理保险、银行往来及其他一切日常业务。如庄客归国，并为之代理交易。新往日本之商人概皆不通日本商情，住于行栈则不必支付食宿，由交易额提给 1% 乃至 5‰ 之报酬。老于日本者则按月给以食住之费。其特别酬劳于每节或年终给予之，而普通均在回国时结算。寄居行栈者，小栈中概属同乡，大栈则各方人士均有，然均为栈主所素稔，否则亦必经其他庄客介绍。如无特别事由，对于行栈很少变更。近年银行以及制造厂、批发所均信用行栈，而行栈为自卫计，对于住客亦必有 3 人以上之保证，则行栈与住客之关系可知矣。行栈之介绍住客于银行及制造厂家，在法律上虽不负责，但实际上负有责任，且有时为住客向银行担保者。是以行栈之信用，视住客之信用而定。行栈经营者每隔一年必回国一次，普遍在国内居住三五月。一则与股东结算账目，二则视察国内市场情形，并调查在该栈庄客之信用。行栈有时居于行家地位，往来客户有数十处之多，故一等大栈每年交易额达数百万元。然近来因竞争之故看利较低，利益较少。但行栈主均有相当资产，营业范围颇广，且有对住客为资金融通者，则例外也。

行栈为川口之特色，而买办为神户之特色，是各应其需要而发达之者也。将来川口之行栈是否实行买办之任务，神户之买办能否进出于川口，实为改进我国在日贸易商人之一问题也。

第五章　华商团体

旅居大阪之华商为发展内外贸易，维护共同利益起见，由有力之商家组有种种商业团体。在 40 年前，由上海方面之侨商组有三江公所，其后北方侨商亦逐渐加入。清光绪中叶，北帮又另立团体，名曰大清北帮商业会议所，后又改为大阪中华北帮公所，而三江公所亦改称为南帮商业公所。民国以后，又依据商会法组织大阪中华总商会。此为旅阪华侨之商业有力团体。此外尚有福州同乡会、大阪中华从善社、大阪中华书报社。而政治机关，则有中国国民党支部及大阪华侨中日通商旧约废止后援会，然与川口贸易均无直接关系也。

川口贸易有关之团体，除商会及南北两公所外，尚有上海在日之杂货商团体，曰东庄洋货公所。又天津在日之杂货商团体，昔有贸易共进会，今已解散矣。

一　大阪华商商会

当清宣统二年时，旅日侨商依据商会章程，设立大清国大阪商务总会。其后民国七年9月，根据民国商会法及商会法施行细则改组，修改章程，并呈报农商部备案，改称为大阪中华总商会。至国民政府成立后，又复依章改组，改称为大阪华商商会。其职务之大要如下：

（一）固结大阪入会侨商团体，以免外人之把持，并与国内各商会互相通讯调查，扩充国货销路。

（二）关于工商法规之制度及与工商业有关者，如税则、航海商约等，得建议于政府。

（三）国际贸易之介绍与指导，并其他调查事项。

（四）调处该会区内当事人或官厅委托之商事争议及商事清理事项。

（五）编纂报告。

（六）办理侨商回国护照。

华商商会之事务所设于日本大阪市西区本田二番町十一番地二，即在北帮公所之会馆内。其事务之进行，设执行委员15人，常务委员由执委中互选5人，更由5人中互推一人为主席。并设监察委员7人，再由7人中推一人为主任。其被选资格：（一）年在25岁以上者；（二）通达本国文理者；（三）富有商业知识者。其会员大会于每年10月举行。至其经费分经常、临时两种。经常费悉照预算案交全体会员允认后随时缴纳，临时费遇有特别事故，预备费不敷开支时，得开特别会议召集全体会员议决增收。

二　大阪中华北帮公所

据该公所之壁碑所记，北帮公所创设于前清光绪乙未年，初称为大清北帮商业会议所。民国五年12月新屋落成，变更组织，改称今名。且依据日本法律为社团法人，并经日本农商部、内务部批准，存在期间为30年。其设立之目的如下：

（一）发展贸易；（二）救济灾害。

该会章程第三条谓"本会协谋华日贸易之发达，团结会员，务期交相亲善。凡有中华民国嘱托关于工商业上有欲调查事项，本会可受其嘱托而调查之。又华日两国人民间或民国人民间，于商业上发生有重大纠纷之时，本会可依当事者之请求排除判断之"，又第四条"本会对于会员以外之日华两国民，惟在公益事件限内，有时可依其请求，以本会事务所贷予之。本会凡有在留日本国之中华民国人民罹天灾地祸及非常灾害，陷于悲境者，当依相当之方法救护之"云云，其目的可知矣。

公所会员以住居大阪市川口方面，从事于商工业，而又为河北、山东、辽宁、吉林及北部诸县之人民为限。民国十四年，会员人数为265名，会员之地别为天津、哈尔滨、辽宁、营口、青岛、芝罘、长春、珲春、安东、金州、北平、东宁县等，尤以天津、哈尔滨、辽宁为最多。十五年减至240名，十六年又增至282名。但入会出会，川流不息，即公所方面亦不能得其确数。会员入会须向理事提出通过，如其离日本一年以上或宣告破产者、禁治产者，均丧失会员资格。又对于该会有不正之行为者、滥用会员资格者、被处禁锢以上之刑者，得由商会议决除名。现在公所在西区本田二番町十一番地二，神户总领事馆分馆在焉。

公所职员有理事7人，监事3人。监事任期一年，于每年12月选举，理事任期3年。理事中置理事长一人，由理事互选之。理事、监事如回国在6个月以上者，即失其资格。理、监事均名誉职。另雇有书记一名担任庶务，更聘一日人为顾问，使之办理对外一切交涉。

公所于每年12月开会员大会一次。理事须将财产目录、贷借对照表、事业报告书、收支决算书提交大会承认，并将次年之收支预算请求通过。更讨论会员全体之利害问题，如运输保险、交易改善等之提案。

公所为谋会员利益起见，与保险公司订有特别合同，会员可以依此特约保险。若会员违反合同托别家保险公司保险，则公所须负赔偿之责。又保险公司于保险费中提出若干缴于公所，而公所于会员迟付保险费时须负责赔偿。公所负此责任，故能与保险公司订定有利之合同。现北帮公所之特约保险公司为东京海上火灾、日本海上、帝国海上运送火灾、大阪海上火灾、神户海上运送火灾、朝日海上火灾等6家。

公所经费所需亦不少，概由会员会费、特别捐款及公所财产之收入充之，惟仍以由会员输入货物所抽之2厘附捐为大宗。其征收方法则依保险单数额计算，如有盈余则存作基金。北帮公所除建有房屋外，尚有相当基金。

三　大阪南帮商业公所

南帮商业公所创始于前清光绪中叶，初为三江公所。民国八年6月新屋落成，始变更组织，依据日本法律改称今名。其设立主旨与北帮完全相同，不复赘述。惟会员之地域，以江、浙、皖、赣、鄂等省为限，实际上以上海、宁波、汉口为中心。而理事之资格，南帮略有限制，即须年在30岁以上，在大阪居住3年以上者为合格。至会员大会，每年须于3、6、9、12四月各开一次，此与北帮相异者也。会所在西区三番町十六番地。

第六章　贸易现状

我国在大阪之贸易商人状况前已言之矣。然所谓川口贸易者，概属于输入方面，尤以输往上海以北长江一带及北方诸省与满洲方面为最夥，间亦有经过日本商人之手而输入者。又有经过神户华侨之手，将大阪商品输往广东、福建、厦门、台湾、香港、安南、南洋等处者。总之，川口贸易为我国购买日货之中枢机关，研究中日贸易者所应注意者也。

一 贸易额

民国十四年，我国在大阪之贸易商人设有店号者约 300 家，属于南帮者 26 家，属于北帮者 265 家。其买卖商品，属于输出者为棉花、麻、药种、皮革、毛发、席、制纸原料、刷子材料等，最重要者为棉花与麻；输入者为棉纱、疋头、杂货、海味、糖、药品、铜铁机器等，以棉纱、疋头、杂货、海味为中心。其输出之金额未能得详确之统计，日本之税关调查或船公司方面调查亦均不甚正确。然就银行方面调查之概况则如下。

我国在阪商人贸易之消长当然年各不同。据十四年日人调查，国货输出者约 300 万日元，日货输入者约 12500 万日元。是乃完全由银行方面之推算。

（一）民国十四年，我国商人从正金、朝鲜、台湾、三井、三菱、安田、住友等银行汇往日本之金额如下（单位：千日元）：

上海	天津	青岛	满洲
44 129	22 733	6810	51 607

合计为 12 520 万日元。又汇往神户者约 100 万日元，又输出货价转账者约 50 万日元，故总计约为 12 600 万日元。

（二）我国商人在十五、加岛、三井、住友、三十四、山口等往来银行之往来账中，支付总额为 13 300 万日元。其中除去输出货价 250 万日元及华商间汇款 500 万日元，所余者为 12 550 万日元，可视为我国在阪之贸易商人实际上所付出之货价也。

查民国十四年大阪对华输出金额（大连在内）为 34 000 万日元，然则川口帮即占 37%，我国侨商在大阪之地位可知矣。至于川口贸易以地别言之，输出之 300 万日元，以上海、天津货物为主；输入货物运往上海者 1500 万日元，运往北方诸省及满洲方面者约 11 000 万日元。而商品内容大别如下（单位：千日元）：

纱布	85 000	杂货	40 000

输往上海之货物，若以上海汇往日本之金额比之相差甚远，因天津、青岛等处款项亦由上海汇出也。再就各地输入商品别观之如下（单位：千日元）：

上海方面	杂货	15 000
中国北部 {	纱布	85 000
	杂货	25 000
合　计		125 000

又上海方面从侨商之手，亦有 150 万日元左右之纱布输入亦加入北部计算。而运往北方之纱布内容，据该帮人传说大致如下，固不敢云正确，尚可供参考也。兹列举如下（单位：千日元）：

棉纱	12 000
本色棉布	40 000
漂白或染色棉布	33 000
合计	85 000

又据我国某侨商之调查，民国十四年川口贸易之输入额如下（单位：千日元）：

上海方面	杂货	12 500
中国北部 {	杂货	16 800
	纱布	71 400
合　　计		100 700

再据保险公司报告于公所之保险金额推算之，比前者尤少，想保险公司必有遗而未报者也。

二　贸易品

川口贸易之主要商品，属于国货输日者为棉与麻，日货运华者为纱布、杂货、海味。此外运华之日货，如精糖、印刷用纸、香烟、纺织机器、工业药品、面粉、酒、啤酒等，均由日本商人之手，侨阪之贸易商人毫无势力也。

日纱北方交易概操之于我侨商之手，而输往上海者殆全操之于日商之手，且均为21支以上之细纱。至疋头种类，以本色市布、条子羽缎、斜纹布、本色洋标、漂白染色棉布等为主。而杂货尤为川口贸易之特色，输入我国者几全部为我侨商，日商则瞠乎其后。杂货中之重要者，为卫生衫、帽子、洋伞、镜子、玻璃器、肥皂、钮扣、刷子、化妆品、文房具、日用小杂货等。

第七章　交易现况

我国侨商之商号及其买卖商品，前已略有所陈矣。兹更就贸易商之商习惯言之。所谓商习惯者，并非永久固定，实际上随环境而有变迁。在民国十五年时，大阪侨商营业不甚顺利，对于川口贸易亦颇有影响，故当时中日商人均认为有改善挽回之必要也。

一　交易开始

我国贸易商人初到大阪开设店号或寄居行栈开始交易时，信用未著，交易不免困难。而纱布交易进出甚大，故必须有相当之资力，且以现款交易为原则，故日商对我侨商选择甚严。杂货商人资力较薄，惟日本杂货商竞争激烈，概皆可以长期欠款。但日本为保护杂货商之共同利益起见，特组织大阪贸易同盟会。我侨商之属于南帮商业公所者，于商店开设时，必通知贸易同盟会。同盟会与上海之东庄洋货公所久有联络，如在东庄洋货公所登记者，可由该所介绍。同盟会凭该所之介绍及信用调查之结果，即通知该会会员，与之开始交易，并由该会函知东庄洋货公所。

属于北帮者，因无前项手续，故同盟会对于侨商之信用调查尤为严密。除向大阪之行栈主及其他华商方面调查外，而大阪征信所在中国亦有分所，专门调查我商人之信用，于此可以见同盟会之活动矣。

二　定货

在阪贸易商人每年均回国一二次，固为结算账目，同时又视察国内之需要状况，并与总店商量今后进行方针。行栈方面虽为代理商，然亦须回国为种种之计议。而订货方法，纱布与杂货不同，故分别述之。

（一）纱布　近来日本纱厂除棉纱之外，亦纺织疋头，而棉纱三分之一即为织布之用。纱厂以外之织布业者规模甚小，所织者均为疋头商之订货。其制品普通称之曰杂牌，以别于纱厂出品。其漂白染色虽有由纱厂自行工作者，但大多数疋头商人均买入本色市布，然后染色漂白。纱布以大阪为中心市场。川口侨商之纱布交易均为国内订货，至所订之货，有时固为应市场实销，有时则为投机交易。

日本新闻纸之商况栏中，所谓川口筋者，即指我国此等侨商之通称也。交易分现货、期货两种。棉纱期货普通者二三月，本色市布为四五月，特别定货则为期较长，约6个月左右。如在需要甚旺时期，亦有一年以上者，而转卖买回则颇自由。棉纱交易概由经纪人经手。本色及漂白染色市布等均属直接交易，惟伊势纪伊等之机户，常由经纪人经手。

（二）杂货　杂货概属家庭工业，故侨商直接向制造所交易者少，由行家经手者多。且杂货定货亦与纱布不同。如卫生衫、珐琅器、洋伞、帽子、钮扣、肥皂、洋翡翠等之有力商人，每年在需要未发动时，即向国内各地兜售，承受大批定货。其临时缺货，则向川口买进，而交货与结账均由川口办理。

侨商之买进纱布与杂货，或由个人往购，或由行栈中人向导至行家或制造所定交，亦有由行家或制造业者向侨商兜售者。如本色市布交易，由侨商往定者多，而漂白与染色者则由日商兜售。因本色市布重在牌子，染色者重在样本，故日商携样本就侨商谈判者居多。杂货亦然。棉纱概须经经纪人之手。

三　合同

我国侨商定货情形前已略述之矣，至定货合同分述之如下：

（一）纱布　纱布买卖成立，双方须签订合同。合同条文由日本棉纱商同盟会及棉布商同盟会所规定，内外人通用。其记载条文大意如下：

1. 棉纱

（1）买主根据本契约及他契约所应提取之货，有不付款项或有不能付款之危险时，虽预先约期交货，届时亦必用现金或押汇取货。

（2）过期不提之货，须用现金。

（3）在大阪交货，交货地点为卖户之店铺或栈房。在公司交货，交货地点为工厂或栈房时，凡货物离开该场所后，所生危险卖户概不负责。但卖户受买户之嘱托，或因押汇之故，送至一定地点时，在交货前所生之危险须由卖户负担。

（4）买户依据本契约或他契约，于定货之一部或全部拒绝受领，或预为拒绝承受时，卖户虽曾应允发送货物，但以后之交货地点得由卖户指定之。

（5）满期货尚未提取者，卖户可不照商法第318条及第286条，得任意将货物转卖。

（6）因法律命令或天灾不可抗力，非起于卖户行为之一切损害，须由买户负担。

（7）在公司约交之货，卖户不负运交迟延之责。

2. 疋头

（1）现金交易。

（2）货物到期，买户不提时，卖户不必依商法第286条之规定，得任意转卖。如发生损失时，向买户要求赔偿。

（3）因法律命令或天灾不可抗力，以及其他不应属于卖户所生一切之损害，卖户不负责任。

（4）送交货物之一部分时，买户不得拒绝收受。

（5）如无特约之交货地点，则概在卖户所在地交货。又卖户将货物运至一定地点后，发生危险须由买主负担。

（6）除上列各项外，余均遵照大阪棉布商同盟会细则办理。

然对于我国商人之成交单，往往将上列各项删除。且仅有不用成交单者，惟视当时之情况何如耳。

棉纱及本色市布均为牌子交易，漂白及染色布均为样本交易。然无论棉纱疋头，均须粘贴厂家或机户商标。而染色布又往往加添人物、花卉、动物以及文字等数个之副商标，以投合我国人之心理。此惟细布为然耳。棉纱与本色布既为牌子交易，故棉纱必定明纱厂名称、商标、支数、顺手或反手，本色布亦须定明品名、商标、磅头等。至于染色者则用样本，每一箱中必须有样本一册。

交易单位，棉纱以捆计，疋头以捆或箱计。日本输出之棉纱，普通每捆40包，重100磅（300斤），实际上有增至310斤乃至330斤者。疋头内容则因种类而异。例如本色洋标宽30寸、长24码，每捆50疋；粗布宽36寸、长40码，每捆20疋；本色棉布宽30寸、长120码，每捆20疋；粗布宽38寸、长38码半，每捆50疋；标布宽34寸、长40码，每箱50疋；条子羽绸宽28寸、长30码，每箱30疋；细哔叽宽28寸、长30码，每箱30疋。此为普通之标准。然例外者亦不少也。

价格之单位，纱以捆计，布以码或以疋计。例如羽绸等则以码为单位，细布、粗布、洋标等则以疋为单位。简单言之，细货概以码计，粗货概以疋计。交货期间或以日计，或以月计。如棉纱、本色市布等之现货交易，普通3日以内交货。期货在一周间或10日以内，以日论者指定某日交清，以月论者则月底交清。因有装船之关系，则须指定所装之船。又分期交易，按月平均交货，并在成交单内注明每月所应交之数。染色布等，如买做成货品，则交货期间甚短；如须定做，期间较长，大约以一月为最普通。其交货地点，普通为川口方面之转运公司。如运往东三省者，则送至梅田车站之转运公司，均由我侨商指定。

（二）杂货 杂货无论为大批定货或零星定货，或买现货，或定期货，买卖谈成，亦无须另订契约，仅将定货之函件保存，盖双方全以信用为主也。价格单位之计算，因商品不同习惯各异，或以个，或以打，或以箱，惟普通均以箱计。内容则以商品之种类而异，然有时未满一箱亦可成交。又日商对我侨商交易，价格上亦有折扣，即从谈定价格中另有一定之折扣，作为一种手续费。但此项办法仅杂货及染色布等有此习惯。其折扣，普通染色布为1%，杂货属于南帮者2%，北帮者1%，最近北帮亦为2%。然完全视我国商人之关系而异，有全无折扣者，有1%者，有2%者，且有时日商竞争营业，有折扣3%者。大阪贸易同盟会虽力矫斯弊，一律定为2%，然实行仍甚困难也。

此外对于我南帮商人，又有所谓"箱引"之习惯，其金额以箱数及内容金额为标准。例如镜子一箱1元2角，洋伞一箱1元5角，帽子一箱2元。假使货价以现款支付，又有回厘。如在急卖或金融紧急时则回厘甚大，同盟会规定付现款者回厘为5%。

四 交货

关于交货日期等项前已言之矣。侨商买进纱布及杂货，均指定日期送到某某转运公司，但实际上之交货地点均为大阪税关富岛町（川口）之转运公司或梅田分关内转运公司之"上屋"。送到转运公司之运费由卖户负担。卖户送往转运公司之货物须开一明细账单，交与该公司点收，并由该公司出一收据交于卖户。纱布卖户即可以此收据向我侨商收款，惟杂货商卖户须将出货清账与回单簿送交我侨商，我侨商在回单簿上盖印，至结账之日付款。

转运公司收据

| 唛头 | 号数 | 品名 | 个数 | 出货主（川口中国商） |

上列货物如数收到

年　月　日　大阪川口

殿　　　　　　　　　○○会社

运送货物常常发生问题，我侨商不堪其损失，且时有要求退货等纠纷。究其原因，由于日人迟延交货期间及品质、数量、包装等不注意所致。例如棉纱指定某船装出而结果未能运到，甚至货品与样品不符，且有时数量不足或搀入杂牌货。而杂货方面尤易有品样不孚之弊。因日本杂货商竞争甚烈，往往先将货价压低，而货品则粗制滥造，故我侨商对于某种货品，在装船之先必须开箱检查。然日本同业组合亦有自动强制检查者。至于包装方面，普通亦为谈判交易时之一条件，然川口贸易则无明文规定，概从惯例。是以有由包装不良而发生问题者，因包装不良必致有破损、遗失及加重运费等直接间接之损失。总之，日货包装之不善，为我侨商最感痛苦之一项也。

五　付款

卖户将货物运交指定之转运公司，转运公司即出一收货凭证交于卖户，卖户即以此为向买户收款之凭证。

（一）纱布　纱布交易概以交货当日付款为原则，但卖户概皆于翌日将转运公司收条交于华商请求付款。加工棉布因有回扣之习惯，可在货款中扣除。款项以现金为原则，但通常皆为5日或7日乃至15日之支票。如为棉纱或本色市布，支付限期较严。照日本棉布商同盟会规则，迟至3日以上，即由会员对我侨商警告，并通知各会员与我停止交易。实际上则仍视当时之商业情形。至纪伊及伊豫等产地之机户卖货于华商时，则概予以30日乃至60日见票付之期票。

（二）杂货　杂货结账普通每月两次，每月十四日及二十八九日。卖户可将当日所交之货一律结算在内，开具发单前来收取。我侨商即在总数内除去应得之折扣及回厘，如属于南帮公所者则开一60日见票付之期票；北帮不出期票，仍为挂账，分期付款。

第八章　金融现况

川口贸易之概要已如上述，惟最后于贸易有关之金融情形，似不得不连带约略言之。

民国十四年，川口华商收到日本汇兑银行由中国汇往之款，约共12500万日元。其汇出地点如下：

汇出地	上海	天津	青岛	满洲	合计
金额（单位：千日元）	44 129	22 733	6810	51 607	125 279

此外尚有由神户汇来之金额约日金100万元，又出口货应收款转账者约日金50万元。然此一亿二千数百万元之汇兑均经过日商银行之手，而最有关系之汇兑银行则为横滨、正金、朝鲜、台湾、三井、三菱、安田、住友等。朝鲜银行在大阪设有分行，又在西区设立办事处。三井、住友川口亦设有分行，三菱、正金、台湾、安田亦均在大阪开设分行。至华商在川口之往来银行，则为十五银行川口办事处、加岛银行川口分行、三十四银行川口分行、山口银行九条分行及三井、住友之川口分行。最近，野村银行千代崎桥分行亦竭力吸收我侨商生意。如我华商因国内款项尚未汇到，而又急需支付货价者，有往来之银行，亦可透支。

日本银行与川口商最有关系而又握汇兑之牛耳者则为朝鲜银行，因满洲方面均为其势力范围。其次正金、台湾，再次则为安田。他如三井、三菱、住友，仅为上海方面而已。汇款概为电汇，普通汇兑甚少。汇款金额普通每次均为3000元至五六千元，1万元者最多，一次10万者较少。盖时时以少数汇往，一则使汇兑腾落可以危险分担，二则资金易于周转。至汇款时期当然与支付货款有关，故每月中旬与月底较多，月初较少。若以月别而论，在上半季3、4、5三个月及下半季9、10、11三个月为最多。

我国银号之在川口设有办事处者亦有数家，如在七十九番同益兴内之永豫、五十番馆万义栈内之永济等。又五十六番馆之通德及百十五番馆玉成栈内之同兴泰，于贸易之外亦营汇兑。然合计其金额，亦不过数百万元而已耳。

最近中国银行在大阪川口筹备设立分行，并已向日本大藏省领得许可证，不日即可开业。其裨益于我川口商人者必不少也。

第九章　运输现况

日货由我侨商运至祖国者，虽年有消长，约计之为12 500万日元。至运费、保险费及其他杂费等，已一并计算在内。然此12 500万元之中，运费占几何，保险费占几何，杂费又占几何，颇难断定。假使以总额4%计之，即年约有500万日元入于日本邮船公司、铁路及保险公司之手，则川口贸易对于日本之关系可知矣。

华商运出之货以路径言之，不外海陆二种。或由海路运至上海、天津、青岛、大连、营口等处，或则由大阪铁路直接运至朝鲜满铁，是完全由我侨商依货物之种类、运费之高低、税率之轻重而决定之也。

侨商对于装船保险，皆由团体出面交涉。轮船方面由侨商所经营之同益株式会社及三益合资会社两转运公司代表华商与船公司交涉，保险方面则由南北帮公所代表侨商与保险公司订立特别合同。以日本各公司竞争之故，虽所得条件较优，然自身无保险运输机关，则其损失已不少矣。

一　海上运输

海上运输以日本邮船公司、近海邮船公司及大阪商船公司三者为主。近来野鸡船竞争甚烈，往往低减运费吸收货物，是以我华商凡非急于运送之货物以及废铁等之特殊货物，均利用野鸡船装运。兹以日本递信省所定之命令航线举如下：

（一）大阪大连线　　（二）大阪天津线　　（三）横滨牛庄线　　（四）大阪青岛线
（五）大阪上海线　　（六）横滨上海线　　（七）神户上海线
附注：横滨牛庄线仅4月至11月为命令航线。

（一）大阪大连线　为大阪商船之航线，五六千吨之船共有4只，沿途码头为神户、宇品、门司，自大阪至大连计4日，每周航行2次，在大阪可装吨位约1000吨。

（二）大阪天津线　为近海邮船与大阪商船协定之航线，各有船3只，惟前者为2000吨船，后者为2500吨船，约五六日航行一次，在大阪可装五六百吨，自大阪至天津路程计5日。

（三）横滨牛庄线　为近海邮船之航线，有 2000 吨船 4 只，一星期航行一次，从大阪到天津 6 日，从大阪到牛庄 10 日。但由 11 月 11 日后至翌年 3 月中旬因结冰关系，无直接到牛庄之船，运往该地之货由大连或秦皇岛铁路运送。

（四）大阪青岛线　为日本邮船、大阪商船及原田汽船之协定航线，各有船 1 只，日邮船 5000 吨，余为 4000 吨，隔周航行一次，自大阪至青岛 4 日，而各船在大阪可装之吨位约 500 吨至 800 吨左右。

（五）大阪上海线　为日本邮船之航线，有 3500 吨之船 3 只，每周航行 2 次，自大阪至上海 5 日，在大阪可装之吨位约一千二三百吨。

（六）横滨上海线　亦为日本邮船之航线，有 3500 吨之船 3 只，每周航行一次，经过大阪，但以装运横滨、名古屋之货物为主，故有时在大阪不停。

（七）神户上海线　为日邮航线，所谓中日联络线者此也，有 5000 吨之船 2 只，约 4 日间航行，在大阪可装吨位仅 200 吨。

此外尚有川崎公司，有 10 000 吨乃至 9000 吨之船，每月 2 次在大阪装货。山下汽船公司亦有 3000 吨之船航行于大阪上海间。而日本邮船并视运货状况有不定期船。

我侨商装货最盛时期，上半年为 3 月至 5 月，下半年为 9 月至 11 月，冬夏之季则较清闲。其装载定期航船者概为急需之品，如装运废铁等之特殊货物则均装野鸡船。

货物之运送必须经转运公司之手。华侨所经营之转运公司为同益株式会社、三益合资会社，华商之货大部均由二公司装运。因同益与三益为日邮船及商船之专属转运公司，故其货物均由两船装载。此外，如日人所经营之三木运送店、日ノ丸组、山东运送店等，侨商亦有一部之货托其转运，然如三木等之货均装野鸡船。

转运公司于川口分关内有专属之"上屋"，收受卖户送交华商货物。转运公司即与船公司交涉，并取出关单，将货物由驳船运至船上，同时将船提单交与华商，我华商即以提单与细账寄回中国。船提单概为来人抬头，亦有记名者，其运往大连者仅日文一份，余为英文 2 份。运费付法有两种办法，一在装货地付，一在收货地付，侨商概皆在装货地付。至货物保险，在装船时即与保险公司订立合同，由转运公司提出一请求书于其分公司，分公司即填明日期盖印，即为契约成立之证，并以一联送于公所以备月末算账。其保险单普通由侨商保管，亦有保险公司仅记入账簿而不出保险单者。至货物搬运上船之脚夫，我华商概由税关所指定之下滨组办理，下滨组系直属于同益、三益、三木者也。

船公司对于专属之转运公司，因有相当之手续费以为酬报，即对于货主亦有运货回扣。其回扣有公开者，有秘密者，如邮船公司之于上海航路，则为运费一成。但野鸡船虽无回扣，而运费甚低，故公司船更不能不有回扣也。运费结算，公司船约二三月一结，野鸡船则每月一结。

侨商所经营之转运公司计有同益、三益。同益株式会社设立于民国四年，资本 10 万日元。总公司在川口町，神户海岸通设有分公司，以运送为主要业务，并为神户海上运送火灾保险会社代理保险。三益合资公司设立于民国八年，资本日金3万，以运送业为主，并为东京海上火灾保险公司代理保险。

二　铁路运输

运往辽黑等省货物，或由海路至大连、营口，再由铁路运送，或由大阪直接运送。近年以来，疋头等由铁路运送者多。因海路运送费较多，且由安东经过之铁路货物可以减税，而日本省线、朝鲜、满铁3线之连络运输运费又特别低廉，是以高价之货物由铁路运送反较有利益也。今以由大阪至辽宁站之疋头棉纱运费比较如下：

种类			经安东铁路	到大连后转运
棉纱	一捆40包	330片	6.90日元	7.11日元
疋头	一箱	236斤	5.12日元	5.34日元

第十章　保险现况

侨商采办货物运送本国，为免除海上损失起见，莫不保有火险。最初悉向欧美保险公司具保，其后我侨商与日商保险公司订定保险合同。最初仅东京海上火灾保险会社、日本海陆保险会社、日本海上保险会社3家，其后经过变迁，目前为我侨商保险者计有6家，均于川口设有代理。

公司名称	代理处	地址
东京海上火灾保险会社	三益合资会社	川口二十二番
日本海上保险会社	益生号	川口三十番
帝国海上运送火灾保险会社	恒昌号	川口三十番
大阪海上火灾保险会社	公益号	川口七番
神户海上运送火灾保险会社	同益株式会社	川口二十番
朝日海上火灾保险会社	杜雨樵	川口三十七番

上所列者为北帮公所所特约之保险公司。近年南帮公所亦与东京海上、帝国海上、神户海上三保险公司订定特约。其契约期限概为一年，亦可根据旧约续订。保险种类为平安、水渍两种。保险金额，如棉纱、本色棉布则较买价加一成，此外疋头杂货则加2成。保险时期，如系海路，则由驳船装起至达到目的地卸货后24时间为原则，亦有一周间以上者。至保险金之支付，由保险代理者每月底向侨商结算。

第十一章　神户华侨贸易现况

日本辟神户为通商口岸，根据安政条约，原系与江户、大阪两地同于文久二年十二月核准施行。嗣以国内纷扰，延至庆应三年十二月七日始与大阪同时开放。在开放之前一年，于神户市街及生田川之间划定外人居住区域，但亦仿照川口办法，仅许欧美人民居住，华人不得加入。华人之来神户者仅能居于其西之沿海地方，即以现在之荣町区海岸通为中心，并沿山手一带所谓南京町者是也。

神户一经开放，即有华人来住，故明治元年十月调查神户外侨，在470名外人中，已有华人240名矣。明治四年七月与中国订通商条约，华人之东渡者益众，迄今其数常占神户外侨总额之半。

最初来神户经营商业者当属福建人，次之为广东，再次则为上海等地，此可于其会所成立之先后证之。福建商会设于明治三年，广东商会设于明治九年，三江商会（江苏、浙江、江西3省）则在明治三十年始行设立者也。是年侨居大阪之闽广商人及沪帮中之经营海味者悉移居于神户，于是神户华侨之人数及贸易额乃突进。其后逐年增加，迄今仍在日本对华南及南洋贸易上占重要位置。

现在华侨居住区域，在海岸通及其后之荣町通、元町通、三宫通、北长狭通、下山手通、中山手通等处，而由海岸通至山手一带则较前减少。此外亦有散居于海岸通之东明石町、播磨町、京町、矶边通、八幡通等处者。据兵库县厅之调查，昭和二年十二月底，神户华侨总数共5618人，其职业别如下：

职 业	人 数	职 业	人 数
店　员	612	菜馆业伙友	108
银行员	88	饮食店	9
进出口商	108	食料品店	2
棉花进口商	2	船员	6
教　员	38	运送业	3
药材商	5	杂货商	16
新闻记者	1	学生	4
官　吏	6	留学生	6
旅馆及公寓业	1	铁器业	2
菜馆业	15	卖技人	2
绸缎商	2	印刷业	8
绸缎行商	9	印刷工	60
呢绒及钟表行商	18	木　工	5
经纪人	1	漆　工	85
竹篮业	1	中国酒制造商	1
管理货舱	30	养鸡业	1
码头接客	2	厨　司	9
理发业	83	麦类业	3
理发匠	382	材木商	1
仆役	618	糖炒栗子商	7
点心制造业	3	菜　商	2

米谷商	3	籐器商	3
海产物商	5	码头小贩	5
兑换商	8	兽肉商	7
宝石商	1	成衣业	33
汗衫内衣商	1	成衣工	228
鞋　工	10	杂　业	55
家　仆	53	无　职	22
酒排间侍者	1	有职者家属中之无职者	2740
制造乐器工	13	无职者家属中之无职者	65
合　计	5618		

又据中国总领事馆调查，此种商人除少数例外，大都均在神户建有铺面，为永久独立经商性质。调查结果如下：

	町　名	广东商	福建商	三江商	合　计
一	海岸通前町	2	——	——	2
	海岸通一丁目	2	2	3	7
	又二丁目	12	1	2	15
	又三丁目	6	3	——	9
	又四丁目	7	8	——	15
	又五丁目	——	2	——	2
二	海岸通后荣町通一丁目	4	1	5	10
	又二丁目	7	3	1	11
	又三丁目	2	——	——	2
	又五丁目	——	1	3	4
	又六丁目	1	1	——	2
	元町通一丁目	1	——	5	6
	又二丁目	4	——	2	6
	又三丁目	——	——	2	2
	又五丁目	——	1	1	2
	三宫通一丁目	3	2	——	5
	又三丁目	7	——	1	8
	北长狭町二丁目	——	——	1	1
	又三丁目	——	2	1	3
	又四町目	1	——	——	1
	下山三通二丁目	——	——	1	1
	又三丁目	——	——	1	1
	又八丁目	——	——	1	1
	中山手通二丁目	——	——	1	1
	又三丁目	——	——	1	1
三	海岸通东明石町	1	——	——	1
	播磨町	——	——	1	1
	京　町	3	——	——	3

矶边通四丁目	—	2	—	2
八番通三丁目	1	—	—	1
总　计	64	29	33	126

由此以观，可知神户侨商以广东帮为最多，在126家商店中，广东商占64。次则为三江帮，共有33家。再次则为福建帮，计有29家。此等商店自经理以至于学徒均为华人，其所营业务，运出者为棉纱、棉布、海味、绸缎、干杂货等，运进者为米谷、棉花、棉子、木材、药料等。有专营一种者，有兼营两种以上者。有专营出口或进口者，亦有进出口兼营者。

神户之中国商业团体，其重要者有福建商会、广东广业公所、三江商业会馆、神户华商商会、神阪中华会馆、神阪华侨联卫会等。此外则有总领事馆及大阪分馆。兹略述此等团体情形如下：

福建商会为华人商业团体之最古者，系于明治三年设立，为福建省商人所组织。会员商店在十六年底统计为二十有五，会长为李景玧，会址在北长狭通。

广东广业公所为广东商人之团体，成立于明治九年。会员商店共68家，理事长为陈树彬，所址在海岸通。

三江商会设于明治三十年，为江苏、江西、浙江三省侨商组织之团体。会员商店共有36家，其中有兑换店7家，成衣店6家，余均贸易商，理事长为何芍莛，会址在北长狭通。

神户华商商会设于明治二十五年，为广东、福建及三江帮等全体商人所组织之团体。依据商会法改组，与大阪华商商会同。会长为广东帮之耆老郑祝三，会址在中山手通。

神阪中华会馆为大阪及神户华侨合组之机关，成立于明治二十五年。理事长为三江帮之耆老何世锟，事务所即设于上述之商会内。中华义庄即为该会所经营者。

神阪华侨联卫会成立于大正十四年，以神阪华侨团体之代表为会员，为两市华侨最有力之自卫机关，其活动亦最有希望。会长为郑祝三，副会长为杨寿彭，事务所亦设于商会内。

中华民国总领事馆设于明治十一年十月。初在下山手通七丁目，明治三十九年移至现址下山手通二之四五。大正十四年十一月升为总领事馆，大正十五年设分馆于大阪，由副领事司其事。总领事之任务为保护侨民。其主要职司虽在人事外交方面，但以商会公所等商业团体之势力强大，总领事之任务亦与其他各国略异其趣。

以上各团体外，尚有关于政治、社交、娱乐、慈善、修养等机关，乃同业者之职业团体。兹再举其重要者如下：

团体名称	所在地	代表者	会员数	创立年	创设趣旨
中国国民党支部	中山手通	张君寿等	479	大正十一年	党务
尚志社	又	杨永康等	140	大正十年	教会
神户华侨商业研究所	又	杨寿彭等	100	大正三年	政治、娱乐

中国慈善会	又	杨官胜等	100	明治卅二年	救助
中国图书社	又	杨寿彭等	100	明治四十一年	图书馆、娱乐场
商和别所	又	陈树彬	40	大正十二年	娱乐、商业协议
华厨联义会	又	邓日辉等	15	大正十一年	友谊
华侨同志会	下山手通	叶盛松等	88	大正十四年	三江帮厨司友谊会
阪神华侨洋服商组合	又	同义昌等	390	大正十五年	成衣业劳资合组之团体
阪神华侨理发业联合会	加纳町	徐宝生	539	大正十五年	理发业之团体
神户华侨涂业组合会	中山手通	梁籍安	159	大正十五年	涂业者之团体

此外，中日合组之团体仅有一神户日华实业协会，创设于大正六年三月。会员现有100余人，事务所在神户商工会议所内，会长为商工会议所之会长泷川仪作。

神户华侨与大阪华侨之性质略异，大多建设店铺，携带家眷，作长久居住者，故旅居住30年以上者颇不乏人。至其对于公共的永久设备，最重要者为教育机关及中华义庄。中华义庄俗称为南京墓，在市内中山手通，为华人之公共墓地，占地3705坪。从明治初年即获得永租权，现在承继此权利者为社团法人神阪中华会馆。庄中设备颇完整，有礼堂、丙舍、接待室及司阍室，每年由会馆向会员募捐5000元为维持费。葬仪从佛教，棺则从中国古俗，藏于丙舍或筑墓域用土葬，以为归葬本国之备。近以侨民日众，墓地已觉褊窄，乃呈请移转地方。经核准后，遂移至市内长田村字市后谷ノ地，计占地8424坪。将来即利用旧墓地之收入，为经营新墓地之资。此外，华侨中除少数信仰基督教外，信佛者亦不少，中山手通七丁目有长乐寺（通称南京寺），为昔日华侨所建，今为黄檗宗支院，华侨中多数均为其施主。

教育机关之为华人所经营者，有小学校三、夜校一、个人私塾二，均系初等教育，能兼中等教育者仅一同文学校而已。今列举如下：

校名	所在地	设立年	教师数	生徒数	代表者
同文学校	中山手通	明治三十三年	17	384	校长吴功补
华强学校	又	大正三年	13	180	校长文鉴辉
中华学校	北长狭通		5	202	何世锟
尚志社	中山手通		7	60	杨永康
培英女学塾	又		2	30	刘慧诏
崇实书舍	下山手通		1	12	郑紫垣

华侨之子女由小学、中学、专门而至大学，纯受日本教育者亦不少，尤以一般永住者为甚。谙日语，通事情，俨然日本化矣。

神户华侨商人多属自立店铺，为永久营业之商人，已如上述。若在川口，则大半系客居性质，寄居于行栈，专为办货而来。故两地商人性质大异。间或亦有从华中、华南及南洋方面为办货而来神户者，但为数极少。

神户华商所营业务，多属于从华中、华南等处接受定单，代为采办棉纱、棉布、海产、绸缎、干杂货等运至中国，或收买由中国商人运出之米谷、棉花、棉子、木材、药料等项。此种委托关系有时系出于本支店之往来，但大多数则为独立的委托。表面并无何等关系，特内部含有相互出资、共同合作之关系者亦不少也。华侨商号所经理之贸易品，因无详细资料可供参考，兹仅以日本明治初年以来神户对华输出入品之变迁，列示如下：

年 次	输出品	输入品
明治六年	铜块、铜锭、海带、干鱼、生丝	本色棉布、毛棉交织物、砂糖、本棉纱、其他织物
明治十八年	铜、鳗、洋菜、香菌、樟脑、木腊	砂糖、生棉纱棉
明治廿年	火柴、铜、米、鳗、香菌、洋菜、陶瓷器	砂糖、纺棉、油糟、革
明治廿六年	火柴、铜、米、樟脑、洋菜、洋伞、鳗、香菌、木腊	纺棉、砂糖、豆类、油糟、生丝
明治卅六年	棉织丝、火柴、熟铜、卷烟、本色洋标布、酒类、本色棉布	纺棉、豆类、油糟、小麦、棉子、米、生丝、苎麻、蛋、菜子
大正二年	棉纱、本色棉布、火柴、铜、精糖、石碱、洋伞、海带	纺棉、油糟、豆类、菜子、蛋
大正七年	棉纱、精糖、本色棉布、火柴、绵囊、石碱、洋伞、火柴盒片、铁制品、橡皮胎	纺棉、米、菜子、麻、干蓝、生铁

现在神户华侨商业所经营之大宗商品，在出口方面为米谷、棉花、棉子、木材、药料等，在进口虽以大阪工业制品、棉纱、棉布及各种杂货为主，但亦有神户之特产品，海味及绸缎亦占重要地位。海味之中，其重要者为海带、海带丝、干鳗、干鳕、盐鳟、煎鱼、贝柱、干贝、干虾、鳞鳍、海参、鲣节、洋菜、鱼油等。最近人造丝织物增进甚锐，亦为不可忽视者也。

输往地带为华中、华南、菲律宾、暹罗、安南、荷属东印度、海峡殖民地及印度等，输往目的地为香港、新加坡、曼谷、司拉巴亚、巴达维亚、西贡、马尼拉、兰贡、吡能等埠。此外，对广东广西方面则以香港为转口，福建则以台湾为转口。从前对台湾之输出颇多，近年因日人直接至台湾贸易，由神户出口者乃大减。

关于贸易数额，向无统计可征，仅约略估计而已。据最有力之某买办云，华侨商业贸易额虽因年因业而互有不同，但大体每年约在8000万元以上。其中棉纱、棉布占5000万元，杂货、海味及其他货物等占3000万元。若以输往之目的地而论，则香港有2500万元，南洋3000万元，华南、印度及其他地方合约2500万元云。

神户侨商与大阪批发商之关系视其类别而异。纱布商可以各自选定主顾自由交易，如为杂货商，则有大阪贸易同盟会常时注意侨商之信用状态，设有不稳情形为其察觉，立即通告会员，在交易上加以注意。然而批发商对于神户侨商之支付关系，与对于川口侨商者亦不同，大体多以信用为尚也。神户侨商买进纱布，虽亦有派人到大阪与纱布商接洽者，但事实上由大阪纱布商派推销员到神户，历访侨商接洽交易者颇多。又棉纱虽均属直接交易，棉布则多为经纪人经手。此外如纪伊及伊豫等产地之机户卖货与华商时，亦多由经纪人经手也。

神户之侨商买入纱布，大都基于实际需要。其契约分现货与期货两种。现货普通均为一周以内交货，期货则视其商况而异，大致棉纱为二三个月，棉布则四五个月。加工棉布，如为现成货物，则交货期间短；如为定制货物，则交货期间较长。价值则视交货地点而异。交货条件有以日计，有以月计，届期或由火车、或由电车、或由船舶送至神户指定地点交割。如为运输公司转运，因运输公司对于货物须发出临时收条，如为纱布交易，则批发商即以临时收条为凭，翌日向华商请求付款。纱布交易大抵均以交割之翌日付现为原则，并无扣折等习惯；如为加工棉布，则须以临时收条向华商易取正式收条，然后请其规定付款日期。大概以 14 日及 28 日付款者为最多，有时亦可伸缩，要视当事者间之关系如何而定。加工棉布付价时有折扣，普通为 2 分，外加回厘每箱 30 钱。货价支付以现金为原则，但有时亦有付一星期支票者。总之，加工棉布之支付关系，较诸棉纱及本色棉布均稍为圆滑。若纪伊及伊豫等产地之机户卖货时，常收进 30 日乃至 60 日见票付之期票焉。杂货交易，华商由神户至大阪定货者有之，大阪商人分号代收定单者亦有之，而由经纪人从中介绍者亦不少。神户华商购买杂货亦多出于实需，故均希望现货交易。尤其当卖户存货告匮之时，若立约定制，其期限尤促。货价视交货地点而异，到期之日，卖货商用火车、电车或船舶送至指定地点交割。如由转运公司转运，则凭公司收据向买户易取收条。要求指定付款日期，支付日大多以 14 日及 28 日为准。如在 10 日左右交割者，则约 14 日付款。25 日左右交割者，则约 28 日付款。支付货价多用现金，扣佣通例为 2 分。

神户之中国侨商如从国内接受定货单，委托收货并运交与委托者时，其佣金如在纱布，普通为 3 分乃至 3 分半；如系杂货则为 2 分 5 厘乃至 3 分。装货之时，必以货本、运费、保险费、佣金及其他费用详细开一发单，寄与委托者。

对于香港、广东及其他华南方面之委托者，常用电汇支付货价。但在交易频繁之户，亦可随时寄存款项，积至年底再行清算。若对菲律宾、南洋、印度一带地方之交易，则多利用押汇。所有票据，除海峡殖民地及曼谷须用外币外，余均用日金计。期限视地方而异，普通均为见票后一月或 2 月即付，且属于 D. A. 者多，属于 D. P. 者少也。所有票据由侨商直接卖与银行者又甚少，均须银行买办背书，然后始卖与汇兑银行。买办背书之手续费，通例向银行征 0.125%，向客帮征 0.25% 或 0.125%。此类买办多属富有资产与信用，并通晓侨商情形者也。

第十二章 结 论

当隋之大业三年，日本遣小野妹子来华，是为中日交通开拓之始。及至明代，我国之丝与棉花，日人多所需要，通商贸易实已发轫于斯时矣。然至日本明治维新时代，两国间之贸易尚微末不足道。迨明治四年初清日修交条约成立后，彼此开放通商口岸，于是始得自由通商。但当时我国对日贸易犹为出超也。今列举如下

（单位：千日元）：

	输入	输出	合计	出超（有△者入超）
日本明治六年	4786	9881	14 667	5095
一〇年	5015	5674	10 690	695
一五年	5711	6553	12 264	842
二〇年	10 970	7985	18 955	△2980
二五年	6358	12 509	18 868	6151
三〇年	21 325	29 265	50 550	7940

我国对日贸易，在明治六年时，出超为五千余千日元，二十五、六年出超达六七千千日元。然自此以后，日本对我贸易即有长足之进步，历年日本对我均为出超。而其发展之步骤，又可分为三时期。第一中日战争时期，第二日俄战争时期，第三欧洲大战时期。自明治二十五年至三十五年，日本对我贸易激增4倍半，自三十五年至大正元年增2倍，至大正八年又增4倍。近年以来，仍无日不在稳进之中，一跃而居进口国之首位。而我国输出亦以日本为第一位，将来两国通商上之关系必更深切。而旅日侨商尤负有发展我国对日贸易之责。任今后侨商应如何改善其本身之组织，应如何与国内各贸易机关及各商业团体之联络，是均为我国贸易发展之要图。故于篇末特别言及之，以促我侨商之注意焉。

附录一 华商团体规章

一 大阪华商商会拟定章程

第一章 名称及所在地

第一条 本会定名曰大阪华商商会。

第二条 本会事务所设于日本大阪市西区本田二番町十一番地。

第二章 组织及会务

第三条 本会以留阪华侨各商号组织之。

第四条 本埠入会侨商当固结团体，以免外人之把持。中华全国及各外埠之商会当互相通讯，调查商业状况，扩充国货销路。

第五条 关于下列各项之事务，本会皆有办理之责：

一、关于工商业之征询及通报事项；

二、关于国际贸易之介绍及指导事项；

三、关于工商业法规之制定、废止及与工商业有利害关系（如税则、航海商约等），得建议于中央行政官厅或公使、领事；

四、答复官厅或其他团体所咨询商业之事项，但对于非法人团体，除会员外得不予办理；

五、调处本会区域内当事人或官厅委托之商事争议；

六、受当事人或官厅之委托，办理商事清理事项；

前项第五、六各款得征收费用，会员委托得免费或减费；

七、本会得设商业学校或其他关于工商业之公共事业；

八、关于工商业统计之调查编纂事项；

九、关于工商业之证明及鉴定事项；

十、凡本埠侨商回籍，当代请领事官发给护照以资保卫。

第三章 会员资格

第六条 会员无定额，凡留阪华侨各商号及各公会之本国商人具有下列资格者，皆得为本会会员：

一、公会代表；

二、商店代表。

第七条 有下列各款情事之一者，不得为本会会员：

一、有反革命行为者；

二、被褫夺公权及被破产之宣告者；

三、有违犯法律之行为玷辱国体者；

四、有精神病者；

五、不任本会义务及营业不正当者；

六、确非本国籍者。

第四章　会员之义务及权限

第八条　会员之义务权限如下：

一、会员有担任会费之义务，遇有新入会者，其会费由执行委员会酌定；

二、会员有选举权及被选举权；

三、会员有表决权；

四、会员有建议权。

第五章　委员会之组织

第九条　本会设执行委员会，以执行委员15人组织之，并置候补执委5人。设常务委员会，由执委15人中互选5人为常务委员，由常委5人中推一人为主席。

第十条　本会设监察委员会，以监察委员7人组织之，由7人中推一人为主任，并置候补监委3人。

第十一条　本会因事务上之必要时，得设各股委员会；各股委员之人选由常务委员会提交执行委员会决定之。

第六章　委员之职权及任期

第十二条　本会各委员均为名誉职。

第十三条　执行委员会依本章程之规定及会员代表大会之议决行使职权。

第十四条　监察委员会有监察本会一切之权。

第十五条　常务委员会有延聘、雇用及辞退办事员之权。

第十六条　主席对外代表本会。

第十七条　执行委员、监察委员之任期均为4年，每2年改选半数，不得连任。但第一次之改选以抽签法定之委员人数为奇数时，留任者之人数得较改选者多一人。

第十八条　常务委员如有回国或远出情事由，常务委员会于执行委员中指定一人暂时补充。主席如有回国或远出情事由，常务委员中公推一人暂行代理。执、监委员如有缺出，各以候补者补充。

第七章　办事员

第十九条　本会设事务主任一人，办理执行委员会及常务委员会议决之事项。

第二十条　本会酌设办事员，其员额视事务之繁简定之。

第八章　选举及被选资格、选举细则

第廿一条　本会选举用无记名连举法，由全体会员到会行之。

第廿二条　选举概以得票多数当选，2人票数相同以抽签法定之。

第廿三条　执、监委员均由全体会员投票选举。

第廿四条　被选资格如下：

一、确系本会会员代表，年在廿五岁以上者；

二、通达本国文理者；

三、富有商业知识者。

第廿五条　选举细则如下：

一、选举时，先期由本会将选举票及被选人资格、选举细则单分送选举人；

二、选举票每权执行委员票15张、监察委员票7张，准每张只举一人，不得数张均举一人，并不得涉及他事；

三、选举票用无记名法，必须填写清楚，易于辨认，若涂抹不清作为废票；

四、不用本会票纸或所举之人无被选举权及不合被选资格者，均作为废票。

第九章　会　议

第廿六条　会议之种类及规则：

一、定期会员大会每年于10月举行，由执行委员会召集之；

二、临时会员大会于执行委员认为必要或经会员代表十分之一以上之请求或监察委员会函请召集时召集之；

三、执行委员会每月开会一次，由常务委员会召集之；

四、监察委员会每月开会一次，由监察主任召集之；

五、常务委员会议无定期，由常务委员自定之。

第廿七条　会员大会有会员过半数之出席即得开议，出席会员过半数之同意即得议决；但遇下列各款之决议，应以全体会员三分之二以上之出席，出席会员三分之二以上之同意行之：

一、变更章程；

二、会员或会员代表之除名；

三、职员之退职；

四、清算人之选任及关于清算事项之决议。

前项但书规定，若到会会员不足法定数时，得以出席会员三分之二以上之同意，议定草案后通知未到会会员，并于10日内召集第二次会员大会；若仍不足法定人数，即以第二次到会会员三分之二以上同意作为议决。

第廿八条　会议规则如下：

一、会员有提议事件，迨开议时须由本人当众报告，方付讨论以定可否；

二、议事须按次序，甲事议毕再议乙事；只议今日提议之事，不能涉及他事；如当日议无结果，可由常务会定期续议；

三、凡甲所提议之事，经乙辨驳者先起立报明自己号名再行发言；惟须俟甲言已毕，乙始发言，不得哗噪致紊秩序；

四、主席有监督之权，遇有不守规章者，主席有停止其发言权与会议权；

五、执委会议时，候补执委有旁听权，有建议权，无表决权；普通会员有要求旁听及发言者，准否由主席酌定；

六、会议未毕，各员不得先行告退，如有要事须向主席陈明方准离席；

七、会议时，有少数未到会者，作为默许。

第十章　会　费

第廿九条　本会经费由各会员按年分担，分经常、临时两种如下：

一、经常费悉照本会预算案交全体会员允认后随时缴纳；

二、临时费遇有特殊事故，本会预备费不敷支销者，须开特别会议，召集全体会员议决施行。

第十一章　会　计

第三十条　会计年度每年以一月一日始至十二月卅一日止。

第卅一条　执行委员会应依会计年度，分别编制预算案及决算案提交监察委员会，一星期后审查完竣，应附具意见书，提交会员大会议决。

第卅二条　会员大会对于预算案有增删之权。

第卅三条　预算得设预备费。

第卅四条　会计年度届满、新预算尚未成立时，常务委员会得照上年度预算施行，但因不足法定人数，新预算不能议决，执行委员会得代行议决。

第卅五条　本会支款，须经本会财政主任之盖印方为有效。

第十二章　出会及退职

第卅六条　会员代表有借本会名义私发文件与担保银钱货件及其他不正当行为，致损商会之名誉信用者，经大会议决，得令其出会，并通知原举派之公会或商店。受除名处分之会员代表3年以内不得充任代表，原认之费概不退还。

第卅七条　职员因不得已事故，经开会议决，准其退职。

第卅八条　职员有营私舞弊或不正当行为，致损商会之名誉信用，查有确据，及犯第七条情事之一者，得予照章除名或令其退职。

依前项之规定，受除名之处分者自除名之日起，4年以内停止其被选举权。

第十三章　附　则

第卅九条　本章程之修改，须经大会议决，并呈奉行政官厅核准，始生效力。

第四十条　本章程自呈总领事转呈公使、工商部核准公布之日施行。

二　大阪中华北帮公所章程

组织及目的

第一条　本会为社团法人。

第二条　本会以中华民国直隶、山东、奉天、吉林及北部诸县之人民组织之，以后两条所载之事项为目的。

第三条　本会协谋华日贸易之发达，团结会员务期交相亲善。凡有中华民国嘱托关于工商业上有欲调查事项，本会可受其嘱托而调查之。又华日两国人民间或中华民国人民间于商业上生有重大纷议之时，本会可依当事者之请求排解判断之。

但对于嘱托之受否，请求之诺否，以理事会之决议为定。

第四条　本会对于会员以外之华日两国民，惟在公益事件限内，有时可依其请求，以本会事务所贷与之。本会凡有在留日本国之中华民国人民罹天灾地变及其他非常灾害陷于悲境者，当以相当之方法救护之。

但关于贷与救护之方法及许否，以理事会决议定之。

名称及事务所

第五条　本会名为大阪中华北帮公所。

第六条　本会事务所设于大阪市西区本田二番町十一番地之二。

资　产

第七条　本会以下记之不动产并次条之赋课金、会员之资金及有志者之特别捐款为资产：

大阪市西区本田二番町十一番地之二，市街地399坪6合9勺。

第八条　本会对于各会员之输出货物，按原价征收2厘赋课金。

第九条　前两条之资产，本会用确实之方法以营殖利息。

第十条　第七条、第八条前所记载之资产为供给本会存立上所必需之一切经费，其余款作为基本金而蓄积之。

第十一条　本会之资金归理事管理之。

理事及监事

第十二条　本会置理事7名、监事3名。

第十三条　理事及监事于开总会时由会员中选举之。

前项之选举以到场会员之投票决之。以得票之多数者为当选，票数同以年长者为当选，年同者以抽签法定之。

第十四条　理事之任期定为3年，监事之任期定为一年，但满期后不妨再选。

第十五条　理事或监事归国越6个月以上或因他事出缺者，则依第十三条之规定临时选举之以补其缺。

依前项之规定所选举之理事或监事，仍继承前任之任期。

第十六条　理事及监事虽在满任以后，至后任者未就职之时为止，仍须照常供职。

第十七条　理事中置理事长一名，由各理事互选之。

第十八条　理事会由理事长随时召集之。

理事会之议事，以到场理事之过半数决之可否，同数时则从理事长之所决。

第十九条　理事及监事为名誉职。

但其职务上所必需之费用，由本会担负之。

第二十条　理事及监事不论何时，经总会之特别决议得解其任。

事业年度及总会

第二十一条　本会之事业年度以每年正月为始，十二月为终。

第二十二条　通常总会每年一次于十二月召集之。

第二十三条　经总会员四分之一以上之请求开临时总会时，须将会议之目的及理由书明，经理事及监事认为必要，方可召集临时总会。

第二十四条　召集总会日期，须于开会5日以前将会议事项通知各会员。

第二十五条　总会之议长以理事长任之，若理事长有事故缺席时，则以年长之理事任之。

第二十六条　总会非有会员十分之一以上到场，则不得开议。

凡关特别决议之事项，非会员半数以上到场，不得开议。不到者得委任他会员代理表决，其效力与到场同。

第二十七条　总会之议事以到场之会员过半数决之，若可否同数，则从议长之所决。

凡关特别决议之事项，须由到场会员四分之三以上之多数议决为定。

第二十八条　理事至少须在开通常总会一星期以前，将下之书类向监事提出，请其调查：

一、财产目录；

二、借贷对照表；

三、事业报告书；

四、收支决算表。

第二十九条　监事调查前条之书类毕后，仍交还理事，且须在总会报告其意见。

第三十条　理事须将第廿八条所揭之书类向总会提出，请求承认。

第三十一条　前条已经总会承认，则理事及监事之责任即可解决。但理事及监事倘有不正之行为，则不在此例。

第三十二条　理事须将次年度之收支预算向通常总会提出，请求赞成。

第三十三条　理事每开总会时，须作议事录，由各理事署名盖印后，与总会所承认及赞成之书类交事务所保存之。

第三十四条　会员于本会之执务时间中，无论何时得请阅议事录及其他之书类。

会　员

第三十五条　愿为本会会员者，可向理事提出前项提出之件，经理事会决定后通知本人。

第三十六条　照前条之规定已受入会承认之通知者，在一星期以内缴纳次条之资金后，即具有会员资格。在前项期内不缴纳资金者，则失入会承诺之效力。

第三十七条　会员入会时须缴纳金10元以为出资金。

第三十八条　会员若犯下列各项之一事，即失会员之资格：

一、申明退会者；

二、不请假而离日本一年以上者；

三、已宣告破产者；

四、已受禁治产之宣告者；

五、已受除名之通告者。

第三十九条　会员若犯下列各项之一，得由总会之决议除其名簿：

一、对于本会有不正行为者；

二、滥用会员资格者；

三、被处禁锢以上之刑者。

理事须将以上各项中所决议之旨通告被除名者。

第四十条　会员丧失其资格，其出资金不得缴还。

第四十一条　会员死亡后，其嗣承人亦得继承其会员资格。

第四十二条　理事编制会员名簿置于事务所，会员中如有异动，须随时订正之。

存立期间及解散

第四十三条　本会存立期间，自设立许可之日起满30年为度。

但经总会之特别决议，得以继续设置。

第四十四条　本会解散时所余之财产，以总会之决议定其处置方法。若不能以总会决议定其处置方法之时，则从中华民国驻日公使及领事之处置。

第四十五条　本定款非由总会之特别决议，不得变更。

附　则

第四十六条　本会自得主务官厅之许可后至选定理事时为止，所有理事之职务概由设立者执行之。

附录二 国内直接川口贸易之团体规章

一 东庄洋货公所章程

第一章 总 纲

第一条 本公所为上海东庄洋货同业组织之公共机关，故定名东庄洋货公所。

第二条 本公所建设会所于上海西门冬青园地方。

第三条 本公所以联络同业维持利益，矫正营业上之弊害为宗旨。

第二章 范 围

第四条 本公所范围以东庄洋货同业为限。

第五条 如与下列二项相符，赞同本公所宗旨，经全体同意者，得随时加入共图进行：

一、凡有本埠区域内原有之东庄洋货字号，声誉素孚者；

二、凡在本埠经营同样之新开字号。

第六条 如有上项字号愿加入本公所团体以内者，须得同业之介绍。

第三章 责 任

第七条 凡在本公所团体以内之商号，均应担负下列各项之责任：

一、遵守章程；

二、同业须互相匡扶，不得倾轧；

三、维持公所利益；

四、售出货价一经公议允洽，须互相恪遵；

五、营业上之利弊，得随时提议讨论兴革；

六、辅助本公所进步。

第八条 如有违背第七条各款放弃责任者，由全体公决议处。

第九条 本公所为保护公共利益，增进全体幸福起见，别订同业公益规则遵守之。

第四章 权 利

第十条 本公所同业商号，每家得推代表一人为本公所会员。

第十一条 凡各商号之代表人，有下列各项之权利：

一、代表人有选举权及被选举权；

二、代表人有提议兴革事务之权；

三、代表人有被选为董事及各职员之权；

四、代表人有列席会议发言之权。

第十二条 凡加入团体之商号，遇有下列各项事情，得享有本公所辅助处理之权：

一、账款纠葛；

二、营业上及名誉上被人侵害或受有损失者；

三、因营业上及其他事故争执不决者；

四、遇有不得已事故委托帮同设法处理；

五、与全体营利权有关者。

第五章 纳 费

第十三条 凡本公所团体以内之各商号，均有纳费之义务。

第十四条 凡愿加入本公所团体之商号，须缴纳公所费一次。凡资本在2000两以下者，纳银25两；其在2000两以上者，每千两缴费银10两，以此类推按数递加照缴，不得推诿。

第十五条 凡在团体以内之商号，每月缴纳常费一次。

第十六条 按月常费计分三等如下：

一、每月3元，全年共计36元；

二、每月2元，全年共计24元；

三、每月1元，全年共计12元。

第十七条 各商号每年营业若干，酌提扣佣一厘，概按日金计算，缴充本公所经费。全年统计，按年一缴。

第六章 职 员

第十八条 得公所规定，应设职员如下：

一、总董1人；

二、议董2人；

三、议员12人。

第十九条 本公所各职员之权限如下：

一、总董有主持各项事务及指挥办事员办理一切事务之权；

二、议董有辅助总董办理事务之权；

三、议员有提议兴革及评议一切事务之权；

四、总董、议董、议员及司年、司月均有财政之权。

第二十条 本公所各职员任期均以一年为一任，惟任满后得续举连任。

第七章 选 举

第二十一条 总董、议董由议员推举之。

第二十二条 议员由各商号代表人互选，以得票之多数为当选。

第二十三条 每商号有一选举权。

第二十四条 选举法用双记名投票法。

第二十五条 凡有下列各项事情之一者，无选举权及被选举权：

一、受破产之宣告尚未恢复者；

二、有损害全体公共利益之行为者；

三、有精神病者；

四、品行不端声誉素劣者。

第八章 会 期

第二十六条 本公所会期分常会、临时会二种：

一、常会每星期举行一次，于星期日下午2时举行之；

二、临时会凡遇紧要事项，须经全体公决者举行之。

第二十七条 每逢星期，由公所于会期之前一日通告之。

第二十八条 凡遇临时会，须将应议事由载明于通告内。

第九章 会 议

第二十九条 凡会议时之议长由总董任之，倘总董因事缺席，得由议董代之。

第三十条 凡会议事项以到场之多数赞成取决之，若可否同数，由议长判决之。

第三十一条 所有议决事件载明于议事录，由总董、议董签名保存之。

第十章 会 计

第三十二条 本公所收支经费，每于年终编印报告分送同业备查。

第三十三条 本公所各项账册簿据，各同业得随时检阅。

第三十四条 本章程如有未尽事宜，得随时提议公决修正。

二 东庄同业公益规则

一、本规则以维持同业秩序，保护公共利益为宗旨。

二、本规则凡同业东伙学徒，均有互相劝勉共同遵守之责。

三、同业伙友如有违犯下列各项者，得由该号报告本公所，揭示会场以昭儆戒：

（一）品行不端妨碍店务者；

（二）行为恶劣屡戒不悛者；

（三）紊乱店规不遵约束者。

四、违犯上项各条之伙友，自经本公所揭示后仍不悛改者，由本公所除名驱逐出所，各同业均不得收用，以儆将来而杜效尤。

五、同业伙友如有妨害业务、破坏名誉及私用账款等事，得报告公所，通告同业不得收用。

六、满师学徒照伙友一律待遇。

七、同业伙友及满师学徒，如素来恪守范围并无过失，得享下列各项之保护：

（一）或因一时失业欲谋生计者，得请求本公所介绍职业以资激劝；

（二）无辜被累攸关名誉者，得由本公所代为声明以安执业。

八、同业伙友及满师学徒均不得互相私自拖用。

九、同业任用伙友，须问原在字号询明接洽，以免私自挖用之嫌。

十、同业伙友如未经原店辞歇以前，不得在外私自另谋枝栖。倘确已停歇另就者，须由录用之家向原店询明，始得任用。

十一、伙友如因店东意见不合，欲另就他家者，须向店东或经理声明后方可另谋。惟以逢年逢节为限，不得半途中止，并须于节前一月向店东或经理声明。倘系店东，亦于节前5日知照，以昭公允。

十二、同业如有私自挖用伙友，仍归原店主理直。倘原店不愿再用或该伙不愿继续者，可另就别家生意。

十三、号东经理待遇伙友，如有尖刻及应得利益未能公允之处得，由该伙友将情形报告公所代为理处。倘有挟嫌诬报情形不实者，一经查明，公议处罚。

十四、凡遇各客帮庄号发生倒闭亏欠等情，在债务未清以前，一律停止交易。

另　外

本公所议事规则列后：

一、凡沪上东西同业各号未在本公所会列名注册者，凡会议之际不请列席，若有交涉情事，本公所概不预闻。特此布告，谨此敬请公鉴。

三　天津贸易共进会规则

第一条　本会定名天津贸易共进会。

第二条　本会纯系华商及营此杂货业者，或与此业得有密切之关系，方能入会。

第三条　本会组织之宗旨，为矫正本行营业上之弊害，促进事业之发展诸事协力一致，对中外团体及公会或买卖交易，一切疏通意见，联络感情，彼此利益增进为目的。

第四条　本会如有新进加入者，须有本会员3名以上之介绍。该新加入者倘日后有害及本会名利之处，该介绍人须担负责任。惟许否加入，得开总会议决方能实行。

第五条　本会会务处理一切，须由本会员中选出：

理　事　长　　1名

副理事长　　1名

理　　　事　　4名

第六条　本会之理事每年改选一次，该被选人如无正当理由，在任期以内绝对不得辞任，惟已任三回以上之理事，辞否任各人自便。

第七条　本会每年正月中召集总会一次，报告一年内会务手续及会中经费出入各款，并改选理事。每月第一及第三星期开理事会2次，如遇有必要之议件，可以临时召集开总会或理事会。

第八条　每届开会之日，本会必预先通告。该通告书上必须加盖回章。倘届开会之时该会员不到，即以该回章代行该会员之赞否权，议决之件事后，赞否勿得过问。惟议决之件须经会员出席超过半数方为有效。

第九条　本会会员如根据本会则第三条之目的有所建议，须以记名文书通告理事长。该建议之事项经理事会审议，理由正当方能采用。

第十条　本会之经费须由会费及新加入会费两项补充之。会费每月1元，及新加入会者先捐助本会洋 20 元。会费每 3 月一缴，新加入会费只缴一次。如有退会者，该会费等概不还付。

第十一条　本会对于买卖交往上互相一致，拥护本会员公共应享之利益。倘对于本会员有不正当之行为及害公共利益者，亦取一致行动与对方拒绝买卖来往。

第十二条　本会凡议决之件，须一致协力遵守实行。

第十三条　本会员如对于本会则有违反或损污本会名誉，及对中外有不正当之行为，或有时不顾公共利益随便乱卖等事，本会员等俱负监督之责。一经查出，立召集总会，如反对之数过半，即将该会员除名。

第十四条　本会员如有迁移地址或改字号，及重组营业或退会者，须向理事长声明。

第十五条　如新加入之会员既经全体会员承认入会，必须缮就入会呈明书 2 份，一份存本会备考，一份由本会加盖会章转呈大阪贸易同盟会备考。该呈明书式如后：

某字号，住在何址，资本若干，股东何人，领东何人，大阪出张员何人，住大阪几番，介绍人何人。

第十六条　本会则如有不完全之点及增减，一切凡经总会通过，得修正之。

会员衔名列下

三聚成	天津宫南铁匠胡同内	大阪市西区本田一番町三番方
文泰生	天津宫北关宝晏楼胡同内	大阪市川口百五十六番方
同泰成	天津宫估衣街德厚里内	大阪市川口町三十九番方
光道成	天津宫城内乡祠东	大阪市川口町五十六番方
信　记	天津宫估衣街范店胡同内	大阪市川口町三十九番方
信孚号	天津宫北马路仁和里内	大阪市本田二番町五十番方
东兴栈	天津宫宫北街宣家胡同内	大阪市川口町百十五番方
益生号	天津宫估衣街归贾胡同内	大阪市本田三番町三十番方
晋信益	天津宫估衣街德昌里内	大阪市本田二番町五十番方
鸣记号	天津宫北马路白衣庵胡同内	大阪市本田二番町二番方
福晋隆	天津宫北马路白衣庵胡同内	大阪市川口町九十番方
涌丰和	天津宫宫北大街	大阪市本田二番町三十六番方
复义公晋记	天津宫估衣街归贾胡同内	大阪市川口町百七番方
德瑞昌	天津宫估衣街范店胡同内	大阪市本田二番町二番方
德和号	天津宫侯家后	大阪市本田三番町三十番方
德成号	天津宫宫南袜子胡同内	大阪市本田二番町二番
德合成	天津宫宫北大街	大阪市川口町六十三番方
德茂公司	天津宫侯家后庙胡同内	大阪市川口町五十四番方
聚兴泰	天津宫估衣街范店胡同内	大阪市本田二番町五十番方
福恒号	天津宫北牛马路牛家胡同内	大阪市川口町三十九番方
福聚号	天津宫估衣街范店胡同内	大阪市川口町三十九番方
静记号	天津宫北马路白衣庵胡同内	大阪市川口町九十八番方

宝德恒	天津宫北马路狮子胡同内	大阪市川口町五十四番方
瀛昌号	天津宫侯家后狮子胡同内	大阪市川口町百五十六番方
广益公栈	天津宫侯家后狮子胡同内	大阪市川口町五十四番方
协和昌	天津宫锅店街	大阪市川口町百十五番方
华信栈	天津宫法租界梨栈	大阪市川口町百十五番方
乾裕泰	天津宫北门外缸店街	大阪市川口町百五十六番方

附录三 大阪侨商商号名簿

(十八年底调查)

商　号	姓名	年龄	来阪年	商　号	姓名	年龄	来阪年
鸿茂祥	薛福基	35	18年	刘泰记	刘炳生	41	20年
同丰义记号	应永康	23	6年	莲记号	钱文照	28	3年
成记号	唐成甫	48	18年	东林华记号	钟德福	40	23年
盈丰泰号	章灿生	58	33年	源盛德记	周德君	35	15年
针记号	沈华廷	28	8年	华金扬	华金扬	47	27年
聚源号	胡炳渔	50	23年	信昌号	胡镜秋	40	4年
同泰盛	胡梓贤	32	10年	丰记号	朱纶如	61	30年
协昌兴	林东泉	37	15年	安生号	张钧耕	28	12年
同丰源	朱志方	36	19年	大慎祥	韩茂全	45	3年
永记号	王瀛如	35	20年	义大号	石君叔	24	3年
正泰昌	黄剑青	36	10年	海珍号	顾海珍	60	36年
德记号	郭永康	33	2年	震　记	陈醇叔	41	1月
昶记号	王崇贤	24	11年	恒丰康	童显庭	27	5年
同庆丰	王玉岗	24	6年	惠昌号	葛和甫	42	16年
益荣号	黄荫庭	42	12年	日新盛	虞兆隆	27	5年
同康号	唐祥和	34	15年	德昌祥	姚春祥	50	20年
信成祥	洪钟华	17	3年	同　益	张友深	54	20年
大益运输	虞维松	29	13年	余亨号	陈瑞卿	35	10年

南帮计36名

商　号	姓名	年龄	来阪年	商　号	姓名	年龄	来阪年
平和堂	杜雨樵	50	20年	通德号	张会广	45	22年
德盛永	孙鲁泉	44	13年	东和商行	蔡竹坡	43	1年
东来成	张伯龄	33	2年	德益成栈	张警齐	37	10年
镒成号	高元茂	45	23年	万丰泰	张伯卿	27	2年
源丰和	高静臣	30	5年	富昌公	支寿坛	27	7年
中和号	赵子和	37	10年	福昌信	张文山	40	15年
双盛和	丁润森	24	1年	万丰号	王揖三	22	3年
北平公司	金冠五	40	3年	福兴号	马兴隆	41	10年
中东商行	刘紫垣	26	10年	华南号	李汉铭	38	15年
振业公司	臧恒甫	37	15年	丰泰仁	苏允亭	32	11年
中东号	李世鉴	30	10年	和昌永	张彭年	29	5年
东生号	孙季普	26	10年	三　益	赵镇三	49	26年
同益兴瑞记	陈世铎	24	2年	靖源隆	王佩衡	27	2年
隆顺号仁记	吕子香	38	3年	源隆号	徐蓝生	35	1年
瑞庆号	王树勋	29	2年	谦祥益	高诗庭	46	2年

商号	姓名	年龄	年限	商号	姓名	年龄	年限
同发祥	孙清泉	30	3年	义丰号	王镇宇	49	30年
义增德	赵乐亭	43	1年	玉茗魁	张泽普	32	2年
德盛仁	戚烈臣	27	1年	恒昌号	李兰荪	31	1年
义昌信	孙墨松	27	2年	益丰厚	李趾甫	35	1年
庆隆号	韩祥集	25	1年	新昌盛	毛子明	31	1年
恒祥茂	王子祥	27	1年	天合泰	李与九	25	1年
裕生成	张咸亭	32	1年	福顺泰	王心齐	36	5年
德昌裕	马敏卿	45	25年	泰东洋行	王岐山	43	20年
裕成恒	姜序宾	48	3年	万源成	于志勉	24	1年
永和堂	谭荗廷	33	1年	义顺昌	陶延魁	30	2年
聚增长	邵敬齐	23	1年	义发成	萧增葵	28	2年
世庆祥	汪经世	39	1年	信元庆	刘焕如	30	1年
宝纶新	刘竹山	35	2年	同庆恒	王荣久	31	1年
荣兴成	齐荣先	32	1年	三顺齐	周鸣阁	30	1年
义源成	徐芝溥	30	1年	洪顺祥	张树亭	37	1年
同允泰	杨宪亭	29	1年	协兴裕	张子宾	37	2年
洪生成	黄书轩	43	1年	庆顺魁	毋声远	22	1年
义兴盛	张受益	25	1年	东和盛	孙昌钜	26	1年
乾顺泰	仲星五	31	2年	恒兴源	郭敬五	32	1年
裕丰德	张仁生	25	1年	福成茂	阎秉瑞	42	1年
洪兴德	佘香山	27	1年	洪来盛	刘润生	29	3年
裕泰成	杨瑶林	24	1年	同和栈	傅嵩山	38	14年
怡庆号	张殿臣	32	4年	华纶厚	张哲臣	34	7年
裕中号	陆樾生	35	1年	辅信号	刘锦堂	33	1年
义聚恒	李卓然	28	5年	瑞兴号	孙丽生	26	4年
庆源号	张松年	27	5年	怡信号	王鉴波	25	4年
怡丰号	刘洁民	26	6年	永发盛	孔镜堂	42	10年
同发隆	盛子良	27	1年	滨一商店	刘功臣	34	10年
义成永	李明甫	30	3年	洪盛隆	孙圣训	40	1年
阜合昶	孙梦弼	28	6年	协源茂	王紫廷	30	5年
广聚合	崔旭齐	22	1年	恒远长	吕明轩	25	3年
长元号	张君强	21	1年	福兴利	李稷生	32	1年
顺昌泰	刘德轩	31	1年	日升恒	迟世卿	29	10年
元盛裕	王竹亭	39	1年	同聚福	张仁甫	34	1年
洪昶东	黄知贡	33	1年	双兴隆	吕静轩	34	6年
源成东	田耕九	28	1年	福盛和	滕子布	32	1年
增顺昌	綦相如	26	1年	成茂号	唐瑞五	21	1年
聚源庆	王伦五	30	9年	荣业兴	魏翰卿	30	1年
元兴和	穆永发	22	1年	永吉祥	陈仰蕃	27	1年
恒兴仁	温英杰	25	1年	同义庆	徐镜芙	32	2年

东顺昌	綦子遇	40	6年	广和成	陈贯一	28	1年
瑞麟昌	周振堂	34	3年	恒顺昌	宋春茂	37	7年
公顺栈	刘汉卿	44	19年	同昌隆	曲景海	32	10年
协茂栈	金松泉	41	20年	仁和永	张日堂	32	6年
德珍号	牛谷峰	28	12年	祥泰义	牟凤世	28	8年
和成利	王子范	30	8年	新昌号	孙永锜	30	1年
益生号	贾九青	34	16年	振兴号	邵毓赓	19	1年
永成泰	赵联仁	23	6年	德聚祥	王湘芝	21	1年
永顺来	吕墨卿	29	1年	协裕祥	姜海山	30	1年
恒昌号	林梓生	57	1年	信孚号	王敬齐	39	3年
元聚号	张奎生	42	12年	宝丰号	郭荣生	31	4年
庆生号	孙怀萱	30	5年	人和号	张梦芝	30	1年
同生号	郭镜铭	26	3年	长生号	张宪周	32	2年
立泰和	范献亭	28	2年	正庆号	秦问田	23	2年
永济银号	宁益荪	31	2年	元裕号	苏濂坡	21	2年
晋信益	田绶廷	33	8年	庆丰号	周幼轩	30	3年
万义栈	王植生	44	18年	公顺成	王季佐	23	1年
义兴远	王子训	42	5年	政合永	王绍文	33	7年
光道成	张峨亭	25	5年	钜华顺	刘国珍	24	3年
信隆商行	翟云乡	50	5年	文泰生	赵为先	25	5年
公聚成	周子仁	32	3年	同荣号	雷骏声	24	2年
天成号	张璧臣	33	7年	德顺成	张维城	23	1年
德源永	李召南	28	1年	美隆洋行	王友仁	23	1年
永昶号	赵松圃	25	1年	洪盛永	尹歧山	24	1年
东升达	朱鸣远	27	1年	兴盛昌	刘锡五	31	1年
通德源	桑振鹭	29	10年	德顺和	曲香古	31	14年
源裕兴	朱竞驱	29	1年	裕东泰	房益三	26	1年
德成和	陈荣廷	33	1年	永来盛	杨春宸	32	2年
同盛泰	姜韫璞	34	2年	云升堂	刘荣廷	29	1年
公益号	滕锡明	46	23年	顺成恒	孙华卿	33	2年
兴顺隆	姜铭三	35	1年	源生泰	王善齐	29	2年
裕兴祥	庐云凌	37	1年	麟呈祥	曲塑晨	27	1年
会合源	刘子峰	26	1年	德泰公	常博夑	28	2年
庆发长	尚锡三	26	2年	天成号	刘德亭	39	2年
同盛永	沙肃堂	48	1年	兴顺义	刘心田	42	1年
瑞盛东	刘东晓	37	2年	三信洋行	金锡九	26	1年
玉顺隆	邹霭亭	38	1年	永盛东	孙芝千	36	2年
同盛仁	陈佼若	23	2年	义泰兴	孙君正	29	2年
天和源	邱子俊	25	1年	东泰恒	曲腾九	30	1年
积得玉	张耀轩	24	1年	同增利	王荣五	26	1年

成记号	徐子阳	37	2年	兴顺西	李洌泉	31	1年
公成玉	崔润田	42	1年	东盛祥	崔子言	33	1年
新昌隆	钟子玉	32	2年	洪顺盛	李裕民	48	1年
元和德	张致中	27	1年	庆丰合	陶凤仪	32	2年
公兴茂	方笏臣	36	3年	西恒泰	常振声	31	2年
亿成信	孙耀忱	25	2年	元成德	李子耕	29	1年
同生仁	吕旭东	29	1年	义盛泰	王尧章	43	1年
聚生东	张道民	42	1年	福顺源	王乾一	38	1年
锦生东	杜行方	27	1年	隆记洋行	常静波	24	2年
福晋隆	苏全忠	39	8年	信记号	邢玉亭	39	2年
同泰成	台琢之	27	1年	义盛和	刘捷堂	36	1年
同昶永	杜效宽	23	2年	复丰永	陶继丰	34	1年
仁生昌	曲大寅	23	1年	永兴长	高正臣	29	1年
福聚号	张海涛	22	1年	和丰义	张秀亭	24	1年
文兴长	张益堂	24	1年	复义公	马梅岑	38	8年
吉履谦	刘宝齐	31	1年	广和蔚	杨益齐	35	1年
义元生	丁长卿	43	2月	晋源兴	翟仲山	34	2月
正泰永	王贤卿	39	1年	吉成厚	张星三	25	1年
德盛泰	王树东	47	5年	乾生栈	李尧臣	44	20年
西德泰	陈志善	28	2年	协和福	宋紫东	28	1年
和源泰	陆祥亭	32	1年	同记工厂	杨向荣	32	16年
东兴茂	刘祝三	35	2年	德合成	张子光	20	1年
魁升堂	张林阁	26	3年	天益祥	张庆裕	21	2年
吉顺丝房	王书堂	26	1年	东和利	李子臣	37	3年
福合泰	赵智信	36	1年	兴泰号	张善忱	36	1年
福源泰	徐聚五	34	12年	德顺泰	梁寿山	23	2年
荣庆长	杨机青	27	1年	同顺祥	除文轩	23	1年
天源祥	郭树森	25	3年	兴盛东	张惠普	30	1年
双合栈	杨明齐	36	3年	德 泰	唐化南	33	11年
东顺隆	王鲁峰	29	1年	东发合	张镜江	42	3年
天合庆	孙祥亭	27	2年	公合昌	王承九	28	4年
和松号	唐荣久	29	3年	福升德	王乐亭	24	2年
义成号	郭质堂	26	4年	庆丰玉	张佐廷	24	3年
福顺成	彭香亨	31	半年	福顺兴	刘志诚	21	1年
恒发成	郎幼园	46	3年	吉顺昌	邹兴武	29	1年
增发裕	杨金坡	26	4年	东发祥	陶稚行	26	1年
德聚和	杨绣泉	27	半年	全顺成	王绩卿	25	1年
日增祥	胡敬尧	29	5年	公和利	孙山中	27	2年
信成祥	王子刚	32	3月	鸿聚诚	温景清	26	1年
仁盛德	丛心齐	31	7年	东聚昌	牟忍久	26	1年

利源盛	武瑞卿	29	3年	益顺兴	李声远	26	3年
阜丰恒	黄亨吉	30	2年	益和成	朱明芝	29	10年
东顺茂	孙佐宸	32	7年	鸿兴大	李平直	30	5年
鸿兴永	于济川	24	3年	永兴和	刘显泉	22	1年
成义公	于子丰	39	2年	德泰永	张峻峰	25	1年
裕泰盛	王维周	35	3年	华茂号	王仲岩	30	2年
文盛号	杨敬夫	22	5年	晋丰号	刘士骞	25	半年
荣馨号	刘世正	25	3年	大庆号	范魁章	22	1年
庆余厚	任懋初	27	5年	大瑞号	刘琅震	23	1年
益生号	孙士奇	30	2年半	桐昌号	焦誉隽	28	1年
庆成恒	张柳塘	28	2年	新丰泰	张桂祥	30	3年
万聚恒	陈仪廷	29	1年	瑞生成	刘耀庚	26	3年
同丰裕	吕耕九	21	3年	庆成瑞	蒋鹤亭	34	3年
裕津庄	郭警余	32	3年	裕康号	周陆臣	28	6年
同兴益	张静波	21	1年	永康号	王占廷	25	2年
长发祥	刘树亭	34	1年半	宝大号	朱馨吾	35	7年半
金城号	吴矩廷	24	1年	裕庆号	冯秀岩	25	1年
玉成栈	马玉如	36	6年	荣庆号	庐浴生	21	9年
公益堂	徐星汉	26	4年	永和成	樊梦征	28	5年
义增福	赵恒丰	29	7年	福合成	吴云鹏	22	2年
新康号	徐子璞	22	1年	永和庆	门耀堂	29	2年
公隆行	刘文齐	22	1年	公和成	孙树成	26	2年
万兴源	李耀荣	26	6年	公义成	刘荫轩	32	2年
德顺成	韩雨春	32	6年	敬康号	周鼎臣	35	1年
魁升东	晁慎芝	29	1年	广德合	廉玉华	30	1年
振祥永	颜振祥	34	20年	双兴号	高兴寿	27	27年
广昌源	杜孝萱	39	16年	鸣　记	张华轩	35	10年
瑞　丰	傅秀山	32	7年	天庆仁	张文允	27	5年
德成号	李子章	34	7年	大东商行	张俊卿	34	8年
福茂恒	王捷三	30	7年				

北帮计329名

（实业部工商访问局1931年7月出版）

福建华侨汇款

郑林宽 著

自 序

　　侨胞开拓南洋创业之精神，坚忍之毅力，早为国人所钦佩；而其有关的种种问题，亦成为近来国人所亟待明白的对象。闽省移民早得风气，时至今日，闽籍侨胞足迹已遍南洋各属，此辈迁民不断给故乡发生影响，亦非现在才有，在历史上已达数百年之久。究竟他们情形如何，在经济上及其他方面又发生什么关系，殊足引起我们的密切注意。

　　关于华侨问题，在国内也有不少学者研究；惟专就闽侨一方论列的著作，目前还不曾见到。华侨总人数之中有三分之一是隶属闽籍，地位之重要，可以想见，而竟被忽略，不能不说是遗憾！本省年来，恰如中国其他各处一样，正在社会变革的进程中，一切都突飞猛进，际此五年经济建设开始，研究闽侨的经济力量，自当更有意义。

　　本书是一篇关于闽侨问题的综合报告，这种工作自然不能说是完全的。著者以为事既属创始，若干预备工作也是必要，故草此书以应。著者更相信不久必因此而有更好的关于这同一问题的著作出现，并且常常以此自勉。

　　一位从事社会现象的研究者，正如自然科学家一样，在态度上需要是客观。因此，在本书中自首至尾，著者极力保持这种要求，著者希望从各方面搜集的材料，加以分析，而获得结果，不参加一点主观。惟社会科学的客观程度到底能作到什么地步，颇令人发生疑问，著者不敢说这篇报告纯是事实的铺述，不过相信感情与成见却力求避免。

　　在闽侨各种问题中，侨汇的估计占了大部分研究时间。最近三年的资料，著者当永远记着厦门各中外银行所给予的帮助。我们于二十八年7月发出通信调查表，在那时厦门特殊的环境下，他们都能在短时期内，毫不修改的充分给了我们满意的回答，并且还有几位热心的银行家供给了我们问题以外的可贵资料。著者对他们极诚恳的感激与谢忱，无法表示，只有遵从了他们的附带要求，不把各行数字单独发表，以保守他们营业上的秘密。

　　著者更应感激过去在这方面有过贡献的诸人，特别是 C. F. Remer、陈通夫

（陈达）、吴承禧三位先生的著作，给了著者无比的帮助。书中若干地方，著者不断引用了他们的贡献，而没有说明出处；不过也会将形式改过，所以仍愿负责。

　　本书是在一面写作一面付排的情形下出版，从书中文字结构上还可以看出这种忙迫的痕迹。本书之能草成，多赖统计室主任杜俊东先生的鼓励，本府秘书处印刷所所长刘希尧先生在印刷上给予种种便利，使本书得以赶印出版。还有那些直接间接帮助著者调查与完成本书，但未经提出的机关与个人，著者总此道谢！

郑林宽　永安　二十九年8月10日

目 次

- 第一章　福建的自然环境 …………………………………………（749）
- 第二章　海外闽侨分布概况 ………………………………………（753）
  - 一、历史上的海外移民 …………………………………………（753）
  - 二、闽侨人数之估计 ……………………………………………（756）
  - 三、闽侨在海外的经济地位 ……………………………………（757）
  - 四、出国侨民之分析 ……………………………………………（759）
  - 五、闽侨对家乡的关系 …………………………………………（761）
- 第三章　闽侨汇款数额的估计 ……………………………………（765）
  - 一、华侨汇款的意义 ……………………………………………（765）
  - 二、侨汇估计的方法与各家估计的数额 ………………………（766）
  - 三、厦门的观察 …………………………………………………（768）
  - 四、泉州的观察 …………………………………………………（772）
  - 五、其他各地的观察 ……………………………………………（773）
  - 六、最后的估计 …………………………………………………（774）
  - 七、福建侨汇与全国侨汇总额比较 ……………………………（776）
  - 八、归国闽侨带回款额估计 ……………………………………（777）
- 第四章　侨汇问题的讨论 …………………………………………（779）
  - 一、汇款回国者的分析 …………………………………………（779）
  - 二、华侨汇款主要用途 …………………………………………（780）
  - 三、影响侨汇增减诸因素 ………………………………………（783）
  - 四、侨汇与贸易平衡 ……………………………………………（787）
  - 五、侨汇与金银出入超 …………………………………………（791）
- 第五章　侨汇机关与侨汇手续 ……………………………………（794）
  - 一、旧式侨汇机关：民信局 ……………………………………（794）
  - 二、新式侨汇机关：银行与邮局 ………………………………（797）
  - 三、地方金融机关对侨汇吸收的努力 …………………………（799）
  - 四、汇款的手续 …………………………………………………（801）
  - 五、侨汇在汇兑市场上的买卖与运用 …………………………（804）
- 第六章　结论 ………………………………………………………（806）
  - 一、提要 …………………………………………………………（806）
  - 二、吸收资本的能力 ……………………………………………（806）
  - 三、政府的奖励 …………………………………………………（806）
- 附　录 ………………………………………………………………（808）

第一章　福建的自然环境

无论在社会、文化或经济上，福建从历史的观点看来，是经过许多变动的。一个斜置在东南海岸的省份，曾因为地理构造状态的特异，有过一长时期和中原隔绝着，使他对海外的关系比较中原来得密切些，无论在哪方面，都显现着特异的孤立。现在却在很短的几世纪里，迅速的变成中国的一环，息息相关，不可分离。地理虽然不能解决已往历史变动中所发生的种种问题，但是用以指明这幕历史剧上演的场所里的一些事物，地理的认识是很要紧的。

福建位置中国的东南海岸，东经自 115 度 50 分至 120 度 52 分，北纬自 23 度 32 分至 28 度 22 分，面积计 118 738 平方公里，面向着澄清的海，背负着如画的青山，这里有着一些崖层崎岖的海岸线。沿着海岸一带，海上生活发达极早，因此在这一区域的居民好久就与海外发生关系。西部因多山的缘故，只有几条孔道与内陆维持若断若续的交通，发生经济关系的机会较少。在海面上棋布着许多小岛，有许多小的只有几平方公里的面积，从这些半埋藏的地形，我们可以推想出在最近的地质转形期中，这一带是曾经逐渐陷落下去的。沿海的雨量极充足，从南方来的台风带来夏末的大雨，海面的台风往往使航海的人发生严重的灾害。避风的海港到处都有，可惜与腹地不发生深切的关系，因此都不能成为商业港口，只有几个靠近内河吐口的地方，开避为商埠（如福州、厦门、泉州等处），藉着河流的运输，孕育着内陆与海外的交通。从海岸西向内陆地势愈高，全省的地盘构造概为山陵地形，离开河流谷底，一般的都在 1500—2000 呎，最高的山峰是介于江西的交界，顶峰约近 6000 呎。中国南部的南岭山脉沿着赣粤交界东走入福建宁化县，接近江西交界处，突起为龙华峰，为杉岭主山，由此分出的有杉岭、武夷、戴云、博平岭及间接分出的仙霞岭、鹫峰、太姥等七大山脉。地势大多随山脉之走向而高低，其倾斜程度总平均约 1‰ 至 4‰，如闽赣交界附近之浦城、崇安、邵武、泰宁、建宁、宁化、长汀一带，虽平地亦多高于海平面 300 公尺至 500 公尺。全省地形面积之分配概括如下：①

	方公里	%
海拔 200 公尺以下	14 310	12.47
海拔 200——500 公尺	61 040	51.41
海拔 500——1000 公尺	39 028	32.87
海拔 1000——2000 公尺	3860	3.25

由于山岭密布的关系，境内没有长的河流，水势大多湍急，航行极其困难，惟近海处坡度倾斜较缓，水势平稳，从上流山岭带来的泥砂石，经年累月的堆积，河口多淤成三角洲。所以有人说福建全省地形是海岸、河谷、崖层、三角洲堆积成功

---

① 《福建统计年鉴》P. 39。

的。长度在100公里以上的河流计八条，而以闽江、晋江、九龙江、汀江为最著。因冲积作用所构成的平原有四，即福州、兴化、泉州、漳州。惟因全省山势包围，所以平原面积并不大。

全省人口1200万人之中，业农的约占74%。沿海一带居民除农事以外，渔也是主要生活资源之一，每年的水产值将近2000万元。渔业也可说是航海的学校，所以这区域的人也很早就被训练着，去开辟商业的航路。

境内气候带半热带性，每年自2月至9月，每月最低有3吋的雨量，6月更多至9吋，每年平均雨量自60吋至85吋。全年温度极其温和，夏天的温度除三角洲外鲜有超过摄氏35度（华氏95度）者，昼夜平均约为摄氏30度（华氏85度），山岭地方较冷，但尚不过高以致间断温暖的气流与减低湿度。全省湿度极高，适于植物的繁殖，但对于居民的卫生不大适宜。①

农地的利用受山势严酷的限制，平原地域占全省面积最多不会超过5%—10%，稍较平坦的农田大半是在三角洲，沿山斜度较缓的山田也都经开垦，不过这些山坡往往是稀松的山崖砂土层，或仅薄薄一层表土。这些贫瘠的土地的耕用，显然是人口已经过多，更证以米粮每年巨额的入口，此种纯靠人力的土地利用形态已经发展到其经济饱和度。著者在另外一篇文章曾经指出过，② 福建人口过度因耕地减少而更加严重。福建耕地最多的时候在2000万至3000万市亩，人口在百年间已锐减了，按理每人摊派的耕地也要多一点。可是从各方面的屡次报告，耕地逐年减少，其比例且超过人口减少的比例，照目前计算，每人平均摊得的耕地不过一市亩到2市亩。若按美人E. M. East所定的每人15市亩（2.5英亩）始可维持人们的生活标准的话，我们不是地广人多而是地少人多了。

在矿产上，金属矿与非金属矿的分布均广，其中金属矿以铁矿分布最广，达四十余县，最著名的如安溪、龙岩两处。铁矿储量之估计，前实业部地质调查所北平研究院地质研究所曾有报告，计安溪之潘田、珍地，华安之洛阳，漳平之草洋，龙溪之丹林镜等铁矿，合计储量为22 422 000吨。各铁矿成分均甚高。非金属矿以煤为最盛，煤产除少量烟煤外，均属无烟煤。煤田区分布，有邵武蕉坑、晒口、建瓯藜山、崇安下梅、浦城渔梁岭、龙岩东山、龙门等处。③ 全省矿苗多未开采，已采者仅少数民营矿区，墨守旧法，无发展可能。

沿海各地产盐极富，为我国重要产盐区域，著名的盐场有前下、莆田、江阴、韩厝寮、山腰、埕边、莲河、浔美、诏安等九场。年产量约在150万至200万市担之间，专门从事晒盐的盐户有七八千户。销盐分三种：食盐年销80万市担，渔盐年销300万市担，另外有厘盐一种，专销省外，年约三四百万市担。

全省工业化程度较为落后，食物及衣着用品等轻工业寥寥可数，更遑论重工

---

① G. B. Cressey, *China's Geographic Foundation* P. 341.
② 《闽政月刊·统计副刊》第十号《福建人口问题的新观察》。
③ 见实业部地质调查所北平研究院地质研究所《地质汇报》27—28期及《第五次中国矿业纪要》。

业。一向为政治中心的福州合乎工厂法者仅福建造纸厂、福州电气厂等数家，其余虽多名为工厂，实则仍为小工艺的变相。① 比较工业尚发达者为厦门，计有大小工厂21家，资本共5 300 000元，工人730人，以肥皂厂、制糖厂、冰及汽水厂为多，产品总值1 800 000余元。各厂动力除厦门电灯公司设有蒸汽透平外，其余较大工厂均自备柴油引擎发动。漳州工厂有28家，惟规模甚小，以棉纺织及肥皂厂为多，工人共323人，产品总值220 000余元。② 抗战发生以后，这些工厂或停止或内迁，沿海物质内迁，内地工业尚在萌芽，更谈不到什么工业了。

本区居民在人种上和中原不同，皮肤多带青黄色，手足孱弱，不类中国本部的蒙古族。据人种学家所研究，系马来普里西亚族（Malay – Polynesian）。这一种族传布极广，西至非洲的马达加斯加（Madagascal），北至福建，都有他们的足迹，蕃衍而为福建的原始民族。至于与中原民族的接触，虽始于汉，实盛于晋。由于不断的迁民运动及地方隔阻的关系，区内种族在历史上似已含有复杂性。据最近研究，福建的人种主要有三：即掸（Shan）、黄帝后裔及蒙古。③ 晋朝永嘉之乱，是酿成汉族在历史上的大迁移，此后的迁民运动，尤其宋朝南渡以后，对南北文化的沟通交换，有很大的关系。④ 唐林谞《闽中记》记载，永嘉之乱，中原仕族林黄陈郑四姓先入闽，后梁时闽王王审知也是中原的河南固始人，中原人仕迁徙来闽的，从此渐众，原始的土著被迫退居山野，或舍陆入海维持他们原来的生活方式。这些移民到今日我们还可以从福建的世家望族的家谱中追述其历代迁徙的概况，不过他们到达福建之后，经过长时期居住，已与本地的民族混血。因为山岭之重叠，加深了种族之歧异，而方言复杂，亦可说是历史迁民的结果。据说省内共有108种方言之多。⑤ 在人类学特点上，福建居民亦显然与其他各地有别。例如有较黄的皮肤及较宽的鼻子，身体的高度男167.6cm，女156.0cm，较华北为低，华中为高，体重

---

① 据本室二十四年所作福州市经济调查，福州的工业情形如下：

业　别	家数	资本总额（元）	业　别	家数	资本总额（元）
木材制造业	492	275 600	纺织工业	138	128 900
家具制造业	291	88 780	服用品业	79	49 790
冶炼工业	214	167 330	皮革树胶业	70	134 300
机械及金属制品业	260	101 895	饮食品工业	272	2 333 350
土石制造业	42	15 740	造纸印刷业	50	1 118 350
建筑工程业	197	238 550	饰物仪器业	113	149 450
动力工业	1	1 300 000	其他工业	207	149 160
化学工业	137	436 380			

② 刘大钧《中国工业调查报告》，资源委员会出版。
③ C. Li, *Formation of the Chinese People*. P. 279。
④ 据丁文江所作历史人物统计，闽赣二省北宋各占全国5%强，南宋时升至13—14%，影响之巨于此可见。
⑤ 在108种方言之中，可归类为七大语系：1. 福州话；2. 兴化话；3. 厦门话；4. 建阳话；5. 建宁话；6. 汀州话；7. 邵武话。

男 52.1kg，女 49.0kg，不如华北，差与华中相等或竟亦不如，这都是自然环境所造成的。①

人口的压力（Pressure of Population），早在百年以前就在这区域内发生，福建人仍本着他们的祖先的精神，络绎向海外的南洋一带移殖。我们知道那些不惜冒波涛险恶，远涉重洋，或间关万里，劳顿风尘，以适异国的成千累万的人们，受物质生活之压迫的，究占最大多数。这些人不但养活了自己，并且靠了几世纪努力的结果，在海外把握着经济势力，每年汇回的款项，减松了许多人生活上的严重问题，所以福建与华侨的关系特别密切。就是说，福建的经济基础是建筑在闽侨经济上，也不算夸诞了。

---

① Paul H. Stevenson, *Collected Anthropometric Data on the Chinese*, *The China Medical Journal*, Vol. 39, No. 10。

第二章　海外闽侨分布概况

一、历史上的海外移民

殖民（Colonization）与移民（Migration）在空间上都是有人民的移动，可是这两者的意义是不同的。华侨在海外的地位，究竟是殖民还是移民，有先加以讨论的必要。殖民与移民在学理与法律上各有其独特的定义。关于移民，Fairchild 曾下过一个定义，他说，移民出境或入境是人民从一个发达的国家——多半是个年代久远和人口稠密的国家——到别一个发达的国家——多半是个新开辟和人口稀少的国家——去抱有久居的目的的一种移动。这种移动也许是个人的单独移动，也许是他与他的家庭一起移动；但无论如何，这个移动是由他个人所主动的，亦是由他个人所负责。对于移动的费用，不由政府供给；移动亦不受政府的强迫。① 至于殖民，乃离去祖国，到比较未开化的另一国家，从事经济活动，并且仍与母国保持着政治关系。② 在元明时代，我国虽有用兵南洋之事，不过在宣示威德，并非藉政治力量而做大规模的殖民。清以后，海禁森严，偷渡远洋皆视之为坐科犯法，不受政府保护。③ 所以华侨在海外的地位，应当是移民而非殖民。

中国最先与海外接触的地方是南洋一带。华侨移居于南洋，可远溯于秦汉，那时据史书所载，已有徙民于交趾（越南北圻）之举。自秦以迄现在这种移民，络续不曾间断过。这个长时期里大致可分为四个阶段：④

第一时期：14 世纪（元代）以前为华侨移殖初期。

第二时期：15 世纪（明初）中国征服诸岛，华侨移殖渐盛。

第三时期：16 世纪至 19 世纪中叶（明初至清末）欧洲人势力东侵，与华侨发生冲突，惟因地力正待开辟，需要劳力，故人数反激增。

第四时期：自 19 世纪以迄现在，华侨完全在欧人势力压迫之下，到处遭受排挤。

福建沿海各县，因自然环境的便利与经济的困迫，居民泛海谋生历史很早。据考据，远在 7 世纪时，泉州、厦门及福州等处已有人向台湾澎湖移殖。⑤ 唐代东西互市，设市舶司于广州、泉州诸港，公开贸易，便利福建的移民不少。大概在唐以前，闽人已有经商于南洋者，至唐而更盛，纪载历历可证。目前南洋一带称中国人

---

① H. P. Fairchild, Immigration P. 26。
② 参看 *Encyclopaedia Britainica* "Colony" 条。
③ 《大清律例》二百二十五章，有"一切官员及军民人等，如有私自出洋经商，或移往外洋海岛者，应照交通反叛罪，处斩立决；府县官员，通同舞弊，或知情不举者皆斩立决，仅属失察者，免死，革职永不叙用。道员或同品官员失察者降三级调用。督抚大员失察者降二级留用。如能于事后拿获正犯明正典刑者，皆得免议。"此律直至 1894 年始废。
④ 李长傅《南洋华侨史》P. 5。
⑤ Ta Chen, *Chinese Migrations* P. P. 4 – 5。

为唐人,就是这次盛大的移民的遗迹。宋代中南贸易仍唐之旧,自南洋至广州、泉州之间,有定期航船往来,大批的移民却是很显明的。明初三保太监下西洋,在民间传说与正史上都留下使人羡称的盛事。当时华侨随郑和南移的很多,相传郑和使婆罗时有闽人从之,因之留居其地,嗣后据有其国,这是万历年间的事情。嘉靖时林道乾之攻小吕宋占渤泥(即婆罗洲),乾隆时吴某之征服马来,清末亚保援助菲律宾独立,均见正史,这都是闽侨在国外的政治上的成绩。清建国,对海外移民采取严厉取缔的政策,这大概是由于下列几种原因:1. 明末倭寇扰乱东南沿海,闽粤海盗从之,乱平之后,海盗多逃避于南洋,在朝廷看来,南洋是盗巢,华侨是匪党;2. 明亡之后,官吏义民逃亡于南洋一带,秘密结集势力,作灭清复明工作,如天地会盘据婆罗洲;3. 郑成功占据台湾,福建漳泉所属的人多附郑抗清,劳师动众,始得敉平,余党多逃海外,因此南洋在清廷目中,又是政治犯的逋逃薮,所以恨闽侨尤甚。乾隆年间,闽人陈倚老,经商爪哇,积富巨万,后以系念祖国,于乾隆十四年归里,营居置产,为闽省驻防将军及督抚所闻,即行照例奏报,诏令远戍极边,资产皆没入官,① 可算是清朝苛待归侨一个例子。原本台湾乱事平定之后,不久中外又复通商,海禁也不像以前那样严紧,对于侨民回国也较宽松,故法律上附加有:

    凡在番居住闽人,实系在康熙五十六年以前出洋者,令各船户出具保结,准其搭船回籍,交地方官给伊亲族领回,具保结存案。②

  不过这种政策,不久又废置,雍正五年曾有上谕:

    朕思此等贸易外洋者,多系不安本分之人,若听其去来任意,不论年月久远,伊等益无顾忌,轻去其乡而飘流外国者益众矣。嗣后应定限期,若逾限不回,是其人甘心流移外方,无可悯惜,朕意不许令其复回内地。

  这条上谕的结果,使几十年间演成政府视华侨若穷凶极恶死不蔽辜的人,官吏方面视华侨为蝼蚁草芥,上举闽侨陈倚老严加惩治,货物入官,不过是其中一件罢了。

  闽侨以闽南漳泉永各属为最多,移殖也最早。闽北华侨在人数上比较少,移殖始于何时,无可考据。惟清康雍之时,海禁森严,闽北移民曾因之中断。至道光咸丰以降,福清人因地近闽南,染习出洋之风者日众。闽北一带如闽侯等地之移民,至光绪年间始著。这时海外各殖民地正在开辟,需要劳工甚急,光绪末年有法人在闽招工往美洲墨西哥开垦矿山,闽人之往者有数百人,抵达后因待遇不良,引起许

---

 ① 《华侨历代开吧史略》。
 ② 《大清律例全纂》卷二十《兵律开律》:"私出外境及违禁下海"节,第11页。

多纠纷，福州遂有"闹猪仔"之风潮。① 光绪二十六年，闽清黄乃裳招闽清、古田诸县人民前往婆罗洲砂朥越境内开垦新福州（诗诬Sibre），移民之风始渐推及闽江上中游各地。光绪廿八年侯官林清美率古田、福清二县人民往马来半岛大霹雳属从事农垦。闽清徐季卿在福州、新加坡各地招福州人400余人，在安南垦拓农田。自此以后，闽北的移民风气才普遍，霞浦、福安、宁德各滨海县亦风从。

三都是福建北部一个商业港口，移民尤早。这里有一段笔记，在闽移民史料中颇值得重抄一下：②

> 三都移民海外，可分数时期。唐宋以来既不可考，惟新安族谱载元末明初邱毛德通番事，则是时荷兰、葡萄牙海舶间有至者。又载明嘉靖六年邱某客死马来半岛，隆庆间有赴吕宋，万历间有至交趾经商者。据海澄县志所载，明时澳头设太监衙，遣一阉驻之，征收内外商船税。然则有明一代，都人之附番舶及弃舟浮海冒险往游南洋者，已踵相接矣！观于今日槟榔屿俗民所操语言，悉附近澳头诸社之土腔，可知都人在槟所占势力，由来已久。

> 清初郑成功出兵泉厦，占据台湾。斯时地方不靖，居民相率由高浦附舟渡台投军垦荒，各社族谱所载，均略有所考。乾嘉间（1736—1820）海禁綦严，都人结队陆行至澳门，附番舶出洋经商者，据私家所存之旧账簿，记某站乘轿宿店，费若干钱，殖民行迹犹斑斑可考也！光绪三年（1877）小刀会谋反，居民附者甚多，事败逃往南洋，于是都人侨居南洋群岛，经营商业，娶妇成家者日众。今日南洋有所谓家园者，大抵祖宗于此时期，本其奋斗建设之精神，树立鸿业，故其子孙袭之，享着不尽。

> 咸同之际，英人蚕食缅甸，法人并吞安南，藉助都人实多！盖海禁既开，内地居民尽数出洋，势力膨胀，晋用楚材，彼等又焉知所谓国家主义者！

> 光绪初年（1875—1884），新安邱忠波购汽船数艘，通航槟榔屿、新加坡、香港、汕头、厦门，铁轮转动无恙。石尤慕富之徒咸附以往南洋，荒地忽变繁区。然斯时行者，犹有衣锦还乡之思想，洋客归来亦所时有，都中景况不亚于农业时期。迨至光绪末年（1899—1908），国政日非，民俗日下，携眷旅居南洋群岛者势如奔涛，不可复遏。

> 乃改革以来，潢池盗弄，烽火频年，旅外富人，闻风却顾，不敢言归。且又狃于目前之计，有法律之保护，优乐不思归。间有返棹者，非贫瘠无聊之

---

① 猪仔贩买制度之产生，亦可谓变相之契约劳工。所谓"猪仔"均为有契约签订之劳工，唯其契约多为受骗或被迫。招工头每以花言巧语，诱使工人入彀，及至目的地工作，待遇之恶劣，非想像可及。而运输途中待如囚犯，因此每发生叛变，在19世纪中叶十年之间，即曾发生五次。兹表列如下：

年份	目的地	事件
1850	往秘鲁	船上作乱，杀船主
1851	往秘鲁	杀船主，在中国海岸登陆
1855	往秘鲁	杀船主，在星岛登岸
1862	往古巴	杀船主，在中国海岸登陆
1857	往古巴	杀船主，事败至香港被判作海盗，死三人，余远戍海岛

② 见陈达《南洋华侨与闽粤社会》P.46—47所引某绅未刻的笔记。笔记中所云"轮船"，俗名"漳福建"，乃我国迁民自己营往南洋最早的轮船。

辈，即作奸被逐之徒。昔时出洋，必泣辞尊长；今日一言出洋，举欣欣有喜色，于此可以语人情，观世变矣。

海外闽北籍华侨人数当在 30 万以上，连闽南的华侨总数当在 300 万人，这些人在南洋开拓史上都是无名英雄。近 50 年间，欧人对华侨的政策，已由压迫而进为驱逐或出缔之势，华侨屡遭欺凌残杀，生活更见困难。不过可喜的是，祖国与华侨已发生密切关系，政府已一改其漠视的态度，确已开华侨移殖史以来之先例。

二、闽侨人数之估计

海外华侨人数，公私机关团体以及学者通常都曾加以估计，而估计的结论，颇不一致。最高估计如吴景超先生的 11 493 095 人，最低如 1876 年 Ratzell 的 2 300 000 人。不过自 1902 年以来的数字，一般皆在 700 万至 900 万之间。① 我们知道华侨足迹所到的地方，中国人在经济上都有高度的成功，华侨每人的富力乃在国内每人富力之上。华侨人口数目对于检讨华侨经济势力，尤其校核后章的华侨汇款估计，很有用处。我们虽不能决然断定不同的各家估计中，哪个是错误，哪几个比较正确，估计华侨人数立刻遇到的困难便是华侨国籍隶属问题。在若干殖民地国家的法律规定，是居住若干年的"中国血统"的人，也就算失去了中国国籍，因此不包括在若干统计中。较为近情的华侨人口报告，应该包括"迁民"与"侨生"。② 侨务委员会在二十八年 11 月曾将驻外各领事馆之报告及各居留地政府之统计，整理发表如下：③

总计	8 321 343	海洋洲	56 146
北美	197 354	亚洲	8 009 601
南美	15 297	欧洲	33 881

---

① 吴承禧先生《最近 5 年华侨汇款的一个新估计》一文中曾引证各家估计如下：

估计者	估计年份	华侨总数	统 计 来 源
Ratzell	1876	2 300 000	参看 C. F. Remer:
Williams	1899	4 000 000	
Edkins	1900	3 000 000	
Morse	1903	7 300 000	*The Foreign Trade of China* 1928 P. 219。
Gottwaldt	1903	7 600 000	《南洋研究》二卷五期 P. 75
Richard	1908	9 000 000	《中国人口问题》P. 122，（1）系最
MacNair	1921	8 600 000	低估计，（2）为最高估计。
李长傅	1929	10 636 700	
吴景超	1930	（1）8 477 740	
		（2）11 493 095	

② 据陈达先生在《南洋华侨与闽粤社会》一书的脚注中，谓"迁民"与"侨生"的定义是："凡由中国迁出者谓之迁民，在居留地生长者谓之侨生。凡南洋的华侨社会实包括迁民与侨生，或总称为海外中国人。"

③ 数字由《西南实业通讯》一卷五期 P. 40 – 48 摘出。

世界各地，到处有我们的华侨的踪迹，其中大多数，约总数的四分之三是集中在南洋一带。南洋的华侨十九为闽粤两省人，闽人就靠了他们的冒险精神与毅力，在南洋创下基业，其人数当然很可观。不过以往正确的统计不易得，兹根据由各方面搜集可靠的数字加以估计，闽侨在海外的人数约为 2 829 921 人。统计数字的来源，有些是居留地政府对闽侨数目已经有过调查，有些只能得到华侨总人数，而根据熟悉侨况的人的报告加以推算。其分布情况如下：

总计	2 829 921	缅甸	77 438
暹罗	625 000	菲律宾	88 400
英属马来亚	980 386	北婆罗洲	27 214
荷属东印度	806 885	台湾	38 800①
香港	92 358	日本	5940
安南	81 500	其他	6000

华侨总人数 8 321 343 人之中 34% 为闽籍，南洋各属（台湾、日本除外）闽侨占华侨总数 36% 强；而闽侨总人数 2 829 921 人之中，有 95% 以上散居南洋各地，由此可见福建与南洋关系密切之程度如何了。

三、闽侨在海外的经济地位

闽侨在海外的经济地位，可从侨民职业类别上略观其梗概。而各地闽侨经济力量大小、资力大小，自然与他们人数多少、所营事业有关。今日闽侨在南洋的经济力量虽然不及欧洲人，然事业上成功的人，大都是"白手起家"，其奋斗之精神，颇足使人钦服。一般说起来，南洋的闽侨以农商及劳动者为主，从事其他事业者较少。而各地情形亦稍有差异。

（1）英属马来亚　在英属中华侨将近 200 万人，福建籍侨民占 100 万人。其中 5% 为福州人，2.5% 为福清人，其余闽南人约占 93% 弱。因为人数众多，所以资力也大。闽侨职业以从事商务金融业为数最多，农业者次之，因为从事商业的关系，集居于市镇。例如新加坡一埠就有福建人 133 473 人，在柔佛地方中国人三分之一是福建人，在马来联邦中大都集居在大城市如吉隆坡、太平、怡保等处。马来工业集中于新加坡，多为树胶厂、黄黎厂、油厂。绞胶业在南洋各属尤为著名，不但马来所产树胶由此制成，即荷属树胶之粗制品亦多由新加坡复制而后输出。经营树胶买卖者全为闽侨，尤以永春人为多，陈嘉庚公司即其著者。此外锡与椰油亦为闽侨一大事业，小规模的经营随地皆是，不能胜数。劳工方面华工也占一部分势力，据马来劳工局 1937 年底之统计，全英属农园华工计 75 589 人，约占外籍工人总数五分之一；矿山中华工占六分之五，计 51 996 人；工场工人占五分之四，计 44 585 人。此项华工现在都是自由契约，但已较 1914 年明令禁止之前小得

---

① 台湾与福建一水之隔，台人几全部为闽南移去的居民。台湾华侨人数，尤其在估计闽侨的数字时，左右甚大，因而发生许多问题。台湾的福建人从前约有二三百万，现在因为国籍改变的缘故，仅余三四万人。

多了。

(2) 荷属东印度　荷属闽人迁去最早，如漳州蔡坂早在1753年就已移居该地。东印度的福建人约有800 000人，占该地华侨总数六分之二以上，大部分散居于爪哇、马杜拉及群岛东部。荷属的闽南人大部分是在东印度生长的，一半是商人。在工商上，欧人占其上层，土人占下层，而华侨则占其中层，为东印度经济社会之中坚。在爪哇以制糖业关系，从事工业较农业为多，但在苏门答腊及西爪哇，他们从事经营农业与渔业。东印度主要之农产为蔗糖、树胶、烟草、茶四种，在农业投资以蔗糖最多，计占16.6%。制糖业在1923年曾有一度繁荣之黄金时代，已故之黄仲涵氏有糖大王之称。糖以外之工业华人所经营者，大部分为小规模之工厂。输出入业，华人所营为"二盘商"（中介人），偶有作头盘商者以输入西贡米、运出糖为主业。

(3) 法属安南　越南闽侨多活动于沿海一带，主要之营业为碾米、药材、棉业、树胶园及杂货馆，利用土产供给土人，以及海外输出业。西贡附近橡皮业很盛，华侨经营的橡皮园有70余处。闽侨人数比较少，以西贡为中心，但在商业上颇占重要位置，堤岸多数工场、米场皆在他们掌握中，商业以外从事劳动者少。

(4) 暹罗　在暹华侨主要职业为商业，尤其零售商最活跃，小商贩常深入深山与土人交易。在农业上，磨米与运米由华侨担任。华侨所经营的工业与手工业有鞋业、成衣业、木匠业、马车业、铁匠业、锡匠业等数种。他如在矿山及劳动工人亦不少。

(5) 菲律宾　在菲华侨以闽南人最多，如泉漳两属、南安、晋江、海澄等。大多数是零售商人，从事磨米、运销、木材业，也有一部分经营进出口贸易。全菲华侨投资，据1932年之统计，共有432 000 313菲币之多，[①] 而闽侨在华侨中占十分之八，此巨额之投资自然大部操于闽侨手上。有一位外国作家谈到菲律宾华侨的经济势力说过：[②]

> 菲律宾的华侨或许达125 000人，在外侨生的或有750 000人。其中70%—80%业零售，经营各大岛的商业，年来势力日张……四分之三的商业信用操在他们手中。在重要产米区内，运用他们的金融力量经营米业，作磨米与运销业务。在外岛，经营木材的零售，40%是由他们供给……他们的投资总额，据估计达100 000 000美元，竟等于美国对华投资之半。

(6) 缅甸　缅甸通华的道路分为海陆两条，海路由闽粤来的移民大部居住于沿海一带；陆路由滇入缅的云南人，他们的势力范围是上缅甸一带。下缅甸是闽粤人的世界，闽人占十分之八，粤人占十分之二。粤人居于大城市，闽人则虽至穷乡僻壤，无远弗届。米谷为缅甸最主要的物产，华侨在米业上次于欧人而与印人势力

---

① 《申报》二十五年11月19日南洋考察团团长高士恒之报告。
② R. Hayden, *China, Japan and the Phillipines*, in *Foreign Affairs* Vol. 11, No. 4, Jnly 1933, P. P. 711－715。

相埒,惟内地贩运则大权独操于华人,外人几无插足余地。土产商店即粗货店,包括贩卖印度进口之槟榔、烟叶、香蕉、豆类、牛皮、红茶、芝麻等物,华侨业此者以闽侨为多。杂货店中有荔枝、龙眼罐头,多数为福建的特产,最受土人的欢迎。木材业多为闽侨之附属商业。缅甸之矿产,由华侨经营者约分玉石及锡铁二种,华人经营锡铁矿者有十余家,大半为闽粤侨,华工亦数千人。

(7)婆罗洲 华侨中闽人最占势力,在经济上地位与英属马来亚相似。福建人分布于古晋及全境,业贸易,经营农产品,销于新加坡一带。在雷章河附近的闽侨则从事农田园圃,此外在砂胜越之煤油矿工作者甚多。砂胜越之诗诬埠,完全为福州人所开辟,所以福州及闽北籍的侨胞最多,而诗诬有新福州之称。

此外台湾的闽侨,多操苦力、理发、裁缝、黄包车夫等低微职业,势力较小,生活清苦,故略而不谈。

四、出国侨民之分析

迁民出国依其身份大概可分为三类:第一类是订有契约的大批劳工团体,这一类出国的侨民以19世纪为最多,例如有名的砂胜越新福州开垦运动,大批闽侨就是这样迁移出去的。大概那时南洋资源多未开发,大批劳工非常需要,我国有的是贱价的劳动者,所以各属殖民政府都相竞的争揽华工。华工的征募多经过工头为中介人,猪仔制度的流敝曾掀起过多少次的风潮,这类劳工集体移民,到了19世纪末叶已经停止。第一次世界大战的征募华工,军事关系重过经济关系,是例外而不是正常。订有契约的集体劳工移动停止之后,独立冒险的牟利的商人以及单身出外谋生的苦力加多,这可视为出国的第二类及第三类人。这两类人并不是自第一类停止之后才有,而是自19世纪以来逐年加增,其中的原因,多少与经济有关系的。

地理的背景与历史的移民政策为利于闽人迁徙的两大基本理由,我们在上面屡次指出过,可暂抛开不谈。专谈经济的关系,讨论迁民出国的原因也是很复杂的。陈达先生曾用访问方法调查了905家华侨家庭关于离国的原因,其结果如下表:①

类 别	家数	%
经济压迫	633	69.95
南洋的关系	176	19.45
天灾	31	3.43
企图事业的发展	26	2.87
行为不检	17	1.88
地面的不靖	7	0.77
家庭不睦	7	0.77
其他	8	0.88

---

① 陈达《南洋社会与闽粤社会》P.48—50。

在上举八种原因中，除其他一项内容太琐细无从归类外，其他七项我们大别可归纳为经济、政治、自然、社会、心理的理由。经济压迫很显明是经济的理由，在个人方面或因失业或无业，在家庭方面无恒产、入不敷出、食口众多，都可构成经济压迫这一类理由，占的百分比也最高，是国民出国最主要的原动力。

南洋的关系，乃指迁民在南洋方面或因亲族关系或因事业关系吸引他出国。例如祖传有生意在南洋，待他出国主持，或有亲属在南洋从事各种业务，易于荐引，这种动机可说兼经济与社会两者而有之。一个人的事业的择定，多少是受其左右社会影响的。这一类原因仅次于经济压迫，占约19.45%。

天灾乃自然界一种突来的变化，尤其在农业社会中自然灾害往往是移民的最大动力，历史上逃荒差不多每一朝代都有。有名的"八二风灾"在这905家中有31家是因此受害而移出的。有一位学者描写过这一次风灾的实况说：①

> 台风近厦门时，有轮船一艘，重4000吨，完全失踪；又有轮船一艘，船身整个被吹上海岛。沿海岸各处有许多尸体发现，因有许多人民是在船上过生活的。据估计，这次风灾淹死的总人数约有80 000人。

企图事业的发展多少属于心理的因素，这一类人大概都受过相当的教育，有高尚的企业心，占2.87%。

行为不检与地面的不靖纯粹是政治上原因，前者如犯法，不能容于现社会，是主观方面的，在近来的迁民中比较少，只占1.7%；后者如盗匪横行，客观方面不容其谋生，比较更少，不及1%。

家庭不睦是指和家庭中人发生意见出走，这是属于社会原因，这一类更少，只占0.77%而已。

远渡重洋，万里迢迢的航程，必须要勇敢体强的人才能渡过层层难关，尤其安土重迁的农业社会里，远行是一件冒险的事。冒险自非老弱妇孺之辈所可胜任，因此移出的迁民大半是壮年的男子。著者就海澄等十八县的侨民登记分析结果，给上述的话获得证据。先将统计结果分析于下：

	总计	20—44岁的人数	占总数%
旅外华侨人数	65 942	47 588	72
男	55 815	40 942	73
女	10 127	6 646	66
留国侨眷人数	151 583	51 158	34
男	67 446	16 694	25
女	84 137	34 464	41

从上表我们看出几件事实：（1）从男女性别看，旅外的男多于女；留国的女多于男。因为女子到南洋去，不但不能受得起沿途的风波，并且还纯然是个消费

---

① L. D. H. Buxton, *China: Land and People*, P. 308。

者，旅外华侨刚去的时候都不愿有"身家之累"，往往将家眷留在故乡。（2）从年龄上看，出国的侨民无论在男的或女的，都是年青力壮的人（20—44岁组为壮丁年龄）的比例多，百分数高，老弱的留在家里看家。女性出国也大半是年青的妻子，随着丈夫出外，不过人数是比较少得多了。有许多年青侨民，在国外成家立业的。

留在国内的既是老弱妇孺，在生产上不能作多少事，那么势必要靠海外的家庭分子供给。这一点我们在稍后讨论迁民对国内的影响时，将重新提出讨论，这是很重要的。

迁民去到殖民地之后，大都胼手胝足，先给人作雇工。稍积蓄些工资之后，再从事小生意。生意越作越大，然后发达起来，成功一个富翁。今日在南洋成功的侨民，多半是白手起家，继承祖业的幸运儿真是少之又少。著者在最近搜集了将及50个成功的闽侨的小传来看，其中70%以上在13岁以前都经过学徒的阶段，他们成功的不二法门就是耐心的经过工人、行贩（雇员）、小店主而成大商家。他们的美德是要有作事谨慎、行为端正、凡事躬身操作、忠实、胜人所不能任。本来一个"过番客""只带一个本地磁的水罐，两身衣服、一个笠帽、一条草席"之外别无长物之人，除了在耐劳吃苦奋勉取得主人的信托之外，还能依靠什么？从工人开始，依次递升至大商人这条长长的"社会阶梯"是需要相当年月的，所以上面所说过50个成功闽侨名人小传中有38个人都是在40岁前后一两年期内事业才获得成功。不过在华侨社区中，人人都坚信"老天不负有心人"的千篇一律的"番客"成功故事，都变成月夜谈话资料，传遍在每一个乡村角落。父以教子，妻以勉夫，每重复讲一次都要引起年老人的回忆，青年人的热情，连盘在祖母膝边听故事的孩子，童心中早已深入了黄金海外的幻梦。在这种天性冲动之下，每年都几千几万人背井离乡，跑到万里外的异地去，寻找他们的黄金处女地。

五、闽侨对家乡的关系

将及三百万的海外闽侨，这大量的人数，自然与其家乡发生许多关系，他们直接间接对故乡的影响是多方面的。当迁民出国的时候，不论他去国的原因是哪一种，在客观环境上他对家乡的人口压力是减轻，不过这种减轻是永久的呢，还是暂时的现象，确值得研究。关于移民是不是减轻人口压力或解决人口过剩问题，许多学者都发表过不同的意见，综合起来我们可以归纳成以下诸类：①

1. 以移民是解决人口压力或人口过剩的办法，这是Knibbs的看法。至于移民能否永久解决人口压力或人口过剩，而使压力不再增高，过剩不再发生，关于这点，Knibbs没有说明。

2. 以移民可以是亦可以不是人口压力或人口过剩永久的解决办法，一视情形而定，这是Thompson的见解。

---

① 潘嘉麟《移民的定义理论和人民移动自由》，《社会科学杂志》5卷3期 P.355–356。

3. 移民不是永久能解决人口压力或过剩的办法，这派的意见可以 Reuter 为代表。

4. 移民是可以暂时解决人口压力或过剩的，这是大家一致承认的意见。

由人口分配密度来看，福建有每方公里居住 2 万人的沿海都市，也有低至每方公里十余人的内地，不过内地是贫瘠的。本来人口密度过高与否是相对的现象。福建的人口就现在的生计状况之下（以农为主的生计形态），实已超过"适中的密度"（Optimum Density of Population），那么三百万迁民的出国，的确减少福建人口问题的严重性不少。迁民出国对国内的人口构成也有重大的影响。例如华侨社区中性比例因男子出国、女眷留国的关系显得特别的低；而在年龄分组，由于壮丁的出洋，也显示出两头大、中间低的累退式的人口结构。有些华侨在国外娶土女为妻，在第二代侨生的儿女，血统上是混血的。混血种据生理学观察，毅力是超人。假使这些侨民生的儿女回到他们的家乡，无疑对人口素质有某种程度影响，不过是渐进的、潜伏的，并不怎样明显。

人口问题之外，迁民对国内的影响可分为社会改革、物质建设、心理改革三点来看。这种影响在近百年内的中国历史极其要紧，因为有知识有经验的迁民在国外居住很久，不知不觉于日常生活中接受了外国文化的影响。他们觉得外国生活习俗中有许多优点，颇可介绍给国内采用，回国之后或开发实业或从事社会公益事业，给古老的家乡的旧生活里渗进许多新活素来。

社会生活乃是群体生活，农业社会养成孤僻的民族性，群体生活观念很薄弱，因而对集体生活最高形式的政治观念也很糊模。维新以来，中国政治改革运动中华侨力量很大，孙总理说"华侨为革命之母"，华侨对祖国贡献是很大，例如黄花岗七十二烈士中福建志士大都是侨籍南洋的。大的至国家改革的事情暂抛开不谈，退一步说，归国的迁民在故乡也到处见得出他们组织的能力。据许多人观察所得，华侨社区的治安自卫是较非华侨社区为好，他们组织了自卫队及团防，多半是私人维持。治安不但保障个人的自由与安全，也就是团体生活政治生活的出发点。社会生活有秩序，文化各方面才能有发展。南洋侨胞捐资兴学，对民智的开发的功劳是不可泯灭的。华侨对教育的认识也异于国内人士，一般华侨以为教育的基本目的是训练经商，这种隐约重商主义的新趋势，多少与迁民在南洋获得的经验有关。福建的集美学校是华侨创办的，他的出名就是因为偏重商学。即如在华侨县份许多与侨民有关系的小学校里，他们送子弟入学，也都是为求谋生的准备。华侨对教育的影响，第一就是校数员生在数量都大增加，第二学校都兼收男女生，两性在求学上有平等的机会，第三就是国语的推广。

闽侨对故乡教育事业之贡献，可从厦门市的教育统计中看出。厦门小学校立案的共有 39 校，其中 17 校与闽侨发生关系，大部分是靠华侨的经济靠助。立案的 11 间中等学校中，有 5 校与华侨直接发生关系。厦门大学是闽侨陈嘉庚先生一手创办，独捐共约国币 4 000 000 元，每年的经常费还不算在内。

华侨社区内的卫生与娱乐的设备也较佳，人民花在这上面的费用百分比也较高。这一方面是收入宽裕的缘故，一方面是迁民教育程度高、观察力强，对于殖民地的卫生娱乐有良好的印象，不断向国内介绍，因而使故乡的卫生与娱乐有局部的改变。尤其西药的应用与高尚的娱乐、体育提倡，获得成功。

华侨社区之各种事业能发展，与居民的心理改革具有密切关系。旧的心理桎梏解脱之后，一切新的活力才能进步。迁民对家乡心理方面的改革，最先是对家庭观念的改变，因为青年们常和外国人接触，所以有崇高独立的伦理思想。他们主张小家庭以及"文明结婚"的制度。社会的信仰也在变迁，有些人破除迷信，他们不信"木柴"，有些人在旧信仰外接受新信仰（如基督教），其变迁的主要原因当推教育与迁民。

迁民对家乡的影响，最大的表面化的成就还是物质生活方面。华侨社区的生计形态就有根本的变化，他们的谋生方式已有脱离农业逐渐走向商业的趋势，至少农业已退至次要地位。我们相信职业的选择与地理风俗习惯有关。侨区之由农业生活方式转向商业生活方式，是因为迁民在南洋环境利于经商，有过悠久的历史与适当的成绩；一方面富侨加多，消费加大，商业自然会繁盛起来。

小的乡镇受迁民的影响成为商业的市镇，近代的都市也受华侨影响繁华起来。福建的厦门就完全是由华侨经济力量孕育成功的。厦门地产的投资至少有十分之六七是由华侨投放的，厦门的重要工业如自来水公司、电灯公司、电话公司都是由华侨办理，厦门金融业是靠了华侨存款汇款才能支持。一旦华侨经济力量退出了厦门，厦门只留下一个荒凉的外壳了。

一个现代都市，必是与深入的腹地（Hinterland）有灵活的交通，交通便利之后，乡村与城市的文化才能走向一致，经济关系才能密切。闽侨在闽南交通事业的投资对厦门都市发展无疑也有很大的影响。近代化的交通以铁路为最重要，福建仅有的一条短短的漳厦铁路就是由华侨创办的。漳厦铁路其着眼点在开发龙岩的煤与漳州的水果。它是由嵩屿（厦门对面）起至漳州止，计长90华里。开办时计有资本国币2 426 551元，后来递增至国币3 300 414.32元，资本总额中三分之二是华侨投资，特别是荷属东印度群岛的闽籍侨民。原来计划预备必要时将路线接至龙岩，不幸因官吏的舞弊，官办商办问题不解决，即使最后决定由闽侨巨子黄弈住、李清泉等接办，也因内乱而竟中途而辍。

闽南的公路交通比别的地方发达为早，据调查所得，闽南汽车交通业几无一路不与华侨发生关系。闽南汽车路投资在以前据闽南汽车路联合会估计约达国币400万元。泉属汽车路的资本，华侨拥有十分之七；漳属汽车路的资本，华侨拥有十分之五。按汽车路里程计，十分之七的汽车路在泉属，十分之三汽车路在漳属，由此可见总投资400万元之中，华侨的资本实占了大部分。泉安汽车公司是闽南最早创办的，系由神户华侨陈清机发起的。

闽南一般汽车路在廿三年以内，因为省内政治不上轨道，历受兵灾、匪祸，损失不资。据可考者有如下数：

	损失总额（元）
总计	1 328 318
民国二十一年	272 490
民国二十二年	530 549
民国二十三年	525 275

仅就可计算的3年内损失占总投资额33%以上，不可谓不巨，这庞大的损失相当打断了闽侨对交通业投资的兴趣。二十三年以后治安安定，投资才有相当保障。迄目前止行驶干路上的漳龙、龙连汀、泉永德三大民营公司，主持的人还是华侨。

在开矿事业上，闽侨也曾有过投资的计划。自民国元年，南洋闽侨回国办矿者有数十团体。其中最著者，如新加坡闽侨林文庆等所组织之资本团，拟集资2000万元，开办福建实业银行及全省路矿事业；怡保闽侨黄怡益等组织福琯路矿公司，拟集资200万元，领办福州至琯江一带之路矿；仰光闽侨杨奠安等组织龙岩路矿公司，拟集资800万元，领办龙岩至漳州一带路矿。一时闻风兴起者不知凡几，旋以二次革命军兴，时局突变，加以群侨希望太奢，求多不遂，即偃旗息鼓，陆续去国。就中惟有李云程等所组织之义记公司，请将邵武双煤坑之煤矿，得成事实。民国四年，林资铿领将龙岩水龙潭鸡心记煤矿，林长民等组织永德安煤铁公司，请将安溪湖上山、大磜山、五团山等三处之煤矿，然亦因种种关系，未能实现。①

闽北延平葫芦山铜矿，也是闽侨开采过的，投资国币200余万元。自民国十一年闽省政变，军队过境，占据为炮垒，强拉矿工充夫役，遂至停顿歇业。

华侨投资的资本，都是在海外的积蓄与企业利润；除投资外，每年还将一部分汇回家乡，赡养其家庭与亲族。这两项构成巨额的华侨汇款，对于家庭经济及国家经济都有很大的影响。关于侨汇问题，就是此后几章中我们讨论的中心，希望能用较多的篇幅来做详细的研究与分析。

---

① 胡荣铨《中国煤矿》P. 430—431。

第三章　闽侨汇款数额的估计

一、华侨汇款的意义

华侨汇款有复杂的内容，华侨居住地在海外，但并不是说海外华侨居留地汇回国内的款项，都称之为"华侨汇款"。即系纯由华侨本身汇寄回来的款项，若不研究他汇款的动机与目的，也不好断然断定这批款项是否是属于我们所指的"华侨汇款"项目之内。查国际间汇款的移动大别有几种，即商业上货款之支付，个人或团体间债务之清偿，投资资本之移动，企业利润之分配，捐款的赠予，以及个人团体费用之寄递都是。我们所注意的华侨汇款，仅限于海外华侨汇回来资金、企业进益。这巨额汇款除了产业的进款外，华工工资也占了一部分，这些华侨汇回来的款项分开来每一笔很小，合起来总数就相当可观。

Remer 氏相信华侨汇款的来源不在于华工积蓄的工资，而在于华商企业的利润与产业的进款。① 这一点我们也承认，不过我们认为在分析福建华侨汇款的用途时，前者较后者更为重要。华工工资与华侨企业利润两者之间在汇款上没有什么严格区分，不过我们在华侨社区内极易分别它们的性质的。Remer 氏在他的《外人在华投资论》中举过两个例，以示两种性质汇款之区别，我们引用一下：②

　　厦门附近，有一个住着 100 户左右人家的乡村，我会见了当地某学校的校长和董事长。该校基金都是由菲律宾寄来的，而且半数校董就侨居在菲律宾。当我游历这个乡村时，除了 2 家以外，该村每户人家至少有一个人远客菲律宾。每家每年汇回该村的汇款，估计约在国币 600 元左右。这个乡村是一群中国人的故乡，他们在菲律宾的一个要埠，执管着许多繁盛的企业组织。

　　我们再来看看汕头附近一个乡村里的某人的生平，那是他的亲戚告诉我的。大约在他 17 岁的时候，他的父亲就带了他到暹罗去，当时他的父亲已在那里和他的伯叔经营一种家庭企业。他在暹住了 2 年，就被送回汕头来；在汕头娶了亲，22 岁左右又到暹罗去。从此以后，一直到 50 岁，他每隔三四年回汕头住一年。当我听到他的亲戚讲述他的生平时，他已在家退休享福了，他的一个儿子，就继承着祖业，在暹罗经营。这里我们看到了一个在暹罗执管着企业财产的汕头人家，这种产业，是一个由故乡在中国的家庭经营的。这份人家由暹罗汇回的款子，我们叫它做什么呢？当然，那是一个中国人家所有的企业利润。但是这些汇款的数目，与该家产业大小所发生的关系，就远较旅暹罗人数多寡所发生的关系为密切。

华侨在海外投资，就其对祖国发生的作用看，也是与其他国家国外投资有点不

---

① C. F. Remer, *Foreign Investment in China*（Ⅰ）P. 77.
② 同上，P. 178—179.

同；后者的海外投资资金须先支付，在国际贷借先有一项"资本支出"，然后才有"企业利润收入"，而华侨在海外建立的企业投资，对于中国实际没有支出，反而有巨额收入。

明白了以上各点，我们不妨给"侨汇"下一定义：

"所谓华侨汇款，乃指海外投资及薪工所得，以及按期寄钱供养他们国内的亲属与家庭的费用而言。"

按照以上定义解释，贸易及捐予的款子，当然不算在内了。

二、侨汇估计的方法与各家估计的数额

华侨汇款从来没有详细调查与统计过，这也是因为调查起来有种种困难。在这种情形，只有靠估计，估计的数字多少带有主观性。主观成分过重，足以影响到数字的切实，不是过高就是有遗漏。一个完善的估计，只有靠运用的方法来稍弥补其缺点。以往对侨汇有过估计的学者，各有各的方法，归结起来不外用下列种种方法，以求其概数：①

（1）按在外华侨之人数，每人平均每年汇回若干元（如20元）等。

（2）归国华侨以每人携带100元至200元计算（Morse 所用方法）。

（3）以华侨驻在地之经济状况为标准，分别推定汇款的多寡：

①海峡殖民地平均每人每年汇回26元；

②荷属东印度平均每人每年汇回23元；

③菲律宾平均每人每年汇回73元（Capital and Trade 周报等所用的方法）。

④根据经营外汇银行的报告，或收款地香港、厦门、汕头等处局部的调查（Remer、吴承禧等所用方法）。

我们知道华侨汇款数量并不与华侨人数分配成正比例的，这要看华侨的富力与汇款能力而定。因此上举的第一第二两种，不免有缺点，而第二种就归国华侨一方的推计，也不免太片面。第三种估计方法已经顾到华侨的富力与汇款能力，但却不能满足"是否每个华侨都汇款"的疑问。陈达先生甚怀疑以往几家侨汇估计是否过高，他指出的理由是："有些在南洋的中国人是不汇款到中国来的，例如离国很久，和中国没有接触的人，或本人生在南洋，或家住南洋已经几代。这些人在家乡大概已无亲族，对于家乡或祖国感情淡薄，或亦无经济的关系，他们大致是不汇款回来的。但是他们在南洋，因为年代悠久，比较有雄厚的经济势力。他们既无汇款，我们的假定是，以往对于华侨汇款的估计似失之过高，因为在南洋各处的'侨生'人数，约超过中国人总数一半以上，他们大概是没有汇款到中国来的。"②这些话也可用作批评第三种估计的方法。

第四种估计的方法比较是完备的，但也时常遇到困难。例如一笔汇款可以由批

---

① 马寅初《中国之新金融政策》P.473。
② 陈达《南洋华侨与闽粤社会》P.91。

信馆经邮局或由银行转汇，因此估计用做根据时难免重复。有些银行的簿记对于华侨汇款并不单独列出，而旧式批信馆每不肯将营业实情告诉别人，所以很难得正确的估计。虽然如此，第四种估计方法在目前还不失为比较可靠的方法，而为多数人所乐用。

关于华侨汇款总额，远在 1903 年就有 Morse 估计为 73 120 000 海关两，自此以后，中外经济学者在这方面的估计，陆续发表不少。现搜集如下：

估计者	估计之年份	侨汇数额（元）	来源
H. B. Morse	1903	110 000 000	Morse：*AnInquiry into the Commercial Liabilities and Assets of International Trade*，原为 73 120 000 海关两
H. B. Morse	1906	150 000 000	*China and Far East*
S. R. Wagel	1912	62 300 000	Wagel, *Finance in China*，原为 40 000 000 海关两
S. R. Wagel	1864—1913	1 316 000 000	同上为累计数，原为 845 000 000 海关两
C. S. See	1913	115 000 000	See, *The Foreign Trade of China*
Morse and Gottwaldt	1914	131 430 000	东亚杂志，昭和七年九月份土屋计左右氏《中国之国际贷借》，原为 85 000 000 海关两
Capital & Trade 周报	1925	160 000 000	同上，原为 103 000 000 海关两
横滨正金银行	1927	160 000 000	同上
E. Kann	1929	311 600 000	同上，原为 200 000 000 海关两
E. Kann	1931	400 000 000	同上
土屋计左右	1931	350 000 000	同上，原为 231 000 000 海关两
A. G. Goons	1920—1923	150 000 000	Coons, *The Foreign Fublic Debt of China*
C. F. Remer	1871—1884	9 348 000	Remer, *The Foreign Trade of China*，为该时期年平均数，原为 6 000 000 海关两
C. F. Remer	1885—1998	31 160 000	同上，原为 20 000 000 海关两
C. F. Remer	1899—1913	109 000 000	同上，原为 70 000 000 海关两
C. F. Remer	1914—1921	124 600 000	同上，原为 80 000 000 海关两
C. F. Remer	1928	250 600 000	Remer, *Foreign Invest ment in China*
C. F. Remer	1929	380 700 000	同上
C. F. Remer	1930	316 300 000	同上
C. F. Remer	1914—1930	200 000 000	同上，为年平均数
E. Kann	1934	250 000 000	*Finance and Commerce*
中国银行	1929	300 000 000	见该年该行营业报告

中国银行	1930	250 000 000	同上
中国银行	1931	190 000 000	同上
中国银行	1932	320 000 000	同上
中国银行	1933	200 000 000	同上
中国银行	1934	250 000 000	同上
中国银行	1935	260 000 000	同上
E. Kann	1935	280 000 000	*Finance and commerce*, July, 5, 1939
E. Kann	1936	320 000 000	同上
E. Kann	1937	450 000 000	同上
E. Kann	1938	600 000 000	同上
吴承禧	1931	420 000 000	《中山文化教育馆季刊》，1935 秋季号，吴承禧《最近五年华侨汇款的一个新估计》
吴承禧	1932	323 000 000	同上
吴承禧	1933	305 000 000	同上
吴承禧	1934	232 000 000	同上
吴承禧	1935	316 000 000	同上

以上各家估计，甚至同一年份也相差甚远，在供我们参考时，颇值得加以考虑。

三、厦门的观察

厦门在福建是一个最近代的商埠，它的繁荣过去都是闽侨一手造成的，所以与华侨的关系极其密切，是闽籍侨胞出入国必经的口岸。海运便利，使厦门在开埠以前就成为一个交通孔站。关于这点历史上早有纪载：

> 厦岛田不足于耕，近山者率种番薯，近海者耕而兼渔，统计渔倍于农。海港腥鲜，贫民日渔其利，蠔埕渔簝，蚶田蛏淑。滨海之乡，划海为界，非其界不可过而问焉。越澳以渔，争竞立起，虽死不恤，身家之计在故也。

> 服贾者以贩海为利薮，视汪洋巨浸为衽席，北至宁波、上海、天津、锦州，南至粤东，对海渡台湾，岁往来数次。外至吕宋、苏禄、实力、噶喇吧，冬至夏回，一年一次。初至获利数倍至数十倍不等，故有倾产造船者，然骤富骤贫，容易起落。舵水人等藉此为活者，以万计。

> 造大船费数万金，船置货者曰财东，领货出洋者曰出海，司舵者曰舵工，司桅者曰斗手，亦曰亚班，司缭者曰大傣，相呼曰兄弟。

> 厦门土木、金、银、铜铁诸工，悉自外来。船工大盛，安其业者多移居焉。①

---

① 周凯《厦门志》第十二本第十五卷 5—6，清道光十二年刻。

在鸦片战争之前，厦门即为外人经营之地。葡萄牙人当明武宗时，曾在泉州、漳州经营盛大之贸易，垂数十年（约在 1517—1557 年间）。英东印度公司在 17 世纪上期，因受葡人妨害，在南海岸不能如意通商，乃在东海方面活动，并与郑成功之世嗣结成关税协定。英人有在台湾、厦门居住往来之自由，郑王所购货物与进口米皆免税，此外进口货则于售罄后课值百抽三之关税，出口货无税。① 直至清廷征平台湾以后，此种贸易关系始停止。中英江宁条约缔结（1842），中国清廷允开五口通商，福州、厦门均于翌年（1843）开港。闽北的三都澳于 1899 年由我国自行开埠，连同福、厦两埠成为福建北、中、南三部的商业口岸，吞吐全省对外贸易的大部分。② 三埠之中，福、厦两口岸最关重要，两埠合计要占全省对外贸易 90% 左右。即就福、厦两地言之，除了 1932 及 1933 两年外，厦门贸易总值所占全省总额的百分比一般较福州少 5—10%。若就贸易性质言之，厦门是一个直接对外洋贸易的口岸，福州则以国内贸易占主要，所以就全国对外贸易意义来看，厦门较福州更为重要。厦门完全为入超港，自 1903③ 以来数十年间，就贸易总数言，无时不为入超。这些情形从海关贸易统计上都可以看出来的。

自 1905 年以迄 1938 年 34 年间，厦门的贸易总额可以分作几个阶段来讨论。在 1914 年以前 10 年间，贸易总额每年一般皆在 3000 万元左右。1915 年后，因遭受第一次欧洲大战的影响，贸易锐减至 1918 年的 21 945 000 元，为几十年来最低的记录。自该年以后又复回涨，涨势至 1925 年以后更为明显，这时世界各国正谋复兴，贸易景气自然也受惠不少。1930—1934 的 5 年间，首 4 年的贸易额都在六七千万元，1931 年的 84 505 000 元是厦门黄金时代，创开关以来最高的纪录。1934 年以后逐年减退，其中原因自然很多，不过大批的走私影响及于贸易统计的不正确也是其中的一端。④ 1938 年减至 25 735 000 元，则是受该年 5 月以后厦门沦陷的关系，下半年度的贸易差不多陷于停滞的状态。

厦门的进口贸易与出口贸易在价值上悬殊特甚，前者与后者之比例通常皆在 11 与 1 之比，无论是国外贸易或与国内贸易上都是经常的入超。从进口贸易方面观察，在 1933 年以前洋货多于国货，该年以后则恰相反，1938 年洋货进口又多于国货。在出口贸易方面，输出往国外的土货比输往国内为多，两者间的比例在 1919 年以前是 3∶1。1919 年以后，对国内的出口逐渐加多，除了其中有几年（1924，1925，1930，1938）输往国内的土货大于国外，是特殊例外，国内国外的出口差不多相垺。

从贸易性质来看，厦门是一个国外贸易的主要城市，是一个消费的而非生产的

---

① S. W. William, The Middle Kingdom Ⅱ. P. 445
② 闽西北与浙江交界的浦城，江西交界的邵武、崇安、长汀，闽南与广东的交界峰市、诏安，也是省际贸易的要道，其数额当然也很大。
③ 厦门关自该年起始有统计。
④ 吴承禧先生在《厦门的华侨汇款与金融组织》一文（《社会科学杂志》8 卷 2 期）里，曾从厦门台湾汇款的总数推算非法走私贸易数额，估计 1934—1935 年的偷运货物代价在 15 000 000 元上下，因而修正了该数年间的入超数字。关于这一点，我们将在讨论侨汇与贸易平衡问题中提出。

都市，是洋货倾销的尾间。

就商业势力范围言，厦门的都市化的程度很脆弱。按近代都市化的条件，是要有工业建设、发展交通、金融灵活、商业发达、腹地的经济关系密切几个基本条件。厦门的工业合乎工厂法的工厂就不多见，交通只靠了公路与内地相通，我们在前两章中已经指出。厦门的金融还是旧式的钱庄占优势，它们的业务根本谈不到近代金融的业务。厦门的腹地相当的大，按地理情形来它应该包括旧属的漳、泉二府及龙岩州，闽西与闽南都该受它的影响。但是这些腹地并不是重要的原料生产区，仅有的安溪铁矿与龙岩煤矿还未积极开采，而农产物也刚足自给或竟不足，自然不能供给厦门消费。同时内地的日常消费品也不见得都是从厦门供给的，云霄、诏安、平和、上杭等县与广东的关系尤为密切。长汀的出口木材多数循由汀江到潮汕出海。所以厦门既不是生产原料的集中地，也不是工业品供给地，它的繁荣是因为它是个转运口岸。

厦门经济虽然这样脆弱，可是它与华侨的关系很密切。有过一时期，华侨热中于地产的买卖，常常投资于厦门附近乡村的土地。后来地产跌价，使投资的人们蒙受很大的损失，而厦门在那几年（1934—1935）的市况也一落千丈。过去几十年间厦门历次所表现的经济恢复能力，大半要归功于闽侨海外资金的不断流入，经济事业的活跃正与华侨汇款的激增相适应。因此在厦门可以给我们许多便利，窥测侨汇增减的趋势。

厦门历年所收侨胞汇款的数额，在时间系列（Time Series）是最长的，这不能不归功于吴承禧先生在廿五年所做的调查。Remer 氏对厦门的侨汇估计开始于1927年，1926年以前无完整数字可考。厦门中国银行根据他们业务的经验，对1905—1926 的侨汇作如下的估计：①

1905——1926 厦门的侨汇估计（单位：元）

1905	18 900 000	1913	17 600 000	1921	44 000 000
1906	18 300 000	1914	17 200 000	1922	27 900 000
1907	17 600 000	1915	18 500 000	1923	25 700 000
1908	17 800 000	1916	15 000 000	1924	45 900 000
1909	20 000 000	1917	12 800 000	1925	45 000 000
1910	21 600 000	1918	11 800 000	1926	66 000 000
1911	17 800 000	1919	18 900 000		
1912	19 100 000	1920	19 200 000		

C. F. Remer 对厦门侨汇根据间接资料得之于钱业信局的估计推算，1927—1930 四年间的侨汇情形如下：

1927—1930 厦门侨汇统计（单位：元）②

1927	51 800 000	1929	54 200 000

---

① 吴承禧《厦门的华侨汇款与金融组织》P. 202。
② C. F. Remer, *Foreign Investment in China* P. 184。

1928	44 800 000	1930	60 000 000

吴承禧先生在 1936 年到厦门作过一次调查，直接从在厦经营侨汇的各金融机关取得 1931—1935 五年的数字。不过我们在厦门所做汇款调查开始于 1932 年，比较结果，我们认为吴氏的前 4 年的数字可以采用：

1931—1935 厦门侨汇统计（单位：元）①

1931	72 000 000	1933	47 900 000
1932	49 700 000	1934	43 300 000

我们对厦门在民国二十四年（1935）做过一次金融调查，从银钱业各方面作过侨汇估计，估计数字曾溯至 1932 年。不过我们总以为日子一久，或不会正确，而从我们估计所得的结果与吴氏的比较，失之过高。我们怀疑或因部分货款不曾剔除，因为我们从估计的数字减去一般人所认可的商业支付额后，颇与吴氏的数字接近。这就是我们在 1931—1934 年侨汇估计时放弃了我们的数字而采用了吴氏的缘故。1935 年以后，我们每年都做一次调查，调查的范围包括经汇侨汇的银行与民信局。调查的项目除侨汇数额外，更注意下列诸事：

（1）规定华侨汇款仅指侨民汇回的投资、在海外企业利润、薪工所得，按期寄回国内眷属的生活费用而言。

（2）商业支付的货款应加剔除。假使经汇机关汇款簿记上关于这种汇款没有分别记出，则请根据他们业务的经验给我们一个约略的比例。

（3）民信局的汇款有许多是由厦门各银行转汇过来的，所以在调查民信局的汇款时，特别注意这种情形，附带问他们经汇的方法，以免重复。至于辗转分支的代理店，业经调查过他们的总店，也一概不再调查。

（4）银行间的外汇买卖，也请银行方面代我们剔除。

1938 年的调查是用通信方法，因为调查时期厦门已经沦陷，我们的调查表只能向各银行发出，民信局方面的数字只有靠估计。好在 1938 年 5 月以后，厦门几个大的信局都先后迁泉州营业，5 月至 12 月大半年间，侨汇经过厦门比较少，②遗漏的数字，可从泉州方面稍得些补证。因为我们数字包括民信局汇款额，1935 年的侨汇数额就比吴氏的调查为多，下面就是我们调查得来的数字：

1935—1938 厦门侨汇统计（单位：元）

1935	51 230 760③	1937	57 116 510④
1936	58 355 000	1938	52 929 211

从上列四种统计中，我们可以看出：厦门侨汇在过去 34 年间有过好几次变化，大概在 1920 以前鲜有超过 2000 万元者（1910 是例外），特别是欧洲大战的 1917—

---

① 吴承禧《厦门华侨汇款与金融组织》P.204，汇计总额中已将货款及银行间买卖（Interbank Transaction）剔除，是一个较为合理的估计。

② 拙作《抗战以来福建经济动态》，载二十八年 5 月 6—15 日《香港大众日报》及《统计副刊》第十四号《现阶段之福建金融业》。

③ 吴承禧先生对该年的侨汇估计为 44 000 000 元，与我们的数字比较，相差 7 230 760 元。

④ 1937 年七七事变后，在厦日人撤退回国，所以 1937—1938 两年皆不包括台湾银行汇款数。

1918 两年衰退最甚。1921 年来了一个突变，侨汇从 1920 的 19 200 000 元增至 1921 的 44 000 000 元，直到 1931 年为止，侨汇达到了最高纪录为 72 000 000 元。就以往看，侨汇的增减大致与世界的景气有关，可是 1929 以后的不景气，似乎不曾影响侨汇，这或者因为金银比价不同的缘故。这庞大数额侨汇的增进，给了厦门地产投机相当刺激。在最近 10 年间（1929—1938），1933—1934 两年最为衰落，低落的原因是当时银价上涨与世界经济不景气。1935—1937 年每年侨汇都在 5000 万元以上将及 6000 万元。1938 年因为厦门沦陷侨汇改途的缘故，全国侨汇虽开创历年最高纪录，厦门反而减退至 52 929 211 元。

最近几年厦门侨汇的来源，以英属南洋各地为多，1935 年以前约占 20%—35%，1935 年以后三年间增至 50% 左右。暹罗汇来的款数在 1934 年以前的 3 年还占到 20%—40%，1935 以后突降甚巨，连占总额 1% 都不到了。美属南洋各地的汇款变化趋势恰与暹罗相反，在 1934 以前并不占什么重要地位，不过仅为 10% 而已，1935 年以后突增，此后四年间约占 33%。荷属的侨汇占第三位，除了 1935 年最高占该年汇入总数 30% 外，在 1934 年以前约占 10%，1936 年以后占 15%。法属汇款有与暹属同一的趋势，近三年皆不及 1%。台湾的汇款每年不过八九万元，在总数中毫不占地位。①

四、泉州的观察

泉州是位于厦门北边的一个都市，闽南的华侨虽然出入国都经过厦门，可是他们的原籍大部分都居住在泉州附近。厦门还是海盗出没的荒岛的时候，泉州已经是一个船只群集的商港了。② 泉州位于晋江的下游，是流入东海的泉州湾河口的三角洲，水陆交通均极便利。水路有东西二溪，可通民船。由泉直达福州、东石、安海至厦门，均有小火轮来往。汽车道路则纵横腹地，无往不便。东西二溪经常有船四五百只，运载土货来泉出口，东溪来货大宗为木，西溪来货大宗为竹，由泉载回者多为肥料及日用品。它完全是一个商业都市，工业毫不发达。据民国二十四年调查，经由泉州、安海、浦内（均晋江县属）三口岸输出的货物总值 7 890 134 元，其中泉州本地生产输出者计 1 500 332 元；输入总值 20 260 800 元，其中消费于晋江本地者为 13 870 998 元。这种情形与厦门极其相似。既然是华侨的故乡，大批的汇款经由各地分送给泉州附近的侨民家庭，因此泉州可以给我们一个机会，来测量汇款的估计是否合理。

泉州接近厦门，民信局常以厦门的银行为海外汇款的转汇机关。根据当地熟悉金融市情的经理与职员估计，泉州的侨汇款子没有一笔是直接汇到泉州的。换句话说，汇到厦门的国币 1400 万至 2500 万元的款子，实际是汇到泉州及其附近各地的。

---

① 关于厦门侨汇来源地别，自 1932 年起就有调查，我们就根据其比例，就吴承禧先生估计数字，推算 1932—1934 的各来源地分配情形。1936 以后，我们另有一个较详分类，但为与前几年互相比较起见，已经归并起来与前几年并列。这两种资料，都附录于后面，请参看。

② 泉州在唐代已经开港。

泉州所收华侨汇款估计（单位：元）

1930	25 000 000	1935	16 460 000
1931	22 780 000	1936	21 590 000
1932	21 130 000	1937	14 513 800
1933	19 250 000	1938	25 000 000
1934	16 960 000		

这里还要指出的是泉州近来的情形，就是厦门失陷以后的变化，1938年的状况就与前几年有些不同。1938年的汇款，至少在5月至12月的8个月中，泉州所收的汇款的半数以上不经过厦门，而是直接从海外，或间接由香港汇来的。我们在计算该年全省侨汇时，就要把泉州这一笔直接汇来的款子加上，而求得其总数。

上表所列历年泉州方面所收的侨汇，并不是全是属于泉州所有，泉州还要负一部分转汇责任。汇款一部分（约占40%）转送到南安，余额或许有很小的数目送到南安以外的各地，琐细不好估计。剔除南安应转的汇款余数，实际差不多就全留在泉州。

1930—1938 泉州实收侨汇统计（单位：元）

1930	13 750 000	1935	9 053 000
1931	13 668 000	1936	13 590 000
1932	11 621 500	1937	8 837 800
1933	11 550 000	1938	18 390 000[①]
1934	9 328 000		

五、其他各地的观察

现在我们应该来考察其他与华侨有关的要埠。南安与泉州很近，南安并没有民信局或银行，华侨的汇款实际是由泉州的民信局专差派送的，直接汇至南安的汇款实际就等于零。南安的华侨汇款完全是由泉州转送的数额，一般每年都有800万元。

1930—1938 南安侨汇统计（单位：元）

1930	11 250 000	1935	7 407 000
1931	9 112 000	1936	8 000 000
1932	9 508 500	1937	5 676 000
1933	7 700 000	1938	6 610 000
1934	7 632 000		

至于漳州，虽然也与泉州一样是华侨的家乡所在地，侨汇数额却没有泉州那样多。1938年据调查有汇款1 920 000元，全是由厦门的对岸鼓浪屿转去的。

闽南的各县份的侨汇差不多全以厦门为转汇口岸，除了闽南厦门附近各地外，

---

① 1938年的18 390 000元，我们相信有一部分要送往南安以外的县份，因为在这年，泉州在侨汇转汇的任务上，代替了沦陷的厦门，按往常的情形推算，留在泉州的只该有13 000 000元。

福州、福清、莆田等靠近福建北部的华侨县份，以其不在厦门的区域以内，据估计每年尚约有三数百万元的汇款，也十分重要。①

闽江上游各县的侨胞大部分侨居婆罗洲的诗诬（新福州），所以这一区域的侨汇的来源偏重于英属婆罗洲。福清、闽清、古田三县的侨民比较多。福清每年由海外汇回的款，前几年约 300 余万元，最盛时达 400 万元以上。闽清、古田、屏南、永泰及闽江上游各县，年可 250 万元。闽侯、长乐等县年约 100 万元，但亦有特殊情形。如民国十四年（1925）春，仅诗诬一埠，兑回之数额竟达 320 万元之多，商业萧条时，诗诬兑回之数额每年至少亦有五六十万元。② 福州方面 1937 年侨汇连同转送附近各县的约有 300 万元，实际留送闽侯的不过 270 000 元，1938 年汇款增至 5 517 015 元，完全是由海外直接汇来。近年福州在闽北各县中所占侨汇的地位，恰如厦门对闽南的关系一样，所以今后在估计全省侨汇的时候，闽侯也是不能忽略的。

福清 1937 年的侨汇为 1 850 000 元，1938 年增至 2 808 360 元，全是由福州转来。

莆田在 1937 年所收的侨汇 1 418 476 元，中有 1 390 296 元是直接由海外汇来，其余 28 180 元是由福州或厦门转来；1938 年直接由海外汇来的只有 230 000 元，侨汇突降的原因，我们无从得知。

其他次要各县侨汇收转额，据 1938 年的情形如下：③

1938 年各县华侨汇款统计（单位：元）

连城	8500	仙游	119 310	海澄	300 000
长汀	8000	同安	508 320	闽清	169 576
上杭	1700	建阳	250	永春	3 700 000
武平	100	平潭	8800	永泰	1500
华安	7326	漳平	3500	连江	981
龙岩	665 000	金门	145 000	德化	97 800
罗源	460	漳浦	141 670	大田	710
古田	129 582	长泰	6935	东山	137 500
宁德	1260	南靖	49 100	平和	500
三都	70	霞浦	500	云霄	33 000
安溪	3 647 982	屏南	14 396	诏安	276 100
崇安	960	惠安	3 220 000		

六、最后的估计

一年以前拜读周仁开先生在《经济动员》半月刊所发表一篇讨论华侨汇款的

---

① 吴承禧《厦门的华侨汇款与金融组织》P. 202 附注 1。
② 陈文涛《福建近代民生地理志》下卷 P. 470。
③ 各县差不多全是由国内各埠或厦门转来的，惟诏安、龙岩两县有一部分是直接汇来的。

文章，① 根据周先生年来在南洋各地与营汇款业务各方面经常接触及在主要收款地闽、粤两省居住的经验，指出侨汇在收款地都有一个集中地点，且所收汇款有一定的百分比，并给了我们一个确数：

区　域	集中地点	%
粤南及珠江口岸	广州（香港）	35—40
闽南一带	厦门	25
潮梅一带	汕头	15—20
琼岛	琼山	5

这个百分比是否正确，别的地方我们无从推测，照我们在厦门的调查结果看来，厦门的估计似乎过高。② 不过我们承认了周先生一点，就是各收款地所收汇款的百分比有一定比例。特别是最近三年的经济，例如就福建全省，闽北方面所收的汇款与厦门常保持一定比例。此后我们在追溯福建全省侨汇数额以往所缺的历年数，就是基于此种信念出发的。

最近几年全省的侨汇，也曾作过概括的调查，惟在推计全省侨汇总数给了我们一点经验：

（1）历年各地收款虽然也有一定比例，但并不是绝对不变的。不过我们相信变动并不大，有一定范围，这是与各地所收汇款来源地该年经济兴衰有关系，这一点我们要相当顾到。

（2）全省各地所收侨汇的总计并不就等于全省侨汇总数，因为各地的侨汇中有互相转送的数额应当予以分别处理。直接由海外汇回的侨款自然该加入全省总计中，转汇的汇款若是由福建省以外的地方如汕头、广州、香港、上海等地转送来的，也可视为本省对外收到的侨汇。但是若是省内各地间的转汇额应分别剔除，不加入总数以免重复，这个数额相当可观。举 1938 年的事实作比，1938 年全省各县收到华侨汇款总计 108 420 974 元中，直接由外洋汇入的为 73 466 324 元，间接由他处转来的有 34 954 650 元。间接汇款中由省外各埠及香港转来的仅占 1 390 200 元，其余 33 564 450 元之多，是各县互相转送的汇款簿上的数额。换句话说，把省外转来的数额加上直接汇入数，求得的全省总计，才不会错误。

（3）闽北各地的汇款大致与厦门方面保持一定比例，闽北及厦门以外各地所收侨汇（包括直接与由省外转送）实数有限。我们如果每年以 50 万元作闽北及厦门以外各地的汇款数目，那么在我们调查以前的数字也可估计了。

---

① 国民经济研究所出版《经济动员》半月刊第 2 卷第 6、7 期合刊《论管理华侨汇款》P. 312—320。
② 最近五年厦门占全国侨汇的百分比如下：（单位：千元）

	全国	厦门	%
1934	232 000	43 300	18.6
1935	316 000	51 231	16.2
1936	320 000	58 355	18.2
1937	450 000	57 117	12.9
1938	600 000	52 929	8.8

下面就是我们所获得的结果：

1905—1938 年福建全省华侨汇款统计

（单位：元）

年份	金额	年份	金额	年份	金额
1905	20 534 000	1917	14 068 000	1928	47 988 000
1906	19 898 000	1918	13 008 000	1929	57 952 000
1907	19 156 000	1919	20 534 000	1930	64 100 000
1908	19 368 999	1920	20 352 000	1931	76 820 000
1909	21 700 000	1921	47 140 000	1932	53 182 000
1910	23 396 000	1922	29 574 000	1933	51 274 000
1911	19 368 000	1923	27 742 000	1934	46 398 000
1912	21 276 000	1924	49 154 000	1935	54 804 710
1913	19 156 000	1925	48 200 000	1936	62 356 300
1914	18 732 000	1926	69 960 000	1937	61 000 000
1915	20 110 000	1927	54 908 000	1938	74 856 520
1916	16 400 000				

就以上的估计观察，1920 年以前每年的侨汇，一般都在 2000 万元，1917—1918 年因为欧战关系，银价高涨，所以汇款减少。1921—1930 的 10 年间平均每年有 48 671 800 元。1929 以至 1931 年 3 年中，适值银价暴跌，所以汇款特别踊跃。1932 年以后都在 5000 万元左右，1938 年又达到 7000 万元的高峰，较历年以来最高的 1931 年稍少 200 万元而已。

七、福建侨汇与全国侨汇总额比较

全国侨汇估计的年数，据本书第三章第二节所载，最早为 S. K. Wagel 的 1864 年，以后断断续续有许多数字发表，或者为估计某年的侨汇，或为推算某一时期的平均汇款。但是要找出一套与福建那样整整齐齐自 1905 以迄最近 30 余年的数字，却不可得。著者有心就已得着的各方各年份的估计罗列起来，中间所缺各年用其他方法插补，使其成为有系统的数字。

我们所用的方法有几个准则：

（1）尽量使用现有的估计数字，这些出自不同手中的估计，未必是同一标准，但是在目前资料极其缺乏的时候，也可供参考，不妨采用。

（2）有几个估计数字非常不合理，显有错误的，则删掉不用。

（3）同年内有两个以上不同的估计，择其比较认为合理的使用之。

（4）用（1）—（3）法之后，仍然有缺少的年份则用插补方法，插补的根据：

①有许多以前的学者所作估计是几年间的平均数，就用这种平均数作根据，按照厦门侨汇同时期逐年平均数增减趋势，估计一个略数。

②若连①的情形的数字也没有的话，就在假定厦门的侨汇数与全国侨汇保持一定比例，按百分比推算该年的全国侨汇数。

依照此以上各法，估计全国侨汇的结果如下：

1905—1938 全国华侨汇款统计（单位：元）

1905	113 400 000	1917	81 920 000	1928	250 600 000
1906	150 000 000	1918	75 520 000	1929	280 000 000
1907	105 600 000	1919	120 960 000	1930	316 300 000
1908	106 800 000	1920	122 880 000	1931	421 200 000
1909	120 000 000	1921	220 000 000	1932	323 500 000
1910	129 600 000	1922	139 500 000	1933	305 700 000
1911	106 800 000	1923	128 500 000	1934	232 800 000
1912	117 600 000	1924	200 000 000	1935	316 000 000
1913	115 000 000	1925	160 000 000	1936	320 000 000
1914	131 430 000	1926	330 000 000	1937	450 000 000
1915	118 400 000	1927	160 000 090	1938	600 000 000
1916	96 000 000				

假使全国侨汇总额作为100，则过去10年福建侨汇所占的百分数当如下述：

1929—1938年福建侨汇对全国侨汇所占百分数（单位：千元）

	全国	福建	%		全国	福建	%
1929	280 000	57 952	20.7	1934	232 800	46 368	19.9
1930	316 300	64 100	20.3	1935	316 000	54 805	17.4
1931	421 200	76 820	13.5	1936	320 000	62 356	19.5
1932	323 500	53 182	16.4	1937	450 000	61 000	13.6
1933	305 700	51 274	16.8	1938	600 000	74 857	12.5

从上面的统计表我们可以知道，福建与全国比较在相对的比例，于过去10年中不过12.5—20.7%，很少超过总额五分之一以上。福建的侨胞虽然占华侨总数33%以上，汇款能力却不逮其他的地方远甚。

八、归国闽侨带回款额估计

闽侨人数为2 829 921人，按近几年的汇款计算，平均每人每年汇回家乡的款子为国币20元。各地华侨的富力不等，所以汇款的能力也不一律，大概英属各地的闽侨平均每人年汇国币25元；菲律宾（美属）每一个侨民平均22元；荷属各地10元；安南6元；其他则细微不能计算。

以上是就有形的汇兑而言，此外还有由海外归侨带回款子，未在我们上举的侨汇估计中，其数额当必相当可观。据吴承禧先生指出，美国的华侨普通7年回家一次，在他每次回家的时候，时常有一两件大事要做。或为自己盖一所房子，这大约要花他10 000多块钱的样子；或为他的子女婚嫁，这大约要花他2000到四五千元的用费。而且他在回乡的时候，为了要应酬他的亲戚、朋友或为帮助他的乡族的缘故，往往要零用掉一两千块钱。所以一个华侨回国一次，往往要把他在国外六七年的积蓄统统带回而且完全用掉。① 闽侨当然也有相似的情形，大宗积蓄自然购汇带回，但沿路使用回到国内每人身上剩了几百块钱，这事情是有的。每人的数额虽少，不过人多累计起来亦相当庞大。

福建华侨出入口人数，厦门侨务局有过登记与统计，最近的情形表列如下：

	出国人数	入国人数		出国人数	入国人数
1935	60 599	47 411	1937	81 139	59 470
1936	65 671	50 344	1938	27 548	14 250

每年出国人数都超过回国人数，出国或为"新客"或为老"番客"，都不在我们讨论的范围。回国的人多少都带有点款项，我们就依据侨务局所供给我们的资料，按下列的标准分别推定归国侨胞带回的款额多寡。

（1） 英属各地平均每人带回国币 200 元。
（2） 菲律宾及荷属各地平均每人带回国币 150 元。
（3） 其他各地平均每人带回国币 100 元。

1935—1938 归国侨民带回款额统计（单位：元）

1935	7 662 300	1936	7 742 900	1937	8 446 000	1938	2 474 000

1938 年带回的款额与前三年比较，减少了许多，显然是受了那年厦门沦陷的影响，归国的人数减少的缘故。1938 年的数字又可从我们向各地作侨汇调查附带询问当地回国的侨胞带回款额估计获一佐证。

1938 各县回国华侨带回款额统计（单位：元）

总计	2 469 836	安溪	265 386	闽清	16 700
连城	500	仙游	9800	晋江	252 000
武平	1500	漳平	1550	德化	36 000
上杭	3000	漳浦	20 200	福清	746 000
华安	250 000	屏南	13 000	诏安	110 000
龙岩	67 000	惠安	100 000	云霄	5000
南安	265 000	海澄	100 000	龙溪	100 000
古田	77 201				

以上两个数字非常相近，我们所根据完全是他们在国外的收益情形，虽然不敢说完全合理，却相信是最低的数字，决不会高估。

---

① 吴承禧《最近五年华侨汇款的一个新估计》，载《中山文化教育馆季刊》1936 年秋季号，P. 846。

第四章　侨汇问题的讨论

一、汇款回国者的分析

华侨汇款回国大概与国内家乡比较有关系。华侨举家出国的情形并不多，即使有，或许家乡还留有他们直系或密切亲属，靠他们的寄款靠助；或者还有祖宗的坟墓，每年都要寄些钱回家托人祭扫；家乡或许还有亲戚朋友照常通信，通信时不能不附带寄点钱以表敬意。在闽南的侨民流行着一种迷信，就是每寄一封信，都要附寄一点款子，款额多少都可以，不然就认为不吉利。至于一部分有眷属留在国内的人，他们对家乡的关系更加密切，他们每年在海外的进款除掉自己的生活费外，所有积蓄的一部分寄回家中，作父母及妻儿的生活补助费和儿女教育费之一部。据厦门一位外国领事的估计，厦门的邻近有80%的家庭赖华侨汇款维持生活的一部。上举的情形从我们最近举办的侨民登记也可佐证出。据南安等13县登记的结果，登记侨民家庭37 744户之中，全家出国者仅1288户，占2.9%有奇，留有眷属在国内的侨民家庭计36 456户，占97%。留在国内的眷属男女合计151 583人，女的占了一大部分，计84 147人。再就年龄看，留国侨眷男女合计壮年人不多，据上述登记，20—44岁组的人数计51 158人，占留国人数不及三分之一。换言之，留在国内多为妇孺老弱之辈，他们鲜参加生产，即使参加生产，能力亦必很薄弱，大部分的生活费自然要仰赖海外供给了。华侨家庭虽然有较优的经济地位，但自给程度还不如非华侨家庭。

基于上述，我们可得到一个结论，以回答"汇款是什么人"的问题，我们的答案是：汇款回国者大概是与家乡比较有关系、有联络、有感情的侨民。这些人具体列举出来，不外三种：①

（1）他们大概是离国不久，平常与家乡照常通信，自己亦偶尔回家的侨民。

（2）富有的侨商，他们或许需要到中国办货，或需向中国运货，或在中国开有联号式代理处。这些人因商业上与中国有关系，亦偶尔汇款回国，或是买货，或将在南洋商店一部分的盈余，汇给中国的联号。他们的亲族或朋友有些人在中国经商，或是他们因与中国时通音信，熟于国内商情，汇寄款项投资于商业。

（3）此外，南洋还有少数富侨，将一部分盈余或资本运回中国存储（如在厦门的外国银行），以便保存或等待投资的机会。

后两者的汇款是属于企业利润与投资，每年的数额没有一定。第一种汇款是赡养家属的生活用费，比较有确定，伸缩的限度比较后两种为少。关于这部分汇款的汇款者的职业，我们可以用采样调查。据陈达先生在闽粤所作华侨调查，选过100

---

① 陈达《南洋华侨与闽粤社会》P. 91 –92。

户的侨民家庭调查汇款回国者在海外的职业，结果如下：①

汇款回国的侨民分类：汇款者实数与百分比

（民国二十三年 10 月—二十四年 9 月）

	汇款分组（国币元）				
	合计	20元以下	20—49.9	50—124.9	125元以上
一、实数（家数）					
总计	100	29	43	21	7
佣工	38	23	15	—	—
行贩	10	1	8	1	—
商店司账	14	4	8	2	—
商店司理	9	—	4	5	—
商店主	18	—	2	10	6
有2种以上职业	11	1	6	3	1
二、百分比（%）					
总计	100.0	100.0	100.0	100.0	100.0
佣工	38.0	79.3	34.9	—	—
行贩	10.0	3.4	18.6	4.8	—
商店司账	14.0	13.8	18.6	9.5	—
商店司理	9.0	—	9.3	23.8	—
商店主	18.0	—	4.7	47.6	85.7
有2种以上职业	11.0	3.4	13.9	14.3	14.3

汇款的侨民按业别分，以商人工人为最多，就采样调查的 100 户侨民家庭论，在一年之内商人汇款回家者有 51 人，工人占 38 人。同一职业的汇款者其汇款能力也因职位的高低而异。例如商人之中的商店主，在汇款 125 元以上组所占百分比为 85.7%。行贩则皆在 125 元以下。佣工的汇款每年平均皆在 50 元以下，而大部分连 20 元都不到（占 79.3%）。

二、华侨汇款主要用途

闽籍华侨对福建的社会生活有两种重要的影响，即所谓思想之介绍与汇款的寄回是。前者影响所及为社会各部分如教育、文化、政治、卫生等等，我们在本书第二章已逐项加以概括的叙述；关于后者影响所及，多偏重于经济生活方面。然而两者对于福建社会发生变迁实亦为主要动力，两者往往互相关联的。

在华侨的家乡，凡家庭的生活费，以及教育、卫生、信仰的各种费用，当然不全依赖汇款，但汇款维持其一部，并占重要的地位。华侨汇款对华侨家庭生活的改

---

① 陈达《南洋华侨与闽粤社会》P.81，P.299。

善可从陈达先生所作调查看出。1934年陈达先生受太平洋国际学会委托研究闽粤海外移民问题。陈氏选定广东东南部之潮汕区及福建南部之漳泉区以研究侨民对于本乡的影响，同时并调查侨民家庭之生活费用，以与当地之非侨民家庭相比较。先在华侨社区，抽查华侨家庭100户，每隔10日，派员调查访问一次，历时一年之久。又在非华侨社区选择非华侨家庭100户，亦以同样方法调查之。华侨每家平均有6.26人，非华侨家庭每家平均有4.92人。华侨家庭之入款，由于南洋华侨汇款者平均每家每年为646.8元，占总收入之81.4%；由于本地之收入者，每家每年平均只147.6元，占总收入18.6%。非华侨家庭之收入，则以农作物之收入为主，此外尚有副业之收入。非华侨之家庭，大都为农民家庭。

食物之消费，在华侨家庭，平均每家每年为392.04元。在非华侨家庭，平均每家每年为138.48元，故华侨家庭之食物费高于非华侨家庭者2倍半以上；衣服之消费，华侨家庭每年34.32元，非华侨家庭每年为15.24元；房租，华侨家庭每年123.72元，非华侨家庭每年只18.84元，相去6倍有余；燃料灯火之费用，华侨家庭每年为60.48元，非华侨家庭每年为22.68元；杂项费用，华侨家庭每年为165.60元，非华侨家庭每年为49.32元，相差约3倍有余。故仅就生活费的绝对数来观察，华侨家庭之消费，实远高于非华侨之家庭。

从生活费百分比之分配方面分析，华侨家庭食物费在全部生活费中占50.51%，非华侨家庭食物费占36.62%。衣服费在华侨家庭为4.42%，在非华侨家庭为6.23%。房租，在华侨家庭为15.94%，在非华侨家庭为7.70%。燃料灯火费，在华侨家庭为7.79%，在非华侨家庭为9.27%。杂项费用，在华侨家庭为21.34%，在非华侨家庭为20.17%。故从生活费之百分比之分配观之，华侨家庭之生活享受，亦高于非华侨之家庭。

在生活费之各项分配中，华侨家庭房租之百分比高于非华侨家庭2倍有奇；实则此项调查所称之房租，乃是指房屋之修理费与折旧费而言，盖无论华侨或非华侨之家庭，多自有其住宅。惟我国在外之华工富裕之后，往往以返归故乡为荣，而炫耀乡里最直接之方法，则在建筑较好之住宅。一般在外华侨遇有储蓄之后，即汇款回家，购地建屋；因此，华侨家庭生活费中，房租的开支远在非华侨家庭之上。

生活费中衣服费所占百分比，常随收入之增加而上升，惟在闽粤华侨与非华侨之生活调查中，则有反常现象。华侨家庭收入较非华侨家庭收入为多，惟其衣服费之百分比则不及非华侨家庭之高。盖华侨家庭之壮丁人多往国外谋生，家中所余者多老弱之辈，衣服之消费较少，故收入增加，而衣服费之百分比并不随之增高。①

我们把自给的东西（华侨家庭的房屋，非华侨家庭蔬菜及燃料的一部分）剔出，而计算两种家庭的盈亏，可得比较如下：华侨家庭每家每月平均盈余11.76元。非华侨家庭，虽然亦有盈余，但其数甚小，平均每家每月得国币2.30元。非

---

① 陈达《南洋华侨与闽粤社会》P.95-98；生活费的分析引用见国际劳工局中国分局《中国劳工阶级生活费之分析》。关于华侨家庭生活费各项统计表详见本书附录。

华侨家庭的平均盈余，非但小于华侨家庭，贫等家庭且每月亏负约有国币1.00元之谱。由盈亏的研究我们亦可看出华侨家庭有较优的经济状况。

以房屋夸耀于乡里是华侨社区普遍风气，所以华侨汇款有一部分是用在建筑房屋上的。著者过去有过好几次机会到闽南沿海一带旅行，沿途都有许多红砖的高楼矗立在村头村尾，一望而知是受了西洋影响的华侨住宅。这些住宅的主人或许还在南洋，而由他的亲属看管，那么漂亮的洋房里或许豢养几头肥猪，肮脏极与外表不配合，这在闽南也属"司空见惯"的事。

华侨汇款除了供给家庭生活费、建筑房屋外，华侨有时也为家乡的公益事业慷慨解囊。例如闽南的百金会、恤老会等基金，多数的是来自华侨的手里。不过这种慈善捐款在总数占的数额一定不多。最大批的款项还是用在投资上。凡华侨家乡的商业或实业，如交通运输等，有些是华侨发起的，有些是由他们维持其全部或一部的。关于这些项目，我们在本书的第二章已讨论过一部分，在此似无重复的必要。我们在这里指出，前几年厦门一度兴旺的地产买卖，华侨资本占其中最重要地位，有一个私人的地产公司——兴业公司，为菲律宾的华侨所创办。该公司的创办经过是这样：民国十七年以后，菲岛华侨因受不景气的影响，返国者日众，但因内地不安，只能逗留厦门，于是一部分华侨就在厦岛购地另起新屋，以作居住之计。此风一开，仿效者日益增加，有见识的富侨就组成兴业公司，在南普陀建设大南新村，用去20万元，建造新式洋楼十余座。其目的一方面为出租之用，一方面为引起回国华侨在新村内租地或购地造屋。此外侨商益南公司及华侨银行也从事地产买卖。华侨私人独立经营的地产一时投资总额达70 000 00元之多。后来因地产落价，厦门商业不佳，大半工程皆陷停顿。

闽侨返闽作商业之投资者以林尔嘉之创办厦门电话公司为早。该公司初创于光绪三十三年，资本最初仅为4万元，后来递增至100万元。历年因受兵匪之扰，约计损失2万余元，幸公司经理得法，所亏尚能弥补。近年由黄奕住接办，每月可获收入1万余元，除开支外，约有五厘官利。电话公司设分公司于鼓浪屿、禾山、海沧、漳州、石码、泉州等处，闽南大小市镇均可通话。

国人自办的新式制糖厂，以宣统元年闽侨郭桢祥氏在闽南所设的华祥公司为嚆矢，资本45万元。设立之初，由爪哇、菲律宾购入蔗苗250万株，在龙溪之王四爷洲及田边与同安县之水头等处设甘蔗栽培场，于水头及浒头设制糖工场2所，其水头工场每日可用蔗80吨。后来情形不知为何停顿下来。①

至于闽侨在福建以外的国内各地投资于实业者不胜枚举，举其大者如胡文虎的永安堂、陈嘉庚的胶皮厂、黄奕住的酒精制造厂，闽侨对国家贡献之大，于此可见一斑。

厦门的银行业，纯由华侨资本开办者前后有四：

（1）中南银行　实收资本国币750万，厦门分行于民国十年开设。

---

① 方显庭《中国工业资本问题》P.49。

(2) 华侨银行　在英属注册，实收资本叻币1000万元，民国二十一年成立厦门分行。该行前身亦称华侨银行，二十一年以前已经设立。

(3) 中兴银行　在美国注册，资本实收菲币570万，民国十六年在厦设立分行。

(4) 厦门商业银行　民国十九年在厦成立，民国廿四年一月倒闭。

福建的民信局经汇华侨汇款，无论专营或兼营，华侨资本所占实数多少目前还无正确的统计，但这是有关他们切身的事情。民信局多数由海外分设过来，总店设在南洋各属，按情形而论，也一定是华侨投资一条最方便的去路。

厦门商业经过廿三年地产跌价的打击之后，闽侨投资的兴趣也遭了相当的挫折。从那年之后，有许多闽侨的资金运回厦门、香港一带银行中存储，观望着及等待着投资的机会。这些资金是以活期存款的方式保存，我们从厦门一二家主要银行业务报告中近几年活期存款及私人存款的比率年有加多的事实看来，可想见这种游资之多。游资充斥是经济上不健全的现象，时时刻刻都有威胁金融安定之危险因素存在。不过如能善为诱掖应用，效益自也必大。

中等的华侨家庭汇款，也有一部分在乡村方面放利的。福建农村的经济本来贫困，到处都渴望资金来救济，这正给了高利贷一个活动机会。据我们所知，华侨的存储除了投资于正常实业外，放利还是一个最有把握的生财要道，无怪闽西南乡村常看到这种现象了。

至于窖藏（Hoarding）资金的方式，在前几年也曾流行过。因为投资既无去路，存放于银行也觉得不妥，不如藏在家里，较为安全，这是最原始的存储方式，即便受了西洋文化影响的华侨也不能免。窖藏的方法是用瓷之类将白银金器装入，然后埋藏于地下。廿三年以前闽省频遭匪乱，据传闻很多人在当地华侨的家庭发过许多横财。不过这种窖藏近年来已不流行，因为纸币不适于埋藏，金银不易得之故。即使深山僻村有这种现象，也是少之又少的了。

三、影响侨汇增减诸因素

每年华侨汇款的数量有多寡的不同，这些突然或渐进的增减现象究竟是受什么因素影响？经济现象相互的作用很大，而侨汇的增减确与福建的经济盛衰关系极大。侨汇的大量涌入，可使全省金融松动，贸易活跃，市况繁荣；侨汇突降则金融奇紧，贸易疲弱，商况萧条，尤以靠着侨汇以滋荣市面的几个侨汇集中地如厦门、泉州，受这种影响更大。侨汇增减的关键很多，我们目的不在分析哪种因素影响的程度多少，而是列举出影响的因素是哪几种罢了。

(1) 侨民的海外收益能力　我们知道汇回国来的款子，大部分是薪工所得与企业利润构成的。薪工所得与企业利润的增减，自然直接影响汇款人的能力，也就是侨胞收益能力（Earning power）强弱的表现。同一地的华侨汇款能力，也因汇款人职业的关系、收益能力大小而大小。在本章第一节对汇款回家的华侨分析的结论是：商人的汇款比小贩为多，这也是因为他们收益能力不同之故。假使一地2年之间，侨胞的职业因别的关系而有大量变动的时候，可能汇款的数额自然也跟着不同。

（2）海外的经济状况　直接影响侨胞进益的是海外的商况。欧洲大战前后的时期，这种情形极其明显。第一次大战发生前，海外各地经济状况极佳，侨民进款加多，侨汇在那时候有大量的增加。欧战以后，久困兵燹之余，经济衰落，侨民失业回国的人数甚多，而留在海外的侨胞，亦因商业不景气进益减少，汇款回国的数目自然是大减了。又如从前南洋土产销路旺盛的时期，橡皮、锡、米或椰子各业及小地主均可获得厚利。往昔劳力的供给缺乏，工资可以稍高等等。历年有极大变动的商业盈余，占华侨汇款极大部分，它的变动除了经济状况之外还有许多原因，例如银价高下不定（新货币政策实施以前的情形），各国关税政策以及通货制度之变动等，都直接间接决定汇款回国的多寡。

（3）投资利得大小　假使侨汇构成的大部分是华侨汇回国作为投资的基金，则国内外投资利得的大小，必很明显表现在侨汇数额的增减上。资金的出路自然是以利得为依归。例如在1929—1931这时期中厦门市政正在开辟，房屋地产的投资非常有利。当时的南洋正在不景气的氛围中，虽然当时侨民的收益能力已经大大减少，然大利之所在，侨民仍然能将其若干年的积蓄寄回，投资于地产，以冀获利，投资转变的结果，华侨汇款一时当然加多。

（4）与投资去路有关　投资的机会愈多，资金集中的程度也愈高。因为投资的去路愈多，投资者对其资金投放有从容选择最有利的时机，这是一般游资所具有的共同性质。华侨汇款有一些是存在香港银行等待着这种投资机会，一遇国内投资方便的时候，自然大批汇回来。

（5）与国内外政治安定与否有关系　政治安定才能保障企业投资，假使华侨的故乡治安不宁，匪盗遍地，大批的积蓄足以引人觊觎，一切投资自然毫无意义。因为冒了极大的风险，在匪盗横行的区域，一切富侨都不显出有钱的样子。因为没有政府保护或者保护不周，生命与资金都是不稳固。廿三年以前华南的政治日处于不安的状态，我们相信因此对侨汇吸收的能力必大量削弱，不然华侨汇款必不止那样数额。安全乃是资金共同要求，国外的政治安定与否也可决定华侨资金的走向。例如去年欧洲发生战事，南洋各地局势紧张，华侨未雨绸缪，预将资金存储汇回来，以避免损失，数目一时为之加多。

（6）利率的高低　金融市场的利率高低，亦足决定吸收侨汇的能力大小。在国际市场上有一种短期资金，在比较两地金融市场除了运输或蒙受汇兑损失之外还有利益可图的利率情形下，这种资金必向利率高的地方移动，假使国内的金融利率高于海外，海外华侨资金也必汇回。

（7）通货管理政策　国际资金流动愈自由，则安全感觉性愈灵敏，不过近年各国对通货都实行管理，甚至汇兑都加以统制。国外汇兑的款额亦加以限制，并且须经核准用途，这种人为的限制，使汇款的人大感不便。近年暹罗侨民汇款的突降，这种原因也居其一。

（8）汇兑率　两国间之汇款，既然是两种不同的货币，则其两者之间的汇兑比率，有一部分亦为华侨汇款的原因或结果。单从南洋方面说，各地所收的华侨汇款，因为中外币制的不同，侨汇的增减数量，并不与上举的各种因素相呼应。两国货币在汇兑市场的交换比例，削弱或模糊了上述诸种因素的影响。二十四年11月实施法币政策以前，中外货币的交换，除了汇兑率表面的变化，实还包含有金银比价的复杂关系在其中。譬如那时中国是一个用银的国家，在银价高涨时，中国的对外汇价涨高，外币对国币的兑换率缩小，侨汇可以减低，虽然侨民在国外寄出的外币并没有比以前减少；反之，在银价低落时，外币对国币的兑换率增高，侨汇可以随而大增，虽然侨民所汇出的外币并没有比以前增加。① 法币政策实行以后，我国币制已脱白银而采取"钉住于英镑"的汇价（Pegging on pound），汇兑率的升降，已不再受金银比价的影响，但是汇率的作用，仍然具有上述的作用。所以，侨民的收益能力等等因素虽然是侨汇增减的决定关键，但国内所能收到汇款的多寡，有时还要看对外汇率的涨落趋势才能决定。下表就是表示以外币计算的福建侨汇增减的解释：②

---

① 银汇率对早年的华侨汇款极有关系，因此许多学者在侨汇估计上，亦根据此。例如 C. F. Remer 的推测，他以为华侨汇款约等于外人在华的企业投资每年自华支出之数。这种数字的推得，泰半因为他的估计基础，是由银汇率方面算来。他拿稳了华侨汇款与外人在华支出相等的论据，再从每年中国外汇率方面推算，汇率低落，外汇增加，否则国币对外高超，汇款低跌，然后得着这个结论。

② 所用外汇指数是以中国对英、美、荷三属的外汇指数加权综合而得。加权权数：英8，美6，荷3；因福建的侨汇的三大来源为菲律宾、英属马来及荷属东印度。权数乃是根据最近几年汇款数的比例。新加坡及爪哇原指数取自中国银行《中外商业金融汇报》，美汇原指数取自中国经济统计研究所《经济统计月志》，各年指数计算如下：（1926 = 100）

	总指数	新加坡	美	爪哇
1926	100.0	100.0	100.0	100.0
1927	90.7	90.7	90.3	91.5
1928	93.5	93.2	93.6	94.2
1929	84.9	84.3	85.0	85.3
1930	60.8	60.6	60.8	61.3
1931	46.5	48.1	44.9	45.4
1932	52.1	60.6	44.8	44.0
1933	54.8	60.8	53.2	41.8
1934	62.6	65.6	69.3	41.1
1935	68.3	72.6	74.3	43.9
1936	55.7	58.5	60.7	38.1
1937	56.2	58.1	59.9	43.8
1938	40.8	42.4	43.3	31.6

福建全省及厦门华侨汇款指数

(1926 = 100)

	福建全省		厦门	
	按国币计算	按外币计算①	按国币计算	按外币计算①
1926	100.0	100.0	100.0	100.0
1927	78.5	71.2	78.5	71.2
1928	68.6	64.1	67.9	63.5
1929	82.9	70.4	82.1	69.7
1930	91.6	55.7	90.9	55.3
1931	109.8	51.1	106.1	49.3
1932	76.0	39.6	75.3	39.2
1933	73.3	40.2	72.6	39.8
1934	66.3	41.5	65.6	41.1
1935	78.3	53.8	77.6	52.2
1936	89.1	49.6	88.4	49.2
1937	87.2	49.0	86.5	48.6
1938	107.0	43.7	80.2	32.7

自 1926—1938 的 13 年间,福建全省用国币计算的侨汇指数虽然增高了 7%,但以外币计算的侨汇指数却跌去了 56.3%。厦门在这期间所收汇款无论按国币或外币计算的指数皆跌落,惟前者跌落百分数为 19.8%,后者则跌去 67.3%。这事实指示出,这几年的侨汇增加,有一部分原因是由于国币外汇价格跌落,换言之,1938 年一单位的国币已换不到如 1926 年那样多外币的缘故。

1929 以后 3 年间银价暴落,那时依银汇率计算国币对外比例低,反映在侨汇上的,就是以外币计算的侨汇指数仍然下跌(全省由 1929 的 70.4 降至 1931 的 51.1,厦门由 69.7 落至 49.3),但按国币计算的侨汇指数则现上涨(同时期全省由 82.9 升至 109.8,厦门由 82.1 升至 106.1)。

1931 年以后是银价回涨时期,那时候依银汇率计算国币对外币的比例高,这事实反映在侨汇上,就是按国币计算的侨汇指数下降(全省由 1931 年的 109.8 跌至 1934 年的 66.3,厦门由 106.1 跌至 65.6),按外币计算的指数虽亦跌落,但跌落比例不及国币指数那样速。(同时期全省由 51.1 落至于 41.5,指数减去 9.6,如按 1931 计算跌去 18.8%,国币指数则跌去 38.8%;厦门由 49.3 落至 41.1,指数减去 3.2%,如按 1931 计算跌去 16.6%。国币指数则跌去 38.2%)。

1935 年我国因受银价影响,国内经济疲弱,因而改用法币本位,该年以后侨汇按国币计算的指数上涨,多少是受汇价贬值的刺激。

---

① 本栏指数计算方法如下:

$$按国币计算之侨汇指数 \times \frac{中国对外汇率指数}{100} = 按外币计算之侨汇指数$$

(9) 季节变动　以上所举的诸种影响侨汇变动的因素，或属空间或属时间，时间的变动亦仅及于按年计算的系列。惟经济现象之中，在一年各月之内亦有变动，这种变动在统计学上称之为"季节变动"（Seasonal Variation）。季节变动之成因有二：一为自然的原因，譬如一年中米价之涨落，每因收获及播种时期而有变动；一为人为的原因，譬如新年佳节，某种物品之消费常因之激增。季节变动乃以一年为周期升降起伏之循环变动，惟季节变动虽以一年为固定之基期，而任何十二个月中之动幅以及其起伏之形式，未必完全一致。我们所欲求得者，或仅为平均一年中之季节变动，故包括之时期愈长，所求得的季节变动指数亦愈能代表事实。关于厦门侨汇过去3年中我们都有过按月数字，现在试就此资料，求得侨汇的季节指数，以略窥年中变动之趋势：①

厦门侨汇季节指数

一　月	106.6	五　月	84.3	九　月	79.6
二　月	74.7	六　月	79.3	十　月	129.3
三　月	83.3	七　月	90.2	十一月	138.0
四　月	80.6	八　月	136.2	十二月	117.0

厦门所收汇款在每年中以八月、十一月为最高，过了阴历一月以后，汇款渐少，五月时期，稍见加多。一年之中，五月、八月及十一月是三个顶峰，推原其故当为受国内端午、中秋、旧历年关的节气原故，十一月份至翌年一月侨汇指数都很高，这时的汇款大概都是为汇给国内家庭预备过年之用的。

四、侨汇与贸易平衡

福建对外贸易上最显著最急切的问题就货物入超的问题。据关册所载，自1905年以来没有一年不是入超的，入超的数额最少在1100万元，多时甚至达8000万元。自1905至1938的34年间入超累计数达902 240 000元。这巨额入超仅包括关册的贸易，关册未载的贸易，如内陆边境的省际贸易尚未计算在内。内陆省际贸易是否仍处入超地位，颇值我们考虑。据我们以往所做的观察，内陆的交易福建还是居于有利地位，②不过数额不多，并且省际贸易发达还是近一二年的事，不妨略掉。关册贸易第二个要考虑的问题是统计是否正确的问题，而偷运进口，在1932年以后，数目相当可观，关册上没有记载这一笔遗漏的数额，自然也影响入超数。因此近来有许多学者在企图作这种修改的工作。关于福建方面的修正数字，我们还未找到，并且目前没有一个认为较为有把握的标准，不好妄加猜测，所以在本节应用起来仍依关册所载，这种遗憾是无法补救的。

根据关册的记载，入超数也相当庞大，这巨大的数额如何抵补呢？我们假如将历年的入超数与侨汇额相对照，则不难看出，两者之间颇为相近，入超全部由侨汇

---

① 本指数是用同月平均法求出，但并未校正，因所差甚微，故应包括长期趋势在内。

② 本室出版《非常时期统计资料》丛刊第三号《福建省际贸易问题》估计最低有50万元的边境贸易出超。

一项弥补且有余。虽然每年二者增减并不一定相同，不过长期之弥补却是很明显的。

福建华侨汇款与贸易入超之比较

（单位：千元）

时 期	入超数	侨汇数	侨汇超过入超数
（1）1905—1938	902 240	1 284 466	382 226
每年平均	26 536	37 778	11 242
（2）1929—1938	428 336	602 744	174 408
每年平均	42 834	60 274	17 440

自 1905—1938 入超累计数计 902 240 000 元，而同时期的侨汇数则达 1 284 466 000 元，除掉抵消入超之外，平均每年盈余 11 242 000 元。近十年的情形更是如此，每年的盈余数增至 17 440 000 元。

其次我们再谈到厦门。考察厦门入超时我们因为资料的易得，企图改换一种方法去研究——即修改自 1932—1938 的贸易数字①。1932 年以后，海关报告之编制、内容更改，各口岸之洋货输入，凡由通商口岸转来，一概无从查考，而洋货进口数中，复出口数又未除去，常关数字亦自此取消。故 1932 年以后的关册数字与 1932 年以前者性质不同，欲使前后可资比较，必须加以插补。其法如下：

（1）关于洋货进口值，1932 以后每年应加插 1 950 000 元。此系以 1932 以前 10 年（1922—1931）之平均数字为准。按 1922—1931 十年间，洋货由通商口岸输入厦门关之总值为 31 171 600 元，洋货由厦门复出口值为 11 657 497 元，二者之差数 19 513 564 元，平均每年为 1 950 000 元。

（2）关于常关数字，1932 年以前之 5 年间（1927—1931），厦门每年平均有出超 2 200 000 元。此数本可以插入 1932 年以后之出口值中，惟因 1932 以后帆船贸易（即以前之常关）中关于外洋之出入口部分已包括在海关统计数字中，故为慎重计，每年仅加入 1 000 000 元。

以上是关于关册统计本身的修正方法，此外又有关于每年偷运之估计，须从关册统计之外去找寻根据。1932 年以后，闽南一带走私之风甚盛，经营走私的大都是台湾的浪人。1937 年中日战事一起，台人撤退结果，走私之风稍戢，惟 1938 厦门沦陷，走私的数额亦必相当可观，这几年偷运进口数字必须加插在内②。

---

①在作全省研究时，厦门的贸易数字我们仍依关册所载，未曾依照我们的修改数字，这理由已在前面说过了。

②关于厦门近几年（1932—1935）偷运进口的数额，吴承禧先生在他的《厦门的华侨汇款与金融组织》有一个估计的标准，他估计的重要根据便是"厦门对台湾的汇款数额"。根据厦门钱业公会主席厦海关叶副税务司及在厦经营台汇的金宝和钱庄及丰南信托公司等等的统计，1934—1935 年厦门汇往台湾的款项每月常在 200 万元左右，每年即在 2000 万元以上。这个庞大的数目究竟是怎样形成的呢？据吴氏的解释，认为大部分是由于货物的偷运进口所致。因为厦

门所以要汇款到台湾去的原因不外两种：一是厦门对台湾货物进口的"货价偿还"，二是台湾人把在厦所得到的种种商业利润和投资所得部分寄回。但事实上，这两种汇款绝对没有理由可以达到上述那么大的一个数目，因为厦门从台湾正式报关输入的货物历年很少，最近两年从未超过 130 万元，故由于合法的贸易所引起的汇款数额至为有限。又关于利润和利息部分，台人从厦门汇出的总额也并不多，它的计算如下：

（1）据厦门日领馆调查，台人在厦有商店 400 余家，全年贸易额达 2000 万元，所获纯利如以贸易总额的 10% 计算，当有 200 万元，其中如三分之二汇回台湾，当有汇款 130 余万元（1 340 000）

（2）台人在厦投资，据厦门台湾银行经理估计，约在 1000 万元左右。所得利息如亦以 10% 计算，当有 100 万元。其中如三分之一汇回，当有汇款 60 余万元（660 000）

（3）其他特殊营业所得（如烟、赌、妓寮、舞场、小押等）每年可以汇回台湾之数据审慎估计，最多不能超过 150 万元（1 500 000）

故总额亦不过（3 500 000）。

假如把上述两种汇款从汇款总额中除去，那么，余下来的钱便是私货进口的代价了，这是很合逻辑的。吴氏依此方法计算 1934—1935 两年如下：

	1934	1935
由厦汇台总额约计	20 000 000	20 000 000
减去：1. 合法贸易汇款约计	700 000	1 230 000
2. 利润和利息等汇回	3 500 000	3 500 000
偷运货物代价	1 580 000	15 276 000

1936—1938 三年的偷运数额我们也可依吴氏的方法推出，惟 1937 年 8 月以后台民撤退，在厦八个月的汇款应改为 16 000 000 元，利润也按等比例改为 2 300 000 元；1938 年 5 月厦门沦陷，台民开始复归营业，上述两项须折半计算。下面是我们加算的数字：

	1936	1937	1938
由厦汇台总额约数	20 000 000	16 000 000	10 000 000
减去：1. 合法贸易汇款约计	1 100 000	1 000 000	50 000
2. 利润和利息等的汇回	3 500 000	2 300 000	1 750 000
偷运货物的代价	15 400 000	12 700 000	8 200 000

偷运的数字既然获得，则可将原来关册数字加以修改如下：（单位：千元）

	1932	1933	1934
（1）进口：			
①关册洋货自外洋进口值	37 847	32 984	16 346
②关册土货进口值	29 543	27 675	21 070
③加：估计各口岸洋货进口值	1950	1950	1950
④加：估计洋货偷运进口值	—	7 000	15 800
修正后进口总值	69 340	69 609	55 166
（2）出口：			
①关册出口原值	6146	5845	6891
②加：常关出超数	1000	1000	1000
修正后之出口总值	7146	6845	7891
（三）入超：			

	1935	1936	1937	1938
①原入超值		61 244	54 814	30 525
修正后之入超值		62 194	62 764	47 275
（1）进口：				
①关册洋货自外洋进口值	14 837	13 299	13 010	9126
②关册土货进口值	20 905	19 113	17770	8852
③加：估计各口岸洋货进口值	1950	1950	1950	1950
④加：估计洋货偷运进口值	15 270	15 400	12 700	8200
修正后进口总值	52 962	49 762	45 430	28 128
（2）出口：				
①关册出口原值	6580	7785	6866	7757
②加：常关出超数	1000	1000	1000	1000
修正后之入超值	7580	8785	7866	8757
（3）入超：				
①原入超值	29 162	24 627	23 914	10 221
修正后之入超值	45 382	40 977	37 564	19 371

修正后的统计于观察长期贸易平衡与侨汇，也更切实际。兹将历年厦门侨汇与贸易入超列表于下：

厦门华侨汇款与贸易入超之比较（单位：千元）

（一）按未修正的关册数字

时期	入超数	侨汇数	侨汇超过入超数
（1）1905—1938	986 128	1 179 932	193 804
每年平均	29 003	34 700	5697
（2）1929—1938	390 613	546 732	156 119
每年平均	39 061	54 673	15 612
（3）1932—1938	234 507	360 532	126 025
每年平均	33501	51 505	18 004

（二）按修正后数字

时期	入超数	侨汇数	侨汇超过入超数
（1）1905—1938	1 067 147	1 179 932	112 785
每年平均	31 387	34 700	3313
（2）1929—1938	471 632	546 732	75 100
每年平均	47 163	54 673	7510
（3）1932—1938	315 526	360 532	45 006
每年平均	45 075	51 505	6430

从上面看来，厦门历年大量入超幸赖侨汇以资抵补，不但抵消了关册上的入超，连弥补了偷运的私货货款之后还有盈余。

现在在讨论贸易平衡与侨汇关系时，还有一个附带问题值得在这里提一提，那便是如按各汇款来源地贸易情形,分别与各该地的侨汇比较,究竟是怎么样呢?关于这个,下表可作参考。

福建各侨汇来源地对闽贸易与侨汇比较(单位:千元)①

	1937		1938	
	出入超	侨汇数	出入超	侨汇数
英属印度	+2323	40 249	+1194	34 212
荷属印度	-2316	5484	-2030	10 799
菲律宾	+491	19 354	+430	23 219
安南	-156	1144	-326	687
暹罗	-89	347	-441	564
台湾	-433	71	-20	120
缅甸	+188	1300	-453	1361

厦门各侨汇来源地对厦贸易与侨汇比较(单位:千元)

1936—1938

	1936		1937		1938	
	出入超	侨汇数	出入超	侨汇数	出入超	侨汇数
英属印度	+2050	26 496	+2343	28 862	+1404	23 941
荷属印度	-1613	8689	-2317	5287	-803	8414
菲律宾	+314	19 000	+491	18 628	+432	17 131
安南		331	-115	554	-206	26
暹罗	-458	110	-89	133	-373	123
台湾	-820	90	-433	68	-20	—
缅甸	+91	1028	+189	1147	-456	821

从上两表统计结果我们看出,有些地方侨汇特别多但对闽贸易又处出超,例如英属各地及菲律宾;有些地方贸易是入超,但可由该地的华侨汇款抵补而有余,如荷属各地、安南、缅甸,暹罗有几年也是这样情形;又有几个地方入超数字大于侨汇数,易言之,即入超数不能以当地侨汇弥补,属于这一类的有台湾及暹罗,不过在绝对数上不多,并不重要。

本来国际上的贷借,并不限于两国间自己来结算,其相互抵补作用极大。并且南洋各属贸易多以香港为转口,上表所列不过略觇一斑而已。

五、侨汇与金银出入超

福建全省及厦门在贸易都是处于长期入超的地位,入超额继续增长。按理一地进口货物加多,对外贸易差额处于逆势,必运现出口以抵补货款;境内通货数量减少,物价下跌,土货价廉,利于输出;外货相对价高,不利于进口;于是输出增

---

① 我们侨汇来源地的划分与海关对外贸易册的分类稍有不同,兹分别归并。英属印度包括新加坡、英属马来、婆罗洲、槟城;荷属印度包括苏岛、爪哇、西里伯;其他则悉仍其旧。

加，输入减少的结果，贸易转为出超，这种长期"自然调节作用"（Automatic Adjustment），是一般古典学派（Classical School）经济学家所公认的。福建只见长期贸易入超，并不见有贵金属的出超，这是违反上述原则的。据关册所载，1908 年至 1938 年 34 年间，只有 1905、1906、1916、1933—1938 九个年头金银输出入是出超，其余 25 年都是入超，入超的数额每年都有大小不同的变化，长期中也看不出什么趋势来。入超的 25 年中，入超在百万元以下的有 2 年，百万元以上至 500 万元者 11 年，500 万元以上至 1000 万元者 9 年，1000 万元以上者 3 年。入超最高的年份为 1930 年，计达 20 186 000 元。厦门的情形也是如此，1905—1938 的 34 年间，只有 1916、1924、1933—1938 八年金银输出入居于出超，其他 26 年皆处入超。把历年入超的价值归纳起来，则在 26 年中，入超在 100 万元以下者 3 年，入超在百万元以上 500 万元以下者 15 年，500 万元至 1000 万元以下者 6 年，1000 万元以上者有 2 年。入超最高的年份亦为 1930 年，计 16 820 000 元。综计入超的年份金银入超累计数，在全省为 139 572 000 元，平均每年入超 5 582 480 元；厦门为 98 169 000 元，平均每年入超 3 775 384 元。

长期贸易入超伴同长期金银入超的扑朔迷离现象，假使抛开侨汇而不谈，必定陷于不能解释的地步。我们承认在普通国际贸易的原则下，货物的大量入超，在常态的情形之下，应当招致金银的大量外流；但我们也可想像由于华侨汇回的款项数额相当庞大，故在清偿了国内外债务以后，还可以用现货输入。金银不过是国际收支的一个小项目，除此以外，还有许多项目互相抵补，上述的华侨汇款就是一个。华侨汇款在产业落后的中国可使国际贷借两方之中，不致有一方构成畸形之发展。福建在对外支付，没有什么大宗的无形的收入，侨汇之重要可以想像。福建大部分依赖闽侨汇回来的款项，以抵消其对外支付，可以置信。货物的入超与金银收付入超的总和就是闽侨汇回福建的汇款数额，这两方虽不相等亦必相近。试证以我们的统计，此说颇有根据。大凡银货增多的年份，也往往就是侨汇增加的年份，两者在绝对量虽高下不一，但长期看来其升降有同一趋势。过去 34 年间，无论就福建全省或仅就厦门一地看来，二者涨落一致的有 22 年，涨落异趋者仅 12 年。试就下表察之。

银货入超与侨汇数量之比较（单位：千元）

一、福建全省

	银货入超数 ①	侨汇数 ②	抵补后之差额 ①－②
(1) 1905—1938	962 045	1 284 466	－322 421
平均每年相差数			9483
(2) 1929—1938	392 324	602 744	－210 420
平均每年相差数			21 042

二、厦门①

	银货入超数 ①	侨汇数 ②	抵补后之差额 ①-②
（1）1905—1938	1 033 456	1 179 932	-146 476
每年平均差数			4308
（2）1929—1938	355 687	536 732	-191 045
每年平均差数			19 105

从 1905—1938 侨汇都能抵补银货入超而有余，每年平均余额厦门为 4 308 000 元，福建全省为 9 483 000 元；在近 10 年中（1929—1938）此种余额更大，平均每年福建全省有 21 042 000 元，厦门有 19 105 000 元。在 1934 年以前，侨汇不及银货入超的数目，大约不敷的数目每年的平均为 100 万至 200 万元。而上举统计的结果，侨汇抵补银货入超而仍有盈余者，实受 1934 年以后现金银出超与货物入超大量增加，同时侨汇亦增高双重结果。著者认为，1934 年以后的金银出超的现象当在抵消国际收支之外找寻解释。那时国外银价较国内为高，运现出外可得汇价以外的盈余，所以现货群涌出口，而造成金银出超的局面。1935 年实施法币政策以后，金银收为国有，收兑而集中，这时的流出，丝毫不发生抵补贸易差额的作用。换言之，新货币政策实行之后，当作中国一部分的福建，对外的贸易另有其清算方法（如运法币或汇价作用），至少在理论上，对国内各地的贸易差额的抵补，不能用金银出入超来解释了。

不论盈余或不足，侨汇与银货入超的差额，一部分是由于侨汇估计不正确，一部分也由于某种"未知因素"之不能找到所致。但无论如何，长期趋势下侨汇与银货入超有一致的方向，却是很明显的。

---

① 银货入超中货物入超依关册原值，未加修改，因为在同时期（1932—1938）的白银偷运出口数量相当的大，两者或已抵消。

第五章　侨汇机关与侨汇手续

一、旧式侨汇机关：民信局

华侨汇回国内赡家之用的款项，大都是零星小额的，他们按期寄回国内，在邮局及银行事业尚未发达时，汇款就发生问题。四五十年前华侨往往托亲戚或朋友于回国之便带些银钱回家，这种汇款方法极不能准期，并且找人也不便利。于是有些人见此情形，认为有利可图，便以替侨胞带汇款为职业。他们给旅外侨胞带钱回国，收取一些手续费，来往国内一次并且附带作些生意，即回国时带些南洋土产回国销售，由国内回到南洋的时候，把国内的物产运些赴海外出卖。他们被称为"水客"或"南洋客"，亦称"客头"，除作生意的利润不计外，他们经常每半年往返南洋及国内一次，携带信款，交与华侨家属，再将家属回信带往南洋。如是往返不绝，所得报酬亦颇足供衣食及舟车费用。这种往返国内的"水客"实在不能应付大批的汇款。南洋的侨胞既然日渐加多，汇款的数量也增加，经营汇款事业乃有利可赚，于是民信局便应运而生了。民信局或称"批局"、"批馆"、"汇兑庄"，名称容或有别，但都是以经营侨汇为目的。民信局的发展是由国外向国内。它先是乃在较大的华侨集中地所产生的，为华侨办理与国内本乡通讯及汇款事务的组织。大概言之，民信局起先都是大商号的副业，目前闽南各地的分馆还多半是商店附设代理，甚至没有专门的牌号。譬如说，民信局或批馆往往是钱庄的一部分，因为它的金融周转以及信用皆胜于"水客"，所以不久就将"水客"的生意打倒了。民信局一时生意发达，在国内华侨家乡设分支馆，同时为业务的开发，各信局内亦有互相竞争。他们不惜用减低汇水、专差送款、限期取得回批，甚至先垫汇款的种种优待条件争揽主顾。并且因为汇款国内地域的分别，这些信局还用乡谊的关系，维持各家的营业范围。例如南洋各地的信局经营闽侨汇兑的，大别就有四系之多：

（1）厦门系　汇款范围包括厦门、金门、同安、南安、永春、德化、海澄、龙溪、漳浦、华安、长泰、南靖、云霄、诏安、东山，以及龙岩的适中。

（2）福州系　汇款范围包括闽侯、长乐、福清、永泰、闽清、福安、福鼎及三都澳。

（3）兴化系　汇款范围包括莆田及仙游两县。

（4）闽西系　汇款范围包括龙岩、永定、上杭、长汀。

以上四系的大规模的信馆，大概都设总馆及分支馆。总馆设于南洋，分馆设于国内汇款集中的大城市，（如厦门系设于厦门，福州系设于福州，兴化系设于涵江，闽西系势力较小，汇款大都由汕头转去）在华侨家乡所在地或其相近地点设支馆或代理店。

民信局在国内原有此种组织,① 考其来源始创于明代永乐以后,极盛于前清道咸同之交,专以寄递银钱信件为主要营业,营业范围之盛遍及国内外,为邮政开办之前势力最大的民营通讯组织。七年前,交通部曾下取消民信局之命令,经该业人士竭力请求,始准暂存,然以前邮费每封4分旋乃增至1角2分,空邮更须2角,且须每封贴足邮票,前此信局藉此盈余以弥补营业者则又少一条赚钱的路。民国廿三年邮局取消民信局领照,只准执有旧照者得继续营业,每年须呈交通部换照一次,民信事业营业范围日缩,实力日衰。据我们二十四年所作调查,除了龙溪、厦门以外,全省各地的民信局情形如下:②

各县民信局概况 (1935)

	开设年月	通邮区域	资本额(元)	营业收入(元)
晋江				
锦昌	民国八年	菲律宾、吕宋、新加坡、泗水	1000	10 350
捷兴	民国十八年	同上	1000	9900
正大	民国十九年	同上	1000	4550
德盛		泗水	1000	10 000
石狮三美	民国廿四年	南洋各埠	800	4050
石狮捷兴	民国廿四年	菲律宾	800	3150
顺记	民国二十年	同上	1000	6000
谦记	民国廿三年	同上	800	3250
义鸿		同上	1000	2750
建南	民国十七年	同上	1000	2675
和盛	民国十七年	同上	800	2700
捷鸿	民国一年	同上	1000	2500
安海三美	民国十一年	菲律宾、新加坡、泗水	1000	2500
安海捷兴	民国廿四年	同上	1000	2000
安海正大	民国十七年	同上	1000	1500
鸿安	民国廿四年	同上	700	150
德盛	民国廿四年	同上	700	150
东山				
林源利	民国十四年	新加坡		
瑞记	民国十五年	同上	10 000	
和安	民国十五年	同上	10 000	
林后成	民国十五年	同上	8000	
何茂芳	民国十年	同上	2000	

---

① 《交通史·邮政篇》P. 32-34。
② 《第一回福建省统计年鉴》P. 1082。

添盛	民国十一年	同上	4000
永茂	民国九年	同上	10 000
隆盛	民国八年	同上	2000
诏安			
广盛	前清	汕头、厦门	3000
源顺盛	前清	同上	4000

以上各家信局于廿四年以后均已先后撤销，其余厦门各地的信馆，业务亦仅限于专收寄南洋一带的信款。厦门的信局创始于清末，因业务的关系分为"批郊"、"信局"、"文书馆"、"信馆"；批郊专营南洋生意，信局专走本国各通商口岸，文书馆以寄递公家文报为主兼寄内地私人信件，信馆则以厦门至福建内地为营业。目前信局、文书馆、信馆都被逐渐淘汰及取缔，只有批信局尚特许营业。厦门的信局多少，无统计可考，惟海关于其"十年报告"（Decennial Reports）中历次皆有提及，大概所载家数系依该时期的后期为断，特录于下：

厦门信局统计

（1882—1931）

时期	1882—1891	1892—1901	1902—1911	1912—1921	1922—1931
信局家数	23	30	20	64	60

批信局最盛时规模大者在厦门有 153 家，福建其他各处 32 家，共 185 家。近年交通部不再发给新照，只有停歇，新开的也要购买别家的执照，数目相当减少。但据廿六年福建邮政管理局抄送给我们的资料，廿六年份经邮政总局给照之批信局尚有 145 家。

福建批信局统计（1937）

总计	闽侯	东山	西埔	洛阳	漳浦	云霄	诏安	永春	厦门
145	8	5	11	2	1	1	2	1	114

一般信局的组织都很简单，其执事人员分为四种：①

（1）经理一人，总揽局务并与银钱业交接来往。

（2）管柜一人，专司出纳及会计。

（3）跑街一人，专司带送信件或信款事务（由厦门分发内地）。

（4）伙友及学徒数人，分掌登记信件数目及其他事宜。

内地的支馆大都由商店兼营，兼营信局的职员大部由原商店的店员兼办，顶多另设司账一人，批脚（即信差）若干人。例如永春的民信局设经理一人，（合资者）月支 30 元；司账一人，月支薪 24 元；信差二人至四人，长年者月支 24 元，短工者每日 1 元。凡过年节汇款畅旺时，则增雇临时信差以应付。

虽然现代的金融通汇机关成立，民信局在侨款收汇仍不失其重要地位，营业方

---

① 吴承禧《厦门的华侨汇款与金融组织》P. 219。

法年来亦稍有变更,所以业务仍未见减。至今侨胞个别由银行直接汇款回乡者仍不见多,十之八九还是由民信局汇回,就是所住地方无民信局设立,也时常将款由邮局或银行汇至各主要华侨集中地的民信局再汇回家乡。此种组织之能存在,因其具有40年的历史,并且特点很多,如(1)营业专凭信用;(2)汇款无论大小一概收受;(3)递送家信并代书写,手续稳妥简捷,故为一般侨民所欢迎。

二、新式侨汇机关:银行与邮局

银行与邮局之经营华侨汇款,还是最近十几年的事。邮局方面对南洋通汇,完全按照国际邮章的通汇办法,对华侨汇兑并没有什么特殊的原则,各地一律。晚近十年间邮政与民信局是个热烈的竞争者,但是所竞争的还是偏于收发信件上,在侨汇方面邮政当局并没有积极,因为它把侨汇不过当作国际汇兑一部分。汇兑在邮政业务上并不占主要地位,在汇兑方法,亦着重国内汇兑的发展,国际汇兑自然不引起注意。

国际汇兑业务,始创于民国七年(1918),其时仅与澳门一处互通汇兑。翌年加入荷属东印度,民国九年(1920)香港英国复加入与我国通汇,至民国十一年(1922)在美国华盛顿会议后,各国在我国之客邮撤销,其先后与我国订立协定而通汇者计有日本、加拿大、法国、美国、法属安南、挪威等6国。嗣后陆续与我国通汇者截至民国十八年(1929)止,计有瑞典、比利时、马来联邦、暹罗、德国、丹麦、南洋群岛。民国十九年(1930)3月储汇总局成立以来,复有波兰、突尼斯、菲律宾群岛及印度与我国直接通汇,其他各国概可由英、美、法、德、香港及荷属东印度诸国转汇,业务日见发达。嗣后局方为使华侨汇款祖国便利起见,与马来联邦及南洋群岛邮政订约,定自民国廿三年(1934)1月起,凡向我国粤闽两省开发汇票改用华币为单位。复鉴于旅港华侨为数亦众,爰于同年10月间与香港邮政当局订约。此项办法最近拟逐渐推广于其他各国,再使海外华侨咸知利用国际汇票起见,并分向马来联邦、南洋群岛及加拿大等处分发传单,以资宜传。①

邮政当局对侨胞宣传结果并不见得有什么成绩,因为福建省内通国际汇兑的局所不过仅有福州、厦门等少数地方,这可从历年国际汇兑兑付数额看出来。②

历年福建邮局国际汇兑兑付数额统计(单位:元)

(1930—1935)

1930	1931	1932	1933	1934	1935
349 825.56	357 290.92	190 301.66	272 291.69	193 158.69	402 393.09

从上表看来,国际汇兑最多的一年也不过是40余万元,即使全部都是华侨汇回来的话,所占该年闽侨汇款额不及1%。

---

① 张梁任《中国邮政》P.117。
② 由历年交通部统计年报摘出,1934仅为半年数字,1935为1934年7月-1935年6月,因该年起改用会计年度。

邮局而外，新式金融机关经营侨汇的当以银行的势力最大。闽侨汇款最大集中地的厦门，在近十年来，侨汇差不多直接或间接的经由银行汇回来。① 华侨汇款经由信局汇回来的虽约占六七成，但信局所收汇款大都又整批购买银行的汇票寄回国来以分给华侨的家属。厦门的银行有许多家在南洋各地都有分支行或代理店，可以直接通汇，可以不必经由香港，完全由海外直接汇来。

在厦门经营侨汇的银行有下列几家，他们经营侨汇都有各自的范围：

（1）汇丰银行　英籍，在光绪初年即在厦门设立，在福州方面亦有分行，为金融界资格最老者。因为外人在厦投资不多，又因厦门本身出口业务稀少，故外籍银行业务的范围一向以经营外汇为主，兼及本国商人资金之代收代付。汇丰也不能例外，专营新加坡及菲律宾的汇款，惟英属汇款的经营，较美属为多。

（2）安达银行　为荷籍资本，1924年始在厦设立，历史最短，它经营汇款的范围为荷属东印度，兼及菲律宾。

（3）台湾银行　总行于1899年设于台北，大概1900以后，分在福、厦两地设立分行。经营汇兑范围为台湾及日本，但台湾的闽侨的总数并不多。在外籍银行中，台湾银行的业务最衰落。

（4）华侨银行　纯系由华侨资本开设，总行于1919年创立于新加坡，1932年与华商银行、合丰银行合并，是年即于厦接收成立分行。营业范围以英属各地为主，兼承做荷属的汇兑，以其分行遍布南洋各地，所以吸收侨汇也特别容易。1938年总分行增设民信部，业务日臻发达。

（5）中兴银行　1920年开设于马尼拉，为菲岛华侨集资经营之惟一银行，1925年设分行于厦门，其特约代理汇兑之银行遍及各属，但主要营业仍为菲岛的侨汇。

（6）中国银行　为国家银行，资本最为雄厚，1915年在厦成立分行，此外在福州以及福建内地诸如漳州、泉州、建瓯、龙岩、永安、石码等地，先后设立分支行处，近年更在永春、安海、石狮成立寄庄。廿四年与中央、交通、中农并为国家银行，且指定专营国外汇兑业务。该行新加坡分行于1936年开办，并于吧城、河内、仰光设经理处，通汇范围较大，因此英属马来各地侨款多数经由该行汇回，南洋各属均有其代理行号。兹据调查其分布情形如下：②

①南洋各属代理汇兑银行　在英属，由广益银行代理者有吉隆坡，万兴利银行代理者有槟榔屿，由渣打银行代理者有吉隆坡、槟榔屿、巴生、怡保、太平、实兆远、芙蓉等地。荷属由中华商业有限公司代理者有棉兰，其余巨港、棉兰、实武牙、大巴东、西里伯、望加锡、万鸦姥、玛琅、万隆、泗水、巴城、三宝垄、井里汶、马吉郎、茂物、普瓦克多等地，均由荷兰公笃银行代理。暹罗、曼谷代理行为广东银行。菲属马尼利代理行为中兴银行。

---

① C. F. Remer说厦门的侨汇有一半由香港转来，从近年所做的历次调查，皆证明不确。
② 见《南洋年鉴》辰，P.132。

② 各埠汇兑特约代理商号

地别	代理商号	地别	代理商号
吉隆坡	顺成公司	居銮	益昌隆金铺
巴生	顺裕公司	吉礁	再合公司
巴生港口	振裕隆号	诗诬	豫丰号
怡保	信昌号	棉兰	福锦隆号
江沙	源公司	三发	李协和号
林明	和丰信局	泗水	兴利亚号
哥打峇汝	华昌金铺	南榜	厦门公司

因为国外通汇地点分布极广，福建省内要地支行处也相当多，所以该行能吸收闽侨汇款较其他银行为多。1936年厦门华侨汇款58 355 000元之中，该行经汇的达23 415 000元，其来源地别如下：①（单元：元）

总计	荷属东印度	英属马来半岛	菲律宾	西贡
23 415 000	4 956 837	15 358 902	2 467 827	631 862

从上表看来，中行经汇侨汇以来自英属马来半岛为多，约占总额66%，汇款中约17%来自荷属东印度，其余17%则来自菲律宾及西贡两地。

从大批侨汇集中于银行这事实看来，似乎银行与民信局在南洋各地都有热烈的业务上的竞争，其实不然。它们彼此之间不但无磨擦，并且还取得合作。例如有些银行在南洋与民信局来往办法，有不收小额汇款以避免竞争之嫌。民信局收得的零星的侨民汇款，最后也是整批购买银行的汇票汇回国内，事实上就等于作了银行的代理人。

除了上举的6家银行外，大都不经营侨汇。惟有一家远胜公司（Go. Colay & Co.）成立于1933年，是一种介于旧式钱庄与新式银行之间的经汇组织，经营的范围相当大，专营菲岛与厦门间的侨汇，每年汇款都在600万元以上。

三、地方金融机关对侨汇吸收的努力

在民信局与银行包办侨汇的情形下，我们不要忽视一支新兴的生力军——福建省银行。福建省银行创立于1935年10月，在福建金融业资格最浅。虽然历史很短，但5年以来，业务突飞猛进，迄目前止分支行处遍布全省各地，金融网次第完成。在侨汇的承做上，过去虽然没有什么显然成果，但却努力向着这方向作去的。② 广州失陷之后，中央曾指令四行会同闽粤两省地方银行尽力吸收侨汇，以免流入黑市，扰乱金融。该行先是于1938年6月在香港设立办事处，作侨汇承转的中心，同时并与南洋经营侨汇的正常机构取得联络，密切联络合作，期能吸引大量华侨资金。一方面又从民营银信局及侨汇收款人两方面着手，设法使侨汇自动集

---

① 《厦门华侨出入国及其汇款概况》，《中行月刊》第十四卷第四期。
② 参看该行所刊历年《营业报告书》，《三周年纪念刊》，《二十九年度工作计划》。

中，因此先行厘订"福建省银行办理侨汇收款人登记暂行办法"及"福建省银行办理华侨汇兑办法"。

"办理华侨汇兑办法"主要为使省内外经营闽侨汇兑业务之公司商号及银信局能依规定委托该行代为收付款项。(第二条)办理侨汇的承转地点暂以该行福州分行及香港、泉州、漳州办事处为限。办理侨汇手续分为两种：

（1）凡委托之商号或信局在福州分行或漳泉办事处开立来往户，将信件径寄该分行处，而款项由香港转汇，依下列办理：

①委托人每次应将备付之款一律以港币缴入该行香港办事处，按照当时银行买进价格折合国币转汇该分行处。

②委托人每次委托付款，应先将汇款人附寄汇信按付款地方县份分别用复写纸填制二联"托付通知书"，盖妥印章，将第一联连同汇信并附汇款清单挂号并寄该分行处，第二联留底备查。如有托收备付汇款之港币时，应按备付汇款之港币数额用复写纸填制三联"托收通知书"，以第一联连同港币汇票挂号并寄香港办事处，第二联与前项"托付通知书"、"汇款清单"及"汇信"等件一并寄该分行处，第三联留底备查。

③该分行处接到委托人之"托付通知书"与所附之"汇信"及"汇款清单"分别核对无误，并俟香港办事处收款电知收到后，即行分别解送收付各款登入该户之账，另制"代理收付通知书"连同收款人回信及收据并寄委托人。

④代理收付之手续费按照"托付金额"（即委付汇款金额）计算，邮费按照汇信件数计算，逐次付账，所有收费率均由双方随时协定之。

（2）委托之商号或信局在福州分行及漳泉港等办事处开立往来户，将信款一并寄交该分行处者，依下列办理：

①委托人每次应将备付之款以国币由中国银行或其他银行直汇该分行处。

②委托人每次委托付款时应填制二联"托付通知书"，第一联盖妥印章连同汇信并附"汇款清单"挂号并寄该分行处，第二联留底备查。如有托收备付汇款之收款时，应按备付汇款之中国银行或其他银行等汇票数额，用复写纸填制二联"托收通知书"，以第一联连同银行汇票及前项"托付通知书"第一联、"汇款清单"及"汇信"等件一并挂号寄该分行处，第二联留底备查。

③该行于收付完竣后，即将收付各款登入该往来户之账，并填制"代理收付通知书"，连同收款人回信及收据寄还委托人。

④手续费按"托付金额"计算，邮费按照汇信件数计算，逐次付账，所有收费率均由双方随时协订之。

（3）委托人在该行须先设立国币存款户，每日存余款须在100元以上，但若有抵押品如福建省所发的债券，可以订约通融透支。委托户存款按年息四厘计，透支利率以月息一分计。

托付之华侨汇款由省银行方面尽量雇用专差解送，以期迅速便利。设遇收款人住址异常偏僻或距离遥远者，则由该行设法以专邮通知收款人赴指定行处领款，所有费用由该行负担。

同时该行为谋侨汇收款人领款便利，举办侨汇收款人登记，凡旅外闽省华侨（汇款人）或居留省内侨眷（收款人）只一次缴纳手续费五角填具登记申请卡请求登记，经该行认可后发给登记证。凡经过登记过的收款人（汇款人申请登记，须将登记证寄交收款人收执）嗣后向该行领取汇款时或该行派人送款，仅凭登记证及核符印鉴即可照付，毋须另行觅保。

此外该行更拟在最近期内在南洋各较大城市筹设通讯处或办事处，以便直接办理侨汇。

四、汇款的手续

华侨的汇款大部分采取经由民信局汇回方式。一个闽侨从南洋汇款起，以迄在福建的亲属接到汇款的回信寄回南洋汇款人收执止，其中经过约有分为四个阶段。

（1）华侨汇款人投递信款的手续　在南洋的信局多数在各乡镇设有分馆或代理店。华侨如欲汇款回国，可至就近的信馆或其代理店缴款及留下家信一封；倘遇所居的乡镇，没有信局或代理店的设立，则汇款另须托熟人或水客将信款一并寄交附近设有信局的城镇，倘若所住乡镇没有邮局，亦可由邮投寄附近的信局。信局收到信款后，即制给收据，此项收据多数为先行制就之三联单，一联交由汇款人作为收据，一联为存根，一联则寄回国内之经理人。信局接到汇款人交款为当地货币，立刻按价折成国币数目，此款额即作为国内支付的数额。信局也有不预先收款者，例如新加坡及菲律宾两地，一般侨汇习惯，要等国内收款人回信时作为向原汇款人索回汇款的准凭。① 汇款的方法分为两种：一种为"外付"，即汇款人在信封上左方标明汇款的数额，故亦称"信汇"；一种为"内汇"，则指汇款人购买信局或邮局汇票由原信中寄回，亦称"票汇"。购取票汇可向信局索取汇条。书写书信有许多信局有印备一定格式之信纸信封，不会写信的汇款人也可以请求信局代写，不收费用。用"外付"方式汇款者，在信封外面标明"外付若干元"，批明汇款数目，"批款"之称，来源在此。同时为使递送信件人注意避免延搁及遗失起见，多在信封外多注明一行。信局有时就在汇款人原信封之背后，附贴回信之信封及信纸，也有些银信局则俟汇款信到达国内分馆代理店，于分发收款人时再附上回信的信封与信纸。由信局特备的银信，普通长五吋宽约二吋半，回信的信封比较小，长二吋宽约一吋，用薄白纸纸料，回信信封里备有三吋宽五吋长之白纸一张，预备做收款人写回信之用，回信信封外面印有该信馆的图章及批信号码。汇款人汇款时须付给信局手续费，此项手续费亦视汇兑种类如"外付"或"内汇"而异，有时亦因国内收款地而不同。一般由南洋汇至厦门的信汇（外付）每千元收手续费 8.00 元，票汇"内汇"的手续费每千元收 0.55 元。汇至厦门内地复由厦门经转者其汇率约为 2%—3%，若信款系先由信局垫付，俟收款人回信到始缴款者汇率较普通高 1%。

---

① 据吴承禧先生调查，这种后收汇款的情形，在菲律宾约占 70%，新加坡约 30%。

批信馆方面不大注意汇费，往时甚至不收费用，所注意者乃汇率。因为批款收入外币时复折算为国币，其折算率往往有利于信局而不利于汇款人，因兑换率而获得的利益较手续费为大，实为信局最主要的大宗收入。汇款人将银信交与信局或其他代理店，所寄信件，不必贴邮票。

普通侨汇用的书信式样附图于下，以示一般：

一、内汇式自备信封

```
至福州屏邑长桥街交
瑞兰轩大宝号
代收祈转官洋村
江君端增收展
                        由南诗诬江缄
```

二、外附式特备信封

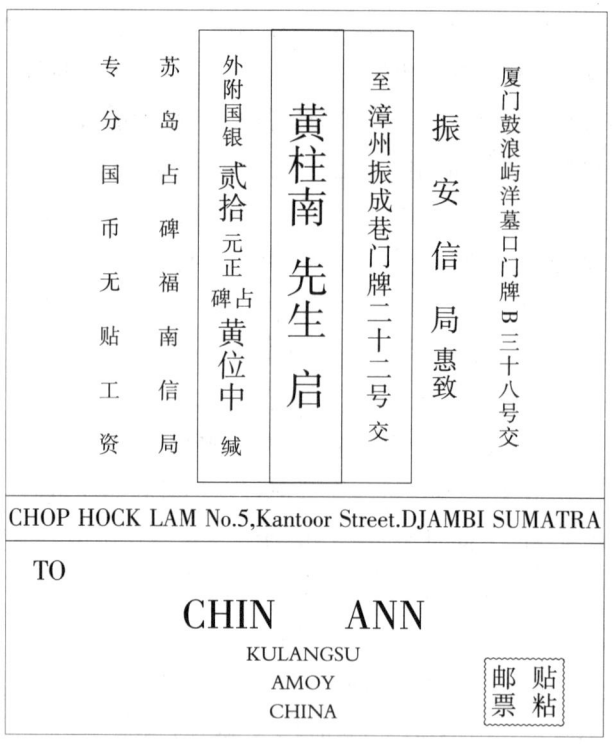

（2）信局将侨信寄回闽侨汇款集中地厦门之过程　在南洋乡镇的批信分馆或代理店分为两类，一类是厦门批信局的分支馆或代理店，一类是南洋城市信局的分馆或代理店。前者收到华侨银信后，即可径寄厦门；后者则须多一道手续，先将信件寄往南洋城市，再由城市中的信局转寄厦门。信局收集各信后，从前采取"总包"方式，即是将各信汇束成一包，交邮政局转寄，按照邮包总重量，收取信函类邮资。按伦敦国际邮政公约第三十三条第4项规定："信函均不得装有书信交收信人以外何人，或与收信人同居何人之信函字样，或他项实具个人书信性质之文件",总包办法显与此有所抵触。故于1927年起,美属菲律宾、荷属东印度、法属安南各地先后取消总包办法,须逐封分开寄递,或逐封贴黏邮票再汇总交寄,此谓之"散包"邮递。凡用散包寄递者,须于原信封之外另加一印有厦门信局的通信地址的信套,逐封付邮,到厦后再由厦门信局开折外加之信封,然后依原通信处分发收款人。惟新加坡及英属马来等地仍用"总包"寄递。由南洋寄信厦门邮资,英属按重量计,每20公分收费0.12叻币,法属每封0.15Piaster,荷属每封0.15荷盾,美属每封0.16菲币。信局在南洋收集的汇款俟集成大批后由当地银行购汇寄回厦门,其中经过的时间所生的利息亦归信局。此外,南洋与厦门之间有时候并无现款汇归,因彼此之间可因兼营银钱业或进出口业,彼此可以划账。南洋的信局可以利用南洋收到的汇款购办南洋物产运回厦门发售。厦门的信局虽未接到南洋的现款,亦可按侨信所书款额,分送各收款人。

(3) 厦门信局分发信款的情形　以总包方式寄回的银信到达厦门,须经过邮局打开包裹逐封加盖邮戳,完毕之后通知信局,信局方面即可随时到邮局提取。若银信尚须转至内地,仍可采取总包寄递之方式。每重20公分收费5分。信局也可以收回自带,但须经邮局加盖"收回自带"图章。收回自带的信件原则上邮局认为仍须黏用邮票,但事实上信局不再另支给邮资。在厦门的收款人即可由厦门信局直接分发,转汇至内地者则多一层手续,并且各地也少有差异。譬如由南洋汇款至永春,南洋信局将银信寄回厦门民信局,并另信或电告所汇款额,厦门信局于接到汇款通知后,即登记其信件来去地址、姓名及款额,原信仍由邮寄永春。永春各民信局同样加以登记,小额外附款项即可分由信差携带现款按址送交各收信人。这时凡在南洋未附有回信信封的侨信,各民信局就交自制"信子"(小型信封内附信纸,以邮寄轻便省费之故),使收款人作复。假使回信不及时则约定日期来取,不会写回信者亦可代写,以示优待。但款额若在300元以上者须觅保然后始可收取。票汇(内汇)则须自往厦门兑取或将汇票出售给当地往厦门办货的商人。收款之后,须附收据,经汇方面亦另具双联单,由收款人签名盖章,一联寄往外洋汇局,一联备查。诏安方面的回信则采取小明信片,其中填写收款数额、收发信件人详址。新加坡的汇款则在回信之外,并须将原汇款信封缴回存查。有些地方,侨信信件可为凭证,由侨眷珍藏,下次有款寄到,以此对照即可免保兑款。

收据的式样有如右图。凡由各地与厦门信局有直接往来的信局,都可用上述方法,不然则须再由各地转汇。转汇大都由邮局通知收款人来取,收款人多托出该地殷实商店,于办货时附带取款,酌给费用。各地民信局俟收集复信竣事,仍寄回厦门民信局。

(4) 收款人回信寄回南洋　一般回信都由信

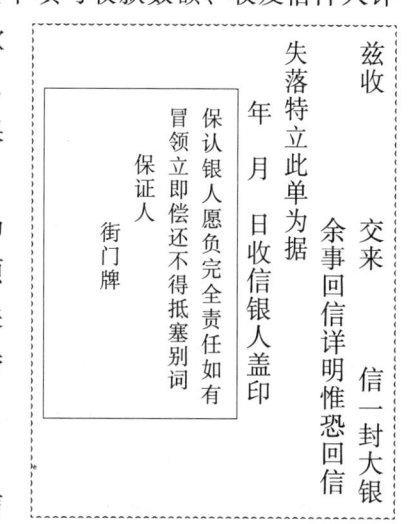

局集中寄回南洋，但亦有回信由收款人自行投寄，仅将收据给回信局者。（龙岩）收款人的回信邮资由信局方面负担，由内地寄回厦门按总重量每20公分5分贴资。由厦门寄回南洋，英属用总包寄，每20公分贴邮1角2分5，（半价）本年涨至2角5分；荷美法各属用散包寄，每封收费2角5分，现改为5角。侨汇回信以前往往经邮局拆阅检查以视是否有其他信件附内，自1924年信业公会请求免验，已获邮局批准。南洋信局收到回信后，即分发原汇款人，取回原收据，由信局垫付汇款者即可凭此收回。侨汇过程于是完结。

五、侨汇在汇兑市场上的买卖与运用

在南洋的民信局收进了汇款，在国内（如厦门）的民信局支付了汇款，两地之间就发生了一种债权债务关系。这种债权债务的关系的清结，假使不是赖其他可能的方法如商业上账款等为之冲销，或不藉金银运输以清算，则只有借汇兑来了结。华侨汇款或是直接由银行汇回，或是由民信局汇回。但民信局收进的是当地的货币，也必须经过外汇市场间接经由银行折成本国货币汇回来。汇款既然经过汇兑市场，汇兑的市场本身受影响因素极多，因而所经过的过程不同，也发生许多复杂作用。

设定南洋与厦门信局间最简单的清结汇款办法，就是当南洋信局方面发出一笔侨汇，南洋的信局在账面上等于欠了厦门信局方面同一数额的债务。假使厦门信局在汇兑之外还兼营输出入营业，恰巧又预备在南洋办货，那么它就可以委托南洋的信局办一些南洋土产运回厦门，即以侨汇账面的款额抵账，这其间发生只是"无形的汇兑"——等于厦门也对南洋发出等额的汇票一样。可是这种事实并不常有，即有时也没有这样简单，因为货款未必就等于侨汇款额，时间也未必同时。假若南洋方面不即时清结这笔款项，它不妨拿来生利，厦门方面坐失了一笔利息；或是由南洋方面给厦门方面相当息金，作为存款，这就发生金融上调剂作用。

第二种可能清结方法就是厦门方面的民信局也兼营对南洋汇兑，即在厦门出售南洋汇票，以抵消之。这种民信局还不多。

民信局本身设若不能经营直接汇兑，那么只有透过银行汇兑方式以清结债权债务。

银行的汇兑有好几种方式。第一种南洋的银行收进侨款卖出厦门的汇票，持票人即以之向南洋银行的厦门分行或代理店支兑，同时厦门的银行也可以用直接卖出南洋的汇票以抵销之，收入的汇款即用之以支付侨汇。其间的关系以图表示之如下：南洋 ——收进南洋币的侨款，售出国币的厦门汇票→ 厦门

（银行）←——直接售出南洋汇票，收入国币应付侨汇——（南洋银行分行或其代理行）

但是因为厦门一地对南洋的汇票需要并不多，所以侨汇还须经过香港、上海两个外汇中心始能清理，同时又或者因为有利的"套汇"（Arbitrage），也经由港沪两地汇回。民信局方面有时不将款直接汇到厦门而先汇到香港，再出卖港汇，也是

因为有利可图。因为福建各地订购洋货多数来自香港，在港付出货价，故对港汇总是求过于供，港汇的申水总比较折价高些，民信局即利用此种套利方法于汇价上谋取利益。经营汇款的银行也可运用同一方法，将他们在南洋收到的外币在上海或香港脱售出去。在厦门他们收到侨汇，也须立时在市场上出售港沪两地的汇票，以便在厦门收回国币应付侨汇的提取，不然则他们在港沪两地出卖南洋外汇的所得，不能及时利用，周转不速，蒙受无形损失。其间的汇兑买卖运用，可观下图：

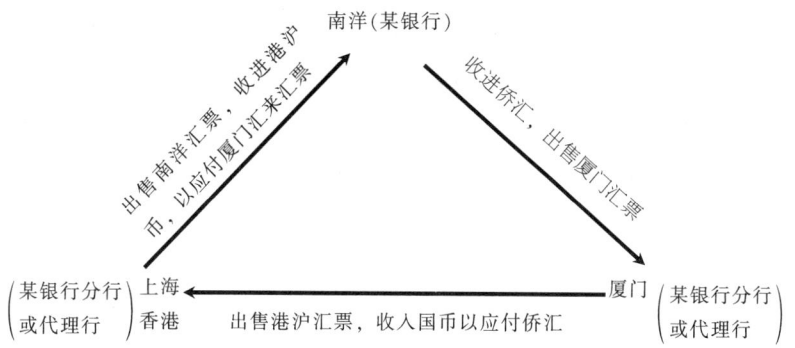

照上图的情形，厦门对南洋并不直接发售汇票，不过有时他自然也可卖出一部分南洋汇票以应付侨汇，其余一部分则藉由港沪转汇冲账。所以在汇兑上因为侨汇的关系，福建各侨汇收款地对沪转汇的缘故，最近泉州方面沪汇供过于求，沪汇跌价，每千元还要贴水 5 元之多。同时侨汇有沪港两地转汇，减松了福建各地对南洋汇兑许多紧张状态，不致因为侨汇直接汇入过多，而致对南洋汇票供过于求而落价，南洋方面也不会因对闽汇票需求过多而高昂，扯平两地的汇水不少。

此外经营侨汇还有银行间的互相购买（Interbank transaction）的事情发生。例如甲乙两行同在南洋，甲行的汇水较乙行特低，乙行所收侨汇如向甲行购买汇票汇回国内，比他自己在厦门抛售南洋汇票而收回当地货币反而合算得多。于是他就购买甲行的汇票，使它在国内的分行向国内甲行内地分行提取汇款，以应付他自己开发的侨汇，因为两行都把这笔款项当做侨汇，以致重复，这是在侨汇估计上常遇到的困难。

第六章 结 论

一、提　要

　　前面各章，已将闽侨对福建的关系，从各种角度考察过。我们都知道，闽侨虽然人数将及 300 万——占华侨总人数三分之一，占福建现住人口的四分之一，被人注意还不过是近数十年的事；但是大家还似乎不十分知道怎样好好发展与运用这些迁民对祖国与故乡所发生的影响。海外华侨的汇款，一向视为重要，不仅就在平衡国际贷借的意义上。这些现款大半是由华侨在海外的薪工所得与企业利润汇回的，每年的数量很大，惟用在消费的比率还较用在生产为大，则为大家所不知。近代经济问题与政策的核心，就是在改善人民的经济生活，西洋各国如此，中国是如此。如把问题局限于一点上，福建亦莫不如此。福建实际很贫瘠，不是"地大物博"，从现有的生计状态观察人口密度，而是"地小物稀"。要改善人民生活，必须要推行经济建设，借用政治的力量，有计划的提高人民的生活程度，保证我们经济享受安定。经济建设的要件很多，不在我们讨论的范围，但必须要有较多的资本，必须将资本运用得更有效率。如果没有新资本源源接济，经济建设的进度必定迂慢。这种资本，福建本身供给的有限，目前我们可用的资本根本不足。每年由海外汇回的闽侨汇款，数量相当庞大，如果运用得法，不难由此提供巨量资金，今后在民族资本之积聚过程中（Accumulation of National Capital），华侨投资，必得加紧鼓励。过去闽侨现款之输入省内者，为数亦颇可观，为什么今日闽侨大部分的投资成就都是在福建以外的各地？为什么汇款每年巨额的流入，在筹集资本反而感觉困难呢？

二、吸收资本的能力

　　要回答这个问题，我们不能不先提出吸收资本的能力来讨论。闽侨资本理应流回福建，可是资本之不流回，其关键全在福建对资本吸收能力如何，也就是说有赖于其吸收资本与运用资本的能力。闽侨投资没有其主观的选择，资本流入的障碍，不在闽侨而在福建本身，换言之，资本流入之限制不在供给方面而在需求方面。资本流入福建容有其先天的限制，就是福建的资源太贫弱。据我们观察所得，福建的天然资源，并没有其他地方那样丰富，不过目前供开发却是足够的。资本流入福建的障碍，比较最重要者，在于没有造成利用侨资的环境，自然是多方面的。例如社会本身组织的一般缺点，民元以来地方政治之不安定，条件并未具备，经济目标不确定。侨胞虽欲投资而莫知所从。以往利用侨资的失败，漳厦铁路之经营就是明显的一例。像这种情形下，侨资的输入自然是十分困难。

三、政府的奖励

　　就算投资的条件具备了，环境造成了，那还得由政府方面加以鼓励，有了保证，侨资才能源源流入。我国政府方面素来缺乏经济效能，这是历史上的习惯传统下来的，政府方面若在经济活动上面不能以身作则来领导，提供许多进步的要件，侨资利用之可能性，前途是十分黯淡。一向以为政府参加企业活动是不对的偏见，目前还是极占势力，应当努力去克服。国府为奖励华侨投资祖国工业起见，曾于十八年1月28日颁布"华侨回国兴办实业奖励法"，对于华侨兴办之建筑、交通、制造、农矿及其他依法允许人民经营之事业，予以下述之便利：一、当地官署关于安全上之特别保护；二、交通机关于其所需材料及出产物予以运输上之便利；三、由侨务委员会派遣专员或行知地方官署予以指导保护；四、华侨兴办实业确有成绩者得由侨务与华侨委员会呈请国民政府给予奖状褒状。廿七年10月1日复订定"非常时期投资国内经济事业奖励办法"十条，比较更为具体，规定凡经济事业华侨资金占资本总额60%以上者，得呈请经济部予以下列之奖助；（1）经营上及技术上之指导与协助；（2）捐税之减免；（3）运输便利及运费之减低；（4）公有土地之使用；（5）资本及债票之债息；（6）补助金之给予；（7）安全之保障；（8）荣誉纪念之颁给。此外复准许合资于国营事业，遇有特殊困难时得呈请经济部救济，后来这种奖励办法复推广于海外侨商返国设立分店。侨资利用大体原则国府方面已经有所规定，地方政府自应遵循，惟更待具体的规定，如指导投资、允许现有省营事业加入华侨资本合办等，使运用趋向合理的途径。单是从郑重的诺言与注意是不够的，必须从精密的研究来确立通盘计划才成。

附 录

表1 福建省对外贸易统计（单位：千元）

（1905—1938）

	总值	进口			出口			入超
		小计	外国	本国	小计	外国	本国	
1905	82 589	46 938	28 588	18 350	35 651	9526	26 125	11 287
1906	75 395	44 011	26 370	17 641	31 384	11 447	19 937	12 627
1907	75 210	43 889	29 909	13 980	31 321	13 769	17 552	12 568
1908	75 454	46 306	27 977	18 329	29 148	11 926	17 222	17 158
1909	79 342	50 251	26 883	23 368	29 091	11 979	17 112	21 160
1910	82 910	51 914	32 417	19 497	30 996	14 225	16 771	20 918
1911	79 552	46 306	30 784	15 522	33 246	16 247	16 999	13 060
1912	79 292	49 976	30 631	19 345	29 316	14 118	15 198	20 660
1913	89 243	55 499	30 664	24 835	33 744	13 542	20 202	21 755
1914	81 776	49 186	26 045	23 141	32 590	11 133	21 457	16 596
1915	85 886	51 610	23 010	28 600	34 276	14 890	19 386	17 334
1916	83 690	48 889	23 632	25 257	34 801	13 361	21 440	14 088
1917	72 561	43 823	21 415	22 408	28 738	6277	22 461	15 085
1918	69 647	40 817	20 557	20 260	28 830	8485	20 345	11 987
1919	88 700	53 471	25 648	27 823	35 229	10 193	25 036	18 242
1920	101 654	58 535	23 908	34 627	43 119	11 558	31 566	15 416
1921	131 824	79 329	36 486	42 843	52 495	17 601	34 894	26 834
1922	125 427	73 240	34 438	38 802	52 187	18 238	33 949	21 053
1923	141 598	78 477	35 435	43 042	63 121	22 518	40 603	15 356
1924	148 003	83 901	38 673	45 228	64 102	22 058	42 044	19 799
1925	141 832	80 132	38 076	42 056	61 700	20 822	40 878	18 432
1926	152 321	94 816	45 878	48 938	57 505	24 504	33 001	37 311
1927	159 019	100 942	48 450	52 492	58 077	25 495	32 582	42 865
1928	174 777	103 545	44 028	59 517	71 232	28 923	42 309	32 313
1929	179 843	105 778	46 773	59 005	74 065	29 229	44 836	31 713
1930	173 403	112 701	50 718	61 983	60 702	19 415	41 287	51 999
1931	179 700	130 335	58 167	72 168	49 365	13 067	36 298	80 970
1932	135 470	101 138	48 787	52 351	34 332	8248	26 084	66 806
1933	130 597	98 150	42 661	55 489	32 447	8276	24 171	65 703
1934	104 433	71 514	24 046	47 468	32 919	7979	24 940	38 595
1935	89 960	63 627	21 749	41 878	26 333	7177	19 156	37 294
1936	97 253	60 017	18 605	41 412	37 236	8453	28 783	22 781
1937	93 601	58 510	19 523	38 987	35 091	11 001	24 090	23 419
1938	75 200	42 128	16 210	35 918	33 072	8584	24 488	9 056

表2 厦门对外贸易统计（单位：千元）

(1905—1938)

	总值	进口			出口			入超
		小计	外国	本国	小计	外国	本国	
1905	29 200	24 436	14 600	9836	4764	3688	1076	19 672
1906	27 159	23 122	14 617	8505	4037	3280	757	19 085
1907	27 652	23 244	17 507	5737	4408	3419	989	18 836
1908	29 537	25 274	15 789	9485	4263	3090	1173	21 011
1909	31 370	27 245	15 485	11 760	4125	4062	63	23 120
1910	35 215	30 166	20 264	9902	5049	4377	672	25 117
1911	31 883	26 042	18 765	7277	5841	4448	1393	20 201
1912	32 608	27 354	18 363	8991	5254	3942	1312	22 100
1913	31 287	26 002	16 514	9488	5285	3947	1338	20 717
1914	28 975	24 544	14 755	9789	4431	3383	1048	20 113
1915	31 542	26 510	13 835	12 675	5032	3875	1157	21 478
1916	27 195	22 281	12 693	9588	4914	3846	1068	17 367
1917	22 862	18 923	12 339	6584	3939	2872	1067	14 984
1918	21 945	18 042	11 765	6277	3903	3001	902	14 139
1919	31 880	27 317	14 927	12 390	4563	2849	1714	22 754
1920	35 978	29 304	15 522	13 782	6674	3858	2816	22 630
1921	50 965	41 796	23 215	18 581	9169	4924	4345	32 627
1922	50 236	41 431	23 474	17 957	8805	5011	3794	32 626
1923	47 883	39 265	21 253	18 012	8618	5567	3051	30 647
1924	55 595	40 489	23 741	16 748	15 106	6336	8770	25 383
1925	55 984	40 818	25 003	15 815	15 166	7259	7907	25 652
1926	64 641	51 784	28 575	23 209	12 857	8072	4785	38 927
1927	70 441	57 474	31 680	25 794	12 967	7411	5556	44 507
1928	62 230	52 026	28 079	23 947	10 204	5760	4444	41 822
1929	59 622	49 439	29 288	20 151	10 183	6091	4092	39 256
1930	72 437	61 015	35 948	25 067	11 422	5596	5826	49 593
1931	84 505	75 881	41 860	34 021	8624	4759	3865	67 257
1932	73 536	67 390	37 847	29 543	6146	3419	2727	61 244
1933	66 504	60 659	32 984	27 675	5845	3372	2473	54 814
1934	44 307	37 416	16 346	21 070	6891	3536	3355	30 525
1935	42 322	35 742	14 837	20 905	6580	3677	2903	29 162
1936	40 197	32 412	13 299	19 113	7785	4002	3783	24 627
1937	37 645	30 780	13 010	17 770	6866	4606	2260	23 914
1938	25 735	17 978	9126	8852	7757	3199	4558	10 221

表3 福建海关直接对外贸易国别统计

（单位：国币元）

（1935—1938，民国二十四年—二十七年）

（1）民国二十四年

	贸易总值	输入	输出	比 较 出超（+）入超（-）
总计	28 925 028	21 748 521	7 176 507	-14 572 014
日本	3 679 277	3 569 804	109 473	-34 600 331
香港	2 874 176	1 597 207	1 276 969	-320 238
美利坚	1 638 072	1 612 635	25 437	-1 587 198
英吉利	2 319 610	1 642 295	677 315	-964 980
德意志	1 622 888	1 215 794	407 094	-808 700
荷属东印度	2 248 542	1 781 575	466 967	-1 314 608
台湾	1 958 197	1 641 944	316 253	-1 325 691
菲律宾	922 582	174 927	747 655	+572 728
新加坡等处	2 562 493	556 998	2 005 495	+1 448 497
暹罗	3 468 874	3 468 866	8	-3 468 858
缅甸	2 042 574	1 856 588	185 986	-1 670 602
关东租借地	1 293 436	1 222 400	71 036	-1 151 364
荷兰	733 858	361 731	372 127	+10 396
加拿大	138 540	137 452	888	-136 764
其他	1 421 909	908 105	513 804	-394 301

（2）民国二十五年

	贸易总值	输入	输出	比 较 出超（+）入超（-）
总计	27 058 444	18 605 201	8 453 243	-10 151 958
日本	3 680 668	3 510 236	170 432	-3 339 804
香港	3 609 173	1 898 861	1 710 312	-188 549
美利坚	1 181 685	1 134 436	47 249	-1 087 187
英吉利	1 635 351	891 666	742 685	-147 981
德意志	3 702 671	3 331 144	371 527	-2 959 617
荷属东印度	3 151 417	2 674 086	477 331	-2 196 755
台湾	2 230 481	1 501 073	729 408	-771 665
菲律宾	576 897	132 044	444 843	+312 789
新加坡等处	2 702 389	404 732	2 297 657	+1 892 925
暹罗	652 488	652 435	53	-652 382
缅甸	324 643	117 828	207 355	+90 067
关东租借地	876 421	708 955	170 466	-538 489
荷兰	668 630	204 246	464384	+260 138
加拿大	254 978	246 335	8643	-237 692
其他	1 807 552	1 167 654	606898	-587 756

(表3 续)

(3) 民国二十六年（单位：国币元）

	贸易总值	输入	输出	比　　较 出超（＋）入超（－）
总计	30 524 734	19 523 435	11 001 999	－8 552 136
日本	3 358 513	3 133 930	221 583	－2 915 347
香港	5 592 598	3 050 177	2 542 421	－507 756
美利坚	1 869 302	1 791 046	78 256	－1 712 790
英吉利	2 657 416	1 562 427	1 094 989	－467 438
德意志	3 073 525	2 828 846	244 679	－2 584 167
法兰西	603 991	25 288	578 703	＋553 415
英属印度	41 306	37 353	3953	－33 400
荷属印度	3 284 451	2 800 314	484 137	－2 316 177
台湾	1 557 595	995 470	562 125	－433 345
菲律宾	671 489	90 214	581 275	＋491 061
安南	195 549	175 972	19 577	－156 395
新加坡等处	3 269 662	456 583	2 813 079	＋2 356 496
暹罗	88 561	88 541	20	－88 521
缅甸	203 512	7499	196 013	＋188 514
关东租借地	730 405	450 288	280 117	－170 171
荷兰	1 556 130	683 511	872 619	＋189 108
加拿大	245 811	240 195	5616	－234 579
其他	1 524 918	1 102 781	422 137	－680 644

(4) 民国二十七年

	贸易总值	输入	输出	比　　较 出超（＋）入超（－）
总计	24 793 482	16 209 554	8 583 928	－7 625 626
日本	262 366	259 676	2690	－256 986
香港	6 869 881	1 467 518	5 402 363	＋3 934 845
美利坚	3 268 149	3 242 707	25 442	－3 217 265
英吉利	2 850 977	2 552 923	298 054	－2 254 869
德意志	2 282 659	2 249 611	33 048	－2 216 563
法兰西	74 104	7774	66 330	＋58 556
英属印度	35 617	35 227	390	－34 837
荷属印度	2 741 363	2 385 699	355 664	－2 030 035
台湾	30 127	24 842	5285	－19 557
菲律宾	475 194	22 583	452 611	＋430 028
安南	333 663	329 907	3756	－326 151
新加坡等处	2 308 648	540 009	1 768 639	＋1 228 930
暹罗	440 575	440 575	－	－440 575
缅甸	658 234	555 695	102 530	－453 156
关东租借地	20 870	20 870	－	－20 870
荷兰	589 518	587 241	2277	－584 964
加拿大	130 863	130 848	15	－130 833
其他	1 420 674	1 355 849	64 825	－1 291 024

表4 厦门直接对外贸易国别统计（单位：国币元）

(1935—1938，民国二十四年—二十七年)

(1) 二十四年

	贸易总值	输入	输出	比　　较 出超（+）入超（-）
总计	18 513 083	14 836 567	3 676 516	-11 160 051
日本	2 165 169	2 159 163	6006	-2 153 157
香港	1 649 594	1 438 673	210 921	-1 227 752
美利坚	947 650	947 525	125	-947 400
英吉利	1 103 217	1 102 405	812	-1 101 593
德意志	1 020 868	1 020 868	-	-1 020 868
荷属东印度	1 622 358	1 155 476	466 882	-688 594
台湾	1 357 237	1 276 813	80 424	-1 196 388
菲律宾	890 326	174 203	716 123	+541 920
新加坡等处	2 268 427	263 458	2 004 969	+1 741 510
暹罗	1 695 015	1 695 007	8	-1 694 989
缅甸	2 042 574	1 856 588	185 986	-1 670 602
关东租借地	820 545	820 545	-	-820 545
荷兰	39 269	238 975	294	-238 681
加拿大	31 715	31715	-	-31 715
其他	659 119	655 153	8966	-651 187

(2) 二十五年

	贸易总值	输入	输出	比　　较 出超（+）入超（-）
总计	1 730 1620	13 299 265	4 002 355	-9 296 910
日本	2 225 935	2 196 111	29 824	-2 166 287
香港	2 079 094	1 724 688	354 406	-1 370 282
美利坚	655 745	655 283	462	-654 821
英吉利	552 843	551 366	1477	-549 889
德意志	2 704 738	2 704 738	-	-2 704 738
荷属东印度	2 567 391	2 090 060	477 331	-1 612 729
台湾	1 202 750	1 011 847	191 403	-819 944
菲律宾	566 121	126 309	439 812	+313 503
新加坡等处	2 530 305	233 593	2 296 712	+2 663 119
暹罗	458 043	457 990	53	-457 937
缅甸	323 966	116 611	207 355	+90 744
关东租借地	394 069	393 577	492	-393 385
荷兰	118 871	118 660	211	-118 449
加拿大	104 345	103 963	382	-103 581
其他	817 404	814 969	2435	-812 534

(表4续)

(3) 二十六年

	贸易总值	输入	输出	比　　较 出超（＋）入超（－）
总计	30 524 734	19 523 435	11 001 299	－8 522 136
日本	3 358 513	3 136 930	221 583	－2 915 347
香港	5 592 598	3 050 177	2 542 421	－507 756
美利坚	1 869 302	1 791 046	78 256	－1 712 790
英吉利	2 657 416	1 562 427	1 094 989	－467 438
德意志	3 073 525	2 828 846	244 679	－2 584 167
荷属东印度	3 284 451	2 800 314	484 137	－2 316 177
台湾	1 557 595	995 470	562 125	－433 345
菲律宾	671 489	90 214	581 275	＋491 061
新加坡等处	3 269 662	456 583	2 813 079	＋2 356 496
暹罗	88 561	88 541	20	－88 521
缅甸	203 512	7499	196 013	＋188 514
关东租借地	730 405	450 288	280 117	－170 171
荷兰	1 556 130	683 511	872 619	＋189 108
加拿大	245 811	240 195	5616	－234 579
其他	2 365 764	1 341 394	1 024 370	－317 024

(4) 二十七年

	贸易总值	输入	输出	比　　较 出超（＋）入超（－）
总计	12 325 104	9 126 124	3 198 980	－5 927 144
日本	259 534	256 860	2674	－254 186
香港	1 454 094	835 518	618 576	－216 942
美利坚	1 160 753	1 160 753	－	－1 160 753
英吉利	1 597 101	1 596 988	113	－1 596 875
德意志	1 365 083	1 365 083	－	－1 365 083
荷属东印度	1 514 282	1 158 741	355 541	－803 200
台湾	30 127	24 842	5285	－19 557
菲律宾	472 040	20 097	451 943	＋431 846
新加坡等处	1 913 951	251 455	1 662 496	＋1 411 041
暹罗	372 571	372 571	－	－372 501
缅甸	653 677	554 704	98 973	－455 731
关东租借地	20 833	20 833	－	－20 833
荷兰	505 336	505 336	－	－505 336
加拿大	64 903	64 903	－	－64 903
其他	940 819	937 440	3379	－934 061

表5 福建省金银出入口统计（单位：千元）

(1905—1938)

	输出净值	输入净值	比　　较
			出超（-）或入超（+）
1905	6984	4552	-2432
1906	6266	6034	-232
1907	4922	6987	+2064
1908	6659	9961	+3305
1909	3296	4839	+1542
1910	2496	5635	+3139
1911	2144	7036	+4892
1912	3371	7035	+3662
1913	2481	7714	+5232
1914	3901	10 920	+7019
1915	4788	6588	+1799
1916	9417	4122	-5303
1917	3734	4586	+852
1918	2708	5666	+2958
1919	1636	7409	+5772
1920	3860	14 792	+10 930
1921	5496	13 864	+8368
1922	3022	9325	+6302
1923	3182	7867	+4685
1924	3141	6882	+3741
1925	1375	7292	+5917
1926	978	7646	+6668
1927	1167	14 283	+13 119
1928	509	2328	+1819
1929	206	7559	+7353
1930	844	21 030	+20 186
1931	410	8642	+8232
1932	6	22	+16
1933	16	3	-13
1934	9031	-	-9031
1935	10 737	1510	-9227
1936	45 303	2434	-42 369
1937	4550	-	-4550
1938	6609	-	-6609

注解与说明：1. 本表所指之"金银"包括金条、金砂、金币、银条、实银、银币及铜币等项各按其价值折合国币，其与本省三口岸相互转口输出入者已经除去。

表6 厦门金银出入口统计（单位：千元）

(1905—1938)

	总 值			净 值		
	出口	入口	入超（+）或出超（−）	出口	入口	入超（+）或出超（−）
1905	3177	4680	+1503	2337	2801	+464
1906	3627	4776	+1139	3370	3326	−44
1907	3953	7234	+3281	3861	4442	+561
1908	4782	10 016	+5234	4516	7632	+3116
1909	2390	5858	+3958	1980	3624	+1644
1910	1817	5621	+3804	1653	4230	+2577
1911	2046	6084	+4038	1308	5001	+3693
1912	2452	6458	+4006	2315	4635	+2320
1913	1556	9124	+7568	1487	5340	+3853
1914	3030	9728	+6698	2877	7165	+4288
1915	4489	4719	+230	3646	3216	−430
1916	7536	3443	−4093	6741	2658	−4083
1917	3375	4250	+875	2320	3797	+1477
1918	2354	5531	+3177	1753	4389	+2636
1919	1927	6273	+4346	921	5578	+4657
1920	2544	13 128	+10 584	2172	12 285	+10 113
1921	4126	11 317	+7191	3961	8523	+4562
1922	2885	5694	+2809	2709	5319	+2610
1923	2577	3831	+1264	1764	3738	+1974
1924	3361	3308	−53	2471	2828	+357
1925	1633	3085	+1452	1270	3023	+1753
1926	760	5274	+4514	709	5274	+4565
1927	2815	11 214	+8399	494	10 976	+10 482
1928	1695	2024	+329	238	2024	+1786
1929	446	4602	+4156	206	4577	+4371
1930	771	17 591	+16 820	771	17 591	+16 820
1931	2	5945	+5943	2	5827	+5825
1932	93	3102	+3009	6	2	−4
1933	8267	8	−8259	16	3	−13
1934	8837	3079	−5758	8837	−	−8837
1935	9264	700	−8564	9264	700	−8564
1936	34 978	2434	−32 544	34 978	2434	−32 978
1937	3712	−	−3712	3712	−	−3712
1938	6017	−	−6017	6017	−	−6017

注解与说明：1. "输往本省各口岸值"与"来自本省各口岸值"系本省三口岸互相转口输出入之值，于总值内减去此数即为与外洋与外省各通商口岸输出入之净值。

表7 福建华侨汇款与货物金银入超之比较

(单位：千元)

(1905-1938)

	货物入超额 (A)	金银入超(+) 或出超(-)额 (B)	银货入超总额 (A+B)	华侨汇款额
1905	11 287	-2433	8854	20 534
1906	12 627	-232	12 395	19 898
1907	12 568	+2064	14 632	19 156
1908	17 158	+3305	20 463	19 368
1909	21 160	+1542	22 702	21 700
1910	20 918	+3139	24 057	23 396
1911	13 060	+4892	17 952	19 368
1912	20 660	+3662	24 322	21 276
1913	21 755	+5232	26 987	19 156
1914	16 596	+7019	23 615	18 732
1915	17 334	+1799	19 133	20 110
1916	14 088	-5303	8785	16 400
1917	15 085	+852	15 937	14 068
1918	11 987	+2958	14 945	13 008
1919	18 242	+5772	24 014	20 534
1920	15 416	+10 930	26 346	20 352
1921	26 834	+8368	35 202	47 140
1922	21 053	+6302	27 355	29 574
1923	15 356	+4685	20 041	27 742
1924	19 799	+3741	23 540	49 154
1925	18 432	+5917	24 349	48 200
1926	37 311	+6668	43 979	69 960
1927	42 865	+13 119	55 984	54 908
1928	32 313	+1819	34 132	47 988
1929	31 713	+7353	39 066	57 952
1930	51 999	+20 186	72 185	64 100
1931	80 970	+8232	89 202	76 820
1932	66 806	+16	66 822	53 182
1933	65 703	-13	65 690	51 274
1934	38 595	-9031	29 564	46 398
1935	37 294	-9227	28 067	54 805
1936	22 781	-42 369	-19 588	62 356
1937	23 419	-4550	18 869	61 000
1938	9056	-6609	2447	74 857

表 8　厦门华侨汇款与货物金银入超之比较
（单位：千元）
（1905－1938）

	货物入超额（A）	金银入超（＋）或出超（－）额（B）	银货入超总额（A＋B）	华侨汇款额
1905	19 672	＋1503	21 175	18 900
1906	19 085	＋1139	20 224	18 300
1907	18 836	＋3281	22 117	17 600
1908	21 011	＋5234	26 246	17 800
1909	23 120	＋3958	27 078	20 000
1910	25 117	＋3804	28 921	21 600
1911	20 201	＋4038	24 239	17 800
1912	22 100	＋4006	26 106	19 100
1913	20 717	＋7568	28 285	17 600
1914	20 113	＋6698	26 811	17 200
1915	21 478	＋230	21 708	18 500
1916	17 367	－4093	13 274	15 000
1917	14 984	＋875	15 859	12 800
1918	14 139	＋3177	17 316	11 800
1919	22 754	＋4346	27 100	18 900
1920	22 630	＋10 584	33 214	19 200
1921	32 627	＋7191	39 818	44 000
1922	32 626	＋2809	35 435	27 900
1923	30 647	＋1264	31 911	25 700
1924	25 383	－53	25 330	45 900
1925	25 652	＋1452	27 104	45 000
1926	38 927	＋4514	43 441	66 000
1927	44 507	＋8399	52 906	51 800
1928	41 822	＋329	42 151	44 800
1929	39 256	＋4156	43 412	54 200
1930	49 593	＋16 820	66 413	60 000
1931	67 257	＋5943	73 200	72 000
1932	61 244	＋3009	64 253	49 700
1933	54 814	－8259	46 555	47 900
1934	30 525	－5758	24 767	43 300
1935	29 162	－8564	20 598	51 231
1936	24 627	－32 544	－7917	58 355
1937	23 914	－3712	20 202	57 117
1938	10 221	－6017	4204	52 929

表9 历年华侨汇款数额估计（单位：国币元）

(1905—1938)

	全国侨汇额	福建全省侨汇额	厦门侨汇额
1905	113 400 000	20 534 000	18 900 000
1906	150 000 000	19 898 000	18 300 000
1907	105 600 000	19 156 000	17 600 000
1908	106 800 000	19 368 000	17 800 000
1909	120 000 000	21 700 000	20 000 000
1910	129 600 000	23 396 000	21 600 000
1911	106 800 000	19 368 000	17 800 000
1912	117 600 000	21 276 000	19 100 000
1913	115 000 000	19 156 000	17 600 000
1914	131 430 000	18 732 000	17 200 000
1915	118 400 000	20 110 000	18 500 000
1916	96 000 000	16 400 000	15 000 000
1917	81 920 000	14 068 000	12 800 000
1918	75 520 000	13 008 000	11 800 000
1919	120 960 000	20 534 000	18 900 000
1920	122 880 000	20 352 000	19 200 000
1921	220 000 000	47 140 000	44 000 000
1922	139 500 000	29 574 000	27 900 000
1923	128 500 000	27 742 000	25 700 000
1924	200 000 000	49 154 000	45 900 000
1925	160 000 000	48 200 000	45 000 000
1926	330 000 000	69 960 000	66 000 000
1927	160 000 000	54 908 000	51 800 000
1928	250 600 000	47 988 000	44 800 000
1929	280 000 000	57 952 000	54 200 000
1930	316 300 000	64 100 000	60 000 000
1931	421 200 000	76 820 000	72 000 000
1932	323 500 000	53 182 000	49 700 000
1933	305 700 000	51 274 000	47 900 000
1934	232 800 000	46 398 000	43 300 000
1935	316 000 000	54 804 710	51 230 760
1936	320 000 000	62 356 300	58 355 000
1937	450 000 000	61 000 000	57 116 510
1938	600 000 000	74 856 524	52 929 211

表10　1938年福建各县华侨汇款统计

（单位：国币元）

	共　　计	直接由外洋汇入	由他处转来
总计	108 420 974	73 466 324	34 954 650
闽侯	5 517 015	5 517 015	-
连江	981	277	704
罗源	460	-	460
福清	2 808 360	-	2 808 360
平潭	8800	-	8800
霞浦	500	-	500
宁德	1260	-	1260
三都	70	70	-
永泰	1500	100	1400
闽清	169 576	-	169 576
古田	129 582	89 887	39 695
屏南	14 396	-	14 396
建阳	250	-	250
崇安	960	30	930
同安	508 320	-	508 320
莆田	230 000	230 000	-
仙游	119 310	-	119 310
惠安	3 220 000	-	3 220 000
晋江	25 000 000	15 000 000	10 000 000
南安	6 610 000	-	6 610 000
安溪	3 647 982	-	3 647 982
金门	145 000	-	145 000
永春	3 700 000	-	3 700 000
德化	97 800	-	97 800
漳浦	141 670	-	141 670
诏安	276 100	60 000	216 100
云霄	33 000	7000	26 000
东山	137 500	133 000	4500
龙溪	1 920 000	-	1 920 000
南靖	49 100	-	49 100
海澄	300 000	-	300 000
平和	500	-	500
长泰	6935	-	6935
龙岩	665 000	345 000	320 000
漳平	3500	-	3500
大田	710	-	710
上杭	1700	-	1700
华安	7326	-	7326
长汀	8000	-	8000
连城	8500	-	8500
武平	100	-	100
厦门	52 929 211	52 083 945	845 266

表 11 1938 年福建各县间接华侨汇款统计

（单位：国币元）

	共　　计	由省内各埠转来	由省外各地及香港转来
总计	34 954 650	33 564 450	1 390 200
连江	704	–	704
罗源	460	460	–
福清	2 808 360	2 808 360	–
平潭	8800	8800	–
霞浦	500	500	–
宁德	1260	1260	–
永泰	1400	1400	–
闽清	169 576	167 076	2500
古田	39 695	39 695	–
屏南	14 396	14 396	–
建阳	250	–	250
崇安	930	–	930
同安	508 320	508 320	–
仙游	119 310	112 330	6980
惠安	3 220 000	3 170 000	50 000
晋江	10 000 000	9 852 800	147 200
南安	6 610 000	6 610 000	–
安溪	3 647 982	3 647 982	–
金门	145 000	145 000	–
永春	3 700 000	3 700 000	–
德化	97 800	97 800	–
漳浦	141 670	141 670	–
诏安	216 100	–	216 100
云霄	26 000	26 000	–
东山	4500	4500	–
龙溪	1 920 000	1 920 000	–
南靖	49 100	49 100	–
海澄	300 000	300 000	–
平和	500	500	–
长泰	6935	4935	2000
龙岩	320 000	220 000	100 000
漳平	3500	3500	–
大田	710	710	–
上杭	1700	–	1700
华安	7326	3256	4070
长汀	8000	4000	4000
连城	8500	–	8500
武平	100	100	–
厦门	845 266	–	845 266

表12　1937年民营侨汇机关经汇华侨汇款统计

（单位：国币元）

	共　　计	由外洋直接汇来	由他处转来
总　　计	22 828 576	2 410 296	20 418 280
闽侯			
福州预丰钱庄	100 000	100 000	—
游公和代理汇兑	120 000	120 000	—
墨林斋代理汇兑	20 000	—	20 000
台江汛济美批信局	30 000	—	30 000
福成汇兑局	800 000	800 000	
福清			
捷远汇兑局	400 000	—	400 000
振声汇兑局	400 000	—	400 000
金声汇兑局	100 000	—	100 000
丰声汇兑局	150 000	—	150 000
莆田			
福美批信局	1 318 845	1 318 845	—
亨利汇兑庄	13 451	13 451	—
福和隆汇兑庄	37 000	37 000	—
永和汇兑庄	14 500	14 500	—
福源兴批信局	6500	6500	—
美孚汇兑局	24 180	—	24 180
义顺汇兑庄	4000	—	4000
晋江			
捷兴汇兑庄	1 527 300	—	1 527 300
文记汇兑庄	1 611 200	—	1 611 200
正大汇兑庄	1 317 200	—	1 317 200
德盛汇兑庄	805 600	—	805 600
岭记汇兑庄	1 779 200	—	1 779 200
大元汇兑庄	1 933 500	—	1 933 500
谦谦汇兑庄	1 127 900	—	1 127 900
聚理汇兑庄	1 188 200	—	1 188 200
厦门			
远胜公司	8 000 000	—	8 000 000

表13　1938年民营侨汇机关经汇华侨汇款统计

（单位：国币元）

	共 计	直接由外洋汇来	由他处汇来
总　计	15 030 195	4 743 000	10 287 195
龙岩			
华通汇局	160 000	160 000	–
侨成汇庄	110 000	110 000	–
古田			
豫丰汇兑庄	33 397	–	33 397
源泉商店代理汇兑	6298	–	6298
同安			
大新信局	12 000	–	12 000
日新信局	10 000	–	10 000
兴商信局	10 000	–	10 000
万美信局	5000	–	5000
德芳信局	3000	–	3000
荣记批信局	152 000	–	152 000
福源安信局	255 000	–	255 000
惠安			
万泉信局	820 000	–	820 000
泉记信局	700 000	–	700 000
新记信局	300 000	–	300 000
荣利信局	550 000	–	550 000
合发信局	450 000	–	450 000
顺记信局	200 000	–	200 000
瑞丰信局	200 000	–	200 000
永春			
瑞记批信局	1 000 000	–	1 000 000
丰记批信局	900 000	–	900 000
新瑞丰批信局	300 000	–	300 000
和盛批信局	500 000	–	500 000
永顺批信局	100 000	–	100 000
春成批信局	300 000	–	300 000
晋江			
顺记银信局	300 000	300 000	–
建南银信局	250 000	250 000	–
信义安信银局	250 000	250 000	–
江南银信局	50 000	50 000	–
瑞记银信局	280 000	280 000	–

（表13续）

	共　计	直接由外洋汇来	由他处汇来
南侨银信局	50 000	50 000	-
振成银信局	70 000	70 000	-
金南银信局	40 000	40 000	-
福源安银信局	30 000	30 000	-
聚鲤银信局	250 000	250 000	-
鸿美银信局	50 000	50 000	-
远裕银信局	30 000	30 000	-
源兴银信局	290 000	290 000	-
和盛银信局	200 000	200 000	-
友联银信局	80 000	80 000	-
正大银信局	290 000	290 000	-
汉昌银信局	100 000	100 000	-
文记银信局	280 000	280 000	-
信丰银信局	50 000	50 000	-
慎德银信局	50 000	50 000	-
德盛银信局	290 000	290 000	-
振安银信局	60 000	60 000	-
谦记银信局	300 000	300 000	-
同兴银信局	180 000	180 000	-
华安银信局	80 000	80 000	-
合兴银信局	100 000	100 000	-
岭记银信局	…	…	…
和安银信局	50 000	50 000	-
莆田			
义德代理汇兑	50 000	50 000	-
永大代理汇兑	80 000	80 000	-
福美代理汇兑	50 000	50 000	-
承丰代理汇兑	5000	5000	-
义和兴代理汇兑	5000	5000	-
亨利代理汇兑	40 000	40 000	-
福清			
祥光汇兑局	400 000	-	400 000
捷远汇兑局	380 000	-	380 000
明金汇兑局	350 000	-	350 000
茂珍汇兑局	350 000	-	350 000
郭福成汇兑局	400 000	-	400 000
远和汇兑局	280 000	-	280 000

（表13续）

	共　计	直接由外洋汇来	由他处汇来
锦成汇兑局	100 000	–	100 000
丰成汇兑局	130 000	–	130 000
东山			
保隆代理汇兑	4500	–	4500
隆盛代理汇兑	28 000	28 000	–
品丰代理汇兑	30 000	30 000	–
福通代理汇兑	11 000	11 000	–
林桃源代理汇兑	17 000	17 000	–
源利代理汇兑	21 000	21 000	–
可园代理汇兑	4000	4000	–
南成代理汇兑	22 000	22 000	–
云霄			
通华批信局	26 000	–	26 000
诏安			
广源批信局	210 000	50 000	160 000
源顺盛批信局	60 000	10 000	50 000
龙溪			
华南信托局	850 000	–	850 000

表14　福建所收华侨汇款来源统计（单位：国币元）

(1937–1938，民国二十六年至二十七年)

	民国二十六年	民国二十七年
总计	61 000 000	74 856 524
新加坡	26 119 883	30 227 474
槟城	3 870 000	3 865 112
仰光	1 300 000	1 361 360
吕宋	19 354 100	23 219 047
台湾	70 942	120 000
爪哇	2 507 200	6 638 841
婆罗洲	258 637	119 000
苏岛	1 942 993	2 698 848
西里伯	1 034 255	1 460 930
安南	1 144 250	687 273
暹罗	347 000	564 469
其他	3 050 740	3 894 170

表15 最近3年厦门华侨汇款统计（单位：国币元）

(1936—1938，民国二十五年至二十七年)

	总　　计	直接汇来	由他处转来
民国二十五年	58 355 000	48 893 525	9 461 475
民国二十六年	57 116 510	49 104 277	8 012 233
民国二十七年	52 929 211	52 083 945	845 266

表16 最近3年厦门华侨汇款按月变动比较（单位：国币元）

(1936—1938，民国二十五年至二十七年)

	民国二十五年	民国二十六年	民国二十七年
总计	58 355 000	57 116 510	52 929 211
一月	5 211 102	4 707 056	4 724 713
二月	3 781 404	3 438 414	3 046 556
三月	4 703 413	3 484 107	3 261 010
四月	4 540 019	3 489 819	3 034 933
五月	6 051 414	3 861 076	1 668 594
六月	4 335 776	3 769 690	2 789 285
七月	4 353 283	4 203 775	3 954 286
八月	4 820 123	6 431 319	7 452 725
九月	4 639 223	6 299 951	6 566 358
十月	6 028 072	6 256 732	5 478 082
十一月	4 452 486	5 574 571	5 923 593
十二月	5 435 685	5 600 000	5 029 076

表17 厦门所收华侨汇款来源统计（一）（单位：国币元）

(1936—1938，民国二十五年至二十七年)

	民国二十五年	民国二十六年	民国二十七年
总计	58 355 000	57 116 510	52 929 211
新加坡	23 141 853	25 132 087	21 218 331
槟城	3 299 238	3 676 740	2 674 135
仰光	1 027 632	1 145 715	821 360
吕宋	19 000 000	18 628 421	17 131 047
台湾	90 000	68 285	—
爪哇	3 994 580	2 431 050	5 774 021
婆罗洲	55 000	53 018	49 000
苏岛	3 074 713	1 870 668	1 728 898
西里伯	1 620 144	985 702	911 000
安南	331 380	554 250	245 673
暹罗	110 460	132 620	122 569
其他	2 610 000	2 437 954	2 253 177

表 18 厦门所收华侨汇款来源统计（二）（单位：国币元）

(1932-1938，民国廿一年至廿七年)

	民国廿一年	民国廿二年	民国廿三年	民国廿四年	民国廿五年	民国廿六年	民国廿七年
总计	49 700 000	47 900 000	43 300 000	51 230 760	58 355 000	57 116 510	52 929 211
英属	9 939 600	15 967 500	15 588 000	21 237 740	27 523 723	30 007 560	24 762 826
暹属	19 327 000	20 438 400	10 392 000	1 920 000	110 460	132 620	122 569
法属	5 522 000	3 832 200	3 464 000	1 002 000	331 380	554 250	245 673
美属	3 368 420	2 682 540	4 330 000	12 500 000	19 000 000	18 628 421	17 131 047
荷属	10 326 140	3 640 590	3 464 000	16 491 020	8 689 437	5 287 420	8 413 919
其他	1 216 840	1 338 770	6 062 000	6 000 000	2 700 000	2 506 239	2 253 177

表 19 历年泉州华侨汇款统计（单位：国币元）

(1930—1938)

	总计		信汇		票汇		留送泉州数额		转送南安数额	
	数额	%	数额	%	数额	%	实数	%	实数	%
1930	25 000 000	100.00	18 000 000	72.00	7 000 000	28.00	13 750 000	55.00	11 250 000	45.00
1931	22 780 000	100.00	16 280 000	71.47	6 500 000	28.53	13 668 000	60.00	9 112 000	40.00
1932	21 130 000	100.00	15 130 000	71.61	6 000 000	28.39	11 621 500	55.00	9 508 500	45.00
1933	19 250 000	100.00	13 750 000	71.43	5 500 000	28.57	11 550 000	60.00	7 700 000	40.00
1934	16 960 000	100.00	12 960 000	76.42	4 000 000	23.58	9 328 000	55.00	7 632 000	45.00
1935	16 460 000	100.00	12 460 000	75.70	4 000 000	24.30	9 053 000	55.00	7 407 000	45.00
1936	21 590 000	100.00	16 200 000	74.57	5 390 000	25.43	13 590 000	62.90	8 000 000	37.10
1937	14 513 800	100.00	11 290 000	77.79	3 223 000	22.21	8 837 800	60.88	5 676 000	39.12
1938	25 000 000	100.00	14 050 000	56.20	10 950 000	43.80	18 390 000	73.56	6 610 000	26.43

表 20 华侨家庭每年进款中，南洋汇款与本地收入比较

(1934 年 10 月 – 1935 年 9 月)

入款组	家数	平均每家所得的南洋汇款	平均每家在本地所得收入	平均每家收入总数
1. 实数（单位：国币元）				
总计	100	646.8	147.6	794.4
20 元以下	17	136.8	44.4	181.2
20 – 49.9	49	308.4	74.4	382.8
50 – 124.9	21	817.2	222.0	1039.2
125 – 250	13	2311.2	435.6	2746.8
2. 百分比（%）				
总计	100	81.4	18.6	100.0
20 元以下	17	75.5	24.5	100.0
20 – 49.9	49	80.6	19.4	100.0
50 – 124.9	21	78.6	21.4	100.0
125 – 250	13	84.1	15.9	100.0

注解与说明：1. 本表根据陈达《南洋华侨与闽粤社会》附录 C 表编制，原表系按月计算，现已按年改算。

表21 华侨家庭每年生活费各项分配

(1934年10月-1935年9月)

入款组	家数	总计	食品	衣服	房租	燃料灯光	杂项
1. 实数（单位：国币元）							
总计	100	776.16	392.04	34.32	123.72	60.48	165.60
19.99元以下	17	198.72	124.56	10.32	20.16	25.80	17.88
20-49.99	49	342.00	203.52	21.12	32.16	41.04	44.16
50-124.99	21	1058.76	569.28	52.80	165.00	75.12	196.56
125-250	13	2712.00	1166.64	85.56	855.60	155.52	766.92
2. 百分比（%）							
总计	100	100.00	50.51	4.42	15.94	7.79	21.34
19.99元以下	17	100.00	62.68	5.19	10.14	12.98	9.00
20-49.99	49	100.00	59.51	6.18	9.40	12.00	12.91
50-124.99	21	100.00	53.77	4.99	15.58	7.10	18.56
125-250	13	100.00	43.01	3.15	19.82	5.73	28.28

注解与说明：1. 本表根据陈达《南洋华侨与闽粤社会》附录H表编制，原表系按月计算，现已按年改算。

表22 华侨家庭各种杂用费分配

(1934年10月—1935年9月)

	家数	包括婚费		不包括婚费	
		实数（元）	%	实数（元）	%
总计	——	166.92	100.00	128.52	100.00
卫生	52	2.04	1.22	2.04	1.59
教育	34	15.36	9.20	15.36	11.95
纳税	44	7.92	4.74	7.92	6.16
娱乐	19	0.60	0.36	0.60	0.47
礼物	34	8.28	4.97	8.28	6.44
家具	46	6.60	3.95	6.60	5.14
烟酒	27	5.52	3.31	5.52	4.30
交际	24	2.52	1.51	2.52	1.96
婚费	1	38.40	23.00	——	——
车费	20	0.24	0.14	0.24	0.18
拜神	92	4.32	2.59	4.32	3.36
其他	75	75.12	45.00	75.12	58.45

注解与说明：1. 本表根据陈达《南洋华侨与闽粤社会》附录H表编制，原表为按每月计，现已按年改算。

2. 此项数字与五大类表内略有上下，因两表所用平均法不同，但俱相差甚微。

表 23　华侨家庭收支盈亏比较（单位：国币元）

(1934 年 10 月—1935 年 9 月)

入款组	家数	每家全年盈余（+）或亏短（-）	
		房租在内	房租余外
总计	100	+17.40	+141.12
19.99 元以下	17	-17.50	+2.64
20-49.99	49	+40.80	+72.86
50-124.99	21	-19.56	+145.44
125-250	13	+34.80	+572.40

注解与说明：1. 本表根据陈达《南洋华侨与闽粤社会》附录 E 表编制，原表系按月计算，现已按年改算。

表 24　福建华侨人数统计

	华侨人数	闽籍侨民人数	%
总计	8 321 343	2 829 921	34
暹罗	2 500 000	625 000	25
英属马来亚	1 960 772	980 386	50
荷属东印度	1 344 809	806 885	60
香港	923 584	92 358	10
安南	326 000	81 500	25
缅甸	193 594	77 438	40
菲律宾	110 500	88 400	80
北婆罗洲	68 034	27 214	40
台湾	59 692	38 800	65
日本	19 801	5940	30
其他	814 557	6000	1

注解与说明：1. 华侨人数系根据侨务委员会二十八年 11 月份整理结果罗列。

表25 厦门出入国华侨人数统计

（1935–1938，民国廿四年至廿七年）

	民国廿四年	民国廿五年	民国廿六年	民国廿七年
出国人数	60 599	65 671	81 139	27 548
男	44 153	45 950	50 591	14 889
女	9159	10 268	15 455	6216
童	7247	9453	15 093	6493
回国人数	47 411	50 344	59 470	14 250
男	33 942	34 870	42 067	11 366
女	6349	6832	8646	1325
童	7120	8632	8757	1559

注解与说明：1. 本表根据厦门侨务局按月所送报告表编制。

2. 廿七年4月出入国人数因厦门失陷，案卷遗失，无从填报；7月侨务局迁移福州办公，同月25日至31日出入国人数并入8月份。

表26 厦门出入国华侨地别统计

（1935–1938，民国廿四年至廿七年）

	民国廿四年		民国廿五年		民国廿六年		民国廿七年	
	出国	入国	出国	入国	出国	入国	出国	入国
总计	60 599	47 411	65 671	50 334	81 139	59 470	27 548	18 250
新加坡	22 137	15 135	22 129	17 020	34 138	12 518	8527	6362
槟城	4853	2573	5248	3418	7085	2699	2095	831
仰光	4087	1340	5217	1120	5498	1283	976	295
吕宋	11 935	9883	15 945	10 499	16 509	8961	8728	3204
台湾	7671	8477	7268	7416	3674	25 146	–	274
爪哇	6171	7585	5952	7343	7643	4986	4138	1438
西里伯	852	961	1147	999	1311	521	895	361
苏岛	1811	727	1369	1626	1750	954	650	356
婆罗洲	955	616	1174	503	2043	784	1045	325
安南	74	91	197	256	657	853	288	394
暹罗	13	23	25	184	831	765	211	410

注解与说明：1. 见上表。

表 27 南安等 13 县华侨登记统计

（民国二十八年）

1. 出国与留国户口数

	全家出国		一部分出国		
	户数	人数	户数	旅外人数	留国人数
总计	1288	4719	36 456	61 226	151 583
海澄	19	163	516	1294	2489
古田	75	362	1187	1855	4039
南靖	156	465	128	128	214
龙岩	39	117	1295	2352	4943
金门	3	15	273	425	1486
漳浦	6	21	217	433	881
安溪	473	1714	1640	3781	5252
惠安	68	188	8393	11 709	30 630
仙游	28	120	842	1401	3693
永春	186	541	4468	7436	17 157
连江	38	97	210	248	388
东山	56	298	1774	2934	6227
南安	141	618	15 513	27 230	74 184

2. 性别

	旅外华侨人数		留国侨眷人数	
	男	女	男	女
总计	55 818	10 127	67 446	84 137
海澄	1088	369	1053	1436
古田	1815	402	2503	1536
南靖	369	224	76	138
龙岩	2049	420	1834	3109
金门	385	55	628	858
漳浦	377	77	424	457
安溪	3727	1768	2872	2380
惠安	11 548	349	12 508	18 122
仙游	1259	262	1664	2029
永春	6844	1133	7572	9585
连江	292	53	223	165
东山	1299	1933	3234	2993
南安	24 766	3082	32 855	41 329

注解与说明：1. 本表根据各县报告编制。

表28　南安等13县旅外华侨与留国侨眷年龄比较

(民国二十八年)

	旅外华侨人数				留国侨眷人数			
	男		女		男		女	
	总数	20-44岁	总数	20-44岁	总数	20-44岁	总数	20-44岁
总计	55 818	40 962	10 127	6646	67 446	16 694	84 137	34 464
海澄	1088	684	369	208	1053	198	1436	604
古田	1815	1210	402	221	2503	828	1536	459
南靖	369	234	224	160	76	22	138	86
龙岩	2049	1394	420	273	1834	238	3109	1072
金门	385	285	55	37	628	137	858	283
漳浦	377	209	77	48	424	98	457	204
安溪	3727	2884	1768	1421	2872	1331	2380	1283
惠安	11 548	8926	349	226	12 508	2562	18 122	8414
仙游	1259	754	262	176	1664	658	2029	930
永春	6844	5025	1133	798	7572	2197	9585	3576
连江	292	131	53	24	223	71	165	59
东山	1299	721	1933	999	3234	985	2993	823
南安	24 766	18 505	3082	2055	32 855	7369	41 329	16 671

注解与说明：1. 同上表。

(福建省政府秘书处统计室1940年8月出版)

广东省的华侨汇款

姚曾荫

目 次

序言 ……………………………………………………………（833）
一、广东省华侨汇款的机构 ……………………………………（834）
　（一）四邑、中山、鹤山及高雷九属的侨汇机构 ……………（834）
　　1. 银行（戋纸汇款法及其他方法）…………………………（835）
　　2. 银号、商号、邮局及水客 ………………………………（840）
　（二）潮、梅、琼、钦、廉诸地的侨汇机构 …………………（845）
　　1. 批信局 ……………………………………………………（846）
　　2. 水客、进出口商号、船行及私人 ………………………（854）
二、广东省华侨汇款的数额 ……………………………………（856）
　（一）估计华侨汇款方法的商榷 ……………………………（856）
　（二）民国二十六年度广东省华侨汇款数额的估计 ………（860）
三、结论 …………………………………………………………（865）

序 言

二十七年春间，战事西移。华东沿海各省相继沦陷。出口贸易遭受阻滞，而粮食军火等物资的进口以及逃避资金的数额却有加无已。外汇市场所感受的压力及维持汇市的困难，日甚一日。本所有鉴于是，特举办华侨汇款调查，以期所调查研究的结果，能对于解决当时的外汇问题，有所贡献。是次调查的全部工作，由余捷琼先生与作者共同担任。其间广州及香港两地的考查，蔡谦及区季鸾两先生亦曾参加。调查的时期，系从二十七年3月至8月，历时凡五阅月。调查的范围，包括香港、广州、汕头、海口、台山、开平、新会、中山、鹤山、恩平、顺德、梅菉、北海、钦县、清远及花县等十六地点。前十三地点，系采实地调查方法；后三地点，则采通信调查方法。调查的内容，偏重于侨汇的机构方面，侨汇的数额虽亦在调查之列，惟仅限于二十六年一年。是次调查，时间短促，人数有限，疏漏之处，自所难免，尚祈诸者予以指正。

本文稿草成于二十七年11月杪。是时广州及其附近各县皆已沦陷。为防止敌人知悉内情，夺取侨汇起见，是文稿迄未发表，然内中主要部分皆曾提供政府当局及有关各家银行参考，以为吸收及集中侨汇之一助。

现粤省各主要侨汇区域及南洋各地皆先后失陷，美洲侨汇亦因战事关系而一时陷于停顿状态。侨汇问题在目前似已稍失其重要性。然待战事平定，陷区光复，南洋各地恢复其战前状态后，华侨汇款在我国的对外经济关系中，自仍将占重要的地位。据吾人所见，战后华侨汇款的方式及通路，或将多少有所变更；而其基本的机构，或不致改变。是以此篇文稿，对于战后研究侨汇问题者，仍可供参考之用。

本文第三章之建议部分，原包括四节。自二十八年下半年以后，其中若干点业已由政府及有关各家银行付诸实行。此次发表者，乃将已实施各点，予以裁减，而未充分实施各点，仍予保留。

作者等在粤省各地工作时，曾蒙顾季高先生，杨寿标先生，前广州邮政管理局长萨尔西先生（G. M. R. Sarcey），前香港中国银行副经理林承芬先生，香港荷兰银行依丝瑞先生（B. I. Isrsal），香港安达银行何林先生（J. Horen），广东省银行总行各位同事，及各地分支行处的各位经理和中国银行粤省各地分支行处的诸位经理等，多方指示并予以极大的助力，调查工作得以顺利完成。本文起草时，曾承余捷琼先生予以若干有价值的意见与批评。文稿草成后，蒙陶师孟和及吴半农、郑友揆两先生详细检正。作者统为心感，特于此一并敬致谢忱。

作者
三十一年5月9日，李庄

一、广东省华侨汇款的机构①

广东省华侨汇款的机构,可以从几方面来观察。首先可以从汇款的来源地来看,其次可以从侨汇的新旧式方法来看,第三可以从经手侨汇的诸种机关团体来看,最后可以从汇款的归着地来看。我们现在所取用的是以最后一种看法为主,以其他三法为辅的一种综合的观察法。

依照这种看法,广东全省可以划分为以下几个侨汇区域。(一)中部诸县,包括清远、花县、增城、番禺、南海等地。(二)四邑(包括台山、开平、新会及恩平4县)、顺德、中山及鹤山。(三)旧高雷九属,包括信宜、茂名、电白、化县、吴川、廉江、遂溪、海康及徐闻诸县。(四)旧钦廉八属,包括钦县、合浦、灵山、防城4县。(五)琼州,包括文昌、乐会、琼东及琼山4个主要县份。(六)潮汕10县,包括潮安、揭阳、饶平、澄海、潮阳、普宁、惠来、丰顺、大浦及南澳等县。(七)梅属5县,包括梅县、蕉岭、平远、兴宁及五华诸地。此外福建省的永安、上杭两县,毗邻梅属,亦可包括在其范围以内。

侨区的区域虽如是之多,但若就其汇款方法而论,不外昃纸②与批信两种主要类别。使用昃纸的区域以四邑、中山一带为主,中部诸县虽亦有之,惟并不像四邑那样普遍。仍保持古老式的批信方法的,以潮汕、梅属及琼州为代表。用这样汇款方法的亦散见于其他各地,不过在手续上微有区别,同时在机构上亦不若潮梅及琼州那样整饬周密。以下拟以上述两个区域为中心,对广东省华侨汇款的机构作一个概括的说明。中部诸县的侨汇方法与四邑方面的仅在程度上有差异,没有本质上的区别。高雷九属的侨汇方法与四邑各地的南洋票汇法,大体和同。且此三区域的侨汇活动皆以广州作中心,所以应一并说明。钦廉一区,在汇款方法上与上述各地皆不相同。惟因其在侨汇上的重要性远不及其他各个区域,且其一部分侨款以香港为转汇中心,有类于潮梅琼属之侨汇,故可以附在第二个大区域内一并叙述。

(一)四邑、中山、鹤山及高雷九属的侨汇机构

本节所述各县的侨民,以散居在南洋③各地者为最多,美洲次之,欧洲及非洲又次之。旅居南洋的侨民,各县皆有。其籍隶四邑及中山、鹤山者约70万人,约

---

① 本文所用之汇款机构一词,意义颇为广泛,大体上是指经手侨汇的机关及汇款方法而言。
② 昃纸的性质详下文。
③ 本文所用南洋一词,包括海峡殖民地、菲律宾群岛、荷属东印度群岛、暹罗、安南及缅甸而言。

占此数县旅外侨民总人数的六成以上。其籍隶顺德者约5万5千人①，约占此县旅外侨民的七成以上。旧高雷九县的在外侨民几全部旅居南洋各地。美洲的侨民大部籍属四邑、中山、鹤山及番禺诸县。非洲的侨民大多隶属花县一带。此外每一县所辖各区的人民，因历史传统的不同，其出外谋生的地域亦各异。

由于侨民旅居地点的相异，其汇款方法亦呈各种不同的形态。大别言之，凡美欧非三洲的侨汇，以利用昃纸方法者为多。南洋的侨汇则大多数是采取旧式的批信局票汇法及信汇法。水客带款及经由内国银行、邮局直接汇至各地者亦有之，惟在美欧非三洲以及南洋各地的侨汇上，均占不足轻重的地位。兹分述如下。

1. 银行（昃纸汇款法及其他方法）

经由银行汇至四邑、中山等地的侨款，大抵可以分为2种。一种是利用昃纸方法的汇款，一种是往由本国银行直接汇至各地的款项。

昃纸亦称银昃或赤纸，即 Check 一字的译音。它具有一般银行汇票的性质。普通由汇款人购得后寄交国内的收款人，收款人在此种汇票上背书后，可以转售于第三者。

依照票面货币单位的不同，昃纸可以分为以下数种，即港纸昃、美金昃、先令昃、佛郎昃、国币昃及毫券昃等项。普通所见者以港纸昃占绝对多数。一般昃纸的取款处皆在香港，在广州取款者，百不一见。在四邑各地流通的昃纸，亦以美国三大银行（大通银行、运通银行及万国宝通银行）所发出者为最常见，汇丰、渣打、有利、荷兰、安达等行者稍少。至于内国银行所发者，殆不足道。

华侨购得之昃纸，通常皆用挂号信寄至国内各地。其寄法有三。第一是直接寄与国内的家属，此种方法通行于四邑各地。其次是寄交在香港的亲友，待取现后转汇或带交其家属。此种方法只适用于汇款人在港有亲友或商号，且有汇港必要的情形下（譬如内地因战事或政局变动而发生不安等）。第三是汇款人寄交广州或其家乡的商号转交其家属，此法在番禺、开平等地最为盛行，在台山、新会等地亦常见。侨居美洲的番禺县人通常皆将购妥的昃纸寄交在广州专门经营番禺县侨汇之转送业务的三家商号。此三家商号即广安号、保安和号及幸福华侨通讯处。三商号将昃纸在当地售出后派人将信及款送至乡下交与收款人，每百元扣佣金1元。在开平，转送业务皆由其县域以及墟镇上的银号、药店及杂货商铺兼营。其转送的办法有两种，一种是原信转交，一种是拆信取出昃纸后代找换为现款转交。至于采用何种办法，则完全遵照汇款人的意见。原信转交又分两类。一类是将原信送至收款人处，转送号视路程远近，向收款人收1元至2元的佣金。另一类是商号仅居于一种

---

① 上列的侨民约计数，是根据江门侨务局对所辖各县旅外侨民估计数。我们参酌当地有经验的银行家及银号司理人的意见，认为其中关于顺德及鹤山的估计数过高，中山侨民的估计数稍低，其余诸县数字大致相差不远。其估计数如下：

江门侨务局对所辖区域内在外侨民人数估计：

县别	新会	台山	开平	鹤山	恩平	赤溪	中山	南海	顺德	合计
侨民人数	250 000	350 000	150 000	80 000	50 000	3500	300 000	100 000	80 000	1 363 500

通信处的地位,并不派人将寄来的侨信送至乡下,而候收款人自己来取。收款人每月来号数次,探问音信。倘有信来,即自行携返,无须付佣。拆信后易㡷纸为现款送交收款人者,转送号照例收取佣金。抽佣的标准大体依照款数的多寡。普通在 500 元以下每百元收佣 2 元至 3 元。500 元以上,则款数愈增,取佣的百分率愈减。

除由侨民在香港的亲友将㡷纸在银行取现后转汇及商号拆信后易㡷纸为现款转送的一部分外,其他一切的㡷纸都要落在收款人手里。收款人对㡷纸的处置方法不一,或在收到后立即售脱,或暂时保存,待价而沽①。在出售时,或卖给乡间的小商号或邮寄代办所,或卖给县城或墟镇上的相识商号、银号或找换台,或委托银号商号代收,或亲自带至香港取现。委托代收的情形不多见。带港取款的办法,也除非在收款人有赴港必要,或款数颇大,在当地售卖所受剥蚀足敷来往川资的情形下,方有可能。所以大部分的㡷纸,是在当地出卖的。

㡷纸的买卖概须保证以防伪造。且担保者一般都限于本县的商号。同姓宗亲或至熟的人可免此手续。乡下的收款人因为不易取得担保,通常皆将所保有之㡷纸售给本乡的相识商号。此种商号普遍于四邑各地,而且洞悉侨民情形。何家有人侨居国外,何人侨居何埠,何人何时有款可寄,以及各家每月进款的大概数目,他们几皆熟知。在买进的㡷纸发生问题时,他们不愁没有方法追回原款。所以此种商号收买㡷纸,可以省却担保手续。同时因为他们冒相当大的风险,所以在取佣及汇价的申算上,不免剥蚀较多。

㡷纸的买卖不但须要担保,而且须要签署及背书。收买㡷纸的商号为谨慎起见,普通皆特备一收买㡷纸簿。于买进时,便在簿上注明买进的日期及卖者的姓名,并要求卖者签字及盖章。㡷底亦须由卖㡷人签字或盖章,以便㡷纸发生问题时,收买商号可以追索。

通常所见的㡷纸几乎都是用外国货币做单位的,但卖㡷人所取得的,却不一定是外国货币。一张美金㡷可以用来找换港纸或广东省券甚至白银②。于是此中便发生汇价上的申算问题。四邑各乡间的汇兑行情,完全要根据邻近较大墟镇或县城的行情,但普通都比县城或大墟镇的行情降低 5 点(Point)左右③。例如县城或大墟镇上以广东省券所表示的港纸收买行情为百元加 98.5,在乡间便加 98 或 98 以下。离县城及大墟镇愈远,交通愈不方便的地方,所降低的点数愈多。所降低的点数,便构成乡间商号收买㡷纸的额外收益。

乡间小商号买进的㡷纸一部分供自己之用,如购买火油及洋杂各货。一部分派伙友带到县城或大墟镇转售。其托人带至广州出售或香港取款者固然有之,但究居少数。第一,因为此种小商号与外方联络较少,在广州不易获得担保。且托人赴港

---

① 㡷纸的有效期间是 6 个月,所以不急需款用的侨民家属可以保存四五个月之久。
② 现在(二十七年)台山等地的银号,仍暗中行使白银。一般乡间妇女仍认白银为最可靠的蓄藏手段,所以在四邑一带以㡷纸易白银的情形颇为普遍,多数银号亦投其所好暗中竞买白银,并以支付白银为招揽生意的方法。
③ 四邑各地银号每日所开的行情单,其中几种重要行情完全是采直接标价法(Direct rate)。

或省城往返至少须2天以上，时间耽搁较多。第二，因为他们资本少，时时需要现款使用，所以不得不将买进的昃纸迅速卖掉，以资周转。广东省一切入口货皆用港纸结价，小商号所收购的一部分昃纸适可以应此需要。

带至县城或大墟镇的一部分，则卖给银号或商号特别是火油行、米商及中西药行或银行。在四邑一带，银号是昃纸的主要购买者，但一般商号的实力亦殊不弱，两者间时常进行着剧烈的竞争。银行在收买昃纸的活动上，还不及银号及商号。现在（民国二十七年）银行购买昃纸的地点，仅限于江门、台城及鹤山沙坪三地。在江门，有中国银行、广东省银行及金城银行三家。在台城，有中国银行及广东省银行两家。在沙坪，仅有广东省银行一家。

四邑各县城以及大墟镇买卖昃纸的汇价，系根据当天广州及江门同业的行情报告。在汇兑行情变动不定时，四邑各地所接到的行情电话，每天可达三四次之多。在此种情形下，由于一买一卖时间上的耽搁，风险因之而生。一般银号、商号多在汇兑行情涨落剧烈时，将昃纸的收买行情较广州或江门的行情抛去三四十点上下，以避免意外的亏损，乡间小商号当然也随之将行情降低。在汇价比较稳定的时期，因为竞争的存在，四邑各地通行的行情较广州及江门的行情相差并不太多，同时卖昃人在汇价上也不致受过大的损失。

一切收买昃纸的商号、银号及银行都要卖昃人支付两种费用。一种是士胆费（Stamp）即邮费，一种是佣金。士胆费按张数计算。在江门、台城及三埠（包括台山县之新昌、荻海及开平县之长沙三地）等地，是每张付省券2毫，在赤坎及恩平等地则为省券2毫5分。这是假定买进的昃纸，用挂号信寄至香港取款所需的邮资，虽然实际上未必如此。

买昃取佣的方式，大体上可以分为两种。一种是价内扣佣，即在汇价的申算上多找一些便宜，并不另抽佣金。另一种是价外抽佣，就是照所找得的总数，向卖昃人征取若干手续费。其汇价的折合是否公正，完全要看当地的竞争情形而定。佣金的大小，在四邑各地间，至不一律，其范围大约是2‰~10‰。交通不便和距离香港及广州愈远的地方，佣金亦愈多。例如恩平县的船角墟，卖昃人付佣达10‰，这是就我们所知，取佣最多的一个地方。昃纸的买卖有类于票据的贴现。距离昃纸取款所愈远，所须时间愈长，所付佣金也愈大。这是因为买昃商号或银号所支出的现款，非要经过一个比较长的时期不能收回，利息的损失比较多的缘故。因此，佣金在本质上实包括两个部分，一部分是名副其实的佣金，一部分是利息。在一个地方之内，买昃取佣，亦多寡不同。同族亲友取佣较少，陌生的人取佣较大。买昃商号或银号手头现款的多寡及昃纸的需供状态，亦为决定取佣大小的有力因素。现款充足的时候固然可以大量吸收，头寸短绌的时候不得不提高取佣标准，以示拒绝。广东的一切入口货，无论购自香港或广州的洋行或办庄，完全要用港纸支付。在四邑各地，入口洋货增加的季节，进口商必须要准备充分的港款。在这个时候，他们多提高买价，也就是相形的减少佣金。自本年（二十七年）3月财政部颁布禁止钞票出口命令①以后，一般欲携带港纸往香港的人，辄改购昃纸，昃纸市价因之大涨。在四邑一带会有一时期，昃纸价格且超过港纸市价之上，亦即发生贴水（Promlum）的现象。在此种情形下，佣金也就降到最低的限度。同样，在侨汇旺月，市面上昃纸的供给额超过需要，佣金也有逐步增涨的趋势。

在四邑等地，除进口商所直接吸收的一部分昃纸外，银号及商号所收购的大部分昃纸，或转卖给当地的入口商，或委托水客带至江门或广州出售，或用挂号信寄到香港往来号委托代收。在需款殷切时，以昃纸做抵押向银行借款或转售与当地其他银号，亦属常见的事情。在四邑各地的进口商号，并非皆兼营收买昃纸的业务，而同时收买昃纸的入口商号所直接收买的部分，也不一定能够满足其需要。故进口商的港汇需求，仍须仰给于当地的银号。入口商所需求的港汇多属整笔的大款，而昃纸的票面金额却多寡不定。又昃纸的供给季节与入口商的需求季节亦不能完全吻合。在此种情形下，便发生托人带昃或寄昃至港取现的办法。银号将在当地不能以有利价格售脱的一部分昃纸送至香港往来号委托取现。取得的现款通常即存诸往来号，以便随时"打番单"② 以适应入口商的需求。

在四邑各地中，江门处于一种对外通路的地位。江门银业界的资力远较四邑其他各地为大，其周转能力及吸收昃纸力量亦较强。由于此种原因及地理环境的关系，江门便形成为一个昃纸买卖的居间市场。在银根紧、需款急的时候，四邑其他各地的银号辄将昃纸转卖给江门同业。在江门行情与广州行情相同或较广州有利时，此种情形尤盛。

四邑一带的入口货几全部来自广州，故当地对于省单③的需求亦至为殷繁。为迎合此项需要计，当地银号多将所吸收的昃纸的一部分送至广州出售。售得之款或全部存诸当地往来号，以便卖出省单，或将其一部分携返四邑以应付经常的需求。在每年4月至7月间，广州入口贸易旺盛的季节，港纸对省券在广州的比价超过其在香港的比价时，昃纸之流入广州者尤夥。

银号由四邑各地递送昃纸至广州，大部分是委托水客代办。此种水客土名为"巡城马"，经常往来于广州与四邑之间。他们从四邑等地送昃纸到省城或香港，再从省城将侨信④及现款携返四邑。所取佣金，因路程远近而异，其范围是从2‰~8‰。此为递送昃纸之佣金，携带现款则略高于此。

广州市买卖昃纸的业务集中于十三行一带，其中以汇隆及道亨等银号吸收者较多。其吸收之方式不一，或受托代收，或直接购入，佣金大抵皆为2‰。此项昃纸随收随寄香港联号，委托取现。取得之款，一部分即存诸香港之联号，作为日后在省售卖港单抵账之用，一部分以现款（港纸）的方式携回。此项携回的港纸，即

---

① 二十七年3月7日，财政部明令禁止每人携500元以上的钞票出口，此项钞票包括一切的中外钞票在内。
② 在广州及四邑诸地，一般银号出售港单名为"打番单"。
③ 省单在粤省即为广州汇单。
④ 详下文。

构成广州港纸市场的供给方。

关于经由银行采用昃纸方式的汇款，大致如上。银行汇款的第二种方式，即经由本国银行直接汇至四邑、中山等地的侨款，其程序颇简单，兹择要述之。

按经手粤省西部及中部各县侨汇的内国银行，以中国、东亚、华侨、广东省及广东等行为主。其中在四邑及其他各县设有分支行处因而可直接通汇者，仅中国、广东省及广东三行①，其他两行大率皆委托以上三行或其他机关代为转汇。各行之国外营业范围稍有差异。中国银行的国外往来行颇为普遍，同时其国外分支行亦有九处②之多，所以该行经手侨汇之范围亦远较他行为广。华侨银行经手新加坡侨汇方面占首屈一指的地位，暹罗侨汇的一部分亦归该行经营。东亚银行的国外营业范围，以西贡及新加坡两地为主。广东银行的国外营业区域则限于旧金山及曼谷两地。广东省银行经手的侨汇大部分是代其他行号转汇者，其国外营业地点仅有新加坡一处。

上列诸银行经手侨汇的一大特色，即是他们已逐渐脱离各自为政的时期而走向共同合作之途。这不但可以从各银行营业区域的划分上，即从各银行间彼此的代理关系上也可以看出。中国、华侨、东亚、广东诸行分途扩充于外，广东省银行奋力伸展于内，侨汇之内外通路得以畅达，侨汇之网状机构遂得略备，这是分工的一面。但仅有分工而乏合作，则整个机构仍不能灵活运用。各银行间之代理解款关系，因之产生。普通所见的代理解款办法，大致如下：

（1）委托行在被委托行开立国币存款户，周息普通按一厘计算。此项委托关系，在国内无分支行处或分支行处过少而不足以适应其业务需要之银行，与有分支行处之银行间所产生。其间款项之调动，大率皆采以外汇购买国币之法。在实际代理解款前，委托行首先电致被委托行征询该行对于以英镑或其他外国货币购买其国币所需之价格。倘被委托行覆电所开之国币卖价能得到委托行之同意，则后者一方面通知伦敦某家银行或香港某家银行代将其存款之一部分转入被委托行账中，一方面通知被委托行此项转账事实，并嘱其将所购国币拨做存款，以便此后对之开出国币汇票。

（2）代付款项在当地免佣，在外县大约每千元收佣2角至6角。

（3）来往电报费随时由被委托行记入委托行之账内。

（4）倘收款人在被委托行总行所在地，则委托行之通知书仅一份。倘收款人不在本地，而须托被委托行之该地支行或办事处代付者，则解款通知书即为两份。一份寄被委托行总行，一份寄付款行或处。银行承揽之侨汇多属电汇款项，故是项通知书亦多采电报之方式。

银行与银行间代理关系的产生，在侨汇的通路上形成了第一条大干线。然银行

---

① 中国银行在江门及台山各设办事处一所。广东省银行在江门设支行一所，在台山、开平、恩平、中山、鹤山、顺德、清远、佛山及增城各设办事处一所。广东银行仅设一办事处于台山。

② 战前原有四行，分设于纽约、伦敦、新加坡及大阪四地。战时大阪行裁撤，另增设仰光、泗水、棉兰、巴达维亚、槟榔屿及腊戍等经理行。

的营业范围不能遍布全省。广东省银行固然在全省各主要县份遍设办事处，藉以造成相当完备的汇兑网，然其触角仍未能伸及墟镇以至乡村中。而墟镇及乡村却为侨民家属麇集之处。且银行转汇手续较烦，取佣较大，使委托行采此种办法时，有所顾虑。在此种条件下，便产生银号对银行的代理关系及邮局对银行的代理关系。

2. 银号、商号、邮局及水客

银号及商号　商号及银号经手侨汇的方式，大体可以分为两类，一类是美洲的信汇法，一类是南洋的票汇法。信汇法通行于中山四邑一带，票汇法散见于本节所述各地。兹分别缕述之。

信汇业务多由在美洲，尤其檀香山及旧金山等地的华人商号兼营①。他们或做对中国的进出口生意，因而在香港或广州有联号的组织，或在香港、中山等地特设代理号，俾侨信的寄递分送及侨款的汇拨不致感到困难。用此法汇款者大率为较穷苦华侨的小额汇款，其每笔数额多在百元以下。侨民在汇款以前照例要写家信一封。汇款的数额通常即写在信封的右上方，例如"外付港币 XX 元"或"外付大金 XX 个"等等②。信件写妥即将信款一并交与此种商号。所付汇费约为原汇款数的 2%~4%，大金则按个计算，每个汇费为美金 8 角。美洲商号将所收到的侨信贴足邮资分寄香港或国内各地联号或代理号，更将零星收到的小额侨款汇为整数向当地银行购买戽纸寄至香港或国内。倘该商号兼营出口业务，则亦或运货至香港，委托当地联号代售，售得之款转汇内地代理号，以便照付侨款。采用此种抵账方法，大多系先期运货至港，卖得之款须即存诸港联号，俾可随时对之开出汇票。

在香港承转美洲信汇的商号，为金山庄，店主大致皆与汇款侨胞有亲友的关系。金山庄设立之初，原为代理侨胞收购土货、运送出口及办理出国手续等事宜，转拨汇款为其兼营业务。早期的美洲侨汇，多数由之经手，晚近则颇为衰减。此种商号在港约有百余单位，并有"华安金山庄公会"的组织。

中山一带的美洲商号代理号多系当地的银号。他们或直接代理美洲的商号，或者是香港金山庄的联号，因而间接代理美洲的商号。在信款都收到以后，他们一方面将戽纸或港单卖出取得现款，一方面即派伙计按住址分送侨信侨款至收款人家中。在送信的时候，有的银号并附重量很轻的特备信封信纸，以便侨民家属写回头信之用。此项回头信写妥后，由送信人逐户收集，带回原号，寄往美洲各原经手商号转交汇款人，邮资亦由银号代付。大率回头信由银号代寄并代付邮资者在国外所

---

① 美洲信汇法之起源很早，沿革已难稽考。证诸史册，约滥觞于 19 世纪 60 年代。当时在旧金山有所谓六家会馆者（Six companies），专门办理招募华工、华侨登记、仲裁纠纷，以及代华侨寄递信件、转送款项等事宜。此六家会馆为永（Wing Yung）、合和（Hop Wo）、广州（Koung Chow）、勇和（Yung Wo）、三邑（Sam Yup）及恩和（Yan Wo）等，代表广东省的六个县份，各拥有会员数百人以至数千人不等。各家会馆与美国各大轮船公司及广东省各口岸及本邑皆有联络。他们时常派人往来于旧金山与中国各口岸之间，并为侨民带送信款返国。参阅 A. W. Loomis, *The Chinese Six Companies*, *Overland Monthly*, N. S. V. 2. (1884); *Canadian Sessional Papers*, 1885, No. 54 A. Appendix I, 及 Coolidge, *Chinese Immigration*, 1909, Chs III, XXI & XXII.

② 大金亦称八九大金，重八钱九分故名，每个值美金 20 元。过去侨民汇大金者甚众。自美国停止金本位后，几已全部改汇港币。

取之佣金亦较多,美洲商号或香港金山庄对中山四邑一带代理号所付的佣金,约为其在国外所收汇费的三分之一或十分之四。

粤省在外华侨对于地域宗族观念至为浓厚。他们所到的地方,每每有同乡会一类的团体,他们的经济活动亦多限于带有地方色彩很深的圈子里。经手侨汇的美洲商号各有固定主顾,即他的同乡或同族的人。国外的营业区域既属固定,国内的营业范围自也不易扩大。在此种狭小的范围内,其业务当然无从发展。自新式银行的戋纸汇款法被侨民普遍利用以来,此种信汇业务便一落千丈。他们完全是便利同乡汇款的一种组织,而其机构又不若南洋各地批局那样完整紧凑。故暹罗等地的批局仍根深蒂固,而美洲商号的侨汇业务却一蹶不振。

南洋票汇法与美洲信汇法大体相同。其主要差异之点,不过前者凭票取款,后者凭信付款而已。今仅就其特异之点略为说明,余从略。

四邑各地之南洋侨汇的一个最显著的特色,便是其中的大部分都握在几个资本雄厚组织庞大的商号手里。这可以广州的余仁生汇兑药局、台山县新昌的万草堂药行及梅菉的广益祥火油行为代表。余仁生总局设于新加坡,在暹罗、安南等地有代理号,香港及广州有分局,其国内营业区域遍及粤省中部及西部各县。万草堂的规模逊于余仁生,仅专门经手四邑等地的吕宋汇款。惟其性质专门,且侨信的寄递无须经过广州及香港,这是它引人注目的地方。广益祥执掌旧高雷九属侨汇的最大部分,但在南洋无分号或往来号,所经手者系由广州联号转来,此为其与前两家性质不同之点。

普通南洋商号将侨信寄至四邑及梅菉、信宜等地有两种情形。第一,侨信直接寄至国内各地。第二,侨信先寄香港或广州,然后经过一度二度以至三四度的转寄,方达到收款人的所在地。南洋与广东省西部中部各县间侨款之汇拨,可以分为三个区域。第一个区域包括以广州为中心的南海、顺德、番禺、增城、花县、清远等县。此区域的南洋侨款完全经过广州,广州的侨款或直接自南洋汇来,或由南洋汇至香港后由香港转来。第二个区域包括以江门为对外门户的四邑、中山及鹤山各县。除用戋纸径寄内地者外,这一区域之商号经手的南洋侨汇,大致经由以下几个途径:

(1) 经过香港汇至广州转汇江门分发各县。
(2) 经过香港汇至广州后直接分发各县。
(3) 经过香港汇至江门转拨各县。
(4) 由南洋径汇广州转汇江门分汇各县。
(5) 由南洋径汇广州后直接拨至各县。

第三个区域包括以梅菉①为对外通衢的高雷九县。此区域的侨款首经香港,次汇广州,再转梅菉,然后分发各县。由广州直接转拨各县,不经梅菉者,亦有之。

侨汇的拨兑如此的曲折迂绕,原因固多,扼要言之,约有两端。第一是汇兑与

---

① 按经过梅菉的侨汇,其中有一部分转拨至广西贵县、容县等地。

贸易的不可分性。凡不能直接贸易的地方，通常皆不易直接通汇。两地间的贸易关系愈紧密，则其汇兑往来亦愈频繁。倘甲地对乙地及丙地皆有贸易往来，而乙丙两地间无直接贸易，或其贸易量甚微，则乙丙间之汇兑，有时须通过甲地。第二，地理环境的适宜，水陆交通的便利，及金融机构的完整，可以使一个地方造成为一个贸易枢纽和汇兑中心。香港的情形，可以用此种道理来解释；广州、江门及梅菉的情形也同样可以用此项道理来解释。

南洋与广州香港以至内地间，侨信的邮递有总包寄法及逐封分寄法两种。汇款的汇拨，其法有四。第一经过银行将款汇至香港，然后在广州卖出港单，在内地卖出省单，或径汇广州后分发各地。其次，购买银行晟纸径寄内地的代理号或联号。第三，由南洋运货物至香港作为南洋与香港间款项汇拨抵账之用。香港或广州间以及广州与内地间款项的调拨，或用卖出港单及省单之法，或运货抵账。第四，南洋至香港的一段，可以采用比对的方法。例如新加坡甲号对香港乙号发出付款与广州丙号的汇款通知单，乙号可以在港卖出向新加坡甲号取款的新加坡单，以收回原款。大凡侨信直寄内地者，侨款亦多采购晟纸径寄内地之法。万草堂经手者属之。侨信要经过数度转寄的，侨款亦多须几番的转汇，虽信的转递次数与款的转拨次数不见得完全一样。余仁生及广益祥两商号经手者属之。

南洋商铺的港粤联号在内地无代理号者，待侨信侨款收到后，通常即委托当地银号及具有汇兑庄性质的商号代为转寄转拨。转拨的手续费约在千分之四五左右，当地银号或商号即将所收到的侨信委托水客带至各地的往来号或交邮局寄去。水客带信按封计佣，每封约省券一毫。水客携带之利，在他的行动敏捷，时间经济。侨款的汇拨，如上所述，或采比对方式，或用卖出港单或省单之法，或运货抵账，或送现接济。广州及香港的银号、商号对内地往来号，或彼此代理各不取佣，或按收款人所在地的远近付以相当的佣金，付佣标准约在3‰~5‰之间①。所付佣金多系拨归"上手号"账中，年底结算。内地往来号收到信款以后，倘收款人在他县，即依照前述方法委托该县往来号转寄转汇；倘收款人在较远之地且无汇路，则将原信及下列式样的通知书寄交或派人带至收款人处，候其来取。其属于本地的侨信侨款，通常皆由本号派店伙按址分送。

侨信背面照例要黏附两联式或三联式汇条一纸②。此种汇条或由南洋商铺的省港联号自备，并贴附信后，或由被委托转拨汇款的省港银号或商号备妥，或由被委托号的内地往来号代备。汇单以两联式者为最常见，其格式与内地者皆大同小异。兹选择其一，图示于下，以见一般（见下页）。

收款人在收到侨信后，必须在信后的汇单上黏贴印花税票，并签名盖章。倘所盖图章与付款号特备的"印鉴簿"上之原有印鉴证明为一，即可领取款项③。副收

---

① 广州某家银号对内地往来号代拨汇款付佣标准大致如下：江门2‰，顺德2‰，台山3‰，三埠4‰。
② 亦有不附汇单，由收款人自写收据一纸交付款号者。但此种情形很少见。
③ 内地的付款号普通皆备有印鉴簿一册。凡经他们汇过款项，因而与其发生关系的收款人，照例要在其印鉴簿上加盖印章，以便下次领款时对照比较，以防冒领。

启者兹据外埠　　　　　　　　汇来交　宝号收信及毫券

前未有

贵号印鉴

存小号备

查者须用　　宝号正式图章在该正副收条内连同通知书一并携来小号收领俾得早日将收据

本市殷实

商店或相　　付返汇客以免悬念该款例留七天倘若逾限不收即将该款退回原寄处希勿延误

当人担保

方得提取　　为荷此致

以杜伪弊

　　　　　　　　宝号台鉴

理应驳上但无汇路今将原信收条付上祈盖

请另盖　宝号正章交来小号以便下次

收信银备查

印　鉴

年　月　日西宁市南昌路　建丰银号通知书

条或存根由原贴附号保留，正收条或回单则寄"上手号"转南洋原经手号交予汇款人。

　　广东省西部各县的银业一向握在顺德帮手中。此帮墨守旧规不事更张，致通汇区域亦局限于狭小范围之内。自晚近四邑帮银号兴起后局势为之一变，此帮银号多为归国华侨所经营，他们以在海外冒险的精神与坚忍的毅力，从事于营业的扩展。因此西部各县的汇兑通路不但遍达各县城，而且深入墟镇旁及乡村。此等银号在广州或香港多有总分号或往来号的组织，是以经银行汇拨至省港的侨款，可以通过银号转汇四邑各地，而构成侨汇通路上的第二条大干线。银行转汇四邑等地之款，普通皆委托各家银号在广州或香港的总分号或往来号代拨，由各县之本支号或代理号付出。一般银号对转拨款项取低微的佣金或完全不取佣，一视其款项的调拨情形及

副　　底　存		正　　覆　回
民国　　年　旧新历　　月　　日　　存根	收到庇能埠飞字　附来信外银　　　　如数收妥今给图章附回寄银人存据　　　号南隆金铺代	民国　　年　旧新历　　月　　日　　回单

省　字　　号　勘　合

（接上，表头："收到庇能埠飞字　附来信外银　如数收妥今给图章附回寄银人存据　号南隆金铺代"）

营业方针而定。

邮局　邮局经手华侨汇款的方式可以分为两项。一项是因邮政管理局与内国银行间之代理关系而产生的"大宗汇票"，一项是因本国邮局与外国邮局间之代理关系而产生的国际汇票。"大宗汇票"原名"华侨汇票"，亦即专为便利华侨汇款的一种汇兑工具。此项汇票创始于十六年年底，至二十七年2月方正式运用于四邑及其他各地。利用此法转拨汇款的银行，除将侨款侨信①分别委托广州邮政管理局转汇转递外，另开列收款人姓名地址、汇款金额等项详单一纸送局备查。广州邮政管理局乃根据此详单分别开若干两联式汇票，其中一联径寄收款人，一联寄交收款人所在地的邮局做为对据。国外汇款人在汇款时亦有附缴照片一张，声明凭像取款者，如此则银行详单及邮局汇票上皆注明"凭像兑款"字样。但此种情形，颇不多见。

邮局对银行代理关系的成立，在侨汇的机构上展开一新局面，亦即在侨汇通路上构成第三条大干线。据吾人所知，此种代理关系最初是由广东银行发起，东亚银行继之，其他各行闻亦将相率仿效。这种关系的建立，不但在利便侨汇上有深长的意义，而且可以补救银号转拨汇款的缺陷。第一，确实稳妥。一般银号时有倒闭的危险，侨民因此而受损失者实繁有徒，而邮局却永无歇业之虞。第二，通路畅达。银号汇款至内地，有时须要经过一度甚至两三度的转汇，手续既繁琐，时间亦冗

---

① 内国银行中有代侨民汇款兼代寄信者。

长。邮局汇兑则总局与分局以至代办所间一脉相通，可收指臂之效，其间无须经过迂回曲绕。第三，银号的营业机构虽较银行为深入与普遍，但穷乡僻壤仍非银号势力所能及，而此等区域却经常有邮寄代办所的组织。此法实行伊始诸待推进，假以时日，则用此法转汇的数量必可大增，其逐渐能取银号的转拨地位而代之，我们是敢相信的。

其次为国际汇票。此种汇兑方式创办已久，汇费不高，手续不繁，而迄今利用此法汇至广东省各地的数额，约仅及侨汇总数千分之二三。其汇拨程序与大宗汇票相仿佛，其汇票式样亦与普通所见者无大差别。四邑各地的国际汇票汇款，以来自新加坡、西贡、香港等地为多，美洲较少。

水客及私人　水客及私人带款返国，在侨汇机构上，亦占不可忽视的地位。此处水客专指来往南洋或美洲与四邑、中山等地者而言，与专跑广州与各县间的水客不同。他们过去从美洲及南洋各地为侨民携带信款返国，颇著劳绩。自较有组织的侨汇机关相继建立及昃纸汇款法被普遍采用后，他们遂逐渐趋于没落。迄今往来南洋四邑间的水客尚有少数，美洲与四邑间的水客则几已绝迹。

四邑、中山各地的美洲侨民平均约五六年返国一次。他们在返国的时候，辄将多年积蓄，以现金钞票或昃纸的方式，全部携回。携回的款项，普遍用在两件大事上，第一件是建房舍置田园，第二件是为子女婚嫁。待事毕款罄的时候，他们再度出国，另开创其新生命。如是周而复始，往返不绝，直至其告老返乡的时期为止。这一点是四邑、中山等地侨民对其所蓄积的款项的处置方法，与福建以及潮汕在外侨民的处置方法迥不相同的地方。

（二）潮、梅、琼、钦、廉诸地的侨汇机构

潮、梅、琼、钦、廉诸属的旅外侨民，大部分集中于海峡殖民地、暹罗、安南及荷属东印度四地。经手此四地侨汇的机关，共有批局、银号、进出口商号、银行、邮局及水客等六种。潮汕、梅属及琼州的侨汇，以批局经手者占最主要部分，下文对批局的讨论完全指此三地而言，钦廉各属根本无批局的组织。水客带送信款，特别在梅属各县占势力，潮汕及琼洲的侨汇，亦有一部分由其经手。进出口商号办理侨汇业务，仅在北海见到，其他各地尚未发现。至于经过银行汇至汕头、海口等地的侨款，大部分是代批局抵账，直接付与华侨家属者甚少。邮局的侨汇业务则更区区不足道。

本节所述各地的侨汇机构，大率以香港为中心。潮、梅、琼属自不待言，即以钦廉各属而论，除新加坡等地侨汇固定要经过香港汇拨外，其经由船行及私人携返之现款（按即 Piastre），通常也有一部分要带至香港的纸币市场兑现。此与四邑及高雷各属之直接以广州为中心，间接以香港为枢纽者稍异。又在本区域中旧式侨汇机关基础巩固，组织完善，在整个机构中实居于领导地位，新式银行几为其所附庸。此与四邑、中山各地侨汇机构之以新式银行为主干，银庄、商号为枝叶者适相反。

1. 批信局

批信局简称批局①，是汕头、海口及厦门以及南洋各地便利侨汇的一种特殊组织。其创始时期，因年湮代远已难稽考。证诸海关报告，则汕头及海口之批局，约皆开办于1882年以前②。是年汕头一地有批局十二家，海口有一家。其后推演递嬗，迄今潮汕各地已有八十五家，琼属各地亦有五十五家之多，皆经邮局颁给执照，准予营业③。

各批局的内部组织虽不划一，但都很简单。汕头规模较大的批局，其从业人员约分五种：（一）家长一人，总理全店一切事宜；（二）管库一人，专司店内现款之保管；（三）司账一二人，分理店内一切账务；（四）收账二三人，分掌出纳；（五）批伴或批脚，人数不定，职司分赴各地带送信款。海口的批局多由汇庄或旅馆兼汇庄的商号兼营，其内部执事人员的类别，与汕头者仿佛，惟名称稍异。在海口，批局之主持人称为司理，分批人无固定名称，一般即称之为送信人。此种送信人多为内地批局或其代理号所雇用者，海口批局内部雇用送信人者甚少。在汕头各批局之上，有侨批业同业公会之组织，经营侨批业务者，泰半入会。公会的组织颇为严密，其任务不只在维持及增进同业的利益，且对于侨信侨款的保障亦多所致力。海口批局多由汇庄兼营，故是地仅有汇兑找换同业公会的组织，另外无批业团体。

批局的组织在南洋各地颇为普通，为南洋华侨主要金融机关之一。此种机构与中下层的华侨关系最为密切。举凡书写家信汇兑款项、邮递信件以及信用放款，他们都可办理。其营业或为专业或由一般商号兼营，其营业范围类多带有地方性。潮州帮、梅属帮、琼州帮以及福建帮为其大帮别，各大帮之中，又可按其所属县份划分为若干小帮。各帮批局的业务皆以其本县本乡者为主。在南洋如此，在国内亦然。

南洋各地批局林立，各批局为竞争营业计，多从几方面取分途并进的方式吸收侨款。首先，他们直接联络当地的个别侨民。其联络的方式不一，或在经济上予以协助，或在感情上相周旋，要皆以代汇拨款项为最后目的。其次，他们经常委托水客分赴四乡兜揽生意。第三，在各乡镇遍设分局或代理号，接收信件。第四，他们按期分送一种特备的汇款登录簿与各华人工厂及商号的负责人。厂工店伙欲汇款者，即自行或托人写家信一封，封外书明"对外国币XX元"字样交与厂主或店东。倘厂主或店东认汇款人为可靠，即照数书明于登录簿上。此项汇款系取赊汇方式，即先代汇出日后收款，所以厂主或店东须加盖印章于登录簿上，表示此款日后

---

① 批信局系由民信局蜕化而来，但二者之性质不同。前者的营业范围是南洋各地与汕头、海口及厦门等口岸间，后者的营业区域仅限于国内各地间。各地民信局于民国二十三年年底已勒令停止营业，而批信局仍照常存在。

② 见 Chinese Maritime Customs, Decennial Report lst lssue 1882 – 1891. P. 534 & PP. 633 – 634.

③ 批信局须向邮局登记领照方许营业。批局于申请登记时应填申请书，且缴纳手续费国币5元，经邮局查明属实，方可登记。此项登记业于民国二十三年年底截止。批局于停业时不得将侨批业务转让。

由其负责偿还。每逢船期，批局即派人分往各厂各号收集侨信，以便封包邮寄回国，簿亦收回作为担保。赊汇在实际上是一种信用放款，亦为鼓励侨民汇款的一种最有效的方式。其放款期限，视工厂商号的发薪日期及回头信收到的期间而定。店主商号每于发放工资时，将厂工店伙所赊汇之款扣除以偿还批局，亦有回批交付汇款人方能收回放款者。南洋各地与汕头海口间的信件往返约需两周以上，所以放款期限亦在两星期以上。此种放款分取息不取息两种，即取息亦多很微薄。

南洋批局卖出汕头汇票及海口汇款①的价格大率要根据当天当地的银行挂牌，及从汕头、海口按日拍去的港单行情电报②：

假定新加坡银行挂牌：1 叻币 = 1.88 港币

假定汕头电报：1 港币 = 1.78 国币

则套汇汇价：1 国币 = 0.298 叻币

南洋批局的汕头国币或海口国币卖价，即以此套汇汇率为最高限度。惟各批局在港所保有的港币头寸数量不同，其预约汇价的损益程度亦异，故其售卖价格殊不一致。同一批局之实际卖价较此套汇汇价所增加的点数，亦因顾客对该号的关系深浅而异，因其预约汇价的有利与否而殊，更因港币与国币之比价变动的程度及趋势而有差别③。普通从南洋批局接受侨款起到汕头及海口批局在当地卖出港单止，要有 5 天以上的耽搁。在此时期中，南洋批局要冒很大的汇兑风险，其中因汕头或海口港单价格之涨跌而获利者固不少，但亏折者亦常有。

批局代递信汇款或取 10‰ 上下之佣金，或仅在汇价的申算上多取若干，不再额外征收。寄信邮资，照往返所需邮费，向寄信人收取。

南洋批局将每日所收到的侨信依次编号，待船期一至即将零星信件汇为若干批，分别封装大信套内交邮寄至国内。另致国内联号之押函若干件，内载明信数款数等项，亦付邮分寄各地。邮费的计算有两种情形。一为按重量计算法，以 20 公分为单位，通行于马来联邦、北婆罗洲及暹罗等地。一为按件计算法，依照信件的数目，黏贴邮票于大信套的外面，通行于安南、荷印及菲律宾群岛等地。侨信的寄递，或径寄内地，或经汕头或海口转寄内地，或经香港转寄汕头、海口分发内地。南洋批局究采何法，一视各批局在国内联号或总支号的所在地及手续的顺逆而定。

潮汕、琼属的侨信，一部分经过汕头及海口，一部分由南洋径寄内地。梅属的侨信则大部分直接寄至梅县转送，小部分经过汕头。批信总包或散封侨信到达各地时，当地邮局即加以检查，剖视其中的信件数与封面的邮资数是否符合，然后盖戳送交批局。各地批局将所收到的侨信，按原编号码、收信人姓名地址、汇款数额等

---

① 汕头及海口皆通用国币，故此项汇票即为国币汇票。

② 此项行情电乃汕头及海口之批局拍致南洋联号者（多属较大的批局），南洋大批局再将此行情转达小批局。直接经由银行汇至汕头及海口者无须依据此种行情电，但经由银行直汇汕头海口的一部分占比较不重要地位。

③ 南洋各地与香港的汇价一般都比较稳定，而香港与中国各地间汇价变动的程度有时颇为剧烈。南洋批局于涨落太大时辄将套汇汇率于卖出国币时提高若干点以自保。

项逐封登录于一特备之批信簿中。每封侨信的背面由经手批局贴附狭小之信封一件，内装薄信纸一张以备收款人写回头信之用（见附图）。惟梅属各地不通行回头批，所以该属侨信背后贴附小信封者亦绝少。汕头及海口的批局各在所籍隶的县份，有其主要的营业区域，凡属其主要营业区域的侨信，批局多直接派人携往交当地的支号或代理号分送。外县的信件则委托他号转送，委托转送的情形有三种。第一，直接在他县他乡设代理号，以便分送信款。第二，委托当地专门经手各区域侨信的批局代送。第三，将侨信全部送交内地支号或联号，由之分别委托他县代理号代转。前二者通行于汕头及海口两地，后者仅通行于海口。侨信之由汕头、海口送往内地，多由批

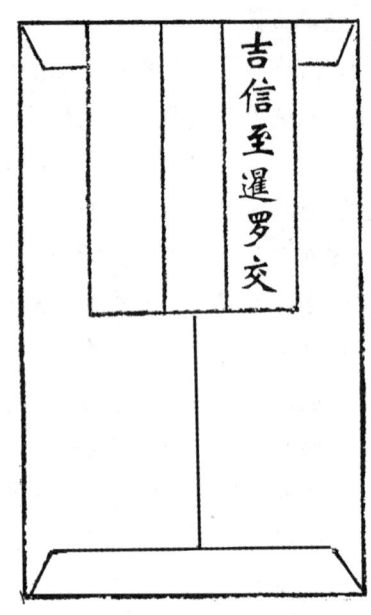

局自行办理，委托邮局代办者很少①。这是因为邮局送信较慢，而批局迅速的缘故。在汕头，各批局皆雇有常川赴内地分送信款的"批伴"，他们赴各地送款时或步行或搭车或乘船，途径不一。海口的批局一般皆兼营洋杂火油等业，其须运至内地销售的货物，多交由当地长途汽车代办，各家应带往内地联号的侨信，通常亦一并委托此种汽车的司机人携往分送。

　　内地批局于侨信侨款②全部收到后，即按路之顺逆分为数组，派专送各区信款的分批人按址分送。分批人在潮汕又称批脚，多系信实可靠、熟悉当地情形的人。他们在一年中固定服务于一号，不能兼事二主。每月送信款的次数完全要看当地的进口船次数。月中空闲的期间，他们或在号中做杂役，或返乡耕种，或经营小生意。其所得报酬在琼属，系照送款数计算，每千元的批款，约取三五元的佣金。在潮汕各地则按月计薪，每月由批局付给10元上下的工资。

　　回头批或收条，或由分批人收集带回交与内地原付款局，或由收款人于写妥后亲自持往交付。内地批局将此项回头批或集为大包径寄南洋，或派人送至海口或汕头批局转寄南洋原经手局分交汇款人。回批的邮资因其汇往地的不同而异，寄往菲律宾群岛、安南及荷印的回批，按每件每重20公分，收费2角5分。寄往海峡殖民地、北婆罗洲暨暹罗的回批，则按每件每重20公分，收费1角2分半。

　　汕头及海口的批局对于代理南洋批局转送侨信款的业务，以及内地批局代理汕头及海口批局分送信款的业务，除有总支号关系者外，一概要取相当的报酬。一种是薪给制，即不计代理信款的额数，每年取一定数额的薪金。汕头及海口的批局所

---

　　① 邮局对于批局寄递侨信颇为优待，其寄往内地分号的批信按总包每重20公分或其畸零之数收费5分，回批邮费亦同此标准计算。惟来往内地与汕头或海口间之押函，则依普通邮件寄递，不予优待。

　　② 关于侨款之汇拨详见下文。

收者，约在百元到 200 元之谱。内地批局所收者，约在二三十元至百元之间，此法通行于海口。一种是佣金制，即按照批款额取 5‰~10‰ 的佣金。此法通行于汕头。汕头及海口批局付与内地代理号的佣金或薪资，乃记南洋原号之账。

关于侨款转拨，从南洋至国内大约有两种途径。第一种亦即最主要的一种，为先汇至香港，然后转汇汕头及海口。第二种为经由内国银行径汇汕头及海口。代批局转拨侨款的机关各地不同，新加坡、荷印、安南等地较为简单，惟暹罗颇为复杂，其批局的组织运用亦远较其他各地为优。

在新加坡及荷印，批局汇拨侨款，以委托银行代办者占最大部分。其余小部分，或采在香港卖出新加坡单、在汕头及海口卖出港单之法，或委托当地汇庄转汇①。经手银行可分中外两类②。外国银行承揽者，几全部汇至香港交与南洋批局的联号或代理号。内国银行代转拨的一部分，则以运汇汕头及海口者为多，其中在汕头及海口无分支行处者，则转购他行汇票抵账。安南批局汇往汕头及海口的侨款，泰半以香港为转汇枢纽。安南至香港的一段汇路，或经银行或经汇庄或购运货至港的出口商汇单。

在承揽暹罗③侨汇方面，银号④的活动力及操纵力在目前甚大，远非新式银行所可比拟。十余年前新式银行所承揽侨汇的数额与银号经手者约相埒，是后即渐趋衰微。及至今日，银行的侨汇业务更一落千丈。且此仅指代批局抵账而言。至于新式银行在泰直接接受侨民汇款并在汕头、海口交与侨民家属者，向极少见。考其所以致此之原因有二。第一，潮州人在暹罗开设银号已将近百年，其活动范围不但笼罩城市，而且遍布乡村。从存款、放款、汇兑以致工商业的投资，他们无不经营。银号与雇主的关系，以乡土关系为中心，他们与当地批局及侨民之间结成牢不可破的团体。且潮州人营业素重情谊，倘在其营业范围内的批局常川与之交易，则不但在汇价上予以优待，且在批局现款短绌周转不灵的时候，予以资力上的支撑。晚近暹罗政府取缔银行以外各种店号经理国外汇兑业务，一般潮州帮银号多集资改组，而有所谓八家银行的成立⑤。自集中资力后，银号之业务活动逐渐扩大，经济基础亦益臻巩固。新式银行对于暹罗侨汇业务往昔已难与一般银号相颉颃，自是更望尘却步。第二，在暹新式银行本身机构上之缺陷亦为其侨汇业务不能进展之一因。广东银行于二十四年 9 月 4 日曾一度宣告停业。该行在暹承揽侨汇，向占地位，其歇业自予新式银行的业务以莫大之打击。一向委托银行汇款者，亦多因是观望疑虑，

---

① 南洋汇庄与国内联号或往来号间款项调动之法，有购买 7 天期货单抵账者。此种货单与下文所述之轮船单性质类似，其详情见下文。
② 外国银行包括汇丰、渣打、荷兰及安达等行，内国银行中包括中国、华侨、四海通、万兴利、利华、大华、广利及广东省等行。
③ 暹罗华侨 60% 以上为潮洲人，故关于暹罗侨汇的一段叙述，亦以潮汕为主。
④ 暹罗华人银号之规模最大者，几全部为潮州人开设者。
⑤ 暹罗华商八大银行包括广东、华侨、四海通、陈炳春、陈黌利、顺福成、泰山公司及廖荣兴等八家。前三家为新式银行，后五家为潮州帮银号改组后之银行。此五家在外表上虽为银行，而内部组织却一仍旧章，故本文以下对之仍沿用银号字样，以与新式银行相区别。

另觅他途。

总观暹罗的侨汇机构，就其全部系统，可以分为两层。一为下盘生意，即直接向侨民接受汇款，然后在国内代为付出之业务，由批局承当之。一为上盘生意，由银行银号及出口商担任，为介于下盘生意前后两段间代调拨款项之业务，亦为全部侨汇机构的关键所在。

在暹批局对于侨款的吸收及汇拨通常有两种方法。一为先向银号预约期货，然后算价收受侨批，卖出现货。一为先按每日所计算的套汇汇率为基准，逐日收受批款，卖出现货，然后整批买入现货。汇价变动的程度及趋势为其抉择之标准。在批局认为某日的汇价有利时，即向银号或银行预约某月份的期货若干。其预约的数额，视其依据过去经验每月所经手的侨汇数额而定，其期限普通以两个月为限。约定汇价分电汇及票汇两种，电汇价高而票汇价低，以预购电汇者为多。约定之后，批局即根据逐日银行挂牌及汕头或海口行情电报向侨民收受汇款。在批局之一买一卖间，由于时间的耽搁、汇价上的变动，利益或损失因之产生。首先就暹罗至香港的一段而言，假如预约汇价为：1 Baht = 1.47 港币，银行挂价：1 Baht = 1.475 港币，批局计算套汇汇价时所根据的港汇价格，不能较当天银行汇率相差过远。在此种情形下，预约期货卖出现货的批局，不免亏折。假定银行汇率：1 Baht = 1.465 港币，则批局获利。在实际上，暹罗与香港间汇价比较稳定，是以由汇价变动而生之损益亦较微。次就港汕一段而言，此两地间的汇价，所谓"过汕水"，其变动有时至为剧烈，批局在本段间的损益完全看港单价格的涨跌。此项价格的涨落，经常为两段间总损益之主要的决定者。假定批局在收进侨款时认为汇价不利，而是后将渐趋有利时，则宁居于空头的地位，以待汇价之好转。当然其所能等待的期限，不能超越侨信到汕的前二三日。

批局委托银号汇款的方式有三。第一，电汇或票汇港币至香港联号。其次为电汇或票汇港币至汕头，由该银号的汕头支号或联号付于暹罗批局的汕头往来号以在港取款的汇单一纸。最后，电汇或票汇国币至汕头。其中以第一种最为普遍，第二种次之，最后一种极少见。利用票汇方法时，寄信与汇款常在同时。利用电汇方法时，寄信与汇款在时间上不免有参差，通常是在侨信到汕的前数日将款项电汇至香港。

除经过新式银行汇至汕头的一小部分不计外，暹罗汇至汕头的侨款，几全部要经由在香港的潮州帮银号代为调拨①。琼州及厦门的一部分暹罗侨汇，亦由其经手转汇。在暹银号的电报通知或即期汇票到港后，香港潮帮银号即依照当地汇兑同业交收常例②交付款项与批局的港代理号。倘若潮帮银号兼为暹批局的代理号，即无

---

① 潮州帮银号中以陈簧利、陈炳春、成顺利、光顺利、顺福成及泰山公司等数家之规模为最大。
② 旅港汕头南洋各埠汇兑同业交收章程择要列下：（一）汇兑交收俱照银行规则办理。（二）星期日一律无交收。（三）星期一至星期六交收至下午两点截止。（四）星期一至星期五止下午两时半以前接信则有交收，过期则否。星期六上午十一时半以前接信则有交收，过期则否。（五）星期一至星期五南洋各埠即票下午二时半以前向批认，即日交收，过时认批则越日交收。星期六南洋各埠即票上午十一时半以前向批认，即日交收，过期则候星期一交收。（六）星期六下午及星期日各轮船到香港，如有期票并即交票则可向批认，认后如有即交者候至星期一交收。

须办理此项交收手续。

银号银行代批局转移款项，其本身抵账之法，几全部依赖在暹华人出口商之活动，特别是火砻商及火锯商①。查暹罗的出口货以米为大宗②。实际上潮州帮的数家大银号在暹均兼营米之磨制及出口业务。各号运米至港委托联号出售，取得港款，然后对之卖出港汇。此种内盘生意有时不足以适应其业务上的需求，于是各号常兼营外盘生意，于必要时向其他不兼营汇兑的出口商购进火砻单或火锯单。

火砻单及火锯单总称为轮船单或出口廊单。此为暹罗出口商办米或木材出口，运交在港或其他各地的联号，同时对其联号开出由其付款的一种汇票。此种票据不具押汇的性质，除汇票本身外，另外并无提货单、报关单等单据。其买卖完全凭信用，价格商妥即全部付款，惟于交易时须将运米出口之单据持验。其付款期限通例为见票后 18 天，正期 15 日、期仔 3 日（3 days of grace）。此因在传统上认为自暹办货至港出售取得港款，约须 18 天的期限，汇单自暹寄港约须四五日，故实际上持票人在寄票后 20 余日后方能取款。因在此期限内，购单人在利息上有所损失，所以轮船单向较即期汇票价格为低。其所低降之程度，一视此项汇单的需供状态及出口商的信用基础而定。

轮船单的式样通常为两联，一为正票，一为票根。正票由购者寄至港联号，票根由原发票号寄交其港联号，以备于付款时勘对。其格式举例如下：

暹 罗 泰 昌 成 汇 票 存据	列 字 第 号勘合	暹 罗 泰 昌 成 汇票附照
列 字 第 号凭单在嗊呀汇到 来通用香银 元正 议明携单向香港 宝行照领见票期限十五天照额交收用索回原票 中华民国 年 月 日 正票		列 字 第 号凭单在嗊呀有汇过 来通用香港 元正向香港 宝行照领议期十五天交收用存此为据 中华民国 年 月 日 票根

---

① 在暹罗，米商称为火砻商，木材商称为火锯商，此种业务泰半操于华侨手中。
② 暹罗米的出口经常占其出口货之最主要部分，计 1933 年占其总出口的 74.1%，1934 年占 64.9%，1935 年占 62.3%。

正票到港后，暹罗银号的港联号即持之至付款号行"向票"手续。"向票"即承兑之谓，由付款号在正票上标明向票日期，加盖图章，并在向票簿中记载向票日期、票面金额、收款号名称等，向票手续即行完毕。收款号携正票返号，待至18天后取款。

暹港间轮船单的产生，实予银号之调动资金以莫大的便利。然此仅为银号调拨款项方法之一。在此项轮船单的供给不能适应需求时，银号即不得不另觅其他途径。第一，暹罗对新加坡的贸易，经常是大量出超，故在暹罗对中国及香港的总贸易，若不足以抵补侨汇时，常以新加坡单抵补之。银号或在暹购入新加坡单，在香港售出新加坡单，或在运货至新加坡后在港售出新加坡汇票。其次，在先令单价格有利时，暹方银号亦或向出口商购入此项汇单寄至伦敦的委托行委托代收，是后在港向当地银行售出伦敦电汇。购买行即电伦敦收取，倘无误即付款与港方暹银号的联号。暹罗对英国贸易虽常川居于不利地位，然伦敦为世界金融中心，暹罗对各国贸易以英镑为结价单位者，不在少数，故暹银号之转购先令单者亦属常见之事。最后，过去汕头币制紊乱，暹银号亦有在暹购入上海汇票，在汕售出申汇者。自币制改革后，此种情形逐渐减少，目前几已绝迹。暹银号在香港收款与付款（从暹出口商联号收款，付款与批局代理号）在时间上殊不一致，然此等银号在港多有充足的头寸，故能应付裕如，不感困难。暹银号在侨汇上所负的任务至是告一段落，至于港汕间的汇兑则由批局本身处理之。

新加坡、荷印、安南及暹罗等地批局的港方代理号于收到款项后，当即电告汕头及海口的批局，以便随时对之售出港单。倘南洋各地的批局已直接电告汕头及海口批局，港方即无须另行通知。

潮梅、琼属侨信的寄递比较分散，而侨款的汇拨则很明显的有一种集中的趋向。潮梅各地的侨款几全部以汕头为集散地①，琼属的侨汇则完全要经过海口。所以汕头及海口的批局在两地的侨汇机构上，居于一种枢要的地位。经由此两地批局转拨至内地的侨汇，如前所述，大率有以下三种：

（1）经由银号、银行汇至海口及汕头的国币汇款。

（2）由南洋直接寄至汕头一种在港取款的港币汇票。收款号将原票背书后或整张售出，或寄港联号委托取款，是后对之卖出港单，以取得国币。

（3）经由银号及银行汇至香港往来号，在汕头及海口售出港单。

第一种汇款手续简单，数额不丰无庸叙述。第二、三两种为潮、梅、琼属侨汇的主要方式，因此之故，汕海两地遂形成一庞大的港单市场。

批局在汕头及海口两地对于港汇的供给数，远驾乎当地出口商之上。他们所供给的港汇几仅限于即期汇票一种，电汇绝少，远期汇票则向未之见。通常所称之港单，即是指即期而言。港单的需方，以入口商为首。汕头及海口两地无论在对内或对外贸易上皆是经常入超的口岸，侨汇的一部分即用以弥补入超。又两地的入口洋

---

① 广东省银行之梅县及潮安办事处各经手一部分侨汇，惟其数额甚微，可以忽略。

货几全部用港币结价，所以在入口贸易季节，两地的进口商必须准备充分港款，以资应付。其次为投机者。买空卖空的风气在海口不甚显著，而在汕头极烈。投机者多无买卖汇兑之必要，不过籍以操纵行情，垄断年利而已。在政局不定时期以及此次抗战期中逃避资金者亦为此项港单的主顾之一。自二十七年3月14日政府实施管理外汇办法后，逃避资金者在国家银行无从购买外汇，遂群趋于此途。

港单的买卖场所在汕头及海口两地颇不相同。在汕头，港单的买卖集中于汇兑业同业公会一处。会中买卖申汇及省单者甚少，实际上之买卖仅限于港单一种。每日上午10至11时为开市时间。开市时门禁颇严，携有入场证之会员①方能进会，否则只能委托会员代理买卖。入会前各会员多已得到香港联号拍来之行情电报，故在实际交易前已有成竹在胸。在买卖时完全采用交易所的竞争买卖方式。价格及额数议妥即各登记于一纸上，以便计算。一市之中，港单价格瞬息不同，投机操纵其间者比比皆是。场中交易完全凭口头信用，但款项须当天受授，不得逾期。每日下午1时至6时为交收时间，至时买者以现款付给卖者，卖者以港单授予买者。市场内港单之需供有时不能平衡。批局为适应入口商的需求，先期将港单零星售脱②，或将不能以有利价格售掉的一部分带港取现，携返汕头。

海口的港单需供额数不逮汕头，其买卖市场亦分散而无集中及固定的场所，购者多与当地汇庄私下分别交易。汇兑业同业公会不过为一形式机关，每日由各会员汇庄聚议一次讨论及探听行情而已。海口的汇兑庄多兼营旅馆业务，其中规模较大者约共十三家，共同组织一通成汇庄。该号一方面直接代理南洋侨款，一方面兼营进出口业务。同时上述十三号承揽的南洋侨款，倘自香港转来，各号在海口开发的港单亦十之八九售予通成，由通成号待机转售与其他汇庄或进口商。是为海口市港单买卖及资金调拨上的一大特色。

汕头及海口的批局，除总支号关系者不计外，多系代理南洋批局分送侨款，故由港单买卖所发生的一切损益完全由南洋号负担。汕头及海口批局的卖单汇价须随时电告南洋局，以便南洋局据以计算损益，并决定是后出售国币的价格。汕头、海口批局所报的行情，多是当天汇兑公会或市面通行的最低行情，其实际卖单汇价与所报单卖汇价的差别即为汕头及海口批局的主要收益。

汕头批局所取得的侨款之中，仅极小部分派人分送当地侨民家属，最大部分须转拨至内地。转拨之法或通知内地往来号或支号，在内地对汕海本局或指定银号卖出汕头汇单或海口汇单，或派专人携款前往分送。在汕头及海口邻近各县，大多采用后一种方式。在梅属各地，因与汕头距离较远，运现不便，且通用货币不同，故侨款的移转多采售汕头单之法。此项汇单有两类。一为见票即付者。一为指定日期付款者，其期限为发票后5天至18天。当地的入口货几全部来自汕头，此种汇票即为当地的入口商所吸收。

---

① 汕头市汇兑业同业公会的会员，在二十一年极盛时代曾达60余家，现仅20余家。
② 在此种情形下，批局必预存款项于港联号，待侨款汇港后又当做存款。如是方能川流不息的周转。

从以上的叙述，可以得到一个总括的概念，即潮、梅、琼三属的侨款中的最大部分，事实上以香港为转汇中心。对于此种现象，我们有如下的解释。

第一，过去中国银汇价变动不定，使南洋批局在收进零星侨款以至实际汇拨侨款的一段时期中，要冒很大的汇兑风险。故一般批局多预在香港备有头寸，待汇价有利时，电告在汕头及海口的代理号在当地售出港单，收进国币，以期减少损失。自二十四年11月4日币制改革后以至战事爆发时，国币对外汇价虽比较稳定，但由于时间的短促，此种传统的汇款方式仍未能立即改变。

第二，内国银行在国内外尚未普遍设立分支行处，故由内国银行直接汇款至国内反不如原有方式之便捷。且内国银行在国内外的信用基础未臻健全，一般侨民对之多怀惧心。欲改变此种心理，非经内国银行长时期的努力，不易收效。

第三，潮汕及琼属与南洋各地向少直接贸易。虽然汕头每年从暹罗直接输进三数百万元的洋米，但此项米普通皆按港币结价，而且多以香港为付款地点，几与间接贸易无异。潮汕及琼州与南洋各地既少直接贸易往来，则在汕头及海口直接售出南洋汇票自无人承购，而在事实上不得不经香港转汇。

此外若遇国内政局变动，内地不靖，以及香港汇兑机构之比较完整等等，皆足以使香港造成其华侨汇款清算所的地位。

2. 水客、进出口商号、船行及私人

船行及进出口商号之经手侨汇仅见于北海，故下文所述，皆以北海为对象。水客带送侨款在潮梅各地的侨汇机构中殊属重要。私人携款返国以钦廉一区最为普遍，潮梅琼诸属次之。至于内国银行及邮局经手侨汇的方式与四邑各地皆相同，故不赘述。

水客　在潮汕各地，水客又名客头，往昔分为两种。一为来往汕头与内地之间者，称为"吃淡水"水客。一为来往南洋与汕头间者，称为"溜粗水"水客。二者之任务，一方面在代理转送侨款，另一方面照料新客出国。溜粗水客头每年往返南洋中国数次，返国时即将侨民信款携回直接交与侨民家属，或委托吃淡水客头代交。吃淡水客头除携送侨款外，也负照料新客由内地登舟或乘车赴汕等事宜之责。待抵汕后，走内地水客及新客皆寄宿于当地的客头行中，以便与溜粗水客头会晤。至于新客出国入境的一切手续，皆由南洋水客办理。

近年来两种水客的营业与人数，皆趋减少。一则因南洋各地不断的经济衰落及排斥华工，新客出国者日少；一则因批局势力巩固扩大，侨汇渐集中批局之手。

潮梅水客人数既多，联络亦佳。汕头的南洋水客联合会即为其中心组织，会员达900余人。其中梅籍者占700余人，潮籍者占200余人，各有其比较固定的营业区域。每年出入国的水客分大小两帮，各往返3次。大帮返国时期约在旧历四月半、八月初旬及十二月初旬，小帮回国时期则在旧历二月、六月及十月，凡大帮入国时期即为小帮出国时期。

水客带送信款完全凭个人的信用，既无收条亦无担保。其所收佣金与批局所收者相仿佛，大致为5%。其款项之调动，或购银行昃纸，至港后取款携返，或交港

银号汇汕，或委托南洋批局代其转汇汕头。间有带叻币、暹币、荷盾或安南纸至香港或汕头找换国币者，然居少数。水客抵汕，即将款取出或换为国币，其属潮籍者多将信款携至乡间分发各收款人，梅籍者则仅将信款携至梅属各县县城，静候收款人来取。因水客返里多有定期，各侨民家属皆能预知何时往取。

琼州水客人数很少，其营业区域几仅限于安南一地。其返国次数不定，携返之款即是侨民所交付的安南纸，原款径交侨民家属，并不代为兑换。

进出口商号　钦廉各地①向无正式经理华侨汇款的机关②，侨汇业务多由进出口商号及船行兼营。当地的进出口商号以对香港的贸易为主，其中数家在港有联号或往来号的组织，此等联号或往来号，即构成其经理侨汇的转手机关。除安南外，南洋其他各地的侨信及侨款皆须通过港号转寄转拨。侨信的寄递或托邮局代办或随货运载，侨款的移转则全部采由港运货至北海抵账之法。一切由港转寄的侨信，皆外附汇单一纸，以为收款人取款的凭证，其收款手续与四邑各地之南洋票汇同。

船行　北海的船行经常有船只来往于安南及北海之间。安南侨民送款至钦廉各地，即将款交船行之安南分号代为携回，所带回者几全为安南纸币。侨民家属取得纸币后，即在当地的找换台上兑换，找换台则又转售于赴港办货的入口商。利用此法送信款的侨民，多属船行的亲友，故船行带款系义务性质，并不收佣。

私人　华侨自身携款返国，在潮、梅、琼、钦、廉诸地的侨汇上皆有相当的重要性，而在钦廉一区，尤占地位。因钦廉各县密迩安南，水陆交通均称便利，侨民可以随时携款返乡。此系指平常零散来往于安南及钦廉间的华工而言。此外还有一种定期来往者，即在每年6月至9月安南的农忙季节，从钦廉各地往安南应征为农业散工者络绎于途，9月以后仍返家乡。这一批人返国时所携回的款项当然为数不少。因为华侨所带者都是安南的通用币，所以钦廉各县安南纸的供给特多，其中东兴一地毗连安南，致安南纸充斥市面，本国货币反无地位。

---

① 钦廉各地的华侨以往安南者占多数。
② 北海虽有广东省银行一处，但1937年该行经理侨汇不过5000元左右，可以忽略。

二、广东省华侨汇款的数额

关于粤省侨汇的机构已略如上述,以下拟对侨汇数额及估计方法稍加讨论。

(一) 估计华侨汇款方法的商榷

关于华侨汇款的数额,过去中外人士的估计很多。远在 1877 年,美国加省上议会即对美国华侨汇款额数加以估计①。此为吾人所知的第一个侨汇估计者。其后,中外学者及机关团体,如旧金山之 Morning Call 报纸及 Morse, Wagel, See, Coons, Remer, Kann, 土屋计左右诸氏,中国银行及吴承禧先生等,陆续有关于侨汇的统计数字发表②。各家所用的方法不同,准确的程度互异。内中除二三家的估计比较精审周密外,其余各家或得之于间接的探听,或根据一个简单机械的公式算出,即依照华侨人口总数乘每年每人平均汇款的约计数。华侨人数向乏调查,国内外所已发表的统计数多不精确,尤以早年为甚。每人每年汇款的平均数,各地间迥不相同;即在同一地方,各年间亦前后互异。且欲求此项数字,必须对于各地侨民情形有深刻的了解,否则很难得其真相。各家所采用的平均数多凭诸揣测,其间出入很大。乘数与被乘数本身的可靠程度既属疑问,则由此所得之积,其价值当更可疑,自不待言。至于向一两位银行家间接探听一些侨汇情形,然后斟酌各地经济状况,估计一些数字,其结果的准确性也值得令人考虑。

1926 年以前,美国上议院旧金山 Morning Call 日报,Morse, Wagel, See, Coons 及雷穆氏的关于侨汇的早年估计都是属于这两种类型。1926 年以后,估计方法逐步改进,雷穆氏在这方面,厥功最伟。他所发表的 1928 年至 1930 年的全国侨汇额数乃是在香港、广州、汕头、厦门等埠实地调查及缜密考虑的结果,亦为第一次采用科学方法所得出的估计数字。然他的估计方法,似仍有未尽妥善之处。

第一,他以香港为估计侨汇的中心并将从外洋汇至香港的华人汇款减去一部分

---

① 1877 年美国加省上议会估计,美国华侨汇款每年平均约 180 000 000 美金。参见 *Memorial of the California Senate* 1877。

② 参照: 1. *San Francisco*, *Morning Call*, 1882。
2. H. B. Morse, *An Inquiry into the Commercial Liabilities and Assets of China in International Trade*, *Chinese Maritimo Customs*, Shanghai, 1904, PP. 11–15.
3. *China and the Far East*, *Clork University Leetures*, New York, 1910, P. 107.
4. S. R. Wagel, *Finance in China*, 1914 P. P. 473–474.
5. C. S. See, *The Foreign Trade of China*, New York, 1919, P. P. 334–336.
6. 东亚杂志,昭和七年九月份,土屋计左右:中国之国际借贷。
7. A. G. Coons, *The Fereign Public Debt of China*, Philadelphia, 1930, P. 183.
8. C. F. Remer, *Foreign Trade of China*, Shanghai, 1928, P. 221.
9. C. F. Remer, *Foreign Investments in China*, New York, 1933, Ch. X.
10. E. Kann 的估计数,散见于 *Finance and Commerce* 杂志。
11. 中国银行各年份营业报告书。
12. 《社会科学杂志》八卷 2 期,吴承禧《厦门的华侨汇款与金融组织》。
13. 《中山文化教育馆季刊》三卷 3 期,吴承禧《最近 5 年华侨汇款的一个新估计》。

商业汇款，以其余额代表汇至中国本部的侨款，这是很不妥当的。据我们在香港的考查，从外洋汇至香港的华侨汇款，其中有一部分是留存当地而不转汇内地的。

其次，他认为香港的 16 家银行掌握全部经过香港的华侨汇款①。因而他以从 11 家银行直接获得的数字及从另两家银行间接探听得到的数字为根据，所计算出来的总数，代表香港侨汇的总数。但占潮汕侨汇极大部分的暹罗侨汇，几全部操在潮帮银号手里，他们款项的移转不经银行而多采购轮船单抵账之法。又经由香港金山庄及南洋庄用比对方法而得到的侨款，以及南洋商号及美洲商号运货抵账的一部分侨汇，完全不经过银行。雷穆氏忽略以上数种情形，所以他所发表的香港侨汇数字犯了估计过低的弊病。

再次，雷穆氏以为香港侨汇的数额等于广东全省侨款及厦门一部分侨款（间接的）的总和②，这也是不确实的。潮、梅、琼属及四邑等地的侨款，有一部分是由水客直接带送各地，并不必经过香港，同时在钦廉及潮汕各地由私人携返的侨款也完全不通过香港。雷穆氏用一部分来概括全体，是由于他不明了粤省侨汇的整个机构。

近年来广州、汕头、海口以及四邑各地已相继与外洋直接汇兑，而且琼州的侨款二分之一以上是经由内国银行直接汇进的，所以雷穆氏的估计方法到现在已不尽适用。

从 1929 年起至 1936 年止，中国银行逐年皆有关于华侨汇款的数字在其营业报告书中发表。因为该行在内国银行中占首屈一指的地位，所以其发表的数字也颇为一般人士所重视。据吾人所知，该行的数字，是由该行在香港、广州、汕头、海口、台山及厦门等地的分支行处，各别的对当地的侨汇给予估计，然后相加而成的。但采用此种方法，必须预先对于以下五种数字有比较精确的概念。

（1）经由各种机关直接间接汇至广州、汕头、海口、钦廉及厦门等地的个别侨款总数。

（2）经由各种机关汇至香港的华人汇款总数，以及在此总数中，侨汇与商业汇款各自所占的百分比。

（3）汇至香港后留存当地的侨款数量。

（4）香港本地华侨汇至内地的侨款数量。

（5）经香港转汇广州、汕头及海口的侨款所占各地侨汇的百分数。

中行在每年估计侨汇时是否对以上五种数字已加以缜密的考虑，我们不大清楚。所以它每年所发表的侨汇数字的准确程度，也就在不可知之列。

吴承禧氏是继雷穆氏之后，采用比较精密方法估计侨汇的第二人。他对于 1931 年—1935 年厦门华侨汇款的估计数字颇准确可靠，其所用的方法亦有足多者。

---

① *Foreigrn Investments in China*，P. 181. 16 家银行的名称他并未举出。据我们推测，他大概是指汇丰、渣打、有利、大英、万国宝通、大通、运通、荷兰、安达、东方汇理、台湾、横滨、正金、中国、华侨、东亚、广东等 16 家银行。

② 见前书 P. P. 182—184.

但他对于1931年—1935年香港侨汇的估计数字及估计方法，似皆不甚翔实。

历来关于估计华侨汇款，大多循两种途径。第一是从侨汇的来源地加以估计，早期的估计者多用此法。第二根据几个转汇中心地的汇款数字，推测各省以至全国的侨汇数量。此法自雷穆氏首创之后，晚近各家相率仿效。此二法瑕瑜互见。前者因为是采追源溯流的办法，所以易于避免数字重复的弊病。但侨民散布如是之广，经手侨汇的机关如是之多，在调查或估计时不免要遭遇极大的困难，而终至于全盘失败。后者似乎比较轻而易举，易于获得一个概括的数字，但数字间重叠互见以及疏忽遗漏的地方亦是在所难免。同时采用此法的私人或团体几全以香港为估计侨汇的重心，并将一切汇至香港的侨款都当作由香港转汇内地的侨款。此种见解，显然不甚妥当。

首先，由外洋汇至香港的侨汇与从香港转拨内地的侨款完全是两件事情。汇至香港的侨款除普通商业汇款外，其余的大率可以分作两部分，一部分是实际上转拨内地的款项，一部分则留存当地①。后者或投资于香港及九龙的工商业，或用以做各种投机事业②或转为银行或银号的存款，或用做侨民在港家属的赡养费。这一部分与侨民存诸国外或用在国外的款项丝毫无异，对于中国的国际收支是根本不发生抵补作用的。退一步言，假使留存香港本地的侨汇数量较少，其存在与否，无碍于侨汇的整个数字。然欲获得香港侨汇整个数字的本身即大非易事，不但外商银行每含混其词，敷衍搪塞，不肯将经手的华人汇款全盘道出，就是中国经手侨汇的机关亦何尝不如此③。即便我们能将经过中外机关团体汇至香港的一切华人汇款的数字全部得到，但在计算侨汇前还须慎重考虑下述两种情形。

（1）华人汇款，如上所述，实际上包括侨汇及为支付进口货价（按即香港方面收进出口货款）而汇至香港款项两类。除少数银行对之有比较明晰的分类，其所供给的数字仅限于侨汇一项外，其他多数银行的数字皆混淆不分。调查所得的原始材料既不能武断的划分，于是便不能囫囵的利用。此为分析香港侨汇数字最感困难的第一点。

（2）香港一地，经手侨汇的机关过多，各机关间彼此买卖，相互抵账的情形，亦不可胜数。但如将一切下盘生意不计在内，则探根溯源，侨汇主要是经由五种途径达到香港。第一是银行。银行经手的侨款一部分直接交给侨民家属，一部分是代银号、商号、批局及水客抵账。银行调拨资金大率采下列诸法：（1）购买其他银行的汇票（银行间的买卖必须减去以免重复）；（2）购买货单或轮船单；（3）在香港卖出外汇；（4）预先有款存在香港，以便随时动用。第二，货单或轮船单。

---

① 香港余仁生经手的侨汇几全留存香港本地。
② 参见 *Decennial Reports*，1922—1931，P. 220.
③ Remer 于1931年在香港调查时获得13家银行的数字。吾人此次调查亦仅获得大通、运通、万国宝通、荷兰、安达、中国、东亚、华侨、广东、上海商业及四海通等11家的数字，其总数为 $195 600 000。其中5家的数字是直接得自各该行的负责人，其余6家的数字是间接探听得到的。又除中国银行的数字以外，其余各家银行的数字多包括侨汇及普通商业汇款两项，所以上列的总数要比11家银行实际经手的侨汇大得多。

此项包括银号、批局及商号为侨汇目的而购买者的一部分，银行购买者不计在内。第三，比对。此项亦仅包括银号、批局及商号为侨汇目的在港所卖出的南洋单，银行所售者不计在内。第四，银号或商号为转移侨款直接运货至港。第五，水客亲自携带侨款到港。采用以上五种方法汇到香港的侨款的合计数，在大体上方可以代表汇到香港的侨款的总数。但此五项数字的每一项皆是一个谜，而且都是很难加以估计的。

根据以上种种的理由，吾人根本怀疑以香港为估计侨汇的中心地之方法上的妥当性。因此之故，我们的估计便不以香港的数字为主体。普通用种种方法求得的香港数字仅能以之验算用其他方法估计出来的数字的差误，至于即以香港数字的本身为实际上的侨汇数字，其适当与否，是很值得考虑的。

事实上，广东省的华侨汇款有两项主要的来源。一为用批信方法的汇款，一为用昃纸方法的汇款。此点我们在上文已详为叙述。此外尚有几项非主要的来源，即经过内国银行、银号、商号、邮局、船行、进出口商号、水客及私人直接汇至或带至各地的款项。倘能对比诸项侨款额数各别的加以处置及估计，以求其比较近真的数字，则综合起来所得到的侨汇估计数与实际上的额数当能较为接近。

关于以上诸项侨汇的估计，我们认为用下列诸法比较适当：

（1）用批信方法之侨汇的额数，以潮梅及琼属等地的各别侨信平均约计汇款数乘各地的批信件数所得到的乘积推断之。一切的批信都须经过邮局的检查及登记，所以批信的数目完全可以在邮局查出。每封信的汇款数目，则宜择潮、梅、琼各帮批局之较大者一二家抽查之。其经过批局而无批信的小部分汇款，则应根据各地有经验之批局司理人及熟悉侨汇情形之水客等的意见，加以估计。

（2）昃纸汇款数量，以昃纸的平均约计价值乘昃纸的约计总数所得的积，推断之。四邑各地大部分的昃纸是由当地的银号、商号收买，其中规模较大者每年收买额达数百万元。此种营业额较大的商号是银号，即为抽查昃纸平均价值的适宜对象。抽查的地点宜择昃纸的集中地，如江门、台城、赤坎、石歧等是。抽查的家数则每地1家或2家即已足。一切的昃纸都是由汇款人用挂号信寄至四邑各地，而由外洋寄至四邑各地的挂号信，几全部为邮寄昃纸的信件。挂号信中间有少数邮寄两张以上的昃纸者，但此或可与少数不附昃纸的挂号信相抵销，所以挂号信的数目大致可以代表昃纸的数目。挂号信虽全部经过邮局，但邮局对之向无记录。故欲知其确实数字，必须到四邑、中山各县各墟镇的邮局实地调查其外国挂号信的收条张数。此项工作至繁且巨，非穷月经年不能得其详，殊非少数人短期间所能办完。在不得已的情势下，不得不退而求其次的办法，即根据各地邮局负责人对其经手外洋挂号信的估计数字，然后分别计算之。

（3）邮局经手的国际汇票及大宗汇票汇款数额可以在各局的账簿中完全找到。其中大宗汇票汇款全部是代银行转汇款项，故不宜计算于侨汇数字之中。经由内国银行汇至各地的侨款，其性质因地而异。其汇至广州、汕头及海口之侨汇的主要部分是代银号、商号或批局抵账，其汇至四邑各地者则全部是直接交给侨民家属的款项。所以在计算此项侨汇时，亦宜适应各地的情形，分别予以增减。南洋商号利用票汇法的汇款与美洲商号利用信汇法的汇款，其经手的机关既属分散，同时款项因几度转汇而发生重复的地方亦多。处理此种困难的方法，第一是调查省港各主要转手机关的数字，第二是调查内地各主要付款机关的数字。比较此两项数字，并参酌省港及内地各县有经验有声望的银行负责人及银业司理人的意见，然后分别估计。潮、梅各县每年由水客所携回的款项以水客人数、平均每人每年返国次数及该年度每人每次携带侨款的平均约计数等三项的乘积推测之。水客人数及其返国次数，都是比较固定的项目；携款的平均数，则访问汕头水客联合会的负责人及三五名水客，便可以得其梗概。至于琼属的水客携款及全省各地每年由私人带回的款项，并无集中的机关团体可供调查，仅能根据各地返国侨民的约计数及国内外经济状况加以估计。

（二）民国二十六年度广东省华侨汇款数额的估计

我们此次调查因时间短促，在若干地方未能充分利用上列诸种方法，因而所得到的各项数字之准确程度颇有差异。兹择要分地述之。

(1) 关于四邑、中山、鹤山、顺德等地的侨汇，我们的估计额数一方面根据在此数地调查 11 家银行、38 家银号、13 家商号及 8 家邮局所得到的数字，一方面根据从广州邮政管理局、4 家银行、2 家银号及香港 11 家银行、1 家商号所得到的资料①。其结果如下：

二十六年四邑、中山、鹤山、及顺德等地的华侨汇款额数估计（单位：$）

利用银行昃纸的汇款约计	52 000 000
利用票汇法及信汇法的汇款估计	15 000 000
其他（包括经由内国银行直接汇交侨民家属的汇款、邮局国际汇票汇款及私人返国所携带的款项）	5 000 000
总计	72 000 000

---

① 此次在四邑各地调查之银行、银号、商号及邮局之名称及所在地如下：

顺德大良：广东省银行，大生、茂元、永生、铭隆及衡生等 5 家银号及大良邮局。

中山石岐：广东省银行、中山民众实业银行，罗勤记、合成昌、生发、福和盛、利生、天祥等银号及石岐邮局。

新会江门：广东省银行、中国银行、金城银行，会丰、振升、达祥、嘉祥、广荣源等银号及江门邮局。

鹤山沙坪：广东省银行，协昌银号，帜荣公司，冯合记及沙坪邮局。

台山西宁市：广东省银行、中国银行，实信、大正、建平、裕亨、达新、永亨、诚昌、慎信等银号，中国信托公司，南华找换店及台城邮局。

台山新昌：中孚银行及万草堂药店。

台山荻海：汇丰银号。

开平长沙：广东省银行，巨信、和源、广就等银号，万源火油行及邮局。

开平赤坎：万宝源、汇通、富源、汇源、广祥、裕民、天宝等银号，成利公司，益记及万源等三家火油行。

恩平：县城之广东省银行，泗汇栈及邮局，圣堂之昌号，船角之永生号，沙湖之恒盛号。

广州：中国、广东省、东亚及广东四家银行，汇隆及道亨银行，广州邮政管理局。

香港：前述 11 家银行及余仁生汇兑药行。

依照我们的估计，上列各地间侨汇的分配情形大致如下（单位：$）：

台山	开平	中山	新会	鹤山	恩平	顺德	总计
35 000 000	12 000 000	10 000 000	10 000 000	2 500 000	2 000 000	500 000	72 000 000

昃纸汇款占此数地侨汇中的最主要部分。但我们仅获得二十六年每张昃纸金款额的约计平均数（详下文），挂号信的数目则由于前述种种理由，未能全部得到，致不能用比较精确的方法验算此项数字的准确程度。

（2）二十六年高雷九县的侨汇数，主要是根据梅菉广东省银行及广益祥火油行所供给的资料而估计的，其数额约计为 $3 500 000。其中信宜一县约占总数四分之三，其他8县仅占四分之一。

（3）关于潮梅的侨汇我们估计的程序大致如下。

①根据广州邮政管理局供给的资料，二十六年由外洋寄至汕头的批信件数共约 2 200 000 件。直接寄至梅属的批信共约 18 000 件。汕头的批信中的一小部分，约有十分之一之数是转寄梅属的，所以潮属的批信实际上约为 1 980 000 件，梅属的批信实际上约为 238 000 件。二十六年潮属批信平均每件汇款约数，据汕头炳春银庄供给的数字为 20 元，据汇康银庄供给的资料约为 28 元，据侨批业同业公会负责人供给的数字则为 13 元。前 2 家银庄经手的批信，因为包括一部分梅属批信在内，所以使其平均数增大。后一项数字比较能代表潮属各地一般的情形。大致新加坡的侨信平均汇款数较 13 元略多，暹罗者较 13 元略少，安南者与此数相近。今以此平均数乘潮属侨信数字，其结果为 $25 700 000。此即二十六年用批信方法汇至潮属的侨款约计数。

梅属批信的平均汇款数，据汕头宏通银庄供给的数字为 60 元[①]。今以此数乘前列梅属侨信数字，则可以得到二十六年用批信方法汇至梅属各地的侨款约计数，即 $143 000 000。

②经常往来于潮梅与南洋各地间的水客，共约 950 人。每年每人平均来往 3 次。二十六年水客携款的平均约数，据汕头市水客联合会负责人称约在 6000 元之谱。三项相乘其约 $17 000 000。此数大体可以代表二十六年水客携返潮梅各地的侨款总数。

③二十六年经由汕头中国、广东省、交通、汇丰等 4 家银行及潮梅各地邮局直接汇交侨民家属的侨款以及华侨返国携回的款项共约 $5 000 000。此系根据上述各行局所经手的侨汇额数统计及汕头侨务局所供给的侨民返汕数目，我们据以分析所获得的结果。

---

① 此为二十七年 1 月至 6 月的平均数字。但据此银庄司理人言，二十六年的平均数字与此无大出入。

综上各项，二十六年潮梅侨汇约计共 $62 000 000①。

（4）琼属各地批局经手的侨汇有两种来源，一为经由内国银行直接汇至海口的侨款，一为从南洋各地将侨款用种种方法汇至香港，然后在海口卖港单所取得的款项。二十六年经由中国银行及广东省银行汇至海口的侨款共计 $7 250 000，其中约有 $7 000 000 之数系代批局拨汇者。是年海口批局采用卖港单方法所经手的侨款，据我们的估计，约为 $3 000 000，两项合计共 $10 000 000，约占琼属批局经手侨汇的全部。二十六年琼属侨信的平均汇款数，据我们调查 6 家汇庄的结果②，约计为 15 元。二十六年琼属各地侨信的件数，据广州邮政管理局供给的资料，约为 283 000 件。两项相乘，共得 $4 240 000。此数不及依前项方法所估计的数字的二分之一。此或由于私运的侨信过多，致邮局的数字不能代表全体，或由于经过批局而不用批信的汇款额数稍大，因而上列的乘积不能表示批局经手侨汇的实际数额。其详细的情形，尚待更进一步的考察。二十六年水客及私人携返的款项，据我们的估计，约为 $2 000 000。是年琼属各地侨汇，约计共 $12 000 000③。

琼州的侨汇，约 95% 以上是集中在文昌、乐会、琼东及琼山四县，其中文昌一县的侨汇约占全部侨汇的 5 成以上。

（5）二十六年钦廉一区的侨汇，根据北海广东省银行与当地 3 家商号④所供给的资料及我们对该地情形考察的结果，约为 $5 000 000。此数字包括经由银行、邮局、船行、进出口商号的侨汇及私人携返的一切款项在内。

（6）除上述各地外，二十六年广东省其他各县⑤的侨汇约为 $20 000 000。此系我们用通信调查方法及在广州、汕头等地向当地银行界间接探听得到的数字，而非实地调查的结果。

综合以上各地的数字，则二十六年广东全省华侨汇款的数量，大致如下：

二十六年广东省华侨汇款估计

台山、开平、新会、中山、鹤山、恩平及顺德	$72 000 000
潮属及梅属	$62 000 000

---

① 关于二十六年汕头的侨汇，除我们的估计数字外，另获得 5 种不同的估计数，其详如下：

汕头市侨批业同业公会估计数	$40 980 000
汕头中国银行估计数	$37 000 000
光益庄估计数	$70 000 000
普通庄估计数	$65 000 000
德发庄估计数	$60 000 000

据我们所知，上列诸种估计数多是由估计者向各批局直接间接探听得到的数字相加而成。但由于摊派公会会费、缴纳捐税及营业秘密的关系，各批局都不愿将其实际的营业额宣布，所以由此种方法求出来的估计数，其可靠程度殊成疑问。

② 6 家汇庄的名称为汇利汇庄、通成汇庄、琼通汇庄、平民栈及大亚酒店银业部。

③ 海口中国银行对于二十六年琼州侨汇的估计数为 $8 450 000。据该行负责人言，此项数字是最低限度的估计数，实际侨汇数必高于此。

④ 3 家商号的名称为广昌和号、广珍祥号及黄正昌号。

⑤ 包括花县、清远、番禺、南海、增城、东莞、宝安、惠阳、海丰及陆丰等县。

琼州	$12 000 000
高雷九县	$3 500 000
钦廉四县	$500 000
其他各县（花县、清远、番禺、南海、增城、东莞、宝安、惠阳、乐平及海丰等县）	$20 000 000
总计	$170 000 000

以上为二十六年广东省侨汇总额估计数以及各地间分配的大概情形。以下拟对其季节变动及平均汇款情形略加说明。

关于二十六年粤省侨汇的各月份额数，我们仅获得中国银行在港粤各分支行处所经手的侨汇数字、广东省各邮局的大宗汇票及国际汇票汇款数字，以及潮、梅、琼等属批局的侨汇数字。此虽不足以代表粤省侨汇的全体，但亦可藉以略窥其各月份消长的一般情形。

依据下表，则二十六年的侨汇以一二月份为最多。此种情形，据我们所知，不但普遍于各地，而且是一种常态。因为国历一二月份适当旧历年底，侨民汇款者倍形踊跃，侨汇笔数及每笔的平均数因之相形增加。旧历五月及八月普通亦为侨汇的旺盛季节，但在数量的增加上，并不如旧历年杪那样显著。

关于侨汇的每笔平均数，各地间颇有差异。在四邑各地，美洲侨民汇款大多数是盘旋于$150到$400之间。昃纸汇款占美洲侨汇的主要部分。据我们在开平赤坎一家商号的收买昃纸簿中所找到的昃纸张数及各别额数的记录，并据之计算的结果，其二十六年收买昃纸的每张平均价值为港纸181元，约合国币190元。我们在当地的其他银号、商号以及在江门、台山、三埠等地的银号、商号所探询得到的数字，亦与此数相接近。银行在四邑各地所收买的昃纸多属大数的昃纸，所以其平均价值亦较大①。二十六年经由内国银行直接汇至江门、台山两地的美洲侨款的平均额数，据我们的计算，约为国币210元。此较昃纸的平均数略高，但此种汇款仅居少数。所以以190元代表二十六年四邑诸地旅美侨民每人每次的平均汇款额数，当与事实相差不远。

二十六年中国银行、邮局及批局经手侨汇月份数额

月 份	中国银行 ①	邮局国际汇兑 ②	邮局大宗汇票 ③	潮属批局 ④	梅属批局 ⑤	琼属批局 ⑥	总 计
1月	2 645 000	39 800	10 200	1 880 000	1 050 000	705 000	6 330 000
2月	1 549 000	60 800	7 600	4 110 000	2 310 000	296 000	8 333 400
3月	1 160 000	42 600	31 700	1 950 000	1 100 000	170 000	4 454 300
4月	2 274 000	33 500	15 400	1 930 000	1 070 000	300 000	5 622 900
5月	2 359 000	33 200	10 400	2 260 000	1 250 000	350 000	6 262 600

---

① 江门广东省银行二十六年收买昃纸的每张平均价值为港纸272元，约为国币290元。是年台山中国银行收买昃纸的每张平均价值为港纸375元，约合国币400元。又是年鹤山广东省银行收买昃纸的每张平均价值为港纸440元，约合国币470元。

（续表）

月份	中国银行①	邮局国际汇兑②	邮局大宗汇票③	潮属批局④	梅属批局⑤	琼属批局⑥	总计
6月	2 429 000	46 300	15 600	2 160 000	1 270 000	495 000	6 415 900
7月	2 575 000	41 700	36 100	1 690 000	940 000	299 000	5 581 800
8月	2 265 000	47 600	15 000	2 130 000	1 150 000	380 000	5 987 600
9月	1 709 000	29 800	25 300	2 220 000	1 210 000	360 000	5 554 100
10月	1 468 000	34 900	16 700	1 580 000	870 000	320 000	4 289 600
11月	1 708 000	51 200	29 600	1 860 000	1 000 000	245 000	4 893 800
12月	2 134 000	68 300	34 400	1 930 000	1 060 000	320 000	5 546 700
总计	24 275 000	529 700	248 000	25 700 000	14 280 000	4 240 000	69 272 700

注：①根据中国银行香港、广州、汕头、海口、江门及台山等分支行处所供给的资料，电汇侨款不计在内。

②③根据广州邮政管理局所供给的资料。

④⑤⑥各月份数字皆是用各地之侨信约计平均汇款数乘广州邮政管理局所供给的各该地批信数字所求得的乘积。

二十六年四邑各地南洋侨汇的平均额数，据我们向当地银号探询得到的数字约为＄30，银行经手南洋侨汇的平均额数则较此为高。

潮属、梅属及琼属等地批局经手侨汇的每笔平均数，上文曾略述及。其经由银行汇至此三地的侨款之每笔平均数，全部在千元以上，因其多属抵账性质，故可以撇开不谈。

侨汇每笔平均数在各地间之所以发生差别，大率由于两个原因。第一，侨民的收益能力在海外各地间迥不相同。美洲侨民的平均进款额数，一般超过南洋侨民的平均进款额数。同时在南洋各地中，荷属侨民的平均收益又较暹罗、安南等地侨民的平均收益为大。侨民的平均汇款能力完全以其收益能力为基础，收益能力的大小当然影响其汇款额数的多寡。第二，汇银次数的集中使侨汇的每笔平均数增大。在美洲各地及荷属东印度，由于国人自办之批局式的汇款机关比较少，新式银行汇款手续较繁杂，同时他们不愿办理额数小的汇款；所以一般侨民多自动减少其汇款次数，增大其每次汇款的数量。因此之故，在暹罗、安南以及海峡殖民地等处的侨汇中，每笔一二元的汇款每每可以发现，而在美洲及荷印的侨汇中却很少见。

三、结 论

广东省华侨汇款的机构及数额已略如上述，本节拟对于整饬机构及改变汇路，略陈数语。

从以上的分析可以观察到三种显著的现象。其一，粤省侨汇的最大部分皆以香港为转汇中心，其因汇率高低申算而使汇款人蒙受之损失，有时至为巨大。其二，经手侨汇的机关数目既很繁多，系统亦复庞杂，因之构成一种叠床架屋、支离破碎的局面。其三，在整个侨汇机构中，外商银行及旧式侨汇机关皆占优势，内国银行则瞠乎其后。四邑各地的侨汇，因一向沿用外商银行的钞纸，致当地人民逐渐养成信赖外商银行，信仰外钞的心理①。旧式侨汇机关的信用程度既不划一，委托汇款者亦无法律上的保障，难免发生侵蚀侨款的现象。

我们以为欲弥补此种机构上的缺陷，改变间接汇兑为直接汇兑，各经手侨汇的机关固应通力合作，而国家银行尤宜尽其最大限度的努力，俾得以其本身为核心而形成一种经理侨汇的网状组织。兹分国内外两方面言之。

在国外吸收侨款方面，国家银行首先应增设分支行于海外各地，行内并宜附设类似侨民服务部一类的组织，举凡侨民向国内汇款、投资以及旅行等等事宜，皆代为计划办理，以期能直接与侨民发生多方面的接触。接触的方面愈多，对侨民服务的机会亦愈多，则愈能取得侨民的信仰，吸收侨款当非难事。然海外侨民散居各地，幅员广大，非国家银行势力所能全部笼罩。以一二银行之力在国外各地遍设分支行为事实上不可能；即令可能，亦至不经济，故各经手侨汇机关间之分工合作，实为必要。此项合作，可分三层。一为国家银行与其他各内国银行的合作，一为国家银行与旧式侨汇机关的合作，一为国家银行与外商银行的合作。查华侨、东亚、广东、中兴、四海通诸行经手侨汇，已历有年所，在南洋各地有根深蒂固的基础。其中华侨一行分支行遍布南洋各重镇，每年所承揽之侨汇，在国内各银行中允称首屈一指。国家银行倘能与此诸行切实联络，则在经理侨汇方面，当能获得莫大的便利。其联络方式，我们以为应由国家银行与上述各行成立多方面的代收代付合同，各行在国外所吸收的侨民汇款，应交与国家银行，由国家银行转至国内。目前此种代理关系虽已存在，然多属任意性质，而无强制的规定。我们建议国家银行在吸收外汇上应具有强制的权力，一般商业银行所承揽的侨汇应完全集中国家银行之手，而由国家银行在汇价的申算上优遇之。

按新式银行在南洋各地所做的侨汇业务泰半属上盘生意，而下盘生意大部分仍操诸旧式侨汇机关手中。此等旧式侨汇机关已有近百年的历史，其组织及运用虽未臻完善，然其为侨民服务之功绩，殊不可忽视。且其组织普遍于国内外，对于侨民情形、地方习惯至为熟习。而其代侨民书写信件、收寄回头信、供给赊汇之便利以

---

① 四邑各地的一般人民在平时亦多愿贮藏港纸，而不愿保存本国钞票。

及直接送信款与收款人等，尤非新式银行所能为。故此等旧式机关仍宜听其各别活动，而国家银行则立于监督指导的地位。凡侨信侨款的收集、侨信的寄递，仍可保持旧有的方法，庶不致与侨民的传统习惯相背驰。而侨款的转拨能以全部集中于内国银行为上策。其法或由国家银行委托其他各家银行以最好买价①向各旧式机关接揽转拨侨汇，或由国家银行津贴各旧式机关，或以其他方法扶助其发展，而以全部侨款由内国银行，或直接交由国家银行转汇为条件，或由国家银行强制购买其外汇。按现在南洋各地批局转拨侨汇之法，除其经由内国银行直接转汇国内各地者不计外，大多委托银号及外商银行汇至香港，然后在国内各商埠卖出港单，取得当地通货，直接解往四乡。批局在卖出港单时，因港汇价格之变动，固可获利，然亦易蒙受意外的损失。稳健者固早已欲改弦更张，倘国家银行能相机扶助提携之，则假以时日，此类机关或逐渐能全部置于国家银行控制之下。

以上所述者，大率偏重于南洋方面，至于在美洲、欧洲以至澳洲、非洲等地，内国银行之设立分支行者颇少，旧式侨汇机关亦属有限。此等区域的侨汇，大部分经由外商银行汇拨。其中美国数家大银行皆专门聘请华人雇员，直接向侨民兜揽侨汇生意，并委托在美之华人商号代为吸收侨汇。其努力之程度若是，加以其在本国领土内所得种种便利，短期内中国银行在彼邦自难望与之竞争。我们以为内国银行在此种地方对于经理侨汇的活动方式，首先在取得经手华侨汇款的各外商银行之合作，并与之缔结多方面的代理收解协定。外商银行在各地所吸收的侨汇，务期其能尽量移交内国银行，由内国银行代之在国内直接付与收款人。倘内国银行对于代付款项取佣减低，同时在汇率上亦以最好卖价（收进外汇卖出国币之价格）折算，则此事实不难办到。其次由国家银行委托在美洲、欧洲、非洲、澳洲等地有信誉的华人商号代理吸收侨款，此等商号在海外侨民留居各地颇为普遍，而且大多数与华侨有密切的联络，以之为吸收侨款的下层机构最为得计。近美国各大银行多以特制之戋纸委托华人商号代理发汇，实行以来成效卓著，此种方式实足取法。而国家银行委托各华人商号办理侨汇业务的方式，自应以利用戋纸为原则。

倘此项意见得以逐步实现，则不仅海外各地的侨汇即可由目前分散状态以国家银行为核心而渐趋集中，且侨汇通路可以矫正，侨汇机构得以调整，可谓一举而数种目的俱达。是为侨汇之吸收情形。至于侨汇之分配事宜，在闽粤两省则以各该省省银行担任，最为适当。国家银行在国外收得之侨汇应即直接通知各该省银行的各地分支行处代为付出，而无须经过各该省之省银行总行转达，以期迅速。但银行实际仅负调拨款项之任务，至于侨款之分送，在潮、梅、琼各地仍可由批局为之，而银行则立于监督补助的地位。在四邑各地，则除旧式机关外，更宜充分利用邮局之大宗汇票方法转送之。

以上吾人所建议的方案，以内国银行为重心，故关于内国银行内部机构及人事上之调整，亦愿略献蒭荛之见。银行之功能贵乎迅速与认真，内国各银行中合此标

---

① 指以国币购买外汇而言。

准者固有之，而敷衍因循者亦殊不少。以吸收戽纸及支付侨汇二事为例，即可略窥一斑。按银行在四邑各地吸收戽纸，原应为辅助政府集中外汇必要步骤之一，而少数银行之总行对此事异常忽视，其拍至四邑各地分支行处的行情电有三五日一次者，有延迟一二星期之久者，驯致此等下层机关在收购戽纸时无所根据，而不得不停顿其工作。又在经手侨汇的内国银行中，亦有不遵行规延期支付侨款的现象，其缓付的期限从一二星期至一月不等。此种事实足以增长侨民对于内国银行不信任心理，而使内国银行的侨汇业务的正常发展大受妨碍。凡此种种以及少数行员对顾客的侮慢态度，均应切实整顿。再经手侨汇之各家银行的各地分支行间，有感库存过度短绌，以致侨款通知到达后难于应付者，亦有头寸充溢而不能有利运用者。在此种情形下，酌盈济虚，实属必要。其资金在各地间之调动，或由分支行间相机处置，或完全听命于总行，均无不可。倘因通用货币不同或与其他各地过于隔离而不能彼此调拨者，则总行宜常川充实其库存。

自上文草成后，侨汇的机构多有改进。如华侨建国银行的设立，中国、交通、广东省立家银行以及邮政储金汇业局等在海外对于侨汇网的扩充，外交部、海外部、侨务委员会及邮政储汇局等对于新加坡、槟榔屿、马尼拉、吉隆坡等四地侨批业的从新组织，财政部对于"吸收侨汇合作办法"以及集中侨汇于中央银行之四项原则的颁布等，皆在在表示战争期中华侨汇款的机构已展开一新局面。然此不属本文范围以内，故不具论。

（国立中央研究院社会科学研究所丛刊第十八种，商务印书馆1943年4月印行）